Sauren
Wohnungseigentumsgesetz

Beck'sche Kompakt-Kommentare

Wohnungs-eigentumsgesetz

Gesetz über das Wohnungseigentum und
das Dauerwohnrecht

von

Dr. Marcel M. Sauren
Rechtsanwalt und Steuerberater

6. Auflage 2014

www.beck.de

ISBN 978 3 406 63790 2

© 2014 Verlag C.H.Beck oHG
Wilhelmstraße 9, 80801 München

Druck und Bindung: Friedrich Pustet GmbH & Co. KG
Gutenbergstraße 8, 93051 Regensburg

Satz: ottomedien, Darmstadt
Heimstättenweg 52

Gedruckt auf säurefreiem, alterungsbeständigem Papier
(hergestellt aus chlorfrei gebleichtem Zellstoff)

Vorwort

An dieser Stelle sei zunächst wieder den Käufern der Vorauflagen gedankt, die diesen Kommentar zum wohl meist gekauften WEG-Kommentar gemacht haben. Dies liegt auch in seinem Konzept begründet, wie kein anderer Kommentar die in der Praxis wichtigen und häufigen Themen gründlich zu erörtern und umfangreiche ABC's zum schnellen Auffinden des gesuchten Problems samt Lösung zur Verfügung zu stellen.

Die Neuauflage war geprägt durch Folgerungen aus der WEG-Novelle, die zusammen mit fast 200 neuen BGH-Entscheidungen einzuarbeiten war. Eine Mammutaufgabe wie nie zuvor. Durch die geänderten Zuständigkeiten der Gerichte werden wir noch lange mit vielen neuen Justierungen der Reform und einer Flut von BGH-Entscheidungen leben müssen. Deshalb ist auch § 10 ZVG – erläutert in einem Anhang – und § 49a GKG erhalten geblieben.

Der Kommentar ist durchgehend aktualisiert, erweitert und verbessert worden und erscheint nun erstmals in der Reihe der Beck'schen Kompakt-Kommentare. Die bestehenden ABC's sind nochmals umfangreich erweitert worden. Darüber hinaus wurden zahlreiche neue ABC's aufgenommen und viele Beispiele in ABC's umgewandelt.

Für die Anwälte habe ich auch abweichende Meinungen oder Rechtsprechung erwähnt, selbst wenn sie zum Teil schon älter ist, denn wie sagte mir neulich noch eine Amtsrichterin: Sie haben Rechtsprechung zitiert, die wird dann auch gelesen. Prompt wurde der Prozess gewonnen.

Für die weitere wohlwollende Aufnahme dieses Kommentars in der Rechtsprechung, insbesondere beim Bundesgerichtshof (zB NJW 2008, 2639) und bei den Instanzgerichten (zB LG Hamburg ZMR 2011, 822) sowie bei den Standardkommentaren wie Staudinger, Bärmann oder Jennißen bedanke ich mich sehr. Die Flut der Erläuterungsbücher zum WEG ist so groß, dass sie dazu zwingt, noch mehr als bisher zu selektieren. Konnten die Großkommentare berücksichtigt werden, so ist die Berücksichtigung jedes Buches oder Aufsatzes schlichtweg nicht mehr möglich.

Auf aktuelle Geschehnisse kann im Internet unter www.dr-sauren.de zurückgegriffen werden.

Letztlich gilt mein Dank meiner Sekretärin, Frau Susanne Schulze, und den ungenannten Helfern.

Für Anregungen und Hinweise zum Buch bin ich stets sehr dankbar (Adresse: Brüsseler Ring 51, 52074 Aachen).

Aachen, im Juni 2014　　　　　　　　　　　　　　　　　　Dr. Marcel M. Sauren

Vorwort zur 1. Auflage

Dieser Kommentar ist aus der Erkenntnis gewachsen, daß eine relativ kleine Zahl von Problemen (zB bauliche Veränderungen, Abgrenzungen Sondereigentum – Miteigentum, Möglichkeiten der Änderung der Teilungserklärung, Kündigung des Verwalters, Notwendigkeit einer Vereinbarung anstatt eines Beschlusses, Zweckbestimmung eines Wohnungseigentums oder Teileigentums, Fragen des Sondernutzungsrechts, Fragen der Kosten und Lasten, der Heizkostenabrechnung oder der ordnungemäßen Verwaltung) aus dem Wohnungseigentumsgesetz die überwiegende Anzahl der in der Praxis täglich auftauchenden Fragen zu diesem Rechtsgebiet ausmacht. Dh werden diese Fragen ausführlich behandelt, besteht die Wahrscheinlichkeit, daß eine hohe Prozentzahl aller Fragen beantwortet werden kann. Erstaunlicherweise respektieren die vorhandenen Kommentare dies nicht und lassen bei Detailfragen dieser Hauptprobleme die Benutzer oft im Stich.

Im vorliegenden Kommentar ist deshalb versucht worden, durch die in ABC-Form wiedergegebenen Stichworte bei den Hauptfragen, diesen den ihnen gebührenden Vorrang zu geben. Aufgrund der Platzenge ist deshalb in anderen nicht so vorrangigen Fragen eher eine kürzere Fassung gewählt worden, die zT ins Abstrakte gehen kann. Dafür sind aber zumindest Literaturstellen und Entscheidungen wiedergegeben, in denen weitere Nachweise vorhanden sind.

Jedoch verwirklicht die Zielsetzung des Kommentars, daß in den Hauptproblemen ein guter, wenn nicht sogar – zumindest in der Rechtsprechung – erschöpfender Überblick gegeben wird.

Mein besondere Dank gilt allen, die mir bei der Verwirklichung des Buches geholfen haben. Besondere Dank gilt meiner Sekretärin Frau Dagmar Geiß.

Für Anregungen und Hinweise bin ich sehr dankbar.

Aachen, im Sommer 1989 Dr. Marcel M. Sauren

Inhaltsverzeichnis

Abkürzungs- und Literaturverzeichnis XI

Gesetz über das Wohnungseigentum und das Dauerwohnrecht (Wohnungseigentumsgesetz)

I. Teil. Wohnungseigentum

Vorbemerkung vor § 1 1
§ 1 Begriffsbestimmungen 12

1. Abschnitt. Begründung des Wohnungseigentums

Vorbemerkung vor § 2 30
§ 2 Arten der Begründung 31
§ 3 Vertragliche Einräumung von Sondereigentum 36
§ 4 Formvorschriften 42
§ 5 Gegenstand und Inhalt des Sondereigentums 47
§ 6 Unselbständigkeit des Sondereigentums 50
§ 7 Grundbuchvorschriften 51
§ 8 Teilung durch den Eigentümer 56
§ 9 Schließung der Wohnungsgrundbücher 60

2. Abschnitt. Gemeinschaft der Wohnungseigentümer

Vorbemerkung vor § 10 61
§ 10 Allgemeine Grundsätze 80
§ 11 Unauflöslichkeit der Gemeinschaft 135
§ 12 Veräußerungsbeschränkung 136
§ 13 Rechte des Wohnungseigentümers 152
§ 14 Pflichten des Wohnungseigentümers 172
§ 15 Gebrauchsregelung 191
§ 16 Nutzungen, Lasten und Kosten 227
§ 17 Anteil bei Aufhebung der Gemeinschaft 292
§ 18 Entziehung des Wohnungseigentums 292
§ 19 Wirkung des Urteils 302

3. Abschnitt. Verwaltung

Vorbemerkung vor § 20 304
§ 20 Gliederung der Verwaltung 305
§ 21 Verwaltung durch die Wohnungseigentümer 308
§ 22 Besondere Aufwendungen, Wiederaufbau 355
§ 23 Wohnungseigentümerversammlung 435
§ 24 Einberufung, Vorsitz, Niederschrift 467
§ 25 Mehrheitsbeschluss 509

Inhaltsverzeichnis

§ 26 Bestellung und Abberufung des Verwalters 530
§ 27 Aufgaben und Befugnisse des Verwalters 573
§ 28 Wirtschaftsplan, Rechnungslegung 621
§ 29 Verwaltungsbeirat 677

4. Abschnitt. Wohnungserbbaurecht

§ 30 Wohnungserbbaurecht 694

II. Teil. Dauerwohnrecht

§ 31 Begriffsbestimmungen 695
§ 32 Voraussetzungen der Eintragung 695
§ 33 Inhalt des Dauerwohnrechts 696
§ 34 Ansprüche des Eigentümers und der Dauerwohnberechtigten 696
§ 35 Veräußerungsbeschränkung 696
§ 36 Heimfallanspruch 697
§ 37 Vermietung 697
§ 38 Eintritt in das Rechtsverhältnis 697
§ 39 Zwangsversteigerung 698
§ 40 Haftung des Entgelts 698
§ 41 Besondere Vorschriften für langfristige Dauerwohnrechte 698
§ 42 Belastung eines Erbbaurechts 699

III. Teil. Verfahrensvorschriften

Vorbemerkung vor § 43 700
§ 43 Zuständigkeit 732
§ 44 Bezeichnung der Wohnungseigentümer in der Klageschrift 747
§ 45 Zustellung 752
§ 46 Anfechtungsklage 758
§ 47 Prozessverbindung 761
§ 48 Beiladung, Wirkung des Urteils 763
§ 49 Kostenentscheidung 769
§ 50 Kostenerstattung 774

Nach § 50

§ 49a GKG Wohnungseigentumssachen 778
§ 51–58 *(aufgehoben)* 782

IV. Teil. Ergänzende Bestimmungen

§ 59 *(aufgehoben)* 783
§ 60 Ehewohnung 783
§ 61 Veräußerung ohne Zustimmung 783
§ 62 Übergangsvorschrift 784
§ 63 Überleitung bestehender Rechtsverhältnisse 788
§ 64 Inkrafttreten 788

Inhaltsverzeichnis

Anhang
**Gesetz über die Zwangsversteigerung
und die Zwangsverwaltung (Auszug)**

§ 10 ZVG Rangordnung der Rechte 789

Sachverzeichnis 801

Abkürzungs- und Literaturverzeichnis

aA	andere Auffassung
aaO	am angegebenen Ort
abl.	ablehnend(e)(r)
Abramenko	Abramenko, Das neue WEG in der anwaltlichen Praxis, 2007
Abs.	Absatz
AG	Amtsgericht
AGB	Allgemeine Geschäftsbedingungen
Alt.	Alternative
aF	alte Fassung
Anm.	Anmerkung
AHW	Köhler, Anwaltshandbuch WEG, 3. Auflage 2013
Art.	Artikel
Aufl.	Auflage
Augustin	Augustin, Kommentar zum Wohnungseigentumsgesetz 1983, Sonderausgabe des Reichsgerichtsrätekommentars
Bärmann/Bearbeiter	Bärmann, Wohnungseigentumsgesetz, 12. Auflage 2013
BauGB	Baugesetzbuch
BauR	Baurecht, Zeitschrift, Jahr und Seite
BayObLG	Bayerisches Oberstes Landesgericht
BayObLGZ	Entscheidungen des BayObLG in Zivilsachen, Band und Seite
BayVGH	Bayerischer Verwaltungsgerichtshof
BB	Betriebs-Berater, Zeitschrift, Jahr und Seite
BeckOK WEG/Bearbeiter	Beck'scher Online-Kommentar WEG (hrsg. von BeckOK WEG), Edition 19 Stand 1.2.2014
Beschl	Beschluss
BGB	Bürgerliches Gesetzbuch
BGBl.	Bundesgesetzblatt, Jahr und Seite
BGH	Bundesgerichtshof
BGHZ	Entscheidungen des BGH in Zivilsachen, Band und Seite
Bielefeld	Bielefeld, Der Wohnungseigentümer, 9. Auflage 2011
Bielefeld WEG	Bielefeld, WEG-Rechtsprechung in Leitsätzen 1984–1986 1987, WEG Rechtsprechung in Leitsätzen 1986–1988, 1989
BlGBW	Blätter für Grundstücks-, Bau- und Wohnungsrecht
BMF	Bundesfinanzministerium
BStBl.	Bundessteuerblatt, Jahr und Seite
BT-Drucks.	Drucksache des Bundestags
Bub	Bub, Wohnungseigentum von A–Z, 7. Auflage 2004
Bub FV	Bub, Das Finanz- und Rechnungswesen der Wohnungseigentümergemeinschaft, 2. Auflage 1996
BVerfG	Bundesverfassungsgericht
BVerfGE	Entscheidungssammlung des BVerfG, Band und Seite
BVerwG	Bundesverwaltungsgericht
bzw.	beziehungsweise

XI

Abkürzungs- und Literaturverzeichnis

DB	Der Betrieb, Zeitschrift, Jahr und Seite
Deckert	Deckert, Die Eigentumswohnung, Loseblattausgabe seit 1981, zitiert nach Gruppe und Randnummer
dh	das heißt
DNotZ	Deutsche Notar-Zeitschrift, Jahr und Seite
DWE	Der Wohnungseigentümer, Zeitschrift, Jahr und Seite
DWW	Deutsche Wohnungswirtschaft, Zeitschrift, Jahr und Seite
ETW	Eigentumswohnung
Erg-Bd.	Ergänzungsband
evtl.	eventuell
Fn.	Fußnote
FS Bub	Festschrift für W.-R. Bub zum 60. Geburtstag, 2007
FS B/W	Festschrift für J. Bärmann und H. Weitnauer, 1990
FS Deckert	Festschrift für W.-D. Deckert zum 60. Geburtstag, 2003
FS Korbion	Festschrift für H. Korbion zum 60. Geburtstag, 1986
FS Merle	Festschrift für W. Merle zum 60. Geburtstag, 2000
FS Seuß	Festschrift für H. Seuß zum 60. Geburtstag, 1987
FS Seuß II	Festschrift für H. Seuß zum 70. Geburtstag, 1997
FS Seuß III	Festschrift für H. Seuß zum 80. Geburtstag, 2007
FS Wenzel	Festschrift für J. Wenzel zum 65. Geburtstag, 2005
FV	Der Fachverwalter, Schriftenreihe der Fachverwaltertagung NRW, 1996 ff.
FV 1	1996
FV 2	1997
FV 3	1998
GE	Gemeinschaftseigentum oder Das Grundeigentum, Zeitschrift, Jahr und Seite
Gem	Gemeinschaft
ggf.	gegebenenfalls
GKG	Gerichtskostengesetz
GNotKG	Gerichts- und Notarkostengesetz
GO	Gemeinschaftsordnung
Greiner	Greiner, Wohnungseigentum, 2. Auflage 2012
Häublein	Häublein, Sondernutzungsrechte und ihre Begründung, Schriftenreihe DNotI, Band 12, 2003
Handbuch WEG	Abramenko, Handbuch WEG, 2. Auflage 2014
HessVGH	Hessischer Verwaltungsgerichtshof
hM	herrschende Meinung
HeizkostenV	Verordnung über die verbrauchsabhängige Abrechnung der Heiz- und Warmwasserkosten (Verordnung über Heizkostenabrechnung – HeizkostenV) vom 26.1.1989 (BGBl. I S. 115)
Hügel/Elzer	Hügel/Elzer, Das neue WEG-Recht, 2007
Hügel/Scheel	Hügel/Scheel, Rechtshandbuch Wohnungseigentum, 3. Auflage 2011
IBR	Zeitschrift für Immobilien- und Baurecht, Jahr und Seite
idR	in der Regel
IMR	Fachzeitschrift für Immobilienverwaltung & Recht, Jahr und Seite
Info M	Fachinformation für Immobilienrecht, Jahr und Seite

Abkürzungs- und Literaturverzeichnis

inkl.	inklusive
iSd	im Sinne des/der
JA	Jahresabrechnung
Jennißen	Jennißen, Wohnungseigentumsgesetz, 3. Auflage 2012
Jennißen, Abrechnung	Jennißen, Die Verwalterabrechnung nach dem WEG, 7. Auflage 2013
KAG	Kommunalabgabengesetz
Kefferpütz	Kefferpütz, Stimmrechtsschranken im Wohnungseigentumsrecht, Theorie und Praxis, Band 10, 1994
KG	Kammergericht
KK	Schmid/Riecke, Kompaktkommentar WEG, 2005
Köhler	Köhler, Das neue WEG, 2007
krit.	kritisch(er)
LG	Landgericht
LImSchG	Landes-Immissionsschutzgesetze
m.	mit
MDR	Monatsschrift für Deutsches Recht, Jahr und Seite
ME	Miteigentum
MEer	Miteigentümer
MEanteil	Miteigentumsanteil
Mediger	Mediger, Die ökologische Sanierung von Eigentumswohnungen, 2010
Merle	Merle, Bestellung und Abberufung des Verwalters nach § 26 des WEG, 1977
MietRB	Mietrechtsberater, Zeitschrift, Jahr und Seite
MittBayNot	Mitteilungen des Bayerischen Notarvereins, Jahr und Seite
MittRhNotK	Mitteilungen der Rheinischen Notarkammer, Jahr und Seite
Mio	Millionen
MüKoBGB/ Bearbeiter	Münchener Kommentar zum BGB, Band 6: Sachenrecht (§§ 854–1296), WEG, ErbauRG 6. Auflage 2009
Müller	Müller, Praktische Fragen des Wohnungseigentums, 5. Auflage 2010
mwN	mit weiteren Nachweisen
Niedenführ	Niedenführ/Kümmel/Vandenhouten, WEG – Kommentar und Handbuch zum Wohnungseigentumsrecht, 10. Auflage 2012
nF	neue Fassung
NJW	Neue Juristische Wochenschrift, Jahr und Seite
NJWE	NJW-Entscheidungsdienst Miet- und Wohnrecht, Jahr und Seite
NJW-RR	NJW-Rechtsprechungs-Report (Zivilrecht), Jahr und Seite
NK	Nomos Kommentar BGB, Sachenrecht WEG, 3. Auflage bearbeitet von Heinemann und Schultzky
NZM	Neue Zeitschrift für Miet- und Wohnrecht, Jahr und Seite
OLG	Oberlandesgericht
OLGZ	Entscheidungen der Oberlandesgerichte in Zivilsachen, Jahr und Seite
Ott	Ott, Das Sondernutzungsrecht im Wohnungseigentum, Theorie und Praxis, Band 13, 2000
OVG	Oberverwaltungsgericht

Abkürzungs- und Literaturverzeichnis

Palandt/Bearbeiter	Palandt, Kommentar zum BGB, 73. Auflage 2014
PiG	Partner im Gespräch, Schriftenreihe des Evangelischen Siedlungswerks in Deutschland, Band und Seite
Riecke	Riecke/Schmid, Fachanwaltskommentar Wohnungseigentumsrecht, 3. Auflage 2010
Rn.	Randnummer
RNotZ	Rheinische Notarzeitung, Jahr und Seite
Röll	Röll/Sauren, Handbuch für Wohnungseigentümer und Verwalter, 9. Auflage 2008
Rpfleger	Der deutsche Rechtspfleger, Zeitschrift, Jahr und Seite
s.	siehe
S.	Satz; Seite
Sauren	Sauren, Problematik der variablen Eigentumswohnungen, 1984
Sauren, Rechte und Pflichten	Sauren, Rechte und Pflichten des Verwalters von Wohnungseigentum, 1985
Sauren Verwalter	Sauren, WEG-Verwalter, Verwaltervertrag und Verwaltervollmacht im WEG, 4. Auflage 2009
SchfG	Schornsteinfegergesetz
Schmid/Kahlen	Schmid/Kahlen, WEG Kommentar, 2007
SE	Sondereigentum
SEer	Sondereigentümer
SEanteil	Sondereigentumsanteil
Soergel	Soergel, BGB, 13. Auflage 1990 ff., WEG bearbeitet von Stürmer
sog	so genannte(r)(s)
SNR	Sondernutzungsrecht
Staudinger/Bearbeiter	Staudinger, BGB, 13. Auflage 2005 ff.
SU	Sonderumlage
TE	Teileigentum
TEer	Teileigentümer
TEanteil	Teileigentumsanteil
TErkl	Teilungserklärung
TOP	Tagesordnungspunkt
ua	unter anderem
uU	unter Umständen
Vereinb	Vereinbarung
vgl.	vergleiche
Vor	Vorbemerkung
WE	Wohnungseigentum bzw. Das Wohnungseigentum, Zeitschrift, Jahr und Seite
WEer	Wohnungseigentümer
WEerGem	Wohnungseigentümergemeinschaft
WEG	Wohnungseigentumsgesetz
Weitnauer/Bearbeiter	Weitnauer, WEG-Kommentar, 9. Auflage 2005
WEM	Wohnungseigentümermagazin, Jahr bzw. Heft und Seite
WERS II	Wohnungseigentumsrecht Sammlung Bd. 2, Rechtsprechung 1977, Seite
WEerversammlung	Wohnungseigentümerversammlung

Abkürzungs- und Literaturverzeichnis

WEZ	Wohnungseigentumsrecht, Zeitschrift, Jahr und Seite
WM	Wertpapiermitteilungen, Zeitschrift für Wirtschaft und Bankrecht, Jahr und Seite
Wohnen	Zeitschrift der Wohnungswirtschaft Bayern, Jahr und Seite
WP	Wirtschaftsplan
WuM	Wohnungswirtschaft und Mietrecht, Zeitschrift, Jahr und Seite
zB	zum Beispiel
zit.	zitiert
ZMR	Zeitschrift für Miet- und Raumrecht, Jahr und Seite
ZPO	Zivilprozessordnung
ZVG	Gesetz über die Zwangsversteigerung und die Zwangsverwaltung
ZWE	Zeitschrift für Wohnungseigentum, Jahr und Seite

Gesetz über das Wohnungseigentum und das Dauerwohnrecht (Wohnungseigentumsgesetz)

Vom 15. März 1951 (BGBl. I S. 175, ber. S. 209),
zuletzt geändert durch Art. 4 Abs. 6 DaBaGG vom 1.10.2013
(BGBl. I S. 3714)

I. Teil. Wohnungseigentum

Vorbemerkung vor § 1

Übersicht

	Rn.
1. Vorbemerkung	
2. Rechtslage bis zur Schaffung des WEG	1
3. Schaffung des WEG	2
4. Begriff	3
5. Entstehung	4
6. Verfassungsrechtlicher Schutz	5
7. Entstehung der Gemeinschaft	6
a) Begründung nach § 3	7
b) Begründung nach § 8	8
aa) Vormerkung und Besitzerwerb	9
bb) Wohnungsgrundbücher nicht erforderlich	10
cc) Rechtsstellung bleibt bestehen	11
dd) Auch für weitere Erwerber	12
ee) Rechtsverhältnis Veräußerer und Erwerber	13
c) Darstellung des Ablaufs	14
d) Konsequenzen für Beteiligte	15
e) Wirkungen der faktischen Gemeinschaft	16
f) Kritik	17
g) Änderung der Gemeinschaftsordnung und des Bauwerks	18
h) Vereinbarung des WEG	19
8. Rechtsfähigkeit	20
9. Bruchteilsgemeinschaft bezüglich des Grundstücks	21
10. Beendigung	22
11. Verwaltungsrecht	23
a) Inanspruchnahme des Verwalters für Gemeinschaftseigentum	24
b) Schornsteinfegergesetz (SchfG)	25
c) Öffentliches Baurecht	
aa) Die Wohnungseigentümer als Bauherren	26
bb) Der einzelne Wohnungseigentümer als Bauherr	27
cc) Bauwerk auf den Nachbargrundstücken	28
d) Kommunales Abgabenrecht	29
aa) Beiträge nach dem kommunalen Abgabengesetz	30

	Rn.
bb) Bekanntgabe	31
cc) Benutzungsgebühren	32
dd) Erschließungsbeiträge	33

1. Vorbemerkung

Das Wohnungseigentumsgesetz (WEG) regelt „nur" die Rechtsfragen, die bei der Verwaltung bereits bestehender oder entstehender Wohnungseigentumsanlagen auftreten. Fragen des Erwerbs sind nicht Gegenstand des Gesetzes.

2. Rechtslage bis zur Schaffung des WEG

1 **Gebäude** sind nach dem Bürgerlichen Gesetzbuch (BGB) wesentliche Bestandteile eines Grundstücks (§§ 93, 94 BGB). Sie können nicht Gegenstand selbständiger Rechte sein, sondern folgen in ihrem rechtlichen Schicksal dem Grundstück. Das BGB kennt bei Grundstücken zudem nur die vertikale Teilung. Eigentum an gegenständlichen Teilen eines Grundstücks lässt es nicht zu. WE ist deshalb hiernach nicht möglich.

3. Schaffung des WEG

2 Nach dem 2. Weltkrieg waren die Probleme des Wohnungsbaues so groß, dass man versuchte, private Quellen möglichst vollständig auszuschöpfen. Weder konnten alle Familien in einem Einfamilienhaus leben, noch war es allen ausgebombten Hausbesitzern möglich, allein ihr Haus aufzubauen. Die Lösung des Problems war die **Schaffung des Wohnungseigentumsgesetzes (WEG)**. Dieses schuf drei neue Rechtsformen: das Dauerwohn- und Dauernutzungsrecht (§§ 31 ff.), das Wohnungs- und Teilerbbaurecht (§ 30), auch am Dauerwohnrecht (§ 42), und das WE und TE (§§ 1 ff.).[1] Insbesondere letzteres hat Ende der 70er/Anfang der 80er Jahre und in den 90ern einen enormen Aufschwung erlebt, so dass 2011 der Bestand schätzungsweise bei mehr als 9,3 Mio. ETW lag.[2] Die durchschnittliche Größe einer Anlage beträgt 25 Einheiten, so dass ca. 400.000 Gemeinschaften in Deutschland existieren. Dies sind mehr als 10 % des gesamten Bestandes.[3] Von den Eigentumswohnungen sind nach Bielefeld[4] die Hälfte vermietet. Die anderen Rechtsformen sind dagegen unbedeutend geblieben.

---

[1] Zur Entstehung s. Weitnauer ZWE 2001, 126.
[2] Zensus 2011, FAZ v. 14.6.2013, S. 43.
[3] Vgl. Seuß FV 1, 12.
[4] FV 2, 12.

4. Begriff

Das **WE** stellt eine **unauflösliche Verbindung von ME** am Grundstück und bestimmten Gebäudeteilen **und SE** an Räumen dar (**§ 11**). Rechtlich steht damit das Bruchteilseigentum im Vordergrund,[5] während wirtschaftlich das SE entscheidend ist.[6] Das Problem des gegenständlichen Eigentums (Rn. 1) wurde damit gelöst. Es handelt sich bei dem WE um ein besonders ausgestaltetes ME nach Bruchteilen,[7] nicht um ein grundstücksgleiches Recht.[8] Die Vorschriften des BGB, die sich auf Grundstücke beziehen, sind deshalb grds. nicht entsprechend anzuwenden.

5. Entstehung

Das **WE entsteht** entweder durch TErkl des Grundstückseigentümers und Eintragung (§ 8) oder durch Vertrag der Grundstückseigentümer und Eintragung (§§ 3, 4). Zum Erlöschen s. § 9.

6. Verfassungsrechtlicher Schutz

Von **Verfassungs** wegen ist **das WE durch Art. 14 Abs. 1 GG geschützt**. Sowohl der einzelne WEer zum Schutz seines SE, als auch die Gem in Ansehung des GE können sich auf die Institutsgarantie des Art. 14 GG berufen.[9] Dieser schützt nicht nur das Haben und Behalten, sondern auch die Nutzungsmöglichkeit und Verfügungsbefugnis.[10] Entscheidend ist in jedem Fall die Ausgestaltung der TErkl, da nach dem BVerfG[11] das ME jedes einzelnen WEers mit diesem Inhalt von vornherein entstanden ist. Die Prüfung, ob einzelne Maßnahmen in Übereinstimmung mit der TErkl erfolgt sind, ist grds. Sache der Fachgerichte und einer Überprüfung durch das BVerfG entzogen.[12] Soweit die Fachgerichte durch Art. 14 Abs. 1 S. 1 GG bei der Auslegung und Anwendung der gesetzlichen Vorschriften gebunden sind, ist die Schwelle eines Verstoßes gegen Verfassungsrecht, den das BVerfG zu korrigieren hätte, erst erreicht, wenn die Auslegung Fehler erkennen lässt, die auf einer grds. unrichtigen Anschauung von der Bedeutung der Eigentumsgarantie, vor allem von der Reichweite des Schutzbereichs, beruhen und auch in ihrer materiellen Bedeutung für den konkreten Rechtsfall von einigem Gewicht sind.

---

[5] BGH NJW 1986, 1811.
[6] BGHZ 49, 250.
[7] BGH NJW 2002, 1647.
[8] BayObLG NJW-RR 1997, 1236; Sauren NJW 1985, 180 mwN.
[9] Depenheuer WE 1994, 124, 125.
[10] BVerfG vom 20.12.1989 – 1 BvR 1153/87; NJW 2010, 220.
[11] BVerfG ZMR 2005, 633.
[12] BVerfGE 18, 85, 92; BVerfG NJW 2010, 220.

7. Entstehung der Gemeinschaft

6 Die Gemeinschaft entsteht mit dem ersten Erwerb eine WE's und deren Eintragung in das Grundbuch, also erst dann, wenn zusätzlich zu dem teilenden Eigentümer ein Wohnungskäufer als Miteigentümer in das Grundbuch eingetragen wird.[13]
Die werdende oder faktische Gemeinschaft: die Vorverlagerung des Zeitpunktes, ab dem die Vorschriften des WEG über das Verhältnis der WEer (§§ 10–29) und das Verfahren (§§ 43 ff.) anwendbar sind, stellt sich als Problem **der werdenden oder faktischen WEerGem dar**. Die gesetzlichen Bestimmungen gehen folglich davon aus, dass mindestens zwei Personen als WEer eingetragen sind, also nicht bei Übertragung aller Einheiten auf einen Erwerber.[14] Vorher handelt es sich lediglich um eine Gem (§§ 741 ff., 1008 ff. BGB) oder Gesellschaft bürgerlichen Rechts, auf welche die Bestimmungen des WEG auch nicht entsprechend angewendet werden können.[15]

a) Begründung nach § 3

7 Bei **Begründung nach § 3** ist eine werdende WEerGem möglich,[16] da eine Anlegung der Wohnungsgrundbücher gem. BGH[17] nicht erforderlich ist. Voraussetzung dafür ist, dass der oder die Erwerber als Miteigentümer eingetragen sind, sie im Besitz des WE's bzw. im Mitbesitz des Grundstücks (wenn Wohnung noch nicht gebaut) sind und ihre Ansprüche durch Vormerkung gesichert sind oder ein Anwartschaftsrecht besitzen. Nach BayObLG ist es möglich, bereits vorher die Regelungen der späteren GO heranzuziehen,[18] zB wenn Veräußerer und Erwerber ihr Verhältnis untereinander schon an der GO ausrichten (vereinbarte Gemeinschaft).

b) Begründung nach § 8

8 Bei **Begründung gemäß § 8** werden in der Entstehungsphase weitgehend alle Vorschriften des WEG bereits vor der Umschreibung im Grundbuch angewendet. Die **Voraussetzungen** einer Vorverlegung des Zeitpunktes durch den BGH[19] bei der sog. **werdenden WEerGem** sind **folgende:**

9 **aa) Vormerkung und Besitzerwerb.** Der Erwerber hat aufgrund einer rechtlich verfestigten Erwerbsposition ein berechtigtes Interesse daran erlangt, die mit dem WE verbundenen Mitwirkungsrechte an der Verwaltung der Wohnanlage vorzeitig auszuüben. Eine solche Erwerbsposition ist entstanden, wenn ein wirk-

---

[13] OLG Nürnberg ZMR 2013, 650.
[14] AA AG Hohenschönhausen ZMR 2007, 153.
[15] Vgl. KG ZMR 1986, 295.
[16] Bärmann/Klein § 10 Rn. 20; Hügel ZWE 2010, 124; Sauren ZWE 2008, 377; aA noch BayObLG ZWE 2001, 74; KG NZM 2002, 252.
[17] NJW 2008, 2639.
[18] NJW-RR 2002, 1022.
[19] NJW 2008, 2639; 2012, 2650.

samer (Vermutung der Wirksamkeit des Kaufvertrags,[20] aber nicht bei nichtigem Kaufvertrag[21]), auf die Übereignung von WE gerichteter Erwerbsvertrag vorliegt, der Übereignungsanspruch durch eine Auflassungsvormerkung gesichert und der Besitz an der Wohnung auf den Erwerber übergegangen ist.[22] Dies hat zur Folge, dass dieser so verstandene WEer einerseits die Mitwirkungsrechte ausüben kann, andererseits gemäß § 16 Abs. 2 die Kosten und Lasten zu tragen hat und für die Verbindlichkeiten (gem. § 10 Abs. 8[23]) haftet nebst Anfechtungsrecht und damit an die Stelle des Veräußerers tritt.[24]

bb) Wohnungsgrundbücher nicht erforderlich. Die Anlegung der Wohnungsgrundbücher muss nicht erfolgt sein.[25]

cc) Rechtsstellung bleibt bestehen. Nach dem BGH endet die solchermaßen erlangte Rechtsposition nicht dadurch, dass ein anderer Erwerber als Eigentümer in das Grundbuch eingetragen wird und damit die endgültige Wohnungseigentümergemein entsteht.[26]

dd) Auch für weitere Erwerber. Vielmehr sind auch diejenigen Ersterwerber, die eine gesicherte Erwerbsposition erst nach der Entstehung der werdenden Gem erlangen, als werdende Wohnungseigentümer anzusehen, wenn der Erwerbsvertrag und die Vormerkungseintragung vor der Entstehung der werdenden Gem erfolgte.[27] Es entspricht einhelliger Ansicht, dass die einmal erlangte Stellung als werdender Eigentümer nicht entfällt, selbst wenn sich die anschließende Umschreibung des Eigentums über Jahre hinzieht.[28] Des Weiteren besteht auch im Verhältnis der Ersterwerber untereinander ein berechtigtes Interesse an der Herstellung gleicher Mitwirkungschancen.[29]

ee) Rechtsverhältnis Veräußerer und Erwerber. Zwischen dem jeweiligen Veräußerer und Erwerber besteht keine Gesamtschuld. Der werdende Eigentümer tritt im Hinblick auf die mit dem WE verbundenen Rechte und Pflichten an die Stelle des Veräußerers, dem nur in sachenrechtlicher Hinsicht das Eigentum verbleibt.[30] Stimmberechtigt ist allein der werdende Wohnungseigentümer.[31] Ggf. kann ein Titel gegen Erwerber auf den Veräußerer gem. § 727 ZPO umgeschrieben[32] oder auf Duldung geklagt werden.

---

[20] LG Nürnberg-Fürth ZMR 2011, 513.
[21] OLG Dresden ZMR 2010, 478.
[22] BGH NJW 2008, 2639.
[23] Sauren ZWE 2008, 377.
[24] BGH NJW 2008, 2639 Rn. 14, 21.
[25] BGH NJW 2008, 2639; 2012, 2650.
[26] BGH NJW 2008, 2639 Rn. 16.
[27] BGH NJW 2008, 2639 Rn. 21 mwN; 2012, 2650 Rn. 12.
[28] BGH NJW 2008, 2639; 2012, 2650 Rn. 16 mwN.
[29] Coester NJW 1990, 3184, 3185; Reymann ZWE 2009, 233, 241 f.
[30] Schneider ZWE 2010, 341, 342 f.; Wenzel NZM 2008, 625, 628; Sauren ZWE 2008, 375, 377; BeckOK WEG/Dötsch § 10 Rn. 58.
[31] Vgl. OLG Hamm ZMR 2007, 712, 713 f.
[32] LG Berlin ZMR 2011, 156.

c) Darstellung des Ablaufs

14 Nach dieser Rspr. ergibt sich folgender Ablauf:

1. **Schritt:** Verkauf durch den aufteilenden Alleineigentümer (A, zB Bauträger) von zwei der vier WE an K I und K II:

Skizze 1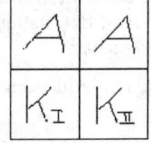

I. Teil. WE
Durch Verkauf, Eintragung der Vormerkung und Übertragung von Besitz, Nutzen und Lasten entsteht eine faktische Gem zwischen dem Bauträger und den zwei Erwerbern

2. **Schritt:** Eintragung einer der beiden Erwerber der verkauften Einheiten als Eigentümer und Verkauf der Wohnungen durch Alleineigentümer an K III.

Skizze 2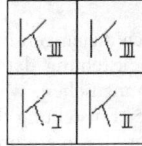

Durch Eigentumsumschreibung des K I wird faktische Gem beendet. Es entsteht die WEer-Gem. Aber jeder Erwerber, der den Erwerbsvertrag vor Entstehen der Gem abgeschlossen hat und zu dessen Gunsten eine Auflassungsvormerkung eingetragen wird, ist auch dann als werdender Wohnungseigentümer anzusehen, wenn er den Besitz an der Wohnung erst nach dem Entstehen der Gem erlangt.
Obwohl A bei K II und K III noch eingetragen ist, wird er nach der Rspr. anders beurteilt. K II und K III sind WEer, aber der eingetragene A nicht.

3. **Schritt:** Weitere Verkäufe durch K I, K II, K III oder A. Alle Käufer haben Rechte erst nach der Eigentumsumschreibung. Bei einem Rücktritt des Erwerbers verliert er nach dem BayObLG[33] seine Stellung.

d) Konsequenzen für Beteiligte

15 Aus dem Vorstehenden resultiert die Handhabung für den Verwalter. Während des Schrittes 1 hat er A, K I und K II zur Versammlung zu laden, in der sie Stimmrechte haben. Diese können auch Beschl anfechten (§ 46 analog). Ab dem Monat des Übergangs von Besitz, Nutzen und Lasten haben K I und K II auch Wohngelder zu zahlen. Nach Schritt 2 besteht die Gem noch aus K I, K II und K III mit allen Rechten und Pflichten. A ist ausgeschieden und haftet nur dinglich.[34] Bei Schritt 3 ist nur noch die Eigentumsumschreibung maßgeblich.

e) Wirkungen der faktischen Gemeinschaft

16 Sind die Voraussetzungen erfüllt, können die WEer ab diesem Zeitpunkt nach den Regeln des WEG handeln, zB abstimmen[35] oder abrechnen gemäß § 28.

---

[33] NJW-RR 1996, 394.
[34] Siehe BGH NJW 2012, 2650 Rn. 15 ff.; ZMR 2010, 125; Schneider ZWE 2010, 204.
[35] BayObLG ZMR 1998, 101; OLG Hamm ZMR 2007, 712.

Vorher ist auch ein Beschl nicht möglich.[36] Ein Beschl ist sogar nichtig, wenn über Zahlungsvorgänge beschl wird, die den Zeitraum vor Entstehung der WEerGem betreffen,[37] für das Entstehungsjahr der Gem, in der beide Zeiträume erfasst werden, aber nur anfechtbar.[38] Des Weiteren können zB Beseitigungsansprüche geltend gemacht werden[39] oder Mängel am GE.[40] Da der Erwerber aber noch nicht ins Grundbuch eingetragen ist, können keine Rechte aus der dinglichen Stellung gegen ihn vorgenommen werden, wie zB eine Zwangsverwaltung,[41] da nach dem BGH mit der rechtlichen Anerkennung dieser werdenden Gem jedenfalls im Innenverhältnis der (künftigen) WEer keine Verschiebung oder Vorwegnahme der sachenrechtlichen Zuordnung einhergeht, an die die Zwangsvollstreckung in formalisierter Weise anknüpft.

f) Kritik

Die Rechtsfigur ist abzulehnen, weil kein Bedürfnis dafür besteht und sie keine **17** Rechtsgrundlage im Gesetz hat. Zudem geht sie von in der Praxis nicht überprüfbaren bzw. manipulierbaren Punkten aus, zB dem Übergang von Besitz, Nutzen und Lasten,[42] die zB bei Anfechtungen zu fast unlösbaren Problemen führt, da die Klage auch gegen die (noch) nicht im Grundbuch eingetragenen Eigentümer zu führen sind,[43] die aber dem Kläger regelmäßig völlig unbekannt sind. Es bringt durch das Auseinanderfallen von Eigentum und Besitz neue unbekannte und unnötige Probleme mit sich, wie bei der Zwangsvollstreckung, durch Auseinanderfallen von dinglicher Haftung (Veräußerung) und persönlicher Haftung (Erwerber)[44] und damit der Verlust der Immobilienvollstreckung.[45] Zudem muss nun bei jedem Paragraphen gefragt werden, ob er analog anzuwenden ist.[46] Dies wird zB bei § 12 verneint (s. dort Rn. 18). Es wird Jahre dauern, die mit dieser künstlichen Figur zusammenhängenden Fragen zu klären ohne Rechtssicherheit für die Praxis.

g) Änderung der Gemeinschaftsordnung und des Bauwerks

Die Frage der Entstehung der WEerGem ist auch entscheidend für die Frage, **18** **bis wann der teilende WEer einseitig die TErkl und/oder das Bauwerk ändern kann.** Die Rspr. will dem Aufteilenden dies nur bis zur Entstehung der

---

[36] LG Frankfurt ZMR 1989, 351.
[37] KG WE 1992, 285.
[38] BayObLG WE 1994, 247.
[39] OLG Köln NZM 1998, 199.
[40] BGH NJW 2010, 933, 934 Rn. 9.
[41] BGH ZMR 2010, 125; NJW 2012, 2650 Rn. 16; Schneider ZWE 2010, 204.
[42] Ausführlich OLG Saarbrücken NZM 2002, 610, 611; OLG Brandenburg ZWE 2006, 447 m. Anm. F. Schmidt; Belz, FS Merle, S. 64 ff.; Sauren ZWE 2008, 375 und 5. Auflage Vor § 1 Rn. 15.
[43] AG Wiesbaden ZWE 2014, 59.
[44] Siehe BGH NJW 2012, 2650 Rn. 15 ff.; ZMR 2010, 125; Schneider ZWE 2010, 204.
[45] BGH NJW 2013, 3515 Rn. 9 ff.
[46] Dötsch ZWE 2011, 385.

werdenden Gem gestatten, zB SNR eintragen lassen.[47] Durch Vormerkung gesicherte Berechtigte sind, soweit sie belastet sind, zustimmungspflichtig.[48] Ab diesem Zeitpunkt ist die Zustimmung aller Gemeinschaftler notwendig.

h) Vereinbarung des WEG

19 Möglich ist auch, die Geltung des WEG's oder Teilen davon in einer Grundstücksgem oder einer Gem von Erbbauberechtigten zu vereinbaren.[49] Auch dann gelten die vereinbarten Vorschriften entsprechend.

8. Rechtsfähigkeit

20 Die **WEerGem** ist nach dem Gesetz (§ 10) **rechtsfähig**. Die Verankerung fußt auf der BGH-Rspr[50] und erweitert diese noch. Davor war gesetzlich nur in den steuerlichen und abgabenrechtlichen Vorschriften die Rechtsfähigkeit expressis verbis verankert.[51] Soweit nun die WEer im Rahmen der Verwaltung im Außenverhältnis gegenüber Dritten, sei es durch Verträge oder Rechtshandlungen oder im Innenverhältnis gegenüber einzelnen WEern (zB durch Wohngeldansprüche), handeln, ist dies die vom jeweiligen Eigentümerbestand unabhängige rechtsfähige Gem (so vom Gesetz genannt: § 10 Abs. 6, besser noch Verband) sui generis. Eine der Folgen der Rechtsfähigkeit ist, dass sie nun auch grundrechtsfähig ist.[52] Zu dem gem. Vermögen gehört alles, was zur Verwaltung notwendig ist. Werden UnterGem gebildet, findet keine Trennung statt, sondern auch das Vermögen gehört zum Gesamtverband.[53] Die **Mitgliedschaft** wird durch Erwerb des WE kraft Gesetzes begründet und durch deren Verlust beendet.

9. Bruchteilsgemeinschaft bezüglich des Grundstücks

21 Daneben existiert eine nicht rechts-, partei- oder beteiligtenfähige **Bruchteilsgemeinschaft** (gemäß §§ 1008, 741 ff. BGB) bezüglich **des GE**. Das Verhältnis zwischen beiden wird entweder als eine Gem mit unterschiedlichen Rechtskreisen (ME und Verwaltung gleich Einheitstheorie) oder als zwei verschiedene getrennt verwaltete Gem, sog Trennungstheorie, angesehen. Der Einheitstheorie ist zu folgen, da das Gesetz auch zwischen beidem unterscheidet (§ 10 Abs. 6 S. 1 und S. 3[54]). Keine praktischen Auswirkungen ersichtlich. Daraus ergibt sich für die WEer ein gesetzliches Schuldverhältnis untereinander[55] mit Treupflich-

---

[47] BGH ZMR 2012, 651 Rn. 11; BayObLG ZMR 1999, 115; NZM 2001, 775.
[48] BGH NJW 2008, 2639.
[49] BGH NJW 2005, 2622.
[50] NJW 2005, 2061.
[51] ZB §§ 33, 34, 267 AO; Sauren PiG 63, 61.
[52] Wie GbR, BVerfG NZM 2002, 986.
[53] OLG München ZMR 2006, 552.
[54] Siehe ausführlich § 10 Rn. 3.
[55] BGH NJW 2007, 292; 1999, 2108.

ten sowohl der WEer untereinander, wie auch gegenüber dem Verband[56] (s. vor § 10 Rn. 9).

10. Beendigung

Die Gem wird **beendet** mit Aufhebung aller SE's (§§ 4 und 9), bei Zerstörung oder bei Vereinigung aller Einheiten, wenn die Voraussetzungen des § 9 erfüllt sind. 22

11. Verwaltungsrecht

Das WE kommt in vielerlei Hinsicht in Berührung mit dem Verwaltungsrecht. Im Folgenden sind die wichtigsten Punkte aufzuzählen: 23

a) Inanspruchnahme des Verwalters für Gemeinschaftseigentum

Oftmals werden Verwalter von den Ordnungsbehörden für das GE (aber nicht für SE oder sonstiges Privateigentum[57]) in Anspruch genommen, zB die Statikprüfung des Hauses.[58] Ist die zugrundeliegende Ordnungsverfügung (ggf. gegen den rechtsfähigen Verband) bestandskräftig, so hat der Verwalter die Maßnahme durchzuführen, da der Bescheid nicht nichtig ist.[59] Die Gerichte leiten jedoch aus dem Umstand, dass der Verwalter nach dem Gesetz die für das GE erforderlichen Maßnahmen zu treffen hat (§ 27 Abs. 1 Nr. 2), ein selbstständiges Recht des Verwalters ab. Dies hat zur Folge, dass der Verwalter auf Grund dieser Handlungsbefugnis als Störer in Anspruch genommen wird.[60] Die Verwaltungsgerichte übersehen, dass durch § 27 Abs. 1 Nr. 2 dem Verwalter gerade keine Vertretungsmacht eingeräumt wird (§ 27 Rn. 24 mwN). Der Verwalter haftet gerade nicht für den Erfolg, sondern ist nur ausführendes Organ mit Überwachungspflichten. Die Verwaltungsrechtsprechung führt aber dazu, dass der Verwalter in eigener Person die Aufträge zu vergeben hat, was gerade nicht Zweck des WEG ist.[61] 24

b) Schornsteinfegergesetz (SchfG)

Die Bezirksschornsteinfeger haben generell Abgasüberprüfungen bei Heizungen vorzunehmen und erheben dafür Gebühren. Soweit diese die im GE stehende Heizung betreffen, ist die Gem der WEer Schuldner (§ 25 Abs. 4 S. 1 SchfG), der Verwalter ist nur Zustellungsbevollmächtigter (§ 27 Abs. 2 Nr. 3).[62] Sind die Heizungen SE, so ist nach dem Schf/HWG (Schornsteinfeger-/Hand- 25

---

[56] BGH NJW 2005, 2061, 2067.
[57] OVG Münster ZWE 2011, 166.
[58] OVG Münster WuM 1994, 507.
[59] OVG Münster WuM 1994, 507.
[60] OVG Münster NJW 2009, 3528: Freihalten von Treppenhaus; ZWE 2011, 166: Garagen von brennbaren Gegenständen freihalten.
[61] Ablehnend auch Bärmann/Merle § 27 Rn. 36; Deckert 2/2348, 4/466.
[62] BVerWG WE 1994, 269.

werksgesetz, § 20 Abs. 2) der WEer Schuldner, was aber nach Müller Theorie ist,[63] da nach dessen Auffassung alle Anlagen in GE liegen würden. Dies ist aber unrichtig, s. zB Kamin (§ 1 Rn. 10K). Dies gilt auch für die Neufassung,[64] da sie keine Unterschiede hinsichtlich der Eigentumsverhältnisse macht. S. ferner § 16 Rn. 13, Schornsteinfeger.

c) Öffentliches Baurecht

26 aa) **Die Wohnungseigentümer als Bauherren.** Haben die WEer eine Baumaßnahme beschlossen, so handelt es sich um eine gem Angelegenheit mit der Folge, dass der Verwalter Zustellungsbevollmächtigter ist (§ 27 Abs. 2 Nr. 1). Die Zustellung an ihn löst deshalb die Rechtsmittelfristen aus. Hat den WEer den Beschl zur Baumaßnahme angefochten, erhält er dadurch nicht die Befugnis, die Baugenehmigung anzufechten mit der Begründung, sie würde in sein SE eingreifen.[65] Durch die Baugenehmigung verliert der WEer auch nicht sein Recht aus dem Gemverhältnis, da die Baugenehmigung (und zwar gegenüber dem Verband) „unbeschadet seiner Rechte" ergeht.[66]

27 bb) **Der einzelne Wohnungseigentümer als Bauherr.**[67] Auch hier sind die anderen WEer nicht widerspruchs- und/oder klagebefugt: Die WEer untereinander sind keine Nachbarn iSd LBauOen.[68]

28 cc) **Bauwerk auf den Nachbargrundstücken.** In diesem Fall gilt es zunächst festzuhalten, dass alle WEer, aber nicht als Verband, Nachbarn iSd LBauOen sind. Einzelne WEer sind folglich nur widerspruchs- und klagebefugt, soweit die Nachbarrechte ihre Grundlage im SE haben.[69] Aus dem GE fließende Nachbarrechte können nur unter der Voraussetzung des § 21 Abs. 2 geltend gemacht werden.[70] Es handelt sich auch nicht um eine gem. Angelegenheit[71] mit der Folge, dass ein Beschl nichtig ist.[72] Damit kann auch eine Zustellung an den Verwalter nicht erfolgen,[73] es sei denn alle WEer hätten ihm Vollmacht erteilt. Hat der Verwalter jedoch ohne Vollmacht einen Baubescheid erhalten, so muss man ihn als widerspruchsbefugt ansehen, allein um den Rechtsschein beseitigen zu können.[74]

---

[63] ZWE 2014, 205.
[64] VG Freiburg WuM 1991, 126; VG Darmstadt NZM 2007, 417; aA Becker WE 1994, 361 mwN.
[65] BVerwG NJW 1988, 3279; OVG Koblenz NZM 2007, 776.
[66] BVerwG NJW 1988, 3279.
[67] Horst DWE 1999, 99.
[68] BVerwG NZM 1998, 1025; NJW 1990, 2485; VGH Mannheim NJWE 1996, 65.
[69] BVerwG vom 20.8.1992, Deckert 2/3632; OVG Münster ZWE 2014, 144; DWW 1991, 149; VG München ZWE 2014, 234.
[70] BayVGH BauR 2000, 1818; 2006, 501; OVG Münster DWW 1991, 149.
[71] Vgl. OLG Hamm NJW-RR 1991, 338 zur Baulastenzustimmung.
[72] Müller WE 1994, 162.
[73] Müller WE 1994, 162; aA Simon BayBauO Art. 73 Rn. 12.
[74] OVG Lüneburg BauR 1976, 684; Müller WE 1994, 164.

Vorbemerkung vor § 1   Vor § 1

d) Kommunales Abgabenrecht[75]

Dies ist Landesrecht und damit von der Ausgestaltung in den einzelnen Ländern 29
abhängig.

aa) Beiträge nach dem kommunalen Abgabengesetz. Unter Beiträgen 30
sind Geldleistungen zur Deckung des Aufwands für die Herstellung, Anschaffung, Verbesserung, Erneuerung und Erweiterung öffentlicher Einrichtungen und Anlagen zu verstehen (s. zB Art. 8 Abs. 2 NRWKAG; Art. 5 Abs. 1 BayKAG), zB der Anliegerbeitrag. Beitragsschuldner ist die WEerGem als Gesamtschuldnerin.[76] Ruht der Beitrag als öffentliche Last auf dem Grundstück, auch wenn WE gebildet ist (zB in NRW Art. 8 Abs. 9 NRWKAG), ist es zulässig, der WEerGem einen sog zusammengefassten Gebührenbescheid zuzustellen (zB § 12 NRWKAG iVm § 155 Abs. 3 AO). Hieran hat sich durch die Rechtsfähigkeit nichts geändert:[77] Eine **Haftung** des einzelnen WEers kann kraft gesetzlicher Anordnung persönlich eintreten;[78] dann scheidet auch eine Haftung gemäß § 10 Abs. 8 aus. Eine solche ist bei öffentlich-rechtlichen Grundbesitzabgaben gegeben[79] oder bei den Entsorgungs- und Straßenreinigungsgebühren.[80] Jedoch können weder kommunale Satzungsbestimmungen, noch private Vertragsbestimmungen, wie allgemeine Bedingungen der Wasserversorgungsbetriebe, eine persönliche Haftung der WEer begründen.[81]

bb) Bekanntgabe. Ist nach dem Vorgenannten eine persönliche Haftung gege- 31
ben, ändert dies jedoch nichts an der Bekanntgabe, da es sich um eine gem Verwaltungsschuld handelt. Der Verwalter ist Zustellungsbevollmächtigter.[82] Ein solcher Bescheid ist aus den vorgenannten Gründen nach dem BVerwG[83] nicht nichtig. Soweit in einzelnen Ländern, wie zB Bayern (Art. 5 Abs. 6 S. 2 BayKAG), die einzelnen WEer nur nach ihrem MEanteil beitragspflichtig sind, weil die Last auf dem WE ruht, ist ein zusammengefasster Bescheid unzulässig.[84] Der Bescheid muss an jeden WEer gerichtet werden; der Verwalter kann auch nicht Zustellungsbevollmächtigter sein.

cc) Benutzungsgebühren. Wie zB Straßenreinigungs-, Abwasser-, Abfallbe- 32
seitigungsgebühren. Hier wird die kommunale Einrichtung in Anspruch genommen. Auch hier ist zu unterscheiden:

---

[75] Vgl. Becker ZWE 2014, 14; Kirchhoff ZWE 2000, 562; für Gebühren Sauren ZMR 2006, 750.
[76] § 12 KAG iVm § 44 AO für NRW, ebenso für Brandenburg, Hessen und Rheinland-Pfalz (Zieglmeier MietRB 2006, 339), für andere Länder nur der einzelne WEer mit MitEquote; Kirchhoff ZWE 2000, 563 Fn. 6.
[77] BGH ZMR 2006, 785; KG ZMR 2005, 472; OVG Sachsen ZWE 2013, 145.
[78] BGH NJW 2005, 2061.
[79] BVerwG NJW 2006, 791.
[80] BGH NJW 2009, 2521 oder Niederschlagswasser, VG Karlsruhe ZWE 2014, 233.
[81] BGH NZM 2012, 461; 2007, 363; BayVGH ZMR 2007, 316; Sauren ZMR 2006, 750.
[82] So BVerwG NJW 2006, 791.
[83] WuM 1994, 348.
[84] Zieglmeier MietRB 2006, 339.

– Ist der Eigentümer Benutzer des durch die gereinigte Straße erschlossenen Grundstücks (zB § 3 NRW StraßenreinigungsG), dh bei WE die WEer in ihrer Gesamtheit (zB § 12 NRWKAG), so können zusammengefasste Bescheide ergehen und an den Verwalter zugestellt werden.

– Ist in der Satzung jedoch geregelt, dass nur derjenige als Benutzer anzusehen ist, der eine selbstständig zurechenbare und erfassbare tatsächliche Benutzung vornimmt – zB wird die **Müllgebühr** pro Haushalt und unabhängig von der Zahl der Haushaltsangehörigen oder den konkreten zu entsorgenden Müllmengen berechnet[85] – ist ein zusammengefasster Bescheid nicht zulässig.[86] Zudem ist es nicht möglich, eine WEerGem zum Gebührenschuldner zu bestimmen.[87] Nach Greiner[88] ist die Inanspruchnahme der WEerGem rechtswidrig, der einzelne WEer sei dann richtiger Adressat.

33 dd) Erschließungsbeiträge. Erschließungsbeiträge (§§ 127 ff. BauGB) und **Grundsteuer** s. § 16 Rn. 5.

§ 1 Begriffsbestimmungen

(1) Nach Maßgabe dieses Gesetzes kann an Wohnungen das Wohnungseigentum, an nicht zu Wohnzwecken dienenden Räumen eines Gebäudes das Teileigentum begründet werden.

(2) Wohnungseigentum ist das Sondereigentum an einer Wohnung in Verbindung mit dem Miteigentumsanteil an dem gemeinschaftlichen Eigentum, zu dem es gehört.

(3) Teileigentum ist das Sondereigentum an nicht zu Wohnzwecken dienenden Räumen eines Gebäudes in Verbindung mit dem Miteigentumsanteil an dem gemeinschaftlichen Eigentum, zu dem es gehört.

(4) Wohnungseigentum und Teileigentum können nicht in der Weise begründet werden, daß das Sondereigentum mit Miteigentum an mehreren Grundstücken verbunden wird.

(5) Gemeinschaftliches Eigentum im Sinne dieses Gesetzes sind das Grundstück sowie die Teile, Anlagen und Einrichtungen des Gebäudes, die nicht im Sondereigentum oder im Eigentum eines Dritten stehen.

(6) Für das Teileigentum gelten die Vorschriften über das Wohnungseigentum entsprechend.

Übersicht

	Rn.
1. Inhalt	1
2. Neue Eigentumsart	2
3. Definition von Wohnungs- und Teileigentum	
a) Wohnungseigentum	3

---

[85] Was zulässig ist, BVerwG WuM 1994, 702.
[86] OVG Lüneburg ZMR 2011, 253; VG Halle v. 24.11.2011 – 4 B 202/11; überholt ist BVerwG NJW-RR 1995, 73.
[87] OVG Lüneburg ZMR 2011, 253.
[88] Greiner ZMR 2000, 717, 723.

Begriffsbestimmungen § 1

	Rn.
b) Teileigentum	3a
4. Nutzung	4
5. Umwandlung	5
6. Wohnungseigentumsvorschriften	6
7. Zusammensetzung	7
8. Gegenstand des Gemeinschaftseigentums	8
9. Gegenstand des Sondereigentums	9
10. ABC zur Abgrenzung Sonder-/Gemeinschaftseigentum	10
11. Verbindung von Sondereigentum mit Miteigentum	11
a) Mitsondereigentum	12
b) Zuordnung von Gebäuden	13
c) Überbau	14
aa) Rechtmäßiger Überbau	15
bb) Kein Überbau	16
cc) Gebäudeüberstand	17
dd) Grenzwand auf dem Nachbargrundstück	19

1. Inhalt

§ 1 definiert die wesentlichen **Grundbegriffe des WEG**. 1

2. Neue Eigentumsart

Das WEG hat in Abweichung vom bisherigen Recht **eine neue Art von Ei-** 2
gentum (Abs. 1) geschaffen, nämlich das WE und das TE. Die Unterscheidung erfolgt durch die Zweckbindung (festgelegte Nutzung). Während WE als Begriff für Räume steht, die Wohnzwecken dienen (auch ETW genannt), sieht das Gesetz TE als Begriff für alle Räume vor, die nicht zu Wohnzwecken dienen.

Beispiel: Laden.

Rechtlich handelt es sich bei einer Bestimmung von TE oder WE um eine Vereinbarung (§ 10) der WEer[1] (s. ausführlich § 15 Rn. 10a ff.).

3. Definition von Wohnungs- und Teileigentum

a) Wohnungseigentum 3

Wohnungseigentum bedeutet SE an einer Wohnung. Eine **Wohnung** (Abs. 2) ist dabei die Summe der Räume, welche die Führung eines Haushaltes ermöglichen: Kochgelegenheit, Wasserversorgung und WC.[2] Dass sich außerhalb des Wohnungsabschlusses noch ein verschließbarer Raum befindet, wie Keller, Dachboden oder Garage oder ein zusätzliches WC, schadet nicht.[3] Einzelne zu

---

[1] BGH ZMR 2010, 471; KG NJW-RR 2011, 517.
[2] Vgl. hierzu Nr. 4 der allg. Verwaltungsvorschrift für die Ausstellung von Bescheinigungen gemäß § 7 Abs. 4 v. 19.3.1974, BAnz. Nr. 58 v. 23.3.1974.
[3] OLG Nürnberg NZM 2012, 867.

Wohnzwecken dienende Räume alleine können aber keine Wohnung sein, zB Hotelzimmer,[4] Flur,[5] Hobbyraum[6] oder Toilette.[7]

b) Teileigentum

3a Beim **TE (Abs. 3)** dürfen die Räume nicht zu Wohnzwecken dienen, wie Büro, Laden, Dachboden, Keller, Schwimmbad, Garage oder Stellplatz, nicht aber ein Raum, auf den ein WEer zum Wohnen angewiesen ist.[8] Sie können auch als selbständige TEEinheiten Gegenstand des WE's sein.

4. Nutzung

4 Die **Nutzung** ist **entscheidend;** soweit das SE gemischt genutzt wird, entscheidet die überwiegende Nutzung, ansonsten ist es WE und TE. Maßgebend ist die bei Begründung festgelegte Zweckbestimmung. Auch der andauernd abweichende Gebrauch begründet keine Umwandlung,[9] auch nicht bei längerer Duldung.[10] Ist eine Zweckbestimmung aus der TErkl nicht zu entnehmen, ist von der faktischen Zweckbestimmung auszugehen.[11] Nach dem BayObLG[12] ist eine Eintragung als WE unzulässig, wenn es sich tatsächlich um TE, zB Hobbyraum, handelt.

5. Umwandlung

5 Von TE in WE und umgekehrt erfordert Vereinb wegen Wirkung gegenüber Sonderrechtsnachfolger, aber keine Änderung der Teilungserklärung.[13] Eine Abgeschlossenheitsbescheinigung ist beizufügen, um dem Grundbuchamt die Prüfung zu erleichtern, dass die umgewandelte Eigentumseinheit die Anforderungen an WE erfüllt.[14]

6. Wohnungseigentumsvorschriften

6 Die **Vorschriften für das WE gelten** gemäß Abs. 6 ebenso für **das TE,** so dass im Folgenden bei WE sinngemäß auch das TE gemeint ist.

---

[4] OVG Lüneburg DNotZ 1984, 390.
[5] OLG Hamm Rpfleger 1986, 374.
[6] BayObLG NJW-RR 1998, 735.
[7] OLG Düsseldorf Rpfleger 1976, 215.
[8] OLG Hamm Rpfleger 1986, 390.
[9] BayObLG Rpfleger 1973, 140.
[10] OLG Köln ZMR 1995, 263; aA bei mehr als 14 Jahren Duldung LG Wuppertal NJW-RR 1986, 1074.
[11] AG Siegburg DWE 1988, 70.
[12] NJW-RR 1998, 735.
[13] OLG München ZWE 2013, 355; KG NJW-RR 2011, 517; BayObLG NJW-RR 2001, 1163.
[14] KG ZWE 2013, 322, zweifelhaft.

Begriffsbestimmungen § 1

7. Zusammensetzung

Die neue Eigentumsform „WE" setzt sich gemäß Abs. 2 aus dem SE an einer **7**
Wohnung und dem MEanteil am GE (zB Grundstück) zusammen. Damit ist der
WEer **Alleininhaber** einmal des Eigentums an einer Wohnung oder an einer
sonstigen Raumeinheit (SE) und ME am Grundstück und sonstigem GE. Da
der WEer damit sowohl Alleineigentümer, als auch **MEer** ist, stellt sich die
Frage der Abgrenzung zwischen GE und SE, die für viele Antworten entscheidend ist.

Beispiel: Tragung von Kosten und Lasten, Gebrauchsregelung und Veränderungsmöglichkeiten.

8. Gegenstand des Gemeinschaftseigentums

Ausgangspunkt der Betrachtung sind die zwingenden Vorschriften über das GE. **8**
§ 1 Abs. 5 bestimmt, dass das Grundstück sowie Teile, Anlagen und Einrichtungen des Gebäudes, die nicht im SE eines Dritten stehen, GE sind. Gemäß § 5
Abs. 2 gehören zum GE Teile des Gebäudes, die für dessen Bestand oder Sicherheit erforderlich sind, sowie Anlagen und Einrichtungen, die dem gemeinschaftlichen Gebrauch dienen. GE sind damit:
– Nicht bebaute Grundstücksteile.

Beispiel: Garten- und Hoffläche.

– Teile des Gebäudes, die für den Bestand und die Sicherheit erforderlich sind.

Beispiel: Dächer und tragende Mauern.

– Einrichtungen und Anlagen, die dem gemeinschaftlichen Gebrauch dienen.

Beispiel: Treppenhäuser und Fahrstuhl.

– Die äußere Gestalt des Hauses.

Beispiel: Außentüre, Außenfassade.

– Isolierschichten, seien es Feuchtigkeits- oder Schallschutzschichten.[15]

Weiterhin können die WEer durch Vereinb Bestandteile des Gebäudes, die Gegenstand des SE sein können, zu GE machen, § 5 Abs. 3.

9. Gegenstand des Sondereigentums

Nach dem Gesetz (§ 5 Abs. 1) gehören zum SE nur die Gebäudeteile, die aus- **9**
drücklich dem SE zugeordnet wurden (§ 5 Rn. 3 ff.). Insbesondere gehören
zum SE:
– Räume, die im Aufteilungsplan dem SE zugewiesen und in sich abgeschlossen sind. Dazu gehören auch Zubehörräume.

Beispiel: Keller und Speicher.

---

[15] Vgl. Sauren Rpfleger 1985, 437.

– Bestandteile des Gebäudes, die verändert, beseitigt oder eingefügt werden können, ohne dass das GE oder die Rechte der MEer beeinträchtigt werden.
Beispiel: Nichttragende Wände oder Decken.

Nicht zum SE können aber Rechte zur Benutzung eines Nachbargrundstücks gemacht werden.[16]

10. ABC zur Abgrenzung Sonder-/Gemeinschaftseigentum

10 Da die Frage der Abgrenzung SE/GE im Einzelfall schwierig sein kann, nachfolgend Beispiele in **ABC-Form**. Dem SE kann nichts zugeordnet werden, selbst nicht durch Vereinb, was kraft Gesetzes GE ist. Deshalb ist,[17] soweit über die im Folgenden gegebenen Erläuterungen noch Zweifel bestehen, GE anzunehmen.

10A **Abdichtungsanschluss:** ZB zwischen Dachterrasse und Gebäude: GE (BayObLG NZM 2000, 867).
Abflussrohr: GE, soweit Hauptleitung, auch dann, wenn sie als Hauptleitung durch SEräume führt. Soweit Rohr nur dem Gebrauch eines WEers dient, kann es durch Vereinb zu GE gemacht werden (OLG Düsseldorf WuM 1998, 737), fraglich, ob nicht bereits zwingend GE, s. BGH NJW 2013, 1154. S. auch Anschlussleitungen.
Abluftanlage: SE, sofern sie im räumlichen Bereich des SEs installiert und diesem zu dienen bestimmt ist, ansonsten GE auch dann, wenn sie allein der Abluftentsorgung eines SEs dient (AG Hamburg ZMR 2012, 304).
Abschlusstüre: S. Darstellung unter Türen.
Absperrventil: GE, auch wenn im SE gelegen (KG WE 1994, 52, 53).
Abstellplätze: Soweit es sich um Grundstücksflächen handelt, die unbebaut sind, sind sie notwendig GE. Soweit es sich um Plätze in oder auf einem Parkdeck handelt, ist SE durch Vereinb möglich (§ 3 Rn. 13).
Abwasserkanal: S. Abflussrohr.
Abwasserhebeanlage: S. Fäkalienhebeanlage.
Alarmanlage: Soweit Zubehör zum SE: SE (vgl. OLG München MDR 1979, 934). Soweit wesentlicher Bestandteil des Gebäudes (vgl. BGH NJW 1991, 1367; OLG Düsseldorf NJW-RR 1999, 1212): GE (vgl. BFH DStRE 2000, 132).
Anschlussleitungen: Hierunter sind Versorgungsleitungen für Gas, Wasser, Strom, Heizung usw zu verstehen. Soweit sie sich im räumlichen Bereich des GEs befinden, sind sie rechtlich nach dem BGH (NJW 2013, 1154 Rn. 20) als Einheit anzusehen. Sie bilden ein der Bewirtschaftung und Versorgung des Gebäudes dienendes Leitungsnetz und damit eine Anlage iSv § 5 Abs. 2. Sie erhält ihnen die gem Verfügungsbefugnis über das Leitungsnetz und ermöglicht so Veränderungen daran, beispielsweise die Verwendung von Leitungen,

---
[16] OLG Hamm ZMR 1997, 150.
[17] Vgl. auch Müller S. 33 ff.; Rieke § 5 Rn. 27 ff.

Begriffsbestimmungen § 1

die nur eine Wohneinheit versorgen, auch für andere Zwecke; ferner erleichtert sie die Durchführung von Instandsetzungsarbeiten oder Modernisierungsmaßnahmen an den Versorgungsleitungen. Zu dem im GE stehenden Versorgungsnetz gehören die Leitungen nicht nur bis zu ihrem Eintritt in den räumlichen Bereich des SEs, sondern jedenfalls bis zu der ersten für die Handhabung durch den SEer vorgesehenen Absperrmöglichkeit. Anschlussleitungen der Heizung, die sich in den Wohnungen befindlichen, sind aber SE (BGH NJW 2011, 2958 Rn. 14). Damit sind Leitungen, die von der Hauptleitung abzweigen und durch fremdes SE verlaufen, ehe sie die im SE eines anderen WEers stehende Zapfstelle erreichen, GE (KG WuM 1994, 38; 1989, 89; BayObLG WuM 1989, 35; WE 1994, 21), auch, wenn sie nur einem SE dienen (BGH NJW 2013, 1154; aA BayObLG WE 1989, 147). Bestimmung zum GE möglich (OLG Düsseldorf NZM 1998, 864), dienen sie nur zwei SE's, so MitSE (OLG Zweibrücken ZMR 1987, 102; s. auch § 1 Rn. 10). S. Heizung.

Antennen: GE, soweit sie der WEerGem dienen. Auch dann, wenn sie nur von einem WEer betrieben werden und nur ihm zu dienen bestimmt sind (BayObLG WE 1991, 261; 1987, 235), da sie mit dem Außengebäude notwendig verbunden sind. Anderslautende Vereinb möglich, s. auch Steckdosen.

Aufzug: GE; aber soweit in SE, SE (zB Lastenaufzug; BayObLG ZMR 2002, 285).

Außenjalousien: Soweit keine gegenteilige Regelung in der TErkl: GE (KG ZMR 1985, 344). S. auch Rollläden.

Außenputz oder -fassade: GE (OLG Düsseldorf BauR 1975, 61).

Außenwand: GE (BayObLG NJW-RR 1994, 82).

Badeinrichtungen: ZB Badewanne Innerhalb SE: SE. 10B
Balkenkonstruktionen: GE.
Balkon: Sondereigentumsfähig. GE, wenn er nicht ausdrücklich dem SE zugeordnet wird (BGH NJW-RR 2001, 800; OLG Frankfurt WE 1997, 350). Auch ohne Nummerierung gehört er nach neuerer Auffassung zum SE des WEers, von dem er aus zugänglich ist, selbst wenn Treppe zum GE vorhanden ist (OLG München ZMR 2012, 118; Schmidt MittBayNot 2001, 442, ansonsten GE: LG Wuppertal RNotZ 2009, 48; dieser Streit ist aber praktisch nicht entscheidend, da auch ohne solche Zuordnung das alleinige Nutzungsrecht der WEer der dazugehörigen Einheit hat, BayObLG ZWE 2004, 93). Ist der Balkon dem SE zugeordnet, ist dies zwar kein Verstoß gegen zwingendes Recht (BayObLG ZMR 1999, 59), bezieht sich aber nur auf den Balkonraum (BGH NJW 2010, 2129; OLG Düsseldorf ZMR 1999, 350), dh Bodenbelag einschl. Verfugung und der Anstrich der Innenseite, andere Teile sind GE (BGH NJW 2010, 2129; NJW-RR 1987, 525, 526), dh Brüstungen und Geländer, Bodenplatte einschließlich der Isolierschicht, Decken, Abdichtungsanschlüsse zwischen Gebäude und Balkon, Außenwände, Stützen und Türen (BGH NJW 2010, 2129), im Einzelnen danach GE: Balkondecke (BGH NJW-RR 1987, 526); Balkongeländer (BayObLG ZMR 1997, 37) bzw. Gitter (BayObLGZ 1974, 269, 271), Bodenplatten einschließlich darauf angebrachter Isolierschicht (BGH NZM 2001, 435), Brüstung einschließlich

§ 1 I. Teil. Wohnungseigentum

der Decken-/Kronenbleche (BayObLG NJW-RR 1990, 784), Balkonaußenwände (BGH NJW-RR 1987, 526) und Tür (OLG München NZM 2007, 369). Ob der Putz und der Anstrich auf der Balkoninnenseite dem GE zugehörig sind, ist streitig (SE: BayObLG WE 1994, 184: Anstrich, soweit nicht einsehbar, ansonsten GE: OLG Frankfurt DWE 1990, 107, 114: GE bei aus Sichtbeton bestehenden Innenseiten). Zum **GE** gehören ferner Isolierschichten sowohl gegen Feuchtigkeit (BayObLG NJW-RR 1987, 331), als auch als Schallschutz (Sauren Rpfleger 1985, 437), als auch gegen Wärme. Die Regenabflussinstallationen sind GE (AG Aachen vom 27.8.1998 – 12 UR 52/98). Sieht die TErkl SE vor, ist diese nichtige Klausel ggf. in eine Kostentragungslast des einzelnen SEer umzudeuten (OLG Hamm NJWE 1997, 114). Nach LG Düsseldorf ist Zuordnung zum SE auch als Kostentragungslast zu verstehen, wenn zB nicht alle ETWs Balkone haben (NZM 2002, 127, ähnlich OLG Karlsruhe NZM 2002, 220; Niedenführ NZM 2002, 106, ist abzulehnen s. BGH ZWE 2014, 125). Zur Verdeutlichung s. die folgende Skizze:

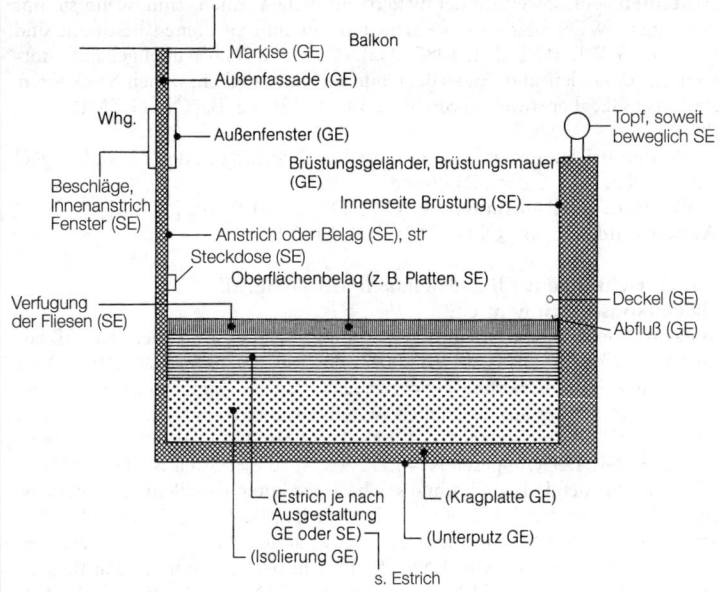

Balkonaußentreppe: GE.
Balkonbrüstungen: GE, da diese dem Schutz vor Witterungseinflüssen dienen sollen (OLG Düsseldorf ZMR 1991, 486).
Balkonstützen: GE (BayObLG NJW-RR 1986, 762).
Balkontrennmauer: Zwingend GE, wenn durch die Errichtung die äußere Gestaltung verändert wird (BayObLG WuM 1985, 31), ansonsten MitSE (Rn. 10).
Bankguthaben: S. Verwaltungsvermögen.

Begriffsbestimmungen **§ 1**

Bargeld: S. Verwaltungsvermögen.
Blechwanne mit Entwässerungssystem: GE (BayObLG NZM 1999, 28).
Blumen- oder Pflanzentröge: Können sowohl SE oder GE sein, je nachdem, in wessen Eigentum sie stehen. Dann aber zwingend GE, wenn sie gemeinschaftliche Aufgaben übernehmen, zB Ersetzung der Brüstungsmauern (BayObLG DWE 1987, 27; aA OLG Nürnberg vom 26.2.1987 – 2 U 3413/86).
Blockheizwerk: GE, wenn es auch der Beheizung der in einer Wohnungseigentumsanlage vorhandenen Wohnungen und Büros dient (LG Itzehohe ZWE 2012, 182), s. auch Heizung.
Böden: Zwischen den Wohnungen als konstruktive Bestandteile zwingend GE (KG NJW-RR 1993, 909), Bodenbelag innerhalb der Räume SE, zur Bodenplatte eines Balkons, vgl. Balkon. S. Decke, Estrich, Fußbodenbelag.
Bodenplatte: Des Gebäudes ist GE (OLG Köln NZM 1999, 84).
Brandmauer (auch Kommunmauer genannt): Als Abgrenzung zu SE GE, zugleich ME der Nachbarn (BGHZ 43, 129; 91, 282).
Brandschutzanlage: GE (OLG Frankfurt ZMR 2009, 864), S. Rauchwarnmelder.
Briefkasten: Briefkastenanlage GE, Briefschlitz in der Wohnungsabschlusstür ist deren wesentlicher Bestandteil, daher GE, auch das Innere eines Briefkastens ist GE (AG Pforzheim vom 27.5.1994 zit. nach Deckert 2, 2254), S. Türen.

Carports (= Kfz-Stellplätze im Freien mit vier Eckpfosten und Überdachung): GE (BayObLG ZMR 1986, 207). **10C**

Dach: Zwingend GE (BGH NZM 2001, 435), selbst wenn einer Einheit zugewiesen (als Hofüberdachung: OLG Düsseldorf ZWE 2008, 302 m. Anm. Sauren) oder als Lichtkuppel (Bärmann/Armbrüster § 5 Rn. 67); ebenso Dachbelag, wenn Isolierfunktion (OLG Frankfurt WE 1986, 141), dies gilt auch für alle übrigen Teile des Flachdachs, die Dachentwässerung, Regenfallleitung und Attika, ebenso bei Reihenhäusern (BayObLG NZM 2000, 674). **10D**
Dachfenster: S. Fenster.
Dachraum: S. Spitzboden
Dachrinne: GE (BayObLG NJWE 1996, 181).
Dachterrassen: GE, können aber durch TErkl zu SE werden, wenn sie nicht ebenerdig liegen. IÜ gilt das zum Balkon gesagte (BayObLG WE 1994, 314, aA Weitnauer/Briesemeister § 5 Rn. 10). S. Balkon
Decke: Ist GE (KG NJW-RR 1990, 334), wie Böden, ebenso wie Geschossdecke (OLG München NZM 2008, 493; BayObLG NJW-RR 1994, 82) oder abgehängte Decke (BayObLG WE 1998, 355). Ist jedoch eine Zwischendecke eingezogen, so ist der Luftraum und ggf. dessen Inhalt bis zur gem Decke SE, ebenso Deckenverkleidung.
Dichtung: ZB Dichtungsanschluss Balkon an Gebäude GE (BayObLG NZM 2000, 867), im SE SE.
Diele: Innerhalb SE: SE, innerhalb GE: GE, soweit es der einzige Zugang zu einem gem Raum ist: GE (BGH NJW 1991, 2909; OLG Düsseldorf ZMR 1999, 499), S. Eingangsflur.

Doppelhaus: Doppelhaushälften sind SEfähig nur bzgl. der Wohnungen, nicht jedoch bzgl. der Gebäudeteile, die für den Bestand oder die Sicherheit des Hauses erforderlich sind. Die Anlagen und Einrichtungen, die dem gemeinschaftlichen Gebrauch dienen, sind nicht SEfähig (BayObLG DNotZ 1966, 488).
Doppelstockgarage: S. § 3 Rn. 16.
Duplexparker: S. § 3 Rn. 16.

10E **Einbauschrank, -möbel in SE:** SE; im GE, zB Keller: GE.
Eingangsflur: Soweit nicht im SE gelegen: GE, dies gilt auch für Vorhallen, Korridore etc. (BayObLG DWE 1981, 27). S. Diele, Decke.
Eingangshalle: Soweit gemeinschaftlich genutzt, zwingend GE (BayObLG DWE 1981, 27).
Eingangspodest: Vor Haustüren zu SE ist GE (BayObLG WuM 1992, 705).
Eingangstür: S. Türen.
Elektrizitätsleitung: S. Anschlussleitungen.
Entlüftungsrohre: Ein Lüftungsrohr (hier: Lüftungskanal für Wrasenabzug für Küche einer Gaststätte) zählt, wenn sein Einbau nicht zu vorübergehenden Zwecken erfolgte, zum GE (OLG Hamburg ZMR 2003, 527).
Entsorgungsleitungen: S. Anschlussleitungen.
Erfassungsgeräte (zur Ermittlung des Verbrauchs von Versorgungsleitungen, zB Gas- und Wasseruhren): GE, wenn die ermittelten Ergebnisse der Abrechnung der GE im Innenverhältnis dienen (KG WE 1994, 52). S. Heizkostenverteiler.
Estrich: Hier wird vertreten, dass der Estrich regelmäßig GE sei (OLG Hamm ZMR 2007, 296; Müller Teil 2 Rn. 43 anders aber Teil 2 Rn. 36, Riecke § 5 Rn. 45) ohne eine Rechtsgrundlage zu nennen. Die zitierten Entscheidungen sagen dies aber nicht aus (zB OLG Hamm ZMR 1997, 193; BayObLG NJW-RR 1994, 598). Auch der II. Senat des BGH (NZM 2010, 205) hat für die entschiedene Komplettsanierung eines Balkons konkret nur ausgeführt, dies „betreffe jedoch die Balkonunterseiten und den Estrich, also Gemeinschaftseigentum". Vielmehr unterscheidet die Rechtsprechung wie hier, ob im Estrich eine Isolierfunktion vorhanden ist, dann GE (OLG Düsseldorf ZWE 2001, 166), ansonsten SE (OLG München Rpfleger 1985, 437 m. Anm. Sauren; LG Bonn WE 2001, 47; Happ WE 2001, 47), ebenso BeckOK WEG/Kesseler § 5 Rn. 38. Auch Bärmann/Armbrüster § 5 Rn. 74 führt aus, sofern er auch der Dämmung und der Isolierung diene, sei er GE.
Etagenheizung: IdR SE.

10F **Fäkalienhebeanlage:** Wenn sie dem gemeinschaftlichen Gebrauch aller WEer dient: GE. Wenn von der Baubehörde vorgeschrieben, und ausschließlich der Entsorgung eines SE dienend, nicht zwingend GE (BayObLG ZMR 1992, 66; OLG Düsseldorf WuM 1994, 716). Dient sie nur der Versorgung eines SE und ist sie innerhalb dieses SE aufgestellt, so SE (KG WE 1994, 52), nach OLG Düsseldorf (WuM 2001, 36) auch dann, wenn die Abwasserhebeanlage sich im gem Heizungskeller befindet.
Fahrstuhl: S. Aufzug.
Fallrohr: S. Regenrinne.
Fassade: GE (BayObLG NZM 2000, 282).

Begriffsbestimmungen § 1

Fenster nach außen: Die Fenster nebst Rahmen, Außenanstrich (BGH NJW 2012, 1722; ZWE 2014, 126) und die Verglasung (auch bei Doppelverglasung und Isolierverglasung: BayObLG WuM 2000, 560) sind GE, weil sie die äußere und innere Gestaltung des Gebäudes bestimmen (BayObLG WuM 1995, 326), ebenso die äußeren Fensterbleche (BayObLG NZM 2000, 282). Auch der Innenanstrich und frei montierbare Beschläge gehören zum GE (vgl. BGH WuM 2013, 756 Rn. 11; BeckOK WEG/Kesseler § 5 Rn. 39). Damit ist auch keine Möglichkeit gegeben, Teile, zB Innenrahmen und Innenscheiben bei echten Doppelfenstern mit trennbarem Rahmen zum SE zu erklären (BeckOK WEG/Kesseler § 5 Rn. 39; aA BayObLG ZWE 2000, 178 mwN; Bärmann/Armbrüster § 5 Rn. 71). **TErkl oder GO**, die Fenster allgemein zu SE erklären, sind nichtig (OLG Hamm WE 1992, 82). Das OLG Hamm versucht eine Umdeutung derartiger Regelungen in der TErkl in die Kostentragungspflicht der jeweiligen WEer „im Einzelfall" (so auch OLG Düsseldorf NJW-RR 1998, 515; OLG Karlsruhe NZM 2002, 220; 2011, 204). Dies verbietet sich nach dem OLG Hamm (WE 1996, 430) aber dann, wenn MEanteil im Vergleich zu anderen überhöht ist. Dem ist nicht zu folgen, da aus einer nichtigen Eigentumszuordnungsregelung keine weitergehende Folge für die Kostentragungslast gezogen werden kann (so auch BayObLG ZMR 2000, 241; ähnlich Schmidt WE 1998, 230). Deshalb muss nach dem BGH (NJW 2012, 1722; ZWE 2014, 125) eine klare und eindeutige Regelung zur Auferlegung vorhanden sein.
Fensterbank: Außenfensterbank (OLG Frankfurt NJW 1975, 2297) und Fensterladen (BayObLG WuM 1991, 440) sind GE.
Fensterkasten: S. Rollladen.
Fensterladen: S. Fensterbank.
Fertiggaragen (= ohne Fundament und sonstige Bodenverankerung aufgestellte Garagencontainer): Ihre konstruktiven Teile sind zwingend GE, da es sich im Hinblick auf ihr Eigengewicht um wesentliche Bestandteile des Grundstücks handelt (BayObLG WE 1989, 218).
Fettabscheider: Im Abwassersystem: GE (Ott in Deckert 3, 78).
Feuchtigkeitsisolierung: GE (OLG Köln ZMR 2002, 377).
Feuerleiter: GE (OLG Köln OLGR 2003, 251).
Filter: Soweit in SE, SE; ansonsten GE.
Flachdach: S. Dach.
Fliesen: Soweit in SE, SE; ansonsten GE.
Flur: S. Eingangsflur, Diele.
Fundamente: Zwingend GE.
Fußboden: SE, S. Balkon, Estrich.
Fußbodenbelag: Wie Teppich, Fliesen, Parkett oder Laminat innerhalb SE SE (BGH NJW 2012, 2725; BayObLG ZWE 2000, 178; DWE 1980, 62), ansonsten GE. S. auch Estrich und Böden.
Fußbodenheizung: Schlingen der Fußbodenheizung in der Wohnung sind SE (OLG Köln NZM 1999, 84, auch komplettes System AG Mettmann ZMR 2006, 240).

Garage: GE, aber SEfähig. Dies gilt für freistehende Garagen, wie auch für Sammel- und Tiefgaragen, nach der Rspr. nicht aber für an der Ausfahrtseite

10G

offene Garagen (OLG Celle WE 1992, 148, s. aber § 3 Rn. 13). Im Fall von SE sind jedoch die konstruktiven Bestandteile, die für den Bestand notwendig sind (Dach, Außenmauern, Tore etc.) dem GE zuzuordnen. Zu- und Abfahrten, Treppen etc. bleiben ebenfalls GE. Ein Stellplatz, der den einzigen Zugang zu der im GE stehenden Heizung oder den zentralen Versorgungsanschlüssen des Hauses darstellt, ist zwingend GE (BGH NJW 1991, 2909), aber SNR möglich (BGH NJW 1991, 2909, 2910). Zu SE an Stellplätzen in Garagen, die sich im GE befinden, s. Abstellplätze für Kfz, § 3 Rn. 16.

Garten: GE.
Gartenwasserhahn: GE (OLG München ZMR 2007, 561).
Gasleitungen: Als Hauptleitungen GE, ansonsten SE; S. auch Anschlussleitung.
Gegensprechanlage: Die sich in den Räumen befindlichen Sprechstellen sind SE, ansonsten ist die Anlage GE (OLG Köln ZMR 2003, 378, 379).
Geländer: GE, Treppengeländer innerhalb der ETW ist SE.
Gemeinschaftsräume: GE.
Geräteraum: Zwingend GE, wenn er dem ständigen Mitgebrauch aller WEer dient (BayObLG WuM 1995, 326).
Grenzanlagen: Die MEer benachbarter WEG-Gem bilden in Bezug auf ein beiderseits der Grundstücksgrenze errichtetes gem Treppenhaus keine Gem an den gesamten Treppenhausgebäude, sondern das GE der jeweiligen WEG-Gemeinschaft erstreckt sich auf den auf dem jeweiligen Grundstück befindlichen Gebäudeteil (OLG Hamm ZWE 2007, 44).
Grillplatz: GE (BayObLG ZMR 2001, 909).
Grundstücksfläche: GE (OLG Hamburg ZMR 2002, 372, 373).
Gully: IdR GE, auch im SE-Balkon.

10H

Hauptversorgungsleitung: GE, ggf. anders, wenn Heizung SE; s. auch Gasleitung, Anschlussleitungen.
Hausmeisterwohnung: GE, soweit der Hausmeister nicht WEer ist (BayObLG WE 1989, 146).
Haussprechanlage: Türöffner daran ist GE (AG Böblingen NJW-RR 1996, 1297; Bielefeld DWE 1997, 28).
Hauszugangsweg: IdR GE.
Hebeanlage: GE, s. Fäkalienhebeanlage.
Hebebühne: S. Doppelstockgarage.
Heizkörper: Soweit Heizkörper, Radiatoren, Konvektoren etc. im SE liegen, sind sie SE (BayObLG ZMR 2003, 367; OLG Hamburg ZMR 1999, 502), soweit in gemeinschaftlichen Räumen, GE. Eine Vereinb der Zuordnung der Heizkörper im Bereich des SE zum GE ist möglich. Der Stopfen des Heizkörpers gehört dazu. Heizkörper und dazugehörige Leitungen zum Anschluss an eine Zentralheizung können durch Vereinbarung dem SE zugeordnet werden. SE sind dann auch Heizungs- und Thermostatventile und ähnliche Aggregate (BGH NJW 2011, 2958). Bei der Gesamterneuerung der Zentralheizung einer Wohnanlage muss den WEern dann angemessene Zeit zur Umstellung der in ihrem SE stehenden Heizkörper und Anschlussleitungen gegeben werden. Danach können sie von der erneuerten Heizungsanlage ab-

Begriffsbestimmungen § 1

getrennt werden, wenn die alten Geräte mit der neuen Anlage nicht (mehr) kompatibel sind (BGH wie vor).
Heizkörperventile: GE (OLG Hamm ZMR 2001, 839; OLG Hamburg ZMR 1999, 502; AG Wenningsen ZMR 2009, 414).
Heizkostenverteiler: GE, da sie der Ermittlung der Verteilung der Kosten iSd § 16 Abs. 2 dienen (OLG Karlsruhe WuM 1987, 97, dem wohl auch BGH ZMR 2003, 937, 940 zuneigend; aA OLG Köln DWE 1990, 108). Ein Beschl zum Wechsel ist daher möglich (OLG München ZMR 2009, 64 mwN; aA LG Frankfurt ZMR 1997, 156), ebenso zur Überprüfung, Neueinstellung und Verplombung (BayObLG NJW-RR 1987, 1493). S. Verbrauchszähler, auch § 16 Rn. 26: Eichpflicht.
Heizungsanlage: Die Heizungsanlage inkl. Kessel und evtl. vorhandenem Tank (OLG Köln ZMR 1998, 113) steht grds. im GE (OLG Düsseldorf ZMR 2003, 953, 954; KG ZMR 2003, 375), wenn ausschließlich die WEerGem versorgt wird (BGHZ 73, 302). SE aber dann möglich, wenn die von einem WEer errichtete Anlage dazu bestimmt ist, über die WEerGem hinaus weitere Gebäude mit Wärme zu versorgen (BGH Rpfleger 1975, 124; aA Bärmann/Armbrüster § 5 Rn. 42, Weitnauer/Briesemeister § 5 Rn. 14) oder sie einzelnen SE dient (BayObLG NZM 2000, 516; aA Staudinger/Bub § 5 Rn. 40). In diesem Falle auch SE möglich, wenn die Heizungsgeräte in einem gemeinschaftlichen Kellerraum untergebracht sind oder nach LG Mönchengladbach in anderem SE (RPfleger 2002, 201). Diese von der Rspr. entwickelte Lösung überzeugt nicht (Weitnauer/Briesemeister § 5 Rn. 24; Bärmann/Armbrüster § 5 Rn. 36 ff.; Staudinger/Bub § 5 Rn. 36 ff.). Für die Zuordnung zum GE kommt es nach § 5 nicht darauf an, **ob außerhalb der Gem Stehende versorgt werden** oder von wem sie betrieben wird (Ott in Deckert 3/78). Es spricht viel dafür, die Heizungsanlage zwingend dem GE zuzuordnen, wenn sie die Gem versorgt (so auch OLG Zweibrücken ZMR 1984, 33; Müller Teil 22 Rn. 18), dabei kommt es auch nicht auf die Versorgung der Mehrheit der Gem an (Wie soll sie ermittelt werden?), sondern nur darauf ob mehr als ein WEer versorgt wird (Staudinger/Rapp § 5 Rn. 40). Vgl. auch Blockheizwerk, Überbau: Rn. 12.
Heizungsraum: GE (BayObLG Rpfleger 1980, 230), ebenso der einzige Zugang (BayObLG Rpfleger 2004, 214).
Heizungsrohre: Die Hauptleitungen stehen auch dann im GE, wenn das Heizwerk selbst im SE steht (OLG Düsseldorf, Beschl vom 26.9.1973 – 11 U 100/72, zitiert bei Hurst DNotZ 1984, 159), also die aufsteigenden Leitungen innerhalb der Häuser, von denen wiederum die Versorgungsleitungen zu den einzelnen Wohnungen abzweigen. Fernleitungen, die zu anderen Häusern und durch sie hindurch verlaufen, sind Bestandteil der „Gesamtheit Kraftwerk" (OLG Düsseldorf aaO), vgl. IÜ Anschlussleitungen.
Hof: GE, da unbebaute Grundstücksfläche.
Humusschicht: Auf Dach GE (BayObLG WE 1992, 203).

Innenanstrich: Bei Räumen, Fenstern, Wohnungsabschlusstüren SE.
Innenhof: Steht zwingend im GE, auch wenn er allseits von Mauerwerk umfasst ist und mit einem Glasdach überdacht ist (Sauren ZWE 2008, 306;

Niedenführ § 5 Rn. 29; insoweit in OLG Düsseldorf ZWE 2008, 320 nicht entschieden, aA Bärmann/Armbrüster § 5 Rn. 91).
Installationen: S. Anschlussleitungen.
Isolierschichten: Für Wärme/Schall/Wasser GE (BayObLG ZMR 2004, 928; OLG Düsseldorf DWE 1979, 128), s. Balkon.

10J **Jalousien:** Hier ist zu unterscheiden: Zugvorrichtungen und Gurte sind SE (OLG Frankfurt v. 12.6.2003 – 20 W 558/00). Die Jalousien selbst können SE sein. Kasten und offenliegende Führungsschienen sind GE (OLG Saarbrücken ZMR 1997, 31), insbesondere wenn sie außen liegen.

10K **Kamine:** GE (KG WuM 1994, 39, auch Notkamine, BayObLG NJWE 1996, 179/180) bis zu dem Punkt des Übergangs in SEräume, ab dann SE (LG Frankfurt vom 12.3.1990 – 2/9 T 1215/89 zit. nach Bielefeld S. 48; Bärmann/Armbrüster § 5 Rn. 87), auch wenn nur durch ein WE genutzt (BayObLG ZMR 1999, 50; aA Müller ZWE 2014, 204).
Kanalisation: Zwingend GE, s. Abflussrohre.
Kelleraußentreppe: GE (OLG Frankfurt ZMR 2009, 216).
Kellerdecken: GE.
Kellerraum: GE, sie können jedoch, soweit sie abgeschlossen sind, als Nebenräume dem SE zugeordnet werden. Dient der Raum jedoch zwingend gemeinschaftlichen Aufgaben (zB Zugang zum Kellerausgang), besteht GE (BayObLG DNotZ 1981, 123; BGH NJW 1991, 2909), s. Raum.
Kesselraum: S. Tankraum.
Klingel: S. Sprechanlagen, Haussprechanlage.
Kommunmauer: S. Brandmauer.
Korridor: S. Diele.

10L **Laubengang:** GE (BGH NJW 1991, 2481).
Leitung: S. Anschlussleitungen.
Leuchtreklamekasten: GE.
Lichtschächte oder -kuppeln: IdR GE.
Loggien: S. Balkon.
Luftschächte: GE, soweit sie nicht ausschließlich bestimmtem SE dienen.

10M **Markisen:** Sind GE (OLG Frankfurt NZM 2007, 523; Eichhorn WE 2004, 58; Staudinger/Rapp § 5 Rn. 25, differenzierend: Bärmann/Armbrüster § 5 Rn. 91), da sie Zubehör des Gebäudes werden und regelmäßig die gesamte Außenfront angesprochen ist. Davon gehen anscheinend auch BayObLG (NJW-RR 1986, 178) und OLG Frankfurt (OLGZ 1986, 42) aus. Anderslautende Vereinb möglich. **Bei nachträglicher Anbringung** sind deshalb vom Verwalter einige Dinge zu beachten: Ist die Anbringung technisch und fachlich in Ordnung (ggf. Abnahme durch Sachverständigen auf Kosten des Anbringenden)? Ist sie in die Gebäudeversicherung einbezogen, zB bei Sturmschaden? Wer trägt die zukünftigen Mehrkosten (Beschl gemäß § 16 Abs. 3); was geschieht bei Fassadenrenovierung oder Anstrich, muss sie dann beseitigt werden? In dem die Anbringung gestattenden Beschl muss die Auferlegung der Beseitigungs- und Wiederanbringungskosten ausdrücklich geregelt werden, ansonsten wird Gestattungsbeschl **verbindlich** (BayObLG DWE 2000,

Begriffsbestimmungen § 1

84) und Gem muss die Kosten dafür bezahlen. Deshalb sind Art und Höhe der Sicherheitsleistung im Gestattungsbeschluss festzulegen.
Mauer: Soweit tragend oder Außenmauer: GE, S. Brandmauer.
Möbel: Einbaumöbel sind in SE SE, ansonsten GE.
Müllbehälter, Müllschächte: GE, soweit nicht im Eigentum Dritter (zB Stadtwerke etc.).

Nebenraum: ZB Keller: GE, aber SE-fähig.
Notstromaggregat: GE (AG Weinheim DWE 1991, 84), jetzt, wenn transportabel, Verwaltungsvermögen mit der Folge des Verbandsvermögens (§ 10 Abs. 6).

Parkett: in SE SE, ansonsten GE (BayObLG ZMR 1994, 167)
Pflanzentrog: S. Blumentrog.
Podest: S. Eingangspodest.
Putz: Innenputz in SE: SE, ansonsten GE (BayObLG ZMR 2003, 367).
Pyramide: Ausgebaute Pyramide im Dach kann SE sein (KGR Berlin 2006, 418).

Rasenmäher: S. Verwaltungsvermögen.
Rauchwarnmelder: GE (OLG Frankfurt ZMR 2009, 864; LG Hamburg ZMR 2012, 129; hierzu Schneider ZMR 2010, 821; Schultz ZWE 2011, 21; Greupner ZMR 2012, 497, Abramenko, ZWE 2013, 117), insbesondere wenn aufgrund eines Beschl der Gem angebracht (BGH NJW 2013, 3092 Rn. 15), wenn von WEer angeschafft SE (BGH NJW 2013, 3092 Rn. 17), es sei denn, sie sind Zubehör.
Raum: Jeder Raum ist als Nebenraum SE-fähig (OLG München NZM 2009, 402), er ist zwingend GE, wenn er zum ständigen Mitgebrauch der WEer dient (BGH NJW 1991, 2909, zB als Zugang zur gemeinschaftlichen Heizung), ggf. Ausnahme bei Zweier-WEerGem (LG Duisburg NZM 2014, 169; OLG Zweibrücken ZMR 1999, 431); s. Kellerraum, Tankraum, Geräteraum.
Regenrinne: GE (BayObLG WuM 1989, 539; OLG Düsseldorf WE 90, 116).
Reklame- oder Leuchtschrift: GE.
Rollläden: S. Jalousien.
Rücklage, Rückstellung: S. Verwaltungsvermögen.
Rückstausicherung: GE (OLG Köln WuM 1998, 308); soweit in SE SE (AG Hannover ZMR 2004, 786).

Satellitenschüssel: Regelmäßig GE, soweit für das GE, s. Antenne.
Sauna: Regelmäßig GE, es sei denn, sie ist in der TErkl zu SE erklärt (vgl. BGH NJW 1981, 455), oder in SEräumen integriert (BayObLG NJW-RR 1988, 587).
Schaufensterscheiben: S. Fenster.
Schaukästen: In der Fassade GE (OLG Stuttgart WEM 1980, 38), dienen sie nur einer Einheit SNR sinnvoll.
Schilder aller Art: GE.
Schließanlage nebst Generalschlüssel: GE (OLG Hamm NJW-RR 2004, 1310).

Schlüssel und Schloss: Schlösser in GE: GE; in SE: SE. Schlüssel und Schloss bilden eine Einheit, da hier Schlüssel kein Zubehör (vgl. Schmid DWE 1987, 37), dh Eigentum an dem Schlüssel folgt dem Eigentum am Schloss. Das Wohnungseingangstürschloss und der Wohnungseingangstürschlüssel sind Sondereigentum, da Gem kein Recht zur Benutzung zusteht (aA Schmidt ZWE 2014, 78). S. auch Türen.
Schneeschippe: S. Verwaltungsvermögen.
Schornstein: GE (OLG Frankfurt NJW 1975, 2297), s. auch Kamine.
Schwimmbad: Wie Sauna.
Speicherraum: GE.
Spielraum: Regelmäßig GE, es sei denn, er ist in der TErkl zu SE erklärt.
Spitzboden: GE, wenn nicht zum SE erklärt, auch dann, wenn nur über SE zu erreichen (BayObLG NZM 2001, 384). Es entsteht auch dann kein SE, wenn er schon bei Errichtung des Gebäudes wohnlich ausgebaut war (OLGR Celle 2007, 756).
Sprechanlagen: GE bis zur Abzweigung in das SE (zweifelhaft, ob die gesamte Anlage nicht in GE steht, s. BGH NJW 2013, 1154); soweit ihre Funktionsfähigkeit zum Betrieb der Hausanlage nicht erforderlich ist, steht sie im SE (OLG Köln ZMR 2003, 378). S. Haussprechanlage.
Sprinkleranlage: für GE: GE; im SE für SE: SE. S. Brandmeldeanlage.
Steckdose: im SE: SE, im GE: GE. Auf dem Balkon, der im SE steht: SE.
Stellplatz: S. Garagen.
Stromleitung: S. Anschlussleitungen.

10T **Tankraum:** Kessel- und Tankraum der Heizungsanlage stehen zwingend in GE (KG ZMR 1989, 201), wenn Heizungsanlage GE, auch der Zugangsraum (BGH NJW 1991, 2909).
Tankstelle: Zwingend GE, da kein Raum.
Tapeten: Im SE-Bereich: SE, im GE: GE (BayObLG ZMR 2003, 367).
Telefonanschlüsse: GE bis zum Übergang in die Räume des SE.
Teppichboden: Ein im Treppenhaus fest verlegter Teppichboden ist GE, im SE verlegter Teppichboden ist SE (BayObLG ZMR 2003, 367).
Terrassen: Hier ist zu unterscheiden: An ebenerdigen Terrassenflächen besteht zwingend GE (OLG Köln OLGZ 1982, 413; LG Landau NZM 2011, 554). An vertikal abgegrenzten nicht ebenerdigen Terrassen sowie Dachterrassen kann SE begründet werden (LG Köln ZMR 2003, 66, 67; vgl. OLG Frankfurt Rpfleger 1975, 178), es gelten dann dieselben Grundsätze wie bei Balkonen (BayObLGZ 1987, 50), s. Balkon.
Thermostatventile: S. Heizkörperventile.
Tiefgarage: S. Garage.
Tragende Wand oder Trennmauer: Nichttragende Wände, die als Trennmauern zwischen zwei Wohnungen oder Räumen GE dienen, können unter Beschränkung auf die beiden Nachbarn sog „Mitsondereigentum" sein (BGH NZM 2001, 196), s. Rn. 10 oder durch Vereinb GE (BayObLG NJW-RR 1992, 15), vgl. Brandmauer.
Trennwand: Nachträglich angebrachte Trennwand am Balkon ist GE (BayObLG WuM 1985, 31, 32).

Begriffsbestimmungen § 1

Treppen: Sind GE, soweit sie nicht innerhalb des SE liegen.
Treppenhaus: GE auch wenn nur als Zugang für ein WE dient (BGH NJW 1991, 2481; 2013, 1154) einschließlich Wänden und Steigleitungen (BayObLG ZMR 2002, 211); s. auch Grenzanlage.
Trittschalldämmung: GE (BGH NJW 1991, 2408), s. Balkon und Estrich.
Trockenplatz: GE.
Türen: Hier gilt das zu Fenstern Gesagte entsprechend: dh Türen innerhalb des GE sind GE, Türen innerhalb des SE sind SE bis auf Wohnungsabschlusstüren (OLG Düsseldorf NZM 2000, 193; LG Stuttgart Rpfleger 1973, 401). Türen zum Hausflur sind GE, ebenso zum Freien (LG Flensburg DWE 1989, 70). Wohnungsabschlusstür nebst allen Bestandteilen wie Beschlägen, Knäufe, Schlitze, Sucher etc. bis auf den Innenanstrich sind zwingend GE (BGH NJW 2014, 379 m. Anm. Schmidt ZWE 2014, 77), ebenso Ausgangstür zum Keller oder Garage (BGH ZWE 2014, 125), aber bei Zuordnung in GO dem SE Umdeutung in Kostentragung und Handlungspflicht möglich (OLG München ZWE 2007, 490).
Türöffner: S. Haussprechanlage.
Türschließanlage: GE, soweit nicht im SE gelegen (BayObLG WE 1989, 212).

Uhren: S. Erfassungsgeräte. 10U

Ventilator: In SE: SE (BayObLG ZMR 2002, 285). 10V
Ventile: S. Heizkörperventile.
Veranden: S. Dachterrasse.
Verbindungsflur: S. Diele.
Verbrauchszähler: ZB für Wasser GE (OLG Hamburg ZMR 2004, 291; aA Lehmann-Richter ZWE 2013, 71: SE), s. auch Heizkostenverteiler.
Verdunstungsmesser: S. Wärmemengenzähler.
Verputz: Im GE: GE, im SE: SE, s. Putz.
Versorgungsleitung: S. Anschlussleitungen.
Verwaltungsunterlagen: S. Verwaltungsvermögen.
Verwaltungsvermögen: Hierzu gehören
– Zubehör des GE (BayObLG NJW 1975, 2296): Waschmaschine, Rasenmäher, Schneeschippe, Handwerkszeug des Hausmeisters;
– Früchte des Grundstücks (zB Obstbaum);
– Bargeld, Gemeinschaftskasse, Rückstellung, Instandhaltungsrücklagen, Forderungen (zB aus der Vermietung von GE) und
– Verwaltungsunterlagen (Baupläne, Statik etc.).
Das Verwaltungsvermögen gehört dem Verband (§ 10 Rn. 87 ff.).
Vorhalle: Im GE-Haus zwingend GE, in der ETW: SE.
Vorkaufsrecht: Vorkaufsrechte der anderen WEer können (bei Begründung des WE durch vertragliche Einräumung von SE gemäß § 3) nicht als Inhalt des SE in das Grundbuch eingetragen werden (OLG Bremen Rpfleger 1977, 313).

Wandschrank: S. Einbauschrank. 10W
Wand: Tragende: GE (BayObLG NJW-RR 1995, 649), Abschluss SE zum GE: GE (BayObLG NZM 2001, 893); SE zu SE: MitSE, s. Rn. 11; nicht tragende Zwischenwand im SE: SE.

Waschbecken: Innerhalb SE: SE
Waschmaschine: S. Verwaltungsvermögen.
Wasserleitungen, -rohre: S. Anschlussleitung.
Waschküche: GE, wenn sie mehreren dient (OLG Frankfurt ZMR 2009, 216), ansonsten aber SE-fähig.
Wasseruhren: S. Erfassungsgeräte und Heizkostenverteiler.
Wärmemengenzähler: GE, s. Heizkostenverteiler.
WC: Innerhalb SE: SE
Wintergarten: Ebenerdiger: GE (OLGR Düsseldorf 2005, 148).
Wohnungserweiterung: Werden Räume baulich in eine Wohnung einbezogen, so führt dies auch dann nicht kraft Gesetzes zur Entstehung von SE, wenn es unverschuldet oder mit Erlaubnis der übrigen WEer geschieht. Die Vorschriften bzgl. des Überbaus (§§ 912 f. BGB) sind insoweit nicht entsprechend anzuwenden (BayObLG Rpfleger 1993, 488).

10Z **Zähler:** S. Heizkostenverteiler.
Zentralheizungen: S. Heizungsanlage.
Zigarettenautomaten: GE.
Zubehör des Grundstücks: Waschmaschine, Rasenmäher, Schneeschippe, Handwerkszeug des Hausmeisters; s. hierzu Verwaltungsvermögen.
Zugangsraum: S. Diele; Heizungsraum; Tankraum.
Zuleitungen: S. Anschlussleitungen.
Zwischendecke: Folie in ihr ist GE (OLG Köln ZMR 2002, 377).
Zwischenwände, nichttragend: Grds. SE im SE, bei zwei Wohnungen MitSE (s. Rn. 12), ansonsten GE.

11. Verbindung von Sondereigentum mit Miteigentum

11 Abs. 4 **verbietet, SE mit ME an mehreren Grundstücken** zu verbinden.

a) Mitsondereigentum

12 Man hatte in der Literatur versucht, ein neues Rechtsinstrument, das sog **Mitsondereigentum**[18] zu schaffen. Einzelne Teile des GE sollten einigen WEern zum alleinigen Gebrauch zugewiesen werden und zwar in dreierlei Hinsicht:
– an Teilen des GE, zB Treppenhaus, Sauna, Lift oder gemeinschaftliches Schwimmbad;
– an Räumen (zB Vorraum zu einem WE nach Unterteilung) und
– an Gebäudebestandteilen, wie zB der nicht tragenden Trennwand zwischen zwei Wohnungen oder der darin verlegten Leitungen (zB Wasser).
Soweit es sich zwingend um Gebäudeteile des GE handelt (aa), ist gemäß § 5 eine abweichende Eigentumsgestaltung nicht möglich (zB Decke zwischen zwei Wohnungen).[19] Die Verbindung von Gebäudeteilen oder SEfähigen Gegenständen (bb) ist aufgrund von Abs. 4 nicht möglich, da ansonsten SE mit zwei MEan-

---

[18] Sauren DNotZ 1988, 667.
[19] KG NJW-RR 1990, 334; oder Heizung für zwei SE, BayObLG NZM 2000, 516.

teilen verbunden wäre,[20] bspw. bei Abwasserhebeanlage.[21] Allein im Fall cc) ist Mitsondereigentum möglich.[22] Die rechtliche Ausgestaltung erfolgt dann in Form einer Nachbargemeinschaft (gemäß §§ 921, 922 BGB).[23] Nach OLG Schleswig ist es nicht möglich, an wesentlichen Bestandteilen des Gebäudes Mitsondereigentum zu begründen; dies soll nur bei Nachbareigentum möglich sein.[24]

b) Zuordnung von Gebäuden

Abs. 4 **verbietet jedoch nicht**, WE an einem einheitlichen Gebäude auf mehreren Grundstücken zu begründen,[25] da das über zwei Grundstücke hinübergehende Gebäude rechtlich einem zugeordnet werden kann, evtl. durch einen Überbau (§ 912 BGB). 13

c) Überbau

Soweit ein **Gebäudeteil auf ein anderes Grundstück hinüberragt** (sog Überbau), kommen folgende Fallgestaltungen in Betracht:[26] 14

aa) Rechtmäßiger Überbau. Der Nachbareigentümer hat seine Zustimmung zum Überbau gegeben (sog rechtmäßiger Überbau), oder der Überbau ist gemäß § 912 Abs. 1 BGB entschuldigt. In diesem Fall ist das ganze Gebäude wesentlicher Bestandteil des Stammgrundstücks geworden und ihm damit eigentumsrechtlich zugeordnet. Deshalb kann SE im ganzen Gebäude mit ME am Stammgrundstück zu WE verbunden werden,[27] zB bei Erker.[28] Dies gilt auch dann, wenn das SE nur auf dem Nachbargrundstück liegt.[29] 15

bb) Kein Überbau. Sind die Gebäude auf dem Nachbargrundstück nicht wesentliche Bestandteile des Stammgrundstücks geworden, etwa weil die Voraussetzungen des § 912 Abs. 1 BGB nicht vorliegen, so kann kein WE entstehen, weil SE gemäß Abs. 4 nur mit einem MEanteil am Stammgrundstück verbunden werden kann.[30] 16

cc) Gebäudeüberstand. Sind die Gebäudeteile eigentumsrechtlich dem Grundstück zugeordnet, auf dem sie stehen (zB Tiefgaragen unter mehreren Eigentumswohnanlagen), so kann SE an ihnen nur mit MEanteilen am dazugehörigen Grundstück zu WE verbunden werden. Dafür ist jedoch Voraussetzung, dass sich jedes SE einer jeden Anlage auf seinem Grundstück befindet und die 17

---

[20] BGH NJW 1995, 2851, 2853; OLG Karlsruhe ZMR 2014, 49.
[21] OLG Schleswig WuM 2007, 285.
[22] BGH NJW 2008, 2982; 2001, 1212; LG Karlsruhe ZMR 2011, 740; OLG Zweibrücken NJW-RR 1987, 332; Sauren DNotZ 1988, 667.
[23] OLG München NZM 2006, 344; ausführlich Sauren DNotZ 1988, 667.
[24] OLG Schleswig ZMR 2007, 726.
[25] Demharter Rpfleger 1983, 133.
[26] Sauren Rpfleger 1985, 265.
[27] OLG Stuttgart ZWE 2011, 410.
[28] LG Bautzen NZM 2001, 201.
[29] Sauren Rpfleger 1985, 265.
[30] Sauren Rpfleger 1985, 265.

Grundstücksgrenze keinen Stellplatz durchschneidet.[31] Zum Nachweis des Eigentums am Überbau genügt eine Erklärung des Nachbarn in Form des § 29 GBO.[32]

18 Problematisch ist die Eigentumslage, wenn eine in sich untrennbare Heizungsanlage sich in einem großen Raum befindet, der sich über zwei Eigentümergemeinschaften erstreckt, wobei jeweils eine Hälfte des Raumes SE der beiden Gemeinschaften ist. SE an der Anlage kann nur dann begründet werden, wenn sie sich vollständig auf einem Grundstück befindet oder ein entschuldigter Überbau vorliegt.[33] Dabei kann die Zuordnung jeweils nur zu einer GE erfolgen (§ 1 Abs. 4). Bei unentschuldigtem Überbau fallen Gebäudebestandteile in das Eigentum dessen, auf dessen Grundstück sie sich befinden.[34] Zu prüfen ist hier jeweils besonders sorgfältig, ob Scheinbestandteile vorliegen (§ 95 BGB), mit der Folge, dass GE und SE ausgeschlossen wären.

19 dd) Grenzwand auf dem Nachbargrundstück. Kommt eine mit einem **Überbau** verbundene bauliche Maßnahme an der Grenzwand auf dem Nachbargrundstück in ihren Auswirkungen einer baulichen Veränderung des GE (§ 22 Abs. 1 S. 1) gleich, ist die Wirksamkeit eines Beschl, mit dem dem Nachbarn die Zustimmung zu dem beabsichtigten Überbau erteilt wird, nach § 22 Abs. 1 S. 2 zu beurteilen.[35]

1. Abschnitt. Begründung des Wohnungseigentums

Vorbemerkung vor § 2

Bei **rechtlichen Fehlern,** die bei der Begründung des WE unterlaufen können (sog Gründungsmängel), ist zu unterscheiden:[1]

1. Inhaltsmängel

1 Die Fehler betreffen die rechtliche Gestaltung (des Inhalts) des WE (**sog Inhaltsmängel**).

Beispiele: Der Raum sollte anstatt im SE im GE stehen; der genaue Standort des Bauwerks oder Bauwerkteils lässt sich nicht aus dem Aufteilungsplan ersehen; nicht mit allen MEanteilen ist SE verbunden. In diesem Fall sind die Grundbücher durch die inhaltlich unzutreffende Eintragung unrichtig.[2] Ein Dritter kann in diesem Fall auch nicht gutgläubig Eigentum erwerben oder in der Zwangsversteigerung erstehen; was rechtlich

---

[31] Vgl. LG Leipzig Rpfleger 1999, 272 m. Anm. Wudy; aA LG Nürnberg DNotZ 1988, 321 m. Anm. Röll.
[32] Sauren Rpfleger 1985, 265; aA LG Stade Rpfleger 1987, 63.
[33] LG Leipzig Rpfleger 1999, 272.
[34] BGH NJW 1958, 1182.
[35] OLG Celle ZMR 2004, 361.

[1] Thoma RNotZ 2008, 121.
[2] OLG Hamm OLGZ 1977, 264.

nicht existiert, ist auch nicht erwerbbar. Nach OLG Hamm[3] ist zB bei TE dieses zu löschen. Eine Beseitigung des Fehlers ist nur durch neue Einigung aller WEer und Eintragung möglich. Solange WE eingetragen ist, besteht eine (faktische) WEerGem, welche die Befolgung der Regeln des WEG gebietet einschließlich § 11.

2. Abschlussmängel

Bei Abschluss des Begründungsgeschäfts sind Fehler bzw. Mängel **(sog Abschlussmängel)** unterlaufen und sie betreffen das Verfügungsgeschäft. 2

Beispiel: Der teilende WEer war geschäftsunfähig, oder bei Teilung gemäß § 3 wird diese wegen arglistiger Täuschung angefochten.

Bei Nichtigkeit des **(Verfügungs-)Geschäfts** ist kein WE entstanden. Deshalb besteht eine (faktische) WEerGem (ohne § 11) bis zur Geltendmachung der Nichtigkeit.[4] In der Zwischenzeit **ist gutgläubiger Erwerb** eines Dritten durch Kauf oder Zwangsversteigerung möglich und heilt damit die Mängel.[5] 3

Wirkt ein gutgläubiger **Nichtberechtigter** (zB Bucheigentümer) am (Verfügungs-)Geschäft mit, so ist bei Teilung gemäß § 3 WE entstanden. Bei Begründung nach § 8, oder wenn alle Beteiligten bei Teilung gemäß § 3 nicht berechtigt sind, entsteht WE erst nach gutgläubigem Erwerb eines WE durch Dritte.[6] 4

§ 2 Arten der Begründung

Wohnungseigentum wird durch die vertragliche Einräumung von Sondereigentum (§ 3) oder durch Teilung (§ 8) begründet.

Übersicht

	Rn.
1. Normzweck	1
2. Begründung vor Gebäudeerrichtung	2
3. Entstehung des SE	3
4. Bauabweichungen	4
a) Unwesentliche bzw. minimale Abweichungen	5
b) Wesentliche Abweichungen	6
c) Zusätzlich gebaute Räume	7
d) Grundrissabweichungen	
aa) Abweichung Plan und Bau	8
bb) Abweichung von Sondereigentum zu Gemeinschaftseigentum oder fremdem Sondereigentum	8a
e) Abweichung in der Abgrenzung von Sondereigentum	9
f) Gebäude hat eine andere Lage	10
g) Abweichung der errichteten Wohnanlage	11
h) Überbauvorschriften	12
5. Reihenfolge der Begründung von Wohnungseigentum	13

---

[3] OLG Hamm OLGZ 1977, 264.
[4] Weitnauer/Briesemeister § 3 Rn. 36 mwN.
[5] BGH NJW 1990, 448.
[6] Palandt/Bassenge § 2 Rn. 2.

1. Normzweck

1 Dieser Paragraph zählt abschließend die **Möglichkeiten** auf, **WE zu begründen**. Andere Arten gibt es nicht. Der Rechtsgrund, WE zu begründen, kann aber ein anderer sein, zB aufgrund einer Teilungsanordnung.[1]

2. Begründung vor Gebäudeerrichtung

2 Es ist bereits bevor das Gebäude errichtet wird möglich, WE zu begründen. Sowohl § 3 Abs. 1, als auch § 8 Abs. 1 sprechen von „errichteten oder zu errichtenden Gebäuden". Solange der Bau noch nicht beendet ist, besteht das WE neben dem ME am Grundstück aus dem Anspruch (juristisch sog **Anwartschaftsrecht**) auf den MEanteil an den künftig im GE stehenden Gebäudeteilen und dem künftigen SE entsprechend dem Aufteilungsplan. Dieses WE kann auch schon veräußert werden.[2] Selbst bei einem öffentlichen Verbot, zB Bauverbot, besteht das Anwartschaftsrecht.[3] Das SE kann deshalb auch erst nach Jahren gebaut werden, selbst wenn andere SEanteile schon bestehen.[4] Wird das SE endgültig nicht errichtet und haben die WEer kein Interesse daran, kann aus Treu und Glauben ein Anspruch auf Bereinigung[5] bestehen, zB Übernahme der MEanteile ohne Ausgleich oder es existiert als isoliertes ME fort (s. § 3 Rn. 8).

3. Entstehung des SE

3 Das SE kann erst entstehen, wenn ein Gebäude vorhanden ist. Es **entsteht schrittweise** mit der Errichtung der einzelnen Raumeinheiten im Rohbau.[6] Die Verpflichtung zur Errichtung des Gebäudes kann sich aus einer Bauherrengemeinschaft (GbR)[7] oder aus der TErkl[8] ergeben.

4. Bauabweichungen

4 Bauabweichungen **(aufteilungsplanwidrige Bauausführungen)**, dh Abweichungen des Baukörpers in natura gegenüber dem ursprünglichen Plan, sind relativ häufig.[9]

---

[1] BGH NJW 2002, 2710.

[2] OLG Düsseldorf ZWE 2006, 868 m. Anm. Kreuzer 309: Ausgleichsanspruch des Veräußerers bei Vorschusszahlung wegen Mangel.

[3] BGH NJW 1990, 1111.

[4] OLG Hamm Rpfleger 2003, 574; OLG München NZM 2010, 749 m. Anm. Klühs 730.

[5] BayObLG NZM 2002, 25.

[6] BGH NJW 1986, 2759, 2761; aA OLG Düsseldorf Rpfleger 1986, 131: erst nach endgültiger Fertigstellung.

[7] BGH NJW-RR 1986, 1419; OLG Karlsruhe ZMR 2000, 56.

[8] BayObLG NJW 1957, 753.

[9] S. ausf.: Thoma RNotZ 2008, 121; Armbrüster ZWE 2005, 182; Abramenko ZMR 1998, 741.

Arten der Begründung § 2

a) Unwesentliche bzw. minimale Abweichungen[10]

Gestatten nach der Rechtsprechung keine nachträglichen Änderungen (Verstoß 5
gegen Treu und Glauben, da Kosten regelmäßig außer Verhältnis), nach KG ggf.
aber einen Ausgleichsanspruch.[11]

b) Wesentliche Abweichungen

Hier gilt folgendes: Betreffen die **Abweichungen** lediglich die **innere Gestal-** 6
tung

Beispiel: innere Aufteilung der Räume und **Aufteilung im SEbereich, egal ob durch Zuschnitts- oder Nutzungsänderung**

bleibt aber die räumliche Abgrenzung von SE, GE und fremdem SE, also die „Außengrenzen" zum GE und den anderen SE bestehen,[12] so entsteht geplantes SE.[13] Werden einzelne Räume, auch Nebenräume im Keller oder Dachboden, anders als ausgewiesen genutzt,

Beispiel: SE-Keller ist tatsächlich GE-Fahrradabstellraum

insbesondere auch von anderen WEern benutzt, ändert das die dingliche Rechtslage nicht. Eine „Anpassung" der ausgewiesenen Eigentumsverhältnisse an die tatsächlichen Nutzungsverhältnisse kann dann naturgemäß nicht durch Berichtigung des Grundbuches, sondern nur durch erneute Auflassungen und rechtsbegründende Eintragungen erreicht werden.

c) Zusätzlich gebaute Räume

Bei zusätzlich gebauten Räumen entsteht GE.[14] Soweit einzelne oder mehrere 7
Räume **nicht gebaut** werden, bleibt das Anwartschaftsrecht (Rn. 2) in dem dort beschrieben Umfang bestehen.

d) Grundrissabweichungen

aa) Abweichung Plan und Bau. Ist die Begrenzung des SE zu anderem SE 8
oder GE nach dem Aufteilungsplan und der Bauausführung eindeutig, entsteht SE an dem betreffenden Raum, selbst dann, wenn es an einer tatsächlichen Abgrenzung des Raums gegen fremdes SE fehlt[15] und Anspruch auf Anpassung des GBplans besteht.[16]

bb) Abweichung von Sondereigentum zu Gemeinschaftseigentum 8a
oder fremdem Sondereigentum. Weicht demgegenüber die **Bauausfüh-**

---

[10] ZB OLG Celle OLGZ 1981, 106, 108: 2,5 qm; KG ZMR 2001, 849: 4 qm; BayObLG NZM 1998, 975: 11 qm.
[11] ZMR 2001, 849.
[12] OLG Hamm ZMR 2006, 634.
[13] OLG Düsseldorf OLGZ 1970, 72; BayObLG Rpfleger 1982, 21.
[14] OLG Stuttgart OLGZ 1979, 21.
[15] BGH NJW 2008, 2982 für SE.
[16] BayObLG WE 1990, 38 Rn. 14.

rung vom Aufteilungsplan in der Abgrenzung **von SE zu GE oder fremdem SE** dergestalt **ab**, das es unmöglich ist, die errichteten Räume einer in dem Aufteilungsplan ausgewiesenen Raumeinheit zuzuordnen, entsteht an ihnen GE,[17] das Anwartschaftsrecht bleibt aber erhalten und das Grundbuch ist deshalb nicht unrichtig, obwohl es anstelle von GE SE ausweist.[18] Zur Angleichung ist Bauänderung gem. Plan notwendig, soweit gem. Schuldverhältnis Anspruch darauf besteht. Ist der bestehende Baustand eingetragen, besteht Anspruch auf Grundbuchberichtigung.[19] Ein gutgläubiger Erwerb des WE in dem baulichen Zustand, in dem es sich befindet, erfolgt nicht. Eine nachträgliche Grundrissänderung ist für die Eigentumsverhältnisse unbeachtlich.[20]

e) Abweichung in der Abgrenzung von Sondereigentum

9 **Weicht die Bauausführung** vom Aufteilungsplan **in der Abgrenzung von SE** wesentlich **ab**, ist zu unterscheiden: Wird ein Raum des einen SE teilweise baulich in das andere SE einbezogen,

Beispiel: Trennwand steht im Bereich des einen SE

so gehört[21] der Raumteil nicht zum anderen SE, sondern es entsteht SE gemäß Aufteilungsplan, da keine Abgrenzung möglich ist,[22] oder

Beispiel: wird eine Trennwand zwischen den beiden Einheiten nicht an der in der Bauzeichnung vermerkten Stelle errichtet

entsteht nach BGH[23] SE gemäß Aufteilungsplan; sind beide Räume GE oder wird eine im Teilungsplan als GE vorgesehene Fläche in SE einbezogen, so bleibt es GE.[24] Weicht damit die tatsächliche Bauausführung vom Aufteilungsplan in der Abgrenzung ab, so kann WEer von den anderen die Mitwirkung bei der Herstellung eines erstmaligen ordnungsmäßigen Zustandes nach dem Aufteilungsplan verlangen.[25] Dieser Anspruch kann jedoch nach Treu und Glauben ausgeschlossen sein. Dann besteht aufgrund der Treuepflicht[26] Anspruch auf Anpassung durch eine angemessenere Lösung. Entsteht einem WEer ein Rechtsverlust, kann er Anspruch auf Ausgleich haben,[27] s. Rn. 10.

---

[17] BGH NJW 2004, 1798.
[18] Vgl. Merle WE 1989, 116.
[19] OLG Karlsruhe Justiz 1983, 307.
[20] BayObLG NJW-RR 1990, 657.
[21] Nach BayObLG NZM 1998, 975 selbst bei 11 qm Abweichung; OLG Celle OLGZ 1981, 106; Merle WE 1989, 116.
[22] AA OLG Düsseldorf NJW-RR 1988, 590, das den Teil nicht zu einem SE gehören lässt, also GE.
[23] BGH NJW 2008, 2982.
[24] OLG Hamm DWE 1995, 127.
[25] BayObLG WuM 1996, 491.
[26] BayObLG NZM 1998, 975; 2000, 1024; KG NZM 2001, 1124.
[27] BayObLG ZMR 2001, 989.

f) Gebäude hat eine andere Lage

Hat das **Gebäude eine andere Lage** auf dem Grundstück erhalten, so ist dies unbeachtlich, solange sich Grundrisse nicht ändern.[28]

10

g) Abweichung der errichteten Wohnanlage

Weicht die errichtete Wohnanlage von vornherein auch oder nur **hinsichtlich des GE** von den ursprünglichen Plänen **ab**, liegt keine bauliche Veränderung (iSv § 22) vor; dh die Überschreitung der für das Gebäude nach dem ursprünglichen Plan vorgesehenen Grenzen stellt keine bauliche Veränderung des GE dar (wozu die Zustimmung der übrigen WEer nach § 22 erforderlich wäre). Grds. kann jeder WEer die Herstellung eines ordnungsgemäßen Zustandes verlangen.[29] Der einzelne WEer hat Anspruch auf Mitwirkung zur Herstellung entsprechend dem Aufteilungsplan und ggf. auf Herausgabe.

11

Beispiel: Abgrenzung Terrasse zum GE ist baulich anders als gemäß Plan.[30] Der Anspruch auf Ersthherstellung richtet sich nach OLG Frankfurt[31] ausnahmsweise nur gegen den WE-Nachbar, wenn bei einer Reihenhausanlage an allen Teilen des GE jeweils SNRe begründet wurden und es um die Verkleinerung eines Balkons und die Entwässerung des Dachs geht. Andererseits hat die BruchteilsGem, nicht der Verband, der diesen Anspruch aber an sich ziehen kann, gegen einen WEer keinen Anspruch auf Beseitigung von Baumängeln, die auf den Sonderwunsch dieses WEers vor Entstehung der Gem zurückzuführen sind.[32] Die Herstellung des erstmaligen ordnungsgemäßen Zustands könnte auf einen (Teil-)Abriss des Gebäudes hinauslaufen, was gegen Treu und Glauben (§ 242 BGB) verstoßen würde.[33]

h) Überbauvorschriften

Ob hinsichtlich der Fallgestaltungen der Rn. 7 bis 9 die **Überbauvorschriften** des BGB (§§ 912 ff.) anwendbar sind, ist streitig, dagegen BayObLG,[34] dafür die überwiegenden Obergerichte.[35] Wenn man die Anwendbarkeit bejaht, gilt: Der SEnachbar muss den Grenzüberbau des WEers (nach § 912 Abs. 1 BGB) dulden, wenn diesem weder Vorsatz, noch grobe Fahrlässigkeit zur Last fällt, es sei denn, dass er vor oder sofort nach der Grenzüberschreitung Widerspruch erhoben hat.[36] Der benachteiligte WEer muss sich in diesem Fall auf die Möglichkeit verweisen lassen, von dem Überbauer wegen der ungerechtfertigten Einbeziehung von zB GE in SE die Zahlung einer „Überbaurente" oder „Abkauf" der

12

---

[28] OLG Hamburg ZWE 2002, 594.
[29] BayObLG NJW-RR 1987, 717.
[30] BayObLG WuM 1997, 189.
[31] ZMR 1997, 609.
[32] OLG Hamm NJW-RR 1998, 371.
[33] BayObLG NJW-RR 1990, 332.
[34] ZMR 1993, 423; unentschieden: OLG Köln NZM 1998, 1015.
[35] OLG Hamm OLGZ 1976, 61, 64; OLG Düsseldorf ZMR 1997, 657; DWE 1984, 93; OLG Celle OLGZ 1981, 10; KG ZMR 2000, 331.
[36] OLG Celle OLGZ 1981, 106.

streitigen Fläche verlangen zu können (§§ 913, 915 BGB).[37] Damit ist aber keine Ausdehnung des SE zu Lasten von GE verbunden, es entsteht also kein SE anstatt des bestehenden GE.[38]

5. Reihenfolge der Begründung von Wohnungseigentum

13 Für die **Begründung** von WE wird idR folgende **Reihenfolge** eingehalten:
– Zunächst wird eine **TErkl** errichtet, die das Grundstück in ME und SE aufteilt und die einzelnen Räume näher bezeichnet.
– Nach der Teilung, zumeist in derselben Urkunde, werden die Regeln der WEerGem aufgestellt (sog **GO**). Hierin wird ergänzend oder soweit zulässig abweichend von den §§ 12–29, 43 ff. das zukünftige Zusammenleben der WEer normiert, eine solche Ergänzung ist aber nicht notwendig.[39]

§ 3 Vertragliche Einräumung von Sondereigentum

(1) Das Miteigentum (§ 1008 des Bürgerlichen Gesetzbuches) an einem Grundstück kann durch Vertrag der Miteigentümer in der Weise beschränkt werden, daß jedem der Miteigentümer abweichend von § 93 des Bürgerlichen Gesetzbuches das Sondereigentum an einer bestimmten Wohnung oder an nicht zu Wohnzwecken dienenden bestimmten Räumen in einem auf dem Grundstück errichteten oder zu errichtenden Gebäude eingeräumt wird.

(2) ¹Sondereigentum soll nur eingeräumt werden, wenn die Wohnungen oder sonstigen Räume in sich abgeschlossen sind. ²Garagenstellplätze gelten als abgeschlossene Räume, wenn ihre Flächen durch dauerhafte Markierungen ersichtlich sind.

(3) (*aufgehoben*)

Übersicht

	Rn.
1. Normzweck	1
2. Eigentümeraufteilung	2
3. Voraussetzung der Begründung	3
4. Verbindung von Miteigentum und Sondereigentum	4
a) Mehrere Räume	5
b) Mehrere Miteigentumsanteile	6
c) Miteigentum ohne Sondereigentum	7
d) Isolierter Miteigentumsanteil	8
aa) Entstehung des isolierten Miteigentumsanteils	8a
bb) Beendigung des isolierten Miteigentumsanteils	8b
cc) Rechtslage bis zur Beendigung	8c
e) Einheiten	9
f) Vereinbarungen vor Teilungsvertrag	10
5. Abgeschlossenheit	11

---

[37] OLG Celle OLGZ 1981, 106, 109.
[38] BayObLG WE 1994, 186.
[39] BGH NJW 2002, 2710.

	Rn.
a) Erforderlich für Abgeschlossenheit	12
b) Nicht erforderlich für Abgeschlossenheit	13
c) Anspruch eines Wohnungseigentümers	14
d) Kraftloserklärung	15
6. Mehrfachparker	
a) Stellplatz	16
b) Doppelstockgarage	16a
7. Gebäudeeigentum	17

1. Normzweck

Die Begründung durch Vertrag gemäß Abs. 1 ist die weniger **gebräuchliche** 1
Form der Entstehung von WE, die andere ist diejenige gemäß § 8. Darüber hinaus enthält § 3 noch zwei allgemeine auch für die Teilung nach § 8 wichtige Grundpfeiler: Einmal das **Abgeschlossenheitserfordernis** (Abs. 2) und die Regelung, dass **SE nur mit einem MEanteil** nach Bruchteilen (§ 1008 BGB) verbunden werden kann.

2. Eigentümeraufteilung

Die zum Zeitpunkt des Wirksamwerdens der Teilung in das Grundbuch einge- 2
tragenen Eigentümer können durch **Vertrag** das Grundstück in WEG **aufteilen**. Zur Frage, wer Eigentümer iSd Vorschrift sein kann s. § 8 Rn. 3. Zur Notwendigkeit der Zustimmung dinglich Berechtigter am Grundstück s. § 7 Rn. 3. Zustimmung von Einzelberechtigten an MEanteil erforderlich.[1]

3. Voraussetzung der Begründung

Voraussetzung für die Begründung gemäß Abs. 1 ist bereits vorhandenes oder 3
zugleich zu begründendes ME (iSv § 1008 BGB) **am Grundstück.** Die Größe der MEanteile ist zwischen den WEern frei festlegbar.[2] Zur nachträglichen Änderung, s. § 10 Rn. 95 ff.

4. Verbindung von Miteigentum und Sondereigentum

Weitere Voraussetzung ist, dass jeder **MEanteil** mit SE verbunden werden muss. 4

a) Mehrere Räume

Hierbei muss die Raumeinheit nicht als Gesamtheit in sich abgeschlossen sein, 5
vielmehr können auch mehrere in sich abgeschlossene Räume eines Gebäudes mit ME verbunden werden.[3] Sämtliche Räume eines Gebäudes können auch

---

[1] OLG Frankfurt OLGZ 1987, 266.
[2] BGH NJW 1976, 1976.
[3] LG Aachen MittRNotK 1983, 156.

mit einem MEanteil verbunden werden, soweit sich noch weiteres SE auf dem Grundstück befindet (zB weiteres Gebäude).

b) Mehrere Miteigentumsanteile

6 Diese können nicht mit einem SE verbunden werden,[4] sind sie es, so muss die Zahl der ME auf die der SE Einheiten zurückgeführt werden, wozu nach BGH[5] die Verlautbarung im Grundbuch genügt.

c) Miteigentum ohne Sondereigentum

7 **Sog isoliertes SE ist vom Gesetz nicht vorgesehen** (s. § 6): Jedes ME muss mit SE verbunden werden, deshalb entsteht ohne ME kein WE, sondern GE.[6] Eine Umgestaltung, die dies vorsehen würde, wäre nichtig,[7] zB zur Unterteilung.

d) Isolierter Miteigentumsanteil

8 Nach dem BGH[8] soll es zwar rechtsgeschäftlich nicht möglich sein, einen **MEanteil ohne SE** zu begründen.

8a **aa) Entstehung des isolierten Miteigentumsanteils.** Dieser entsteht aber **kraft Gesetzes (sog isolierter MEanteil)**, wenn die Begründung von SE (also aller Räume und nicht einzelner, dann insoweit GE[9]) an einem Gebäudeteil gegen zwingende gesetzliche Vorschriften verstößt und daher insoweit unwirksam ist. Dieser wächst den anderen WEern nicht zu (analog BGB Gesellschaft), er bleibt vorerst bestehen.

Beispiel: Einräumung von SE an Heizung oder Stellplatz ist unwirksam (zB wegen Verstoß gegen § 5 Abs. 2) bzw. unbestimmt,[10] Bauausführung weicht derart vom Aufteilungsplan ab, dass vorhandene Räume nicht erkennbar[11] sind oder weil SE nicht vorgesehen ist.[12]

8b **bb) Beendigung des isolierten Miteigentumsanteils.** Der Mangel kann jederzeit von den Beteiligten durch Änderung der tatsächlichen Verhältnisse geheilt werden,[13] ansonsten durch Gerichtsentscheidung.[14] Der SElose MEer hat einen Anpassungsanspruch der dinglichen Rechtslage[15] gegen die anderen MEer

---

[4] OLG Frankfurt OLGZ 1969, 387.
[5] NJW 1983, 1672.
[6] OLG München ZWE 2007, 316; OLG Stuttgart OLGZ 1979, 21.
[7] BayObLG ZMR 1996, 285.
[8] NJW 2004, 1798; 1995, 2851.
[9] OLG München v. 27.6.2012 – 34Wx 71/12.
[10] BGH 1995, 2851; OLG München ZMR 2008, 905.
[11] BGH NJW 2004, 1798.
[12] Demharter NZM 2000, 1196 oder nicht gebaut OLG Frankfurt NZM 2007, 809.
[13] Hügel ZMR 2004, 549.
[14] Instruktiv OLG Schleswig ZMR 2006, 886.
[15] Demharter NZM 2000, 116; aA AG Aachen ZMR 2010, 231: WEer sind verpflichtet. Dies ist aber von den WEern nicht zu verlangen, da nicht klar ist, was der SElose WEer will: ausscheiden oder anpassen.

Vertragliche Einräumung von Sondereigentum § 3

und zwar in der Reihenfolge: zunächst Verwirklichung der TEerkl soweit möglich, zB Behebung der Mängel oder der Unbestimmtheit;[16] wenn dies nicht möglich ist, Anpassung der Aufteilung an die tatsächlichen Verhältnisse[17] ggf. mit Ausgleichszahlung oder letztendlich Übernahme des ME mit Ausgleichszahlung[18] durch Gem. Mit Weitnauer[19] ist diese Rechtsfigur abzulehnen.

cc) Rechtslage bis zur Beendigung. Bis dahin hat der so verstandene WEer 8c alle Rechte (Stimmrecht) und Pflichten (Kostentragungspflicht) eines WEers etc.,[20] soweit sie sich auf das GE bezieht, aber keine Rechte am SE. Ist noch streitig, ob ein Rückbau seitens des isolierten WEer's vorgenommen werden muss, ist ein Vorgehen des Verbandes gegen dessen Mieter verfrüht.[21]

e) Einheiten

Voraussetzung der Begründung ist aber nicht, dass nur so viele Einheiten gebil- 9 det werden können, wie auch MEanteile im Grundbuch bereits gebucht sind.[22]

f) Vereinbarungen vor Teilungsvertrag

Vereinb vor dem Teilungsvertrag werden mit Eintragung unwirksam.[23]   10

5. Abgeschlossenheit

Gemäß Abs. 2 soll das SE, also die Räume, abgeschlossen sein (**sog Abge-** 11 **schlossenheitserfordernis**[24]). Wird SE trotzdem, also unter Verstoß gegen Abs. 2 eingeräumt, so ist dies unerheblich, da es sich hierbei um eine Sollvorschrift handelt,[25] ebenso die nachträgliche Aufhebung.[26] Nähere Erläuterungen über die Voraussetzungen für die Abgeschlossenheit finden sich in Nr. 5 der Verwaltungsvorschrift vom 19.3.1974.[27] Danach wird sie auf der Grundlage einer Bauzeichnung (Aufteilungsplan) erteilt (vgl. § 7 Rn. 4). Beide Urkunden stellen eine Einheit dar,[28] die sog **Abgeschlossenheitsbescheinigung**.

---

[16] BayObLG NZM 2000, 1234.
[17] BGH NJW 2004, 1798, zB an die tatsächliche Bebauung BGH NJW-RR 2012, 1036.
[18] BGH NJW 1999, 447.
[19] Weitnauer/Briesemeister Rn. 23; WE 1990, 54; 1991, 120; Ertl WE 1992, 216; BeckOK WEG/Kesseler Rn. 15 f.
[20] BGH NJW 2011, 3237; OLG Hamm NZM 2007, 448 (Kosten); Stimmrecht: OLG Frankfurt NZM 2007, 809; allgemein: OLG München ZMR 2008, 905; Bärmann/Armbrüster § 2 Rn. 62; Riecke Rn. 103.
[21] LG Köln ZMR 2009, 715.
[22] LG Bochum Rpfleger 1999, 24.
[23] OLG Hamm ZMR 2001, 656.
[24] Trautmann, FS Merle, S. 313.
[25] BGH NJW 1990, 1111.
[26] BayObLG NZM 1999, 277.
[27] BAZ Nr. 58 v. 23.3.1974.
[28] BVerwG WuM 1996, 574.

a) Erforderlich für Abgeschlossenheit

12 **Erforderlich** ist zB:
- vollständige bauliche Abtrennung zum GE, zB einseitig offener KFZ-Stellplatz;[29]
- eigener abschließbarer Zugang vom GE;[30]
- Abgrenzung der SEeinheiten untereinander. Diese fehlt bei gemeinsamem WC von mehreren Wohnungen,[31] aber nicht bei zusätzlichem Raum mit WC.[32]
- Abgrenzung von SE zu GE. Diese fehlt nach BayVGH[33] bei **erdgeschossiger** Terrasse mit Außentreppe.

b) Nicht erforderlich für Abgeschlossenheit

13 Der Abgeschlossenheit soll **nicht entgegenstehen**,
- dass zwei Wohnungen unmittelbar einen Zugang zum Gemeinschaftsvorraum und Heizraum haben und man über diesen Zugang, wenn die Tür der anderen Wohnung nicht abgeschlossen ist, auch in diese Wohnung hineingelangen kann;[34]
- dass den übrigen WEern das Recht zum Betreten eingeräumt ist;[35]
- dass es eine für den Rettungsweg vorgeschriebene Verbindungstür zwischen zwei Wohnungen gibt[36] oder dass beiderseits abschließbare Verbindungstüren zwischen zwei SE vorhanden sind;[37]
- dass keine Abgeschlossenheit gegenüber Räumen auf dem Nachbargrundstück besteht;[38]
- dass die aktuellen baurechtlichen Vorschriften nicht erfüllt sind;[39]
- dass im TE kein WC vorhanden ist, sondern nur durch GE-Treppenhaus zu erreichen ist;
- dass nach Übertragung eines Raumes eines WEers auf einen anderen dieser Raum nur durch einen Deckendurchbruch erreichbar ist.[40]

SE kann auch aus mehreren abgeschlossenen Einheiten bestehen, selbst wenn sie als Gesamtheit nicht abgeschlossen sind.[41]

---

[29] OLG Celle NJW-RR 1991, 1489.
[30] OLG Düsseldorf NJW-RR 1987, 333, auch durch Grunddienstbarkeit möglich, LG Bamberg ZMR 2006, 965.
[31] BayObLG Rpfleger 1984, 407.
[32] OLG Nürnberg ZWE 2012, 317.
[33] WuM 1998, 423.
[34] LG Landau Rpfleger 1985, 437; aA Sauren S. 79f.
[35] BayObLG Rpfleger 1989, 99.
[36] KG Rpfleger 1985, 107.
[37] LG Köln MittRhNotK 1993, 224.
[38] BayObLG NJW-RR 1991, 595; LG Duisburg ZMR 2007, 888.
[39] GmS/OBG NJW 1992, 3290.
[40] BayObLG NZM 1998, 308.
[41] KG NJW-RR 1989, 1360; BayObLG NZM 2000, 1232.

Vertragliche Einräumung von Sondereigentum §3

c) Anspruch eines Wohnungseigentümers

Fehlt die Abgeschlossenheit eines SE, kann zur nachträglichen Herstellung keine bauliche Veränderung eines anderen SE verlangt werden.[42]

14

d) Kraftloserklärung

Die Abgeschlossenheitsbescheinigung kann von der Behörde für kraftlos erklärt werden, wenn der Aufteilungsplan unrichtig geworden ist.[43] Die Aufnahme klarstellender Hinweise ist möglich.[44] Diese hindern aber weder die Entstehung, noch den Fortbestand des WE's.[45] Gem aber verpflichtet diese herzustellen, als Maßnahme ordnungsgemäßer Verwaltung.

15

6. Mehrfachparker

a) Stellplatz[46]

Abs. 2 S. 2 **fingiert**[47] sowohl **Raumeigenschaft (aA hM)** als auch **Abgeschlossenheit**.[48] Als **Voraussetzung** für die **SEfähigkeit** ist die **Dauerhaftigkeit der Markierung** notwendig. Diese liegt vor, wenn sie klar sichtbar und rekonstruierbar baulich oder zeichnerisch gemäß dem Aufteilungsplan vorhanden ist. Ein einfacher Farbanstrich genügt nicht, aber ein Markierungsnagel.[49] Ein Verstoß hindert die Entstehung von SE nicht, wenn die Fläche bestimmbar ist.[50] SE ist am Stellplatz auf oder unter einer Hebebühne möglich,[51] ebenso an einem Stellplatz auf einem offenen Garagendach oder an einem ebenerdigen Tiefgaragendach,[52] da entscheidendes Kriterium der Gebäudeunterbau ist.[53]

16

b) Doppelstockgarage

Eine Garage, die mit Hilfe einer Hebebühne für zwei oder mehr PKW's genutzt werden kann **(sog Doppelstockgarage, Duplex-Parker)**, kann einen Raum iSv Abs. 2 bilden und daher als Ganze im TE einer Person oder mehrerer Per-

16a

---

[42] OLG Düsseldorf NJWE 1997, 81.
[43] BVerwG NJW 1997, 74.
[44] BayVGH WuM 1998, 425.
[45] BGH NJW 2008, 2982.
[46] Ott ZWE 2013, 156.
[47] Ausführlich Sauren/Höckelmann Rpfleger 1999, 14.
[48] OLG Köln Rpfleger 1984, 464; Sauren Rpfleger 1984, 185; aA Palandt/Bassenge Rn. 8: nur Raum.
[49] BayObLG ZMR 2001, 820.
[50] BayObLG NJW-RR 1991, 722.
[51] OLG Hamm OLGZ 1983, 1; Bärmann/Armbrüster § 5 Rn. 65; Hügel ZWE 2001, 42; Gleichmann Rpfleger 1988, 10; Sauren MittRhNotK 1982, 213; aA OLG Jena Rpfleger 2005, 309; BayObLG WuM 1995, 325; OLG Düsseldorf MittRhNotK 1978, 85.
[52] OLG Köln Rpfleger 1984, 464 m. Anm. Sauren; OLG Hamm NJW-RR 1998, 516.
[53] Sauren Rpfleger 1984, 185; aA OLG Celle NJW-RR 1991, 489: allseitige bauliche Abgrenzung notwendig.

sonen in Bruchteilsgemeinschaft stehen. Das an einer Doppelstockgarage gebildete SE erstreckt sich dann auf die Hebeanlage, wenn durch diese keine weitere Garageneinheit betrieben wird, bei mehreren GE.[54] An Bauteilen einer Doppelstockgarage (Duplex-Parker) kann auch dann SE bestehen, wenn die zugehörige Hydraulikanlage infolge des Betriebs mehrerer Garageneinheiten zwingendes GE darstellt. Sind in einer TEerkl Mehrfachparker als SE aufgeführt, sind einzelne Bauteile des Mehrfachparkers nur dann SEfähig, wenn sie ausschließlich einer SEeinheit und nicht dem gemeinschaftlichen Gebrauch dienen.[55]

7. Gebäudeeigentum

17 Nach Heinze[56] ist auch **Gebäudeeigentum** (Art. 233 § 4 EGBGB) der Aufteilung nach dem WEG zugänglich.[57]

§ 4 Formvorschriften

(1) Zur Einräumung und zur Aufhebung des Sondereigentums ist die Einigung der Beteiligten über den Eintritt der Rechtsänderung und die Eintragung in das Grundbuch erforderlich.

(2) ¹Die Einigung bedarf der für die Auflassung vorgeschriebenen Form. ²Sondereigentum kann nicht unter einer Bedingung oder Zeitbestimmung eingeräumt oder aufgehoben werden.

(3) Für einen Vertrag, durch den sich ein Teil verpflichtet, Sondereigentum einzuräumen, zu erwerben oder aufzuheben, gilt § 311b Abs. 1 des Bürgerlichen Gesetzbuchs entsprechend.

Übersicht

	Rn.
1. Normzweck	1
2. Einräumung von Sondereigentum (Abs. 1)	2
3. Behördliche Genehmigungen	3
a) Fremdenverkehrsgebiete	4
b) Milieuschutzsatzungen	5
c) Grundstücksteilung	6
d) Zustimmung des Realberechtigten	7
4. Fallgestaltungen	8
5. Schuldrechtlicher Vertrag	9
6. Unterteilung	10
a) Bruchteilsgemeinschaft	11
b) Unterteilung	12
7. Vereinigung	13
8. Belastungen	14

---

[54] BGH ZMR 2012, 377 mwN; AG Dippoldiswalde ZMR 2013, 837.
[55] LG München ZMR 2013, 308.
[56] DtZ 1995, 195.
[57] AA OLG Jena ZMR 1996, 94.

Formvorschriften § 4

1. Normzweck

§ 4 regelt die **Formvorschriften** für den Vertrag über die Einräumung und Aufhebung von SE (Abs. 1), sowie für den Vertrag auf Einräumung, Erwerb oder Aufhebung von SE (Abs. 3). 1

2. Einräumung von Sondereigentum (Abs. 1)

Die Einigung aller Miteigentümer und die Eintragung ins Wohnungsgrundbuch sind dafür notwendig (§§ 873, 925 BGB). Bedingungen oder Befristungen sind unzulässig (Abs. 2 S. 2). Die Eintragung erfolgt dann ins Wohnungsgrundbuch (§ 7). 2

3. Behördliche Genehmigungen

Des Weiteren sind **behördliche Genehmigungen** erforderlich: 3

a) Fremdenverkehrsgebiete

In **Fremdenverkehrsgebieten** sieht das BauGB (§ 22) vor, dass in überwiegend durch den Fremdenverkehr geprägten Gemeindegebieten die Gründung von WE der Genehmigung bedarf, wenn der Landesgesetzgeber eine Ermächtigung für die örtliche Satzung erlassen hat. Dann darf der Grundbucheintrag nur mit Genehmigungsbescheid erfolgen. Die Genehmigung darf allerdings nur versagt werden, wenn durch beantragte Begründung des WE die Fremdenverkehrsfunktion beeinträchtigt wird.[1] Kein sog Negativattestat notwendig, solange der Gesetzgeber von der Ermächtigung keinen Gebrauch gemacht hat. Nach VGH Mannheim ist die Regelung verfassungsgemäß.[2] Eine Aufteilung gemäß BGB (§ 1010) ist keine Umgehung[3] und § 22 BauGB findet keine Anwendung. 4

b) Milieuschutzsatzungen

Nach dem BauGB (§ 172) kann jede Gemeinde zur Erhaltung der Zusammensetzung der Wohnbevölkerung (sog **Milieuschutzsatzung**) die Aufteilung von ETWs für genehmigungspflichtig erklären. Hiernach (§ 172 Abs. 4) darf die Genehmigung nur aus Gründen versagt werden, mit denen die Zusammensetzung der Wohnbevölkerung aus besonderen städtebaulichen Gründen erhalten werden soll.[4] Dies bedeutet jedoch nicht, dass auch andere Gründe gegeben sein können.[5] Kein sog Negativattest notwendig, solange der Landesgesetzgeber von der Ermächtigung keinen Gebrauch gemacht hat.[6] 5

---

[1] Vgl. zB BVerwG BauR 1997, 815; aA zu Recht Schmidt/Grziwotz MittBayNot 1996, 179.
[2] NJW 1993, 3216.
[3] OLG Schleswig WuM 2000, 496; hierzu Frind ZMR 2001, 429.
[4] Groschupf NJW 1998, 418, 421.
[5] BVerwG NZM 2005, 27.
[6] OLG Hamm Rpfleger 1999, 487; OLG Zweibrücken Rpfleger 1999, 441.

c) Grundstücksteilung

6 Keine Genehmigung ist aber für eine Grundstücksteilung erforderlich (§ 19 BauGB),[7] ebenfalls nicht für das gemeindliche Vorkaufsrecht (§ 24 BauGB wegen § 24 Abs. 2 BauGB). Anders aber für das Vorkaufsrecht gemäß **DenkmalschutzG** (zB § 11 DSchG ST, in NRW zwischenzeitlich aufgehoben), sowie die steuerliche sog **Unbedenklichkeitsbescheinigung des FA** (gemäß § 22 GrEStG), die aber nur die Aufteilung gemäß § 3 erfasst.[8] Man beachte ggf. auch das **Vorkaufsrecht des Mieters** (gemäß § 577 BGB), wenn Wohnungsgrundbuch bereits angelegt ist.[9]

d) Zustimmung des Realberechtigten

7 Einer Zustimmung der Realberechtigten bedarf die Einräumung von SE nicht, wenn das Grundstück oder sämtliche MEAnteile durch Gesamtbelastung belastet sind, selbst nach Anordnung der Zwangsversteigerung nicht und nach der WEG-Reform auch nicht wegen des Befriedigungsvorrechtes der Gem (§ 10 Abs. 1 Nr. 2 ZVG),[10] es sei denn, bei der Aufteilung gemäß § 3, wenn die ME-Anteile selbständig belastet sind.[11]

4. Fallgestaltungen

8 Folgende **Fallgestaltungen** fallen unter § 4:
– BruchteilsME soll durch Einräumung von SE in WE umgewandelt werden.
– WE wird durch Aufhebung von SE in Bruchteils- oder Alleineigentum umgewandelt.
– GE wird nachträglich in SE umgewandelt.
– SE wird nachträglich in GE umgewandelt.
– Veräußerung von GE-Teilfläche an Dritte,[12]
Voraussetzung ist jedes Mal die Einigung der WEer. Auch bei Aufhebung einzelner SE ist kein einseitiger Verzicht möglich,[13] ggf. aber Komplettverzicht aller WEer.[14]

5. Schuldrechtlicher Vertrag

9 Während Abs. 1 und 2 das Verfügungsgeschäft, den sog dinglichen Vertrag, betreffen, regelt **Abs. 3** den **schuldrechtlichen Vertrag,** dh das Verpflichtungs-

---

[7] OLG Hamm NJW-RR 1989, 141.
[8] BFH BStBl II 1980, 667; LG Saarbrücken NZM 1998, 924; Befreiungstatbestände nach dem GrunderwerbsteuerG sind durch das GBA nicht zu prüfen.
[9] BGH NJW 2014, 850.
[10] BGH NJW 2012, 1226.
[11] OLG Frankfurt OLGZ 1987, 266.
[12] KG ZMR 2012, 462.
[13] BGH NJW 2007, 2547.
[14] BGH NJW 2007, 2547.

geschäft zum Erwerb oder zur Aufhebung von WE, wofür das BGB gilt (§ 311b BGB). Da letzterer notwendigerweise dem ersteren zugrunde liegt, entspricht die gesetzliche Reihenfolge nicht dem normalen Ablauf.

6. Unterteilung

Das einmal gebildete WE kann weiter unterteilt werden: **10**

a) Bruchteilsgemeinschaft

Durch Übertragung eines Teils des ME an einen Dritten (sog **ideelle Teilung**),[15] **11** so dass eine Bruchteilsgemeinschaft (gemäß §§ 741 ff. BGB) an dem WE besteht.

Beispiel: zwei Ehegatten halten eine Wohnung zu je $1/2$ und unterteilen diese nunmehr. Zustimmung hierzu von den anderen WEer ist nicht erforderlich.

b) Unterteilung

Durch Teilung der Räume und Entstehung neuer abgeschlossener Einheiten **12** können der oder die WEer durch einseitige Erklärung gegenüber dem Grundbuchamt dies grundbuchrechtlich vollziehen **(sog Realteilung)**.[16] Die so neu entstandenen Wohnungen sind ohne Zustimmung der anderen WEer[17] veräußerbar.[18] Ebenso ohne Zustimmung nach BauGB (oben Rn. 4 und 5), da WE bereits besteht.[19] Unteraufteilungsplan und Abgeschlossenheitsbescheinigung müssen vorgelegt werden.[20] Muss jedoch ein Vorflur in GE oder SE überführt werden, ist Zustimmung gemäß § 4 von allen erforderlich,[21] kein MitSE möglich, s. § 1 Rn. 10. UU besteht jedoch Anspruch auf Zustimmung zur Schaffung einer Tür der neu geschaffenen Einheit zum GE.[22] Weist Unteraufteilungsplan Räume als SE aus, die im ursprünglichen Aufteilungsplan GE waren, liegt unzulässige Eintragung vor, gutgläubiger Erwerb nicht möglich.[23] Nach LG Aurich[24] haftet jeder Teil des untergeteilten WE uneingeschränkt für alle Verpflichtungen entsprechend dem ME des unaufgeteilten. Dass von diesem ME durch Unterteilung ein Teil abgeteilt und einem weiteren untergeteilten WE zugeordnet ist, ist ohne Belang, denn auch dieses ist mit den Pflichten der TEerkl belastet und zwar uneingeschränkt und nicht anteilig. Zum **Stimmrecht** s. § 25 Rn. 19.

---

[15] BGHZ 49, 250.
[16] BGHZ 49, 250; 73, 150; NJW 2012, 2434; LG München ZWE 2011, 267.
[17] BGH NZM 2004, 876; NJW 2012, 2434.
[18] Zum Ganzen ausführlich Sauren S. 1 ff.; LG Lübeck Rpfleger 1988, 102.
[19] AA Riecke § 7 Rn. 252.
[20] Und zwar für jede neue Einheit OLG München ZWE 2011, 267.
[21] BGH NJW 1998, 3711; OLG Karlsruhe ZMR 2014, 303; aA mit guten Gründen Gaier, FS Wenzel, S. 145 ff.
[22] LG Mönchengladbach ZMR 2008, 77 m. Anm. Sauren.
[23] OLG München NZM 2007, 603; ZWE 2012, 487.
[24] v. 29.1.2010 – 4 S 261/09.

7. Vereinigung

13 Die **Vereinigung** mehrerer Wohnungen zu einer (gemäß § 890 BGB) ist ohne Zustimmung der anderen WEer möglich.[25] Die zusammengelegten Wohnungen müssen insgesamt nicht abgeschlossen sein,[26] neuer Aufteilungsplan nicht erforderlich.[27] Es kann auch von einem WE ein Teil des MEanteils und ein Teil des SE abgespalten und mit dem anderen WE verbunden werden.[28] Ein anderes Grundstück kann auch einem WE als Bestandteil zugeschrieben werden.[29] Eine **Eigentumsaufgabe** ist bei WE jedoch nicht möglich (sog Dereliktion), s. Rn. 8. Zum Stimmrecht s. § 25 Rn. 19.

8. Belastungen

14 Das WE kann ebenso wie ein MEanteil an einem Grundstück mit Dauerwohnrecht/Dauernutzungsrecht (§§ 31 ff.), Nießbrauch (§§ 1030 ff. BGB, jedoch nicht an einer Teilfläche des SE[30]), Reallast (§§ 1105 ff. BGB), Vorkaufsrecht (§§ 1094 ff. BGB, s. aber § 1 Rn. 9), Grundpfandrechten, wie zB Hypothek (§§ 1113 ff. BGB) und Grundschuld (§§ 1191 ff. BGB), sowie mit einer Vormerkung (§§ 883 ff. BGB)[31] belastet werden. Soweit eine Dienstbarkeit eingetragen werden soll,

Beispiel: Wohnungsrecht (gemäß § 1093 BGB)

ist dies zulässig, solange deren Ausübung nicht das GE erfasst.[32]

Beispiel: Unzulässig ist eine Dienstbarkeit, die zur Nutzung von gem Garagen (oder SNR oder GE) dienen soll.[33]

Dies gilt auch dann, wenn ein Sondernutzungsrecht besteht.[34] Besteht das Wohnungsrecht an mehreren WE, dann muss die Nutzungsbefugnis eines oder mehrerer SEer daran deckungsgleich sein.[35] Nach dem OLG Hamm[36] gilt dies nicht für eine Grunddienstbarkeit, die auf den Ausschluss einer geteilten Geldforderung gerichtet ist (§ 1018 Alt. 3 BGB).[37]

---

[25] Vgl. BGH NZM 2001, 197; BayObLG ZMR 2000, 468, 469.
[26] BGH NZM 2001, 197; KG NJW-RR 1989, 1360.
[27] OLG Hamburg ZMR 2004, 529.
[28] BayObLG NZM 2000, 1232.
[29] BayObLG NJW-RR 1994, 403; OLG Hamm NJW-RR 1996, 1100.
[30] Vgl. LG Nürnberg Rpfleger 1991, 148.
[31] LG Lübeck Rpfleger 1995, 152.
[32] BGH NJW 1989, 2391: Fenster sind geschlossen zu halten oder Ferienparkbetriebsrecht: BGH NZM 2003, 440 oder Wiederherstellung des Gebäudes: OLG Hamm NZM 2014, 248.
[33] OLG Schleswig ZWE 2012, 42; OLG Zweibrücken WE 1999, 145.
[34] BayObLG Rpfleger 1997, 431.
[35] OLG Hamm NZM 2000, 831.
[36] OLGZ 1981, 53.
[37] AA Zimmermann Rpfleger 1981, 333.

§ 5 Gegenstand und Inhalt des Sondereigentums

(1) Gegenstand des Sondereigentums sind die gemäß § 3 Abs. 1 bestimmten Räume sowie die zu diesen Räumen gehörenden Bestandteile des Gebäudes, die verändert, beseitigt oder eingefügt werden können, ohne daß dadurch das gemeinschaftliche Eigentum oder ein auf Sondereigentum beruhendes Recht eines anderen Wohnungseigentümers über das nach § 14 zulässige Maß hinaus beeinträchtigt oder die äußere Gestaltung des Gebäudes verändert wird.

(2) Teile des Gebäudes, die für dessen Bestand oder Sicherheit erforderlich sind, sowie Anlagen und Einrichtungen, die dem gemeinschaftlichen Gebrauch der Wohnungseigentümer dienen, sind nicht Gegenstand des Sondereigentums, selbst wenn sie sich im Bereich der im Sondereigentum stehenden Räume befinden.

(3) Die Wohnungseigentümer können vereinbaren, daß Bestandteile des Gebäudes, die Gegenstand des Sondereigentums sein können, zum gemeinschaftlichen Eigentum gehören.

(4) ¹Vereinbarungen über das Verhältnis der Wohnungseigentümer untereinander können nach den Vorschriften des 2. und 3. Abschnittes zum Inhalt des Sondereigentums gemacht werden. ²Ist das Wohnungseigentum mit der Hypothek, Grund- oder Rentenschuld oder der Reallast eines Dritten belastet, so ist dessen nach anderen Rechtsvorschriften notwendige Zustimmung zu der Vereinbarung nur erforderlich, wenn ein Sondernutzungsrecht begründet oder ein mit dem Wohnungseigentum verbundenes Sondernutzungsrecht aufgehoben, geändert oder übertragen wird. ³Bei der Begründung eines Sondernutzungsrechts ist die Zustimmung des Dritten nicht erforderlich, wenn durch die Vereinbarung gleichzeitig das zu seinen Gunsten belastete Wohnungseigentum mit einem Sondernutzungsrecht verbunden wird.

Übersicht

	Rn.
1. Normzweck	1
2. Umfang des Gemeinschaftseigentums	
a) Zwingendes Gemeinschaftseigentum	2
b) Wesentliche Bestandteile des Grundstücks	2a
c) Im Zweifel entsteht Gemeinschaftseigentum	2b
3. Umfang des Sondereigentums	3
4. Sondereigentumszuordnung	4
a) Nichtwesentliche Bestandteile	5
b) Zubehör	6
c) Sondereigentumsbeschränkung	6a
5. Sondereigentumsfähige Gegenstände	7
6. Wirkung gegenüber Rechtsnachfolger	8
7. Gläubigerzustimmung	9

1. Normzweck

Die **unabänderlichen Grenzen** für die Bildung von SE und die **Abgrenzung** 1
zum GE werden durch § 5 bestimmt. Dabei ist Abs. 2 die Kernvorschrift, von
der auszugehen ist, da sie zwingend GE bestimmt.

2. Umfang des Gemeinschaftseigentums

a) Zwingendes Gemeinschaftseigentum

2 S. zunächst § 1 Rn. 7.

b) Wesentliche Bestandteile des Grundstücks

2a Durch die Terkl kann SE an wesentlichen Bestandteilen des Gebäudes nicht begründet werden; diese kann die Grenze zwischen dem GE und dem SE nur zu Gunsten, nicht aber zu Ungunsten des GE's verschieben, zB alle Wasserleitungen können im ganzen Haus nicht zum SE erklärt werden, da sie wesentlicher Bestandteil des Hauses sind.[1]

c) Im Zweifel entsteht Gemeinschaftseigentum

2b Was bei der Begründung nicht zu WE oder später nicht zu SE erklärt und eingetragen wird, ist zwingend GE.[2] Es entsteht jeweils zwingend GE bei: Unklarheiten im Aufteilungsplan,[3] fehlender Übereinstimmung zwischen Aufteilungsplan und TE,[4] fehlender Bestimmtheit[5] oder bei fehlender SE-Fähigkeit (zB Außenfenster, Abs. 2). Ggf. Umdeutung nichtiger Klauseln in SNR[6] oder Pflicht zur Kostentragung[7] (§ 1 Rn. 9 „Fenster"). Zu den einzelnen Abgrenzungen s. § 1 Rn. 6 ff.

3. Umfang des Sondereigentums

3 Abs. 1 bestimmt als Ausnahme zum BGB (§§ 93 und 94), dass zum SE zunächst die Räume der Einheit gehören können (s. Abs. 3), wie zB Küche, WC etc. Darüber hinaus die abgeteilten Nebenräume, wie zB Keller oder Dachboden, die Räume, die sich auf dem Gelände befinden, wie zB Garage, Gartenhaus und Balkone, Loggien oder Dachterrassen, die mit SERäumen verbunden sind, soweit sie zu SE erklärt sind.[8] Wesentliche Bestandteile des Gebäudes sind nicht (gemäß BGB §§ 93, 94) SE-fähig, zB gem Heizung.[9]

---

[1] BGH NJW 2013, 1154 Rn. 10.
[2] BGH NJW 1990, 447.
[3] OLG Frankfurt OLGZ 1978, 290.
[4] BGH NJW 1995, 2851.
[5] OLG Frankfurt ZMR 1997, 367.
[6] KG NZM 1999, 258; AG Aachen ZMR 2012, 222 Rn. 194.
[7] Vgl. OLG Karlsruhe NZM 2011, 204; OLG München NZM 2005, 825; 2006, 106.
[8] BGH NJW 1985, 1551.
[9] BGH NJW 1975, 688.

4. Sondereigentumszuordnung

Über Abs. 1 hinaus gehören gemäß Abs. 2 auch **Gebäudeteile** und **Anlagen** 4
bzw. **Einrichtungen,** die nicht zwingend GE sind, zum SE.

Beispiel: Fußbodenbelag,[10] nichttragende Innenwand, Einbauschränke etc.

a) Nichtwesentliche Bestandteile

Für nichtwesentliche Bestandteile (iSv §§ 93, 94 BGB) gilt dasselbe. 5

Beispiel: nachträglich eingebaute Wasserleitungen im SE Bereich.[11]

Liegen Anlagen oder Einrichtungen im GE und dienen nur einem SE, so sind sie zu SE zu erklären, sonst sind sie GE.

Beispiel: Entsorgungsanlage[12] oder Einzelheizung.[13]

b) Zubehör

Zubehör (iSv § 97 BGB) zum SE unterliegt nicht dem WE. 6

c) Sondereigentumsbeschränkung

Abs. 2 bestimmt nur, was zwingend nicht SE sein kann; ob die Wirtschaftsgüter 6a
SE sein können, wenn die Voraussetzungen des Abs. 2 nicht erfüllt sind, entscheidet sich allein nach Abs. 1.

5. Sondereigentumsfähige Gegenstände

Durch Abs. 3 wird klargestellt, dass SEfähige Gegenstände Gegenstand des GE 7
sein können, aber dies nicht ohne entsprechende Bestimmung der WEer werden. Hierfür ist aber keine Vereinb, wie der Gesetzestext meint, notwendig, sondern Einigung und Eintragung (§ 4). Auch für Umwandlung nach Teilung gilt § 4 Rn. 2.

6. Wirkung gegenüber Rechtsnachfolger

Damit die Regelungen der WEer über das Gemeinschaftsverhältnis auch gegen- 8
über einem **Nachfolger,** zB Käufer, wirken, können sie gemäß Abs. 4 im Grundbuch eingetragen werden („Verdinglichung" vgl. § 10 Abs. 2). Möglich sind dabei nur Regelungen über das betreffende Grundstück, nicht über fremde Grundstücksflächen[10], wie zB Wegerechte, es sei denn, sie sind dem Grundstück dinglich zugeordnet, wie zB Stellplätze auf dem Nachbargrundstück. Werden

---

[10] BayObLG DWE 1980, 60.
[11] BayObLG Rpfleger 1969, 206.
[12] BayObLG ZMR 1992, 66.
[13] LG Frankfurt NJW-RR 1989, 1166.

Regelungen über das GE nicht im Grundbuch eingetragen, so wirken sie nicht gegen einen Einzelrechtsnachfolger, wohl aber zu seinen Gunsten (§ 10 Rn. 17).

7. Gläubigerzustimmung

9 Zur Gläubigerzustimmung s. § 10 Rn. 80.

§ 6 Unselbständigkeit des Sondereigentums

(1) Das Sondereigentum kann ohne den Miteigentumsanteil, zu dem es gehört, nicht veräußert oder belastet werden.
(2) Rechte an dem Miteigentumsanteil erstrecken sich auf das zu ihm gehörende Sondereigentum.

1. Unselbständigkeit des Sondereigentums

1 Da die **neue Eigentumsform**, die durch das WEG geschaffen wurde, aus **zwei Komponenten** besteht, nämlich ME und SE, bestimmt Abs. 1, dass über sie grds. nur zusammen verfügt werden kann. Gesondert verfügt werden kann folglich über nichtwesentliche Bestandteile und das Zubehör zum SE. Über das Verwaltungsvermögen, das dem Verband gehört, kann nicht gesondert verfügt werden (§ 10 Rn. 87).

2. Fallgestaltungen

2 Folgende **Fallkonstruktionen** sind rechtlich **zulässig**:

a) Übertragung

3 Die **Übertragung** von **Teilen des SE** bis zum evtl. vollständigen Austausch des SE mit oder ohne Änderungen des MEanteils innerhalb der WEerGem.[1] Keine Bewilligung der übrigen WEer, aber der **dinglich Berechtigten** bei verkleinerter Einheit notwendig.[2] Bei vergrößerter Einheit lasten die dinglichen Rechte auch auf den hinzukommenden MEanteil.[3]

b) Quotenänderung

4 Die Änderung der Höhe der MEanteile (sog **Quotenänderung**) ohne Änderung des SE[4] innerhalb der WEerGem, kein Anspruch dazu durch Vereinbarung oder durch WEG (§ 10 Abs. 2 S. 3), sondern durch Auflassung und Eintragung der beteiligten WEer. Bei dieser Inhaltsänderung müssen nur die unmittelbar

---

[1] Erweiterung SE: BGH NJW 1986, 2759; neue SE- Zuordnung: OLG München NZM 2009, 402; OLG Köln ZMR 2007, 555.
[2] BayObLG ZMR 1998, 242.
[3] OLG Karlsruhe ZWE 2013, 208.
[4] BGH NJW 1976, 1976.

betroffenen WEer mitwirken.[5] Andere WEer müssen nicht zustimmen, es sei denn, dies ist vereinbart. Ferner ist die Zustimmung der **dinglich Berechtigten** des verkleinerten MitE erforderlich, nicht aber die der anderen MEer.[6] Die Belastungen am zugeschriebenen (vergrößerten) ME erstrecken sich auch auf den neuen Bestand.[7]

3. Grundbuchblatt nicht erforderlich

Ist das **WE** noch **nicht entstanden**, weil das Grundbuchblatt noch nicht angelegt ist, so ist trotzdem eine Übertragung bereits möglich.[8]

§ 7 Grundbuchvorschriften

(1) ¹Im Falle des § 3 Abs. 1 wird für jeden Miteigentumsanteil von Amts wegen ein besonderes Grundbuchblatt (Wohnungsgrundbuch, Teileigentumsgrundbuch) angelegt. ²Auf diesem ist das zu dem Miteigentumsanteil gehörende Sondereigentum und als Beschränkung des Miteigentums die Einräumung der zu den anderen Miteigentumsanteilen gehörenden Sondereigentumsrechte einzutragen. ³Das Grundbuchblatt des Grundstücks wird von Amts wegen geschlossen.

(2) (*aufgehoben*)

(3) Zur näheren Bezeichnung des Gegenstandes und des Inhalts des Sondereigentums kann auf die Eintragungsbewilligung Bezug genommen werden.

(4) ¹Der Eintragungsbewilligung sind als Anlagen beizufügen:
1. eine von der Baubehörde mit Unterschrift und Siegel oder Stempel versehene Bauzeichnung, aus der die Aufteilung des Gebäudes sowie die Lage und Größe der im Sondereigentum und der im gemeinschaftlichen Eigentum stehenden Gebäudeteile ersichtlich ist (Aufteilungsplan); alle zu demselben Wohnungseigentum gehörenden Einzelräume sind mit der jeweils gleichen Nummer zu kennzeichnen;
2. eine Bescheinigung der Baubehörde, daß die Voraussetzungen des § 3 Abs. 2 vorliegen.

²Wenn in der Eintragungsbewilligung für die einzelnen Sondereigentumsrechte Nummern angegeben werden, sollen sie mit denen des Aufteilungsplanes übereinstimmen. ³Die Landesregierungen können durch Rechtsverordnung bestimmen, dass und in welchen Fällen der Aufteilungsplan (Satz 1 Nr. 1) und die Abgeschlossenheit (Satz 1 Nr. 2) von einem öffentlich bestellten oder anerkannten Sachverständigen für das Bauwesen statt von der Baubehörde ausgefertigt und bescheinigt werden. ⁴Werden diese Aufgaben von dem Sachverständigen wahrgenommen, so gelten die Bestimmungen der Allgemeinen Verwaltungsvorschrift für die Ausstellung von Bescheinigungen gemäß § 7 Abs. 4 Nr. 2 und § 32 Abs. 2 Nr. 2 des Wohnungseigentumsgesetzes vom 19. März 1974 (BAnz. Nr. 58 vom

---

[5] BGH NJW 1976, 1976, 1977.
[6] BayObLG NJW-RR 1993, 1045.
[7] OLG Karlsruhe ZWE 2013, 208; LG Wiesbaden Rpfleger 2004, 350; aA BayObLG NJW-RR 1993, 1045.
[8] BGH NJW 1979, 1496, 1498.

23. März 1974) entsprechend. ⁵In diesem Fall bedürfen die Anlagen nicht der Form des § 29 der Grundbuchordnung. ⁶Die Landesregierungen können die Ermächtigung durch Rechtsverordnung auf die Landesbauverwaltungen übertragen.

(5) Für Teileigentumsgrundbücher gelten die Vorschriften über Wohnungsgrundbücher entsprechend.

Übersicht

	Rn.
1. Besondere Grundbuchvorschriften	1
2. Grundbuchblatt	2
3. Voraussetzungen für die Eintragung	3
4. Beizufügende Anlagen	4
a) Der Aufteilungsplan (Nr. 1)	5
b) Die Abgeschlossenheitsbescheinigung (Nr. 2)	6
5. Eintragungsvermerk	7
6. Wohnungsgrundbuchblatt	8
7. Prüfungspflicht des Grundbuchamtes (GBA)	9
8. Bestehenbleiben des Grundbuches	10

1. Besondere Grundbuchvorschriften

1 Die **besonderen Grundbuchvorschriften** für das WE werden durch § 7 erläutert.

2. Grundbuchblatt

2 Abs. 1 bestimmt, dass regelmäßig für jedes WE ein Grundbuchblatt anzulegen ist. Von diesem Grundsatz erlaubt Abs. 2 als Ausnahme das gemeinschaftliche **Grundbuchblatt**. Als weitere Ausnahme ist ein gemeinschaftliches Grundbuchblatt möglich, wenn mehrere Einheiten einem WEer zustehen (§ 4 GBO). Die Ausnahmen gelten nicht, wenn Verwirrung zu besorgen ist, zB bei unterschiedlichen Belastungen oder vielen WEern in der Anlage. **Grundbucheinsicht** steht jedem WEer zu.[1]

3. Voraussetzungen für die Eintragung

3 – Antrag von mindestens einem MEer (§ 13 GBO),
– Bewilligung aller MEer (§§ 19, 29 GBO, idR durch TErkl),
– Voreintragung der MEer (§ 39 GBO),
– Zustimmung der dinglich Berechtigten am Grundstück nicht erforderlich, zB Realkreditgläubiger (§ 4 Rn. 7 und § 10 Rn. 81 ff.),
– Behördliche Genehmigung idR erforderlich (§ 4 Rn. 3).

---

[1] OLG Düsseldorf NJW 1987, 1651.

4. Beizufügende Anlagen

Gemäß Abs. 4 sind dem Antrag als **Anlagen** beizufügen nachfolgend a) und b). 4
Diese werden regelmäßig durch die Baubehörde erstellt (Abs. 4). Durch die
WEG-Novelle ist dieses Privileg der Baubehörden durchbrochen worden. Die
Länder können nunmehr durch Rechtsverordnung auch Sachverständige dafür
vorsehen. Bisher hat nur Berlin soweit bekannt insoweit Gebrauch davon gemacht, als es die Ermächtigung gemäß S. 6 auf die Landesbauverwaltung übertragen hat.[2]

a) Der Aufteilungsplan (Nr. 1)

Er soll sicherstellen, dass dem Bestimmtheitsgrundsatz des Sachen- und Grund- 5
buchrechts Rechnung getragen wird, also genau erkennbar gemacht wird, welcher Raum zu welchem SE gehört und wo die Grenzen von SE und GE verlaufen.[3] Hierfür genügt nach dem BayObLG[4] auch eine Bauzeichnung (ein
Grundriss), die aber nicht widersprüchlich sein darf.[5] Bei einem bestehenden
Gebäude muss es eine Baubestandszeichnung geben, die den tatsächlichen Bau-
zustand wiedergibt. Es darf deshalb keine unzutreffende Treppendarstellung vorhanden sein.[6] Die Bauzeichnung muss alle Gebäudeteile erfassen (zB bei Garagen, die SE werden sollen, auch diese),[7] und Grundrisse, Schnitte und Ansichten
sind regelmäßig vorzulegen.[8] Dem steht nicht entgegen, dass gewisse Gebäudeteile zwingend GE sind oder dass durch nicht ausreichende Bezeichnung des SE
GE entsteht.[9] Angaben von Einzelausgestaltungen, wie zB Kellerfenster, sind
nicht erforderlich.[10] Bei Umwandlung TE in WE ist deshalb kein neuer Aufteilungsplan erforderlich, wenn die Lage und die Grenzen des SE unverändert
bleiben,[11] ebenso bei SE-Raumänderungen.[12] Mit dem Aufteilungsplan muss
ein Lageplan mit Standortbestimmung und Grundstücksgrenzen eingereicht
werden.[13] Für die Kennzeichnung der zum SE gehörenden Räume reicht die
farbige Umrandung und die Kennzeichnung mit einer Nummer aus,[14] selbst
wenn in der TErkl ein Raum nicht aufgeführt ist,[15] aber er durch Auslegung zu

---

[2] Jennißen Rn. 26.
[3] BGH NJW 1995, 2851, 2853.
[4] NJW-RR 1993, 1040.
[5] BayObLG WE 1994, 27.
[6] BayVGH WuM 1998, 423.
[7] OLG Düsseldorf ZWE 2000, 369.
[8] BayObLG ZMR 1998, 43.
[9] BayObLG ZMR 1998, 43.
[10] BayObLG NJW 1967, 986.
[11] OLG Bremen ZWE 2002, 229.
[12] OLG München NZM 2011, 157.
[13] OLG Hamm OLGZ 1977, 264, 272; Sauren Rpfleger 1985, 266; aA Demharter Rpfleger 1983, 133, 137.
[14] BayObLG Rpfleger 1982, 21.
[15] OLG Frankfurt ZMR 1997, 426.

ermitteln ist.[16] Sind die Voraussetzungen nicht erfüllt, so erfolgt Antragszurückweisung. Ist die Eintragung unter Verstoß gegen das Abgeschlossenheitserfordernis erfolgt, so ist WE trotzdem entstanden, es sei denn, die Abgrenzung ist unklar.[17] Das Vorstehende gilt auch für SNRe.[18]

b) Die Abgeschlossenheitsbescheinigung (Nr. 2)

6 Vgl. § 3 Rn. 11 ff., § 59. Fehlt sie, kann der Antrag zurückgewiesen werden, die Eintragung wird ohne vorhandene Abgeschlossenheitsbescheinigung aber nicht rechtswidrig oder unrichtig.[19] Sie bindet das Grundbuchamt auch nicht.[20] Eine beantragte Eintragung ist aber nur zu vollziehen, wenn Aufteilungsplan und Abgeschlossenheitsbescheinigung keine offensichtliche Unrichtigkeit oder Widersprüchlichkeit enthalten. Das Grundbuchamt hat keine Ermittlungen darüber anzustellen, ob die technischen Voraussetzungen für die Richtigkeit vorliegen, sondern offenbare Irrtümer und Abweichungen zu beanstanden, aber es ist nicht zu Ermittlungen verpflichtet.[21]

5. Eintragungsvermerk

7 Der Eintragungsvermerk enthält die **MEanteile** (§ 47 GBO) und die übrigen in Abs. 1 S. 2 genannten Angaben. Durch die Bezugnahme auf die Eintragungsbewilligung (Abs. 3) wird auch der dortige Aufteilungsplan einbezogen, so dass er auch Inhalt des Grundbuchs wird und am guten Glauben des Grundbuches beteiligt ist.[22] Die Gebäudeteile des GE ergeben sich nur mittelbar aus der Summe der eingetragenen SEe.[23] Nach dem OLG Zweibrücken ist es nicht notwendig, dass der MEanteil ausdrücklich einem SE zugeordnet ist, es reicht, wenn der Sinnzusammenhang dies ergibt.[24] Ein selbständiges Straßengrundstück kann einer einzelnen Einheit zugeordnet werden.[25] Eine Änderung im Bestand der zum SE gehörenden Räume muss auf dem Grundbuchblatt selbst vermerkt werden. Eine Eintragung nur durch Bezugnahme auf die Eintragungsbewilligung ist auch nach Abs. 3 nicht zulässig.[26]

---

[16] OLG Düsseldorf ZMR 1998, 187.
[17] BayObLG Rpfleger 1991, 414.
[18] OLG Düsseldorf 2004, 611.
[19] BayObLG NZM 1999, 277.
[20] OLG Nürnberg NZM 2012, 867.
[21] OLG Frankfurt ZWE 2012, 34.
[22] OLG Frankfurt NZM 2005, 947; BayObLG Rpfleger 1982, 21.
[23] LG Lübeck Rpfleger 1988, 102.
[24] DWE 1996, 182.
[25] OLG Celle Rpfleger 1997, 522.
[26] BGH NJW 2007, 3777.

Grundbuchvorschriften **§ 7**

6. Wohnungsgrundbuchblatt

Soweit **Wohnungsgrundbücher** angelegt werden, ist das **Grundbuchblatt** **8**
des Grundstücks (Abs. 1 S. 3) von Amts wegen **zu schließen**. Rechte, die das Grundstück bisher als ganzes belasteten, sind nunmehr in alle Wohnungsgrundbücher einzutragen. Grundpfandrechte und Reallasten werden zu Gesamtbelastungen aller WEer.[27] Deshalb ist eine allg. Mithaft zu vermerken (§ 48 GBO) und iÜ so einzutragen, dass die Belastung des ganzen Grundstücks erkennbar wird.[28] Dingliche Rechte mit Beschränkung auf einen Anteil sind nur dort einzutragen, die anderen werden frei.

7. Prüfungspflicht des Grundbuchamtes (GBA)

Das GBA **prüft** die formellen Eintragungsvoraussetzungen (Rn. 3 ff.),[29] und auf **9**
Inhaltsmängel iSv „§ 2", **zur Prüfung der materiellen Rechtslage ist es nicht verpflichtet**, ebenfalls nicht die baurechtliche Zulässigkeit des Gebäudes.[30] Es prüft den SE-Inhalt in der TErkl deshalb nur auf die Einhaltung zwingender gesetzlicher Vorschriften[31] und nur, soweit der SE-Inhalt (§ 5 Abs. 4) eingetragen werden soll.[32] Die Unwirksamkeit nur einer Bestimmung hindert die Eintragung.[33] Andere Verstöße, zB AGB-Verstoß (§§ 307 ff. BGB)[34] oder ein schuldrechtlicher Schadensersatzanspruch durch Unterlassung der Eintragung eines SNR, werden nicht geprüft,[35] es sei denn, das GBA weiß positiv, dass die Eintragung das Grundbuch unrichtig machen würde.[36]

8. Bestehenbleiben des Grundbuches

Trotz der Aufteilung gem. Abs. 3 **besteht das Grundstück weiterhin**. Damit **10**
kann es Grundlage für dingliche Rechte sein, zB Grunddienstbarkeit.[37]

---

[27] BGH NJW 1992, 1390; 1976, 2132.
[28] BayObLG ZMR 1995, 421.
[29] OLG Karlsruhe Rpfleger 2001, 343.
[30] BGH NJW 1990, 1111.
[31] Ggf. gemäß §§ 134, 138 BGB oder § 242 BGB, BayObLG ZMR 1997, 369.
[32] OLG Köln Rpfleger 1982, 61.
[33] BayObLG WE 1986, 144.
[34] OLG Frankfurt NJW-RR 1998, 1707.
[35] BayObLG NZM 1999, 26.
[36] OLG Karlsruhe Rpfleger 2001, 343.
[37] OLG Düsseldorf MittRNotk 1988, 175.

§ 8 Teilung durch den Eigentümer

(1) Der Eigentümer eines Grundstücks kann durch Erklärung gegenüber dem Grundbuchamt das Eigentum an dem Grundstück in Miteigentumsanteile in der Weise teilen, daß mit jedem Anteil das Sondereigentum an einer bestimmten Wohnung oder an nicht zu Wohnzwecken dienenden bestimmten Räumen in einem auf dem Grundstück errichteten oder zu errichtenden Gebäude verbunden ist.

(2) ¹Im Falle des Absatzes 1 gelten die Vorschriften des § 3 Abs. 2 und der §§ 5, 6, § 7 Abs. 1, 3 bis 5 entsprechend. ²Die Teilung wird mit der Anlegung der Wohnungsgrundbücher wirksam.

Übersicht

	Rn.
1. Normzweck	1
2. Wirtschaftsgrundstück	2
3. Erklärung des Eigentümers	3
4. Voraussetzungen	
a) Erklärung gegenüber dem Grundbuchamt	4
b) Beizufügende Anlagen	5
c) Eintragung ins Grundbuch	6
d) Zustimmung	7
e) Unbedenklichkeitsbescheinigung	8
f) Gemeinschaftsordnung (GO)	8a
5. Verkauf einer Wohnung vor Anlegung der Wohungsgrundbücher	9
6. Eigentumserwerb an den neu gebildeten Wohnungseigentumseinheiten	10
7. Auflassung	11
8. Vollmacht zur Änderung der Teilungserklärung	11a
9. Einseitige Änderung der Teilungserklärung	12

1. Normzweck

1 Durch § 8 wird die in der Praxis am häufigsten vorkommende Form der **Bildung von WE** beschrieben. Hiernach kann der Alleineigentümer eine Aufteilung vornehmen, ohne dass eine MEgem besteht (sog Vorratsteilung). Dies kann sowohl geschehen, wenn das Gebäude vorhanden ist, als auch, wenn es noch nicht errichtet ist.

2. Wirtschaftsgrundstück

2 Es reicht folglich aus, dass das aufzuteilende Grundstück noch ein „bestimmter räumlich abgegrenzter Teil der Oberfläche, ein **Wirtschaftsgrundstück**",[1] also noch kein Grundstück im Rechtssinne, ist. Eine Belastung mit Erbbaurecht muss nicht hindern.[2]

---

[1] OLG Saarbrücken OLGZ 1972, 129, 138.
[2] OLG Hamm NJW-RR 1999, 234.

3. Erklärung des Eigentümers

Abs. 1 erfordert die **Erklärung des Eigentümers** und **Grundbucheintragung**. Dies bedeutet jedoch nicht, dass nur ein einziger Eigentümer vorhanden sein darf. Vielmehr können auch sog Gesamthandsgem (zB Erbengem) oder Bruchteilsgem (zB Ehegatten je zu $^1/_2$) die Aufteilung vornehmen, soweit sie Eigentümer im Zeitpunkt der Anlegung sind[3] und alle zustimmen.[4] Im Insolvenzverfahren ist der Insolvenzverwalter zur Abgabe der Willenserklärung befugt,[5] im Zwangsversteigerungsverfahren bleiben die WEer antragsberechtigt; eine Zustimmung der Gläubiger ist nicht erforderlich.[6] **3**

4. Voraussetzungen

a) Erklärung gegenüber dem Grundbuchamt

Der Eigentümer hat zunächst eine Erklärung gegenüber dem GBA abzugeben, in der er das Gebäude in WE teilt (sog TErkl). Hierzu gehört: **4**
– die **Bildung von Bruchteilsmiteigentum** am Grundstück (vgl. § 3 Rn. 3);
– die **Bestimmung des Gegenstandes** des SE durch wörtliche Beschreibung oder Bezugnahme auf den Aufteilungsplan;
– die **Verbindung von SE mit ME** (vgl. § 3 Rn. 4);
– idR wird auch gleichzeitig eine **GO** aufgestellt, die das Verhältnis der MEer regelt (vgl. § 2 Rn. 11), wobei dies kein zwingender Bestandteil ist.

b) Beizufügende Anlagen

Beizufügen sind **Aufteilungsplan** (vgl. § 7 Rn. 4) und **Abgeschlossenheitsbescheinigung** (vgl. § 3 Rn. 11). **5**

c) Eintragung ins Grundbuch

Weitere Voraussetzung ist die Eintragung ins Grundbuch auf einem besonderen Wohnungsgrundbuchblatt. **6**

d) Zustimmung

IdR ist **keine Zustimmung** der **dinglich Berechtigten** erforderlich (§ 4 Rn. 7 und § 10 Rn. 81). **7**

e) Unbedenklichkeitsbescheinigung

Die sog **Unbedenklichkeitsbescheinigung** des Finanzamtes (gemäß § 22 Grunderwerbsteuergesetz) ist nicht erforderlich. **8**

---

[3] OLG Düsseldorf DNotZ 1976, 128.
[4] BayObLG NJW 1969, 883.
[5] BayObLGZ 1957, 108.
[6] BGH NJW 2012, 1227.

f) Gemeinschaftsordnung (GO)

8a Eine **GO**, die das zukünftige gemeinschaftliche Leben regeln soll, ist nicht erforderlich,[7] aber wird regelmäßig durchgeführt. Zum möglichen Inhalt s. vor § 10 Rn. 10 ff.

5. Verkauf einer Wohnung vor Anlegung der Wohungsgrundbücher

9 Nach Abs. 2 S. 2 wird die **Teilung** durch Anlegung sämtlicher Wohnungsgrundbücher **wirksam**. Da damit die Schnelligkeit der Arbeitsweise des GBA ua entscheidend sein könnte, ist es dem Eigentümer möglich, **schon vor Eintragung eine Wohnung zu verkaufen** und den Anspruch des Käufers durch Vormerkung zu sichern,[8] selbst wenn noch kein genehmigter Aufteilungsplan und keine Abgeschlossenheit vorliegen.[9] Dies gilt selbst dann, wenn der Kaufvertrag noch nicht wirksam ist, zB noch von einer Bedingung (wie der Erteilung der Baugenehmigung) abhängt, soweit nur feststeht, dass der Kaufvertrag noch Gültigkeit erlangen kann.[10] Voraussetzung dafür ist, dass die bestehende Wohnung so beschrieben ist, dass sie auf Grund der Beschreibung in der Örtlichkeit zweifelsfrei festgestellt werden kann[11] und der MEanteil ziffernmäßig genau bestimmt ist,[12] es reicht aber nicht, nur die zuzuordnenden Räume und den Kaufpreis in den Vertrag aufzunehmen.[13] Veräußert der Verkäufer eines WE vor Anlegung der Grundbücher, so sichert die Vormerkung den Käufer vor Veränderungen.[14] Eine Klage auf Bewilligung der Eintragung ist bereits vor Anlegung des Grundbuchs möglich, wenn dem Amt die TErkl mit Aufteilungsplan und Abgeschlossenheitsbescheinigung vorliegt.[15]

6. Eigentumserwerb an den neu gebildeten Wohnungseigentumseinheiten

10 Die Grundstückseigentümer werden Eigentümer an den neugebildeten WEen.

Beispiel: Ehegatten zu je 1/2 werden Eigentümer jedes WE zu je 1/2.

Rechte, die mit dem Grundstück verbunden waren, setzen sich an allen WEen fort.

Beispiel: Grunddienstbarkeit.

Die Teilung durch den Eigentümer berührt diese Rechte als solche nicht.[16]

---

[7] BGH NJW 2002, 2710.
[8] BGH NJW 2008, 2639.
[9] OLG Frankfurt DNotZ 1972, 180.
[10] OLG Frankfurt DNotZ 1972, 180.
[11] BayObLG Rpfleger 1977, 300.
[12] OLG Düsseldorf NJW-RR 1995, 718.
[13] OLG Düsseldorf NJW-RR 1995, 718.
[14] BayObLG Rpfleger 1976, 13.
[15] BGH NJW-RR 1993, 840.
[16] BayObLG Rpfleger 1983, 434.

7. Auflassung

Für die **sog Auflassung**, dh die Einigung zur Übertragung des Eigentums, genügt es, wenn das WE zwischen Kaufvertrag und Auflassung erst gebildet wird.[17] Damit ist es möglich, ein erst künftig entstehendes WE zu veräußern. Der BGH[18] hält es darüber hinaus auch für zulässig, dass sich der Verkäufer beim Verkauf das Recht vorbehält, in der TErkl Bedingungen zur Regelung des Gemverhältnisses zu treffen bzw. die gesamte GO noch zu entwerfen. Die Kritik von Brych[19] ist berechtigt: Der Käufer hat in diesem Fall keinerlei Einfluss auf so wichtige Fragen wie Kosten- und Stimmverteilung oder gewerbliche Nutzung, so dass er quasi „die Katze im Sack kauft".

11

8. Vollmacht zur Änderung der Teilungserklärung

Dies ist wohl auch der Grund für die strengen Anforderungen, die die Rechtsprechung zwischenzeitlich an eine solche zulässige[20] **Vollmacht** stellt,[21] die dem sachenrechtliche Bestimmtheitsgebot entsprechen muss.[22]

11a

Beispiel: Die Ermächtigung zur Änderung der TErkl „bei baulichen Veränderungen, die die Wohnung des Käufers nicht unmittelbar berühren", ist zu unbestimmt, da die Feststellungen auf tatsächlichem Gebiet liegen und nicht vom GBA überprüft werden können.[23]

Bei einer teilweisen Unwirksamkeit der Vollmacht ist die gesamte Vollmacht unwirksam.[24] Eine Ermächtigung zur Schaffung neuen WE`s durch Umwandlung von GE in SE kann in der GO nicht in einer den Sondernachfolger bindenden Weise vereinbart werden.[25] Eine wirksame Vollmacht berechtigt auch zur Begründung von bisher nicht vorgesehenen SNR.[26] Neben einer Ermächtigung, bereits bestehende Rechte zu konkretisieren oder zu ändern, ist auch ein **Vorbehalt** einer solchen Rechtsbegründung ggf. auch zu einem späteren Zeitpunkt möglich,[27] zB nachträglich Sondernutzungsrechte, wenn dem sachenrechtlichen Bestimmtheitsgrundsatz genüge getan ist.[28] Dies bedeutet, dass zB Angaben zu Anzahl, Größe und Lage auf dem GE mithin Ausmaß und Umfang der Belastung der anderen notwendig sind.

---

[17] BayObLG ZMR 1985, 208.
[18] NJW 1986, 845.
[19] NJW 1986, 1478.
[20] BGH NJW 2011, 1958; 2012, 676.
[21] BayObLG WE 1996, 155 m. Anm. Schmidt; OLG München Rpfleger 2007, 653.
[22] OLG Hamm MietRB 2012, 299.
[23] BayObLG WE 1996, 155 m. Anm. Schmidt.
[24] BayObLG WE 1996, 155; OLG Düsseldorf WuM 1997, 284.
[25] BayObLG ZMR 2002, 283.
[26] OLG München Rpfleger 2007, 653.
[27] KG ZMR 2007, 387.
[28] BGH ZMR 2012, 651.

9. Einseitige Änderung der Teilungserklärung

12 Zur einseitigen Änderung der TErkl s. Vor § 1 Rn. 18.

§ 9 Schließung der Wohnungsgrundbücher

(1) Die Wohnungsgrundbücher werden geschlossen:
1. von Amts wegen, wenn die Sondereigentumsrechte gemäß § 4 aufgehoben werden;
2. auf Antrag sämtlicher Wohnungseigentümer, wenn alle Sondereigentumsrechte durch völlige Zerstörung des Gebäudes gegenstandslos geworden sind und der Nachweis hierfür durch eine Bescheinigung der Baubehörde erbracht ist;
3. auf Antrag des Eigentümers, wenn sich sämtliche Wohnungseigentumsrechte in einer Person vereinigen.

(2) Ist ein Wohnungseigentum selbständig mit dem Rechte eines Dritten belastet, so werden die allgemeinen Vorschriften, nach denen zur Aufhebung des Sondereigentums die Zustimmung des Dritten erforderlich ist, durch Absatz 1 nicht berührt.

(3) Werden die Wohnungsgrundbücher geschlossen, so wird für das Grundstück ein Grundbuchblatt nach den allgemeinen Vorschriften angelegt; die Sondereigentumsrechte erlöschen, soweit sie nicht bereits aufgehoben sind, mit der Anlegung des Grundbuchblatts.

1 § 9 behandelt den wegen § 11 seltenen Fall der Schließung der Grundbücher und damit **Grundbuchverfahrensrecht**.

1. Varianten der Grundbuchschließung

2 In den folgenden drei Fällen werden die **Grundbücher geschlossen** und damit entsteht gewöhnliches ME nach §§ 741 ff., 1008 ff. BGB:

3 – Bei Aufhebung **durch Vertrag** der WEer und Eintragung in das Grundbuch (Nr. 1). In diesem Fall erlischt das WE mit Eintragung der Aufhebung.

4 – Bei völliger **Zerstörung** des Grundstücks, dh aller SErechte. Der Nachweis ist durch Bescheinigung der Baubehörde zu erbringen. Trotzdem ist das ME am Grund und Boden noch vorhanden, und die WEerGem ist noch nicht erloschen. Die Lage ist mit der einer Gem vor Errichtung des Gebäudes zu vergleichen (vgl. § 2 Rn. 2). Deshalb ist auf Antrag, dh wenn alle MEer den Wiederaufbau nicht vornehmen wollen, eine Schließung vorzunehmen. Der Antrag bedarf der notariellen Form (§ 29 GBO).

5 – Durch **Antrag des Alleineigentümers** (Nr. 3), soweit sich sämtliche WErechte in einer Hand vereinigen.

2. Belastungen

Soweit das WE belastet war, bleiben die **Belastungen** bestehen und sind nun 6
auf dem neuen Grundbuchblatt einzutragen.[1] Zustimmung der dinglich Berechtigten erforderlich, da Haftungsgegenstand verändert wird.[2]

2. Abschnitt. Gemeinschaft der Wohnungseigentümer

Vorbemerkung vor § 10

Übersicht

	Rn.
1. Regelungsinhalt	1
2. Rangfolge der Regelungen	2
a) Gesetzliche unabdingbare Regelungen	3
b) Vereinbarungen der Wohnungseigentümer	4
c) Abdingbare Vorschriften des WEG	5
d) Gerichtliche Entscheidungen	6
e) Beschlüsse	7
f) Vorschriften des BGB	8
g) Schutz- und Treuepflichten	9
3. Grundtypen von Wohnungseigentümergemeinschaften	10
a) Doppelhäuser	11
b) Reihenhäuser	12
c) Zweifamilienhäuser	13
d) Groß- und Mehrhausanlagen	14
4. Typische Vereinbarungen der Wohnungseigentümer	15

1. Regelungsinhalt

Der **Zweite Abschnitt des WEG** (§§ 10 ff.) regelt das **Verhältnis der WEer** 1
untereinander. Hierdurch wird die Rechtsfähigkeit der Gem gesetzlich kodifiziert und ihr Umfang gegenüber den Rechten und Pflichten der Eigentümer als Bruchteilinhaber am GE festgelegt (§ 10 Abs. 1, 6). Im Rechtsverhältnis der WEer untereinander waren gesetzliche Sonderregelungen deshalb notwendig, weil die Gemregelungen im BGB (§§ 741 ff.) nicht einer auf Dauer und grundsätzliche Unauflöslichkeit (§ 11) angelegten WEerGem entsprachen. Ansonsten hat das Gesetz den Beteiligten eine weitgehende Gestaltungsfreiheit gelassen. Wie diese sinnvoll gestaltet werden kann, ist in den Beispielen der Grundtypen (Rn. 10 ff.) und dem ABC Rn. 15 beschrieben.

---

[1] OLG Frankfurt ZMR 1990, 229.
[2] OLG München ZWE 2010, 420.

2. Rangfolge der Regelungen

2 Nach dem Gesetz ergibt sich **für das Verhältnis der WEer untereinander** die folgende Rangfolge der Regelungen:

a) Gesetzliche unabdingbare Regelungen

3 Solche ergeben sich entweder aus den zwingenden Bestimmungen und Grundsätzen des WEG oder aus den Normen des übrigen Privat- oder öffentlichen Rechts,[3] zB des **BGB** (zB §§ 134,[4] 138,[5] 242[6] BGB), der **HeizkostenV**, des **ZVG** (zB § 56 S. 2[7]), des **öffentlichen Rechts** (zB BImSchG) oder **des WEG** (wird hiergegen verstoßen, so ist idR Nichtigkeit gegeben, s. § 23 Rn. 34). Folgende **Bestimmungen des WEG** sind weder durch Beschl noch durch Vereinb abänderbar:
- die Bestimmung des § 5 Abs. 2, wonach die gem Teile des Gebäudes, die für den Bestand oder die Sicherheit erforderlich sind, zwingend GE sind;[8]
- die Unselbständigkeit des SE (§ 6);[9]
- die Unauflöslichkeit der WEerGem (§ 11);[10]
- bei der bestehenden Veräußerungsbeschränkung der wichtige Grund (§ 12 Abs. 2);[11]
- Beschlkompetenz zur Verteilung der Betriebskosten, Verwaltungskosten, der Kosten der Instandhaltung bzw. Instandsetzung und von baulichen Veränderungen, (§ 16 Abs. 5);
- der Anspruch auf Entziehung des WE gemäß § 18 Abs. 1 (§ 18 Abs. 4);
- das Verbot der Ausschließung der Bestellung eines Verwalters (§ 20 Abs. 2);
- Befugnis der WEer, Modernisierungen nach § 22 Abs. 2 S. 1 zu beschließen (§ 22 Abs. 2 S. 2);
- die Änderung des Einstimmigkeitserfordernisses für die schriftliche Abstimmung (§ 23 Abs. 3[12]);
- das Einladungsverlangen einer Minderheit (§ 24 Abs. 2);
- die gesetzliche Verpflichtung zur Führung einer Beschlsammlung gemäß § 24 Abs. 7, 8;
- die Beschränkungen bei der Bestellung und Abberufung des Verwalters (§ 26 Abs. 1 S. 4), zB Höchstfrist von fünf Jahren[13] oder Verbot der Bestellung von mehreren Verwaltern;[14]

---

[3] BGH NJW 2012, 3571.
[4] BGH NJW 2012, 3424; ZMR 2011, 397; NJW 1987, 1638.
[5] BGH NJW 2012, 3571; 1995, 2036.
[6] BGH NJW 2007, 213.
[7] BGH NJW 2012, 3571.
[8] BGH ZMR 2012, 377, WuM 2013, 756.
[9] BGH NJW 1976, 1976.
[10] Korff WE 1982, 2.
[11] OLG Köln ZMR 2010, 54.
[12] OLG Köln WuM 1977, 52, 54; v. 21.8.1979 – 16 Wx 80/79; aA zu Recht AG Königstein MDR 1979, 760; Prüfer WE 1998, 334; Kümmel ZWE 2000, 62.
[13] BGH NJW 2002, 3240.
[14] BGH NJW 1989, 2059; WuM 1990, 128.

- die Aufgaben und Befugnisse des Verwalters, die in § 27 Abs. 1, 2 und 3 genannt sind (§ 27 Abs. 4).
- die Vorschriften über die Verteilung der Kosten auf der Grundlage von Wirtschaftsplänen und Abrechnungen (§ 28 Abs. 5) sind nicht abdingbar. Eine ohne diese Instrumentarien vorgenommene Kostenverteilung ist nicht möglich.[15]

b) Vereinbarungen der Wohnungseigentümer

Soweit diese Vorschriften beachtet wurden, sind die Vereinb der WEer **(Abs. 3)**, zB in der GO, verbindlich. Solche sind gesetzlich nicht vorgeschrieben,[16] idR in fast jeder WEerGem aber vorhanden, da einzelne gesetzliche Regelungen im Einzelfall zu einem unangemessenen Ergebnis führen können.

4

c) Abdingbare Vorschriften des WEG

Hierbei handelt es sich um die übrigen, also neben denen unter a genannten Vorschriften des Gesetzes.[17] Der Vorrang einer Vereinb vor den abdingbaren Regeln des WEG geht nur so weit, wie der Wille, von diesen Regelungen abzuweichen, erkennbar zum Ausdruck kommt.[18] Dies ist regelmäßig nur anzunehmen, wenn die Vereinb Ergänzungen zu der gesetzlichen Regel oder Abweichungen von ihr enthält. Nicht der Fall ist dies zB, wenn es in einer detaillierten GO bzgl. der Kosten heißt, es bleibt bei der gesetzlichen Regelung.

5

d) Gerichtliche Entscheidungen

Des Richters (§§ 43 Abs. 3, 10 Abs. 4 S. 1).[19]

6

e) Beschlüsse

Der WEer (§ 23).

7

f) Vorschriften des BGB

Die Vorschriften des BGB **über die Gem** (§§ 741 ff.) **und das ME** (§§ 1008 ff.) gem Abs. 2.[20]

8

g) Schutz- und Treuepflichten

Die aus dem Gemverhältnis als gesetzlichem Schuldverhältnis entspringen.[21] Die Mitgliedschaft begründet damit Treue- und Schutzpflichten der WEer ge-

9

---

[15] BGH ZMR 2011, 981.
[16] BGH NJW 2002, 2710.
[17] Vgl. BGH NJW 2000, 3500 Rn. 13.
[18] BayObLG MDR 1972, 691.
[19] KG ZMR 1997, 534.
[20] Vgl. hierzu Weitnauer/Lüke Rn. 2 ff.
[21] BGH NJW 2010, 2347; NZM 1999, 562, 563; ausführlich Armbrüster, FS Merle, S. 51.

genüber dem Verband, zB für ausreichende Finanzen zu sorgen[22] als auch gegenüber den anderen WEern.

Beispiele: Der Anforderung von Wohngeldvorschüssen kann ein Zurückbehaltungsrecht auf Grund der Treuepflichten aus dem Gemverhältnis nicht entgegengehalten werden[23] (§ 16 Rn. 65) oder die WEer haben das GE ausreichend instandzuhalten.[24]

3. Grundtypen von Wohnungseigentümergemeinschaften

10 Da jede WEerGem ihre Eigenarten hat, bedarf es dafür besonderer Regelungen in der GO (=Statut). Vor Aufstellung des Statuts der WEerGem haben sich die Beteiligten über die jeweiligen besonderen Probleme der Anlage klar zu werden. Die immer wieder auftauchenden **Grundtypen mit ihren spezifischen Problemen** sind:

a) Doppelhäuser

11 Probleme tauchen hier dadurch auf, dass an der Hälfte eines Doppelhauses SE nur an der Wohnung begründet werden kann, nicht jedoch an den Teilen des Gebäudes, die für dessen Bestand oder Sicherheit erforderlich sind.[25] Auch an den Anlagen und den Einrichtungen, die dem gemlichen Gebrauch dienen, kann SE nicht begründet werden.[26] Deshalb ist es üblich geworden, jedem WEer das SNR (§ 13 Rn. 12 ff.) am GE innerhalb seiner Hälfte und an einem evtl. dazu gehörigen Garten das alleinige Nutzungs- und Anpflanzungsrecht einzuräumen. In diesem Fall ist es angemessen, in der GO zu vereinbaren, dass jeder WEer die in seinem Bereich anfallenden Kosten und Lasten zu tragen hat, auch für die Instandhaltung. Bauliche Maßnahmen sollten ohne Zustimmung des anderen durchgeführt werden können, soweit Bau- und Nachbarrecht dies gestatten. In der TEerkl wird dann meist niedergelegt, dass jeder WEer ein SNR an allen zu seinem Herrschaftsbereich gehörenden Gebäudebestandteilen und Grundstücksflächen hat, sowie dass jeder von ihnen soweit als möglich wie ein Einzeleigentümer behandelt werden soll. In diesen Fällen ist jeder zu baulichen Veränderungen befugt, solange nicht das Gebäude des anderen benachteiligt wird,[27] zB Veränderung des Daches seines Reihenhauses, ohne Zustimmung, selbst wenn damit eine Veränderung des äußeren Erscheinungsbildes der Gesamtanlage verbunden ist.[28]

Dann verbleiben als gemliche Aufgabe nur die Unterhaltung des evtl. vorhandenen Grenzzaunes der beiden Gartenteile (§ 22 Rn. 43, Stichwort Zaun) und die Verkehrssicherungspflicht hinsichtlich vorhandener Wege bzw. des Gehsteigs (mit evtl. abzuschließender Versicherung). Bei dem Stimmrecht ist eine Gestal-

---

[22] BGH NJW 2005, 2067.
[23] OLG Düsseldorf ZWE 2007, 316.
[24] BGH NJW 2012, 2955 Rn. 19.
[25] BGHZ 50, 56.
[26] BayObLGZ 1986, 12; KG NJW-RR 1994, 525.
[27] BayObLG Rpfleger 1989, 503.
[28] BayObLG WuM 2004, 368.

tung nach den MEanteilen nach dem BayObLG[29] nicht zu beanstanden, selbst wenn damit ein WEer bei allen Abstimmungen die Mehrheit hat. Oder wenn bei Stimmengleichheit einem die entscheidende Stimme gegeben wird.[30] Begrenzungen gelten beim Stimmrechtsausschluss (vgl. § 25 Rn. 29 ff.). Nach dem LG München soll für die Wohngeldzahlung eines WEer eine Beschlfassung über die JA nicht Zahlungsvoraussetzung sein, sondern der andere WEer soll direkt Klage erheben können.[31] Dies ist abzulehnen, da das Gesetz keine Ausnahme vorsieht.[32] In die GO sollte auch eine Passage aufgenommen werden, dass für den Fall der Möglichkeit einer Teilung des Grundstücks zugleich die WEer-Gem aufzuheben ist. In diesem Fall ist der andere WEer verpflichtet, bei einem entsprechenden Antrag mitzuwirken.[33] Auch für den Wiederaufbau ist eine Regelung erforderlich, s. Rn. 15: Wiederaufbau.

b) Reihenhäuser[34]

Die Rechtsform WE wird idR deshalb gewählt, weil eine Genehmigung zur Grundstücksteilung nicht zu erhalten ist. Bei einer Bestimmung „Die einzelnen Eigentümer der Reihenhauseigentumseinheiten sollen wirtschaftlich soweit wie möglich gestellt werden, als ob sie Alleineigentümer der betreffenden Grundstücks- und Gebäudeeinheiten seien", sind Abwehrrechte der anderen WEer gegen bestimmte Nutzungen und bauliche Veränderungen idR ausgeschlossen, sofern nicht der Bestand der Gemeinschaft dienender Anlagen als solcher beeinträchtigt oder gegen allgemeine nachbarrechtliche oder nachbarschützende bauordnungsrechtliche Normen verstoßen wird.[35] Hierbei stellen sich ansonsten die gleichen Probleme wie bei den Doppelhäusern (Rn. 11). **12**

c) Zweifamilienhäuser

Hierunter werden in der Abgrenzung zum Doppelhaus Häuser verstanden, in denen im Erd- und im Obergeschoss Wohnungen vorhanden sind. Damit handelt es sich um echte WEerGem nach dem WEG. Bei diesen Zweifamilienhäusern wird idR keine Versammlung stattfinden und kein Verwalter gewählt. Dies ist möglich, sofern alle notwendigen Entscheidungen einstimmig gefasst werden. Da ein Verwalter fehlt und eine Versammlung idR nicht stattfinden wird, sollten keine Bestimmungen in der TErkl getroffen werden, die solche Instrumentarien voraussetzen, zB Zustimmung zur Veräußerung durch den Verwalter (§ 12). Hinsichtlich des Gartens ist ein SNR zu empfehlen.[36] **13**

---

[29] NJW-RR 1986, 566.
[30] OLG Oldenburg NJW-RR 1997, 775.
[31] ZWE 2009, 131.
[32] AG Charlottenburg ZWE 2011, 468 mwN; Sauren ZWE 2009, 134.
[33] BayObLG v. 22.3.1984 – 2 Z 104/83.
[34] Muster bei Kreuzer Rn. 272 ff. und Müller Formular D IV.
[35] OLG München ZMR 2008, 566.
[36] Röll MittBayNot 1979, 51.

d) Groß- und Mehrhausanlagen[37]

14 Großanlagen bestehen heute idR aus mehreren selbständigen Gebäuden bzw. Gebäudekomplexen, die nach dem WEG durch die GO dann Untergem werden sollen mit eigener Verwaltungszuständigkeit und selbständiger Beschlkompetenz ihrer Mitglieder.[38] Damit entstehen aber keine selbständigen Unterverbände[39] und das Verwaltungsvermögen (s. § 1 Rn. 9) verbleibt beim eigentlichen Verband.[40] Wegen des außergewöhnlich großen Verwaltungsaufwandes sollten sie möglichst vermieden werden (Realteilung). Ist dies nicht möglich, sollte in der GO geregelt werden, dass „jede Untergemeinschaft – soweit rechtlich zulässig – selbständig verwaltet wird".[41] Diese Abgrenzungen müssen jedoch sorgfältig durchdacht werden, da ansonsten große Probleme auftauchen können.

Beispiel: Nur über die Garagen eines Blocks führt ein öffentlicher Weg. Alle Garagendächer sind sanierungsbedürftig. Wer kommt für die Instandhaltung des Daches mit dem öffentlichen Weg auf?

So muss jede „kleine" WEerGem über ihre Fragen in einer eigenen Versammlung beschließen, in der nur die jeweiligen WEer stimmberechtigt sind.[42] Der Verwalter hat hausbezogene WP und JA aufzustellen und den Untergemeinschaften zur Beschfassung vorzulegen;[43] die gegen Beschl erhobenen Klagen sind allerdings gegen alle übrigen WEer zu richten.[44] Dann sind zB auch nur den WEern des einzelnen Blocks Schlüssel dieses Blocks auszuhändigen.[45] Entsprechend der TE sind auch getrennte Instandhaltungsrücklagen zu führen.[46] Siehe Rn. 15 Mehrhausanlage, § 25 Rn. 7 und § 28 Rn. 30.

4. Typische Vereinbarungen der Wohnungseigentümer

15 Die **Regelungen der GO** sind das Grundstatut der Gem. Jeder WEer muss sich damit vertraut machen. Deshalb werden in **ABC-Form typische Inhalte** und deren Bedeutung aufgezählt:

15A **Änderung der GO** (§ 10 Rn. 79 ff.): Der bisher gegebene Anspruch auf Abänderung aus Treu und Glauben (BGH WuM 2012, 460) besteht nachrangig, da es eine Gesetzesregelung in § 10 Abs. 2 S. 3 gibt (BGH NJW 2010, 3296).
Antenne: Regelungen über Zuordnung zu GE oder SE möglich.

---

[37] Göken, Die Mehrhausanlage, 1999; Schmidt ZWE 2002, 118; Muster bei Kreuzer Rn. 209 ff. und Müller Formular D V.
[38] BGH ZMR 2012, 979.
[39] LG Koblenz ZWE 2011, 91.
[40] OLGR München 2006, 288.
[41] BGH ZMR 2012, 979.
[42] BayObLG DNotZ 1985, 414.
[43] BGH ZMR 2012, 970; BayObLG ZWE 2001, 269, 270.
[44] BGH ZMR 2012, 970.
[45] OLG Düsseldorf ZMR 1995, 88.
[46] BayObLG NJW-RR 1988, 274.

Aufhebungsanspruch: Die Regelung des Aufhebungsanspruchs durch Vereinb ist entgegen der gesetzlichen Regelung (§ 11 Abs. 1 S. 3) grundsätzlich nur für den Fall zulässig, dass das Gebäude ganz oder teilweise zerstört wird und eine Verpflichtung zum Wiederaufbau nicht besteht (BayObLGZ 1979, 414).
Aufzugskosten: Die relativ hohen Kosten für den Aufzug stellen ein Problem dar, wenn TE oder WE vorhanden sind, die keine Anbindung an den gemlichen Aufzug haben und trotzdem mit den Kosten belastet werden müssten (BGH NJW 1984, 2576), denn die fehlende Nutzbarkeit eines Aufzugs alleine stellt keinen Grund für eine Änderung der Kostenverteilung dar (LG Hamburg DWE 2010, 147). Man kann hier die Kostenquote durch Vereinb umso höher festsetzen, je höher sich die Wohnung befindet (OLG Düsseldorf DWE 1986, 28; dafür auch Staudinger/Bub § 16 Rn. 33). Die dafür notwendigen Berechnungen bürden dem Verwalter Aufgaben auf und führen oft zu Streit, wenn einzelne WEer den Aufzug häufiger benutzen. In Mehrhauswohnanlagen besteht entgegen der gesetzlichen Regelung die Möglichkeit, die WEer, in deren Haus sich kein Aufzug befindet, bzw. einzelne WEer/TEer von den Kosten zu befreien. Dann müsste auch eine gesonderte Instandhaltungsrücklage für den Aufzug geführt werden. Die Brisanz ist der Angelegenheit durch die nunmehr gegebenen gesetzlichen Möglichkeiten der Kostenverteilungänderung (§ 16 Abs. 2 und 3) genommen.
Ausschluss von MEern vom Mitgebrauch: Ein solcher Ausschluss bedarf einer Vereinb (OLG Zweibrücken NJW-RR 1986, 1338; OLG Frankfurt DWE 2001, 29, s. auch § 16 Rn. 67).

Bauliche Veränderungen (§ 22 Abs. 1): Durch Vereinb ist die gesetzliche Regelung (§ 22) ganz abdingbar (BGH MDR 1970, 753) oder abänderbar. Hierbei ist jedoch zu beachten, dass davon nicht Modernisierungen (§ 22 Abs. 2) betroffen sein dürfen, da hierzu nach dem Gesetz (§ 22 Abs. 2 S. 2) keine Abänderungsmöglichkeit gegeben (unabdingbar) ist (str.). In der Praxis kommen folgende Gestaltungen häufig vor:
– **Gänzliche/teilweise Abbedingung:** Wurde das Zustimmungserfordernis zu baulichen Veränderungen durch Verein abbedungen, richten sich ihre Zulässigkeit und ein Anspruch auf Beseitigung allein nach den allgemeinen nachbarrechtlichen Vorschriften des Privatrechts und des öffentlichen Rechts (OLG München ZMR 2008, 566; LG Itzehoe v. 19.4.2011 – 11 S 26/10). Ein WEer kann dann die Einhaltung nur soweit verlangen, wie öffentlich-rechtliche Normen sog drittschützende Wirkung haben (BayObLG ZMR 2005, 212; 2001, 362: Pergola; 472: Anbau; 563: Fenster).

Beispiel: Für einen Windfang müssen die erforderlichen Abstandsflächen nicht eingehalten werden (BayObLG WuM 1996, 789; s. auch § 22 Rn. 37).

Es kann durch Vereinb bereits eine Regelung erfolgen, dass alle baulichen Veränderungen möglich sind (BayObLG NJW-RR 1990, 209) oder bestimmte bauliche Veränderungen (zB Mauer- und Deckendurchbruch: BayObLG NJW-RR 1986, 761 oder Balkonerweiterungen: OLG Düsseldorf MittRhNotK 1986, 169 oder Fenster: BayObLG WE 1994, 184). Ebenfalls ist eine Vorausgestattung (OLG Düsseldorf MittRhNotK 1986, 169) möglich.

15B

Vor § 10 I. Teil. Wohnungseigentum

- **Allstimmigkeitsprinzip:** Durch Vereinb kann auch festgelegt werden, dass für alle baulichen Veränderungen Allstimmigkeit vorliegen muss (OLG Hamm ZWE 2008, 465). Dann müssen auch die Zustimmungen der Eigentümer vorliegen, die nicht benachteiligt wären. Dies liegt auch vor, wenn die Vereinb sog Änderungsverbote vorsieht (BayObLG WuM 1996, 487).
- **Mehrheitsprinzip:** Eine Vereinb kann vorsehen, dass eine bestimmte Mehrheit (einfache oder qualifizierte) Mehrheit die bauliche Veränderung beschließen kann. Häufig sind hier unklare Vereinb anzutreffen, so dass es grundsätzlich bei der gesetzlichen Regelung dann verbleibt (OLG Oldenburg NZM 1998, 39). Zur Auslegung ist zu beachten, dass eine Einschränkung der gesetzlichen Wertung vorgenommen werden soll, so dass entscheidend die benachteiligten WEer sind und deren Mehrheit entscheiden soll (BayObLG NZM 2000, 290, anders wenn Zustimmung „der WEer", BayObLG NZM 2001, 1138). Der Beschl ist für ungültig zu erklären, wenn für die bauliche Veränderung keine sachlichen Gründe vorliegen oder andere WEer durch sie unbillig benachteiligt werden (BayObLG NZM 2000, 290). Wenn die TErkl „Änderungen der äußeren Gestalt" durch Beschl erlaubt, so kann dies nach dem OLG Düsseldorf (ZMR 1999, 192) für Änderungen im Inneren erst recht beschlossen werden.
- **Einwilligung/Zustimmung der Verwalters:** Die Übertragung der Zustimmung ist auch auf den Verwalter möglich.

Beispiel: Die Zustimmung wird auf den Verwalter übertragen.

Ist diese allein entscheidend, also soll nur der Verwalter zustimmen, so sind die WEer daran gebunden (KG NZM 1998, 771). In diesem Fall ist bei der Versagung oder Erteilung der Zustimmung für den einzelnen WEer nur die Möglichkeit der gerichtlichen Überprüfung gegeben. Diese Überprüfungskriterien sind naturgemäß nicht die des § 22, da diese gerade abbedungen wurden, sondern nur, ob Ermessensfehler vorliegen (zB sachfremde Kriterien) oder gar ein Rechtsmissbrauch oder eine sonstige unzulässige Rechtsausübung (OLG Frankfurt OLGZ 84, 60).
Bei der oft anzutreffenden Formulierung, dass „bauliche Veränderungen der schriftlichen Zustimmung bzw. Einwilligung des Verwalters bedürfen", handelt es sich im Regelfall lediglich um ein **Vorschalteerfordernis**, das eigenmächtiges Handeln eines WEer's, der meint, dass niemand beeinträchtigt sei, verhindern soll. Durch eine Verwalterzustimmung wird das Zustimmungserfordernis eines eventuell nachteilig betroffenen Wohnungseigentümers nicht ersetzt (OLG Frankfurt ZWE 2006, 409; OLG Düsseldorf NJW-RR 1997, 1103; OLG Köln ZMR 2004, 146). Mithin ist dies eine Erschwerung (zu recht hierzu kritisch OLG Köln DWE 1997, 33).
Bausparvertrag: Für den Abschluss eines Vertrages durch die Gem ist nach OLG Düsseldorf eine Vereinb nötig (WE 1996, 275), nach dem BGH ist dies umstritten (NJW 2002, 3240 Rn. 27); ein unangefochtener Beschl ist aber verbindlich.
Beirat: Die Zahl der Beiräte und die wählbaren Personen (zB auch außerhalb der WEerGem stehende Dritte: KG WuM 1989, 207) sollten insbeson-

Vorbemerkung vor § 10

dere in Mehrwohnhausanlagen durch Vereinb festgelegt werden, da die gesetzliche Regelung nur durch Vereinb änderbar ist (BayObLG NJW-RR 1992, 210; LG München v. 12.4.2010 – 36 S 16624/09; Sauren ZMR 1984, 325).

Benutzung:
1. **Benutzungsordnung (Garagen, Sauna, Schwimmbad oder Grillplatz):** BayObLG ZMR 2004, 924): Da es sich hierbei um Fragen der ordnungsgemäßen Verwaltung handelt, sind diese durch Beschl regelbar. Deshalb empfiehlt sich keine Vereinb hierfür, da die Entwicklung in der Anlage sehr unterschiedlich sein kann. Die Aufstellung sollte deshalb der Gem per Beschl überlassen bleiben, wie gesetzlich vorgesehen. Die Regelungen enthält regelmäßig die sog **Hausordnung**, s. dort.
2. **Benutzungsregeln:** Eine der Gebäudebeschaffenheit widersprechende Benutzung bedarf einer Vereinbarung.

Beispiel: Aufstellen eines Kfz (zB Oldtimer) auf einer Terrasse (BayObLG MDR 1981, 937).

Ebenso wenn die Benutzung von Teilen des GE für die übrigen WEer ausgeschlossen werden soll (BGH NJW 2000, 3500) oder nach dem BayObLG (Rpfleger 1974, 111), wenn die räumliche Aufteilung der Benutzung geregelt werden soll.

Beispiel: Die gegenständliche Abgrenzung der Gebrauchsregelung einer Garagenanlage.

Beschlusskompetenz: Kann durch Vereinb auf neu eingeführte Organe delegiert werden, zB Beirat (OLG Celle NZM 2007, 689).

Darlehen: 15D
– **Kredit** (Schultzky MietRB 2013, 367; Dötsch MietRB 2014, 27): Hierzu besteht nach dem BGH eine Beschlkompetenz (NJW 2012, 3719), auch gehört die Entscheidung darüber, ob der Bedarf durch einen Rückgriff auf vorhandene Rücklagen, durch die Erhebung von Sonderumlagen oder durch die Aufnahme von Darlehen gedeckt werden soll, dazu. Im Detail heftig umstritten ist allerdings, ob und ggf. unter welchen Voraussetzungen die Aufnahme eines Krediates, bei dem es nicht nur um die Deckung eines kurzfristigen Finanzbedarfes in überschaubarer Höhe geht, den Grundsätzen einer ordnungsgemäßen Verwaltung entspricht. Dabei kommt es auf die Einzelheiten an, die abgewogen werden müssen, wie zB bei einem Kredit von 180.000 EUR bei fünf Jahren Laufzeit für eine Fassadensanierung, der für zulässig gehalten wird (dazu LG Düsseldorf ZWE 2014, 44 m. Anm. Elzer ZWE 2014, 19; BayObLG NJW-RR 2006, 20, 23; LG Bielefeld NJW-RR 2012, 143; OLG Hamm WuM 2012, 467).
– **Dispo:** Eine Darlehensaufnahme zur Beseitigung eines **Liquiditätsengpasses** ist durch Beschl entweder im Voraus, zB in Höhe von drei Monatswohngeldern (OLG Hamm WE 1992, 136; Wenzel ZWE 2001, 237) oder für einen konkreten Einzelkauf, zB für dringend benötigtes Heizöl (KG WE 1994, 271, 272, aber nur bis 10.000 EUR – „20 000 DM") möglich.

Dekorationen: Hierzu reicht idR eines Beschl, vgl. § 21 Rn. 11.

Vor § 10   I. Teil. Wohnungseigentum

15E **Einzugsermächtigung:** Keine Vereinb notwendig, Beschl ausreichend (OLG Hamm OLGR 2005, 421; s. auch § 21 Abs. 7).

15G **Garten:** Hier kann Vereinb getroffen werden, zB über Anlage und Gestaltung der Bepflanzung (OLG Köln NZM 2005, 508; BayObLG WuM 1996, 643), ansonsten reicht Beschl. Siehe § 22 Rn. 51.
Genehmigung: S. Nutzungsänderung.
Gewährleistung: Der Verband kann durch Beschl die Verfolgung eines sog **gemeinschaftsbezogenen Anspruchs** an sich ziehen (BGH NZM 2007, 403). Durch einen solchen Beschl soll dem einzelnen MEer die Verfahrensführungsbefugnis entzogen werden (OLG Hamm ZWE 2010, 44). Anders aber OLG München (NZM 2008, 87) und OLG Hamburg (ZMR 2009, 306) welche auch dann einzelne WEer neben dem Verband als berechtigt ansehen. Ist in TErkl Bestimmung enthalten, dass jeder WEer auf eigene Rechnung für Instandhaltung der im GE stehenden Gegenstände sorgen muss, darf Verband gegen Willen des WEers Mängelbeseitigung nicht an sich ziehen und auch keinen Vergleich schließen (OLG München ZMR 2007, 725). Will die Gem an Stelle des einzelnen Erwerbers die diesem zustehenden Mängelbeseitigungsansprüche einklagen, so muss sie zunächst die Erwerberrechte durch Beschl an sich ziehen und dann – soweit sie den Verwalter mit deren gerichtlicher Durchsetzung betrauen will – diesen mit einem weiteren Mehrheitsbeschl ermächtigen (OLG München ZMR 2013, 53). Zieht die Gem wirksam durch bestands- bzw. rechtskräftigen Beschl Abwehransprüche gegen einen Störer vor Anerkennung der Teilrechtsfähigkeit der Gem an sich und leitet ein entsprechenden Klageverfahren ein, kann die Gem in den Grenzen der ordnungsgemäßen Verwaltung auch die Beendigung des Verfahrens durch Mehrheitsbeschl herbeiführen und ein Vergleichsangebot des störenden MEers annehmen (LG München ZMR 2011, 835). Hat der WEer aber seine Rechte schon rechtshängig gemacht, ist der Gem es versagt, sie an sich zu ziehen und muss den Prozessausgang abwarten (AG Reutlingen ZMR 2013, 579).
Gewerbliche bzw. berufliche Nutzung (Benutzungsbeschränkung): Soll das Haus als reines Wohnhaus genutzt werden, kann sich eine Vereinb über das Verbot gewerblicher Nutzung bzw. freiberuflicher Nutzung empfehlen (OLG Frankfurt ZWE 2006, 202).
Grundschuld: S. Zwangshypothek.

15H **Haftung des Rechtsnachfolgers:** Diese ist nur durch Vereinb möglich (BGH ZMR 1994, 271). Soweit eine solche Klausel aufgestellt wurde, erfasst sie aber nicht die Zwangsversteigerung (BGH NJW 1984, 301) und kann auch nicht dafür vorgesehen werden. Sie wäre nichtig (BGH NJW 1987, 1638). Auch ein unangefochtener Beschl ist nichtig (LG München WuM 2011, 308 mit Hinweis auf BGH NJW 1999, 3713, s. auch Rückstand.)
Hausordnung: Hier gilt das zur Benutzungsordnung Gesagte. Eine Abänderung ist idR durch Beschl möglich, auch wenn die Hausordnung in der TErkl enthalten ist (BayObLG ZMR 1976, 310; § 21 Rn. 12 Hausordnung).
Haustierhaltung: Ein generelles Verbot ist nur durch Vereinb möglich, wenn unter Haustieren auch Kleintiere, wie zB Vögel, Wellensittiche, Zier-

fische, Goldhamster, Schildkröten etc. verstanden werden, dann Beschl nichtig (OLG Saarbrücken NJW 2007, 779) s. weiter § 21 Rn. 12 Tierhaltung.
Hinweisschilder: Sind idR ohne Vereinb zulässig (KG WuM 1994, 494, dh durch Beschl, BayObLG WuM 1994, 562).
Individualansprüche: S. Gewährleistung. 15I
Immission: Wollen die WEer über das Maß des § 14 Nr. 3 hinaus Duldungspflichten einem einzelnen Eigentümer auferlegen oder diesen davon befreien, so bedarf es einer Vereinb.

Beispiel: Das Grillen auf dem Balkon soll generell gestattet werden (vgl. LG Düsseldorf NJW-RR 1991, 1170), s. § 21 Rn. 11 Grillen.

Instandsetzungs-/Instandhaltungspflicht: Kann durch GO für Teile des GE dem einzelnen WEer auferlegt werden, zB Balkongeländer oder Fenster (BayObLG WuM 2004, 740), die Arbeiten müssen aber einwandfrei ausgeführt werden (OLG Köln WE 1997, 427). Damit ist dann aber nicht die erstmalige Herstellung als ordnungsgemäßer Zustand gemeint (BayObLG WuM 1997, 187). Ist die Zuweisung von Bauteilen zum SE dinglich unwirksam, kommt nach OLG Karlsruhe eine Umdeutung für Bauteile im räumlichen Bereich des SE dergestalt in Betracht, dass für sie die Instandhaltungs- und Instandsetzungspflicht auf eigene Kosten bei den jeweiligen WEern liegen soll (ZMR 2010, 873). Eine in der TEerkl enthaltene Regelung, nach der jeder SEer die im Bereich seines SE befindlichen Fenster (Glas und Rahmen) auf seine Kosten ordnungsgemäß instand zu halten und instand zu setzen hat, ist auf Lichtkuppeln nicht anwendbar. Die Regelung ist eng auszulegen (LG Stuttgart DWE 2009, 146). Weist eine Vereinb die Pflicht zur Instandhaltung und Instandsetzung der Fenster nebst Rahmen in dem räumlichen Bereich des SE's dem einzelnen WEer zu und nimmt dabei den Außenanstrich aus, ist eine vollständige Erneuerung der Fenster im Zweifel Sache der Gem (BGH NJW 2012, 1722).

Kabelfernsehen: S. § 22 Rn. 19 Kabelfernsehen. 15K
Kellerverteilung: Die Verteilung der Kellerräume ist grundsätzlich durch Vereinb zu regeln, im Anschluss an eine Vereinb ist auch ein an die Vereinb knüpfender Beschl möglich (KG Berlin ZWE 2002, 324; BayObLG NJW-RR 1990, 155; 1991, 1117), s. § 15 Rn. 16.
Konkurrenzverbot: Soweit ein solches in der Anlage gelten soll, hat dies durch Vereinb (BayObLG NJWE 1997, 231; unangefochtener Beschl reicht auch nach OLG Hamm NJWE 1997, 180; NJW-RR 1986, 1336) zu erfolgen, wobei nach dem OLG Hamm (NJW-RR 1986, 1337) aus der Bezeichnung des TE oder SE in der TErkl uU ein Konkurrenzschutz hergeleitet werden kann. Inhalt einer Vereinb kann auch eine Konkurrenzschutzklausel sein (BayObLG NJWE 1997, 231). Die Änderung bedarf einer Vereinb (OLG Köln WE 1994, 87). Vermietender WEer muss Mieter auf Konkurrenzverbot hinweisen (LG Karlsruhe WuM 1990, 164).
Kosten- bzw. Lastenverteilung: § 16 Abs. 2 sieht diese nach den MEanteilen vor. Regelungen, die zu einer Belastungsänderung führen, können nunmehr zwingend im Rahmen der § 16 Abs. 3 und 4 geändert werden, darüber hinaus Vereinb notwendig (BGH NJW 2000, 3500). Problematisch ist dies

insbesondere bei vermieteten ETW (Verteilung der **Heiz- und Warmwasserkosten** ist gemäß §§ 7 ff. HeizkostenV nicht nach MEanteilen möglich). Deshalb ist Folgendes zu raten: Der TErkl ist eine Liste der Wohnungen und deren Wohn-/Nutzflächen-m² (für Speicher, Hobbyräume etc, hierzu gehört nach BayObLG ZMR 1997, 614 aber nicht eine SNR-Fläche) beizulegen und darauf für die Verteilung Bezug zu nehmen. Hinsichtlich der TEinheiten ist nach dem Nutzungswert zu differenzieren (zB Laden voll, Garage $^1/_2$ oder von einzelnen Kosten freizustellen). Soweit jedoch eine Einzelerfassung möglich ist (zB bei Kaltwasser), sollte diese vorgehen. Der Einbau solcher Geräte ist gestattet (vgl. § 22 Rn. 43 Zähler). Sieht die TErk die Verteilung nach Wohnfläche vor, so sind nach dem BayObLG (BayObLG WE 1997, 34) Balkone, Loggien und Dachterrassen mit einem Viertel anzusetzen. „Wohn- und Nutzfläche" gemäß DIN ist nach OLG Düsseldorf (ZMR 2002, 214) die nach der II. BV. Dem TEer steht eine Änderung des Kostenverteilungsschlüssels in der gemischt genutzten Anlage nach BGH nicht bereits deshalb zu, weil die Kostenverteilung nach MEA zu einer erheblich (grundsätzlich mindestens um 25 %) höheren Belastung als eine Verteilung der Kosten nach der anteiligen Nutzfläche führt. Es bedürfe vielmehr einer Abwägung der gesamten Umstände (ZWE 2011, 170).
Kredit: S. Darlehen.

15L **Lastschriftverfahren:** S. Einzugsermächtigung.

15M **Mahngebühren:** Die Erhebung von Mahngebühren kann durch Beschl festgelegt werden. Der Beschl kann nunmehr auch vorsehen (§ 21 Abs. 7, „Folgen des Verzugs"), dass die Mahngebühren dem jeweilig säumigen WEer alleine auferlegt werden.
Mehrhausanlage bzw. Untergem (s. auch § 25 Rn. 7; § 21 Rn. 4; § 28 Rn. 30): Hierbei handelt es sich um einzelne Häuser bei Mehrhausanlagen oder abgetrennte Gebäudeteile, wie Garagenkomplex etc. Solche sind im WEG nicht vorgesehen, aber durch Vereinb möglich (BGH NJW 2012, 1224; NZM 2012, 767). Dann bilden diese keinen eigenen rechtlichen Verband und können deshalb nicht selbst rechtsfähig sein (BGH NZM 2011, 716; Hügel NZM 2010, 8 mwN), denn diese Kompetenz haben die WEer nicht, sondern bleiben Teil der GesamtWE (LG Nürnberg ZMR 2010, 315), so dass es nur einen Verwalter geben kann. Letzendlich handelt es sich um eine Kompetenzverlagerung einer oder einzelner Aufgaben auf eine bestimmte Gruppe der WEer. Diese werden häufig konkludent durch Stimmrechts- oder Kostenzuweisungen in der GO begründet (BayObLG NZM 2004, 386 mwN). Abzulehnen sind jedoch Entscheidungen, die meinen, dass sich dies aus der Natur der Sache ergeben könnte oder als faktische Untergem bezeichnen (zB OLG München NZM 2008, 848 Rn. 22; BayObLG ZMR 2001, 209; ebenso wie hier die hM Hügel NZM 2010, 8; Rüscher ZWE 2011, 308; BeckOK WEG/Dötsch § 10 Rn. 36; Palandt/Bassenge § 10 Rn. 1b), es können aber trotzdem Gebrauchsregelungen (§ 15) getroffen werden. Verwaltung obliegt dann nur den jeweiligen WEern, es sei denn die gesamte Anlage ist betroffen, zB durch Immissionen bei Mobilfunkanlage auf einem Haus (OLG München ZMR 2007, 391). Damit geht die Untergem dann über ihre Kompetenz hin-

aus, auch wenn zB Kosten oder bauliche Veränderungen der gesamten Anlage geregelt werden, sind diese nichtig (BGH NZM 2012, 767 oder neues Organ OLG Celle NZM 2007, 689). Deshalb haben über die Entlastung sowohl von Verwalter, als auch von Beirat alle zu beschließen (OLG Zweibrücken ZMR 2005, 908). Die Verträge betreffend dieser Untergem sind folglich Verträge des Gesamtverbandes. Klage ist damit gegen alle WEer zu richten (BGH NZM 2012, 766). Damit haben die anderen WEer kein Stimmrecht (hierzu § 25 Rn. 7), müssen aber im Extremfall bei möglicher Haftung für die Schulden aufkommen (§ 10 Abs. 8), weil die Rechtsfähigkeit nichts an den Stimmrechtsregelungen geändert hat (Hügel NZM 2010, 13). Die übrigen WEern haben deshalb ein Anwesenheitsrecht in der Unterversammlung, so dass man sie über den Termin informieren muss (Schmidt MietRB 2010, 270); gleiches gilt für Rede- und Antragsrechte, da diese auch nicht zwingend mit einem Stimmrecht korrespondieren (Elzer MietRB 2010, 344, 345; BeckOK WEG/ Dötsch § 10 Rn. 38; Schultzky ZMR 2011, 521; aA Hügel NZM 2010, 8, 15) und auch das Beschlussanfechtungsrecht (Bärmann/Klein § 10 Rn. 28). Andererseits gehört das Verwaltungsvermögen (Rücklage, Wohngeld etc.) der GesamtWE (OLG München OLGR 2006, 288). Zur JA § 28 Rn. 30. WP einer Untergem soll nicht aufzuheben sein, wenn Kosten anderer Untergemeinschaft darin enthalten sind (BGH NZM 2011, 716 Fn. 13).
Musizieren: Ein generelles Verbot ist entgegen der hM entsprechend den Ausführungen zur Tierhaltung durch Vereinb oder bestandskräftigen Beschl möglich (OLG Hamm NJW 1981, 465; aA BGH NJW 1998, 3713; OLG Frankfurt NZM 2004, 32). Durch Beschl ist auch eine Beschränkung der Musikausübung zulässig (BGH NJW 1998, 3714; § 21 Rn. 12). Siehe unten Ruhezeit.

Nießbrauch: Erfordernis der Zustimmung der anderen WEer kann vereinbart werden (LG Augsburg Rpfleger 1999, 125).
Nutzung von Freiflächen, Gegenständen: Durch Vereinb kann eine turnusmäßige Nutzung von Freiflächen oder Gegenständen geregelt werden (zB Parkplatz, Garten, Waschmaschine etc). Ein Vollstreckungstitel gegen einen WEer, wonach dieser zur Zustimmung verpflichtet ist, dass auf einer gem Grundstücksfläche ein Kinderspielplatz errichtet und von der Gem dauernd unterhalten wird, verpflichtet den WEer nicht dazu, einer Änderung der TEerkl zuzustimmen, wenn diese lediglich vorsieht, dass die Fläche als gem Kinderspielplatz „dienen soll". Diese Formulierung bedeutet nur eine Absichtserklärung, aber keine Errichtungs- und Unterhaltungsverpflichtung, und lässt der Gem auch die Möglichkeit, alles so zu lassen oder auch verkommen zu lassen, wie es ist (OLG Koblenz WuM 2012, 337).
Nutzungsänderung: Eine Nutzungsänderung liegt vor, wenn die nach der GO oder einer Vereinb zulässige Nutzung aufgegeben oder geändert wird. Für eine Nutzungsänderung bei Abweichung von einer Vereinb ist eine Vereinb erforderlich und bei Abweichung von einem Beschl ein Beschl. Die Rspr. hat eine Nutzungsänderung zB bei Leerstehenlassen der Wohnung verneint (BayObLG NJW-RR 1990, 854) und bei Prostitution in einer Wohnung bejaht (BayObLG WE 1994, 243), je nach Ausgestaltung der GO (AG Nürnberg ZMR 2005, 661). Häufig wird in der GO berufliche Nutzung von

15N

der Genehmigung des Verwalters abhängig gemacht, die Genehmigung kann dann nur aus wichtigem Grund verweigert werden (OLG München OLGR 2007, 462; s. Vermietung), zB wegen erheblichen Störungen (Pflegeheim, OLG Köln NZM 2007, 572). Der Widerruf erfordert, dass einer Fortsetzung ein wichtiger Grund entgegensteht, nämlich unzumutbare Beeinträchtigung, wie zB Störung des Hausfriedens oder Tätlichkeiten (BayObLG NZM 1998, 1009). Im Rahmen der Wohnnutzung erfordert eine Änderung der Art der Nutzung der einzelnen Räume (etwa von Wohnraum zu Küche) weder einen Beschl, noch eine Vereinb (OLG Hamm ZMR 2006, 634).

Nutzungsart: Soweit ein Gebot für eine bestimmte Nutzungsart unter Ausschluss anderer Nutzungen festgelegt wird, ist eine Vereinb nötig.

Beispiel: Das Gebäude soll nur als Hotel genutzt werden (BayObLG Rpfleger 1982, 63).

Ist bloße Ausübungsgenehmigung betroffen, reicht Beschl aus, zB Nutzungsgenehmigung des Hobbyraums als Büro (BayObLG NJW-RR 1986, 1465). Nach OLG Frankfurt liegt in der näheren Bezeichnung eines SE in der TEerkl idR, jedenfalls sofern die GO für das SE keine hiervon abweichende Benutzungsregelungen enthält, eine die Nutzung des SE einschränkende Zweckbestimmung mit Vereinbscharakter (ZWE 2008, 433).

Nutzungsausschluss: Ein solcher soll nur durch Vereinb möglich sein, zB die Stilllegung einer gemlichen Gasleitung (BayObLG Rpfleger 1976, 291; iÜ s. hierzu § 15 Rn. 4 ff. und Ausschluss).

150 **Öffnungsklausel:** Von einer **allgemeinen Öffnungsklausel** spricht man, wenn durch eine Vereinb die Möglichkeit eröffnet wird, durch (mit einfacher oder qualifizierter Mehrheit) gefassten Beschl Vereinb abzuändern oder aufzuheben oder zu begründen (BGH NJW 2000, 3500). **Zum Umfang** ist folgendes festzuhalten: Der Abänderung durch Beschluss sind aber nur Regelungen unterworfen, die zum einen nicht den dinglichen Kernbereich des WE's berühren (BayObLG ZMR 1995, 167) und zum anderen nicht (schuldrechtliche) Rechte neu begründen oder aufheben, die ihrer Natur nach nur aufgrund einvernehmlicher vertraglicher Gestaltung geschaffen werden können. Gegenstand von Mehrheitsentscheidungen aufgrund einer Abänderungsklausel in der GO können demnach nur einzelne, den äußeren Bereich der Verwaltung des WEs betreffende Regelungen sein, zB Änderung der Verteilungsmaßstäbe (§ 16, BayObLG ZMR 1985, 104). Die Begründung eines die anderen WEer von der Nutzung eines nicht unbeachtlichen Teils des GE's ausschließenden SNRs geht über eine Verschiebung der Grenzen der Nutzungsberechtigung hinaus und schafft eine grundlegend neue und daher nur vertraglich (einvernehmlich) mögliche Neuordnung des Gemeinschaftsrechts (OLG Köln ZMR 1998, 373; Hogenschurz SNR S. 55). Ein solcher Ausschluss vom Mitgebrauch kann, wie auch Verfügungen über sonstige Vermögensrechte des einzelnen WEer (zB Guthabenauskehrung), nur durch **spezifizierte Öffnungsklausel** erfolgen (Bärmann/Klein § 10 Rn. 40), dh für eine auf diesen Fall zugeschnittene oder auch diesen Fall umfassende Klausel. Selbst wenn die Vereinb eine Änderungsmöglichkeit durch Beschl zulässt, so

Vorbemerkung vor § 10 **Vor § 10**

ist der sog Kernbereich des SE von solch einer Änderung ausgeschlossen (BGH NJW 1994, 3230; OLG München ZMR 2007, 395).

Beispiel: Abänderung des Inhalts (zB Wohnung oder Laden) des SE (OLG Stuttgart NJW-RR 1986, 815). In diesem Fall behält der allstimmige Beschl immer den Rechtscharakter eines MehrheitsBeschles, und er kann durch einen solchen abgeändert werden.

Prozessführung: Die generelle Ermächtigung des Verwalters zur Prozessführung für die WEerGem kann nach dem OLG Köln (Beschl v. 21.11.2001 – 16 Wx 185/01, S. 7 f.) nur durch Vereinb (oder allstimmigen Beschl) erfolgen. Eine Beschränkung nur auf Führung von Wohngeldprozessen ist nicht zweckmäßig. Besteht keine entsprechende Vereinb, kann der Verwalter für jeden Einzelfall durch (Mehrheits-)Beschl zur gerichtlichen Geltendmachung ermächtigt werden (vgl. § 27 Abs. 2 Nr. 3).

15P

Ruhezeit: Eine Vereinb, die Ruhezeiten festlegt, in denen jedes unnötige und störende Geräusch zu vermeiden ist und die Ruhe beeinträchtigende Tätigkeiten zu unterlassen sind, genügt mangels Objektivierbarkeit unnötiger und störender Geräusche nicht dem Bestimmtheitserfordernis und ist deshalb unwirksam (OLG Düsseldorf NJW 2009, 3377).

Rückstand: Eine Vereinb, wonach der Erwerber für den Wohngeldrückstand seines Vorgängers aufzukommen hat, ist wirksam (BGH ZMR 1994, 271), sie erfasst auch eine SU (BayObLG NJWE 1997, 10) und gilt auch für den Ersterwerber (OLG Düsseldorf ZMR 1997, 245). Zu ihr ist auch zu raten, da nicht einzusehen ist, dass einerseits das Guthaben (zB Rücklage) übergeht, andererseits aber die Schulden nicht (s auch Haftung und § 16 Rn. 67).

15R

Sanktionen, Strafen: Zur Ahndung für gemwidriges Verhalten können Sanktionen vereinbart werden. Diese können neben § 21 Abs. 7 durch Vereinb eingeführt werden (BGH NJW 2003, 3550). Folgende Fallgestaltungen sind möglich:

15S

– **Geldstrafen** können als Vertragsstrafen (§§ 336 ff. BGB) für Zuwiderhandlungen gegen die Gempflichten in der GO durch Vereinb dergestalt vorsehen werden, dass diese durch Mehrheitsbeschl verhängt werden (BayObLG NJW-RR 1986, 179), s. auch § 21 Abs. 7 (BT-Drucks 16/887 S. 27 f.; aA Köhler Rn. 305). Die durch Beschl erfolgte Festsetzung ist durch das Gericht überprüfbar (§ 343 BGB).

– Das **Ruhen des Stimmrechts (Stimmrechtausschluss)** kann nach BGH nicht durch Vereinb eingeführt werden (NZM 2011, 246).

– Nach BGH ist eine Regelung in der TEerkl, die es ermöglicht, einen mit Hausgeldern im Rückstand befindlichen WEer **von der Teilnahme** an der WEerversammlung und der Abstimmung **auszuschließen**, nichtig (NZM 2011, 246). Ein Ausschluss ist nur bei Vorliegen eines **versammlspezifischen Bezuges** möglich, etwa wenn auf andere Weise die geordnete Durchführung einer WEerversammlung nicht gewährleistet werden kann, so etwa, wenn ein WEer trotz Warnung und Androhung des Ausschlusses die WEerversammlung weiterhin nachhaltig stört (BGH aaO; KG Berlin WuM 1986, 150).

– **Verzugszinsen** können durch Beschl auch pauschal festgesetzt werden (§ 21 Abs. 7; Sauren DWE 1991, 57 mwN).
– **Mahngebühren:** s. Mahngebühren (s iÜ § 21 Abs. 7).
Schiedsgericht oder Schlichtungsstellenklausel: S. Vor § 43 Stichwort Vorschaltverfahren.
Sondernutzungsrecht: Vereinb nötig (BGH WuM 2012, 460; s. § 13 Rn. 12 ff.).
Spielplatz: S. Nutzungsausschluss, bestimmte Nutzungsart.
Satellitenschüssel Regelung über generelles Aufstellverbot möglich (OLG Zweibrücken NZM 2006, 937).
Stimmrecht: Das Gesetz schreibt in § 25 Abs. 2 das Stimmrecht nach Kopfteilen vor (Kopfprinzip, s. § 25 Rn. 15; Sauren S. 61). Durch Vereinb können andere Regelungen eingeführt werden (OLG Köln ZMR 2009, 311).

Beispiel: Für die Gem nach dem BGB wird das Stimmrecht nach der Größe des Anteils bestimmt (§ 745 Abs. 1 BGB).

Da sich aus der Größe der Anteile auch größere Pflichten, wie zB höhere Kostentragung, und Interessen, zB an der Erhaltung des Gebäudes und der WEerGem, ergeben, ist eine Regelung über das Stimmrecht nach der Höhe der MEanteile zulässig (Wertprinzip, BGH NJW 2012, 921; Sauren S. 60). Der Nachteil liegt in der insbesondere bei größeren WEerGemen schwierigen Berechnung bei den Abrechnungen und in der Möglichkeit einer Majorisierung (§ 25 Rn. 37). Seltener findet sich die mögliche Regelung, dass für jede Wohnung oder TE eine Stimme gewährt wird, welches auch möglich ist (BGH NJW 2012, 921). Ausgenommen werden in diesem Fall zumeist die Garagen und Stellplätze von dem Stimmrecht. Bei besonders großen Raumeinheiten kann ein 2- oder 3-faches Stimmrecht gewährt werden. Nach dem BayObLG (WuM 1997, 285) ist es auch möglich, einem WEer ein Veto-Recht zu gewähren mit der Folge, dass gegen seine Stimme kein Beschl gefasst werden kann. Eine Vereinb, wonach grundsätzlich ein Beschl nur mit qualifizierter Mehrheit zustande kommt und bei Angelegenheiten ohne „erhebliche Bedeutung" die einfache Mehrheit ausreicht, ist nach KG (NZM 1998, 520) unwirksam.
Stimmrechtsausschluss: S. Sanktionen.

15T **Tierhaltung:** S. Haustierhaltung.

15U **Umwandlung** von GE in SE: Kann bereits in der TErkl vereinbart werden ohne Zustimmung anderer WEer (BayObLG ZMR 1998, 241). Vereinb reicht aber nicht aus, um Umschreibung im Grundbuch zu erreichen (KG ZMR 1998, 368), dazu Auflassung erforderlich, hierzu reicht Anspruch aus Vereinb nicht aus.
Umzugskostenpauschale: Beschl ausreichend (BGH NJW 2010, 3508, AG Traunstein ZMR 2012, 63; s. auch § 21 Abs. 7).
Untergem: S. Mehrhausanlage.
Unterhalt von Gebäudeteilen: Sieht die GO den Unterhalt der Balkone vor, so ist damit auch die Instandsetzung im GE stehender Teile des Balkons, insbesondere der Balkonbrüstung, umfasst. Ist die Zuweisung von Bauteilen

zum SE dinglich unwirksam, kommt eine Umdeutung für Bauteile im räumlichen Bereich des SE (etwa Fenster- und Türelemente) derart in Betracht, dass die Instandhaltungs- und Instandsetzungspflicht auf eigene Kosten bei den jeweiligen Wohnungseigentümern liegen soll (OLG Karlsruhe ZMR 2010, 873). Die TEerkl kann an den grds. nicht SEfähigen Seitenwänden der Balkone ein SNR für die betroffenen Einheiten begründen und die Kosten der Instandhaltung und Instandsetzung den jeweiligen SE auferlegen. Ergibt die Auslegung der TEerkl, dass Balkontrennwände, die dem Sichtschutz dienen, eindeutig einem SE zuzuordnen sind, sind die Sichtschutzwände auf dessen Kosten instandzuhalten; ein Beschl, wonach die Kosten der Instandhaltung aus der Instandhaltungsrücklage finanziert werden sollen, ist anfechtbar (OLG Karlsruhe Info M 2006, 299).

Veräußerungsbeschränkung (§ 12): Eine solche ist durch Vereinb möglich. Sie läuft häufig in der Praxis leer, weil der Verwalter aus den in § 12 Rn. 16 dargelegten Gründen regelmäßig zustimmt und damit seine Pflichten nicht wahrnimmt. Für die Information über den Bestand der WEer und deren Veränderung ist sie aber unbedingt erforderlich. Die Verweigerung der Zustimmung durch den Verwalter sollte aufgehoben werden können durch Beschl.   15V
Vermietung und Vermietungsbeschränkung:
– **Vermietungsverpflichtung:** Durch Vereinb möglich, zB bei Werkswohnungen oder Hotelgebäude an eine Betriebsgesellschaft (BayObLG WuM 1994, 156: Studentenwohnheim oder Seniorenstift OLGR Karlsruhe 2004, 214), ebenfalls möglich, bei Vermietung die Verwaltung des SE dem WEG-Verwalter zu übertragen (BayObLG WE 1996, 194).
– **Vermietungsverbot:** Ein relatives Vermietungs- (BayObLGZ 1975, 233) und Untervermietungsverbot (AG Karlsruhe Rpfleger 1969, 131) bedarf einer Vereinb (OLG Celle NZM 2005, 184; BayObLG WE 1988, 302). Ein absolutes Vermietungsverbot ist nichtig (vgl. § 23 Rn. 33; Gottschalg DWE 2000, 50 mwN). Die Gem hat die Beschlkompetenz, einen WEer dazu zu verpflichten, ein konkretes Mietverhältnis zu beenden (AG Hamburg-Wandsbek ZMR 2012, 305).
– **Vermietungsbeschränkung:** Die Vermietungs- und Gebrauchsüberlassung kann per Vereinb von der Zustimmung des Verwalters (AG Dortmund WuM 2010, 318) oder aller bzw. mehrerer WEer oder eines WEer abhängig gemacht werden (OLG Frankfurt NZM 2004, 231; BayObLGZ 1987, 291; BGHZ 37, 203). In diesem Fall ist die Untersagung aber nur aus wichtigem Grunde möglich (§ 12 Abs. 2; zu Gründen s. Bub WE 1989, 124). Die erfolgte Vermietung ohne Zustimmung macht sie nicht unwirksam (BayObLGZ 1987, 291). Die Zustimmung kann zB von Erklärungen des Mieters abhängig gemacht werden (Mieterselbstauskunft: OLG Frankfurt NZM 2005, 910; s. Nutzungsänderung, iÜ § 21 Rn. 11 Vermietung von GE).
Versammlung: Die Regelung einer Geschäftsordnung für die Versammlung kann durch Vereinb erfolgen. Hierbei sollte berücksichtigt werden, dass diese faktisch unabänderlich für die Zukunft ist, und deshalb sollte durch einen Vorbehalt geregelt werden, dass sie durch Beschl abänderbar ist. Erwägens-

werte Vereinb: Verlängerung der Anfechtungsfrist von Beschl (zB auf einen Monat nach Übersendung des Protokolls), streitig, ob möglich (dagegen BayObLG MDR 1981, 499; s. § 23 Rn. 49; zur Eventualeinberufung der Versammlung, Pflicht und Frist zur Übersendung des Protokolls, Anforderungen an Form und Inhalt des Protokolls, s. § 24 Rn. 40 ff.).
Versicherungen: Neben den in § 21 Abs. 5 Nr. 3 genannten Versicherungen können den WEer durch Vereinb auch andere Versicherungen (zB Öltankversicherung) auferlegt werden (§ 27 Rn. 33 ff.). Des Weiteren kann durch Vereinb den WEern auferlegt werden, auch ihr SE zu versichern, um Erleichterung im Rahmen eines evtl. Wiederaufbaus zu schaffen (§ 22 Abs. 2), dann gehört dies zur gemlichen Verwaltung (KG MDR 1984, 584).
Verwalter: Die Mindestanforderungen an den Verwalter und an Regelungen im Verwaltervertrag können in einer Vereinb geregelt werden (OLG Hamm ZMR 2008, 554; Sauren, WEG-Verwalter, 4. Aufl 2009). Unwirksam sind aber Regelungen in der GO, welche die Bestellung eines Verwalters zu den üblichen Bedingungen mittelbar ausschließen oder erschweren (OLG Frankfurt ZWE 2011, 361; KG NJW-RR 1994, 402).
Vollmachten: Durch Vereinb können auch Vollmachten erteilt werden, zB für den Verwalter (BayObLGZ 1974, 294). Auch ist es möglich, dem Verwalter nur eine bestimmte Anzahl von Vertretungen in der Versammlung zuzubilligen (BayObLG WE 1991, 227). Nicht möglich ist die Ermächtigung, Dritte zum Verwalter zu bestellen (BayObLG Rpfleger 1975, 426), zB den Treuhänder. Auch kann durch Vereinb vorgeschrieben werden, wem ein WEer Vollmacht für die Vertretung in der Versammlung erteilen kann (BGH NJW 1993, 1329). Durch Beschl ist eine Beschränkung der Stimmrechtsvollmacht auf bestimmte Personen nicht möglich (BayObLG WE 1988, 208), s. zu Vollmacht des Aufteilers § 8 Rn. 11a.
Vorkaufsrecht: Durch Vereinb kann ein Vorkaufsrecht zugunsten der übrigen WEer nicht als Inhalt des SE eingetragen werden (OLG Bremen Rpfleger 1977, 313). Damit verbleibt nur die Möglichkeit, es als Belastung jedes WEer einzutragen (OLG Celle ZMR 2005, 141).
Vollstreckungsunterwerfung: S. Zwangsvollstreckung.
Vorschaltverfahren: S. Vor § 43 Stichwort Vorschaltverfahren.

15W **Werbung:** Werbung am GE ist vereinbbedürftig, da mit baulichem Eingriff verbunden. Soweit mit der Benutzung des TE ortsübliche und angemessene Werbung verbunden ist, ist diese zulässig (BayObLG ZMR 1987, 389).
Wettbewerbsverbot: S. Konkurrenzverbot.
Wiederaufbau: Im WEG ist in § 22 Abs. 2 eine zu knappe Regelung enthalten. Zur Ergänzung ist idR eine Vereinb notwendig und empfehlenswert. Möglicher Inhalt: Kostentragung (zB bei nicht gleichmäßigem Zustand des Gebäudes), Maßstab zur Festlegung des Umfangs der Zerstörung zB Teilzerstörung, Änderung der Aufbauverpflichtung bei nicht genügender Versicherungsleistung, Recht zum Ausscheiden aus der WEerGem zugunsten aufbauwilliger Mitglieder, Auflösung der WEerGem. Bei Mehrhausanlagen oder Reihenhäusern ist eine gesonderte Regelung zu empfehlen (Merle WE 1997, 81). Eine Vereinb, wonach bei jedweder „teilweisen Zerstörung" eine qualifi-

zierte Mehrheit für den Beschl zum Wiederaufbau erforderlich ist, ist nach dem KG (NJWE 1997, 205) nur auf Fälle der plötzlichen Zerstörung anwendbar, nicht jedoch auf eintretende Baufälligkeit durch unterlassene Instandsetzung.

Wohnungseigentümer: Einzelangelegenheiten der WEer können durch Vereinb zu Angelegenheiten der Gem gemacht werden, zB Versicherung des SE (KG MDR 1984, 584).

Zugangsfiktion: ZB des Einladungsschreibens an letzte bekannte Adresse: in der TE ist sie möglich (LG Magdeburg Rpfleger 1997, 306), im Verwaltervertrag nicht (BayObLG WE 1991, 296). 15Z

Zwangshypothek: Durch Vereinb ist ebenfalls möglich, eine Zwangshypothek auf jedes WE an erster Rangstelle zur Sicherung von Wohngeldern eintragen zu lassen (Dresel WE 2000, 201). Der Verwalter ist ohne ermächtigende Vereinb oder Beschl der Gem nicht befugt, zur Löschung einer zugunsten der Gem im Grundbuch eingetragenen Zwangshypothek eine Löschungsbewilligung abzugeben (OLG München NJW-RR 2011, 590; LG Köln ZWE 2011, 289). Die Gem ist nunmehr befugt, als Gläubigerin einer Zwangshypothek eingetragen zu werden (OLG Hamm NZM 2009, 914; ebenso noch zur alten Rechtslage BGH NJW 2005, 2061).

Zwangsvollstreckung für Wohngeld durch **vollstreckbare Urkunden** (Wolfsteiner, FS Wenzel, S. 59 ff.): Die Verpflichtung des WEer zur Unterwerfung unter eine sofortige Zwangsvollstreckung wegen rückständiger Hausgelder ist durch Vereinb, zB in der TEerkl, möglich (§ 794 Nr. 5 ZPO; KG ZMR 1997, 664; Becker ZWE 2000, 515; Soth NZM 2007, 470). Da es sich um Gelder handelt, die notwendig für die WEerGem sind, ist eine solche Regelung auch zweckmäßig. Die Unterwerfungsurkunde muss allerdings in notarieller Form aufgenommen werden (§ 794 Nr. 5 ZPO) und inhaltlich hinreichend bestimmt sein und insbesondere den monatlichen Betrag angeben (KG ZMR 1997, 664; 2004, 618). Gemäß § 800 ZPO kann ebenfalls vorgesehen werden, dass die Vollstreckungsunterwerfung auch für den Rechtsnachfolger wirkt (aA zur alten Rechtslage OLG Hamm ZMR 1996, 337; Wolfsteiner, FS Wenzel, S. 66), wobei dann allerdings die Eintragung ins Grundbuch notwendig ist (§ 800 Abs. 1 S. 2 ZPO). Wird aus der Vollstreckungsunterwerfung die Zwangsvollstreckung in die WE betrieben, kann sich der betroffene WEer mit der Vollstreckungsabwehrklage (gemäß §§ 797, 767 ZPO) wehren, wenn er zB das Hausgeld bereits gezahlt hat.

§ 10 Allgemeine Grundsätze

(1) Inhaber der Rechte und Pflichten nach den Vorschriften dieses Gesetzes, insbesondere des Sondereigentums und des gemeinschaftlichen Eigentums, sind die Wohnungseigentümer, soweit nicht etwas anderes ausdrücklich bestimmt ist.

(2) ¹Das Verhältnis der Wohnungseigentümer untereinander bestimmt sich nach den Vorschriften dieses Gesetzes und, soweit dieses Gesetz keine besonderen Bestimmungen enthält, nach den Vorschriften des Bürgerlichen Gesetzbuches über die Gemeinschaft. ²Die Wohnungseigentümer können von den Vorschriften dieses Gesetzes abweichende Vereinbarungen treffen, soweit nicht etwas anderes ausdrücklich bestimmt ist. ³Jeder Wohnungseigentümer kann eine vom Gesetz abweichende Vereinbarung oder die Anpassung einer Vereinbarung verlangen, soweit ein Festhalten an der geltenden Regelung aus schwerwiegenden Gründen unter Berücksichtigung aller Umstände des Einzelfalles, insbesondere der Rechte und Interessen der anderen Wohnungseigentümer, unbillig erscheint.

(3) Vereinbarungen, durch die die Wohnungseigentümer ihr Verhältnis untereinander in Ergänzung oder Abweichung von Vorschriften dieses Gesetzes regeln, sowie die Abänderung oder Aufhebung solcher Vereinbarungen wirken gegen den Sondernachfolger eines Wohnungseigentümers nur, wenn sie als Inhalt des Sondereigentums im Grundbuch eingetragen sind.

(4) ¹Beschlüsse der Wohnungseigentümer gemäß § 23 und gerichtliche Entscheidungen in einem Rechtsstreit gemäß § 43 bedürfen zu ihrer Wirksamkeit gegen den Sondernachfolger eines Wohnungseigentümers nicht der Eintragung in das Grundbuch. ²Dies gilt auch für die gemäß § 23 Abs. 1 aufgrund einer Vereinbarung gefassten Beschlüsse, die vom Gesetz abweichen oder eine Vereinbarung ändern.

(5) Rechtshandlungen in Angelegenheiten, über die nach diesem Gesetz oder nach einer Vereinbarung der Wohnungseigentümer durch Stimmenmehrheit beschlossen werden kann, wirken, wenn sie auf Grund eines mit solcher Mehrheit gefaßten Beschlusses vorgenommen werden, auch für und gegen die Wohnungseigentümer, die gegen den Beschluß gestimmt oder an der Beschlußfassung nicht mitgewirkt haben.

(6) ¹Die Gemeinschaft der Wohnungseigentümer kann im Rahmen der gesamten Verwaltung des gemeinschaftlichen Eigentums gegenüber Dritten und Wohnungseigentümern selbst Rechte erwerben und Pflichten eingehen. ²Sie ist Inhaberin der als Gemeinschaft gesetzlich begründeten und rechtsgeschäftlich erworbenen Rechte und Pflichten. ³Sie übt die gemeinschaftsbezogenen Rechte der Wohnungseigentümer aus und nimmt die gemeinschaftsbezogenen Pflichten der Wohnungseigentümer wahr, ebenso sonstige Rechte und Pflichten der Wohnungseigentümer, soweit diese gemeinschaftlich geltend gemacht werden können oder zu erfüllen sind. ⁴Die Gemeinschaft muss die Bezeichnung „Wohnungseigentümergemeinschaft" gefolgt von der bestimmten Angabe des gemeinschaftlichen Grundstücks führen. ⁵Sie kann vor Gericht klagen und verklagt werden.

(7) ¹Das Verwaltungsvermögen gehört der Gemeinschaft der Wohnungseigentümer. ²Es besteht aus den im Rahmen der gesamten Verwaltung des gemeinschaftlichen Eigentums gesetzlich begründeten und rechtsgeschäftlich erworbenen Sachen und Rechten sowie den entstandenen Verbindlichkeiten. ³Zu

Allgemeine Grundsätze § 10

dem Verwaltungsvermögen gehören insbesondere die Ansprüche und Befugnisse aus Rechtsverhältnissen mit Dritten und mit Wohnungseigentümern sowie die eingenommenen Gelder. ⁴Vereinigen sich sämtliche Wohnungseigentumsrechte in einer Person, geht das Verwaltungsvermögen auf den Eigentümer des Grundstücks über.

(8) ¹Jeder Wohnungseigentümer haftet einem Gläubiger nach dem Verhältnis seines Miteigentumsanteils (§ 16 Abs. 1 Satz 2) für Verbindlichkeiten der Gemeinschaft der Wohnungseigentümer, die während seiner Zugehörigkeit zur Gemeinschaft entstanden oder während dieses Zeitraums fällig geworden sind; für die Haftung nach Veräußerung des Wohnungseigentums ist § 160 des Handelsgesetzbuches entsprechend anzuwenden. ²Er kann gegenüber einem Gläubiger neben den in seiner Person begründeten auch die der Gemeinschaft zustehenden Einwendungen und Einreden geltend machen, nicht aber seine Einwendungen und Einreden gegenüber der Gemeinschaft. ³Für die Einrede der Anfechtbarkeit und Aufrechenbarkeit ist § 770 des Bürgerlichen Gesetzbuches entsprechend anzuwenden. ⁴Die Haftung eines Wohnungseigentümers gegenüber der Gemeinschaft wegen nicht ordnungsmäßiger Verwaltung bestimmt sich nach Satz 1.

Übersicht

	Rn.
1. Normzweck	1
2. Rechtsfähigkeit der Gemeinschaft	2
a) Beginn der Rechtsfähigkeit	7
b) Umfang der Rechtsfähigkeit	8
c) Keine Kompetenzbegründung	9
d) Verband als Rechtsinhaber	10
e) Ausübungsbefugnis (Abs. 6 S. 3)	11
f) Geborene Rechte und Pflichten	12
g) Gekorene Rechte und Pflichten	12b
3. Vereinbarung	13
a) Definition/Voraussetzung	14
b) Zustandekommen/Entstehung	
aa) Mit Begründung der Gemeinschaft	15
bb) Nach Entstehung der Wohnungseigentümergemeinschaft	16
cc) Sukzessivvereinbarung	16a
dd) Vollmacht für Vereinbarung	17
c) Inhalt	18
d) Auslegung	
aa) Ist es eine Vereinbarung?	19
bb) Auslegung	19a
cc) Widersprüchlichkeit und Unbestimmtheit	19b
dd) Auslegungskriterien	19c
e) Umdeutung	19d
4. Inhaltskontrolle	20
a) AGB-Regelungen	21
b) Inhaltskontrolle nach Treu und Glauben	22
aa) Grundsätze der Inhaltskontrolle (gemäß §§ 242, 315 BGB)	23
bb) Übertragung auf das WEG	24
cc) Unabdingbare Grundsätze, die eingehalten werden müssen	25

	Rn.
5. Wirkung/Folgerung	27
a) Innenverhältnis der Wohnungseigentümer	
aa) Eingetragene Vereinbarungen	28
bb) Nicht eingetragene Vereinbarungen	29
cc) Dauer	29a
dd) Gelöschte Vereinbarungen	30
b) Verletzung der Vereinbarung	31
c) Außenverhältnis	32
6. Abgrenzung zwischen Beschluss und Vereinbarung	33
7. Beschlüsse der Wohnungseigentümer	34
a) Abgrenzung zur Vereinbarung	35
b) Zustandekommen, Entstehung	36
c) Regelungsbereich von Beschlüssen	37
d) Beschlusskompetenz	37a
e) Auslegung	38
f) Inhaltskontrolle	39
8. Wirkung von Beschlüssen	
a) Innenverhältnis (Abs. 5)	40
b) Außenverhältnis (Abs. 5)	41
9. Änderung/Aufhebung von Vereinbarungen	42
a) Zustimmung aller Wohnungseigentümer	43
b) Öffnungsklausel	44
c) Grundbucheintragung	44a
d) Allstimmigkeit aller Wohnungseigentümer ohne Eintragung in das Grundbuch	45
e) Unangefochtener Beschluss	46
aa) Der „gesetzes- oder vereinbarungsändernde" Beschluss	47
bb) Der „gesetzes- oder vereinbarungswidrige" Beschluss	48
10. Abgrenzung	49
a) Verwaltungsregelung (§ 21)	49a
b) Gebrauchsregelungen (§ 15)	50
c) Instandhaltung, Instandsetzung, bauliche Veränderungen (§ 22)	51
11. Besonders betroffene Beschlüsse	52
a) Wirtschaftsplan	
aa) Fortgeltung	53
bb) Herabsetzung der Anforderung	54
cc) Änderung des Wirtschaftsjahres	55
b) Eventualeinberufung	56
c) Beirat	57
d) Generelle Beschlussfassung	58
e) Übertragung von Aufgaben	59
f) Wohnungseigentümerversammlung	60
g) Einladung	
aa) Beschluss über Mitteilungspflicht	61
bb) Zugangsfiktion	62
cc) Protokollversendung	63
dd) Abänderung der Formalien	64
h) Niederschrift	65
i) Turnus	66
j) Stimmrecht	67

Allgemeine Grundsätze § 10

	Rn.
k) Sonderumlage	68
l) Haftung des Verwalters	69
m) Übertragung von Beschlusskompetenzen	70
n) Kontrollrechte	71
o) Haftungsveränderung	72
p) Öffnungsklausel und Schiedsverfahren	73

12. Anspruch eines einzelnen Wohnungseigentümers auf eine Vereinbarung oder deren Aufhebung oder Anpassung (Abs. 2 S. 3)
    - a) Voraussetzung/Verfahren/Wirkung 74
    - b) Sachenrechtliche Grundlagen ausgeschlossen 75
    - c) Möglichkeiten der Durchsetzung des Anspruchs nach Abs. 2 S. 3 76
    - d) Umsetzung 77
    - e) Inhalt 78
        - aa) Abwägung 79
        - bb) Entgegenstehende Gründe 80
        - cc) Nachfolgende Beispiele in ABC-Form 81
13. Änderung/Aufhebung von Beschlüssen (sog Zweitbeschluss)
    - a) Durch Beschluss geregelte Angelegenheiten 84
        - aa) Rückwirkung widerspricht ordnungsgemäßer Verwaltung 84a
        - bb) Inhaltsgleicher Zweitbeschluss 84b
        - cc) Eingriff in die Rechte der Wohnungseigentümer 84c
        - dd) Rechtsschutzinteresse 84d
    - b) Gerichtliche Änderung eines Beschlusses
        - aa) Ausübung des Ermessens durch den Richter 85
        - bb) Weitere Rechte des Richters 85a
14. Notwendigkeit der Zustimmung der dinglich berechtigten Gläubiger (Gläubigerzustimmung, ua § 5 Abs. 4 S. 2 und 3) .. 86
    - a) Vereinbarungen 87
        - aa) Grundpfandrechtsgläubiger (§ 5 Abs. 4 S. 2 und 3) ... 88
        - bb) Die anderen dinglichen Berechtigten 89
    - b) Beschlüsse
        - aa) Vereinbarungsändernde Beschlüsse 90
        - bb) Andere Beschlüsse 92
15. Verwaltungsvermögen (Abs. 7)
    - a) Rechtsträger, zeitliche Geltung 93
    - b) Gesetzeswortlaut 94
    - c) Gegenstand des Verbandsvermögens (§ 10 Abs. 7 S. 2 und 3)
        - aa) Umfang 97
        - bb) Bewegliche Sachen 99
        - cc) Verkehrssicherungspflicht 100
    - d) Vermögen der Wohnungseigentümer 101
16. Die Haftung der WEer für Verbindlichkeiten des Verbandes (Abs. 8)
    - a) Geltung 102
    - b) Zeitlicher Umfang 103
    - c) Ausnahme zur beschränkten Haftung (Gesamtschuld) 104
    - d) Voraussetzung der (beschränkten) Haftung
        - aa) Verbindlichkeit des Verbandes 105

§ 10 — I. Teil. Wohnungseigentum

Rn.

    bb) Die während der Zugehörigkeit zum Verband
        entstanden ist 105a
    cc) Rechtsfolge 105b
e) Abwehrmöglichkeiten des Wohnungseigentümers
    (S. 2 und 3)
    aa) Der Wohnungseigentümer ist nunmehr zwei
        Ansprüchen ausgesetzt 106
    bb) Auseinanderfallen von Innen- und Außenhaftung 108
    cc) Freistellungsanspruch 109
f) Rechte des Gläubigers 110
    aa) Klage gegen jeden einzelnen Wohnungseigentümer ... 111
    bb) Auskunftsanspruch gegen Verwalter 112
    cc) Auskunftsanspruch außenstehender Gläubiger 113
    dd) Durchgriffshaftung 114
    ee) Sicherungshypothek 115
    ff) Zwangsvollstreckung 116
    gg) Pfändung 117
    hh) Sonderumlage 118
    ii) Pfändung der Verbandskonten 119
    jj) Tilgung durch Verband 120
    kk) Vergleich des Gläubigers mit dem Verband 121
g) Gestaltung der Gemeinschaftsordnung? 122

1. Normzweck

1 Die für das **Verhältnis der WEer untereinander und für den teilrechtsfähige WEerGem (=Verband)** geltenden Grundsätze enthält § 10 (zur rechtlich maßgeblichen Reihenfolge s. Vor § 10 Rn. 2 ff.). Dieser Paragraph stellt damit die Grundnormen für die Regelungen der Eigentümer (Abs. 1) und für die Rechtsstellung der teilrechtsfähigen WEerGem (Abs. 6 und 7) auf. Abs. 3 und 4 regeln die Wirksamkeit gegenüber dem Nachfolger, also gegenüber dem durch Rechtsgeschäft oder Zwangsversteigerung nachfolgenden Eigentümer. Gegenüber Gesamtrechtsnachfolgern (zB den Erben) wirken die Regelungen der Gem immer. Letztlich wird noch die Haftung der WEer geregelt (Abs. 8). Der Gesetzgeber spricht im Gesetzestext von den **WEern**, wenn er sie oder die **Bruchteilsgemeinschaft** meint (Abs. 1), von der Gem der WEer (Abs. 6 S. 4), wenn er die **rechtsfähige Gem** meint. Der letztere wird in diesem Kommentar **Verband** genannt, damit die Abgrenzung klar und deutlich in Erscheinung tritt.

2. Rechtsfähigkeit der Gemeinschaft

2 Der BGH[1] hat im Anschluss an eine in der Literatur vertretene Auffassung[2] die **Rechtsfähigkeit der Gem** erkannt. Diese übernimmt der Gesetzgeber in

---

[1] NJW 2005, 2061.
[2] Ua Bub PiG 63, 1; Sauren PiG 63, 61.

Abs. 6 und 7, gestaltet sie aber weiter. Nach **Abs. 6 S. 1** kann der Verband im Rahmen der Verwaltung selbst Rechte erwerben und Pflichten eingehen. Er ist damit Inhaber der als Gem gesetzlich begründeten oder rechtsgeschäftlich erworbenen Rechte und Pflichten. Damit beschränkt das Gesetz aber auch die Rechtsfähigkeit auf den Bereich der Verwaltung. Da folglich der Rest der Rechte und Pflichten bei den Eigentümern verbleibt, hat der Gesetzgeber in einem neuen Abs. 1 diesen Bereich normiert. Der Gesetzgeber geht dabei von den **Rechten und Pflichten der Eigentümer** aus, obwohl die Verwaltung den weitaus überwiegenden Teil ausmacht. Auch die Terminologie in dem neuen Abs. 1 ist missverständlich und wurde nicht verbessert, obwohl darauf hingewiesen wurde.[3] Unter Rechte und Pflichten verstand man bisher die schuldrechtlichen aus dem Gemverhältnis entspringenden, dh heute dem Verband zuzuordnende Rechte und Pflichten. Damit wird durch den Gesetzestext für Verwirrung gesorgt.

Die Abgrenzung der beiden Bereiche ist ein Kernproblem des neuen WEG **3** und wird unterschiedlich vorgenommen: Einmal die sog **Einheitstheorie**,[4] welche die Gem als eine in zwei unterschiedlichen Formen auftretende Gem ansehen. Eine Trennung widerspreche dem Sinn und Zweck der Rechtsfähigkeit, die Handlungsfähigkeit in der Praxis zu erreichen bzw. zu erleichtern. Eine Abgrenzung der Aufgaben müsse danach erfolgen, ob es sich um eine Angelegenheit der Verwaltung des GE handele.[5] Sei dies der Fall, sei diese Aufgabe dem Verband zugeordnet.[6] Anders sieht dies die sog **Trennungstheorie**. Die herrschende Literaturmeinung[7] sieht zwei Gem, die Bruchteilsgem mit dem GE und den Verband, also zwei unterschiedliche Eigentumsbereiche. Da der Verband die Fähigkeit besitzt eigene Rechte und Pflichten innezuhaben, kommt es zur Trennung dieses Vermögens vom Vermögen der WEer. Damit ist aber durch die Rechtsfähigkeit eine gleichzeitige Zuordnung eines Vermögensgegenstandes zu beiden Eigentumssphären nicht möglich.

Die **Rspr**, insbesondere die des **BGH**, hat sich bisher nicht zu dem Streit ex- **4** pressis verbis geäußert, jedoch Fälle der Konstellation entscheiden müssen,[8] in denen der Anspruch den BruchteilsMEer zusteht, aber der Verband klagt, zB bei der Entziehungsklage oder Wohngeld. Der BGH löst diese Fälle über eine **Ermächtigung der WEer** an den Verband, der regelmäßig durch den Beschl über Klageauftrag erfolgt, aber auch stillschweigend erfolgen könne. Die WEer könnten einzelne WEer ermächtigen, ihr zustehende Ansprüche geltend zu machen; dies brauche nicht ausdrücklich zu geschehen.[9] Eine solche Ermächtigung

---

[3] DAV NZM 2006, 767, 769.
[4] Wenzel ZWE 2006, 462, 463; Bub ZWE 2007, 15, 19; Armbrüster ZWE 2006, 470.
[5] Wenzel ZWE 2006, 462, 463.
[6] Wenzel NZM 2006, 321, 322.
[7] Abramenko ZMR 2006, 409, 410; Demharter NZM 2005, 489, 491; Hügel DNotZ 2005, 753, 757; Jenißen NZM 2006, 203, 204; Sauren ZWE 2006, 258, 259; Sommer ZWE 2006, 335; Demharter ZWE 2008, 137.
[8] Ua NJW 2007, 1353.
[9] BGH NJW 2005, 3146f.

wäre zB in dem Beschl über die Entziehung (§ 18) zu sehen[10] oder könne sich aus dem Beschl über die Einleitung eines Verfahrens ergeben.[11]

5 Der **Gesetzgeber** hat nun durch die **Normierung beider Rechtsträger** zum Ausdruck gebracht, dass **von zwei getrennten Gemeinschaften** auszugehen ist. Er will durch das in Abs. 1 S. 1 enthaltene Wort „selbst" die Trennung beider verdeutlichen.[12] Dies wird durch die in den Aufgaben des Verwalters enthaltenen und nunmehr neu gestalteten Vorschriften deutlich. In § 27 Abs. 2 wird die Vertretungsmacht des Verwalters für die Bruchteilsgem und in Abs. 3 diejenige für den Verband angesprochen. Zusätzlich wird dies durch § 10 Abs. 7 S. 4 unterstrichen, wenn dort der Übergang des Verwaltungsvermögens auf den Grundstückseigentümer angeordnet wird bei Vereinigung aller Einheiten in einer Hand. Ohne zwei Gem wäre die Vorschrift überflüssig.[13] Bub als Vertreter der Einheitstheorie hält die Gesetzesvorschrift deshalb auch für verfehlt.[14]

6 **Zusammenfassend** kann deshalb festgehalten werden, dass der Gesetzgeber die Trennungstheorie zum Ausdruck hat. Dies hindert aber die Gem in der Praxis nicht zur Befassung mit Aufgaben der BruchteilsMitEigentümer, die auch stillschweigend übernommen werden können. Entscheidend ist damit für die Zuständigkeit der Bezug zur Geschäftsführung der Verwaltung des GE's.[15]

a) Beginn der Rechtsfähigkeit

7 Beim **Beginn** ist die werdende WEGem (s Vor § 1 Rn. 6 ff.) zu beachten und zu prüfen, ob sie und damit die entsprechenden Paragraphen Anwendung finden, ansonsten beginnt die WEG mit Eintragung des zweiten Eigentümers. Zum **Ende** der Gem sieht das Gesetz zwei verschiedene Wege vor: einmal dass alle vorhandenen WEer durch Vertrag die Gem auflösen (§§ 9 Abs. 1 Nr. 1, 4), was zu deren Ende führt (§ 9 Rn. 1 ff.). Nach der hierfür speziellen Regelung (§ 10 Abs. 7 S. 4) sieht das Gesetz nunmehr einen Übergang des Verbandsvermögen (also aller Forderungen und Verbindlichkeiten) auf den WEer vor, der alle WE in seiner Hand hält. Das bedeutet, dass der Verband in dem Augenblick beendet ist, in dem sich alle WErechte in einer Hand vereinigen (also Eintragung im Grundbuch), da kein Verband mehr nach dem Gesetz existiert. Eine Einpersonengesellschaft ist damit nicht möglich.[16] Wenn danach eine neue Veräußerung erfolgt, entsteht ein neuer Verband, der mit dem alten nicht identisch ist. Soweit die Gesetzesbegründung etwas anders sagt,[17] ist sie unzutreffend.[18]

---

[10] BGH NJW 2007, 1353; 2011, 3026.
[11] BGH NJW 2005, 3146.
[12] Vgl. BT-Drucks 16/887 S 60.
[13] Hügel/Elzer S. 20.
[14] ZWE 2007, 15, 19.
[15] Bärmann/Klein Rn. 220.
[16] AA AG Hohenschönhausen ZMR 2007, 153; Becker ZWE 2007, 119.
[17] BT-Drucks 16/887 S 63.
[18] Hügel/Elzer S. 40.

Allgemeine Grundsätze **§ 10**

b) Umfang der Rechtsfähigkeit

Das Gesetz (Abs. 6 S. 1) bestimmt den Umfang „**im Rahmen der gesamten** 8 **Verwaltung**" des GE gegenüber Dritten und den WEern. Es spricht von Pflicht und meint damit auch die deliktischen Pflichten.[19] Diese Rechte und Pflichten bilden das Verwaltungsvermögen (Rn. 87 ff.). Gesamte Verwaltung meint nicht nur die Verwaltung nach den §§ 20 ff., sondern die gesamte Geschäftsführung in Bezug auf das GE.[20] Der Gesetzgeber wollte gerade keinen Teilaspekt.[21] Unter Verwaltungsmaßnahmen werden sowohl das Außen- (also zB Nachbargrundstück[22]), wie auch das Innenverhältnis (also in der Anlage[23]) sowie regelmäßig folgende Punkte verstanden:[24] 1. allgemeine Verwaltung, inkl. Bürobetrieb, Bewirtschaftung des Objekts, Verwaltung des Objekts und organisatorische Maßnahmen; 2. Wirtschafts- und Vermögensverwaltung, wie Buchführung und Geldverwaltung; 3. technische Verwaltung, wie Instandhaltung und Instandsetzung; 4. juristische Verwaltung. In diesem Bereich werden nach dem Gesetzgeber die Rechte und Pflichten erworben, also Verträge, auch mit Dritten abgeschlossen oder/und Eigentum erworben. **Abzugrenzen** sind sie von den **Individualrechten,** die jedem einzelnen WEer alleine zustehen, sei es aus Gesetz (Anspruch auf ordnungsgemäßer Verwaltung § 1, Schadensersatz[25]), wegen Verletzung des SE[26] oder sonstiger Unterlassungsansprüche, zB auch aus öffentlichen Vorschriften wie dem Nachbarrecht.[27]

c) Keine Kompetenzbegründung

Nicht entscheidend ist, ob die Maßnahme sich tatsächlich **im Rahmen der** 9 **ordnungsgemäßen Verwaltung** hält,[28] sie ist also nicht kompetenzbegründend. Entscheidend ist, ob sie sich als Verwaltungsmaßnahme darstellt. Wenn dies nicht der Fall ist, ist dies ein Problem des Innenverhältnisses, nicht des außenstehenden Vertragspartners. Die Gem ist damit **prozess- und parteifähig** (Abs. 6 S. 5) und **grundbuchfähig**.[29] Sie ist auch Unternehmerin iSd Umsatzsteuergesetzes.[30] Die Gem ist erb-, scheck-, grundbuch- und wechselfähig[31] und nach dem LG Berlin auch prozesskostenhilfefähig,[32] aber gemäß § 11 Abs. 3 nicht insolvenzfähig.

---

[19] Wenzel ZWE 2006, 462.
[20] BGH NJW 1997, 2106.
[21] BT-Drucks 16/887 S 60.
[22] OLG Hamm ZMR 2010, 785.
[23] OLG Hamm NJW 2010, 3586.
[24] Dies gilt sowohl für Sachen als auch für Rechte.
[25] BGH NJW 1993, 727.
[26] OLG Frankfurt ZMR 2009, 861.
[27] Dötsch NJW 2010, 911.
[28] Hügel/Elzer S. 24.
[29] OLG Hamm ZMR 2010, 785; aA KG ZMR 2009, 783.
[30] BGH NJW 2005, 2061 unter Bezug auf Sauren PiG 61, 63; aA Niedenführ Rn. 64.
[31] Röll/Sauren Rn. B 5b.
[32] ZMR 2007, 145; oder Verbraucher (§ 13 BGB), OLG München NJW 2008, 3574.

§ 10 I. Teil. Wohnungseigentum

d) Verband als Rechtsinhaber

10 Der Verband ist **Inhaber eigener Rechte und Pflichten (Abs. 6 S. 2)** im Rahmen der vorherigen Rn. Ihm obliegt deshalb die Wahrnehmung folgender Rechte: beispielsweise: gesetzliche Rechte und Pflichten wie Wohngeldzahlung (§ 28), Duldung (§ 14 Nr. 4), Schadensersatz (§ 14 Nr. 4 Hs. 2) Wohngelderstattung[33] oder gesetzlich geforderter Einbau von Rauchmeldern[34] und **rechtsgeschäftlich** erworbene. Hierzu gehören alle Ansprüche aus Vertrag oder Verbindlichkeiten daraus (zB Versorgung,[35] Dienst-[36] oder Werklohn[37]) und vertragsähnlichen und deren Folge wie Schadensersatz, wenn zB Reparatur mangelhaft ausgeführt wurde. Zwar begünden sie zunächst nur Ansprüche unter den Vertragsparteien, wirken aber als Vertrag zugunsten Dritter beim Verwaltervertrag oder als Vertrag mit Schutzwirkung zugunsten Dritter zB beim Reparaturauftrag regelmäßig auch zugunsten der Eigentümer, indem diese dadurch Ansprüche erwerben.[38] Der Verband wird durch seine Anschrift ausreichend bezeichnet (Abs. 6 S. 4).[39]

e) Ausübungsbefugnis (Abs. 6 S. 3)

11 Neben der Ausübung der Rechte und Pflichten über das Verwaltungsvermögen ordnet das Gesetz auch die **gemeinschaftsbezogenen Rechte und Pflichten der WEer** und die Wahrnehmung der gembezogenen Pflichten der WEer dem Verband zu, sowie sonstige Rechte und Pflichten der WEer, soweit sie gem geltend gemacht werden können oder erfüllt werden müssen. Damit wird die sog Ausübungsbefugnis nach der Vorstellung des Gesetzgebers[40] der Gem zugeordnet, der Verband hat gegenüber den WEern eine dienende Funktion und die WEer bleiben Inhaber. Der Gesetzgeber wollte[41] die bestehenden BGH-Entscheidungen (oben Rn. 2.) zur Ermächtigung ohne Systembruch im Gesetz verankern. Auch hier ist deshalb wieder die Abgrenzung entscheidend, denn regelmäßig kann der Verwalter teilweise bereits aus dem Gesetz (§ 27 Abs. 3) oder einer Vollmacht den Verband vertreten, die WEer aber nicht. Er benötigt hier, bevor er für sie eintreten kann, einen Beschl. Die Wahrnehmung der Rechte der WEer ist nicht durch die allgemeine Befugnis des Verwalters für den Verband gedeckt.[42] Hiermit verfolgt der Verband fremde Rechte im eigenen Namen. Er ist ermächtigt alle notwendigen Erklärungen und Handlungen vorzunehmen, die zur Verwirklichung des Zweckes notwendig sind (fremdnützige Ermächti-

---

[33] OLG München ZMR 2006, 553.
[34] BGH NJW 2013, 3092.
[35] BGH NJW 2007, 2987.
[36] BAG NJW 2013, 1692: Hausmeistervertrag.
[37] BGH NJW 2011, 1453
[38] Wenzel NZM 2006, 321.
[39] OLG Rostock ZWE 2014, 122.
[40] BT-Drucks 16/887 S. 61 und damit nicht ein einzelner Eigentümer: BGH NZM 2014, 81.
[41] BT-Drucks 16/887 S. 61.
[42] BGH NJW 2007, 1353; Niedenführ Rn. 59; aA Köhler Rn. 102ff.

Allgemeine Grundsätze   § 10

gungstreuhand), zB Prozess in eigenem Namen.[43] Die Grenze wird dann überschritten, wenn es sich um materielrechtliche Verfügungen, zB durch einen (Teil-)verzicht, handelt, die nicht legitimiert sind, zB durch Beschl.[44]

f) Geborene Rechte und Pflichten

Gemeinschaftsbezogene Rechte und Pflichten der WEer (sog geborene, Abs. 6 S. 3 Hs. 1): Der Gesetzgeber weist dem Verband die Ausübung der gembezogenen **Rechte** und Pflichten der WEer zu (geborene Befugnis). Nach dem BGH reicht dafür, dass nach der Interessenlage ein gemeinschaftliches Vorgehen erforderlich ist.[45] 12

Beispiele: Duldungsunsanspruch (§ 14 Nr. 4[46]), Notwegrecht,[47] Ansprüche wegen Beschädigung des GE,[48] Entziehungsklage,[49] die Vermietung,[50] Inanspruchnahme des GE (Fn. 30) oder Überbaubeseitigung[51] und Schadensersatz inkl. Wiederherstellung.[52]

Die Gesetzesbegründung will hierunter auch Ansprüche aus Wohngeld und Schadensersatz gegen den Verwalter zuordnen.[53] Diese gehören aber schon zum Verbandsvermögen gemäß Abs. 7.[54] Einzelner WEer hat kein Prozessführungsrecht.[55]

Zu den **Pflichten** gehören alle Verpflichtungen der WEer in ihrer Gesamtheit aus der vorstehenden Ausübungsbefugnis als Gesamtschuldner, zB Verkehrssicherungspflicht,[56] nicht aber Duldung eines SNR,[57] Zustimmung zur Abweichung von nachbarlichen Bauwich,[58] gesetzlich geforderte Rauchwarnmelder[59] oder aus einer bestehenden Heizanlagengem.[60] 12a

g) Gekorene Rechte und Pflichten

Sonstige Rechte und Pflichten, soweit diese gemeinschaftlich geltend gemacht werden können (sog gekorene, Abs. 6 S. 3 Hs. 2): Zu den 12b

---

[43] BGH NJW 2007, 1957.
[44] OLG Hamburg ZMR 2008, 152 Rn. 35; LG München ZMR 2012, 579; BeckOK WEG/Dötsch Rn. 448; aA Niedenführ Rn. 67.
[45] BGH NJW 2011, 1351 Rn. 9.
[46] LG Berlin ZWE 2011, 181.
[47] BGH NJW 2006, 3426.
[48] BGH NJW 1993, 727.
[49] BGH NJW 2007, 1353.
[50] Ebenso Niedenführ/Kümmel Rn. 70.
[51] OLG München NJW 2011, 83.
[52] BGH NJW 2014, 1090.
[53] BT-Drucks 16/887 S. 61.
[54] Niedenführ/Kümmel Rn. 71.
[55] OLG Frankfurt ZMR 2009, 215.
[56] BGH NJW 2012, 1724; OLG München NZM 2006, 110; Wenzel ZWE 2009, 57.
[57] Fehlende gemeinschaftliche Zuständigkeit, BGH NJW 1993, 727; aA LG Nürnberg NJW 2009, 3442; s. Bärmann/Klein Rn. 246.
[58] Hügel ZMR 2011, 183; aA BGH NJW 2010, 446.
[59] BGH NJW 2013, 3092.
[60] Drasdo ZMR 2012, 987.

Rechten gehören Ansprüche, die den WEern, nicht notwendig allen[61] als Individualrechte zustehen und von diesen auch allein geltend gemacht werden können. Diese können nach dem BGH[62] durch Beschl/Vereinb zur Verbandsangelegenheit gemacht werden. Hier besteht lediglich ein Zugriffsermessen des Verbandes.[63] Bei der Abgrenzung ist eine wertende Betrachtung geboten. Während die geborene Ausübungsbefugnis voraussetzt, dass nach der Interessenlage ein gemeinschaftliches Vorgehen erforderlich ist, genügt es bei der gekorenen, dass die Rechtsausübung durch den Verband förderlich ist.[64]

Beispiele: Entziehungsklage,[65] Beschl über die Einleitung eines Verfahrens,[66] Beschl über Beseitigung einer Störung, einer baulichen Veränderung,[67] Ansprüche aus den Erwerbsverträgen hinsichtlich Verfolgung von Mängeln,[68] Rauchwarnmelder anzuschaffen in SE,[69] nicht aber eine im GE stehende Fläche an einen Dritten aufzulassen, auch wenn sich alle Wohnungseigentümer individualvertraglich dazu verpflichtet haben.[70]

Nach bestandskräftigem Beschl ist eine Geltendmachung durch einzelnen WEer unzulässig.[71]

12c Zu den **Pflichten** gehören alle Zahlungspflichten, zB aus öffentlichen Lasten, nicht aber die Begründung eines Übergangs- und Überfahrtsrechtes, aber die Ausübungsbefugnis bei bestehendem Recht.[72]

3. Vereinbarung

13 Abs. 3 regelt die **„Vereinb"** über das Verhältnis der WEer. Hiernach können die WEer vom Gesetz abweichende Regelungen treffen. Die Vereinb ist das Grundregelungsinstrument der WEer. Diese Form ist für alle Regelungen in der Gem möglich. Im Gegensatz zum Beschl bedarf es keiner Kompetenzzuweisung durch das Gesetz.

a) Definition/Voraussetzung

14 „Vereinb" sind formfreie schuldrechtliche Verträge aller WEer[73] über ihr Verhältnis untereinander. „Vereinb" ist damit das vertraglich (im Falle des § 8 durch

---

[61] BGH NJW 2013, 3092 Rn. 12; 2014, 1090.
[62] NJW 2007, 1353; 2011, 1351.
[63] Anders wenn Zahlungsansprüche aus öffentlicher Satzung, OLG Hamm ZWE 2009, 206; BGH NJW 2012, 1948.
[64] BGH NJW 2007, 1353; 2011, 1351.
[65] BGH NJW 2007, 1353.
[66] BGH NJW 2005, 3146.
[67] BGH NJW 2010, 2801; 2014, 1090.
[68] BGH NJW 2007, 1957; 2010, 3089.
[69] BGH NJW 2013, 3092.
[70] OLG München NJW 2010, 1467.
[71] OLG Hamm ZWE 2010, 44; aA OLG München NZM 2008, 87; OLG Hamburg ZMR 2009, 306.
[72] LG Mannheim ZMR 2011, 902.
[73] BGH NJW 1984, 612.

einseitige Bestimmungen des Grundstückseigentümers) festgelegte Statut, die **"Grundordnung der WEerGem"**, durch das alle WEer ihre Rechtsbeziehungen zueinander regeln, sei es in Bezug auf das ME, die gem Gegenstände und die Mitgliedschaftsrechte in der WEerGem, also das, was bei einem Verein die Satzung ist;[74] es muss sich um Regelungen handeln, die Ergänzungen oder Abweichungen zum Gesetz enthalten, also erkennbar rechtsgestaltend für die Zukunft in Form eines Kollektivvertrages wirken sollen.[75]

Beispiel: Die Regelungen über Kosten und Lasten und die Gestaltung eines Gartens stellen eine Vereinb dar.[76]

Durch Vereinb werden die begründeten Rechte und Pflichten der WEer beschränkt oder erweitert;[77] durch die Grundbucheintragung auch mit Wirkung gegenüber einem nachfolgenden WEer. Durch Grundbucheintragung werden sie nach BGH nicht zu selbständigen dinglichen Rechten, die das WE belasten, sondern führen zu einer Inhaltsänderung aller WE-rechte.[78] Zustimmung der dinglich Berechtigten ist dann erforderlich.[79] Es gibt unterschiedliche Theorien bzgl. der Wirkung der Eintragung.[80] Nach dem BGH[81] bleiben sie als schuldrechtliche Verträge bestehen. Jeder WEer hat Anspruch auf Abgabe der notwendigen Erklärungen zur Eintragung ins Grundbuch bei der im Zweifel gewollten dinglichen Wirkung.[82] Fehlt die Grundbucheintragung, so handelt es sich um einen schuldrechtlichen Vertrag ohne Bindung gegenüber Dritten,[83] also auch keine Zustimmung der dinglich Berechtigten notwendig[84] (Rn. 17ff.).

b) Zustandekommen/Entstehung

aa) Mit Begründung der Gemeinschaft. Eine Vereinb kommt durch Zustimmung aller WEer zustande, dies sowohl bei **Begründung** durch alle MitEer (§ 3), als auch durch den begründenden Eigentümer (§ 8) alleine. Dabei sind dies regelmäßig die Bestimmungen, die in der sog GO enthalten sind. Hierzu können aber auch die weiteren Urkunden, nämlich die TEerkl. selbst oder die, die dieser beiliegen, wie zB die Abgeschlossenheitsbescheinigung nebst Bauplänen, gehören. Ob eine Vereinb vorliegt, ist jedesmal durch Auslegung zu ermitteln,[85] zu den Kriterien s. Rn. 19.

15

---

[74] BayObLGZ 1978, 380f.
[75] BayObLGZ 1973, 84.
[76] OLG Karlsruhe MDR 1983, 672.
[77] BGH NJW 1979, 148.
[78] BGH NJW 2000, 3643; aA Ott ZMR 2002, 6.
[79] OLG Frankfurt NJW-RR 1998, 1707; ohne Eintragung nicht, vgl. OLG Hamm NZM 1998, 873.
[80] Vgl. Ott S. 14ff.; Häublein S. 34ff.
[81] NJW 2000, 3643.
[82] BayObLG ZMR 2001, 638.
[83] OLG Frankfurt MDR 1983, 580.
[84] OLG Hamm NZM 1998, 873.
[85] BGH NZM 2013, 153.

Beispiel: Im Aufteilungsplan ist eine Kette vor den Stellplätzen vermerkt, dies stellt eine Vereinb der WEer dar.[86]

16 bb) Nach Entstehung der Wohnungseigentümergemeinschaft. Nur durch Zustimmung aller WEer, dies gilt auch bei werdender Gem,[87] es sei denn das Gesetz gestattet eine Ausnahme (zB §§ 5 Abs. 4, 12, 16, 22) oder diese ist durch Öffnungsklausel (s. Rn. 44) vereinbart. Dies gilt auch für sog Mehrhauswohnanlagen.

Beispiel: Für die Änderung der Zweckbestimmung eines Speichers in einem Haus der Wohnanlage ist die Zustimmung aller WEer der gesamten Anlage erforderlich.[88]

Die **Vereinb ist grundsätzlich formfrei**[89] und kann auch sukzessive abgeschlossen werden.

Beispiel: Alle in der Versammlung Anwesenden stimmen direkt zu, die übrigen schriftlich.[90]

Da eine Vereinb grundsätzlich formlos geschlossen werden kann,[91] kann sie auch durch konkludentes Verhalten zustande kommen,[92] auch außerhalb einer Versammlung.[93] Es muss jedoch betont werden, dass an das Zustandekommen einer (selbst formfreien) Vereinb iSd WEG besondere Anforderungen zu stellen sind. Nicht jede allseitige Übereinkunft der WEer stellt bereits eine derartige Vereinb dar. Schon die strengen Regeln für eine Abänderung einer Vereinb (Abs. 2 S. 3) erfordern, dass nicht aus jeder momentanen Einigkeit bereits eine Vereinb gefolgert wird, die später dann kaum zu ändern ist; eine Vereinb erfordert, dass sich die Beteiligten bewusst sind, eine auch für die Zukunft geltende Regelung zu treffen, die grundsätzlich nicht mehr zu ändern ist.[94] Deshalb ist eine Vereinb nicht stillschweigend[95] oder durch Schweigen[96] oder durch dauernde Übung[97] zu treffen, es sei denn, es gibt eine lange Übung und es kann angenommen werden, dass nach dem Willen aller WEer auch zukünftig abweichend von der bisherigen Vereinb verfahren werden soll.[98] Für die Frage, ob eine Vereinb wirksam zustande gekommen ist, gelten die allgemeinen Vorschriften des BGB (§§ 104 ff., 119 ff.).[99]

---

[86] BayObLG NZM 1999, 29.
[87] BayObLG NZM 2001, 1131.
[88] OLG Hamm DNotZ 1985, 442 m. Anm. Röll.
[89] BGH DNotZ 1984, 238.
[90] KG WE 1989, 135.
[91] BayObLG WE 1994, 251.
[92] BayObLG WE 1995, 27.
[93] BayObLG NJW-RR 2003, 9.
[94] So KG WE 1989, 170.
[95] BayObLG NJW 1972, 2296, 2297; aA OLG Köln DWE 1998, 91; BayObLG NZM 1998, 524; OLG Hamm ZMR 1998, 718.
[96] Sauren, FS B/W, S. 538, str.
[97] BayObLG NJW 1986, 385; aA OLG Düsseldorf WE 1988, 172 m. abl. Anm. Seuß.
[98] BayObLG NJW-RR 2005, 165; WuM 1994, 45.
[99] BGH NJW 1994, 2950.

Allgemeine Grundsätze **§ 10**

cc) Sukzessivvereinbarung. Es genügt auch für eine Vereinb, wenn alle in einer Versammlung Anwesenden zustimmen und danach die übrigen schriftlich.[100] Dann aber muss nach dem AG Aachen[101] der mit unzureichenden Stimmen der WEer zustandegekommene Beschl einen entsprechenden Vorbehalt enthalten, da sonst für den einzelnen WEer nicht erkennbar ist, ob es bei dem an sich fehlerhaft zustandegekommenen Beschl bleibt, oder ob dieser in zulässiger Weise nachgebessert werden soll.[102] **16a**

dd) Vollmacht für Vereinbarung. Auf Grund der großen Schwierigkeiten, eine Vereinb zu erhalten, sind insbesondere Bauträger dazu übergegangen, bereits in der TE sich **Vollmachten zur Erstellung von Vereinb** geben zu lassen. Dies ist zulässig, aber muss nach der Rspr. genau umrissen sein (Bestimmtheitsgebot), und der Inhaltskontrolle (Rn. 20) standhalten.[103] Keine Zustimmung dinglich Berechtigter notwendig, wenn bereits durch Vorbehalt der Inhalt der neuen Vereinb begründet ist.[104] **17**

c) Inhalt

Eine Vereinb hat gegenständlich zur Voraussetzung, dass das Verhältnis an dem Grundstück oder seinem wesentlichen Bestandteil[105] oder des SEs[106] geregelt wird. Dazu gehören Regelungen jeder Art, nicht nur der Verwaltung und Benutzung des GE, sofern sie nur mit dem WE – dem GE oder dem SE – im Zusammenhang stehen.[107] Jedoch nicht Vereinb, die Bindungen über das Verhältnis der WEer untereinander hinaus begründen sollen, etwa durch Regelung der Benutzung eines anderen Grundstücks oder Begründung von Rechten Dritter.[108] Auch nicht Gegenstand einer Vereinb kann die dingliche Zuordnung innerhalb der Gem sein, wie zB Änderung der ME[109] oder Umwandlung SE in GE[110] oder Alleineigentum, Veräußerung von GE[111] oder einer Verpflichtung zu einem solchen Akt.[112] Gemäß Abs. 2 S. 2 können zu allen WEG-Vorschriften – soweit sie nicht zwingend sind – ändernde oder ergänzende Regelungen getroffen werden (s Beispiele Vor § 10 Rn. 15). **18**

---

[100] KG WuM 1989, 91.
[101] Vom 7.3.1995 – 12 UR II 44/94, zustimmend Staudinger/Bub § 23 Rn. 208.
[102] Zustimmend Schmidt PiG 59, 137, aA Bärmann/Merle § 23 Rn. 114.
[103] BGH NJW 2012, 676; Armbrüster ZMR 2005, 244, s. § 8 Rn. 11a.
[104] BayObLG NJW 2005, 444.
[105] ZB dinglich der Gem zugewiesener Stellplatz, OLG Köln NJW-RR 1993, 982.
[106] ZB Gebrauchsregelungsvereinbarung, BGH ZMR 2011, 967.
[107] OLG Hamburg ZMR 1996, 445.
[108] OLG Hamburg ZMR 1996, 445.
[109] KG ZMR 1998, 515.
[110] OLG München OLGR 2007, 551 oder SE in GE: OLG Saarbrücken NZM 2005, 423.
[111] BGH NJW 2013, 1962.
[112] BGH NJW 2003, 2165.

Beispiel: Zur Änderung von Vereinb reicht Beschl aus statt gesetzlich vorgeschriebener Vereinb, wenn dies vereinbart ist.[113] Außenstehende Dritte erlangen keinen Anspruch durch Vereinb.[114]

d) Auslegung

19 aa) Ist es eine Vereinbarung? Da nicht alles, was in der TErkl oder einer Vereinb steht, rechtlich den **Charakter einer Vereinb** haben muss, ist zunächst durch Auslegung die jeweilige Intention zu ermitteln („Ob es eine Vereinb ist"). Hierbei ist von deren Wortlaut auszugehen. Angaben in anderen Urkunden, zB dem Aufteilungsplan, kommt regelmäßig eine nachrangige Bedeutung zu,[115] da Sinn und Zweck zu berücksichtigen sind.

19a bb) Auslegung. Soweit eine **eingetragene Vereinb unklar** ist, muss sie **ausgelegt**, ggf. auch ergänzt werden („wie die Vereinb lautet").[116] Als **Hilfe für die Auslegung** ist dabei auf die **Normen des BGB** zurückzugreifen, nämlich die Erforschung des wirklichen Willens und nicht das Haften an dem buchstäblichen Sinn des Ausdrucks (§ 133 BGB), sowie die Auslegung gemäß Treu und Glauben (§ 242 BGB) mit Rücksicht auf die Verkehrssitte (§ 157 BGB).[117] Dabei ist auf den Wortlaut und Sinn des im Grundbuch Eingetragenen abzustellen, wie er sich für einen unbefangenen Betrachter als nächstliegende Bedeutung der Erklärung ergibt.[118] Es kommt nicht darauf an, was der Verfasser der TErkl (GO) mit der Bestimmung erreichen wollte.[119] Ebenso wenig ist für die Auslegung der Vereinb maßgebend, wie deren Bestimmungen von den WEer bisher gehandhabt worden sind. Bei Auslegung einer Grundbucheintragung dürfen Umstände, die außerhalb des Eintragungsvermerks und der dort zulässigerweise in Bezug genommenen Urkunden (§ 874 BGB, §§ 7 Abs. 3, 8 Abs. 2) liegen, nur insoweit herangezogen werden, als sie nach den besonderen Verhältnissen des Einzelfalls für jedermann ohne weiteres erkennbar sind.[120] Um einen solchen Umstand handelt es sich nicht, wenn WEer sich durch schlüssiges Verhalten auf bestimmte Auslegungen der Vereinb einigen und diese bei der Aufteilung der Gemkosten zugrunde legen.[121] Auch die Entstehungsgeschichte der Eintragung ist unerheblich, wenn sie nicht aus den Eintragungsunterlagen erkennbar wird.[122] Letztlich kann ebenfalls die Interessenlage nur dann berücksichtigt werden, wenn sie keinen Zweifel zulässt und für jeden Dritten ohne weiteres zutage tritt.[123] Baupläne und Baubeschreibungen, die nicht eingetragen sind, bleiben dabei unberücksichtigt, maßgeblich ist der eingetragene Auftei-

---

[113] Sog Öffnungsklausel, BGH NJW 1985, 2832, s. Vor § 10 Rn. 15.
[114] OLG Frankfurt ZWE 2011, 361.
[115] BGH ZMR 2010, 461; NZM 2013, 153.
[116] BGH NJW 2004, 3413.
[117] BGH NJW 1994, 2950; aA für § 157 BGB: KG NJW-RR 1987, 651.
[118] BGH NJW 1993, 1329, 1330.
[119] BayObLG NJW-RR 1986, 317, 318.
[120] BGH NJW 2004, 3413.
[121] BayObLG WE 1991, 291.
[122] BGH DNotZ 1976, 16, 17.
[123] BGH NJW 1984, 308.

lungsplan.[124] Ebenfalls ist eine Erklärung im Kaufvertrag bei Weiterveräußerung unbeachtlich durch teilenden WEer.[125] Auch nicht im Grundbuch eingetragene Regelungen des teilenden Alleineigentümers über das Verhältnis der künftigen WEer untereinander werden nach den vorgenannten Kriterien ausgelegt, also nach objektiven Kriterien, insbesondere nach dem Wortlaut unter Berücksichtigung der allen möglichen Erwerbern bekannten Umstände.[126]

cc) Widersprüchlichkeit und Unbestimmheit. Bei unbehebbarer **Widersprüchlichkeit** verbleibt es bei der gesetzlichen Regelung,[127] ebenso bei **Unbestimmheit**.[128] Der bloße Hinweis auf WEG-Vorschriften macht diese noch nicht zum Vereinbsinhalt.[129]   19b

dd) Auslegungskriterien. Auch **Vereinb, die nicht im Grundbuch eingetragen sind**, werden nach objektiven Kriterien, insbesondere dem Wortlaut, unter Berücksichtigung der allen möglichen Erwerbern bekannten Umstände ausgelegt.[130]   19c

e) Umdeutung

Ist eine Vereinb unwirksam, kann die (gem. § 140 BGB) gebotene Umdeutung ein anderes geringeres Minus ergeben, zB unwirksame Zuweisung von Bauteilen zum SE kann die Instandhaltungs- und Instandsetzungspflicht auf eigene Kosten bei den jeweiligen WEer ergeben.[131]   19d

4. Inhaltskontrolle

Die Berufung auf die Unwirksamkeit einer Vereinb bedarf keiner vorherigen Ungültigkeitserklärung (gemäß § 23 Abs. 4),[132] sie kann jederzeit geltend gemacht werden.   20

a) AGB-Regelungen

Umstritten ist, ob Vereinb der Kontrolle den **Regelungen über die allgemeinen Geschäftsbedingungen** (§§ 305 ff. BGB) unterworfen sind. Einerseits wird dies zum Teil bejaht,[133] andererseits von der hM verneint.[134]   21

---

[124] OLG Stuttgart NJW 1987, 385.
[125] OLG Karlsruhe NJW-RR 1987, 651.
[126] BayObLG WE 1992, 262.
[127] OLG Stuttgart ZMR 1999, 284.
[128] OLG Düsseldorf NJW 2009, 3377 für Bestimmung „unnötig störende Geräusche".
[129] BayObLG MDR 1972, 691.
[130] BayObLG WuM 1992, 149.
[131] OLG Karlsruhe ZMR 2010, 873.
[132] Palandt/Bassenge Rn. 3.
[133] OLG Karlsruhe NJW-RR 1987, 651, 652.
[134] OLG Hamburg ZMR 1996, 132; regelmäßig offengelassen vom BGH NJW 2007, 215; 2012, 676.

b) Inhaltskontrolle nach Treu und Glauben

22 Vereinb unterliegen aber der sog Inhaltskontrolle nach Treu und Glauben (§ 242 BGB) und der sog Bestimmung nach billigem Ermessen (§ 315 BGB).[135] Diese Kontrolle ist wie folgt vorzunehmen:

23 aa) Grundsätze der Inhaltskontrolle (gemäß §§ 242, 315 BGB). Auszugehen ist von einer umfassenden Interessenabwägung,[136] die nachprüft, ob die Maßnahmen grob unbillig oder willkürlich sind.[137] Für die Interessenabwägung werden die Interessen analysiert und dann abgewogen. Dabei ist zu berücksichtigen, dass es sich um Nachteile von einigem Gewicht handeln muss.[138] Unbequeme oder geringfügige nachteilige Regelungen rechtfertigen keinen Verstoß gegen Treu und Glauben. Zur Beurteilung bedarf es einer umfassenden Würdigung, in die die Interessen beider Parteien und die Anschauung der beteiligten Verkehrskreise einzubeziehen sind.

24 bb) Übertragung auf das WEG. Diese Grundsätze, die zu anderen Rechtsgebieten entwickelt wurden, sind auf das WEG zu übertragen. Hierbei ist auch zu beachten, dass das WEG den Eigentümern grundsätzlich frei stellt, wie sie ihr Verhältnis zueinander gestalten und ordnen wollen (Abs. 1 S. 2). Die Regelungen müssen sich nur im Rahmen des Grundcharakters der von den WEer gebildeten, gesondert gearteten Gem halten und nicht von unabdingbaren Vorschriften abweichen.[139]

25 cc) Unabdingbare Grundsätze, die eingehalten werden müssen. Folgende Kriterien sind von der **Rspr.** entwickelt:
1. **Abrechnung:** Die personelle Gemstellung der WEer darf nicht ausgehöhlt werden.[140] Deshalb ist eine Klausel, die den allgemeinen Ausschluss des WEer vom Stimmrecht vorsieht, (§ 134 BGB) unwirksam.[141] Auch eine Regelung, die die Abrechnung als genehmigt ansieht, wenn nicht mehr als 50 % der WEer innerhalb von 14 Tagen widersprechen,[142] ist unwirksam.[143]
2. **Stimmrecht:** Die Einhaltung des Grundcharakters des WEG muss gewährleistet sein, insbesondere darf keine Aushöhlung erfolgen. Eine Vereinb, die das Stimmrecht ruhen lässt, wenn der WEer seinen Verpflichtungen nicht im vollen Umfang nachgekommen ist, verstößt nach dem BGH[144] hiergegen.
3. **Vollmacht:** Ein Eingriff in die Rechte der zukünftigen WEer zugunsten einzelner, wie zB die Ermächtigung für einen einzelnen, eine Garage aufzu-

---

[135] Sauren, FS B/W, S. 531, 534; OLG Frankfurt NJW-RR 2004, 662.
[136] Vgl. Prüfer ZWE 2001, 398.
[137] So zum Vereinsrecht BGH NJW 1988, 555; 1984, 918.
[138] OLG Hamm NJW 1981, 1050 zu AGB.
[139] BGH NJW 2011, 679 Rn. 7; BayObLG NJW 1965, 821, 822.
[140] BGH NJW 2011, 679 Rn. 8; 1987, 650.
[141] BGH NJW 2011, 679.
[142] BayObLG Rpfleger 1990, 160 m. Anm. Böttcher = DNotZ 1989, 428 m. Anm. Weitnauer.
[143] Zur weiteren Ausgestaltung dieses abstrakten Satzes s. Sauren, FS B/W, S. 531, 533f.
[144] NJW 2011, 679 Rn. 8; aA BayObLG NJW 1965, 821.

Allgemeine Grundsätze § 10

stellen auf GE und SNRe zu begründen, ist nach dem BGH[145] nur zulässig, wenn sie von Art und Umfang eindeutig und auch für Rechtsunkundige ohne weiteres erkennbar ist.[146]

Als **weitere, noch nicht entschiedene Beispiele** können aufgeführt werden: 26

4. **Versammlung:** Die Unwirksamkeit einer Klausel liegt dann vor, wenn ein gesetzliches Minderheitenrecht in ein Mehrheitsrecht umgewandelt wird. Das folgende Beispiel soll dies verdeutlichen: Gemäß § 24 Abs. 2 können mehr als $1/4$ der WEer unter bestimmten Umständen eine Einberufung einer außerordentlichen Versammlung verlangen. Dies kann nicht auf 50 % oder mehr erhöht werden, da damit das Recht der Minderheit beseitigt und in ein Mehrheitsrecht umgewandelt werden würde.

5. **Wirtschaftsplan:** Eine Vereinb, die einzelne WEer in bestimmten Punkten von einer gerichtlichen Überprüfungsmöglichkeit nach dem gewöhnlichen Lauf der Dinge ausschließt, wie zB bei einer Klausel, nach der der **Wirtschaftsplan oder die JA als genehmigt gilt**, wenn nicht eine bestimmte Anzahl von WEer innerhalb einer bestimmten Frist widerspricht.[147]

6. **Beschlussfähigkeit:** Eine Vereinb, die solche Voraussetzungen aufstellt, die praktisch nicht zu erreichen sind. Als Beispiel ist eine Regelung anzuführen, die für bestimmte TOP eine Anwesenheit einer idR nicht zu erreichenden Mindestzahl von WEer (zB 80 %) verlangt.[148]

7. **Beschluss durch fehlenden Widerspruch:** Vereinb, die notwendige Regelungen des WEG umgehen bzw. beseitigen, wie zB das Institut des Beschl. Beispielhaft ist hier eine Klausel zu nennen, die den **Wirtschaftsplan gegenüber den WEern wirksam werden lässt, die nicht innerhalb von 14 Tagen widersprechen**. Aus diesem Grund beggnen auch die Ausführungen des OLG Hamm[149] und des OLG Frankfurt[150] hinsichtlich der Klausel, wonach die Abrechnung als anerkannt gelten soll, wenn nicht ein Widerspruch binnen vier Wochen erhoben wird, Bedenken, wenn die OLGs die Abrechnungen gegenüber den WEern als wirksam ansehen, die keinen oder verspätet Widerspruch erheben. Diese Auslegung beseitigt nämlich das im WEG vorhandene Beschlerfordernis. Wie Weitnauer[151] ausführt, widerspricht dieses Verfahren iÜ dem nach der hM unabdingbaren Vorschriften des schriftlichen Umlaufverfahren gemäß § 23 Abs. 3, wonach ein Beschl im schriftlichen Verfahren nur dann gültig ist, wenn alle WEer ihre Zustimmung erklären.

8. **Beschluss durch Schweigen:** Da nach hM auch eine **Zustimmung auf Grund von Schweigen durch eine Vereinb nicht einführbar ist**,[152] be-

---

[145] BGH NJW 2011, 1958; 2012, 676, s. § 8 Rn. 11a.
[146] BayObLG WuM 1994, 708.
[147] Ebenso Weitnauer DNotZ 1989, 430, 432, wenn er ausführt: „folglich besteht keine Möglichkeit der Anfechtung eines etwaigen Beschl und einer Nachprüfung seiner Ordnungsmäßigkeit".
[148] Vgl. zum Vereinsrecht OLG Frankfurt OLGZ 1981, 391.
[149] OLGZ 1982, 20.
[150] OLGZ 1986, 45.
[151] Anm. zu BayObLG DNotZ 1989, 428 = Rpfleger 1990, 160 m. Anm. Böttcher.
[152] AG Königstein MDR 1979, 760.

gegnet auch eine Klausel Bedenken, über die das BayObLG[153] zu befinden hatte, nämlich dass die Abrechnung als anerkannt gilt, wenn nicht innerhalb von 14 Tagen Einspruch erhoben wird. Hier wird nämlich eine Erklärung durch Schweigen eingeführt, ein Instrument, das das WEG gerade nicht kennt.

9. **Parabolantenne:** Die WEer können durch Vereinb einschränkende Voraussetzungen für Parabolantennen bestimmen und das **Anbringen** von Parabolantennen auch **generell verbieten**. Auf Grund einer Inhaltskontrolle (§ 242 BGB) können solche Vereinb allerdings unwirksam sein, wenn es für ein Festhalten insbesondere an einem generellen Verbot an einem berechtigten Interesse fehlt.[154]

5. Wirkung/Folgerung

27 Vereinb wirken gegenüber Gesamtrechtsnachfolger (zB Erben) stets, gegenüber Sonderrechtsnachfolger, dh dem Erwerber durch Rechtsgeschäft und in der Zwangsvollstreckung,[155] wie folgt:

a) Innenverhältnis der Wohnungseigentümer

28 **aa) Eingetragene Vereinbarungen.** Wirken für oder gegen Sonderrechtsnachfolger (Abs. 3), ohne dessen Zutun, zB Zustimmung. Dies gilt auch für Vereinb, die im Zuge einer Bestandszuschreibung versehentlich nicht in das neue Grundbuchblatt übernommen wurde, es sei denn, der Sondernachfolger hat gutgläubig vereinbfrei erworben.[156] Bei unwirksamer Vereinb kann das WE mit dem eingetragenen Inhalt gutgläubig erworben werden. Der Schutz des guten Glaubens beim Erwerb eines WE erstreckt sich deshalb auch auf Bestand und Umfang eines SNR[157] oder einer Gebrauchsregelung,[158] was bezweifelt wird.[159]

bb) Nicht eingetragene Vereinbarungen

29 Soweit eine Vereinb **nicht oder noch nicht eingetragen** ist, wirkt sie nur unter den Beteiligten, nicht **gegen den Rechtsnachfolger**, selbst bei positiver Kenntnis,[160] sondern wird hinfällig;[161] es sei denn, der Sonderrechtsnachfolger hat sich der Vereinb rechtsgeschäftlich unterworfen, zB im Kaufvertrag[162] oder

---

[153] BB 1979, 587.
[154] BGH NJW 2004, 937, s. weiter § 22 Rn. 30 ff.
[155] BayObLG NJW-RR 1988, 1163.
[156] OLG Hamm WE 1993, 250.
[157] LG München ZMR 2011, 749; LG Nürnberg NJW 2009, 3442; BayObLG WE 1990, 176.
[158] OLG Frankfurt ZMR 1997, 659.
[159] LG Köln MDR 2002, 1186; Palandt/Bassenge Rn. 11.
[160] OLG München NZM 2005, 825; BayObLG NJW-RR 2003, 9.
[161] OLG Köln ZMR 2002, 73.
[162] OLG Zweibrücken NZM 2005, 343.

Allgemeine Grundsätze **§ 10**

er beruft sich auf sie,[163] weil sie für ihn günstig ist.[164] Diese Zustimmung kann bereits im Kaufvertrag erfolgen. Es kann auch allen WEern zur Auflage gemacht werden, bei jeder Veräußerung diese von der Zustimmung des Erwerbers abhängig zu machen. Ein Verstoß dagegen begründet aber nur eine Schadensersatzpflicht, bewirkt nicht die Zustimmung. Keine Vereinb liegt vor bei Allstimmigkeit, wenn diese nur darauf beruht, dass nach der TErkl alle nicht erschienenen WEer durch den Verwalter vertreten werden.[165] Damit ist es auch möglich, eine sog schuldrechtliche Öffnungsklausel (Vor § 10 Rn. 15) einzuführen. Beschlüsse, die auf Grund dieser gefasst werden, gelten nicht gegenüber dem Rechtsnachfolger, weil er nicht durch das Grundbuch gewarnt ist.[166]

cc) Dauer. Eine Vereinb ist unkündbar.[167] Durch den Eintritt des Rechtsnachfolgers entfällt die gesamte Regelungswirkung der Vereinb, wenn die Vereinb gegenüber allen WEern wirken sollte; es gilt dann die gesetzliche bzw. sich aus der TErkl ergebende Regelung. Da dies bei einem Beschl anders ist, liegt hierin der entscheidende Unterschied. Die Frage, ob Beschl oder Vereinb vorliegt, wirkt sich hier alles entscheidend aus (vgl. zu dieser Abgrenzung Rn. 33). Ausnahmsweise wirken Vereinb über die Verwaltung und Benutzung (iSv § 746 BGB) auch ohne Eintragung **für (zugunsten) eines Rechtsnachfolgers**.[168] **29a**

Beispiel: Nutzung des Gartens durch einen WEer.[169]

dd) Gelöschte Vereinbarungen. Wurden **Vereinb irrtümlich gelöscht**, wirkt sie trotzdem gegenüber Sondernachfolger, es sei denn das WE ist gutgläubig vereinbfrei erworben worden.[170] **30**

b) Verletzung der Vereinbarung

Bei **Verletzung**, zB von Gebrauchsrechten, besteht Anspruch gegen WEer (zB aus § 1004 BGB),[171] **ebenso** gegen den Mieter (§ 15 Rn. 24). **31**

c) Außenverhältnis

Nicht an dem Verband Beteiligte erlangen keinen Anspruch durch Vereinb oder Beschl. **32**

Beispiel: Trotz Regelung in der GO kann ein Heizwerk keinen Abschluss eines Wärmelieferungsvertrages vom SEer verlangen.[172]

---

[163] ZB durch Beitritt, BayObLG NZM 2001, 753.
[164] BayObLG NJW 2003, 321, 322; Hügel, FS Wenzel, S. 219 ff.
[165] OLG Düsseldorf ZWE 2000, 538.
[166] Kümmel ZWE 2002, 68.
[167] OLG Hamburg ZMR 2002, 216.
[168] BayObLG NZM 2003, 321.
[169] LG Köln ZMR 1977, 277.
[170] OLG Hamm NJW-RR 1993, 1295.
[171] OLG Hamm ZMR 1997, 34.
[172] OLG Frankfurt MDR 1983, 580.

§ 10 I. Teil. Wohnungseigentum

6. Abgrenzung zwischen Beschluss und Vereinbarung

33 Ist oft schwierig, insbesondere wenn es sich um einen allstimmigen Beschl handelt, dh dass alle eingetragenen Eigentümer zugestimmt haben (§ 23 Rn. 27). Bedeutung hat dies ua für die Rechtswirkung gegenüber dem Rechtsnachfolger und der Eintragungsfähigkeit. Nicht jeder allstimmige Beschl ist eine Vereinb,[173] andererseits ist nicht entscheidend, ob die MEer die Regelung als „Beschl" oder als „Vereinb" bezeichnet haben[174] oder etwas „beschlossen" haben.[175] Unter Beschl der WEer werden herkömmlicherweise die Regelungen des Gemslebens verstanden, die nicht die Grundordnung der WEerGem berühren und die regelmäßig sogar auf Grund Mehrheitsentscheids getroffen werden können (sofern Gesetz oder TErkl nicht Einstimmigkeit vorschreibt). Werden reine Verwaltungsregeln getroffen, handelt es sich idR um Beschl, wie zB die Regelung der Flurreinigung.[176] Folglich ist nach der überkommenen Meinung ein gefasster allstimmiger Beschl dann ein Beschl, wenn er einen Gegenstand regelt, der einem Mehrheitsbeschl zugänglich ist. Damit beurteilt sich die Abgrenzung nicht nach der Bezeichnung, sondern nach dem Inhalt.[177] Auch auf die Wahl des Wortes „beschließen" kommt es danach nicht entscheidend an, zumal auch eine Vereinb meist in der Form eines Beschl getroffen wird.[178] Eine Vereinb ist regelmäßig anzunehmen, wenn ein Beschl nicht möglich wäre,[179] zB bei Begründung oder Änderung eines SNR,[180] oder der Gestattung der Errichtung eines Car-Ports bei zwanglosem Zusammentreffen der WEer.[181] Ist trotzdem ein Beschl von den WEern gewollt,[182] ist dieser dann nichtig, weil die Beschlkompetenz fehlt (vgl. zur Notwendigkeit einer Vereinb statt eines Beschl § 10 Rn. 49 ff.).

7. Beschlüsse der Wohnungseigentümer

34 Werden regelmäßig in der Versammlung durch mehrheitliche Stimmabgabe vorgenommen oder einheitlich im Umlaufverfahren. Grundlage ist die Stimmabgabe jedes einzelnen Eigentümers. Juristisch sind dies mehrseitige Rechtsgeschäfte eigener Art, sog Gesamtakte, durch welche mehrere gleichgerichtete Willenserklärungen der WEer gebündelt werden.[183]

---

[173] BayObLGZ 1973, 83, 84.
[174] LG Karlsruhe ZMR 2010, 640.
[175] BayObLG WuM 1989, 528.
[176] LG Mannheim MDR 1976, 582.
[177] OLG Hamburg ZMR 2008, 154.
[178] BayObLG WuM 1989, 528.
[179] BayObLG NJW-RR 2003, 9; kritisch Wenzel NZM 2003, 217.
[180] BayObLG ZMR 2001, 638.
[181] BayObLG ZMR 2003, 363.
[182] Hierfür reicht aber der Wortlaut Beschl allein nicht aus, Palandt/Bassenge Rn. 8.
[183] BGH NJW 1998, 3715.

Allgemeine Grundsätze **§ 10**

a) Abgrenzung zur Vereinbarung

Zur **Abgrenzung** zur Vereinb s. Rn. 33 und 49 f. **35**

b) Zustandekommen, Entstehung

Beschl kommen nach den Regelungen der §§ 23–25 zustande, s. deshalb dort **36** § 23 Rn. 29, § 25 Rn. 4. Keine Dokumentationspflicht für Zustandekommen, wie Grundbucheintragung,[184] aber Protokollpflicht und Eintragung in Beschlsammlung

c) Regelungsbereich von Beschlüssen

S. § 23 Rn. 19. **37**

d) Beschlusskompetenz

Siehe Rn. 49 f. Voraussetzung für die Wirksamkeit eines Beschl ist die durch **37a** Gesetz oder Vereinb eingeräumte Möglichkeit des Verbandes über die Angelegenheit **mehrheitlich** in einer Versammlung abstimmen zu können, zB in den §§ 15 Abs. 2, 16 Abs. 3 und 4, 18 Abs. 3, 21 Abs. 3, 22 Abs. 2, 26 Abs. 1, 27, 28, 29 etc. **Allstimmigkeit** ist erforderlich, wenn es durch Gesetz oder Vereinb vorgeschrieben ist oder durch die Form (§ 23). Es ist daher möglich, dass die Eigentümer in Abweichung von dem Mehrheitsprinzip ein Einstimmigkeitsprinzip vereinbaren. Hiervon ausgenommen sind nur die Fälle, in denen nach dem Gesetz das Mehrheitsprinzip nicht ausgeschlossen werden kann, zB §§ 12, 16, 22, 26.[185]

e) Auslegung

Beschl müssen, zB wenn sie **unklar** sind, **ausgelegt** werden.[186] Beschl sind aus **38** sich heraus – objektiv und normativ – auszulegen,[187] das bedeutet, dass für die Auslegung maßgebend sind der Wortlaut des (protokollierten) Beschl und der Sinn, wie er sich aus unbefangener Sicht als nächstliegende Bedeutung des Protokolltextes ergibt; Umstände außerhalb des protokollierten Beschl dürfen nur herangezogen werden, wenn sie nach den besonderen Verhältnissen des Einzelfalls für jedermann ohne weiteres erkennbar sind, zB weil sie sich aus – dem übrigen – Protokoll ergeben. Auf die subjektive Vorstellung der Abstimmenden[188] und nicht aus dem Protokoll ersichtliche Begleitumstände[189] kommt es nicht an, vielmehr ist eine objektive Auslegung unter Zuhilfenahme der allgemeinen Auslegungsregeln (§ 10 Rn. 6, §§ 133, 157, 242 BGB) notwendig. Dabei können auch Begleitumstände, die in der Versammlungsniederschrift zum Ausdruck ge-

---

[184] OLG Frankfurt OLGZ 1980, 160.
[185] OLG Hamm ZMR 2009, 219.
[186] BGH NJW 1998, 3714.
[187] BGH NJW 1998, 3714, keine Zeugenvernehmung zum Inhalt: OLG München ZMR 2009, 64.
[188] OLG Stuttgart NJW-RR 1991, 913.
[189] BayObLG NJW-RR 1993, 85.

kommen sind, herangezogen werden,[190] zB Bezugnahme auf ein bestimmtes Schriftstück, zB ein Schreiben eines WEers. Die Versammlungsniederschrift hat dabei keine wie auch immer hervorgehobene Beweisfunktion. Ebenso wenig fixiert sie konstitutiv den Beschlinhalt.[191] Ist der Beschl trotz dieser Umstände noch widersprüchlich, so kann er nichtig, nicht bloß anfechtbar, sein (§ 23 Rn. 30 ff.). Das Rechtsbeschwerdegericht kann einen Beschl selbstständig auslegen, es ist nicht auf die Überprüfung der Auslegung beschränkt.[192]

f) Inhaltskontrolle

39 S. § 23 Rn. 29 ff.

8. Wirkung von Beschlüssen

a) Innenverhältnis (Abs. 5)

40 Durch Beschl, das stellt Abs. 5 klar, werden die überstimmte Minderheit, die abwesenden WEer, die sich enthaltenden, vom Stimmrecht ausgeschlossenen WEer[193] oder Geschäftsunfähigen[194] unmittelbar im Innenverhältnis berechtigt und verpflichtet. Hieran ist jeder nachfolgende WEer gebunden. Gemäß Abs. 4 bedürfen Beschl (und gerichtliche Entscheidungen in einem Verfahren nach § 43 und auch die Beschlüsse nach § 10 Abs. 4 S. 2) für ihre Wirksamkeit gegen den Erwerber nicht der Eintragung. Der Erwerber muss sich deshalb, um hiervon Kenntnis zu erlangen, an den Verwalter wenden[195] bzw. Einsicht nehmen in die zwingend von dem Verwalter zu führende Beschlussammlung, § 24 Abs. 7, mit Anspruch auf Einsicht nach Ermächtigung durch den veräußernden WEer, § 24 Abs. 7 S. 8. Soweit die Handlungen den Verband betreffen (also alle Verwaltungshandlungen, wie zB Verträge etc), wirken sie dauerhaft ohne Auswirkungen auf den Bestand der Mitglieder.[196] Der neue WEer kann sich nicht darauf berufen, bestimmte Beschlüsse nicht zu kennen (keine Berufung darauf, dass er „im guten Glauben" an das Nichtbestehen eines Beschl erworben habe). Ist jedoch ein WEer vor Beschlfassung durch Umschreibung im Grundbuch ausgeschieden, so entfaltet der Beschl keine Wirkung ihm gegenüber,[197] ein solcher Beschl, der ihn verpflichten soll, ist nichtig.

Beispiel: JA des Jahres, in dem der Eigentümer noch Mitglied war, wird nach seinem Ausscheiden beschlossen. Hat der inzwischen ausgeschiedene Eigentümer seine WP-Zahlungen erfüllt, ist er nicht verpflichtet, einen Saldo aus der JA zu zahlen.

---

[190] BayObLG WuM 1995, 62.
[191] Bonifacio ZMR 2006, 583.
[192] BGH NJW 1998, 3714.
[193] BayObLG NJW 1993, 603.
[194] OLG Stuttgart OLGZ 1985, 259.
[195] BGH NJW 1994, 3230.
[196] BGH NJW 2005, 2061, 2065.
[197] OLG Köln NJW-RR 1992, 460.

Allgemeine Grundsätze **§ 10**

b) Außenverhältnis (Abs. 5)

Ein Beschl hat zunächst keine Außenwirkung, sondern durch ihn wird zugleich **41** die Mehrheit bevollmächtigt, die Minderheit iSd Mehrheit zu vertreten. Er wirkt gegenüber allen WEern auch wenn sie nicht anwesend waren, auch noch nach Ausscheiden aus dem Verband.[198] Die Durchführung erfolgt durch den Verwalter auf Grund von Gesetz oder Vollmacht (§ 27), wobei alle WEer vertreten werden. Allein durch § 10 Abs. 5 wird aber keine Vollmacht begründet.[199] Sollte er verhindert sein, so müssen die WEer selbst handeln, zB einen WEer bevollmächtigen, wobei durch den gefassten Beschl die Vorgehensweise festgelegt ist (§ 27 Abs. 3 S. 2).

9. Änderung/Aufhebung von Vereinbarungen

Auch sie ist grundsätzlich formfrei. Folgende Möglichkeiten[200] existieren: **42**

a) Zustimmung aller Wohnungseigentümer

Durch **Zustimmung** aller WEer (anwesend oder wirksam vertreten), Eintra- **43** gung in das Grundbuch (nur erforderlich zur Wirkung gegenüber dem Sonderrechtsnachfolger!) und ggf. Gläubigerzustimmung (Rn. 101 ff.). Nach BGH[201] bedarf eine Änderung oder Aufhebung keiner Zustimmung derjenigen WEer (gemäß § 877 BGB), deren sachenrechtliche Eigentümerstellung dadurch nicht nachteilig berührt wird (zB SNR). Die Zustimmung kann nicht durch jahrelange abweichende Handhabung, zB auf Grund von Beschl, erreicht werden,[202] es sei denn, es kann festgestellt werden, dass alle WEer auch für die Zukunft damit einverstanden sind.[203] Eine nicht eingetragene Änderung oder eine Aufhebung einer eingetragenen Vereinb wirkt nur (schuldrechtlich) unter den Beteiligten. Hierher gehören auch die Fälle, in denen regelmäßig der aufteilende WEer durch Vollmacht bei Begründung Vereinb treffen und damit auch ändern kann (§ 8 Rn. 11a).

b) Öffnungsklausel

Soweit es in der **TErkl** bzw. durch **Vereinb gestattet ist**, auf Grund eines **Be-** **44** **schl**[204] (sog **Öffnungsklausel**, Vor § 10 Rn. 15). Diese Vereinb kann für bestimmte konkrete Fälle, zB Kostenverteilung oder bauliche Veränderungen vorgegeben sein, oder allgemein gehalten sein.[205] Dann reicht ein Mehrheitsbeschl bzw. wenn qualifizierte Mehrheit erforderlich, diese, bei Nichterreichen und

---

[198] BGH NJW 1981, 282.
[199] Wenzel ZWE 2006, 4.
[200] Ausführlich Streblow MittRhNotK 1987, 141 f.
[201] NJW 2000, 3643.
[202] BayObLG NJW-RR 2005, 165.
[203] BayObLG NZM 2001, 754.
[204] Sauren NJW 1986, 2034; BGH NJW 2000, 3500.
[205] Siehe BGH NJW 1985, 2832; Bärmann/Klein Rn. 141.

Verkündung muss er angefochten werden, da nicht nichtig,[206] ansonsten ist er verbindlich. Der BGH hat in Abkehr von seiner alten Rechtsprechung, wie auch hier schon immer gefordert,[207] nicht zusätzlich noch einen sachlichen Grund als Voraussetzung gefordert.[208] Das bedeutet nach dem BGH, dass sowohl das „Ob" als auch das „Wie" der Änderung nicht willkürlich sein dürfen und dass es sich hierbei um einen rechtlichen Gesichtspunkt handelt, der bei der Beantwortung der Frage zu berücksichtigen ist, ob die beschlossene Änderung den Grundsätzen einer ordnungsgemäßen Verwaltung entspricht.[209]

Ist nach der Vereinb eine qualifizierte Mehrheit erforderlich, so gilt dies auch für eine Abänderung des Beschl,[210] ansonsten einfache Mehrheit. Einstimmigkeit bedeutet nicht Allstimmigkeit.[211] Zu den gesetzlich vorgesehenen Öffnungsklauseln s. Rn. 46.

c) Grundbucheintragung

44a Es muss keine **Eintragung des Beschl in das Grundbuch** zur Gültigkeit gegenüber dem Rechtsnachfolger erfolgen. Abs. 4 S. 2 bestimmt nunmehr, dass auch solche auf Grund einer Vereinb gefassten Beschl gegenüber dem Nachfolger gemäß Abs. 3 ohne Eintragung wirken, die vom Gesetz abweichen oder eine Vereinb ändern. Hintergrund ist, dass die WEG-Novelle die Differenzierung zwischen Vereinb und Beschl ohne Not aufgeweicht hat, und zwar einmal, indem häufig durch Beschl eine Vereinb geändert werden kann (§§ 12 Abs. 4, 16 Abs. 3 und 4, 22 Abs. 2) und zusätzlich durch Abs. 4 S. 2 Beschl, obwohl sie wie Vereinb wirken, auch nicht ins Grundbuch eingetragen zu werden brauchen. Dies ist eindeutig ein Systembruch[212] und zerstört das Vertrauen in das Grundbuch. Zudem führt es zu ungerechten Ergebnissen, denn nunmehr gibt es zwei Arten von Rechten, die aber dasselbe begründen können, in der Rechtsfolge aber verschieden sind. Eine Vereinb, die dinglicher Natur ist, zB ein SNR, kann gutgläubig erworben werden, ein beschlossenes SNR nicht. Ein dingliches SNR bedarf der Zustimmung der Realgläubiger (unter den Voraussetzungen des § 5 Abs. 4), ein beschlossenes nicht.[213] Auf Grund dessen wird vertreten, dass nach dem Wortlaut sich diese **nur auf „Beschl, die auf Grund einer Vereinb" beschlossen wurden** beziehen, aber nicht auf diejenigen, die eine Vereinb abändern sollen.[214] Denn ansonsten träten die obigen Wertungswidersprüche auf, die aber nicht gewollt sein können. Damit geht auch diese **Gesetzesänderung**

---

[206] LG München ZMR 2011, 322; LG Köln ZMR 2010, 283; Palandt/Bassenge Rn. 22; aA Riecke Rn. 284.
[207] 5. Auflage Rn. 44 und NJW 1986, 2034 und Jennißen Rn. 21.
[208] BGH ZMR 2011, 808, Aufgabe von NJW 1985, 2832.
[209] Vgl. BGH NJW 2011, 2202 Rn. 8 f., einschränkend Palandt/Bassenge Rn. 22a.
[210] BayObLG ZMR 1988, 471.
[211] BayObLG ZMR 2003, 950.
[212] So auch Hügel/Elzer S. 49.
[213] So zumindest KG ZMR 2005, 900; aA BGH NJW 1994, 3230.
[214] Hügel/Elzer S. 51.

Allgemeine Grundsätze **§ 10**

ins Leere.[215] Nach dem BGH ist ein solcher Beschl nicht eintragungsfähig.[216] Der Erwerber soll durch die in das Grundbuch eingetragene Öffnungsklausel gewarnt sein.[217]

d) Allstimmigkeit aller Wohnungseigentümer ohne Eintragung in das Grundbuch

Diese nicht eingetragene Vereinb ändert jede andere Vereinb, wirkt aber nur unter den Beteiligten; so kann zB ein SNR begründet werden,[218] würde aber beim ersten Eigentümerwechsel regelmäßig wieder hinfällig (s weiter Rn. 17). **45**

e) Unangefochtener Beschluss

Ein (unangefochten gebliebener) Beschl,[219] **der nicht durch Vereinb zugelassen ist und einen vereinbbedürftigen Regelungsgegenstand hat.** Er ändert nur in den gesetzlichen zugelassenen Fällen (zB §§ 12 Abs. 4, 16 Abs. 4 und 5, 21 Abs. 7; 22 Abs. 2), ansonsten ist zu unterscheiden nach dem BGH[220] in den gesetzes- oder vereinbarungsändernden Beschl **(aa)** und den gesetzes- oder vereinbarungswidrigen Beschl **(bb)**. **46**

aa) Der „gesetzes- oder vereinbarungsändernde" Beschluss. Der eine Vereinb oder das Gesetz ändernde Beschl soll nach Meinung des BGH einen Inhalt haben, der auf Dauer das Gesetz bzw. die Vereinb abändert. Er regelt in der Diktion des BGH somit nicht nur einen konkreten Einzelfall, sondern soll dauerhaft an die Stelle der Vereinb oder des Gesetzes eine hiervon abweichende Rechtslage schaffen. Als Beispiel ist hier der Beschl über die Abänderung des Kostenverteilungsschlüssels in einzelnen Bereichen zu nennen. Dieser Beschl ist nichtig.[221] **47**

bb) Der „gesetzes- oder vereinbarungswidrige" Beschluss. Im Gegensatz zu dem vorstehend genannten Beschl will der „gesetzes- oder vereinbwidrige" Beschl zwar auch ändern, jedoch nicht auf Dauer, sondern nur für den konkreten Einzelfall. Voraussetzung ist jedoch zusätzlich, dass eine sog Beschlkompetenz besteht (§ 23 Rn. 22). Die Vereinb bzw. das Gesetz wird, so der BGH, nicht abgeändert, sondern nur fehlerhaft in einem durch das Gesetz auf Grund der Beschlkompetenz zugelassenen Fall angewendet (vereinbwidriger Beschl).[222] Da das Gesetz einen solchen Beschl gestattet, ist die Rechtsfolge nicht die Nichtigkeit, sondern die bloße Anfechtbarkeit. **48**

Beispiel: In der JA (Beschlkompetenz nach § 28 Abs. 5) wird der (gesetzliche oder vereinbarte) Kostenverteilungsschlüssel falsch angewendet.

---

[215] Hügel/Elzer S. 45 ff.; aA Köhler Rn. 159; Böhringer/Hintzen Rpfleger 2007, 356.
[216] NJW 1994, 3230; aA Wenzel ZWE 2004, 130.
[217] Becker ZWE 2002, 343; aA Rau ZMR 2001, 247.
[218] BayObLG NZM 2001, 529.
[219] Sauren NJW 1986, 2034; 1995, 178.
[220] BGH NJW 2000, 3500.
[221] OLG Köln DWE 2001, 58.
[222] BGH NJW 2000, 3500.

10. Abgrenzung

49 Die Abgrenzung ist damit die bestehende **Beschlkompetenz** (s. Rn. 37a), die gesetzlich bestehen muss, wie bei

a) Verwaltungsregelung (§ 21)

49a Bei der Verwaltung des GEs handelt es sich um alle Maßnahmen, die im Interesse aller WEer auf die Erhaltung, Verbesserung und normale Nutzung der Anlage gerichtet sind (vgl. § 21 Rn. 2). Typisches **Beispiel** sind alle Hausordnungsfragen. Betroffen sind deshalb Regelungen über die Tierhaltung,[223] das Musizieren, das Grillen[224] oder Ruhezeitenfestlegung. Ebenso Anordnungen über Parkplätze, Heizung, Haustüröffnungsregeln. Des Weiteren fallen darunter Duschverbote,[225] Balkonbenutzungsregelungen, usw. Ganz allgemein kann hier davon ausgegangen werden, dass alle Hausordnungsregelungen darunter fallen, da die Hausordnung idR nicht-materieller Bestandteil einer TErkl/GO ist.

b) Gebrauchsregelungen (§ 15)

50 Auch eine Einführung oder Änderung von Gebrauchsregelungen per Beschl ist möglich. Hierzu zählt der Beschl über die Erlaubnis zur gewerblichen Nutzung einer Wohnung, der Beschl über ein Vermietungsverbot (soweit nicht nichtig, s. § 23 Rn. 37), über die zwingende Koppelung der Vermietung über eine bestimmte Vermietungsgesellschaft oder die neue Zweckbestimmung eines Gemsraumes als Abstellraum für Kinderwagen. Ebenso die Gebrauchsregelung hinsichtlich der Zweckbestimmung des begrünten Gartens als in Zukunft zu nutzender Kinderspielplatz.[226] Die letzten Beispiele werden dann nichtig, wenn eine Änderung der Zweckbestimmung durch den Beschl erfolgen soll, nicht nur eine Duldung.[227]

c) Instandhaltung, Instandsetzung, bauliche Veränderungen (§ 22)

51 Auch Regelungen hinsichtlich der Instandhaltung und Instandsetzung fallen unter die Beschlkompetenz, dh nach wie vor können alle baulichen Veränderungen beschlossen werden und werden mit Ablauf der Anfechtungsfrist bestandskräftig. Dies hat das BayObLG[228] ausdrücklich unter Bezugnahme auf die Jahrhundertentscheidung festgehalten, ebenso das OLG Köln für einen unangefochtenen Beschl über das Aufstellen einer Antennenanlage.[229] Damit haben alle

---

[223] Von BGH NJW 1995, 2036 als Gebrauchsregelung angesehen.
[224] Ebenso Wenzel ZWE 2001, 236; Müller NZM 2000, 855; von BayObLG NZM 1999, 856 als Gebrauchsregelung angesehen.
[225] Wenzel ZWE 2001, 236.
[226] Müller NZM 2000, 855.
[227] Wenzel ZWE 2001, 235; zB SNR begründet, OLG München NZM 2007, 447.
[228] BayObLG ZMR 2001, 133.
[229] OLG Köln NZM 2001, 293.

Abgrenzungsfragen hinsichtlich der baulichen Veränderung[230] keine Auswirkungen auf die Frage der Nichtigkeit des Beschl. Zu berücksichtigen ist, dass nach wie vor solche Beschlüsse natürlich anfechtbar sind,[231] soweit die gesetzlichen Voraussetzungen des § 22 Abs. 2 nicht vorliegen. Auf Grund der eingeräumten Beschlkompetenz ist es gestattet, durch Beschl die dauerhafte Möglichkeit einzuräumen, zukünftig bauliche Veränderungen, die für alle nachteilig sind, mit Beschl zu regeln. Selbst eine Öffnungsklausel für bauliche Veränderungen könnte vorgenommen werden, da die generelle Beschlkompetenz dem Verband eingeräumt ist.

11. Besonders betroffene Beschlüsse

Im Folgenden werden einige häufig auftretende Beschlüsse besprochen: 52

a) Wirtschaftsplan

aa) Fortgeltung. Im Gesetz (§ 28) ist bestimmt, dass für jedes Abrechnungsjahr 53 ein Wirtschaftsplan aufgestellt werden soll. Ein sog Orga-Beschl über die Fortgeltung des Wirtschaftsplans über das Jahr hinaus, bis ein neuer Wirtschaftsplan genehmigt wird, ist als Dauerregelung nichtig.[232] Es muss jedes Jahr immer eine Beschlfassung beim Wirtschaftsplan erfolgen, dass dieser (der einzelne Wirtschaftsplan) gelten soll bis zum nächsten Wirtschaftsplan. Ein solcher Beschl ist nach überwiegender Ansicht nicht anfechtbar und entspricht ordnungsgemäßer Verwaltung.[233]

bb) Herabsetzung der Anforderung. Auch ein Beschl, der die Anforderungen an den Wirtschaftsplan ändert, zB herabsetzt, ist nichtig[234] oder der gänzliche Verzicht auf einen Wirtschaftsplan.[235] 54

cc) Änderung des Wirtschaftsjahres. Auch die Änderung des Wirtschaftsjahres durch Beschl ist nichtig.[236] 55

b) Eventualeinberufung

Welche Besonderheiten zu beachten sind, zeigt sich auch bei dem Fall der 56 Eventualeinberufung (zum Begriff s. § 25 Rn. 26). Zunächst ist man sich einig darüber, dass der Beschl über eine dauerhafte Einführung einer Eventualeinberufung für den Tag der ersten WEerversammlung in Abweichung von § 25

---

[230] Sauren, Praxishandbuch Wohnungseigentum, Schlagwort „Bauliche Veränderungen", S. 53.
[231] BayObLG NZM 2001, 133.
[232] Müller NZM 2000, 855.
[233] LG Saarbrücken ZWE 2013, 379, OLG Düsseldorf NZM 2003, 810; KG ZMR 2005, 221; NZM 2002, 294; Wenzel ZWE 2001, 237; Sauren ZMR 2001, 80, 81; aA LG Itzehoe ZMR 2014, 144 m. Anm. Merle ZWE 2014, 134.
[234] Wenzel ZWE 2001, 234.
[235] BGH ZMR 2011, 981, Roth ZdW 2001, 291.
[236] Wenzel ZWE 2001, 234.

Abs. 4 nichtig ist.[237] Dasselbe gilt für die dauerhafte Herabsetzung der Höhe der Anteile für die Beschlfähigkeit. Wichtig ist jedoch festzuhalten, dass die fehlerhafte Einberufung der Zweitversammlung durch eine unzulässige Eventualeinberufung nicht zur Nichtigkeit der in der Zweitversammlung gefassten Beschlüsse führt, sondern lediglich zu deren Anfechtbarkeit.

c) Beirat

57 Der Beirat besteht nach dem WEG (§ 29 Abs. 1 S. 1) generell aus drei WEern. Deren Bestellung können die WEer (§ 29 Abs. 1 S. 2) durch Stimmenmehrheit beschließen. Hierdurch ist die Beschlkompetenz eröffnet.[238] Wohlgemerkt, dies gilt nur für die individuelle Bestellung eines Verwaltungsrats mit mehr oder weniger als drei Eigentümern.[239] Hinsichtlich der Wahl eines Nichteigentümers in den Beirat ist dieselbe Konsequenz gegeben. Durch die Bestellung eines Nichtwohnungseigentümers zum Beirat im Einzelfall wird die Vorschrift des § 29 Abs. 1 S. 1 nicht abgeändert, sondern nur verletzt, es liegt folglich ein sog gesetzeswidriger MehrheitsBeschl vor, der mangels Anfechtung wirksam wird.[240] Auch die individuelle Beschränkung der Haftung der konkret gewählten Beiratsmitglieder, zB auf Vorsatz und grobe Fahrlässigkeit oder/und auf einen bestimmten Höchstbetrag, ist nach dem Vorhergesagten möglich und nicht nichtig.[241]

d) Generelle Beschlussfassung

58 Im Gegensatz hierzu können generelle Beschlfassungen über die Angelegenheiten des Verwaltungsbeirates nichtig sein. Dies bedeutet, dass man zB für eine große, aus fünf Blöcken bestehende Gem nicht beschließen kann, dass der Verwaltungsbeirat in Zukunft aus fünf jeweils ein Haus repräsentierenden Mitgliedern bestehen solle.[242] Dasselbe gilt natürlich, wenn man die generelle Möglichkeit der Bestellung eines Nichteigentümers zum Mitglied des Verwaltungsbeirats regeln will.

e) Übertragung von Aufgaben

59 Die generelle Zuweisung und Übertragung von Aufgaben auf den Beirat ist dann möglich, wenn die Verwaltungskompetenz eines anderen Organs nicht verletzt wird, um eine Nichtigkeit zu vermeiden.

Beispiel: Verlagerung der Genehmigung des Wirtschaftsplans auf den Beirat,[243] da dafür die Versammlung zuständig ist.

---

[237] OLG Frankfurt ZWE 2007, 84; Wenzel ZWE 2001, 236; Sauren ZMR 2001, 80, 81; Kümmel ZWE 2001, 203; aA für Einzelfall AG München ZMR 2014, 248.
[238] Merle ZWE 2001, 198; Wenzel ZWE 2001, 236.
[239] OLG Düsseldorf NJW-RR 1991, 594.
[240] Wenzel ZWE 2001, 236; Wendel ZWE 2001, 254.
[241] Vgl. Röll DNotZ 2000, 898, 904f.; Wenzel ZWE 2001, 236.
[242] Müller NZM 2000, 855.
[243] Nichtig, s. Wenzel ZWE 2001, 235.

Allgemeine Grundsätze § 10

f) Wohnungseigentümerversammlung

Hinsichtlich der Versammlung besteht eine Vielfalt von nunmehr zu beachtenden Regelungspunkten. Die nachfolgende Darstellung geht davon aus, dass keine Vereinb der WEer insoweit besteht, ansonsten regelmäßig Nichtigkeit wegen vereinbsänderndem Beschl laut BGH-Diktion: 60

g) Einladung

aa) Beschluss über Mitteilungspflicht. Kein Problem und noch nicht einmal anfechtbar wäre ein Beschl, dass der einzelne Eigentümer eine Mitteilungspflicht hinsichtlich einer Änderung seiner Anschrift hat.[244] 61

bb) Zugangsfiktion. Sollte jedoch eine Gem beschließen, dass ab sofort Ladungen zur Eigentümerversammlung als zugegangen gelten, wenn sie der Verwalter erwiesenermaßen an die ihm zuletzt benannte Anschrift gerichtet und abgesandt hat, so wäre dieser Beschl nichtig, weil er das Gesetz (§ 130 Abs. 1 BGB) ändern würde. 62

cc) Protokollversendung. Soweit das WEG oder das BGB hinsichtlich der Unterzeichnung des Versammlungsprotokolls, einer vereinbarten Versendungsform oder der Übersendung an mehrere WEer eines SE durch Beschl dauerhaft abgeändert wird, wären diese Beschlüsse ebenfalls nichtig. 63

dd) Abänderung der Formalien. Alle Beschlüsse, durch die andere gesetzliche oder vereinbarte Formalien generell abgeändert werden, sind nichtig. Als Beispiel sei hier die Änderung der Ladungsfrist genannt oder die Vertretungsmöglichkeit in der Versammlung, ebenso die Beratungsmöglichkeit des WEers während der Versammlung. 64

h) Niederschrift

Dies gilt auch hinsichtlich der Fragen der Niederschrift. Entgegen anders lautenden Meinungen[245] ist die Einführung einer Verpflichtung des Verwalters zur Versendung des Protokolls an alle WEer, soweit nicht anders durch Vereinb geregelt, durchaus möglich, da gesetzlich nicht geregelt. Dasselbe gilt für die Aufhebung der Versendepflicht durch den Verwalter. Hinsichtlich einer Veränderung der Personen und der Voraussetzungen der Unterzeichnung des Protokolls entgegen den gesetzlichen Vorschriften wäre eine generelle Beschlfassung jedoch nichtig. Deshalb ist es nicht möglich, durch Beschl generell die Unterzeichnung der Niederschrift als Gültigkeitsvoraussetzung für eine Beschlfassung vorzunehmen. 65

i) Turnus

Die dauerhafte Änderung des Turnus der Versammlung ist auch nichtig wegen Änderung der gesetzlichen Regelung (§ 24 Abs. 1). 66

---

[244] Wenzel ZWE 2001, 237.
[245] Drasdo Beschlusskompetenz S. 29f.

§ 10 I. Teil. Wohnungseigentum

j) Stimmrecht

67 Auch hinsichtlich des Stimmrechts können GeneralBeschlfassungen nicht vorgenommen werden. Dies gilt zB für dauerhafte Änderungen des Stimmrechts,[246] Stimmrechtsbeschränkungen oder Stimmenthaltungen als Nein-Stimmen zu zählen.[247]

k) Sonderumlage

68 Haben die WEer beschlossen, dass der Ladenbesitzer wegen des erhöhten Wasserverbrauchs 766,94 EUR zusätzlich zu zahlen hat,[248] so ist das keine Änderung einer Vereinb, sondern nur eine unrichtige Anwendung des geltenden Verteilungsschlüssels, so dass ein vereinbswidriger Beschl vorläge, der nach Ablauf der Anfechtungsfrist bestandkräftig würde[249] Ebenso nach KG,[250] wenn einzelner Posten der JA auf einen WEer verteilt wird.

l) Haftung des Verwalters

69 Die Haftung des Verwalters kann beschränkt werden, was nicht nichtig ist,[251] aber verstößt gegen die ordnungsgemäße Verwaltung, wenn die Haftung begrenzt wird sowohl der Höhe nach, als auch auf grobe Fahrlässigkeit und Vorsatz.[252]

m) Übertragung von Beschlusskompetenzen

70 Solche Beschl, wie die Erweiterung, als auch die Übertragung auf einzelne WEer, den Verwalter oder den Beirat, sind nichtig.[253] Deshalb sind wohl Beschlüsse, welche die Übertragung von Entscheidungen über Instandhaltungsarbeiten ggf. bis zu einer bestimmten Größenordnung auf den Beirat oder Verwalter vorsehen, nichtig.

n) Kontrollrechte

71 Einschränkungen der Kontrollrechte der WEer (entgegen §§ 28 Abs. 1, 4 sowie 24 Abs. 2, 6) sind ebenfalls nichtig.[254]

o) Haftungsveränderung

72 Den Aufopferungsanspruch des § 14 Nr. 4 oder die Verschuldensvoraussetzung des allgemeinen Haftungsrechts im WEG durch Beschl zu ändern, ist ebenfalls nichtig.

---

[246] Sauren ZMR 2001, 80, 81; Bielefeld DWE 2001, 8.
[247] Wenzel ZWE 2001, 236 unter Verweis auf Sauren ZMR 2001, 80, 81.
[248] BayObLG ZWE 2001, 370.
[249] Häublein ZWE 2001, 363.
[250] KG ZMR 2001, 307.
[251] Merle DWE 2001, 46.
[252] OLG Hamm NZM 2001, 49.
[253] Wenzel ZWE 2001, 235.
[254] Deckert 4/S 44.

Allgemeine Grundsätze **§ 10**

p) Öffnungsklausel und Schiedsverfahren

Nicht möglich sind nach wie vor Beschlüsse über die Einführung einer sog Öff- **73** nungsklausel oder des Schiedsverfahrens vor dem Deutschen ständigen Schiedsgericht.[255]

12. Anspruch eines einzelnen Wohnungseigentümers auf eine Vereinbarung oder deren Aufhebung oder Anpassung (Abs. 2 S. 3)

a) Voraussetzung/Verfahren/Wirkung

Jeder WEer hat in bestimmten Fällen einen schuldrechtlichen Anspruch gegen **74** die anderen WEer, die Aufhebung, Änderung oder Anpassung einer Vereinb oder auch eine erstmalige Vereinb zu verlangen, der gerichtlich durchsetzbar ist **(Abs. 2 S. 3)**. Dieser ist nun abschließend gesetzlich geregelt.[256]

b) Sachenrechtliche Grundlagen ausgeschlossen

Abs. 2 S. 3 **erfasst nicht** Regelungen über die **sachenrechtliche Grundlage**, **75** wie Umwandlung von GE in SE,[257] oder SE in GE,[258] oder Veräußerung von GE.[259] Ein Anspruch hierauf kann sich nur aufgrund von Treu und Glauben (§ 242 BGB) ergeben, zB Grundbucheintragung über die Änderung der Nutzung des SE's,[260] der aber hohe Anfoderungen hat, zB aus der langjährigen unbeanstandeten Nutzung folgt keine Pflicht, den geduldeten Zustand grundbuchrechtlich zu vollziehen.[261] Nicht abdingbar.[262]

c) Möglichkeiten der Durchsetzung des Anspruchs nach Abs. 2 S. 3

Der Realgläubiger muss, wenn der Anspruch besteht, nach dem BayObLG **76** nicht zustimmen und braucht deshalb nicht mitverklagt zu werden.[263] Hierzu bestehen deshalb drei Möglichkeiten:
– Nachdem die WEer die Änderung in der Versammlung abgelehnt haben, kann der WEer diesen „Beschl",[264] da Negativbeschl (§ 23 Rn. 36[265]), anfechten (betrifft regelmäßig Betriebskosten[266]).

---

[255] Bielefeld DWE 2001, 8.
[256] BGH NJW 2010, 3296 Rn. 26.
[257] BGH ZMR 2012, 793.
[258] OLG Stuttgart ZMR 2013, 54.
[259] BGH NJW 2013, 1962.
[260] BayObLG ZMR 2001, 824.
[261] BGH ZMR 2012, 793.
[262] Palandt/Bassenge Rn. 12.
[263] BayObLG NJW-RR 1987, 714.
[264] BGH NJW 2010, 2129 Rn. 13; OLG Schleswig WuM 2006, 407.
[265] BGH ZWE 2001, 530.
[266] BGH ZMR 2011, 485 Rn. 11.

§ 10   I. Teil. Wohnungseigentum

– Nachdem der WEer vergeblich eine „Beschlfassung" oder einen TOP zu erlangen versucht hat,[267] durch Antrag bei Gericht (betrifft regelmäßig Betriebskosten[268]).
– Direkter Antrag bei Gericht, wenn Beschlkompetenz fehlt, wie zB bei Instandhaltung oder Rücklage.[269]

Es ist jedoch nicht möglich, im Wege der Anfechtung eines anderen Beschl (zB Kostenverteilung in einer JA) diesem entgegenzuhalten, dass die übrigen WEer zur Abänderung verpflichtet seien[270] oder in einem Wohngeldverfahren mit bestandskräftigem Zahlungsbeschl[271] oder in einem Verfahren wegen Verstoßes gegen die Hausordnung,[272] da erst ab der Rechtskraft der richterlichen Entscheidung diese Änderung der Vereinb gilt.[273] Ebenso wenig kann dem Verwalter per Beschl Auftrag zur Klageerhebung zur Abänderung der MEanteile erteilt werden.[274] Das Bestehen einer Öffnungsklausel steht dem Anspruch nicht entgegen.[275] Es bestehen spezielle vereinbändernde Möglichkeiten durch Beschl von Gesetzeswegen (§§ 12, 16, 21 Abs. 7). Diese gehen als lex specialis abschließend vor.[276] Leider fehlt es folglich auch hier an der notwendigen Abstimmung. Es besteht nunmehr ein Anspruch auf Abänderung der Stimmrechte, der bisher von der Rspr. immer abgelehnt wurde,[277] obwohl auf diese Diskrepanz frühzeitig hingewiesen wurde.[278]

d) Umsetzung

77 Zum **Verfahren stehen nach der Rspr. zwei Möglichkeiten** zur Verfügung: einmal trifft das Gericht die neue Vereinb, die dann keiner Eintragung in das Grundbuch bedarf.[279] Dieser Weg ist abzulehnen, weil damit eine Vereinb wie ein Beschl behandelt wird, und der Erwerberschutz unnötig untergraben wird. Deshalb ist der Weg der Abgabe einer Willenserklärung einschließlich Eintragungsbewilligung vorzuziehen, wobei erst die Eintragung die Wirkung gegenüber dem Nachfolger erzeugt.[280]

---

[267] OLG Karlsruhe NJW-RR 1987, 975.
[268] BGH ZMR 2011, 485 Rn. 11.
[269] BGH NJW 2010, 2129 Rn. 17.
[270] BGH NJW 1995, 2791, 2793; LG Itzehohe ZMR 2012, 390; auch bei langjähriger Übung, KG ZMR 2002, 464; aA OLG Celle WuM 1998, 172.
[271] BayObLG NZM 1998, 813.
[272] BayObLG ZMR 2002, 64.
[273] BayObLG NZM 1998, 813 für Kostenverteilungsschlüssel, anders aber bei Beseitigunganspruch wegen baulicher Veränderung, OLG Hamburg ZMR 2001, 843.
[274] KG NZM 2001, 528.
[275] OLG Schleswig WuM 2006, 407.
[276] Hügel/Elzer S. 47; aA LG Hamburg ZMR 2010, 635 mwN.
[277] OLG Karlsruhe NJW-RR 1987, 975; s. hierzu Sauren, FS B/W, S. 531.
[278] Sauren MietRB 2005, 244, s. nunmehr OLG Köln ZMR 2009, 331 Rn. 44.
[279] BayObLG NJW-RR 1987, 714, 716.
[280] BayObLG NJW-RR 2001, 1092.

Allgemeine Grundsätze § 10

e) Inhalt

Zunächst ist festzuhalten, dass dem Richter nicht die Befugnis gegeben ist, 78
die sich aus den Vereinb oder Beschl der WEer ergebenden Regelungen durch
vermeintlich **gerechtere oder angemessenere zu ersetzen.** Deshalb besteht
ein Anspruch für den WEer (er muss zB die Kostenmehrbelastung haben[281]) nur
in Ausnahmefällen, nämlich wenn
– aus schwerwiegenden Gründen (aber nicht „außergewöhnlichen Umständen"),
– auch unter allen Umständen des Einzelfalles, die Rechte und Interessen der anderen WEer berücksichtigend, ein Festhalten an der geltenden Regelung als
– unbillig (aber nicht „grob unbillig") erscheint.

aa) Abwägung. Hierzu bedarf es einer **Abwägung der gesamten Um-** 79
stände,[282] wobei im Interesse der Rechtssicherheit und Beständigkeit in der
Gem ein strenger Maßstab anzulegen ist.[283] Hierbei musste berücksichtigt werden, dass den WEern beim Erwerb zB die Regelungen der GO bekannt waren
und sie sich deswegen auf sie einstellen konnten.[284] Es genügt folglich nicht allein, dass die angestrebte Regelung der ordnungsgemäßen Verwaltung entspricht,[285] sondern es muss ein Festhalten an der geltenden Regelung aus
schwerwiegenden Gründen unter Berücksichtigung aller Umstände des Einzelfalls, insbesondere der Rechte und Interessen der anderen Wohnungseigentümer, unbillig erscheinen.[286] Bei der **Kostenbelastung** setzt ein schwerwiegender Grund voraus, dass der geltende Verteilungsschlüssel für den die Änderung
verlangenden Eigentümer zu einer erheblich (grundsätzlich mindestens um 25
vom Hundert[287]) höheren Belastung als eine Verteilung der Kosten nach den
Wohn- oder den Nutzflächen führt. Ebenfalls ist es nicht unbillig, wenn ein Eigentümer für die Kosten der Instandhaltung nach dem Verhältnis seines Anteils
aufkommen muss, obwohl er die Einrichtungen nicht benutzt und auch nicht
benutzen kann. Denn das Maß der Kostenmehrbelastung ist nicht das alleinige
Kriterium für die Beurteilung der Unbilligkeit des Festhaltens an dem bisherigen Kostenverteilungsschlüssel. In die Abwägung einzubeziehen sind vielmehr
insbesondere die Rechte und Interessen der anderen Eigentümer.[288] Dabei ist
auch zu berücksichtigen, dass die zuletzt genannten Umstände nicht überbewertet werden dürfen, wenn sich die ursprünglich vereinbarte Regelung von
Anfang an oder auf Grund nach der Aufteilung in WE eingetretener Umstände
als verfehlt oder unzweckmäßig erweist.[289] Auszugehen ist von der rechtlich zu-

---

[281] BGH NJW 2010, 3296 Rn. 19.
[282] BGH ZMR 2011, 485.
[283] BGH NJW 1995, 2791, 2793.
[284] BGH NJW 2010, 2129 Rn. 31.
[285] BGH NJW 2010, 2129.
[286] BGH NJW 2010, 2129.
[287] Siehe KG ZMR 2004, 549.
[288] BGH NJW 2010, 2129 Rn. 31.
[289] BGH ZMR 2011, 485 Rn. 15; BayObLG NJW-RR 1992, 342, 343; WuM 1997, 61, 62; KG NJW-RR 1991, 1169, 1170.

lässigen Nutzung, nicht von der ggf. tatsächlich anderen.[290] Neben dem Verhältnis von Kostenbelastung und -verursachung sind auch die Gesichtspunkte der Praktikabilität und der Verlässlichkeit der Verteilung und der daraus folgenden Vorhersehbarkeit der Belastungen für die Eigentümer zu berücksichtigen. Würde man einen Anspruch auf eine Änderung der Kostenverteilung nach der jeweiligen tatsächlichen Nutzung der einzelnen Einheiten geben, so führte dies zu wiederholten Änderungen des Verteilungsschlüssels. Darauf müssen sich die anderen Eigentümer nicht einlassen.[291] Hinzu kommt, dass nach dem BGH[292] eine Umlage der (nicht verbrauchsabhängigen) Betriebskosten und der sonstigen Lasten nach den Nutzflächen keineswegs zu einer sachgerechten, der Verursachung der Kosten durch die Teil- und WEeinheiten entsprechenden Verteilung führte.[293] Es ist nämlich von einer typisierenden, generalisierenden Betrachtung der Kostenverursachung auf der Grundlage der nach der TEerkl zulässigen Nutzung der SEeinheiten auszugehen. Erst wenn dieser Nachweis im konkreten Fall gelingt, ist ein Anspruch möglich. Dafür müssen im Prozess entsprechende Beweise angeboten werden.

80 bb) Entgegenstehende Gründe. Nach wie vor anwendbar sind zudem die vom BGH[294] aufgestellten **Gründe gegen einen Änderungsanspruch**,[295] also – wenn die Auswirkungen bei Erwerb erkennbar waren, – wenn die Ursache im Risikobereich des Ansprucherhebenden liegen, – wenn die Nachteile durch andere Vorteile teilweise oder ganz kompensiert werden, – wenn es bei längerfristiger Betrachtungsweise zu einem ganzen oder teilweisen Ausgleich kommt oder wahrscheinlich kommen wird.

81 cc) Nachfolgende Beispiele in ABC-Form. Es sei darauf hingewiesen, dass es sich alles um Entscheidungen vor der in Rn. 76 dargestellten BGH-Rechtsprechung handelt, die sich nunmehr als zum Teil wesentlich restriktiver erweist und es sich zudem um Einzelfallentscheidungen handelt, die häufig nicht generalisiert werden können.

82 Für eine Änderung soll **nicht genügen**:

82A **Absperrpfosten:** Belästigung durch Falschparker für Beseitigung eines Absperrpfostens (BayObLG NZM 1999, 29).
Abwasserhebeanlage: Die Anschaffung einer Abwasserhebeanlage (BayObLG WE 1987, 14).
Älterwerdender WEer: Das Älterwerden eines WEer für die Freistellung von Schneeräumarbeiten (BayObLG ZMR 1986, 319, 320); oder 12 % mehr bei sachgerechter Aufteilung (BayObLG NZM 2000, 301) oder 15 % (OLG Düsseldorf ZMR 2001, 378).

---

[290] BGH ZMR 2011, 485 unter Verweis auf BayObLG FGPrax 2005, 13.
[291] BGH ZMR 2011, 485.
[292] ZMR 2011, 485.
[293] Ebenso für Personenschlüssel AG Hamburg ZMR 2010, 236.
[294] BGH NJW 2004, 3413.
[295] So auch Niedenführ Rn. 42.

Allgemeine Grundsätze § 10

Aufzugskosten: Die Beteiligung an Aufzugskosten auch von MEern in Häusern ohne Aufzug (OLG Frankfurt DWE 1983, 61).
Ausbau: Der Ausbau von Dachräumen (BayObLGZ 1984, 50; OLG Düsseldorf NJW-RR 1998, 1547), selbst wenn 22 % mehr zu zahlen sind oder wenn TE nicht als Schwimmbad genutzt wird (OLG Düsseldorf DWE 1998, 137), ebenso bei mehr als 7 % Kosten (OLG Zweibrücken NJW-RR 1999, 886).
Baugestaltung: Eine von TErkl/Aufteilungsplan abweichende Baugestaltung (KG ZMR 1999, 64). 82B

Kellerabteil: Dass zu einem Kellerabteil MEanteile gehören, zum anderen nicht (BayObLG WuM 1997, 289). 82K
Kostenbelastung: Eine um 50 % höhere **Kostenbelastung** gegenüber einem anderen WEer (BayObLG NZM 2001, 290).
Kostenerhöhung: Dass die Kosten sich erhöht haben für den Betrieb eines Fitness-Centers in einem in der TErkl bezeichneten Schwimmbad (BayObLG ZMR 1988, 346), oder allein die Nichtbetreibung des Schwimmbades (OLG Düsseldorf NZM 1999, 82).
Kostensteigerung: Dass die Kosten erheblich gestiegen sind, zB Wasserkosten oder Müllgebühren (BayObLG WE 1994, 282) oder Aufzug (LG Stuttgart WuM 2010, 589).

Ladenschlusszeiten: Die Einhaltung der Ladenschlusszeiten und „gehobenes Niveau" für den Betrieb eines Spielsalons in einem Laden (OLG Zweibrücken NJW-RR 1988, 141). 82L
Leerstehen von Wohnungen: Die Nichtberücksichtigung des Leerstehens von Wohnungen bei der Kostenverteilung (BayObLG MDR 1978, 673; OLG Hamm OLGZ 1982, 10, 29 ff.), insbesondere das vorübergehende Leerstehen (OLG Schleswig WuM 1996, 785).

Majorisierung: Die abstrakte Gefahr der Majorisierung oder des Ungleichgewichts (KG WE 1994, 370). 82M
Mehrbelastung: Mehrbelastung von 30 % (OLG Köln ZMR 2002, 153).
Mehrhausanlage: Bei Mehrhausanlagen die Belastung aller WEer mit den Reparaturkosten eines Hauses (OLG Köln WuM 1998, 174).

Pflegebedürftigkeit: Größerer Raumbedarf wegen Pflegebedürftigkeit für Umwandlung von TE in WE (OLG Hamm DWE 2000, 85). 82P

SNR: Für die Einräumung eines SNR, dass Rechtsvorgänger dies mit der WEerGem so gehandhabt hat (OLG Hamm NZM 2000, 662). 82S
SNR-Beseitigung: Der Wegfall eines SNR, wenn die Änderung keine Verbesserung bringt (OLG Karlsruhe WuM 1999, 178).
Stimmrecht: Das Stimmrecht wurde bisher ausgenommen, OLG Karlsruhe NJW-RR 1987, 975; s. hierzu Sauren, FS B/W, S. 531. Dafür ist nun kein Grund mehr ersichtlich. Es müssen die allg. Grundsätze gelten, so nun auch OLG Köln ZMR 2009, 331 Rn. 44; aA Bärmann/Klein § 10 Rn. 157 unter falscher Berufung auf vorstehende OLG Köln-Entscheidung.

§ 10   I. Teil. Wohnungseigentum

82T **Terrasse:** Die Berücksichtigung der vollen (anstatt halben) Terrassen-qm bei Berechnung der Nutzfläche (BayObLG MDR 1985, 501).
Tiefgarage: Die Beteiligung aller an Kosten der Tiefgarage auch im Falle eines nicht genutzten Tiefgaragenplatzes (OLG Frankfurt DWE 1983, 61).

82U **Unterteilung:** Wegen Unterteilung nun statt einem zwei Anteile von drei für Aufzugskosten (BayObLG ZMR 2001, 821).

83 Genügen sollen jedoch:

83A **Abweichung von Nutzfläche:** Eine erhebliche Abweichung des Kostenverteilungsschlüssels vom Verhältnis der Nutzfläche (BayObLG NJW-RR 1992, 342); zB müssen nach der GO von den WEern 94,9 % der Kosten getragen werden, die Schäden an TE betreffen (KG NJW-RR 1991, 1169). Das BayObLG hat folglich bei einem Abweichen von nahezu des Dreifachen einer ansonsten sachgerechten Kostenverteilung einen Anspruch bejaht, aber bei etwa 22 % verneint (BayObLG WuM 1995, 217), oder bei 62,7 % Kosten und 42,2 % Kosten vorher (BayObLG NZM 1999, 31), aber bei einer Nutzfläche von 40 % und Kosten von 75 % bejaht (BayObLG WE 1995, 378).

83D **Duldung:** Mehr als 14 jährige Duldung der Umwandlung von TE in WE (LG Wuppertal NJW-RR 1986, 1074); Anpassung der Zweckbestimmung (BayObLG ZWE 2002, 607).
Doppelgarage: Eine unrichtige ME-Quote wegen Erstellung einer Doppelgarage (OLG Frankfurt Rpfleger 1978, 380).

83E **Ehescheidung:** Bei Ehescheidung für Schließung eines Durchbruchs von zwei Einheiten (BayObLG WE 1997, 438).

83K **Kaltwasserzähler:** Bei Anbringung eines Kaltwasserzählers, wenn sich die Verhältnisse nachhaltig geändert haben (OLG Düsseldorf NJW 1985, 2837).
Kostenverteilungsschlüssel: Sind unterschiedliche Kostenverteilungsschlüssel für die Rücklagenbildung (nach „Wohnungen") und die Instandhaltungskosten (nach „Miteigentumsanteilen") vorgesehen, und führt die Verteilung der Reparaturrücklage nach der Zahl der Wohnungen zu einer unbilligen Mehrbelastung der Eigentümer von kleineren Wohnungen von ca. 30 % gegenüber einer Verteilung nach Miteigentumsanteilen, so Anspruch nach (LG Hamburg ZMR 2010, 144) gegeben.

83M **Messeinrichtung:** Bei niedrigeren Kosten im 10-Jahresvergleich bei Installationen von Messeinrichtungen soll Anspruch auf Abänderung der Abrechnung der Warmwasserkosten bestehen (OLG Köln WuM 1996, 621, bedenklich).

83N **Nichtbeheizung:** Die nachträgliche, von allen Beteiligten als sinnvoll empfundene Nichtbeheizung der Tiefgarage (OLG Hamburg WEZ 1987, 217).
Nichterrichtung: Für Übernahme von MEanteilen, wenn Tiefgarage nicht gebaut wird ohne Ausgleichszahlung (BayObLG ZMR 2002, 291).

Allgemeine Grundsätze § 10

Nichterrichtung: Wenn ein $^{48}/_{1000}$ MEanteil von $^{78}/_{1000}$ für eine geplante Tiefgarage vorratsweise verbunden worden war mit einem WE und die Tiefgarage nicht gebaut wird (BayObLG NJW-RR 1987, 714, 715).

Parabolantenne: Bei Parabolantenne, wenn der Mieter Informationsbedürfnis hat (OLG Hamm ZMR 2002, 538, abzulehnen). 83P

Schlafzimmer: Bei Grillplatz, dass er sich vor dem Schlafzimmer befindet und verrottet ist (BayObLG ZMR 2001, 909). 83S

Zähler: Wenn Zähler schon vorhanden sind und neun Jahre lang schon so abgerechnet wird (OLG Köln NZM 1998, 484). 83Z

Ist WEer zur Zustimmung verpflichtet, so haftet er auch bei Einholung von Rechtsrat für Zinsschaden.[296]

13. Änderung/Aufhebung von Beschlüssen (sog Zweitbeschluss)[297]

a) Durch Beschluss geregelte Angelegenheiten

Können grundsätzlich **jederzeit** im Rahmen ordnungsgemäßer Verwaltung[298] durch neuen Beschl aufgehoben oder **anders** geregelt werden.[299] 84

aa) Rückwirkung widerspricht ordnungsgemäßer Verwaltung.[300] Was genau Grundlage der Rückwirkung ist und welcher Zeitpunkt gilt, ist umstritten. Der BGH stellt für die Kostenverteilung auf gefasste Beschl ab, wie zB WP.[301] Richtigerweise ist auf die zum Zeitpunkt des 1.1. jeden Jahres geltende Regelung zB in der GO, abzustellen.[302] Bereits aus dem gesetzlichen Rückwirkungsverbot des § 6 Abs. 4 S. 3 HeizkostenV ergibt sich dies für die JA, da kein anderer Zeitpunkt möglich ist, da die JA nicht unterschiedliche Zeitpunkte für unterschiedliche Kostenarten vorsehen kann. 84a

bb) Inhaltsgleicher Zweitbeschluss. Ein inhaltsgleicher **ZweitBeschl** ersetzt idR den bestandskräftigen Beschl nicht.[303] Damit ist es jedes Mal Auslegungsfrage, ob eine Neuregelung unter Aufhebung der alten Regelung gewollt[304] war oder ein inhaltsgleicher Wiederholungsbeschl.[305] Eine grundlose inhaltsgleiche Wiederholung früherer Beschl, die bereits angefochten sind, verstößt jedoch gegen 84b

---

[296] OLG Hamburg ZMR 2001, 134.
[297] Lüke ZWE 2000, 105.
[298] Also keine rückwirkende Änderung, OLG Hamm ZMR 2007, 293.
[299] BGH NJW 1991, 979; NZM 2014, 436; WP (auch nach Beschlussfassung über JA) und SU.
[300] Also keine rückwirkende Änderung, OLG Hamm ZMR 2007, 293.
[301] Also keine rückwirkende Änderung, BGH NJW 2011, 2202; ZMR 2011, 652; NJW 2010, 2654; OLG Hamm ZMR 2007, 293.
[302] Dt. Schiedsgericht ZWE 2013, 286 mwN.
[303] BGH NJW 1994, 3230.
[304] So in BayObLG NZM 1998, 442.
[305] So in OLG Stuttgart OLGZ 1988, 437.

die ordnungsgemäße Verwaltung.[306] Soweit eine **Ungültigkeitserklärung des ZweitBeschles** erfolgt, entfällt die in ihm enthaltene Aufhebung des Erst-Beschles,[307] es sei denn die Auslegung ergibt, dass eine nicht unbedingte Aufhebung gewollt ist. Damit ist der Erstbeschl wieder verbindlich.[308] Ein bestandskräftiger Beschl kann jederzeit durch eine der GO entsprechende Regelung wieder aufgehoben werden.[309] Es besteht aber kein Anspruch auf einen solchen Beschl als Maßnahme der ordnungsgemäßen Verwaltung.[310]

84c cc) Eingriff in die Rechte der Wohnungseigentümer. Eine **Änderung ist dann ausgeschlossen**, wenn der neue Beschl schutzwürdige Belange eines WEers aus Inhalt und Wirkung des ErstBeschles nicht beachtet[311] oder wenn in eine durch früheren Beschl begründete Rechtsstellung eines WEers eingegriffen wird.[312]

Beispiel: Eingeräumtes Nutzungsrecht an GE.[313]

Damit ist ein späterer Widerruf nur zulässig, wenn ein sachlicher Grund vorliegt und der betroffene WEer gegenüber dem bisherigen Zustand nicht unbillig benachteiligt wird,[314] idR auch nur aus neu hinzugetretenen Tatsachen.[315] Ein Anspruch eines WEer besteht nur unter den in Rn. 74 ff. gegebenen Voraussetzungen (Abs. 2 S. 3[316]) und kann damit nicht auf Umstände gestützt werden, die bei der Beschlussfassung bereits bekannt waren.[317]

84d dd) Rechtsschutzinteresse. Das Rechtsschutzinteresse für eine Anfechtungsklage entfällt, falls ein ersetzender[318] oder bestätigender sog **ZweitBeschl** gefasst und bestandskräftig wird.[319] Wird dieser Zweitbeschl bestandskräftig, kann selbst die Aufhebung des Erstbeschl dem Anfechtenden keinen Vorteil mehr bringen. Da der Zweitbeschl bestandskräftig geworden ist, ist er an die Rechtswirkungen gebunden. Wird daher der Zweitbeschl bestandskräftig, wird die **Hauptsache** des Anfechtungsverfahrens über den Erstbeschl **erledigt**.[320] Die

---

[306] KG WuM 1994, 561.
[307] BGH NJW 1989, 1087.
[308] BGH NJW 1994, 3230.
[309] KG WuM 1996, 647 im Rahmen der ordnungsgemäßen Verwaltung; zur Auswirkung eines bestandskräftigen Zweitbeschl auf die das Rechtsschutzbedürfnis einer Anfechtungsklage s. dd) und Vor § 43 Stichwort „Rechtsschutzbedürfnis".
[310] BayObLG NJWE 1997, 37.
[311] BGH NJW 1991, 979; abgelehnt für Aufhebung eines Beweisverfahrens: KG NZM 2000, 552 oder Änderung einer SU: KG NZM 2000, 553.
[312] BayObLG WE 1989, 56.
[313] OLG Köln ZMR 1998, 521.
[314] BayObLG WuM 1995, 222; WE 1997, 36. nunmehr fraglich wegen BGH NJW 2011, 2202; ZMR 2011, 808.
[315] BayObLG NZM 2000, 672.
[316] OLG Frankfurt NJW-RR 2007, 377.
[317] OLG Düsseldorf ZMR 2007, 379.
[318] BGH NJW 1994, 3230.
[319] BayObLG ZMR 1998, 504.
[320] BayObLG NZM 2000, 552.

Allgemeine Grundsätze § 10

Anfechtung des Zweitbeschl allein reicht für die Erledigung aber nicht aus, da in diesem Fall für den Anfechtenden die Möglichkeit besteht, sowohl den ersten wie auch den zweiten Beschl für ungültig erklären zu lassen.[321]

b) Gerichtliche Änderung eines Beschlusses. aa) Ausübung des Ermessens durch den Richter. Der Gesetzgeber hat bei Ermessensentscheidungen dem Richter die Möglichkeit an die Hand gegeben diese vorzunehmen (§ 21 Abs. 8, s. dort Rn. 19 ff.). 85

bb) Weitere Rechte des Richters. Ansonsten, dh bei den übrigen Beschlentscheidungen, ist eine Änderung nur unter den Voraussetzungen der Grundsätze der Rn. 74 f. möglich. Gründe, die im Anfechtungsverfahren hätten geltend gemacht werden können, sind nunmehr ausgeschlossen.[322] 85a

14. Notwendigkeit der Zustimmung der dinglich berechtigten Gläubiger (Gläubigerzustimmung, ua § 5 Abs. 4 S. 2 und 3)

Durch Vereinb oder Beschl können die Rahmenbedingungen des SE dermaßen geändert werden, dass es so sehr betroffen ist, dass die dinglichen Berechtigten durch die Änderung in ihren Rechten beeinträchtigt werden, zB kann die Haftungsmasse verringert werden. Deshalb kann eine Zustimmung dieser notwendig sein. 86

Beispiel: Zustimmung der kreditgebenden, durch ein Grundpfandrecht gesicherten Bank.

Ohne die notwendige Zustimmung wird dann das Grundbuch unrichtig[323] und die Änderung wirkt nur wie eine schuldrechtliche Vereinb. Öffnungsklauseln (Vor § 10 Rn. 15) allein für sich sind mangels (noch nicht gegebener) konkreter Betroffenheit nicht zustimmungspflichtig.[324] Im Folgenden sind die zwei bestehenden Entschließungsvarianten, nämlich Vereinb und Beschl, zu unterscheiden:

a) Vereinbarungen

Soweit bestehende **Vereinb geändert** oder **nachträglich neue** vereinbart werden, gilt folgendes: 87

aa) Grundpfandrechtsgläubiger (§ 5 Abs. 4 S. 2 und 3[325]). Sollen nachträglich Vereinb geändert oder zusätzlich durch Grundbucheintragung zum SEInhalt werden, so bedarf dies grundsätzlich der Zustimmung der dinglich Berechtigten am WE (weil Eigentumsinhalt gemäß §§ 876, 877 BGB verändert wird) und der Vormerkungsberechtigten,[326] es sei denn, ihre Betroffenheit war 88

---

[321] BGH NJW 1989, 1087; BayObLG WuM 1986, 289.
[322] BayObLG ZMR 1997, 478.
[323] Palandt/Bassenge § 876 BGB Rn. 1.
[324] OLG Düsseldorf NJW 2004, 1394; s. Rn. 103.
[325] Armbrüster ZWE 2008, 329.
[326] OLG Frankfurt NZM 1998, 409; BayObLG DNotZ 1990, 381; das kommt aber auf die Rechtsnatur der Vereinb an, s. Ott S. 80 dinglich, Zustimmung nicht, wegen § 883 Abs. 2 BGB und Häublein S. 128, schuldrechtlich ja.

119

ausgeschlossen. Die **Betroffenheit** wird von der Rspr. weit ausgelegt, indem nicht nur ein bloßes wirtschaftliches, sondern bereits jedes rechtliche Interesse ausreichte.[327]

88a **(1) Betroffenheit vorhanden.** Ist diese Betroffenheit gegeben, gilt folgendes: Da durch das Gesetz die Möglichkeit eröffnet ist, durch Beschl Vereinben aufzuheben oder zu ändern (zB §§ 12 Abs. 4, 16 Abs. 3, 21 Abs. 7, 22 Abs. 2 etc), schränkt der Gesetzgeber das **Zustimmungserfordernis der Grundpfandrechts- und Reallastgläubiger dahingehend ein**, dass ihre Zustimmung nur erforderlich ist, wenn ein SNR begründet, geändert oder übertragen werden soll (§ 5 Abs. 4 S. 2). Damit ist eine Einschränkung der Notwendigkeit verbunden.[328] Andere Regelungen, insbesondere Gebrauchsregelungen (§ 15 Abs. 2) oder Umwandlung von TE in WE bedürfen keiner Zustimmung mehr.

88b **(2) Gleichzeitige Belastung.** Zudem soll eine **Zustimmung** der Berechtigten bei Begründung eines **SNR nicht notwendig** sein, wenn mit dem belasteten WE ebenfalls ein SNR verbunden ist (S. 3). Dies muss aber gleichzeitig erfolgen.[329] Diese Ausnahme ist darin begründet, dass durch die gleichzeitige Begründung eines SNR für das belastete WE eine Erhöhung des Werts des belasteten WEs eintritt. Dieser Ausschluss (S. 3) ist sprachlich nicht geglückt, da nach dem Wortlaut auch ein irgendwie geartetes SNR ausreicht und nicht, wie vom Gesetzgeber gewollt, ein gleichartiges.[330]

Beispiel: Alle WEer erhalten ein Parkplatz-SNR bis auf einen, der ein Keller SNR erhält. Da alle WEer ein SNR erhalten, ist dem Wortlaut genüge getan, obwohl der Gesetzgeber dies nur für den Fall eines Parkplatz-SNR wollte.

Da aus verfassungsrechtlichen Gründen der Wortlaut entscheidend ist, dürfte die Vorschrift rein formal zu verstehen sein, so dass es nur auf das in derselben Vereinbarung begründete Recht zugunsten des belasteten WE ankommt, **Wertverhältnisse und Art der Sondernutzungsrechte hingegen keine Rolle spielen**.[331] Nach anderer Ansicht[332] verlangt Zustimmungsfreiheit Gleichartigkeit der SNRe, weil die Zustimmung dem Gesetzgeber nur deswegen entbehrlich erscheine, weil Zugewinn und Einbuße sich entsprächen, eine an sich angestrebte Gleichwertigkeit jedoch vom Grundbuchamt nicht nachprüfbar sei.

---

[327] BGH NJW 1984, 2409 verneint für Gebrauchsrecht an einer Dachfläche für Zwecke der Errichtung/Unterhaltung einer Fotovoltaikanlage, OLG Saarbrücken NZM 2011, 810 und für Vereinbarung der erweiterten Nutzung des Spitzbodens, OLG Jena ZWE 2012, 40.
[328] KG ZWE 2011, 84; OLG Saarbrücken NZM 2011, 810; OLG Jena ZWE 2012, 40.
[329] Böhringer/Hintzen Rpfleger 2007, 356.
[330] OLG Düsseldorf ZWE 2010, 93 Rn. 33; Demharter NZM 2006, 490.
[331] OLG München ZWE 2014, 164; ZMR 2009, 871; Bärmann/Armbrüster § 5 Rn. 145; Hügel/Elzer § 1 Rn. 16 ff.; Böhringer/Hintzen Rpfleger 2007, 353, 356; Böttcher Rpfleger 2009, 181, 193 f.; Saumweber MittBayNot 2007, 357, 359; Bärmann/Pick § 5 Rn. 33; Riecke § 5 Rn. 6.
[332] Palandt/Bassenge § 5 Rn. 12; Niedenführ § 5 Rn. 58; Meffert ZMR 2007, 517, 518.

Allgemeine Grundsätze **§ 10**

(3) Aufhebung eines Sondernutzungsrechts. Wird deshalb ein SNR aufgehoben, ist die Zustimmung von Grundpfandgläubigern nicht deshalb entbehrlich, weil durch die Vereinbarung gleichzeitig SNRe neubegründet und mit jedem WE verbunden werden.[333] **88c**

(4) Umgehungsmöglichkeiten. Damit sind natürlich enorme Gestaltungsspielräume und **Umgehungsstrategien**[334] eröffnet. Will der Bauträger noch schnell vor dem Abverkauf Stellplätze begründen, muss er nur dafür sorgen, dass alle WEer irgendein SNR bekommen, ob sinnvoll oder nicht. Damit kann durch den Ausnahmefall geschickt nunmehr jegliches SNR zustimmungsfrei gestaltet werden. Aus der **Ausnahme wird der Regelfall**. Die gesetzliche Konzeption ist auch deshalb verfehlt, weil auch andere Vereinb wie Kostentragungsregelungen tief in das Eigentum eingreifen können. Hier sei nur an das Beispiel von Bassenge erinnert, in dem durch die geänderte Kostenbelastung eine Gaststätte nicht mehr wirtschaftlich zu betreiben war und der WEer laufend insolvent wurde.[335] Auch Nutzungsbeschränkungen können das Eigentum erheblich verändern und müssen deshalb gläubigerzustimmungspflichtig sein.[336] **88d**

bb) Die anderen dinglichen Berechtigten. Nach der WEG-Novelle verbleibt es bei den anderen dinglich Berechtigten bei ihrer Zustimmungspflicht, so dass eine unterschiedliche Qualität von Rechten geschaffen wird.[337] Hier ist die **Dienstbarkeit, Nießbrauch und Wohnungsrecht** angesprochen. Der Berechtigte tritt im Umfang seines Rechtes an die Stelle des Eigentümers und muss daher zustimmen, wenn sein Recht beeinträchtigt wird.[338] Besonders deutlich wird dies beim **Nießbrauch**,[339] der sowohl SE als auch GE betrifft. Deshalb sind Verkleinerungen des WE,[340] Umwandlung von WE in TE oder umgekehrt,[341] Stimmrechtsänderungen,[342] Änderung des Kostenverteilungsschlüssels[343] und Verfügungsbeschränkung (§ 12) vom dinglich Berechtigten (in Form der §§ 19, 29 GBO) durch Eintragungsbewilligung vorzunehmen. Ist eine Verpflichtung zur Änderung einer Vereinb gegeben (Rn. 74), entfällt auch das Erfordernis der Zustimmung.[344] Ebenso bei nicht eingetragener (schuldrechtlicher) Vereinb oder bei Zuordnung von Stellplätzen gemäß Bevollmächtigung in der TErkl.[345] **89**

---

[333] OLG München ZMR 2009, 870.
[334] Abramenko S. 30 ff.; Briesemeister ZWE 2007, 421; Hügel/Elzer S. 10.
[335] NZM 2000, 666.
[336] Hügel/Elzer S. 10.
[337] Böhringer/Hintzen Rpfleger 2007, 355.
[338] BayObLG NZM 2002, 488.
[339] Ott S. 77.
[340] LG Bremen DWE 1985, 95.
[341] OLG Düsseldorf ZWE 2010, 93; BayObLG DWE 1989, 132.
[342] LG Aachen Rpfleger 1986, 258.
[343] BayObLGZ 1984, 257; zu Recht differenzierend Schmack ZWE 2001, 89.
[344] BayObLG NJW-RR 1987, 714; OLG Hamburg ZMR 1995, 170.
[345] OLG Frankfurt WuM 1997, 564.

b) Beschlüsse

90 **aa) Vereinbarungsändernde Beschlüsse.** Das **Gesetz durchbricht nunmehr** die ursprüngliche Konzeption des WEG, dass Vereinb nur durch Vereinb abgeändert werden können. Es wird häufig die Möglichkeit eröffnet, durch **Beschl Vereinben aufzuheben oder zu ändern** (zB §§ 12 Abs. 4, 16 Abs. 3, 21 Abs. 7, 22 Abs. 2 etc). Damit stellt sich hier neu die Frage der Zustimmung der dinglichen Gläubiger, wobei die obigen Gesetzesanordnungen für Vereinb (Rn. 82 f.) natürlich hier auch gelten, so dass sich nur die Frage bei **Dienstbarkeiten, Nießbrauch und Wohnungsrecht stellt.**

91 Die Frage, ob zu vereinbändernden Beschl eine **Zustimmung** erteilt werden muss, ist heftig umstritten. Der BGH und die hM haben sie bis zur WEG-Novelle **bejaht.**[346] Es gibt keinen Grund hiervon abzuweichen.[347] Die Argumentation, dass keine Zustimmung erfolgen muss, da keine Eintragung erfolgt, ist angesichts der bisherigen BGH-Rechtsprechung unrichtig. Es geht zudem um die Betroffenheit (§§ 876, 877 BGB), die keine Eintragung als Voraussetzung hat. Der vorliegende Abs. 4 regelt zudem nur die Frage, ob etwas eingetragen werden muss, nicht, was Rechtsfolge der fehlenden Eintragung ist.[348]

Die fehlende Zustimmung führt nach dem BayObLG[349] zur Ungültigkeitserklärung des Beschl. Ist die erforderliche Zustimmung eines Grundpfandrechtsgläubigers nicht erklärt, fehlt es dem Beschl über die Änderung der TErkl an einer Voraussetzung seiner Wirksamkeit; er ist in diesem Fall für ungültig zu erklären.[350] Es genügt jedoch, wenn die Zustimmung der Grundpfandrechtsgläubiger bis zum Schluss der letzten Tatsacheninstanz in dem Verfahren beigebracht wird, in dem die Ungültigerklärung des Eigentümerbeschl beantragt ist (schwebend unwirksam).[351] Damit fehlt es nach der Rspr. an einer Voraussetzung der Wirksamkeit und der Richter hat dies von Amts wegen zu berücksichtigen. Deshalb sind auch beim Fehlen keine Anfechtungsfristen einzuhalten.[352]

92 **bb) Andere Beschlüsse.** Soweit ein nachträglicher **Beschl einen anderen ändert**, ist eine Zustimmung der dinglich Berechtigten nicht erforderlich, soweit a) nicht berührt wird.

---

[346] BGH NJW 1994, 3230, Gaier ZWE 2005, 39 mwN; aA KG ZMR 2005, 900; Häublein S. 223.
[347] Ausführlich Sauren ZMR 2008, 514 mwN; Bärmann/Klein Rn. 149; zweifelnd Palandt/Bassenge Rn. 16; aA Briesemeister ZWE 2007, 422.
[348] Ausführlich Sauren ZMR 2008, 514 mwN; Bärmann/Klein Rn. 149; zweifelnd Palandt/Bassenge Rn. 16; aA Briesemeister ZWE 2007, 422.
[349] ZMR 1998, 173; aA LG Lübeck NJW-RR 1990, 912.
[350] BayObLG ZMR 1998, 173.
[351] BayObLGZ 1984, 257, 263; ausführlich Sauren ZMR 2008, 514.
[352] Ausführlich Sauren ZMR 2008, 514 mwN; Bärmann/Klein Rn. 149; zweifelnd Palandt/Bassenge Rn. 16; aA Briesemeister ZWE 2007, 422.

Allgemeine Grundsätze § 10

15. Verwaltungsvermögen (Abs. 7)

a) Rechtsträger, zeitliche Geltung

Auf Grund der Rechtsfähigkeit des Verbandes (Abs. 1 und 6, Rn. 2 ff.) steht das **Verwaltungsvermögen** ihm zu. Es handelt sich folglich um **„Verbandsvermögen"**.[353] Dieser ist Inhaber der Rechte und Eigentümer der Wirtschaftsgüter sowie Schuldner der Verbindlichkeiten. Der Rechtszustand gilt unabhängig vom Erwerbszeitpunkt und erfasst auch alle Vorgänge vor dem Erlass des Gesetzes (s. S. 1),[354] was verfassungsrechtlich nicht zu beanstanden ist.[355] Die Mitgliedschaft in dem Verband erfolgt zwingend auf Grund des Eigentums an dem WE oder TE. Einer gesonderten Übertragung bedarf es nicht, diese geht von Gesetzes wegen über. Anteile hieran, zB an der Rücklage gibt es rechtlich nicht. Damit sind isolierte Verfügungen über das Verwaltungsvermögen, zB Teilverkäufe oder Zwangsvollstreckungsakte, bzgl von Anteilen eines einzelnen Eigentümers am Verbandsvermögen ebenfalls nicht möglich. Zur Vollstreckung bedarf es eines Titels gegen den Verband.[356] Gläubiger eines WEers können einen Anteil, zB an der Rücklage nicht pfänden, ein Insolvenzverwalter kann den Anteil nicht zur Insolvenzmasse ziehen. Auch kann ein WEer, der seine Wohnung verkauft hat, nicht Auszahlung seines Anteils verlangen, vielmehr ist dieser Bestandteil des Verwaltungsvermögens und geht auf die Käufer als seine Rechtsnachfolger in der Gem über (§§ 311c, 926 BGB).

93

b) Gesetzeswortlaut

Der Wortlaut des Entwurfs der gesetzlichen Regelung ist bereits heftiger **Kritik ausgesetzt** gewesen.[357] Auch hier hat der Gesetzgeber nicht reagiert, so dass die Ursprungsfassung in ihrer Unvollkommenheit nunmehr Gesetz ist. Diese muss nach dem Wortlaut ausgelegt werden. Es wird deshalb in Zukunft die Frage sein, ob unter „alle gesetzlich begründeten Sachen und Rechte" auch alle durch Verbindung mit dem Grundstück in dieses Eigentum übergegangene, zB Baum oder Gartenhaus, in das Verbandsvermögen gehören (abzulehnen aus dem Sinn und Zweck). Es trifft also nicht zu, dass sämtliche erworbenen Gegenstände dem Verwaltungsvermögen zugerechnet werden sollen. Vielmehr gilt die gesetzliche Folge: Der gekaufte und dann gepflanzte **Baum** oder das nach Kauf mit dem Grund und Boden fest verankerte **Gartenhaus** bzw. dessen Materialien oder der **Dachziegel** oder das **Fenster** bleiben nicht Verbandsvermögen, sondern **gehen ins ME durch Einfügen über**.[358] Sie verlassen damit das **Verbandsvermögen entgegen dem Wortlaut** der Vorschrift.

94

---

[353] BGH NJW 2005, 2061, 2064.
[354] Hügel/Elzer S. 53.
[355] Bub NZM 2006, 843; ZWE 2007, 15, 16.
[356] Gottschalg NZM 2007, 197.
[357] Bub NZM 2006, 848 f.; ZWE 2007, 15.
[358] Bub ZWE 2007, 19; Bärmann/Klein Rn. 288.

95 Tiere hat iÜ die Definition vergessen, so dass ein Wachhund durch den Verband nicht besessen werden kann.[359]

96 Vereinigung aller WE's in einer Person (S. 4): Der letzte Satz des Abs. 7 ist überflüssig, da das Verwaltungsvermögen kraft Gesetzes auf den einen WEer übergeht, wenn sich die Anteile in einer Hand vereinigen. Es gibt also keinen Verband, der nur aus einem Eigentümer besteht.[360] Das Vermögen des Verbandes geht inkl. der Verbindlichkeiten auf diesen über. Eine Haftungsbeschränkung (Abs. 8) hierfür kann der einzelne dann nicht mehr in Anspruch nehmen.

c) Gegenstand des Verbandsvermögens (§ 10 Abs. 7 S. 2 und 3)

97 aa) Umfang. Nach dem Gesetz (Abs. 1) wird das **GE und das SE jedes Eigentümers** nicht vom **Verbandsvermögen** umfasst. Es handelt sich folglich um die Unterscheidung **zweier Vermögenssphären:** Einerseits das SE der Verbandsangehörigen an den Wohnungen/Nichtwohnungen, sowie das ME am Grundstück, und andererseits das Verwaltungsvermögen des Verbandes.[361] Zum ME gehört alles, was wesentlicher Bestandteil des Grundstückes ist (§ 94 BGB). Die WEer sind zwingend Mitglieder des Verbandes und darüber am Vermögen beteiligt, es ist aber kein Gesamthandsvermögen.[362] Vertreter des Verbandes ist aber der Verwalter, während jedes WE/TE von jedem Eigentümer selbst verwaltet wird.

97a (1) Immobilienerwerb. Damit kann das Verbandsvermögen nur dann ein WE- oder TE umfassen, wie eine im SE stehende Garage oder eine Hausmeisterwohnung,[363] wenn der Rechtsträger der Verband ist. Das WE oder TE kann in der eigenen Anlage erworben werden[364] oder auch fremde Grundstücke (also über den räumlichen Bereich des GE's), soweit der Erwerb nur der Verwaltung des GE's dienen kann.[365] Dies geht bis zum Erwerb weiterer Einheiten oder Grundstücke auch zur Anlage der Rücklage. Zwar wird dies idR die ordnungsgemäße Verwaltung überschreiten, aber dies ist nicht nichtig. Die Grenze ist dort zu ziehen, wo der Verband alle Einheiten erwirbt, weil dann keine WEG mehr existent ist.[366] Die vorstehenden Grundsätze gelten für alle Erwerbsformen, wie Ersteigerung, Tausch etc. Die Folge des Erwerbs in der eigenen Anlage ist, dass die Stimmrechte und Beitragszahlungen ruhen. Die Kosten dafür sind aber in den WP oder die JA aufzunehmen.[367]

97b (2) Grundbuchfähigkeit. Aus der Grundbuchfähigkeit als Folge der Rechtsfähigkeit folgt auch die Inhaberschaft von dinglichen Rechten, wie die bereits

---

[359] Bub NZM 2006, 849; aA Bärmann/Klein Rn. 288, da wie Sachen zu behandeln.
[360] AG Bremerhaven NZM 2011, 632.
[361] Ähnlich Bub ZWE 2007, 18.
[362] Hügel/Elzer S. 55; aA Bub ZWE 2007, 17.
[363] OLG Celle NJW 2008,1537; LG Deggendorf ZMR 2008, 909; Hügel DNotZ 2005, 753, 771; Sauren ZWE 2006, 283.
[364] OLG Hamm NJW 2010, 1464: Kauf von zwei Stellplätzen in eigener Anlage.
[365] OLG Hamm ZMR 2010, 785: Erwerb von Nachbargrundstück zum Betrieb einer Heizung.
[366] Hügel ZMR 2007, 651; Bärmann/Klein Rn. 223.
[367] OLG Hamm NJW 2010, 1464: Kauf von zwei Stellplätzen in eigener Anlage.

Allgemeine Grundsätze § 10

vom BGH[368] zugestandene Zwangssicherungshypothek. Daneben kann der Verband auch Inhaber aller sonstigen Rechte sein,[369] wie alle Grundpfandrechte. Entgegen anderslautenden Stimmen[370] besteht auch keine Verpflichtung, dass die dem Grundpfandrecht zugrundeliegende Verbindlichkeit dem Verwaltungsvermögen zugeordnet ist. Dies ist allein eine Frage der ordnungsgemäßen Verwaltung.

Auch **Dienstbarkeiten**, die der Verbandsverwaltung dienen, zB eine Parkplatzdienstbarkeit auf dem Nachbargrundstück[371] gehören dazu. Entscheidend ist, ob die Rechtsausübung durch den Verband förderlich ist. **98**

bb) Beweglichen Sachen. Zum Verbandsvermögen gehören die **beweglichen Sachen (§ 10 Abs. 7 S. 2)**, zunächst die Verwaltungsunterlagen[372] sowie Heizöl. Bewegliche Sachen können **Zubehör** des Grundstücks **(§ 97 BGB)** sein. Hier kommen in Betracht zB Gartengeräte, wie Rasenmäher, Waschmaschinen oder Spielplatzgeräte, aber auch Einrichtungsgegenstände im GE. Die Zubehöreigenschaft ist hier eindeutig und unbestritten. Das Zubehör gehört als Verwaltungsvermögen (§ 10 Abs. 7) zum gemlichen Eigentum.[373] Das Verbandsvermögen wird insbesondere durch das **Geldvermögen**, regelmäßig bei Banken, bestehend aus der Instandhaltungsrücklage, das Geld auf dem Konto inkl. Zinsen und das Bargeld in der Gemskasse, zB Münzenerlös für Sauna oder Waschmaschine gebildet. Des Weiteren gehören die Rechte und Pflichten (§ 10 Abs. 7 S. 2) dazu, die aus der **gemeinschaftlichen Verwaltung** entspringen, also alle Aktiva oder Passiva, die weder Gegenstand des SE eines WEers, noch Gegenstand des GE sind. Damit gehören auch alle **schuldrechtlichen Verbindungen** der Gem dazu. Hier können alle Verträge, wie Verwaltervertrag,[374] Mietvertrag über das GE oder andere Dienst- oder Werkverträge genannt werden,[375] also zB Schadensersatzansprüche der Gem gegen den Verwalter,[376] wegen Beschädigung des GE[377] oder Mängelansprüche aus den Ersterwerbsverträgen auf kleinen Schadensersatz oder Minderung wegen Mängeln am GE.[378] Zu diesen Ansprüchen gegen Dritte (§ 10 Abs. 7 S. 3) gehören auch Ansprüche gegen die WEer, zB aus Wohngeld, Wirtschaftsplan oder JA, aus Schadensersatz (zB § 14 Nr. 4) oder aus Mietvertrag[379] oder aus unzureichender Finanzausstattung.[380] Die Ver- **99**

---

[368] BGH NJW 2005, 2061.
[369] Sauren ZWE 2006, 268.
[370] Hügel/Elzer S. 30.
[371] BGH NJW 2011, 1351; Bärmann/Klein Rn. 290; Hügel DNotZ 2005, 753, 769; Rapp MittMayNot 2005, 449, 458.
[372] BayObLG ZMR 1983, 383.
[373] Wenzel ZWE 2006, 2, 5; aA Bub ZWE 2006, 253, 257; wie hier aber ZWE 2007, 18.
[374] Hügel/Elzer S. 27
[375] BGH NJW 2005, 2061.
[376] KG ZWE 2010, 184; BGHZ 106, 222.
[377] BGHZ 121, 22.
[378] Wenzel ZWE 2006, 467.
[379] BGH NJW 2005, 2061, 2067.
[380] Armbrüster ZWE 2005, 369; Briesemeister NZM 2007, 225.

sorgungssperre gehört ebenfalls dazu,[381] ebenso der Schadensersatzanspruch gegen den Verband.[382]

100 **cc) Verkehrssicherungspflicht.** Geklärt ist, dass die Verkehrssicherungspflicht hierzu zählt.[383] Auch Schadensersatzansprüche daraus sind Verbandsvermögen.[384] Zwar übt normalerweise der WEer die Sachherrschaft aus, hier ist aber zu berücksichtigen, dass der Verwalter dies regelmäßig als Angelegenheit der gesamten Verwaltung übernommen hat, was in den Aufgabenbereich des Verbandes fällt. Der Verband hat folglich auch die Aufgaben wahrzunehmen, wie Verträge abzuschließen hinsichtlich Schneeräumung, Reinigung, Wartung oder Streuung. Ihm stehen damit auch die Ansprüche aus der Schlechtleistung zu. Damit haftet zunächst das Verwaltungsvermögen, in Extremfällen kann auf Grund der beschränkten Haftung der WEer auch eine Benachteiligung der Gläubiger verbunden sein,[385] die aber im Interesse einer reibungslosen Abwicklung in Kauf genommen werden muss.

d) Vermögen der Wohnungseigentümer

101 Welches nicht zum Verbandsvermögen gehörig zählt. Damit gehört das GE nicht zum Verbandsvermögen, sondern verbleibt bei den WEern;[386] zudem alle Ansprüche aus dem Eigentum, wie zB aus **Besitz**. Auch alle Ansprüche, die jeder einzelne WEer geltend machen kann, wie aus **baulicher Veränderung** oder **Unterlassungsansprüche aus dem ME** an dem Grundstück, stehen daher weder dem Verband zu, noch können sie ohne einen entsprechenden Beschl der WEer von dem Verband gerichtlich geltend gemacht werden.[387]

16. Die Haftung der WEer für Verbindlichkeiten des Verbandes (Abs. 8)

a) Geltung

102 Der Gesetzgeber hat eine Haftung des einzelnen WEers den Gläubigern gegenüber nach dem Verhältnis seines MEanteils angeordnet (Abs. 8 S. 1), sog Teilschuld.[388] Grund dafür war, die WEer vor einer unbegrenzten Haftung zu schützen, was aber im Endeffekt nicht erreicht wurde. Der Absatz gilt sowohl für Ansprüche von Außenstehenden, als auch für WEer, solange sie nicht auf dem Gemverhältnis beruhen, zB aus Dienstvertrag (zB Hausmeister). Ansprüche auf Aufwendungsersatz[389] oder berechtigter Geschäftsführung ohne Auftrag

---

[381] Wenzel ZWE 2006, 469.
[382] BGH NZM 2012, 435.
[383] BGH NJW 2012, 1724 Rn. 12.
[384] OLG München NZM 2006, 110; Wenzel NZM 2006, 321, 323; Hügel/Elzer S. 28; Fritsch ZWE 2005, 384, 386; Jennißen Rn. 66.
[385] AA Hügel/Elzer S. 28.
[386] BGH NJW 2005, 2068.
[387] BGH NJW 2006, 2187; BGHZ 116, 332, 335; ferner Wenzel ZWE 2006, 2, 6; Briesemeister ZWE 2006, 15; Demharter NZM 2006, 81, 82; s. Rn. 1.
[388] Armbrüster ZWE 2005, 369; Briesemeister NZM 2007, 225.
[389] OLG Hamm ZMR 2008, 228.

Allgemeine Grundsätze **§ 10**

richten sich gegen den Verband und nicht direkt gegen einzelne Miteigentümern.[390] Auch sonstige Erstattungsansprüche sind nur gegen den Verband zu richten.[391]

b) Zeitlicher Umfang

Es werden sowohl die Verbindlichkeiten erfasst, die während der Zugehörigkeit **103** des WEers entstanden sind, als auch diejenigen, die in dieser Zeit fällig geworden sind. Für den ausgeschiedenen Eigentümer besteht eine Nachhaftungszeit von fünf Jahren. Für die Haftung des WEers gegenüber der Gem wegen nicht ordnungsgemäßer Verwaltung bestimmt sich der Anteil ebenfalls nach MEanteilen.

c) Ausnahme zur beschränkten Haftung (Gesamtschuld)

Nicht unter diese Vorschrift fallen die durch Gesetz, darunter fallen auch **ge-** **104** **meindliche Satzungen**, oder Vertrag vereinbarte **Gesamtschulden**, denn Abs. 8 ist nicht abschließend.[392] Es ist durch Auslegung zu ermitteln, was gewollt ist.[393] Ist ein Vertrag geschlossen, ist die Frage, wer Vertragspartner ist, bei Mieter/Pächter,[394] Verwalter im eigenen Namen oder einem[395] oder mehreren WEern kommt Vertrag mit diesen zustande und nicht mit dem Verband,[396] so dass es damit keine gesamtschuldnerische Haftung aller WEer gibt.[397] Ist der Vertrag mit dem Verband getroffen, kann sie dort vereinbart werden oder wenn im Landesrecht eine Gesamtschuld der WEer in ihrer Eigenschaft als Miteigentümer des Grundstücks gesetzlich vorgesehen ist.[398] Das Problem besteht aber darin, dass regelmäßig die Satzungen vor dem Abs. 8 erlassen wurden und dehalb noch von der alten Rechtslage der gesamtschuldnerischen Haftung der WEer ausgehen, aber nicht den Fall des Vertragsschlusses mit dem Verband regeln,[399] sondern mit den WEer. Die Gerichte sind nunmehr bemüht, hier eine Auslegung dahin vorzunehmen, dass trotzdem eine Gesamtschuld vorliegt,[400] was unrichtig ist.[401] Bejaht für Erschließungs- und Anliegerbeiträge,[402] Grundbesitzabgaben,[403] Entwässerungs-,[404] und ggf. für Straßenreinigungsgebühren.[405]

---

[390] OLG München ZMR 2008, 321.
[391] AG Charlottenburg ZWE 2011, 468.
[392] Sauren ZMR 2006, 751; Riecke Rn. 496a.
[393] BGH NJW 2012, 1948 Rn. 16 ff.
[394] BGH NJW 2009, 913.
[395] OLG Hamm ZMR 2008, 230 Rn. 45.
[396] Bärmann/Klein Rn. 310.
[397] OLG Hamm ZMR 2008, 230.
[398] BGH NJW 2009, 2521.
[399] Riecke Rn. 497.
[400] ZB BGH NJW 2009, 2522.
[401] Riecke Rn. 497; ausführlich Sauren ZMR 2006, 750.
[402] OLG Hamm ZMR 2009, 465; VGH Mannheim ZMR 2009, 160.
[403] BVerwG NJW 2006, 791.
[404] VG Gera ZWE 2010, 294.
[405] Gesamtschuld bejaht: BGH NJW 2009, 2521; verneint: BGH NJW 2012, 1948.

d) Voraussetzung der (beschränkten) Haftung

105 aa) **Verbindlichkeit des Verbandes.** Die rechtsgeschäftlich oder gesetzlich begründet wurde. Schuldner muss der Verband sein oder durch eine von ihm vorzunehmenden Pflicht erfolgen (Abs. 7 S. 3).

105a bb) **Die während der Zugehörigkeit zum Verband entstanden ist.** Sie ist **während der Zugehörigkeit zum Verband entstanden oder während dieses Zeitraums fällig geworden.** Dies zu erkennen, ist dem Gläubiger so gut wie unmöglich. Deshalb gibt es eine **Nachhaftung der WEer.** Hierzu verweist der Gesetzgeber auf die Regelungen des HGB zur Haftung von ausgeschiedenen Gesellschaftern (Abs. 8, § 160 HGB). Danach kann der Gläubiger die ausgeschiedenen WEer zusätzlich in Anspruch nehmen, wenn:
– Die Forderung innerhalb **von fünf Jahren seit dem Ausscheiden fällig** geworden ist und;
– innerhalb dieser Frist eine **gerichtliche Geltendmachung** erfolgt ist.
Unklar ist, wann diese Frist beginnt; der Gesetzgeber ordnet die entsprechende Geltung der handelsrechtlichen Vorschrift an. Das HGB stellt als Beginn der maßgeblichen Frist auf das Ende des Tages ab, an dem das Ausscheiden in das Handelsregister eingetragen wird. Offensichtlich soll der Tag der Eintragung im Grundbuch maßgeblich sein, bzw. der Zuschlag. Entscheidend ist wie beim Wohngeld der richtige WEer,[406] dh ist der WEer nur der Bucheigentümer, ist er zur Haftung nicht verpflichtet.[407] Sind dadurch für einen Anteil 2 WEer haftbar, haften sie als Gesamtschuldner. Die Vorschrift steht auch nicht in Widerspruch zu den **Verjährungsvorschriften** (§§ 194 ff. BGB). Die Regelverjährung von drei Jahren beginnt erst ab Kenntnis und Fälligkeit der Forderung. Ohne Fälligkeit beginnt diese Frist nicht.

105b cc) **Rechtsfolge.** Jeder **WEer haftet neben dem Verband nach dem Verhältnis seiner MEAnteile.** Eine vorherige Inanspruchnahme des Verbandes ist nicht erforderlich (kein § 771 BGB angeordnet). Nicht abdingbar durch Vereinb. Keine gesamtschuldnerische Haftung auch nicht durch Beschl einführbar.[408] Soweit erfüllt wird, wird auch der Teil-(Anspruch) des einzelnen WEer's erfüllt.

e) Abwehrmöglichkeiten des Wohnungseigentümers (S. 2 und 3)

106 aa) **Der Wohnungseigentümer ist nunmehr zwei Ansprüchen ausgesetzt.** Einmal der Außenhaftung gegenüber dem Gläubiger und der Innenhaftung gegenüber dem Verband aus dem Beschl. Hat der WEer seine Umlage bezahlt, kann der Gläubiger von ihm dennoch erneut Zahlung in Höhe seiner Anteile verlangen, auch wenn die SU gerade für diesen Zweck beschlossen worden ist. Der WEer kann nach dem Gesetz (S. 2) keine Einreden oder Einwendungen aus seinem Verhältnis zum Verband gegen den Gläubiger geltend ma-

---

[406] BGH NJW 1994, 3352; OLG Düsseldorf ZMR 2005, 719, bei werdender Gem auch Palandt/Bassenge Rn. 36a.
[407] Hügel/Elzer S. 73.
[408] BGH NJW 2012, 3719.

Allgemeine Grundsätze **§ 10**

chen, also zB die obige Erfüllung. Gegenüber dem Außengläubiger kann er nur aus seinem persönlichen Verhältnis, soweit zufällig vorhanden, geltend machen. Des Weiteren hat der Gesetzgeber keine vorrangige Verpflichtung des Verbandes angeordnet, eine Einrede der Vorausklage (§ 771 BGB) wie beim Bürgen gibt es deshalb für den Eigentümer nicht. Nur wenn der Verband Einwendungen oder Einreden hätte, zB aufrechnen oder anfechten könnte (etc vgl. § 770 BGB), kann dies der WEer auch (S. 3). Der WEer wird sich fragen, wie er **diesen beiden Ansprüchen aus Wohngeld gemäß § 28 Abs. 5 und Außenhaftung gemäß S. 1 zu begegnen** hat. Auf Grund des zeitlichen Ablaufs wird der WEer die Verbindlichkeit **gegenüber dem Verband begleichen.** Dies wird ihn aber nicht von seiner Haftung gegenüber dem Gläubiger befreien, da keine Gesamtgläubigerschaft zwischen den beiden Ansprüchen besteht.[409] Der WEer muss deshalb damit rechnen, in Höhe seines MEanteils **noch einmal in Anspruch** genommen zu werden.[410]

Hat der WEer deshalb die Möglichkeit zu wählen, stellt sich die Frage, ob er **107** die **Zahlung an den Gläubiger** vornimmt, dadurch die Forderung insoweit auf ihn übergeht (§ 774 BGB) und dem Verband gegenüber **die Aufrechnung oder ein Zurückbehaltungsrecht** geltend macht. Der bisherige weitgehende Ausschluss dieser Rechte gegenüber dem Verband hatte seinen Grund darin, dass aus der Treuepflicht dem WEer diese nicht gewährt wurden, weil die Wohngelder zur Bewirtschaftung unverzüglich gebraucht werden. Ausnahmen werden nur für anerkannte oder rechtskräftig festgestellte Forderungen oder für Ansprüche aus Notgeschäftsführung gewährt.[411] Es besteht jedoch eine mit der Notgeschäftsführung vergleichbare Interessenlage, da dem WEer die Klage droht.[412] Der Grund, den die Rspr. für den Aufrechnungsausschluss nimmt, ist hier identisch. Der WEer ist genauso wie die Gem auf die Lieferung der Versorgungsträger angewiesen, damit die Bewirtschaftung der Anlage gesichert ist. Sichert der WEer dies anstatt des Verbandes durch Zahlung, eröffnet sich quasi im Gegenzug ebenso aus dem Treueverhältnis die Aufrechnungslage, denn der Verband hat gegen seine Treueverpflichtung zur Erfüllung der eingegangenen Verbindlichkeiten verstoßen. Damit ist die **Aufrechnung** in dieser Fallkonstellation auf alle Ansprüche zu **gewähren,** nicht nur zu den Versorgungsträgern. Ein Anreiz zu einer vorschnellen Zahlung ist damit nicht verbunden, denn der WEer wird nicht unnötig zahlen, da ihn auch ein Anteil trifft.[413] Durch die **Erfüllung der Schuld** durch den WEer erlischt die Verbandsverbindlichkeit, der Erfüllende erlangt eine Forderung gegen den Verband in gleicher Höhe (§ 426 BGB). Die Haftung der andereren WEer bleibt davon unberührt. Der aktuelle WP ist anzupassen, um die Restschuld und den Anspruch des WEer's aufzunehmen.

---

[409] Derleder/Fauser ZWE 2007, 8.
[410] Dies hat der Gesetzgeber gesehen und gewollt, BT-Drucks 16/3843 S 47.
[411] BayObLG ZWE 2001, 418; KG NJW-RR 2002, 1379.
[412] KG NZM 2003, 686 und ZWE 2003, 295 für vergleichbare Fallgestaltungen vor der Reform; wie hier Derleder/Fauser ZWE 2007, 8 f.; Bärmann/Klein Rn. 337; Palandt/Bassenge Rn. 39; aA Jennißen Rn. 111.
[413] AA Jennißen Rn. 111.

108 bb) Auseinanderfallen von Innen- und Außenhaftung. Im Außenverhältnis wird **immer der MEanteil** angenommen. Dieser ist aber disponibel und in vielen GOen oder durch Vereinb abgeändert. Hat der WEer auf Grund der obigen Rechtslage zuerst an den Gläubiger gezahlt und ist sein Anteil kleiner, dann wird er nichts veranlassen. Wenn aber sein Anteil größer ist, ist die **Frage, welche Ansprüche er im Innenverhältnis** hat. Gegenüber dem Verband hat er einen Anspruch aus ungerechtfertigter Bereicherung, da er mehr bezahlt hat als beschlossen (§ 812 BGB, Rechtsgrund ist der Beschl). Der Verband wird aber über kein Geld verfügen, deshalb ist die Frage, ob er gegen die anderen WEer einen Anspruch hat. Dieser Anspruch ergibt sich sowohl aus dem übergegangenen Außenanspruch (S. 1), dh hier nach MEanteil der anderen, als auch aus ungerechtfertigter Bereicherung: Da der zahlende WEer mehr bezahlt hat, als er im Verhältnis zu den anderen WEern müsste, sind die anderen WEer insoweit von einer Forderung befreit und damit ungerechtfertigt bereichert.[414]

109 cc) Freistellungsanspruch. Der WEer hat auch die Möglichkeit, einen sog **Freistellungsanspruch (§ 257 BGB)** gegenüber dem Verband geltend zu machen, wenn dieser über Vermögen verfügt. Er braucht dann nicht erst zu zahlen, sondern kann von vorneherein diesen geltend machen, wenn er seine Verbindlichkeiten erfüllt und die Inanspruchnahme ihm konkret droht. Derleder/Fauser[415] wollen diesen Innenanspruch noch von weiteren Bedingungen abhängig machen, was aber abzulehnen ist, da diese allesamt nicht in der Hand des geltendmachenden WEers liegen und von ihm nicht beeinflussbar sind.

f) Rechte des Gläubigers

110 Der Gläubiger ist **nicht gezwungen**, vor der Klage gegen die einzelnen WEer zuerst gegen den Verband vorzugehen. Der Gesetzgeber hat keine Vorausklagepflicht vorgesehen und nur bezüglich der Einreden der Aufrechen- und Anfechtbarkeit auf das Bürgschaftsrecht verwiesen (Abs. 8). Der **Gläubiger kann daher wählen**, gegen wen er vorgehen möchte. Der **Gläubiger hat damit ein Wahlrecht** hinsichtlich der Inanspruchnahme. Er kann den Verband, aber auch die WEer ohne Rücksicht auf das Innenverhältnis belangen. Die Eigentümerhaftung ist auch nicht subsidiär und es besteht damit keine Verpflichtung zur vorrangigen Klage gegen den Verband. Der Gläubiger wird, wenn er Zweifel an der Liquidität des Verbandes hat, ihn zusammen mit den WEern verklagen. Zwar sind diese nicht Gesamtschuldner, werden aber wie ein Gesamtschuldner mit dem Verband behandelt, der in voller Höhe, die Eigentümer in Höhe des jeweiligen Anteils verurteilt wird bzw. werden, so dass es nicht zu einer doppelten Inanspruchnahme kommen kann.[416]

111 aa) Klage gegen jeden einzelnen Wohnungseigentümer. Für die Gläubiger bedeutet dies, wenn sie **jeden einzelnen WEer verklagen** müssen, das Problem, dass ihnen die genaue Zusammensetzung des Verbandes, die Adressen

---

[414] AA Briesemeister NZM 2007, 227: aus praktischen Gründen nur gegen den Verband.
[415] ZWE 2007, 7.
[416] Derleder/Fauser ZWE 2007, 5.

Allgemeine Grundsätze **§ 10**

und die MEanteile regelmäßig nicht bekannt sein werden. Dasselbe kann aber auch einen MEer treffen, der Rückgriff bei den anderen sucht oder seinen Anspruch gegen diese wegen nicht ordnungsgemäßer Verwaltung geltend macht (Abs. 8 S. 4). Auch der einzelne WEer wird nicht anders zu behandeln sein wie ein außenstehender Gläubiger. Der Gesetzgeber hat bei der **Haftungsbeschränkung** auf den MEanteil ohne weitere Präzisierung davon gesprochen, dass jeder WEer einem Gläubiger nach dem Verhältnis seines MEanteils hafte. Alle Gläubiger wollen wissen, um wen es sich genau handelt, welche Adressen und welche MEanteile diese WEer aufweisen. Hier bestehen mehrere Handlungsmöglichkeiten: Zum einen könnte Einblick in das Grundbuch genommen werden. Allerdings wird für jeden MEA ein einzelnes Grundbuchblatt angelegt mit der Folge, dass ggf. mehrere 100 Grundbuchblätter eingesehen werden müssen, was mit entsprechenden Kosten verbunden ist. Darüber hinaus wird für die Einsichtnahme in das Grundbuch die genaue grundbuchmäßige Bezeichnung, insbesondere die Blattnummer benötigt.

bb) Auskunftsanspruch gegen Verwalter. Gegenüber dieser umständlichen und nicht Erfolg versprechenden Methode gibt es auch noch die Möglichkeit, bei dem **Verwalter Auskunft** zu verlangen. Nach der Rspr. besteht ein Anspruch auf Herausgabe einer Namensliste aller WEer für jeden MEer.[417] Der WEer sollte, wenn er diese **Liste anfordert,** darauf achten, sich auch die ausgeschiedenen WEer mitteilen zu lassen und deren MEanteile. Ohne die MEanteile kann er den Haftungsbetrag nicht berechnen. **112**

cc) Auskunftsanspruch außenstehender Gläubiger. Ob auch ein außenstehender Gläubiger einen **Auskunftsanspruch auf Nennung der Namen** und MEanteile gegen den Verwalter hat, wurde bereits nach alter Rechtslage bejaht.[418] Teilweise wird angenommen, dass Voraussetzung des Auskunftsanspruchs sei, dass der auskunftsverpflichtete Verwalter bereits bei Vertragsschluss Verwalter war.[419] Teilweise ist schließlich aus der Stellung als Vertreter geschlussfolgert worden, dass ein Anspruch auf Nennung der vertretenen Personen bestehe.[420] Nach den Regeln des Vertretungsrechts besteht die Verpflichtung, auf Verlangen eine Vollmacht vorzulegen (§ 179 BGB). Verfügt der Vertreter über keine ordnungsgemäße Vollmacht, kann sich uU eine Haftung seinerseits ergeben. Dies wird auch für den Fall angenommen, dass der Vertreter zwar eine Vollmacht besitzt, sich aber weigert, den Vertretenen zu benennen.[421] Muss der Verwalter damit seinen Vollmachtgeber nennen, gehört nach Treu und Glauben auch die Anschrift dazu. Entgegen der Ansicht des LG Köln kann dabei nicht darauf abgestellt werden, ob der Verwalter bereits bei Vertragsschluss tätig war. Sobald der Verwalter für den Verband nach außen tätig wird, ergeben sich auch die aus der Vertretung folgenden Pflichten. **113**

---

[417] OLG Saarbrücken ZMR 2007, 141; BayObLGZ 1984, 133; OLG Frankfurt OLGZ 1984, 258.
[418] OLG München v. 18.5.1983 – 15 U 4617/82.
[419] LG Köln WuM 1996, 643.
[420] OLG Düsseldorf MDR 1974, 843; LG Regensburg WuM 1983, 742.
[421] OLG Düsseldorf MDR 1974, 843; LG Köln NJW-RR 1990, 152.

§ 10   I. Teil. Wohnungseigentum

114 dd) Durchgriffshaftung. Darüber hinaus ist auch noch der Fall der Durchgriffshaftung denkbar, wenn der oder die WEer dem Verband in vorsätzlicher oder sittenwidriger Weise die notwendigen Mittel entzogen oder vorenthalten haben.[422] Diese Haftung ist neben der Haftung nach Abs. 8 gegeben.[423] Sie ist unbeschränkt und die beteiligten WEer haften gesamtschuldnerisch.

115 ee) Sicherungshypothek. Für den Gläubiger, insbesondere den Handwerker, stellt sich die Frage, ob ihm eine **Sicherstellung**, die **Bauhandwerkersicherungshypothek (§ 648 BGB)** zusteht, weil es eine anteilige Außenhaftung gibt (Abs. 8 S. 1). Die Problematik besteht darin, dass Besteller der Verband ist und auf dem Grundstück des WEer's die Belastung eingetragen werden soll. Damit ist die Identität nicht gewahrt. Eine wirtschaftliche Identität reicht nicht aus. Der Gesetzesbegründung ist zu entnehmen, dass diese dennoch eine Sicherung als gegeben ansieht, weil der BGH diese in einer Entscheidung aus Treu und Glauben gewährt hat.[424] Dort war der Besteller wirtschaftlich und rechtlich beherrscht vom Grundstückseigentümer. Dies ist hier identisch, da die Mehrheit sich für den Auftrag entschieden hat und deshalb auch das Geschehen beherrscht.[425] Dies auch deshalb, weil durch die teilweise Haftung kein Grund mehr für eine Analogie ersichtlich ist. Es fehlt auch an einer Gesetzeslücke. Der Wortlaut ist allein maßgeblich. Derleder/Fauser[426] fragen zudem, ob sich der Weg lohne angesichts der Reihe von unterschiedlichen unabhängigen Hypotheken. Sollte die Wohnungen dann auch noch hoch belastet sein, ist der Weg vergebens. Abzugrenzen dazu ist der Anspruch auf eine Sicherheit, einer sog **Bauhandwerkersicherung (§ 648a BGB)**, die regelmäßig als Bürgschaft geleistet wird. Diese besteht nicht,[427] da eine solche gegen den Verband besteht und dadurch eine Doppelsicherung eintreten würde.

116 ff) Zwangsvollstreckung. Hat der **Gläubiger einen Titel gegen den Verband** erlangt, so muss er wissen, dass dieser gegen den einzelnen WEer nicht genügt, er muss auch gegen ihn einen Titel erlangen.[428] Der Zwangsvollstreckung in das Vermögen, zB die Rücklage, wird regelmäßig von Verwaltern die sog **Zweckbindung** entgegengehalten. Daran hat sich zwar der Verwalter zu halten, nicht aber der die Zwangsvollstreckung betreibende Gläubiger, er hat damit uneingeschränkten Zugriff auf das Vermögen.[429] IÜ schafft die Erhebung

---

[422] BGH NJW 2005, 2061.
[423] Hügel/Elzer S. 75, Riecke Rn. 474; Abramenko ZMR 2005, 587; aA Armbrüster ZWE 2005, 377.
[424] BGH NJW 1988, 255; OLG Düsseldorf BauR 2007, 1590; OLG Frankfurt NJW-RR 2008, 1117; weitergehend OLG Frankfurt BauR 2001, 129, Ehefrau und Ehepaar; aA dazu OLG Celle BauR 2005, 1030.
[425] Hügel/Elzer S. 74, Jennißen Rn. 74; Bärmann/Klein Rn. 346; Ambrüster ZWE 2008, 168; Riecke Rn. 520; BeckOK WEG/Dötsch Rn. 603; aA Derleder/Fauser ZWE 2007, 6: Argumentation sei gewagt und ginge weit über die bisherige Judikatur hinaus.
[426] Derleder/Fauser ZWE 2007, 6.
[427] Palandt/Bassenge Rn. 36a.
[428] Gottschalg NZM 2007, 198.
[429] Briesemeister NZM 2007, 227; Derleder/Fauser ZWE 2007, 5.

einer SU für diese Gelder noch keine Zweckbindung.[430] Vielmehr sind die gemlichen Gelder ein Gesamtvermögen, egal ob intern etwas gesondert gebucht oder auf einem gesonderten Konto untergebracht wird.[431] Deshalb ist auch eine Analogie zur Regelung bei Miet- und Pachtzinsen abzulehnen (§ 851b ZPO[432]). Der Verband hat aber die Einwendung, dass die zu pfändenden Gerätschaften zur Bewirtschaftung notwendig sind (§ 811 ZPO[433]). Zudem können auch die anderen Einwendungen der ZPO gegen Pfändungen geltend gemacht werden.

gg) Pfändung. Erlangt der Gläubiger seinen Anspruch auch in der Zwangsvollstreckung ganz oder teilweise nicht, kann er versuchen, auf die **Ansprüche des Verbandes im Innenverhältnis zuzugreifen. Dem Gläubiger** stehen die Ansprüche des Verbandes gegen die WEer zur Pfändung zur Verfügung: Einmal die noch nicht geleisteten Wohngeldbeiträge an den Verband, was aber unzweckmäßig ist,[434] weil – wenn die WEer noch nicht geleistet haben – sie regelmäßig auch nicht leisten können. Zum anderen gegen die WEer, die geleistet haben, aber noch immer im Außenverhältnis haften; dies ist aber auch unzweckmäßig, weil er die Aufrechnung erwarten kann. Bei diesem Dilemma wird sich die Frage stellen, ob nicht die sog sekundären Ansprüche zu pfänden sind. Hierbei handelt es sich um den vom Gesetzgeber irrtümlich genannten[435] Anspruch auf ordnungsgemäße Verwaltung (Abs. 8 S. 4, § 21 Abs. 4), der im Prozess vom Richter ausgefüllt werden kann (§ 21 Abs. 8). Umstritten ist hier, ob dieser Anspruch verschuldensunabhängig zu gewähren ist, und wenn nicht, worin das Verschulden zu liegen hat.[436] Hat der WEer einem SUbeschl zugestimmt, der aber von den anderen abgelehnt worden ist, dann ist er nicht verpflichtet, den Beschl anzufechten, wenn man eine verschuldensunabhängige Haftung annimmt.[437] Hierfür spricht Folgendes:

In der Entscheidung von 2005 hat der BGH die Möglichkeit angesprochen, dass die einzelnen WEer **persönlich neben dem Verband** haften könnten, wenn sie es unterlassen, den Verband mit den notwendigen Geldmitteln zur Begleichung seiner Verbindlichkeiten auszustatten und die entsprechenden Beschl nicht fassen. Für eine derartige „Durchgriffs-haftung" ist nach wie vor Raum. Der Gesetzgeber hat in Kenntnis des Urteils des BGH eine Regelung getroffen und die Haftung ausdrücklich auf den MEA beschränkt. Er hat aber auch gleichzeitig die Ansprüche auf ordnungsgemäße Verwaltung erwähnt (S. 4), was aber missverständlich ist. Im Ergebnis bleibt festzuhalten, dass nur eine begrenzte **Teilhaftung** des einzelnen Eigentümers vorliegt, die aber **im Extremfall unbegrenzt** sein kann, unabhängig von einem etwaigen Fehlverhalten.

---

[430] KG NZM 2005, 344.
[431] KG NJW-RR 1987, 1160; NZM 2002, 745; 2003, 686.
[432] AA Schmid ZMR 2012, 87.
[433] Jennißen Rn. 111; Schmid ZMR 2012, 87.
[434] AA Dötsch ZWE 2012, 406; Bärmann/Klein Rn. 341.
[435] Briesemeister NZM 2007, 228.
[436] Lüke ZfIR 2005, 516, 519; Derleder/Fauser ZWE 2007, 10; Armbrüster ZWE 2005, 369.
[437] So auch und mit weiteren Beispielen Briesemeister NZM 2007, 228; Schmid ZMR 2012, 85; aA Palandt/Bassenge Rn. 38.

118 hh) Sonderumlage. Sind keine ausreichenden Geldmittel vorhanden, wird **eine Sonderumlage** zum Ausgleich notwendig sein. Hierbei ist nach der Rspr. diese zunächst auf alle WEer umzulegen.[438] Im nächsten Schritt ist dann zu beurteilen, welche Kapitalausstattung notwendig ist und welche WEer liquide sind. Die Umlage ist deshalb sogleich um die illiquiden WEer prozentual zu erhöhen.[439] Eine weitere Pfändung der Mitwirkungsrechte des einzelnen WEers macht keinen Sinn, weil dieser oder diese allein keine Beschlüsse fassen können ohne den Verwalter, der einladen muss, es sei denn, es handelt sich um einen Umlaufbeschl. Der Gläubiger muss des Weiteren die GO kennen und die Beschl entsprechend deren Regeln aufstellen, da ansonsten jeder WEer anfechten kann. Der Weg ist damit äußerst steinig.[440]

119 ii) Pfändung der Verbandskonten. Hingegen äußerst effektiv ist der Weg der **Pfändung der Verbandskonten** und damit der Lahmlegung des Zahlungsverkehres der Gem.[441] Diese „**Geldversorgungssperre**" wird die WEer dazu bewegen, Beiträge zu beschließen und zu bezahlen.

120 jj) Tilgung durch Verband. Verband und WEer haften nicht als Gesamtschuldner, aber wie solche, so dass es nicht zu einer Doppeltzahlung kommen kann. Wenn und insoweit der **Verband tilgt**, erlischt die Verbindlichkeit der oder des WEers. Tilgt ein WEer, so befreit er den Verband (§ 422 BGB analog), unabhängig vom Bestand des Verwaltungsvermögens. Bei teilweisem Ausfall kann der Gläubiger dann die Außenhaftung vornehmen oder die Pfändung der Innenhaftung, je nachdem was Erfolg verspricht.

121 kk) Vergleich des Gläubigers mit dem Verband. Fraglich ist, wie sich ein **Vergleich** des Gläubigers mit dem Verband oder dem WEer auf das jeweilige andere Verhältnis auswirkt. Wenn der Gläubiger mit dem Verband dies vereinbart, gilt dies gegen alle (Abs. 8 S. 2). Vereinbart er es mit einem oder mehreren WEern, so reduziert sich der Rückgriffsanspruch gegen den Verband und dieser profitiert mittelbar davon, weil er sich auf die Tilgung und damit das Erlöschen berufen kann.[442]

g) Gestaltung der Gemeinschaftsordnung?

122 Es wird vorgeschlagen, angesichts der unbegrenzten Nachschusspflicht in der GO eine Begrenzung der Nachschusspflicht aufzunehmen.[443] Hiervon kann nur abgeraten werden, denn nach der Rspr. haben Vereinben keine Außenwirkungen. Nicht an dem Verband Beteiligte erlangen keinen Anspruch durch diese[444] und ihnen kann der Inhalt nicht entgegengehalten werden, ohne dass er

---

[438] BGH NJW 1989, 3018, aber wieder streitig in der Literatur.
[439] KG NZM 2003, 484.
[440] Derleder/Fauser ZWE 2007, 12.
[441] Bub NZM 2006, 845; Briesemeister NZM 2007, 229; Derleder/Fauser ZWE 2007, 4.
[442] AA Derleder/Fauser ZWE 2007, 13; wie hier K. Schmidt NJW 1997, 2201, 2205 für den vergleichbaren Fall bei der BGB-Gesellschaft.
[443] Derleder/Fauser ZWE 2007, 13.
[444] OLG Frankfurt MDR 1983, 580.

Vertragsbestandteil geworden wäre, weil es sich sonst um einen Vertrag zulasten Dritter handeln würde.

§ 11 Unauflöslichkeit der Gemeinschaft

(1) ¹Kein Wohnungseigentümer kann die Aufhebung der Gemeinschaft verlangen. ²Dies gilt auch für eine Aufhebung aus wichtigem Grund. ³Eine abweichende Vereinbarung ist nur für den Fall zulässig, daß das Gebäude ganz oder teilweise zerstört wird und eine Verpflichtung zum Wiederaufbau nicht besteht.

(2) Das Recht eines Pfändungsgläubigers (§ 751 des Bürgerlichen Gesetzbuchs) sowie das im Insolvenzverfahren bestehende Recht (§ 84 Abs. 2 der Insolvenzordnung), die Aufhebung der Gemeinschaft zu verlangen, ist ausgeschlossen.

(3) Ein Insolvenzverfahren über das Verwaltungsvermögen der Gemeinschaft findet nicht statt.

Übersicht

	Rn.
1. Normzweck	1
2. Änderungsmöglichkeiten	2
3. Ausnahme	3
4. Insolvenz	4

1. Normzweck

Dieser Paragraph **normiert** einen wichtigen Grundsatz des WEG, den **Unauflöslichkeitsgrundsatz,** weil die Gem auf Dauer angelegt ist. Damit werden die Auflösungsmöglichkeiten, die es für die Gem des Bürgerlichen Rechts gibt, ausgeschlossen, insbesondere das Recht eines fremden Gläubigers, die Teilung des Verbandes zu erzwingen (§§ 751 S. 2, 749 Abs. 3 BGB). Dies gilt auch für den Insolvenzverwalter.[1] Dies bedeutet, dass für einen Gläubiger eines WEers nur drei Möglichkeiten der Zwangsvollstreckung verbleiben: Zwangsversteigerung, Zwangsverwaltung (gemäß ZVG) und Eintragung einer Zwangshypothek (auch Sicherungshypothek genannt). Die Zwangsvollstreckung wird durchgeführt wie bei einem gewöhnlichen MEanteil am Grundstück (vgl. § 864 Abs. 2 ZPO[2]).

2. Änderungsmöglichkeiten

Eine **Aufhebung der Gem durch Beschl** (auch unangefochten) ist nicht 2 möglich, da ein solcher nicht in das Grundbuch eintragbar ist (vgl. § 10 Abs. 4 S. 2). Die Vorschrift hindert jedoch nicht, bereits in der GO eine Verpflichtung jedes WEers aufzunehmen, zB bei einer möglichen Realteilung des Grund-

---

[1] OLG Düsseldorf NJW 1970, 1137.
[2] Sauren NJW 1985, 180.

stücks, sie aufzuheben[3] oder wenn aus rechtlichen (Bauverbot) oder tatsächlichen (Insolvenz des Bauträgers) Gründen eine Fertigstellung unmöglich wird und keine Verpflichtung zum Wiederaufbau besteht. Dies kann auch durch einen notariellen Aufhebungsvertrag erfolgen.[4]

3. Ausnahme

3 Abs. 1 S. 3 sieht eine **Ausnahme im Zerstörungsfall** vor, soweit das Gebäude ganz oder teilweise zerstört wird und eine Verpflichtung zum Wiederaufbau nicht besteht (§ 22 Abs. 2). Weitere Voraussetzung für die Aufhebung ist, dass für den Fall der Zerstörung eine Vereinb der WEer vorliegt (Beschl nichtig[5]), und dass ein Aufhebungsverlangen eines WEers gegeben ist. Ohne Vereinb kann Anspruch des einzelnen WEers bestehen (aus § 10 Abs. 2 S. 3).

4. Insolvenz

4 Abs. 3 ordnet an, dass es **keine Insolvenzfähigkeit** betreffend das Verwaltungsvermögen des Verbandes (§ 10 Abs. 7) gibt. Dies bedeutet auch, dass ein Insolvenzverfahren über das Vermögen eines WEer's nicht das Verwaltungsvermögen umfasst.[6] Deshalb auch keine Insolvenzgeldumlage bei Lohnzahlungen.[7]

§ 12 Veräußerungsbeschränkung

(1) Als Inhalt des Sondereigentums kann vereinbart werden, daß ein Wohnungseigentümer zur Veräußerung seines Wohnungseigentums der Zustimmung anderer Wohnungseigentümer oder eines Dritten bedarf.

(2) [1]Die Zustimmung darf nur aus einem wichtigen Grunde versagt werden. [2]Durch Vereinbarung gemäß Absatz 1 kann dem Wohnungseigentümer darüber hinaus für bestimmte Fälle ein Anspruch auf Erteilung der Zustimmung eingeräumt werden.

(3) [1]Ist eine Vereinbarung gemäß Absatz 1 getroffen, so ist eine Veräußerung des Wohnungseigentums und ein Vertrag, durch den sich der Wohnungseigentümer zu einer solchen Veräußerung verpflichtet, unwirksam, solange nicht die erforderliche Zustimmung erteilt ist. [2]Einer rechtsgeschäftlichen Veräußerung steht eine Veräußerung im Wege der Zwangsvollstreckung oder durch den Insolvenzverwalter gleich.

(4) [1]Die Wohnungseigentümer können durch Stimmenmehrheit beschließen, dass eine Veräußerungsbeschränkung gemäß Absatz 1 aufgehoben wird. [2]Diese Befugnis kann durch Vereinbarung der Wohnungseigentümer nicht eingeschränkt

---

[3] OLG Frankfurt DNotZ 2000, 779; BayObLG v. 22.3.1984 – 2 Z 104/83; BayObLGZ 1979, 414; Bärmann/Klein Rn. 15; aA Jennißen Rn. 11.
[4] Bärmann/Klein Rn. 15.
[5] Palandt/Bassenge Rn. 1.
[6] Palandt/Bassenge Rn. 3.
[7] LSG Hessen ZWE 2014, 144.

Veräußerungsbeschränkung § 12

oder ausgeschlossen werden. ³Ist ein Beschluss gemäß Satz 1 gefasst, kann die Veräußerungsbeschränkung im Grundbuch gelöscht werden. ⁴Der Bewilligung gemäß § 19 der Grundbuchordnung bedarf es nicht, wenn der Beschluss gemäß Satz 1 nachgewiesen wird. ⁵Für diesen Nachweis ist § 26 Abs. 3 entsprechend anzuwenden.

Übersicht

	Rn.
1. Veräußerungsbeschränkung	
a) Normzweck	1
b) Anwendungsbeginn	1a
c) Anwendungsbereich der Beschränkung	2
d) Anwendungserweiterung	3
e) Anwendungsbeschränkung des § 12	4
2. Voraussetzung für Zustimmungspflicht	
a) Vereinbarung	5
b) Veräußerung	5a
c) ABC	6
3. Änderung und Aufhebung der Veräußerungsbeschränkung (Abs. 4)	
a) Aufhebung	8
b) Unabdingbar (S. 2)	8a
c) Aufhebung des Aufhebungsbeschlusses bzw. Änderung	9
d) Wirksamkeit des Aufhebungsbeschlusses	10
4. Begründung	11
5. Zustimmungserklärung	
a) Zustimmungsberechtigter	12
b) Anspruchsverpflichteter	14a
c) Empfänger der Zustimmungserklärung	15
d) Zeitpunkt	15a
6. Versagungsgründe (wichtige Gründe) und Frist (Abs. 2)	16
a) Frist	16a
b) Wichtiger Grund	
aa) Erweiterung des wichtigen Grundes nicht möglich	17
bb) Wichtiger Grund	17a
c) ABC des wichtigen Grundes	18
d) Empfehlenswertes Vorgehen (Auskunft)	19
e) Verwalterhaftung	20
f) Form der Zustimmung	21
g) Rechtsmittel gegen Versagung	22
7. Wirkung	23
8. Kosten	24
9. Auwirkung auf den Kaufvertrag	25

1. Veräußerungsbeschränkung

a) Normzweck

Die Befugnis, über eine Sache verfügen zu können, kann nicht ausgeschlossen **1** oder beschränkt werden (§ 137 BGB). Grds. sind WEer daher frei darin, über ihr SE zu verfügen. Damit könnten die WEer auch an persönlich oder wirtschaft-

§ 12 I. Teil. Wohnungseigentum

lich unzuverlässige Erwerber veräußern und den Verband damit dauerhaft schädigen oder wenn ein persönlich oder wirtschaftlich unzuverlässiger WEer weitere MEanteile erwirbt und es zu einer Stimmverhältnisänderung kommt.[1] Schließlich soll der Frieden in der Gem bewahrt werden.[2] Die übrigen Eigentümer sollen die Möglichkeit haben hiervor geschützt zu werden.[3] Daher macht § 12 eine **Ausnahme** von der freien Verfügungsbefugnis. Dieser Schutz ist aber nicht durch Beschl einführbar, sondern nur durch Vereinb. Die WEer können sich jedoch schuldrechtlich verpflichten, über das WE nicht zu verfügen, wenn andere WEer nicht zustimmen, ohne dass hier ein wichtiger Grund vorliegen muss.[4] Auch durch Vereinb kann aber kein vollständiges Verbot eingeführt werden, es kann vielmehr die Verfügung nur an die Zustimmung anderer WEer oder eines Dritten geknüpft werden.

b) Anwendungsbeginn

1a Bei einer werdenden Wohnungseigentümergem (s. Vor § 1 Rn. 6 ff.) ist die Anwendung dieses Paragraphen auf diese Vorgemeinschaft zu bejahen.[5]

c) Anwendungsbereich der Beschränkung

2 Andere Beschränkungen, die nicht unter § 12 fallen, können die Wirkung deshalb nicht entfalten:
- Beschränkungen von Rechtsgeschäften, die keine Veräußerung sind (Beispiel: Unterteilung eines WE). Nur durch Vereinb regelbar, ohne Rechtswirkung der Beschränkung (§ 12 Abs. 3), aber mit Bindung des Rechtsnachfolgers[6]
- Beschränkungen hinsichtlich des Personenkreises auf Erwerber oder Veräußererseite (Veräußerung nur an Wohnungsberechtigte nach dem Bergarbeiterwohnungsbaugesetz[7]). Nur durch Vereinb regelbar, ohne Rechtswirkung der Beschränkung (§ 12 Abs. 3), aber mit Bindung des Rechtsnachfolgers.

d) Anwendungserweiterung

3 Durch **Vereinb** kann nicht nur die Veräußerung in diesem Sinne eingeschränkt werden. Nach BGH[8] ist es auch möglich, den **Gebrauch des SEs** (zB Vermietung) an die **Zustimmung des Verwalters** oder eines WEers zu binden. Nach BayObLG kann dies sogar von nur einem WEer abhängig gemacht werden.[9] Eine solche Beschränkung gilt jedoch mit der Einschränkung, dass die Zustim-

---

[1] BayObLG Rpfleger 1977, 173.
[2] OLG Frankfurt NZM 2006, 380.
[3] BGH NJW 2013, 299 Rn. 13.
[4] OLG München ZMR 2006, 961.
[5] Sauren ZWE 2008, 377 mwN; aA OLG Hamm NJW-RR 1994, 975; OLG Köln NJW-RR 1992, 1430, ausführlich Dötsch ZWE 2011, 385 mwN.
[6] OLG Hamm OLGZ 1979, 419; aA BGHZ 49, 250; hierzu Sauren S. 101 f.; BayObLG WuM 1985, 160 und OLG München ZWE 2013, 409.
[7] BayObLG WuM 1985, 160.
[8] BGHZ 37, 203, 207 f.
[9] BayObLG NJW-RR 1988, 17.

Veräußerungsbeschränkung **§ 12**

mung nur aus einem wichtigen Grund verweigert werden darf, wobei auf die Grundsätze der Rn. 18 ff. (Abs. 2) zurückgegriffen werden kann, aber die unterschiedliche Interessenlage zu beachten ist.[10]

e) Anwendungsbeschränkung des § 12

Durch Vereinb kann auch der Umfang der Zustimmung beschränkt werden. **4** Häufiger Fall ist die Entbehrlichkeit bei **Erstveräußerung**,[11] **dh Veräußerung durch den teilenden Alleineigentümer**, dann ist aber die wechselseitige Übertragung von Hälfteanteilen auf MEer noch keine solche.[12] Die zustimmungsfreie Erstveräußerung gilt auch bei einer Erstveräußerung nach vielen Jahren[13] oder durch Erben des Ersteigentümers.[14] Die nach Vereinb zustimmungsfreie Veräußerung an Ehegatten erfasst auch diejenige aus einer Scheidungsvereinb,[15] aber nicht nach Rechtskraft der Scheidung.[16] Bei Veräußerung an Verwandte soll nach KG diese nicht für eine Veräußerung an eine Gesellschaft gelten, an der nur Verwandte beteiligt sind.[17] Beschränkung, die allein „Ausländer, kinderreiche Familien oder Wohngemeinschaften" betrifft, ist sittenwidrig.[18]

2. Voraussetzung für Zustimmungspflicht

a) Vereinbarung

Die Zustimmungspflicht wird durch Vereinb und Eintragung begründet.[19] Bloßer Beschl reicht nicht aus. Zustimmung der Grundpfandrechtsgläubiger nicht mehr erforderlich, nur noch der übrigen dinglich Berechtigten (§ 5 Abs. 4, somit gem. §§ 876, 877 BGB beeinträchtigt[20]), es sei denn, das Pfandrecht lastet als Ganzes auf dem Grundstück.[21] **5**

b) Veräußerung

Weiter muss eine „**Veräußerung**" vorliegen. Hierunter wird eine rechtsgeschäftliche Übertragung des WEs unter Lebenden, auch unentgeltlich[22] oder Zuschlag in der Zwangsversteigerung auf einen neuen Eigentümer,[23] auch **5a**

---

[10] BayObLG NJW-RR 1988, 17.
[11] Sauren Rpfleger 1983, 350.
[12] OLG Frankfurt OLGZ 1990, 149.
[13] OLG Köln NJW-RR 1992, 1430.
[14] LG Aachen WuM 1993, 287.
[15] OLG Schleswig NJW-RR 1993, 1103; KG Rpfleger 1996, 448.
[16] KG NZM 2012, 317.
[17] ZWE 2012, 41; ebenso OLG München NJW 2007, 1536.
[18] OLG Zweibrücken MittBayNot 1994, 44.
[19] BGH NJW 2013, 299 Rn. 13.
[20] Böttcher ZfIR 1997, 321.
[21] OLG Frankfurt NJW-RR 1996, 918.
[22] KG NZM 2013, 239.
[23] BGH ZWE 2014, 140.

wenn er schon Mitglied des Verbandes ist, im Gegensatz zur Belastung (zB Grundpfandrecht, Vorkaufsrecht oder Vormerkung[24]) und zur Eigentumsübertragung kraft Gesetzes (zB Erbgang) verstanden.[25] Es kann aber auch eine Veräußerung vorliegen, bei der aber aufgrund **des Schutzzweckes keine Zustimmung** erforderlich ist. Im Zweifel ist die Beschränkung als Ausnahmevorschrift restriktiv auszulegen.[26] Zudem muss ein WE veräußert werden, SNR fällt nicht darunter.[27]

c) ABC

6 Nachfolgend ein ABC zu den häufigsten Fällen. Insbesondere **folgende Fälle fallen darunter:**

6E **Erstveräußerung:** Nach der Rspr (BGH NJW 1991, 1613) ist die Erstveräußerung durch den/die teilenden WEer (BayObLG NJW-RR 1987, 270) ebenfalls zustimmungsbedürftig. Zur Übergangsregelung s. § 61.

6G **Gesellschaftsübertragung:** Übertragung **auf eine Gesellschaft** (zB BGB-Gesellschaft, KG oder OHG) oder **juristische Person**, bei welcher der Veräußerer **Mitgesellschafter** oder Anteilsberechtigter ist und umgekehrt (BayObLG Rpfleger 1982, 177 betreffend Übertragung von der Miterbengemeinschaft auf einen Miterben; OLG Hamm ZMR 2007, 212 von KG auf Kommanditisten); selbst bei Identität von Veräußerer und Erwerber (OLG München NJW 2007, 1536).

6K **Kaufvertragsaufhebung: Rückübertragung** vom Erwerber auf den Veräußerer, **wenn** der Kaufvertrag einvernehmlich **aufgehoben wird** (OLG Hamm NZM 2012, 389; BayObLG Rpfleger 1977, 104), nicht jedoch Rückübertragung auf Grund von Rücktritt, früher Wandlung, oder Anfechtung (strittig, s. Rn. 6).

6M **Miteigentumsanteilsverkauf:** Verkauf eines MEanteils an einen WEer (KG NZM 2012, 317; OLG Celle Rpfleger 1974, 438) oder Dritten.

6U **Unterteilung:** Veräußerung einer Wohnung nach Unterteilung (BGH NJW 2012, 2434; Sauren S. 101f.) oder **Vorkaufsrechtsausübung** (§ 4 Rn. 3; Nies NZM 1998, 179).

6V **Vermächniserfüllung:** Übertragung eines WE in Erfüllung eines Vermächtnisses (§ 2147 BGB; BayObLG Rpfleger 1982, 177) oder einer **Teilungsanordnung** (LG Dortmund MittBayNot 2009, 43).

6W **Wohnungsverkauf:** Verkauf der ETW als Ganzes an Dritte oder andere WEer, darunter fällt auch eine **Schenkung** (KG ZMR 2011, 399) oder ein **Tausch**.

---

[24] BayObLG NJW 1964, 1962.
[25] BayObLG Rpfleger 1977, 104.
[26] OLG Karlsruhe NZM 2013, 196; BayObLG Rpfleger 1983, 350 m. Anm. Sauren.
[27] Jennißen Rn. 12.

Veräußerungsbeschränkung § 12

Zwangsvollstreckung: Veräußerung steht Erwerb im Wege der Zwangsvollstreckung oder von dem **Insolvenzverwalter** gleich (Abs. 3 S. 2). Deshalb ist auch der Erwerb zur **Rettung eines Grundpfandrechts** zustimmungsbedürftig (LG Düsseldorf Rpfleger 1981, 193). | 6Z

Nicht unter § 12 fallen, da entweder mangels Berührung des Schutzzwecks die Zustimmung entbehrlich oder der Fall zustimmungsfrei ist, weil **kein Veräußerungsfall** vorliegt, folgende Gestaltungen: | 7

Gesamtnachfolge aufgrund Vertrag: ZB **Verschmelzung** oder **Ausgliederung** (§§ 20, 131 UmwG; LG Darmstadt Rfleger 2008, 21; OLG Jena v. 5.7.2013 – 9 W 287/13). | 7G
Gesellschafterwechsel: Wechsel von Gesellschaftern (zB BGB, KG, OHG, AG, GmbH), wenn WE zum Gesellschaftsvermögen gehört (OLG Celle NZM 2011, 755), zB Austritt (AG Bremerhaven ZWE 2011, 141).

Miteigentumsanteilsveränderung: Änderung der Miteigentumsanteile unter den WEern, auch wenn sich dadurch das Stimmrecht und/oder die Beitragspflicht ändern (Bärmann/Klein Rn. 18; Palandt/Bassenge Rn. 3; aA Staudinger/Kreuzer Rn. 18; Weitnauer/Lüke Rn. 2). | 7M

Nachlassverfügung: In der **Verfügung eines Miterben über seinen Anteil** an dem Nachlass liegt keine Veräußerung vor; das gilt selbst dann, wenn der Nachlass nur aus dem WE bestehen sollte (OLG Hamm Rpfleger 1979, 461). | 7N

Rücktritt: Rückübertragung nach **gesetzlichem Rücktrittsrecht** (zB früher Wandlung) oder Anfechtung (zB: §§ 119 ff., 123 BGB, strittig; OLG Hamm ZMR 2011, 147; Sohn PiG Nr. 12, S. 62 mwN). Nach dem KG (NJW-RR 1988, 1426) liegt eine zustimmungsbedürftige Veräußerung vor, unabhängig davon, ob Rückabwicklung auf gesetzlicher Vorschrift beruht oder nicht; anders aber bei einvernehmlicher Aufhebung des Vertrages (OLG Hamm NZM 2012, 389). | 7R

Sondereigentumsteilübertragung: Die Übertragung von Teilen des SE, | 7S
Beispiel: Austausch einer Garage (OLG Celle Rpfleger 1974, 267; aA Palandt/Bassenge Rn. 3).

Umwandlung: Die Umwandlung des Gesamthandseigentums einer **Erben-Gem** in eine BruchteilsGem aller bisherigen Erben (OLG Karlsruhe NZM 2013, 196; LG Lübeck Rpfleger 1991, 201). | 7U

Veräußerung aller Wohnungseigentumseinheiten: Gleichzeitige Veräußerung aller Einheiten, an Einen oder Mehrere (OLG Hamm ZWE 2012, 276; OLG Saarbrücken ZMR 2012, 38). | 7V
Verbandserwerb: Erwerb durch den Verband (OLG Hamm NJW 2010, 1464).
Verschmelzung: Eigentumsübertragung durch Verschmelzung einer Kapitalgesellschaft (OLG Jena ZWE 2014, 123).

3. Änderung und Aufhebung der Veräußerungsbeschränkung (Abs. 4)

a) Aufhebung

8 Für die gänzliche oder teilweise (zB Anwendungsbereich wird eingeschränkt) Aufhebung einer Zustimmungsvereinb ist nur ein **Beschl** notwendig mit einfacher Mehrheit **(gesetzliche Öffnungsklausel)**, bei bestehender Untergem reicht ein Beschl dieser alleine nicht aus.[28] Gilt auch für vor 1.7.2007 vereinbarte. Damit wird in bestehende Vereinb eingegriffen und unnötig das Vertrauen von WEern zerstört.[29] Zudem besteht auf eine eingetragene Veräußerungsbeschränkung jetzt keine Verlass mehr, da die Änderung durch Beschl nicht eingetragen werden muss.[30] Der Beschl muss ordnungsgemäßer Verwaltung entsprechen, also sachlich begründet sein und keinen WEer unbillig benachteiligen.[31] Aus der Niederschrift der Versammlung muss sich eindeutig ergeben, dass eine Mehrheit die Aufhebung der Beschränkung beschlossen hat. Eine Aussage, dass die Verwalterzustimmung im Grundbuch „per sofort" gelöscht werden solle und die Verwalterin den Notar damit beauftragen werde, ohne dass eine Beschlussfassung erwähnt ist, reicht zum Nachweis nicht aus.[32]

b) Unabdingbar (S. 2)

8a Beschränkungen der vorgenannten Aufhebungsmöglichkeiten sind unwirksam. Stimmrechtsänderungen von dem gesetzlichen sind nicht davon umfasst.[33]

c) Aufhebung des Aufhebungsbeschlusses bzw. Änderung

9 Dadurch liegt ein Systembruch vor, indem ein Beschl eine Vereinb abändern kann. Da jede Gem über einen Beschl wieder beschließen kann, kann der **Aufhebungsbeschl wiederum durch Beschl aufgehoben** werden,[34] ansonsten könnte die Vereinb durch eine einmal gegebene zufällige Mehrheit für immer gelöscht werden. Mangels ausdrücklichen gesetzgeberischen Verbots ist ein Zweitbeschl möglich. Zudem ergibt sich die Schlussfolgerung der hM nicht aus dem Wortlaut. Die Beschränkung einer Zweitbeschlkompetenz hätte ins Gesetz einfließen müssen. Bei bestehender allg. Öffnungsklausel ist dies unproblematisch möglich.

---

[28] OLG Hamm ZWE 2012, 489.

[29] Sauren MietRB 2005, 137; Hügel/Elzer S. 79: unangenehme Überraschung.

[30] Jennißen Rn. 42.

[31] Bärmann/Klein Rn. 51; Demharter NZM 2006, 492; Palandt/Bassenge Rn. 15; aA Jennißen Rn. 41: keine Begründung notwendig; vermittelnd BeckOK WEG/Hogenschurz Rn. 62.

[32] OLG München ZWE 2011, 418.

[33] Riecke Rn. 68c; Bärmann/Klein Rn. 52; Palandt/Bassenge Rn. 15; aA Häublein ZMR 2007, 411.

[34] Sauren MietRB 2005, 137; aA OLG München IMR 2014, 251; hM Hügel/Elzer S. 80; Bärmann/Klein Rn. 47; Riecke Rn. 68j; Palandt/Bassenge Rn. 15; BeckOK WEG/Hogenschurz Rn. 62; Häublein ZMR 2007, 411.

d) Wirksamkeit des Aufhebungsbeschlusses

Wirksam wird der Beschl mit **Rechtskraft**, aber ist davor auch schon gültig.[35] Wenn Aufhebung durch Gericht, so tritt Veräußerungsbeschränkung wieder in Kraft (§ 878 BGB[36]). Dann kann ohne Zustimmung veräußert werden. Er kann ins Grundbuch eingetragen werden,[37] entweder durch Zustimmung aller Eigentümer oder (gem. Abs. 4 S. 3) durch Vorlage der Niederschrift über den Aufhebungsbeschl, bei der die Unterschriften der gesetzlich bezeichneten Personen (§ 24 Abs. 6) öffentlich beglaubigt sind. Dies ist eine Grundbuchberichtigung.[38] Jeder WEer ist antragsberechtigt. Für eine Aufhebung ist Zustimmung der dinglich Berechtigten nicht erforderlich.[39]

4. Begründung

Vereinb notwendig, regelmäßig in der GO, dann Zustimmung der dinglich Berechtigten nicht notwendig,[40] ansonsten wohl, soweit Beeinträchtigung vorliegt. Schuldrechtliche Vereinb auch möglich unter den Beteiligten.

5. Zustimmungserklärung

a) Zustimmungsberechtigter

Das Gesetz nennt andere WEer oder einen Dritten. Dies ist in der Praxis regelmäßig der Verwalter (s. dazu Rn. 13). Der seltenere Fall ist derjenige eines **WEer's**, jedoch können auch mehrere, häufig der Beirat, oder ein Dritter Berechtigter sein, nicht aber der Grundpfandgläubiger.[41] Die Zahl ist durch Vereinb bestimmbar. Fehlt in einem solchen Fall der Verwalter, so reicht die Zustimmung aller WEer aus,[42] jedoch auch Beschl möglich.[43] Bei einem Eigentumswechsel vor Eingang des Umschreibungsantrages beim GBA wird die von dem Rechtsvorgänger des jeweiligen anderen WEer erteilte Zustimmung wirkungslos.[44]

IdR wird der **Verwalter** als **Zustimmungsberechtigter** bestimmt, soweit ein solcher fehlt, sind nach dem LG Hannover[45] alle WEer zustimmungsberechtigt. Übertragen die WEer das Zustimmungsrecht auf einen Dritten, so nimmt

---

[35] Bärmann/Klein Rn. 53.
[36] Bärmann/Klein Rn. 54.
[37] Bärmann/Klein Rn. 55; Jennißen Rn. 42.
[38] § 22 GBO, OLG München ZWE 2011, 418.
[39] BayObLG Rpfleger 1989, 503.
[40] OLG Frankfurt NJW-RR 1996, 918.
[41] Wegen § 1136 BGB, Jennißen Rn. 20 mwN; Bärmann/Klein Rn. 28; aA Palandt/Bassenge Rn. 6.
[42] LG Hannover DWE 1983, 124.
[43] Rn. 37; aA OLG Zweibrücken NJW-RR 1987, 269.
[44] OLG Celle NZM 2005, 260; aA Bärmann/Klein Rn. 24.
[45] DWE 1983, 124.

dieser bei der Ausübung der Zustimmungsverfügung kein eigenes Recht, sondern ein solches der WEer wahr. Er handelt als deren Treuhänder und mittelbarer Vertreter[46] und muss die Interessen der übrigen WEer wahrnehmen.[47] Er muss in Zweifelsfällen die Entscheidung der WEer einholen.[48] Die WEer bleiben weiter befugt, selbst eine auch für den Dritten bindende Entscheidung über die Zustimmung zu treffen (zB wenn Verwalter fehlt[49]) oder ihn anzuweisen oder selbst schon zustimmen.[50] Der Verwalter darf zumindest in Zweifelsfällen statt einer eigenen Entscheidung eine Versammlung einberufen und diese entscheiden lassen,[51] was wegen seines Haftungsrisikos (§ 27 Rn. 97 ff.) von Bedeutung ist.

14 Nach der Rspr. kann der Verwalter auch bei der Veräußerung **einer eigenen Wohnung** zustimmen[52] oder einem Erwerb einer fremden Wohnung an sich selbst.[53]

b) Anspruchsverpflichteter

14a Die Verpflichteten sind **alle Eigentümer** zum Veräußerungszeitpunkt[54] und nicht wie häufig fälschlich angesehen wird der Erwerber, da dieser noch nicht Mitglied des Verbandes ist.

c) Empfänger der Zustimmungserklärung

15 Die Zustimmung kann (gemäß §§ 185, 182 Abs. 1 BGB) sowohl gegenüber dem Veräußerer, als auch gegenüber dem Erwerber erklärt werden.[55] Bei wiederholtem inhaltlich unterschiedlichem Verkauf ist es Auslegungsfrage, ob eine alte Zustimmung weiter gilt.[56] Sie ist auch dann erforderlich, wenn der Erwerber bereits MEer ist.[57] Eine bedingte Zusage gilt als Versagung.[58] Ein Widerruf nach bindender Auflassung bleibt ohne Einfluss,[59] ist bis dahin aber möglich. Die **vollständige Offenlegung sämtlicher kaufvertraglicher Vereinbarungen** ist notwendig, um die Zustimmungserklärung fällig zu stellen. Insbesondere Nachtragsurkunden sind auch zugänglich zu machen.[60]

---

[46] BGH NJW 2013, 299; 2012, 3232; 1991, 168; ZMR 2011, 813.
[47] BGH NJW 2013, 299.
[48] OLG Düsseldorf NJW-RR 2005, 1254.
[49] LG Frankfurt NJW-RR 1996, 1080.
[50] BGH NJW 2013, 299; 2012, 3232; ZMR 2011, 813; OLG Zweibrücken NJW-RR 1987, 269.
[51] BGH NJW 1996, 1216.
[52] BayObLG NJW-RR 1986, 1077.
[53] KG NZM 2004, 588; aA LG Hagen RPfleger 2007, 196; Bärmann/Klein Rn. 27.
[54] KG ZMR 1997, 666 Rn. 5.
[55] LG München MittRhNotK 1985, 158.
[56] BayObLG WuM 1991, 612.
[57] BayObLG Rpfleger 1977, 173.
[58] Bärmann/Klein Rn. 32.
[59] BGH NJW 1963, 36.
[60] OLG Celle ZMR 2009, 545.

Veräußerungsbeschränkung § 12

d) Zeitpunkt

Entscheidend ist der Zeitpunkt der Vollendung der Eigentumsübertragung (§ 878 BGB). Der zur Zustimmung Verpflichtete, zB der **Verwalter**, braucht aber zu diesem Zeitpunkt **nicht mehr im Amt** zu sein. Die Zustimmung des Verwalters wirkt nämlich deshalb fort, weil sie eine Entscheidung ersetzt, die – ohne die Übertragung der Zustimmungsbefugnis auf ihn – von den anderen WEer'n durch Beschluss zu treffen wäre.[61] 15a

6. Versagungsgründe (wichtige Gründe) und Frist (Abs. 2)

Der Anspruch auf Zustimmung ist **unabdingbar** insoweit, als ohne einen wichtigen Grund und ggf. zusätzlicher Festlegung der Versagungsgründe eine solche Verpflichtung nicht vereinbart werden kann. Durch Vereinb können über den Rahmen der gesetzlichen Vorschriften hinaus keine weiteren Gründe zur Verweigerung der Zustimmung geschaffen werden,[62] zB Wohngeldrückstände des Veräußerers,[63] aber bestimmte Gründe ausgeschlossen werden, zB Nutzungsänderung im Gewerbehaus. 16

a) Frist

Nach dem BayObLG[64] bedarf der Zustimmungsanspruch des einzelnen WEers einer **raschen Verwirklichung**. Für die Erteilung der Zustimmung kann dem Verwalter deshalb nach dem BayObLG grundsätzlich keine längere Frist als eine Woche zugebilligt werden (ab kompletter Informationserteilung!). Diese Frist ist zu kurz und führt ua zu dem vom Gesetzgeber beklagten Zustand. Eine längere Frist ist zudem zuzubilligen, wenn Anlass zu weiteren Erkundigungen über die Person des Erwerbers besteht. Die Wochenfrist wird deshalb zu Recht auf drei bis vier Wochen ausgedehnt,[65] teilweise werden von der Rspr. auch sieben Wochen noch akzeptiert.[66] Wird eine verlangte Selbstauskunft nicht erteilt, braucht eine Entscheidung nicht getroffen zu werden.[67] 16a

b) Wichtiger Grund

aa) Erweiterung des wichtigen Grundes nicht möglich. Durch Vereinb können über den Rahmen der gesetzlichen Vorschriften hinaus **keine weiteren Gründe** zur Verweigerung der Zustimmung geschaffen werden,[68] zB Wohn- 17

---

[61] BGH NJW 2013, 299.
[62] OLG Hamm NJW-RR 1993, 279, 280.
[63] LG Frankfurt NJW-RR 1988, 598.
[64] DWE 1984, 60.
[65] Staudinger/Kreuzer Rn. 68, zwei Wochen; Bärmann/Klein Rn. 31; Jennißen Rn. 32.
[66] OLG Düsseldorf ZMR 2003, 956; zwei Monate, Bielefeld DWE 2001, 111.
[67] KG ZMR 1990, 68.
[68] OLG Hamm NJW-RR 1993, 279, 280.

geldrückstände des Veräußerers,[69] aber bestimmte Gründe ausgeschlossen werden.

17a bb) Wichtiger Grund. Als wichtiger Grund[70] für die Versagung der Zustimmung kommen nur **Umstände** (Tatsachen, nicht Spekulationen[71]) in Betracht, **die in der Person des Erwerbers liegen**, zB persönliche und finanzielle Unzuverlässigkeit,[72] und die zum Zeitpunkt der letzten mündlichen Verhandlung bestehen.[73] Die Störungen müssen immer ein gewisses Gewicht gehabt haben. Belanglose Gegebenheiten, wie sie in jedem Gemsverhältnis immer wieder vereinzelt auftreten können, gelten nicht als wichtiger Grund,[74] die Anforderungen sind aber geringer als in einem Entziehungsverfahren.[75] Verschulden ist nicht erforderlich.[76] Kann die Zustimmung zu der Veräußerung nur aus wichtigem Grund verweigert werden, wird im die Zustimmung versagender **Beschl** nach dem BGH auch dann bestandskräftig, wenn ein wichtiger Grund zu Unrecht angenommen worden ist.[77] Der Veräußerer wird damit gezwungen, den Beschl anzufechten mit allen formellen Konsequenzen.

c) ABC des wichtigen Grundes

18 Nachfolgend in **ABC-Form** einzelne Fallgestaltungen (Ja=wichtiger Grund; Nein = kein wichtiger Grund):

18A	**Ausländische Staatsangehörigkeit:** Als solche **Nein** (AG Velbert DWE 1982, 37), ebenso allein der Sitz eines Unternehmens im Ausland (Becker ZWE 2001, 362). **Ja aber**, wenn bei einem Erwerber mit russischer Staatsangehörigkeit ohne Wohnsitz in der EU die Durchsetzung von Ansprüchen nicht möglich wäre, da es weder bilaterale Zustellungsabkommen noch Anerkennungsverfahren für deutsche Entscheidungen gibt (AG Wedding ZWE 2013, 127).
18B	**Bauliche Veränderung:** S. unzulässige Nutzung.
18D	**Drohende Majorisierung: Nein**, wenn kein Anlass zu der Annahme besteht, dass Erwerber die Rechte der anderen WEer nicht beachten und der Gem Schaden zufügen werde und auch keine Anhaltspunkte dafür bestehen, dass Erwerber sein Stimmrecht sachlich nicht gerechtfertigt und gesetzeswidrig ausüben werde (LG Braunschweig ZMR 2011, 158).

---

[69] LG Frankfurt NJW-RR 1988, 598.
[70] Vgl. Schmidt DWE 1998, 5, 6.
[71] OLG Zweibrücken WE 1995, 24.
[72] BGH NJW 1962, 1613; Sauren S. 100 mwN.
[73] OLG Frankfurt NZM 2006, 380.
[74] OLG Köln DWE 2001, 103.
[75] BayObLG NZM 2002, 255.
[76] OLG Frankfurt ZMR 1994, 124.
[77] NJW 2012, 3232.

Veräußerungsbeschränkung § 12

Fortsetzung unzulässigen, aber lange geduldeten Gebrauchs des TEs durch den Erwerber: Nein (OLG Hamburg DWE 1994, 148; BayObLG NJW-RR 1990, 657), s. auch unzulässige Nutzung. | 18F

Gemeinschaftsschädigendes Verhalten: Ja bei eigenmächtigem Umbau oder erheblichen Wohngeldrückständen (OLG Düsseldorf ZMR 1992, 68; LG Düsseldorf WE 1991, 334). **Ja** bei unzulässiger Einberufung einer Versammlung und Wahl eines neuen Verwalters auf dieser auf Betreiben des Erwerbers (AG Siegburg ZMR 2009, 240). | 18G
Gericht: Nein, bei belastenden Einzelvorfällen im Zusammenhang mit einer gerichtlichen Auseinandersetzung, wie verbaler Entgleisung (OLG Zweibrücken ZMR 2006, 219).
Geschäftsführer: Ja bei Erwerb durch Geschäftsführer der insolvent gewordenen vorherigen Eigentümer-GmbH (AG Mettmann WE 1990, 213).
Gesellschaft: S. unterkapitalisierte Gesellschaft.
GmbH: S. unterkapitalisierte GmbH.

Hausordnung: Ja bei beharrlicher Weigerung der Befolgung der bestandskräftigen Hausordnung (zB Verstoß gegen das Tierhalteverbot; OLG Düsseldorf ZMR 1998, 45). | 18H

Immissionen, Lärm: Nein, bei einzelnen Vorfällen, in denen eine Tür zu laut geschlagen oder das Radio zu laut bedient wurde (OLG Köln DWE 2001, 103). | 18I

Konkurrenzschutz: Nein, wenn GO oder TEerkl keine Pflicht enthalten, innerhalb der Gem auf Konkurrenz zu verzichten (OLG Frankfurt ZWE 2007, 370). | 18K

Lebensgefährte: Ja, wenn dieser in der Vergangenheit durch sein Verhalten immer wieder für Streit gesorgt hat (BayObLG ZMR 2002, 289). | 18L

Meinungsverschiedenheiten: Nein, wenn diese zwischen einem WEer bzw. dem Verwalter und dem Erwerber vorliegen (BayObLG WE 1990, 375; OLG Frankfurt NZM 2006, 380). | 18M
Mieter: Ja, wenn der Erwerber als Mieter bereits erhebliche Rückstände aufweist (OLG Köln NJW-RR 1996, 1296).

Nichtvornahme bestimmter Instandsetzungsmaßnahmen am GE: **Ja** nach BayObLG (NJW-RR 1993, 280). | 18N
Nießbrauch: Nein, wenn nicht auch an der Bonität der Erwerber im Übrigen begründete Zweifel bestehen (OLG Köln NZM 2010, 557).
Nutzung: S. unzulässige Nutzung.

Parabolantenne: Nein, wenn eine solche ungenehmigt installiert wird, auch wenn weitere Umstände hinzutreten (LG Itzehohe ZMR 2012, 37), Entscheidung ist abzulehnen, s. bauliche Veränderung. | 18P

Rauchwarnmelder: Nein, wenn der Erwerber als Nutzer den nach LBauO vorgeschriebenen Einbau von Rauchwarnmeldern nicht duldete, auch wenn weitere Umstände hinzutreten (LG Itzehohe ZMR 2012, 37), Entscheidung ist abzulehnen, s. bauliche Veränderung und Parabolantenne. | 18R

Rückständige Wohngeldzahlungen: Nein bei solchen des Veräußerers (OLG Brandenburg ZMR 2009, 703; OLG Schleswig DWE 1983, 26), da es auf die Person des Erwerbers ankommt. **Ja** schon bei mangelnder Sicherheit der Erfüllung der Beitragspflichten und der Finanzierungsverpflichtungen durch den Erwerber und erst recht bei Rückständen (LG Itzehoe ZMR 2012, 37). **Ja** bei vier Monaten Hausgeldrückständen (AG Siegburg ZMR 2009, 240). **Ja**, wenn der künftige Wohnungseigentümer trotz des im Kaufvertrag vereinbarten Übergangs der Nutzungen und Lasten auf ihn über ein halbes Jahr lang keine Wohngeldzahlungen leistet (OLG Hamburg ZMR 2003, 865). **Nein**, bei fehlender Selbstauskunft des Erwerbers ohne weitere Anhaltspunkte oder wenn dieser PKH ohne Raten in einem Zivilverfahren über 2 Instanzen erhielt (LG Itzehoe aaO.).

18S **Selbstauskunft: Nein**, wenn sie verweigert wird (LG Itzehohe ZMR 2012, 37).
Strafrechtliche Verurteilung: Ja, wenn diese wegen Betrug im Zusammenhang mit der Vermietung einer Wohnung erfolgt (AG Siegburg ZMR 2009, 240).
Streit: Ja, wenn dieser immer wieder von einem Erwerber provoziert wird (BayObLG NZM 2002, 255). **Nein**, wenn Erwerber in verbale Auseinandersetzungen nebst anschließender Beschädigung von GE verwickelt war (LG Itzehoe ZMR 2012, 37).

18T **Tierhalteverbot:** S. Hausordnung.

18U **Umbau:** S. gemeinschaftsschädigendes Verhalten.
Unterkapitalisierte Gesellschaft (zB UG oder GmbH): Ja nach BayObLG (DWE 1986, 30; WuM 1990, 165); jedoch reichen bei einer GmbH die allgemein mit dem Erwerb durch eine solche Gesellschaft verbundenen Gefahren und früheren schlechten Erfahrungen mit einer anderen GmbH nicht aus (BayObLG WE 1989, 67). Die Verwalterzustimmung zu einer Veräußerung an eine GmbH kann grundsätzlich von vorheriger Vorlage einer Bilanz der GmbH und einer betriebswirtschaftlichen Auswertung des letzten Jahres (vorzulegen von dem Veräußerer) abhängig gemacht werden (AG Bergheim IMR 2014, 76; aA AG Aachen v. 26.4.1994 – 12 UR II 8/94). Es müssen **konkrete Anhaltspunkte für Zweifel** an der Lauterkeit, Redlichkeit und Zuverlässigkeit der Gesellschaft wegen zB unklarer Sitz-, Vertretungs- oder Büroverhältnisse vorgebracht werden (OLG Brandenburg ZMR 2009, 703 Rn. 31).
Unzulässige Nutzung, bauliche Veränderungen: Ja ggf. bei beabsichtigter unzulässiger Nutzung (zB als Bordell, KG Rpfleger 1978, 382; OLG Hamburg NJW-RR 1989, 974), zB Nutzung entgegen der Bestimmung des TE (OLG Düsseldorf DWE 1997, 78; OLG Köln NZM 2007, 572), oder durch Überlassung an einen Dritten, der zur Veräußerung verurteilt ist (BayObLG NZM 1998, 868). **Ja** bei unzulässiger Veränderung des GE durch Anlage einer Feuerwehrzufahrt (LG Köln ZMR 2009, 552). **Ebenso Ja** bei Überlassung des im Rahmen eines SNR genutzten Stellplatzes an eine Nachbar-WEG als Müllabladeplatz (LG Köln ZMR 2009, 552). **Ebenso Ja** wenn der

Erwerber bisher die Wohnung als Mieter genutzt und dabei diese Obdachlosen überlassen hat, die durch ihr Verhalten erheblich den Gemsfrieden gestört haben (AG Karlsruhe MietRB 2004, 113). **Ebenso Ja** jeweils wenn Erwerber einen Neuanstrich des mittleren Gebäudeteils mit einer stark auffälligen, von der Fassadenfarbe des Vorderhauses stark abweichenden und bei Häuserfassaden heute noch eher unüblichen Farbe vornimmt oder durch eigenmächtige Errichtung des zwei Meter hohen Metallgitterzauns, sowie eines überdachten Hundezwingers im Gartenbereich (OLG Frankfurt v. 7.7.2003 – 20 W 172/02). **Nein** bei Fortsetzung der bisherigen Nutzung unter Beibehaltung einer vom Veräußerer vorgenommenen unzulässigen baulichen Veränderung (OLG Hamburg DWE 1994, 148; NJW-RR 1989, 774; BayObLG WE 1991, 202). **Ebenso nein** bei baulicher Veränderung nach LG Saarbrücken (NZM 1998, 675), wenn sie dem Bauplan entspricht. **Nein**, wenn Erwerber als Nutzer ungenehmigt einen Wrasenabzug einbaute, den nach LBauO vorgeschriebenen Einbau von Rauchwarnmeldern nicht duldete oder ungenehmigt eine Parabolantenne installierte (LG Itzehoe ZMR 2012, 37). Siehe Parabolantenne.
Unzutreffende Erklärung des Veräußerers im Kaufvertrag: **Nein** für Erklärung, ein Wohngeldrückstand bestehe nicht (BayObLG DWE 1984, 60).

Werdender **WEer: Ja** für Nichtzahlung des Wohngeldes trotz Nutzung (OLG Düsseldorf ZMR 1997, 430; aA zu Recht Drasdo WuM 1997, 451). **Wohngeld:** S. Gem, gemeinschaftsschädigendes Verhalten, rückständige Wohngeldzahlungen werdender WEer. Es besteht auch kein **Zurückbehaltungsrecht** (§ 273 BGB) gegenüber dem Zustimmungsanspruch (BayObLG NJW-RR 1990, 657).

18W

d) Empfehlenswertes Vorgehen (Auskunft)

Empfehlenswert ist das Fassen eines Orga-Beschl[78] oder seitens des Verwalters eines Musteranschreibens an den Veräußerer. Zwar kann der Verwalter den Erwerber nicht zur Selbstauskunft verpflichten und dafür eine Gebühr verlangen.[79] Aber es gehört zu den Obliegenheiten **(Auskunftspflicht!)** des Veräußerers, dem Verwalter jede mögliche Information über den Erwerber zu verschaffen oder diesen zu einer Selbstauskunft zu veranlassen und damit ua die Prüfung zB der Bonität zu ermöglichen,[80] dabei kann die Bescheinigung einer anerkannten Auskunftei verlangt werden.[81] Solange eine solche ausreichende nicht vorliegt, braucht keine Entscheidung getroffen zu werden.

19

---

[78] Vgl. LG Mannheim ZMR 1979, 320; soweit hier Verwaltungsfragen angesprochen sind, ist eine Nichtigkeit des Beschlusses wegen BGH NJW 2000, 3500 nicht zu erwarten.
[79] BayObLG DWE 1983, 26.
[80] OLG Hamburg ZMR 2004, 850; KG WuM 1989, 652.
[81] OLG Hamburg ZMR 2003, 865; aA BeckOK WEG/Hogenschurz Rn. 38.

e) Verwalterhaftung

20 Für den Fall **keiner, falscher** oder **verspäteter Abgabe** der Zustimmung sich ergebenden Schaden des veräußernden WEers **haftet der zustimmungsberechtigte Verwalter**,[82] zB wenn der Verwalter seine Eigenschaft nicht ordnungsgemäß dem Grundbuch innerhalb der Frist nachweisen kann.[83] Der Verzug als Voraussetzung der Schadensersatzpflicht tritt aber erst mit einer Mahnung (§ 286 Abs. 1 BGB) oder einer endgültigen Verweigerung der Zustimmung seitens des Verwalters (§ 286 Abs. 2 Nr. 3 BGB) ein. Da diese Schäden zum Teil sehr hoch sein können,[84] ist dem Verwalter ein rasches Handeln zu raten. Ist der Verwalter nur faktischer Verwalter, so hat er darauf hinzuweisen.[85] Keine Haftung besteht aber gegenüber einem Kaufinteressenten.[86] Bei einem Verwalterwechsel hat der Verwalter die Zustimmung zu geben, der zur Zeit der Abgabe der Zustimmungserklärung Verwalter ist. Nicht entscheidend ist das Datum des Kaufvertrages.[87]

f) Form der Zustimmung

21 Die Zustimmung ist in der **grundbuchmäßigen** Form (§ 29 GBO), also durch öffentlich beglaubigte Urkunde abzugeben. Das GBA prüft von Amts wegen, ob eine Zustimmung vorliegt. Ist der Verwalter zustimmungsberechtigt, hat er den formgerechten Nachweis seiner Verwalterstellung und ggf. des Fortbestehens seiner Verwalterstellung zu erbringen.[88] Zur Form dieses Nachweises s. § 26 Abs. 4 und dort Rn. 49. Bei Beschl reicht Protokoll.

g) Rechtsmittel gegen Versagung

22 Bei der Versagung der Genehmigung[89] kann der Veräußerer (nicht Erwerber) nur noch gerichtlich vorgehen mit dem **Antrag auf Verpflichtung zur Erteilung der Zustimmung** (gemäß § 894 ZPO). Soweit der Zustimmungsverpflichtete (Dritte) WEer oder Verwalter ist, muss das gerichtliche Verfahren gegen WEer, Verwalter oder gegen den Dritten (gemäß § 43[90]) eingeleitet werden. Haben die Eigentümer die Entscheidung über die Zustimmung an sich gezogen und beschlossen, sie zu verweigern, sind sie und nicht der Verwalter für die Klage auf Erteilung der Zustimmung passivlegitimiert. Das gilt auch dann, wenn sie ihre Entscheidung in der Form einer Anweisung an den Verwalter getroffen ha-

---

[82] OLG Brandenburg ZMR 2009, 703; OLG Düsseldorf ZMR 2005, 971; BayObLG WE 1993, 349.
[83] AG Osterholz NZM 2001, 201.
[84] Im Fall des BayObLG DWE 1984, 60 über 1500 EUR.
[85] KG NZM 1999, 255.
[86] OLG Köln NZM 1999, 174.
[87] BGH NJW 2013, 299.
[88] BayObLG NJW-RR 1991, 978.
[89] Oder bei unwirksamer Zustimmung, BayObLG NJW-RR 1993, 280.
[90] OLG Hamm NJW-RR 1993, 279; OLG Zweibrücken NJW-RR 1994, 1103; BayObLG NJW-RR 1997, 1307.

ben, die Zustimmung zu verweigern.[91] Soweit in der TErkl oder durch Beschl Anrufung der Versammlung gegen die Versagung vorgesehen ist, ist dies zunächst durchzuführen, ansonsten ist ein Antrag bei Gericht unzulässig,[92] es sei denn, dem antragstellenden WEer ist eine vorherige Anrufung der Versammlung ausnahmsweise nicht zumutbar.[93] Im Gerichtsverfahren muss der Verweigerungsgrund vom Beklagten dargelegt und bewiesen werden.[94] Wenn eine Versammlung ohne wichtigen Grund die Zustimmung verweigert, ist der Beschl nur anfechtbar[95] und zwar vom Veräußerer. Der Gläubiger der Zwangsversteigerung ist befugt, den Zustimmungsanspruch selbständig auszuüben.[96]

7. Wirkung

Solange die Zustimmung fehlt oder nicht in öffentlich beglaubigter Form 23 (vgl. § 29 GBO[97]) erbracht wurde, **darf das GBA nicht eintragen**. Nach OLG Hamm[98] ist erst nach gerichtlichem Verfahren (§ 43) die Versagung endgültig unwirksam.

8. Kosten

Die Kosten für die Zustimmung sind Verwaltungskosten (iSd § 16 Abs. 2). Ist 24 für die Zustimmung dem Verwalter eine gesonderte Gebühr zu entrichten,[99] was regelmäßig der Fall ist, so ist der Veräußerer zur Übernahme verpflichtet, wenn dies vereinbart oder beschlossen (§ 21 Abs. 7) ist, ansonsten sind dies Kosten der Verwaltung, die auf alle umzulegen sind. Die Zustimmung des Verwalters darf jedoch nicht von dieser Kostenübernahme abhängig gemacht werden.[100]

9. Auwirkung auf den Kaufvertrag

Bis zur Zustimmung ist der schuldrechtliche und dingliche Vertrag bzw. die 25 Zwangsversteigerung **schwebend unwirksam**.[101] Die Genehmigung heilt rückwirkend das Rechtsgeschäft,[102] es sei denn, sie ist wegen Versagung endgül-

---

[91] BGH ZMR 2011, 813.
[92] BayObLG ZMR 1973, 205.
[93] BayObLG WE 1991, 171.
[94] OLG Brandenburg ZMR 2009, 703; BayObLG NJW-RR 1988, 1425.
[95] BGH NJW 2012, 3232.
[96] BGH ZWE 2014, 140.
[97] BGH NJW 2012, 3232; OLG Hamm Rpfleger 1992, 294.
[98] OLG Hamm WuM 1997, 289.
[99] Beispiel einer Klausel bei Sauren Verwalter § 7 Abs. 4 c.
[100] OLG Hamm WE 1989, 173.
[101] OLG Köln NJW-RR 1996, 1296.
[102] LG Frankfurt NJW-RR 1996, 1080.

tig unwirksam,[103] zB durch rechtskräftige Abweisung der Klage.[104] Bei der Zwangsversteigerung muss die Zustimmung erst bei Zuschlag vorliegen, nicht schon bei Anordnung.[105] Der rechtskräftige Zuschlag in der Zwangsversteigerung heilt jedoch das Fehlen der Zustimmung.[106] Eine Eintragung des neuen WEers ohne Zustimmung macht das Grundbuch unrichtig. Nach dem OLG Hamm[107] soll nur der Veräußerer Anspruch auf Grundbuchberichtigung haben. Dies ist zweifelhaft, da die Genehmigung der übrigen WEer fehlt und diese in ihren Rechten verletzt sind.[108] Denn § 12 schützt alle WEer vor ungewolltem Eindringen Dritter. Der Schutz wäre unterlaufen, wenn sie die Unrichtigkeit dulden würden. Das OLG Hamm sieht deshalb einen Beschl, nach dem der Veräußerer angehalten wird, seinen Berichtigungsanspruch geltend zu machen, als ordnungsgemäß an.[109]

§ 13 Rechte des Wohnungseigentümers

(1) Jeder Wohnungseigentümer kann, soweit nicht das Gesetz oder Rechte Dritter entgegenstehen, mit den im Sondereigentum stehenden Gebäudeteilen nach Belieben verfahren, insbesondere diese bewohnen, vermieten, verpachten oder in sonstiger Weise nutzen, und andere von Einwirkungen ausschließen.

(2) ¹Jeder Wohnungseigentümer ist zum Mitgebrauch des gemeinschaftlichen Eigentums nach Maßgabe der §§ 14, 15 berechtigt. ²An den sonstigen Nutzungen des gemeinschaftlichen Eigentums gebührt jedem Wohnungseigentümer ein Anteil nach Maßgabe des § 16.

Übersicht

	Rn.
1. Normzweck	1
a) Alleinherrschaft über Räume	3
b) Begrenzung der Alleinherrschaft durch die Rechte der Anderen	4
c) Schaden am Sondereigentum	
aa) Durch andere Wohnungseigentümer	4a
bb) Durch den Verband	4b
cc) Durch anderen Sondereigentümer	4c
dd) Nachbarrechtliche Vorschriften	4d
2. Mitgebrauch des Gemeinschaftseigentums	5
a) Recht zum Mitgebrauch	6
b) Schutz des Gemeinschaftseigentums	7
c) Besitzschutz	8
d) Beschädigung des Gemeinschaftseigentums	9

---

[103] BGH NJW 2013, 3232.
[104] OLG Hamm WuM 1997, 289.
[105] BGH NJW 1960, 2093.
[106] LG Frankenthal Rpfleger 1984, 183; Streuer Rpfleger 2000, 361; aA zu Recht Staudinger/Kreuzer Rn. 70.
[107] ZMR 2001, 840; OLG Frankfurt NJW-RR 2004, 524.
[108] Ebenso Staudinger/Kreuzer Rn. 37; Bub NZM 2001, 503.
[109] ZMR 2002, 146.

	Rn.
3. Nutzungsanteil	10
4. Umfang der Mitbenutzung	11
5. Sondernutzungsrecht	12
a) Inhalt des Sondernutzungsrechts	
aa) Positive Komponente (Zuweisung)	13
bb) Negative Komponente	13a
cc) Abgrenzungskriterien	13b
b) Einräumung und Arten	14
aa) Dingliches Sondernutzungsrecht	14a
bb) Quasi dingliches Sondernutzungsrecht	14b
cc) Schuldrechtliches Sondernutzungsrecht	14c
dd) Umdeutung von unwirksamem Sondereigentum in Sondernutzungsrecht	14d
ee) Dinglich Berechtigte	14e
ff) Natur der Sache	14f
gg) Antizipierte Begründung, zB durch Vollmacht	14g
hh) Bestimmtheitsgrundsatz	14h
c) Änderung (ganz oder teilweise)	15
d) Inhaber und Übertragung	
aa) Inhaber	16
bb) Übertragung	16a
cc) Einräumung	16b
e) Belastung, Zwangsvollstreckung	
aa) Zwangsvollstreckung	17
bb) Belastung	17a
f) Gesetzlicher Inhalt	18
aa) Alleiniger oder ausschließlicher Gebrauch	18a
bb) Beschreibung des Sondernutzungsrechts	18b
cc) Umfang der Rechte	18c
dd) Verwaltungshoheit	18d
g) Kostentragung und Nutzungen	
aa) Nutzungen	19
bb) Kosten	20
h) Verkehrssicherungspflicht	21
i) Ansprüche wegen Störungen	22
j) Änderung des Sondernutzungsrechts	22a
6. ABC	23

1. Normzweck

§ 13 **regelt die Rechte** und § 14 die Pflichten der WEer, § 13 **Abs. 1** hinsichtlich des **SE und Abs. 2** hinsichtlich des **GE**. Darüber hinaus gibt § 15 die Möglichkeit, konkrete Regelungen durch den Verband zu treffen. **1**

Abs. 1 bestimmt in Anlehnung an das BGB (§ 903) hinsichtlich des **SE** die **Rechtsstellung des WEer** als die eines Alleineigentümers. Sie ist beschränkt gegenüber den anderen WEer'n aus dem WEG (zB §§ 14, 15, 22), den Vereinben, den Vorschriften des BGB (zB §§ 906 ff., soweit anwendbar,[1] dem öffent- **2**

---

[1] Siehe BGH NJW 2010, 2347; 2014, 458.

§ 13 I. Teil. Wohnungseigentum

lichen Recht (sog drittschützend, zB Baurecht[2]) und der Verfassung, (zB Art. 14 GG, s. Vor § 1 Rn. 5). Die Eigentümerposition beinhaltet eine positive und eine negative Seite. Die positive Seite besteht in der Macht, mit dem SE nach Belieben verfahren zu können, die negative im möglichen Ausschluss anderer.

a) Alleinherrschaft über Räume

3   Die **positive Komponente** bedeutet die Alleinherrschaft über die Räume des SE[3] und deren Gebäudeteile. Diese umfasst zB die Nutzungsänderung oder die bauliche Umgestaltung der in SE stehenden Räume.[4]

Beispiel: Einbau eines Schwimmbeckens oder Kamins im SE,[5] soweit keine Beeinträchtigung des GE vorliegt (ggf. dann § 22) und die allgemeinen Pflichten (aus §§ 14, 15) beachtet werden.[6]

Hat der Verband vermietet, so ist eine Kündigung nur durch diesen möglich. Will ein einzelner WEer die Kündigung, muss er die sich weigernden ggf. verklagen.[7] Bei einer **Vermietung** kann die Mitbenutzung des GE auf Mieter übertragen werden. Hierbei sind jeweils die Schranken der §§ 14 Nr. 1, 15 zu beachten (§ 14 Rn. 3), die Aufstellung eines Müllcontainers mit ca. 1000 l Inhalt geht zB darüber hinaus.[8]

Beispiel: Aus der Zugehörigkeit des Heizkörpers zum SE folgt nicht, dass ein einzelner WEer uneingeschränkt nach Belieben damit verfahren kann. Hierbei darf die Funktionsfähigkeit der gemlichen Heizung nicht beeinträchtigt werden, dh die Körper dürfen nicht entfernt werden.[9]

b) Begrenzung der Alleinherrschaft durch die Rechte der Anderen

4   Die **negative Komponente** wird durch den rechtlichen Schutz des WEers und Besitzers nach den BGB-Vorschriften und den öffentlich-rechtlichen Vorschriften gewährleistet. Der Eigentums- und Besitzschutz erfolgt nach BGB-Regeln (§§ 985, 1004, 859 ff., 865), auch **gegenüber anderen WEern**, und durch öffentlich-rechtliche Vorschriften (ausführlich Vor § 1 Rn. 23 ff.), schließt aber öffentlichrechtliche Nachbarschutzansprüche innerhalb der Gem desselben Grundstückes aus.[10] Abwehrrechte gegen ein Vorhaben anderer Miteigentümer sind ausschließlich im Wege einer Zivilklage vor den WEGgerichten geltend zu machen.[11]

---

[2] BayObLG ZMR 2000, 667.
[3] BGH WE 1990, 22, Geschlossenhalten der Fenster
[4] BayObLG NJW-RR 1986, 954, 955.
[5] BayObLG NJW-RR 1988, 587.
[6] BayObLG NJW-RR 1988, 587.
[7] OLG Hamburg WuM 1996, 637.
[8] OLG Düsseldorf NJW-RR 2005, 163.
[9] OLG Hamm v. 26.6.1987 – 15 W 438/85; BayObLG WuM 1986, 26.
[10] BVerwG NVwZ 1998, 954.
[11] BVerfG ZMR 2006, 453.

Rechte des Wohnungseigentümers § 13

c) Schaden am Sondereigentum

aa) Durch andere Wohnungseigentümer. Für Beschädigungen am SE haften die anderen WEer, wenn sie ihre Pflicht zur Mitwirkung an der ordnungsgemäßen Verwaltung verletzen bei Verschulden, aber nicht verschuldensunabhängig (gem. § 906 BGB[12]). **4a**

bb) Durch den Verband. Der Verband haftet, wenn keine unverzügliche Umsetzung eines Beschl zur Sanierung des GEs gegenüber dem Verwalter durchgesetzt wird, aus dem Treueverhältnis bei Verschulden.[13] **4b**

cc) Durch anderen Sondereigentümer. Wird der SE-Schaden durch den Gebrauch eines anderen SE's verursacht, haftet der Verursacher bei Verschulden, aber auch verschuldensunabhängig nach den nachbarechtlichen Vorschriften (zB § 906 Abs. 2 S. 2 BGB), zB wenn die Nutzung des SE durch Mängel im SE beeinträchtigt oder geschädigt wird auch gegenüber einem Mieter.[14] **4c**

dd) Nachbarrechtliche Vorschriften. Nachbarrechtliche Vorschriften können auch als Wertungen herangezogen werden,[15] zB bei Immissionen (§ 906 BGB[16]). **4d**

2. Mitgebrauch des Gemeinschaftseigentums

Gemäß **Abs. 2 S. 1** ist jeder WEer in den Schranken der §§ 14, 15 zum **Mitgebrauch** des GE berechtigt. **5**

a) Recht zum Mitgebrauch

Das **Recht zum Mitgebrauch, dh Mitbenutzung**, steht jedem WEer dabei unabhängig von der Größe seines MEanteils und seiner Wohnung **im gleichen Umfang** zu.[17] **6**

Beispiel: Nutzung von Garten und Hofraum oder gem Pkw-Einstellplatz.

Jeder WEer hat dabei gegen die übrigen einen Anspruch auf Duldung des Betretens und der Nutzung der im GE stehenden Flächen, soweit dies dem Interesse der Gesamtheit nach billigem Ermessen entspricht. Dieser Individualanspruch kann auch von jedem einzelnen ohne Ermächtigung durch die Gem geltend gemacht werden.[18]

In **Mehrhauswohnanlagen** können die Gemseinrichtungen, die auf Grund von Vereinb[19] oder notwendigen Verhältnissen[20] lediglich den Bewohnern eines Blocks zugewiesen sind, nur von diesen genutzt werden.

---

[12] BGH NJW 2010, 2347.
[13] BGH NJW 2012, 2955.
[14] BGH NJW 2014, 458.
[15] Bärmann/Klein Rn. 42; Jennißen Rn. 14.
[16] OLG Frankfurt NZM 2006, 265 zu einem Taubenschlag.
[17] BayObLG MDR 1972, 607.
[18] OLG München ZMR 2008, 560.
[19] OLG Düsseldorf WE 1995, 150.
[20] OLG Frankfurt ZMR 1997, 606.

Beispiel: Räume oder Einrichtung der Wasserversorgung. Deshalb kann zB auch keine Herausgabe von Schlüssel dazu verlangt werden.[21]

Bei im GE stehenden **Nebenräumen**, die nur über SE erreichbar sind, zB Spitzböden, ist die GO dahin auszulegen, dass der Spitzboden nicht der Gemlichen Nutzung aller WEer zugänglich sein und nur zur Durchführung von Instandhaltungs- oder Instandsetzungsarbeiten betreten werden soll.[22] Diese Auslegung kann sich auch aus der Art des TE ergeben, zB Dachspitz.[23]

Die **Zuweisung der alleinigen Nutzung an einzelne WEer** von Teilen des Gartens oder eines einzelnen Pkw-Einstellplatzes an einzelne WEer ist durch Vereinb möglich.[24] Der Turnus kann dann durch Beschl (zB in der Hausordnung), der gerichtlich überprüfbar ist, geregelt werden.

Beispiel: Verteilung von nicht für alle reichenden Stellplätzen oder Kellerabteilen,[25] zB durch jährliches Losverfahren.

b) Schutz des Gemeinschaftseigentums

7 Den **Schutz** des **GE**, soweit es beeinträchtigt (§§ 985, 1004 BGB) wird, kann jeder WEer allein (ohne den Verband) gegen den Störer geltend machen.[26] Dabei ist jedoch zu beachten, dass der Anspruch, zB auf Herausgabe, nur auf Leistung an alle WEer gemeinsam gerichtet erhoben werden darf (§§ 1011, 432 BGB),[27] es sei denn, dass die Aufgabe bereits dem Verband übertragen wurde. Dies schließt ein Vorgehen des einzelnen WEer's aber nicht aus.[28]

c) Besitzschutz

8 Jeder WEer kann als MEer die Besitzschutzrechte (§§ 859 ff. BGB) gegen Dritte auch allein geltend machen, soweit Wiedereinräumung entzogenen Besitzes verlangt wird, kann dies jedoch nur zum Mitbesitz erfolgen, gegenüber den anderen WEer'n (Mitbesitzern) ist jedoch zu berücksichtigen, dass insoweit nur ein Besitzschutz stattfindet, als es sich um die Grenzen des dem einzelnen zustehenden Gebrauchs handelt (vgl. § 866 BGB[29]).

d) Beschädigung des Gemeinschaftseigentums

9 Für **Beschädigungen am GE** haftet der Verursacher nach allg Regeln, dh regelmäßig verschuldensabhängig. Bei einem Anspruch gegen einen Mieter braucht nicht auf die 6-monatige Verjährung (§ 548 BGB) geachtet zu werden,

---

[21] OLG Frankfurt ZMR 1997, 606.
[22] OLG Hamm NZM 2001, 239.
[23] BayObLG ZMR 2004, 844 oder bei Balkon BayObLG ZMR 2004, 132.
[24] KG Rpfleger 1972, 62; Merle WE 1989, 21.
[25] BayObLG WE 1992, 346.
[26] BayObLG ZMR 2004, 445.
[27] KG ZWE 2007, 237; zum öffentlichen Recht vgl. Vor § 1 Rn. 23 ff.
[28] OLG Hamburg ZMR 2009, 306; OLG München NZM 2008, 87; aA OLG Hamm ZMR 2010, 389.
[29] BayObLG ZMR 1990, 348.

wenn der Verband nicht Vermieterin ist.[30] Ein Beschl über Haftung ohne Verschulden[31] ist nichtig, s. im Übrigen § 14 Rn. 19 ff.

3. Nutzungsanteil

Abs. 2 S. 2 lässt die WEer entsprechend ihren MEanteilen an den **Nutzungen** 10 partizipieren. In Betracht kommen bei den Nutzungen die sog mittelbaren (vgl. § 99 Abs. 3 BGB).

Beispiele: Mieterträge aus der Vermietung des GE oder die natürlichen (vgl. § 99 Abs. 1 BGB) Erträge; Früchte der gemeinsamen Bäume oder Gemüse des gemeinsamen Gartens.

4. Umfang der Mitbenutzung

Abs. 2 gewährt kein Recht zum Eigengebrauch des GE, sondern **bestimmt** 11 nur das **Maß der Mitbenutzung** bei geregelter Benutzungsart. Deshalb kann durch Beschl dem einzelnen WEer das Recht zum unmittelbaren Eigengebrauch an einem vermieteten, im GE stehenden Raum durch den Anteil an den Mieteinnahmen ersetzt werden.[32]

5. Sondernutzungsrecht[33]

Es wird im Gesetz zwar genannt, ohne dass das Gesetz aber eine Definition gibt 12 (§ 5 Abs. 4). Nach dem BGH handelt es sich um ein **schuldrechtliches Gebrauchsrecht**,[34] das mit der Eintragung eine Inhaltsänderung aller WE-Rechte bewirkt. Bei einem Ausschluss von zumindest einem WEer vom Mitgebrauch des GE handelt es sich um eine **Änderung des Mitgebrauchs nach Abs. 2** und nicht um eine Gebrauchsregelung nach § 15.[35] Durch SNR erfolgt keine Eigentumsänderung, selbst wenn es umfassend eingeräumt und auch ein Recht zur Bebauung gewährt wird.[36] Eine bestehende dingliche Belastung steht der Eintragung eines SNR nicht entgegen, selbst wenn es sich auf denselben Gegenstand bezieht, zB Grunddienstbarkeiten mit Überbaurechten hindert nicht ein SNR mit Baurecht in beliebiger Form.[37]

---

[30] BGH NJW 2011, 2717.
[31] BayObLG ZMR 2002, 171.
[32] BGH ZWE 2001, 21.
[33] Hogenschurz Das SNR nach WEG; Häublein SNR; Kreuzer, FS Merle, S. 203.
[34] NJW 2000, 3643.
[35] BGH NJW 2000, 3500.
[36] BayObLG ZMR 2002, 283.
[37] OLG München ZWE 2013, 321.

§ 13 I. Teil. Wohnungseigentum

a) Inhalt des Sondernutzungsrechts

13 **aa) Positive Komponente (Zuweisung).** Unter einem **SNR versteht man**[38] das zeitlich grundsätzlich auf Dauer der Gem angelegte (ansonsten Vermietung[39] s. cc) **Recht zur Nutzung** oder zum Gebrauch eines/einiger WEer(s) an Teilen des GE (auch an wesentlichen Bestandteilen, iSv § 5 Abs. 2[40]) oder nach hM auch an SE,[41] auch als Aufteilung unter den Berechtigten (Stellplatz auf Doppelparker,[42] dies ist aber Gebrauchsregelung nach § 15, nicht ein SNR).

Beispiel: Garten, Räume oder Kfz-Stellplatz, oder an mit dem GE nach BGB verbundenen Recht, zB durch Dienstbarkeit an Stellplatz auf Nachbargrundstück.[43]

Das SNR kann auch inhaltlich befristet ausgestaltet werden, also zB Stellplatznutzung von 8 bis 20 Uhr oder nur an bestimmten Tagen.[44]

13a **bb) Negative Komponente.** Diese positive Komponente der Zuweisung hat auch eine **negative,** nämlich **alle übrigen WEer** von der ihnen kraft Gesetzes an sich zustehenden Befugnis zum Mitgebrauch **auszuschließen**.[45] Möglich ist auch nur der Ausschluss vom Mitgebrauch und den Nutzungen,[46] aber auch unterschiedliche Nutzungen im selben Raum, zB SNR an Waschmaschinenaufstellung einzelner WEer[47] oder Alleinnutzung eines abgetrennten Teils des Heizungsraums.[48] Aber faktisch vorhandener alleiniger Zugang reicht für SNR nicht aus.[49]

13b **cc) Abgrenzungskriterien.** Kriterien der **Abgrenzung zu** einer Gebrauchsregelung (Vermietung, Beschl ausreichend): Da auch ein SNR (in Ausnahme) befristet erfolgen kann, entscheidet die inhaltliche Ausgestaltung. Wenn positive und negative Komponente gegeben, ist weiteres Kriterium, ob eine angemessene Miete bezahlt wird, ggf. ob sie laufend (spricht für Miete) oder einmalig (spricht für SNR) erfolgt.[50] Des Weiteren die Kriterien des vollständigen Ausschlusses vom Mitgebrauch,[51] der Ausschließlichkeit,[52] Bestimmtheit,[53] Dauer

---

[38] Häublein S. 13 ff.
[39] Staudinger/Kreuzer § 15 Rn. 12; Jennißen Rn. 68; Hogenschurz S. 5 „dauernd"; anders Palandt/Bassenge Rn. 8; Häublein S. 6 auch befristete Nutzung, ob inhaltlich oder zeitlich wird nicht mitgeteilt.
[40] BGH NJW 1991, 2909.
[41] OLG Zweibrücken ZWE 2002, 142; BayObLG NJW-RR 1994, 1427; Häublein S. 9 f.; ablehnend Ott S. 11.
[42] BayObLG NJW-RR 1994, 1427.
[43] OLG Köln NotBZ 2006, 436.
[44] Schneider Rpfleger 1998, 14.
[45] OLG Düsseldorf NJW-RR 1987, 1490.
[46] BayObLG NJW-RR 1997, 206.
[47] Sauren, FS Merle, S. 261; aA OLG Naumburg WuM 1998, 301.
[48] Sauren, FS Merle, S. 261; aA OLG Jena Rpfleger 1999, 70.
[49] BayObLG NZM 2000, 504.
[50] OLG Köln NZM 2001, 288; Häublein/Ott AHW 17, 14 ff.
[51] LG Köln ZWE 2012, 187.
[52] OLG Düsseldorf Rpfleger 1999, 70, 71.
[53] Vgl. OLG Naumburg WuM 1998, 100.

(30 Jahre noch Beschl),[54] Gegenleistung oder Kompensation[55] und Widerruflichkeit.[56]

b) Einräumung und Arten

Es genügt die Eintragung der Nutzungsberechtigung bei dem Inhaber und der Ausschluss der Nutzung bei den anderen.[57] Man unterscheidet drei verschiedene Arten von SNR, nämlich **dinglich, quasi dinglich und schuldrechtliches** SNR.

aa) Dingliches Sondernutzungsrecht. Das Gesetz sieht als Grundform ein **dingliches SNR** vor, es bedarf einer Vereinb[58] und der Grundbucheintragung,[59] damit es auch gegenüber dem Rechtsnachfolger wirken kann.

bb) Quasi dingliches Sondernutzungsrecht. Grundsätzlich genügt ein Beschl nicht, auch ein unangefochtener Beschl reicht nicht aus[60] (§ 10 Rn. 93), es sei denn in der GO ist eine spezifizierte Öffnungsklausel (Vor § 10 Rn. 15) vereinbart, wenn hier vom Mitgebrauch ausgeschlossen werden soll und damit in die Rechtsposition jedes WEer's eingegriffen wird.[61] Wird nur in die Position eines einzelnen eingegriffen, ist nur dessen Zustimmung erforderlich,[62] was aber die Ausnahme sein wird. Dann kann ein sog **quasi dingliches SNR** entstehen. Der Name kommt von der Wirkung des Beschl, der durch die spezifizierte Öffnungsklausel eine dingliche Wirkung gegenüber dem Rechtsnachfolger erlangt, eben quasi wie ein dingliches.[63] Eine vermittelnde Ansicht will einen sachlichen Grund für den Entzug des Mitgebrauchs ausreichen lassen.[64] Ist ein Beschl aufgrund einer allgemeinen Öffnungsklausel gefasst, ist er allein deshalb weder nichtig,[65] noch anfechtbar,[66] sondern solange die benachteiligten einzelnen WEer nicht zugestimmt haben, schwebend unwirksam. Zudem muss der Beschl dem Bestimmtheitsgebot entsprechen (unten hh).

cc) Schuldrechtliches Sondernutzungsrecht. Ein **schuldrechtliches SNR** entsteht, wenn alle WEer zustimmen, aber die Eintragung unterbleibt. Dies wirkt dann nur unter den Beteiligten. Dann ist keine Bindung des Rechtsnach-

---

[54] OLG Hamburg ZMR 2003, 957.
[55] Becker/Kümmel ZWE 2001, 136.
[56] So Wenzel ZWE 2001, 231.
[57] OLG Frankfurt NZM 2008, 214.
[58] OLG Köln ZMR 1998, 373.
[59] KG NJW-RR 1997, 205.
[60] BGH ZMR 2012, 793; NJW 2000, 3500; OLG München ZMR 2007, 561.
[61] OLG Köln ZMR 1998, 373; OLG Düsseldorf ZMR 1994, 427 Rn. 13; Bärmann/Klein Rn. 81; Hogenschurz S. 55; dahin tendierend wohl auch BGH ZMR 2012, 793, wenn er ausführt, dass die Begründung von SNR der Beschlfassung entzogen sei; aA Jennißen Rn. 85; Palandt/Bassenge Rn. 10.
[62] Becker ZWE 2002, 344.
[63] Niedenführ Rn. 33; Palandt/Bassenge Rn. 10; aA Riecke/Abramenko Rn. 31.
[64] AHW/Häublein/Ott S. 1643; aA Becker ZWE 2002, 341.
[65] So aber Bärmann/Klein Rn. 81; Hogenschurz S. 56.
[66] So aber AHW/Häublein/Ott S. 1643.

folgers gegeben und das SNR erlischt, es sei denn, dieser stimmt zu. Nach dem OLG Köln[67] soll es möglich sein, durch jahrelange Übung ein schuldrechtliches SNR zu begründen, das nur durch Vereinb aufgehoben werden darf, wenn festgestellt werden kann, dass die übrigen WEer die Nutzung in dem Bewusstsein hinnehmen, sich dadurch auch für die Zukunft binden zu wollen.[68] Dies ist abzulehnen, weil die Bestimmtheit schon nicht gewährleistet ist.

14d dd) Umdeutung von unwirksamem Sondereigentum in Sondernutzungsrecht. Eine **unwirksame** Einräumung eines SE-fähigen Gegenstandes, zB eines Carports oder einer Terrasse, soll nach der Rechtsprechung[69] in die Begründung von SNR **umgedeutet** werden. Dies ist nur möglich, wenn die damit einhergehenden Folgen dasselbe dem WEer geben wie das SE, also zB Kostenlast identisch, was aber aus den Gründen nach Rn. 20 nicht gegeben ist.[70] Deshalb ist die Umdeutung abzulehnen.[71]

14e ee) Dinglich Berechtigte. Zur Zustimmung der **dinglich Berechtigten** s. § 10 Rn. 80. Bei Ersteinräumung nicht erforderlich.[72]

14f ff) Natur der Sache. Im Ausnahmefall kann nach dem BayObLG[73] ohne besondere Einräumung sich aus „**der Natur der Sache**" ein **(faktisches)** SNR an Spitzbodendachräumen ergeben, wenn diese nur vom SE eines WEers zu erreichen sind, wenn alle WEer im Kaufvertrag einer entsprechenden Nutzung zugestimmt haben. Allein aus der Zugänglichkeit kann sich aber kein SNR ergeben, zudem erfolgt gerade kein endgültiger Ausschluss vom Mitgebrauch, da der Zugang für den Verband gewährt werden muss, deshalb abzulehnen.[74] Die Einräumung kann auch von einer **Bedingung** abhängig gemacht werden, dann ist der Eintritt der Bedingung Voraussetzung für die Entstehung des SNR.

Beispiel: SNR an Bastelraum nur bei Gartenpflege.[75] Wird Pflege nicht mehr durchgeführt, entfällt SNR.

Häufig wird zwar ein SNR verneint, aber ein Alleinnutzungsrecht gewährt.[76]

14g gg) Antizipierte Begründung, zB durch Vollmacht. S. § 8 Rn. 11a. Durch Vereinb kann ein WEer oder ein Außenstehender (zB Verwalter) zur Einräumung von SNR **bevollmächtigt** werden.[77] Das SNR entsteht dann durch spätere Begründung durch den Bevollmächtigten und die Zustimmung der dinglich Berechtigten. Möglich ist ebenfalls, zunächst die übrigen WEer vom Mitge-

---

[67] WuM 1997, 637; OLG Düsseldorf NZM 2003, 767; Jenißen Rn. 86.
[68] LG Hamburg ZMR 2010, 331.
[69] AG Aachen ZMR 2012, 222 Rn. 194 (Terrasse); KG NZM 1999, 258; OLG Köln MittRhNot 1996, 61 (Carport und Terrasse); BayObLG MDR 1981, 145.
[70] Vgl. AHW/Häublein/Ott 17, Rn. 100 f.
[71] Ebenso OLG Düsseldorf NJW-RR 1996, 210.
[72] OLG Saarbrücken NZM 2011, 810.
[73] WE 1990, 142; ähnlich OLG Hamm ZWE 2001, 122, 124 ebenfalls für Spitzboden.
[74] Jenißen Rn. 87; Bärmann/Klein Rn. 110.
[75] OLG Düsseldorf NZM 2000, 765.
[76] OLG Hamburg WuM 2001, 618.
[77] BayObLG NJW 2005, 444.

brauch auszuschließen (negative Komponente) und erst später für bestimmte WEer ein SNR zu bestellen.[78] Der übliche Zuweisungsvorbehalt ist entbehrlich, da der Aufteilende wegen seines Alleineigentums[79] schon SNR-berechtigter ist. Sobald dann ein SNR auf Grund späterer Einräumung entsteht, ist die Zustimmung der dinglich Berechtigten und der übrigen WEer nicht notwendig.[80] Eine weitere Variante ist eine Regelung in der TEerkl., in der sich der teilende Eigentümer ermächtigen lässt, bei Verkauf der Einheiten dem jeweiligen Erwerber das SNR an bestimmten Flächen einzuräumen und dessen Inhalt näher zu bestimmen[81] oder als auflösende Bedingung wird bestimmt, dass der Teilende an bestimmten *bezeichneten* Flächen das SNR zum Inhalt bestimmter SE's machen kann.[82] Das Zuweisungsrecht kann dem Aufteiler per TEerkl auch für die Zeit nach Abveräußerung aller Einheiten eingeräumt werden.[83]

hh) Bestimmheitsgrundsatz. Bei der **Eintragung**, die wichtig ist für Wirkung gegenüber Nachfolger, ist sorgfältig darauf zu achten, dass die Eintragungsbewilligung die Teilflächen, für die ein SNR bestellt werden soll, genau bezeichnet.[84]

14h

Beispiel: „Freiraum unter der Treppe im Bereich des Erdgeschosses" reicht aus.[85]

Der **Gegenstand** des SNR ist deshalb **zweifelsfrei zu bezeichnen**. Es genügt allerdings, dass die Fläche bestimmbar ist.[86] Zu deren Bezeichnung kann auf einen Plan Bezug genommen werden, der nicht der Aufteilungsplan sein muss,[87] in dem die zeichnerischen Darstellung erfolgt. Dieser ist dann auch maßgebend für die Grenzziehung zwischen zwei SNRen.[88] Fehlt die Abgrenzung, entsteht SNR nicht, ggf. aber Anspruch auf Einräumung.[89] Trotzdem erfolgter Überbau ist ggf. zu dulden.[90] Nimmt die TErkl auf einen Plan Bezug, in dem das SNR nicht gekennzeichnet ist, so entsteht das SNR nicht, ebenso bei Widerspruch zum Aufteilungsplan.[91] Bei Zuschlag in der Zwangsversteigerung kommt ein gutgläubiger Erwerb eines SNR dann nicht in Betracht.[92]

---

[78] BGH NJW 2012, 676; BayObLG Rpfleger 1985, 292.
[79] Häublein S. 279.
[80] OLG Frankfurt ZMR 1998, 365; OLG Düsseldorf Rpfleger 1990, 63; 1993, 193; zur sukzessiven Begründung von SNR OLG Düsseldorf RPfleger 2001, 534 m. Anm. Schneider.
[81] BGH NJW 2012, 676.
[82] BGH ZMR 2012, 651.
[83] OLG Stuttgart ZMR 2012, 715.
[84] BGH NJW 2011, 1985; ZMR 2012, 651 Rn. 11.
[85] BayObLG Rpfleger 1985, 487.
[86] LG Hamburg ZMR 2011, 993.
[87] BayObLG WE 1994, 313.
[88] BayObLG NZM 2000, 509, NZM 2000, 1009.
[89] OLG Hamm NZM 2000, 659.
[90] KG ZMR 2000, 331.
[91] OLG Frankfurt ZWE 2006, 243; BayObLG NZM 2000, 509 und 1009.
[92] BayObLG NZM 2000, 509 und 1009.

c) Änderung (ganz oder teilweise)

15 Eine **Änderung** (gilt ebenso für Aufhebung, Austausch etc.), egal ob dinglich oder schuldrechtlich, ist nur durch schuldrechtliche und dingliche Einigung aller WEer[93] oder Beschl, wenn Öffnungsklausel (Rn. 14) besteht und soweit nötig (§ 10 Rn. 80), mit Zustimmung der dinglich Berechtigten möglich.[94] **Umwandlung:** Zur Eintragung eines bisher schuldrechtlichen SNRs (zB Pkw-Stellplatz) im Grundbuch ist die Mitwirkung aller WEer erforderlich.[95] Einseitige **Aufhebung** ist sowohl schuldrechtlich, wie auch sachenrechtlich möglich. Obwohl es einer Vereinb bedarf, ist die Mitwirkung der anderen WEer nicht erforderlich.[96] Der Berechtigte muss immer mitwirken.[97] Die Zustimmung des dinglich Berechtigten am Verlust des WE ist auch nach der Neufassung erforderlich (§ 5 Abs. 4 S. 2 Hs. 2), wenn Beeinträchtigung, was regelmäßig durch Verlust des SNR gegeben sein wird. Die nachträgliche Änderung, Übertragung oder Aufhebung ist nur im Grundbuchblatt des betroffenen WEs einzutragen, an dessen Inhalt sich etwas verändert.[98]

d) Inhaber und Übertragung

16 aa) **Inhaber.** Inhaber kann nur ein **WEer** sein. Es reicht jedoch Mitberechtigung aus, wie Bruchteilseigentümer,[99] nicht aber Dritter.[100] Bestimmte Verbindung mit einem SE ist nicht erforderlich.

16a bb) **Übertragung. Übertragung** kann ganz oder teilweise nur auf einen anderen WEer erfolgen, da ein SNR mit einem WE untrennbar verbunden sein muss.[101]

16b cc) **Einräumung.** Unterscheidung der SNR-Arten notwendig wie bei **Einräumung**.
 – Bei **dinglichen** erfolgt sie durch Übertragungsvertrag oder einseitige Erklärung des WEers, wenn ihm beide Einheiten gehören[102] und Eintragung.[103] Die Zustimmung der anderen WEer ist nur dann notwendig, wenn ein Zustimmungserfordernis (§ 12) vereinbart ist.[104] Zustimmung des dinglich Berechtigten am verlierenden WE auch nach Neufassung erforderlich (§ 5 Abs. 4 S. 2 Hs. 2), wenn Beeinträchtigung besteht, was regelmäßig durch

---

[93] BayObLG ZMR 2001, 638.
[94] OLG Hamm ZMR 1997, 34.
[95] OLG München NZM 2013, 384.
[96] BGH NJW 2000, 3643; aA Häublein ZMR 2001, 120.
[97] BGH Rpfleger 1979, 57.
[98] OLG Frankfurt NZM 2008, 214.
[99] BGH ZMR 2012, 795.
[100] OLG Hamm ZMR 2004, 369 Rn. 27.
[101] BGH NJW 2010, 2436 Rn. 16.
[102] OLG Düsseldorf MittRhNotK 1981, 196.
[103] BGH NJW 2000, 3643.
[104] BGH DNotZ 1979, 168 m. Anm. Ertl.

Verlust des SNR gegeben sein wird.[105] Möglichkeit des gutgläubigen Erwerbs.[106]
- Bei **quasi dinglichen** durch Abtretung des Alleinnutzungsanspruchs. Zustimmung der anderen WEer und dinglich Berechtigten nicht erforderlich.[107] Kein gutgläubiger Erwerb möglich.
- Ein **schuldrechtliches** SNR kann der Alleineigentümer – auch ohne dass dies im Grundbuch verlautbart wurde – durch Abtretung (§ 398 BGB) an ein anderes Mitglied der Gem übertragen ohne Mitwirkung der anderen WEer[108] und der dinglich Berechtigten.[109] Es wird mit einem Eigentümerwechsel hinfällig, wenn der neue Eigentümer die Rechte und Pflichten aus der Begründung des SNRs nicht mit Zustimmung der übrigen Eigentümer übernimmt.[110] Der Berechtigte kann sich darauf dann weder dem neuen noch den anderen gegenüber berufen.[111] Es bleibt aber die Möglichkeit eines rechtsgeschäftlichen Eintritts in die mit seinem Rechtsvorgänger getroffene Vereinbarung. Voraussetzung für eine solche Schuldübernahme ist die positive Kenntnis des Erwerbers vom Bestehen der Vereinbarung.[112] Kein gutgläubiger Erwerb möglich. Bei Erwerb des Berechtigten mit WE zusammen wirkt das SNR zugunsten des begünstigten Erwerbers und bleibt bestehen.[113]

e) Belastung, Zwangsvollstreckung

aa) Zwangsvollstreckung. Zwangsvollstreckung des WE's umfasst auch SNR.[114] Eine **Pfändung** nur des SNR ist innerhalb des Verbandes möglich (gemäß § 857 ZPO[115]), nicht durch Dritte,[116] da kein eigenständiges dingliches Recht.

bb) Belastung. Eine Belastung nur des isolierten SNR mit beschränkt dinglichem Recht ist nicht möglich. Ebensowenig Belastung des WE mit alleinigem Gegenstand des SNR. Möglich ist aber eine Dienstbarkeit auf allen WE mit Zustimmung aller,[117] welche dann auch das SNR erfasst.

---

[105] OLG Schleswig ZWE 2002, 427.
[106] OLG Hamm ZWE 2009, 169.
[107] Ott S. 140.
[108] OLG München NZM 2013, 284 Rn. 21.
[109] Bärmann/Klein Rn. 121.
[110] BGH NJW 2002, 2836 Rn. 12.
[111] OLG Köln ZMR 2002, 73; aA LG Freiburg v. 20.4.2004 – 4 T 210/03.
[112] OLG Zweibrücken NZM 2005, 343.
[113] OLG München NZM 2013, 384; OLG Frankfurt ZWE 2006, 489; BayObLG ZMR 2002, 528; OLG Hamm ZMR 1998, 718.
[114] OLG Stuttgart Justiz 2002, 407 für Versteigerung.
[115] LG Stuttgart DWE 1989, 72.
[116] OLG Stuttgart NZM 2002, 884.
[117] OLG Hamburg ZMR 2001, 380.

§ 13 — I. Teil. Wohnungseigentum

f) Gesetzlicher Inhalt

18 Der Inhalt des SNR ist im Rahmen des WEG, insbesondere der Grenzen der §§ 13, 14, frei bestimmbar. Er ergibt sich aus der getroffenen Vereinb, ggf. durch Auslegung. Häufig in der Praxis vorkommende Möglichkeiten: **Alleinnutzung:** Dem Begünstigten kann ein umfassendes und ausschließliches Nutzungsrecht an Teilen des GE (zB Flächen [§ 905 BGB], Räumen, Gebrauchsteilen, Anlagen oder Einrichtungen) auch an solchen, die für den Bestand der Anlage notwendig sind (§ 5 Abs. 2[118]) eingeräumt werden.[119]

18a **aa) Alleiniger oder ausschließlicher Gebrauch.** Ist „alleiniger oder ausschließlicher Gebrauch" bestimmt, dürfen die übrigen WEer nur einen (Rest-)Gebrauch ausüben, der für den Gebrauch des übrigen GE notwendig ist. Ein **notwendiger Mitgebrauch der übrigen WEer** ist also nicht ausgeschlossen.[120] Er bleibt erhalten, wenn dies für die Verwaltung der Anlage notwendig ist (zB Zugang für anderen WEer[121])

Beispiel: Von den übrigen WEern benötigter Weg über den sondernutzungsrechtlichen Gartenbereich zu einem Kellereingang.

Bei Vermietung eine WE's kann dieser ortsüblich und angemessen an der Außenfront des Hauses dafür werben. In diesem Umfang ist auch ein SNR an der Außenfassade eingeschränkt.[122]

18b **bb) Beschreibung des Sondernutzungsrechts.** Aus **Art, Nutzungs- oder Gegenstandsbeschreibung**

Beispiele: Benutzung des Raums zum Aufstellen von Waschmaschinen, Benutzung des Gartenteils als Sitzplatz,

kann ein Alleingebrauch des WEers mit Gebrauchsbeschränkung anzunehmen sein (idR), oder ob andere Gebrauchsarten den übrigen WEern zustehen sollen, zB Sondernutzungsberechtigter muss dem Eigentümer einer Garage die Zufahrt über die dem SNR unterliegende Fläche gewähren, wenn dies die einzige Möglichkeit ist, um die Garage zu nutzen.[123]

18c **cc) Umfang der Rechte.** Das SNR gestattet **nur eine Benutzung** im Rahmen der Pflichten des § 14 (zB bei Vermietung) und der ordnungsgemäßen Verwaltung (§ 21), es berechtigt nicht zu baulichen Veränderungen[124] (s ABC Rn. 23) oder sonstigen störenden Beeinträchtigungen.

Beispiel: Anpflanzen eines stark wachsenden Baumes unmittelbar an der Grenze.[125]

---

[118] BGH NJW 1991, 2909.
[119] BayObLG Rpfleger 1981, 299.
[120] KG NJW-RR 1990, 333.
[121] OLG Frankfurt GuT 2003, 235.
[122] OLG Frankfurt Rpfleger 1982, 64; aA Ott S. 118.
[123] OLG Zweibrücken ZWE 2011, 179.
[124] OLG Frankfurt ZWE 2006, 243.
[125] KG NJW-RR 1987, 1360.

Es ist jedoch möglich, bereits bei Einräumung des SNR bauliche Veränderungen gänzlich zu gestatten.[126] Gebrauchsregelungen, zB Benutzung des SNR nur durch Verwandte, zulässig.[127]

dd) Verwaltungshoheit. Die **Verwaltung** des GE, welches durch das SNR belastet ist, verbleibt aber bei dem Verband, so dass zB bei einem SNR an einem Garten die Ausgestaltung der einheitlich angelegten Einfriedungsanlagen bei dem Verband verbleibt,[128] aber konkrete Gartenbepflanzung beim SNR-Berechtigten.

g) Kostentragung und Nutzungen

aa) Nutzungen. Erhält der SNRberechtigte – zB auf Grund eines durch bauliche Veränderung errichteten Gebäudes – Nutzungen (zB Miete, Pacht), können alle übrigen WEer ihren Anteil daran verlangen.[129] Überschreitet ein WEer den Umfang des ihm eingeräumten SNR (Errichtung einer Garage auf einer Stellplatzfläche), so betrifft dies lediglich die positive Komponente. Der Ausschluss der übrigen vom Mitgebrauch des GE (negative Komponente) wird dadurch nicht berührt. Ein WEer kann deshalb weder die Einräumung des Mitgebrauchs an der Garage, noch eine Entschädigung verlangen.[130] Der Inhaber des SNR kann die Nutzung anderen überlassen, zB vermieten. Hat er den anderen WEern die Nutzung „vorerst ohne Abstellkosten" überlassen, kann er dies widerrufen und Nutzungsentgelt ab diesem Zeitpunkt verlangen.[131] Nach OLG München enthält eine Bestimmung in der GO, welche im GE stehende Balkone durch SNR der ausschließlichen Benutzung einzelner WEer zuweist und diesen die Kosten der Instandhaltung mit Ausnahme des Anstrichs zuweist, eine umfassende Instandhaltungspflicht zu Lasten der SNR-Berechtigten.[132]

bb) Kosten. Da es sich bei der Fläche des SNR um GE handelt, obliegt dem Verband ohne anderweitige Regelung die Kostentragung iSd § 16 Abs. 2.[133] Da dies als unbillig angesehen wird, wird versucht, die Vereinb dahin auszulegen, dass die laufenden Kosten den SNR-Berechtigten treffen,[134] jedoch nicht für größere Instandhaltungen.[135] Dem WEG ist aber kein allgemeiner Grundsatz zu entnehmen, dass der zur Nutzung Berechtigte auch die Kosten zu tragen hat.[136] Deshalb verbleibt es grundsätzlich bei der Kostentragungspflicht der Gem,[137] bis

---

[126] BayObLG Rpfleger 1981, 299; aA KG OLGZ 1982, 436, 441.
[127] KG ZMR 1996, 279.
[128] Einerseits BayObLG MDR 1985, 768; andererseits BayObLG NZM 2000, 671; weiter Rn. 27.
[129] OLG Düsseldorf NJW-RR 1987, 1163.
[130] OLG Hamm NZM 1998, 921.
[131] BayObLG NZM 1998, 335.
[132] OLG München ZMR 2007, 557.
[133] KG ZMR 2005, 569; OLG Braunschweig WE 2001, 150; BayObLG NZM 1998, 818; Bielefeld DWE 1996, 97; WE 1997, 168.
[134] BayObLG DWE 1985, 95; LG Frankfurt DWE 1993, 32.
[135] OLG Hamburg ZMR 2004, 614; BayObLG DWE 1996, 75.
[136] BGH NJW 1984, 2577; AHW/Häublein/Ott S. 1649.
[137] KG ZMR 2005, 569; OLG Braunschweig WE 2001, 150; AHW/Häublein/Ott S. 1649; Jennißen Rn. 97; Hogenschurz S. 75.

auf eventuelle zwingend umzulegende Heizkosten.[138] Dem Verband steht die Möglichkeit offen, durch Beschl dem SNR-Berechtigten bestimmte oder alle das SNR betreffende Kosten aufzuerlegen (§ 16 Abs. 3),[139] soweit sie nicht die Kosten der Instandhaltung oder Instandsetzung sind. Auch diese können im Einzelfall dem SNR-Berechtigten auferlegt werden, zB wenn die Rasenfläche erneuert wird. Ist aber neben der Kostentragung des WEers auch die Instandhaltung schon vereinbart, so gilt dies für alle Gegenstände, die für das SNR notwendig sind.[140]

Beispiel: Bei SNR am Dachgarten Kosten für Blechwanne mit Entwässerungssystem.

h) Verkehrssicherungspflicht

21 Diese obliegt in erster Linie dem SNR-Berechtigten.[141] Durch Gem ist sie stillschweigend delegiert auf den Inhaber des SNR, Überwachungspflicht verbleibt aber bei WEern.[142]

i) Ansprüche wegen Störungen

22 Wie bei SE ist **SNR-Inhaber** berechtigt, Störungen abzuwehren (§ 1004 BGB, auch gegenüber anderen WEern[143]), Besitzrechte geltend zu machen,[144] sein Selbsthilferecht auszuüben (§ 910 BGB[145]), oder Unterlassung zu verlangen,[146] ebenso Schadensersatzansprüche (zB wegen Verletzung der Einräumungsverpflichtung). Die anderen WEer haben dieselben Rechte, zB **Schadensersatz** wegen Verletzung der Pflicht durch SNR, nicht GE zu beschädigen.[147]

j) Änderung des Sondernutzungsrechts

22a Sind wie Begründung oder Aufhebung zu beurteilen und werden wie diese durchgeführt. Zustimmung von dinglich Berechtigten nicht erforderlich, wenn Regelung schon ursprünglich vorhanden, zB erweiterten Nutzung des Spitzbodens berührt die Gläubiger der übrigen WEer, wenn bis auf den Nutzungsberechtigten alle WEer bisher schon von der Nutzung des Spitzbodens ausgeschlossen waren.[148]

---

[138] Zwingend HeizkostenV, Niedenführ Rn. 49.
[139] So auch Bärmann/Klein Rn. 118; Bedenken bei HB/Götz S. 94; Riecke Rn. 44; hierzu Jennißen Rn. 99.
[140] BayObLG NZM 1999, 28.
[141] BayObLG DWE 1985, 95; für Streupflicht an Weg, ausführlich hierzu Bielefeld DWE 1996, 67; Jennißen Rn. 101.
[142] Niedenführ/Kümmel Rn. 51; differenzierend AHW/Häublien/Ott S. 1652.
[143] KG OLGR 1996, 111.
[144] OLG Düsseldorf ZMR 2001, 217: auch gegenüber anderen WEern; KG ZMR 1999, 356: unberechtigte Nutzung des SNR.
[145] KG NZM 2005, 745.
[146] BayObLG NJW-RR 1987, 1040.
[147] BayObLG NZM 1998, 818.
[148] OLG Jena ZWE 2012, 40.

Rechte des Wohnungseigentümers § 13

6. ABC

Nachfolgend sind häufig vorkommende Einzelfälle in **ABC-Form** dargestellt: 23

Abstandsflächen: Einhaltung s. Garten. 23A
Abstellplatz: Soweit ein SNR an einem Pkw-Einstellplatz besteht, ist der Inhaber nicht berechtigt, zur Sicherung seines Pkw-Abstellplatzes einen Eisenpfahl zu installieren, der die Zufahrt zu einem angrenzenden Abstellplatz beschneidet, im konkreten Fall durch Fahren einer S-Kurve in einen nur 2,91 m breiten Abstellplatz (BayObLG vom 4.10.1984 – 2 Z 115/83). Auch die Anbringung von vier Absperrpfählen auf einem Abstellplatz ist unzulässig, wenn dadurch auf dem daneben liegenden Abstellplatz das Aussteigen aus einem größeren Wagen nahezu unmöglich wird und der Sondernutzungsinhaber kein anderes berechtigtes Interesse hat, wie zB Abwehr des unberechtigten Parkens anderer, weil Parkflächen vorhanden sind (BayObLG DWE 1982, 133, 134) oder Installierung von behindernden Absperrbügeln (LG Düsseldorf ZMR 2013, 556). Sind die Flächen vor den im SE stehenden Garagen nicht als Abstellplatz ausgewiesen und gewidmet, muss nach LG Karlsruhe das Interesse eines WEers, diese Fläche als Stellplatz für Besucher zur Verfügung zu halten oder für ein Zweitfahrzeug nutzen zu können, berücksichtigt werden. Eine Einschränkung der Nutzungsmöglichkeit dieser Fläche vor den Garagen sei daher nur aus besonderen Gründen gerechtfertigt, etwa wenn diese Fläche zum Rangieren benötigt werde (LG Karlsruhe v. 26.5.2009 – 11 S 83/08). Solche besonderen Gründe liegen nach dem LG vor, wenn die örtlichen Verhältnisse so beengt seien, dass das Abstellen eines KFZ nur unter besonders günstigen Umständen gemeinverträglich wäre, dh, wenn es sich um nicht allzu große Fahrzeuge handele und diese auch exakt mittig geparkt würden, diese Voraussetzung aber bei lebensnaher Betrachtung nicht zuverlässig erfüllt werden könne (LG Karlsruhe ebd.). Wird bei einem in einer Tiefgarage gelegenen Stellplatz, bei dessen ordnungsgemäßer Nutzung als Parkplatz der einzige Zugang zu einem Abstellraum versperrt, kann der Berechtigte nur in den Zeiten, in denen der Stellplatz nicht belegt ist, einen Übergang über den Stellplatz verlangen (OLG Saarbrücken OLGR Saarbrücken 2004, 526). Ein SNR an einem Pkw-Stellplatz lässt nicht das Abstellen eines Wohnmobils zu (BayObLG WE 1992, 348). Die durch Vermietung fremden SNR erzielten Zahlungen hat der Schuldner an den Berechtigten auszukehren (LG Hamburg ZMR 2011, 585). Werden beim Bau eines Stellplatzes etwa 3,8 qm einer Sondernutzungsfläche in Anspruch genommen, ist ein Entschädigungsanspruch nach dem AG Lehrte wegen Unwesentlichkeit ausgeschlossen (ZMR 2010, 727). Auch eine unbeanstandete unberechtigte fünfjährige Nutzung eines Stellplatzes auf dem GE begründet kein SNR; dies kann nur durch Vereinb begründet werden. Musste sich den anderen MEern die Nutzung weder aufdrängen, noch regelmäßig als störend auffallen, ergibt sich nach dem OLG Hamburg in diesem Fall keine Verwirkung des Unterlassungsanspruchs (LG Hamburg ZWE 2010, 277; OLG Hamburg ZMR 2003, 442). Sieht die TEerkl für eine kleinere WEG, bei der zu jeder Wohnung eine

Garage gehört und zusätzliche Kraftfahrzeugstellplätze im Freien vorhanden sind, die Nutzung eines TE als Sauna vor, entspricht nach dem BayObLG ein Beschl nicht ordnungsmäßiger Verwaltung, der es untersagt, dass die im Hof befindlichen Stellplätze von den Saunabesuchern benutzt werden (NZM 1999, 114). Ein WEer, dem in der TEerkl fälschlich das SNR an einem Stellplatz zugeordnet wurde, ist verpflichtet, bei der Aufhebung dieses fehlerhaft eingetragenen SNR mitzuwirken (AG Dresden v. 30.5.2008 – 150 C 8017/07; s. Kfz-Platz).

23B **Bauliche Veränderung:** SNR berechtigt hierzu nicht (AG Stuttgart ZMR 2011, 680; OLG Hamburg ZMR 2003, 524; BayObLG WE 1993, 255), zB bei Dachfläche zum Ausbau einer Dachterrasse (OLG Frankfurt ZWE 2006, 243) und sie müssen deshalb eine Zustimmung gem § 22 Abs. 1 erlangen, s. deshalb, was darunter zu verstehen ist, weiter § 22 Rn. 51 ff. Es kann aber schon bei Begründung des SNR baulichen Veränderungen zugestimmt werden (BGH NJW 2012, 676; BayObLG WuM 1989, 451; aA KG OLGZ 1982, 436). Eine solche Zustimmung ist auch schon in der Zuweisung des SNRs enthalten, soweit bauliche Veränderungen Eingang in die Beschreibung des SNRs gefunden haben oder wenn sie nach dem Inhalt des jeweiligen SNRs üblicherweise vorgenommen werden und der Anlage dadurch kein anderes Gepräge verleihen (BGH NJW 2012, 676 Rn. 8), zB bei Garten- und Terrassenfläche wird Gitterzaun errichtet (BGH ZMR 2012, 883). Dafür ist aber nicht ausreichend, wenn in Vereinb formuliert ist, dass mit SNR wie mit SE verfahren werden darf (BayObLG WuM 1990, 91; ZMR 2004, 357). Gestattung von ortsüblicher Nutzung kann Pergolaaufstellung erlauben (BayObLG NZM 1998, 443). Nach AG Stuttgart kann die dem Mehrkosten, die aufgrund einer Maßnahme – wie einer baulichen Veränderung – auf der Fläche des SNR entstehen, nur teilweise auf den SE übertragen. Das Maß der Übertragung soll sich am Einzelfall und wesentlich an den Kosten, die ohne die Änderung angefallen wären, orientieren. Die Mehrkosten sowie die Zustimmungsbedürftigkeit der Änderung seien allenfalls nachrangige Kriterien (AG Stuttgart ZMR 2011, 680).
Bepflanzung: Bei dieser hat WEer die nachbarrechtlichen Vorschriften einzuhalten (BayObLG ZMR 1999, 348). Bei der Errichtung eines (bepflanzten) Zauns nebst Torbogen auf einer an eine Erdgeschosswohnung angrenzenden Terrasse handelt es sich zwar auch dann um eine bauliche Veränderung, wenn ein SNR an der Terrasse besteht. Gleichwohl ist die Zustimmung jedoch entbehrlich, wenn den übrigen WEern durch die Veränderung kein Nachteil (iSd § 14 Nr. 1) erwächst (OLG Hamburg ZMR 2003, 524). Von einer Fläche, die als SNR ausgestaltet ist, dürfen keine überhängenden Zweige im Wege der Selbsthilfe abgeschnitten werden; das Selbsthilferecht des BGB (§ 910) kann nicht angewandt werden (OLG Düsseldorf WuM 2001, 455).

23D **Dachterrasse:** S. bauliche Veränderung.
Durchgang: Durch SNR zu dulden, wenn keine andere Möglichkeit besteht (OLG Stuttgart ZMR 2001, 730; LG Wuppertal ZMR 2001, 232).

Rechte des Wohnungseigentümers § 13

Entziehung: Wird SNR entzogen, zB weil Kinderspielplatz dort angelegt werden muss, so steht WEer Ausgleichsanspruch zu (KG ZMR 1999, 356), auch bei Teilentziehung. Dieser berechnet sich nach Baulandpreisen (KG ZMR 2001, 847). Anders aber AG Lehrte, das Ausgleichsanspruch bei Entziehung (analog § 913 BGB) verneint, wenn die entzogene Fläche unwesentlich ist (etwa wenn bei Bau eines Stellplatzes circa 3,8 m^2 einer Sondernutzungsfläche in Anspruch genommen werden, ZMR 2010, 727). Ebenso wohl auch AG Dresden, wenn der Entzug des SNR darauf basiert, dass dem Berechtigten das SNR durch eine falsche Beurkundung der TEerkl zugeordnet wurde und der Berechtigte verpflichtet ist, bei der Aufhebung dieses fehlerhaft eingetragenen SNR mitzuwirken (AG Dresden v. 30.5.2008 – 150 C 8017/07). 23E

Fassadenfläche: Ein SNR hieran soll andere WEer nicht darin beschränken, ortsübliche Werbung für ihr Geschäft betreiben zu können (OLG Frankfurt Rpfleger 1982, 64). 23F

Garage: Das SNR an einem Grundstücksteil erlaubt nicht den Anbau einer Garage (BayObLG v. 27.3.1984 – 2 Z 27/83). 23G
Gartenhaus: Unzulässig (OLG Köln NZM 1998, 864; differenzierend BayObLG ZMR 2000, 117 und OLG Zweibrücken ZMR 2000, 256), s. § 22 Rn. 51.
Garten: Die WEer können sowohl Teile wie auch die gesamte vorhandene Gartenfläche einem oder mehreren WEern zuweisen. Wird jedem WEer ein Teil oder einzelne Teile des Gartens zugewiesen, ohne dass eine Grenzziehung erfolgt, so ist nach dem BayObLG (MDR 1972, 607) jedem WEer ein gleich großer Teil des Gartens zum Alleinbesitz zu überlassen, ohne Beachtung des MEanteils. Das SNR am Garten gibt jedoch **keine Befugnis** zur Errichtung eines den optischen Gesamteindruck der Wohnanlage störenden Gerätehauses (OLG Frankfurt OLGZ 1985, 50; BayObLG NJW-RR 1992, 975) oder Aufstellen eines mobilen Schwimmbeckens (KG NZM 2007, 847), zur Anpflanzung einer Weißdornhecke (BayObLG NJWE 1997, 59). Ausnahmsweise können Garagenplätze (OLG Düsseldorf WuM 1996, 638) angelegt werden. **Erlaubt sind** aber die gärtnerische Bepflanzung (OLG Köln WuM 1996, 639) sowie das Anpflanzen von Fichten entlang der Grenze und die Errichtung eines Grenzzaunes (BayObLG Rpfleger 1982, 219; Einzelheiten s. § 22 Rn. 51 unter Zaun). Erlaubt ist ebenfalls, eine Hangfläche in einen Steingarten umzugestalten; dann dürfen nach BayObLG (WuM 2000, 687) auch Holzpalisaden zur Befestigung des Hangs durch Betonmauern mit Natursteinverkleidung ersetzt werden, wenn durch ihre Bepflanzung der Eindruck eines Steingartens erweckt wird. Das Anpflanzen von Bäumen und Sträuchern in Gartenteilen, an denen ein SNR besteht, ist folglich idR ohne Zustimmung der anderen WEer gestattet (OLG Köln WE 1997, 230), nicht aber bei Beeinträchtigung, zB durch hochwachsende Kiefer (OLG Köln aaO), oder durch einen 1,80 m hohen Holzflechtzaun hinter einem Jägerzaun (KG NJW-RR 1997, 713). Die WEer können die Höhe der Gewächse aber aus berechtigtem Anlass durch Beschl festlegen (BayObLG WE 1994, 114). Die Beseitigung eines Gehölzes kann nicht verlangt werden, wenn durch dessen

Rückschnitt auf ein allgemein verträgliches Maß die Beeinträchtigung entfällt (KG WE 1996, 267). Des Weiteren ist erlaubt die Errichtung einer zweisitzigen Gartenschaukel (OLG Düsseldorf NJW-RR 1989, 1167) und die Belegung der Terrasse mit Platten (BayObLGZ 1975, 177, wenn keine Benachteiligung für die übrigen WEer ersichtlich ist). **Nicht erlaubt** ist die Anpflanzung stark wachsender Bäume (KG NJW-RR 1987, 1360), die radikale Umgestaltung und Entfernung eines 18 Jahre alten 6–7 m hohen Baumes (OLG Düsseldorf NJW-RR 1994, 1167), generell das Fällen von großen Bäumen (LG Lüneburg ZMR 2013, 656; OLG Düsseldorf ZMR 2004, 608), die Anlegung von kniehohen Betoneinfassungsmauern (KG NJW-RR 1994, 526) oder eines Skulpturengarten (LG Hamburg ZMR 2013, 301) und die Errichtung eines überdachten und durch Glaswände seitlich abgeschlossenen Sitzplatzes (BayObLG DWE 1992, 123) oder bei Anpflanzungen der Verstoß gegen Abstandsvorschriften des Landesnachbarrechts (OLG Hamm NJW-RR 2003, 230; KG NJW-RR 1987, 1360). S. Grenze und § 22 Rn. 51 Zaun. Ist ausdrücklich eine Rasen- und Randbepflanzung vorgesehen, so soll sie Schutz vor Sicht, Lärm, Geruch und Staub gewähren, ohne dass damit die konkreten Pflanzen (Bäume oder Sträucher) vorgegeben sind (OLG Hamburg WE 1994, 377). Ist in der GO dem Inhaber des SNR die Gartenplanung und -gestaltung erlaubt, so ist damit ein über die übliche Gestaltung hinausgehendes Recht eingeräumt (OLG Hamm NZM 2000, 910). Das SNR an einem Garten erlaubt nicht die Haltung giftiger Schlangen und Frösche, dies stellt keinen ordnungsgemäßen Gebrauch des SNR dar. Die Haltung und auch Züchtung nichtgiftiger Reptilien im Garten stellt ordnungsgemäßen Gebrauch des SNR dar, wenn eine Geruchsbelästigung ausgeschlossen ist und mit ihr auch keine sonstigen vermeidbaren Nachteile für die anderen WEer verbunden sind (OLG Karlsruhe NJW-RR 2004, 951).

Gasleitung: Für Verlegung über die Fläche des SNR durch den Berechtigten kann Zustimmung entbehrlich sein (OLG München NJW-RR 2008, 393).

Gewächshaus: Unzulässig, auch in Einfamilienhausanlage (LG Berlin ZMR 2001, 575).

Grenze: Für die Frage, welche Abstände Anpflanzungen zur Grenze eines SNR einzuhalten haben, können die Vorschriften des landesrechtlichen Nachbarrechtsgesetzes iS einer Mindestvorgabe wertend einbezogen werden (BGH NJW 2007, 3636; OLG Hamm NZM 2003, 156). Soweit Grenzen zwischen einzelnen Sondernutzungsrechten vereinbart wurden, haben die WEer diese einzuhalten. Ansonsten können Zuwiderhandlungen nach entsprechendem Antrag bei Gericht mit Ordnungsgeld geahndet werden (BayObLG ZMR 1983, 107).

Beispiel: Anpflanzungen (zB Johannisbeersträucher), die teilweise bis zu 50 cm die Trennlinie überschreiten, rechtfertigen ein Ordnungsgeld von 25.000 EUR (BayObLG aaO).

23H **Hauszugangsweg:** Ein SNR an einem Hauszugangsweg bringt idR mit sich, dass der Inhaber über die Instandhaltungsmaßnahme und das Schneeräumen bestimmen darf, jedoch auch die Kosten trägt (BayObLG DWE 1985,

Rechte des Wohnungseigentümers § 13

95). Die Verkehrssicherungspflicht (zB Streupflicht) obliegt hierbei dem Inhaber des SNR (BayObLG aaO).

Kfz-Platz: Soweit einem WEer ein SNR an einem Kfz-Platz eingeräumt wurde, kann er diesen auch Dritten, zB durch Mietvertrag, überlassen. Der WEer hat alles zu unterlassen, was die Gebrauchsrechte der Nachbarn beeinträchtigen könnte. 23K

Beispiel: Der Einstellplatz wird mit Absperrpfählen (BayObLG MDR 1981, 937) oder einem Holzverschlag (OLG Frankfurt DWE 1987, 96) eingegrenzt, so dass der Nachbar den ihm zugewiesenen Platz nicht mehr uneingeschränkt nutzen kann, anders aber bei umklappbaren Metallsperrbügeln, wenn sie nicht in rechtserheblicher Weise beeinträchtigend sind (OLG Schleswig WE 1997, 128), anders wiederum, wenn sie es doch tun (LG Düsseldorf NZM 2013, 427).

Das SNR am Pkw-Stellplatz berechtigt nicht zum ständigen Abstellen eines Wohnmobils (BayObLG WE 1992, 348), es sei denn, er ist groß genug (KG NZM 2000, 511, zB 60 qm). Erst recht berechtigt das SNR an einem Kfz-Stellplatz nicht zur dauerhaften (jahrelangen) Lagerung eines abgemeldeten und nicht fahrfähigen KFZ (LG Hamburg ZMR 2009, 548). S. Abstellplatz.

Landesnachbarschaftsgesetz: Einhaltung von Abstandsflächen. s. Garten. 23L

Speicherräume: Ein sondergenutzter Speicherraum darf nicht zu Wohnzwecken ausgebaut werden (LG München ZMR 2014, 53; BayObLG NJW-RR 1991, 140; ZMR 1993, 476). 23S
Stellplatz: S. Abstellplatz und KFZ-Platz.

Terrasse: Das SNR an einer Terrasse gestattet nicht die dauerhafte Aufstellung eines Oldtimers (BayObLG DWE 1982, 133) und die Anbringung einer Vertikalmarkise (KG WuM 1994, 99), aber das Recht zum Aufschütten oder Vergrößern kann nach den Umständen gegeben sein (BayObLG WE 1997, 317 bei 0,5 m, OLG Karlsruhe NZM 2001, 758; aA OLG Schleswig ZWE 2001, 200; OLGR Celle 1996, 193). 23T

Wand: ZB Gabionwand in Gartenanlage unzulässig (LG Frankfurt ZWE 2014, 221). 23W
Weg: S. Hauszugangsweg. Steht zwei WEern an einem Weg das SNR zu, so regelt sich das Verhältnis der beiden WEer nach dem BGB (§§ 741 ff.; BayObLG WE 1994, 17).

Zaun: Kommt auf Einzelfall an, wenn keine Ortsüblichkeit: unzulässig, OLG Köln ZMR 2008, 817; s. § 22 Rn. 51 Zaun. 23Z
Zugang: Er kann nicht über die Fläche des fremden SNR verlangt werden, wenn ausreichender (wenn auch weiterer und umständlicher) anderer Zugang vorhanden ist (BayObLG ZMR 1996, 509). Fehlt dieser, dann Verlangen zulässig (OLG Stuttgart ZMR 2001, 730).

§ 14 Pflichten des Wohnungseigentümers

Jeder Wohnungseigentümer ist verpflichtet:
1. die im Sondereigentum stehenden Gebäudeteile so instand zu halten und von diesen sowie von dem gemeinschaftlichen Eigentum nur in solcher Weise Gebrauch zu machen, daß dadurch keinem der anderen Wohnungseigentümer über das bei einem geordneten Zusammenleben unvermeidliche Maß hinaus ein Nachteil erwächst;
2. für die Einhaltung der in Nr. 1 bezeichneten Pflichten durch Personen zu sorgen, die seinem Hausstand oder Geschäftsbetrieb angehören oder denen er sonst die Benutzung der in Sonder- oder Miteigentum stehenden Grundstücks- oder Gebäudeteile überläßt;
3. Einwirkungen auf die im Sondereigentum stehenden Gebäudeteile und das gemeinschaftliche Eigentum zu dulden, soweit sie auf einem nach Nrn. 1, 2 zulässigen Gebrauch beruhen;
4. das Betreten und die Benutzung der im Sondereigentum stehenden Gebäudeteile zu gestatten, soweit dies zur Instandhaltung und Instandsetzung des gemeinschaftlichen Eigentums erforderlich ist; der hierdurch entstehende Schaden ist zu ersetzen.

Übersicht

	Rn.
1. Normzweck	1
2. Instandhaltungs- und Nutzungspflicht	2
a) Instandhaltung	3
b) Nachteil	4
c) ABC der möglichen Nachteile	5
3. Folgen eines Verstoßes gegen Nr. 1 und 2	
a) Unterlassung	7
b) Schadensersatz	7a
4. Änderung der vereinbarten Nutzung	8
5. Einhaltung der Pflichten durch Dritte	10
6. Duldungspflicht bei Sondereigentum	11
7. Betretungsrecht bzw. Gestattungspflicht (Nr. 4)	12
a) Duldung	13
b) Umfang	14
c) Schadensersatz	15
d) Beispiele für einen Schaden	16
e) Sicherheitsleistung	17
f) Beschluss	18
8. Haftung der Wohnungseigentümer und des Verbandes	
a) Haftung der Wohnungseigentümer oder eines Eigentümers	19
b) Haftung der Gemeinschaft (Verband)	21
c) Haftung für Dritte	22
d) Haftung aus Vereinbarung	24
e) Haftung gegenüber außenstehenden Dritten	25

Pflichten des Wohnungseigentümers §14

1. Normzweck

Dieser Paragraph konkretisiert die aus der Gem entspringenden Schutz- und Treuepflichten, die ihre Grundlage in § 242 BGB haben,[1] und regelt die **Beschränkung des SEigentümers**, die sich durch die räumliche Enge des nachbarschaftlichen Verhältnisses in einem Gebäude ergibt und zwar abschließend; weitergehende Ansprüche aufgrund des zwischen den WEern bestehenden gesetzlichen Schuldverhältnisses, das die Grundlage für Treue- und Rücksichtnahmepflichten (iSv § 241 Abs. 2 BGB) darstellt, kommen daneben nicht in Betracht.[2] Er gilt allumfassend, auch für Anlagen und Einrichtungen (§ 5 Abs. 2). Die Einschränkungen erfolgen aus Gründen des Gemverhältnisses, sind je nach der Art der Anlage entsprechend intensiv und ggf. durch Vereinb (§ 15) ergänzt. 1

Beispiel: In einer Mehrhauswohnanlage bestehend nur aus Einfamilienhäusern kann § 14 bedeutungslos sein.

Deshalb ist er ganz (in Rahmen der allgemeinen Grenzen § 10 Rn. 21) oder teilweise **abdingbar** (Rn. 19), zB Schadensersatz gemäß Nr. 4 nur bei Verschulden.

2. Instandhaltungs- und Nutzungspflicht

Nr. 1 umschreibt die sog **Instandhaltungs- und Nutzungspflicht** des SE. Hiernach ist der WEer gehalten, auch die in seinem SE stehenden Gebäudeteile so zu nutzen und instand zu halten, dass dadurch keinem anderem WEer **ein Nachteil** entsteht. 2

a) Instandhaltung

Jeden WEer trifft **die Pflicht zur Instandhaltung** seines SE auf eigene Kosten. Dabei hat er Gefahren durch sein SE von anderen fern zu halten, zB Beheizung der Räume bei Frostgefahr.[3] Den einzelnen WEer trifft jedoch keine Pflicht, ohne einen Anlass die Heizkörper in seiner Wohnung in regelmäßigen Abständen von einem Fachmann überprüfen zu lassen[4] oder zur Verbesserung[5] oder Anpassung an Stand der Technik,[6] ebenso beim Gebrauch (zB Schallschutz bei Fussboden[7]). Siehe weitere Einzelheiten unter Rn. 5. 3

---

[1] BayObLG DWE 1990, 30.
[2] BGH NJW 2012, 2725 Rn. 17.
[3] BayObLG WuM 1989, 341.
[4] OLG Frankfurt OLGR 2005, 852.
[5] OLG Hamm WE 1997, 356.
[6] BGH NJW 2012, 2725 Rn. 10; OLG Stuttgart NJW-RR 1994, 1497.
[7] BGH NJW 2012, 2725.

§ 14 I. Teil. Wohnungseigentum

b) Nachteil

4 Unter **Nachteil** ist nach der Rspr[8] jede nach dem Empfinden eines verständigen WEers nicht ganz unerhebliche Beeinträchtigung zu verstehen.[9] Er ist aber erst dann nicht hinzunehmen, wenn er eine nicht ganz unerhebliche, konkrete und objektive Beeinträchtigung darstellt,[10] psychische Beeinträchtigungen müssen geeignet sein, das körperliche Wohlbefinden des Gestörten zu beeinträchtigen.[11] Die nähere Ausgestaltung kann sich aus der GO ergeben oder deren Ausgestaltung zu beachten sein.[12] Aus einem solchen Nachteil ergibt sich aber keine Pflicht, selbst Arbeiten vornehmen, zB Versetzen von Blumentrögen.[13] Das Vorliegen eines Nachteils ist immer anhand aller **Umstände des Einzelfalles** zu beurteilen.[14] Diese können sein: örtliche Gegebenheit in Verbindung mit der Lage und dem Charakter der Anlage (zB Schlüssel für einen Block einer Mehrwohnhausanlage kann nur den WEern in diesem Block ausgehändigt werden)[15] oder der Umgebung.[16] Als verfassungsrechtliche Grundlage streiten auf der einen Seite die Eigentums- und Freiheitsrechte (Art. 13 und 14 GG) des WEer's und auf der anderen Seite die Eigentumsrechte (Art. 14 GG) der übrigen WEer, diese widerstreitenden grundrechtlich geschützten Rechtspositionen der Vertragsparteien müssen von der Rspr. zu einem angemessenen Ausgleich gebracht werden (deshalb Hausverbot in der Gem für betreuenden Dritten aufgehoben[17]). Desweiteren geben gesetzliche Vorschriften Anhaltspunkte, wie zB Baurecht,[18] Landesnachbarrecht[19] oder BGB (zB § 906[20]), jedoch nicht die Regeln des Nachbarschaftsgesetzes des betreffenden Bundeslandes, wohl aber im Rahmen einer eventuell vorzunehmenden Interessenabwägung,[21] weil diese den tatsächlichen, beengten Verhältnissen innerhalb einer WEerGem nicht angeglichen sind,[22] es sei denn, die Verhältnisse sind so, dass zB die SNRe zueinander als eigenständige Grundstücke mit entsprechenden Grenzen angesehen werden

---

[8] BVerfG NJW 2010, 220; BGH NZM 2012, 239 Rn. 8; 2011, 512, unter nahen Familienangehörigen ist jedoch die gesetzliche Verpflichtung zur Rücksichtnahme zu beachten, § 1618 a BGB; BayObLG NJW-RR 1993, 336 u. 1361.

[9] BVerfG NJW 2010, 220; NJW-RR 2005, 454.

[10] BGH NZM 2012, 239; 2001, 196.

[11] KG WuM 1988, 28.

[12] BGH NZM 2012, 239 Rn. 8.

[13] BayObLG WuM 1995, 728.

[14] OLG München OLGR 2005, 645.

[15] OLG Frankfurt DWE 1998, 44.

[16] KG ZMR 2000, 402.

[17] BVerfG NJW 2010, 220.

[18] BVerfG ZMR 2006, 453, wobei der Nachteil sich nicht allein aus formeller oder materieller Baurechtswidrigkeit ergibt, OLG München NJW-RR 2005, 1324.

[19] BGH NJW 2007, 3636.

[20] BayObLG NJW-RR 2005, 385; OLG Stuttgart NZM 2006, 141; aA BGH NJW 2010, 2347; LG Karlsruhe ZWE 2012, 102; LG Itzehoe ZMR 2010, 792; anders OLG Düsseldorf ZMR 2001, 910 zu § 910 BGB.

[21] OLG Hamm NZM 2003, 156, deshalb keine Ausschlusfristen.

[22] Im Ergebnis derselben Auffassung KG NJW-RR 1987, 1360; aA BayObLG NJW-RR 1987, 846.

können.[23] Das OLG Düsseldorf[24] kommt zum selben Ergebnis, weil es sich beim Nachbarrechtsgesetz nicht um zwingende gesetzliche Vorschriften des öffentlichen Rechts handelt, die allein die Grenze der Regelungskompetenz einer WEerGem darstellen würden.

Beispiel: Bei Errichtung von Zäunen,[25] bei Grenzabständen und der Höhe von Bäumen oder Sträuchern[26] können die Regeln des Nachbarrechtsgesetzes des betreffenden Bundeslandes nicht herangezogen werden.

Herangezogen werden können auch Anforderungen, die keine Rechtsvorschriften sind, aber in anerkannten technischen Regelwerken enthalten sind, zB DIN-Normen[27] oder VDI-Richtlinien oder Immissionsschutzgesetze (zB 26 BimSchV), s. Trittschallschutz.

c) ABC der möglichen Nachteile

In **ABC-Form** werden folgende mögliche **Nachteile** aufgezählt: 5

Abgeschlossenheit: Die Aufhebung ist keine Beeinträchtigung (OLG München ZWE 2007, 318; OLG Frankfurt ZWE 2006, 409; BGH NZM 2001, 197), zB durch Wanddurchbruch.
Aufteilung eines Altbaues in WE: Hier ist Grundlage der bei WE-Begründung bestehende Zustand. Keine Verpflichtung des einzelnen WEers (OLG Stuttgart WE 1995, 24) oder der Gem (OLG Celle NZM 2005, 379) durch nachträgliche Maßnahmen den Schallschutz zu verbessern. Werden Maßnahmen durchgeführt, müssen sich diese im Rahmen der anerkannten technischen Standards zur Zeit der Ausführung (OLG Frankfurt NZM 2005, 68) bzw. zur Zeit der Gebäudeerrichtung (OLG Saarbrücken ZMR 2006, 802) halten und nicht zu größeren Beeinträchtigungen führen als vorher (OLG Hamm ZWE 2001, 389). S. Immissionen.

Balkon oder Balkonbrüstung: S. optische Beeinträchtigung.
Baugestaltung: S. Entwertung.
Bausubstanz: Ein Eingriff in die Bausubstanz reicht nach OLG Zweibrücken allein nicht, es muss ein Eingriff mit einiger Erheblichkeit sein (WE 1999, 139; AG Hannover ZMR 2008, 920).
Beeinträchtigung: S. Sicherheit und Mitgebrauch.
Belegbarkeit, Belegung: Eine Vergrößerung der **Belegbarkeit** des SE und eine damit einhergehende erhöhte Nutzung des GE allein können einen Nachteil nicht begründen, zumindest wenn es dazu keine Anhaltspunkte im konkreten Fall gibt. Allein durch bauliche Schaffung erfolgt dies nicht (BGH NZM 2001, 196). IÜ auch deshalb, weil eine größere Belegung durch eine

5A

5B

---

[23] OLG Köln ZMR 1997, 47.
[24] OLGZ 1985, 426; OLG Düsseldorf ZMR 2001, 910 zu § 910 BGB.
[25] OLG Düsseldorf OLGZ 1985, 426.
[26] BayObLG NJW-RR 1987, 846.
[27] BGH NJW 2012, 2725; BayObLG NZM 2000, 504.

Vermietung an mehr Personen als bisher erfolgen kann (Sauren S. 49; aA BayObLG NJW-RR 1992, 273 mwN bei BGH aaO). Bei **Belegung** ist die Größe der Einheit und der Belegungsart entscheidend (BayObLG NJW 1992, 917). Richtgröße sind 10qm pro Person bzw. 6qm bei Kind (BayObLG NJW 1994, 1662; KG NJW 1992, 3045; OLG Stuttgart NJW 1992, 3046).

Benutzbarkeit: Eine intensivere Benutzbarkeit des GE bzw. eine intensivere Nutzung und damit regelmäßig verbundene nachteilige Auswirkungen, auch wenn ein Sondernutzungsrecht besteht ist, stellen keinen Nachteil dar, da die Veränderung von Anzahl und Größe der in der Anlage vorhandenen Wohnungen nicht geschützt ist (BGH NZM 2001, 196; aA BayObLG NZM 2003, 242; 2004, 836). Anders auch für Möglichkeit einer intensiveren Nutzung nach Ausbau eines Schwimmbades (LG München I ZMR 2011, 504), sowie nach Aufstockung eines Reihenhauses um ein Vollgeschoss (LG Hamburg ZMR 2010, 550). S. Belegbarkeit.

Bestimmungszweck: In der Veränderung des Bestimmungszweckes des GE liegt allein keine Beeinträchtigung iSd § 14 (Folgerung aus BGH NJW 2001, 1212). Vielmehr ist zu fragen, ob die andersartige Nutzung mehr stört oder beeinträchtigt als die bestimmungsgemäße. Wenn dies zu bejahen ist, liegt ein Nachteil vor (OLG Frankfurt ZWE 2012, 35).

Beispiel: Umwandlung einer Dachfläche in eine begehbare Terrassenfläche (OLG Hamburg MDR 1985, 501).

Brandgefahr: Auch eine evtl. nur entfernte Gefahr soll nach der Rspr. ausreichen (LG Düsseldorf WuM 1991, 52; OLG Hamburg DWE 1987, 98).

5D **Dachundichtigkeit, Durchfeuchtungsgefahr:** S. Brandgefahr.

Duftkerzen: Das Abbrennen einer Duftkerze auf dem Balkon kann eine bestimmungswidrige Benutzung des SE darstellen, hängt aber von den in ihrer Gesamtheit zu würdigenden Gegebenheiten (Geruchsintensität, Häufigkeit, schikanöse Begleitumstände etc.) ab (OLG Düsseldorf ZMR 2004, 52).

Durchbrechung: S. Verbindung.

5E **Einsehbarkeit:** Wird durch Maßnahme fremdes SE erst einsehbar, liegt Nachteil vor (OLG Köln NZM 1999, 263). Führt eine Vergrößerung der Fenster nur zu einer graduell größeren Einsehbarkeit der darunter liegenden Balkone, soll nach LG Hamburg die Maßnahme den übrigen WEern zumutbar sein (ZMR 2008, 825).

Energieeinsparung: Bei der eventuell (vgl. zur Zulässigkeit § 22 Rn. 35) vorzunehmenden Interessenabwägung ist eine mögliche Energieeinsparung, da sie auch im öffentlichen Interesse liegt, als erhebliches Interesse zu berücksichtigen. Geringfügige optische Beeinträchtigungen sind demgegenüber hinzunehmen.

Beispiel: Sichtbare Ersetzung von Normalfenstern durch Thermopanefenster (OLG Köln NJW 1981, 585).

Entwertung wirtschaftlich vorteilhafter Baugestaltung, zB Ausgestaltung eines WE: Nachteil (OLG Stuttgart WE 1991, 139).

Pflichten des Wohnungseigentümers § 14

Beispiel: Verbindung von Arztpraxis und Apotheke wird durch Baumaßnahme zum Teil zerstört.

Erscheinungsbild: S. optische Beeinträchtigung.

Gefährdung: Die Gefährdung von Kindern durch rangierende Autos soll nach dem AG Siegburg (DWE 1988, 70) ausreichen. 5G

Geräusche: S. Immissionen.

Geruch, Geruchsstoff: Versprüht ein Eigentümer eigenmächtig Geruchsstoffe (Parfum) im Treppenhaus, so liegt hierin eine bestimmungswidrige Nutzung (OLG Düsseldorf ZMR 2004, 52). S. Immissionen.

Hausmeisterwohnung: Durch die teilweise Auflösung geht den WEer auch die Möglichkeit verloren, einen günstigeren Hausmeister zu beschäftigen oder die Wohnung insoweit anderweitig zu vermieten (LG München I ZMR 2011, 504). Dies ist Nachteil. 5H

Heizkostenmehraufwand, zB bei Dachausbau: Nachteil (BayObLG WuM 1995, 65).

Hellhörigkeit: Reicht allein nicht zur Verpflichtung eines WEers, Maßnahmen zu ergreifen (OLG Düsseldorf ZMR 2002, 297).

Immissionen: Sowohl **Geruchs-,** wie auch **Geräuschbelästigungen** (zB aus der Küche, OLG Düsseldorf NZM 2008, 726; OLG Köln ZMR 1998, 46) können einen Nachteil darstellen (OLG Stuttgart WE 1991, 139), zB während der Bauzeit (BayObLG WE 1991, 254). Zur **Festellung der Erheblichkeit** werden technische Regelwerke herangezogen, zB DIN-Norm (BGH NJW 2012, 2725; BayObLG NZM 2000, 504) bei Erneuerung von Bad und WC oder Fussboden, TA Luft- und Lärm (AG Reutlingen ZMR 2013, 151) oder auch § 906 BGB analog (BayObLG ZWE 2000, 412), zB bei Kinderlärm (OLG Schleswig WuM 2002, 229), dh normale Geräusche zulässig oder mit zugelassenem Gewerbebetriebs verbundene (OLG München ZMR 2007, 215). Darüber hinausgehende Benutzung unzulässig, zB Beschimpfung (KG NJW-RR 1988, 586), Beleidigungen (OLG München NJW 2008, 80), Musik (BayObLG NJW-RR 1994, 337), Trampeln (BayObLG NJW-RR 1994, 598) oder Geschrei, laute Musik, Springen und Trampeln auf der Treppe in der häuslichen Wohnung, Möbelrücken oder Türenknallen (OLG Düsseldorf NJW 2009, 3377). S. Rn. 3. 5I

Beispiel: Verlegung des Mülltonnenplatzes, soweit damit Immissionen verbunden sind (OLG Karlsruhe OLGZ 1978, 174), oder durch Gasetagenheizung (OLG Düsseldorf NJWE 1997, 251).

Geruchsbelästigungen sind erst dann **unwesentlich**, wenn ein durchschnittlicher Mensch sie kaum noch empfindet (BGH NJW 1987, 440, 441). Andererseits muss der WEer nur die normalen Maßnahmen ergreifen, bei Gerüchen zB eine Dunstabzugshaube einbauen (BayObLG ZWE 2000, 412). Wird in der TEerkl eine TE-Einheit mit einer bestimmten Zweckbestimmung ausgewiesen (etwa KFZ-Handel), sollen nach dem AG Oberhausen Beeinträchtigungen anderer WEer, die typischerweise mit einer zulässigen Nutzung innerhalb dieser Zweckbestimmung in einer bestimmten Art und

§ 14   I. Teil. Wohnungseigentum

Weise einher gehen, hinzunehmen sein. Es sollen lediglich keine Nachteile entstehen dürfen, die nach der gegebenen Zweckbestimmung bei Vornahme zumutbarer Vorsorgemaßnahmen vermeidbar sind (AG Oberhausen ZMR 2011, 999). S. Mobilfunk und Rauchen.

Instandsetzung: Erschwerung der Instandsetzung ist Nachteil (BGH NJW 2014, 1090).

Intensivierung: S. Verstärkung.

5K   **Kamera:** S. Persönlickeitsrecht.

Kerzen: S. Duftkerzen.

Konkurrenz: Dem Anspruch eines WEers, dass ein anderer in seinen als Wohnung ausgewiesenen Räumen den Betrieb eines Gewerbes unterlasse, ist unbegründet, wenn der Antragsteller in seiner Wohnung das gleiche Gewerbe betreibt und es ihm nur darum geht, unerwünschten Wettbewerb auszuschalten (BayObLGWE 1997, 69).

Kostenbelastung: Ist mit einer baulichen Veränderung eine Kostenbelastung eines WEers verbunden, so liegt darin ein Nachteil (KG ZMR 1985, 347; OLG Celle DWE 1986, 54), soweit sie nicht gemäß § 16 Abs. 6 ausgeschlossen ist (BGH NJW 1992, 979). Die Möglichkeit, dass ein WEer insolvent wird, reicht nicht (BayObLG ZWE 2004, 91). Ebenso nicht ausreichend die allgemeine Kostenbelastung aller Wohnungseigentümer (AG Hannover ZMR 2005, 313).

Kriminalität: Gefahr der erhöhten Kriminalität in und um die ETWs und die zu erwartende Beeinträchtigung des Sicherheitsgefühls durch die Ansiedlung einer Spielhalle stellen Nachteil nach LG München I dar (ZMR 2012, 482).

5L   **Lärmbelästigung:** S. Immissionen.

5M   **Mitgebrauch:** Wird das Recht eines WEers auf den Mitgebrauch einer zum GE gehörenden Fläche beeinträchtigt, so liegt hierin ein Nachteil iSd § 14 (LG Karlsruhe ZWE 2009, 327; LG München I ZMR 2009, 482; OLG München NJW-RR 2008, 393).

Beispiel: Bau eines Anbaus (BayObLG NJW-RR 1987, 717).

Bei minimalen Verstößen (zB ein 75 cm breiter Grundstücksstreifen wird in einen Balkonanbau einbezogen) reicht dies jedoch nicht (BayObLG WuM 1991, 215).

Mobilfunk: Strahlung durch Mobilfunk kann Nachteil sein (OLG Hamm NJW 2002, 71), jedoch nicht bei erheblicher Unterschreitung der Grenzwerte (BayObLG WuM 2004, 726). Allerdings nach OLG München auch bei Einhaltung der Grenzwerte Nachteil gegeben. Wegen der allgemeinen Befürchtung einer erhöhten Strahlenbeladtung komme es zu einer negativen Auswirkung auf den Verkehrswert, bzw. die Mieten, ohne dass es auf die Berechtigung dieser Befürchtung ankomme (OLG München ZMR 2007, 391, fraglich).

5N   **Nachahmung:** Allein die Befürchtung, dass andere WEer zur Nachahmung animiert werden könnten und dadurch Nachteile entstehen würden, kann ausreichend sein (LG Karlsruhe ZWE 2012, 138; OLG Hamburg DWE 1987,

§ 14 Pflichten des Wohnungseigentümers

98; OLG Zweibrücken WE 1999, 139), aber nicht ohne Nachteil (BayObLG NZM 2002, 256). Ausreichend ist auch, wenn erst bei einer Nachahmung ein Nachteil entsteht.

Beispiel: Anbringung eines zusätzlichen Heizkörpers (OLG Schleswig NJW-RR 1993, 24), eines zusätzlichen Durchlauferhitzers (OLG Frankfurt vom 1.4.1993 – 20 W 12/92), Nachtstromversorgung (BayObLG NJW-RR 1988, 1164) oder durch einen Notkamin (BayObLG WE 1996, 317).

Anders aber OLG Celle, welches Nachahmungseffekt für unerheblich hält. Es sei alleine auf das konkrete Verfahren abzustellen. Daher könne es keine wie auch immer geartete Präventivwirkung geben (ZMR 2008, 391).

Neugestaltung und Neuanlagen: Müssen keine Nachteile darstellen, wie zB das Bepflanzen von Balkonen und Terrassen (selbst unter Zuhilfenahme von Schnüren an diesen), wenn dadurch der optische Gesamteindruck der Wohnanlage nicht beeinträchtigt wird (OLG Köln WuM 2006, 169; BayObLG MDR 1984, 406).
Nutzung, Nutzungsintensität: S. Belegbarkeit, Benutzbarkeit.

Optische Beeinträchtigung: Nach dem BGH stellen diese einen Nachteil dar, wenn sie sich objektiv nachteilig auf das äußere Bild auswirken (NJW 1992, 978; BayObLG NJW-RR 2003, 952; aA – Nachteiligkeit nicht erforderlich – OLG Köln NZM 2000, 765). Deshalb immer abzugrenzen zu einer Gebrauchswerterhöhung, welche voraussetzt, dass die Maßnahme aus der Sicht eines verständigen Eigentümers eine sinnvolle Neuerung darstellt, die voraussichtlich geeignet ist, den Gebrauchswert des WE's nachhaltig zu erhöhen; an einer solchen sinnvollen Neuerung wird es unter anderem dann fehlen, wenn die entstehenden Kosten bzw. Mehrkosten außer Verhältnis zu dem erzielbaren Vorteil stehen (BGH NZM 2013, 193 für Balkonbrüstung). Damit muss die Maßnahme für die anderen sichtbar sein (BGH NJW 2004, 937). Ist eine erhebliche optische Veränderung der Anlage weder als modernisierende Instandsetzung noch als Modernisierungsmaßnahme einzuordnen, bedarf sie als nachteilige bauliche Maßnahme der Zustimmung aller (BGH NZM 2013, 193). Bei einem Balkon liegt nach LG Hamburg ein Nachteil in dem Verlust der „Freiluftlage" eines Balkons dadurch, dass oberhalb eine immerhin mehr als 1,0 m in den Luftraum ragende Balkonkragplatte angebracht wird, die auch noch die gesamte Breite des vormals „letztgeschossigen" Balkons überdeckt (LG Hamburg ZWE 2012, 287)

Beispiel: Verglasung einiger Balkone (BayObLG ZMR 1987, 382).

Bei kleineren Änderungen kann oft eine Beeinträchtigung fehlen.

Beispiel: Umwandlung eines Fensters in ein Schiebeelement (OLG Düsseldorf DWE 1989, 177). Dies stellt aber nur dann einen Nachteil dar, wenn sie von außerhalb der ETW des betroffenen WEers sichtbar ist (BayObLG NZM 2000, 392).

Parfum: S. Geruchsstoff.
Persönlichkeitsrecht: Grds. ist Beeinträchtigung des Persönlichkeitsrechts (etwa bei Überwachung durch Videokamera) Nachteil (OLG Köln ZMR

2008, 559; OLG Düsseldorf NJW 2007, 780). Dieser ist nach BGH aber jedenfalls dann ausgeschlossen, wenn die Kamera nur durch Betätigung der Klingel aktiviert wird, eine Bildübertragung allein in die Wohnung erfolgt, bei der geklingelt wurde, die Bildübertragung nach spätestens einer Minute unterbrochen wird und die Anlage nicht das dauerhafte Aufzeichnen von Bildern ermöglicht (NJW-RR 2011, 949) oder bei Attrappe (LG Frankfurt ZMR 2014, 306).

Plakatieren: Das Plakatieren von Türen in den Hausfluren unter Einschluss der Kellerflure ist zu unterlassen, soweit durch die betreffenden Bilder, Postkarten etc. persönliche weltanschauliche, politische, philosophische, religiöse oder sexuelle Botschaften oder vergleichbare persönliche Wertungen und Haltungen, auch ästhetischer Natur, transportiert werden (AG Hamburg ZMR 2012, 139).

5R **Rauchen:** Das übermäßige Rauchen im Hausflur von bis zu fünf Zigaretten täglich reicht nach dem AG Hannover für einen Unterlassungsanspruch (NZM 2000, 520). Aber Beeinträchtigungen von Zigarettengerüchen sind im WE hinzunehmen (AG Hamburg ZMR 2001, 1015).

Reparaturanfälligkeit: Soweit sich diese erhöht, reicht dies für eine Beeinträchtigung aus (OLG Hamm NJW-RR 2004, 105; OLG Schleswig WuM 2002, 686). Anders aber LG Itzehoe für den Fall, dass der bauende Eigentümer alle Mehrkosten übernimmt (ZMR 2012, 219).

5S **Schäden:** Auch die nicht sicher ausschließbare Gefahr zukünftiger Schäden reicht aus (BayObLG ZWE 2002, 315) oder die Erschwerung der Feststellung, Zuordnung oder Behebung von Schäden (OLG Frankfurt ZWE 2006, 243; OLG Hamm NJWE 1997, 277).
Schallschutz: S. Trittschallschutz.
Sicherheit: Die Beeinträchtigung der Sicherheit ist ein Nachteil (OLG Celle NdsRpfl 1981, 38), jedoch bei einer Umstellung von einer Elektroheizung auf eine Gasheizung in einem WE zu verneinen (OLG Frankfurt OLGZ 1993, 51).
Stabilität: Soweit die (konstruktive) Stabilität in Frage steht, ist dies ebenfalls ein Nachteil (BayObLG NJW-RR 1992, 272). Ebenso bei Eingriff in die Statik (LG Hamburg ZMR 2010, 550).

5T **Tierhaltung:** S. § 21 Rn. 12.
Treppenlift: Die durch den Einbau verursachte Verringerung der Breite der Treppe unter die nach der LBauO geforderte Mindestbreite kann hinzunehmen sein (OLG München NZM 2005, 707). Abzuwägen sind nach OLG München auf der einen Seite das Maß der Beeinträchtigung des behinderten WEers und ob er die Treppe mit Hilfe anderer Hilfsmittel überwinden könne und auf der anderen Seite die Intensität der notwendigen baulichen Maßnahmen, die nach Einbau verbleibende Nutzbarkeit der Treppe während und außerhalb der Benutzung des Treppenliftes, sowie ggfls. zusätzliche Behinderungen anderer älterer MEer in den darüber liegenden Geschossen oder die Beeinträchtigung von Flucht- und Rettungswegen (OLG München NJW-RR 2008, 1332).

§ 14

Trittschallschutz des SE's: Ausgangspunkt ist der Trittschallschutz (DIN 4109) zum Zeitpunkt der Gebäudeerrichtung (BGH NJW 2012, 2725 Rn. 10) bzw. bei einer Altbauaufteilung diejenige zum Aufteilungszeitpunkt (OLG Düsseldorf NZM 2008, 288). Ein höherer Schutz kann sich aus Vereinb oder Ausstattung oder äußeren Umständen, wozu etwa die bei ihrer Errichtung vorhandene Ausstattung oder das Wohnumfeld zählen, ein besonderes Gepräge erhalten hat, ergeben (BGH NJW 2012, 2725 Rn. 11). Die erhebliche Beeinträchtigung stellt einen Nachteil dar (aber nicht 1 Dezibel, BGH NJW 2012, 2725). **Änderung der Gegebenheiten**, zB Auswechseln des Fußbodens (zB Parkett statt Teppich): die Anforderungen der DIN 4109 – ua betreffend den Trittschallschutz – sind dabei einzuhalten (BGH NJW 2012, 2725; OLG Frankfurt NZM 2005, 69), es sei denn, Nachteile werden durch Oberbelag ausgeglichen (OLG Hamm ZMR 2001, 842) oder der höhere Standard zum Zeitpunkt des Ausführens ist zu erfüllen (OLG München ZMR 2007, 809; ZWE 2008, 335 m. Anm. Sauren; Sauren ZWE 2009, 448; **aA BGH** NJW 2012, 2725; OLG Brandenburg ZWE 2010, 272 reicht ursprünglicher Standard). Darüberhinaus haben die WEer **keinen Anspruch auf die Beibehaltung der einmal höher geschaffenen Schallschutzsituation**, weil sich die Ausstattung im Hinblick darauf, dass der Eigentümer in der Wahl des Bodenbelags frei ist, letztlich als zufällig erweist (OLG Düsseldorf NJW-RR 2008, 681, 682; LG München I NZM 2005, 590, 591; AG Hamburg ZMR 2010, 406; Hogenschurz MDR 2008, 786, 788; aA OLG Schleswig OLGR 2007, 935, 936). Das gilt selbst dann, wenn der Belag über lange Zeit in der Wohnung belassen wurde und wenn der Schallschutz mit diesem Belag höher war. Hierdurch wird der Eigentümer in seiner Freiheit, was die künftige Ausgestaltung seines Sondereigentums betrifft, nicht eingeschränkt. Es gibt keinen allgemeinen Anspruch auf Beibehaltung eines vorhandenen Trittschallschutzes (BGH NJW 2012, 2725; aA OLG Schleswig OLGR 2007, 935, 936). WEer kann aber nicht auf Mangelhaftigkeit des GE-Estrich verweisen, wenn Sanierung dessen ein Mehrfaches kostet (OLG Düsseldorf ZMR 2002, 70), oder von darüberliegendem WEer verlangen, dass er die Nutzung unterlässt (OLG Köln ZMR 2002, 77). Hat der WEer aber nichts veranlasst, so ist der Antrag gegen die WEerGem zu richten (OLG Köln NZM 2001, 135). Bei der Aufteilung eines Altbaus in WE ist der einzelne WEer jedoch nicht verpflichtet, durch nachträgliche Maßnahmen den Schallschutz zu verbessern (OLG Stuttgart WE 1995, 24), s. iÜ § 22 Rn. 35.

Umgestaltung: Die Umgestaltung eines im GE stehenden Podestes, zB durch Einbau von Schränken, ist ein Nachteil (KG NJW-RR 1993, 403). Werden in mehreren hintereinander unter einem TOP gefassten Beschl diverse einzelne Baumaßnahmen beschlossen, die alle das Ziel haben, eine Gewerbeeinheit umzubauen, darf nicht nur jede einzelne Teilbaumaßnahme für sich allein, isoliert betrachtet und auf Nachteile hin untersucht werden. Es ist dabei vielmehr auch das Gesamtvorhaben insgesamt zu beurteilen (LG München I ZMR 2012, 299; BayObLG NJW-RR 1992, 272). Wird nachträglich ein Beschl gefasst, der WEer berechtigt, aber nicht verpflichtet, nachträglich Balkone zu errichten, liegt in der mit Errichtung eines Balkons einherge-

5U

henden Verdunklung der darunterliegenden Wohnung ein Nachteil (LG Lüneburg ZMR 2011, 830).

Unwerturteil, soziales: Nutzung eines TE, welches mit sozialem Unwerturteil verbunden ist, zB Pärchenclub, soll wegen nachteiliger Auswirkungen auf den Verkehrswert oder die Miete Nachteil sein (OLG Hamburg Info M 2009, 21; OLG Köln ZMR 2009, 387; OLG Düsseldorf ZMR 2004, 447; VerfGH BerlinWuM 2003, 39; BayObLG NZM 2000, 872). Bedenklich wegen ProstG. Anders daher auch AG Wiesbaden, welches es nicht als zulässig ansieht, eine gesetzliche erlaubte Tätigkeit zu untersagen, weil breite Kreise der Bevölkerung mit ihr ein soziales Unwerturteil verbinden (ZMR 2011, 843).

5V **Verbindung:** Die Verbindung zweier Wohnungen mittels Durchbrechung ist kein Nachteil. Ob die Wand tragend oder nicht tragend ist, ist nicht entscheidend, wenn Durchbruch fachmännisch vorgenommen wurde (BGH NZM 2001, 198), ggf. besteht nach grundbuchrechtlicher Vereinb ein Anspruch auf Genehmigung (KG ZMR 1997, 197). S. § 22 Rn. 43 Durchbruch.

Verkehrssicherungspflicht: Deren Erweiterung durch Vergrößerung eines Schwimmbadbereichs und damit des Haftungsrisikos der MEer ist Nachteil (LG München I ZMR 2011, 504).

Verringerung des GE: Stellt einen über § 14 hinausgehenden Nachteil dar.

Beispiel: Anbau eines Abstellraumes (KG OLGZ 1976, 56).

Verstärkung: Die Verstärkung eines bereits als uneinheitlich angesehenen Zustandes, zB des ästhetischen Gesamteindruckes, stellt nach OLG Düsseldorf (NZM 2001, 243) einen Nachteil dar.

5W **Wohnkomfort:** Die Herstellung des allgemein üblichen Wohnkomforts ist keine Beeinträchtigung (OLG Zweibrücken NJW 1992, 2899).

5Z **Zusammenlegung:** S. Verbindung.
Zweckbindung: S. Bestimmungszweck.

6 Bei den Tatbestandsmerkmalen „**geordnetes Zusammenleben**" und „**unvermeidlicher Nachteil**" sind Interessenabwägungen vorzunehmen, die jedoch idR bereits durch die Bejahung oder Verneinung des Nachteils vorgegeben sind.

3. Folgen eines Verstoßes gegen Nr. 1 und 2

a) Unterlassung

7 Liegen Nachteile vor, kann Unterlassung bzw. Abhilfe durch geeignete Maßnahmen verlangt werden, die auch einen zukünftigen unzulässigen Gebrauch verhindern.

Beispiel: Bei Küchengerüchen Einbau einer Dunstabzugshaube.[28]

---

[28] OLG Köln ZMR 1998, 46.

Soweit die vorgenannten **Pflichten nicht erfüllt** werden, kann durch gerichtlichen Antrag auf Erfüllung oder Unterlassung (§ 15 Abs. 3 bzw. iVm § 1004 BGB) gedrungen werden. Ist GE betroffen, so ist nach dem BGH[29] jeder einzelne WEer ohne Ermächtigung berechtigt vorzugehen. Soweit WE vermietet ist, kann der WEer auch seinen Anspruch aus Nr. 1 geltend machen, ansonsten Anspruch der WEer gegen den einzelnen WEer (aus §§ 823, 1004 BGB) und Streitverkündung gegenüber dem Mieter.[30] Die einzelnen Nummern des § 14 sind sog **Schutzgesetze iSd § 823 Abs. 2 BGB**. Damit kann jeder, soweit eine schuldhafte Verletzung des § 14 vorliegt, Schadensersatz verlangen, weil sie genauso wie der Eigentumsschutz des § 1004 BGB[31] Schutzgesetze in diesem Sinne sind (vgl. zu § 14 Nr. 1[32]). Bei Störungen des Hausfriedens oder Verstößen gegen die Hausordnung durch einen Mieter kann der Verband gegen den vermietenden WEer vorgehen, der verpflichtet ist, alle in Betracht kommenden Maßnahmen zu ergreifen, um die unzulässige Nutzung zu unterbinden, zB psychische Beeinträchtigungen durch einen Mieter, die den räumlich-gegenständlichen Bereich des SE's der Anderen behindern, zu verhindern oder abzustellen.[33] Der Verband hat aber keinen Anspruch auf Durchführung bestimmter Maßnahmen, zB dass der Vermieter dem Mieter kündigt.[34] Der Unterlassungsanspruch kann von dem Verband wahlweise auch gegenüber dem Mieter geltend gemacht werden.[35]

b) Schadensersatz

IÜ kann sich bei Verschulden ein über Rn. 13 hinausgehender **Schadensersatzanspruch** ergeben,[36] den der geschädigte WEer, ohne dass der Betrag in die von den WEern beschlossene JA eingestellt ist, geltend machen kann.[37]

Beispiele: Der WEer lässt die Arbeiter nicht in seine Wohnung oder WEer nutzt Dachboden eines anderen WEer[38] oder Mietausfall wegen Lärmbelästigung.[39]

4. Änderung der vereinbarten Nutzung

Soweit **keine oder keine einschränkende Vereinb** über die **Nutzung von SE** vorliegt, ist nach hM die Zulässigkeit einer Änderung der Nutzung anhand

---

[29] WE 1992, 105.
[30] KG NJW-RR 1988, 586.
[31] BGH DB 1964, 65.
[32] KG NJW-RR 1988, 587; WuM 1989, 89; Palandt/Bassenge Rn. 13; aA Bärmann/Klein Rn. 50.
[33] OLG Saarbrücken NJW 2008, 80.
[34] BayObLG WE 1992, 53; KG WuM 2000, 264.
[35] OLG Zweibrücken ZMR 1997, 481; OLG München DWE 1993, 30; AG Hannover ZMR 2002, 873 (Blumenkästen an Balkonbrüstung); aA AG Hannover ZMR 2010, 153.
[36] BayObLG ZMR 1988, 345.
[37] BayObLG WE 1992, 23.
[38] OLG Stuttgart WE 1994, 112.
[39] BayObLG ZMR 2002, 285.

von § 14 Nr. 1 zu prüfen. Unzulässig ist deshalb zB ein Bordell in einem TE[40] oder in einem WE.[41] Bei der Zulässigkeit ist zu berücksichtigen, dass § 13 Abs. 1 eine Nutzung in sonstiger Weise gestattet und damit zB eine gewerbliche oder berufliche Nutzung grundsätzlich zulässig ist. Nur aus wichtigem Grund, also ausnahmsweise, ist folglich eine solche Nutzung durch die Gerichte zu untersagen.[42]

9 Deshalb ist ua **zulässig:**
– in einer Wohnung eine Arztpraxis,[43] eine Zahnarztpraxis in einer Wohnung im Erdgeschoss[44] oder ähnliche freiberufliche, zB anwaltliche, Tätigkeit;[45]
– die laufende Vermietung an Feriengäste,[46] einschränkend jedoch bei Vereinb;[47]
– normale Haustierhaltung;[48]
– ortsübliche Werbung im SE, zB an der Fensterscheibe;[49]
– s weiter die ausführlichen ABCs § 15 Rn. 16 ff. und § 21 Rn. 12 ff.

5. Einhaltung der Pflichten durch Dritte

10 Nach **Nr. 2** hat der WEer auch für die Einhaltung der Pflichten durch die zu seinem **Hausstand** oder seinem **Geschäftsbetrieb gehörenden Personen** zu sorgen. Dies gilt ebenso für Personen, denen er die Benutzung seines Eigentums überlässt (zB Käufer vor Eintragung oder Lebenspartner).[50] Der WEer hat folglich die Pflicht, gegen den Nutzer einzuschreiten.[51] Er ist verpflichtet, im Rahmen des Möglichen und Zumutbaren darauf hinzuwirken, dass die Nutzer seines SE unzulässige Nutzungen unterlassen.[52] Dies bedeutet jedoch nicht, dass der WEer immer oder grundsätzlich für das Verhalten Dritter haftet. Vielmehr besteht eine Haftung gegenüber Dritten nur bei eigenem Verschulden des WEers. Gegenüber den übrigen WEern haftet er für das Verhalten seines Mieters nur bei dessen schuldhafter Verletzung von Verpflichtungen (gemäß § 280 BGB) oder bei eigener schuldhaft unterlassener Unterrichtung und Überwachung des Dritten.[53]

---

[40] KG NJW-RR 1987, 1160; BayObLG WE 1994, 243, s. aber § 15 Rn. 16 „Bordell".
[41] KG NJW-RR 1986, 1072; BayObLG ZMR 1994, 423.
[42] BayObLG Rpfleger 1973, 139, 140.
[43] OLG Karlsruhe OLGZ 1976, 145.
[44] BayObLG Rpfleger 1973, 139, 140.
[45] KG NJW-RR 1991, 1421.
[46] BGH NJW 2010, 3093; BayObLG Rpfleger 1978, 444.
[47] BayObLGZ 1982, 9.
[48] OLG Frankfurt ZWE 2011, 363; NZM 2006, 265.
[49] LG Aurich NJW 1987, 448.
[50] KG NZM 2000, 681; OLG Saarbrücken NJW 2008, 80.
[51] BayObLG ZMR 1994, 25; OLG Saarbrücken NZM 2007, 774.
[52] BGH NJW 1996, 714; OLG Schleswig ZMR 2004, 940.
[53] Bärmann/Klein Rn. 46 f.

Pflichten des Wohnungseigentümers **§ 14**

Beispiel 1: Mieter beschädigt Aufzug, und WEer hat seine Pflichten schuldhaft verletzt, zB Hausordnung nicht mitgeteilt.[54]
Beispiel 2: Der Verband hat nur gegen den WEer Anspruch, nicht gegen den Dritten, zB Mieter, es sei denn, diese verstoßen durch ihre Handlung gegen Nr. 1.

6. Duldungspflicht bei Sondereigentum

Nr. 3 beschreibt die **Duldungspflicht** des MEers, soweit das SE betroffen ist. **11** Jeder WEer muss die notwendigen Arbeiten in seinem WE dulden, wenn dadurch ein ordnungsgemäßer Zustand geschaffen werden soll. Sie betrifft auch den Nutzer.

Beispiele:
- Installation für Telefon, Rundfunk, Fernsehen,[55] Kabelfernsehen[56] oder Energieversorgung[57] (zB Einbau oder Instandsetzung von Etagenheizungen;[58] § 21 Abs. 5 Nr. 6).
- Verlegung einer unterirdischen Gasleitung über den gemeinschaftlichen Zugangsweg zur Versorgung des Rückgebäudes einer Wohnanlage.[59]
- Hinweisschilder am GE zB Haustür für ein zulässig ausgeübtes Gewerbe.[60]
- Darüber hinaus Duldungspflicht möglich auch aus der Treuepflicht der WEer untereinander bzw. aus § 242 BGB: zB Beanspruchung der Garage des anderen WEer als Durchgang zur leichteren Durchführung einer Reparatur im SE des einen WEers.[61]

7. Betretungsrecht bzw. Gestattungspflicht (Nr. 4)

Der Verband[62] hat gegen den einzelnen WEer[63] einen sog Aufopferungsan- **12** spruch. Dieser trifft neben dem SEer auch den SNR-Besitzer[64] und den Nutzer,[65] nicht jedoch für eine Reparatur einer anderer SE-Einheit (sondern dann Frage des § 14 Nr. 1[66]).

---

[54] BayObLG NJW 1970, 1551.
[55] AG Starnberg MDR 1970, 679.
[56] BayObLG NJW-RR 1991, 463.
[57] OLG Hamburg ZMR 1992, 118: Strom.
[58] AG Hannover Rpfleger 1969, 132
[59] OLG München ZMR 2007, 999.
[60] OLG Frankfurt Rpfleger 1982, 64; LG Dortmund NJW-RR 1991, 16.
[61] AG Aachen v. 3.8.1993 – 12 UR II 36/93, bedenklich hinsichtlich BayObLG NJWE 1997, 80.
[62] OLG München ZMR 2008, 562; LG Berlin ZMR 2010, 978.
[63] V. Rechenberg ZWE 2005, 47; Gottschalg FV1 S. 33ff.
[64] OLG Düsseldorf ZMR 2006, 459.
[65] Bärmann/Klein Rn. 67; Palandt/Bassenge Rn. 15; aA KG ZMR 2006, 379; Niedenführ/Kümmel Rn. 49.
[66] BayObLG DWE 1990, 29, aber ggf. aus § 242 BGB; aA Bärmann/Klein Rn. 58, unter falscher Verweisung auf BayObLGZ 1977, 313, welches aber keinen WEG-Fall zum Gegenstand hat; v. Rechenberg ZWE 2005, 50.

§ 14 I. Teil. Wohnungseigentum

a) Duldung

13 Nach Nr. 4 Hs. 1 muss der WEer das **Betreten und Benutzen** seiner im SE stehenden Gebäudeteile dulden für Instandhaltungsarbeiten am GE. Voraussetzung ist folglich, dass die Arbeiten durch den Verband wirksam beschlossen wurden. Eine Regelung (zB in der GO), die dem Verwalter ein jederzeitiges Betretungsrecht zubilligt, ist jedoch unwirksam[67] und Nr. 4 gewährt dies auch nicht.[68] Er steht unter dem Vorbehalt der Erforderlichkeit.[69] Dies gilt zunächst für Vorbereitungsmaßnahmen, wie die Feststellungen, ob Maßnahmen in Betracht kommen, also nur wenn konkrete Anhaltspunkte bestehen.[70] Desweiteren, wenn Gewährleistungsansprüche, zB Minderung, bestehen oder eine Versorgungssperre angebracht werden muss oder unzulässige bauliche Veränderungen beseitigt werden oder die Einheit wegen Änderung des Verteilungsschlüssels neu vermessen werden muss.[71] Dann muss der WEer zu seiner Wohnung Zutritt gewähren,[72] zB Verwalter oder Handwerker, im Prozess auch allen Beteiligten einschließlich Gutachter,[73] aber nur wenn erforderlich; also regelmäßig nicht andere WEer, selbst wenn im Beirat. Über den Gesetzeswortlaut ist der WEer verpflichtet, Eingriffe in das SE bis zur Zerstörung oder Verkleinerung seines SE hinzunehmen, wenn dies für die Erhaltung des GE notwendig ist.[74] Nicht jedoch ist der WEer verpflichtet, eigene Arbeiten, zB Versetzen von Blumentrögen, vorzunehmen[75] oder Wegräumen von Möbeln,[76] da ihn keine Handlungspflicht trifft. Dies wird häufig durch die Verwalter übersehen.

Beispiel: Hat der WEer auf dem Balkon große Blumentöpfe stehen, die für die Instandsetzung oder -haltung der im GE stehenden Bodenplatte des Balkons versetzt werden müssen, so hat der Verwalter für den Abtransport (ggf. über Kran!) zu sorgen und für die ordnungsgemäße Lagerung und Versorgung (zB regelmäßige Bewässerung). Dies alles auf Kosten des Verbandes.

Darunter fallen auch Eingriffe in das SE (zB Innenanstrich der Balkonbrüstung, Plattenbelag des Balkonbodens), soweit dies zur Durchführung der Instandhaltung und Instandsetzung des GE erforderlich ist.[77]

b) Umfang

14 Der Umfang **richtet sich nach der konkreten Notwendigkeit**, also der Erforderlichkeit, als Beispiele seien genannt: Ablesen von Zählern, Vermessen des

---

[67] OLG Zweibrücken ZMR 2001, 309 m. Anm. J. Schmidt; Derleder ZWE 2001, 149.
[68] BayObLG WE 1992, 87.
[69] V. Rechenberg ZWE 2005, 51.
[70] OLG München ZMR 2006, 388.
[71] OLG Hamburg ZMR 2004, 935.
[72] OLG Celle ZMR 2002, 293.
[73] OLG Hamburg ZMR 2002, 71, in dieser Allgemeinheit bedenklich.
[74] BayObLG ZMR 2004, 762.
[75] BayObLG WuM 1996, 728.
[76] BayObLG WuM 1995, 728.
[77] OLG Hamm DWE 1984, 126; KG OLGZ 1986, 174.

Objektes,[78] Ausbau Dachgeschoss.[79] Er betrifft aber nicht nur für das WE direkte fühlbare Maßnahmen, sondern kann auch in mittelbaren Eingriffen bestehen, wenn durch Baumaßnahmen am GE, an seinem Sondereigentum ein Schaden entsteht, wie zB bei Austausch von Fenstern[80] oder beim Gerüstaufbau und damit zusammenhängenden Schäden für andere Maßnahmen, wie zB Immissionsduldung von herabfallenden Teilen des Gerüsts,[81] gegeben sind. Er kann aber nicht auf einen Schaden, der erst entsteht aufgrund einer unterlassenen (Bau)Maßnahme gestützt werden.[82] Der konkrete Termin ist nach vorheriger Absprache mit den Handwerkern vom Verwalter mit dem WEer abzustimmen. Insbesondere besteht kein Bestimmungsrecht des Verwalters oder Handwerkers. Ein Beschl über Erweiterung der Pflicht des SEers ist nichtig.[83]

c) Schadensersatz

Gemäß Nr. 4 Hs. 2 **haftet** der Verband[84] verschuldensunabhängig für jeden 15
Schaden, der adäquat dadurch verursacht wird, dass das SE oder bewegliche Sachen bei der Beseitigung, im Zuge oder am Ende des Schadens in einen nachteiligen Zustand versetzt oder belassen wird,[85] zB bei Heizungssanierung die Kosten innerhalb des SEs,[86] aber nicht für von einem WEer vorgenommene eigenwillige Arbeiten.[87] Dieser gehört zu den Kosten der Instandsetzung gemäß § 16 Abs. 7 und ermittelt sich nach dem BGB (§§ 249 ff.).

d) Beispiele für einen Schaden

Kosten für Beseitigung der Beschädigung, Wiederherstellung des ursprüngli- 16
chen Zustandes (Ersatz des Oberbelages, wie zB Fliesen) und der Säuberung. Er kann auch in einer notwendige Ersatzunterkunft[88] oder Umzugs-, Transport und Lagerkosten[89] liegen oder ein Nutzungsausfall (auch entgangener Gewinn[90]) geltend gemacht werden, wie zB für die Entziehung des Gebrauchs von Terrasse[91] und Garten, es sei denn, diese werden nicht genutzt, weil die Räume für freiberufliche oder gewerbliche Zwecke vermietet sind.[92] Der Raum muss

---

[78] V. Rechenberg ZWE 2005, 50.
[79] KG ZMR 1998, 369.
[80] OLG Schleswig NZM 2007, 46.
[81] Bärmann/Klein Rn. 80.
[82] BGH NJW 2012, 2955.
[83] Palandt/Bassenge Rn. 13.
[84] AG Hamburg ZMR 2011, 249; LG Hamburg ZMR 2009, 714; Bärmann/Klein Rn. 75; Palandt/Bassenge Rn. 14; aA OLG Düsseldorf ZMR 2006, 459; OLG Frankfurt ZMR 2006, 625.
[85] BayObLG DWE 1987, 58.
[86] KG WuM 1996, 788.
[87] LG Köln ZMR 2001, 921.
[88] AG Hamburg ZMR 2011, 249; BGH NJW 1993, 826.
[89] BGH NJW 2003, 826.
[90] OLG Frankfurt ZMR 2006, 625.
[91] BayObLG DWE 1987, 58.
[92] BayObLG NJW-RR 1994, 1104.

für die Lebensführung signifikant sein.[93] Ein weiterer Schaden kann auch Mietausfall sein,[94] zB der Terrasse wegen Dachreparatur,[95] aber nicht für Beeinträchtigung der Eigennutzung,[96] es sei denn komplette Nichtnutzbarkeit. Auch Verdienstausfall kann Schaden sein, jedoch nur bei zwingender Notwendigkeit,[97] nicht jedoch allein aus dem Umstand des Dachausbaus wegen Baubeeinträchtigungen.[98] Säuberungskosten können auch Schaden sein. Prozesskosten aus Verfahren gegen Dritte können Schaden sein.[99] Bei Ersetzung von Materialien im SE wird regelmäßig kein Abzug **„neu für alt"** gemacht. Voraussetzung dafür wäre nämlich ua, dass durch die neuen Fliesen eine messbare Vermögensmehrung eingetreten wäre, dass also das WE durch die Erneuerung der Fliesen eine Wertsteigerung erfahren hat, die sich wirtschaftlich auswirkt[100] Dies ist regelmäßig nicht der Fall, weil im Hinblick auf die lange Lebensdauer von zB Fliesen nicht etwa notwendige Aufwendungen für Ersatz erspart werden.[101] Auch Vorsorgeaufwand möglich, zB Erstellung einer Sichtschutzwand.[102] Der Anspruch ist nicht um den Anteil des betroffenen WEer zu kürzen, sondern über die JA von ihm mitzutragen.[103]

e) Sicherheitsleistung

17 Sind Beschädigungen des SE zu erwarten, kann der WEer die Gestattung der Eingriffe von einer **vorherigen Sicherheitsleistung** abhängig machen.[104]

f) Beschluss

18 Der Verband kann für einen Einzelfall den Umfang der Entschädigung **abweichend beschließen** (§ 16 Abs. 4). Dieser wird aber regelmäßig in die durch Nr. 4 erworbene Rechte eingreifen und deshalb gegen die ordnungsgemäße Verwaltung verstoßen.[105]

---

[93] OLG Köln NZM 2006, 592.
[94] KG WE 1994, 51.
[95] OLG Köln WuM 1997, 60.
[96] BayObLGZ 1994, 140.
[97] KG NZM 2000, 284.
[98] KG ZMR 1998, 369.
[99] OLG Hamm NJW-RR 1996, 335.
[100] OLG Koblenz NJW-RR 1990, 149 f.
[101] BayObLG WuM 1998, 369.
[102] BayObLG ZMR 1994, 420.
[103] Gottschalg NZM 2010, 424.
[104] Jennißen Rn. 29; Palandt/Bassenge Rn. 14; Niedenführ/Kümmel Rn. 47; nur bei erheblichen: KG OLGZ 1986, 174; BayObLG WuM 2004, 736: gar nicht, aber mit dem überholten Argument, dass eine unbeschränkte Haftung der WEer gegeben sei.
[105] Vgl. OLG Düsseldorf ZMR 2006, 459 zur alten Rechtslage.

8. Haftung der Wohnungseigentümer und des Verbandes

a) Haftung der Wohnungseigentümer oder eines Eigentümers

Die WEer haften **nicht ohne Verschulden** für Schäden an einem SE, wenn **19** die **Ursachen in Mängeln des GE** liegen.[106]

Beispiel: Schaden an der Tapete des SE wegen Undichtigkeit des Daches.[107]

Die WEer sind nämlich nicht verpflichtet, den Zustand des GE regelmäßig zu überwachen, da dies dem Verwalter obliegt.

Beispiel: Schaden am Fenster verursacht durch abgelöste Trennwand.[108]

Somit **haftet** ein einzelner oder alle **WEer nur**, wenn er es **schuldhaft unterlassen hat**, die **Beseitigung eines ihm bekannten Schadens am GE zu veranlassen**[109] oder den Eintritt eines Schadens am GE zu verhindern[110] oder die Durchführung von Instandsetzungsarbeiten behindert[111] oder verzögert hat durch verzögerte Beschlfassung.[112]

Beispiel 1: Der WEer stimmt gegen eine Reparatur und verhindert damit einen Beschl oder der WEer teilt eklatante Mängel dem Verwalter nicht mit[113] oder er leistet entsprechende Vorschüsse nicht oder verzögerte Beschlfassung über notwendige Instandsetzungsmaßnahmen,[114] zB diese zurückstellen, bis ein Beweissicherungsverfahren abgeschlossen ist,[115] oder keine unverzügliche Umsetzung eines Beschl zur Sanierung des GE's vornehmen[116] oder beschädigt eigenmächtig GE.

Beispiel 2: Eigenmächtiger Tannenschnitt eines Miteigentümers.[117]

Ein Anspruch auf Schadensersatz wegen verzögerter Beschlussfassung über notwendige Instandsetzungsmaßnahmen scheidet aber aus, wenn der WEer vorher gefasste Beschle über die Zurückstellung der Instandsetzung nicht angefochten hat.[118] Dieser Grundsatz der Haftung nur bei Verschulden[119] kann durch Ver-

---

[106] BGH NJW 2010, 2347; OLG Frankfurt OLGZ 1985, 144; BayObLG NJW 1986, 3145.
[107] BayObLG WE 1998, 40.
[108] OLG Düsseldorf ZMR 1995, 177.
[109] BayObLG DWE 1985, 58.
[110] BayObLG WE 1989, 184.
[111] BayObLG WE 1989, 60; LG München ZMR 2014, 398.
[112] BGH NJW 2012, 2955.
[113] OLG Frankfurt OLGZ 1985, 144.
[114] BGH NJW 2012, 2955.
[115] AG Flensburg ZMR 2005, 482; OLG Hamburg ZMR 2000, 480; OLG Celle MDR 1985, 236; ausführlich OLG Düsseldorf ZMR 1995, 177.
[116] BGH NJW 2012, 2955; LG München ZMR 2014, 398.
[117] OLG Düsseldorf DWE 2002, 21.
[118] BGH NJW 2012, 2955, zu recht kritisch hierzu Derleder NJW 2012, 3132.
[119] Armbrüster ZMR 1997, 396.

einb **abbedungen** werden, zB bei Dachausbau auf eigene Kosten und Gefahr,[120] dann Haftung auch ohne Verschulden.

20 Für **Schaden am SE**, wenn die **Ursache in anderem SE** liegt, kommt aber ein verschuldensunabhängiger Anspruch in Betracht (§ 906 Abs. 2 S. 2 BGB[121])

Beispiel: Eckventil bricht aus Waschbecken, Badewanne läuft über oder undichter Sanitäranschluss.[122]

Ansonsten gilt das verschuldensabhängige Haftungsrecht (§§ 823, 280 ff. BGB). Für im Vertrauen auf unklaren Beschl erfolgte Aufwendungen haften die WEer nicht.[123] Die Übernahme eines Teils eines Schadens durch die WEer durch Beschl zur Beendigung eines Rechtsstreits entspricht nach BayObLG[124] ordnungsgemäßer Verwaltung. Der WEer ist nicht verpflichtet, die Wasserinstallation regelmäßig von einem Fachmann überprüfen zu lassen.[125] Der WEer haftet aber für Wasserschäden in der darunterliegenden Wohnung, wenn dies sein Mieter schuldhaft verursacht hat.[126] Ein WEer haftet auch nicht dafür, dass ein anderer WEer sich durch ihn gestört fühlt und deshalb die Wohnung mit Verlust verkauft.[127]

b) Haftung der Gemeinschaft (Verband)

21 Die Gemeinschaft haftet im **Innenverhältnis** nicht, da die WEr und der Verwalter die ordnungsgemäße Verwaltung sicher zu stellen haben.[128]

21a Im **Außenverhältnis** trifft den Verband die Haftung aus Schuldverhältnissen oder Delikt.[129]

c) Haftung für Dritte

22 Die **WEer** müssen sich jedoch das **Fehlverhalten von Dritten** (nicht des Verwalters, der im Verhältnis der WEer untereinander kein Erfüllungsgehilfe ist[130]), zB Sanierungsunternehmen, **zurechnen lassen**.[131] Treten deshalb trotz der durchgeführten Sanierungsmaßnahmen wiederum Schäden auf, haften die WEer dem einzelnen WEer,[132] wobei der geschädigte WEer sich dieses Verschulden ebenfalls als Mitverschulden grundsätzlich entsprechend der Größe

---

[120] Vgl. KG ZMR 1993, 430.
[121] BGH NJW 2014, 458; OLG München ZMR 2008, 562; OLG Stuttgart ZMR 2006, 391.
[122] OLG Stuttgart ZMR 2006, 391.
[123] KG NZM 2001, 1085.
[124] NJWE 1997, 279.
[125] BayObLG WE 1995, 92.
[126] LG Berlin ZMR 2001, 390; AG Frankfurt NJW-RR 1994, 1167.
[127] OLG Köln WuM 1996, 438.
[128] Jacoby ZWE 2014, 8.
[129] Jacoby ZWE 2014, 8.
[130] OLG Hamburg ZMR 1990, 467.
[131] BGH NZM 1999, 562; BayObLG NJW-RR 1992, 1103; ZMR 2001, 47; Becker ZWE 2000, 56.
[132] BayObLG NJW-RR 1992, 1103.

Gebrauchsregelung **§ 15**

seines MEA anrechnen lassen muss.[133] Dasselbe gilt, wenn ein einzelner WEer zu Recht oder Unrecht einen Auftrag erteilt hat.[134]

Ein **Beschl**, der gegen vorstehende Grundsätze verstößt, zB Kosten einzel- 23
nem SEer ohne Verschulden auferlegt, ist auf Anfechtung aufzuheben.[135]

d) Haftung aus Vereinbarung

Ein WEer kann jedoch aus Vereinb haften. 24

Beispiel: Wegen Sanierungsarbeiten nicht benötigte Erde wird bei WEer zwischengelagert. Kommt WEer seiner Verpflichtung zur Wegschaffung dann nicht nach, haftet er.[136]

e) Haftung gegenüber außenstehenden Dritten

Gegenüber Außenstehenden, **zB Mieter**, haftet WEer nur auf Grund Verschul- 25
dens, dies ist bei Durchführung von unvermeidbaren Sanierungsmaßnahmen im GE nicht gegeben.[137]

§ 15 Gebrauchsregelung

(1) Die Wohnungseigentümer können den Gebrauch des Sondereigentums und des gemeinschaftlichen Eigentums durch Vereinbarung regeln.

(2) Soweit nicht eine Vereinbarung nach Absatz 1 entgegensteht, können die Wohnungseigentümer durch Stimmenmehrheit einen der Beschaffenheit der im Sondereigentum stehenden Gebäudeteile und des gemeinschaftlichen Eigentums entsprechenden ordnungsmäßigen Gebrauch beschließen.

(3) Jeder Wohnungseigentümer kann einen Gebrauch der im Sondereigentum stehenden Gebäudeteile und des gemeinschaftlichen Eigentums verlangen, der dem Gesetz, den Vereinbarungen und Beschlüssen und, soweit sich die Regelung hieraus nicht ergibt, dem Interesse der Gesamtheit der Wohnungseigentümer nach billigem Ermessen entspricht.

Übersicht

	Rn.
1. Normzweck	1
a) Gebrauchsdefinition	2
b) Regelungsberechtigter	3
c) Regelungsinstrument	4
2. Gebrauchsregelung	
a) Durch Vereinbarung	6
b) Durch Beschluss (Abs. 2)	
aa) Gebrauchsregelungsbeschluss	7
bb) Ordnungsgemäßer Gebrauch	8
cc) Konkretisierende Umstände	8a

---

[133] BGH NZM 1999, 562.
[134] BGH NZM 1999, 563.
[135] OLG Köln ZMR 1998, 722.
[136] BayObLG ZMR 2002, 67.
[137] OLG Düsseldorf NZM 2000, 282.

	Rn.
c) Ansprüche auf Einhaltung (Abs. 3)	
aa) Erfüllungsanspruch	9
bb) Regelungsanspruch	9a
3. Gebrauchsregelung durch Zweckbestimmung des Sonder- oder Gemeinschaftseigentums	10
a) Teilungserklärung	
aa) Allgemeine Regelungen über die Zweckbestimmung	10a
bb) Im Gemeinschaftseigentum	10b
cc) Konkrete Beschreibungen oder Bezeichnungen	10c
b) Gemeinschaftsordnung	10f
c) Aufteilungsplan	10g
d) Mehrere Regelungen	10h
e) Widerspruch einzelner Regelungen	10i
f) Aufhebung oder Änderung der Zweckbestimmung	10j
g) Regelungen über Räume	10k
h) Zweckbestimmung aus weiteren Regelungen, zB Anlagencharakter	10l
i) Änderung oder Aufhebung der Zweckbestimmung	
aa) Ohne Genehmigung anderer Wohnungseigentümer	10m
bb) Mit Zustimmung anderer Wohnungseigentümer	10n
cc) Anspruch auf Zustimmung	10o
j) Rechtlich problemlose Zweckbestimmung	10p
k) Öffentliche Genehmigung	11
4. ABC der Zweckbestimmung	12
5. Verstoß	13
a) Anspruchsberechtigter	14
b) Auskunft	15
c) Erfüllungs-, Unterlassungs- und/oder Beseitigungsanspruch	16
aa) Vorbeugende Unterlassung	16a
bb) Anspruch auf Erfüllung der Vereinbarung	16b
cc) Unterlassung	16c
d) Herausgabe	17
e) Beseitigung	18
f) Schadensersatz	19
g) Sondereigentumsbeeinträchtigung	20
h) Anspruchsgegner	21
6. Ausschluss des Anspruchs	
a) Verwirkung	22
b) Unzulässige Rechtsausübung	23
c) Treu und Glauben (§ 242 BGB)	24
d) Öffentlich-rechtliche Vorschriften	25
7. Rechtsfolgen bei Duldungsverpflichtung	
a) Mit der Duldung verbundene typische Umstände	26
b) Verteilungsschlüssel	27
c) Zustimmungsvorbehalt	28
d) Zustimmungserteilung	29
8. Anspruchsgegner	
a) Eigentümer und/oder Nutzer (soweit er Störer ist)	30
b) Störer	
aa) Bei Erfüllungsanspruch	31
bb) Bei Beeinträchtigung	31a

	Rn.
c) Störung im Gemeinschaftseigentum	32
d) Ursache der Störung im Gemeinschaftseigentum	33
e) Gebrauchswidriger Vertrag (zB Miete)	34
9. Verjährung des Beseitigungsanspruchs	
a) Frist und Beginn	35
b) Kenntnis des Verwalters	36
c) Kenntnis des Beirates	37

1. Normzweck

Die §§ 13, 14 regeln den Gebrauch des Eigentums generalklauselartig. In fast jeder Gem besteht ein Bedürfnis zur **Regelung konkreter Punkte**. Dies ermöglicht § 15, wobei **sowohl SE**, als **auch GE** betroffen sein kann. **1**

a) Gebrauchsdefinition

Unter Gebrauch ist die **tatsächliche Art der Nutzung** des SE (§ 13 Abs. 1) und die Mitbenutzung des GE (§ 13 Abs. 2) zu verstehen. **2**

b) Regelungsberechtigter

Zur Regelung berechtigt sind die WEer oder der aufteilende Alleineigentümer. Eine Übertragung der Befugnis auf Dritte, zB Verwalter oder einzelne WEer, ist möglich. Eine nicht von den Berechtigten getroffene Regelung, zB im Kaufvertrag, ist nicht ausreichend.[1] **3**

c) Regelungsinstrument

Durch Vereinbarung können Regelungen getroffen werden (s konkret Vor § 10 Rn. 15 ff.). **4**

Beispiele:
- Einschränkung des Gebrauchs nach Inhalt, Umfang und Zeit (zB Verbote oder Untersagungen), bis hin zum vollständigen Ausschluss einzelner oder aller WEer;[2] auch Gebrauchspflichten des GE.
- Regelung der Benutzung des GE, zB in Hausordnungen
- oder in Benutzungsordnung (zB Garagen).

Der Gebrauch kann auch durch Vereinb nur (nicht zusätzlich) von der Zustimmung des Verwalters, Beirats oder anderer WEer abhängig gemacht werden,[3] auch zur Änderung der Nutzung möglich.[4]

---

[1] OLG Frankfurt Rpfleger 1980, 391.
[2] BayObLG NZM 2002, 447.
[3] BayObLG ZMR 1985, 275.
[4] OLG Köln NZM 2002, 29.

§ 15 I. Teil. Wohnungseigentum

5 **Mehrere Eigentümer** eines WE untereinander können Regelungen gemäß § 15 **nicht** treffen,[5] wohl aber im Rahmen ihres Rechtsverhältnisses (zB Gem §§ 741 ff., 1010 BGB) oder durch alle WEer.[6]

2. Gebrauchsregelung

a) Durch Vereinbarung

6 **Durch Vereinb** können alle WEer gemäß Abs. 1 jeden **Gebrauch regeln**, soweit nicht etwas anderes ausdrücklich bestimmt ist und die Vereinb sich im Rahmen des Grundcharakters der WEerGem halten.[7] Die Grenze zur Sittenwidrigkeit (§ 138 BGB) oder Gesetzeswidrigkeit (§ 134 BGB) darf nicht überschritten werden. Ebenso darf nicht gegen Treu und Glauben verstoßen werden (vgl. § 10 Rn. 7 ff.). Hält sich die Regelung innerhalb des ordnungsgemäßen Gebrauchs (Abs. 2, s. Rn. 8 f.), so ist auch ein bloßer (Mehrheits-)Beschl möglich (zur Abgrenzung s. § 10 Rn. 33), ansonsten Vereinb notwendig, aber unangefochtener Beschl reicht ebenfalls.[8] Zur Abgrenzung iE s. § 21 Rn. 11 ff.

b) Durch Beschluss (Abs. 2)

7 **aa) Gebrauchsregelungsbeschluss.** Abs. 2 bestimmt, dass die WEer durch Beschl Regelungen über den Gebrauch (s zur Begriffsdefinition Rn. 2) treffen können. Dies gilt jedoch nur unter **zwei Bedingungen: Erstens,** wenn eine Vereinb dem nicht entgegensteht, und **zweitens,** wenn die Regelungen ordnungsgemäßer Verwaltung entsprechen (das letztere ist grundsätzlich unter Berücksichtigung des Verkehrsüblichen, auch der örtlichen Verhältnisse, für alle WEer gleichmäßig zu ermitteln).

Beispiel: Berufsmusiker können keine weitergehenden Gebrauchsrechte geltend machen.[9]

Etwas anderes kann nur gelten, wenn infolge physischer oder psychischer Behinderungen zwingend besondere Bedürfnisse einzelner WEer oder/und ihrer Angehörigen/Betreuer gegeben sind.

Beispiel: Ist der WEer auf Benutzung eines Rollstuhls angewiesen, so darf er ihn im Hausflur abstellen.[10]

8 **bb) Ordnungsgemäßer Gebrauch.** Ein ordnungsgemäßer Gebrauch wird idR anzunehmen sein, wenn der Beschl sich **im Rahmen der gesetzlichen Regelungen** hält, insbesondere der des WEG's, hier § 14, hält,[11] der öffentlich-

---

[5] LG Düsseldorf MittRhNotK 1987, 163; Schöner Rpfleger 1997, 416; Hügel ZWE 2001, 42; Palandt/Bassenge Rn. 1; aA BayObLG NJW-RR 1994, 1427; OLG Frankfurt NZM 2001, 527.
[6] BGH ZMR 2014, 266.
[7] BGHZ 37, 203.
[8] BGH NJW 2000, 3500; OLG Frankfurt ZWE 2011, 363.
[9] BayObLGZ 1985, 104.
[10] OLG Düsseldorf ZMR 1984, 161, s. BVerfG NJW 2010, 220; 2000, 2658.
[11] OLG Köln NZM 2000, 191; BayObLG NJW-RR 1988, 1164.

Gebrauchsregelung § 15

rechtliche Vorschriften[12] und billigem Ermessen[13] und der Verkehrsanschauung[14] entspricht.

cc) Konkretisierende Umstände. Die Einzelheiten sind anhand der konkreten Umstände des **Einzelfalles** unter Berücksichtigung der Beschaffenheit und Zweckbestimmung des GE's bei Beachtung des Gebots der allgemeinen Rücksichtnahme in Abwägung der allseitigen Interessen[15] zu ermitteln. Hierbei ist auch der Gleichheitsgrundsatz zu beachten.[16] 8a

Beispiel: Umzugskostenpauschale gilt nicht für Umzüge der WEer, sondern nur von anderen Bewohnern.[17]

Letztlich haben die WEer in diesem Rahmen dann einen weiten Ermessenspielraum, der nur bei grober Unbilligkeit von den Gerichten korrigiert werden kann.[18] Was einem **Beschl** in diesem Rahmen **zugänglich** ist und wo die Grenzen sind, s. ausführlich § 21 Rn. 12 ff.

c) Ansprüche auf Einhaltung (Abs. 3)

aa) Erfüllungsanspruch. Gemäß **Abs. 3** hat jeder WEer einen Anspruch darauf, dass die Gebrauchs- und Nutzungsregeln dem Gesetz, den Vereinb und den Beschl entsprechen **(Erfüllungsanspruch, 1. Alt)**. Diesen Anspruch hat jeder einzelne WEer,[19] kann aber auch von mehreren oder nach Übertragung dem Verband geltend gemacht werden. Er besteht gegen andere WEer auf Einhaltung und ggf. Schadensersatz,[20] s. weiter Rn. 17 ff. 9

bb) Regelungsanspruch. Ist eine Gebrauchsregelung nicht getroffen, so kann jeder WEer eine Regelung verlangen, die dem Interesse der WEer entspricht **(Regelungsanspruch, 2. Alt)**, soweit sie einem Beschl zugänglich ist, bei Vereinb gilt § 10 Rn. 74 ff. Damit räumt Abs. 3 dem einzelnen WEer einen Anspruch auf Gebrauchsgewährung ein bzw. evtl. auch auf Gebrauchsunterlassung, der sich gegen die übrigen WEer richtet, nicht gegen den Verband, bzw. den oder die Handlung-[21] oder Zustandsstörer.[22] Er kann auch (gemäß § 21 Abs. 8) eine Regelung fordern, die erstmalig die Art und den Umfang des zulässigen Gebrauchs festlegt. Jeder WEer hat dabei (gemäß § 21 Abs. 8) die Möglichkeit, einen gerichtlichen Antrag auf die entsprechende Gebrauchsregelung zu stellen, sofern vorher vergeblich in einer Versammlung eine entsprechende Beschlfassung veran- 9a

---

[12] BGH ZMR 2012, 970 zu BImSchG; OLG Hamm ZWE 2009, 226; BayObLG WE 1988, 200.
[13] OLG München ZMR 2007, 484.
[14] BGH NJW 2000, 3211 Rn. 10.
[15] BGH NJW 2000, 3211 Rn. 10; BGHZ 139, 288, 296.
[16] BGH NJW 2010, 3508 Rn. 12.
[17] BGH NJW 2010, 3508 Rn. 12.
[18] OLG Frankfurt ZMR 2009, 860.
[19] BayObLG ZMR 2004, 445.
[20] OLG Saarbrücken NJW 2008, 80.
[21] BGH NJW 2000, 2901.
[22] LG München ZMR 2010, 151.

lasst wurde. Der Antrag kann aber auch auf die Aufhebung, Änderung oder die Durchsetzung der durch die Vereinb oder den Beschl getroffenen Gebrauchsregelungen gerichtet sein, zB gegenüber WEer, auch wenn die Störungen vom Mieter ausgehen.[23] Der Richter hat jedoch grundsätzlich nur die Möglichkeit, solche Gebrauchsregelungen zu treffen, welche die WEer durch Beschl treffen können,[24] es sei denn der Ausnahmefall des § 10 Abs. 3 S. 2 (dort Rn. 74 ff.) liegt vor, dann auch Vereinb. Im Antrag des WEers ist der **Inhalt der Regelung iE anzugeben**.[25] Jedoch ist der Richter an die Vereinb und den Beschl, soweit diese nicht für ungültig erklärt wurden, gebunden. Soweit eine Vereinb bestimmt, dass ein bestimmter Gebrauch unter näher beschriebenen Voraussetzungen durch Beschl untersagt werden kann, so ist der Antrag auf Unterlassung erst nach einem entsprechenden Beschl zulässig.[26] Die Regelung ist durch Beschl wieder änderbar/aufhebbar.[27] Nach dem BGH[28] kann die Gem die Ansprüche durch Beschl zu ihrer Angelegenheit machen und den WEer ausschließen[29] (§ 10 Rn. 10).

3. Gebrauchsregelung durch Zweckbestimmung des Sonder- oder Gemeinschaftseigentums

10 In der TEerkl ist zwingend eine Zweckbindung dahingehend enthalten, ob es sich um **WE oder TE** handelt (s. § 1 Rn. 2). Diese hat nach der hM[30] Vereinbcharakter. Diese Ansicht ist unzutreffend, da die Beteiligten insoweit keinen Festlegungswillen haben.[31] Der Gesetzgeber hat das Begriffspaar WE und TE nur eingeführt, da ihm kein Oberbegriff präsent war.[32] Für weitere Regelungen in der Gem gilt folgendes:

a) Teilungserklärung

10a aa) **Allgemeine Regelungen über die Zweckbestimmung.** Sind in der TEerkl allgemeine Regelungen über die Zweckbestimmung enthalten („nicht zu Wohnzwecken dienende Räume"[33]), so ist damit keine weitere Vereinb über die der vorhandenen Unterscheidung zwischen WE und TE hinaus getroffen.

10b bb) **Im Gemeinschaftseigentum.** Bzgl. des GE's handelt es sich um Nutzungsvorschläge.[34]

---

[23] OLG Frankfurt NZM 2012, 425; BGH NJW 2007, 432; BayObLG WE 1987, 97 m. Anm. Weitnauer.
[24] KG MDR 1972, 239.
[25] Nicht nötig nach alter Rechtslage, OLG Hamm OLGZ 1969, 278.
[26] BayObLG ZMR 1987, 63.
[27] KG ZMR 1996, 392.
[28] NJW 2007, 1353; LG Hamburg ZMR 2008, 828.
[29] AA für letzteres zu Recht Jennißen Rn. 125.
[30] BGH ZMR 2012, 793; OLG München Info M 2013, 547.
[31] Meier-Kraut MittBayNot 1979, 170; Sauren Rpfleger 1984, 410; Hügel ZWE 2008, 122; Weise IMR 2014, 46.
[32] Hügel ZWE 2008, 122.
[33] BGH ZMR 2010, 471.
[34] LG Hamburg ZMR 2010, 788.

Gebrauchsregelung § 15

cc) Konkrete Beschreibungen oder Bezeichnungen. Sind in der aufteilenden TErkl regelmäßig **zusätzliche konkrete Beschreibungen oder Bezeichnungen der Einheit** (zB „Laden" oder „Büro") enthalten, so ist wie folgt zu unterscheiden: 10c

(1) Wohnungseigentum. Bei WE beschränkt sich die Zweckbestimmung darauf, dass dieses SE **ausschließlich zu Wohnzwecken** benutzt werden darf, bedeutet aber andererseits, dass der WEer die Wohnung insgesamt zu eigenen Wohnzwecken gebrauchen kann. Diese allgemeine Zweckbestimmung wird nicht dadurch eingeschränkt, dass die einzelnen Räume der Wohnungen der Anlage im Aufteilungsplan als „Wohnzimmer", „Schlafzimmer", „Kinderzimmer", „Küche", „Badezimmer" und „WC" bezeichnet sind. Diesen Verwendungsangaben kommt nicht die Bedeutung einer Zweckbestimmung zu;[35] vielmehr handelt es sich insoweit lediglich um Nutzungsvorschläge innerhalb der allgemeinen Zweckbestimmung, wonach die Räume, die alle die Führung eines Haushalts ermöglichen, nur zu Wohnzwecken und grundsätzlich nicht etwa zu gewerblichen Zwecken benutzt werden dürfen.[36] Dasselbe gilt für eine Beschreibung in der Terkl, wenn das WE zB „bestehend aus Wohnzimmer, Schlafzimmer, Arbeitszimmer" etc. beschrieben wird. 10d

(2) Teileigentum. Im Übrigen, insbesondere bei TE ist durch **Auslegung**[37] **nach objektiven Gesichtspunkten** zu ermitteln, ob diese auch Vereinb sind, die Nutzungsbeschränkungen enthalten,[38] dh dabei ist vom Wortlaut auszugehen,[39] sowie dem Sinn, wie sich dieser für einen unbefangenen Betrachter als nächstliegende Bedeutung ergibt,[40] Umstände außerhalb der Eintragung dürfen nur herangezogen werden, wenn sie nach den besonderen Verhältnissen des Einzelfalles für jedermann ohne weiteres erkennbar sind.[41] Ohne weitere Regelungen (zB unter b) oder c)) ist dies im Zweifel nicht der Fall, da der Aufteiler nicht den Willen hatte, konkrete Zweckbestimmungen der Einheiten für die Zukunft aufzustellen,[42] sondern nur das Haus aufzuteilen. Ihm ist idR gleichgültig, wie die Einheiten im Rahmen der Festlegung TE und WE genutzt werden. Zudem greift die allgemeine Vermutung, dass Gebrauchsregelungen nur in der GO enthalten sind, wenn der teilende Eigentümerin seiner Erklärung an das GBA ausdrücklich zwischen der TE und der GO unterschieden hat.[43] Eine an- 10e

---

[35] GuT 2004, 27.
[36] OLG Hamm ZMR 2006, 634.
[37] Sauren Rpfleger 1984, 410.
[38] BGH ZMR 2013, 452.
[39] BGH ZMR 2010, 461.
[40] OLG München ZMR 2008, 71.
[41] BGH ZWE 2013, 131.
[42] AG Rosenheim ZMR 2011, 914, GO entscheidend; aA die hM: Ist Zweckbestimmung, vgl. BGH ZMR 2011, 967; LG Karlsruhe ZWE 2011, 99; KG DWE 2007, 71; OLG Köln NZM 2005, 508; BayObLG NZM 2005, 463; Bärmann/Klein Rn. 8; Jennißen Rn. 15, selbst wenn sie in einem Nachtrag zur Teilungserklärung nur noch als „Raum" oder „Räume" bezeichnet werden, bleibt die ursprüngliche Bezeichnung nach BayObLG WE 1996, 191 aufrecht erhalten.
[43] BayObLGZ 1988, 238, 242.

dere Auslegung wie derzeit die der hM bedeutet im Extremfall die Versteinerung des WE auf über 100 Jahre ohne Berücksichtigung der veränderten Verhältnisse. Deshalb wird in der Literatur die hM zum Teil stark kritisiert.[44]

b) Gemeinschaftsordnung

10f In der GO sind häufig ebenfalls **allgemeine oder konkrete Regelungen** über den Gebrauch oder die Nutzung, sowohl von TE, WE oder GE,[45] enthalten, die **Vereinb** darstellen und regelmäßig anderen Beschreibungen vorgehen (zB Aufteilungsplan[46]), weil dies der Ort der Regelung nach dem Willen des Gesetzgebers ist. Soll etwas andres gelten, muss dies eindeutig aus der GO hervorgehen.[47]

c) Aufteilungsplan

10g Der Aufteilungsplan enthält ebenfalls oft **konkrete** Beschreibungen, zB Laden, Büro oder Lager, so sind darin isoliert **keine Vereinb** zu sehen,[48] denn Angaben in dem Aufteilungsplan kommt allenfalls nachrangige Bedeutung zu, ebenso wie den Bauzeichnungen zum Plan (ebenso bei Verwendung des Eingabeplans als Bauplan[49]), denn Aufgabe des Aufteilungsplans ist es, die Aufteilung des Gebäudes sowie die Lage und Größe des SE's und der im GE stehenden Gebäudeteile ersichtlich zu machen,[50] und nicht, die Rechte der Eigentümer über die Bestimmung der Grenzen des jeweiligen Eigentums hinaus zu erweitern oder zu beschränken.[51] Dies gilt ebenso, wenn nur **allgemeine Beschreibungen** in TEerkl, GO oder Vereinb enthalten sind, insbesondere wenn nur die Baugenehmigungspläne des Architekten genutzt wurden,[52] der gar keinen Willen hatte, eine Zweckbestimmung vorzunehmen. Soll der Aufteilungsplan ausnahmsweise auch die Nutzung verbindlich regeln, muss dies eindeutig aus der Bezugnahme in der TErkl, GO oder Vereinb hervorgehen.[53]

d) Mehrere Regelungen

10h Werden von **Terkl, GO und/oder Vereinb** jeweils Regelungen getroffen, die sich nicht widersprechen, aber trotzdem unterschiedliches regeln, dann geht die GO oder Vereinb vor, da dort der Ort ist, dies zu regeln,[54] nach hM ist die engere Regelung gewollt (zB in der einen „Geschäftsraum", in der anderen „Lager"; Lager geht dann vor) oder konkretere. Nach OLG Stuttgart[55] entscheidet die umfassendere Nutzungsmöglichkeit.

---

[44] ZB Meier-Kraut MittBayNot 1979, 169; Sauren Rpfleger 1984, 410.
[45] LG Hamburg ZMR 2010, 788.
[46] OLG Frankfurt ZMR 2013, 296 Rn. 148.
[47] BGH ZMR 2013, 452 Rn. 5.
[48] OLG Düsseldorf NZM 2000, 1008; aA OLG Köln WuM 2005, 71.
[49] BayObLG WuM 2004, 357; aA OLG Schleswig NZM 1999, 79.
[50] BayObLG ZflR 2000, 554, 555.
[51] BGH ZMR 2010, 461.
[52] BGH ZMR 2010, 461.
[53] BGH ZMR 2013, 452; OLG Frankfurt ZMR 2013, 296 Rn. 148.
[54] OLG Düsseldorf ZMR 2004, 448; BayObLG DWE 1989, 27.
[55] ZMR 1998, 312.

§ 15 Gebrauchsregelung

e) Widerspruch einzelner Regelungen

Werden von TErkl, GO und/oder Vereinb jeweils **Regelungen** getroffen, **die sich widersprechen** und nicht auslegbar sind, so **geht GO/Vereinb vor**,[56] nach richtiger Auffassung des OLG München[57] sogar, wenn allgemeine Erläuterung in GO konkreter in TErkl widerspricht.   10i

Werden **Regelungen** in TErkl, GO oder Vereinb getroffen, **die gesondert oder alle der Aufteilungserklärung oder/und dem -plan** widersprechen, so **geht GO oder/und Vereinb vor**.[58]

f) Aufhebung oder Änderung der Zweckbestimmung

Für SE s. b), bei GE durch Beschl mögl (im Rahmen von Abs. 3).[59]   10j

g) Regelungen über Räume

Werden einzelne Räume: 10k
– in der TEkl benannt, so nach diesseitiger Meinung ohne Bedeutung, nach hM fraglich,
– im Plan, zB Aufteilungsplan, benannt, so ist dies unschädlich, da keine Vereinb,[60] egal, ob Raum in WE wie zB Küche[61] oder in TE einzelne Räume als „Gang", „Teeküche" oder/und „Büro" bezeichnet sind,[62] vielmehr gilt die Zweckbestimmung aus der GO.[63]

h) Zweckbestimmung aus weiteren Regelungen, zB Anlagencharakter

Eine Zweckbestimmung kann sich nicht nur aus den allgemeinen oder konkreten Beschreibungen der Einheiten wie vor ergeben, sondern aus weiteren Regelungen und Kriterien in der Anlage, die von der Rspr. regelmäßig mit in die Auslegung herangezogen werden: **Charakter der Anlage**: kein Erotik-Shop in Laden, wenn in der Anlage Familien mit Kindern wohnen,[64] ein bis in die frühen Morgenstunden geöffnetes Nachtlokal mit Musikveranstaltungen in Geschäftsraum, nur, wenn es dem Charakter entspricht.[65] **Beschaffenheit der Räume**: kein Wohnen im Speicher oder Abstellraum im Dachspitz. Ist in der GO geregelt, dass Nutzung im Rahmen der öffentlich-rechtlichen Bestimmungen zulässig ist, so haben diese Vorrang gegenüber den Bestimmungen in TErkl.[66]   10l

---

[56] BayObLG ZMR 1998, 184; DWE 1989, 27.
[57] ZMR 2008, 71.
[58] OLG Schleswig ZMR 2008, 990; KG ZMR 2000, 250; LG Itzehohe ZWE 200, 57.
[59] OLG Schleswig NZM 2005, 669; ZMR 2004, 68 (für Kellerräume).
[60] OLG Hamm ZMR 2006, 634; OLG Zweibrücken ZMR 2006, 66.
[61] OLG Schleswig NZM 1999, 79, deshalb Verlegung von Bad oder Küche innerhalb der Einheit möglich, OLG Hamm ZMR 2006, 634.
[62] BayObLG GuT 2004, 27.
[63] OLG Düsseldorf NZM 2000, 1008.
[64] BayObLG NJW-RR 1995, 467.
[65] KG ZMR 1989, 25.
[66] BayObLG DWE 1989, 28.

i) Änderung oder Aufhebung der Zweckbestimmung

10m aa) Ohne Genehmigung anderer Wohnungseigentümer. Ohne Genehmigung anderer WEer ist Änderung möglich, wenn neue Nutzung nicht stärker stört, dh nicht über das Maß hinaus beeinträchtigt, das bei einer Nutzung des WEs typischerweise zu erwarten ist (für WE[67]). Hierfür ist eine typisierende bzw. generalisierende Betrachtung entscheidend. Für diese Betrachtung ist der Gebrauch nach seiner Art und Durchführung zu konkretisieren und auf die örtlichen (Umfeld, Lage im Gebäude) und zeitlichen (etwa Öffnungszeiten) Verhältnisse zu beziehen. Die gebotene typisierende Betrachtungsweise bedeutet nämlich nicht, dass die konkreten Umstände des Einzelfalls für die Beurteilung des Vorliegens einer Mehrbelastung gänzlich außer Betracht zu bleiben haben (für WE[68]).

10n bb) Mit Zustimmung anderer Wohnungseigentümer. Mit Zustimmung anderer WEer ist zu unterscheiden:
- **Durch Mehrheit, dh Beschluss:** Ist die Regelung durch Beschl erfolgt, ist er auch für eine Änderung ausreichend bei GE oder durch Öffnungsklausel bei SE. Erfolgte eine gerichtliche Regelung, steht diese einem Beschl gleich bei GE.[69]
- **Aller Wohnungseigentümer:** Darüberhinaus kann die Zweckbestimmung nur durch Zustimmung aller, also durch Vereinb nicht Beschl,[70] wieder geändert oder aufgehoben werden.

Beispiel: Ist das TE als Laden bezeichnet, so wird darunter nur ein Geschäft mit Warenverkauf zugelassen.
Nicht: Gaststätte,[71] Bierbar[72] oder Pilsstube[73] etc.

10o cc) Anspruch auf Zustimmung. Erfolgt eine Zustimmung nicht, so kann diese eingeklagt werden[74] oder untersagenden Beschl angefochten werden und/oder Festellung der Zulässigkeit verlangt werden.[75] Bei Verweigerung oder Erteilung der Erlaubnis durch Beschl, muss dieser angefochten werden.[76] Wird durch Beschl **dauerhafte** Genehmigung erteilt trotz Unzulässigkeit, so ist diese unwirksam und Unterlassung trotzdem möglich, da Beschl für SE hierzu nichtig,[77] aber Beschl über **zeitweise** Duldung soll möglich sein.[78] Beschl, der erlaubte Nutzung des SE's beschränkt, ist ebenfalls nichtig.[79]

---

[67] BGH NJW 2010, 3093.
[68] OLG Frankfurt NZM 2006, 144; für TE: BayObLG NZM 1999, 80.
[69] OLG Frankfurt ZMR 2009, 860.
[70] Der nichtig ist, LG Hamburg ZMR 2011, 161; OLG München ZMR 2008, 71.
[71] BayObLG ZMR 1985, 206.
[72] BayObLG Rpfleger 1980, 348.
[73] BayObLG Rpfleger 1980, 349.
[74] BayObLG WuM 1992, 278.
[75] BayObLG ZMR 2001, 41; KG NJW-RR 1990, 333.
[76] BayObLG WE 1997, 319.
[77] Fehlende Beschlkompetenz LG München ZMR 2012, 477 Rn. 3.
[78] Bärmann/Klein Rn. 35.
[79] BGH NJW 2010, 2801 für Diebstahlssicherung.

Gebrauchsregelung **§ 15**

j) Rechtlich problemlose Zweckbestimmung

Will der **Aufsteller der TErkl** für die Zukunft diese **Probleme verhindern**, 10p
so muss die Bezeichnung **bei TE** „Gewerbe" (jede erlaubte, zum Zwecke der
Gewinnerzielung vorgenommene Tätigkeit umfasst, die planmäßig und auf gewisse Dauer angelegt ist[80]) oder „Gewerbeeinheit",[81] „gewerbliche Einheit",[82]
„für gewerbliche Zwecke",[83] „nicht zu Wohnzwecken dienenden Räumlichkeiten",[84] „Geschäftsräume" oder „gewerbliche Räume" gewählt werden.[85]
Damit sind dann diejenigen Nutzungen vereinbart, die dem Charakter der Anlage entsprechen[86] (s. ABC Rn. 12). **Bei WE** kann Wohnen allgemein genommen werden ohne konkrete weitere Bezeichnung, „Wohnzwecke" erlaubt auch
Vermietung tage- oder wochenweise an Gäste,[87] anderslautender Beschl nichtig.

k) Öffentliche Genehmigung

In der Praxis haben diese Fragen eminente Bedeutung. Es ist zulässig, **vor** 11
einem Beschl über die Genehmigung zu verlangen, die benötigten öffentlich-rechtlichen Genehmigungen beizubringen.

Beispiel: Vor Genehmigung der gewerblichen Nutzung eines WE wird Zweckentfremdungsgenehmigung verlangt.[88]

4. ABC der Zweckbestimmung

Die **Rspr.** wird nachfolgend **in ABC-Form** dargestellt, sie ist wie oben dargestellt im Fluss. Zudem ist bisher noch keine ausreichende BGH-Rechtsprechung vorhanden: 12

Abstellraum: Der Umbau eines Abstellraumes einer Kellergarage in einen 12A
WC-Raum mit Waschbecken ist nach dem BayObLG (Rpfleger 1984, 409
m. Anm. Sauren) zulässig, ebenso zur Nutzung als Kosmetiksalon (OLG Bremen WuM 1993, 696); die Benutzung zu Wohn- und Schlafzwecken ist unzulässig (OLG Schleswig ZMR 2006, 891; BayObLG WE 1995, 90). Unzulässig
bei einem als „Lager" bezeichneten Raum Nutzung als zusätzliches selbstständiges Ladengeschäft (OLG Frankfurt v. 23.2.2004 – 20 W 21/01). Ebenso
idR die Nutzung von in der TEerkl als „Speicherräume" oder „Abstell-

---

[80] LG Karlsruhe ZWE 2011, 99 für Spielothek.
[81] OLG Düsseldorf NJW 2008, 2194 für Gaststätte.
[82] OLG Hamm NZM 2005, 870 für religiöse Begegnungsstätte; OLG Zweibrücken ZMR 2006, 76.
[83] OLG Zweibrücken ZMR 1987, 229.
[84] BGH ZMR 2010, 461; 2013, 452.
[85] OLG Hamm ZMR 2006, 149.
[86] OLG Hamm NZM 2005, 870.
[87] BGH NJW 2010, 3093, „Berlinbesucher".
[88] BayObLG WE 1991, 28.

räume" bezeichneten Räumlichkeiten als Wohnräume (OLG Düsseldorf ZMR 2004, 610).
Aktenlager: S. Archivraum.
Altenheim: Die Nutzung von drei Wohnungen in einer aus acht Wohnungen bestehenden Wohnanlage in einem Kurort für eine Altenpflegeeinrichtung ist gewerblich und damit unzulässig (OLG Hamm v. 1.2.1988 – 15 W 349/87). Ebenso bei Pflegeheim in einer zum Wohnen bestimmten Einheit (OLG Köln NJW-RR 2007, 87). Anders aber OLG Düsseldorf für den Betrieb einer Begegnungsstätte für Senioren durch gemeinnützigen Verein bei Zweckbestimmung „Gewerbeeinheit" für das TE (NJW 2008, 2194).
Anwaltspraxis in Wohnung: zulässig. Der Zutritt eines größeren Personenkreises ist hinzunehmen (KG NJW-RR 1986, 1072). S. auch Steuerberater, Rechtsanwalt, Patentanwalt.
Apotheke: Ein als Apotheke bezeichnetes TE kann nicht als Gaststätte genutzt werden, da ein solcher Betrieb erfahrungsgemäß mehr Beeinträchtigungen mit sich bringt (OLG Stuttgart WEZ 1987, 51). Ohne Regelung in der TEerkl oder einer sonstigen Vereinb besteht kein Konkurrenzverbot und es kann auch zweite Apotheke betrieben werden (OLG Stuttgart WE 1990, 145).
Architektenbüro in Wohnung: Zulässig (KG WE 1995, 19; zweifelnd Deckert 2/2363).
Archivraum: Unzulässig der Ausbau eines als Archivraum bezeichneten Raumes zum Schlafzimmer mit Bad (OLG Stuttgart DWE 1987, 30, 31). Zulässig aber idR die Nutzung eines Speicherraums zur Aufbewahrung von Notariatsakten (BayObLG NZM 2001, 1083).
Arztpraxis: Grundsätzlich ist der Betrieb einer Arztpraxis auch in einer Wohnung zulässig (KG NJW-RR 1986, 1072; aA OLG Stuttgart NJW 1987, 385). Dies gilt dann jedoch nicht, wenn konkrete Beeinträchtigungen einzelner WEer gegeben sind.

Beispiel: Zugang zur Arztpraxis führt über einen Laubengang, der Einblick in andere Anliegerwohnungen gibt (BayObLG ZMR 1980, 125) oder bei erheblichem Patientenverkehr (BayObLG ZMR 2000, 778).

Nach OLG München kann **Tierarztpraxis** nicht einer Arztpraxis gleichgestellt werden, weil die Belästigung die für die WEer zumutbaren Grenzen übersteige (ZMR 2005, 727). Ist durch Regelung der TEerkl die Nutzung als gynäkologische Arztpraxis auf Grund einer Einzelvorweggenehmigung gestattet, gilt Genehmigung auch für den Betrieb einer gynäkologischen Arztpraxis von Mietern des WEers nach Aufgabe der eigenen Arztpraxis. In diesem Fall nach LG Hamburg für Frage einer unzumutbaren Beeinträchtigung keine typisierende, sondern eine Einzelbetrachtung anzustellen (ZMR 2006, 565). S. auch logopädische Praxis, Kinder- und Zahnarzt, Wohnung und Billard-Café.
Asylbewerber: Die Bezeichnung „das Wohnhaus als gutes Wohnhaus zu schützen und wahren" schließt die Dauernutzung durch Familien nicht aus, jedoch durch häufig wechselnde Bewohner (BayObLG NJW 1992, 917). Nach OLG Frankfurt als Wohnnutzung zulässig, sofern bei einer etwa 50 qm

großen Wohnung ein Richtwert von zwei familiär nicht miteinander verbundenen Personen oder von einer Familie mit bis zu fünf Personen eingehalten wird (ZMR 1994, 378). Zulässig auch die Nutzung einer Gewerbeeinheit zur Schulung von Asylbewerbern oder Aussiedlern in der Zeit von Montag bis Freitag von 8 bis 15.30 Uhr (BayObLG NJW 1992, 919). S. auch gewerblicher Raum, Aussiedler und § 14 Rn. 5 Belegung.

Aussiedler: Die Bezeichnung „zur ausschließlichen Nutzung zu Wohnzwecken" schließt die Benutzung durch dauernd wechselnde Aussiedler aus (OLG Hamm WE 1992, 135), ebenso bei der Bezeichnung als Einfamilienhaus (OLG Hamm NJW-RR 1993, 786). Zulässig aber, wenn bei der Überlassung in etwa ein Richtwert von zwei Personen je Zimmer und eine Verweildauer nicht unter einem halben Jahr eingehalten wird (OLG Stuttgart WuM 1992, 555). S. auch Asylbewerber.

Automaten-Sonnenstudio: In Laden unzulässig (BayObLG WE 1996, 479). Anders aber nach OLG Hamm bei Bezeichnung „nicht zu Wohnzwecken dienende Räume im Erdgeschoss (Ladenlokal)" in TEerkl (NZM 2007, 805).

Ballettstudio: Der Betrieb eines Ballettstudios soll in einem als „Hobbyraum" (BayObLG ZMR 1985, 307) oder „Praxis/Büro" (LG Bremen NJW-RR 1991, 1423) bezeichneten Raum unzulässig sein.

Betreutes Wohnen: S. Wohnung.

Bierpavillon: Die Bezeichnung als „Café und Ziergarten" umfasst nicht auch den Betrieb eines Bierpavillons (AG Passau Rpfleger 1984, 269).

Billard-Café: Die Zweckbestimmung „Laden, Büro, Arztpraxis" oder „Wohnung" steht der Nutzung eines TE als „Billard-Café" entgegen (OLG Zweibrücken DWE 1987, 54; OLG Köln OLGR 2005, 108).

Bistro: Diese Nutzung ist in einem als „Laden" bezeichneten TE unzulässig (BayObLG WE 1994, 156; NZM 2000, 868; OLG Frankfurt NZM 1998, 198), aber zulässig, wenn Ladenöffnungszeiten beachtet werden (OLG Hamburg ZMR 2002, 455). Ebenso zulässig, wenn Zweckbestimmung nur in Aufteilungsplan getroffen ist (LG Hamburg ZMR 2010, 788). Hat Gem einem WEer gestattet, auf einer im GE stehenden Freifläche ua ein Restaurant zu betreiben, ist sie nicht verpflichtet, einem anderen WEer, dessen Mieter ein Feinkostgeschäft betreibt, ebenfalls auf der Freifläche einen Imbissbetrieb mit Bistrotischen zu gestatten (OLG Hambnurg ZMR 2004, 454). S. Gaststätte, Laden.

Boarding House: Das sog „Boarding House" umfasst die Vermietung mit Hotelservice wie Reinigung und Frühstück. Ist in der TErkl Wohnnutzung vorgesehen, ist eine Nutzung auch nach dem OLG Saarbrücken zulässig, (ZWE 2012, 492, Aufgabe von NZM 2006, 590), nachdem der BGH diese Nutzung der Wohnnutzung zuordnet, wenn keine anderweitige Vereinb vorliegt (BGH NJW 2010, 3093). S. Ferienwohnung, Wohnung.

Bodenraum: S. Dachraum.

Bordell: Gehen davon Störungen aus, die die gemliche Nutzung der Anlage oder den Verkehrswert oder Mietpreis der Wohnungen nicht unerheblich beeinträchtigen, so unzulässig (OLG Düsseldorf ZMR 2004, 447), im Gewerbe-

12B

§ 15 I. Teil. Wohnungseigentum

gebiet ggf. aber anders (LG Nürnberg NJW-RR 1990, 1355). Nach OLG Karlsruhe (ZMR 2002, 151) selbst in Vergnügungsbetrieb mit starkem Kundenverkehr und Nachtbetrieb unzulässig (unzutreffend, da Prostitution seit 1.1.2002 legalisiert). S. Prostitution.
Büro: Mit dieser Zweckbestimmung ist der Betrieb eines Spielsalons (AG Passau Rpfleger 1980, 23), einer Ballettschule (LG Bremen NJW-RR 1991, 1423) oder Gaststätte (BayObLG NZM 2000, 868) unvereinbar, da unter Büro nach dem allgemeinen Sprachgebrauch eine Schreibstube zu verstehen ist, in der überwiegend Diktier- und Schreibarbeiten sowie Telefongespräche und sonstige geschäftliche Besprechungen durchgeführt werden (OLG Düsseldorf WuM 1995, 727). Die vom OLG Stuttgart (NJW 1987, 385) gezogene Schlussfolgerung, dass in einem Büro eine Arztpraxis nicht eingerichtet werden darf, ist abzulehnen, da ein Büro sich nicht wesentlich von einer Arztpraxis unterscheidet (so auch AG Aachen v. 2.3.1993 – 12 UR II 4/93; OLG Hamm ZMR 2005, 219, da anders als beim OLG Stuttgart es sich nicht um eine Zahnarztpraxis handelt, die als Bestellpraxis eines allein praktizierenden Zahnarztes betrieben wird, sondern wohl um eine allgemeinmedizinische oder internistische Arztpraxis, die offensichtlich nicht als Bestellpraxis betrieben wurde oder bei der es sich anderenfalls um eine größere Gemspraxis gehandelt haben muss). Die Bezeichnung Büro in einzelnen Räumen steht der Nutzung als Getränkemarkt nicht entgegen, wenn vorher ein Supermarkt vorhanden war (OLG Schleswig NZM 1999, 79).

12C **Café inkl. Tages- bzw. Tanz- oder Kurcafé:** Unzulässig Bistro mit Spielgeräten (OLG Zweibrücken NJWE 1997, 254); ebenso bis 4.00 Uhr geöffnete Gaststätte (OLG Hamburg ZMR 1998, 714) oder Betrieb eines Speise- und Pilslokals mit Musikunterhaltung (BayObLG ZWE 2000, 572). Soweit das TE mit „Laden" bezeichnet ist, ist Betrieb eines Cafés nur innerhalb der gesetzlichen Ladenschlusszeiten und innerhalb der Räume, also zB nicht auf einem Vorplatz, möglich (BayObLG WuM 1985, 32). Ein Café mit Bierbar (BayObLG Rpfleger 1980, 348) ist folglich unzulässig, ebenso ein Billardcafé. Bei Zweckbestimmung „für gewerbliche Zwecke" ist Nutzung generell zulässig (OLG Zweibrücken ZMR 1987, 229). Ein Ladenlokal kann nach OLG Köln nicht als Stehcafé genutzt werden (WuM 2005, 71). Mit „Café mit Schnellimbiss" ist es nach BayObLG nicht vereinbar, in den Räumen über 21.00 Uhr hinaus die Versammlungsstätte eines ausländischen Kulturvereins zu betreiben (BayObLGR 2003, 335). Ein „Tagescafé" darf nach AG München nicht während der Nachtzeit betrieben werden. Nach allgemeinem Verständnis soll Grenze zwischen Tages- und Nachtzeit zwischen 20.00 und 22.00 Uhr liegen (AG München ZMR 2011, 678). Anders aber LG Dresden, welches auch bei Cafés über 21.00 Uhr hinausgehende Öffnungszeiten für angemessen und daher eine Gaststätte in als „Café" bezeichneten Raum für zulässig hält (ZMR 2010, 58). Ergibt TEerkl nur eine zulässige Innennutzung, kommt Vermietung zum Betrieb eines Außen-Cafés nicht in Betracht (LG Nürnberg-Fürth ZMR 2007, 729). S. Eisdiele, Eiscafé, Laden.
Chemische Reinigung: Unzulässig, wenn das TE als „Laden" bezeichnet ist, (BayObLG WE 98, 194; OLG Hamm Rpfleger 1978, 60). Ist das TE je-

Gebrauchsregelung **§ 15**

doch als „Geschäftsräume" bezeichnet, so ist diese Nutzungsart zulässig (BayObLG WuM 1995, 50).

Dachraum: Räume, die als „Dach- bzw. Speicherraum" bezeichnet sind und an denen ein SNR eingeräumt ist, können als Hobbyraum oder Werkstatt genutzt werden. Unzulässig aber bauliche Veränderungen, die eine intensivere Nutzung ermöglichen (BayObLG WE 1990, 70), zB Einbau zusätzlicher Fenster, Heizung-, Wasser- und Abwasserinstallationen, ebenso eine Wohnung (OLG Frankfurt ZWE 2006, 203; OLG Düsseldorf NJWE 1997, 229; OLG Frankfurt ZWE 2006, 203). Bei Bezeichnung als „Bodenraum" Nutzung als Ferienwohnung, Gästezimmer, als Büro oder Gewerberaum nach dem OLG Schleswig unzulässig (MDR 2004, 1178; aA und unrichtig BayObLG NJWE-MietR 1996, 130). S. Kammer, Speicher. **12D**

Dachterrasse: Kann nicht durch Beschl als begrünter Dachgarten umgestaltet werden, nur durch Vereinb (OLG Köln NZM 2005, 508).

Discothek: S. auch Weinkeller.

Digital-Druckerei: Zulässig bei Regelung in der TEerkl, wonach WE und TE zu Wohnzwecken und zur Ausübung einer freiberuflichen Tätigkeit benutzt werden dürfen, soweit behördlich zulässig (OLG Düsseldorf ZMR 2008, 393).

Einfamilienhaus: S. Aussiedler. **12E**

Eingangshalle (GE): Nutzung einer Eingangshalle des gemlichen Hallenbadtraktes für Abwicklung der Geschäfte mit Gästen eines benachbarten, einem WEer allein gehörenden Campingplatzes unzulässig (BayObLG WuM 1985, 232). Gem hat bei Regelung der Benutzung, insbesondere für die Eingangstür Ermessen. Mit Mehrheitsbeschl, wonach die Hauseingangstür eines gemischten Wohn- und Geschäftshauses zu üblichen Geschäftszeiten frei zum Öffnen bleibt, hält Gem sich nach OLG Frankfurt noch im Rahmen dieses Ermessensspielraums (NJW-RR 2009, 949). Umwandlung einer Wohnung in Empfangshalle (oder umgekehrt) ist nicht nur bauliche Veränderung, sondern auch Nutzungsänderung. Diese muss allstimmig erfolgen (OLG Celle ZWE 2001, 33).

Eisdiele, Eiscafé: Entsprechende Bezeichnung nur im Aufteilungsplan (nicht auch in TEerkl) nach BGH keine bindende Zweckbestimmung, deshalb Speiselokal möglich (NJW-RR 2010, 667). Bei dieser Zweckbestimmung zulässig Nutzung als Gaststätte (OLG Hamm NJW-RR 1986, 1336; aA OLG München NJW-RR 1992, 1492: generell unzulässig). Nach OLG Karlsruhe (OLGZ 1985, 392) erlaubt diese Zweckbestimmung den Betrieb bis 22.00 Uhr, nach OLG Hamm (aaO) ohne Beschränkung; in als Ladengeschäft bezeichnetem TE nach OLG Schleswig (NZM 2000, 1237) unzulässig. S. Café.

Erotik-Shop: S. Sexfilmkino/-shop, Raum.

Fahrradkeller (GE): Unzulässig nach OLG Karlsruhe Lagerung von Kaminholz, Holzschutt oder Briketts (WuM 1999, 51). In einem als „Abstellplatz für Fahrräder" bezeichneten Raum auch andere Geräte abstellbar. Aber unzulässig, dort Müll unterzustellen, egal ob lose oder in Mülltonnen (OLG **12F**

Frankfurt NJW-RR 2008, 1396). Ebenso unzulässig Wohnnutzung (OLG Frankfurt OLGR Frankfurt 2005, 58)
Ferienwohnung: Nach BayObLG legt Zweckbestimmung eines WEs als „Ferienwohnung" oder „Ferienappartement" idR eine vorübergehende Nutzung als Wohnung durch wechselnde Gäste fest. Ob Nutzung einer „Ferienwohnung" als Seminar- und Veranstaltungsraum mehr störe, wäre Frage des Einzelfalles (BayObLGR 2004, 390). Bestimmt weder die TEerkl, noch eine sonstige Vereinb etwas anderes, ist die Vermietung einer ETW an täglich oder wöchentlich wechselnde Feriengäste Teil der zulässigen Wohnnutzung (BGH NJW 2010, 3093; AG Hamburg St. Georg ZMR 2012, 361; AG Berlin-Mitte WuM 2011, 379). S. Wohnung, Boarding-House.
Frauensportstudio: In Laden unzulässig (OLG Schleswig NZM 2003, 483).
Fischgroßhandelsgeschäft: In Laden unzulässig (OLG München OLGR 2007, 246).
Fitness-Center: S. Schwimmbad.

12G   **Galerie:** Bei Zweckbestimmung in TEerkl als Ausstellungsraum/Galerie kann Wohnnutzung zulässig sein (OLG Karlsruhe WuM 2001, 140; BGH ZWE 2013, 131).
Garage:
– **GE:** Ein als „Garagenhof" bezeichneter Platz schließt Nutzung als Spielplatz nicht aus (BayObLG WE 1991, 27); jedoch durch Beschl ausschließbar, wenn in der Nähe ein Spielplatz ist. Ist Hof teilweise asphaltiert, kann über Garagennutzung ein Beschl gefasst werden (BayObLG ZMR 1998, 356). Die Gem kann Vermietung an Dritte gänzlich ausschließen (OLG Frankfurt NJW-RR 2007, 889), nach dem KG auch dann, wenn SNR besteht (NJW-RR 1996, 586). Hat Gem weniger Garagen als WE, ist Regelung über Vermietung für mehrere Jahre unzulässig (LG Berlin Grundeigentum 2011, 1631).
– **SE:** Ist Raum in TEerkl als „Garage" bezeichnet und nur über eine mit einem SNR belegten Fläche zu erreichen, hat Berechtigter die Zufahrt über die dem SNR unterliegende Fläche ausnahmsweise zu gewähren, wenn dies die einzige Möglichkeit ist, um den Raum zu nutzen (OLG Zweibrücken ZWE 2011, 179). Unzulässig Regelung, die allen WEern in der Tiefgarage den Anschluss an das Gemsstromnetz erlaubt, wenn die Stromnetzkapazität nicht für den Stromanschluss aller WEer ausreicht, so dass diejenigen WEer, die erst nach Ausschöpfung der Gesamtkapazität einen Netzanschluss beantragen, benachteiligt werden (LG Karlruhe Info M 2010, 182). Einschränkung der Nutzungsmöglichkeit von Flächen vor Garagen ist nach LG Karlsruhe nur aus besonderen Gründen gerechtfertigt, etwa wenn Flächen zum Rangieren benötigt werden (LG Karlsruhe v. 26.5.2009 – 11 S 83/08S).
– **Parkfläche:** Beschl der Gem, auf dem GE befindliche Parkflächen den jeweils unmittelbar anliegenden MEer mietweise zur Verfügung zu stellen, unzulässig, wenn zugleich für den Fall der Nichtvermietung ein Halten oder Parken von Fahrzeugen oder das Abstellen von Gegenständen auf den Flächen gänzlich untersagt wird (OLG Köln ZMR 2009, 388). S. Garagenzufahrt, Kellergarage, Parkdeck, Raum.

Gebrauchsregelung **§ 15**

Garagenzufahrt: Die Errichtung und Vermietung einer gemlichen Garagenzufahrtsfläche für drei Stellplätze ist nicht zulässig (OLG Zweibrücken NJW-RR 1986, 562).
Gaststätte: Ist in TErkl Betrieb eines **Ladens** gestattet, rechtfertigt dies nicht den Betrieb einer Gaststätte (AG Siegburg v. 13.11.2009 – 150 C 47/09; BayObLG ZMR 2001, 987; OLG Frankfurt ZMR 1997, 667; OLG Celle ZMR 2004, 689; selbst bei wechselnder Bezeichnung, BayObLG ZMR 2000, 775, auch nicht bei Bestimmung „Eiscafé", OLG Hamm NJW-RR 1986, 1336), eines Restaurants (BayObLG ZMR 1985, 206; WE 1990, 32) oder Weinstube (OLG Karlsruhe WuM 1993, 290), aber wohl, wenn nur Laden in Aufteilungsplan bezeichnet als Speisegaststätte (BGH ZMR 2013, 452). Abendlokal mit dem Angebot von Live-Musik, Tanzfläche und täglich wechselnden Aktionen-Cocktails stört mehr (BayObLGR 2005, 407). „Café/Konditorei" auch ohne Einschränkungen zeitlicher oder sachlicher Natur widerspricht die Nutzung als griechisches Spezialitätenrestaurant (BayObLG ZMR 2005, 215). SEer hat nicht die Kompetenz, seinem Mieter die Nutzung eines dem SE „vorgelagerten" GE, wie Außenfläche vor der betriebenen Gastronomieeinheit zuzusprechen (LG Hamburg ZMR 2012, 403). Unzulässig nach LG München I ein in der TEerkl als „Gaststätte-/Imbiss" bezeichnetes TE an „sensiblen Standorten" (wie allgemeines Wohngebiet mit Schule, Kindergarten, Kirche und Geschäften im näheren Umfeld) als Spielhalle mit Internetcafé zu betreiben. Mit hoher Wahrscheinlichkeit komme es zu einer intensiveren Kriminalitätsbelastung und zu einer Beeinträchtigung des Sicherheitsgefühls der Anwohner und daher störe dies idR mehr als der Betrieb einer Gaststätte oder eines Imbisses (ZWE 2011, 275). Liegt unanfechtbarer Beschl der Gem vor, eine Gaststätte zu fördern, ist Unterlassungsanspruch wegen zweckbestimmungswidriger Nutzung ausgeschlossen (BGH ZWE 2010, 266). S. auch gewerblicher Raum, Restaurant, Rasenfläche.
Gemeindezentrum: S. muslimisches Gemeindezentrum.
Gemeinschaftsraum (GE): Ein Beschl, diesen als Geräteraum zu nutzen, ist auf Anfechtung hin aufzuheben (BayObLG NJW-RR 1986, 1076). WEer können durch Mehrheitsbeschl Gebrauchsregelung fassen, wonach die Aufstellung eines Gefrierschranks in einem zum GE gehörenden Kellerraum, der im Aufteilungsplan als „Waschraum" bezeichnet wird, an Stelle einer Waschmaschine oder eines Wäschetrockners zulässig ist (OLG Frankfurt ZMR 2009, 385). Bei nur im Aufteilungsplan enthaltenen Nutzungsangaben für Kellerräume „allg. Kinderwagen" und „allg. Trockenraum" ist die Gem nicht gehindert, eine andere Nutzungsart zu beschl (OLG Schleswig ZMR 2004, 68).
Genehmigung (Öffentlich-rechtliche): Die Erteilung einer öffentlich-rechtlichen Genehmigung (etwa zum Betrieb einer Außenwirtschaft) ersetzt nicht die notwendige wohnungseigentumsrechtliche Gestattung (LG Hamburg ZMR 2012, 403). Siehe auch Rn. 15.
Geschäftsraum: Bezeichnung in der TErkl lässt Betrieb einer Gaststätte zu (BayObLG MDR 1982, 496), einschränkend jedoch bei einem Nachtlokal, wenn diese gewerbliche Nutzung dem Charakter der Wohnanlage widerspreche (KG NJW-RR 1989, 140). Bei Zweckbestimmung „SE an dem im Erdgeschoss gelegenen Ladenraum samt Ladenkeller und Nebenräumen im Kel-

lergeschoss" Nutzung als selbständiges Gewerbe unzulässig (NZM 2006, 933). S. Laden, Prostitution, Keller.
Getränkemarkt: S. Büro.
Gewerblich genutzter Laden: Betrieb einer Sauna mit Imbiss unzulässig (BayObLG NJW-RR 1986, 317).
Gewerblicher Raum: Die Bezeichnung zB „Gewerberaum", „Räume für gewerbliche Zwecke" oder „Gewerbefläche" lässt gewerbliche Nutzung unter Berücksichtigung öffentlich-rechtlicher Vorschriften zu (OLG Zweibrücken DWE 1987, 54; BayObLG WuM 1985, 238), zB den Betrieb einer Gaststätte, die Schulung von Asylbewerbern oder Aussiedlern (BayObLG NJW 1992, 919), eine Weinhandlung mit Bistro (LG Hannover ZMR 2001, 69), als Begegnungsstätte eines deutsch-kurdischen Kulturvereins (OLG Hamm ZMR 2006, 149), als Tagesstätte mit Kontakt- und Informationsstellenfunktion für Menschen mit psychischer Behinderung (OLG Zweibrücken NZM 2005, 868) oder als Versammlungsstätte und Gebetsraum (LG Freiburg NZM 2005, 345). Bei beliebigem Gewerbe nach OLG Düsseldorf (NZM 2002, 260) Methadonabgabestelle möglich. Nach OLG Düsseldorf (NZM 2000, 1008) kann verlangt werden, dass an Werktagen während der üblichen Geschäftszeiten von 8.00–20.00 Uhr der Eingang zum Hof dem berechtigten Personenkreis zur Verfügung steht. Gehört zum SE eines TEs ein Raum, der als „Lager" bezeichnet ist, Nutzung als selbstständiges Ladengeschäft unzulässig (OLG Frankfurt v. 23.2.2004 – 20 W 21/01). S. Wohnung, Gaststätte, Tagesmutter, Schwimmbad.
Gewerbeeinheit: Wird in TErkl ein TE ohne weitere Einschränkungen in der Zweckbestimmung als Gewerbeeinheit ausgewiesen, nach AG Oberhausen grds. alle zulässigen gewerblichen Nutzungen möglich (entschieden für Handel mit Kraftfahrzeugen und Ersatzteilen, ZMR 2011, 999). Zweckbestimmung in TEerkl als „Tagescafé" bringe es nach AG München mit sich, dass diese Einheit nicht während der Nachtzeit als Café betrieben werden dürfe. Nach allgemeinem Verständnis soll die Grenze zwischen Tages- und Nachtzeit zwischen 20.00 und 22.00 Uhr liegen (ZMR 2011, 678). Lässt TEerkl für die Gewerbeeinheiten den Betrieb eines Gewerbes uneingeschränkt zu, verstößt der Betrieb einer Spielothek nicht gegen die Zweckbestimmung (LG Karlsruhe ZWE 2011, 99). Bei dieser Zweckbestimmung psychosoziale Beratungs- und Behandlungsstelle für Alkohol- und Drogenprobleme zulässig (LG Freiburg WuM 2004, 421). Siehe Altenheim, Cafe.
Grünfläche: S. Rasenfläche.
Grundstück, Hof (GE): Erwirbt Gem noch weiteres Grundstück, fehlt der Gem vor der Vereinigung der beiden Grundstücke die Regelungskompetenz für Gegenstände, welche die Nutzung des Erwerbsgrundstücks betreffen (OLG Frankfurt ZWE 2006, 343). Nach LG Braunschweig besteht neben dem Anspruch gegen den Mieter auch ein Räumungsanspruch gegen den vermietenden WEer hinsichtlich der vom Mieter vollgestellten Flächen in Hof und Flur (ZMR 2012, 570). Die einem WEer durch TEerkl zur Ausübung überlassene Grunddienstbarkeit zur Errichtung und Nutzung von zwei Pkw-Abstellplätzen einschließlich der dafür erforderlichen Rangierfläche auf dem Nachbargrundstück gewährt kein Sondernutzungsrecht und

Gebrauchsregelung § 15

keine die Grenzen der Dienstbarkeit überschreitenden Abwehrrechte (OLG Düsseldorf ZMR 2009, 132). Ein WEer ist nicht berechtigt, die Grundstückseinfahrt zur dauerhaften Lagerung von Gegenständen zu nutzen (LG Düsseldorf ZMR 2011, 232).
Gymnastik-/Tanzstudio: In „Lagerraum" unzulässig (BayObLG WE 1995, 29).

Hausmeisterwohnung: Entsprechende Zweckbindung einer Wohnung bewirkt, dass die Wohnung durch den WEer nicht ohne weiteres gekündigt werden kann (BayObLG v. 19.4.1984 – 2 Z 78/83). Ausnahmsweise anderweitige Nutzung (zB Vermietung an Dritte) möglich, wenn triftige Gründe vorliegen (BayObLG WuM 1989, 38). Weitergehend OLG Schleswig, welches anderweitige Nutzung durch Mehrheitsbeschl zulässt, solange Gem klar stellt, dass dies nur vorläufig sein soll, Bereitschaft besteht, Nutzung als Hausmeisterwohnung später wiederaufzunehmen (ZMR 2005, 476). Durch Beschl keine Nutzung als Fahrradkeller möglich (OLG Düsseldorf NJW-RR 1997, 1306). Ist im Aufteilungsplan die Hausmeisterwohnung so bezeichnet, kann sie durch Beschl aber vermietet werden (OLG Hamburg NZM 2001, 132).

Heimartige Nutzung: S. Wohnung.

Hobbyraum: Das Betreiben eines Balletstudios in einem Hobbyraum ist unzulässig (OLG München ZMR 2007, 302; BayObLG ZMR 1985, 307), ebenso die Nutzung als selbständige Wohnung (OLG Zweibrücken ZMR 2002, 219; BayObLG ZWE 2005, 246) oder zu Wohnzwecken (BGH ZMR 2011, 967; OLG München ZMR 2007, 302; OLG Düsseldorf ZMR 2000, 329). Die WEer können dann verlangen, dass die Anschlüsse der Sanitäreinrichtung dauerhaft getrennt werden (BayObLG DWE 1999, 31). Hingegen kann ein Büro, eine Betreuungsstelle für Kinder oder eine Kindertagesstätte zulässig sein, soweit kein über das geordnete Zusammenleben hinausgehender unzumutbarer Nachteil (iSd § 14 Nr. 1) entsteht (BayObLG NJW-RR 1986, 1465; 1991, 140). Bestimmt die GO, dass die Hobbyräume ausgebaut werden dürfen, so zulässig (OLG München ZMR 2007, 302). Bestimmt die GO aber, dass die Hobbyräume nicht zum ständigen Aufenthalt bestimmt sind, so unzulässig (BayObLG WE 2005, 22). Ist nach TEerkl eine Nutzung als Verkaufsladen und nach Aufteilungsplan die Nutzung als Abstell-/bzw. Hobbyräume vorgesehen und bieten die baulichen Gegebenheiten nicht die Voraussetzungen für eine Wohnungsnutzung, ist diese unzuulässig (OLG Frankfurt ZWE 2012, 35), s. auch Bodenraum.

Hobbyspeicher: Selbständige Nutzung als Wohnung unzulässig, es sei denn, erhebliche Störungen sind durch Charakter der Anlage zulässig, zB Fremdenverkehr (BayObLG ZMR 2000, 776).

Hof: S. Garage und Grundstück.

Imbissstube: Das Betreiben einer Imbissstube in einem als Laden gekennzeichneten TE ist unzulässig (BayObLG ZWE 2005, 345; KG DWE 1986, 30; BayObLG NZM 2000, 288; OLG Köln NZM 2000, 390).

Ingenieurbüro: Zulässig in WE, wenn keine größere Belästigung als beim Wohnen (OLG Zweibrücken NJWE 1997, 255, zustimmend BGH NJW 2010, 3093).

§ 15 I. Teil. Wohnungseigentum

12J **Jugendbetreuung:** Mit einer Nutzungsbestimmung zu Wohnzwecken oder einer freiberuflichen Tätigkeit ist es nicht zu vereinbaren, wenn ein WEer seine Wohnung einem Verein zur Betreuung von Jugendlichen zur Verfügung stellt (OLG Frankfurt Rpfleger 1981, 148).

12K **Kammer:** Zulässig, einzelne Räume, die als Kammer bezeichnet und räumlich getrennt im ausgebauten Dachgeschoß gelegen sind, als Wohnung zu nutzen (KG NJW-RR 1991, 1359). Siehe Wohnen und Wohnung.
(Kampf)hunde: Verbot der Haltung von Kampfhunden und Kampfhundmischlingen unterliegt Beschlkompetenz (KG Berlin WuM 2003, 583). Gem kann Hundehaltung generell durch Mehrheitsbeschl auf einen Hund je Wohnung beschränken (OLG Schleswig WuM 2004, 561). Gebrauchsregelung für Nutzung der Gartenanlage durch Hundehalter entspricht ordnungsgemäßer Verwaltung, wenn einerseits dem Hundehalter ermöglicht wird, die im GE stehende Gartenfläche mitzunutzen und anderseits dadurch keinem anderen WEer über das bei einem geordneten Zusammenleben unvermeidliche Maß hinaus Nachteile erwachsen. Uneingeschränkte Untersagung der Nutzung der Gartenfläche durch Hunde berücksichtige das Interesse des tierhaltenden WEers an der Mitbenutzung dieser Gartenfläche nicht hinreichend (OLG Hamburg ZMR 2008, 151; LG Konstanz ZMR 2009, 634). Nach OLG Köln muss Regelung insbesondere den Schutz vor Verunreinigungen gewährleisten (ZMR 2009, 310). Gem kann verlangen, dass große Hunde (wie Rottweiler) angeleint oder mit Maulkorb versehen gehalten werden (OLG Düsseldorf ZMR 2006, 944). Aus einer beschlwidrigen Hundehaltung eines Mieters kann Gem nicht direkt gegen Mieter vorgehen, sondern nur gegen WEer als Vermieter (LG Nürnberg-Fürth ZMR 2010, 69, abzulehnen s. Rn. 21).
Kampfsportschule: S. Massageinstitut.
Kantine: Zweckbestimmung Laden in TErkl steht Nutzung als Sportvereinskantine entgegen (KG ZMR 1986, 296). S. Frauensportstudio.
Kellergarage: Umwandlung einer Kellergarage in Diele ist unzulässig (BayObLG Rpfleger 1984, 409 m. Anm. Sauren). Gem kann durch Beschl SNRberechtigten untersagen, sein SNR Dritten zu überlassen (jedenfalls dann, wenn TEerkl Vermietungsbeschränkungen an Dritte enthält, OLG Frankfurt NJW-RR 2007, 889; KG NJW-RR 1996, 586). S. Garage.
Kellerraum bzw. Keller: Wohn-, (LG Saarbrücken v. 24.10.2008 – 5 T 48/08; OLG Schleswig ZMR 2006, 891; OLG Zweibrücken ZMR 2006, 316) oder Büronutzung (BayObLG WuM 1993, 490) oder als selbständige Wohnung (OLG Zweibrücken ZWE 2002, 47; WE 1994, 146) sind unzulässig. Nutzung als Lager- und Abstellräume zulässig (OLG Schleswig WuM 2006, 409). Sie müssen jedoch nicht unbedingt als Lager- oder Vorratsräume genutzt werden, Hobbyraum ist gestattet, gelegentliches Wohnen und Schlafen nach OLG Düsseldorf (ZMR 1997, 373), oder als Musikzimmer, wenn Nutzung nicht mehr stört (BayObLG NZM 2000, 1237, trotzdem kann aber Änderung der Zweckbindung nicht verlangt werden BayObLG ZMR 1998,173); das Aufstellen einer EDV-Anlage kann deshalb nicht untersagt werden (BayObLG ZMR 1993, 30), ebenso wenig als Trockensauna (OLG Frankfurt NZM 2006, 747). Zweckbestimmung in TEerkl „nur soweit behördlich zulässig" umfasst

Gebrauchsregelung § 15

auch die bloße Duldung der Nutzung durch Behörde (BayObLG ZMR 1990, 276). Bei Zweckbestimmung „im Kellergeschoss" bzw. „Ladenkeller und Nebenräume im Kellergeschoss" ist selbständiges Gewerbe unzulässig (OLG München NZM 2006, 933). WEer nach AG Hamburg aus Rücksichtnahme gegenüber anderen WEern dazu verpflichtet, das Plakatieren von Türen in den Hausfluren unter Einschluss der Kellerflure zu unterlassen, soweit durch betreffende Bilder, Postkarten etc. persönliche weltanschauliche, politische, philosophische, religiöse oder sexuelle Botschaften oder vergleichbare persönliche Wertungen und Haltungen, auch ästhetischer Natur, transportiert werden (AG Hamburg ZMR 2012, 139). WEer, der seinen Kellerraum aufgrund rechtswidriger Nutzungsbeeinträchtigung nur eingeschränkt nutzen kann, kann nicht Übertragung von MEA verlangen. Er kann vom Störer Beseitigung der Beeinträchtigung verlangen (AG Tostedt ZMR 2011, 595). Ebenso kein Anspruch auf Nutzung eines bestimmten Kellerraums, wenn GO regelt, dass im SE stehende Kellerräume zum Teil von anderen WEern genutzt werden und der betreffende WEer dies zu dulden hat, ihm dafür jedoch ein Anspruch auf Nutzung eines anderen Kellerraums zustehe. Jedoch kann Nutzung eines Kellerraums nicht ersatzlos entzogen werden. Solange nicht durch Beschl ein anderer Kellerraum zur Nutzung zugewiesen wird, hat er ein Recht zum Besitz an dem von ihm derzeit genutzten Kellerraum (LG Berlin v. 28.9.2010 – 85 S 63/10 WEG). S. Geschäftsraum.
KFZ-Stellplatz: Unzulässig, eine in der TEerkl als „KFZ-Stellplatz" ausgwiesene Fläche zur dauerhaften (jahrelangen) Lagerung eines abgemeldeten und nicht fahrfähigen Kraftfahrzeuges zu nutzen (LG Hamburg ZMR 2009, 548).
Kinderarzt: Wenn dieser starken Besuchsverkehr (75–80 pro Tag) hat, ist diese Nutzung in WE unzulässig (BayObLG WE 1997, 319). Mit Zweckbestimmung als „Büroräume" ist die Ausübung einer Kinderarztpraxis nicht vereinbar (OLG Düsseldorf WuM 1995, 727). S. Arzt.
Kindertagesstätte: Die Nutzung einer Wohnung als Kindertagesstätte ist unzulässig (BGH ZMR 2012, 970; LG Köln ZMR 2012, 39 zur Abgrenzung zum betreuten Wohnen KG ZMR 2001, 658; AG Hildesheim WuM 1986, 25), ebenso eines Ladens (KG DWE 1992, 153), anders bei max. zwei Kindern (AG Bremen ZMR 2014, 401).
Konkurrenzverbot: S. Apotheke.
Kosmetikstudio: S. Abstellraum.
Krankengymnastikpraxis: Die Nutzung einer Wohnung im 1. Stock als Krankengymnastikpraxis nach BayObLG (WuM 1985, 231; darauf Bezug nehmend KG NJW-RR 1995, 333; aA LG Wuppertal v. 27.2.1986 – 6 T 46/86 und 6 T 72/86) zulässig. Dies steht im konkreten Fall, in dem TErkl die WEer verpflichtet, die „Eigenart des Bauwerks als gutes Wohnhaus zu wahren und zu schützen", im Widerspruch zu ständiger Rspr, nachdem der Charkter des Hauses zu beachten ist (Sauren Rpfleger 1984, 410).
Küche: Ladenlokal mit Voll-/Teilküche erlaubt nicht Betrieb von Gaststätte (BayObLG NZM 2000, 868). Zweckbestimmung eines SE als Wohnung in TEerkl wird durch Bezeichnung der einzelnen Räume in dem Aufteilungsplan nicht auf die so umrissene konkrete Nutzungsart beschränkt. WEer be-

rechtigt, im Rahmen der Wohnnutzung die Art der Nutzung der einzelnen Räume zu verändern und Küche in anderen Raum zu verlegen (OLG Frankfurt NJW-RR 2008, 1396; OLG Hamm ZMR 2006, 634).
Kur-Café: Bei dieser Zweckbestimmung Speiselokal mit Musikunterhaltung unzulässig (BayObLG ZMR 2001, 51). S. auch Cafe.

12L **Laden:**
– **Begriff:** Diese Bezeichnung in der TEerkl ist nach der Rspr. Zweckbestimmung (s. Rn. 10 f.). Die Rspr. lehnt sich bei Auslegung der Bezeichnung „Laden" an Begriffsbestimmungen im Ladenschlussgesetz an. Danach ist ein Laden ein zum Geschäftsverkehr mit Kundschaft geeigneter, von der Straße durch eine Ladentür abgeschlossener Geschäftsraum, in dem ständig Waren zum Verkauf an jeden feilgehalten werden (KG Berlin ZWE 2007, 258; BayObLG Rpfleger 1978, 414). Über diesen Maßstab hinausgehende Beeinträchtigungen, zB längere Öffnungszeiten, rechtfertigen Unterlassungsanspruch (OLG Hamm NZM 2007, 805). Von „Laden" werden auch alle Wörter mit dem Wortstamm „Laden" erfasst, zB Laden/Büro, Ladenlokal mit Voll-/Teilküche oder Laden mit Bistro (BayObLG NZM 2000, 868). Aus Zweckbestimmung als „Laden" kann nach OLG München nicht abgeleitet werden, dass Öffnungszeiten auf zulässige Öffnungszeiten zum Zeitpunkt der Eintragung der TEerkl im Grundbuch beschränkt seien (NZM 2008, 652). Nach OLG Hamm Verweisung auf Ladenöffnungszeiten dynamisch, dh es sollen die jeweils gesetzlich geltenden Ladenöffnungszeiten anwendbar sein (NJW 2008, 302). Zweckbestimmung als „Laden" bedeutet nach KG Berlin nicht, dass die Räume uneingeschränkt gewerblich genutzt werden dürften, sondern lediglich, dass einzelne Erwerber von WE oder TE sich darauf verlassen könne, dass keine gewerbliche Nutzung zugelassen werde, die mehr als ein Laden störe (KG Berlin ZWE 2007, 258). Die Bezeichnung „Ladengeschäfte" im Aufteilungsplan hingegen ist keine Zweckbestimmung, sondern unverbindlicher Nutzungsvorschlag (BGH ZMR 2013, 452; LG Hamburg ZMR 2010, 788).
– **Unzulässig/zulässig:** Unzulässig als „Begegnungsstätte für Menschen" (KG ZWE 2007, 258) oder „Office- und Partyservice" (OLG Hamburg ZMR 2003, 770). In „Laden" kein (Fisch)Großhandelsgeschäft zulässig (OLG München ZMR 2007, 718). Ebenso nach OLG Celle sowohl eine Pizzeria/Pizza-Bringdienst als auch eine Gaststätte (ZMR 2004, 689; BayObLG WuM 1998, 619) unzulässig. Einschränkend aber AG Rosenheim, welches maßgeblich auf eine ggfls. in der TEerkl vorhandene Definition der Zweckbestimmung abstellt und Pizza-Service zulässt, wenn die Definition nach der TEerkl diesen einschließt (ZMR 2011, 914). Aber zulässig als Kindertagesstätte (OLG Düsseldorf NZM 2003, 979). Enthält der Aufteilungsplan für ein bestimmtes TE die Bezeichnung „Ladengeschäfte", widerspricht nach LG Hamburg die gastronomische Nutzung dieses TE (als italienisches Bistro) nicht der Zweckbestimmung. Unzulässig die Nutzung als Vereinslokal (AG Siegburg v. 13.11.2009 – 150 C 47/09). Zulässig nach OLG München der Betrieb einer Postfiliale. Unzulässig aber dabei das

Gebrauchsregelung § 15

Aufstellen von Tischen vor dem Geschäft zum Verzehr dort gekaufter Waren (OLG München NZM 2008, 652). S. weiter: Bistro, Büro, Café, Chemische Reinigung, Eisdiele, Gaststätte, Geschäftsraum, Imbissstube, Kantine, Keller, Kindertagesstätte, Küche, Nachtlokal, Pilsstube, Pizzeria, Playothek, Restaurant, Sexfilmkino, Spielsalon, Teestube, Waschsalon, Weinstube.

Ladenwohnung: Nutzung als Drogencafé möglich bei separatem Eingang (KG NZM 1999, 425).

Lager: Nach OLG Düsseldorf (NZM 2000, 1008) keine Zweckbestimmung, wenn nur im Aufteilungsplan. Hingegen entsprechende Nutzung unzulässig, bei Bestimmung in der TEerkl, wonach das gesamte Gebäude ausschließlich Wohnzwecken dient (OLG Frankfurt v. 10.11.2005 – 20 W 26/2003). Ebenso Nutzung als selbständiges Ladengeschäft unzulässig (OLG Frankfurt v. 23.2.2004 – 20 W 21/01). S. Abstellraum.

Lagerraum: S. Gymnastikstudio.

Logopädische Praxis in Wohnung: Zulässig (AG Aachen v. 21.6.1994 – 12 UR II 11/94).

Lokal: Nutzung als Spielhalle stellt eine nicht zu duldende Nutzung dar (LG München ZMR 2012, 482).

Massageinstitut: Zulässig der Betrieb eines medizinischen Massageinstituts in Erdgeschosswohnung (OLG Hamburg MDR 1974, 138). Unzulässig aber Betrieb einer Kampfsport- und Selbstverteidigungsschule bei Zweckbestimmung als „Massageinstitut" (BayObLG WuM 1993, 700). Ebenso unzulässig eine „Massagepraxis zur sexuellen Entspannung" (OLG Hamburg Info M 2009, 21). S. Prostitution.

Massageraum: Zulässig im Gewerbebetrieb (AG Hamburg ZMR 2007, 821), s. Pilsstube.

Media-Agentur: Wenn Gewerbe ohne Geräuschentwicklung zulässig, erlaubt auch den Betrieb einer Media-Agentur (OLG Frankfurt v. 17.5.2005 – 20 W 132/03).

„Modell"-tätigkeit: Unzulässig (LG Hamburg DWE 1984, 28) bei Nachteil; s. auch Bordell, Prostitution, Peep-Show.

Montagekeller: Umwandlung eines gem Montagekellers in einen Hobbyraum unzulässig (Sauren Rpfleger 1984, 410; aA BayObLG Rpfleger 1984, 409).

Musikschule: S. Schule.

Musikzimmer: S. Keller.

Muslimisches Gemeindezentrum: Ist bei Möglichkeit der gewerblichen Nutzung zulässig (OLG Frankfurt ZMR 2013, 296).

Nachtlokal: Betrieb in einem als „Gaststätte" (BayObLG WuM 1985, 298) oder „Geschäftsraum" (KG ZMR 1989, 25) bezeichneten TE ist unzulässig, obwohl das Gaststättengesetz eine solche Unterscheidung nicht kennt, deshalb nicht zu folgen.

Nachhilfe (für Schüler): Unzulässig, wenn Zweckbestimmung auf Wohnen lautet (OLG Köln ZWE 2008, 201).

„Nicht zu Wohnzwecken dienen": Häufig wird die Abgrenzung zum TE durch diese Formulierung gewählt, damit alle gewerblichen Nutzungen möglich sind (BGH ZMR 2010, 461; ZMR 2013, 452). Dadurch werden aber alle wohnlichen Nutzungen ausgeschlossen, wie als Ferienwohnung oder Gästezimmer nach dem OLG Schleswig unzulässig (MDR 2004, 1178; aA und unrichtig für Gästezimmer BayObLG NJWE-MietR 1996, 130).

12P **Parkdeck (GE):** Schließung durch Beschl möglich (LG Saarbrücken ZMR 2006, 478). Hat Gem weniger Stellplätze und Garagen als WE, Regelung über Vermietung für mehrere Jahre nach LG Berlin unzulässig (Grundeigentum 2011, 1631). Beschl der Gem, auf dem GE befindliche Parkflächen den jeweils unmittelbar anliegenden MEer mietweise zur Verfügung zu stellen, überschreitet zulässige Grenzen des ordnungsgemäßen Gebrauchs der Flächen, wenn zugleich für den Fall der Nichtvermietung ein Halten oder Parken von Fahrzeugen oder das Abstellen von Gegenständen auf den Flächen gänzlich untersagt wird (OLG Köln ZMR 2009, 388). Zulässig durch Mehrheitsbeschl die Nutzung eines in GE stehenden Parkplatzes so zu regeln, dass nicht alle WEer auch während der Zeit von 18.00 Uhr bis 8.00 Uhr dort ein Fahrzeug abstellen dürfen (OLG Frankfurt ZMR 2008, 398). S. Garage und KFZ-Stellplatz.
Parkfläche: S. Garage.
Partyraum: Nutzung als Wohnraum ist unzulässig (BayObLG WuM 1996, 490).
Pärchenclub: S. Sauna.
Patentanwalt: Zulässig, wenn keine Störungen (OLG Köln NZM 2002, 258, zustimmend BGH NJW 2010, 3093).
Peepshow: Unzulässig in reiner Wohnanlage. Gebrauchsregelung dahin, dass Betrieb von Unternehmungen, die pornographischen Charakter haben, wie Peep-Show, unzulässig sind, möglich (OLG Saarbrücken v. 17.2.1989 – 5 W 31/88). S. Prostitution.
Pilsstube: Betrieb einer Pilsstube bzw. Pilsbar (AG Dachau DWE 1986, 93) ist mit der Bezeichnung „Laden" bzw. „Blumenladen" (BayObLG Rpfleger 1980, 348) oder „Massageraum" (BayObLG NJW-RR 1988, 140) in der TErkl unvereinbar.
Pizzeria: Betreiben einer Pizzeria ist sowohl in Laden, als auch in einem als „Café" bzw. „Eisdiele" bezeichneten TE unzulässig (OLG Karlsruhe OLGZ 1985, 397), auch wenn diese nur zum außer Haus-Verkauf betrieben wird (BayObLG NZM 1998, 335). S. Laden.
Playothek: Die Bezeichnung „Ladenlokal" lässt den Betrieb einer „Spielothek" oder „Playothek" nicht zu (OLG Frankfurt WE 1986, 135; OLG Hamm WE 1990, 95, 96). S. Spielothek, Laden.
Polizeistation: Kann in Wohnung zulässig sein (BayObLG NJW-RR 1996, 1358).
Prostitution: Unzulässig in Wohnanlage (OLG Frankfurt NZM 2004, 950; OLG Hamburg ZMR 2005, 644; BayObLG NZM 2004, 949). Ebenso unzulässig in gemischt genutztem Gebäude einer Gem in einem Gewerbegebiet, in dem sich ua ein Kraftfahrzeugsachverständigenbüro befindet (OLG Zweibrücken Mietrecht kompakt 2009, 78). Handelt es sich allerdings um eine atypische Anlage, in der beispielsweise keine Familien wohnen, Obdachlose

zur Wiedereingliederung untergebracht sind und sich auch in der Umgebung randständige Personen aufhalten, so kann im Einzelfall ein Unterlassungsanspruch unbegründet sein (OLG Köln ZMR 2009, 387). Nach hM in der Rechtsprechung soll trotz Inkrafttreten des Prostitutionsgesetzes Prostitution weiterhin unzulässig sein. Diese sei zwar gesetzlich erlaubt, aber mit einem sozialen Unwerturteil breiter Bevölkerungskreise behaftet und ein entsprechender Betrieb wirke sich negativ auf den Verkehrswert oder den Mietpreis der ETWen aus (OLG Frankfurt und Hamburg aaO; OLG Zweibrücken ZWE 2009, 142; OLG Hamburg Info M 2009, 21; OLG Düsseldorf ZMR 2004, 447; VerfGH Berlin WuM 2003, 39). Anders nunmehr zutreffend das AG Wiesbaden, welches das soziale Unwerturteil nicht für geeignet hält, ohne konkrete Beeinträchtigung die Prostitution zu verbieten (ZMR 2011, 843).
Psychologische oder Psychotherapeutische Praxis: In Wohnung zulässig (OLG Düsseldorf ZMR 1998, 247). Ebenso in gewerblicher Einheit (LG Freiburg (Breisgau) WuM 2004, 421). Bei Umwandlung einer TE-Einheit in 47 Wohneinheiten und deren Vermietung an psychisch erkrankte Menschen unzulässig (BayObLG NZM 2005, 263).

Rasenfläche (GE): Erlaubt auch Nutzung zum Spielen für Kinder (OLG Frankfurt WE 1992, 86), aber nicht als Trampelpfad (OLG Stuttgart ZMR 1995, 81). Beschlkompetenz zur räumlichen Aufteilung einer Gartenfläche und Zuweisung der Teilflächen an WEer zur ausschließlichen Benutzung (OLG Hamm ZMR 2005, 400). Nach LG Hamburg kann bei Grünflächen durch Beschl über die Erlaubnis bzw. das Verbot des Fußballspielens beschlossen werden (ZMR 2003, 878; aA OLG Düsseldorf MDR 1986, 852). Nach AG Hamburg St. Georg Beschl der WEer über die Vermietung des rückwärtigen Gartenbereichs der Gem zum Betrieb einer Außengastronomie (Biergarten) mit Kinderspielplatz in den Sommermonaten ungültig. Wegen der zu erwartenden Lärmbelästigungen sei dies Verstoß gegen das Gebot der gegenseitigen Rücksichtnahme (ZMR 2009, 557).
Raum: Bei als „Raum" bezeichnetem Zimmer sind Umbau und Nutzung als Garage unzulässig (BayObLG WuM 1993, 289). Bezeichnung als „Raum" stellt keine Zweckbestimmung mit Vereinbarscharakter dar (BayObLG WuM 1994, 98, 635; OLG Frankfurt NJW-RR 2008, 1396), weil zu allgemein und zu unbestimmt. Deshalb können solche Räume in einer ihrer Beschaffenheit entsprechenden Weise genutzt werden (BayObLG aaO). Erotik- oder Sexshop unzulässig, wenn es sich um einzigen Laden in einem Wohnhaus handelt, das auch zum Wohnen von Familien mit Kindern und Jugendlichen geeignet ist und wenn sich auch in unmittelbarer Nachbarschaft keine Läden befinden (BayObLG aaO, 635). Bei Bezeichnung „nicht zu Wohnzwecken dienender Raum" kann zu jedem anderen beliebigen Zweck genutzt werden (KG ZMR 2007, 299). Durch die Bezeichnung in dem Aufteilungsplan als „Trockenraum" ergibt sich keine Einschränkung (BayObLG NZM 1999, 80). Zulässig auch, im Rahmen der Wohnnutzung die Art der Nutzung der einzelnen Räume zu verändern, so zB die Verlegung der Küchennutzung von einem in einen anderen Raum (OLG Frankfurt NJW-RR 2008, 1396).

§ 15 I. Teil. Wohnungseigentum

Rechtsanwalt: Das Ausüben dieses Berufes in einer Wohnung (sog Wohnzimmerkanzlei) ist zulässig, zB als Patentanwaltsbüro (OLG Köln ZMR 2002, 380). S. auch Anwaltspraxis.
Religionsausübung: Unzulässig Gebetshaus und Gemeindezentrum muslimischen Glaubens bei einem TE mit Zweckbestimmung „Supermarkt", da Abwägung sämtlicher Umstände im Rahmen der typisierenden Betrachtung nach LG Wiesbaden zu einer höheren Belastung der umliegenden WEer als die Nutzung als Supermarkt führe (ZMR 2008, 331). Ebenso unzulässig Wohnraum als religiösen Versammlungsraum zu nutzen (AG Mannheim v. 6.4.2005 – 4 URWEG 251/04). Ebenso eine für „gewerbliche Nutzung jeder Art" bestimmte Einheit für kirchliche Versammlungen zu nutzen (LG Freiburg (Breisgau) NZM 2005, 345).
Restaurant bzw. Salatrestaurant: Bezeichnung „Laden" in der TErkl steht dem Betrieb eines Restaurants (BayObLG DWE 1989, 27) bzw. Salatrestaurants ohne Alkoholausschank entgegen (KG ZMR 1985, 207).

125 **Sado-/Maso-Studio:** Unzulässig (KG ZWE 2002, 322).
Sauna: Nutzung als sog „Pärchensauna" (BayObLG ZMR 1994, 423), „Pärchentreff" oder „Swinger-Club" unzulässig, letzteres gilt nach dem BayObLG (NZM 2000, 871) selbst dann, wenn die GO eine gewerbliche Nutzung ohne jegliche Beschränkung erlaubt, weil vorgenannte Nutzung mit einem „sozialen Unwerturteil" verbunden sei. Dies hätte nachhaltige Auswirkungen auf den Verkehrswert und Mietwert (bedenklich wegen Freigabe der Prostitution, aA KG ZWE 2002, 323). Steht Sauna im GE, kann Gebrauch durch Beschl geregelt werden (zB Beschränkung auf zwei Tage die Woche, OLG Düsseldorf ZMR 2004, 528). Bei Bezeichnung in TEerkl als „Keller" kann Nutzung zulässig sein (OLG Frankfurt NJW-RR 2006, 1445). S. gewerblich genutzter Laden, Prostitution.
Schnell-Imbiss: In Laden unzulässig (OLG Frankfurt ZWE 2006, 250), auch „Döner-Schnell-Imbiss" (OLG Zweibrücken OLGR 2006, 321).
Schule: Eine Musikschule ist in Büro, Laden oder Keller unzulässig (BayObLG WE 1996, 191).
Schwimmbad: Nach BayObLG (ZMR 1988, 436) ist Umwandlung eines als Schwimmbad bezeichneten TE in Fitness-Center unzulässig, anders bei Umwandlung in Büroraum (LG Hamburg ZMR 2011, 226). Ist das Schwimmbad für die Nutzung der Anlage vorgesehen, so ist ein TEer nicht berechtigt, Gästen eines Hotels die Benutzung zu gestatten (OLG München MDR 2005, 620). Das Aufstellen eines mobilen Schwimmbeckens mit Durchmesser von 3,5 m und einer Höhe von ca. 90 cm auf einer einem WEer zugewiesenen Gartenfläche kann unzulässig sein (KG Berlin NJW-RR 2008, 25).
Sexfilmkino/-shop: Nach KG (NZM 2000, 879) ist Betrieb eines ladenmäßigen Erotik-Fachgeschäftes mit Videothek, wenn in Wohngegend ähnliche Einrichtungen vorhanden sind, nicht aber die Vorführung von Sexfilmen mit Einzelkabinenanschluss zulässig (bedenklich wegen Freigabe der Prostitution, aA KG ZWE 2002, 323); s. auch Peepshow, Raum, Prostitution.
Sonnenstudio: S. Automaten-Sonnenstudio.

Gebrauchsregelung § 15

Speicher: Umwandlung und Nutzung als Wohnung unzulässig (BGH NJW 2004, 364; BayObLG NJW-RR 1991, 140; ZMR 1993, 476), ebenso bei Speicherraum (OLG Düsseldorf NJWE 1997, 229), anders nach OLG Düsseldorf, wenn die Räume baulich von vornherein als Wohnräume ausgeführt worden seien (WuM 2004, 237). Zulässig die Nutzung als Hobbyraum oder Werkstatt (BayObLG WuM 1989, 262) oder Aufbewahrung von Akten (BayObLG NZM 2001, 1083). Ist der Speicher nur über SE erreichbar, ist er nur von der WEerGem für Instandhaltungsarbeiten zu betreten (OLG Hamm NZM 2001, 239), nicht für andere WEer zur Einlagerung (OLG Hamburg ZMR 2001, 999). S. auch Dachraum.
Spielothek: Betrieb einer Spielothek, die täglich von 8.30 Uhr bis 1.00 Uhr geöffnet ist, stört mehr als ein Laden (BayObLG NZM 2005, 463). S. auch Playothek.
Spielsalon oder -halle: Bezeichnung „Büro" lässt eine Nutzung als Spielsalon nicht zu (AG Passau Rpfleger 1980, 23). Betreiben eines Spielsalons in einem als „Laden" bezeichneten Raum ist unzulässig (KG NJW-RR 1986, 1073; OLG Zweibrücken ZMR 1988, 68). Ebenso eine Spielhalle (BayObLG WE 1991, 169). Ebenso unzulässig ein mit „Lokal" bezeichnetes TE als Spielhalle zu betreiben (LG München I ZMR 2012, 482). S. Gewerbeeinheit.
Spitzboden: S. Speicher.
Sportstudio: S. Frauensportstudio.
Sportvereinskantine: In „Laden" kann keine Sportvereinskantine geführt werden (KG ZMR 1986, 296).
Steuerberater: In einer Wohnung ebenso zulässig wie ein Rechtsanwalt (BayObLG ZMR 1999, 186; KG WE 1995, 19), S. Anwalt, Rechtsanwalt.
Supermarkt: S. Büro.

Tanzcafé: S. Café. 12T
Tagesmutter, -pflegestelle: In Wohnung unzulässig, da Beruf bzw. Gewerbe (BGH ZMR 2012, 970).
Teileigentum: Bei Zweckbestimmung neben TE zusätzlich als Hobbyraum unzulässig (BGH ZMR 2011, 967), Benutzung des nur als TE bezeichneten Einheit als Wohnung zulässig (OLG Karlsruhe ZMR 2001, 385; OLG Köln v. 27.12.2002 – 16 Wx 233/02), wenn keine Störungen, die über die nach der Zweckbestimmung vorgesehenen Nutzung zu erwartenden hinausgehen, festgestellt werden, ansonsten nach BayObLG ZMR 2004, 925, unzulässig da angeblich regelmäßig intensivere Nutzung.
Tierarzt: S. Arztpraxis.
Teestube: Betrieb einer Teestube in einem Laden ist unzulässig (BayObLG Rpfleger 1984, 269).
Trockenraum: S. Raum.

Überbelegung: S. Wohnung. 12U

Versicherungsagentur: Fortführung in einem zur Wohnung gehörenden Keller bzw. in der Wohnung ist in reiner Wohngegend unzulässig (AG Mühlheim DWE 1980, 25; anders KG WE 1994, 56, da mit einem Freiberufler vergleichbar). 12V

Verwalterwohnung: Nutzung als Hotelappartement zulässig, wenn sie nicht mehr stört als Wohnnutzung (BayObLG NZM 2000, 667).
Videothek: In Laden uU zulässig (BayObLG WE 1994, 248).

12W **Wäscherei:** S. Chemische Reinigung.
Wahrsagerin: Soll nach KG (WE 1994, 55) in Wohnung zulässig sein, da mit freiberuflicher Tätigkeit vergleichbar.
Waschküche: Änderung in Versammlungsraum bedarf der Allstimmigkeit wegen der damit zusammenhängenden baulichen Veränderungen (BayObLG WE 1997, 280). S. Gemeinschaftsraum.
Waschsalon: Der Betrieb eines Waschsalons mit Getränkeausschank ist in einem Laden unzulässig (OLG Frankfurt DWE 1987, 28). S. Chemische Reinigung.
Weinkeller: Die Zweckbestimmung „Weinkeller" schließt den Betrieb einer Discothek oder Gaststätte aus (BayObLG ZMR 1990, 230).
Weinstube: Ein solcher Betrieb mit Billardtischen, Spiel- und Geldautomaten ist in einem Laden unzulässig (AG Dachau DWE 1986, 93). Zulässig aber, wenn nach TEerkl Gewerbe unbeschränkt zulässig ist (OLG Düsseldorf NZM 2003, 805).
Werbeproduktion: Durch Gem erlaubte Organisation für Werbeproduktionen ohne Publikumsverkehr duldet die weitergehende der nicht professionellen Foto- und Filmaufnahmen (OLG Hamburg ZMR 2002, 370).
Werkstatt: S. Dachraum.
Wettbüro: Stört mehr als Laden (AG Offenbach ZWE 2014, 214).
Wirtschaftskeller (GE): Die WEer können das Aufstellen von Wäschetrocknern durch Mehrheitsbeschl verbieten, wenn allen WEern spezielle Wasch- und Trockenräume zur Verfügung stehen (OLG Düsseldorf OLGZ 1985, 437).
Wirtschaftsprüfer: In WE zulässig (BayObLG ZMR 1985, 275).
Wohnen: Auch **in TE** möglich, wenn nicht mehr stört, was regelmäßig der Fall ist (OLG Karlsruhe ZMR 2001, 385; OLG Köln v. 22.7.1991 – 16 Wx 72/91; aA BayObLG ZMR 2003, 384 wenn es sich um nicht zu Wohnzwecken dienende Räumlichkeit handelt). Siehe auch TE, gewerblicher Raum.
Wohnung:
– **Zulässig:** Grundsätzlich ist die Nutzung einer „Wohnung" für eine freiberufliche Tätigkeit, zB Architekt, Steuerberater (KG WE 1995, 19), Humanarztpraxis (OLG Hamm ZMR 2005, 219; OLG Frankfurt NZM 2006, 144, aber nicht Tierarztpraxis, OLG München ZMR 2005, 727) oder psychologische Praxis (OLG Düsseldorf ZMR 1998, 247) zulässig. Ebenso als Ferienwohnung (vgl. BGH NJW 2010, 3093), zur Unterbringung aus der Anstaltsunterbringung entlassenen Suchtpatienten (KG WuM 2005, 207) und als logopädische Praxis. Bei Vermietung an täglich oder wöchentlich wechselnde Feriengäste oder Gäste mit vergleichbaren Unterkunftsbedürfnissen ist dies Teil der zulässigen Wohnungsnutzung (BGH NJW 2010, 3093; ZMR 2011, 396; Boarding-house OLG Saarbrücken ZWE 2012, 492) auch bei hotelähnliche Zwischenvermietung, BGH NJW 2010, 3093), als Wachstation für Polizeibeamte (BayObLG ZMR 1996, 507) oder für betreutes Wohnen für Jugendliche (KG ZMR 2001, 658). Der teilende

Eigentümer kann in der TErkl eine Gebrauchsregelung vorgeben, wonach Wohnungen nur is betreuten Wohnens genutzt werden dürfen (BGH NJW 2007, 213). „Digital-Druckerei" zulässig, wenn Regelung in der TEerkl, wonach WE und TE zu Wohnzwecken und zur Ausübung einer freiberuflichen Tätigkeit benutzt werden dürfen (OLG Düsseldorf ZMR 2008, 393).

- **Nicht zulässig** ist jedoch die Nutzung als Friseursalon oder Büro (letzteres ist von konkreten Umständen abhängig, zB Publikumsverkehr, BayObLG WuM 2000, 684) oder Kindertagesstätte (BGH ZMR 2012, 970; LG Köln ZMR 2012, 39 zur Abgrenzung zum betreuten Wohnen KG ZMR 2001, 658) oder für Verein zur Betreuung von Jugendlichen (OLG Frankfurt OLGZ 1981, 156) oder zu gesellschaftlichen oder religiösen Zusammenkünften des Vereins zur islamischen Aufklärung und Bildung (AG Mannheim NZM 2005, 591) oder zur Prostitutionsausübung (OLG Hamburg ZMR 2005, 644; BayObLG ZMR 1993, 580). Nach OLG Zweibrücken auch dann, wenn lediglich „Hausfrauensex" angeboten werde und in der Anlage vorwiegend Studenten wohnen (ZWE 2009, 142). Die Bezeichnung „… sowie Speicherraum …" erlaubt nicht eine Nutzung des Speicherraumes als selbständige Wohnung (BayObLG NJW-RR 1994, 82) oder als Blumenladen mit Zeitungsverkauf (BayObLG NJW-RR 1993, 149). Nutzung von als Büroräume ausgewiesenen Räumen im Keller, in dem sich auch die Wasch- und Trockenräume der Gem befinden, als Wohnräume ist unzulässig (OLG Köln OLGR 2003, 59). Wenn ausdrücklich als „nicht zu Wohnzwecken dienende Räumlichkeit" ausgewiesen, ist zu Wohnzwecken auch dann unzulässig, wenn besondere Umstände vorliegen (OLG Köln NZM 2003, 115). Ebenso sind Schülernachhilfe bzw. Zeitarbeitsfirmen bei Bestimmung zu Wohnnutzung unzulässig (OLG Köln ZWE 2008, 201).
- Zur Benutzung einer Wohnung zu **Übergangszwecken, zB durch Asylbewerber und Aussiedler**, gilt Folgendes: Ist in der GO geregelt, dass Wohnungen nur zu Wohnzwecken benutzt werden dürfen, so ist Vermietung an Aussiedler (OLG Hamm NJW 1992, 184; WE 1993, 225) und Asylbewerber (AG Wetter ZMR 1991, 150) unzulässig; nach dem BayObLG (WE 1992, 235) und dem KG (NJW 1992, 3045) nur, wenn Beeinträchtigungen vorliegen; dies ist nach dem OLG Stuttgart (NJW 1992, 3046) nicht der Fall, wenn in etwa ein Richtwert von zwei Personen je Wohnung und einer Verweildauer nicht unter einem halben Jahr eingehalten wird, nach dem BayObLG (NJW 1994, 1662), wenn in etwa ein Richtwert von zwei Personen je Zimmer eingehalten wird und für jede mindestens sechs Jahre alte Person eine Wohnfläche von mindestens 10 qm vorhanden ist, nach dem OLG Frankfurt wenn bei einer 50 qm großen Wohnung ein Richtwert von zwei familiär nicht miteinander verbundenen Personen oder von einer Familie bis zu fünf Personen eingehalten wird (ZMR 1994, 378), das OLG Hamm schließt daraus, dass generell eine heimartige Nutzung ausgeschlossen ist (ZMR 1999, 504; OLG Frankfurt NZM 2004, 231). S. Aussiedler, Asylbewerber, Boarding-Hous, Kindertagesstätte, Zahnarzt, Ferienwohnung und Prostitution.

Wohnzwecke: Wenn Gebäude ausschließlich dem Wohnen dienen soll, kein Lager und Werkstatt für einen Elektrobetrieb zulässig (OLG Frankfurt ZWE 2006, 202). S. Aussiedler, Wohnung.

12Z **Zahnarzt:** Ist in der Wohnung möglich (KG NJW-RR 1991, 1421); vom BayObLG in einem Fall wegen der Regelung in der GO und dem zu erwartenden Publikumsverkehr aber abgelehnt worden (NJW-RR 1989, 273). Nach OLG Hamm steht die Zweckbestimmung „Büro" einer Nutzung als Zahnarztpraxis nicht entgegen, wenn keine größere Beeinträchtigung als bei einem Bürobetrieb zu erwarten sei (ZMR 2005, 219). Nach OLG Düsseldorf erlaubt „Gewerbliche Nutzung" Zahnarztpraxis (ZMR 2004, 448); danach auch Zahnklink erlaubt. S. auch Arzt, Kinderarzt.
Zeitarbeitsfirma: Unzulässig, wenn Zweckbestimmung auf Wohnen lautet (OLG Köln ZWE 2008, 201).

5. Verstoß

13 Die **Rechtsfolgen** bei Verstoß gegen Gebrauchsvereinb (vgl. § 21 Abs. 7, und Vor § 10 Rn. 15 Sanktionen): Ein Verstoß liegt nicht vor, wenn die Gebrauchsregelung eingehalten ist, aber anderweitige konkrete Beeinträchtigungen vorhanden, dann besteht nur Anspruch, die konkrete Ausgestaltung (zB der Vermietung) zu ändern und die Beeinträchtigungen abzustellen, aber nicht die Unzulässigkeit der Nutzung (Abs. 3 iVm § 1004 BGB[89]).

a) Anspruchsberechtigter

14 Ist jeder einzelne WEer[90] oder der Verband, wenn ihm übertragen (§ 10 Abs. 6 S. 3).

b) Auskunft

15 Zunächst besteht ein **Auskunftsanspruch** gegen den Verletzer, soweit benötigt, zB über unberechtigt vereinnahmte Mieten bei Inanspruchnahme des GE's.[91]

c) Erfüllungs-, Unterlassungs- und/oder Beseitigungsanspruch

16 Die Unterlassung des regelwidrigen Gebrauchs bzw. Beseitigung des Verstoßes bzgl. GE: Anspruchsgrundlage ist Abs. 3 alleine[92] **oder iVm § 1004 BGB**.[93]

16a **aa) Vorbeugende Unterlassung.** Ist eine Verletzung zu erwarten, dann besteht schon die Möglichkeit der **vorbeugende Unterlassung**sklage, wofür die ernsthafte (konkrete) Besorgnis besteht, es werde zu einer von der TEer oder

---

[89] BGH ZMR 2011, 396.
[90] BGH ZMR 2011, 396.
[91] OLG Düsseldorf NJW-RR 2005, 163.
[92] BGH ZMR 2012, 970 Rn. 5.
[93] BGH ZMR 2011, 396.

Vereinb nicht gedeckten Veränderung kommen[94] und auch vorbereitende Maßnahmen zur Verhinderung weiterer Verstöße verlangt werden können.[95]

bb) Anspruch auf Erfüllung der Vereinbarung. Anspruch auf **Erfüllung der Vereinb** gegen WEer, der auf Einhaltung der Gebrauchregelung gerichtet ist und ggf. Vorkehrungen, um Verstoß in der Zukunft zu verhindern.[96] **16b**

cc) Unterlassung. Jede konkrete Beeinträchtigung gegen eine Gebrauchsregelung rechtfertigt einen Anspruch auf Unterlassung wegen Verstoßes gegen die eine vorhandene TEerkl/Vereinb,[97] auch eine schuldrechtliche Vereinb[98] oder einen Beschl, wenn er aufgrund einer Öffnungsklausel gefasst ist,[99] oder auch ein einfacher Beschl,[100] soweit dies in der Kompetenz der WEG liegt, dies durch Beschl zu regeln. Eine bestimmte Maßnahme kann aber nur verlangt werden, wenn sie die einzige Möglichkeit ist, den Erfolg herbeizuführen.[101] **16c**

d) Herausgabe

Handelt es sich um GE, kann auch Herausgabe verlangt werden.[102] **17**

e) Beseitigung

Soweit Nutzung verbindlich festgelegt ist, zB als Speicher- oder Kellerraum, kann **Beseitigung** von Bad und Küche nebst Versorgungs- und Entsorgungsleitungen[103] oder Küchen- und Sanitäreinrichtungen[104] verlangt werden, soweit Nutzung negativ bestimmt ist („nicht zu Wohnzwecken"), nur wenn Nutzung ausgeschlossen ist, kann Beseitigung der sanitären Einrichtung nicht verlangt werden, wohl aber deren Abtrennung[105] und die Entfernung des Namensschildes des Mieters, nicht jedoch die Entfernung des kompletten Briefkastens.[106] Zur Unterlassung des Betriebes gehört auch die Unterlassung der Werbung dafür.[107] **18**

---

[94] BGH ZWE 2013, 131.
[95] BayObLG NZM 2004, 344.
[96] Für zerstörte Kette numehr Pfosten und Kette: BayObLG NZM 199, 29.
[97] OLG Frankfurt NZM 2012, 425.
[98] Armbrüster/Müller ZMR 2007, 319.
[99] Armbrüster/Müller ZMR 2007, 319.
[100] LG Hamburg ZMR 2012, 354; OLG Frankfurt NJW-RR 1993, 981; aA LG Nürnberg ZMR 2010, 69; Armbrüster/Müller ZMR 2007, 321.
[101] BGH NJW 2013, 3089 Rn. 5.
[102] BayObLG NZM 2004, 344.
[103] BayObLG NJW-RR 1991, 140.
[104] Keller, BayObLG ZMR 1993, 350.
[105] BayObLG NZM 1999, 80.
[106] BayObLG WuM 1993, 490; DWE 1999, 31.
[107] BayObLG NZM 2000, 872.

§ 15 I. Teil. Wohnungseigentum

f) Schadensersatz

19 Des Weiteren können Schadensersatzansprüche geltend gemacht werden,[108] zB Mietausfall,[109] soweit GE betroffen ist jedoch nur zur Leistung an den Verband.

g) Sondereigentumsbeeinträchtigung

20 Die **Unterlassung/Beseitigung** jeder **Beeinträchtigung von SE** oder SNR kann nur durch den gestörten WEer verlangt werden.

h) Anspruchsgegner

21 Ist der jeweilige Handlungs- oder Zustandstörer, s. § 14 Rn. 21.

6. Ausschluss des Anspruchs

a) Verwirkung

22 Der Anspruch nach den vorgenannten Grundsätzen kann aber **ausgeschlossen sein**, wenn er **verwirkt** ist. Dies ist gegeben, wenn die WEer jahrzehntelang mit der praktizierten Nutzung einverstanden waren, und der Nutzer der Einheit sich hierauf eingerichtet hat.[110] Wegen der kurzen Verjährung ist dies nur noch selten gegeben. Sie wirkt auch gegenüber Rechtsnachfolger.[111]

b) Unzulässige Rechtsausübung

23 Dem Anspruch kann auch Einwand **unzulässiger Rechtsausübung** entgegenstehen, wenn nicht eigenes Interesse verfolgt wird, sondern Absicht, geschäftliche Konkurrenten auszuschalten[112] oder sonstiges widersprüchliches Verhalten vorliegt.[113]

c) Treu und Glauben (§ 242 BGB)

24 ZB Hundehaltungsverbot gegenüber Behindertem.[114]

d) Öffentlich-rechtliche Vorschriften

25 Aus **Ausschluss folgt aber nicht** eine Verpflichtung der WEer, Baumaßnahmen zu dulden, die wegen innerbetrieblicher Veränderungen oder geänderter rechtlicher Anforderungen nach öffentlich-rechtlichen Vorschriften zur Fortführung der unzulässigen Nutzung erforderlich werden und mit einer zusätzlichen Beeinträchtigung verbunden sind.[115]

---

[108] BayObLG WE 1998, 76; auch aus Delikt, OLG Stuttgart NJW-RR 1993, 1041.
[109] OLG Saarbrücken ZMR 2007, 886.
[110] BGH ZWE 2010, 266.
[111] OLG Stuttgart WE 1999, 191; OLG Celle NZM 2007, 840.
[112] BayObLG NJW-RR 1998, 301.
[113] BayObLG ZMR 2001, 556: WEer ermöglicht erst Nutzung durch zur Verfügungstellung von Raum; OLG Düsseldorf NJWE 1997, 229, 230.
[114] BayObLG NZM 2002, 26.
[115] BayObLG WE 1998, 194.

7. Rechtsfolgen bei Duldungsverpflichtung

a) Mit der Duldung verbundene typische Umstände

Hier müssen die WEer ggf. sogar mehr als die vorhandenen Einrichtungen dulden, soweit diese typischerweise mit der Zweckbestimmung verbunden sind.

Beispiel: Bei Büro zB Anbringung eines Telefons.[116]

Wird ein Unterlassungsantrag rechtskräftig (zB durch Verwirkung) abgewiesen, ist eine Nutzung über die Vereinb hinaus hinzunehmen sowie eine sonstige Nutzung, die nicht mehr stört oder beeinträchtigt.[117] Auch aus der langjährigen unbeanstandeten Nutzung von Wohnungen folgt keine Pflicht, den geduldeten Zustand grundbuchrechtlich zu vollziehen und die TEerkl zu ändern.[118] Deshalb kann jeder WEer nur im Einzelfall zur Abgabe der grundbuchrechtlichen Erklärungen verpflichtet sein.[119]

b) Verteilungsschlüssel

Zweckwidrige Nutzung ist aber per se **kein Grund zur Änderung des Verteilungsschlüssels der Kosten**.[120]

c) Zustimmungsvorbehalt

Ist nach einer Vereinb für einen **Gebrauch innerhalb der Zweckbindung** ein **Beschl erforderlich**, so ist erst nach einer Beschlfassung[121] eine Anrufung der Gerichte möglich **oder** eine **Zustimmung des Verwalters erforderlich**, so ist diese Einwilligung eine formelle Voraussetzung für die Berufs- oder Gewerbeausübung. Ob die materiellen Voraussetzungen für die Erteilung oder Versagung der Einwilligung vorlagen, unterliegt grundsätzlich in vollem Umfang der Überprüfung und Entscheidung durch die Gem, auf Antrag eines Eigentümers im Anfechtungs- oder Untersagungsverfahren durch das Gericht.

Beispiel: Zur Überlassung des WE an Dritte ist Einwilligung des Verwalters notwendig, so darf eine **Versagung nur aus einem wichtigen Grund** erfolgen.[122]

d) Zustimmungserteilung

Ist für einen Gebrauch **außerhalb der Zweckbestimmung** eine **Zustimmung** notwendig,

Beispiel: Zur Nutzung der Wohnung für gewerbliche Zwecke ist Zustimmung des Verwalters notwendig,

---

[116] KG NJW-RR 1995, 333.
[117] BayObLG ZWE 2001, 598.
[118] BGH ZMR 2012, 793.
[119] BayObLG ZMR 2001, 824.
[120] BGH ZMR 2011, 385.
[121] BayObLG ZMR 1987, 63.
[122] BayObLG WE 1993, 140; 1997, 319.

so reicht **jeder Grund** für die Versagung, soweit er nicht willkürlich oder missbräuchlich erscheint;[123] die Zustimmung kann widerrufen werden (§ 183 BGB ist anwendbar[124]).

8. Anspruchsgegner

a) Eigentümer und/oder Nutzer (soweit er Störer ist)

30 Das Gesetz unterscheidet zwischen Handlungs- und Zustandsstörer. (Unmittelbarer) **Handlungsstörer** ist derjenige, der die Beeinträchtigung durch seine Handlung selbst oder durch eine von ihm in adäquter Weise verursachten Handlung eines Dritten bewirkt,[125] mittelbarer ist derjenige, der die Beeinträchtigung durch einen anderen in adäquater Weise durch seine Willensbetätigung verursacht.[126] **Zustandsstörer** dagegen ist der Eigentümer oder Besitzer des beeinträchtigenden WE's, wenn die Beeinträchtigung zumindest mittelbar auf seinen Willen zurückgeht,[127] der deshalb grundsätzlich nur zur Duldung verpflichtet ist. Aber er kann auch zur Beseitigung einer Störung (und nicht bloß zur Duldung der Störungsbeseitigung) verpflichtet sein.[128] Dies setzt allerdings voraus, dass er nicht nur tatsächlich und rechtlich in der Lage ist, die Störung zu beseitigen, sondern zudem, dass die Störung bei der gebotenen wertenden Betrachtung durch seinen maßgebenden Willen zumindest aufrechterhalten wird.[129] Daran fehlt es etwa, wenn der Mieter einer Wohnung auf Beseitigung eines das Eigentum eines Dritten beeinträchtigenden Zustandes in Anspruch genommen wird, der auf das Handeln des Eigentümers zurückzuführen ist. Der Mieter ist in einem solchen Fall lediglich verpflichtet, die Beseitigung der Störung zu dulden, nicht aber ist er gehalten, diese durch einen Eingriff in das Eigentum seines Vermieters zu beseitigen. Die Störung zu beseitigen, bleibt in solchen Fällen Sache des Eigentümers. Dasselbe gilt für den Rückschnitt einer Hecke auf dem Grundstück des vermietenden Sondernutzungsberechtigten.[130] **Beide:** Ein Zustandsstörer haftet idR dann auf Beseitigung, wenn er allein für den rechtswidrigen Zustand verantwortlich ist.[131] Haftet dagegen neben ihm auch noch ein Handlungsstörer, ist regelmäßig nur dieser zur Beseitigung verpflichtet; der Zustandsstörer haftet daneben grundsätzlich nur auf Duldung der Beseitigung durch den Handlungsstörer.[132]

---

[123] OLG Frankfurt NZM 2006, 144.
[124] BayObLG WuM 2000, 684.
[125] BGH NJW 2000, 2901.
[126] BGHZ 49, 340, 347; zB Nießbraucher: BGH v. 16.5.2014 – VZR 131/13.
[127] BGH ZMR 2010, 622.
[128] BGH ZMR 2010, 622.
[129] Vgl. BGH NJW 2007, 432.
[130] BGH ZMR 2010, 622.
[131] BGH ZMR 2010, 622.
[132] BGH NJW 2007, 432; LG München ZMR 2010, 800.

Gebrauchsregelung **§ 15**

b) Störer

aa) Bei Erfüllungsanspruch. Erfüllungsanspruch gegen WEer, soweit möglich auch gegen Nutzer.[133] **31**

bb) Bei Beeinträchtigung. Bei Anspruch wegen Beeinträchtigung (§ 1004 BGB) gegen Eigentümer[134] oder Nutzer,[135] je nach Verusachung nach den Grundsätzen unter a), zB Mieter,[136] Nutzer kann auch Nießbraucher sein.[137] Bei Veräußerung etc. bleibt der ehemalige Zustandsstörer und je Sachverhalt auch Handlungsstörer.[138] **31a**

c) Störung im Gemeinschaftseigentum

ZB Unrat im Hof, sowohl gegen Eigentümer, als auch Nutzer, zB Mieter.[139] **32**

d) Ursache der Störung im Gemeinschaftseigentum

Ist die Störung im GE begründet, aber nicht durch Eigentümer/Mieter verursacht, so WEer Störer.[140] **33**

e) Gebrauchswidriger Vertrag (zB Miete)

Wird WE auf Grund eines Vertrages mit dem WEer einer Vereinb zuwider genutzt (zB ein Laden wird als Gaststätte vermietet), so ist der Vertrag mit dem Dritten nicht nichtig und steht einem Anspruch direkt gegen Mieter nicht entgegen.[141] Der Dritte kann sich gegenüber den WEern nicht auf den Mietvertrag berufen, da der vermietende WEer nicht mehr Rechte an den Dritten weitergeben kann, als der WEer selbst hat.[142] Ein oder einige oder alle WEer können von dem vermietenden WEer verlangen, dass dieser **alle geeignet erscheinenden Maßnahmen ergreift**, um diese unzulässige Nutzung zu beenden;[143] der vermietende WEer kann aber nicht verpflichtet werden, bestimmte Massnahmen zu treffen, zB das Mietverhältnis zu kündigen.[144] Im Zwangsvollstreckungsverfahren wird dann geprüft, ob WEer tatsächlich alles Zumutbare getan hat.[145] Der WEer ist nicht berechtigt, seinem Mieter zu kün- **34**

---

[133] AA für letzteren Palandt/Bassenge Rn. 25.
[134] BGH ZMR 2012, 970; OLG Saarbrücken NJW 2001, 81.
[135] OLG Frankfurt NZM 2012, 425.
[136] OLG Karlsruhe NJW-RR 1994, 146.
[137] OLG München ZWE 2010, 36.
[138] LG München ZMR 2010, 151.
[139] LG Braunschweig ZMR 2012, 570.
[140] BeckOK WEG/Dötsch Rn. 124; Jennißen Rn. 128; Schmid DWE 2009, 78.
[141] BGH NJW 2007, 432; 1996, 714; ausführlich Armbrüster/Müller ZMR 2007, 321.
[142] OLG Karlsruhe NJW-RR 1994, 146; aA OLG München ZMR 2003, 707, abzulehnen.
[143] BGH NJW 1995, 2036; OLG Düsseldorf ZWE 2009, 279; OLG Frankfurt NZM 2004, 231.
[144] KG WuM 2000, 264; OLG Köln ZMR 1997, 253.
[145] BGH NJW 1995, 2036 Rn. 17.

digen wegen der nach dem Mietvertrag erlaubten, aber der Vereinb zuwiderlaufenden Nutzung der Räume.[146] Muss der Dritte die nach dem Mietvertrag zulässige Nutzung aufgeben, macht sich der vermietende WEer ihm gegenüber ggf. schadensersatzpflichtig.[147]

9. Verjährung des Beseitigungsanspruchs

a) Frist und Beginn

35 Die regelmäßige Verjährung beträgt **drei** Jahre (§§ 195, 199 Abs. 1 BGB), auch für Ansprüche auf Unterlassung einer unzulässigen Nutzung (§ 15). Diese beginnt ab Entstehung der Störung, sofern diese als störend erkennbar geworden ist bzw. sich als störend ausgewirkt hat,[148] also der **Zuwiderhandlung** (§ 199 Abs. 5 BGB), **Kenntnis** (s. auch b) und c) der den Anspruch begründenden Umstände und der Person des Schuldners bzw. deren grobfahrlässiger Unkenntnis (§ 199 Abs. 1 Nr. 1 und 2 BGB). Unabhängig von der tatsächlichen oder zugerechneten Kenntnis verjähren Unterlassungsansprüche wegen unzulässiger Nutzung jedenfalls in zehn Jahren seit ihrer Entstehung (§ 199 Abs. 4 BGB). Der Beginn der Verjährung liegt hier nicht – anders als bei der dreijährigen Verjährung – am Schluss des Jahres (§ 199 Abs. 1 BGB), sondern im Zeitpunkt des Entstehens des Anspruchs, also zumeist im laufenden Jahr. Hinsichtlich des dauernden Anspruchs auf Unterlassung beginnt die maßgebliche Frist für die Verjährung mit jeder Zuwiderhandlung neu[149] und damit auch die Verjährungsfrist.[150]

b) Kenntnis des Verwalters

36 Die dem Verwalter positiv bekannten Umstände sind der WEerGem zuzurechnen,[151] es sei denn, der Schuldner kann sich nach Treu und Glauben auf die Kenntnis des Verwalters nicht berufen, weil der Verwalter mit ihm bewusst zum Nachteil des Gem zusammengewirkt hat. Damit obliegt es dem Verwalter, die Gem unverzüglich zu informieren und ggf. einen zweckdienlichen Beschl anzuregen. Andernfalls droht Verjährung, die Verfestigung des eingetretenen Zustands und ggf. Regress.

c) Kenntnis des Beirates

37 Ob auch eine generelle Zurechnung der **Kenntnis des Beirats** möglich ist, erscheint äußerst zweifelhaft.[152] Der Beirat unterstützt nur den Verwalter bei der Durchführung seiner Aufgaben (§ 29 Abs. 2). Dennoch rechnet die Rspr. die

---

[146] BGH NJW 1996, 714.
[147] OLG Düsseldorf WuM 1999, 37.
[148] LG Saarbrücken v. 24.10.2008 – 5 T 48/08 mit Verweis auf BGH NJW 1990, 2555.
[149] OLG Karlsruhe ZWE 2008, 398.
[150] OLG München ZWE 2010, 36 Rn. 5.
[151] OLG München ZMR 2007, 478.
[152] Köhler ZMR 1999, 293.

Kenntnis oder grobfahrlässige Unkenntnis des Beirats, zB bei der Verwalterentlastung, der WEerGem zu.[153]

§ 16 Nutzungen, Lasten und Kosten

(1) [1]Jedem Wohnungseigentümer gebührt ein seinem Anteil entsprechender Bruchteil der Nutzungen des gemeinschaftlichen Eigentums. [2]Der Anteil bestimmt sich nach dem gemäß § 47 der Grundbuchordnung im Grundbuch eingetragenen Verhältnis der Miteigentumsanteile.

(2) Jeder Wohnungseigentümer ist den anderen Wohnungseigentümern gegenüber verpflichtet, die Lasten des gemeinschaftlichen Eigentums sowie die Kosten der Instandhaltung, Instandsetzung, sonstigen Verwaltung und eines gemeinschaftlichen Gebrauchs des gemeinschaftlichen Eigentums nach dem Verhältnis seines Anteils (Absatz 1 Satz 2) zu tragen.

(3) Die Wohnungseigentümer können abweichend von Absatz 2 durch Stimmenmehrheit beschließen, dass die Betriebskosten des gemeinschaftlichen Eigentums oder des Sondereigentums im Sinne des § 556 Abs. 1 des Bürgerlichen Gesetzbuches, die nicht unmittelbar gegenüber Dritten abgerechnet werden, und die Kosten der Verwaltung nach Verbrauch oder Verursachung erfasst und nach diesem oder nach einem anderen Maßstab verteilt werden, soweit dies ordnungsmäßiger Verwaltung entspricht.

(4) [1]Die Wohnungseigentümer können im Einzelfall zur Instandhaltung oder Instandsetzung im Sinne des § 21 Abs. 5 Nr. 2 oder zu baulichen Veränderungen oder Aufwendungen im Sinne des § 22 Abs. 1 und 2 durch Beschluss die Kostenverteilung abweichend von Absatz 2 regeln, wenn der abweichende Maßstab dem Gebrauch oder der Möglichkeit des Gebrauchs durch die Wohnungseigentümer Rechnung trägt. [2]Der Beschluss zur Regelung der Kostenverteilung nach Satz 1 bedarf einer Mehrheit von drei Viertel aller stimmberechtigten Wohnungseigentümer im Sinne des § 25 Abs. 2 und mehr als der Hälfte aller Miteigentumsanteile.

(5) Die Befugnisse im Sinne der Absätze 3 und 4 können durch Vereinbarung der Wohnungseigentümer nicht eingeschränkt oder ausgeschlossen werden.

(6) [1]Ein Wohnungseigentümer, der einer Maßnahme nach § 22 Abs. 1 nicht zugestimmt hat, ist nicht berechtigt, einen Anteil an Nutzungen, die auf einer solchen Maßnahme beruhen, zu beanspruchen; er ist nicht verpflichtet, Kosten, die durch eine solche Maßnahme verursacht sind, zu tragen. [2]Satz 1 ist bei einer Kostenverteilung gemäß Absatz 4 nicht anzuwenden.

(7) Zu den Kosten der Verwaltung im Sinne des Absatzes 2 gehören insbesondere Kosten eines Rechtsstreits gemäß § 18 und der Ersatz des Schadens im Falle des § 14 Nr. 4.

(8) Kosten eines Rechtsstreits gemäß § 43 gehören nur dann zu den Kosten der Verwaltung im Sinne des Absatzes 2, wenn es sich um Mehrkosten gegenüber der gesetzlichen Vergütung eines Rechtsanwalts aufgrund einer Vereinbarung über die Vergütung (§ 27 Abs. 2 Nr. 4, Abs. 3 Nr. 6) handelt.

---

[153] OLG Düsseldorf ZMR 2002, 294, gestützt auf § 29 Abs. 3; ebenso OLG Köln ZMR 2001, 913; nur insoweit zustimmend Köhler ZMR 2001, 867.

§ 16 — I. Teil. Wohnungseigentum

Übersicht

	Rn.
1. Regelungsinhalt	1
2. Kostentragungslast im Innenverhältnis	2
3. Nutzungen (Abs. 1)	3
4. Lasten und Kosten (Abs. 2)	4
a) Lasten	5
b) Tätige Mithilfe bzw. Eigenarbeit der Wohnungseigentümer	6
aa) Beschluss ausreichend?	6a
bb) Vertrag mit Wohnungseigentümer	6b
c) Kosten	7
aa) Kosten der Instandhaltung und Instandsetzung	8
bb) Kosten der sonstigen Verwaltung	9
cc) Kosten für den gemeinschaftlichen Gebrauch	10
d) Entstehung der Schuld des WEers und Gläubiger	11
5. ABC der Kosten	12
6. Änderungsmöglichkeiten für die Kostenverteilung	
a) Aufgrund Vereinbarung	13
aa) Wohn-/Nutzfläche	13a
bb) Einheiten	13b
b) Aufgrund eines Beschlusses	13c
7. Änderung des Kostenverteilungsschlüssels (Abs. 3)	14
a) Kostenumfang	15
b) Keine Abrechnung gegenüber Dritten	16
c) Kostenart nach Verbrauch oder Verursachung erfassbar	17
aa) Kostenart	17a
bb) Umfang der Kosten	17b
d) Ordnungsgemäße Verwaltung der neuen Verteilung	
aa) Formelle Hinsicht	18
bb) Gesonderter Beschluss	18a
cc) Materielle Hinsicht	18b
e) ABC der Kostenverteilungsänderungen für Betriebskosten	19A
8. Änderung der Kostenverteilung bei Instandhaltung und baulichen Veränderungen (Abs. 4)	20
a) Entscheidung „im Einzelfall" (S. 1)	20a
b) Instandhaltung oder bauliche Veränderung	21
c) Gebrauch oder Möglichkeit des Gebrauchs (S. 1)	
aa) Allgemein	22
bb) Belastung eines oder einiger Wohnungseigentümer	22a
d) Ordnungsgemäße Verwaltung	
aa) Formell	23
bb) Materiell	23a
e) Verhältnis zu dem Einzelanspruch eines Wohnungseigentümers (§ 10 Abs. 2 S. 3)	23b
f) Doppeltes Quorum	24
9. ABC der Kostenverteilungsänderung für Instandhaltung (Abs. 4)	24A
10. Unabdingbarkeit (Abs. 5)	25
a) Voraussetzung	25a
b) Erweiterung	25b
c) Verfassungsfragen	26
11. Heiz- und Warmwasserkosten (Heizkostenverordnung – HeizkostenV)	

	Rn.
a) Zwingender Charakter der HeizkostenV	27
b) Zeitlicher Geltungsbereich	28
c) Sachlicher Umfang	29
aa) Einzelkosten	29a
bb) Genauer Umfang der Kosten	29b
cc) Betreiber	29c

d) Ausstattung
  aa) Entscheidungsmöglichkeiten 30
  bb) Entscheidung 30a
  cc) Durchführung 31
  dd) Eichfrist 31a
e) Verteilung der Kosten
  aa) Anbringung 32
  bb) Kostenverteilung nicht in Teilungserklärung geregelt ... 33
  cc) Kostenverteilung in Teilungserklärung geregelt 34
f) Einzelanspruch jedes Wohnungseigentümers, Nichtigkeit ... 35
g) Ausschluss der Heizkostenverordnung 36
  aa) Ausnahmegenehmigung 37
  bb) Voraussetzungen der Ausnahme 38
h) ABC zur Heizkostenabrechnung 39
i) Kostenerstattung durch andere Wohnungseigentümer 40
12. Kostenbefreiung bei baulichen Veränderungen des nicht zustimmenden Wohnungseigentümers (Abs. 6) 41
  a) Nicht zustimmende Wohnungseigentümer 41a
  b) Zustimmende Wohnungseigentümer 41b
  c) Unabwendbarkeit 42
  d) Rechtsfolgen 43
  e) Zustimmung erfolgt unter Bedingung 44
  f) Keine Zustimmung
    aa) Abgetrennte Nutzung möglich 45
    bb) Abgetrennte Nutzung nicht möglich 46
  g) Bestandskräftiger Beschluss 49
13. Beitragsschuld jedes Wohnungseigentümers 50
  a) Begriff des Wohnungseigentümers 51
  b) Veräußerung
    aa) Verkäufer 52
    bb) Abweichende Vereinbarung 53
    cc) Käufer 54
    dd) Fälligkeit 55
    ee) Abrechnungsspitze 56
    ff) Rechtsmissbrauch 58
    gg) Saldoübernahme 59
14. Erbenhaftung, Testamentsvollstreckung 60
15. Zahlungspflicht
  a) Persönliche Haftung 61
  b) Keine dingliche Haftung 62
  c) Geltendmachung des Wohngeldgläubigers 63
16. Einreden und Einwendungen
  a) Verjährung 64
  b) Aufrechnung 65
  c) Zurückbehaltungsrecht 65a

	Rn.
d) Rechtsgrundlose Zahlung von Wohngeld	66
17. Abdingbarkeit	67
18. Insolvenz des Wohnungseigentümers	68
a) Wohngeld vor Insolvenzeröffnung	68a
b) Wohngeldausfall	68b
c) Wohngeld nach Insolvenzeröffnung	69
d) Masseunzulänglichkeitsanzeige des Insolvenzverwalters	70
aa) Folgerung	70a
bb) Wohngeld nach Masseunzulänglichkeitsanzeige	70b
e) Freigabe durch den Insolvenzverwalter	
aa) Pflichtenumfang	71
bb) Rechtsfolgen	71a
19. Zwangsverwaltung	72
a) Vor der Beschlagnahme	72a
b) Nach der Beschlagnahme	72b
20. Strategie zur Begrenzung von Wohngeldausfällen	73
a) Vorbereitende Maßnahmen	
aa) Mahnwesen	74
bb) Verzugszinsen	75
cc) Fälligkeitsregelung	76
dd) Fälligkeit der gesamten Jahresvorauszahlung	77
b) Zwangsverwaltung	79
c) Beschluss	80
d) Versorgungssperre	81
e) Auflösung der Rücklage	82
f) Zwangsversteigerung	83
g) Zwangshypothek	84

1. Regelungsinhalt

1 Dieser Paragraph regelt die **Verteilung der Nutzungen** (Abs. 1) und die **Tragung der Kosten und Lasten** (Abs. 2) und bezieht sich nur auf das GE, gilt aber auch für Kosten des SE, wenn hierfür keine abweichende Regelung getroffen wurde (zB Kabelanschlusskosten[1]). Als Verteilungsmaßstab sieht das Gesetz das Verhältnis der MEanteile zueinander vor, so dass nach diesem Maßstab im Zweifel abgerechnet wird,[2] was zu unangemessenen Resultaten führen kann. Die HeizkostenV (Rn. 12 ff.) sieht bereits für die Heizkosten zwingend andere Regelungen vor. Als Verteilungsschlüssel sollten die MEanteile nicht gewählt werden (Vor § 10 Rn. 15, Kostenverteilung). Deshalb gibt Abs. 3, 5 eine unabdingbare Beschlkompetenz, mit einfacher Mehrheit die Verteilung von Betriebs- und Verwaltungskosten nach Verbrauch oder Verursachung durchzuführen. Abs. 4, 5 schafft eine unabdingbare Beschlkompetenz mit doppelt qualifizierter Mehrheit für die Verteilung der Kosten von baulichen Veränderungen im Einzelfall.

---

[1] BGH NJW 2007, 3492.
[2] BGH NJW 2007, 3492.

2. Kostentragungslast im Innenverhältnis

§ 16 regelt nur die Kostentragungslast im Innenverhältnis (dh die Verteilung der bereits entstandenen Ausgaben[3]). Entscheidend ist nach der gesetzlichen Regelung der eingetragene MEanteil am Grundstück. Diese Regelung gilt immer dann, wenn die GO/Vereinb/Beschl durch zugelassene Öffnungsklausel keine abweichende Regelung enthält, was bis auf Abs. 3 und 4 zulässig ist (Abs. 5) oder wenn die getroffene Vereinb unbestimmt ist und deshalb durch Auslegung (§ 10 Rn. 6) die gesetzliche Regelung zur Anwendung kommt. Die Haftung im Außenverhältnis regelt § 10 Abs. 8 (dort Rn. 102 ff.). 2

3. Nutzungen (Abs. 1)

Abs. 1 regelt die Nutzungen. Darunter sind die Früchte einer Sache oder eines Rechts sowie die Gebrauchsvorteile zu verstehen (§ 100 BGB). Für Gebrauchsvorteile ist das Gesetz nicht konsequent, da bereits § 13 Abs. 2 S. 1 eine Regelung vorsieht und als sog spezielleres Recht vorgeht.[4] Die Regelung für Gebrauchsvorteile unterfällt folglich nicht § 16, was jedoch keine praktische Konsequenz hat. Unter Früchten versteht das BGB (§ 99) Erzeugnisse der Sache und sonstige bestimmungsgemäße Ausbeutungen. 3

Beispiel: Miete für GE,[5] Zinserträge oder Nutzungsentgelte, zB für Waschmaschine.

Es besteht kein Anspruch auf Auskehrung, auch nicht eines Teils, sondern diese sind in die JA (§ 28) einzustellen.[6] Verteilungsmaßstab ist mangels Vereinb der MEA, es sei denn die Voraussetzungen des Abs. 6 liegen vor, Abänderungen wie unter Rn. 2 bei Kosten.

4. Lasten und Kosten (Abs. 2)

Für die folgenden Abs. 2 bis 8 sind die Begriffe der Lasten (a) und Kosten[7] (c) entscheidend. Die Unterscheidung des Gesetzes ist für die Praxis unerheblich, da es keine festgelegte Gliederung in der JA oder dem WP gibt. Zudem müssen die entstandenen Aufwendungen umgelegt werden, ohne dass es auf die vom Gesetz vorgenommene Unterscheidung ankommt. Sie hat nur dann praktische Relevanz, wenn die TEerkl oder eine Vereinb unterschiedliche Verteilungsschlüssel für einzelne Aufwendungsarten festlegt, was aber selten vorkommt. Legt die TErkl die „Betriebskosten" nach Wohn- und Nutzfläche um, so sind im Zweifel ebenfalls die Lasten und Kosten gemeint.[8] 4

---

[3] Sauren DWE 1991, 57; AG München WE 1994, 346, 347; aA KG DWE 1991, 29.
[4] Staudinger/Bub Rn. 64; Niedenführ Rn. 2; Bärmann/Becker Rn. 9.
[5] BGH NJW 1958, 1723.
[6] BGH NJW 2012, 2797; Bärmann/Becker Rn. 17.
[7] S hierzu Sauren Rpfleger 1991, 296.
[8] KG DWE 1996, 185.

§ 16 I. Teil. Wohnungseigentum

a) Lasten

5 Unter den Lasten versteht man die auf dem WE ruhenden schuldrechtlichen Verpflichtungen der WEer, die das GE betreffen, sei es öffentlich-rechtlich oder privatrechtlich.

Beispiel: Schadensersatzansprüche eines WEers wegen Beschädigung seines SE zur Instandhaltung des GE (§ 14 Nr. 4).

Öffentlich-rechtlich fallen nicht darunter die Grundsteuer, da das WE eine selbständige Einheit iSd Abgabenordnung darstellt (§ 61 aF) und die Erschließungskosten,[9] da (gemäß § 134 Abs. 1 S. 3 BauGB) die WEer nur entsprechend ihrem MEanteil beitragspflichtig sind. Folglich ist bereits der Verband der falsche Beitragsadressat; diese sind direkt bei den einzelnen WEern geltend zu machen (Vor § 1 Rn. 26 ff.). Privat-rechtlich fallen nach dem BayObLG[10] Zinsen für Gesamtgrundpfandrechte darunter, nach der Rechtsfähigkeit ist dies überholt, da der Verband ohne Vereinb keine Kompetenz zur Übernahme von Kosten der WEer hat.[11]

b) Tätige Mithilfe bzw. Eigenarbeit der Wohnungseigentümer

6 Die Leistung des WEer ist nach dem Gesetz grundsätzlich in Geld zu erbringen.[12]

6a aa) Beschluss ausreichend? Fraglich ist deshalb, inwieweit alle WEer, nicht nur ein einzelner oder einzelne WEer, **durch Beschl** dazu verpflichtet werden können **Arbeiten ausführen zu müssen,** statt die Kosten dafür zu tragen (sog tätige Mithilfe oder Eigenarbeit) und damit letztlich eine Kostenbelastung in diesem Punkt verhindern oder sich ihrer Pflicht durch eigene Beauftragung Dritter entledigen können.

Beispiel: Treppenhausreinigung, Gartenpflege, Instandhaltungsarbeiten etc.

Hierzu ist eine Vereinb[13] erforderlich. Bei einem Beschl fehlt nach dem BGH die Beschlkompetenz und ist deshalb er nichtig.[14] Richtig ist zu unterscheiden: Die Auffassung des BGH ist richtig, wenn es sich um Arbeiten handelt, die Fachleute voraussetzen, zB Instandhaltungs- bzw. Instandsetzungsarbeiten.

Beispiel: Streichen der Balkongitter.[15]

Soweit es sich um Arbeiten handelt, die nach Art und Umfang von jedem WEern ohne besondere Vorkenntnis erbracht werden können und üblich sind

---

[9] OVG Münster NJW-RR 1992, 1234.
[10] DNotZ 1974, 78 m. abl. Anm. Weitnauer für den Fall einer bereits bestehenden Grundschuld
[11] Weitnauer/Gottschalg Rn. 15; aA Niedenführ Rn. 38, Bärmann/Becker Rn. 30.
[12] BGH NJW 2010, 2801.
[13] BGH ZMR 2012, 646; aA BGH NJW 1985, 484.
[14] BGH ZMR 2012, 646 zu Räum- und Streupflicht im Wechsel, hierzu Bruns NZM 2012, 737; aA BGH NJW 1985, 484.
[15] BGH NJW 2010, 2801; OLG Hamm OLGZ 1980, 261.

bei Nutzern, wie zB Mietern aufzuerlegen, ist ein Beschl ausreichend, so kann durch eine beschlossene Hausordnung, nach der der Winterdienst etagenweise durchzuführen ist, die den Wohnungseigentümern gemeinschaftlich obliegende Streupflicht auf die Eigentümer einer bestimmten Etage übertragen werden.[16]

Beispiel: Hausreinigung,[17] Treppenreinigung,[18] Gartenpflege[19] und Schneebeseitigung.[20]

Da sich die Beschlkompetenz aus der Möglichkeit der Aufstellung einer Hausordnung ergibt (§ 21 Abs. 5 Nr. 1) und dies dort typischerweise beschlossen wird.[21] Soll eine Erfüllung auf öffentlichen Gehwegen sichergestellt werden, dient dies nicht dem Zweck einer Hausordnung, weil die Pflicht insoweit nicht auf das GE bezogen ist; sie ist nur aufgrund von öffentlich-rechtlichen Vorschriften von der Gem zu erfüllen,[22] ein Beschl deshalb nichtig. Wird durch Beschl beides, nämlich fachmännische und unfachmännische Arbeit, zusammen angeordnet, so ist der Beschl insgesamt nichtig.[23]

Beispiel: fachmännische Instandsetzungsarbeiten und Gartenpflege.

Zudem ist zu überprüfen, ob ein einzelner WEer durch den möglichen Beschl nicht unangemessen benachteiligt wird.

Beispiel: umfangreiche Reinigung des Eingangsbereichs wird nur einem WEer auferlegt[24] oder WEer ist hochbetagt und kann nicht mehr den Streudienst in der kleinen Anlage durchführen.[25]

Weigern sich einzelne WEer, bestimmte Dienste auszuführen, ist nach dem KG[26] eine Fremdvergabe angezeigt. Danach kann auch bestimmt werden, dass WEer, welche die Dienstleistungen erbringen, von ihrem Kostenanteil freigestellt werden (durch Abs. 3). **Abs. 3** ändert an dem vorgefundenen Ergebnis nichts, denn dort ist nur die Kostenverteilung geregelt, dh die Kosten müssen bereits entstanden sein. Durch die Übertragung von Arbeiten werden diese aber gerade vermieden und entstehen erst gar nicht.

---

[16] BGH NJW 1985, 484; aA BGH ZMR 2012, 646.
[17] OLG Hamm DWE 1987, 52, 53.
[18] BayObLG ZMR 1994, 430.
[19] KG OLGZ 1978, 146; einschränkend KG NJW-RR 1994, 207 oder OLG Düsseldorf NZM 2004, 554 für Reinigung der Dachrinnen, die Wartung der Rückstausicherung, den Wechsel defekter Glühbirnen und die Reinigung der Einfahrt oder Bereitstellen der Abfallbehältnisse sowie für den Winterdienst im wöchentlichen Wechsel verantwortlich sind und NZM 2004, 107 für Gartenarbeit als Aufgabe aller WEer.
[20] BGH NJW 1985, 484; LG München ZMR 2010, 991; OLG Stuttgart NJW-RR 1987, 976; aA OLG Hamm DWE 1987, 53.
[21] BGH NJW 1985, 484; Bärmann/Merle § 21 Rn. 99.
[22] BGH ZMR 2012, 646 Rn. 11.
[23] OLG Hamm DWE 1992, 126.
[24] BayObLG NJW-RR 1992, 343.
[25] BayObLG NJW-RR 1993, 1361.
[26] WE 1994, 213.

§ 16   I. Teil. Wohnungseigentum

6b bb) Vertrag mit Wohnungseigentümer. Abzugrenzen zur vorherigen Fallgestaltung ist diejenige, dass ein **einzelner WEer Arbeiten für den Verband** durchführt.

Beispiel: gemeinschaftlicher Flurputz, Sanierungsarbeiten.

Dies ist möglich, wenn mangelfreie Ausführung zum angemessenen Preis vereinbart wird und erwartet werden kann.[27] Ohne Beschl kann der WEer keine Vergütung verlangen.[28]

c) Kosten

7 Unter Kosten[29] des Abs. 2 sind iS einer betriebswirtschaftlichen Definition **Ausgaben, dh tatsächliche Kontenabflüsse,** zu verstehen. Das Gesetz unterscheidet zwischen Kosten der Instandhaltung und Instandsetzung (aa) und der sonstigen Verwaltung (bb) und des gem. Gebrauchs (cc) des GE.

8 aa) Kosten der Instandhaltung und Instandsetzung. Unter Kosten der **Instandhaltung und Instandsetzung** versteht man diejenigen, welche der Erhaltung oder Wiederherstellung des ursprünglichen Zustandes des GE dienen (§ 21 Abs. 5 Nr. 2) einschließlich der Rücklage und eventuellen Sonderumlage. Dazu gehört auch die Beseitigung anfänglicher Gebäude- oder Grundstücksmängel, ebenso die erstmalige Herstellung des dem Aufteilungsplan entsprechenden Zustandes,[30] ebenfalls die, die durch Arbeiten am SE entstehen und notwendig sind, um einen Zustand zu schaffen, der es erst erlaubt, die erforderlichen Arbeiten am GE vorzunehmen, zB im SE stehende Balkonsanierung.[31]

9 bb) Kosten der sonstigen Verwaltung. Bei den **Kosten der (sonstigen) Verwaltung** handelt es sich um die durch die Verwaltung veranlassten Kosten, idR die über aa) hinausgehenden Nicht-Betriebskosten (s. Rn. 10), wie die Kosten des Verwalters. Daneben sind die allgemeinen Kosten, wie Bankgebühren, Zinsen (zB für kurzfristige Überziehung) oder für den Beirat und die Versammlung gemeint oder Vervielfältigungs- und Versandkosten für Protokolle der Versammlung, zur Unterrichtung der Eigentümer über Renovierungsarbeiten sowie über laufende Gerichtsverfahren.[32] Auch die Kosten eines Entziehungsverfahrens (§ 18) und die Mehrkosten eines Rechtsstreites (§ 16 Abs. 8) fallen hierunter, ebenso Versicherungsprämien für das GE.

10 cc) Kosten für den gemeinschaftlichen Gebrauch. Diese sind die durch den Gebrauch veranlassten Kosten. Dazu zählen die sog Betriebskosten (s. Rn. 15), zB Wasserversorgung, Energieversorgung, Reinigung etc. (s im Übrigen das ABC in Rn. 12). Die Kosten müssen sich immer auf „den gemein-

---

[27] BayObLG WE 1998, 196.
[28] BayObLG WE 1999, 238; zu den **steuerlichen und sozialversicherungsrechtlichen Fragen** bei vertraglichen Übertragung von Arbeiten auf WEer s. Sauren WE 1996, 322.
[29] Sauren Rpfleger 1991, 296.
[30] BayObLG NJW-RR 1990, 332.
[31] OLG Düsseldorf ZMR 1999, 350.
[32] BayObLG ZMR 2001, 907.

schaftlichen Gebrauch des GE" beziehen. Der BGH nahm eine Abgrenzung dahin vor, dass darunter nicht die im SE getätigten und gesondert erfassbaren Kosten anzusehen seien.[33] Diese sollen Heiz- (auch Fernwärme), Wasser-,[34] Abwasser-, Müllabfuhr- und Kabelanschlusskosten sein. Sie sind aber auch dann von der Gem zu bezahlen und in die JA einzustellen, wenn ein Vertrag mit dem Dienstleister abgeschlossen wurde, was regelmäßig der Fall ist,[35] zB Rauchwarnmelder.[36] Lediglich wenn der SEer mit dem Dritten direkt einen Vertrag geschlossen hat, ist die Gem nicht Schuldner.

d) Entstehung der Schuld des WEers und Gläubiger

Die Schuld entsteht erst durch einen Beschl (§ 28 Abs. 5), welcher die konkrete Höhe festlegt.[37] Für diese persönliche Schuld haftet der WEer mit seinem ganzen Vermögen. Materielle Einwendungen (soweit keine Nichtigkeit) können nur im Beschlanfechtungsverfahren geltend gemacht werden, nicht im Wohngeldverfahren. Die **Erfüllung** der Verpflichtung des WEer erfolgt durch Zahlung an den **Gläubiger**, den Verband, bei dem er zu seinem Verwaltungsvermögen gehört. Es genügt nicht die Zahlung an einen WEer, zB auf Grund eines Vergleichs.[38]

11

5. ABC der Kosten

Aufgrund der vielen Einzelfragen zu dem Komplex **Lasten und Kosten** sind einzelne Kosten- und Lastenarten in **ABC-Form** im Folgenden abgehandelt.

12

Abwasserbeseitigung: Dies sind Kosten des Betriebes (§ 2 BetrKV, BayObLGZ 1972, 150, 155). S. Entsorgung.

12A

Aufwendungsersatz: Muss ein WEer oder der Verwalter (BGH NZM 2011, 454; ZMR 1989, 265) oder Dritter aufgrund einer Notsituation für den Verband Aufwendungen tätigen (zB § 670 BGB), so sind die Erstattungskosten derjenigen Kostenart zuzurechnen, unter der sie bei ordnungsgemäßer Verwaltung angefallen wären (ausf. Staudinger/Bub Rn. 167).

Aufzugskosten: Kosten gehören zu den Bewirtschaftungskosten und sind gemäß den MEanteilen von allen WEern zu tragen, soweit eine Vereinb oder ein Beschl nicht etwas anderes vorsieht. Dies gilt auch, wenn nur ein Gebäude einer aus mehreren Gebäuden bestehenden Anlage mit einem Aufzug ausgestattet ist (BGH NJW 1984, 2576). Liegt jedoch eine ergänzungsbedürftige Vereinb vor, weil zB die TErkl hinsichtlich der Aufzugskosten keine Regelung trifft, so hat eine Auslegung zu erfolgen, die nach Treu und Glauben die

---

[33] Wasserversorgung: BGH NJW 2003, 3476; Armbrüster ZWE 2002, 146 mwN.
[34] OLG Bremen ZMR 2007, 633.
[35] BGH NJW 2007, 3492.
[36] BGH NZM 2013, 512.
[37] OLG Oldenburg ZMR 2005, 734.
[38] BayObLG ZMR 1995, 130.

Häuser ohne Aufzug von den Kosten freistellt (OLG Köln ZMR 2002, 379). Eine Kostenverteilungsregel, bei der die Aufzugskosten nach Stockwerken gestaffelt werden, benachteiligt WEer der oberen Stockwerke unangemessen (AG Nürnberg ZMR 2011, 594; Entscheidung bestätigt durch Hinweisbeschl des LG Nürnberg-Fürth v. 27.1.2011 – 14 S 9615/10 WEG, worauf die Berufung zurückgenommen wurde). Anders aber noch das LG Nürnberg-Fürth in 2009, hier war eine Verteilung nach Aufzugspunkten gebilligt worden; bei dieser waren nach Häusern und Stockwerken differenziert Punkte vergeben und nach diesen Punkten die Kosten verteilt worden (NJW-RR 2009, 884). Nach OLG Köln kann TEerkl Regelung enthalten, die Kosten einem von mehreren Häusern einer Mehrhausanlage zuordnet (OLG Köln ZMR 2002, 379). War bereits ein Beschl mit $^2/_3$-Mehrheit aufgrund einer Öffnungsklausel in der TEerkl über die Verteilung von Aufzugskosten gefasst worden, kann dieser nach LG Berlin mit einfacher Mehrheit geändert werden (GE 2010, 1549). Der Eigentümer einer Wohnung, der diese nicht rechtlich, sondern tatsächlich in 2 Wohnungen aufteilt und an zwei Mieter vermietet, wird nicht unbillig dadurch benachteiligt, dass der Kostenverteilungsschlüssel für die Aufzugskosten, der an die Anzahl von Wohnungen anknüpft, auf ihn in der Weise angewandt wird, dass bei ihm zwei Wohnungen berücksichtigt werden (BayObLG ZMR 2001, 821).

12B **Bauliche Veränderung:** S. Rn. 41 ff. und Sonderumlage.

Beirat: Die Aufwendungen hierfür (auch Kursgebühren, Fachbücher, Getränke, Gebäck etc.) sind nach dem BayObLG (DWE 1983, 124) Kosten der Verwaltung.

Breitbandkabel: Soweit eine Verpflichtung des einzelnen WEers besteht (§ 22 Rn. 18 ff.), handelt es sich um Kosten iSv Abs. 2 (OLG Celle NJW-RR 1987, 465). Kosten können nach Einheiten umgelegt werden (LG Nürnberg-Fürth NJW-RR 2009, 884).

12E **Eichkosten:** Da die von dem Verband genutzten Zähler geeicht sein müssen (BayObLG ZMR 2005, 969), gehören diese zu den Betriebskosten.

Eigentümerversammlung: S. Versammlungskosten.

Energieausweis, auch der -bedarfsausweis: Es handelt sich um Betriebskosten (AG München ZMR 2012, 54). Gem kann nach Abs. 3 Beschl fassen, der Verteilung nach Verursachung regelt, wenn zB für WE und TE es zwei Pässe geben muss. Ansonsten Verpflichtung aller, da Pass für Haus erstellt wird (Palandt/Bassenge Rn. 20; aA Maletz/Hillebrand ZfIR 2008, 456). Aber keine Möglichkeit, Kosten, die in vergangenen Jahren bereits endgültig angefallen sind, anderweitig zu verteilen (AG München ZMR 2012, 54), s. zur Rückwirkung Rn. 18.

Entsorgung von **Wasser** etc. sind Kosten des Betriebs (§ 2 BetrKV, s. Rn. 12).

Entschädigungskosten des Verbandes (Abs. 7): Das Gesetz bestimmt, dass die Aufwendungen für den Ersatz von Schäden, die für die Inanspruchnahme des SE zur Instandsetzung oder -haltung des GE entstanden sind, zu den Verwaltungskosten zählen. Ebenso wenn durch einen Defekt einer im GE stehenden Bodenplatte eine im Sondereigentum stehende Fußbodenhei-

Nutzungen, Lasten und Kosten § 16

zung irreparabel zerstört wird, besteht Entschädigungsanspruch des SE'ers (OLG Köln ZMR 1998, 722). Der Anteil ist nicht um den Anteil der betroffenen WEers zu kürzen (Niedenführ Rn. 79). S. § 14 Rn. 16. S. Schadensersatz des Verbandes.
Entziehungsverfahren: S. Prozesskosten.
Ersatzanspruch gegen WEer: Steht ein Ersatzanspruch gegen einen WEer in Rede, rechtfertigt dies nur dann eine von dem einschlägigen Umlageschlüssel abweichende Kostenverteilung in der JA, wenn der Anspruch tituliert ist oder sonst feststeht (BGH NJW 2011, 1346).

Fenster: Nach AG Schwabach Beschl unzulässig, dass WEer, die Holzfenster im Bereich ihres SE gegen Kunststofffenster ersetzen, gegen Vorlage der Rechnung einen Zuschuss aus Mitteln der Gemeinschaft erhielten. Der einzelne WEer sei nicht berechtigt, Holzfenster gegen Kunststofffenster auszutauschen, da die Fenster zum GE gehörten, so dass diese über den Austausch entscheiden müssten (MietRB 2012, 205). Beschließen WEer mehrheitlich, dass jeder WEer für die Kosten der Instandsetzung bzw. Erneuerung der im Bereich seiner SE gelegenen Fenster selbst aufzukommen hat und stellt sich diese Beschlussfassung später als nichtig heraus, nachdem bereits mehrere WEer auf ihre Kosten ihre Fenster saniert haben, so entspricht es ordnungsgemäßer Verwaltung, diesen ihren Mindestaufwand zu erstatten (OLG Düsseldorf ZMR 2008, 732). Siehe auch Rn. 64.

12F

Fluchtweg: S. Rettungsweg.

Garagen/Kfz-Stellplatz: Da das SE an freistehenden Garagen nicht deren konstruktive Teile umfasst, sind Reparaturkosten von sämtlichen WEern zu tragen, soweit keine anderweitige Regelung durch Vereinb oder Einzelfallbeschl (Abs. 4) erfolgt, welche die im GE stehenden Gebäudeteile erfasst. Auch der Richter ist nicht befugt, dies zu ändern (OLG Karlsruhe OLGZ 1978, 175). Für die gem Teile (zB tragende Mauern, Garagentüre, -dach) kann eine Vereinb über die Kosten getroffen werden. Ein Beschl reicht – außer im Einzelfall gemäß Abs. 4 – nicht aus. Die vorstehenden Grundsätze gelten ebenso für die Kosten der im SE stehenden Garagenabstellplätze (AG Sobernheim ZMR 1977, 344 m. Anm. Weimar). Nach LG München I ist der Begriff „Wartungskosten für Duplex-Parker" nicht hinreichend bestimmt, weil unklar sei, welche zu wartenden Teile der Duplex-Parker von der Regelung erfasst sein sollen (ZWE 2010, 232). Soweit in der TEerkl nichts Abweichendes geregelt, kann TE (hier Garage) mit pauschal 10 % an den Kosten der Versicherungen des Hauses beteiligt werden (OLG Hamburg ZMR 2005, 72). Siehe Leerstand.

12G

Gebäude(haftpflicht)versicherung: S. verbrauchsunabhängige Kosten, Garagen/KFZ-Stellplatz.
Grundsteuer: Für laufende Verwaltung s. Rn. 5. Für die Dauer der Aufbaugemeinschaft kann es sich um Kosten der Verwaltung handeln.

Hausmeisterkosten: Die von der WEerGem für den Hausmeister aufgewendeten Vergütungen sind Betriebskosten (BayObLG WE 1986, 62; KG WE 1994, 14). Nach Abs. 4 ist es möglich, einen WEer per Beschl von der

12H

Zahlungspflicht freizustellen, wenn er einen Teil der Hausmeisterarbeiten selbst erledigt. Eine Umstellung des Verteilerschlüssels von MEanteilen auf Einheiten ist nach LG Nürnberg-Fürth wegen unangemessener Benachteiligung unwirksam (NJW-RR 2009, 884).
Heizkosten: Betriebskosten iSv Abs. 2 (BGH NJW 2010, 3298). S. Rn. 14 ff.

12I **Information der WEer:** Entstehen dafür dem Verband Kosten, zB zur Unterrichtung der Eigentümer über Renovierungsarbeiten oder über laufende Gerichtsverfahren, so sind dies Verwaltungskosten (BayObLG ZMR 2001, 907).
Instandhaltungskosten: Kosten iSv Abs. 2, s. Rn. 8.
Instandhaltungsrücklage: S. verbrauchsunabhängige Kosten.

12K **Kabelanschluss:** Sind Betriebskosten (§ 2 BetrKV). Im Zweifel dürfen nicht angeschlossene WEer nicht an den Kosten beteiligt werden (Jennißen Rn. 125).
Kontoführungsgebühren: Verwaltungskosten, s. verbrauchsunabhängige Kosten.

12L **Leerstand bzw. Nichtnutzung:** Vorab ist festzustellen, dass es nicht unbillig ist, wenn ein WEer für die Kosten des GE's aufkommen muss, obwohl er sie nicht benutzt und auch nicht benutzen kann (BGH NJW 2010, 2129 Rn. 31; AG Essen ZMR 2012, 50 Rn. 46). Die Nichtnutzung von Balkonen, Waschküche oder Aufzug (LG Hamburg DWE 2010, 147) etc. ist folglich unbeachtlich. Dies kann aber zum Grund werden für einen möglichen Beschl (Jennißen Rn. 46). Lediglich bei kompletter Nichtnutzung einer Einheit ist zu unterscheiden:
– **Noch nicht gebaute Einheiten:** Soweit eine Anlage noch nicht endgültig errichtet ist oder sie in mehreren in sich abgeschlossenen Bauabschnitten fertiggestellt wird, ist nach dem OLG Düsseldorf (NZM 1998, 867; BayObLG DWE 1980, 27) keine Befreiung gegeben. Ggf. ist nach Treu und Glauben (§ 242 BGB) für die noch nicht fertiggestellten Wohnungen eine Kostenbefreiung zu gewähren (Müller Teil 6 Rn. 143, aA Riecke Rn. 245). Dies muss der betroffene WEer durch Beschl begehren (gem Abs. 3) und ggf. gerichtlich durchsetzen (Riecke Rn. 245). Dies kann aber nicht für Kosten gelten, die nicht entstanden wären, wenn von vornherein nur die bisher fertiggestellten Wohnungen geplant gewesen wären

Beispiel: Heizungsanlage ist direkt für den komplett fertigen Bau dimensioniert worden, deshalb fallen höhere Kosten an,

und auch nicht für die Kosten, die nur deshalb jetzt schon anfallen, weil der Komplettausbau noch erfolgt.

Beispiel: Anschaffung eines größeren Rasenmähers.

Hiervon ist ggf. eine Ausnahme dann zu machen, wenn innerhalb des Gebäudes eine Etage oder ein WE nicht fertiggestellt ist. Dann muss sich der WEer an den Kosten zumindest beteiligen, bei denen er eine Gegenleistung in Empfang nimmt (OLG Braunschweig v. 18.11.1988 – 3 W 74/88, zitiert nach Deckert 2/843).

Nutzungen, Lasten und Kosten § 16

Beispiel: Versicherung, Hausmeister, Verwalterkosten (AG Hildesheim ZMR 1989, 195).

Erweist sich ein Leerstand als dauerhaft, weil zB Bauverbot besteht, kann eine Anspruch auf Abänderung der Kostenverteilung bestehen (§ 10 Abs. 2 S. 3), der aber nur für die Zukunft gilt.

– **Fertige, aber nicht oder zeitweise nicht genutzte Einheiten:** Grundsätzlich führt das Leerstehen von Wohnungen nicht zu einer Veränderung der vereinbarten Kostenverteilung (BayObLG Rpfleger 1976, 422; 1978, 444) oder das Nichtbenutzen von GE (BGH NJW 2010, 2129 Rn. 31, zB Aufzug und Reinigung von Treppenhäusern, OLG Celle NZM 2007, 217, OLG Schleswig ZMR 2006, 889), ggf. anders bei verbrauchsabhängigen Kosten (BayObLG NZM 2002, 389). Eine Ausnahme hat ggf. zu erfolgen, wenn eine eindeutige verbrauchsabhängige Verteilung und Zuordnung der Kosten möglich oder ein Beschl gemäß **Abs. 3** gefasst ist.

Beispiel: Auf Grund des Leerstands braucht die WEerGem eine Mülltonne weniger zu zahlen; Kosten für Sanierung der Tiefgarage (BayObLG NJW-RR 1993, 1039).

Müllabfuhr: Kosten des gemeinschaftlichen Gebrauchs (OLG Schleswig ZMR 2006, 889). Kostenverteilung pro Wohnung kommt nur in Betracht, wenn sich die Kosten gesondert erfassen lassen (OLG Köln ZMR 2007, 68), zB nach tatsächlichem Verbrauch unter Verwendung eines Chipkartensystems gerichtet (OLG Düsseldorf NZM 2010, 479). Nach dem AG Hannover scheidet eine Verteilung nach Einheiten aus; es komme nur eine Verteilung nach MEanteilen in Betracht (ZMR 2007, 75). Anders AG Recklinghausen, das auch Verteilung nach Personen für denkbar hält (ZMR 2010, 242). **12M**

Nichtbenutzbarkeit: S. Leerstand.

Nutzungsentgelt: Soweit für Nutzung von Teilen des GE Gelder erhoben werden (sog Nutzungsentgelt), liegt hierin eine abweichende Verteilung des § 16 Abs. 2. Dies erfordert entweder eine Vereinb oder einen Beschl gemäß Abs. 3. **12N**

Beispiel: Benutzung des Schwimmbads nur mit Münzzählern.

Ein WEer kann seiner Pflicht aus Abs. 2 nicht entgegenhalten, er nutze die Einrichtung nicht (BGH NJW 2010, 2129 Rn. 31), weil er zB Nichtschwimmer sei. Soweit ein Entgelt zulässig erhoben wird, dient dies zunächst dem laufenden Unterhalt. Soweit dieser nicht gedeckt werden kann, gilt der Schlüssel des Abs. 2. Ist ein Überschuss vorhanden, dient die Zweckgebundenheit einer evtl. Ersatzanschaffung und ist dafür zunächst bereitzuhalten (BayObLG NJW 1975, 2296). Übersteigen die Erträge auch diese Kosten, so handelt es sich um Nutzungen iSv Abs. 1.

Prozesskosten: Auch hier handelt es sich, um die Kostenverteilung im Innenverhältnis der angefallenen Kosten der Gem. Zu unterscheiden ist zwischen (1.) **Kosten aus einer Entziehungsklage** (§ 18), (2.) **aus einem WEG-Prozess** (§ 43) und (3.) aus einem Prozess **gegen außerhalb der WEerGem stehende Dritte** und von Dritten gegen die WEerGem. **12P**

1. Prozesskosten für eine **Entziehungsklage** (Abs. 7 Fall 1, § 18), aber nicht Anfechtung gegen einen Entziehungsbeschl, gehören nach Abs. 7 zu den Kosten der Verwaltung des Abs. 2. Soweit der Beklagte unterliegt, trägt er diese Kosten allein (vgl. § 19 Abs. 2; OLG Stuttgart OLGZ 1986, 32). Hat der Verband (§ 10 Rn. 88 ff.) Kosten zu tragen, so werden diese auf alle verteilt, insbesondere auch auf den obsiegenden WEer und auf diejenigen, die dem Prozess nicht zugestimmt haben (BayObLG NJW 1993, 603; OLG Stuttgart OLGZ 1986, 32). Dies gilt auch für die dem Obsiegenden zu erstattenden Kosten und die Gerichtskosten (OLG Düsseldorf ZMR 2008, 219, NJW-RR 1997, 13). Eine Korrektur kommt nur in Ausnahmefällen in Betracht, zB wenn der WEer keinen ausreichenden begründeten Anlass gegeben hat.
2. Kosten für **Verfahren gemäß § 43** (aber nicht Beratung oder Gutachten, OLG Köln WE 1997, 428, jedoch Strafanzeige gegen anderen WEer nach KG ZMR 2006, 224). Diese umfassen die Binnenstreitigkeiten der WEer (BGH NJW 2007, 1869 Rn. 26), aber nicht Verband gegen WEer, zB wegen Wohngeld oder gegen Dritte. Hier gilt gemäß Abs. 8 eine abweichende Regelung, die lautet, nämlich dass es sich grundsätzlich nicht um Kosten der Verwaltung iSv Abs. 2 handelt. Die Norm soll verhindern, dass Konflikte innerhalb der Gem auf Kosten aller WEer ausgetragen werden (BGH NJW 2007, 1869).
   – **Hintergrund:** Ziel der Regelung ist es, die Verteilung solcher Kosten unter den Streitparteien nach der jeweiligen gerichtlichen Kostenentscheidung endgültig und ausschließlich vorzunehmen.

   Beispiel: Von einer aus drei WEern bestehenden Anlage beantragen zwei WEer, den Dritten zur Zahlung von Wohngeld zu verpflichten.

   – **Kostenvorschuss für Gerichtsverfahren:** Diese sind, wenn vom Gemeinschaftskonto bezahlt, zB Anwaltskosten, in der JA als Ausgabe auszuweisen; sie können jedoch vor einer gerichtlichen Kostenentscheidung in den Einzelabrechnungen quotenmäßig nur auf die Miteigentümer umgelegt werden, die von dem vergüteten Rechtsanwalt vertreten wurden, und nicht auf die Verfahrensgegner (LG Leipzig ZMR 2007, 400; KG ZMR 2006, 226), im Beschlanfechtungsverfahren folglich die verklagten WEer (LG Köln ZMR 2012, 662). Sie sind per WP oder SU zu erheben von allen WEer (LG Berlin Info M 2010, 135, Jennißen Rn. 169; **aA** OLG München ZMR 2007, 140, nur wenn vom Verband geschuldet; LG Düsseldorf ZMR 2009, 712 bei Beschlanfechtung nur wenn allein Beklagte Verpflichtete). Ein WEer kann dem Verwalter aber nicht untersagen lassen, in einem laufenden Rechtsstreit Vorschüsse für Rechtsanwälte, das Gericht oder Sachverständige vorläufig aus den laufenden Mitteln der Verwaltung aufzuwenden. Es muss lediglich sichergestellt sein, dass die letztverbindliche Kostenentscheidung des Gerichts später unter den Wohnungseigentümern umgesetzt wird (LG Berlin GE 2009, 207, fraglich).
   – **Kostenentscheidung des Gerichts:** Soweit nach der Entscheidung des Gerichts Kosten von den beiden Klägern zu tragen sind, haben die beiden WEer diese zu tragen und können über die Verteilung der Ge-

Nutzungen, Lasten und Kosten **§ 16**

meinschaftskosten den dritten WEer nicht dazu verpflichten, sich doch an den Kosten zu beteiligen. Dies gilt unabhängig davon, ob der Verwalter als Prozessstandschafter im Verfahren auftritt oder die WEer selbst, und kann durch Beschl nicht geändert werden (KG DWE 1989, 39). Als evtl. Kostenbeteiligte können neben dem als Kläger und den als Beklagten teilnehmenden WEern auch die weiteren kraft Gesetzes Beigeladenen oder der Verwalter (§ 49 Abs. 3) in Betracht kommen (früher § 43 Abs. 4; BayObLG Rpfleger 1973, 434). Aus dem Umstand, dass Abs. 8 abdingbar ist (BGH NJW 2007, 1869), kann man folgern, dass das Gericht ggf. anordnen kann, dass abweichend von Abs. 8 die Kostenschuld sämtliche WEer aus dem gemeinschaftlichen Verwaltungsvermögen zu tilgen haben (zur alten Rechtslage BayObLG Rpfleger 1973, 434). Dies ist abzulehnen, da das Gericht sein Ermessen nicht anstelle der WEer ausüben kann. Die Bestimmung gilt auch dann, wenn der Verwalter in Anspruch genommen wird (§ 43 Nr. 3). Dies führt dazu, dass die Kosten von dem Verwalter zu tragen sind, zB wenn er durch schuldhaftes Verhalten das Verfahren verursacht hat (AG München Rpfleger 1975, 254). Abs. 8 gilt nicht für Verfahrenskosten, die dem Verwalter für die Gem entstanden sind (OLG Hamm OLGZ 1989, 47).

– **Kostenverteilung:** Der BGH (NJW 2007, 1869) hat entschieden, dass Abs. 8 Rechtsverfolgungskosten von den umzulegenden Kosten der Verwaltung ausnimmt, die aus Binnenstreitigkeiten zwischen den WEern entstanden sind. Das hat zur Folge, dass diese Kosten nach dem in Abs. 2 zum Ausdruck gekommenen Maßstab für den Ausgleich unter WEern, also nach **MEanteilen,** umzulegen sind unter Berücksichtigung des Beklagten (BGH NZM 2014, 436; LG Frankfurt ZWE 2014, 170 m. Anm. Becker; aA AG Kerpen nach Stimmrecht ZMR 2011, 251). Dieser Übernahme des Ausgleichsmaßstabs steht Abs. 8 nicht entgegen. Haben die WEer in der GO bestimmt, dass „Verwaltungskosten" nach Einheiten umzulegen sind, so gilt dieser Umlegungsmaßstab auch für die Verteilung der Rechtsverfolgungskosten aus Binnenstreitigkeiten. Beschl nach Abs. 3 auch hier möglich (Bärmann/Becker § 16 Rn. 168; aA Hügel ZWE 2008, 266).

– **Streitwertvereinbarung:** Eine Ausnahme davon gilt für **Mehrkosten auf Grund einer sog Streitwertvereinb** (§ 27 Abs. 2 Nr. 4, Abs. 3 Nr. 6). Wird eine solche Vereinb mit dem Anwalt getroffen, erhalten die WEer nur die gesetzlichen Gebühren vom Gegner erstattet, die Mehrgebühren verbleiben bei ihnen. Diese von den obsiegenden WEern zu tragenden Mehrkosten sind die Besonderheit des vom Gesetzgeber ausgedachten Systems. Der Gesetzgeber hält es für sachgerecht, dass alle WEer diese Differenz zu zahlen haben. Nach ihm wäre es unbillig, wenn einzelne später unterlegene WEer an den Mehrkosten, die den anderen durch die Klageerhebung entstehen, nicht beteiligt würden, weil sie gegenüber allen wirken würde (BT-Drucks. 16/887 S. 77). Diese Regelung wird als nicht sachgerecht empfunden, da damit eine Belastung zulasten Dritter statuiert wird. Derjenige, der eine Entscheidung fällt, hier die Streitwerterhöhung, muss auch für die Kostenfolge einstehen. Zudem erhöhen sich die Risiken für einen anfechtenden WEer, denn er muss ggf. trotz Obsiegens die Kosten tragen. Deshalb handelt es sich um ein unsachgemäßes Ergebnis (Hügel/Elzer S. 102). Sie ist aber verfassungsgemäß (AG Aachen v. 11.7.2012 118 C 27/12).

3. **Rechtsstreitigkeiten gegen außerhalb der Gemeinschaft stehende Dritte oder von Dritten gegen den Verband.** Hierzu gehören zB Gewährleistungsprozesse gegen Handwerker, Klagen gegen Lieferanten und Verfahren gegen den Verwalter etc. Diese fallen nicht unter Abs. 8 und stellen Kosten der Verwaltung gemäß Abs. 2 dar, wenn der Verband sie führt. Dies gilt auch, wenn der Dritte, zB der Bauträger, zufällig WEer ist (BayObLG NJW 1993, 603). Soll durch SU-Beschl die Sicherheit als Voraussetzung der Zwangsvollstreckung aus einem gegen den Bauträger wegen Gewährleistungsansprüchen bezüglich des am GE erstrittenen Urteils dienen, so hat sich der Bauträger, der zugleich WEer ist, anteilig an der SU zu beteiligen (BayObLG ZMR 2001, 826, aA bei Wohngeld LG Köln ZMR 2009,715, denn dann würde der WEer für die gegen ihn selbst gerichtete Vollstreckung Sicherheit leisten müssen). S. verbrauchsunabhängige Kosten.

Rettungsweg: Die Kosten der Herstellung dafür sind Verwaltungskosten, selbst wenn sie durch eine Einheit verursacht werden, und können nicht durch Beschl dem einen Eigentümer auferlegt werden (AG Aachen v. 20.3.2013 118 C 82/12).

Rauchwarnmelder: werden diese durch Beschl angeschafft, handelt es sich um Kosten gem. Abs. 2, egal wo sie installiert werden im SE oder GE (BGH NZM 2013, 512).

Sauna-, Schwimmbadbenutzung: S. Nutzungsentgelt.

Sanierungskosten: ZB des Kamins, sind Kosten iSd § 16 Abs. 2 (BayObLG ZMR 1999, 50). Ein Beschl, der eine verbindliche Auslegung der TEerkl – etwa Klausel zur Verteilung von Sanierungskosten – herbeiführen soll, ist mangels Beschlkompetenz nichtig (LG München I ZMR 2012, 582).

Schadensersatz des Verbandes gemäß § 14 Nr. 4: Er gehört gemäß Abs. 7 Fall 2 auch zu den Verwaltungskosten. Siehe § 14 Rn. 16, s. Entschädigungskosten.

Schädlingsbekämpfung: Ist in einer aus einem Gebäude bestehenden Anlage Kostentrennung zwischen dem gewerblichen und dem Wohnbereich vereinbart, kann die Auslegung der GO ergeben, dass die Kosten einer anlassbezogenen Schädlingsbekämpfung von den WEern und TEern des jeweiligen Bereichs allein zu tragen sind, ungeachtet des Umstands, dass die Maßnahme der gesamten Anlage zugutekommt (BayObLG ZMR 2005, 387).

Schornsteinfeger: Gebühren sind Kosten der Verwaltung (BVerwG NJW-RR 1994, 972). S. Vor § 1 Rn. 22. Eine Umstellung des Kostenverteilers von Wohnfläche auf Wohneinheiten ist zulässig (BGH NJW 2011, 2202).

Sonderumlage (SU): Hat der Verband Geldbedarf, so ist es an den WEer'n zu entscheiden, ob der Bedarf durch einen Rückgriff auf vorhandene Rücklagen, durch die Erhebung von SUen oder durch die Aufnahme von Darlehen gedeckt werden soll (BGH NJW 2012, 3719). So kann sich die Gem entscheiden, anstatt einer SU bestimmte Raten in die Rücklage zu zahlen (BGH

Nutzungen, Lasten und Kosten **§ 16**

ZMR 2011, 735). Nicht möglich ist aber, bei einzelnen WEern, die einen SU Betrag nicht leisten können, die SU durch einen Kredit des Verbandes zu ersetzen (OLG Hamm ZMR 2012, 800). Für die SU gelten folgende Regeln:
1. **Hintergrund:** Ihre Rechtsgrundlage findet sich im WP-Plan (§ 28 Abs. 1, 2, 5) und stellt regelmäßig eine Ergänzung bzw. Nachtrag dessen dar (Bärmann/Merle § 28 Rn. 41). Es handelt sich um Beiträge zur Beschaffung zur Deckung der Lasten und Kosten (Staudinger/Bub Rn. 175). Deshalb besteht keine Befugnis, eine von WP und JA unabhängige Kostenverteilung für viele Jahre durch SU zu beschließen. Einem solchen Beschluss kommt auch ohne Anfechtung keine rechtliche Wirkung zu (BGH ZMR 2011, 981), weil man eine Ersetzung der gesetzlichen Vorschriften vornimmt. Sie muss ausdrücklich beschl werden, ergibt sich nicht automatisch aus der beschlossenen Maßnahme (OLG Köln NZM 1998, 877). Eine Beschlussfassung über eine SU beinhaltet keine Billigung einer bestimmten Maßnahme (OLG Hamm ZMR 2009, 217). Im Gerichtsverfahren kann auch Herabsetzung der SU-Summe verlangt werden, dies gilt dann als Anfechtung des kompletten Summe, da der Richter keine Herabsetzung der Summe verfügen kann (BGH ZMR 2013, 212). Wird Ursache beseitigt, zB Sanierung wird günstiger, bedarf es eines neuen Beschl, die SU wird nicht automatisch hinfällig.
2. **Ursache:** Die WEer können eine SU beschließen, wenn die Ansätze des WPs unrichtig waren, durch neue Tatsachen überholt werden oder wenn der Plan aus anderen Gründen nicht durchgeführt werden kann (BGH ZMR 2012, 380). Soweit es sich um eine Umlage **zur Beseitigung von Liquiditätsschwierigkeiten**, zB wegen Reparaturbedarfs (KG NJW-RR 1991, 912), handelt, entspricht dies ordnungsgemäßer Verwaltung und ist zulässig (BGH NJW 1989, 3018); ebenso zulässig nach dem BGH (ZMR 1997, 312) als Kostenvorschuss zur Mängelbeseitigung und zur Geltendmachung von Schadensersatz. Dies gilt selbst dann, wenn diese Schwierigkeiten auf einer zu niedrigen Wohngeldansetzung durch den Wirtschaftsplan oder auf unterbliebenen Zahlungen einzelner WEer beruhen sollten (BayObLG DWE 1982, 128); außerdem zulässig für weitere oder neue, noch nicht im Wirtschaftsplan enthaltene Kosten (KG WuM 1993, 426). Nach dem KG (ZMR 1994, 527) soll auch ein SUbeschl neben einem WPbeschl zuzulassen sein. Wird Rücklage berücksichtigt, muss unter die „eiserne Reserve" der Instandhaltungsrücklage verbleiben (LG Köln ZWE 2012,279). Auch automatische Rücklage bei Soll-Saldo auf dem Bankkonto möglich (AG Aachen ZMR 2012, 222). Bei solchen Umlagen handelt es sich um Kosten iSv Abs. 2, welche die MEer entsprechend zu tragen haben (BayObLG DWE 1992, 128). Nach dem BGH (NJW 1989, 3018; AG Hamburg ZMR 2010, 235; aA BayObLG NJW 2003, 2323) muss der Umlagebeschl die anteilsmäßige Beitragsverpflichtung der WEer bestimmen (§ 28 Nr. 1 S. 2 Nr. 2), aber Beschl dadurch nicht nichtig (BayObLG NZM 2004, 659). Deshalb ist die Ansicht des BayObLG (NJW-RR 2001, 1020; WuM 1992, 209; ähnlich KG NJW-RR 1991, 912) abzulehnen, welche das Fehlen des Kostenverteilungsschlüssels und der anteiligen Belastung des einzelnen WEers mit der Begründung für unbeachtlich erklärt, es gelte dann der allgemeine Schlüssel, den der Verwalter in der Zahlungsaufforde-

rung vornehme. Hierbei wird übersehen, dass die Verteilung wegen des Verteilungsschlüssels streitig sein kann. Deshalb begründet nur ein Beschl mit einer anteilsmäßigen Verteilung die Schuld des Einzelnen, der erst durch eine Beschlfassung der WEer zu einer konkreten Verbindlichkeit wird, darin ist seine konkrete Beitragsschuld festzulegen. Erst danach ist eine Einziehung möglich (OLG Frankfurt OLGR 2006, 3 Rn. 17; LG Hamburg ZMR 2013, 922 Rn. 34; LG Lüneburg WuM 1995, 129). Nach dem KG (aaO; so auch BayObLG NZM 1998, 338) reicht die objektive Bestimmbarkeit (was immer das sein soll) der Einzelbeträge aus, die SU sei im Zweifel sofort fällig.

3. **Inhalt:** Soll durch SU SE Sanierung finanziert werden (zB Heizkörperaustausch), so ist SU-Beschl nichtig wegen mangelnder Beschlkompetenz (BGH NJW 2011, 2958). Die Höhe hat sich am geschätzten Finanzbedarf auszurichten. Es ist also eine Prognose der erforderlichen Kosten notwendig. Dabei steht den WEer'n bei der Bemessung einer erforderlichen SU ein weiter Ermessensspielraum zu (KG ZMR 1997, 157) mit einer großzügigen Handhabung (BGH ZMR 2012, 380). Wenn jedoch die benötigten Gelder erheblich zu niedrig oder erheblich zu hoch angesetzt werden, sind die Grundsätze ordnungsmäßiger Verwaltung verletzt (BayObLG NJW-RR 2004, 1378, 1380; WE 1999, 147). Selbiges gilt für den Fall, dass zum Beschlzeitpunkt noch überhaupt keine Prognose möglich ist (OLG Hamm ZMR 2009, 217) oder dass ausreichend liquide Mittel vorhanden sind (BGH ZMR 2012, 380 Rn. 18). Es kann auch berücksichtigt werden, dass ein Teil der WEer seinen Anteil nicht erbringen wird, auch wenn er sie erst verursacht (BGH ZMR 2012, 380 Rn. 15; NJW 1989, 3018). Vorherige Auflösung der Rücklage nicht zwingend (OLG Köln NZM 1998, 879). Ein zur Sanierung von GE gefasster Umlagebeschl muss nicht angeben, in welcher Höhe mit den Bauarbeiten notwendig verbundene Kosten auf die Sanierung des SE entfallen (KG ZMR 1997, 154). Ihm kann nicht entgegengehalten werden, dass die Sanierungsarbeiten mangelhaft seien (BayObLG WE 1997, 269). Auch wenn SU-Beschl zu Überschuss führt, liegt kein Verstoß gegen die Grundsätze ordnungsmäßiger Verwaltung vor, wenn Gem Fördermittel nur erhalten kann, wenn sie die Sanierung vorfinanzierte (BGH ZMR 2012, 380).

4. **Bauliche Veränderungen:** Handelt es sich um eine SU zur **Durchführung einer zustimmungspflichtigen baulichen Veränderung**, die konkret mitbeschlossen wurde, so ist der WEer zur Zahlung verpflichtet; es sei denn, der Beschl ist auf Anfechtung für ungültig erklärt worden (OLG Frankfurt OLGZ 1979, 144). Andererseits ist allein mit einem Sanierungsbeschl noch keine SU beschlossen (OLG Köln ZMR 1998, 463).

5. **Sonderzahlung:** Eine SU kann auch in einer **Sonderzahlung** liegen.

Beispiel: In einer WEerGem, in der eine große Anzahl von Wohnungen vermietet ist, wird eine **Umzugskostenpauschale** (zB ein Betrag X pro Wohnung und Umzug) erhoben oder **Vermietungspauschale**, wonach die WEer ein zusätzliches Entgelt zahlen sollen, wenn und solange sie ihre Wohnung vermietet haben; die Rechtsgrundlage liegt dann in Abs. 3 oder § 21 Abs. 7 (s dort).

Nutzungen, Lasten und Kosten §16

6. **Abrechnung der SU:** Sie muss jeweils im Jahr des Abflusses bzw. Zuflusses in der JA wie das andere Wohngeld mitabgerechnet werden, da § 28 von allen Einnahmen und Ausgaben spricht. Deshalb sind nach dem KG (ZMR 2005, 309; 1993, 344; aA AG Kerpen ZMR 1998, 376) alle Zahlungen in die JA aufzunehmen und dort abzurechnen. Nach OLG München keine korrekte Darstellung der SU in JA, wenn diese als „Zuweisung zur Instandhaltungsrücklage" bezeichnet wird und die SU im selben Wirtschaftsjahr erhoben und verbraucht wurde (ZMR 2007, 723). Soweit durch die notwendige Aufnahme der SUzahlungen in die JA Guthaben entstehen, ist dies im Beschl über die Bildung der SU zu beachten und ggf. zu korrigieren oder bei Beschlfassung über die betreffende JA. Auch betroffene WEer (zB Bauträger) sind zu beteiligen (BayObLG ZMR 2001, 826; Jennißen Rn. 169; aA LG Köln ZMR 2009, 715; Fritsche ZMR 2014, 253). Es besteht deshalb kein Anspruch des einzelnen WEer's gegen den Verwalter auf gesonderte Abrechnung der SU (KG ZMR 2005, 309).

7. **Rückabwicklung:** Wird ein SUbesch für ungültig erklärt, hängt die Rückerstattung bereits gezahlter Beträge nach zwischenzeitlichen Abrechnungsbeschlüssen davon ab, dass die WEer über die Folgenbeseitigung der misslungenen Umlage Beschl fassen, was notfalls gerichtlich erzwingbar ist (KG NZM 1998, 579). Zur Verjährung Rn. 64.

Sonderzahlung: S. Sonderumlage.

Sonstige Kosten: S. verbrauchsunabhängige Kosten.

Strom: Beschluss, mit dem abweichend vom Maßstab der MEA die Kosten des Allgemeinstroms künftig nach der Anzahl der Wohneinheiten und die Kosten der Müllabfuhr nach der Anzahl der Personen in der Wohnanlage verteilt werden, kann ordnungsgemäßer Verwaltung auch dann entsprechen, wenn der neugewählte Kostenverteilungsschlüssel kein „besserer" Umlagemaßstab ist (AG Recklinghausen ZMR 2010, 242; aA Jennißen Rn. 93).

Trinkwasserverordnung: Gemeinschaftliche Kosten (Böck/Pause ZWE 2013, 346; aA AG Hoyerswerda ZMR 2013, 318).   **12T**

Umzugskostenpauschale: S. Sonderumlagen unter 3.   **12U**

Verbrauchszähler, wie **Wasserverbrauchs-, Strom-** (BGH NJW 2006, 2187) oder **Funkzähler** (BGH NJW 2012, 1224) oder **Heizkostenverteiler** etc.:   **12V**

– Zur **Anschaffung:** S. § 22 Rn. 43: Zähler.

– **Installation:** Erfolgt der Einbau von Kaltwasserzählern zur Umsetzung einer beschlossenen oder vereinbarten verbrauchsabhängigen Verteilung zB der Wasserkosten, so handelt es sich um eine Maßnahme ordnungsmäßiger Verwaltung und nicht um eine bauliche Veränderung. Über die Verteilung dieser kann ein Beschl erfolgen (BGH NJW 2003, 3476). Wird der Beschl über die **Installation** nicht angefochten, so liegt darin konkludent eine Abänderung der Regelung der TErkl (aA BayObLG NJW-RR 1988, 273: nicht überzeugend, warum sollen sonst Zähler angeschafft werden), insbesondere wenn über Jahre schon mit Verbrauchszählern abgerechnet wurde (OLG Köln NZM 1998, 484). S. ergänzend § 16 Rn. 12.

§ 16

– Die **Anschaffungs-** und **Installationskosten** können Kosten der Verwaltung sein (BayObLG WE 1986, 74). Die Verteilung erfolgt nach dem allg. Verteilungsschlüssel in der Anlage (AG Hannover ZMR 2005, 233).
Verbrauchsunabhängige Kosten: Auch nach Abs. 3 WEG besteht keine Kompetenz der Gem, einen WEer, der nach einer bestehenden Vereinb von der Tragung bestimmter Kosten oder der Kostentragungspflicht insgesamt befreit ist, durch Beschl erstmals an den Kosten zu beteiligen. Ein entsprechender Beschl ist nichtig (BGH WuM 2012, 466).
Vermietungskostenpauschale: S. Sonderumlagen unter 4.
Versammlung: S. Versammlungskosten.
Versammlungskosten: Die Kosten für die Durchführung der Versammlung, wie zB die Saalmiete, -reinigung, -heizung etc., gehören zu den Kosten des GE (für Miete der Lautsprecheranlage BayObLG DWE 1983, 123), ebenso Vervielfältigungs- und Versandkosten für die Protokolle (BayObLG ZMR 2001, 907).
Versicherungen (§ 21 Abs. 5 Nr. 3): Kosten gemäß Abs. 2.
Verwaltervergütung: Betriebskosten gemäß Abs. 2. Umstellung des Kostenverteilerschlüssels von WE auf MEanteile kann hier zu einer ungerechtfertigten Benachteiligung einzelner WEer führen und deshalb unwirksam sein (LG Lüneburg ZMR 2012, 393). Werden zwei Wohnungen zu einer zusammengelegt, kann der Verwalter ab dann nur noch eine Einheit abrechnen (LG Lüneburg ebd.). S. § 26 Rn. 22 und Sauren Verwalter § 7.
Verwalterzustimmung zur Veräußerung: Verwaltungskosten, s. § 12 Rn. 24.
Verzugszinsen: S. Vor § 10 Rn. 15 unter Sanktionen, Strafe und § 21 Abs. 7.

Wärmeversorgung: Kosten des Betriebes (§ 2 BetrKV, BayObLG WuM 1994, 160).
Waschmaschine: S. Nutzungsentgelt.
Wasserkosten: Kosten gemäß Abs. 2 (§ 2 BetrKV, BayObLG NJW-RR 1992, 1432), auch wenn für die einzelnen WE Uhren vorhanden sind, der Wasserversorger aber einheitlich gegenüber der Gem abrechnet (BayObLG WE 1994, 309). Nur einheitlich möglich, nicht für einzelne Teile wie TE's (OLG Düsseldorf ZMR 2002, 68), deshalb müssen überall Zähler vorhanden sein. Bei erheblichen Messdifferenzen (40 %) soll nur der individuelle Verbrauch hiernach, der Rest nach ME umgelegt werden (LG Darmstadt ZMR 2001, 153). Erfolgt der Einbau von Kaltwasserzählern zur Umsetzung einer beschlossenen oder vereinbarten verbrauchsabhängigen Verteilung der Wasserkosten, so handelt es sich um eine Maßnahme ordnungsmäßiger Verwaltung und nicht um eine bauliche Veränderung (BGH NJW 2003, 3476). Sieht die Gemeinschaftsordnung vor, dass die Wasserkosten im Verhältnis der Nutzflächen umgelegt werden, dass aber „bei laufendem Verbrauch von Wasser zum Betriebe eines Gewerbes" der jeweilige Wohnungs- oder Teileigentümer verpflichtet ist, einen Zwischenzähler auf eigene Kosten einzubauen, so gibt diese Bestimmung einem Wohnungseigentümer nicht schon deshalb einen Anspruch auf eine verbrauchsabhängige Abrechnung der Wasserkosten, weil er in seinem Sondereigentum ein Gewerbe betreibt, der laufende Wasserverbrauch aber nicht gerade zum Betrieb eines Gewerbes erfolgt (OLG Köln ZfIR 2005, 369). Siehe Entsorgung und Rn. 12.

Winterdienst: Betriebskosten (§ 2 BetrKV). Bei Änderung des Kostenverteilungsschlüssels ist auch die alle treffende Verkehrssicherungspflicht zu berücksichtigen, so dass nicht nur Einzelnen diese auferlegt werden kann (LG München ZMR 2010, 66).

Wohngeldausfall: Dieser ist auf alle übrigen zu verteilen, wenn er endgültig feststeht (BGH NJW 1989, 3018; aA Jennißen Rn. 139), wie eine Kostenposition (BayObLG NZM 2002,531). Umlegung bewirkt nicht Befreiung des verpflichteten WEer's (OLG Celle ZMR 2004, 525). Befriedung durch teilweise Auflösung der Rücklage möglich nach OLG München (NJW 2008, 1679), wenn dann noch vorhandene Rücklage ausreicht.

Zähler: Siehe Verbrauchszähler. 12Z

6. Änderungsmöglichkeiten für die Kostenverteilung

a) Aufgrund Vereinbarung

Das Gesetz sieht grundsätzlich eine Änderung des bestehenden Verteilungsschlüssels nur durch eine Vereinb oder durch einen aufgrund einer Öffnungsklausel gefassten Beschl vor, ausnahmsweise mit Beschl gem. Abs. 3 und 4, s. unter b), ansonsten ist der Abänderungsbeschl nichtig.[39] Abzugrenzen davon ist der – nur anfechtbare – Beschl über die JA, WP oder Einzelmaßnahme[40] mit falschem Verteilungsschlüssel. Die Abänderung muss klar und eindeutig sein, ansonsten bleibt es bei der gesetzlichen Regelung.[41] Sind Kosten für Gebäudeteile, wie zB Balkon vom WEer zu erbringen, so erfasst dies auch die im GE stehenden Teile.[42] Beispiele für vom Gesetz abweichende Vereinb:

aa) Wohn-/Nutzfläche. Hiernach ist die in der TEerkl festgelegte Fläche im Zweifel maßgeblich,[43] bei TE Nutzfläche,[44] bei WE Wohnfläche.[45] Bei Festlegung einer nicht mehr existierenden Ermittlungsmethode (zB DIN) oder bei teilweise fehlenden Angaben ist die geltende gesetzliche anzuwenden.[46] Diese ist derzeit die Verordnung[47] zur Ermittlung der Wohnfläche, die Balkone, Terrassen, Loggien zu $1/4$,[48] in Ausnahmen zu $1/2$ ihrer Grundfläche bemisst (§ 2 Abs. 2). Auch wenn die Wohnflächenverordnung unmittelbar nicht anzuwenden ist, weil es um die Festlegung eines Abrechnungsschlüssels geht, so sind die Vorgaben jedoch bei der Beurteilung, ob der Beschluss den Grundsätzen ord-

13

13a

---

[39] KG NZM 2002, 665.
[40] KG ZMR 2001, 58.
[41] BGH NJW 2012, 1722 für Fenster; KG ZMR 2009, 135.
[42] BGH NJW 2013, 681.
[43] BayObLG ZMR 2000, 780.
[44] OLG Frankfurt ZMR 2007, 291.
[45] BayObLG WE 1998, 394.
[46] OLG Düsseldorf ZMR 2002, 214.
[47] V. 25.11.2003, BGBl. I S. 2346.
[48] So auch BayObLG NJW 1996, 2106.

nungsgemäßer Verwaltung genügt, hier zu berücksichtigen.[49] Sind die Flächen erheblich anders, kann die Gem beschließen, neu zu vermessen und dann Beschl fassen,[50] ansonsten Änderung nur nach § 10 Abs. 2 S. 3, s. dort.

13b bb) Einheiten. Dieser Schlüssel findet sich selten (zB Hausmeisterkosten[51]) und ist nur für einzelne Kostenarten zu empfehlen, wie Verwalterkosten. Dies deshalb, weil nach der Rechtsprechung eine gewisse Vermutung dafür spricht, dass größere Wohnungen von mehreren Personen bewohnt werden und diese durch eine höhere Nutzung mehr Dienste, wie zB durch Verunreinigung des Hauses, verursachen.[52] Ist er für alle Verwaltungskosten vorgesehen, fallen darunter auch die Rechtsverfolgungskosten.[53] Regelungen in Verträgen mit dem Verband ersetzen nicht den Verteilungsschlüssel, zB Verwaltervertrag sieht Berechnung nach Einheiten vor, vielmehr verbleibt es bei den Regelungen der WEer, zB in GO.[54] Durch Unterteilung verändert sich die Anzahl der Einheiten, so dass sich auch der Abrechnungsschlüssel ändert,[55] aber erst nach grundbuchlichem Vollzug.[56]

b) Aufgrund eines Beschlusses

13c Das Gesetz sieht die Möglichkeit der Änderung von Betriebs- oder Verwaltungskosten des GE's vor (Rn. 14 ff., Abs. 3) und damit ist eine **Beschlkompetenz** begründet worden. Des Weiteren hat er für **Instandhaltung, Instandsetzung und bauliche Veränderungen im Einzelfall** ebenfalls eine neue **Beschlkompetenz** begründet (Abs. 4, Rn. 19 ff.): Damit kann der bestehende **Kostenverteilungsschlüssel** weitgehend durch **Beschl geändert** werden.

7. Änderung des Kostenverteilungsschlüssels (Abs. 3)

14 Dieser Absatz erfasst die erstmalige oder jede weitere Änderung eines, auch durch Vereinbarung festgelegten Umlageschlüssels.[57] Änderung kann nicht im Grundbuch eingetragen werden, da sie ein Beschl bleibt.[58] Begründet aber nicht die Befugnis, einen WEer, der nach einer bestehenden Vereinbarung von der Tragung bestimmter Kosten oder der Kostentragungspflicht insgesamt befreit ist, durch Beschluss erstmals an den Kosten zu beteiligen,[59] es sei denn, die Gem meint, dass diese Befreiung nicht vorliege.[60] Abs. 3 gewährt dem einzelnen Eigentümer keinen Anspruch auf Abänderung des Verteilungsschlüssels, sondern beinhaltet lediglich eine Kompetenzzuweisung an die Eigentümer, dieser ist nur unter den

---

[49] AG Dortmund ZMR 2010, 887.
[50] KG ZMR 2002, 376.
[51] KG ZMR 2005, 568.
[52] LG Düsseldorf ZMR 2010, 59; SchGfWEG ZWE 2013, 286.
[53] BGH NJW 2007, 1869 Rn. 32.
[54] BayObLG ZMR 2004, 358.
[55] BayObLG ZMR 2001, 821.
[56] AG Aachen ZMR 2009, 717.
[57] BGH NJW 2010, 2654.
[58] Bärmann/Klein Rn. 116; aA Palandt/Bassenge Rn. 7.
[59] BGH NJW 2012, 2578.
[60] LG Nürnberg ZMR 2013, 141.

Nutzungen, Lasten und Kosten **§ 16**

Voraussetzungen des § 10 Abs. 2 S. 3 zu erlangen.[61] Berechnung erfolgt nach dem vereinbarten Stimmrecht, da das gesetzliche nicht vorgeschrieben ist. Die **Voraussetzungen** für die Abänderung eines Verteilungsschlüssels sind folgende:

a) Kostenumfang

Es handelt sich um **Betriebskosten** oder **Kosten der Verwaltung**. Betriebs- 15 kosten sind die Kosten, die dem WEer durch das Eigentum am Grundstück oder durch den bestimmungsgemäßen Gebrauch des Gebäudes, der Nebengebäude, Anlagen und Einrichtungen und des Grundstücks laufend entstehen (§ 556 Abs. 1 S. 2 BGB). Für den Umfang der Betriebskosten gilt die sog Betriebskostenverordnung.[62] In der **Betriebskostenverordnung ist § 2** einschlägig. Dies bedeutet, es sind insbesondere folgende Kostenarten umfasst:
– laufende öffentliche Lasten des Grundstücks;
– Kosten für Wasserversorgung, Entwässerung;
– Betrieb der zentralen Heizungsanlage, Betrieb der zentralen Brennstoffversorgungsanlage oder eigenständige gewerbliche Wärmelieferungen;
– Reinigung und Wartung von Etagenheizungen, Gaseinzelfeuerstätten;
– Betrieb der zentralen Warmwasserversorgungsanlage oder eigenständige gewerbliche Warmwasserversorgung;
– Reinigung und Wartung von Warmwassergeräten, verbundenen Heiz- und Warmwasserversorgungsanlagen;
– Betrieb eines Personen- oder Lastenaufzugs;
– Straßenreinigung, Müllbeseitigung;
– Gebäudereinigung und Ungezieferbekämpfung;
– Gartenpflege;
– Beleuchtung;
– Schornsteinreinigung;
– Sach- und Haftpflichtversicherung;
– Hauswart;
– Betrieb der gemeinschaftlichen Antennenanlage, der mit einem Breitbandkabelanschluss verbundenen Kosten;
– Betrieb der Einrichtung für Wäschepflege sowie
– sonstige Betriebskosten, zB Dachrinnenreinigung (iSv § 2 Nr. 17 BetrKV[63]).
Soweit sich Kosten der Instandhaltung und Instandsetzung dem vorgenannten Katalog zuordnen lassen (zB Reinigung Aufzugsanlage, Erneuerung Pflanzen), erstrecken sie sich auch darauf, zB bei Wartungskosten[64] oder Hausreinigung,[65] ansonsten nicht, sondern dann Abs. 4. So müssen deshalb bei einem sog **Vollwartungsvertrag** die anteiligen Kosten der Instandhaltung herausgerechnet werden,[66] ein Beschl dafür ist nach Abs. 4 nicht möglich, da kein Einzelfall.[67]

---

[61] LG Stuttgart WuM 2010, 589.
[62] V. 25.11.2003, BGBl. I S. 2346, 2347.
[63] BGH ZMR 2004, 430.
[64] LG Nürnberg ZMR 2009, 639; LG München ZMR 2010, 717.
[65] LG Düsseldorf ZMR 2010, 60.
[66] Bärmann/Becker Rn. 92; Jennißen Rn. 56; Häublein ZMR 2007, 409, 416.
[67] AA Bärmann/Becker Rn. 92.

Auch der Verteilungsschlüssel der **Kosten der Verwaltung** kann verändert werden. Was darunter fällt, s. Rn. 9.

b) Keine Abrechnung gegenüber Dritten

16 Diese Kosten dürfen nicht unmittelbar gegenüber (laut Gesetzesbegründung gemeint „von") Dritten (laut Gesetzesbegründung gemeint „gegenüber den Eigentümern") abgerechnet werden, dh dass die **Kosten, die unmittelbar von Dritten gegenüber den Eigentümern abgerechnet** werden, gemeint sind, folglich die Kosten, welche der Eigentümer mit den Dritten abrechnet. Dies ist selbstverständlich, sollte aber klargestellt werden. Nach dem Gesetzeswortlaut kann hiervon aber keine Rede sein.[68] Hat der Wärmelieferant Verträge mit den einzelnen Eigentümern geschlossen, ist während der Laufzeit des Vertrages eine Änderung der Vertragskonstruktion im Wege des Beschl nicht möglich.[69]

c) Kostenart nach Verbrauch oder Verursachung erfassbar

17 Hier bestehen zwei Möglichkeiten, nämlich dass erstmals Kosten nach Verbrauch oder Verursachung erfasst werden, soweit dies nach der Kostenart möglich ist oder ein abweichender Kostenverteilungsschlüssel zum bestehenden beschlossen wird.[70]

17a aa) Kostenart. Zusätzliche Voraussetzung ist, dass es sich um Kosten handelt, die überhaupt nach Verbrauch oder Verursachung erfassbar sind.[71] Dies ist angesichts des Wortlautes eindeutig, denn das weitere „und" vor dem Wort „nach" ist ansonsten im Gesetzestext nicht verständlich. Damit ist aber sprachlich eine Kumulation und keine Alternative verbunden und damit eine zusätzliche Voraussetzung gegeben.[72] Nach der verfassungsrechtlichen Auslegung ist aber allein der Wortlaut der Norm entscheidend,[73] denn die Zustimmung der Gesetzesorgane gilt nur dem Wortlaut, nicht irgendeiner Auslegung des Textes. Auslegungen gegen den Wortlaut sind unzulässig, der Sinn und Zweck der Norm ist erst bei Unklarheiten des Wortlautes heranzuziehen. Soweit die hM überhaupt eine Begründung gibt,[74] lautete diese ganz lapidar, dass der weit gefasste Wortlaut erkennen ließe, dass der Gesetzgeber alle Kosten regeln wollte.[75] Zum einen ist dies nirgendwo ersichtlich, zum zweiten ist dies unerheblich, da der Sinn und Zweck erst bei Wortlautzweifeln zu berücksichtigen sind.[76] Dies schränkt aber die Kostenarten sehr ein, denn regelmäßig werden Kostenarten

---

[68] Köhler Rn. 203 Fn. 2.
[69] LG Düsseldorf MietRB 2013, 148.
[70] BGH NJW 2011, 2202; AG Dortmund ZMR 2010, 887.
[71] LG Berlin v. 15.4.2011 – Az. 85 S 355/10 WEG; SchGfWEG ZWE 2013, 286; Abramenko S. 115 ff.; **aA** die **hM** BGH NJW 2012, 2578; LG München ZMR 2010, 66; Jennißen Rn. 30; Bärmann/Becker Rn. 98.
[72] Abramenko aaO.
[73] Vgl. BVerfGE 1, 299, 312.
[74] BGH NJW 2012, 2578 überhaupt nicht.
[75] Bärmann/Becker Rn. 98.
[76] SchGfWEG ZWE 2013, 286 m. abl. Anm. Becker; Abramenko S. 115 ff.

nicht nach Verursachung erfasst, sondern nur bei Wasser oder Heizung. Diese Auslegung trägt **die hM** nicht, sondern **auch verbrauchsabhängige- und verursachungsabhängige Kosten** (zB Gartenpflege oder Versicherung) fallen danach darunter.[77] Danach wären die Sätze des Absatzes überflüssig.

bb) Umfang der Kosten. Zu den umzulegenden Kosten gehören auch die Anschaffungskosten incl. Einbau,[78] nebst Wartung, Eichung und Ablesung. Diese Gesamtaufwendungen müssen in angemessenem Verhältnis zu den zu erwarteten Einsparungen stehen, wobei regelmäßig von zehn Jahren der Amortisationszeit auszugehen ist.[79]

17b

d) Ordnungsgemäße Verwaltung der neuen Verteilung

aa) Formelle Hinsicht. In formeller Hinsicht ist eine **unzulässige Rückwirkung** zu beachten. Wenn gegen das Verbot der rückwirkenden Änderung eines Kostenverteilungsschlüssels verstoßen[80] wird, wird damit das schutzwürdige Bestandsinteresses der anderen Eigentümer[81] verletzt. Grundlagen für die Kostenverteilungsschlüssel sind das Gesetz und die **Beschl und Vereinb**, die innerhalb der Gem **zum Anfang eines Jahres** bestehen.[82] Die Eigentümer können nämlich darauf vertrauen, dass diese Regelungen, ohne dass sich tatsächlich im Hause etwas ändert, so zwischen ihnen, wie es bei Verträgen eben üblich ist, weiter gelten. Allein durch die Einführung des Abs. 3 WEG hat sich hieran nichts geändert.[83] Dem entspricht es, wenn der BGH es ablehnt, der Anfechtung einer Jahresabrechnung die Verpflichtung zur Änderung der Kosten entgegen zu halten,[84] so dass eine rückwirkende Änderung regelmäßig unbillig ist.[85] Für dieses Ergebnis spricht auch, dass ansonsten eine Inkonformität gegenüber dem Mietrecht besteht, das bestimmt (§ 556a Abs. 2 BGB), dass nur eine Änderung des Abrechnungsmaßstabes vor Beginn der Abrechnungsperiode möglich ist und deshalb im WEG insoweit analog anwendbar ist.[86] Auf die mietrechtlichen Vorschriften nimmt der Gesetzgeber in seiner Begründung zu Abs. 3 WEG gerade auch Bezug,[87] zwar nicht auf den bestimmten Absatz, aber in ihrer Gesamtheit. Zudem wäre ansonsten für einen Mehrheitseigentümer die Möglichkeit gegeben, über die Kostenverteilung entscheiden zu können, wie es für ihn am angenehmsten ist. Er könnte die Kostenentwicklung in der Gem in jedem Jahr abwarten, um dann den für ihn am günstigsten erscheinenden Schlüs-

18

---

[77] Bärmann/Becker Rn. 98; Jennißen Rn. 30; Riecke Rn. 74.
[78] BGH NJW 2003, 3478.
[79] BGH NJW 2003, 3478; OLG Düsseldorf NZM 2010, 479.
[80] BayObLG NZM 1998, 813, 814.
[81] BGH NJW 1991, 979; BayObLG NJWE-MietR 1996, 202.
[82] SchfWEG ZWE 2013, 286.
[83] So AG Dortmund ZWE 2010, 284.
[84] NJW 1995, 2791, 2793.
[85] Niedenführ Rn. 44; Wolicki in Handbuch, § 6 Rn. 207.
[86] LG Berlin GE 2010, 493 Rn. 10; AG Hannover ZMR 2008, 845; AG Dortmund ZWE 2010, 284; Jennißen Rn. 41d; Moosheimer ZMR 2011, 597, 602; Sauren ZWE 2011, 326.
[87] BT-Drucks 16887, S. 23.

sel rückwirkend beschließen zu lassen[88] oder wie es Gottschalg nennt, ist Abs. 3 WEG „kein Freibrief für jährliche Abrechnungsexperimente".[89] Die **BGH-Rechtsprechung grenzt anders** ab: Der BGH[90] sieht ein schutzwürdiges Vertrauen noch nicht dann als verletzt an, wenn der abgeänderte Verteilungsschlüssel erstmalig für das laufende Kalenderjahr greifen soll. Nach dem BGH sind aber Rückwirkungen, die zu einer nachträglichen Neubewertung eines bereits abgeschlossenen Sachverhalts führen, grundsätzlich unzulässig.[91] Sie können nur ausnahmsweise bei Vorliegen besonderer Umstände hingenommen werden, etwa wenn der bisherige Schlüssel unbrauchbar oder in hohem Maße unpraktikabel ist oder dessen Anwendung zu grob unbilligen Ergebnissen führt.[92] Geht es dagegen um einen noch nicht abgeschlossenen Vorgang, ist eine Rückwirkung – so spezialgesetzliche Regelungen (wie etwa § 6 Abs. 4 HeizkostenVO) fehlen – hinzunehmen, wenn sich bei typisierender Betrachtung noch kein schutzwürdiges Vertrauen herausgebildet hat,[93] etwa wenn für das laufende Wirtschaftsjahr kein auf der Grundlage des alten Schlüssels aufbauender Wirtschaftsplan beschlossen worden ist und die Abrechnung noch in der Schwebe ist. Damit hat der BGH als Vertrauensgrundlage den Wirtschaftsplan für das betreffende Jahr angesehen.[94] Damit kann unter Umständen auch noch Anfang des Folgejahres für das alte Jahr der Schlüssel geändert werden,[95] was abzulehnen ist.[96]

18a **bb) Gesonderter Beschluss.** Des Weiteren muss eine Abänderung transparent gestaltet werden. Der neue Schlüssel darf zB nicht dem WP lediglich zugrunde liegen, vielmehr muss aus dem Beschl selbst ausdrücklich hervorgehen, dass der vorgegebene Schlüssel geändert werden soll, ansonsten ist eine Anfechtbarkeit gegeben.[97] Eine Neuregelung des Kostenverteilungsschlüssels muss so gestaltet werden, dass sie einem verständigen und unbefangenen Leser bei der Durchsicht der Beschlusssammlung ohne weiteres auffallen muss.[98] Aus dem Beschl muss erkennbar sein, was gewollt ist, zB bei Umstellung auf Fläche muss diese für alle bekannt und festgestellt sein.[99]

18b **cc) Materielle Hinsicht.** Diese muss einer ordnungsgemäßen Verwaltung entsprechen. Hierbei ist zu berücksichtigen, dass den WEern nach dem BGH bei Änderungen des Umlageschlüssels aufgrund ihres Selbstorganisationsrechts ein

---

[88] Sauren ZWE 2011, 326.
[89] DWE 2007, 40.
[90] NJW 2011, 2202 m. Anm. Elzer Info M 2011, 330; Moosheimer ZMR 2011, 597; Sauren ZWE 2011, 326.
[91] BGH ZMR 2011, 652.
[92] BGH NJW 2010, 2654.
[93] BGH NJW 2010, 2654.
[94] BGH NJW 2010, 2655; so auch Elzer Info M 2011, 331.
[95] LG Hamburg ZMR 2013, 465.
[96] So auch LG Berlin Info M 2013, 502.
[97] BGH NJW 2010, 2654; LG München ZMR 2012, 133.
[98] BGH NJW 2010, 2654.
[99] AG Norderstedt ZMR 2013, 577.

weiter Gestaltungsspielraum eingeräumt ist.[100] Die WEer dürfen danach jeden Maßstab wählen, der den Interessen der Gem und den einzelnen WEern angemessen ist und insbesondere nicht zu einer ungerechtfertigten Benachteiligung Einzelner führt. Dabei dürfen an die Auswahl eines angemessenen Kostenverteilungsschlüssels nicht zu strenge Anforderungen gestellt werden, weil sich jede Änderung des Verteilungsmaßstabes zwangsläufig auf die Kostenlast des einen oder des anderen Wohnungseigentümers auswirkt.[101] Nach dem BGH bedeutet dies jedoch nur, dass sowohl das **„Ob"** als auch das **„Wie"** der Änderung **nicht willkürlich** sein dürfen.[102] Anderenfalls würde die erst ermöglichte Entscheidungsfreiheit ohne Not wieder eingeschränkt werden.[103] Das **„Ob"** der Änderung betrifft die Frage: Ist die Gem überhaupt berechtigt, die Änderung vorzunehmen. Soll der Beschl eine Vereinb oder einen bestandskräftigen Beschl ändern, so sind die früher gegebenen Einschränkungen, nämlich ein sachlicher Grund, nicht mehr vonnöten.[104] Selbst wenn ein neuer Beschl einen Beschl abändern soll, ist die Beachtung der schützenswerten Bestandsinteressen eingeschränkt geboten.[105] Einer Kostenverteilung ist dann zu widersprechen, wenn der einzelne WEer die Wohnung nicht selbst nutzt, also vermietet hat und Mehrbelastungen auf ihn zukommen, die er an seine Mieter nicht weitergeben kann. Dies wird bei vermieteten Wohnungen regelmäßig der Fall sein. Insoweit haben die Vermieter einen Vertrauensschutz vergleichbar mit einer Öffnungsklausel.[106] Ob dies vorliegt, ist bei jeder Kostenart gesondert zu ermitteln. Das **„Wie"** betrifft die Frage, auf welche Art und Weise die WEer den Verteilerschlüssel ändern können, dh nach welchem Verteilerschlüssel die Kosten zukünftig umgelegt werden können. Sind die obigen Voraussetzungen erfüllt, können die WEer hinsichtlich des **Wie** den Aufteilungsmaßstab wählen, die Kosten zukünftig entweder nach **Verbrauch bzw. Verursachung** oder nach einem beliebigen anderen Maßstab umlegen.[107] Dies bedeutet, dass alle erdenklichen Maßstäbe in Frage kommen. Bei der Frage der Sachgerechtheit eines Beschles ist auch die Mehrbelastung einzelner Eigentümer zu berücksichtigen. Liegen diese ohne sachlichen Grund bei einer Hauptposition (Verwalter, Hausmeister oder Instandhaltung) mehr als 100 % über der bisherigen Belastung ist der Beschluss auf Anfechtung hin aufzuheben.[108] Die Berechtigung zur Änderung des Kostenverteilungsschlüssels beinhaltet auch die Berechtigung zur Installation der entsprechenden Erfassungsgeräte, wie zB Verbrauchszähler. Dies ist dann keine bauliche Veränderung, sondern gehört als Annexkompetenz zur Verwaltung.[109]

---

[100] BGH NJW 2011, 2202 Rn. 8.
[101] BGH aaO.
[102] Vgl. BT-Drucks. 16/887 S. 23; LG Nürnberg-Fürth NJW-RR 2009, 884 f.
[103] BGH NJW 2011, 2202, m. abl. Anm. Sauren ZWE 2011, 323.
[104] BGH ZMR 2011, 808.
[105] BGH NJW 2011, 2202, m. abl. Anm. Sauren ZWE 2011, 323.
[106] BGH NJW 1993, 2950; aA BGH NJW 2010, 2654.
[107] BGH NJW 2007, 3492.
[108] SchGfWEG 2013, 268; LG Nürnberg-Fürth NJW-RR 2009, 884 f.; LG Lüneburg ZMR 2012, 393 Rn. 7 m. zust. Anm. Brinkmann.
[109] BGH NJW 2003, 3476; OLG Hamburg ZMR 2004, 291.

§ 16 I. Teil. Wohnungseigentum

e) ABC der Kostenverteilungsänderungen für Betriebskosten

19A **Aufzugskosten:** Nach Stockwerken gestaffelt, benachteiligt die Eigentümer der oberen Stockwerke in unangemessener Weise (AG Nürnberg ZMR 2011, 594); können aber nach „Aufzugspunkten" verteilt werden (LG Nürnberg ZMR 2009, 638).

19B **Betriebskosten Tiefgarage:** S. Schornsteinfeger/Emissionsmessung.

19E **Energieausweis:** Kosten nur auf einzelne Gruppen unzulässig (AG München ZMR 2012, 54).

19G **Gartenpflege:** S. Müllabfuhr, Schornsteinfeger, Straßenreinigung.
Gebäudeversicherung: S. Müllabfuhr, Straßenreinigung.
Gehwege: S. Schornsteinfeger.

19H **Hausmeister:** Pro Einheit statt qm unzulässig (SchfWEG ZWE 2013, 286). Es widerspricht idR ordnungsgemäßer Verwaltung, wenn die Hausmeister- und **Hausreinigungskosten** nach Einheiten umgelegt werden (LG Nürnberg ZMR 2009, 638; 2014, 156).
Hausreinigung: S. Müllabfuhr, Hausmeister.
Heizkosten: Von 100 % Verbrauch zu 70 % möglich (BGH NJW 2010, 3298).

19K **Kabelfernsehen:** S. Schornsteinfeger/Emissionsmessung.
Kabel-TV-Kosten: Können nach Einheiten verteilt werden (LG Nürnberg ZMR 2009, 638).

19L **Legionellenprüfung:** Kostenverteilung nur auf einen WEer unzulässig, auch wenn nur notwendig durch eine gewerbliche Tätigkeit des einzelnen WE (§ 14 Abs. 3 TrinkwV), da GE (aA Mediger NZM 2012, 673).

19M **Müllabfuhr:** In Zukunft nicht mehr nach MEA, sondern nach der Fläche, selbst wenn das Sechsfache der bisherigen Kosten durch neuere Schlüssel zu gerechter Kostenbeteiligung führt (BGH ZMR 2012, 116).

19N **Niederschlagswasser:** S. Müllabfuhr.

19R **Rücklage:** Verteilungsschlüssel kann dauerhaft nicht geändert werden (BGH NJW 2011, 2202).

19S **Schädlingsbekämpfung:** S. Müllabfuhr.
Schneebeseitigungsmittel: S. Müllabfuhr.
Schornsteinfeger/Emissionsmessung: Können geändert werden von Wfl in Einheiten (BGH NJW 2011, 2202, m. abl. Anm. Sauren ZWE 2011, 323).
Straßenreinigung: Nach AG Hannover können die das Grundstück als solche betreffenden Kosten nicht anders als nach MEA verteilt werden (ZMR 2009, 558, abzulehnen). S. Müllabfuhr, Schornsteinfeger.

19T **Tiefgarage:** S. Schornsteinfeger/Emissionsmessung.

Nutzungen, Lasten und Kosten § 16

Versicherungen: S. Müllabfuhr. 19V
Verwalter: Umstellung des Kostenverteilerschlüssels von Einheiten auf MEA kann zu einer ungerechtfertigten Benachteiligung einzelner WEer führen, wenn doppelt so viel wie vorher (LG Lüneburg ZMR 2013, 27).
Verwaltungskosten: S. Schornsteinfeger/Emissionsmessung.
Wartungskosten für die Notstrom- und Brandsicherung: S. Müllabfuhr. 19W
Winterdienst: Kosten betreffend den Wohnweg und den Bürgersteig vor dem Anwesen dürfen nicht so verteilt werden, dass die vier Wohnungseigentümer der WEG je 22,5 % (insgesamt also 90 %), die fünf Nur-Stellplatzeigentümer je 2 % (insgesamt also 10 %) der Kosten tragen, weil die Verkehrssicherungspflicht dabei nicht ausreichend berücksichtigt wird (LG München ZMR 2010, 466). Änderung in Einheiten unzulässig (AG Nürnberg ZMR 2014, 156).

8. Änderung der Kostenverteilung bei Instandhaltung und baulichen Veränderungen (Abs. 4)

Aufwendungen für Instandhaltungen oder Instandsetzungen (§ 21 Abs. 5 Nr. 2) 20 oder bauliche Veränderungen oder Aufwendungen (§ 22 Abs. 1 und 2) des GE (also auch SNR), können durch Beschl hinsichtlich der **Kostenverteilung abweichend** von den allgemeinen gesetzlichen (des Abs. 2) oder den vereinbarten Regelungen oder bereits beschlossenen (Abs. 3) wieder (neu) beschlossen werden. Dies gilt auch für Folgekosten.[110] Damit ist es der Mehrheit möglich, einzelne Eigentümer, welche der Maßnahme nicht zustimmen, entgegen der gesetzlichen Regelung (Abs. 6 S. 1) trotzdem zur Kostentragung zu verpflichten (Abs. 6 S. 2). Grund dafür war nach den Gesetzesmaterialien, dass in der Praxis häufig der Beschl über die bauliche Maßnahme mit einer abweichenden Kostenverteilung verbunden wurde. Keine Eintragung im Grundbuch möglich und nötig.[111] Für Kosten der Instandhaltung, die in der Betriebskostenverordnung enthalten sind, gilt Abs. 3, s. Rn. 15. Folgende **Voraussetzungen** sind notwendig:

a) Entscheidung „im Einzelfall" (S. 1)

Der Beschluss muss die Verteilung der Kosten für eine einzelne Maßnahme vor- 20a sehen, und muss sich in dem Vollzug dieser Maßnahme erschöpfen,[112] darf also nicht Grundlage für weitere Beschl sein.[113] Der Gesetzgeber[114] wollte, dass **keine generellen Regelungen** getroffen werden, ansonsten ist der Beschl nichtig. Diese bedürfen nach wie vor einer Vereinb. Die Kostenregelung muss zudem im Zusammenhang mit einer Maßnahme der Instandhaltung oder Instandsetzung (§ 21 Abs. 5 Nr. 2) oder der baulichen Veränderung oder Aufwen-

---

[110] LG Itzehohe ZMR 2012, 219; Häublein NZM 2007, 760.
[111] LG München ZMR 2010, 717; Jennißen Rn. 56; s. Rn. 14.
[112] BGH NJW 2010, 2513 Rn. 10.
[113] Riecke Rn. 98.
[114] Nachweis bei Köhler Rn. 216.

dung (§ 22 Abs. 1 und 2) stehen. Damit muss der Einzelfall sowohl mit der Maßnahme als auch mit der Kostenverteilung in Zusammenhang stehen. Deshalb ist keine Änderung der Rücklagenverteilung möglich, weil sie nicht für eine einzige Maßnahme, sondern für den zukünftigen – noch nicht konkret vorhersehbaren – Instandhaltungs- und Instandsetzungsbedarf gebildet werden.[115] Es besteht aber die Möglichkeit, zunächst einen sog Grundlagenbeschl zu fassen und dann die Kostenverteilung zu regeln oder andersherum zunächst die Kostenverteilung und dann die konkrete Ausführung.

Beispiel: Die WEer können beschließen, dass die Kosten für einen betreffenden Fensteraustausch von den WEern zu tragen sind, deren SE die Fenster zuzuordnen sind. Das setzt allerdings voraus, dass sie nur einen Einzelfall, also die Kosten für eine bestimmte Maßnahme regeln; unzulässig wäre eine abstrakte Kostenregelung für künftige Maßnahmen.[116]

b) Instandhaltung oder bauliche Veränderung

21 Es muss sich um eine **Instandhaltung oder Instandsetzung** oder eine **bauliche Veränderung** oder **Aufwendung** handeln. Der Gesetzgeber hat dabei die Abgrenzung zur **modernisierenden Instandhaltung**, die bisher durch Mehrheitsbeschl möglich war,[117] nicht ausreichend beachtet, obwohl er sie bestehen lassen will (§ 22 Abs. 3). Bisher galt die Regelungsreihenfolge, dass Reparaturen mit Mehrheitsbeschl, modernisierende Instandhaltung mit Mehrheitsbeschl und alle darüber hinaus gehenden Maßnahmen mit Zustimmung der Benachteiligten möglich waren, wenn keine Öffnungsklausel vorlag. Der Gesetzgeber will nunmehr wohl diese Regelungsreihenfolge beibehalten, aber für die **Kostenverteilung** eine neue Möglichkeit vorgeben. Die modernisierende Instandhaltung fehlt im Gesetzestext, obwohl der Gesetzgeber den Begriff nunmehr ausdrücklich geregelt hat (§ 22 Abs. 3), also gilt die Regelung nicht für sie.[118]

c) Gebrauch oder Möglichkeit des Gebrauchs (S. 1)

22 **aa) Allgemein.** Die WEer müssen von der Möglichkeit der Nutzung oder der tatsächlichen Nutzung ausgehen. Das Wort „Nutzungen" würde nach dem Gesetzgeber aber zu Verwechselungen mit dem Nutzungsbegriff der Einnahmen (Abs. 1) führen, deshalb wurde „Gebrauch" gewählt. Dieser steht synonym für Benutzung. Voraussetzung dafür ist, dass der **abweichende Maßstab** dem Gebrauch oder der Möglichkeit des Gebrauchs durch die WEer Rechnung trägt, nicht aber die Gebrauchsausübung. Die WEer haben hier ein nur eingeschränkt überprüfbares Gestaltungsermessen; sie brauchen deshalb den Gebrauch oder die Möglichkeiten des Gebrauchs nicht (mehr oder weniger) exakt wiedergeben, sondern können auch andere Kriterien einfließen lassen.[119] Dieses ist aber überschritten, wenn der Kostenverteilungsschlüssel nicht durch den in der Vor-

---

[115] BGH NJW 2010, 2654 Rn. 15.
[116] BGH ZMR 2013, 210.
[117] BayObLG NZM 2000, 75.
[118] AA Bärmann/Becker Rn. 122; Riecke Rn. 95 jeweils ohne Begründung.
[119] BGH NJW 2010, 2513.

schrift genannten Gebrauchsmaßstab, sondern von anderen Gesichtspunkten bestimmt wird,[120] zB allein von der Raumnähe zum Dach, selbst bei Reihenhaussiedlung, weil es hier an einer gesteigerten Gebrauchsmöglichkeit und an einem konkreten Objektbezug fehlt.[121] Ausgehend davon ist die Frage, wem der Gebrauch der neuen Maßnahme möglich oder die Möglichkeit des Gebrauchs gegeben ist. Die Problematik ist, dass nur auf den tatsächlichen Gebrauch oder die Möglichkeit abgestellt wird. Ob der einzelne WEer dies will oder nicht, ist nicht berücksichtigt. Die wohl vorgelagerte Frage ist, ob die Maßnahme rechtlich möglich und wirksam beschlossen ist. Danach wird nur noch der **Maßstab des Gebrauchs oder möglichen Gebrauchs** geprüft. Hier ist objektiv zu fragen, inwieweit der einzelne WEer die Maßnahme gebraucht. Wird zB ein Fahrstuhl nur mit Anbindung an zwei Etagen gebaut, so sind nur diese zur Kostentragung verpflichtet, haben aber alle Etagen eine Anbindung, sind auch die Erdgeschossbewohner, selbst wenn sie den Aufzug nicht brauchen, um ihre Einheit zu erreichen, an den Kosten zu beteiligen.

bb) Belastung eines oder einiger Wohnungseigentümer. Der maßgebliche Gebrauch des GE's durch die betroffenen WEer muss nicht, wie etwa bei einem Balkon, exklusiv sein. Der beschlossene Verteilungsmaßstab kann vielmehr auch auf die tatsächliche Gebrauchshäufigkeit und die Gebrauchsmöglichkeit sowie die Anzahl der davon profitierenden Personen oder vergleichbare Unterschiede zwischen den WEer abstellen.[122] Die Belastung eines Teils der WEer mit den Kosten einer Instandsetzungsmaßnahme kommt aber, nur in Betracht, wenn die belasteten WEer von dem GE einen eigennützigen Gebrauch machen oder machen können, der den von den Kosten freigestellten WEern nicht oder so nicht möglich ist.[123]

d) Ordnungsgemäße Verwaltung

aa) Formell. Zur Fassung eines rückwirkenden Beschl s. Rn. 18.

bb) Materiell. Das „Ob" und das „Wie" der Änderung müssen wiederum der ordnungsgemäßen Verwaltung entsprechen. Damit muss die Maßnahme sachgerecht sein und darf keinen Eigentümer unbillig benachteiligen. Daran fehlt es, wenn die für den Einzelfall beschlossene Änderung des Kostenverteilungsschlüssels einen Anspruch der betroffenen WEer auf Gleichbehandlung in künftigen Fällen auslöst und so den allgemeinen Kostenverteilungsschlüssel unterläuft. Ein solcher Verstoß führt zur Anfechtbarkeit, nicht zur Nichtigkeit des Beschlusses.[124] Desweiteren darf er nicht auf eine verdeckte Änderung der TEerkl hinauslaufen, zB wenn allgemein Kosten auferlegt werden, weil damit auch alle zukünftigen gemeint sind und nicht der Einzelfall. Zudem darf der Beschl nicht zu einer Änderung der Kostenstruktur führen, indem einzelnen WEern Teile der Kosten auferlegt werden, und alle weiteren Kosten aufbringen

---

[120] BGH NJW 2010, 2513.
[121] BGH NJW 2010, 2513.
[122] BGH NJW 2010, 2129.
[123] BGH NJW 2010, 2513.
[124] BGH NJW 2010, 2513.

müssen.[125] Eine solche Fallgestaltung ist nur möglich, wenn für alle gleich gelagerten Instandsetzungsmaßnahmen unter dem Gesichtspunkt der Maßstabskontinuität eine entsprechende abweichende Kostenverteilung beschlossen würde.[126] Damit würde aber das in jeder TEer vorgesehene Prinzip der Gesamtverantwortung aller WEer für das GE an allen Gebäuden unterlaufen und im Wege von Einzelfallmaßnahmen in sein Gegenteil verkehrt, so dass dies durch Abs. 4 nicht möglich ist, sondern nur durch Vereinb.[127] Verlangt ein WEer eine Regelung nach Abs. 4, und entspricht die angestrebte, von der gesetzlichen Regelung abweichende Kostenverteilung ordnungsmäßiger Verwaltung, so hat er keinen gerichtlich durchsetzbaren Anspruch darauf, es sei denn die Voraussetzungen des § 10 Abs. 2 S. 3 liegen vor.[128]

e) Verhältnis zu dem Einzelanspruch eines Wohnungseigentümers (§ 10 Abs. 2 S. 3)

23b WEer wollen häufig eine Abänderung der festgelegten Kostenverteilung, ausschließlich für eine bereits beschlossene Sanierung erreichen. Sie streben damit eine Einzelfallregelung an. Anspruchsgrundlage hierfür ist dann nicht die Regelung in § 10 Abs. 2 S. 3, sondern der Anspruch ist auf Zustimmung der übrigen WEer zum Abschluss einer Änderungsvereinbarung gerichtet. Eine bloße Einzelfallregelung wird davon aber nicht erfasst. Diese Möglichkeit nach Abs. 4 zur Änderung eines Kostenverteilungsschlüssels im Einzelfall schließt nicht die Geltendmachung des auch denselben Einzelfall betreffenden Anspruchs auf Zustimmung zur generellen Änderung der Kostenverteilung (nach § 10 Abs. 2 S. 3) aus; beide Möglichkeiten haben verschiedene Regelungsgegenstände und stehen alternativ nebeneinander.[129]

f) Doppeltes Quorum

24 Dieses ist nur für die Regelung der Kostenverteilung notwendig, für die konkrete Maßnahme gilt die dafür erforderliche Mehrheit. Für den Abänderungsbeschl hinsichtlich der Kosten ein doppeltes Quorum notwendig: Erstens müssen $^3/_4$ **der stimmberechtigten WEer** dafür stimmen. Hierbei handelt es sich um $^3/_4$ aller in der Anlage vorhandenen stimmberechtigten WEer, dh vom Stimmrecht ausgeschlossene (zB § 25 Abs. 5 oder in Mehrhausanlage[130]) bleiben unberücksichtigt, nicht der Anwesenden.[131] Dies muss nach dem Kopfstimmrecht (§ 25 Abs. 2) vorgenommen werden,[132] auch wenn durch Vereinb das Stimmrecht anders geregelt ist.[133] Weiterhin müssen **mehr** als **die Hälfte aller**

---

[125] BGH NJW 2010, 2513.
[126] OLG Hamm ZMR 2007, 296, 297.
[127] BGH NJW 2010, 2513.
[128] BGH NJW 2010, 2129; AG Essen ZMR 2012, 50.
[129] BGH NJW 2010, 2129.
[130] LG Hamburg ZMR 2011, 580.
[131] LG Hamburg ZMR 2011, 580.
[132] LG Köln ZMR 2013, 134.
[133] LG Stuttgart ZMR 2012, 399.

§ 16 Nutzungen, Lasten und Kosten

MEanteile zustimmen. Dies ist deshalb notwendig, damit eine sog Majorisierung, dh Dominierung durch einen Einzeleigentümer oder durch eine bestimmte Gruppe, nicht erfolgen kann. Daher ist bei beiden Alternativen von unterschiedlichen Stimmberechtigten ausgegangen worden. Liegt gleichzeitig eine bauliche Veränderung vor, muss der WEer anfechten.[134]

9. ABC der Kostenverteilungsänderung für Instandhaltung (Abs. 4)

Anspruch der Gemeinschaft: Steht ein Ersatzanspruch gegen einen WEer in Rede, rechtfertigt dies nur dann eine hiervon abweichende Kostenverteilung, wenn der Anspruch tituliert ist oder sonst feststeht, etwa weil er von dem betreffenden WEer anerkannt worden ist, aber nicht durch Abs. 4 (BGH NJW 2011, 1346). — 24A

Balkone: Verlangen eines WEer's, dass jeder die Kosten seiner Balkonsanierung tragen soll, möglich (BGH NJW 2010, 2129), ebenso ein Beschluss mit qualifizierter Mehrheit, dass ein SEer die Kosten für die Reparatur- bzw. Sanierungsarbeiten an dem Balkon der ihm gehörenden Wohnung zu tragen hat (AG Oldenburg ZMR 2008, 499), es sei denn Ursache liegt im GE (LG Köln ZMR 2013, 134). Die Beteiligung eines WEer's, der lediglich über Bodenräumen im Dachgeschoss, die er nicht zu Wohnzwecken ausbauen darf, und auch über keinen Balkon verfügt, an den Kosten einer Balkonsanierungen stellt eine unbillige Benachteiligung dar (AG Wennigsen ZMR 2010, 489). Bei Balkonanbau möglich nur denjenigen die Kosten aufzuerlegen, die einen bauen (AG Hannover ZMR 2011, 334). — 24B

Dachsanierung: Nicht möglich, einem WEer oder einer Gruppe allein die Kosten dafür aufzuerlegen nach Abs. 4 (BGH NJW 2010, 2513; LG Hamburg ZMR 2011, 824). — 24D

Doppelstockgarage: Kosten können auf die einzelnen WEer umgelegt werden (AG Rosenheim ZMR 2008, 923).

Fenster: Beschluss, der allein dem Eigentümer der Bodenräume im Dachgeschoss die Kosten für die Sanierung der Dachflächenfenster auferlegt, stellte eine unbillige Benachteiligung des Eigentümers dar (AG Wenningsen ZMR 2010, 489). Regelung, dass jeder SEer ist für seine Fenster selbst zuständig ist, ist kein Einzelfall, daher nicht durch Abs. 4 gedeckt (AG Hannover ZMR 2010, 483), ebenso nicht, wenn die Entscheidung für Unterhaltung und Instandsetzung auf die einzelnen Eigentümer übertragen wird, die generell nach eigenem Gutdünken eine Sanierung auf eigene Kosten durchführen sollen (AG Nürthingen ZWE 2013, 184). Ein Beschl, der den Einbau von Fenstern für einen WEer genehmigt und den Einbau von diesen Eigentümern bezahlen lässt, ebenfalls die Kosten der späteren Pflege und Reparaturen, ist nach LG Itzehohe (ZMR 2012, 219) nicht zu beanstanden. Werden aber auch die daraus resultierenden Folgekosten, die in unmittelbarem Zusammenhang mit — 24F

---

[134] Bärmann/Becker Rn. 144; aA Palandt/Bassenge Rn. 15.

dem Austausch der Fenster stehen (zB Schimmelbildung) dem WEer auferlegt, so anfechtbar (AG Bonn ZMR 2012, 820).

24L **Laubengang, Rücklage:** Sanierung möglich mit Regelung gem. Abs. 4, selbst bei Finanzierung durch Entnahme aus Rücklage, obwohl einer der WEer nicht beteiligt wird (letzteres abzulehnen, AG Rosenheim ZMR 2008, 339).

24P **Putz an der Hausfassade:** Keine Möglichkeit, Kosten einem WEer allein aufzuerlegen (AG Halle (Saale) v. 2.3.2010 – 120 C 4092/09).

24Q **Quadratmeter:** Beschl, wonach Kosten statt nach MEA verteilt werden sollen, ist anfechtbar (LG München ZMR 2012, 133).

24R **Rauchwarnmelder:** Es begegnet grundsätzlich keinen Bedenken, die Kosten für den Einbau und die Wartung nach der Anzahl der jeweils in der Wohnung erforderlichen Rauchwarnmelder zu verteilen (AG Rendsburg ZMR 2009, 239).
Rücklage: Abs. 4 gibt nicht die Kompetenz, einen die Ansammlung von Instandhaltungsrücklagen betreffenden Verteilungsschlüssel zu ändern (BGH NJW 2010, 2654) oder eine zweite, speziell auf Abs. 4 zugeschnittene zu bilden (AG Hannover ZMR 2008, 845).

24T **Terrassenfenster, -türen:** Sämtliche Instandhaltungsmaßnahmen von den jeweiligen Eigentümern auf ihre Namen und ihre Rechnung zu tragen, ist nicht möglich nach Abs. 4 (BGH NZM 2009, 866).
Tiefgarage: Die Sanierung der durch Korrosionsfortschritt auf Grund eindringenden Tauwassers entstandenen Schäden in der Tiefgarage stellt einen Einzelfall dar, deshalb beschließbar (LG Stuttgart ZMR 2012, 399).
Türschwelle des SE-Balkons: Kosten für eine Reparatur einem WEer' aufzuerlegen ist möglich, wenn er den allein nutzt, da er sich an der Möglichkeit des Gebrauchs orientiert (AG Halle (Saale) v. 2.3.2010 – 120 C 4092/09).

24U **Umzugskostenpauschale:** Die Festsetzung einer Umzugskostenpauschale fällt unter die Fallgruppe der Regelungen der Kosten für eine besondere Nutzung des GE (§ 21 Abs. 7). Es handelt sich nicht um eine Instandhaltungsmaßnahme (§ 21 Abs. 5 Nr. 2) und somit nicht um eine Kostenregelung gemäß § 16 Abs. 2 und 4. Daher kann die Festsetzung einer Umzugskostenpauschale mit einfacher Stimmenmehrheit beschlossen werden (AG Hannover ZMR 2010, 483).

10. Unabdingbarkeit (Abs. 5)

25 Die Vorschrift umfasst alle Änderungen der Kostenverteilung der Gem, die aufgrund der vorgenannten Abs. 3 und 4 getroffen wurden.

Nutzungen, Lasten und Kosten § 16

a) Voraussetzung

Voraussetzungen ist **eine Einengung oder ein Ausschluss**: Die **vorgenann-** 25a
ten Möglichkeiten werden dahingehend festgeschrieben, dass sie **weder eingeschränkt noch ausgeschlossen** werden können (Abs. 5). Damit ist eine nicht dadurch gedeckte Regelung nichtig (§ 134 BGB), zB Zustimmung bestimmter WEer, Nichtanwendung bestimmter Kosten, etc. Eine Erniedrigung der erforderlichen Mehrheit zB von $^3/_4$ auf $^2/_3$ ist nicht möglich, ebenso die Festlegung eines Verteilungsschlüssels für Abs. 3, welcher nur einstimmig geändert werden kann.[135] Bei einer Öffnungsklausel ist deren Ausgestaltung entscheidend,[136] sie ist möglich, wenn diese die gesetzliche Regelung nicht einengt oder ausschließt, ggf. sind sie auszulegen oder ihr Anwendungsbereich ist zu reduzieren.[137] Durch Vereinb vorgenommene anderweitige Bewertung des Stimmrechts für Abs. 3 fällt nicht darunter,[138] anders bei einengender Regelung für Abs. 4.

b) Erweiterung

Sie können für Abs. 4 aber erweitert werden, zB kann die erforderliche Mehr- 25b
heit von $^3/_4$ auf $^4/_5$ erhöht werden. Deshalb bleibt eine bestehende Allstimmigkeit unberührt.

c) Verfassungsfragen

Nach der Begründung[139] wollte der Gesetzgeber, dass nicht zu Ungunsten der 26
vorgesehenen Mehrheiten die Regelungen verändert werden. Der Gesetzgeber will also die Mehrheiten schützen. Hierbei übersieht er, dass es diese als feste Größe nicht gibt und sie einem dauernden Wandel unterworfen sind. Häufig sind sie punktuell zufällig und nicht verlässlich greifbar. Damit ist es möglich, die ab dem Beschl des BGH[140] vom 20.9.2000 geltende Nichtänderbarkeit von Vereinb durch Mehrheitsbeschl zu umgehen. Selbst wenn die obigen Voraussetzungen nicht eingehalten sind, sind die Beschlüsse nicht nichtig, sondern müssen angefochten werden. Damit hat die Mehrheit wieder die Rechtsmacht, die Minderheit in einen Prozess zu drängen, obwohl diese das Recht auf ihrer Seite hat. Genau das war ein Grund dafür, warum der BGH die alte Rechtslage geändert und den **Zitterbeschl** abgeschafft hat:[141] Wurde vor der BGH-Entscheidung ein Beschl gefasst, der unangefochten blieb und zwischenzeitlich nicht rechtskräftig aufgehoben wurde, ist er nun nicht mehr angreifbar. Besonders bitter ist das für alle laufenden Verfahren, da der Gesetzgeber **keine Übergangsregelung** getroffen hat.[142] Die Regelung ist abzulehnen, da es für die Eigentümer, die bereits per Vereinb andere Regeln aufgestellt haben, keinen vernünf-

---

[135] BGH NJW 2010, 3298.
[136] Jennißen Rn. 79 ff.
[137] Bärmann/Becker Rn. 142.
[138] Palandt/Bassenge Rn. 12.
[139] Köhler Rn. 230.
[140] BGH NJW 2000, 3500.
[141] Mit Verweis auf Sauren NJW 1995, 178.
[142] BGH NJW 2010, 3298.

tigen Grund gibt, eine **Abänderung** per Beschl zu fassen. Mit der Regelung werden Millionen von Teilungserklärungspassagen von heute auf morgen nichtig, da es keine Übergangsregelung gibt. In **laufenden Gerichtsverfahren** ändert sich das Recht, es gibt nicht mal einen Vertrauensschutz, obwohl regelmäßig bei Beginn des Prozesses nicht voraussehbar war, dass eine Gesetzesänderung geplant ist und wie sie aussehen wird. Es ist kein Interesse des Gesetzgebers erkennbar, dies selbst bei baulichen Veränderungen und Modernisierungen zur Pflicht zu machen. Wenn er der Auffassung ist, kann er dies durch andere Gesetze, wie die Energieeinsparverordnung normieren. Die Regelungsfreiheit der WEer, einen Kernsatz des WEG zu verletzen, ist jedoch nicht erforderlich. Insbesondere gibt es keinen Interessenwiderstreit wie im Mietrecht. Bei bestehenden Anlagen ist dies **verfassungswidrig**,[143] da es sich um eine unechte Rückwirkung im Verfassungsrecht handelt, die nur bei hier nicht vorliegenden Gründen verfassungsgemäß ist. Das LG Stuttgart behauptet dagegen, dass die Gründe („im Interesse der Klarstellung und im Interesse der Rechtssicherheit und Funktionalität der Gem der WEer erforderlich") für die getroffenen Regelungen im öffentlichen Interesse sind und derart gewichtig, dass sie unter Berücksichtigung des Verhältnismäßigkeitsgrundsatzes Vorrang genießen, ohne dies zu belegen.[144] Vielmehr sind überhaupt keine gewichtigen Gründe ersichtlich, die vom LG Stuttgart benannten sind Allgemeinplätze, aber keine Gründe. Warum die Regelung überhaupt im öffentlichen Interesse sein soll, wird nicht erklärt. Der Grund der WEG-Novelle war auch nicht der Abänderungsbedarf im vorliegenden Fall, sondern die Geldnot des Staates.

11. Heiz- und Warmwasserkosten (Heizkostenverordnung – HeizkostenV)

a) Zwingender Charakter der HeizkostenV

27 Durch die Verordnung über die Heizkostenabrechnung[145] ist die verbrauchsabhängige Abrechnung der Heiz- und Warmwasserkosten für das WE vorgeschrieben (§ 3 HeizkostenV), denn danach sind die Vorschriften der HeizkostenV auf das WE anzuwenden, unabhängig davon, ob durch Vereinb oder Beschl abweichende Bestimmungen über die Verteilung der Kosten der Versorgung mit Wärme und Warmwasser getroffen worden sind. Darüber hinaus hat die HeizkostenV gemäß § 2 zwingenden Charakter.[146] Dabei ist darauf hinzu-

---

[143] Bub NZM 2006, 861; aA für neue Verfahren ab 1.7.2007 LG Stuttgart ZMR 2012, 399.
[144] Bub NZM 2006, 861; aA für neue Verfahren ab 1.7.2007 LG Stuttgart ZMR 2012, 399.
[145] Verordnung über die verbrauchsabhängige Abrechnung der Heiz- und Warmwasserkosten vom 23.2.1981, BGBl. I S. 261, geändert durch Art. 6 Abs. 2 der Verordnung zur Änderung wohnungsrechtlicher Vorschriften vom 5.4.1984, BGBl. I S. 556 und Art. 9 der Verordnung zur Änderung energiesparrechtlicher Vorschriften vom 19.1.1989, BGBl. I S. 109; die Bekanntmachung der geltenden Fassung vom 5.10.09 ist erfolgt in BGBl. 2009 I S. 3250.
[146] OLG München ZMR 2013, 130; für das Mietrecht BGH NZM 2006, 652.

weisen, dass die Vorschriften der Heizkostenverordnung (§ 3 HeizkostenV) auf die Gem unmittelbar Anwendung finden, ohne dass es eines Beschlusses oder einer Vereinbarung bedürfte.[147] Sie gibt kein festes Abrechnungssystem vor, sondern nur einen Rahmen (vgl. §§ 4, 5, 7, 8 HeizkostenV). Dieser Rahmen muss erst durch Vereinb oder Beschl ausgefüllt werden, bevor eine Abrechnung nach der HeizkostenV möglich ist.[148] Bei einer Anlage mit zwei Wohnungen, von denen eine von ihrem Eigentümer vermietet ist und die andere von dem Eigentümer bewohnt wird, besteht eine Pflicht zur Verbrauchserfassung nach den Vorschriften der HeizkostenV. § 2 dieser Verordnung findet insoweit keine Anwendung,[149] anders aber, wenn beide selbstgenutzt sind.[150] Zu den Folgen für die JA bei Verstößen gegen die nachfolgenden Grundsätze s. § 28 Rn. 36.

b) Zeitlicher Geltungsbereich

Die HeizkostenV gilt für jedes WE, das nach dem 1.7.1984 bezugsfertig geworden ist, ab der Bezugsfertigkeit (§ 12 HeizkostenV). Für vorher fertig gestellte WE können die WEer den Zeitpunkt jederzeit beschließen. Da jedoch schon ab dem 1.7.1984 die Mieter, soweit nicht nach der HeizkostenV abgerechnet wird, eine Kürzung um 15 % vornehmen konnten (§ 12 Abs. 1 HeizkostenV), entspricht es ordnungsgemäßer Verwaltung, dies, wenn nicht schon geschehen, nunmehr sofort beschließen zu lassen,[151] denn eine verbrauchsabhängige Abrechnung kann erst ab Anbringung der Ausstattung erfolgen, die jeder WEer verlangen kann.[152] **28**

c) Sachlicher Umfang

Es muss sich um **Kosten des Betriebes** einer von den WEer gemeinschaftlich betriebenen zentralen Heizungsanlage oder Warmwasserversorgungsanlage handeln. **29**

aa) Einzelkosten. Gemäß § 7 Abs. 2 HeizkostenV gehören zu den Kosten des Betriebs zentraler Heizungsanlagen oder von **Fernwärme** (§ 1 Abs. 3) einschließlich der Abgasanlage folgende Kosten: **29a**
– des verbrauchten Brennstoffes und seiner Lieferung,
– des Betriebsstroms,
– der Bedienung, Überwachung und Pflege der Anlage,
– der regelmäßigen Prüfung ihrer Betriebsbereitschaft und Betriebssicherheit einschließlich der Einstellung durch einen Fachmann,
– der Reinigung der Anlage und des Betriebsraumes,
– der Messung nach dem Bundesimmissionsschutzgesetz,
– der Anmietung oder anderer Arten der Gebrauchsüberlassung einer Ausstattung zur Verbrauchserfassung,

---

[147] BGH NJW 2012, 1434.
[148] BGH NJW 2012, 1434; LG München ZMR 2012, 394.
[149] OLG München ZMR 2007, 1001.
[150] AG Hamburg ZMR 2004, 544.
[151] BayObLG ZMR 1988, 349.
[152] BayObLG NZM 1999, 843.

§ 16 I. Teil. Wohnungseigentum

– sowie die Kosten der Verwendung einer Ausstattung zur Verbrauchserfassung einschließlich der Kosten der Berechnung und Aufteilung (s ergänzend Rn. 39 unter Heizkosten).

Zu den Kosten des Betriebes der **zentralen Warmwasserversorgung** zählen die Kosten der Warmwasserversorgung, soweit sie nicht gesondert abgerechnet werden, und die Kosten der Wassererwärmung entsprechend § 7 Abs. 2 HeizkostenV. Zu den Kosten der **Wasserversorgung** gehören die Kosten des Wasserverbrauchs, die Grundgebühren, die Zählermiete, die Kosten der Verwendung von Zwischenzählern, die Kosten des Betriebs einer hauseigenen Wasserversorgungsanlage und einer Wasseraufbereitungsanlage einschließlich der Aufbereitungsstoffe (§ 8 Abs. 2 HeizkostenV).

29b bb) Genauer Umfang der Kosten. S. Rn. 39.

29c cc) Betreiber. Nach dem OLG Stuttgart[153] verbietet die HeizkostenV nicht, ein in die Wohnanlage eingebautes Heizwerk durch einen Dritten betreiben zu lassen, der nicht nach der HeizkostenV, sondern nach den Grund- und Arbeitspreisen abrechnet. Anders liegt der Fall jedoch dann, wenn ein WEer oder Dritter die Anlage in seinem SE betreibt. In diesem Fall gilt die HeizkostenV wiederum.[154]

d) Ausstattung

30 aa) Entscheidungsmöglichkeiten. Die WEer haben zu entscheiden über (vgl. § 3 Abs. 1 HeizkostenV)
– die Anbringung (darunter ist zB die Art und Weise zu verstehen),
– die Auswahl der Ausstattung zur Erfassung des Verbrauchs (gemäß §§ 4, 5 HeizkostenV, zB das Fabrikat, die Zähler und Verteiler),
– die Verteilung der Kosten (§§ 7, 8 HeizkostenV bei verbundenen Anlagen gemäß § 9 HeizkostenV) und
– die in der HeizkostenV vorgesehene Ausnahmeregelung (§ 11 HeizkostenV).

Beispiel: Nichtanwendung der HeizkostenV auf Alters- und Pflegeheime, Studenten- und Lehrlingsheime (§ 11 Abs. 1 Nr. 2a HeizkostenV).

30a bb) Entscheidung. Diese erfolgt durch Beschl, der aber nicht pauschal auf § 9a HeizkostenV verweisen darf; es müssen konkret der gewollte Verteilerschlüssel und die konkrete Verteilung auf die WEer bestimmt werden.[155] Jeder WEer hat einen Anspruch auf Anbringung und Auswahl (§ 4 Abs. 2 HeizkostenV). Er ist durch die Gerichte überprüfbar, zB ob unverhältnismäßige Kosten (§ 11 Abs. 1 Nr. 1a HeizkostenV) entstehen.[156]

31 cc) Durchführung. Der Verband hat dann die entsprechende **Verpflichtung zur Ausstattung** der Räume mit Verbrauchserfassern (§ 5 Abs. 1 HeizkostenV). Dies gilt auch für die im GE stehenden Räume, soweit sie abgeschlossen sind, und für die gemeinschaftlich genutzten Räume, wie zB Treppenhaus, Tro-

---

[153] OLGZ 1984, 137.
[154] BayObLG NJW-RR 1989, 843.
[155] LG München I ZMR 2012, 395.
[156] So KG NJW-RR 1993, 468; s. Rn. 38.

ckenräume (§ 4 Abs. 3), es sei denn, es handelt sich um Räume mit hohem Wärme- oder Warmwasserverbrauch, wie zB Sauna, Schwimmbad. Die Durchführung der Maßnahme obliegt der Verwaltung (§ 27 Abs. 1 Nr. 1) inklusive der Anbringung der Geräte. Bei Letzteren handelt es sich nicht um eine bauliche Veränderung iSv § 22, es ist vielmehr eine Maßnahme der ordnungsgemäßen Verwaltung. Sie ist auch anwendbar trotz ihrer Mängel bei einer sog Einrohrheizung mit Ringleitung.[157] Ein Beschl, der die Nichtanbringung von Heizkostenverteilern bestimmt, ist nichtig.[158] Eine seitens der WEerGem beschlossene Anbringung müssen alle WEer auch in ihrem SE dulden (vgl. § 4 Abs. 2 S. 1 HeizkostenV), ggf. muss dies gerichtlich durchgesetzt werden.

dd) Eichfrist. Die Weiterbenutzung von Geräten nach Ablauf der **Eichfrist,** 31a zB durch Beschl, widerspricht den Grundsätzen ordnungsmäßiger Verwaltung.[159] Entspricht das bei Errichtung der Wohnanlage eingebaute Verbrauchserfassungssystem für Heizenergie den gesetzlichen Vorschriften, besteht kein Anspruch auf Ersetzung durch ein anderes Verbrauchserfassungssystem. Ein solcher Anspruch kommt allenfalls dann in Betracht, wenn die Abrechnungsergebnisse auf Grund des vorhandenen Verbrauchserfassungssystems für einen WEer grob unbillig und nach den Grundsätzen von Treu und Glauben nicht mehr hinnehmbar sind.[160]

e) Verteilung der Kosten

aa) Anbringung. Solange keine Messeinrichtungen für eine verbrauchsabhän- 32 gige Abrechnung der Heizungs- und Warmwasserkosten vorhanden sind, verstößt eine verbrauchsunabhängige Abrechnung nicht gegen die Grundsätze ordnungsmäßiger Verwaltung, wobei für die WEer kein Kürzungsanspruch besteht.[161] Solange sind die Heiz- und Warmwasserkosten nach LG Itzehoe nach dem vereinbarten Verteilungsmaßstab, subsidiär gemäß Abs. 2 nach MEanteilen umzulegen, und nicht nach Wohnfläche.[162] Die Kosten für die Anschaffung und Anbringung sind gemäß § 3 Abs. 2 HeizkostenV nach den Regelungen vorzunehmen, die für die Tragung der Verwaltungskosten in der TErkl gelten.[163] Wird in der TErkl nach Kostenarten unterschieden, so gilt der Verteilungsschlüssel für Ersatzbeschaffungen bzw. Reparaturen, also idR für Instandhaltungskosten.[164]

Über die unter d) aufgeführten Punkte können die WEer wie folgt entscheiden (s auch § 23 Rn. 34). Ob eine Änderung des Verteilungsschlüssels für Heizkosten mit der HeizkostenV vereinbar ist, bestimmt sich nach der Fassung der Verordnung, welche bei erstmaliger Geltung des neuen Schlüssels in Kraft ist.[165]

---

[157] BayObLG NJW-RR 1993, 663.
[158] OLG Hamm ZMR 1995, 173.
[159] BayObLG ZMR 1998, 508.
[160] BayObLG ZMR 2003, 856; 1998, 177; letztere für Einrohrheizung.
[161] BayObLG ZMR 2000, 853.
[162] ZMR 2011, 236.
[163] OLG Karlsruhe DWE 1987, 63.
[164] Demmer MDR 1981, 529.
[165] BGH NJW 2010, 3298.

33 bb) Kostenverteilung nicht in Teilungserklärung geregelt. Vgl. § 6 Abs. 4 S. 2 Nr. 2 HeizkostenV. Da die HeizkostenV kein festes Abrechnungssystem vorgibt, sondern nur einen Rahmen (vgl. §§ 4, 5, 7, 8 HeizkostenV), muss dieser von der Gem erst durch Vereinb oder Beschl ausgefüllt werden, bevor eine Abrechnung nach der HeizkostenV möglich ist,[166] und der auch notwendig ist, um abweichend vom Verteilerschlüssel nach der GO gemäß HeizkostenV innerhalb der WE-Gemeinschaft abrechnen zu können.[167] Die WEer können über die von § 16 Abs. 2 abweichende Kostenverteilung im Rahmen der §§ 7 bis 9 HeizkostenV beschließen (mindestens 50 von 100, höchstens 70 von 100 nach dem erfassten Verbrauch, die übrigen Kosten nach dem allgemeinen Kostenverteilungsschlüssel, nicht der Wohn- oder Nutzfläche[168]). Eine Vereinb für die erstmalige Festlegung ist nicht erforderlich, weil sich ein Beschl im Rahmen ordnungsgemäßer Verwaltung hält (§ 21 iVm § 3 S. 2 HeizkostenV).[169] Dies gilt auch[170] für spätere Änderungen. Ein Beschl ist möglich, aber anfechtbar, wenn der Rahmen der §§ 7 bis 9 HeizkostenV überschritten werden soll (Abs. 3).[171]

34 cc) Kostenverteilung in Teilungserklärung geregelt. Vgl. § 6 Abs. 4 S. 2 Nr. 1 HeizkostenV.
– Soweit sie **entsprechend den §§ 7 bis 9 HeizkostenV** geregelt ist, ist eine Änderung durch Beschl gemäß Abs. 3 möglich, aber auch wenn bisher eine Vereinb eine höhere Verteilung als 70 % vorsieht (zB ganz nach Verbrauch[172]), da die Privatautonomie durch Abs. 5 begrenzt wird. Da die Befugnis der Mehrheit, die Verteilung der Heizkosten im Rahmen von Abs. 3 WEG zu bestimmen und – ggf. wiederholt – zu ändern, nicht durch Vereinbarungen eingeschränkt oder ausgeschlossen werden darf, ist die Festlegung eines Verteilungsschlüssels, welcher nur einstimmig geändert werden kann, nach Abs. 5 unzulässig,[173] s. Rn. 25.
– Hält sich eine Regelung in der TErkl **nicht im Rahmen der §§ 7 bis 9 HeizkostenV**, so kann durch Beschl eine Regelung gem dem Rahmen getroffen werden,[174] aber nicht ein Beschl, der von den Regelungen abweicht, zB ganz nach Verbrauch[175] oder Verbrauchsunabhängig, selbst wenn Öffnungsklausel gegeben.[176]

---

[166] BGH NJW 2012, 1434.
[167] LG München ZMR 2012, 394.
[168] LG Berlin ZMR 2001, 143.
[169] Demmer MDR 1981, 529.
[170] LG Hannover WuM 1998, 741; Bielefeld DWE 1989, 11.
[171] OLG Hamm ZMR 2006, 630; Abramenko ZWE 2006, 66; aA Schmid ZMR 2007, 846.
[172] BGH NJW 2010, 3298.
[173] BGH NJW 2010, 3298 Rn. 11.
[174] OLG Hamm NJW-RR 2004, 1604.
[175] OLG Hamm ZWE 2006, 228; so auch Abramenko ZWE 2006, 66.
[176] BayObLG ZMR 2005, 135.

f) Einzelanspruch jedes Wohnungseigentümers, Nichtigkeit

Auf Grund der HeizkostenV kann jeder WEer die erstmalige Festlegung des Verteilungsmaßstabes im Rahmen der §§ 7 bis 9 HeizkostenV als Maßnahme der ordnungsgemäßen Verwaltung verlangen. Der unabdingbare (§ 2 HeizkostenV) Anspruch ist deshalb wichtig, weil den WEern anders als den Mietern eine Kürzung der Heizkosten um 15 % (§ 12 Abs. 1 S. 2 HeizkostenV) verwehrt ist. Jedoch hat der einzelne WEer unter Umständen einen Schadensersatzanspruch gegen den Verwalter oder andere WEer, wenn diese schuldhaft den Beschl oder die Anbringung unterlassen haben.[177] Der WEer muss jedoch zunächst versuchen, durch einen TOP einen Beschl zu erreichen. Erst dann kann er gerichtlich vorgehen. Das Gericht kann eine Verpflichtung der WEer zur Einführung der verbrauchsabhängigen Abrechnung bestimmen, jedoch eine Regelung selbst nicht treffen.[178] Deshalb kann auch der Verwalter nicht zu einer verbrauchsabhängigen Abrechnung verpflichtet werden, da dies zunächst Sache der WEer ist.[179] Ein Änderungsanspruch auch für die Vergangenheit kann gegeben sein, wenn 70 % der Heizkosten nach Verbrauch zu verteilen sind, von den Wärmemessgeräten aber nur 12,83 % des Verbrauchs tatsächlich erfasst werden.[180] **Nichtigkeit:** Ein Beschl, der mit der HeizkostenV nicht in Einklang steht, ist aber nicht per se nichtig,[181] sondern wenn er aus Gründen erfolgt, die außerhalb der Regelungsgegenstände des HeizkostenV (§ 3 S. 2) liegen, zB im Hinblick auf die wirtschaftliche Belastung der WEer mit der Durchführung anderer Sanierungsmaßnahmen,[182] ebenso, wenn er gegen Abs. 5 verstößt.

g) Ausschluss der Heizkostenverordnung

Ein Ausschluss der verbrauchsabhängigen Verteilung ist auch durch Vereinb nicht möglich (§ 2 HeizkostenV).[183] Soweit Geräte ausfallen oder aus anderen zwingenden Gründen (zB die Wohnung war nicht zugänglich) der Verbrauch nicht erfassbar ist, ist er nach den Vorjahren oder vergleichbaren anderen Zeiträumen zu ermitteln (§ 9a HeizkostenV). Soweit für 25 % der Wohn- oder Nutzfläche eine Erfassung nicht möglich ist, sind die Kosten nach Wohn- oder Nutzfläche oder umbautem Raum zu schätzen. Die HeizkostenV zählt darüber hinaus in § 11 die Fälle auf, in denen **sie nicht gilt**. Zwei wesentliche seien hier herausgegriffen.

aa) Ausnahmegenehmigung. In einzelnen Fällen können, um einen unangemessenen Aufwand oder sonstige unbillige Härte zu vermeiden, die **nach Landesrecht zuständigen Stellen** eine **Ausnahme gestatten** (§ 11 Abs. 1 Nr. 5 HeizkostenV). Die erfolgte Befreiung haben die WEer zu beachten,[184] es sei denn, sie ist offensichtlich nichtig.

---

[177] Vgl. Demmer MDR 1981, 529.
[178] BayObLG ZMR 1986, 450.
[179] BayObLG ZMR 1986, 450.
[180] AG Lichtenberg ZMR 2012, 145, bedenklich.
[181] BayObLG ZMR 1988, 349.
[182] OLG Hamm ZMR 1995, 173.
[183] OLG Düsseldorf DWE 1989, 29.
[184] OLG Hamm DWE 1987, 25.

38 bb) Voraussetzungen der Ausnahme. § 11 Abs. 1 Nr. 1 HeizkostenV befreit des Weiteren in Fällen, in denen das Anbringen der Ausstattung zur Verbrauchserfassung, die Erfassung des Verbrauchs und die Verteilung der Verbrauchskosten nicht oder nur mit **unverhältnismäßig hohen Kosten** möglich ist, und dort, wo der Nutzer in vor dem 1.7.1981 bezugsfertig gewordenen Gebäuden den Wärmeverbrauch nicht beeinflussen kann, zB bei Einrohrheizungen,[185] bei denen durch Abschaltung der ersten Heizung auch die dahinterliegenden Heizungen abgeschaltet werden. Entscheidend ist nach dem BGH der Vergleich der Installationskosten zur möglichen Energieeinsparung.[186] Das KG[187] bejaht die Unverhältnismäßigkeit,[188] wenn in einem Zehnjahresvergleich die Kosten für die Installation der Messgeräte sowie deren Wartung und Ablesung höher sind als die voraussichtlich einzusparenden Kosten. Dabei können für die Kostenersparnis 15 % der Gesamtkosten angesetzt werden. Eine zu erwartende Erhöhung der Energiepreise kann berücksichtigt werden. Nach LG Lüneburg sind dabei die Kosten der Installation der Messeinrichtungen samt Folgekosten (Wartung, Eichkosten) sowie der Mess- und Abrechnungsaufwand den zu erwartenden Einsparungen gegenüberzustellen.[189] Ein entgegengesetzter Beschl der WEer wäre auf Antrag hin für ungültig zu erklären.[190]

h) ABC zur Heizkostenabrechnung

39 Auch über Fragen der Heizkostenabrechnung gibt es immer wieder Streit. Deshalb seien einige Fragen in **ABC-Form** herausgegriffen. Da es sich auch meist um Fragen der Mieterabrechnung handelt, kann auf die Literatur dazu verwiesen werden.[191] Siehe hierzu auch zu Fragen bei der JA § 28 Rn. 36.

39A **Ablesetag:** Geringfügige Abweichung zw. Ablese- und Abrechnungstag schadet nicht (BayObLG DWE 1989, 26, 27). Anders aber nach AG Köln, wenn Ablesetermin so weit nach Beendigung der Abrechnungsperiode lag, dass brauchbare, den tatsächlichen Verbrauch wiedergebende Ablesewerte nicht mehr gegeben sind (WuM 2000, 213). Nach AG Langenfeld keine Verpflichtung des Verwalters, WEern, die ihre Einheit nicht bei ihm in der Mietverwaltung haben, über Ablesetermin zu informieren. Ein Anspruch auf Ersatz der durch Nachablesung entstandenen Gebühren gegen den Verwalter bestehe daher nicht (ZMR 2011, 907). Nach AG Köln ist es bei Fehlschlagen des ersten Termins nicht ausreichend, wenn Vermieter bzw. der von ihm beauftragte Ablesedienst, jede weitere Initiative für die Vereinbarung eines Nachholtermins dem Mieter überlässt. Es genüge keinesfalls, dem Mieter eine Karte mit der Aufforderung zu hinterlassen, er möge einen neuen Termin

---

[185] S aber BayObLG NJW-RR 1993, 663.
[186] BGH NJW-RR 1991, 647.
[187] NJW-RR 1993, 468.
[188] So auch BayObLG WE 1994, 282; NZM 2005, 106.
[189] ZMR 2011, 829.
[190] OLG Düsseldorf DWE 1989, 29.
[191] S auch Pfeifer § 7 Anm. 3ff.

Nutzungen, Lasten und Kosten § 16

vereinbaren (WuM 2010, 452). Nach LG München I ist AGB eines Ablesedienstes, welche neben einem Ablesetag nur kostenpflichtige Ausweichtermine anbietet, unzulässig (NJW-RR 2001, 1638). Ebenso AG Hamburg, wonach keine Sonderkosten in Rechnung gestellt werden dürfen, wenn Termin mit nachvollziehbarer Begründung abgesagt wird (WuM 1996, 348).
Abrechnungsmaßstab: unzulässig, innerhalb der Gem unterschiedliche Abrechnungsmaßstäbe anzulegen (KG WuM 1986, 30). Ebenso unzulässig, Festlegung oder Änderung zu einem anderen Zeitpunkt als zum Beginn eines Abrechnungszeitraumes vorzunehmen. Nach AG Gera unterliegt die Frage, wie der erfasste Wärmeverbrauch bestimmt wird, nicht dem Rückwirkungsverbot des § 6 Abs. 4 HeizkostenV. WEer könnten demnach in Gebäuden, in denen die freiliegenden Leitungen der Wärmeverteilung überwiegend ungedämmt sind, beschl, dass die Methode zur Ermittlung des Wärmeverbrauchs nachträglich für einen bereits abgelaufenen Abrechnungszeitraum von Heizkostenzählern auf die Verbrauchsermittlung nach den anerkannten Regeln der Technik nach VDI-Richtlinie 2077 umgestellt werde (Info M 2012, 232). Nach AG Koblenz Umlage der Heizkosten nach dem Verhältnis der mit Heizkörpern ausgestatteten Räume ein nach § 7 Abs. 1 S. 5 HeizkostenV zulässiger Umlagemaßstab (WuM 2012, 118).
Anfangsbestand: Nach BGH muss dieser nicht angegeben werden, es reiche aus, den gesamten Heizölverbrauch in Litern und die dafür in Ansatz gebrachten Kosten anzugeben (NJW 2010, 2053).
Auskunftsanspruch: S. § 28 Rn. 78.
Auswechseln der Geräte: Nur wenn die Anschaffung technisch verbesserter Geräte beschlossen wird. Der Mieter muss die Auswechslung funktionsfähiger älterer Verdunstungsgeräte gegen moderne elektronische und mit Funktechnik versehene Wärmemengenzähler dulden (AG Lichtenberg GE 2007, 1054; LG Kassel NZM 2006, 818). Nach AG Braunschweig kann Vermieter Schätzung vornehmen, wenn der Mieter die Ablesung der Verbrauchserfassungsgeräte verweigert, weil sie gleichzeitig gegen Funkerfassungsgeräte ausgetauscht werden sollen (WuM 2010, 452).

Balkon: Bei den Quadratmeteranteilen der Heizkostenabrechnung haben die Grundflächen von Balkonen und Terrassen außer Ansatz zu bleiben (KG Berlin ZMR 2006, 284; AG Pankow-Weißensee MM 2008, 299; AG Münster WuM 1983, 207). Anders LG Köln, dass ein hälftiger Ansatz zulässig sei, sofern ein einheitlicher Maßstab gewählt werde, der keinen Mieter benachteilige (WuM 1987, 359). **39B**
Beschluss: Verstößt ein Beschl gegen die HeizkostenV, so ist er anfechtbar aber nicht nichtig (BayObLG ZMR 1988, 349); anders, wenn die Nichtanbringung beschlossen wird, dann nichtig (vgl. BayObLG DWE 1989, 2: „zwingend"). Nach AG München ist ein Beschlantrag zu unbestimmt, wenn er pauschal auf § 9a HeizkostenV verweist. Es müsse genau angegeben werden, welche darin genannten Alternativen gelten soll (ZMR 2012, 394).

Eichpflicht: Messgeräte der Heizung unterliegen der Eichpflicht (§ 1 Abs. 1 Nr. 1 EichG; BayOLG MDR 1982, 956). Bei Verwendung eines geeichten Messgeräts besteht nach BGH tatsächliche Vermutung, dass diese Werte den **39E**

tatsächlichen Verbrauch richtig wiedergeben (BGH NJW 2011, 598). Wird Nacheichpflicht nach fünf Jahren nicht beachtet, führt Verwendung solcher Geräte nicht zwingend zur Unverwendbarkeit der erzielten Ablesedaten. Vielmehr muss Vermieter (und wohl auch Gem) im Prozess die Richtigkeit der abgelesenen Werte nachweisen, etwa durch Prüfbericht einer staatlich anerkannten Prüfstelle für Messgeräte. GGfls. kommt nach BGH auch in Betracht, zum Vortrag geeigneter Grundlagen zur tatrichterlichen Schätzung nach § 287 ZPO die Verbrauchswerte der letzten unbeanstandeten Abrechnungsperiode vorzutragen (BGH ebd.). Wegen der Vermutungswirkung und der Schwierigkeiten bei Verwendung ungeeichter Geräte, entspricht es weiter ordnungsgemäßer Verwaltung, die Eichpflicht zu beachten (s. auch OLG Celle MietRB 2003, 74; BayObLG WE 1991, 261, 263). Ein Beschl, der dieses missachtet, ist aufzuheben (BayObLG NZM 1998, 486), aber nicht zwingend die JA (OLG München ZMR 2013, 130, BayObLG ZMR 2004, 131) Der Verwalter muss die Einhaltung der Eichpflicht sicherzustellen, aber nur soweit die Zähler im GE stehen. Befinden sich die Zähler im SE obliegt es jedem WEer selbst, die Eichfrist zu überwachen und ggf. die entsprechenden Maßnahmen zu ergreifen (OLG Celle MietRB 2003, 74). Die SEer können sich dauch nicht darauf berufen, der Verwalter hätte sie zumindest auf den Ablauf hinweisen müssen (OLG Celle ebd.). Die Nacheichkosten sind Betriebskosten (AG Bremerhaven DWW 1986, 19). S. auch Messgeräte.
Eigentum: Zu der Abgrenzung der Eigentumsverhältnisse an den Heizungen und den Heizkostenverteilern s. § 1 Rn. 9 ff.
Eigentümerwechsel: Nach § 9b HeizkostenV ist bei Mieterwechsel durch den WEer eine Zwischenablesung vorzunehmen. Verbrauchskosten sind entsprechend der Ablesung zu verteilen, die übrigen Kosten des Wärmeverbrauchs auf Grund der Gradzahltage (die Tabelle ist ua bei Jennißen V Rn. 59 wiedergegeben) oder zeitanteilig, und die Kosten des Warmwasserverbrauchs sind ebenfalls zeitanteilig zu verteilen. Nach AG Charlottenburg ist es nicht Aufgabe des Mieters, hier den Einsichtsort für die Belegeinsicht zu ermitteln, dies müsse durch Vermieter mitgeteilt werden. Ebenso bei Verwalterwechsel (MM 2007, 261). S. auch Zwischenablesung.
Einrohrheizung: Grundsätzlich geeignetes Erfassungssystem, obgleich bei einer solchen Heizung ein großer Teil der verbrauchten Wärme nicht über die Heizkörper, sondern über die Ringleitung abgegeben wird (BayObLG NJW-RR 1993, 663). Selbst wenn wegen unzulänglichen technischen Zustands der Heizungsanlage der Beschl nicht ordnungsmäßiger Verwaltung entspricht, kann er nicht für ungültig erklärt werden, sondern nur Schadensersatz verlangen nach BayObLG (ZMR 1998, 177), anders zu Recht AG München (ZWE 2009, 94) und AG Brühl (ZMR 2010, 883), insbesondere bei einem Verteilungsschlüssel von 70 % nach Verbrauch (AG Niebüll ZMR 2012, 826; AG Düsseldorf ZMR 2013, 311; AG Bonn ZMR 2013, 140 u. 384).
Einsichtsrecht: Jeder WEer kann sowohl die Gesamtkostenabrechnung als auch jede Einzelkostenabrechnung einsehen (§ 28 Rn. 81).

Nutzungen, Lasten und Kosten § 16

Fernwärme: Fällt unter die HeizkostenV, s. Rn. 16 aE. 39F
Freistellung: Ein WEer, der Heizkörper dauernd abgesperrt hält, kann nicht verlangen, von den „verbrauchsabhängigen" Kosten des Heizbetriebes völlig freigestellt zu werden. Er kann allenfalls so gestellt werden wie derjenige WEer einer Wohnung gleicher Größe, bei dem die niedrigsten Verbrauchswerte festgestellt werden (BayObLG NJW-RR 1988, 1166). Eine weitergehende Beschlmöglichkeit besteht gemäß Abs. 3 und 4. Stellt die GO unter Hinweis auf die HeizkostenV nicht beheizbare Räume von Heizkosten frei, kann daraus keine Freistellung solcher Räume auch von allen sonstigen verbrauchsabhängigen Kosten abgeleitet werden (BayObLG ZMR 2002, 65).

Grundfläche, Flächenmaßstab: Die HeizkostenV sieht in § 7 Abs. 1 vor, 39G
dass nicht verbrauchsabhängige Kosten nach der Wohn- oder Nutzfläche oder dem umbauten Raum der beheizten Räume verteilt werden. Hiergegen wird auf Grund vieler TErkl deshalb verstoßen, weil dort der MEanteil als Verteilungsmaßstab angegeben ist. Ein weiterer Fehler ist oft bei Terrassenflächen zu beobachten, die grundsätzlich außer Ansatz zu bleiben haben (KG Berlin ZMR 2006, 284; AG Pankow-Weißensee MM 2008, 299; AG Münster WuM 1983, 207). Bei Zimmern mit schrägen Wänden ist wie folgt zu differenzieren (vgl. Jenißen V Rn. 50 ff.): Bis zu einer Höhe von 1 m bleibt die darunterliegende Fläche unberücksichtigt. Bei einer Zimmerhöhe zwischen 1 und 2 m wird die darunterliegende Fläche zur Hälfte mitberechnet. Schrägen oder sonstige Beeinträchtigungen, die über 2 m liegen, beeinflussen die Wohnfläche nicht.

Heizkörper: Nach AG Koblenz Umlage der Heizkosten nach dem Verhältnis der mit Heizkörpern ausgestatteten Räume ein nach § 7 Abs. 1 S. 5 HeizkostenV zulässiger Umlagemaßstab (WuM 2012, 118). 39H
Heizkörperentfernung: Kein WEer ist berechtigt, die Heizkörper, auch innerhalb seiner Wohnung, abzumontieren (OLG Hamm v. 26.6.1987 – 15 W 438/85). Hat ein WEer trotzdem einen Heizkörper entfernt, so kann der Verbrauch der Wohnung geschätzt werden (OLG Hamm aaO). Im GE aber möglich (AG Hannover ZMR 2008, 920).
Heizkosten:
1. Zu den **verbrauchsabhängigen Kosten iSd HeizkostenV** gehören:
   – Überprüfung der Heizungsanlage;
   – Zerlegung und Reinigung des Öltanks (AG Langenfeld WuM 1983, 123); selbst wenn sie nicht jährlich durchgeführt wird (BGH NJW 2010, 226);
   – Austausch eines Filtereinsatzes oder einer Düse;
   – Kosten der Berechnung und ihre Aufteilung (sog Wärmedienstkosten; AG Aachen ZMR 1985, 102); ebenso der Verbrauchserfassung;
   – Nacheichkosten (AG Bremerhaven DWW 1986, 19);
   – Öltankversicherung (AG Berlin-Wedding GE 1985, 1035);
   – Nachfüllen von Wasser und Einstellen der Ventile (LG Hamburg WuM 1978, 242);
   – Schornsteinfegerkosten sind Reinigungskosten (Gramlich § 7 HeizkostenV).

§ 16 I. Teil. Wohnungseigentum

2. **Nicht** zu den Kosten gehören:
   - Wartung der Feuerlöscher; ebenso die Anschaffungskosten dafür (AG Stuttgart WuM 1997, 231);
   - Beseitigung einer Undichtigkeit des Kessels (LG Hagen WuM 1980, 255);
   - Kosten für eine Öltankabdichtung (LG Frankenthal ZMR 1985, 302);
   - Reparaturen der Anlage (BayObLG NJW-RR 1997, 715);
   - Kosten einer Tank-Haftpflichtversicherung (BayObLG NJW-RR 1997, 715);
   - Leasingkosten für Brenner, Öltank und Verbindungsleitungen (BGH NJW 2009, 667), für Erfassungsgeräte wohl.

39M **Mängel:** Ist eine verbrauchsabhängige Abrechnung gemäß HeizkostenV nicht möglich, so kann die Gem durch Beschl nach einem anderen Maßstab abrechnen (KG WuM 1994, 400).

Messungenauigkeiten: Der BGH (ZMR 1986, 275) hat Verdunstungsmesseinrichtungen trotz deren bekannten Messungenauigkeiten genehmigt. Im Einzelfall ist es Sache des jeweiligen WEers, behauptete Fehlerquellen nachzuweisen. Soweit in leerstehenden Wohnungen wegen Überfüllung der Verdunstungsröhrchen mit einer sog Kaltverdunstungsvorgabe Nullverbräuche gemessen worden sind, obwohl eine Frostschutzbeheizung stattfand, handelt es sich nach AG Köpenick um eine Messungenauigkeit, die von den Mietern in Kauf genommen werden müsse (GE 2007, 1327). Im Bereich der Abrechnung von Kosten für Wasser, Abwasser und Niederschlagswasser gibt es keine Pflicht, den Anteil jeder Nutzergruppe am Gesamtverbrauch durch einen gesonderten Zähler zu erfassen (BGH v. 25.11.2009 – VIII ZR 345/08). Demgegenüber muss bei den Heizkosten nach § 5 Abs. 2 S. 1 HeizkostenV der Anteil jeder Nutzergruppe am Gesamtverbrauch durch einen gesonderten Zähler erfasst werden. Das gilt auch, wenn nur zwei Nutzergruppen vorhanden sind. In diesem Fall genügt es nicht, nur den Anteil einer Nutzergruppe am Gesamtverbrauch zu messen und den Anteil der anderen Nutzergruppe am Gesamtverbrauch in der Weise zu errechnen, dass vom Gesamtverbrauch der gemessene Anteil der einen Nutzergruppe abgezogen wird (BGH NJW-RR 2008, 1542).

Mieterwechsel: S. Eigentümerwechsel.

39N **Neuberechnung:** Wenn die Gem eine Neuberechnung der Heizungskosten wegen Ausfalls der Messgeräte oder ähnlicher Fehler beschließt, so kann diese auch Schätzungen beinhalten, ohne gegen die ordnungsgemäße Verwaltung zu verstoßen (OLG Köln DWE 1990, 69). Ein Anspruch eines WEers auf Neuberechnung kann nicht auf Umstände gestützt werden, die bei der Beschlfassung bereits bekannt waren (etwa Sachverständigengutachten, das die ordnungsgemäße Erfassung des Wärmeverbrauchs für sämtliche beheizte Flächen verneint; OLG Düsseldorf NJW-RR 2007, 960).

39S **Schätzung:** Wenn mehr als 25 % der Gebäudeflächen geschätzt werden, muss eine Abrechnung nach ME erfolgen (OLG Köln WuM 2002, 665; str). Die als Teil der Heizkosten abzurechnenden Stromkosten für die Heizungsanlage können geschätzt werden, wenn gesonderte Zähler dafür nicht vorhanden sind. Bestreitet der Mieter den vom Vermieter angesetzten Betrag, hat dieser die Grundlagen seiner Schätzung darzulegen (BGH NJW 2008, 1801). Wird eine Schätzung vorgenommen, müssen die Grundlagen mitgeteilt werden, sonst ist die Abrechnung formell unwirksam (LG Berlin GE 2011). Eine Schätzung kommt nach KG Berlin nur in Betracht, wenn trotz vorhandener Zähler keine zuverlässigen Werte ermittelt werden konnten, sei es weil Fehler bei der Ablesung gemacht wurden oder der Zähler defekt ist (KG Berlin ZMR 2010, 133; LG Berlin GE 2010, 126).

Terrassen: S. Balkon. **39T**

Umrechnungsmaßstab: S. Heizkörper. **39U**

Warmwasser: Die Kosten dürfen nicht nach einem Pauschalverfahren (zB mit 18 % der Brennstoffkosten) aufgenommen werden, wenn Vergleichskosten des Vorjahres vorhanden sind (LG Freiburg WuM 1994, 397). **39W**
Wartungskosten: S. Heizkosten.

Zulässigkeit der Verdunstungsgeräte: Der BGH hat die Verwendung der Verdunstungsgeräte grundsätzlich für zulässig erachtet trotz der Möglichkeit der Verwendung genauerer Messmethoden (BGH ZMR 1986, 275). **39Z**
Zusammenfassung mehrerer Jahre: Die Abrechnung der Heiz- und Warmwasserkosten darf nur dann für mehrere Jahre zusammengefasst werden, wenn die GO dies zulässt, oder wenn wegen Fehlens von Zählerablesung und Verbrauchsmessung eine jahrweise Abrechnung unmöglich ist (BayObLG NJW-RR 1992, 1431).
Zutrittsgewährung: Jeder WEer ist verpflichtet, zur Ablesung der Geräte Zutritt zu gewähren. Dies kann notfalls durch eine einstweilige Verfügung erzwungen werden (LG Köln WuM 1985, 294).
Zwischenabrechnung: Ist diese notwendig, so trägt der veräußernde oder vermietende WEer die Kosten, bei Selbstnutzerwechsel der Verband (KG ZWE 2002, 409, 411). S. auch Eigentümerwechsel.

i) Kostenerstattung durch andere Wohnungseigentümer

Ein WEer kann grundsätzlich von einem anderen oder anderen WEer'n **keine Vergütung** für geleistete Dienste (zB Einholung von Angeboten, Korrespondenz mit Bauhandwerkern und Baustellenbesichtigung im Rahmen einer Instandsetzungsmaßnahme am GE) verlangen, es sei denn, dies ist vereinbart oder beschlossen.[192] **40**

---

[192] BayObLG WuM 1998, 676.

12. Kostenbefreiung bei baulichen Veränderungen des nicht zustimmenden Wohnungseigentümers (Abs. 6)

41 Abs. 6 ist nur auf Maßnahmen nach § 22 Abs. 1 bezogen und damit auf Maßnahmen der ordnungsgemäßen Instandhaltung und Instandsetzung (§ 21 Abs. 5 Nr. 2), Modernisierung (§ 22 Abs. 2) oder modernisierende Instandhaltung (§ 22 Abs. 3) nicht anwendbar. Für diese gilt die Pflicht zur anteiligen Kostentragung gemäß Abs. 2.[193] Betrifft damit ausschließlich GE, nicht SE, bei dem der einzelne WEer die Kosten trägt, zB Austausch von Heizkörper im SE ohne Beschl.

a) Nicht zustimmende Wohnungseigentümer

41a WEer, der einer zu duldenden baulichen Veränderung **nicht zugestimmt** hat (gemäß § 22 Abs. 1 S. 2 oder bei nicht für ungültig erklärtem Beschl[194] oder nach Verwirkung eines Beseitigungsanspruches[195]), ist an den Herstellungs-, Betrieb- und Unterhaltskosten und Nutzungen **nicht zu beteiligen** (S. 1 Hs. 1).

Beispiel: Einbau einer Rauchgasklappe.

Es kommt jedoch nicht darauf an, ob seine Zustimmung erforderlich war (gemäß § 14 Nr. 1[196]), dh ein zB in der Versammlung nicht anwesender gibt keine Zustimmung.[197] Er braucht deshalb auch nicht darauf hinzuwirken, dass dies festgestellt wird, da die Rechtsfolgen des Abs. 6 automatisch eintreten. Der WEer kann die Kostenfreistellung auch nach Bestandskraft des Beschl über die Durchführung der baulichen Maßnahme verlangen, sofern der Beschl die Kostenverteilung nicht abschließend regelt.[198] Dies bedeutet, dass der Nichtzustimmende auch an einem evtl. Wertzuwachs nicht teilnimmt.[199] Er wird von der Maßnahme folglich weder positiv noch negativ berührt.[200] Die Freistellung der WEer von den durch die bauliche Veränderung verursachten Kosten beruht auf einer gesetzlichen Anordnung und wirkt uneingeschränkt gegenüber jedem, also auch gegenüber den Rechtsnachfolgern der WEer.[201] Von ihm kann die Unterlassung der Teilnahme verlangt werden.[202]

b) Zustimmende Wohnungseigentümer

41b Die **anderen WEer** müssen von dem **Zeitpunkt** an, ab dem sie für die Verwaltungsverbindlichkeiten haften, die Kostenfreiheit der anderen Teilhaber (gemäß

---

[193] BGH NJW 2011, 2660.
[194] OLG Hamm ZMR 1997, 371.
[195] OLG Saarbrücken FGPrax 1997, 56.
[196] BGH NJW 2012, 603.
[197] BGH NJW 2012, 603; OLG München ZMR 2008, 905.
[198] BGH NJW 2012, 603.
[199] Bärmann/Merle § 22 Rn. 301 ff.
[200] BGH NJW 1992, 979.
[201] BGH NJW 1992, 979, 980 Rn. 22.
[202] OLG Düsseldorf NJW-RR 2006, 956.

Abs. 6 Hs. 2) gegen sich gelten lassen. Ist mit der baulichen Veränderung eine Modernisierung verbunden, ist der WEer nur von den Mehrkosten befreit, die dadurch entstehen, dass die Maßnahme über eine ordnungsgemäße Instandhaltung hinausgeht. An diesen Kosten kann er sich aber nach den Grundsätzen der ungerechtfertigten Bereicherung (§§ 812 ff. BGB) zu beteiligen haben.[203] Soweit der WEer den Beschl über eine bauliche Veränderung nicht anficht, entsteht mit Ablauf der Anfechtungsfrist eine Duldungspflicht.

Beispiel: Die WEer beschließen den Bau von 19 Garagen, von denen der Antragsteller keine erhalten soll. Mangels Anfechtung muss er dies dulden,[204] er hat aber keine Kostentragungslast, wenn nicht anders beschlossen.[205]

Eine JA, die unter Verstoß gegen Hs. 2 genehmigt wird, ist nur anfechtbar.[206]

c) Unabwendbarkeit

Abs. 6 ist nicht anwendbar, wenn die Zustimmung gegeben[207] wurde oder in einer Vereinb schon enthalten ist.[208]

42

d) Rechtsfolgen

Abs. 6 kann durch Vereinb bzw. TErkl und **durch Beschl im Einzelfall nach Abs. 4 geändert** werden.[209] Ist dies nicht erfolgt, bedeutet dies, dass er nicht verpflichtet ist, an der Vergabe der zur Durchführung der Maßnahme erforderlichen Aufträge mitzuwirken und dadurch eine Haftung nach außen[210] zu übernehmen. Einer erhöhten Beitragsleistung ist er nicht ausgesetzt, denn die Instandhaltungsrücklage darf zu diesem Zweck nicht angegriffen werden;[211] ebensowenig darf aus diesem Grunde eine SU unter Einbeziehung der nicht zustimmenden WEer erhoben werden. Dies gilt auch für die Folgekosten der Maßnahme.[212] Der Verwalter hat sogar sicherzustellen, dass der Nichtzustimmende auch im Außenverhältnis nicht für die Kosten der baulichen Veränderung in Anspruch genommen wird.[213] Der Rechtsnachfolger anderer WEer muss dies gegen sich gelten lassen.[214] Folgende **Fallgestaltungen** sind zu **unterscheiden:**

43

---

[203] BayObLG DWE 1989, 38.
[204] BayObLG DNotZ 1973, 611.
[205] OLG Hamm ZMR 1997, 371.
[206] Abramenko ZMR 2003, 468; Palandt/Bassenge Rn. 3, str.
[207] BayObLG ZWE 2001, 424.
[208] BayObLG ZMR 2001, 829; aA OLG Celle ZMR 2007, 55.
[209] BGH NJW 1992, 989.
[210] BGHZ 67, 232, 235 f.
[211] AG Bonn ZWE 2011, 291.
[212] BGH NJW 1992, 989; OLG Hamburg MDR 1977, 230.
[213] BGH NJW 1992, 989; OLG Hamburg MDR 1977, 230.
[214] BGH NJW 1992, 989.

e) Zustimmung erfolgt unter Bedingung

44 Die **Zustimmung zu einer baulichen Veränderung** ist unter Festlegung einer **Höchstgrenze erfolgt**. Ein WEer kann in diesem Fall nicht gegen seinen Willen an Kosten beteiligt werden, die über die festgelegte Höchstgrenze hinausgehen. Insoweit ist er wie ein Nichtzustimmender zu behandeln. Ein Beschl, der dies vorsieht, ist auf Anfechtung hin für ungültig zu erklären,[215] ebenso bei Kostennichtbeteiligung.[216]

f) Keine Zustimmung

45 **aa) Abgetrennte Nutzung möglich.** Ist eine abgetrennte Nutzung möglich, so kann der Nichtzustimmende nur dann eine Nutzung erlangen, wenn alle ursprünglich Zustimmenden auch mit zustimmen.[217] Dies führt zur Beteiligung an den Betriebs-, Unterhalts- und Herstellungskosten.[218]

46 **bb) Abgetrennte Nutzung nicht möglich.** Ist eine abgetrennte Nutzung praktisch nicht möglich,[219] so ist wie folgt zu unterscheiden:

47 **(1) Verfrühte Instandsetzung.** Die Nichtzustimmenden sind im Zeitpunkt der notwendigen Instandsetzungskosten unter Berücksichtigung der Abnutzung zu beteiligen,[220] an den Unterhaltskosten sogleich.

48 **(2) Zwangsläufige Mitbenutzung.** Bei einer baulichen Veränderung. Hier ist der Nichtzustimmende an den Investitionskosten, die dadurch entstehen, dass die Maßnahme über die ordnungsgemäße Instandhaltung und Instandsetzung hinausgeht, nicht zu beteiligen.[221] Soweit er einen Vermögensvorteil erlangt (zB Heizkostenersparnis), hat er diesen der WEerGem zumindest bis zur Höhe seiner (fiktiven) Beteiligung an den Instandhaltungskosten nebst angemessener Verzinsung nach den Grundsätzen der ungerechtfertigten Bereicherung herauszugeben.[222]

g) Bestandskräftiger Beschluss

49 Abs. 6 S. 2 enthält die Abgrenzung und Klarstellung, dass der WEer sich aber auf jeden Fall dann beteiligen muss, wenn die Gem über die Kosten gemäß Abs. 4 beschlossen hat und dies **bestandskräftig wird**, unabhängig von seinem Abstimmungsverhalten. Da er damit die Nutzungen beanspruchen kann, muss er auch die Kosten tragen.[223]

Beispiel: Nichtanfechtung der Kostenverteilung über eine bauliche Veränderung.

---

[215] BayObLG ZMR 1986, 249.
[216] OLG Düsseldorf NZM 2006, 109.
[217] Demharter MDR 1988, 265.
[218] AG Wiesbaden MDR 1967, 126.
[219] ZB bei Umstellung der Heizung BayObLGZ 1988, 271.
[220] AA Demharter MDR 1988, 265, 267.
[221] OLG Schleswig ZMR 2007, 562; BayObLG WuM 1989, 41.
[222] OLG Schleswig ZMR 2007, 562: Heizkostenersparnis bei Fassadensanierung, BayObLG NJW 1981, 690, 691; OLG Hamm NZM 2002, 874.
[223] BT-Drucks. 16/887 S. 25.

Nutzungen, Lasten und Kosten § 16

13. Beitragsschuld jedes Wohnungseigentümers

Siehe zunächst Rn. 11. Danach haftet der WEer mit seinem ganzen Vermögen **50** für seine Beitragsschulden sei es aus WP, SU oder JA, die erst durch einen Beschl gemäß § 28 Abs. 5 konkretisiert werden[224] (s auch § 28 Rn. 59), gegenüber dem Verband, der damit Gläubiger ist.

a) Begriff des Wohnungseigentümers

Diese Verpflichtungen treffen nach dem Gesetzeswortlaut den **„WEer"**, der **51** **der tatsächliche** (materiell-rechtlicher) **Eigentümer** ist, der nicht mit dem Grundbucheigentümer übereinstimmen muss, wofür aber die Vermutung streitet.[225] Damit also weder schuldrechtlich Berechtigte, zB Mieter, noch dinglich Berechtigte, zB Wohnrechtsinhaber[226] oder Nießbraucher,[227] sondern den zu dem Zeitpunkt der Fälligkeit eingetragenen WEer, selbst wenn WP oder JA anderen WEer ausweist.[228] Halten das WE mehrere, zB zu Bruchteilen, so haften sie gesamtschuldnerisch.[229] Ist Kaufvertrag[230] oder Übereignungsvertrag nichtig (zB Sittenwidrigkeit,[231] Arglistige Täuschung[232] etc.), so ist der Veräußerer Eigentümer, weil damit die Vermutung des Grundbuchs widerlegt ist.[233] Dann ist bezahltes Wohngeld zurückzuerstatten.[234] Der Rückübertragungsanspruch kann aber verwirkt sein, wenn sich der Erwerber zehn Jahre lang wie ein Eigentümer verhalten hat.[235]

b) Veräußerung

aa) Verkäufer. Die Frage, wer bei der Veräußerung als WEer anzusehen ist, ist **52** vom BGH[236] mit einer Auslegung streng am Wortlaut beantwortet worden, dh nur der im Grundbuch Eingetragene ist Verpflichteter,[237] wenn er materiell-rechtlich auch WEer ist. Bis zur Umschreibung im Grundbuch schuldet der Veräußerer alle Beiträge, die bis dahin fällig sind inklusive der rückständigen Vorschüsse iSv § 28 Abs. 2.[238] Bereits begründete Verpflichtungen gehen aber

---

[224] BGH NJW 1994, 2950.
[225] BGH NJW 1989, 2697; OLG Stuttgart ZMR 2005, 578.
[226] BGH Rpfleger 1979, 58.
[227] BGH NJW 2002, 1647.
[228] BGH ZMR 2012, 284.
[229] LG Saarbrücken ZWE 2010, 416; OLG Stuttgart OLGZ 1969, 232.
[230] KG ZMR 2003, 53.
[231] LG Nürnberg ZMR 2011, 243.
[232] OLG Düsseldorf ZMR 2005, 719.
[233] BGH NJW 1994, 3352.
[234] KG ZMR 2001, 728.
[235] OLG Stuttgart ZMR 2005, 983.
[236] NJW 1994, 2950.
[237] BGH NJW 1989, 2697; BayObLG NJW-RR 1990, 81; KG WE 1991, 106.
[238] OLG Karlsruhe ZMR 2005, 310.

§ 16
I. Teil. Wohnungseigentum

nicht unter, zB aus WP oder erlöschen auch nicht durch Aufnahme in JA des Erwerbers.[239] Danach kann die Gem den Verkäufer nicht mehr verpflichten.[240]

53 bb) Abweichende Vereinbarung. Eine **Regelung über die Haftung des Erwerbers für Rückstände** ist nur möglich, wenn eine Vereinb dies vorsieht,[241] umfasst dann auch den Fall eines Ersterwerbs vom teilenden Eigentümer.[242] Ein Beschl, der eine solche Haftung einführt, ist – auch wenn er unangefochten bleibt – nichtig (es sei denn, es besteht eine Öffnungsklausel), insbesondere wenn er Rückstände in der Zwangsversteigerung erfasst.[243] Bei Erwerb durch Zwangsversteigerung ist eine Haftung auch durch Vereinb nicht möglich.[244]

54 cc) Käufer. Er ist nicht verpflichtet, die vor seiner Umschreibung **begründeten Beitragsschulden** zu begleichen,[245] es sei denn, sie werden danach erst fällig, zB SU vor Versteigerung beschlossen, danach fällig.[246] Der Erwerber schuldet alle nach seinem Eigentumserwerb begründeten Beiträge,[247] auch wenn sie Aufwendungen aus Jahren davor beinhalten, in dem der Käufer nicht Eigentümer war.[248] Einbeziehung von Altrückständen in eine JA begründet keine neue Schuld, sondern ist unwirksam, da die WEer dafür keine Beschlkompetenz haben.[249]

55 dd) Fälligkeit. Der Fälligkeitszeitpunkt gilt selbst dann, wenn die Beschlfassung nach dem Kaufvertrag und vor der Umschreibung[250] oder dem Zuschlag[251] erfolgt, die Fälligkeit aber erst nach Umschreibung eintrat.

Beispiel: Nach Verkauf wird Sonderumlage beschlossen, die erst nach Umschreibung zahlbar ist. Dies gilt auch dann, wenn die Schuld daraus herrührt, dass der Rechtsvorgänger eines WEers die aufgrund eines Beschl über den WP oder eine SU geschuldeten Zahlungen nicht geleistet hat.

Aber ggf. besteht ein **Schadensersatzanspruch**, wenn der Erwerber nicht aufgeklärt hatte.[252]

56 ee) Abrechnungsspitze. Für die **Zeit der Überlappung von Vorschüssen mit der JA** (dh soweit eine Nachzahlungspflicht des Erwerbers in der Abrechnung deshalb besteht, weil der Veräußerer keine Vorschüsse bezahlt hat) besteht

---

[239] BGH NJW 1996, 725.
[240] BGH ZMR 2012, 284.
[241] BGH NJW 2012, 2797; 1994, 2950.
[242] OLG Düsseldorf ZMR 1997, 245.
[243] BayObLGZ 1984, 198.
[244] BGH NJW 1987, 1638.
[245] BGH NJW 1994, 2950.
[246] AG Saarbrücken ZMR 2009, 877.
[247] Sauren Rpfleger 1991, 290.
[248] BGH NJW 1988, 1910.
[249] BGH NJW 2012, 2976.
[250] OLG Hamm ZMR 1996, 337; OLG Düsseldorf ZMR 2002, 144.
[251] OLG Köln NZM 2002, 351.
[252] OLG Düsseldorf NZM 2001, 198.

nach diesseitiger Auffassung eine Gesamtschuld,[253] dh die Nachzahlung vermindert sich nicht um diese fehlenden Vorschüsse[254] bzw. Verdoppelung des Rechtsgrunds für rückständige Vorschüsse in dem Sinne, dass sie sowohl auf Grund des Beschl über den WP als auch auf Grund des Beschl über die JA geschuldet wären.[255]

Nach der **hM**, der sog **Abrechnungsspitze**, bewirkt die JA aber keine Novation der Beitragsschuld, sondern begründet eine neue Schuld nur für die Abrechnungsspitze. Das ist der Betrag, um den die Abrechnung die Summe der nach dem WP geschuldeten Vorschüsse übersteigt.[256] Der Beschl über die JA wirkt hiernach anspruchsbegründend nur hinsichtlich des auf den einzelnen WEer entfallenden Betrages, welcher die in dem WP für das abgelaufene Jahr beschlossenen Vorschüsse übersteigt (sog Abrechnungsspitze[257]). Zahlungsverpflichtungen, die durch frühere Beschlüsse entstanden sind, bleiben hierdurch unberührt. Dies gilt insbesondere für die in dem Wirtschaftsplan des abzurechnenden Jahres beschlossenen und damit nach § 28 Abs. 2 geschuldeten Vorschüsse[258] und unabhängig davon, ob zwischenzeitlich ein Eigentümerwechsel stattgefunden hat.[259] Nach dem OLG Düsseldorf[260] gilt dies auch in der Zwangsverwaltung. Eine diese Grundsätze nicht beachtende Abrechnung ist deshalb nach diesseitiger Auffassung nicht anfechtbar,[261] nach hM aber sogar mangels Beschlkompetenz nichtig.[262] 57

ff) Rechtsmissbrauch. Im konkreten Fall ist jedoch jeweils die Frage des **Rechtsmissbrauchs** zu prüfen. Eine mögliche absichtliche verzögerte Beschlfassung, um die Schuld des Käufers herbeizuführen, ist durch Anfechtung geltend zu machen.[263] Ein Beschl wird durch Vorliegen des Rechtsmissbrauchs aber nicht nichtig.[264] Hierfür reicht nicht aus, dass angeblich vor Eintragung des neuen WEer schon über die JA hätte beschlossen werden können.[265] 58

---

[253] Sauren Rpfleger 1991, 290.
[254] LG Köln WuM 1997, 184 m. zust. Anm. Drasdo; Müller WE 1997, 130; Bärmann/Merle 11. Aufl. § 28 Rn. 152; Becker ZWE 2000, 165; Sauren Rpfleger 1991, 290; ähnlich OLG Köln WuM 1997, 638; **aA die hM,** sog **Abrechnungsspitzentheorie:** BGH NJW 2012, 2797; 2010, 2128; 1999, 3713; hierzu Sauren NJW 2000, 1536; dies gilt nach OLG Hamburg ZMR 2001, 911 auch für SU.
[255] OLG Dresden ZMR 2006, 543; OLG Hamm, NJW-RR 2009, 1388; Wenzel WE 1997, 124, 126; Hauger, FS Bärmann/Weitnauer, 353, 361 ff.; Bub ZWE 2011, 195; aA BGH NJW 2012, 2797.
[256] BGH NJW 1999, 3713; Demharter ZWE 2001, 60.
[257] BGH NJW 2010, 2127, 2128 Rn. 13.
[258] BGH NJW 2012, 2796.
[259] BGH NJW 2012, 2797; aA OLG Hamm NJW-RR 2009, 1388.
[260] NZM 2001, 433; OLG München ZMR 2007, 721.
[261] Ebenso BGH NJW 1994, 1867, aber inzwischen aufgegeben s. BGH NJW 2012, 2797 Rn. 24.
[262] BGH NJW 2012, 2796
[263] BayObLG WuM 1995, 52.
[264] BayObLG NJW-RR 1992, 14; Rpfleger 1995, 123.
[265] LG Hamburg DWE 1990, 22.

59 gg) Saldoübernahme. Wird in die Einzelabrechnung des Erwerbers ein **Saldo** aus einer alten Abrechnung oder Umlage aufgenommen, so ist die Abrechnung nicht nichtig,[266] sondern nur anfechtbar.[267] Dabei ist jedes Mal durch Auslegung zu ermitteln, ob es sich dabei um eine bloße **Kontenstandsmitteilung** handelt oder ob eine Zahlungspflicht insoweit begründet werden soll,[268] die nichtig wäre mangels Beschlkompetenz.[269] Deshalb entfällt die Haftung des Veräußerers durch die Aufnahme des vorherigen Saldos in die JA des Erwerbers nicht.[270]

14. Erbenhaftung, Testamentsvollstreckung

60 Vor dem Erbfall fällig gewordene Wohngeldbeiträge sind Nachlassverbindlichkeiten. Nach dem Erbfall fällig werdende oder durch Beschluss begründete Wohngeldschulden sind (jedenfalls auch) Eigenverbindlichkeiten des Erben, wenn ihm das Halten der Wohnung als ein Handeln bei der Verwaltung des Nachlasses zugerechnet werden kann. Hiervon ist idR spätestens dann auszugehen, wenn er die Erbschaft angenommen hat oder die Ausschlagungsfrist abgelaufen ist und ihm faktisch die Möglichkeit zusteht, die Wohnung zu nutzen. Dann kann er seine Haftung daher nicht auf den Nachlass beschränken.[271] Gehört eine Eigentumswohnung zu dem Nachlass, weil sie der Testamentsvollstrecker für den Erben mit Nachlassmitteln erworben hat, sind die Hausgeldschulden, die während der Dauer der Testamentsvollstreckung fällig werden, ebenfalls Nachlassverbindlichkeiten.[272]

15. Zahlungspflicht

a) Persönliche Haftung

61 Der **so verstandene WEer** ist, soweit keine Fälligkeit bestimmt ist, nach Abruf des Verwalters zunächst zur Zahlung sog Vorschüsse verpflichtet (§ 16 Abs. 2 iVm § 28 Abs. 2), dh sofort (§ 271 BGB). Diese Zahlungspflicht wird durch die jeweiligen Beschl der Gem konkretisiert, die die tatsächlichen Beitragshöhen bestimmen (§ 28 Abs. 5). Adressierung einer anderen Person, zB Voreigentümer, auf der beschlossenen Abrechnung soll nach dem BGH daran nichts ändern und ist unschädlich.[273]

---

[266] AA KG WE 1993, 94.
[267] OLG Düsseldorf WuM 1991, 623; KG WE 1994, 48.
[268] BayObLG NZM 200, 52; OLG Köln ZMR 1997, 249.
[269] BGH NJW 2012, 2796.
[270] BGH NJW 1996, 725.
[271] BGH NJW 2013, 3446.
[272] BGH NJW 2012, 316.
[273] BGH ZMR 2012, 284.

b) Keine dingliche Haftung

Neben dieser persönlichen, gibt es keine sog dingliche Haftung. Aus dem **62** Zwangsversteigerungsgesetz (§ 10 Abs. 1 Nr. 2, s. Anhang zu diesem Kommentar) ergibt sich zwar für Wohngeldforderungen in bestimmtem Umfang ein Recht auf Befriedigung aus dem WE, welches insbesondere nicht von der Person des Eigentümers abhängig ist, aber keine welche eine von der Person des Eigentümers unabhängige dingliche Haftung begründet würde.[274] Ruht das Hausgeld in dem bevorrechtigten Teil damit nicht als private Last auf dem WE, muss die WEG ihre Ansprüche möglichst rasch titulieren und durchsetzen, um ihr Vorrecht nicht zu verlieren. Wird es veräußert und wird der Erwerber durch eine Vormerkung gesichert, bevor die Zwangsversteigerung angeordnet wird, kann das Vorrecht letztlich nicht wahrgenommen werden, weil die Zwangsversteigerung auf Antrag des Erwerbers (§ 28 ZVG) eingestellt werden muss, wenn es zur Umschreibung kommt.[275] Damit steht ein durch Vormerkung gesicherter Eigentumswechsel dem entgegen.[276]

c) Geltendmachung des Wohngeldgläubigers

Die **beschlossenen Beträge** (§ 28 Rn. 63) **geltend zu machen**, ist zunächst **63** Aufgabe des Verwalters (§ 27 Abs. 1 Nr. 4). Die gerichtliche Geltendmachung erfolgt im WEG-Verfahren (§§ 43 ff.) durch den Verwalter (§ 27 Abs. 2 Nr. 3). Einzelne oder mehrere WEer können nur auf Grund Beschl der Gem (§ 43 Rn. 16) tätig werden. Da der Anspruch dem Verband als Gläubiger zusteht, muss der Antrag bei Gericht auf Zahlung an diese gehen, ebenfalls bei einem eventuellen Schadensersatzanspruch wegen schuldhafter Verletzung der Zahlungspflicht.[277] Eine mögliche Anfechtung des Beschl über die Beitragsfestsetzung entbindet nicht von der Zahlungspflicht und ist kein Grund zur Aussetzung des Wohngeldprozesses.[278]

16. Einreden und Einwendungen

a) Verjährung

Die Ansprüche auf Zahlung von Lasten und Kosten, egal aus welchem Rechts- **64** grund, verjähren nach drei Jahren (§ 195 BGB).[279] Der Anspruch der Gem auf Zahlung der in einem beschlossenen WP ausgewiesenen Vorschüsse entsteht zu dem Zeitpunkt, zu dem diese aufgrund des Abrufs durch den Verwalter (§ 28 Abs. 2) zu leisten sind. Die dreijährige Verjährungsfrist (§ 195 BGB) beginnt

---

[274] BGH NJW 2013, 3515, ausführlich dazu Schneider ZWE 2014, 61; aA LG Heilbronn ZMR 2013, 304-.
[275] Schmidt-Räntsch ZWE 2013, 432.
[276] Reymann ZWE 2013, 346; aA LG Heilbronn ZMR 2013, 304; LG Berlin ZMR 2011, 156.
[277] LG Saarbrücken ZMR 2013, 138.
[278] BayObLG NJW-RR 1993, 788.
[279] BGH NJW 2012, 2797; Sauren NZM 2002, 585; OLG München ZMR 2007, 478.

folglich am Ende des Jahres, in dem der jeweilige Vorschuss fällig war (§ 199 Abs. 1 BGB).[280] Der Beschl über die JA führt nicht zu einem Neubeginn der Verjährung für die Vorschussansprüche.[281] Die innerhalb der Gem geltende gesteigerte Treuepflicht kann es im Rahmen ordnungsgemäßer Verwaltung gebieten, gegenüber Ansprüchen einzelner (hier: Erstattung aufgrund nichtiger Eigentümerbeschlüsse aufgewendeter Instandsetzungskosten) den Einwand der Verjährung nicht geltend zu machen,[282] der Einwand der Verjährung ist aber grundsätzlich nicht treuwidrig.[283] Kommt es bei Verjährung auf Kenntnis an, so ist diejenige des Verwalters dem Verband zuzurechnen.[284]

b) Aufrechnung

65 Gegenüber dem Anspruch der WEerGem auf Zahlung von Kosten und Lasten[285] kann auf Grund der Treuepflicht (Vor § 10 Rn. 9) **nur beschränkt aufgerechnet** werden (§§ 387 ff. BGB), da bei fehlender Zahlung eine ordnungsgemäße Verwaltung nicht mehr gewährleistet wäre. Nach der Rspr[286] kann deshalb nur in drei Fällen aufgerechnet werden, nämlich zum ersten nur mit **anerkannten Gegenforderungen** (auch aus Überzahlung[287] oder Schadensersatz[288]). Anerkannt ist eine Forderung zB dann, wenn sie auf Grund eines Beschl der Gem (Verwalter hat dazu keine Befugnis) für zutreffend befunden wurde.

Beispiel: Guthaben aus der JA.

Ebenfalls kann aufgerechnet werden zum zweiten mit **rechtskräftig festgestellten**[289] Ansprüchen, mit **entscheidungsreifen** Ansprüchen im Rechtsstreit[290] oder drittens mit Ansprüchen aus **Notgeschäftsführung** (iSv § 21 Abs. 2 iVm § 683 BGB; s. § 21 Rn. 7), aber nicht mit Aufwendungsansprüchen, die sich auf das allgemeine Rechtsinstitut der Geschäftsführung ohne Auftrag stützen (§§ 683, 680 BGB).[291] Aber nur von dem WEer, der sie vorgenommen hat, aber auch, wenn Notgeschäftsführung vor Erwerb vorgenommen wurde.[292] Darüber hinaus müssen die Voraussetzungen des BGB (§§ 387 ff. BGB) für die Aufrechnung vorliegen, also zB auch die Gegenseitigkeit gegeben sein. Das bedeutet, dass die Forderung sich auch gegen die WEerGem richten muss und nicht nur gegen einen einzelnen WEer oder den Verwalter.

---

[280] BGH NJW 2012, 2797 Rn. 18.
[281] BGH NJW 2012, 2797.
[282] OLG Düsseldorf ZMR 2009, 303.
[283] LG München ZMR 2011, 959.
[284] OLG Hamm ZMR 2009, 867; Sauren NZM 2002, 588.
[285] ZB JA, BayObLG ZMR 2001, 53, oder auch im Vollstreckungsgegenantrag, KG ZMR 1995, 211.
[286] ZB BayObLG NZM 2005, 625.
[287] BayObLG ZMR 1988, 349.
[288] OLG München ZMR 2007, 397.
[289] BayObLG WE 1987, 17.
[290] Vgl. BGH NJW 1986, 1797; OLG Köln NZM 2000, 349.
[291] OLG Hamm ZMR 2009, 937 Rn. 28; aA OLG Frankfurt NZM 2007, 367.
[292] BayObLG ZMR 1998, 646.

Nutzungen, Lasten und Kosten § 16

Beispiel: Dies fehlt bei einer Forderung des Verwalters, die an einen WEer abgetreten ist.[293]

Das Aufrechnungsverbot gilt nach dem BayObLG[294] auch für den ausgeschiedenen WEer.

c) Zurückbehaltungsrecht

Hier gilt dasselbe wie zur Aufrechnung (Rn. 65). Aus den oben dargelegten Gründen besteht auch grundsätzlich **kein Zurückbehaltungsrecht** (§ 273 BGB) gegenüber Zahlungsansprüchen der WEerGem,[295] bis auf die obigen Ausnahmen. Es kann durch Vereinb ganz ausgeschlossen werden.[296] Ein WEer kann die Zahlung also weder mit der Begründung verweigern, dass er bereits genug Vorschüsse geleistet habe, noch, dass ihm noch Ansprüche zustehen würden. Ebenso wenig ist es möglich, Wohngeldforderungen, zB aus einer SU, entgegen zu halten, dass die ihr zu Grunde liegenden Leistungen **mangelhaft ausgeführt** seien.[297]

65a

d) Rechtsgrundlose Zahlung von Wohngeld

Eine **Rückforderung** von Wohngeldern, weil der betreffende WP und die JA aufgehoben worden sind und der WEer ausgeschieden ist, ist nach dem OLG Köln[298] auf Grund von Treu und Glauben ausgeschlossen. Dies ist nicht haltbar, da damit ein Beschl für Wohngelder in Zukunft nicht mehr nötig wäre. Das KG[299] will dies von den Folgebeschlüssen abhängig machen.

66

17. Abdingbarkeit

Durch Vereinb können Aufrechnung oder Zurückbehaltungsrecht noch weiter beschränkt bis zum ganzen Ausschluss,[300] aber auch in vollem Umfang zugelassen werden,[301] aber nicht gänzlich ausgeschlossen werden für anerkannte und rechtskräftig festgestellte Forderungen.[302] Ein Beschl wäre nichtig.[303]

67

---

[293] BayObLG Rpfleger 1976, 422.
[294] WuM 1996, 298.
[295] BGH NJW 2012, 2797 Rn. 15; BayObLG Rpfleger 1977, 286.
[296] BayObLG NZM 2001, 766.
[297] BayObLG WE 1997, 269.
[298] ZMR 1997, 30, OLG Hamm ZMR 2005, 593; LG Düsseldorf ZWE 2014, 89; aA zu Recht AG Neuss ZMR 2013, 392; Merle ZWE 2014, 90; Elzer ZMR 2014, 259.
[299] NJW-RR 1999, 92.
[300] OLG Frankfurt NZM 2007, 367.
[301] Weitnauer/Gottschalg Rn. 28.
[302] Müller Teil 6 Rn. 114; aA OLG Köln NZM 2000, 349 für Sonderfall Zweiergem.
[303] Palandt/Bassenge Rn. 32.

18. Insolvenz des Wohnungseigentümers

68 Durch die Eröffnung eines Insolvenzverfahrens geht die Befugnis über die in einer solchen Masse sich befindenden WE auf den Insolvenzverwalter über (§ 80 InsO). Er nimmt in seiner Eigenschaft als Insolvenzverwalter die Eigentumswohnung der Schuldnerin in Besitz. Damit gehen die Rechte und Pflichten der Schuldnerin als WEerin auf ihn über, unter anderem das Nutzungsrecht, dem die Verpflichtung zur anteiligen Kostentragung, § 16, gegenübersteht.[304]

a) Wohngeld vor Insolvenzeröffnung

68a Die vor Insolvenzeröffnung fälligen Zahlbeiträge eines WEer sind **Insolvenzforderungen** (§ 38 InsO),[305] aber es besteht ein Absonderungsrecht des Verbandes. Selbst wenn sie gegen den säumigen WEer vor der Insolvenzeröffnung keinen Zahlungstitel erlangt haben, können sie den das Absonderungsrecht bestreitenden Insolvenzverwalter mit der Pfandklage auf Duldung der Zwangsversteigerung in die Eigentumswohnung in Anspruch nehmen. Das Prozessgericht muss in diesem Fall prüfen, ob die Voraussetzungen des Vorrechts gegeben sind.[306] Das Vorrecht wegen der Hausgeldansprüche an der bis dahin nicht beschlagnahmten Eigentumswohnung entsteht mit der Verfahrenseröffnung der Insolvenz.[307] Trotz Aufnahme von offenen WP Beiträgen in die JA bleiben diese Insolvenzforderungen.[308]

b) Wohngeldausfall

68b Enthält die TErkl für diesen Fall des Ausfalls von Wohngeld keine Regelung, so sind die übrigen WEer im Wege der **Nachschusspflicht** zur Deckung der entstandenen Lücke nach dem Umlegungsschlüssel der Betriebskosten, mangels einer solchen Regelung, nach den MEanteilen verpflichtet. Sind einzelne Kosten konkret den Mitgliedern einer Untergemeinschaft zugeordnet, haben diese den Ausfall allein zu tragen.[309] Wird zur Deckung des Wohngeldausfalles eines insolventen WEers eine SU beschlossen, so ist auch der Insolvenzverwalter dieser Einheiten zur Zahlung verpflichtet.[310]

---

[304] OLG Düsseldorf NZM 2007, 47.
[305] BGH NJW 2011, 3098; 1986, 3206.
[306] BGH NJW 2011, 3098 Rn. 24.
[307] BGH NJW 2011, 3098 Rn. 34.
[308] BGH NJW 1994, 1866.
[309] OLG Stuttgart OLGZ 1983, 172.
[310] BGH NJW 2009, 1674 Rn. 20 (für Zwangsverwalter) = ZWE 2009, 209 m. Anm. Sauren; NJW 1989, 3018; Staudinger/Bub § 28 Rn. 216; AG Moers NZM 2007, 51; Jennißen Rn. 196; Riecke Rn. 234; zweifelnd BGH ZMR 2002, 929, ihm folgend Bärmann/Becker Rn. 214 mwN; s. auch Sauren DWE 1989, 42.

Nutzungen, Lasten und Kosten § 16

c) Wohngeld nach Insolvenzeröffnung

Nach Insolvenzeröffnung entstandene Beitragspflichten sind **Massekosten** (iSv 69
§ 55 Abs. 1 S. 1 InsO) und vom Insolvenzverwalter zu begleichen,[311] inkl. der Abrechnungsspitze.[312] Hier besteht kein Absonderungsrecht (§ 49 InsO).[313] Rückständige WP-Zahlungen aus der Zeit vor Insolvenzeröffnung sind im Wohngeldverfahren aus der JA herauszurechnen, selbst wenn sie unangefochten blieb.[314] Werden in die JA auch Kosten vor InsO-Eröffnung aufgenommen, so bleibt die Spitze trotzdem geschuldet.

d) Masseunzulänglichkeitsanzeige des Insolvenzverwalters

Reicht nach Eröffnung des Insolvenzverfahrens die Insolvenzmasse nicht aus, 70
um neben den Kosten auch die weiteren Verbindlichkeiten zu erfüllen, so kann der Verwalter die sog Unzulänglichkeit der Masse anzeigen (§ 208 Abs. 1 InsO).

aa) Folgerung. Dann sind Wohngeldverbindlichkeiten, die seit Eröffnung des 70a
Insolvenzverfahrens rückständig sind, Altmasseverbindlichkeiten, soweit sie **vor** Masseunzulänglichkeitsanzeige (§ 208 InsO) des Insolvenzverwalters begründet wurden. Sie werden nach der Reihenfolge des § 209 InsO nur anteilig befriedigt. Sie können dann nicht mehr mit der Leistungsklage verfolgt werden.[315] Da nach Ansicht des BGH's kein Absonderungsrecht besteht (Rn. 69), wäre die Gem danach rechtlos gestellt.[316] Deshalb ist nach diesseitiger Auffassung auch bei angezeigter Masseunzulänglichkeit der Insolvenzverwalter zur Duldung der Zwangsversteigerung verpflichtet.[317]

bb) Wohngeld nach Masseunzulänglichkeitsanzeige. Nach der Masseun- 70b
zulänglichkeitsanzeige fällig gewordene Wohngeldschulden sind **Neumasseverbindlichkeiten** (iSv § 209 Abs. 1, Abs. 2 Nr. 3 InsO), sofern der Insolvenzverwalter die Gegenleistung dadurch in Anspruch genommen hat, dass er über einen längeren Zeitraum – zB viereinhalb Jahre[318] – von der Möglichkeit der Freigabe der Eigentumswohnung keinen Gebrauch gemacht hat. Neumasseforderungen können grundsätzlich im Wege der Leistungsklage geltend gemacht werden. Unzulässig ist die Leistungsklage, wenn die im Verfahren vom Insolvenzverwalter eingewandte erneute – nach der Masseunzulänglichkeitsanzeige entstandene – Masseunzulänglichkeit hinreichend dargelegt und ggf. bewiesen worden ist. In einem solchen Fall in Betracht kommende Schadensersatzansprüche nach § 61 InsO sind beim Wohnungseigentumsgericht geltend zu machen.[319] Die Masseunzulänglichkeit muss der Insolvenzverwalter beweisen, hier-

---

[311] BGH NJW 2011, 3098 Rn. 7; 2002, 3709; 1986, 3206.
[312] BGH NJW 2011, 3098 Rn. 10.
[313] BGH NJW 2011, 3098 Rn. 8; aA zu Recht Bärmann/Becker Rn. 215 ff.
[314] BGH NJW 1994, 1866; BayObLG ZMR 1999, 120; Sauren, FS Seuß II, S. 259 ff.
[315] BGH NJW 2003, 2454.
[316] Bärmann/Becker Rn. 223.
[317] LG Berlin ZMR 2010, 142; Bärmann/Becker Rn. 224.
[318] OLG Düsseldorf NZM 2007, 47.
[319] OLG Düsseldorf NZM 2007, 47; LG Stuttgart Rpfleger 2006, 222.

bei wird eine ordnungsgemäße Darlegung[320] vom Insolvenzverwalter gefordert. Danach genügt die pauschale Gegenüberstellung von Aktiva und Passiva zur Darlegung der im Prozess vorgebrachten Masseunzulänglichkeit nicht. Der Verwalter hat mindestens die drohende Zahlungsunfähigkeit (§ 208 Abs. 2 iVm § 18 Abs. 2 InsO) des für Neumasseverbindlichkeiten gebildeten, abgesonderten Massebestandteils im Einzelnen darzulegen. Ein gegenständlich begrenzter Überschuldungsstatus kann dafür nur ein Beweisanzeichen sein.[321]

e) Freigabe durch den Insolvenzverwalter[322]

71 **aa) Pflichtenumfang.** Der Insolvenzverwalter ist im Rahmen der Verwaltung der Insolvenzmasse verpflichtet, Gegenstände, die für die Masse wertlos sind, zB Wohnungen, freizugeben,[323] denn er hat in seiner Eigenschaft als Insolvenzverwalter die Eigentumswohnungen der Schuldnerin in Besitz genommen. Damit sind grundsätzlich die Rechte und Pflichten der Schuldnerin als WEer auf ihn übergegangen, unter anderem das Nutzungsrecht, dem die Verpflichtung zur anteiligen Kostentragung, § 16, gegenübersteht. Verstößt er dagegen, macht er sich ggf. schadensersatzpflichtig.[324] **Anders der BGH:** Allein wegen einer nicht rechtzeitigen Anzeige der Masseunzulänglichkeit (gemäß § 208 Abs. 1 InsO) könne **keine Haftung** angenommen werden. Eine insolvenzspezifische, zum Schutz der Gläubiger bestehende Pflicht des Insolvenzverwalters, so rechtzeitig Masseunzulänglichkeit anzuzeigen, dass der Masse aufgezwungene Verbindlichkeiten ab deren Eintritt bevorzugt (mit dem Rang des § 209 Abs. 1 Nr. 2 InsO) befriedigt werden, bestehe nicht. Die Annahme einer solchen Pflicht würde eine unzulässige Ausdehnung der persönlichen Haftung des Insolvenzverwalters bedeuten. Dieser müsste – zumindest mittelbar – doch für die Erfüllbarkeit von auf die Masse übergegangenen Dauerschuldverhältnissen persönlich eintreten, ohne diese willentlich begründet zu haben. Er könnte zwar nicht (nach § 61 S. 1 InsO) persönlich in Anspruch genommen werden, weil ihn diese Haftung gerade nicht treffen solle. Ließe er aber den Zeitpunkt verstreichen, zu dem die Masseunzulänglichkeit droht oder bereits eingetreten ist, träfe ihn die persönliche Haftung für aufgezwungene Verbindlichkeiten (aus § 60 Abs. 1 InsO), weil er stets dafür zu sorgen hätte, dass diese mit dem bestmöglichen Rang befriedigt werden müssen.[325] Als Folge wird geraten, dass dieses erhebliche Problem seitens des Verbandes mit deren Mittel zu lösen sei.[326]

71a **bb) Rechtsfolgen.** Durch die Freigabe erlischt die Beschlagnahme[327] und der WEer ist wieder allein für die WE und damit auch das Wohngeld verantwortlich,

---

[320] BGH NZI 2003, 369.
[321] OLG Düsseldorf NZM 2007, 47.
[322] KG NZM 2004, 383; Lüke, FS Wenzel, S. 235.
[323] OLG Düsseldorf NZM 2007, 47 Rn. 47.
[324] OLG Düsseldorf NZM 2007, 47; LG Stuttgart Rpfleger 2006, 222; AG Wedding ZMR 2008, 751; aA BGH ZMR 2011, 310 Rn. 7; LG Stuttgart NZM 2008, 532.
[325] BGH ZMR 2011, 310 Rn. 8.
[326] Lücke ZWE 2010, 70, zB Erwerberhaftung, Kautionsklausel.
[327] BGH NJW 2006, 1286; 2002, 3704.

mit der Folge, dass eventuell unterbrochene Verfahren weitergeführt werden,[328] und dass danach fällig werdendes Wohngeld incl. SU von ihm aus insolvenzfreiem Vermögen geschuldet wird,[329] aber er haftet nicht für Insolvenzforderungen.[330] Für diese neuen Wohngeldforderungen gilt dann wieder das Absonderungsrecht.[331] Die bisherigen Forderungen bleiben aber Masseforderung.[332] Unzulässig ist aber eine Zwangsvollstreckung in von der Insolvenzverwaltung freigegebenes Vermögen für persönliche Forderungen, da dieses als sonstiges Vermögen des Schuldners dem Vollstreckungsverbot unterliegt (nach § 89 InsO),[333] soweit nicht InsO wegen Absonderungsrecht (Rn. 68) unanwendbar.

19. Zwangsverwaltung

Durch diese wird die Haftung des Schuldners nicht berührt.[334] 72

a) Vor der Beschlagnahme

Bei der Zwangsverwaltung **haftet der Zwangsverwalter nicht für rück-** 72a
ständige Kosten und Lasten, dh solche, die vor Beschlagnahme fällig geworden sind. Diese werden aus eventuellen Überschüssen befriedigt (§ 155 Abs. 2 ZVG).[335] Keine Zahlungsverpflichtung des Zwangsverwalters besteht jedoch für Wohngeldrückstände für ein früheres Wirtschaftsjahr, dh aufgrund eines WP's für jenes Jahr vor der Beschlagnahme fällig gewordene Vorschüsse, aus einer erst nach der Beschlagnahme beschlossenen JA. Dies gilt auch, wenn dieser Beitragsrückstand in der nach der Beschlagnahme beschlossenen Jahresabrechnung zwecks Berechnung des Endbetrages der insgesamt geschuldeten Leistungen nochmals ausgewiesen ist.[336]

b) Nach der Beschlagnahme

Nach der Beschlagnahme **hat der Zwangsverwalter entstandene Beiträge** 72b
aus den Nutzungen vorab zu zahlen.[337] Nach dem BGH[338] hat der Zwangsverwalter nur die Abrechnungsspitze aus der JA zu begleichen.[339] Darüber hinaus nur die Wohngelder aus dem WP, die die Zeiträume während der Anord-

---

[328] BGH NJW 2005, 2015; AG Halle ZMR 2011, 999.
[329] LG Berlin ZMR 2008, 244; LG Koblenz v. 5.6.2008 – 2 S 15/08; aA AG Mannheim ZWE 2010, 370: Masseforderung.
[330] BGH NZM 2009, 439; LG Kassel ZIP 2007, 2370.
[331] KG NZM 2002, 384.
[332] AG Magdeburg ZMR 2006, 324; aA Staudinger/Bub § 28 Rn. 211.
[333] BGH NZM 2009, 439; LG Heilbronn Rpfleger 2006, 430.
[334] BGH ZMR 2008, 47; OLG Zweibrücken NJW-RR 2005, 1682; OLG Köln ZMR 2008, 988; DWE 1989, 30.
[335] BGH NJW 2012, 1293.
[336] LG Rostock Rpfleger 2003, 680.
[337] BGH NJW 2010, 1003.
[338] NJW 1994, 1866; Sauren, FS Seuß II, S. 259 ff.
[339] OLG Hamm Rpfleger 2004, 369; OLG München ZMR 2007, 721.

nung der Zwangsverwaltung betreffen. Dies gilt selbst dann, wenn die JA unangefochten blieb. Eine SU ebenfalls.[340] Er hat aber einen Umlagebeschl betreffend den Ausfall aus der Zeit vor der Zwangsverwaltung zu begleichen.[341] Die Zahlungspflicht des Zwangsverwalters gilt jedoch nur solange, wie er Mittel zur Verfügung hat.[342]

Beispiel: Mieteinnahmen.

Ansonsten hat der Gläubiger den für die Zahlung des Hausgeldes erforderlichen Beitrag vorzuschießen.[343]

20. Strategie zur Begrenzung von Wohngeldausfällen

73 Die Möglichkeiten sind beschränkt und wirken meist nur für die Zukunft. Aber sie bestehen.[344]

a) Vorbereitende Maßnahmen

74 **aa) Mahnwesen.** Zunächst hat die WEerGem bzw. der Beirat (soweit vorhanden) mit dem Verwalter ein ordnungsgemäßes und rasch wirkendes Mahnwesen festzulegen: Dies bedeutet eine klare und eindeutige Fristenregelung hinsichtlich der Zahlungsverpflichtung. Ist beispielsweise eine Zahlungsverpflichtung zu jedem 1. des Monats lt. TErkl. oder Beschl. begründet, so können alle Eingänge bis zum 10. berücksichtigt werden und die erste Mahnung muss dann spätestens zum 15. des Monats versandt werden. Die zweite Mahnung könnte dann am 30. des Monats erfolgen. Sie sollte verbunden sein mit der Androhung der Weiterleitung an einen Anwalt bzw. der eigenen gerichtlichen Geltendmachung durch den Verwalter. Eine Weiterleitung an den Anwalt bzw. die eigene gerichtliche Geltendmachung sollte erfolgen, wenn nicht spätestens am 15. des Folgemonats eine Nachricht bzw. eine Zahlung eingegangen ist.[345] Nach Deckert[346] ist spätestens im 3. oder 4. Monat der Säumnis ein gerichtliches Vorgehen notwendig.

75 **bb) Verzugszinsen.** Alle ab dem 1.1.2002 in Verzug befindlichen Wohngelder sind mit 5 % über dem jeweiligen Basiszinssatz (gem. § 247 BGB) zu verzinsen (§ 288 Abs. 1 BGB). Die Gem kann auch die Verzugszinsen durch Beschl höher festlegen oder pauschalieren,[347] was aus § 21 Abs. 7 folgt.[348]

---

[340] BGH ZWE 2009, 209 m. Anm. Sauren.
[341] OLG Düsseldorf NJW-RR 1991, 724.
[342] BGH NJW 2010, 1003; LG Köln Rpfleger 1987, 325.
[343] BGH NJW 2010, 1003; LG Oldenburg Rpfleger 1987, 326.
[344] Ausführlich Keller WuM 2009, 270; Häublein ZWE 2004, 48; Armbrüster WE 1999, 14, 46; Deckert WE 1991, 206; Sauren WE 1989, 192.
[345] Siehe ergänzend Hauger PiG 30, 91.
[346] WE 1991, 206.
[347] Bärmann/Merle § 28 Rn. 75.
[348] Palandt/Bassenge Rn. 33.

cc) Fälligkeitsregelung.

Ratsam ist es allerdings, eine Fälligkeitsregelung (sofern in die Gemeinschaftsordnung nicht vorhanden) **im Beschluss über den Wirtschaftsplan** zu bestimmen.[349]

Beispiel: „Die sich aus den Einzelwirtschaftsplänen des beschlossenen Wirtschaftsplanes für das Jahr 2015 ergebenden Vorschüsse sind in Höhe von $^1/_{12}$ fällig jeweils am 3. Werktag eines jeden Kalendermonats".[350]

Ab dem 4. Werktag wäre der jeweilige WEer dann in Verzug (§ 286 Abs. 2 Nr. 1 BGB). Voraussetzung ist allerdings, dass dem WEer nach diesem Beschluss der (dann erst wirksame) Wirtschaftsplan erneut nebst Beschlussfassung zugesandt wir.

Ist eine Zahlungsfrist im Beschluss nicht bestimmt, tritt die Fälligkeit des Wohngeldes erst mit Abruf durch den Verwalter ein (§ 28 Abs. 2 WEG). Unklar ist, ob der Verwalter die Zahlungstermine des Wohngeldes bereits in seiner Aufforderung bestimmen kann, oder jeden Monat erneut eine Zahlungsaufstellung versenden muss,[351] so dass dem Verwalter zur jeweils monatlichen erneuten Aufforderung geraten werden muss. Setzt der Verwalter in seiner Aufforderung keinen konkreten Zahlungstermin („*Bis zum 20. diesen Monats*"), kommt der WEer spätestens 30 Tage nach Zugang in Verzug.[352] Allerdings muss der nicht gewerbliche WEer auf diesen Umstand in der Zahlungsaufstellung gesondert hingewiesen werden (§ 286 Abs. 3 BGB).

dd) Fälligkeit der gesamten Jahresvorauszahlung. Trotz des oben dargestellten Mahnwesens vergehen idR zwei bis drei Monate, ehe eine gerichtliche Geltendmachung erfolgt. Um nicht für einen oder zwei Monatsbeträge jedes Mal eventuell auch öfters im Jahr die Gerichte „belästigen" zu müssen, empfiehlt es sich, beim Rückstand von zwei oder drei Monatsraten per Beschl zwölf weitere Monatsraten fällig zu stellen.

Ein solcher Beschl ist nicht nichtig[353] und deshalb ohne Anfechtung rechtsbeständig. Enthalten GO's allerdings Regelungen hinsichtlich der Fälligkeit von Wohngeldvorauszahlungen, so sind solche Beschl nicht anfechtbar,[354] weil § 21 Abs. 7 Beschlkompetenz gibt. Die Bedenken von Hauger,[355] die daraus resultieren, dass bei einem möglichen Eigentümerwechsel der Veräußerer Wohngelder des Erwerbers zahlen würde, können nicht geteilt werden. Sie schlägt deshalb eine Sicherheitsleistung vor. Mir scheint dieser Weg der Sicherheitsleistung umständlich und in der Praxis kaum durchführbar. Vielmehr muss der WEer die Folgen aus seinem Verzug tragen, die ihm per Beschl klar vor Augen geführt werden. Im Übrigen kann er bei einer Veräußerung im Innenverhältnis mit dem Erwerber seine zu viel gezahlten Vorschüsse verrechnen.

---

[349] BGH NJW 2003, 3550 ist durch § 21 Abs. 7 überholt, aber bedarf eines neuen Beschl nach LG München ZMR 2013, 136.
[350] Schmidt ZWE 2000, 448, 451.
[351] Schmidt ZWE 2000, 451.
[352] Sauren NZM 2002, 586; aA Merle ZWE 2003, 234.
[353] LG Düsseldorf v. 22.9.1987 – 19 T 181/87 zit. n. Deckert 2/647.
[354] OLG Hamm DWE 1995, 125.
[355] PiG 30, 106.

b) Zwangsverwaltung

79 Hiermit kann die WEerGem zumindest für die Zukunft den Ausfall verhindern. Selbst wenn keine Mittel, zB mangels Mieteinnahmen, vorhanden sind, sollten die WEer die erforderlichen Beiträge für das Wohngeld vorschießen, weil Zwangsverwaltungsvorschüsse in Rangklasse 1 der Verteilungsmasse gelangen (§§ 109 Abs. 1, 155 ZVG) und damit idR vom Erlös gedeckt werden,[356] soweit sie objekterhaltende oder verbessernde Wirkung haben, zB Feuerversicherung, aber nicht Haftpflichtversicherung, Grundsteuer, Rücklage.[357] Wird das WE versteigert, sind erbrachte Zahlungen des Zwangsverwalters insoweit zu berücksichtigen (s. Anhang § 10 ZVG Rn. 13).

c) Beschluss

80 Durch (**unangefochtenen**) **Beschl** kann mit Öffnungsklausel (vgl. vor § 10 Rn. 12) die Haftung des rechtsgeschäftlichen Nachfolgers für Rückstände eingeführt werden, ohne jedoch nicht.[358]

d) Versorgungssperre[359]

81 Nach der Rechtsprechung[360] kann die **Unterbrechung bzw. Plombierung der Wasser-, Heizungs- oder Stromleitung** beschlossen werden. Sie kann auch dann die (Strom)-Zufuhr erfassen, wenn der betroffene zwar den Strom direkt von dem Stromversorgungsunternehmen bezieht und dieses auch ihm gegenüber direkt abrechnet, die Stromleitung, die zu der SEeinheit des Miteigentümers führt, jedoch im GE steht.[361] Hierfür ist jedoch Voraussetzung, dass ein Rückstand von mehr als sechs Monaten von Wohngeldbeträgen besteht, ein Beschl gefasst wird, der die baulichen Voraussetzungen der Absperrung ermöglicht, und dass erfolglos vollstreckt wurde, nebst Androhung.[362] Ein Beschlussvorschlag kann in Anlehnung an Deckert[363] wie folgt lauten:

„Aufgrund der derzeitigen Säumnis des Eigentümers X mit fälligen Wohngeldzahlungen in Höhe von derzeit EUR Y einschließlich Nebenforderungen und Kosten – rechtskräftig tituliert und trotz mehrfacher Vollstreckungsversuche derzeit nicht erfolgreich beitreibbar – beauftragt die Gem den Verwalter, die Wohnung des Schuldners ab sofort von der Versorgung abzutrennen".

Wird durchgesetzt durch Duldung des Zugangs zur Wohnung.[364] Eine Versorgungssperre ist nicht nur gegen den Mieter des zahlungssäumigen WEers zulässig, sondern gleichermaßen gegen den Nutzer aufgrund eines dinglichen Wohnrechts.[365]

---

[356] BGH NJW 2010, 1003 Rn. 6.
[357] BGH NJW 2003, 2162.
[358] Wenzel ZWE 2001, 235.
[359] Ausführlich Suilmann ZWE 2012, 111.
[360] BGH NJW 2005, 2622; OLG Frankfurt NZM 2006, 869.
[361] LG München ZMR 2011, 326.
[362] Ggf. entbehrlich AG München ZWE 2011, 383.
[363] WE 1991, 211.
[364] OLG München NZM 2005, 304; vgl. BGH NJW 2006, 3352.
[365] KG GE 2010, 483.

Nutzungen, Lasten und Kosten **§ 16**

Die Versorgungssperre kann nicht durch Zahlung von Teilbeträgen auf Heizung und Wasser abgewendet werden, sondern nur durch Ausgleich sämtlicher Zahlungsrückstände,[366] aber auch Recht zum Zutritt der Wohnung des Mieters zum Abtrennen,[367] da Mieter Rückstände begleichen kann und somit Sperre aufheben kann. Wenn nur noch wenige nicht zahlungssäumige WEer in einem „Wohnturm" Wohngeld zahlen, kommt auch die „große Versorgungssperre" in Betracht, wenn nicht mehr mit verhältnismäßigem Aufwand die isolierte Versorgung der überwiegenden Anzahl nicht zahlender WEer unterbrochen werden kann.[368] Wird von einer öffentlichen Behörde mit Blick auf die Gefahr für die Gesundheit dem WEer auferlegt die Versorgung wieder zuzulassen, so muss er dem nach dem OVG Berlin nachkommen.[369]

e) Auflösung der Rücklage

Eine weitere Maßnahme ist der von Deckert sog **Trick 17**: Die WEer beschließen dabei zB vor der Versteigerung die Auflösung der Rücklage und verrechnen bei dem zur Versteigerung anstehenden WE diese mit den Rückständen. Nach der Versteigerung beschließen sie die Bildung einer neuen Instandhaltungsrücklage, zu der auch der Ersteher herangezogen wird.[370] Damit wären die Wohngeldrückstände in Höhe des Anteils an der Instandhaltungsrücklage im Endeffekt getilgt. Den ersten Beschl hat das OLG Hamm[371] jedoch als nichtig angesehen. Dies ist mit Deckert[372] abzulehnen. Alle Fragen der Bildung einer Rücklage (zB Festlegung der Höhe, Auseinandersetzung etc.) sind nämlich allein unter dem Kriterium der ordnungsgemäßen Verwaltung, also der Anfechtbarkeit zu sehen.[373] Das OLG Hamm will eine absolute Unzuständigkeit der WEerversammlung daran erkennen, dass die Rücklage zweckgebunden ist. Richtigerweise sind dies aber nur Anfechtungsfragen (s. § 21 Rn. 11 Instandhaltungsrücklage). Vielmehr greift das OLG in den Willen der WEerGem ein, wenn es Beschlüsse über die Auflösung bzw. Bildung einer Rücklage für nichtig erklärt. Zudem ist die Auflösung der Rücklage nur insoweit ein Verstoß gegen die Zweckbindung, wie eine eiserne Reserve nicht mehr besteht, ansonsten zulässig.[374]

82

f) Zwangsversteigerung

Zur Zwangsversteigerung s. 3. Auflage Rn. 52 und Schneider.[375]

83

---

[366] KG GE 2010, 483; OLG Dresden ZMR 2008, 140.
[367] Bärmann/Klein § 14 Rn. 67; Riecke Rn. 251; aA KG ZMR 2006, 379; Bärmann/Merle § 28 Rn. 87 mwN.
[368] AG Gladbeck ZMR 2007, 734.
[369] OVG Berlin ZWE 2013, 234.
[370] Siehe ausführlich Sauren RPfleger 1985, 264; Deckert ua PiG 21, 223; Sauren ZMR 1987, 197.
[371] NJW-RR 1991, 212.
[372] 2/1304, WE 1991, 208.
[373] So auch Deckert 2/1305.
[374] OLG Saarbrücken NJW-RR 2000, 87; OLG München ZMR 2008, 410; AG Brühl ZMR 2011, 756; s. § 21 Rn. 12 Instandhaltungsrücklage.
[375] ZMR 2014, 185.

g) Zwangshypothek[376]

84 Nur über diese kann eine dingliche Sicherung erlangt werden, die auch bei einem Eigentumswechsel Bestand hat, weil noch nicht geltend gemachte Wohngelder diese nicht erlangen können.[377]

§ 17 Anteil bei Aufhebung der Gemeinschaft

¹Im Falle der Aufhebung der Gemeinschaft bestimmt sich der Anteil der Miteigentümer nach dem Verhältnis des Wertes ihrer Wohnungseigentumsrechte zur Zeit der Aufhebung der Gemeinschaft. ²Hat sich der Wert eines Miteigentumsanteils durch Maßnahmen verändert, deren Kosten der Wohnungseigentümer nicht getragen hat, so bleibt eine solche Veränderung bei der Berechnung des Wertes dieses Anteils außer Betracht.

1 Soweit der (seltene) Fall vorliegt, dass die WEerGem aufgehoben wird (zu den Voraussetzungen s. § 11), regelt § 17 die **Auseinandersetzung**.[1]

2 Die **Teilung** erfolgt grundsätzlich nach den Regelungen des BGB zur Aufhebung der Gem (§§ 749 ff., insbesondere §§ 752 bis 758 BGB). S. 1 bestimmt, dass der Erlös nach dem Wert der WErechte aufzuteilen ist. Hierbei ist das Gericht nicht auf eine bestimmte Methode (hier: Ertragswertmethode) festgelegt.[2] Damit werden Wertveränderungen auf Grund von Verbesserungen oder Verschlechterungen des SE berücksichtigt. Wertverbesserungen am GE kommen bereits grds. den WEern zugute. Hiervon ist laut S. 2 die Ausnahme zu beachten, dass ein WEer einer Maßnahme (zB § 21 Abs. 5 Nr. 2, § 22 Abs. 1, 2) nicht zugestimmt hat und deshalb von der Nutzungs- und Kostenregelung ausgeschlossen war. Ihm kommt diese Wertverbesserung nicht zugute (§ 16 Abs. 6 S. 1), es sei denn dies war beschlossen (§ 16 Abs. 4, Abs. 6 S. 2). Verwaltungsvermögen ist gem. § 16 Abs. 1 aufzuteilen und vorab die Schulden zu tilgen.

§ 18 Entziehung des Wohnungseigentums

(1) ¹Hat ein Wohnungseigentümer sich einer so schweren Verletzung der ihm gegenüber anderen Wohnungseigentümern obliegenden Verpflichtungen schuldig gemacht, daß diesen die Fortsetzung der Gemeinschaft mit ihm nicht mehr zugemutet werden kann, so können die anderen Wohnungseigentümer von ihm die Veräußerung seines Wohnungseigentums verlangen. ²Die Ausübung des Entziehungsrechts steht der Gemeinschaft der Wohnungseigentümer zu, soweit es sich nicht um eine Gemeinschaft handelt, die nur aus zwei Wohnungseigentümern besteht.

(2) Die Voraussetzungen des Absatzes 1 liegen insbesondere vor, wenn
1. der Wohnungseigentümer trotz Abmahnung wiederholt gröblich gegen die ihm nach § 14 obliegenden Pflichten verstößt;

---

[376] BGH NZM 2012, 176, s. ausführlich Anhang § 10 ZVG Rn. 21.
[377] BGH NJW 2013, 3515.

[1] Ein Muster findet sich bei Kreuzer NZM 2001, 123.
[2] BGH NJW 2004, 2671.

Entziehung des Wohnungseigentums § 18

2. der Wohnungseigentümer sich mit der Erfüllung seiner Verpflichtungen zur Lasten- und Kostentragung (§ 16 Abs. 2) in Höhe eines Betrages, der drei vom Hundert des Einheitswertes seines Wohnungseigentums übersteigt, länger als drei Monate in Verzug befindet; in diesem Fall steht § 30 der Abgabenordnung einer Mitteilung des Einheitswerts an die Gemeinschaft der Wohnungseigentümer oder, soweit die Gemeinschaft nur aus zwei Wohnungseigentümern besteht, an den anderen Wohnungseigentümer nicht entgegen.

(3) ¹Über das Verlangen nach Absatz 1 beschließen die Wohnungseigentümer durch Stimmenmehrheit. ²Der Beschluß bedarf einer Mehrheit von mehr als der Hälfte der stimmberechtigten Wohnungseigentümer. ³Die Vorschriften des § 25 Abs. 3, 4 sind in diesem Falle nicht anzuwenden.

(4) Der in Absatz 1 bestimmte Anspruch kann durch Vereinbarung der Wohnungseigentümer nicht eingeschränkt oder ausgeschlossen werden.

Übersicht

	Rn.
1. Normzweck	1
2. Geltungsbereich	
a) Kompetenz	2
b) Anwendung	
aa) Eingetragener Wohnungseigentümer	2a
bb) Faktische Wohnungseigentümergemeinschaft	2b
cc) Mehrere Berechtigte	2c
3. Vorrausetzungen	
a) Generalklausel (Abs. 1)	3
b) ABC der Pflichtverletzungen	3A
c) Unzumutbarkeit der Fortsetzung der Gemeinschaft	4
aa) Verschulden	4a
bb) Handlung	4b
cc) Abwägung	4c
d) Abmahnung	5
4. Möglichkeiten	6
a) Gröblicher Verstoß	6a
aa) Anfechtung	6b
bb) Art der Verstöße	6c
b) Zahlungsverzug	6d
5. Verwirkung	7
6. Einstweilige Verfügung, Vormerkung	8
7. Beschluss	9
8. Abdingbarkeit	10
a) Beschränkung oder Erschwernis	11
b) Beispielserweiterung (Abs. 4)	12
c) Entziehungsbeschluss (Abs. 3)	13

1. Normzweck

Als Ausgleich für die gemäß § 11 grds. angeordnete Unauflöslichkeit der WEer- 1
Gem gibt § 18 die Möglichkeit, störende WEer oder solche, die ihren Verpflichtungen nicht nachkommen, **auszuschließen**. Die Bedeutung diesen „letzten

Mittels"[1] war verschwindend gering geblieben. Durch die WEG-Novelle sind hier erhebliche Verbesserungen eingetreten. Ua können nun bei einem hochbelasteten WE im Zwangsversteigerungsverfahren einzelne Belastungen erlöschen und damit ist ein preiswerter Erwerb in diesem Verfahren möglich. Die Vorschrift war in der Fassung bis 1.7.2007 verfassungskonform.[2]

2. Geltungsbereich

a) Kompetenz

2 Die Entscheidung darüber, ob einem WEer das WE entzogen werden soll, betrifft die Mitgliedschaft und gehört deshalb nicht zur Kompetenz des Verbandes, aber Ermächtigung möglich.[3]

b) Anwendung

2a **aa) Eingetragener Wohnungseigentümer.** Nach der Rechtsprechung[4] findet dieser Paragraph erst **ab Eintragung** des WEer im Grundbuch bei bestehender Gem Anwendung.[5]

2b **bb) Faktische Wohnungseigentümergemeinschaft.** Bei einer faktischen WEerGem (Vor § 1 Rn. 10 ff.) will das LG Nürnberg[6] § 18 bereits anwenden, **sobald die Vormerkung** eingetragen ist, dann ist aber das Anwartschaftsrecht zu entziehen.[7]

2c **cc) Mehrere Berechtigte.** Hat der WEer mehrere WE, so ist **für jedes WE** die Voraussetzung **gesondert** zu prüfen. Gehört ein WE mehreren als Bruchteilsgem (zB Ehegatten), kann die Veräußerung nur vom Störenden verlangt werden.[8] Fraglich dann, ob das Verlangen nur dem MEA oder der gesamten WE gilt.[9] Nach LG Köln[10] kann aber Verstoß des/r anderen darin liegen, dass er die Störung nicht vereitelt. Bei einer Gesamthand (zB Erbengemeinschaft) wird gefolgert, dass es genügen müsse, wenn bei einem die Voraussetzungen erfüllt seien (§ 425 BGB),[11] da dort intern der Störer ausgeschlossen werden kann.[12]

---

[1] So LG Augsburg ZMR 2005, 230; dies bedeutet jedoch nicht, dass weitere andere Sanktionen unmöglich sind, BayObLG NJW-RR 1992, 787.
[2] WuM 1998, 45; aA zur Neufassung Jennißen § 19 Rn. 5.
[3] BGH NJW 2007, 1353.
[4] BGH NJW 1989, 1087.
[5] AA Bärmann/Pick Rn. 3.
[6] ZMR 1985, 347, ebenso Riecke Rn. 5; Staudinger/Kreuzer Rn. 3.
[7] BeckOK WEG/Hogenschurz Rn. 4.
[8] Niedenführ Rn. 6; Palandt/Bassenge Rn. 1; aA Jennißen Rn. 9; Staudinger/Kreuzer Rn. 21; Riecke Rn. 17, offengelassen von BayObLG NZM 1999, 578.
[9] BayObLG NZM 1999, 578: MEA vorrangig.
[10] ZMR 2002, 227.
[11] Jennißen Rn. 9.
[12] Staudinger/Kreuzer Rn. 21.

3. Vorrausetzungen

a) Generalklausel (Abs. 1)

Abs. 1 enthält eine Generalklausel und ist deshalb **gegenüber** den zwei speziellen Vorausetzungen des **Abs. 2 subsidiär**. Es bedarf einer schweren Pflichtverletzung, wodurch eine Störung des Gemfrieden und des Vertrauensverhältnisses eingetreten sein muss, dann kommt eine Entziehung in Frage. Diese muss aber in seiner Eigenschaft als WEer erfolgen, zB nicht als Verwalter.[13] Bei Abs. 1 reicht ein einmaliger Verstoß,[14] aber wenn die Ursache der Störung behoben wurde, regelmäßig kein Anspruch mehr (zB störender Mieter ist ausgezogen[15]).   3

b) ABC der Pflichtverletzungen

Als **Beispiele**[16] **einer Pflichtverletzung** in **ABC-Form** werden genannt:

Anregung der behördlichen Überprüfung: ZB Brandschau reicht nicht (SchGfWEG ZMR 2011, 921).   3A

Beleidigungen, Tätlichkeiten: Dauernde Misstrauensbekundungen, Beleidigungen (AG Dachau ZMR 2006, 310) oder Tätlichkeiten reichen (LG Nürnberg-Fürth ZMR 1985, 347).   3B
Beschimpfung: S. Ruhestörung.
Beschmutzungen: Des GE's kann ausreichen (AG Erlangen ZMR 2004, 540).
Beschlussanfechtung: Wiederholte Beschlanfechtung (OLG Köln NJW-RR 2004, 877; aA LG Berlin GE 1995, 1217: ab zehn Verfahren) reichen nicht.
Bordell: Auch durch Mieter kann ausreichen (Staudinger/Kreuzer Rn. 7).
Brandschau: S. Anregung.

Körperverletzung: Kann ausreichen.   3K

Nachbar: Heftige **nachbarrechtliche Streitigkeiten reichen** (AG Emmendingen ZMR 1986, 213).   3N

Politik: Die **politische Tätigkeit** eines WEers (AG München ZMR 1961, 304) reicht nicht.   3P

Ruhestörung: Kann ausreichen (AG Tübingen ZMR 2011, 919), ggf. aber nicht (BVerfG NJW 1994, 242).   3R

Sachbeschädigung: Kann ausreichen (AG Reinbeck DWE 1993, 127).   3S
Strafanzeige: Unbegründete kann ausreichen (Niedenführ/Vandenhouten Rn. 9).

---

[13] LG Berlin DWE 1995, 168.
[14] BVerfG NJW 1994, 242.
[15] LG Augsburg ZMR 2005, 230.
[16] Siehe weiter Staudinger/Kreuzer Rn. 7 f.

3U **Unsittliches Verhalten:** Reicht nicht aus, weil es mit dem WE nichts zu tun hat (aA Jennißen Rn. 16).

3V **Vermietung:** Vorübergehende Vermietung an mehrere Gastarbeiter reicht nicht (LG Wuppertal DWE 1976, 125).
Vernachlässigung: Schwere Vernachlässigung des SE reicht (LG Tübingen NJW-RR 1995, 650), kann aber auch nicht reichen, je nach den Umständen (LG Aachen ZMR 1993, 233).

3W **Widersprüche:** Dauernde grundlose Widersprüche gegen Maßnahmen der Verwaltung reichen (Bärmann/Pick § 18 Rn. 25; aA Jennißen Rn. 17).
Wohngeld: Dauernde unpünktliche Zahlung des Wohngeldes reicht, selbst wenn Voraussetzungen des Abs. 2 S. 2 nicht gegeben sind (BGH NJW 2007, 1353; AG Bonn v. 14.1.2011 – 27 C 246/09).

c) Unzumutbarkeit der Fortsetzung der Gemeinschaft

4 Entscheidend ist also, ob ein verbleibender Störer in der Gem auf Grund des Verstoßes den übrigen WEern noch zugemutet werden kann.

4a **aa) Verschulden.** Daraus resultiert, dass die Pflichtverletzung des Störers schuldhaft sein muss, was auch aus dem Wortlaut („schuldig") entnommen werden kann.[17] Der hM,[18] die ein Verschulden nicht fordert, fehlen sowohl von dem Wortlaut, wie auch von der Systematik der Vorschrift her die Gründe. Vielmehr kann ein solch schwerer Verstoß, wie er hier verlangt wird, nur schuldhaft begangen Konsequenzen haben. Die hM ist aber nicht verfassungswidrig,[19] es müssen jedoch besondere Gründe vorliegen, wenn allein auf Grund vergangener Verletzungen eine Verpflichtung zur Veräußerung des WE erfolgen soll.[20] Damit führt das Bundesverfassungsgericht über diese Hintertüre doch die Voraussetzung der schuldhaften Verletzung ein. Bei Schuldunfähigen[21] gilt nichts anderes (dies folgt aus der analogen Anwendung des § 829 BGB). Aus diesem Grund reicht es auch nicht, dass ein Dritter, auch ein Erfüllungsgehilfe gemäß § 278 BGB, die Pflichtverletzung begangen hat. Vielmehr muss die Pflichtverletzung immer eine eigene des WEer sein. Darunter fällt natürlich auch, wenn er nicht dafür sorgt, dass Personen, denen er die Nutzung seines WE gestattet hat, ihre Pflichten erfüllen,[22] zB aus § 14 Nr. 2.[23]

4b **bb) Handlung.** Die verletzende Handlung muss nicht unbedingt gegenüber einem MEer oder dem Verwalter begangen worden sein, vielmehr reicht auch der Nutzungsberechtigte (zB Mieter), Angehörige oder Besucher als Verletzter aus. Letztendlich muss die Pflichtverletzung ursächlich dafür sein, dass die Fort-

---

[17] Weitnauer/Lüke Rn. 5; Palandt/Bassenge Rn. 2.
[18] AG Emmendingen ZMR 1986, 213.
[19] BVerfG NJW 1994, 241.
[20] BVerfG NJW 1994, 241.
[21] Vgl. LG Tübingen ZMR 1995, 179.
[22] LG Köln ZMR 2002, 227.
[23] Palandt/Bassenge Rn. 2.

führung der WEerGem unzumutbar ist (sog Kausalität). Liegen im Zeitpunkt der Entscheidung die unzumutbaren Verhältnisse nicht mehr vor (zB nach Auszug des Mieters, der den Hausfrieden unzumutbar störte), so müssen besondere Gründe, insbesondere Wiederholungsgefahr, vorliegen, wenn allein auf Grund vergangener Verletzungen eine Verpflichtung zur Veräußerung des WE erfolgen soll.[24]

cc) Abwägung. Verhalten des Störers darf nicht isoliert bewertet werden. Es sind vielmehr alle Umstände des Einzelfalles zu berücksichtigen und die Interessen der Beteiligten insgesamt gegeneinander abzuwägen.[25] Bei Zweierstellung. scheidet ein Anspruch auf Veräußerung aus, wenn der klagende WEer ebenso gegen seine Pflichten verstößt oder wenn das vorgeworfene Verhalten provoziert ist oder das Begehren sich sonst als treuwidrig darstellt.[26]

4c

d) Abmahnung

Bei Abs. 1 muss grds. eine Abmahnung erfolgen. Bei Abs. 2 Nr. 2 ist sie nicht vorgeschrieben, wegen der Möglichkeit der weiteren Zahlung (§ 19 Abs. 2[27]). Die Mahnung setzt keinen Beschl voraus und kann auch vom Verwalter oder einem WEer ausgesprochen werden.[28] Soweit ein Beschl erfolgt, ist die einfache Mehrheit ausreichend.[29] Eine Abmahnung dient der Vorbereitung eines gerichtlichen Entziehungsverfahrens. Die erhobenen Vorwürfe müssen daher grundsätzlich dazu geeignet sein, als Grundlage für ein solches Verfahren zu dienen.[30] Um letzteres zuverlässig beurteilen zu können, muss das Verhalten, wegen dem abgemahnt werden soll, in dem Beschluss hinreichend bestimmt bezeichnet werden,[31] woran strenge Anforderungen gestellt werden, zB „jeden unnötigen Lärm zu vermeiden" reicht nicht aus.[32] Fehlt es schon an der Abmahnung, ist die Entscheidungsgrundlage unzureichend.[33] Ein Entziehungsbeschl ohne Abmahnung ist nach dem BGH in eine Abmahnung umzudeuten. Verletzt der Verpflichtete danach nur ein Mal seine Pflichten, kann eine erneute Entziehung beschlossen werden.[34]

5

4. Möglichkeiten

Abs. 2 stellt **zwei besonders wichtige Möglichkeiten** dar, bei denen davon ausgegangen werden kann, dass die Fortführung unzumutbar ist (die Kausalität ist regelmäßig gegeben). Es handelt sich nicht um eine abschließende Aufzäh-

6

---

[24] LG Augsburg ZMR 2005, 230.
[25] BGH ZMR 2010, 621.
[26] BGH ZMR 2010, 621.
[27] BGH NJW 2007, 1353 Rn. 14.
[28] BGH NJW 2007, 1353.
[29] OLG Hamburg ZMR 2003, 596; aA Jennißen Rn. 34.
[30] LG München I ZMR 2010, 800; DWE 2008, 140, 141.
[31] BayObLGZ 1985, 171; LG München I ZMR 2010, 800; DWE 2008, 140, 141.
[32] LG Berlin ZWE 2010, 217.
[33] BGH NJW 2011, 3026.
[34] BGH ZMR 2007, 465.

lung.[35] Es besteht ein weiter Ermessensspielraum der Gem, ob ein Beschl gefasst wird.[36]

a) Gröblicher Verstoß

6a Gemäß Abs. 2 Nr. 1 muss es sich um einen **wiederholten gröblichen Verstoß** gegen die Verpflichtungen des § 14 handeln, dh der Verstoß muss trotz Abmahnung wiederholt worden sein, die Verletzung von Pflichten als Verwalter reicht folglich nicht. Die Abmahnung wird idR durch den Verwalter bzw. die WEerGem (zB in einer Versammlung) erfolgen, sie kann aber auch durch einen oder von mehreren (die nicht die Verletzten zu sein brauchen) MEer erfolgen. Ein Antrag auf Feststellung der Rechtswidrigkeit einer vom Verwalter ausgesprochenen Abmahnung ist unzulässig.[37] Da **nach der Mahnung noch mindestens zwei Verstöße** stattgefunden haben müssen, sind insgesamt mindestens drei Verstöße notwendig.

6b aa) Anfechtung. Soweit eine Abmahnung in einem Beschl erfolgt, so wird bei Anfechtung nach hM nur die Berechtigung dazu, also die formellen Voraussetzungen (zB ob Mehrheit erreicht[38]) geprüft[39] und zusätzlich, ob eine Abmahnung vorliegt bzw. ob die genannten Gründe für den Entziehungsbeschl so gewichtig sind, dass sie ausnahmsweise entbehrlich ist. Auch muss die Abmahnung hinreichend bestimmt sein und ein Verhalten aufzeigen, das als solches einen Entziehungsbeschl rechtfertigen kann.[40] Ob die zugrunde gelegten Vorwürfe dagegen inhaltlich zutreffen und ob nach der Abmahnung erneut gegen Pflichten verstoßen worden ist, ist ausschließlich Gegenstand der Entziehungsklage. Dem ist nicht zu folgen: In der Praxis besteht auf jeden Fall ein Bedürfnis, rasch zu erfahren, ob der Vorwurf auch materiell berechtigt ist. Im Übrigen könnte eine Gemeinschaft rechtlich unbeanstandet Beschlüsse fassen, die einen einzelnen Eigentümer dauernd in der Gefahr belassen, sein Eigentum entzogen zu erhalten. Es ist keinem Eigentümer zuzumuten, in einer solchen Situation in seinem Eigentum leben zu müssen ohne die Möglichkeit zu erhalten, sich dagegen wehren zu können. Er muss es schließlich nicht hinnehmen, dass über die Beschlusssammlung sein angebliches Fehlverhalten für immer festgehalten und auch für spätere Eigentümer publik bleibt.[41]

6c bb) Art der Verstöße. Fraglich ist, ob unterschiedliche Verstöße genügen. Aus dem Sinn und Zweck der Vorschrift muss zumindest der WEer durch eine Ab-

---

[35] LG Nürnberg-Fürth ZMR 1985, 347: „insbesondere".
[36] KG WuM 1996, 299.
[37] BayObLG NZM 2004, 383, nicht gerechtfertigte Unterscheidung.
[38] OLG Rostock ZMR 2009, 470.
[39] BGH NJW 2011, 3026; OLG Rostock ZMR 2009, 470; OLG Köln ZMR 1998, 376; BayObLG NJW-RR 2004, 1020; 1999, 887; aA zu Recht ScHGfWEG ZMR 2011, 921; OLG Düsseldorf DWE 1995, 119, da die Parteien schnellstmöglich Klarheit über die materielle Rechtmäßigkeit haben müssen, Köhler Rn. 273
[40] BGH NJW 2011, 3026; LG München ZWE 2009, 38; 2010, 413; aA Jennißen Rn. 24.
[41] SchGfWEG ZWE 2011, 291 m. zust. Anm. Schmidt.

§ 18

mahnung auf sein gemeinschaftswidriges Verhalten hingewiesen werden, so dass er mit der Konsequenz konfrontiert wird. Nur dann ist eine Entziehung gerechtfertigt. Liegen weniger Verstöße vor, ist zu prüfen, ob eine Entziehung gemäß Abs. 1 möglich ist.

b) Zahlungsverzug

Als zweite Möglichkeit spricht Abs. 2 Nr. 2 den Zahlungsverzug **von drei Monaten mit mehr als 3 % des Einheitswertes** an. Erfasst wird nur „Wohngeld" aufgrund genehmigter WPe, JAen oder SU.[42] Hierbei sind Kosten eines Verfahrens nicht zu berücksichtigen.[43] Diese Vorschrift ist auf Grund der heutigen niedrigen Einheitswerte (idR ca. 50 % des wirklichen Wertes) sehr streng,[44] aber gerechtfertigt aus folgenden Gründen: Das GE lässt sich sachgerecht nur verwalten, wenn die WEer die Aufbringung der dafür erforderlichen Mittel nicht nur beschließen,[45] sondern die gefassten Beschl auch umsetzen und die Wohngelder und Umlagen zahlen. Entzieht sich ein WEer nicht nur gelegentlich und nicht nur geringfügig dieser Pflicht, entstehen nicht nur Rechtsverfolgungskosten, die allerdings dem säumigen WEer angelastet werden könnten. Ein solches Verhalten kann vor allem dem Verwalter oder den mit der Verwaltung befassten WEer je nach Umfang und Häufigkeit der Zahlungsverzögerungen die erforderliche Planungssicherheit nehmen und die Verwaltung nachhaltig beeinträchtigen. Das gilt nicht nur dann, wenn Rückstände auflaufen oder deshalb SUen zu beschließen und aufzubringen sind, sondern auch dann, wenn der WEer auf Mahnung oder Klage oder nur mit Verzögerung zahlt. Stört ein solches Verhalten die ordnungsgemäße Verwaltung des GE nachhaltig, kann es die Fortsetzung der Gemeinschaft unzumutbar machen.[46] Der Betrag muss fällig sein. Der Einheitswert bei Fälligkeit ist maßgeblich. Ein Verschulden liegt nur idR vor, da der Schuldner für seine finanzielle Leistungsfähigkeit einzustehen hat, es entfällt aber dann, wenn der WEer einem unverschuldeten Rechtsirrtum unterliegt (zB über Aufrechnung) oder wenn schwierige Rechtsfragen zu klären sind. Dies ist immer dann der Fall, wenn das WEG-Gericht bei dem Zahlungsprozess die Kostentragung nicht dem Schuldner allein auferlegt hat. Nach der Rechtsprechung rechtfertigt deshalb die laufende unpünktliche Zahlung des Hausgeldes die Entziehung auch dann, wenn die 3 %-Grenze nicht erfüllt ist, aber die ordnungsgemäße Verwaltung gefährdet ist.[47]

5. Verwirkung

Eine Verwirkung des Anspruches macht das Entziehungsverlangen gegenstandslos. Dies ist dann der Fall, wenn ein weiteres Zusammenleben mit dem WEer

---

[42] OLG München ZMR 2008, 412.
[43] LG Berlin ZMR 2010, 629.
[44] Schmidt ZWE 2002, 113.
[45] BGHZ 163, 154, 175.
[46] BGH NJW 2007, 1353.
[47] BGH NJW 2007, 1353; OLG München ZMR 2008, 412.

(wieder) möglich ist. Deshalb können lange zurückliegende Vorgänge nicht herangezogen werden, schon deshalb nicht, da die Verjährung nach drei Jahren einsetzt.[48]

6. Einstweilige Verfügung, Vormerkung

8 Sobald der WEer durch den Beschl erfährt, dass die übrigen WEer ihm die Wohnung auf Grund der in Anm. 1 dargelegten Gründe entziehen wollen, besteht die Möglichkeit, die **Versteigerung** durch Belastungen **faktisch zu vereiteln**. Für diesen Fall bleibt den WEer nur die Möglichkeit, eine Verfügungsbeschränkung beim WEG-Gericht durch einstweilige Verfügung zu erreichen.[49] Die WEer haben auch die Möglichkeit, eine Vormerkung (§ 883 BGB) zur Sicherung des zukünftigen Erwerbs eintragen zu lassen.[50] Ist ein WEer durch vorläufig vollstreckbares Urteil zur Veräußerung seines WE's verurteilt worden, so gilt (gem ZPO § 895) die Eintragung einer Vormerkung in Grundbuch zur Sicherung des Anspruchs der Titelgläubiger auf Rechtsübertragung an den künftigen Ersteigerer als bewilligt.[51]

7. Beschluss

9 Abs. 3 sieht für das Verfahren zunächst die Notwendigkeit eines **Beschl** vor. Dieser reicht ohne ausdrückliche Ermächtigung aber nicht für die Entziehungsklage. Das folgt aus § 27 Abs. 2 Nr. 5, wonach ein ausdrücklicher Beschl notwendig ist.[52] Nach hM ist im Beschl nach Auslegung ggf. die stillschweigende Ermächtigung zu sehen.[53] Voraussetzung für das Zustandekommen des Beschl ist die absolute Mehrheit (gemäß Abs. 3 S. 2) aller Stimmberechtigter, wobei die Stimme des Störers nicht mitgezählt wird wegen seiner Interessenkollision (§ 25 Abs. 5),[54] also 50,1 oder mehr.[55] Es reicht folglich keine Mehrheit der Erschienenen. Mangels anderer Regelung für diese konkrete Fallgestaltung durch TErkl/Vereinb berechnet sich die absolute Mehrheit nach der Kopfzahl (§ 25 Abs. 2 S. 2). Bei einer Mehrwohnhausanlage sind alle MEer stimmberechtigt zu berücksichtigen, nicht nur die der Untergem. Die absolute Mehrheit ist hiernach zu berechnen.[56] Nach der hM ist bei einer Zweiergemeinschaft eine Beschlfassung nicht nötig.[57] Folgerichtig schließt Abs. 3 S. 3 die Bestimmungen über die Beschlfähigkeit des § 25 (Abs. 3 und 4) aus. Bei der Anfechtung dieses

---

[48] Jennißen Rn. 42.
[49] Bärmann/Pick Rn. 78.
[50] KG OLGZ 1979, 146.
[51] KG ZMR 1979, 218.
[52] KG ZMR 1988, 310; aA KG NJW-RR 1992, 1298; Bärmann/Pick § Rn. 67.
[53] BGH NJW 2007, 1353 Rn. 6; Jennißen Rn. 10.
[54] BayObLG NJW 1993, 603.
[55] KG NJW-RR 1992, 1298.
[56] BayObLG Rpfleger 1972, 144, 145.
[57] BGH ZMR 2010, 621; LG Aachen ZMR 1993, 233; LG Köln ZMR 2002, 227.

Entziehung des Wohnungseigentums § 18

Beschl werden nach hM nur die formellen Mängel im WEG-Verfahren geprüft (Rn. 7[58]).

8. Abdingbarkeit

Abs. 4 schränkt die **Abdingbarkeit** durch die TErkl/Vereinb ein. Die Voraussetzungen sind umstritten. **10**

a) Beschränkung oder Erschwernis

Eine Beschränkung, Erschwernis (Erhöhung des Verzugsbetrages[59]) oder Ausschließung des Veräußerungsanspruches ist nicht möglich **(Abs. 1)**, **11**

Beispiele: Ausschlussfrist nach bestimmtem Zeitablauf oder Ereignis[60] oder abschließende Aufzählung der tatsächlichen Voraussetzungen,

Erweiterungen sind aber zulässig.

Beispiel: Absehen von Verschulden.

Sie müssen aber bestimmt genug sein, zB reicht nicht „schwere persönliche Misshelligkeiten".[61]

b) Beispielserweiterung (Abs. 4)

Die Unabdingbarkeit des Abs. 4 bezieht sich auch auf Abs. 2, da dort nur Beispiele genannt sind, die aber weiterhin unter der Voraussetzung des Abs. 1 stehen.[62] Erweiterungen sind aber auch hier zulässig, **12**

Beispiele: zweimaliger Verstoß ausreichend oder geringerer Rückstand.[63]

c) Entziehungsbeschluss (Abs. 3)

Hinsichtlich des Beschl (Abs. 3) sind sowohl Abweichungen als auch Einschränkungen möglich, auch wenn sie die Entziehung erschweren[64] oder eine Verringerung der Voraussetzungen mit sich bringen.[65] **13**

Beispiele: qualifizierte Mehrheit von $^2/_3$ oder $^3/_4$,[66] Allstimmigkeit oder Mehrheit der Erschienenen,[67] nach MitE,[68] Wohnungen oder MEA.[69]

---

[58] BGH NJW 2011, 3026.
[59] LG Bonn MittRhNotK 1996, 271.
[60] Bärmann/Pick Rn. 74; aA Weitnauer/Lüke Rn. 11.
[61] OLG Düsseldorf NZM 2000, 873.
[62] BGH NJW 2002, 1655.
[63] BGH NJW 2002, 1655.
[64] Palandt/Bassenge Rn. 7.
[65] OLG Hamm ZMR 2004, 701; aA Jennißen Rn. 45.
[66] OLG Celle NJW 1955, 953; aA Jennißen Rn. 43.
[67] Palandt/Bassenge Rn. 7.
[68] OLG Hamm NZM 2004, 621.
[69] OLG Hamm ZMR 2004, 701.

§ 19 Wirkung des Urteils

(1) ¹Das Urteil, durch das ein Wohnungseigentümer zur Veräußerung seines Wohnungseigentums verurteilt wird, berechtigt jeden Miteigentümer zur Zwangsvollstreckung entsprechend den Vorschriften des Ersten Abschnitts des Gesetzes über die Zwangsversteigerung und die Zwangsverwaltung. ²Die Ausübung dieses Rechts steht der Gemeinschaft der Wohnungseigentümer zu, soweit es sich nicht um eine Gemeinschaft handelt, die nur aus zwei Wohnungseigentümern besteht.

(2) Der Wohnungseigentümer kann im Falle des § 18 Abs. 2 Nr. 2 bis zur Erteilung des Zuschlags die in Absatz 1 bezeichnete Wirkung des Urteils dadurch abwenden, daß er die Verpflichtungen, wegen deren Nichterfüllung er verurteilt ist, einschließlich der Verpflichtung zum Ersatz der durch den Rechtsstreit und das Versteigerungsverfahren entstandenen Kosten sowie die fälligen weiteren Verpflichtungen zur Lasten- und Kostentragung erfüllt.

(3) Ein gerichtlicher oder vor einer Gütestelle geschlossener Vergleich, durch den sich der Wohnungseigentümer zur Veräußerung seines Wohnungseigentums verpflichtet, steht dem in Absatz 1 bezeichneten Urteil gleich.

Übersicht

	Rn.
1. Anwendungsbereich	1
2. Voraussetzungen der Veräußerungsklage	
a) Klagebefugnis	2
b) Schiedsgericht	3
c) Prüfungsumfang	4
3. Vollstreckung	5
4. Zuschlag	6
5. Abwendungsbefugnis (Abs. 2)	7
6. Abdingbarkeit	8

1. Anwendungsbereich

1 Die Erfüllung der Voraussetzungen des § 18 führen nicht zur Veräußerung. Vielmehr muss die Gem, will sie die Entziehung erzwingen, den WEer nach § 19 verklagen und sodann das WE **versteigern lassen**. Die Wirkung des Entziehungsurteils regelt § 19.

2. Voraussetzungen der Veräußerungsklage

a) Klagebefugnis

2 Befugt, die Klage zu erheben, ist **der Verband** (§ 18 Abs. 1 S. 2), es sei denn, es handelt sich um eine Zweiergem (§ 18 Abs. 1 S. 2 Hs. 2), da Beschl wegen Kopfstimmrecht dann nicht möglich ist, jeder WEer.[1] Dem Verwalter muss ge-

---

[1] BGH ZMR 2010, 621.

sondert Prozessvollmacht erteilt werden zu klagen,[2] ein beschlossenes Veräußerungsverlangen umfasst dies nicht mit.[3] Ein einzelner WEer kann ohne Ermächtigung nicht tätig werden.[4]

b) Schiedsgericht

Eine **Schiedsgerichtsvereinbarung ist zulässig**, da eine solche das ganze Verfahren erfasst und die rechtsstaatlichen Voraussetzungen durch die ZPO gewahrt sind.[5] 3

c) Prüfungsumfang

Der Prüfungsumfang des Gerichts **in formeller Hinsicht** besteht darin, dass ein Beschl vorliegen muss (§ 18 Abs. 3)[6] und dieser nicht nichtig ist (wenn keine Anfechtung) bzw. vom WEG-Gericht nicht für ungültig erklärt wurde, wobei das Gericht an das Urteil bzgl. Entziehungsbeschl gebunden ist.[7] **In materieller Hinsicht** wird das Vorliegen der Abs. 2 bzw. 1 des § 18 geprüft, dh ob das Veräußerungsverlangen gerechtfertigt ist.[8] Beweislast liegt bei dem Verband.[9] Streitwert ist der Verkehrswert der Einheit.[10] Mit Rechtskraft des Urteils verliert der WEer sein Stimmrecht (§ 25 Abs. 5). 4

3. Vollstreckung

Die Vollstreckung des Urteils **erfolgt nach dem ZVG** (§§ 1 bis 145a). Es müssen die allg Voraussetzungen der Zwangsvollstreckung erfüllt sein (Titel, Klausel und Zustellung, § 704 Abs. 1 ZPO). Der Verband ist Inhaber, es sei denn Zweiergem. Der Beschl über die Anordnung der Zwangsversteigerung hat dann als Beschlagnahme die Wirkung eines Veräußerungsverbotes (§§ 20, 23 Abs. 1 ZVG), das aber keine Grundbuchsperre zur Folge hat und daher im Vergleich zur Vormerkung keine Vorteile hat.[11] Damit ist die Abwicklung viel umständlicher als bisher.[12] Die Vollstreckung eines Urteils erfolgt dann aus der Rangklasse 5, bei Wohngeldrückständen aus Rangklasse 2 mit der Möglichkeit der Zwangsverwaltung. Zum Verfahren ausführlich.[13] 5

---

[2] OLG Zweibrücken NJW-RR 1987, 1366.
[3] Siehe Rn. 9; aA KG WuM 1992, 389.
[4] Jennißen Rn. 9.
[5] LG Aachen ZMR 1993, 234; SchGfWEG ZWE 2011, 291; Jennißen Rn. 8.
[6] BGH NJW 2011, 3026; BayObLG WuM 1990, 61.
[7] BGH NJW 2011, 3028.
[8] OLG München ZMR 2008, 413; BayObLG NZM 1999, 578.
[9] AG Dachau ZMR 2006, 320.
[10] BGH NJW 2006, 3428.
[11] Jennißen Rn. 33.
[12] Abramenko § 8 Rn. 10.
[13] Jennißen Rn. 36 ff.

4. Zuschlag

6 Mit dem Zuschlag **geht das Eigentum auf den Erwerber über** (§ 90 ZVG) und damit ist der verurteilte WEer ausgeschieden. Der Zuschlagsbeschl gibt zusätzlich die Möglichkeit, durch Zwangsvollstreckung die Räumung gegen den selbstnutzenden WEer zu betreiben (§ 93 ZVG), nicht aber gegen Mieter. Hier bedarf es einer eigenständigen Kündigung, ggf. durch das einmalige Sonderkündigungsrecht (§ 57a ZVG).

5. Abwendungsbefugnis (Abs. 2)

7 Der WEer kann **durch Zahlung der Rückstände** im Falle des § 18 Abs. 2 Nr. 2 vor der letzten mündlichen Verhandlung die Klage erledigen. Dies gilt analog für alle Fälle des Rückstandes, da der Eingriff im Falle der Tilgung nicht mehr besteht. Bei Zahlung danach muss eine Vollstreckungsabwehrklage erhoben werden.[14]

6. Abdingbarkeit

8 Sowohl von Abs. 1 (zB abweichender Veräußerungsweg[15]), als auch von Abs. 2 (zB Ausschluss von Tilgung[16]) gegeben.

3. Abschnitt. Verwaltung

Vorbemerkung vor § 20

1. Gegenstand des 3. Abschnitts (§§ 20 ff.)

1 Die **Verwaltung des GE der konkreten Anlage** (Zusammenfassung mehrerer im Grundbuch gesondert eingetragener Gem ist nichtig[1]), einschließlich seiner wesentlichen Bestandteile,

Beispiel: Dienstbarkeit auf Nachbargrundstück[2]

und des Verwaltungsvermögens (§ 10 Abs. 7) ist Gegenstand der Regelung des 3. Abschnittes des WEG (§§ 20 bis 29), dh die Rechte und Pflichten im Innenverhältnis der WEerGem. Die kompletten Regelungen der Verwaltung sind grundsätzlich durch Vereinb anders regelbar (§ 10 Abs. 2 S. 2), soweit nicht

---

[14] BayObLG ZMR 2005, 138; KG FGPrax 2004, 91.
[15] Jennißen Rn. 59.
[16] Riecke Rn. 16.

[1] OLG Hamm NZM 2004, 787.
[2] OLG Stuttgart NJW-RR 1990, 659; OLG Köln ZMR 1994, 122.

zwingenden Vorschriften gegeben sind (s. vor § 10 Rn. 3), wie **zB Kompetenzverlagerungen**, zB auf Untergem oder Verwalter.[3] Diese oder andere Beschränkungen oder Änderungen der Gesetzesvorschriften durch Beschl sind aber nichtig, zB Arbeitskreis entscheidet über Reparaturen,[4] soweit nicht durch Öffnungsklausel vorbehalten.

2. Inhaber

Sie obliegt den jeweils in der Gem vorhandenen Institutionen als Rechte und Pflichten. Auch die WEer haben eine solche,[5] so sind sie im Verhältnis untereinander verpflichtet, zB das GE ordnungsmäßig instandzuhalten oder instandzusetzen.[6] Die Verwaltung obliegt dem Verband (§ 10). Dritte, zB Mieter, können keine Rechte daraus herleiten, zB dass kein Verwalter bestellt ist.[7]   2

3. Sondereigentum

Die **Verwaltung des SE** obliegt jedem WEer selbst nebst Wahrnehmung seiner Rechte und Pflichten,[8] hierin ist er in den Grenzen des WEG (zB § 14) und der Vereinb und Beschl frei,[9] zB bauliche Veränderung des SE's[10] wie Kamineinbau.[11] Einschränkungen durch Beschl sind nichtig, zB Beschl über die Verwendung der Mieterträge.[12]   3

§ 20 Gliederung der Verwaltung

(1) Die Verwaltung des gemeinschaftlichen Eigentums obliegt den Wohnungseigentümern nach Maßgabe der §§ 21 bis 25 und dem Verwalter nach Maßgabe der §§ 26 bis 28, im Falle der Bestellung eines Verwaltungsbeirats auch diesem nach Maßgabe des § 29.
(2) Die Bestellung eines Verwalters kann nicht ausgeschlossen werden.

Übersicht

	Rn.
1. Normzweck	1
2. Verwaltung	2
a) Begriff der Verwaltung	2a
b) Umfang der Verwaltung	2b

---

[3] OLG Düsseldorf ZMR 2001, 303.
[4] OLG Düsseldorf NZM 2002, 1031; AG Hannover ZMR 2004, 466.
[5] LG Aachen ZMR 1993, 234; Staudinger/Bub Rn. 13; aA Bärmann/Merle Rn. 8.
[6] BGH NJW 1999, 2108 Rn. 16.
[7] BayObLG WE 1991, 140.
[8] OLG Hamm ZMR 2001, 654.
[9] BGH NJW 2003, 1393.
[10] OLG Köln ZMR 2001, 568.
[11] BGH NJW 1992, 182.
[12] OLG Düsseldorf NZM 2001, 238.

3. Institute der Wohnungseigentümergemeinschaft 3
4. Verwalterbestellung 4
5. Unabdingbarkeit 5

1. Normzweck

1 § 20 **Abs. 1** besitzt lediglich **Hinweischarakter**, wohingegen **Abs. 2** auch **materiellrechtliche Bedeutung** hat.

2. Verwaltung

2 Gegenstand und Inhaber s. vor § 20 Rn. 1 f. Hierunter ist sowohl das Treffen der Entscheidung wie auch die Durchführung der getroffenen Massnahme zu verstehen.[1]

a) Begriff der Verwaltung

2a Der Begriff der **Verwaltung** kann wie folgt abgegrenzt werden:
– **In rechtlicher Hinsicht** gegenüber Verfügungen, dh solchen Rechtsgeschäften, die darauf gerichtet sind, ein bestehendes Recht zu belasten, es zu verändern, zu übertragen oder aufzuheben.
– **In wirtschaftlicher Hinsicht** gegenüber Neuerungen, die über eine ordnungsgemäße Verwaltung (§ 21 Abs. 3) und modernisierende Instandhaltung (§ 22 Abs. 3) hinausgehen.

Beispiel: Bauliche Veränderungen (§ 22), Eingriff in das SE und auch bereits in das Anwartschaftsrecht (Vor § 1 Rn. 7) auf SE.[2]

b) Umfang der Verwaltung

2b Zur Verwaltung iSd Bestimmung gehören alle Maßnahmen, die in tatsächlicher oder rechtlicher Hinsicht auf eine Erhaltung, Verbesserung und normale Nutzung der Anlage abzielen oder sich als Geschäftsführung zugunsten der WEer in Bezug auf das GE darstellen,[3] wie zB Kreditaufnahme,[4] nicht aber Gebrauchsmaßnahmen (hierzu § 15[5]). Ausgeschlossen ist die sachenrechtliche Zuordnung von WE, wie zB die Umwidmung von TE in WE, die Begründung von SNR und die Umwandlung von GE in SE[6] oder die Verfügung über GE.[7] Dieser Umfang soll durch die Neukonzeption der Eigentümergemeinschaft als selbständiges Rechtsgebilde (vgl. § 10 Abs. 6 WEG) eingeengt worden sein bzw. nach OLG Mün-

---

[1] AG Düsseldorf ZMR 2012, 585.
[2] BayObLG DNotZ 1973, 611.
[3] BGH NJW 1997, 2106; 1993, 727.
[4] BGH NJW 2012, 3719.
[5] BGH NJW 2000, 3211.
[6] BGH ZMR 2012, 793.
[7] BGH NJW 2013, 1963.

chen[8] ganz beseitigt worden sein, so dass Verfügungen weitgehend nicht mehr darunter fallen sollen. Richtig ist aber, dass auch Verfügungen, wie der Austausch von Gegenständen, wie Rasenmäher oder Wachmaschine als Verfügungen unstreitig zur Verwaltung gehören.[9] Darüberhinaus kann eine Verfügung nur dann Verwaltungsmaßnahme sein, wenn ein Anspruch gegen den einzelnen WEer auf Zustimmung zu dieser Verfügung besteht (§ 242 BGB[10]), zB Tausch,[11] Widmung einer zum GE gehörenden Straße[12] oder Eigentumsaufgabe an Wasserrohrleitung.[13] Nicht darunter fällt aber eine Zustimmung zur Nachbarbebauung, eine Einräumung einer Baulast,[14] die Veräußerung von Teilen des GE[15] oder aber die Begründung von Ansprüchen gegen WEer (außerhalb von §§ 16, 28).[16] Die Verwaltung durch die WEer beschränkt sich nicht auf die Beschlfassung, sondern schließt die entsprechende Vornahme ggf. unter Zuhilfenahme von Fachkräften ein.[17]

3. Institute der Wohnungseigentümergemeinschaft

Abs. 1 zählt die üblichen Institute der WEerGem auf, wobei die **Versammlung und** der **Verwalter** idR das **Mindestmaß** darstellen. Der Verband ist kein weiteres Organ.[18] Durch Vereinb ist es den WEern unbenommen, weitere zu schaffen, wie zB den Kassenprüfer.[19] Hierzu zählt nicht der Hausmeister, da er Angestellter der WEerGem ist.

4. Verwalterbestellung

Abs. 2 bestimmt nur, dass die Bestellung eines Verwalters **nicht** für immer oder zeitweise **durch TErkl/Vereinb ausgeschlossen werden kann**.[20] Zulässig ist es jedoch, (zunächst) einen Verwalter, zB in der TErkl, nicht zu bestellen[21] oder, zB nachdem der letzte Verwalter ausgeschieden ist, keinen neuen zu bestellen.[22] Abs. 2 übt auch keinen Zwang in Richtung auf eine Bestellung aus. Erst wenn sich ein Bedürfnis für die Bestellung eines neuen Verwalters herausstellt, ist ein Verwalter durch die WEer zu bestellen, notfalls auf Antrag durch das WEG-Gericht. Bis dahin üben die WEer die Verwaltung selbst aus und müssen die not-

---

[8] NJW 2010, 1467.
[9] LG Dortmund MDR 1965, 740; BeckOK WEG/Elzer Rn. 45.
[10] Vgl. BGH ZMR 2012, 793.
[11] BGH NJW 1999, 781.
[12] BGH NJW 1987, 3177; OLG Hamm NJW-RR 1991, 338 mwN.
[13] LG Berlin WE 2001, 223.
[14] OLG Hamm NJW-RR 1991, 338.
[15] BGH NJW 2013, 1963 Rn. 8.
[16] BGH NJW 2010, 3211, 2005, 2061; aA OLG Köln NZM 2006, 662.
[17] BGH NJW 1999, 2108.
[18] Armbrüster ZWE 2014, 1.
[19] Sauren ZMR 1984, 325.
[20] LG Hannover DWE 1983, 124.
[21] LG Köln MittRhNotK 1981, 200.
[22] LG Hannover DWE 1983, 124.

§ 21 I. Teil. Wohnungseigentum

wendigen Verwaltungsmaßnahmen nach den §§ 26–28 gemeinsam vornehmen,[23] wobei ein einzelner WEer für die anderen handeln kann, sofern er (ggf. stillschweigend) beauftragt ist.[24]

5. Unabdingbarkeit

5 Die **Unabdingbarkeit des Abs. 2** gilt auch für **Beschränkungen**, die eine Verwalterbestellung behindern können

Beispiel: Die Höhe der Verwaltervergütung wird für alle Zukunft festgeschrieben,[25] es wird festgeschrieben, dass der Verwalter keine Vergütung erhält[26] oder Zusatzvergütung nach den Grundsätzen der HOAI im Falle der Durchführung von Sanierungsarbeiten.[27]

Derartige unzulässige Beschränkungen sind **nichtig, auch bei ZweierGem**.

§ 21 Verwaltung durch die Wohnungseigentümer

(1) Soweit nicht in diesem Gesetz oder durch Vereinbarung der Wohnungseigentümer etwas anderes bestimmt ist, steht die Verwaltung des gemeinschaftlichen Eigentums den Wohnungseigentümern gemeinschaftlich zu.

(2) Jeder Wohnungseigentümer ist berechtigt, ohne Zustimmung der anderen Wohnungseigentümer die Maßnahmen zu treffen, die zur Abwendung eines dem gemeinschaftlichen Eigentum unmittelbar drohenden Schadens notwendig sind.

(3) Soweit die Verwaltung des gemeinschaftlichen Eigentums nicht durch Vereinbarung der Wohnungseigentümer geregelt ist, können die Wohnungseigentümer eine der Beschaffenheit des gemeinschaftlichen Eigentums entsprechende ordnungsmäßige Verwaltung durch Stimmenmehrheit beschließen.

(4) Jeder Wohnungseigentümer kann eine Verwaltung verlangen, die den Vereinbarungen und Beschlüssen und, soweit solche nicht bestehen, dem Interesse der Gesamtheit der Wohnungseigentümer nach billigem Ermessen entspricht.

(5) Zu einer ordnungsmäßigen, dem Interesse der Gesamtheit der Wohnungseigentümer entsprechenden Verwaltung gehört insbesondere:
1. die Aufstellung einer Hausordnung;
2. die ordnungsmäßige Instandhaltung und Instandsetzung des gemeinschaftlichen Eigentums;
3. die Feuerversicherung des gemeinschaftlichen Eigentums zum Neuwert sowie die angemessene Versicherung der Wohnungseigentümer gegen Haus- und Grundbesitzerhaftpflicht;
4. die Ansammlung einer angemessenen Instandhaltungsrückstellung;
5. die Aufstellung eines Wirtschaftsplans (§ 28);
6. die Duldung aller Maßnahmen, die zur Herstellung einer Fernsprechteilnehmereinrichtung, einer Rundfunkempfangsanlage oder eines Energieversorgungsanschlusses zugunsten eines Wohnungseigentümers erforderlich sind.

---

[23] LG Hannover DWE 1983, 124.
[24] § 27 Abs. 3 S. 2; KG NJW-RR 1993, 470.
[25] KG NJW-RR 1994, 402.
[26] OLG Frankfurt NJW-RR 1993, 845.
[27] OLG Frankfurt ZWE 2011, 361.

Verwaltung durch die Wohnungseigentümer § 21

(6) Der Wohnungseigentümer, zu dessen Gunsten eine Maßnahme der in Absatz 5 Nr. 6 bezeichneten Art getroffen wird, ist zum Ersatz des hierdurch entstehenden Schadens verpflichtet.

(7) Die Wohnungseigentümer können die Regelung der Art und Weise von Zahlungen, der Fälligkeit und der Folgen des Verzugs sowie der Kosten für eine besondere Nutzung des gemeinschaftlichen Eigentums oder für einen besonderen Verwaltungsaufwand mit Stimmenmehrheit beschließen.

(8) Treffen die Wohnungseigentümer eine nach dem Gesetz erforderliche Maßnahme nicht, so kann an ihrer Stelle das Gericht in einem Rechtsstreit gemäß § 43 nach billigem Ermessen entscheiden, soweit sich die Maßnahme nicht aus dem Gesetz, einer Vereinbarung oder einem Beschluss der Wohnungseigentümer ergibt.

Übersicht

	Rn.
1. Normzweck	1
a) Zuständigkeit für Verwaltungsmaßnahmen	2
b) Entscheidungsbefugnis	3
2. Gemeinschaftliche Verwaltung	4
a) Ausnahmen	5
b) Regelung durch Beschluss	6
3. Notgeschäftsführung	7
a) Umfang	8
b) Keine Notmaßnahmen	9
c) ABC der Notgeschäftsführung und sonstiger Ausgleichsansprüche	9A
4. Verwaltungsanspruch	
a) Inhaber	10
b) Gerichtliche Geltendmachung	10a
c) Schadensersatzanspruch	10b
d) Anspruchsgegner	10c
5. Inhalt (Abs. 3)	
a) Regelungsinstrument der ordnungsgemäßen Verwaltung	11
b) Folge des Verstoßes gegen die ordnungsgemäße Verwaltung	11a
6. ABC der ordnungsgemäßen Verwaltung	12
7. Kostenregelung bei Verwaltungsangelegenheiten (Abs. 7)	
a) Normzweck	13
b) Inhalt	14
c) Beispiele	
aa) Maßnahmen, die die Art und Weise von Zahlungen betreffen	14a
bb) Fälligkeit	14b
cc) Folgen des Verzugs	14c
dd) Kosten für besondere Nutzung des Gemeinschaftseigentums	14d
ee) Kosten eines Verwaltungsaufwandes	14e
ff) Personenkreis	14f
d) Sanktionen	15
e) Ordnungsgemäße Verwaltung	16
f) Abwicklung	17

§ 21 I. Teil. Wohnungseigentum

Rn.
g) Abdingbarkeit 18
8. Ermessensentscheidungen des Gerichts (Abs. 8)
a) Normzweck 19
b) Voraussetzungen 20
c) Entscheidung des Gerichts 21
d) Abänderung der rechtskräftigen gerichtlichen Entscheidung .. 22

1. Normzweck

1 Dieser Paragraph trifft die **Grundentscheidungen über die Regelungen der Verwaltung** des GE gem § 20. Abs. 1 bestimmt, dass diese den WEern gemeinschaftlich zusteht, soweit nicht durch das Gesetz oder Vereinb etwas anderes bestimmt ist. Damit werden zwei gesetzliche Vermutungen aufgestellt:

a) Zuständigkeit für Verwaltungsmaßnahmen

2 Die Zuständigkeit für solche Maßnahmen trifft **zunächst** einmal **die WEer** und nicht den Verwalter. Sie wird jedoch, soweit die Gem einen Verwalter bestellt, durch die Aufgaben des Verwalters (§§ 26 bsi 28) beschränkt.

b) Entscheidungsbefugnis

3 Die Entscheidungen müssen von den WEer **grds. allstimmig** getroffen werden („gemeinschaftlich"). Da dies in der Praxis nicht durchsetzbar ist, ist der Grundsatz in den Abs. 3, 5 und den §§ 25, 26, 28, 29 **zugunsten eines Mehrheitsbeschl weitgehend durchbrochen**, kann auch in jeder Gem durch Vereinb erweitert werden oder in Terkl worden sein, aber nicht durch Beschl.[1]

2. Gemeinschaftliche Verwaltung

4 Zum Begriff der Verwaltung iSv Abs. 1 s. § 20 Rn. 2.

a) Ausnahmen

5 Die den WEern grds. gemeinschaftlich zustehende Verwaltung (Rn. 1) kennt Ausnahmen:
– Durch das Gesetz bei Abs. 2, wenn ein WEer Notmaßnahmen ergreift oder wenn einzelne über Maßnahmen beschließen, weil die oder der andere von dem Stimmrecht ausgeschlossen ist/sind (§ 25 Abs. 5).
– Durch Vereinb können formell oder materiell Ausnahmen anders **geregelt** werden, soweit nicht zwingende Vorschriften entgegenstehen, zB formell eingeschränkt werden, indem die Verwaltung einer oder mehrerer Einheiten teilweise getrennt erfolgt,[2] sog **Mehrhausanlagen** bzw. Untergem (s. Vor § 10 Rn. 14; § 25 Rn. 7; § 28 Rn. 30).

---

[1] BGH NJW 2000, 3500.
[2] BGH ZMR 2012, 979; BayObLG NJW-RR 2004, 1092.

b) Regelung durch Beschluss

Die Entscheidungen der WEer gem. Rn. 3 erfolgen, soweit keine Vereinb existiert und auch nicht erforderlich ist (oben Rn. 3), durch Beschl, soweit die Regelungen die ordnungsgemäße Verwaltung betreffen (Abs. 3). Ein Beschl, der die ordnungsgemäße Verwaltung übersteigt, wird dadurch aber nicht nichtig,[3] sondern erst, wenn der Inhalt des Beschl keine Regelung der Verwaltung mehr betrifft,[4] bei sog fehlenden Beschlkompetenz (§ 10 Rn. 100).

3. Notgeschäftsführung

Abs. 2 gibt jedem WEer die sog Notgeschäftsführung. Grds. hat der Verwalter die für die ordnungsgemäße Verwaltung erforderlichen Maßnahmen zu treffen (§ 27 Abs. 1 Nr. 2), und der einzelne WEer kann nicht alleine handeln. Da die WEer regelmäßig selbst von ihrer Entscheidungsbefugnis Gebrauch machen wollen, entspricht die von einem WEer eigenmächtig getroffene Instandsetzungsmaßnahme, wenn sie nicht als einzige in Betracht kommt, im Zweifel nicht dem Willen der WEer, so dass der eigenmächtig Handelnde nicht Ersatz seiner Aufwendungen beanspruchen kann.[5] Desweiteren ist mangels Eilbedürftigkeit ein Eingreifen des einzelnen nicht erlaubt, wenn ein gefahrträchtiger Zustand bereits längere Zeit besteht und der Verwalter bereits längere Zeit Kenntnis von der Situation hat.[6] Wird weder die WEerGem noch der Verwalter tätig, so kann jeder WEer Maßnahmen treffen, wenn eine Notlage besteht. Diese besteht, wenn ein verständiger WEer mit der Maßnahme der ordnungsgemäßen Verwaltung nicht länger warten würde[7] und weder die Gem noch deren Vertreter zur Behebung heranziehen kann[8] oder deren Zustimmung,[9]

Beispiel: Fensteraustausch bei Mietminderung,[10] notwendige und sofortige Dachsanierung[11] oder Betriebskosten vorgelegt.[12]

Nach dem BayObLG besteht sie nur für die Gefahrenabwehr, nicht aber für eine dauerhafte Behebung.[13] Dies ist in dieser Generalität abzulehnen, denn eine vorläufige Regelung kann teurer oder nicht möglich sein. Auch hierfür muss gelten, was ein vernünftiger WEer vornehmen würde, so auch AG Hamburg[14] für den Fall des Ersatzes einer Abluftanlage, die vom Verband zu Unrecht

---

[3] BGH NJW 2000, 3500.
[4] BGH NJW 2013, 1962.
[5] OLG Celle ZWE 2002, 369; BayObLG NZM 2000, 299.
[6] OLG Hamburg ZMR 2007, 129.
[7] OLG Frankfurt ZMR 2009, 382; OLG Oldenburg WuM 1988, 185.
[8] OLG Frankfurt ZMR 2009, 382; BayObLG ZWE 2002, 129.
[9] OLG Hamburg ZMR 2007, 129: bei längerem Zustand fehlt es an Eilbedürftigkeit.
[10] OLG Oldenburg WE 1988, 175.
[11] AG Hamburg WuM 1994, 403.
[12] OLG Rostock NZM 2010, 905.
[13] BayObLG ZWE 2002, 129.
[14] ZMR 2012, 303.

beseitigt wurde. Auch der noch nicht eingetragene Erwerber ist dazu berechtigt.[15] Durch das Vorliegen einer Notgeschäftsführung erfolgt keine Vetretungsmacht für den Verband,[16] sondern nur Anspruch auf Ersatz der Aufwendungen (§ 670 BGB) ohne Notwendigkeit eines Beschl.[17]

a) Umfang

8 Soweit der WEer dabei Ausgaben macht, gelten zusätzlich die Regelungen über die Geschäftsführung ohne Auftrag (§§ 677 ff. BGB[18]) und bei Zahlung von gemeinschaftlichen Schulden besteht ein Ausgleichanspruch (§ 426 BGB[19]). Dieser beinhaltet den Anspruch gegen den Verband aus dessen Vermögen ohne Abzug des Anteils des Ausführenden,[20] der aber durch die Einstellung dieser Zahlung in die JA dann beteiligt wird. Die anderen WEer haften nur anteilig (§ 10 Abs. 8). Sie können aber verlangen, dass die Mittel zunächst aus den Mitteln des Verbandes gezahlt werden,[21] so dass der Antrag nach OLG Köln[22] gegen WEer unbegründet ist (sehr bedenklich, bei illiquider WEG verbleibt dann auch noch das Prozessrisiko beim WEer).

b) Keine Notmaßnahmen

9 Nicht unter § 21 Abs. 1 oder 2 fallende **andere Ausgleichsansprüche (Nicht-Notmaßnahmen):** Bei Abs. 2 handelt es sich nicht um eine abschließende Regelung, sondern Ansprüche auf Aufwendungsersatz nach den Vorschriften der Geschäftsführung ohne Auftrag (§§ 670, 677, 679, 683 BGB) oder ungerechtfertigte Bereicherung (§ 812 BGB) können parallel gegeben sein. Es spricht aber schon eine Vermutung dafür, dass die WEer in einem Fall, der nicht von der Notgeschäftsführung gedeckt ist, selbst von ihrer Entscheidungsbefugnis Gebrauch machen wollen. Deshalb entspricht die von einem einzelnen WEer eigenmächtig getroffene (Instandsetzungs-)maßnahme im Zweifel nicht dem mutmaßlichen Willen der WEer.[23] Verpflichteter ist der Verband.[24] Anders ist dies bei für die Verwaltung notwendigen Verwaltungs- und Betriebskosten. Ein Erstattungsanspruch besteht grundsätzlich auch dann, wenn der WEer die Forderung aus einem Leistungsbescheid begleicht, ohne dies mit der Gemeinschaft zuvor abzustimmen. Einwendungen gegen die Rechtmäßigkeit des Bescheides berechtigen die Gemeinschaft grundsätzlich nicht zu einer Zahlungsverweige-

---

[15] AG Hamburg WuM 1994, 403.
[16] Jennißen Rn. 27; aA Staudinger/Bub Rn. 39.
[17] BayObLG ZMR 1998, 102.
[18] OLG Hamburg ZMR 2004, 137; Hauger WE 1996, 6, 8 ff.
[19] OLG Hamm NZM 2004, 952.
[20] OLG München NZM 2008, 215.
[21] OLG Hamm NZM 2004, 952.
[22] NZM 1999, 972, aber bei Anspruch aus § 812 BGB doch WEer nach AG Offenbach ZMR 2013, 393; unrichtig s. OLG Rostock NZM 2010, 905.
[23] OLG Frankfurt ZMR 2009, 382.
[24] OLG München ZMR 2008, 322; OLG Rostock NZM 2010, 905; AG Berlin ZWE 2011, 468; aA AG Offenbach ZMR 2013, 393; Jennißen Rn. 28.

Verwaltung durch die Wohnungseigentümer § 21

rung, wenn der WEer die Möglichkeit offen gehalten hat, die Rechtmäßigkeit des Bescheides verwaltungsgerichtlich überprüfen zu lassen.[25]

c) ABC der Notgeschäftsführung und sonstiger Ausgleichsansprüche

Auch dieser Bereich ist häufig umstritten, deshalb das folgende ABC, wobei Ja bedeutet, dass durch diese Maßnahme ein Ersatzanspruch gegeben ist, bei nein nicht:

Abgabenbescheid: S. Schmutzwasser.   **9A**

Betriebskosten: S. Verbindlichkeiten.   **9B**
Beweisverfahren: Einem WEer, der entgegen dem eindeutigen, erkennbaren Willen der anderen ein Beweissicherungsverfahren beantragt, steht kein Anspruch zu (OLG Frankfurt ZMR 2009, 382; BayObLG WE 1996, 154).

Dachausbau: Baut der WEer in Ausübung eines Ausbaurechts seine Dachgeschosswohnung aus, ist eine zusätzliche Hausschwammbeseitigung am GE notwendige Folge einer Geschäftsbesorgung, für deren Kosten die anderen in Anspruch genommen werden können, Ja (KG ZMR 1998, 191).   **9D**
Dachdecker: Beauftragung bei Schaden: Ja, nach hM aber nur zur Noteindeckung (Riecke Rn. 83), nach diesseitiger Auffassung nach den Umständen (Rn. 7), bei kompletter Neueindeckung des Daches aber nein (OLG Hamburg ZMR 2007, 129).

Energiekosten: S. Verbindlichkeiten.   **9E**

Gasgeruch: Beauftragung eines Handwerkers bei Gefahr: Ja.   **9G**
Grundbesitzabgaben: S. Verbindlichkeiten.

Handwerker: Beauftragung bei Gefahr: Ja, zB bei Gasgeruch, Rohrbruch oder -verstopfung.   **9H**
Hausmeister: Die Einstellung eines Hausmeisters stellt keine Maßnahme zur Abwendung eines unmittelbar drohenden Schadens dar, nein (OLG Stuttgart ZMR 1989, 180).

Kadaver: Bei der Beseitigung zahlreicher Rattenkadaver im Kriechkeller kann dem einzelnen kein Abwarten auf die Zustimmung der übrigen oder auf ein Handeln der Verwaltung zugemutet werden, Ja (LG Hamburg ZMR 2009, 941).   **9K**

Müllkosten: S. Verbindlichkeiten.   **9M**

Nachbarschutz: Ein WEer kann baurechtliche Nachbarrechte wegen Beeinträchtigung seines SE's in vollem Umfang und aus eigenem Recht geltend machen. Eine Beeinträchtigung des GE's kann er, nur in den engen Grenzen einer Notgeschäftsführung und nur in Prozessstandschaft für die Gem abwehren (OVG NRW NVwZ-RR 1992, 11), also regelmäßig nein (BayVGH BauR 2006, 501).   **9N**

---

[25] BGH NJW 2014, 1093.

§ 21   I. Teil. Wohnungseigentum

9R **Reparatur:** Wiederherstellung des Plattenbelags einer im GE stehenden Terrasse, wenn Sanierungsarbeiten begonnen haben und dann kein Aufschub mehr besteht oder wenn bekannt ist, dass die WEer die Sanierung durchführen wollen, Ja (BayObLG WE 1991, 201).
Rohrbruch, -verschluss oder -verstopfung: Beauftragung eines Handwerkers bei Gefahr: Ja.
Sanierungsarbeiten: Führen diese nur zur Verbesserung des Wärmedämmwertes, waren aber nicht notwendig, so Nein (OLG Schleswig-Holstein ZMR 2010, 710).

9S **Schadensbehebung:** Wenn Verwalter Kenntnis von Schaden hat, ist Behebung regelmäßig nicht notwendig, nein (AG Offenbach ZMR 2013, 393).
Schmutzwasser: Im Innenverhältnis ist die Gemeinschaft verpflichtet, den durch Leistungsbescheid in Anspruch genommenen WEer von einer Abgabenschuld freizustellen. Erfüllt er die Abgabenforderung aus eigenen Mitteln, steht ihm ein Erstattungsanspruch zu, Ja (BGH v. 14.02.2014, V ZR 100/13).

9T **Terrasse:** S. Reparatur.

9V **Verbindlichkeiten:** Bezahlt eine WEer Schulden der Gem zB Energie, Grundbesitzabgaben, Wasserkosten, Müll, Verwalter oder Versicherungen: Ja (OLG Rostock NZM 2010, 905; OLG Düsseldorf WE 1989, 201), begründet dies Anspruch auf Aufwendungsersatz (Rn. 9), aber keine Notgeschäftsführung (OLG Hamm ZMR 2009, 937 Rn. 25 ff.), sondern nur wenn zB zur Vermeidung der Sperrung oder wegen Inanspruchnahme der Gläubiger zur Vermeidung einer Klage (OLG Frankfurt v. 13.7.2005 – 20 W 327/04 für Müllgebühr) gezahlt wird.
Versammlung: Keine Möglichkeit eines einzelnen WEer's, eine Versammlung einzuberufen, nein (AG Wangen ZMR 2008, 580), es sei denn, er ist ermächtigt.
Versicherungskosten: S. Verbindlichkeiten.
Verwalterkosten: S. Verbindlichkeiten.

9W **Wasserkosten:** S. Verbindlichkeiten.
Wiederherstellung des ordnungsgemäßen Zustandes: Demontiert der Verband eine im GE stehende Abluftanlage ersatzlos, so kommt bei Montage einer neuen Anlage durch den WEer ein Aufwendungsersatzanspruch in Betracht, wenn von einer unausweichlichen Maßnahme ausgegangen werden kann, Ja (AG Hamburg ZMR 2012, 303).
Wohngeld: Ist ein WEer in Rückstand und ist niemand zur Forderungseintreibung vorhanden, Ja (BGH NJW 1989, 1091 Rn. 21).

4. Verwaltungsanspruch

a) Inhaber

Abs. 4 gibt jedem WEer einen **Individualanspruch auf ordnungsgemäße Verwaltung** (Rn. 11 und § 22 Rn. 3 f.) gegen die übrigen WEer,[26] je nach den Umständen auch gegen den Verband (wenn nicht die WEer durch ihr Verhalten die Ursache gesetzt haben, sondern zB die Verwaltung als Vertreter des Verbandes)[27] oder oder einzelne WEer (zB bei Untergem) oder einen einzelnen WEer[28] oder den Verwalter.[29] Hier kann, ggf. auch gerichtlich (§ 43 Nr. 1 oder 2), eine Zustimmung oder Mitwirkung zu einer Verwaltungsmaßnahme verlangt werden: 10

– die einer Vereinb oder einem Beschl (hieran ist der Richter gebunden) gemäß Abs. 3 und 4 entspricht.
– Soweit diese nicht vorhanden sind, zB weil ein Beschl nicht zustande kam, auch eine konkrete Maßnahme,[30]

Beispiel: Beseitigung von Schäden,[31]

die aber ordnungsgemäßer Verwaltung (Abs. 3) entsprechen muss.

b) Gerichtliche Geltendmachung

Die gerichtliche Geltendmachung setzt jedoch eine erfolglose Beschlfassung der Eigentümerversammlung voraus[32] oder die Darlegung, dass dieser Weg erfolglos geblieben wäre, zB weil Antrag keine Mehrheit findet[33] oder Verwalter TOP ablehnt[34] oder sonst unzumutbar.[35] Hat die Gem durch Beschl Maßnahme bereits rechtskräftig abgelehnt, so steht dies einer Klage nicht entgegensteht. Die unterlassene Anfechtung eines ablehnenden Beschls entfaltet keine Sperrwirkung für inhaltsgleiche Anträge.[36] Beklagte sind alle WEer, selbst die, die der begehrten Maßnahme zugestimmt haben.[37] Regelmäßig ergibt sich geforderte Maßnahme aus Gesetz, Vereinb oder Beschl und hat billigem Ermessen zu entsprechen. Dabei kann dann der Richter die zu treffende Ermessensentscheidung ohne Bindung an den Antrag (gem Abs. 8) vornehmen, s. hierzu weiter Rn. 19 ff. Dafür genügt, dass der Antrag die erstrebte Entscheidung angibt.[38] 10a

---

[26] BGH ZMR 2012, 713; OLG München ZMR 2008, 562; LG München ZMR 2010, 67.
[27] OLG München NJW 2011, 83; ZMR 2008, 562; Palandt/Bassenge Rn. 11; aA LG Hamburg ZMR 2012, 189.
[28] AG Hamburg ZMR 2010, 809.
[29] Jennißen Rn. 42.
[30] BayObLG NZM 1999, 857.
[31] BayObLG DWE 1982, 102.
[32] BGH NJW 2010, 2129; 2003, 3480.
[33] BGH NJW 2010, 2129; OLG Hamm NJW-RR 2004, 805.
[34] KG NZM 2000, 286.
[35] BayObLG NJW-RR 2004, 89.
[36] BGH NJW 2012, 1722 Rn. 5.
[37] Staudinger/Bub Rn. 118.
[38] BGH NJW 2013, 2271.

§ 21 I. Teil. Wohnungseigentum

Dann besteht die Möglichkeit zur rechtsgestaltenden Anordnung des Gerichts[39] oder zur Verureilung zur Zustimmung.[40]

c) Schadensersatzanspruch

10b Besteht bei schuldhafter Verletzung.[41] Dabei hat der Verband für ein schuldhaft pflichtwidriges Verhalten der WEermehrheit nicht einzustehen, selbst wenn die WEer verpflichtet waren, die begehrte Maßnahme zu beschließen.[42] Ob der Verband im Verhältnis zu dem einzelnen Wohnungseigentümer selbst zur ordnungsgemäßen Verwaltung des GEs verpflichtet ist und für Verstöße gegen diese Pflicht durch die Mehrheit der WEer (nach § 31 BGB) einzustehen hat, ist umstritten (für die Haftung des Verbands etwa;[43] für die Haftung der WEer[44]).

Beispiel: Die zur ordnungsgemäßen Wärmeerfassung erforderlichen Schritte werden unterlassen und einzelner WEer hat dadurch erhöhte Verbrauchswerte.[45]

d) Anspruchsgegner

10c Der Anspruch kann sich richten gegen:
– den Verband,[46] aber nicht die anderen WEer[47] und/oder
– den Verwalter, soweit dies sein Aufgabengebiet umfasst, was idR der Fall sein wird;[48]
– beide.[49]
Der Anspruch ist **nicht verjährbar**.[50]

5. Inhalt (Abs. 3)

a) Regelungsinstrument der ordnungsgemäßen Verwaltung

11 Abs. 3 bestimmt, dass die ordnungsgemäße Verwaltung **durch Beschl regelbar** ist. Dies gilt auch für Änderung oder Aufhebung (vgl. § 10 Rn. 36). Ein solcher Anspruch besteht,[51] wenn die begehrte Maßnahme dem Interesse der Gesamtheit der WEer nach billigem Ermessen entspricht. Dabei besteht ein Beurteilungsspielraum der WEer, der nur dann überschritten wird, wenn eine

---

[39] BGH NJW 2013, 2271.
[40] BGH NJW 2010, 3296 Rn. 12.
[41] BGH NJW 1999, 2108.
[42] BGH NJW 2012, 2955 Rn. 6.
[43] LG Hamburg ZMR 2009, 714, 715; Jennißen Rn. 48; Riecke Rn. 125; Schmid DWE 2012, 4.
[44] Spielbauer/Then Rn. 34, 36; BeckOK WEG/Elzer Rn. 153.
[45] BayObLG NZM 1999, 857.
[46] BGH NJW 2012, 2955 Rn. 7; BayObLG NJW-RR 1986, 954.
[47] LG Hamburg ZMR 2009, 714.
[48] BayObLG DWE 1982, 102.
[49] BayObLG DWE 1982, 102.
[50] BGH ZMR 2012, 713.
[51] BGH NJW 2012, 1884; NZM 2011, 630.

andere Entscheidung nicht mehr vertretbar ist, sog Ermessenreduzierung auf null.[52] Ggf. ist eine Kosten-Nutzen-Analyse durchzuführen und/oder Gutachten einzuholen. Ein Anspruch auf sofortige Durchführung einer bestimmten Maßnahme entsteht lediglich dann, wenn allein dieses Vorgehen ordnungsmäßiger Verwaltung entspricht.[53] Dass sich die WEer vor der Beschlfassung über konkrete Maßnahmen vergewisserten, ob der vorgelegte Befund sachlich zutraf, und Aufklärung darüber verschafften, wie ein festgestellte Schaden zweckmäßigerweise zu beheben ist und welche Alternativen hierfür ggf. in Betracht kamen, ist nicht zu beanstanden. Die WEer dürfen nach dem BGH[54] deshalb erst die Einholung eines Gerichtsgutachtens im selbständigen Beweisverfahren beschließen, dann dessen Eingang abwarten und sich Zeit für die Prüfung des Gutachtens nehmen. Dafür erscheint ein Zeitraum von etwa sechs Wochen angemessen.[55] Deshalb besteht zB kein Anspruch auf Gleichbehandlung.[56]

b) Folge des Verstoßes gegen die ordnungsgemäße Verwaltung

11a Ein Verstoß gegen den Grundsatz ordnungsgemäßer Verwaltung begründet **keine Nichtigkeit, sondern nur Anfechtbarkeit**.[57] Das Gericht hat zu prüfen, ob gegen das Gesetz oder die in der Anlage geltenden Regelungen verstoßen wurde, es kann aber nicht sein Ermessen an das Gem setzen, sondern das der Gem nur überprüfen. Der in Abs. 3 enthaltenen Generalklausel setzt der Gesetzgeber in Abs. 5 eine beispielhafte Aufzählung hinzu, die nicht abschließend ist („insbesondere"). Der Gesetzgeber hat selbst die **ordnungsgemäße** Verwaltung zum Teil konkretisiert, nämlich in § 14 Nr. 1, wonach ordnungsgemäß ist, was dem geordneten Zusammenleben der WEerGem dient, sowie in § 15 Abs. 3, wonach ordnungsgemäß ist, was den Interessen der Gesamtheit der WEer nach billigem Ermessen entspricht. Zu einer ordnungsgemäßen Verwaltung zählen alle Maßnahmen, die im Interesse aller WEer auf die Erhaltung, Verbesserung und normale Nutzung der Anlage gerichtet sind.[58] Damit ist das gemeinschaftliche Interesse, also die Nützlichkeit einer Maßnahme für die WEerGem, entscheidend und nicht eine Nützlichkeit für andere, zB für außenstehende Dritte.[59]

Beispiel: Bei Garten eine Gebrauchserlaubnis für Nicht-WEer.

11b Die Ordnungsmäßigkeit der Verwaltung richtet sich bei objektiver Beurteilung nämlich nach den individuellen Interessen aller WEer an der Erhaltung des Vermögens der WEerGem und ihrem geordneten Zusammenleben.[60] Ist in einer Angelegenheit bereits ein Beschl gefasst worden, der diesen Grundsätzen wider-

---

[52] BGH NJW 2012, 1884 und 2955 Rn. 8.
[53] BGH NJW 2012, 1724 Rn. 4.
[54] NJW 2012, 2955.
[55] BGH NJW 2012, 2955, kritisch dazu Derleder NJW 2012, 3132.
[56] BayObLG NJW-RR 2004, 1455.
[57] BGH NJW 2000, 3500.
[58] OLG Hamm NJW-RR 1991, 338.
[59] BayObLG Rpfleger 1975, 367, 368.
[60] BayObLG Rpfleger 1975, 367, 368.

spricht, aber bestandskräftig geworden ist, so bedeutet dies, dass deshalb kein Anspruch auf Nichtausführung besteht,[61] zudem zwingt dies nicht zur Gleichbehandlung zukünftiger Fälle.[62]

Beispiel: Einem WEer wurde der Austausch eines Fensters mit einer Türe gestattet, aus diesem Grund kann in Zukunft ein anderer WEer nicht ebenfalls einen Austausch verlangen.[63]

6. ABC der ordnungsgemäßen Verwaltung

12 Die vorstehend dargestellten allgemeinen Grundsätze ordnungsgemäßer Verwaltung sind im Laufe der Zeit von Literatur und Rspr. weiter konkretisiert worden. Der derzeitige Stand soll im Folgenden in **ABC-Form** dargestellt werden, wobei die beispielhafte Aufzählung des Abs. 5 miteinbezogen wird.

12A **Ablufttrockner:** S. Wäschetrockengeräte.
Abnahme des Gemeinschaftseigentums: Hierbei handelt es sich um ein Recht aus dem jeweiligen Kaufvertrag (§ 640 BGB), welches den jeweiligen Eigentümern zusteht. Die Gem kann aber durch Beschl die Abnahme (AG München NJW 2011, 2222; Bärmann/Klein Anhang § 10 Rn. 56; vgl. BGH NJW 2010, 933; aA hM zB Jennißen Rn. 15) und/oder die Durchsetzung der auf die ordnungsgemäße Herstellung des GE gerichteten Rechte der Erwerber wegen Mängeln des GE an sich ziehen (OLG Stuttgart NJW-RR 2012, 851). Die Rechte bzgl. des SE's verbleiben bei dem Eigentümer (OLG Hamm NZM 2011, 814). Dies gilt auch, wenn nur einem WEer ein Anspruch auf ordnungsgemäße Herstellung oder Instandsetzung des GE zusteht (BGH ZWE 2010, 173). Macht Gem von dieser Möglichkeit Gebrauch, begründet dies ihre alleinige Zuständigkeit (BGH NJW 2007, 1954; 2014, 1377), mit der Ermächtigung des Verwalters und der Folge, dass Handlungen des einzelnen Eigentümers unwirksam sind. Die Gem hat daneben die Möglichkeit, einzelne oder mehrere Eigentümer zu ermächtigen oder umgekehrt die Eigentümer die Möglickeit, die Gem für ihr SE zu ermächtigen (BGH NJW 2007, 1954). Die Gem kann aber die Entscheidung, ob Individualansprüche eines ihrer Mitglieder geltend gemacht werden, jedenfalls dann nicht mehr gegen seinen Willen an sich ziehen, wenn der betroffene Eigentümer seine Individualansprüche schon rechtshängig gemacht hat. Dann sind die übrigen aus Treuepflicht gehalten, den rechtskräftigen Ausgang des Verfahrens abzuwarten. Ein gleichwohl gefasster Beschl („Okkupationsbeschluss") ist formell und materiell rechtswidrig, aber nicht nichtig (AG Reutlingen ZMR 2013, 579; Röll B 295). Im Gerichtsverfahren tritt Gem als gesetzlicher Prozessstandschafter auf (BGH NJW 2007, 1952; 2006, 3175). Dies kann auch durch Vorsehen der Abnahme durch den Verwalter in den Kaufverträgen geschehen (BayObLG NZM 1999, 862), aber entsprechende Klausel in Bauträgervertrag

---

[61] BGH NJW 2012, 3719.
[62] BayObLG ZMR 2003, 758.
[63] BayObLG WuM 1993, 564.

ist unwirksam (BGH ZWE 2013, 455 m. Anm. Ott). Ein Beschl, durch den Zahlung einer Werklohnforderung ohne Formulierung eines Vorbehalts und vor Abnahme bestimmt wird, entspricht nicht den Grundsätzen ordnungsmäßiger Verwaltung, wenn erkennbar in Betracht kommt, dass die geforderte Vergütung nicht oder nicht in der verlangten Höhe zusteht und nicht aus besonderen Gründen Anlass besteht, gleichwohl Zahlung zu leisten (KG Berlin NJW-RR 2008, 247), s. Gewährleistungsanspruch.

Abrechnungszeitraum: Nach § 28 Abs. 1 grds. das Kalenderjahr. Abänderung zB für die Heizung, ist nur durch Vereinb möglich (bejahend aber letztlich offen gelassen OLG München ZMR 2009, 630; OLG Celle GuT 2002, 188; aA LG Berlin ZMR 2002, 385; OLG Köln WE 1998, 312; OLG Düsseldorf WE 1988, 177 m. abl. Anm. Seuss). Aber Verstoß gegen Treuepflichten und damit Verlust des Anfechtungsrechtes, wenn Abweichung länger praktiziert, der Übergang zu dem vom Gesetz oder der TEerkl vorgesehenen Zeitraum nicht vor der Herstellung der Abrechnung eingefordert wurde und mit der Auswahl des Abrechnungszeitraumes keine materiellen Nachteile für anfechtenden WEer verbunden sind (OLG Celle GuT 2002, 188; OLG München NJW-RR 2009, 1466), insbesondere dann, wenn die Wahl des Abrechnungszeitraums gerade der Umstellung auf das Kalenderjahres dient und eine weniger nachteilige Umstellung für alle Eigentümer nicht ersichtlich ist (LG München ZMR 2009, 947). Nach AG Halle ist Abrechnung eines Zeitraumes von weniger als einem Jahr ordnungsgemäßer Verwaltung entsprechend, wenn dafür ein hinreichender sachlicher Grund vorliegt (v. 12.5.2009 – 120 C 358/09). Nach KG Berlin widerspricht es nicht Grundsätzen ordnungsmäßiger Verwaltung, wenn die WEer mehrjährige Bauarbeiten am Schluss erstmalig jahresübergreifend abrechnen (NJW-RR 2004, 588).

Abstellen von Gegenständen: S. Benutzung des GE.

Abstellplatz:

1. **Abstellen oder Parken von Fahrzeugen auf GE,** zB der Hoffläche, **ist grds. nicht gestattet.** Vielmehr dürfen diese nur auf dafür vorgesehenen Flächen abgestellt werden. Ein Beschl über Abstellen ist möglich, sofern nicht eine Vereinb entgegensteht und den WEern kein Nachteil entsteht (OLG Hamburg ZMR 2003, 444; BGH NJW 2000, 3211). Deshalb ist das Abstellen eines Wohnmobils auf einer gemeinschaftlichen Hoffläche, die der Lage nach jedenfalls auch dem Zugang und der Zufahrt zu dem Gebäude und den Garagen eines Doppelhauses dient, unzulässig (BayObLG WE 1982, 94). Ebenso das Abstellen eines Kfz auf einer gemeinschaftlichen Fläche (KG WEZ 1988, 444), Grünfläche (BayObLG DWE 1982, 66), in der Feuerwehranfahrtszone (BayObLG WE 1988, 210) oder der Terrasse (BayObLG DWE 1982, 133). Ein Beschl, wonach Autos und Motorräder auf dem Grundstück nur auf den durch Farbmarkierungen gekennzeichneten Abstellplätzen geparkt werden sollen und jedes Behindern des Parkens auf der Verkehrsfläche und vor Garageneinfahrten untersagt wird, ist deshalb nicht zu beanstanden (BayObLG DWE 1982, 66). Ebensowenig ein Parkverbot für Klein-Lkw und Wohnwagen, wenn in der Anlage nur Wohnungen vorhanden sind und die Gewerbeausübung untersagt ist (OLG Hamburg WE 1992, 115). Der Verwalter hat zur Durchsetzung ggf. ent-

sprechende Verbotsschilder aufzustellen, (BayObLG MDR 1981, 937). IdR wird der Verwalter aber das Parken nicht durch eine Bepflanzung verhindern dürfen, da damit das Abstellen in Notfällen unterbunden würde (BayObLG DWE 1982, 66).

2. **Soweit gemeinschaftliche Abstell- oder Parkplätze vorhanden** sind, ist die WEerGem nicht gezwungen, eine Gebrauchsbeschränkung für den gemeinsamen Parkplatz zu beschließen, solange keine konkrete Beeinträchtigung des Mitgebrauchs vorliegt (KG v. 29.4.1985 – 24 W 4734/84 zit. nach Dittrich ZMR 1986, 189). Freihalten des Kfz-Abstellplatzes an Müllentsorgungstagen kann beschl werden (OLG Hamm NZM 2000, 963). Bei ausreichendem Platz kann Parken vor der Garage durch Beschl gestattet werden (OLG Hamburg WuM 1993, 288). Soweit Stellplätze ihrer Zweckbestimmung nach von den WEern **abwechselnd nach Bedarf belegt werden können,** widerspricht es ordnungsgemäßem Gebrauch, ein Wohnmobil nicht nur kurzfristig abzustellen (BayObLG ZMR 1985, 29). Sind nur wenige Abstellplätze/Garagen vorhanden, stellt zeitlich unbegrenzte Vermietung an einzelne WEer und die gleichzeitige Verweisung der übrigen WEer auf eine Warteliste eine unzureichende Gebrauchsregelung dar, die auf Anfechtung hin aufzuheben ist (KG NJW-RR 1990, 1495), vielmehr ist jährlich eine Neuverteilung durch Los vorzunehmen (BayObLG NJW-RR 1992, 599; 1993, 205), ggf. notfalls durch das Gericht (KG NJW-RR 1994, 912). Auch der konkrete Gebrauch eines SNRs unterliegt der Regelungskompetenz durch eine Hausordnung. Die Gem kann deshalb beschl, dass der Kfz-Einstellplatz nur von dem Eigentümer sowie dessen Lebensgefährten und Kindern benutzt werden darf (KG ZMR 1996, 279).

3. **Markierung von Kfz-Stellplätzen** entspricht regelmäßig ordnungsgemäßer Verwaltung (OLG Köln OLGZ 1987, 287; BayObLG NJW-RR 1987, 1490). Auch bei einem SNR können die WEer durch Mehrheitsbeschl die Ein- und Ausfahrt zu den Stellplätzen nach 21 Uhr beschränken (OLG München ZMR 2007, 484). Zur Einrichtung und Vermietung von Pkw-Stellplätzen s. unten Vermietung von GE.

Ankauf, Anmietung, Anpachtung: Anpachtung einer Fläche anstatt des Erwerbs soll durch Beschl möglich sein (BayObLG ZMR 1998, 63), andererseits soll eine Anmietung nicht möglich sein, um das Parken ohne Behinderung vornehmen zu können (OLG Köln ZMR 1998, 458). Ankauf einer Vielzahl von SEeinheiten in der eigenen Anlage durch die rechtsfähige Gem entspricht nach OLG Hamm auch dann nicht ordnungsgemäßer Verwaltung, wenn die Maßnahme zur Lösung von Problemen der Gem beitragen soll, die durch eine Vielzahl zahlungsunfähiger oder zahlungsunwilliger MEer verursacht werden. Ein darauf gerichteter Beschl sei auch dann ungültig, wenn er zunächst lediglich ein auf den Erwerb gerichtetes, jedoch Beratungskosten auslösendes Verhandlungsmandat umfasse (NJW 2010, 3586). Andererseits kann Ankauf des SNR zweier Stellplätze, um darauf zusätzlich erforderliche Müllbehälter abzustellen, den Grundsätzen einer ordnungsmäßigen Verwaltung entsprechen (BayOBLG ZMR 1998, 6549). Es kann nicht beschl werden, dass dem Pächter von WE einzelner WEer ein persönlicher Anspruch

gegen alle WEer auf Mitbenutzung der gem Einrichtungen eingeräumt wird (OLG München NZM 2006, 587).
Anmietung: S. Ankauf.
Anschlüsse:
1. § 21 Abs. 5 Nr. 6 begründet **erhöhte Duldungspflicht** des einzelnen WEers, soweit es sich um die Herstellung eines **Fernsprech-, Rundfunk-** oder **Energieversorgungsanschlusses** handelt. Sinn des Gestzes ist, einen gewissen Mindeststandard zu gewähren. Entsprechend ist dies auf ähnliche Anschlüsse, wie zB Antennen oder ergänzende Medien, wie **Fernsehen** oder **Telefax** oder **Internet** (so auch Jennißen Rn. 102a) zu übertragen, was den jeweiligen Mindesstandard einer Einheit ausmacht. So kann Verpflichtung bestehen, die Errichtung von Parabolantennen zu dulden (OLG Zweibrücken NJW-RR 2007, 300; BGH NJW 2004, 937) oder von Kabelfernsehen (AG München DWE 1986, 62; AG Offenbach DWW 1985, 184). Um den Anschluss vorzunehmen, bedarf es folglich weder eines Beschl, noch der Zustimmung einzelner WEer, und die Einschränkung des § 14 gilt nicht (OLG München NJW-RR 2008, 393). Der Anschluss muss nicht bereits in der Wohnanlage (Bärmann/Merle Rn. 163) vorhanden sein, es reicht, wenn eine (Haupt-)leitung vorhanden ist (BayObLG ZMR 2002, 211; OLG Frankfurt NJW 1993, 2817). Damit kann zB eine durch GE führende elektrische Leitung zwecks Anschlusses der Räume des SE an den Hausanschluss des Stromversorgungsunternehmens erfolgen (OLG Hamburg ZMR 1992, 118, bedenklich) oder wenn die vorhandene Versorgungsleitung zum Anschluss aller WEer nicht ausreicht (BayObLG ZMR 2002, 211). Abs. 5 Nr. 6 ist aber keine Anspruchsgrundlage zur Installation eines Anschlusses, zB an eine außerhalb des Hauses verlaufende Leitung (BayObLG WE 1994, 21) oder eines Telefonanschlusses zwischen zwei Einheiten (AG Köln v. 28.9.1998 – 202 II 73/98) oder eines zweiten (Telefon, Fernsehen, Internet etc.)-Anschlusses (Bärmann/Merle Rn. 163; aA Staudinger/Bub Rn. 217).
2. Der **Umfang der Duldung** umfasst zunächst das GE, § 14 ist nicht zu beachten (Bärmann/Merle Rn. 162), aber auch das fremde SE (AG Offenbach DWW 1985, 184), wenn nicht gewichtige Gründe entgegenstehen, weil ansonsten die Pflicht keinen Sinn ergeben würde, wenn die Anschlussleitungen nicht durch fremdes SE verlaufen können und damit zB eine Versorgung unmöglich macht (aus § 242 BGB, AG Aachen v. 22.6.2011 – 118 C 79/09, in der Berufung verglichen; ebenso Bärmann/Merle Rn. 162; aA Riecke Rn. 276; Jennißen Rn. 101), nach diesseitiger Auffassung aber nur soweit unbedingt notwendig, so dass die Beinträchtigung möglichst gering bleiben muss, zB muss die Versorgungsleitung zunächst durch das eigene SE erfolgen, wenn dies nicht möglich durch das GE und nur wenn dies auch nicht möglich ist, kann zur Herstellung der Versorgung das fremde SE in Anspruch genommen werden Deshalb sieht Nr. 6 auch den Ersatz des dadurch dem einzelnen WEer und der WEerGem entstehenden Schadens vor. Der Anspruch umfasst sowohl Sach- wie auch Verzugsschäden und ist unabhängig vom Verschulden des verursachenden WEer gegeben. S. Wärmeverbundsystem, Kabelfernsehen, § 22 Rn. 19 ff.

Ansprüche der Wohnungseigentümer: Machen WEer Ansprüche geltend, ist entsprechender Beschl als Vorbereitung eines Gerichtsverfahrens auszulegen. Es entspricht idR ordnungsmäßiger Verwaltung, dass die WEer den Verwalter ermächtigen, einen Schadensersatzanspruch gerichtlich geltend zu machen, es sei denn, der Anspruch ist offensichtlich unbegründet (OLG München ZMR 2005, 907; BayObLG ZMR 1994, 428) oder für den Anspruch bestehen keinerlei Anhaltspunkte (BayObLG WE 1997, 239; aA sachliche Berechtigung ist im Anfechtungsverfahren nicht zu prüfen, KG ZMR 1997, 318), so dass Geltendmachung von unbegründeten Ansprüchen ordnungsgemäßer Verwaltung widerspricht (OLG Frankfurt ZMR 2009,462). Erforderlich ist desweiteren, dass die Voraussetzungen eines solchen Anspruchs schlüssig dargelegt sind und begründet erscheinen (vgl. OLG Hamm OLGR 2004, 144). Hierzu gehört auch, dass der Verwalter den WEern die zur Vorbereitung der Beschlfassung erforderlichen Unterlagen zur Verfügung stellt (OLG Oldenburg ZMR 2006, 72). Wenn die Haftung eines WEers beschlossen wird, muss dies für Betroffenen klar erkennbar sein (BayObLG WuM 1999, 179; AG Hamburg ZMR 2005, 312), denn den WEern fehlt die Beschlkompetenz zur Begründung von Ansprüchen außerhalb der vom Gesetz dafür vorgeschriebenen Normen (§ 10 Rn. 49; BGH NJW 2012, 2796). Unbegründeter Verzicht von Ansprüchen ist anfechtbar (OLG Düsseldorf ZMR 2000, 347). S. Beschl, Schlüsselverlust.

Anwalt(-sbeauftragung): Zum Vorgehen gegen andere WEer idR möglich (BayObLG NJW 2005, 1587). Sie entspricht nicht nur ordnungsmäßiger Verwaltung, wenn tatsächlich ein Anspruch besteht, sondern schon dann, wenn Gem das Bestehen des Anspruchs für plausibel halten darf (OLG München NJW-RR 2010, 1388; AG Rosenheim ZMR 2012, 589). Beauftragung eines Rechtsanwalts mit der rechtsberatenden Begleitung einer Sanierung entspricht ordnungsgemäßer Verwaltung (OLG München ZMR 2006, 311). S. Ankauf, Anmietung, Anpachtung

Aufzug: S. Benutzung WEer, Fahrstuhl.

Badeverbot: In der Zeit von 23:00–5:00 Uhr durch Mehrheitsbeschl möglich (BayObLG WE 1992, 60). Aber für vollständiges Verbot Vereinb nötig (OLG Frankfurt NJW-RR 2002, 82).

Balkonbenutzung: Durch Beschl kann bestimmt werden, dass Wäsche auf dem Balkon getrocknet werden darf, sofern die Höhe des Ständers, auf dem die Wäsche aufgehängt ist, die Höhe der Balkonbrüstung nicht übersteigt (OLG Oldenburg ZMR 1978, 245). Ebenso, dass das Lüften von Betten und Bekleidung auf dem Balkon gestattet ist, sofern die Gegenstände nicht über die Balkonbrüstung gehängt werden (OLG Oldenburg aaO). S. auch Grillen, Benutzung des GE, Blumenkästen.

Balkongeländer: Der Farbton darf nicht von jedem WEer selbst ausgewählt werden (OLG Köln WuM 2006, 537).

Balkonsanierung: S. Schadensbeseitigung.

Baum: S. Benutzung des GE.

Baumängel: S. Gewährleistung.

Bauträger: S. Gewährleistung.

Belüftung: Belüftungsregelungen für Heizungsraum, Treppenhaus und Kellerräume und Regelungen über das Benutzen der Waschmaschinen (zB Ausschluss zwischen 22:00 und 7:00 Uhr) sind durch Beschl möglich (BayObLG WE 1994, 17).
Benutzung des Gemeinschaftseigentums:
1. **Benutzung durch Wohnungseigentümer:**
   – **Abstellen von Gegenständen im Gemeinschaftseigentum.** Grds. ist Gebrauch für alle WEer gleichmäßig zu gestatten. Anders nur bei physischer oder psychischer Behinderung eines WEers (zB Rollstuhl eines Behinderten, OLG Düsseldorf ZMR 1984, 161). Abstellen von Gegenständen kann als Gebrauchsregelung geregelt werden und zB kann beschlossen werden, dass keine Gegenstände (außer Kinderwagen und Gehhilfen BayObLG WuM 2005, 475), die evtl. die Sicherheit gefährden, wie zB Blumenkübel (OLG Hamm ZMR 1988, 270), im Treppenhaus abgestellt werden dürfen. Fluchtwege müssen aber ausreichend frei gehalten werden. Nicht ausgeschlossen werden kann jedoch zeitweises Abstellen von Schuhen auf der Fußmatte vor der Wohnungstüre im Flur (OLG Hamm aaO). Laut BayObLG (NJW-RR 1993, 1165) soll in kleiner Anlage das Aufstellen von Schirmständern im GE (zB Diele) ordnungsgemäßem Gebrauch entsprechen, nicht aber das Aufstellen von weiteren Garderoben und Einrichtungsgegenständen (KG WE 1993, 50). S. auch § 15 Rn. 6 und Abstellplatz.
   – **Gebrauch des Gemeinschaftseigentums.** Soweit Gebrauch von GE für die WEer von Bedeutung, muss dieser dauernd gewährleistet sein. Die Wartung der Heizung muss zB durch anerkannte Fachfirmen durchgeführt werden und muss in Störungsfällen unverzüglich repariert werden. Die WEerGem kann auch nicht jemandem durch Beschl gestatten, (unfachmännische) Experimente an der Heizung auszuführen (KG NJW-RR 1987, 205). Durch Beschl kann die Nutzung von Treppenhäusern, Fluren, Eingangshallen und sonstigen Gemeinrichtungen, soweit nicht ausdrücklich die Nutzung, wie bei einem Tischtennisraum, ausgewiesen ist, als Spiel- und Aufenthaltsräume für Kinder verboten werden (BayObLG DWE 1982, 98). S. auch Rasenflächenbenutzung und Spielplatz.
   – **Regelungen.** Für bestimmte Teile des GE empfiehlt es sich, eine Nutzungsordnung aufzustellen, zB für Schwimmbad, Sauna, Garagen (s als Beispiel BayObLG WE 1992, 54), Aufzug, Tennisplatz etc.
2. **Benutzung durch Dritte.** Das GE steht den WEern zu. Deshalb ist es nicht möglich, per Beschl Dritten, zB Nachbarn, eine unentgeltliche Gebrauchserlaubnis zu erteilen (OLG München NZM 2006, 587). Der Verwalter (wohl erst nach entsprechendem Beschl, vgl. § 27 Rn. 77) hat nach dem OLG Frankfurt (OLGZ 1987, 50) den Mietvertrag über einen zum GE gehörenden Fahrradabstellraum zu kündigen, wenn sich WEer nachträglich Fahrräder anschaffen und der Raum bestimmungsgemäß genutzt werden soll. S. auch Vermietung.
Benutzung des Sondereigentums: Soweit keine Nachteile vorliegen, ist das Leerstehenlassen des WE zulässig (BayObLG NJW-RR 1990, 854), ebenso zulässig sind normale Wohngeräusche.

§ 21 I. Teil. Wohnungseigentum

Beispiel: Gehen, Badbenutzung (LG Frankfurt NJW-RR 1993, 281).

Unzulässig sind jedoch ruhestörender Lärm, zB das Trampeln auf dem Boden (BayObLG NJW-RR 1994, 598) – Eltern haben dabei auf ihre Kinder einzuwirken – oder laute Live-Musik, wie in einer Gaststätte (BayObLG NJW-RR 1994, 337), laute Radiomusik oder Beschimpfungen (KG NJW-RR 1988, 586) oder Tennisspiel durch Kinder (OLG Saarbrücken ZMR 1996, 566).

Bepflanzung der Balkone: Ist zulässig, soweit im Einzelfall Gefahren nicht entstehen können, den öffentlichen Vorschriften (zB baupolizeilicher Art) entsprochen wird und Störungen nicht zu erwarten sind. Das naturbedingte Herabfallen von Blüten und Blättern ist, soweit es sich im normalen Rahmen hält, keine Störung. Deshalb kann das Anbringen von außen hängenden **Blumenkästen** (OLG Hamm NZM 2007, 839) oder die Bepflanzung mit Bohnen und Rankgewächsen an Schnüren (OLG Hamm WE 2006, 409) nicht generell durch Beschl untersagt werden. Vielmehr müssen Nachteile für einzelne WEer oder das GE zu befürchten sein, zB über Gehwegen, wenn auch keine konkrete Gefährdung nachgewiesen werden muss (BayObLG WE 1992, 197). Ohne Gefährdung kann kein Zwang auf die einzelnen ausgeübt werden, außenhängende Blumenkästen abzuhängen (LG Heidelberg DWE 1984, 93), weil das naturbedingte Herabfallen von Blüten und Blättern hinzunehmen ist (LG Heidelberg aaO), allein die Befürchtung reicht nicht, auch nicht diejenige des möglichen Herabfallens der ganzen Kästen, insbesondere dann nicht, wenn besondere Sicherheitsvorkehrungen dazu getroffen wurden (ScHGfWEG ZWE 2013,466). Es ist unverhältnismäßig, wenn als Folge hierauf beschlossen wird, dass die Blumenkästen insgesamt abzubauen seien. Abhilfe kann insoweit auch geschaffen werden, indem die Blumenkästen auf der Balkoninnenseite angebracht werden müssen (ScHGfWEG ZWE 2013,466; OLG Hamm NZM 2007, 839 Rn. 102). Auch die Höhe der Bepflanzung ist durch Beschl regelbar, zB Verbot der Sichtbehinderung bei Blick auf See (BayObLG WuM 1992, 206).

Beschilderung: S. Schilder.
Beschimpfen von WEern: S. Benutzung des SE.
Beschluss:
1. **Anspruchsverfolgung:** S. Ansprüche der WEer.
2. **Inhalt/Bestimmtheit:** S. § 23 Rn. 29 ff.
3. Die **Delegation** von Entscheidungskompetenz auf die Verwaltung ist nicht ordnungsgemäß, wenn keine präzisen Eckdaten vorgegeben sind und noch Vergleichsangebote eingeholt werden müssen (LG München ZMR 2009, 398; AG Hannover ZMR 2012, 229).
4. **Beschluss, der überflüssige Regelung** enthält, ist nicht ohne weiteres aufzuheben, vielmehr ist ein solches Vorgehen unbedenklich, wenn der Beschuss so gefasst ist, dass keine Zweifel an der Rechtslage aufkommen (BGH NJW 2010, 933 Rn. 13; aA LG Karlsruhe ZWE 2009, 355).
5. **Beschluss, der** für Beschlanträge die Schriftform und eine **schriftliche Begründung** vorschreibt, widerspricht den Grundsätzen ordnungsmäßiger Verwaltung (KG ZMR 2002, 863).

6. **Wird in einem Beschluss weiteres versteckt** geregelt, so ist dies Verstoß gegen ordnungsgemäße Verwaltung, zB bei Abänderung eines Umlageschlüssels (§ 16 Abs. 3) muss dieser transparent gestaltet werden; hierfür genügt es nicht, dass einer Abrechnung oder einem WP lediglich der neue Schlüssel zugrunde gelegt wird (BGH NJW 2010, 2654).
Beschlusssammlung: Generelle Ermächtigung des Verwalters, Einsichtnahme in diese zu gewähren, widerspricht Grundsätzen ordnungsgemäßer Verwaltung (AG Aachen ZMR 2012, 222).
Beseitigung von Gemeinschaftseigentum: Soweit GE alle oder einzelne WEer über das in § 14 beschriebene Maß hinaus beeinträchtigt, kann Beseitigung bzw. Veränderung verlangt werden.

Beispiel: Beeinträchtigung des Lichteinfalls durch einen stark gewachsenen Baum (LG Freiburg NJW-RR 1987, 655).

Bewegungsmelder: Soweit ein Bewegungsmelder auch vor dem Eingang einer anderen Haushälfte die Bewegung meldet, ist er tagsüber außer Betrieb zu setzen (OLG Hamm WuM 1991, 127; Huff NZM 2004, 535).
Bilder: S. Dekorationen.
Blumenkästen: Durch Beschl kann die Entfernung vorgesehen werden, wenn Sicherheitsaspekte entscheidend sind (BayObLG WE 1992, 197) oder auf einheitliche Gestaltung geachtet werden soll nach TErkl (BayObLG ZMR 2001, 819), ansonsten zulässig (SchGfWEG ZWE 2013, 466). S. Benutzung des GE, ausführlich Bepflanzung der Balkone.
Brandschutzvorschriften: Die Einhaltung entspricht ordnungsmäßiger Verwaltung (BGH ZMR 2012, 713).
Bügler: S. Wäschetrockengerät.

Dach: Die Beseitigung von Bäumen auf dem Dach ist bei Gefahr beschließbar (BayObLG WE 1997, 72).
Dachfenster oder Dachluke: S. Fenster.
Darlehen: S. Vor § 10 Rn. 15.
Dekorationen: Anbringen von saisonüblichen Dekorationen (zB Oster- oder Weihnachtsschmuck) an der Außenseite der Wohnungstür kann nicht durch Mehrheitsbeschl untersagt werden (LG Düsseldorf NJW-RR 1990, 785). Ob und welche Bilder im Treppenhaus aufgehängt werden, kann nur einvernehmlich geregelt werden (LG Hamburg WuM 1989, 653). Eine Regelung der WEer über Dekorationen entfaltet keine unmittelbaren Wirkungen zulasten Dritter, insbesondere Mieter (AG Hannover ZMR 2010, 153).
Delegation von Aufgaben durch Gem: S. Beschl.
Duschverbot: S. Badeverbot.

Einbauschrank: Nimmt WEer den von einem anderen WEer in der gemeinsamen Diele angebrachten Einbauschrank 17 Jahre hin, ist ein etwaiger Beseitigungsanspruch verwirkt (BayObLG NJW-RR 1993, 1165), iÜ ist ein Schrank dort aber regelmäßig nicht zu dulden (KG NJW-RR 1993, 403).
Elektronische Überwachung der ETW: Ist grds. möglich. Ein Beschl über die Einführung einer Videoüberwachung muss klar zum Ausdruck bringen, ob die Videoüberwachung ohne technische Beschränkung darauf installiert

werden soll, dass Besucher nur von den Wohnungen aus identifiziert werden können, die dem System angeschlossen sind und deren Klingel betätigt wurde. Außerdem muss der Beschl die datenschutzrechtlichen Einschränkungen berücksichtigen (BayObLG NJW-RR 2005, 384). Der Eingangsbereich einer Anlage kann mit einer Videokamera überwacht werden, wenn ein berechtigtes Überwachungsinteresse der Gem das Interesse des einzelnen Eigentümers und von Dritten, deren Verhalten mitüberwacht wird, überwiegt und wenn die Ausgestaltung der Überwachung (vgl. § 6b BDSG) inhaltlich und formell dem Schutzbedürfnis des Einzelnen ausreichend Rechnung trägt (BGH WuM 2013, 500). S. § 22 Rn. 51 Videoanlage.
E-Mail: S. Mail.
Energieausweis: Erstellung entspricht ordnungsgemäßer Verwaltung.
Energieversorgungsanschluss: S. Anschlüsse.
Erwerb: Eines WE's in der Anlage möglich (OLG Hamm NJW 2010, 3586). S. Anpachtung.

12F **Fälligkeit:** Die Änderung der Fälligkeit des Wohnungsgeldes entgegen der GO kann beschl werden, s. Rn. 13 ff.
Fahrradhaken: Zuweisung möglich (LG Köln ZWE 2014, 94).
Fahrstuhl, -sicherung: Wird der Fahrstuhl ab einem bestimmten Stockwerk nur unter Betätigung eines Schlüssels in Betrieb gesetzt, so ist ein solcher Beschl auf Anfechtung aufzuheben (OLG Köln ZMR 2002, 75). Bei einem Antrag, einen Fahrstuhl in Betrieb zu nehmen, handelt es sich weder um eine Gebrauchsregelung, noch um einen Gebrauchsentzug, wenn der Aufzug bislang noch nie in Betrieb war. Ist Inbetriebnahme bzw. Nutzung des Aufzugs nicht durch Vereinb geregelt, kann Mehrheitsbeschl erfolgen (LG München v. 11.10.2007 – 8 T 7376/07).
Fenster: Die Regelung, wann die Fenster – seien es Keller-, Treppenhaus- oder Dachfenster – geöffnet oder geschlossen zu halten sind, kann durch Beschl getroffen werden (OLG Karlsruhe MDR 1976, 758). Ein Beschl, Fenster zu reparieren anstatt auszutauschen kann ordnungsgemäßer Verwaltung entsprechen (LG Aurich v. 28.3.2011 – 4 S. 160/10). S. auch Belüftung.
Fernsehanschluss: S. Anschlüsse.
Fernsprechanschluss: S. Anschlüsse.
Finanzierung: S. Kostenregelung.
Flur: S. Benutzung durch WEer.
Fremdverwaltung: Bei zehn WE entspricht der Beschl, einen fremden Verwalter zu nehmen, ordnungsgemäßer Verwaltung (OLG Hamm WE 1988, 173). Der Anspruch auf Bestellung eines Verwalters kann nicht verwirkt werden (LG Hamburg ZMR 2012, 889).
Frittieren auf dem Balkon: IdR unzulässig. S. Grillen.

12G **Garage:** S. Abstellplatz entsprechend, Benutzung durch WEer.
Garderobe: Ist im GE idR nicht zu dulden (KG NJW-RR 1993, 403), s. Benutzung durch WEer.
Gebrauch: S. Benutzung.
Gemeinschaftsentstehung: S. Vor § 1 Rn. 7 ff.
Geräusche: S. Benutzung des SE.

Verwaltung durch die Wohnungseigentümer § 21

Getränkeautomat: Aufstellen auf dem im GE stehenden Gang einer Wohnappartementanlage stellt keinen ordnungsmäßigen Gebrauch dar (BayObLG NJW-RR 1990, 1104).
Gewährleistungsanspruch: WEer können die Verfolgung von Gewährleistungsansprüchen, zB gegen Bauträger, zu einer gem Angelegenheit machen, ebenfalls die Abnahme (BGH NJW 2014, 1377; 2007, 1952; 2006, 3175; 2003, 3196). Zieht die Gem Abwehransprüche vor Anerkennung der Teilrechtsfähigkeit der Gem an sich und leitet ein entsprechendes Klageverfahren ein, kann die Gem in den Grenzen der ordnungsgemäßen Verwaltung auch die Beendigung des Verfahrens durch Mehrheitsbeschl herbeiführen und ein Vergleichsangebot annehmen (LG München I ZMR 2011, 835). S. Vor § 1 Rn. 19, Abnahme.
Gitter: Beseitigung kann nicht verlangt werden, wenn dadurch die Sicht auf das Schaufenster behindert würde (BayObLG WE 1999, 146). Im Einzelfall soll Anspruch auf Anbringung eines Fenstergitters bei konkreter Einbruchsgefahr bestehen (OLG Düsseldorf NZM 2005, 264).
Gleichbehandlung: Eine Regelung in einem Beschl darf nicht zu einer ungerechtfertigten Ungleichbehandlung der WEer führen, zB bei Umzugskostenpauschale nur für bestimmte Gruppe (BGH NJW 2010, 3508) oder Untermietmöglichkeit nur für einen WEer (BGH ZMR 2013, 288).
Grillen: Nach OLG Zweibrücken kann durch Beschl das Grillen auf Terrassen, Balkonen und Rasenflächen untersagt werden (DWE 1994, 44). Gartengrillen auf Balkon kann nach LG Düsseldorf (ZMR 1991, 234) nicht allgemein durch Beschl ohne Beschränkung in zeitlicher Hinsicht gestattet werden. Bei elektrischen Tischgrillgeräten kann die Benutzung nicht generell durch Beschl untersagt werden. Ob Grillen innerhalb der im GE stehenden Gärten zulässig ist, hängt von den Gegebenheiten des Einzelfalles ab, ob Grillen uneingeschränkt zu verbieten, zeitlich und/oder örtlich begrenzt zu erlauben oder ohne Einschränkung zu gestatten ist (OLG Frankfurt NZM 2008, 736). Maßgebend für die Entscheidung sind insbesondere Lage und Größe des Gartens bzw. der sonstigen Örtlichkeiten, die Häufigkeit des Grillens und das verwendete Grillgerät (OLG Frankfurt NZM 2008, 736). Das LG Stuttgart (NJWE 1997, 37) hat das gelegentliche Grillen (sechs Stunden pro Jahr) auf dem Balkon gestattet (aA AG Wuppertal Rpfleger 1977, 454). Das BayObLG (NZM 1999, 576) gestattet, nur fünfmal im Jahr und 25 m vom Haus entfernt im Garten zu grillen.
Grünfläche: S. Rasenfläche.

Hausfassade: Das Stutzen von Weinlaub ist durch Beschl regelbar (OLG Saarbrücken WuM 1998, 243). **12H**
Haushaltsnahe Dienstleistung: Eine Sondervergütung für den Verwalter für Erstellung einer Steuerbescheinigung über haushaltsnahe Dienstleistungen durch Mehrheitsbeschl verstößt nicht gegen Grundsätze ordnungsmäßiger Verwaltung (KG Berlin ZMR 2009, 709; AG Öhringen ZMR 2010, 488).
Hausmeister, Hauspersonal: Anstellung eines Hausmeisters ist bei einer größeren Anlage (zB 52 WE, 8 TE und Tiergarage) Maßnahme ordnungsgemäßer Verwaltung (BayObLG WE 1992, 87). Die Vergütungen sind Instand-

haltungskosten (KG WE 1994, 144). Die WEerGem kann auch eine Wohnung dem Hausmeister überlassen. Bei zu empfehlender Werksmietwohnung entsprechender Vertrag erforderlich, ansonsten Werkdienstwohnung (Köhler WE 1999, 55). Ein WEer hat keinen Anspruch auf positive Beschlfassung hinsichtlich der Beauftragung eines Hausmeisterdienstes. Es steht im Ermessen der WEer, ob sie diese Tätigkeiten in Eigenregie durchführen oder einzeln in Auftrag geben (AG Nürnberg v. 7.12.2011 – 30 C 5175/11 WEG). S. Prozess, § 15 Rn. 11 Hausmeisterwohnung.

Hausordnung (§ 21 Abs. 5 Nr. 1) (Muster bei Müller Formularbuch F I, ausführlich Elzer ZMR 2006, 733): Bei sog Hausordnung handelt es sich um Zusammenfassung der Gebrauchs- (§ 15) und Verwaltungs-regelungen (§ 21) der Gem. Sie hat die in den §§ 13 Abs. 2, 14 getroffenen Rücksichtsnahmeregelungen (KG ZMR 1985, 345), die öffentlich-rechtlichen Bestimmungen (BayObLG WE 1988, 200) und die Erfordernisse der Verkehrssicherungspflicht (OLG Hamm ZMR 1988, 200) zu beachten (vgl. OLG Hamburg WuM 1993, 78). Die Gem hat für Aufstellung und Änderung ein weites Ermessen (OLG Frankfurt NJW-RR 2007, 377).

1. **Das Aufstellen und Ändern der Hausordnung.**
   – **Aufstellen.** Dies ist auf drei Wegen möglich: Die WEer können durch Vereinb/TErkl oder Beschl selbst eine Hausordnung aufstellen, bei Beschl nur soweit die Kompetenz reicht (s. § 10 Rn. 49). Ein Dritter, zB der Verwalter bzw. der Beirat kann bevollmächtigt werden, diese aufzustellen durch Vereinb oder Beschl (OLG Stuttgart DWE 1987, 99; Jennißen Rn. 54; aA für Beschl Schmid NJW 2013, 2145; Staudinger/Bub Rn. 19). Dadurch wird die Zuständigkeit der Gem für die Zukunft aber nicht ausgeschlossen (KG DWE 1992, 33). Soweit sie vom Beirat oder vom Verwalter aufgestellt wird, können die Regelungen der Hausordnung nicht durch Anfechtung gerichtlich überprüft werden. Ihre Verbindlichkeit kann vielmehr von WEern erst im Verfahren über ihre Durchsetzung überprüft werden (Palandt/Bassenge Rn. 13) oder vorher vom Verwalter (KG NJW 1956, 1679).
   – **Ändern.** Die Hausordnung ist grds. durch Beschl änderbar (s Vor § 10 Rn. 15; OLG Frankfurt NJW-RR 2007, 377), auch wenn diese durch Vereinb bzw. TErkl aufgestellt wurde (BayObLG NJW 2001, 3635), es sei denn, der Inhalt der Regelung (zB Verbot der Musikausübung) macht eine Vereinb erforderlich (OLG Stuttgart DWE 1987, 99). Ist Verwalter bzw. Beirat durch Beschl zur Aufstellung bevollmächtigt, kann die Hausordnung nur Regelungen enthalten, die einem Beschl zugänglich sind (OLG Stuttgart aaO). Wird die Hausordnung durch Vereinb bzw. TErkl aufgestellt, so ist hierbei auch Ermächtigung durch Beschl zu einer Regelung möglich, die an sich eine Vereinb erforderte.

   Beispiel: Ermächtigung zur Erstellung von Garagen an Dritte und Begebung von SNR (BayObLG Rpfleger 1974, 400).

   Dies ist dann auch nur durch Vereinb änderbar.
   – **Aufstellung durch Gericht.** Als dritte Möglichkeit kann jeder WEer durch Antrag bei Gericht die Aufstellung einer Hausordnung verlangen,

wenn eine solche fehlt und durch Beschl nicht zustandekommt (OLG Hamm OLGZ 1969, 278). Diese kann nur Regelungen enthalten, die einem Beschl zugänglich sind, und ist jederzeit durch Beschl wiederum abänderbar. Nach LG Köln ist es bei bisher noch nicht ausgeübtem Ermessen hinsichtlich der Aufstellung der Hausordnung nicht sachdienlich, eine verbindliche Hausordnung gerichtlich zu erlassen. Stattdessen sei der Gem aufzugeben, eine Hausordnung zu beschließen (ZMR 2005, 311).

2. **Inhalt.** Die Hausordnung soll die Pflichten des WEers hinsichtlich Instandhaltung und Nutzung des SEs und des GEs konkretisieren, zB auch einen vorhandenen Garten (BayObLG ZMR 2005, 132). Sie beinhaltet deshalb einer Vielzahl von Einzelregelungen, die für ein geordnetes Zusammenleben in der WEerGem erforderlich sind. Dazu gehören zunächst die allgemeinen Punkte, die sinnvollerweise in jeder Wohnanlage geregelt werden, wie zB Sorgfalts- und Sicherheitspflichten, Benutzungsregeln, Ruhezeitenregelung, Tierhaltung etc. Hinsichtlich Reinigungspflichten, Pflegearbeiten etc. ist fraglich, ob sie den einzelnen WEer auferlegt werden können und damit überhaupt Gegenstand der Hausordnung sein können (Schultz DWE 2013, 8), da der BGH einen Beschl über tätige Mithilfe aufgehoben hat (s. § 16 Rn. 6, BGH ZMR 2012, 646). Darüber hinaus sind in der Hausordnung Punkte zu regeln, die speziell für die Besonderheiten der Wohnanlage zutreffen. Anregungen für beide Punkte geben die übrigen Stichworte dieses ABCs. Eine solche ist insoweit ungültig, als der Verwalter dort verpflichtet ist, „grobe" Verstöße zu ahnden (BayObLG NZM 2002, 171).

3. **Durchführung, Überwachung und Ahndung von Verstößen** gegen die Hausordnung. Dies obliegt dem Verwalter (§ 27 Abs. 1 Nr. 1). Zu Strafen s. § 21 Nr. 7 und Vor § 10 Rn. 15, Sanktionen.

4. **Hausrecht.** Beinhaltet das Recht auf ungestörte Bestimmung im eigenen Haus. Für sein SE hat der jeweilige SEer das alleinige Hausrecht; für GE besteht Mitberechtigung aller WEer. Dieses kann aber nicht so ausgeübt werden, dass das Hausrecht eines einzelnen SEers an seinem SE unterlaufen wird (Reichert ZWE 2009, 289). Der Verwalter wird idR als Vertreter der WEer das Recht ausüben (Tutschke WE 2001, 71, 94). Nach AG Mainz steht der Gem gegen störenden Besucher/Lebensgefährten eines SEers ein Unterlassungsanspruch (§ 1004 BGB) zu. Gegen diesen könne durch Mehrheitsbeschl ein Hausverbot verhängt werden (ZWE 2009, 167), aber Beschl vom BVerfG aufgehoben (NJW 2010, 220) und festgestellt, dass der Anspruch (§ 1004 BGB) nur auf Unterlassung der Störung und nicht auf ein Verbot und Gebot bestimmten Verhaltens gerichtet sein kann. Dem Störer muss grundsätzlich selbst überlassen bleiben, welche Mittel er einsetzt, um den Anspruch zu erfüllen (OLG Frankfurt NJW-RR 2004, 662). Etwas anderes kann allenfalls dann gelten, wenn lediglich eine konkrete Handlung oder Unterlassung geeignet ist, das störende Verhalten abzustellen (BVerfG NJW 2010, 220).

Hausreinigung: Regelung durch Beschl möglich (LG Mannheim MDR 1976, 582). Dabei muss zwischen der Durchführung und Art und Umfang der Reinigung unterschieden werden.

§ 21   I. Teil. Wohnungseigentum

1. **Durchführung der Reinigung.** Hier geht es um die Frage, ob durch Beschl auch jeder MEer zu tätiger Mithilfe verpflichtet werden kann (§ 16 Rn. 6). Die Kosten der Reinigung gehören zu den Instandhaltungskosten (KG WE 1994, 144). Auch die WEer, die einen bestimmten gereinigten Bereich (zB Treppenhaus) nicht nutzen, müssen dafür aufkommen (OLG Celle NZM 2007, 217).
2. **Art und Umfang.** Dies, zB Nassreinigung, zeitlicher Ablauf, zB wöchentlich, usw. kann durch Beschl geregelt werden (LG Mannheim MDR 1976, 582).

Haustier: S. Tierhaltung.

Haustür:
1. **Haustür:** Beschl reicht grds. aus sowohl für die Bestimmung der Öffnungszeiten (LG Wuppertal Rpfleger 1972, 451), als auch die Sicherung der Haustür durch eine elektrische Sprech- und Öffneranlage (BayObLG Rpfleger 1982, 218), als auch für Beseitigung eines Hebels an der Haustürschließanlage, mit dem der Türschließmechanismus außer Funktion gesetzt wird (KG ZMR 1985, 345). In zeitlicher Hinsicht ist zu beachten, dass bei reiner Wohnnutzung ein Beschl, der das Offenhalten der Haustüre werktags von 8–19 Uhr vorsieht, ordnungsgemäßer Verwaltung widerspricht (BayObLG aaO), aber bei auch gewerblicher Nutzung ist Beschl, der Offenhaltung zu üblichen Geschäftszeiten vorsieht, ordnungsgemäß (AG Kassel ZMR 2007, 572), aber nicht der, der das ständige Verschließen vorsieht (AG Bremen DWE 1995, 168), während das kurzfristige Außerfunktionssetzen nicht zu beanstanden sein soll (KG ZMR 1985, 345). Für eine Verbindungstüre von Treppenhaus zur Tiefgarage kann entgegen einem Beschl nicht verlangt werden, dass sie ständig offen gehalten wird (BayObLG WE 1991, 203).
2. **Flurtür:** Das Plakatieren von Türen in den Hausfluren unter Einschluss der Kellerflure ist zu unterlassen, soweit durch die betreffenden Bilder, Postkarten etc. persönliche weltanschauliche, politische, philosophische, religiöse oder sexuelle Botschaften oder vergleichbare persönliche Wertungen und Haltungen, auch ästhetischer Natur, transportiert werden (AG Hamburg ZMR 2012, 139).

Hausverbot: S. Hausordnung Nr. 4 Hausrecht.

Heizkörper: Überprüfung, Neueinstellung und Verplombung der Heizungsabsperrventile und der dafür notwendige Zugang zur Wohnung können durch Beschl geregelt werden (BayObLG WEZ 1987, 333). Entfernen der Heizkörper ohne Beschl unzulässig (OLG Hamburg ZMR 1999, 502), es besteht dann Verpflichtung zur Herstellung des ursprünglichen Zustandes (BayObLG NZM 1999, 624). Ebenso Austausch. Auch die Demontage von Heizkörpern kann durch Beschl geregelt werden, wenn Beeinträchtigung von GE ausgeschlossen ist (LG Hannover ZMR 2008, 829).

Heizkostenverteiler: Einbau von Verteilern auf Funkbasis möglich (AG Dortmund ZMR 2014, 321).

Heizung:
1. Regelungen hinsichtlich des **Betriebs der Heizung** sind grds. Gebrauchsregelungen (§ 15 Abs. 2) und können durch Beschl gefasst werden (BayObLG WE 1994, 150).

   Beispiel: Temperatur und Dauer des Heizens.

Verwaltung durch die Wohnungseigentümer § 21

Unzulässig, die Mindestbeheizung durch einen Beschl zu erzwingen, nach welchem jedem WEer ein Mindestanteil von 75 % an den Verbrauchskosten des Durchschnittsverbrauchs aller Wohnungen zugewiesen wird (OLG Hamm ZMR 2006, 148). Nach dem BayObLG (DWE 1984, 122) ist Absenkung der Temperatur des Heizungsvorlaufs während der Nachtstunden grds. möglich, da es sich um sinnvolle Energieeinsparung handelt. Dabei müssen aber Zeitpunkt und Umfang der Nachtabsenkung, am besten durch Wärmegradangaben, und die Nutzung, insbesondere der Wohnräume, im üblichen Umfang gewährleistet sein (BayObLG aaO). Unfachmännische Experimente dürfen nicht beschlossen werden (KG NJW-RR 1987, 205). Die Überprüfung, Neueinstellung und Verblombung der Heizkörper auch im SE kann durch Beschl geregelt werden (BayObLG NJW-RR 1987, 1493), ebenso der Einbau neuer Messgeräte (BayObLG ZMR 1999, 50, 51).
2. **Zutritt zu den Heizräumen.** Durch Beschl kann Befugnis zum Betreten des Heizraumes beschränkt oder ganz ausgeschlossen werden, sofern nicht entgegenstehende Interessen, zB Vorsorge im Störungsfalle, Gefahrenabwehr oder fehlende Überwachung entgegenstehen (BayObLG ZMR 1972, 227). Kein Recht des einzelnen WEer zu beliebigem Zutritt (KG ZMR 1989, 201). S. auch Benutzung, Belüftung und Heizkörper.
3. **Anspruch auf Wärmeversorgung.** Jeder WEer hat Anspruch darauf, dass Räume, die an der Gemheizung angeschlossen sind, während der Heizperiode mit Wärme versorgt werden (BayObLG ZMR 1999, 50, 51).
Hundehaltung: S. Tierhaltung.

Instandhaltung und Instandsetzung (Abs. 5 Nr. 2): S. § 22 Rn. 3 f. S. Ansprüche der WEer; Kostenregelung.
Instandhaltungsrückstellung (richtig -rücklage; Abs. 5 Nr. 4): Eine Instandhaltungsrücklage (nicht -stellung, da sie Eigenkapital der WEer ist, vgl. Seuß PiG 18, 223 ff.) dient der Deckung künftiger Instandhaltungen. Sie kann durch Beschl eingeführt oder gemäß Abs. 4 von jedem WEer verlangt werden, durch Vereinb ausgeschlossen werden. Ist gemäß TEerkl eine Rücklage vorgesehen, kann durch Beschl keine Aufspaltung in zwei erfolgen (OLG Düsseldorf ZMR 1998, 308; LG Itzehohe ZWE 2014, 91). Bei Untergem sind bei getrennten Einheiten selbständige Rücklagen für jede Einheit zu bilden (KG ZMR 2008, 67; BayObLG NJW-RR 1988, 274), ebenso wenn unterschiedliche Kostenverteilung bestimmt ist (BayObLG ZMR 2003, 213). Rücklage für andere Zwecke, sog. Sonderrücklage möglich (Lehmann-Richter ZWE 2014, 108).
1. **Aufbringung** (Jennißen ZWE 2014, 199).
   – **Bildung.** Eine **zu niedrige oder zu hohe Rücklage** widerspricht dabei ordnungsgemäßer Verwaltung (OLG Hamm ZMR 2006, 879; BayObLG DWE 1985, 57). Auch Angemessenheit der Rücklage ist jeweils nach den Umständen des Einzelfalles zu beurteilen (BayObLG aaO), wobei insbesondere Alter, Größe, bauliche Besonderheiten, Zustand der Anlage und Reparaturanfälligkeit (LG Köln ZWE 2012, 279) zu berücksichtigen sind und Gem bei Bemessung der Rücklage Ermessen hat (LG Hamburg ZMR 2012, 472; OLG Hamm ZMR 2006, 879). In der Praxis

macht die Bestimmung der Angemessenheit große Probleme. IdR tendieren die WEer eher zu einer zu niedrigen Rücklage, in der Hoffnung, dass keine Reparaturen anfallen. Als **Orientierungspunkte** für die **Höhe** können folgende Berechnungen aufgezeigt werden: **(1)** Die sog **„Petersche Formel"** (WE 1980, Heft 4 S. 5) besagt, dass die gesamten Instandhaltungskosten mit dem 1,5-fachen der Herstellungskosten pro Quadratmeter, verteilt auf geschätzte 80 Jahre Bestandsdauer des Gebäudes anzusetzen sind (unter der Prämisse, dass 65–70 % das GE betreffen):

$$\frac{\text{Baukosten} \times 1{,}5 \times 65\text{--}70}{80 \times \text{Wohnfläche} \times 100}$$

Die Prozentzahl des GE ist davon abhängig, ob zB die Heizung SE ist (wie bei Nachtspeicherheizungen), ob reparatur- und wartungsintensives GE vorhanden ist, wie zB eine Sauna oder ein Aufzug. Bei einer Annahme von 1000 EUR Baukosten pro qm und 65 % GE würde dies eine Rückstellung von ca. 12 EUR pro qm und Jahr bedeuten. Solche Sätze sind jedenfalls angemessen, in der Praxis aber selten, da alle WEer ihre Belastung möglichst gering halten wollen. Diese Formel hat in der Praxis zudem die Schwäche, dass niemand die Herstellungskosten kennt. Aus diesen beiden Gründen ist sie nicht gebräuchlich. **(2)** Als **Anhaltspunkte** und **Erfahrungssätze** für die Bemessung (LG Hamburg ZWE 2012, 189; OLG Hamm ZMR 2006, 879; OLG Düsseldorf ZWE 2002, 535; aA AG Mettmann ZMR 2009, 720; Übersteigung wäre Verstoß gegen ordnungsgemäße Verwaltung) werden von der **Rechtsprechung** zunehmend die **Sätze der 2. Berechnungsverordnung** (die Zweite Berechnungsverordnung (II. BV) ist eine Rechtsverordnung, in der die Wirtschaftlichkeitsberechnung von Wohnraum geregelt ist und damit auch die der Instandhaltungskosten) herangezogen (Neufassung v. 13.9.2001, BGBl. I S. 2376, zuletzt durch Art. 78 Abs. 2 des Gesetzes v. 23.11.2007 (BGBl. I S. 2614) geändert): Demnach (§ 28 Abs. 2 BV) gelten für die Instandhaltungskosten pro qm und Jahr folgende Höchstsätze: Bezugsfertigkeit bis zum 31.12.1969: 11,50 EUR, Bezugsfertigkeit vom 1.1.1970 bis 31.12.1979: 9 EUR, Bezugsfertigkeit nach dem 31.12.1979: 7,10 EUR. Bei Vorhandensein eines Aufzugs erhöhen sich diese Werte um 1 EUR/qm. Diese Formel wird idR in der Praxis und bei Gericht verwendet, da sie einfach zu handhaben ist. **(3)** Von Hauff/Homann (WE 1996, 288) gehen vom **aktuellen Marktpreis** aus. Danach ergibt sich folgende Rechnung:

$$\frac{\text{Marktpreis pro qm} \times 0{,}25}{50}$$

Dabei wird unterstellt, dass ein instandsetzungsbedürftiges GE in etwa mit 25 % des Marktpreis zu bewerten und der Planungshorizont auf 50 Jahre festzulegen ist.
- **(Teil)-Auflösung.** Sie wird regelmäßig durch zweckentsprechende Entnahme für Instandhaltung verwendet. Die Gem kann aber nicht eine vollständige Auflösung der Rücklage (OLG München ZMR 2008, 410) vornehmen, es sei denn, dass nach Teil-Auflösung eine „eiserne Reserve"

verbleibt. Die WEer können (OLG Saarbrücken NJW-RR 2000, 87, OLG München ZMR 2008, 410, AG Brühl ZMR 2011, 756), selbst wenn kein anderer Weg der Finanzierung von Wohngeldrückständen offen ist, die Rücklage zu einem Teilbetrag auflösen und dies für einen vorläufigen Ausgleich von Wohngeldausfällen einsetzen. Ganz anders das LG Düsseldorf, das Auflösung uneingeschränkt billigt (ZMR 2011, 671), ebenso AG Saarbrücken, wenn es Änderung der Zweckbestimmung der Rücklage zulässt (ZMR 2012, 308).

2. **Zweckbindung.**
- Falls **ausreichende Rücklage vorhanden** ist, kann es ordnungsgemäßer Verwaltung widersprechen, Instandhaltungsmaßnahmen durch Umlagen statt aus der Rücklage zu finanzieren (vgl. OLG Hamm OLGZ 1971, 96, 102) muss aber nicht (BayObLG ZMR 2003, 694; NZM 2004, 745). Soweit eine ausreichende Rücklage noch nicht vorhanden ist, entspricht es ordnungsgemäßer Verwaltung, Instandhaltungsmaßnahmen durch Umlagen zu finanzieren (BayObLG Rpfleger 1981, 284, 285). Instandhaltungsrücklage muss nicht bereits soweit aufgefüllt sein, dass die Maßnahme ohne weiteres aus ihr bezahlt werden kann, sondern es genügt, dass die Aufbringung der Mittel gesichert ist (BGH NJW 2011, 2958 Rn. 8).
- Durch Rücklage soll sichergestellt werden, dass bei dringend notwendigen **Reparaturen** des GE diese **nicht am Geldmangel scheitern**. Sie dient folglich der Vorsorge (OLG Frankfurt DWE 4/1974, 29). Zudem soll eine Verteilung der zumeist hohen Kosten gewährleistet werden. Diese Zweckbindung bedeutet: **(1) Zulässig.** Die Rücklage kann **für alle Kosten der Instandhaltung oder Instandsetzung** (einschließlich § 22 Abs. 3) dienen, also sowohl für die Bezahlung von Reparaturen, als auch Kosten für Gutachten zur Erkundung und zur Erstellung eines Sanierungskonzepts wie auch die Kosten für die die Sanierung begleitende anwaltliche Beratung, weil sie diese begleiten und fördern (OLG München ZMR 2006, 311). Ebenso auch für die Ersatzbeschaffung von GE, zB Rasenmäher, wenn die Instandhaltung dafür zweckgebunden angelegt wurde (vgl. BayObLG NJW 1975, 2296: Trommelgeld für Waschmaschine) oder für Ausforstung und Neubepflanzung der Grünanlage (BayObLG NZM 2002, 531 Rn. 18) oder für erstmalige Herstellung des ordnungsgemäßen Zustandes, wenn dieser nicht zu erreichen ist. Über die Mittel kann der Verwalter nur kraft ausdrücklichen Beschl verfügen. **(2) Unzulässig.** Die Rspr. folgert aus der Zweckbindung, dass eine Verwendung zu anderen Zwecken grds. **unzulässig** ist. Sie kann folglich nicht für Rechtsanwalts- und/oder Sachverständigenkosten verwendet werden, selbst wenn diese im Zusammenhang mit der Bereinigung von Sachmängelansprüchen entstanden sind (OLG Frankfurt DWE 4/1974, 29). Weiter unzulässige
  Beispiele: Kauf von Heizöl (BayObLG DWE 1984, 108), zur Deckung von Wohngeldausfällen (BGH NJW 1989, 3019 Rn. 17; OLG Hamm NJW-RR 1991, 212), Anlage in Bausparkasse (OLG Düsseldorf WE 1996, 275), Kosten eines Loggiaverglasungsgenehmigungsverfahrens (BayObLG ZMR 1999, 189), für

Verwaltervergütung (OLG Düsseldorf ZMR 2005, 468, anders nach OLG Hamm für ausgeschiedenen ZMR 2008, 64) oder Rücklage auf dem Girokonto belässt und damit dort Deckungslücken ausgleicht (BayObLG NJW-RR 1995, 530).

– Ein Verstoß gegen die Zweckbindung wird jedoch in folgenden Fällen nicht gesehen: Sei es, dass man dem Verwalter gestattet, die Rücklage nicht sofort, sondern erst zum Quartalsende der Geldanlage zuzuführen (BayObLG NJW-RR 1995, 530), damit die laufend eingehenden Teilbeträge noch anders zu verwenden sind (Seuß PiG 18, 266: bis zum Jahresende), sei es, dass man dem Verwalter gestattet, für eine Übergangszeit (sechs Wochen) die Gelder anderweitig zu verwenden, weil erst innerhalb dieser Zeit eine Versammlung einberufen werden könnte. Nach dem KG soll es zulässig sein, die Rücklage als Sicherheit für Kredit zu geben (KG v. 21.3.1989 – 24 W 7009/88, zit. nach Deckert 2/898 mit richtiger Ablehnung dort); ebenso, erwartete Reparaturkosten durch SU und durch Erhöhung der Rücklage auszugleichen, da kein Anspruch besteht, immer zuerst die Rücklage anzutasten (OLG Köln NZM 1998, 878). Die WEer können eine Entnahme aus der Instandhaltungsrücklage nachträglich (auch konkludent) im Rahmen der Beschlfassung über die JA genehmigen (LG Köln MietRB 2012, 78).

3. **Wohngeldzahlung.** Nach LG Köln entspricht es nicht ordnungsgemäßer Verwaltung, wenn die WEer beschl, tatsächlich geleistete Wohngeldzahlungen zunächst gegen die Instandhaltungsrücklage zu buchen. Es bestehe die Möglichkeit, dass hierdurch keine Zahlungen auf das eigentliche Wohngeld mehr erfolge und die Gem damit zahlungsunfähig würde (ZWE 2012, 280).

4. **Eigentumsverhältnisse.** S. § 1 Rn. 9, Verwaltungsvermögen. Es gibt keinen Anteil eines WEer's daran (BayObLG NZM 2004, 745).

5. **Geldanlage.** Anlage der Rücklage liegt zunächst in den Händen der WEer, die durch Beschl darüber entscheiden können. Liegt ein solcher nicht vor, so ist der Verwalter verpflichtet, diese zinsgünstig anzulegen (BayObLG DWE 1995, 43; AG Köln ZMR 2001, 748; aA LG Bonn DWE 1985, 127). Keine Pflicht des Verwalters, sich als Geldexperte zu erweisen (Jennißen ZWE 2014, 201), vielmehr genügt folgende Richtschnur: Kleinere Beträge bis 1000 EUR sollten auf einem Sparbuch deponiert werden oder auf dem laufenden Konto. Bei größeren Beträgen (ab 5000 EUR) sollte ein Festgeldkonto angelegt werden (BayObLG NJW-RR 1995, 530 Rn. 35). Soweit die Mittel erst längerfristig benötigt werden, sollten Sparbriefe, Bundesschatzbriefe, Obligationen oder Anleihen in die engere Wahl gezogen werden. Die Auswahl der Anlage sollte der Verwalter durch einen TOP anregen. Die WEer können dem Verwalter Richtlinien dafür durch Beschl vorgeben. Soweit spekulative Anlagen gewählt werden, ist der Beschl anfechtbar (OLG Celle ZMR 2004, 845; Häublein ZMR 2013, 945), also Aktien, Rohstoffe etc. Nach OLG Düsseldorf auch kein Bausparvertrag (WE 1996, 275, unrichtig).

6. Die laufenden sog **Kleinreparaturen.** Nach dem OLG Hamm (OLGZ 1971, 102; ebenso Seuß PiG 18, 258 und Jennißen Rn. 550: Differenzierung ist dem Gesetz nicht zu entnehmen) muss der gesamte Reparaturauf-

wand einschließlich der kleineren laufenden Instandhaltung aus der Rücklage gedeckt werden. S. Kleinreparatur.
7. **Einkommensteuerliche Behandlung.** Nach der Rspr. (BFH ZMR 2013, 366; 2009, 380; BStBl 1988 II S. 577) ist steuerliche Abzugsfähigkeit erst mit Verausgabung durch die WEerGem gegeben, so dass die Zahlungen an die Gem noch keine steuerliche Berücksichtigung findet (Sauren, FS Bub, S. 201), sondern erst mit Verausgabung der Gem. Dies ist abzulehnen (Sauren DStR 2006, 2161). Sie muss deshalb zunächst aus versteuertem Geld bezahlt werden (Spiegelberger PiG 30, 179). Ein bilanzierender Gewerbetreibender, dem eine ETW gehört und der Zahlungen in eine von der Gem gebildete Instandhaltungsrückstellung geleistet hat, muss seine Beteiligung an der Instandhaltungsrückstellung mit dem Betrag der geleisteten und noch nicht verbrauchten Einzahlungen aktivieren (BFH NJW-RR 2012, 527).
8. **Darstellung in Jahresabrechnung.** Tatsächliche und geschuldete Zahlungen der WEer auf die Instandhaltungsrücklage sind in der JA nach BGH weder als Ausgabe, noch als sonstige Kosten zu buchen. Die tatsächlichen Zahlungen der WEer sind auf die Rücklage als Einnahmen darzustellen und zusätzlich auch die geschuldeten Zahlungen anzugeben (ZMR 2010, 300).
Internet: S. Anschlüsse.

Jahresabrechnung: S. Überschuss.

Kauf: Bei der Frage Kauf oder Miete kann WEerGem selbst die teurere Anmietung eines Gegenstandes (zB Sat-Anlage) beschließen, wenn vernünftige Gründe dafür sprechen (OLG Köln NZM 1998, 970).
Kamin: Fehlt ein Kamin in einem WE wegen Insolvenz des Bauträgers, ist dies innerhalb der Gem zu klären, nicht unter einzelnen WEern (OLG Hamburg ZMR 2001, 727).
Keller: Abstellen von Motorrädern in einem Kellerraum unzulässig (BayObLG WE 1988, 143). Selbst eine komplizierte Kellerordnung kann vom Gericht nur bei grober Unbilligkeit aufgehoben werden (KG NJW-RR 1990, 1496). Beschl möglich, dass einzelne WEer nur zusammen mit Verwalter Keller betreten dürfen (OLG Köln WE 1997, 427). S. auch Wäschetrockengeräte.
Kellerfenster: S. Belüftung, Benutzung durch WEer, Fenster.
Kfz-Abstellplatz: S. Abstellplatz.
Kinderspielplatz: Grds. zur Nutzung als Spielmöglichkeit für die in der Anlage lebenden Kinder bestimmt. Er muss für Kinder bis zu einem Alter von ca. sechs Jahren konzipiert sein und verschiedene Spielmöglichkeiten bieten. Beschl, der dies nicht berücksichtigt, widerspricht ordnungsgemäßer Verwaltung (AG Andernach Info M 2009, 278). Nutzung durch große Anzahl von Kindern, die in einem TE betreut werden, ist unzulässig (BayObLG ZMR 1998, 182).
Kinderwagen: Die Gestattung des Aufstellens im Flur kann unzulässig sein, wenn der Flur wegen Fluchtweg zu eng ist (OLG Hamburg WuM 1993, 78), aber eine Regelung in der Hausordnung, dass Kinderwagen „vorübergehend" im Hausflur abgestellt werden dürfen", ist nicht wegen inhaltlicher Unbestimmtheit nichtig (OLG Hamm ZMR 2001, 1006). Bauliche Maßnahmen, um etwa einem Kinderwagen Zugang zu der Anlage zu gewährleisten, ent-

§ 21 I. Teil. Wohnungseigentum

sprechen auch dann ordnungsgemäßer Verwaltung, wenn keine Kinder in der Anlage leben (AG Hamburg-Altona ZMR 2010, 480).
Klimaanlage: Installation kann durch Beschl verboten werden (BayObLG ZMR 2001, 818). Beschl, ein außen angebrachtes Klimagerät zu entfernen, entspricht ordnungsgemäßer Verwaltung, wenn von dem Betrieb des Geräts potentielle Geräuschimmissionen nicht zu vernachlässigender Intensität ausgehen (OLG Düsseldorf ZWE 2010, 92).
Kleinreparatur: Einführung einer Kleinreparaturklausel für GE in der jeweiligen SEeinheit zulässig. Begrenzung der Klausel auf 200 EUR aber zu hoch. Nach AG Aachen 100,00 EUR maximal zulässig (ZMR 2012, 222; aA Bärmann/Merle § 21 Rn. 183).
Kostenregelung: Es gehört zur ordnungsgemäßen Verwaltung, bei kostenauslösenden Maßnahmen die Finanzierung zu regeln (BGH NJW 2011, 2958; LG Hamburg ZMR 2011, 387), ansonsten droht Beschlaufhebung (BayObLG WuM 1996, 239). Der Beschl über die Finanzierung einer Maßnahme entspricht aber nur dann ordnungsgemäßer Verwaltung, wenn auch ein Beschl über die Durchführung der Sanierungsmaßnahme gefasst und dieser Beschl nicht zugleich mit der Entscheidung über die Anfechtung des Finanzierungsbeschl für ungültig erklärt wird (LG Hamburg ZMR 2012, 474).
Kredit: Für die Aufnahme eines auch größeren Kredits durch den Verband hat die Gem die Beschlkompetenz (BGH NJW 2012, 3719), s. Vor § 10 Rn. 15 Darlehen.
Kündigung: Bei GE-Vermietung Maßnahme der ordnungsgemäßen Verwaltung, s. Benutzung des GE.

12L
Lärm: S. Benutzung SE, Ruhezeitfestlegung.
Lastschrift: Durch Beschl einführbar (§ 21 Abs. 7; OLG Hamburg ZMR 2002, 961; 1998, 451 mwN). Festsetzung von Sondervergütung für Bearbeitung von Zahlungen, die nicht per Lastschrift eingezogen werden, entspricht nach LG Karlsruhe ordnungsgemäßer Verwaltung, wenn diese angemessen ist. Dies sei nicht mehr der Fall, wenn pro Wohnung und Monat mehr als 5,00 EUR verlangt werden. Eine Vergütung von 3,00 EUR pro Buchung lasse die Möglichkeit offen, dass pro Wohnung und Monat mehr als 5,00 EUR fällig werden und sei damit unzulässig (LG Karlsruhe v. 16.6.2009 – 11 S. 25/09). Ebenso unzulässig BayObLG für 5,75 EUR (WuM 1996, 490), zulässig aber 2,50 EUR netto (OLG Düsseldorf ZMR 1999, 193) oder 3,75 EUR (OLG Hamm NZM 2000, 506). Die Werte sind der Preisentwicklung anzupassen, so das heute 7,00 EUR zulässig sind. S. Vor § 10 Rn. 15 Einzugsermächtigung.
Leerstand: S. Benutzung SE.
Leiter: Anschaffungsmöglichkeit hängt ab von der Größe und der Gegebenheit der Anlage (BayObLG WE 1998, 155).
Liegewiese: S. Spielen.
Liquiditätsschwierigkeiten: Soweit **Liquiditätsengpässe** bestehen, kann eine Umlage beschlossen werden (BGH ZMR 1997, 312). Diese gilt auch gegenüber dem Erwerber in der Zwangsversteigerung (OLG Celle ZMR 2004, 525). WEer können zusätzliche SU beschl, wenn Ansätze des WP unrichtig

waren, durch neue Tatsachen überholt werden oder wenn der Plan aus anderen Gründen nicht durchgeführt werden kann. Den erforderlichen Umlagebetrag können die WEer großzügig bemessen (BGH NJW-RR 2012, 343).
Lüften von Kleidung und Oberbetten: S. Balkonbenutzung.

Mängelbeseitigungsansprüche: S. Abnahme und Gewährleistungsansprüche.
Mail-Account: Beschl über Pflicht für WEer zur Einrichtung verstößt gegen ordnungsgemäße Verwaltung.
Markierung: S. Abstellplatz.
Miete: S. Kauf.
Mieter: Durch Beschl kann die Verpflichtung zur Namhaftmachung der einzelnen Mieter begründet werden (LG Mannheim ZMR 1979, 319), ggf. auch Beruf (BayObLG WE 1994, 283). Auch Verpflichtung möglich, regelmäßig Mieter einem Dritten, zB Verwalter zu benennen.
Mietzahlungen: Die Bestimmung ist ordnungsgemäße Verwaltung, s. Benutzung des GE.
Müllabwurfanlage: Ist im GE stehende Müllabwurfanlage mangelhaft schallisoliert, kann jeder beeinträchtigte WEer verlangen, dass entweder Umbaumaßnahmen durchgeführt werden oder die Benutzung der Anlage eingeschränkt wird, zB durch Verbot des Abwurfes von Flaschen, Dosen und Hartgegenständen, evtl. nur während der Ruhezeiten (BayObLG v. 13.12.1984 – 2 Z 46/84).
Müllschlucker: Abschaffung durch Beschl nicht möglich, da nicht nur Gebrauchsregelung, sondern Gebrauchsentzug (OLG Frankfurt NZM 2004, 910).
Musizieren: Generelles Verbot durch Vereinb möglich (Bärmann/Klein § 15 Rn. 13; Jennißen § 15 Rn. 59; aA OLG Frankfurt NZM 2004, 32; BeckOK WEG/Dötsch § 15 Rn. 26: gar nicht, s. Vor § 10 Rn. 15). Durch Beschl **getroffene Regelungen**, die in ihren Auswirkungen einem generellen Musizierverbot praktisch gleichkommen, sind anfechtbar (BGH NJW 1998, 3714), dann steht aber ggf. Anspruch auf Abänderung dem WEer zu (vgl. § 10 Rn. 95, BayObLG ZMR 2002, 64). Durch Beschl sind **Einschränkungen** möglich, wie zB eine zeitliche Begrenzung des Musizierens auf täglich 1,5–2 Stunden (OLG Hamm NJW-RR 1986, 500). Das Verbot darf zB auf 20:00–8:00 Uhr und 12:00–14:00 Uhr festgelegt werden (BGH aaO) oder von 12:00–7:00 Uhr und 13:00–15:00 Uhr (OLG Hamburg ZMR 1998, 798). Die Grenze ist erreicht, wenn der Beschl entweder ein völliges Verbot oder eine dem praktisch gleich stehende Regelung enthält, wie zB an Sonn- und Feiertagen, da sonst Berufstätige ausgeschlossen würden (BayObLGZ 1985, 104) oder zwischen 10:00 und 12:00 Uhr und 15:00 und 17:00 Uhr (OLG Zweibrücken WE 1990, 213) oder 7:00–13:00 Uhr und 15:00–22:00 Uhr (OLG Hamburg WuM 1999, 230). Sind bereits ausreichende Ruhezeiten vorgesehen, haben einzelne WEer keinen Anspruch auf Verschärfung der Hausordnung (AG Hamburg-Blankenese ZMR 2006, 727). **Zwingend** und auch nicht durch Vereinb oder Beschl abänderbar sind die **öffentlich-rechtlich festgelegten Ruhezeiten** (zB in NRW 22:00–6:00 Uhr gemäß § 9 Abs. 1

LImSchG NRW, vgl. KG WE 1992, 110). Voraussetzung für ein Verbot ist, dass das Musizieren einwandfrei außerhalb der Räume des WEers **wahrnehmbar** ist (BayObLG WuM 1996, 488). Werden nicht wahrnehmbare Immissionen von der Regelung mitumfasst, ist dies unschädlich nach BGH (aaO S. 3715), da eine sinn- und zweckvolle Auslegung dazu führt, dass nur wahrnehmbare Immissionen durch Beschl geregelt werden sollten. Berufsmusiker können einen Beschl, der das Musizieren einschränkt, nicht damit anfechten, ihnen müssten weitergehende Gebrauchsrechte eingeräumt werden (BayObLG MDR 1985, 676). Nicht regelbar ist, dass „Musikinstrumente nur in Zimmerlautstärke gespielt" werden dürfen, da dies praktisch einem Verbot gleichkommen würde (OLG Oldenburg ZMR 1978, 245). Aus dem gleichen Grund ist auch eine durch Beschl ausgesprochene Verpflichtung, ein Klavier nur mit einem sog Moderator zu spielen, anfechtbar (OLG Frankfurt aaO S. 407). In einem als Gaststätte bezeichneten, in einem Wohnhaus gelegenen TE kann nicht jegliche musikalische Darbietung untersagt werden (sog Live-Musik). Es können jedoch stärkere Geräuschimmissionen verboten werden, als sie bei Verwendung einer lautstärkenbegrenzten Anlage auftreten und nach den öffentlich-rechtlichen Auflagen zulässig sind (BayObLG WE 1994, 278). Wird zusätzlich zu den festgelegten Uhrzeiten noch geregelt, dass Musizieren nur in „nicht belästigender Weise und Lautstärke" vorgenommen werden darf, so ist dies nach BGH (aaO) unwirksam, da dies nur für schwerwiegende, nicht mehr hinnehmbare Störungen geschehen darf, wie zB Schlagzeugübungen. Dasselbe gilt für den Betrieb von Rundfunk-, Fernsehgeräten und Plattenspieler (BGH aaO) oder bei Erkrankungen anderer WEer. In einer Anlage mit zwei Einheiten ist die Musikausübung eines Schlagzeugers auf täglich zwei Stunden, aufgeteilt auf je eine Stunde vormittags bzw. nachmittags, beschränkt, am Wochenende ganz, zulässig (LG Freiburg (Breisgau) v. 19.3.2003 – 4 T 20/03).

12N **Nutzung:** S. Benutzung des SE.

12O **Öffentliche Normen, Vorschriften:** S. Vorschriften.

12P **Parkplatz:** Durch Beschl kann die Anordnung von Abstellplätzen geändert werden (OLG Köln OLGZ 1978, 287; BayObLG DWE 1985, 58). Hat die WEG weniger Stellplätze als Einheiten, verstößt eine Regelung über die Vermietung für mehrere Jahre gegen Grundsätze ordnungsmäßiger Verwaltung (LG Berlin GE 2011, 1631). S. Abstellplatz.
Parkverbot: Der Beschl über ein Parkverbot muss ein kurzzeitiges Halten zum Ein- und Aussteigen und Be- und Entladen ermöglichen (OLG Düsseldorf NZM 2002, 613).
Pflanzenbeete: Durch Beschl kann festgelegt werden, in welcher Weise Pflanzenbeete auf einer im SE stehenden Terrasse angelegt werden dürfen, wenn nur so der Gefahr von Schäden für das GE begegnet werden kann (BayObLG WE 1994, 314). Ein Beschl, welcher die Fläche der Beete in Abweichung der tatsächlichen Größe festlegt, ist nichtig (AG Köln ZMR 2006, 651).
Plakatieren von Tür: S. Haustür.
Prozess: Bei WEern handelt es sich nach LG Köln überwiegend um juristische Laien. Auch deshalb liege es noch im Rahmen der ordnungsgemäßen

Verwaltung, wenn sie einen für sie nicht ohne weiteres einleuchtenden Anspruch eines Dritten (zB des Hausmeisters) im Zweifel ablehnen und die Klärung der Rechtslage dem Fachgericht überlassen. Das Risiko, den Prozess zu verlieren und die eigenen Kosten sowie die Gerichtskosten zu tragen, liegt noch im Rahmen des Ermessens der Selbstverwaltung (ZWE 2012, 230). Entscheidung darüber, ob zur Ermittlung von Gebäudeschäden ein privates Sachverständigengutachten eingeholt oder ein gerichtliches Beweissicherungsverfahren durchgeführt wird, liegt ebenfalls im Ermessen der Gem (AG Hannover ZMR 2010, 810).

Rasenfläche: Durch Beschl kann geregelt werden, dass Kinder auf einer gem Rasenfläche spielen dürfen, evtl. unter zeitlichen und nutzungsbedingten Auflagen (AG Rheinbach DWE 1979, 23). Laut OLG Frankfurt (WE 1992, 82) ist dies ohne Beschl grds. zulässig. Die gegenteilige Meinung des OLG Düsseldorf (MDR 1986, 852) verkennt, dass Bezeichnung Rasenfläche keine Zweckbestimmung, sondern nur eine Zustandsbeschreibung enthält. Eine der Allstimmigkeit bedürfende Nutzungsänderung liegt folglich nur vor, wenn die Rasenfläche in etwas anderes umgewandelt wird, zB in einen Spielplatz (AG Rheinbach aaO S. 24) oder Weg oder Skulpturengarten (LG Hamburg ZMR 2013, 301) oder Holzterrasse (BGH NJW 2012, 72 Rn. 18) oder Gartenhütte (ZMR 2009, 386), s. auch Benutzung des GE; Tierhaltung

12R

Rasenmäher: Bei Vorhandensein von Rasen kann er angeschafft werden (BayObLG ZMR 2003, 519) oder/und Zubehör (BayObLG ZMR 2002, 527).

Rauchverbot: Regelmäßig im GE nicht erzwingbar, da bei nur sehr kurzem Zeitraum, den sich der WEer jeweils im Treppenhaus oder im Aufzug aufhalten muss, wenn er seine Wohnung verlässt oder zu ihr zurückkehrt, die durch das Passivrauchen hervorgerufene Gefahr für die Gesundheit vernachlässigt werden kann (BayObLG ZMR 1999, 494). Dies ist überholt und heute anders zu sehen, da das Gericht sich ausdrücklich auf das damalige zulässige Rauchen in Gaststätten berief. Verbot in Versammlung erzwingbar (LG Dortmund ZMR 2014, 387). Sind zwei Balkone vorhanden, kann NachbarWEer Rauchverbot auf einem verlangen (LG Frankfurt ZWE 2014, 171).

Rechtsanwalt: S. Anwalt.

Rechtsstreit: Im Anfechtungsverfahren über einen Beschl über die Erhebung eines Rechtsstreits gegen einen WEer sollen nach BayObLG (ZMR 1998, 44; 580) nicht die Erfolgsaussichten geprüft werden, sondern Aufhebung nur bei offensichtlicher Aussichtslosigkeit (BayObLG ZMR 1994, 428). Dem ist nicht zu folgen, da es sich hier um eine Kostenverursachung handelt, die der Überprüfung der ordnungsgemäßen Verwaltung obliegt, daher zumindest Prüfung der Schlüssigkeit oder Mutwilligkeit. Siehe Ansprüche der WEer.

Ruhezeitenfestlegung: WEer können durch Beschl den Umfang regeln (BayObLG ZWE 2002, 312). Sie haben dabei einen Ermessensspielraum, der gerichtlich nur eingeschränkt nachprüfbar ist (OLG Frankfurt NJW-RR 2004, 14). Die Hausruhezeiten sind an den jeweiligen Feiertagsgesetzen und der Verordnung über die Bekämpfung des Lärms auszurichten. Eine Ruhezeit werktags von 20.00 Uhr bis 8.00 Uhr ist nicht zu beanstanden (OLG Frank-

furt aaO). Das KG (WE 1992, 110) will eine Regelung nur dann zulassen, wenn sie weniger gestattet, als nach öffentlich-rechtlichen Vorschriften zulässig ist, da sie ansonsten nichtig sei. Bewegt sich der (Kinder-)Lärm im Wesentlichen innerhalb der (Lärm- und Ruhezeiten-)Regelungen, ist er bei ortsüblichen Geräuschen hinzunehmen (BGH NJW 2003, 1246). Eine Bestimmung, die Ruhezeiten festlegt, in denen jedes unnötige und störende Geräusch zu vermeiden und die Ruhe beeinträchtigende Tätigkeiten zu unterlassen sind, genügt mangels Objektivierbarkeit unnötiger und störender Geräusche nicht dem Bestimmtheitserfordernis und ist deshalb unwirksam (OLG Düsseldorf ZMR 2010, 53). S. auch Musizieren, Hausordnung.
Rundfunkempfang: S. Fernsprechanschluss.
Sammelüberweisungen: Verbot durch Beschl möglich (OLG Düsseldorf ZMR 2001, 723).
Sanktionen: S. Vor § 10 Rn. 15.
Sauna: S. Benutzung WEer.
Schadensbeseitigung: Ist in der Vergangenheit (zeitlich vor dem Beschl des BGH vom 20.9.2000, NJW 2000, 3500) ein mehrheitlicher WEerBeschl gefasst worden, demzufolge jeder WEer die Kosten für die Sanierung seines Balkons selbst zu tragen hat, ist die Gem auch dann nicht gehindert, im Wege eines Zweitbeschl die Instandhaltung wieder in eigene Regie zu nehmen, wenn ein einzelner WEer Kosten bereits aufgewendet hat (OLG Hamm ZMR 2007, 296).
Schadensersatz: S. Beschl.
Schilder: Verbot des Aufhängens von Werbeschildern und das Gebot der Abnahme von Schildern von der Hausfront sind durch Beschl möglich (OLG Oldenburg ZMR 1978, 245), aber Gleichbehandlung notwendig (BayObLG WuM 1994, 562). Ob Anbringung eines Firmenschildes den Grundsätzen ordnungsgemäßer Verwaltung entspricht, beurteilt sich nicht danach, ob die Nutzung nicht zu Wohnzwecken nach der TEerkl zulässig ist, sondern lediglich (isoliert) nach der Zulässigkeit der Schildanbringung (LG Hamburg ZMR 2012, 472). S. Werbung. Siehe § 22 Rn. 51.
Schirmständer: Kann in einer kleinen Anlage (2–3 WE) im GE hinzunehmen sein (BayObLG NJW-RR 1993, 1165), s. Benutzung des GE.
Schließregelung: S. Haustüre.
Schlüsselverlust: Durch Beschl kann nach BayObLG (ZWE 2005, 326) der WEer, dessen Mieter die Schlüssel nicht zurückgegeben hat, zur Kostenübernahme der kompletten neuen Schließanlage verpflichtet werden. S. Beschl, Ansprüche der WEer.
Schneeräumung: Die hM ging bislang davon aus, durch Beschl könne WEer verpflichtet werden, auf den zum SE gehörenden Balkonen und Terrassen für die Schneeräumung selbst Sorge zu tragen bzw. im Falle der Nichterfüllung die Besorgung durch Dritte zu dulden, wenn eine Gefährdung des Gebäudes, zB wegen unzureichender Isolierung, ansonsten nicht ausgeschlossen werden kann (LG München I ZMR 2010, 991; OLG Stuttgart NJW-RR 1987, 976; OLG Köln NZM 2005, 261; AG Herzberg/Harz vom 30.12.1982 – II 10/82 zit. nach Bielefeld S. 242). Nunmehr anders BGH, welcher entsprechenden

Verwaltung durch die Wohnungseigentümer § 21

Beschluss für nichtig hält (NJW 2012, 1724). Die Zulässigkeit der Anschaffung eines Schneeräumegerätes beurteilt sich nach der Größe der Anlage, den Gemflächen, den klimatischen Verhältnissen und dem Preis der Maschine (BayObLG WE 1992, 52). S. auch Streupflicht, Hausreinigung.
Schuhe: Das gelegentliche Abstellen im GE ist zu gestatten (OLG Hamm ZMR 1988, 270); s. auch Benutzung.
Schwimmbad: Beschl über Nichtsanierung ist aufzuheben (LG Kempten NZM 1998, 925). Ablehnender Beschl über die Trennung der Entlüftung des WC's im Schwimmbad und des WC's in einer im SE stehenden Wohnung auf Kosten der Gem widerspricht ordnungsgemäßen Verwaltung (LG Hamburg ZMR 2009, 798). Siehe Benutzung WEer.
Sonderumlage: S. Liquiditätsschwierigkeiten.
Sondervergütung: S. Verwalter.
Sperrzeit: Eine Verkürzung einer gesetzlich erlaubten Frist auf 23 Uhr ist zulässig (BayObLG ZMR 2001, 823).
Spielen: Dies kann im Garagenhof oder im GE auf der Zufahrtsfläche für Kfz-Abstellplätze (BayObLG WE 1992, 201) untersagt werden, wenn den Kindern zugemutet werden kann, in der Nähe Spielplätze aufzusuchen (BayObLG WE 1991, 27), nicht aber das gelegentliche ohne Beschl auf dem gemeinschaftlichen Zufahrtsweg (KG NJW-RR 1998, 1546). Es kann auch beschlossen werden, nur einen Teil der Grünfläche als Liegewiese und Spielplatz benutzen zu dürfen (BayObLG WE 1992, 264).
Spielplatz: Die Beschränkung des Spielrechts der Kinder nach Zeit, Art, und Umfang kann durch Beschl erfolgen. Beschltext „Die für Kleinkinder angelegten Spielplätze dürfen nur in der Zeit von 8:00 bis 12:00 Uhr und von 15:00 bis 19:00 Uhr genutzt werden. Ballspiele (Fußball, Federball usw.) sind grds. verboten" in einer Ferienwohnanlage wurde vom BayObLG (DWE 1982, 98) nicht beanstandet. S. auch Spielen, Kinderspielplatz
Spruchbänder: Die Anbringung an GE ist unzulässig (KG NJW-RR 1988, 846). Anders AG Erfurt, welches Plakatierung einer auf das GE bezogenen Meinungsäußerung im Fenster der Wohnung durch Beschl für regelbar hält, wobei einer solchen Plakatierung mit einfachem Mehrheitsbeschl zugestimmt werden müsse (ZWE 2011, 470)
Stellplatz: S. Parkplatz.
Streupflicht: Die Streupflicht in der WEerGem obliegt grds. allen WEern. Soweit diese im Einzelfall einem Dritten, zB dem Hausmeister, übertragen wurde, verbleibt bei den WEer auf jeden Fall eine Überwachungspflicht. Genügen die WEer dieser nicht, so haften sie als Gesamtschuldner (BGH NJW 1985, 484; OLG Hamm NJW 1988, 496). Eine Verpflichtung der einzelnen WEer, die Räum- und Streupflicht im Wechsel zu erfüllen, kann nicht durch Mehrheitsbeschl, sondern nur durch Vereinb begründet werden (BGH NJW 2012, 1724). S. § 16 Rn. 6, Treppenhausreinigung, Schneeräumung.

Tauben: S. Tierhaltung. 12T
Telefax: S. Anschlüsse.
Telefon: S. Anschlüsse.
Tennisspiel: S. Benutzung SE.

Terrasse: Soll nach ausdrücklichem Willen der WEer die Sanierung mittels einer zweilagigen Abdichtung zur Ausführung gelangen, entspricht ein Beschl, in dem die gewünschte und zudem der einschlägigen DIN entsprechende Ausführung in den beschlossenen Angeboten nicht enthalten ist, nicht ordnungsgemäßer Verwaltung (AG Charlottenburg vom 11.7.2012 – 72 C 42/12).

Tierhaltung: Soweit unter Tieren auch Kleintiere, wie zB Vögel, Wellensittiche, Zierfische, Goldhamster verstanden werden, ist Vereinb nötig (s. vor § 10 Rn. 15 Haustierhaltung). Ansonsten gilt folgendes:

1. **Generelles Verbot** ist **durch Beschluss** möglich. Eine solche Beschränkung stellt keinen Eingriff in den dinglichen Kernbereich des WE's dar, da die Möglichkeit der Haustierhaltung nicht zum wesentlichen Inhalt der Nutzung gehört (BGH NJW 1995, 2036; OLG Hamm ZMR 2005, 897; OLG Frankfurt NZM 2006, 625 Rn. 39; OLG Düsseldorf NZM 2005, 303; aA zu Recht für Haustiere OLG Saarbrücken NJW 2007, 779). Das einmal festgelegte Verbot kann nicht durch Beschl geändert werden (LG Wuppertal Rpfleger 1978, 23: Katzen). Durch Vereinb oder Beschl kann die Haustierhaltung auch von der Genehmigung des Verwalters abhängig gemacht werden, die nur aus wichtigem Grund versagt werden kann und/oder der Besitz von Tieren (OLG Frankfurt NZM 2006, 265; OLG Saarbrücken NZM 1999, 621). Das Verbot kann im Einzelfall, zB bei Kranken, unzulässig sein (BayObLG ZMR 2002, 287).

2. **Durch Beschluss** (Formulierungsvorschläge: Ormanschick WE 2000, 215) ist die **Beschränkung auf eine Höchstzahl** von Tieren pro Wohnung möglich, wobei unter Tieren nicht Kleintiere, wie zB Vögel, Wellensittiche, Zierfische, Goldhamster, zu verstehen sind (OLG Frankfurt Rpfleger 1978, 414). Die Feststellung des Höchstmaßes orientiert sich daran, wann eine Belästigung der übrigen Mitbewohner zu befürchten bzw. im Interesse einer ordnungsgemäßen Verwaltung eine Untersagung angezeigt ist (BayObLG MDR 1972, 517). Dies ist eine Frage des Einzelfalles. In einem Wohngebiet ist als Obergrenze für die Ortsüblichkeit das Halten von zwei Hunden angenommen worden (OLG Stuttgart NJW-RR 1986, 1141). Deshalb ist eine Beschränkung auf zwei Katzen bei einer 60 qm-Wohnung (BayObLG MDR 1972, 516) oder auf einen Hund und eine Katze pro Wohnung (OLG Celle ZMR 2003, 440) oder einen Hund oder drei Katzen je Wohnung (KG ZMR 1998, 658) nicht zu beanstanden.

3. **Umgehungen** von 1. sind **unzulässig**, zB wenn die Haltung von Hunden und Katzen laut Hausordnung der schriftlichen Genehmigung jedes WEers bedarf (OLG Karlsruhe ZMR 1988, 184). Gem kann zur Verhinderung der Umgehung von 2. beschl, dass das Besuchsrecht und die Pflege von Hunden maximal sechs Wochen im Jahr nicht überschreiten darf (AG Hannover ZMR 2006, 484).

4. **Ohne Beschl unzulässig** ist eine nach objektiven Kriterien **übermäßige Haustierhaltung,** zB 14 Katzen in einer Einzimmerwohnung (KG NJW-RR 1991, 116) oder das Halten und Züchten von Schlangen und Ratten (OLG Frankfurt NJW-RR 1990, 1430) oder Kampfhunden (OLG Frankfurt NJW-RR 1993, 981). Dies muss im Einzelfall festgelegt werden (OLG Köln ZMR 1996, 97). Ist bei einer Tiergattung bei den MEern ein nach-

Verwaltung durch die Wohnungseigentümer § 21

vollziehbare Unbehagen über die Haltung vorhanden, reicht dies aus, um ein einen Nachteil anzunehmen (LG Stuttgart WuM 2012, 216 für „Hausschwein", sowie OLG Frankfurt NJW-RR 1990, 1430 für Ratten und Schlangen). Bei üblicherweise als Haustieren angesehen Tieren kommen als Nachteil Lärm- und Geruchsbeeinträchtigungen in Betracht (LG Stuttgart aaO), ebenso dann, wenn Genehmigung erteilt, wie zB bei Haltung und Freiflug von 20 Edeltauben (OLG Frankfurt NZM 2006, 265).

5. Darüber hinaus können **durch Beschl** auch **Regelungen und Maßnahmen** getroffen werden, die die bei Tierhaltung zu erwartende Belästigungen ausschließen, mindern oder sonst sanktionieren.

Beispiele:
– Untersagen des Haltens von mehr als zwei Katzen (BayObLG WE 1992, 43);
– die durch Vogelhaltung (zB Papagei) auf dem Balkon verursachten Lärmstörungen sind durch den Halter während der in der Anlage festgelegten Ruhezeiten durch geeignete Maßnahmen zu unterbinden (LG Köln DWE 1987, 31);
– Untersagung des freien Herumlaufenlassens von Hunden und Katzen innerhalb des GE, um Verschmutzung und andere Beeinträchtigungen zu vermeiden (BayObLG NJW-RR 1994, 658; OLG Hamm WE 1996, 33, 38, sog Leinenzwang);
– Untersagungsberechtigung des Verwalters bei der Haltung von Hunden, die nachgewiesenermaßen eine Störung verursachen, zB durch dauerndes Hundegebell (ähnlich Bielefeld S. 245) oder bei Verstoß gegen vorgenannte Regelungen (BayObLG NJW-RR 1994, 658).
– Aufzugsverbot für Tiere möglich (LG Karlsruhe ZWE 2014, 172).

6. Nach OLG Hamburg sind **Interessen der übrigen WEer in hinreichender Weise gewahrt**, wenn Hunde im Gartenbereich angeleint sind, eine Nutzung der Gartenfläche als Hundetoilette untersagt wird und der Hundehalter verpflichtet wird, unbeabsichtigt abgesonderten Hundekot umgehend selbst zu beseitigen (ZMR 2008, 151).

Tilgungsbestimmung: S. Instandhaltungsrücklage 3.
Trampeln: S. Benutzung SE.
Trampelpfad: Die Nutzung einer Grünfläche als Trampelpfad überschreitet den ordnungsgemäßen Gebrauch (OLG Stuttgart ZMR 1999, 81).
Transparenz: S. Beschl
Treppenhaus: S. Belüftung, Benutzung WEer
Treppenhausfenster: S. Fenster.
Treu und Glauben (§ 242 BGB): Verstoß hiergegen begründet Anfechtung (BGH NJW 1999, 3713).
Trockenmaschine: S. Wäschetrockengerät.
Türe: S. Haustüre.

Überbelegung: S. § 15 Rn. 10 Wohnung.   12U
Überschuss: Nach KG (NJW-RR 1995, 975) kann über die Überschüsse aus der Abrechnung beschlossen werden (unrichtig, ist nach neuer Rspr. nichtig, s. § 23 Rn. 37). Stehen der Gem aus einer konkret abgerechneten Wirtschaftsperiode einerseits Nachforderungen gegen einzelne zu, während sie andererseits einem oder mehreren Miteigentümern Abrechnungsguthaben schuldet, kann die Verpflichtung der Gem zur Mitwirkung an der Realisie-

rung der Abrechnungsguthaben nur darin bestehen, dass entweder der Verwalter zum Einzug der Nachzahlungsbeträge und zur anschließenden Auskehrung des Guthabens veranlasst wird oder dem Guthabengläubiger hinsichtlich der Nachzahlungsbeträge die Einziehungsermächtigung zugunsten der Gemeinschaftskasse übertragen wird, nicht aber zur direkten Einziehung an sich selbst (KG ZMR 2001, 846).
Überwachung: S. elektronische Überwachung.
Umlage: S. Liquiditätsschwierigkeiten.
Umzugspauschale: S. Vor § 10 Rn. 15.
Ungleichbehandlung: S. Gleichbehandlung.

12V **Verglasung:** Die Kosten für ein Genehmigungsverfahren einzelner kann nicht auf alle umgelegt werden (BayObLG ZMR 1999, 189).
Vermietung von Gemeinschaftseigentum: Die Vermietung von GE ist als eine Maßnahme des Gebrauchs des GE (§ 15 Abs. 2) anzusehen. Sie ist damit durch Beschl möglich, da der Mitgebrauch am GE nur zeitweise eingetauscht wird gegen die Miete (BGH NZM 2000, 1010; OLG Hamburg ZMR 2004, 615; LG Nürnberg-Fürth ZMR 2007, 729). Die Möglichkeit des (Eigen)gebrauchs wird durch die des (Fremd)gebrauchs ersetzt und an die Stelle des unmittelbaren Gebrauchs tritt der Anteil an den Mietzinseinnahmen. Deshalb ist im konkreten Fall nur zu prüfen, ob eine Beeinträchtigung (§ 14) vorliegt und damit ein Verstoß gegen den ordnungsgemäßen Gebrauch (BGH aaO; LG Nürnberg-Fürth aaO). Die Tatsache der Vermietung allein kann dies nicht begründen; vielmehr müssen besondere Umstände vorliegen, um die Vermietung als nachteilig erscheinen zu lassen, dies ist zB gegeben bei dauerndem Ausschluss durch SNR (BGH NJW 2000, 3500) oder die Beschaffenheit oder Zweckbestimmung des GE sprechen gegen Vermietung oder das Gebot der Rücksichtnahme der anderen WEer (zB Freiausschankbetrieb, BayObLG NZM 2002, 569). Die Abgrenzung zum SNR kann im Einzelfall schwierig sein. Vermietung ist bei fortdauernder Zahlung im Gegensatz zur Einmalzahlung anzunehmen (Armbrüster ZWE 2001, 21). S. auch Vor § 10 Rn. 15.
Vermietung von Sondereigentum: Grds. zulässig, im Einzelfall Prüfung, ob Nachteil für Gem (BayObLG ZMR 2001, 48). Ein SEer hat nicht die Kompetenz, seinem Mieter die Nutzung eines TE zu gestatten, die dem eigenen SE „vorgelagert" sind, wie die Außenfläche vor der betriebenen Gastronomieeinheit (LG Hamburg ZMR 2012, 403).
Verpflichtung: S. Ansprüche der WEer.
Versammlung: Es entspricht Grundsätzen ordnungsgemäßer Verwaltung, wenn Gem eine Geschäftsordnung beschl, in der eine Redezeitbeschränkung festgelegt wird (OLG Stuttgart ZMR 1986, 370). Die Begrenzung muss aber zur ordnungsgemäßen Durchführung der Versammlung erfolgen (AG Koblenz NJW-RR 2010, 1526).
Versicherungen (Abs. 5 Nr. 3) ausführlich Sauren MietRB 2008, 60.
1. **Abschluss.** Zur ordnungsgemäßen Verwaltung gehört gemäß Abs. 5 Nr. 3 auch die Feuerversicherung zum Neuwert (und andere nicht im Gesetzestext aufgeführte Sachversicherungen wie zB Wasser, Sturm oder Hagel) sowie die Haus- und Grundbesitzerhaftpflichtversicherung oder Elemen-

tarversicherung (OLG Köln WuM 2007, 286). Der Abschluss dieser notwendigen Versicherungen wird nicht etwa dadurch entbehrlich, dass solche Versicherungen bisher nicht abgeschlossen worden sind (BGH ZMR 2012, 713 Rn. 10). Darüberhinaus ist es auch möglich, den Abschluss weiterer Versicherungen durch Beschl zu regeln, zB gegen terroristische Anschläge (AG Koblenz WuM 2010, 641) oder Schwamm- und Hausbockversicherung (LG Hamburg ZMR 2011, 497). Durchführung ist Verwaltungsaufgabe des Verbandes, der regelmäßig auch Versicherungsnehmer ist. Abwicklung kann problematisch sein, da Gebäudeversicherung auch SE umfasst, für den der Verwalter kein Mandat hat, insoweit handelt es sich um eine Fremdversicherung. Zieht die Gem in ihrer Eigenschaft als Versicherungsnehmerin die Geltendmachung des Entschädigungsanspruchs gegenüber dem Versicherer auch in Ansehung des SEs an sich, so hat sie die Bindungen aus einem gesetzlichen Treuhandverhältnis zu dem einzelnen Miteigentümer zu berücksichtigen, insbesondere dafür Sorge zu tragen, dass diesem der zustehende Entschädigungsbetrag tatsächlich zufließt (OLG Hamm ZMR 2008, 401). Auch Versicherung für Beiräte (KG NZM 2004, 473; aA AG Hamburg ZMR 2008, 337) oder ehrenamtliche Verwalter möglich, nicht aber für Berufsverwalter. s. zu den einzelnen Versicherungsarten § 27 Rn. 36 f.
2. **Umfang.** Die Gemeinschaft kann entgegen Abs. 5 Nr. 3, wonach eine Feuerversicherung zum Neuwert vorgeschrieben ist, wirksam eine erhebliche Einschränkung des Versicherungsschutzes beschließen, wenn sich die Gem in dauerhaft desolaten finanziellen Verhältnissen befindet, und auf diese Weise eine drohende Kündigung des Versicherers verhindert werden kann (LG Essen ZMR 2007, 817). Ebenso möglich demjenigen Eigentümer die Eigenbeteiligung bei der Gebäudeversicherung für Wasserschäden aufzuerlegen, in dessen SE sich die schadhaften Wasserrohre befinden (OLG Köln ZMR 2004, 298).
3. **Aufgabe.** Soweit ein WEer in seinem SE einen Öltank aufgestellt hat und damit Gefahren oder sonstige Nachteile möglich sind, kann er durch Beschl zum Abschluss einer Gewässerhaftpflichtversicherung angehalten werden (OLG Braunschweig OLGZ 1966, 571).
Verwalter, Verwaltervergütung: Eine Verwalterbestellung entspricht nach LG Köln nicht ordnungsgemäßer Verwaltung, wenn ein weit überdurchschnittliches Honorar gezahlt wird (hier 59,00 EUR/Einheit; ZMR 2012, 575). Dies gilt danach auch, wenn die Gem zerstritten ist (LG Köln aaO). Nach LG Karlsruhe entspricht eine isolierte Neubestellung des Verwalters ohne gleichzeitige Regelung von Elementen eines Verwaltervertrages (etwa Vertragslaufzeit und Vergütung) idR ordnungsmäßiger Verwaltung. Aber ggf. Verstoß gegen ordnungsgemäße Verwaltung, bei Bestellung einer Unternehmergesellschaft (haftungsbeschränkt) zum Verwalter (BGH ZMR 2012, 391). Zahlung von Sondervergütung für normale Tätigkeit ist Verstoß, s. weiter hierzu § 26 Rn. 26 ff.
Verwaltung: S. Fremdverwaltung.
Verzicht: S. Schadensersatz.
Vogel: Der Halter von Vögeln hat Vorkehrungen zu treffen, dass diese das GE nicht über unvermeidliche Maß hinaus beeinträchtigen. Der Freiflug von 20 Edeltauben kann zulässig sein (OLG Frankfurt NJW-RR 2006, 517).

Vollmacht des Verwalters: Bei zu umfangreicher, zB unbeschränkt Verträge abschließen zu können, kann dies unzulässig sein (OLG Düsseldorf NZM 2001, 390).

Vorschriften: Verstoß gegen öffentlich-rechtliche Vorschriften, zB Brandverhütungsvorschriften (BayObLG WE 1988, 200) oder Ruhezeiten (KG WE 1992, 110) ist kein ordnungsgemäßer Gebrauch. Umgekehrt entspricht die Einhaltung öffentlich-rechtlicher Vorschriften, insbesondere der gültigen Brandschutzvorschriften (zB Schaffung eines zweiten Rettungsweges in Form einer Spindeltreppe), ordnungsgemäßer Verwaltung (BGH ZMR 2012, 713).

12W **Wärmeverbundsystem:** Beschl der WEer über erstmalige Herstellung des in Baubeschreibung vorgesehenen Wärmeverbundsystems ist Instandsetzungsmaßnahme, die mit einfacher Mehrheit getroffen werden kann. Auch dann kein Verstoß gegen ordnungsgemäße Verwaltung, wenn Vorgaben der bei der Bildung des WE geltenden Vorschriften (etwa WSVO 95) nur knapp unterschritten werden, da zur ordnungsgemäßen Verwaltung insbesondere Pflicht zur erstmaligen Herstellung ordnungsgemäßen Zustandes gehört (LG Dessau-Roßlau NZM 2013, 430). Auch die Ablehnung einer energetischen Sanierungsmaßnahme kann ordnungsgemäßer Verwaltung entsprechen (LG Köln ZMR 2010, 793).

Wäschetrockengeräte: Das Aufstellen im Keller oder GE ist zulässig (OLG Düsseldorf OLGZ 1985, 437). Der Raum kann jedem von neun WEer alle drei Wochen für jeweils zwei Tage zur ausschließlichen Nutzung zugewiesen werden (BayObLG WE 1991, 365). Die WEer können beschließen, dass der Betrieb eines Ablufttrockners jedoch nur mit gleichzeitiger Entlüftung zulässig sein soll unter der Voraussetzung, dass keine unzumutbaren Belästigungen durch Geräusch- und Geruchsimmissionen entstehen (LG Frankfurt DWE 1992, 86).

Waschküchenbenutzung: Die Regelung der Benutzung der Waschküche ist durch Beschl möglich (BayObLGZ 1972, 113), zB auch sonntags von 9:00–12:00 Uhr (OLG Köln NZM 2000, 191). Die Benutzungsregeln müssen aber in ihrer zeitlichen Begrenzung so gestaltet sein, dass die Nutzung auch einem berufstätigen WEer, zB am späten Nachmittag, ermöglicht wird (KG ZMR 1985, 131).

Waschmaschine: Das vollständige Verbot von Waschmaschinen in der Wohnung bedarf einer Vereinb (OLG Frankfurt NJW-RR 2002, 82). S. Belüftung, Wäschetrockengeräte, Waschküchenbenutzung.

Weinlaub: S. Hausfassade.

Weg: S. Nutzung des GE.

Werbung (s auch § 22 Rn. 43 Reklame): Die Anbringung eines roten Schildes mit der Aufschrift „zu vermieten" im Fenster des SE ist nach LG Aurich (NJW 1987, 448) verboten, wenn die WEer einen Beschl gefasst haben, dass Werbung im Bereich des SE nicht gestattet sei. Ansonsten ist sie auch für Erotikmarkt oder -videothek zulässig (OLG Karlsruhe ZMR 2002, 218), aber nicht für 28 Werbetafeln (BayObLG NZM 2002, 257).

Wohnung: S. Erwerb, Hausmeister.

Wohngeld: S. Überschuss.

Verwaltung durch die Wohnungseigentümer § 21

Wohnungseigentümer: Die Vergabe von Instandhaltungsarbeiten an WEer ist möglich, wenn mangelfreie Arbeitsleistung erwartet werden kann (BayObWE 1998, 154).

Wirtschaftsplan (WP): Übertragung der Genehmigung des WP auf den Beirat durch Beschl ist unzulässig (BayObLG NJW-RR 1988, 1168). Aber durch unangefochtenen Beschl ist sogar Aufstellung des WP auf Beirat übertragbar (OLG Köln ZMR 1998, 374, nur bei Öffnungsklausel, s. dort, ansonsten nichtig, Schlussfolgerung aus BGH NJW 2000, 3500). Zulässig, in der TEerkl dem Beirat die Genehmigung der JA oder des WP zu übertragen. Ein solcher Beschl des Beirats ist aber nichtig, wenn Verteilung von Kostenpositionen nicht dem in der Anlage geltenden Kostenverteilungsschlüssel entspricht. Diese Nichtigkeit kann der auf den Beschl des Beirats gestützten Beitragsforderung unmittelbar entgegengesetzt werden (OLG Hamm ZWE 2007, 350). Genehmigung des WPs unter Bedingung, er sei richtig, widerspricht Grundsätzen ordnungsgemäßer Verwaltung (BayObLG WuM 1989, 531, s. auch § 28 Rn. 7 ff.). Sind Ansätze des WP unrichtig, durch neue Tatsachen überholt oder kann der Plan aus anderen Gründen nicht durchgeführt werden, kann Gem SU beschl (BGH NJW-RR 2012, 343). Die Gem muss zwingend über Gesamt- und EinzelWP beschl, ein Beschl nur über GesamtWP widerspricht ordnungsgemäßer Verwaltung (BGH ZMR 2005, 547; AG Hannover ZMR 2012, 229). Ist nicht festzustellen, ob falsche Kostenverteilung sich nur auf Einzelabrechnungen oder auch auf die Gesamtabrechnung auswirkt, ist das gesamte Abrechnungswerk für ungültig zu erklären (LG Berlin GE 2012, 75). Es entspricht ordnungsgemäßer Verwaltung, die Fortgeltung des WPs im Folgejahr bis zum Beschl über neuen WP zu beschl. In diesem Fall ist Ablehnung des WPs für das Folgejahr nicht gleichzusetzen mit Aufhebung des alten WP (LG Stuttgart ZMR 2010, 319). Berücksichtigung von Kosten für absehbaren Rechtsstreit im WP entspricht Grundsätzen ordnungsgemäßer Verwaltung (LG Berlin Info M 2010, 135). Der WP ist eine Prognoseentscheidung, geringfügige Ungenauigkeiten (wie Fehlen der Zinseinnahmen) führen nicht zur Anfechtbarkeit (OLG München NJW-RR 2009, 1466). Nach AG Fürth kann durch einstweilige Verfügung Geltung eines WP angeordnet werden, wenn durch einen Beschl der WEer die Finanzausstattung des Verwalters in so erheblicher Weise eingeschränkt wird, dass dieser seine Aufgaben in Zukunft nicht mehr wahrnehmen kann (ZMR 2009, 955). Wohngelder aufgrund eines Jahres-WP werden idR monatlich fällig und nicht schon mit Beschl über WP (OLG Köln ZMR 2008, 988). S. Sonderumlage.

Zähler, -einrichtung: Raum mit Zählern kann auch ohne Beschl durch Verwalter mit Schloss versehen werden, so dass Zugang nur über Schlüsselinhaber, zB Beiräte, möglich ist (BayObLG NZM 2002, 256). Räume mit Zählern sind auch dann GE, wenn sie nach TErkl zu SE erklärt werden sollen (OLG Hamm NZM 2006, 142). Auch Wasserzähler die zur verbrauchsabhängigen Abrechnung notwendig sind, stehen zwingend in GE. Deren Austausch ist daher Sache der WEerversammlung (LG Karlsruhe v. 16.6.2009 – 11 S. 25/09). Einführung verbrauchsabhängiger Abrechnung der Wasser- und Ab-

12Z

wasserkosten steht nicht mehr in Einklang mit Grundsätzen ordnungsmäßiger Verwaltung, wenn die Aufwendungen die Einsparungen übersteigen, die sich über zehn Jahre hinweg voraussichtlich erzielen lassen (LG Hamburg ZMR 2011, 495). Ob notwendige (Warmwasser)zähler gekauft, gemietet oder geleast werden, unterliegt Entscheidung durch Mehrheitsbeschl. Hierbei entspricht nicht nur preiswerteste Variante ordnungsgemäßer Verwaltung, sondern auch eine solche, die sich unter Berücksichtigung aller maßgeblichen Umstände als wirtschaftlich nicht unvertretbar erweist (OLG Düsseldorf ZWE 2008, 428).

Zufahrtsweg: Um sicherzustellen, dass dieser der ausschließlichen Benutzung durch Rettungsfahrzeuge vorbehalten bleibt, genügt es grds., dass Absperrpfosten angebracht werden, die mittels eines Dreikantschlüssels beseitigt werden können (BayObLG WuM 2001, 405). S. Benutzung des GE.

Zweitbeschluss: Die WEerversammlung kann grds. abändernde Zweitbeschl fassen, muss dabei aber schutzwürdige Belange aus Inhalt und Wirkungen des Erstbeschl berücksichtigen (AG Düsseldorf ZMR 2008, 81). Unzulässig aber, einen inhaltsgleichen Zweitbeschl zu fassen, der nicht zur Vermeidung formaler Fehler dient, sondern allein in der Hoffnung gefasst wird, bei der dritten oder fünften Wiederholung werde die Minderheit die Anfechtungsfrist versäumen oder aufgrund psychischer oder finanzieller Erschöpfung auf die Anfechtung verzichten (LG Hamburg ZMR 2011, 586; KG NJW-RR 1994, 1358). Nach LG Hamburg steht Rechtskraft einer gerichtlichen Entscheidung, mit der ein Beschl für ungültig erklärt wird, einer erneuten Beschlfassung über denselben Gegenstand nicht entgegen, auch wenn damit die Rechtskraft gerichtlicher Entscheidungen unterlaufen wird (ZMR 2011, 586).

7. Kostenregelung bei Verwaltungsangelegenheiten (Abs. 7)

a) Normzweck

13 Dieser Absatz ist als Reaktion auf die sog BGH-Jahrhundertentscheidung[64] getroffen worden und hat eine **Beschlkompetenz in sog Geldangelegenheiten** eingeführt. Damit wird nun die Verwaltung in diesen Angelegenheiten erheblich erleichtert. Die weitere Verbesserung besteht darin, dass die Beschlkompetenz auch dann gegeben ist, wenn Beschl oder Vereinb bestehen, die entgegenstehen,[65] gilt auch wenn zukünftig Vereinb erfolgt, kann dann wieder durch Beschl abgeändert werden.[66] Grundbuch braucht nicht bereinigt zu werden, da über Beschlsammlung jeder WEer Kenntnis erhält[67] (§ 12 Abs. 4 S. 5 analog). Abdingung möglich, da keine Unabdingbarkeit vermerkt.[68] Gibt als Maßnahme der ordnungsgemäßen Verwaltung (Abs. 4) auch jedem WEer Anspruch auf einen solchen Beschl.

---

[64] NJW 2000, 3500.
[65] Bärmann/Merle Rn. 169.
[66] Merle ZWE 2007, 321.
[67] AA Palandt/ Bassenge Rn. 20.
[68] Bärmann/Merle Rn. 171; Moosheimer ZMR 2009, 811, str.

§ 21 Verwaltung durch die Wohnungseigentümer

b) Inhalt

Der Paragraph erfasst **fünf verschiedene** Inhalte: 14
1. Zunächst die Maßnahmen, die die **Art und Weise von Zahlungen** sowie
2. die **Fälligkeit von Forderungen** und
3. deren **Verzugsfolgen** treffen.
4. Sodann kann die Gem **Kosten für die besondere Nutzung des GE** beschließen und/oder
5. einen **besonderen Verwaltungsaufwand**.

Zu klären ist die Abgrenzung zu § 16 Abs. 3. Nach beiden können Beschl gefasst werden, die es erlauben, einem WEer abweichend von dem bestehenden Verteilungsschlüssel für den Gebrauch/Nutzung des GE besondere Entgelte aufzuerlegen. § 16 Abs. 3 ist jedoch absolut durch Abs. 5 geschützt, wohingegen diesen Schutz § 21 Abs. 7 nicht genießt. Abs. 3 sieht jedoch nur die Verteilung innerhalb der JA vor, während durch Abs. 7 zusätzliche Einnahmen generiert werden können,[69] die nicht in der Einzelabrechnung zu berücksichtigen sind. Beide Vorschriften sind lex specialis gegenüber § 10 Abs. 2 S. 3.

c) Beispiele

aa) Maßnahmen, die die Art und Weise von Zahlungen betreffen. Damit ist im Wesentlichen der Zahlungsverkehr mit dem Verband gemeint. Hierunter fallen Zahlung „unbar", Einführung des Lastschriftverfahrens, Pauschale für die Nichtteilnahme am Verfahren, oder bzgl. der Zahlung der Wohngelder „Sammelüberweisungen" zu verbieten und Einzelüberweisungen unter Angabe der Wohnung, für welche die Zahlung geleistet wird, zu verlangen.[70] Verrechnungen von Teilleistungen, aber nicht geleistete Wohngeldzahlungen zunächst gegen die Instandhaltungsrücklage zu buchen; es bestehe nach dem LG Köln die Möglichkeit, dass hierdurch keine Zahlungen auf das eigentliche Wohngeld mehr erfolgen und die Gem damit zahlungsunfähig würde.[71] Aber nicht Art und Weise der Durchsetzung, zB Un-/Zulässigkeit von Aufrechnung oder Zurückbehaltung oder Erteilung einer Vollstreckbaren Urkunde (vgl. Vor § 10 Rn. 15 „Zwangsvollstreckung"). Das betrifft nach OLG Hamm auch die Möglichkeit, über die Verrechnung von Guthaben mit künftigen Vorschüssen oder anderen Zahlungspflichten zu entscheiden.[72] Wird eine Verrechnung nicht beschlossen, so ist kein rechtfertigender Grund ersichtlich, dem Miteigentümer dennoch den Auszahlungsanspruch allein deshalb zu verweigern, weil die Gem fehlende liquide Mittel einwendet. Vielmehr ist der Auszahlungsanspruch sofort fällig (§ 271 BGB) und allenfalls aufgrund des besonderen Treueverhältnisses ein kurzfristiges Zuwarten, etwa bis zum Eingang von Nachzahlungsbeträ-

14a

---

[69] Dies übersehen wohl Hügel/Elzer, wenn sie meinen, dass in Zukunft beide gemeinsam zu zitieren seien (S. 143).
[70] OLG Düsseldorf ZMR 2001, 723.
[71] LG Köln ZWE 2012, 280; MietRB 2013, 83.
[72] ZMR 2011, 656, unrichtig, das Guthaben ist mit Beschl auf den einzelnen WEer übergegangen, ähnlich Häublein ZMR 2007, 418.

gen oder einer in Aussicht stehenden Beschlussfassung nach Abs. 7, zuzumuten.[73]

14b bb) Fälligkeit. Alle Regelungen über die Fälligkeit oder die zukünftige Fälligkeit ua von Zahlungsansprüchen, zB Wohngeld ist generell am dritten Werktag des Monats fällig, oder Verfall- oder Vorfälligkeitsklausel (s. § 16 Rn. 61 f.). Auch Fortgeltung des WP's wird dadurch erfasst.[74] Ablehnung des WP im Folgejahr führt nicht dazu, dass seine Fortgeltung ausgeschlossen ist. Hierfür würde es einer ausdrücklichen Aufhebung des bestandskräftigen Beschlusses über den WP bedürfen.[75] Es können auch andere Fälligkeiten geregelt werden,[76] zB von Leistungen, die zu erbringen sind.

14c cc) Folgen des Verzugs. Nur die Folgen, folglich nicht die Voraussetzungen, wie zB Entbehrlichkeit von Mahnungen (wäre nichtig[77]). Umfasst nicht nur Zahlungsansprüche,[78] sondern auch sonstige Leistungen. Auch die Art und Weise (abweichend vom Gesetz) oder Höhe des Verzuges, zB übergesetzliche Zinsen (immer 10 %) oder ein Schadensersatzpauschale[79] oder Vertragsstrafe[80] nach der Gesetzesbegründung auch für Vermietungsbeschränkung[81] oder Versorgungssperre (s. § 16 Rn. 67). Weitergehende Sanktionen nicht möglich, wie Stimmrechtsausschluss.[82]

14d dd) Kosten für besondere Nutzung des Gemeinschaftseigentums. Sie sind solche, die mit einer gesteigerten Inanspruchnahme des GEs einhergehen und zumindest bei typisierender Betrachtung den Anfall besonderer Kosten wahrscheinlich machen, wie Umzugskostenpauschalen,[83] Nutzung des GE für Werbung, Plakate oder Antennen, ebenso für Schwimmbad oder Sauna[84] bzw. Tennis- oder Golf- oder Parkplatz oder des gem. Rasens für Feste oder Spiele.[85] Auch Haustierhaltungsgebühr,[86] zB Hundehaltungsgebühr vorstellbar. Alle jedoch nur, wenn gesteigerte Inanspruchnahme, ansonsten Entgelt für normalen Gebrauch (gem. § 15 Abs. 2) möglich. Kleinreparaturenklausel für GE in der jeweiligen SE, aber mit Begrenzung der Klausel auf einen Betrag in Höhe von 100 EUR.[87]

---

[73] OLG Hamm ZMR 2011, 657.
[74] Abramenko ZWE 2012, 387.
[75] LG Stuttgart ZMR 2010, 319.
[76] Palandt/Bassenge Rn. 22.
[77] Jennißen Rn. 115.
[78] Palandt/Bassenge Rn. 23.
[79] Gottschalg NZM 2007, 194.
[80] Jennißen Rn. 115; aA Schmid ZWE 2011, 348.
[81] BT-Drs 16/887 S. 27; ebenso Bärmann/Merle Rn. 179; aA Abramenko ZWE 2012, 388; Palandt/Bassenge Rn. 23.
[82] BGH NJW 2011, 679.
[83] BGH NJW 2010, 3508.
[84] OLG Düsseldorf ZMR 2004, 528.
[85] Bärmann/Merle Rn. 183.
[86] Jennißen Rn. 118.
[87] AG Aachen ZMR 2012, 223; Moosheimer ZMR 2011, 610; aA Bärmann/Merle Rn. 183; Jennißen Rn. 118; BeckOK WEG Dötsch Rn. 379a.

Nachträgliche Einführung der Kostentragungslast für das schon bestellte SNR auch möglich.[88] Nicht darunter fallen die Kosten einer Brandschau, da keine Nutzung des GE's erfolgt.[89]

ee) Kosten eines Verwaltungsaufwandes. Auch hier muss es sich um zusätzliche Kosten handeln, die über den normalen, üblichen Verwaltungsaufwand hinausgehen, also mehr als das gesetzlich geschuldete, zB für Verwalter oder Beirat, wie Kosten für Sammelüberweisungen, Anschriftenermittlung, Mahnung[90] und Einleitung von gerichtlichen Verfahren, zB für die Bearbeitung eines Rechtsstreits.[91] Kopienenanfertigung, Nichtteilnahme an Lastschriftverfahren[92] oder Zustimmung zum Verkauf (§ 12) ebenfalls. Dazu gehört auch die anteilige Ausweisung haushaltsnaher Dienstleistungen in der JA für die Eigentümer, in Höhe von 1,00 EUR pro Wohnung/Abrechnungseinheit und Monat[93] oder Zinsbescheinigung. Soll der Verwalter die Verwendung der Rücklage oder die Umsatzsteuer nach entsprechendem Optionsbeschl[94] für steuerliche Zwecke einem WEer oder allen darlegen oder die Erklärung für das Finanzamt anfertigen, so ebenfalls Beschl für Kostenersatz durch die Verursachenden möglich.[95] Nicht aber Selbstbehalt bei Versicherungen, da kein erhöhter Verwaltungsaufwand,[96] sondern Kostenverteilung der Versicherung.

14e

ff) Personenkreis. Durch den Beschl erlangt aber ein Dritter, wie der Verwalter, keinen Vergütungsanspruch gegen die Gem, wenn dies nicht vorher oder gleichzeitig mit diesem vereinbart wird (keine Begründung von Verpflichtung). Hingegen ist es möglich, anderen WEern, wie Beirat oder Protokollführer oder Versammlungsvorsitzenden oder dem zur Vertretung Ermächtigten (§ 45) für deren besonderen Aufwand eine Vergütung zuzubilligen.

14f

d) Sanktionen

Der Gesetzgeber hat angenommen, dass auch Sanktionen, zB Vertragsstrafen wegen Verstoßes gegen Pflichten, zB Mitteilungspflichten über Vermietung oder Verstoß gegen Vermietungsbeschränkungen, dadurch möglich sind. Köhler[97] weist zu Recht darauf hin, dass sich dies schwer mit dem Wortlaut vereinbaren lässt. Trotzdem besteht auch für diese Fälle eine Beschlkompetenz, weil die Sanktion im weitesten Sinne als Kosten für eine besondere Verwaltungsmaßnahme zu verstehen ist.[98] Der Verwaltung entstehen nämlich für die Bearbeitung Kosten, die nur pauschalisiert werden.

15

---

[88] Bärmann/Merle Rn. 184.
[89] ScHGfWEG ZMR 2011, 921.
[90] Jennißen Rn. 120.
[91] BGH NJW 2012, 1152 Rn. 9.
[92] OLG Düsseldorf NZM 1999, 267.
[93] LG Karlsruhe v. 16.6.2009 – 11 S 25/09; KG ZMR 2009, 709.
[94] Vgl. Sauren BB 1986, 436.
[95] Sauren, FS Bub, S. 201 ff.
[96] Jennißen Rn. 121.
[97] Rn. 305.
[98] Jennißen Rn. 113.

e) Ordnungsgemäße Verwaltung

16 Der Gem steht bei der Frage der Einführung ein Ermessen zu und sie kann deshalb nur bei zwingenden Gründen verlangt werden.[99] Inhaltlich hat sich die dann beschlossene Maßnahme innerhalb der ordnungsgemäßen Verwaltung zu halten. Dies bedeutet, dass keine Beschl gestattet sind, die sittenwidrig sind. Hier werden 20 % über dem Basiszinssatz genannt.[100] Dies ist zu hoch. Die Rspr. zur Sittenwidrigkeit bei Darlehnsverträgen sollte herangezogen werden.[101] Soweit Sanktionen festgesetzt werden, müssen sie als Voraussetzungen haben, dass sie schuldhaft und rechtswidrig verursacht sein müssen.[102] Nach BGH entspricht die Festsetzung einer nicht mehr maßvoll bemessenen Umzugskostenpauschale nicht mehr den Grundsätzen einer ordnungsgemäßen Verwaltung. Außerdem muss die Pauschale grds. alle Personen in der Gem treffen; Differenzierungen sind nur bei Vorliegen eines sachlichen Grundes zulässig.[103] Nach BGH ist die Grenze der maßvollen Bemessung nach den aktuellen Preisverhältnissen zu bemessen und war 2010 mit 50,00 EUR erreicht, aber noch nicht überschritten.[104] Der Gem steht bei der Frage der Einführung ein Ermessen zu. Pauschalhonorar (zB 5.000,00 EUR) an die Verwalterin zur Abgeltung überverhältnismäßig hohen Arbeitseinsatzes für Vergangenheit ohne konkreten Bezug auf tatsächlich erbrachte Leistungen widerspricht aber ordnungsgemäßer Verwaltung.[105]

f) Abwicklung

17 Bei der Beschlfassung ist zu berücksichtigen, dass der Verband der Vertragspartner des Verwalters ist, der regelmäßig die zusätzliche Kosten verdient hat. Der Inhalt des Beschl muss dies berücksichtigen und die Erstattung dem Verband zugestehen, da keine Möglichkeit besteht, dies direkt dem Verwalter zukommen zu lassen.[106] Damit hat der Verband auch das Ausfallrisiko gegenüber dem Verwalter. Entgegen einer aA[107] sind auch die Einnahmen aus einer Maßnahme gemäß Abs. 7 in die JA einzustellen, denn es handelt sich um Einnahmen bei der Verwaltung des GE (§ 28 Abs. 1). Dass diese ggf. vorher schon fällig sind durch die Verwirklichung des Sachverhalts, ist kein Grund, sie nicht einzustellen, vergleichbar mit den WP- oder SU-Beiträgen.

---

[99] LG Düsseldorf v. 9.11.2010 – 16 S 128/09.
[100] Hügel/Elzer S. 142.
[101] BGHZ 128, 257.
[102] Vgl. BayObLG ZMR 1999, 271; Hügel/Elzer S. 144.
[103] BGH NJW 2010, 3508.
[104] BGH NJW 2010, 3508.
[105] AG Braunschweig ZMR 2013, 386.
[106] Hügel/Elzer S. 145.
[107] Hügel/Elzer S. 145.

g) Abdingbarkeit

Die Vorschrift ist teilweise oder insgesamt abdingbar, da dies anders als zB bei § 16 Abs. 5 nicht vorgesehen ist.[108] Aus dem Umstand, dass die Beschlkompetenz auch die Abänderbarkeit einer Vereinb umfasst, resultiert nichts anderes.

8. Ermessensentscheidungen des Gerichts (Abs. 8)

a) Normzweck

Völlig unsystematisch ist eine Vorschrift des Beschlrechts in das Recht der Verwaltungsmaßnahmen aufgenommen worden.[109] Hintergrund der Regelung ist der verfehlte Wechsel vom FGG- zum ZPO-Verfahren. Da letzteres keine Möglichkeiten kennt, dass der Richter den Antrag ändert, umgestaltet oder selbst gestaltet, bedarf es nunmehr einer Vorschrift, die dieses ermöglicht. Ansonsten hätte der beantragende WEer mit dem Klageantrag nur eine exakt formulierte Maßnahme, zB einen ausgearbeiteten WP,[110] verlangen können. Diese Notwendigkeit ist immer dann gegeben, wenn – aus welchen Gründen auch immer – ein Beschl gescheitert ist.[111]

b) Voraussetzungen

Nach dem Gesetz sind dies drei, nämlich,
1. dass eine Maßnahme (richtig: Entscheidung) durch die WEer nicht getroffen wurde (sog Subsidiarität),
2. diese erforderlich (richtig: ein Anspruch eines WEers besteht) sein muss und
3. sich nicht bereits aus dem Regelwerk der Gem ergeben darf.

Unglücklich ist schon die Formulierung „Maßnahme", wo doch Beschl gemeint ist. Voraussetzung ist aber immer, dass eine Ermessensentscheidung getroffen werden muss. Ergibt sich die konkrete Maßnahme bereits aus dem Regelwerk der Gem, ist für Abs. 8 kein Raum. Unglücklich ist des Weiteren die Gesetzesformulierung „Erforderlichkeit", obwohl ein Anspruch eines WEers gemeint ist.[112] Noch unglücklicher ist, dass das Gesetz die Erforderlichkeit nach dem Gesetz verlangt, also Vereinb und Beschl negiert. Hier ist aber mit einer Analogie zu helfen.[113] Damit kommen in Betracht: Hausordnung,[114] Notverwalter,[115] Gebrauchs- oder Nutzungs- oder Verwaltungsregelung[116] oder bei rechtswidrig vorhandenen deren Stilllegung (zB Videoanlage[117]) oder Beseiti-

---

[108] Bärmann/Merle Rn. 171; Mossheimer ZMR 2009, 811; aA Hügel/Elzer S. 145.
[109] Abramenko S. 96.
[110] KG OLGZ 1991, 181.
[111] ZB JA, KG OLGZ 1991, 435.
[112] Abramenko S. 97.
[113] Ebenso Abramenko S. 97 mit Vorschlag für richtigen Gesetzestext.
[114] LG Hamburg ZMR 2012, 470.
[115] BGH NJW 2011, 3025.
[116] LG Hamburg ZMR 2012, 892; Hügel/Elzer S. 248.
[117] BGH NZM 2013, 618.

gung oder Kostenregelung, wie Abänderung der Kostenverteilung,[118] denn wenn zB ein Beschl zur abweichenden Verteilung der Kosten für Instandhaltungen und Instandsetzungen (§ 16 Abs. 4) nicht zustande kommt, kann derjenige, dessen entsprechender Antrag in der Versammlung nicht die erforderliche Mehrheit gefunden hat, sowohl zusammen mit der Anfechtung des Negativbeschlusses als auch ohne diese Anfechtung seinen Anspruch auf ordnungsmäßige Verwaltung nach Abs. 8 gerichtlich (§ 43 Nr. 1 WEG) geltend machen.[119] Der Subsidiarität ist auch dann genügt, wenn es klar ist, dass keine Entscheidung in der Versammlung zu erlangen ist. Auch Klage gegen Verwalter mitumfasst (§ 43 Nr. 3), begehrte kann bestimmte Maßnahme werden oder bestimmte Unterlassung.

c) Entscheidung des Gerichts

21 Ausgangspunkt für das Gericht ist das Regelwerk der Gem, selbst wenn es unzweckmäßig oder unbillig ist.[120] Die Maßnahme muss von der Gem mit Mehrheit beschließbar sein, also keine Vereinb sein, aber darf sich nicht in der Verurteilung zu einem Beschl erschöpfen.[121] In Frage kommt aber auch eine Ergänzung eines Beschl. In der Praxis bietet sich deshalb, zB bei der JA, eher an, da hier ein konkretes Zahlenwerk verlangt wird, den Verwalter zur Erbringung dieser Leistung verurteilen zu lassen. Umstritten ist, ob ein bestimmter Antrag gestellt werden muss. Wird zB die Bestellung eines Verwalters verlangt, bestände die Konsequenz, dass der Antragsteller auch den konkreten Verwalter benennen müsste.[122] Tatsächlich richtig ist aber, dass ein unbestimmter Antrag ausreicht[123] und damit das Gericht nicht an den Klageantrag gebunden ist, denn ansonsten wäre den WEern mit der Vorschrift nicht gedient.[124] Das Gericht kann eine von der Gem abgelehnte Entscheidung ersetzen, wenn diese nach den Grundsätzen ordnungsgemäßer Verwaltung zwingend getroffen werden muss. Denn kommt ein Beschluss über die von einem WEer beantragte ordnungsgemäße Verwaltung nicht zustande, muss letztlich das Gericht angerufen werden können, das notfalls anstelle der Versammlung eine ersetzende Entscheidung für und gegen alle Mitglieder der Gemeinschaft treffen kann. Hierbei handelt es sich nicht nur um reine Rechtsanwendung, sondern auch um eine fürsorgliche gestalterische Tätigkeit des Gerichts. Ein solcher Anspruch auf gerichtliche Ersetzung kommt allerdings nur als letztes Mittel in Betracht, wenn die regulären Mittel versagen. Der Antragsteller muss, um zulässigerweise einen solchen Gestaltungsantrag stellen zu dürfen, zuvor erfolglos die Versammlung als primär zuständiges Beschlussorgans mit der Angelegenheit befasst haben,[125] es sei denn, es

---

[118] BGH ZMR 2011, 485 Rn. 11.
[119] BGH NJW 2010, 2129 Rn. 21.
[120] BGHZ 122, 333.
[121] OLG München ZMR 2010, 396.
[122] So Bonifacio MDR 2007, 669.
[123] Hügel/Elzer S. 250.
[124] LG Berlin GE 2008, 1205.
[125] BGH NJW 2010, 2130; 2003, 3476; OLG Hamm ZMR 2007, 296.

Besondere Aufwendungen, Wiederaufbau § 22

handelt sich um eine eilbedürftige Angelegenheit,[126] dann aber ggf. nur Anspruch auf sichernde Maßnahmen.[127] Vorherige Befassung der Eigentümerversammlung auch dann nicht erforderlich, wenn dort mit Sicherheit keine Mehrheit für die begehrte Maßnahme zu erwarten ist, zB bei zerstrittenen ZweierGem. Ebenso Verurteilung zu bestimmter Maßnahme möglich[128] oder auch schon ihre Anordnung im Wege der einstweiligen Anordnung (zB Notverwalter[129]). Hinsichtlich der Kostenentscheidung bietet sich an, diese nach billigem Ermessen gemäß § 49 Abs. 1 zu treffen.[130]

d) Abänderung der rechtskräftigen gerichtlichen Entscheidung

Ergänzungen oder Abänderungen, die den Kerngehalt der Entscheidung nicht widersprechen sind möglich, ansonsten nichtig, insbesondere die Aufhebung.[131] 22

§ 22 Besondere Aufwendungen, Wiederaufbau

(1) ¹Bauliche Veränderungen und Aufwendungen, die über die ordnungsmäßige Instandhaltung oder Instandsetzung des gemeinschaftlichen Eigentums hinausgehen, können beschlossen oder verlangt werden, wenn jeder Wohnungseigentümer zustimmt, dessen Rechte durch die Maßnahmen über das in § 14 Nr. 1 bestimmte Maß hinaus beeinträchtigt werden. ²Die Zustimmung ist nicht erforderlich, soweit die Rechte eines Wohnungseigentümers nicht in der in Satz 1 bezeichneten Weise beeinträchtigt werden.

(2) ¹Maßnahmen gemäß Absatz 1 Satz 1, die der Modernisierung entsprechend § 555b Nummer 1 bis 5 des Bürgerlichen Gesetzbuches oder der Anpassung des gemeinschaftlichen Eigentums an den Stand der Technik dienen, die Eigenart der Wohnanlage nicht ändern und keinen Wohnungseigentümer gegenüber anderen unbillig beeinträchtigen, können abweichend von Absatz 1 durch eine Mehrheit von drei Viertel aller stimmberechtigten Wohnungseigentümer im Sinne des § 25 Abs. 2 und mehr als der Hälfte aller Miteigentumsanteile beschlossen werden. ²Die Befugnis im Sinne des Satzes 1 kann durch Vereinbarung der Wohnungseigentümer nicht eingeschränkt oder ausgeschlossen werden.

(3) Für Maßnahmen der modernisierenden Instandsetzung im Sinne des § 21 Abs. 5 Nr. 2 verbleibt es bei den Vorschriften des § 21 Abs. 3 und 4.

(4) Ist das Gebäude zu mehr als der Hälfte seines Wertes zerstört und ist der Schaden nicht durch eine Versicherung oder in anderer Weise gedeckt, so kann der Wiederaufbau nicht gemäß § 21 Abs. 3 beschlossen oder gemäß § 21 Abs. 4 verlangt werden.

---

[126] AG Landsberg ZMR 2009, 486.
[127] Jennißen Rn. 139.
[128] BGH NJW 2010, 3296.
[129] BGH NJW 2011, 3025; LG Karlsruhe ZWE 2013, 36.
[130] OLG Hamm ZMR 2007, 296.
[131] Bzgl. Aufhebung ebenso Jennißen Rn. 133; aA Bärmann/Merle Rn. 217 immer abänderbar.

Übersicht

	Rn.
1. Regelungsbereich	1
2. Bauliche Veränderungen und außergewöhnliche Aufwendungen (Abs. 1 S. 1)	
a) Bauliche Veränderungen	2
aa) Umgestaltung und Änderung des Gemeinschaftseigentums	2a
bb) Sonstige bauliche Veränderungen	2b
b) Außergewöhnliche Aufwendungen	2c
3. Instandhaltung und Instandsetzung (§ 21 Abs. 5 Nr. 2)	3
a) Gegenstand der Instandhaltungs- und -setzungsmaßnahmen	3a
b) Abgrenzung	3b
c) Tatsächliche Durchführung der Maßnahmen	3c
d) Ermächtigung der Auswahl und Vergabe für Dritte (Delegation)	3d
e) Umfang	4
f) Auswahl der Möglichkeiten	4a
g) Übertragung der Instandhaltung	4b
h) Finanzierung	4c
4. Keine baulichen Veränderungen	5
a) Errichtung der Wohnanlage in Abweichung vom Aufteilungsplan	5a
b) Maßnahmen der ordnungsgemäßen Instandhaltung	5b
aa) Erstmalige Herstellung eines einwandfreien oder nach Vereinbarung oder/und Aufteilungsplan vorgesehenen Zustandes	5c
bb) Beseitigung anfänglicher Mängel oder Gefahrenquellen	5d
c) Anpassung an veränderte Erfordernisse	5e
d) Ersatzbeschaffung	5f
e) Modernisierende Instandhaltung	5g
5. Vorliegen einer baulichen Veränderung	
a) Bauliche Veränderung	6
b) Voraussetzung der Genehmigung	7
aa) Kein Beschluss notwendig	8
bb) Zustimmungerteilung des/der Betroffenen	9
c) Beschlussfassung über bauliche Veränderung	
aa) Beschluss	10
bb) Anspruch eines Wohnungseigentümers	11
6. Modernisierende Instandhaltung	17
a) Reparaturnotwendigkeit	17a
b) Kosten-Nutzen-Analyse	17b
c) Ordnungsgemäße Verwaltung	17c
d) ABC der modernisierenden Instandhaltungsfälle	18
7. Kabelfernsehen	19
a) Einbau bis zum Übergabepunkt	20
b) Erstinstallation	21
c) Gemeinschaftsantenne vorhanden und erneuerungsbedürftig	22
d) Gemeinschaftsantenne vorhanden und nicht erneuerungsbedürftig	23
e) Praxislösung	24
f) Kabelführung	26
g) Kündigung	27

	Rn.
h) Einzelanschluss pro Wohnung	28
i) Anspruch eines WEers gegen den Verwalter	29
8. Parabolantenne	30
a) Einzelparabolantenne	
aa) Mobil	31
bb) Bauliche Veränderung	31a
b) Beseitigung	32
c) Gemeinschaftsparabolantenne	33
9. Fehlende Beinträchtigung (Abs. 1 S. 2)	34
10. Modernisierung (Abs. 2)	35
a) Modernisierungsbegriff (§ 555b Nr. 1 bis Nr. 5 BGB)	36
aa) Gebrauchswerterhöhung (§ 555b Nr. 4 BGB)	36a
bb) Verbesserung der allgemeinen Wohnverhältnisse auf Dauer (§ 555b Nr. 5)	36b
cc) Endenergieeinsparung (§ 555b Nr. 1 BGB)	36c
dd) Einsparung von nicht erneuerbarer Primärenergie/Schutz des Klimas (§ 555b Nr. 2 BGB)	36d
ee) Reduzierung des Wasserverbrauchs (§ 555b Nr. 3 BGB)	36e
ff) Abwägung	36f
b) Anpassung an den Stand der Technik	37
c) Keine Änderung der Eigenart der Wohnanlage	38
aa) Innerer Bestand	38a
bb) Äußerer Bestand	38b
cc) Umgebung	38c
dd) Überprüfung	38d
d) Prüfung der tatsächlichen Verhältnisse	39
e) ABC	40
f) Qualifizierte Mehrheit	41
g) Unabdingbarkeit	42
h) Kein Anspruch des Wohnungseigentümers auf Modernisierung	43
11. Zulässigkeit aus anderen Gründen	44
a) Vereinbarung oder Teilungserklärung	45
b) Beschluss	46
c) Anfechtung	47
d) Schutz- und Treuepflicht	48
e) Grundrecht	49
f) Wohnkomfort	50
12. ABC der baulichen Veränderungen	51
13. Beseitigungsverlangen	52
a) Unzulässige Rechtsausübung	53
b) Verwirkung oder Verjährung	54
c) Schikanöses oder widersprüchliches Verhalten	55
d) Beseitigung unverhältnismäßig	56
e) Beschluss	57
f) Zurückbehaltungsrecht	58
g) Störereigenschaft	59
h) Zustimmung liegt vor	60
i) Verstoß gegen Treu und Glauben (§ 242 BGB)	61
14. Rechtsfolge bei fehlender Zustimmung	62
a) Auskunftsanspruch	63

	Rn.
b) Beseitigung/Unterlassung	64
c) Beschluss	65
d) Herausgabeanspruch	65a
e) Wiederherstellung	66
f) Beschädigung	67
g) Andere Maßnahmen möglich	68
h) Duldung	69
15. Verjährung	70
a) Frist	70a
b) Grob fahrlässige Unkenntnis	70b
c) Verkauf und Erbe	70c
d) Folgeanspruch	70d
16. Rechtsfolgen bei Duldungsverpflichtung	71
17. Wiederaufbau (Abs. 4)	72
a) Zerstörung zu mehr als der Hälfte	73
b) Zerstörung zu weniger als der Hälfte	74
c) Unterbleiben des Wiederaufbaus	75
18. Abdingbarkeit	76
19. Aufbauverpflichtung bei steckengebliebenem Bau	
a) Steckengebliebener Bau	77
b) Mehrhausanlage	78
c) Weiterbau	79
d) Unzumutbarkeit	80
e) Versorgungssperre	81

1. Regelungsbereich

1 Dieser Paragraph regelt die Pflichten zur Wiederherstellung des **zerstörten Gebäudes** (Abs. 4), die besonders wichtigen **baulichen Veränderungen** und sonstigen außergewöhnlichen Aufwendungen (Abs. 1), sowie die Beschlkompetenz der modernisierenden Aufwendungen (Abs. 3) und der Modernisierungen (Abs. 2). Die baulichen Veränderungen sind diejenigen Maßnahmen, die über die ordnungsgemäße Instandhaltung und Instandsetzung, die gemäß § 21 Abs. 3, 5 Nr. 2 mit Mehrheit beschlossen und gemäß § 21 Abs. 4 von jedem WEer verlangt werden können, hinausgehen und deshalb mit Ausnahme der Modernisierungen grundsätzlich eine Allstimmigkeit erfordern. Der Grund hierfür liegt darin, dass eine Majorisierung einer Minderheit in diesem Punkt nicht gerechtfertigt werden kann. Die Mehrheit soll nicht eine Minderheit zu einer Kostentragung, Änderung des Zwecks des Gebäudes oder einer sonstigen außergewöhnlichen Maßnahme zwingen dürfen. Der einzelne WEer soll nicht[1] – abgesehen von den zu erwartenden Instandsetzungskosten und Modernisierungen – mit unvorhersehbaren Aufwendungen, die vielleicht aus ästhetischen Gesichtspunkten begrüßenswert, wirtschaftlich aber nicht notwendig sind, belastet werden.

---

[1] KG ZMR 1982, 61

2. Bauliche Veränderungen und außergewöhnliche Aufwendungen (Abs. 1 S. 1)

a) Bauliche Veränderungen

Von baulichen Änderungen des GE spricht man bei jeder **die ordnungsge-** 2 **mäße Instandhaltung bzw. -setzung übersteigenden Umgestaltung oder Änderung des GE** bzw. einer Veränderung vorhandener Gebäudeteile und jeder auf Dauer (also zeitlich,[2] Aufstellen von Biertischen, Bänken und Schirmen, die im Boden nicht fest verankert sind, stellt keine bauliche Veränderung dar, deshalb auch kein Provisorium[3]) angelegten gegenständlichen Veränderung des GE[4] oder einer später zu duldenden Änderung[5] in Abweichung vom Zustand im Zeitpunkt der Entstehung des GE.[6] Vergleichsmaßstab dafür ist grds. die Abweichung des jetzigen Zustandes von dem im Aufteilungsplan vorgesehenen und festgelegten oder aus ihm erkennbaren (vgl. §§ 3, 8 „zu errichtende Gebäude") Zustand[7] und der natürlichen Zweckbestimmung des Grundstücks.[8] Eine Ausnahme gilt nur bei der ursprünglichen baulichen Abweichung (Rn. 7). Dabei kommt es nicht entscheidend darauf an, ob mit der Veränderung auch bauliche Maßnahmen verbunden sind, maßgebend bleibt vielmehr, ob der bauliche Zustand und die Zweckbestimmung des gem Gegenstandes verändert werden sollen.[9] Eine bauliche Veränderung liegt auch in einer Änderung einer genehmigten baulichen Änderung, wodurch das GE rechtmäßig verändert wurde.[10] Mit jeder zulässigen Veränderung ändert sich wiederum der Zustand, der Vergleichsmaßstab für weitere Maßstäbe ist. Dies gilt auch für Veränderungen, die aus anderen Gründen zu dulden sind (vgl. Rn. 71), wie zB Verwirkung.[11] Entsprechend anwendbar bei ähnlichen Gestaltungen außerhalb des GE's, wie Überbau (§ 912 BGB) oder öffentlich-rechtlicher Bauwich.[12]

aa) Umgestaltung und Änderung des Gemeinschaftseigentums. Hier- 2a unter fallen
1. **Veränderungen des Gebäudes:** wie Neuanbringungen (zB Kabelanschluss), Anbauten (zB Balkon[13]), Einbauten (zB Dachfenster), Umbauten (zB

---

[2] BayObLG ZMR 2002, 688.
[3] LG Bremen ZMR 2011, 657.
[4] OLG Frankfurt MDR 2010, 1108 Rn. 17; BayObLG ZMR 2002, 136 Rn. 25.
[5] OLG Celle NZM 2003, 982.
[6] OLG Hamm NJW-RR 2004, 105.
[7] BGH ZMR 2012, 883 Rn. 12; BayObLG Rpfleger 1975, 310; KG Rpfleger 1982, 22.
[8] KG Rpfleger 1982, 22.
[9] OLG Frankfurt OLGZ 1980, 78.
[10] OLG Köln NZM 2000, 305.
[11] OLG Saarbrücken ZMR 1997, 33.
[12] BGH NJW 2010, 446 Rn. 20.
[13] BGH NJW 2013, 1439.

§ 22 I. Teil. Wohnungseigentum

Dachspitz[14]), Entfernung (zB Videoanlage[15]), Veränderung oder Stilllegung (zB Schwimmbad[16]) und

2. **Umgestaltung und Änderung des Grundstücks:** Bebauungen (zB Teppichklopfstange[17]), Oberflächenveränderung (zB Asphaltdecke[18]), Aufschüttungen (zB einer Terrasse[19]), Bepflanzungen (zB das Aufbringen stattlicher Findlinge[20]), Vertiefungen, Umgestaltung (Hangbeseitigung[21]) etc.

2b bb) Sonstige bauliche Veränderungen. Reklame an GE, Aufstellen von Schrank, farbliche Gestaltung des GE's,[22] etc.

b) Außergewöhnliche Aufwendungen

2c Hierunter fallen **alle sonstigen, nicht-baulichen Aufwendungen**, wie Anstellung von Dienstkräften (zB Hausmeister[23]) oder Anschaffung von Gegenständen (Waschmaschine[24] oder Rasenmäher[25]), die regelmäßig ordnungsgemäßer Verwaltung entsprechen können, aber bei Überschreitung unter § 22 fallen.

3. Instandhaltung und Instandsetzung (§ 21 Abs. 5 Nr. 2)

3 In Abgrenzung zu baulichen Veränderungen besteht die Möglichkeit, mit einfacher Mehrheit ordnungsgemäße Instandhaltungs- und -setzungsmaßnahmen zu beschließen.

a) Gegenstand der Instandhaltungs- und -setzungsmaßnahmen

3a Ist Erhaltung des ordnungsgemäßen Zustandes durch Pflege-, Vorsorge- **oder Erhaltungsmaßnahmen,**[26] sowie **Wahrung der Verkehrssicherungspflicht** im Innenverhältnis der Eigentümer[27] oder gegenüber Dritten (zB bei Wegereinigung[28]). Hierunter fallen alle Erhaltungsmaßnahmen und Wiederherstellung des GE in dem bisherigen Zustand (zB Erneuerung der Schiebetüre[29]), die durch Beschl gefasst werden können (zB Zurückschneiden einer Hecke[30]).

---

[14] LG München ZMR 2011, 835.
[15] BGH NZM 2013, 618.
[16] BGH NJW 2012, 603.
[17] LG Karlsruhe ZWE 2009, 327.
[18] LG Karlsruhe ZWE 2009, 327.
[19] OLG Celle ZWE 2002, 371.
[20] AG Oberhausen ZMR 2014, 158.
[21] BayObLG ZMR 2003, 125.
[22] LG Hamburg v. 10.4.2013 – 318 S 81/12.
[23] BayObLG WuM 1991, 310.
[24] OLG Hamburg ZMR 2006, 546.
[25] BayObLG ZMR 2003, 519.
[26] KG ZMR 1999, 207.
[27] OLG Frankfurt DWE 1993, 76.
[28] BGH ZMR 1989, 170.
[29] OLG Düsseldorf WuM 1996, 443.
[30] BayObLG ZMR 2005, 377.

Dabei können unter diesen Begriff auch Maßnahmen fallen, die die Erneuerung von Bauteilen betreffen, bevor konkrete Schäden daran erkennbar geworden sind, wenn nur schon Anhaltspunkte für eine Schadensanfälligkeit vorliegen.

Beispiel: Errichtung eines Unterbaus unter einer Terrasse.[31]

Zur Instandhaltung des GE gehören damit auch pflegende, erhaltende und vorsorgende Maßnahmen, die der Aufrechterhaltung des ursprünglichen Zustandes dienen.[32] Entspricht die Bauausführung dem zum Zeitpunkt der Errichtung des Gebäudes maßgeblichen Standard, besteht kein Anspruch eines einzelnen WEers auf weitere Verbesserung,[33] ggf. aber Anspruch bei erheblicher Abweichung gegen DIN-Vorschriften bzw. den Stand der Technik,[34] was aber unzutreffend ist. **Die Instandsetzung ist die Wiederherstellung** (auch Austausch[35]) und ggf. Erstherstellung des ordnungsgemäßen Zustandes.

Beispiele: Ersetzung verschlissener oder funktionsunfähiger Geräte/Pflanzen/Gebäude oder Teile einschließlich dazu notwendiger Vorarbeiten; Schadensfeststellung oder Kostenermittlung. Auch Provisorium möglich.[36]

Bei der erstmaligen Herstellung des in der Baubeschreibung vorgesehenen Wärmeverbundsystems stellt dies auch dann eine Instandsetzungsmaßnahme dar, wenn die Instandsetzung zu einer baulichen Veränderung führt, weil durch das beschlossene Wärmeverbundsystem die Fassade neu gestaltet wird.[37] Die Wiederherstellung bzw. Erneuerung einer Anlage kann dabei nicht erst dann notwendig sein, wenn sie endgültig vollständig ausfällt, sondern schon dann, wenn sie in einem Zustand ist, in dem jederzeit wesentliche Teile unbrauchbar werden können.[38] Dazu gehört auch eine modernisierende Instandhaltung (Abs. 3[39]). Nach LG Hamburg ist Beschl über Sanierung für ungültig zu erklären, wenn WEer vor Beschlfassung den Verwalter um Übersendung von Kopien eingeholter Vergleichsangebote, soweit solche vorhanden seien, gebeten hat, der Verwalter auf diese Anfrage nicht reagierte und dem betreffenden WEer zum Zeitpunkt der Beschlfassung keine Vergleichsangebote vorlagen.[40]

b) Abgrenzung

Unterscheidung zwischen Instandsetzung oder -haltung hat keine praktische Bedeutung.[41] „Schadensbeseitigung" in Vereinb bedeutet nach BGH nicht Instandhaltung, wenn die GO zwischen den Kosten der Instandhaltung einerseits

---

[31] BayObLG NJW-RR 1991, 976.
[32] OLG Hamm DWE 1987, 54.
[33] OLG Hamburg WE 1999, 109.
[34] OLG Schleswig WuM 1999, 180: Geräuschentwicklung einer Heizungsanlage.
[35] BGH NJW 2012, 1722.
[36] LG Bremen ZMR 2011, 657.
[37] LG Dessau NZM 2012, 430.
[38] OLG München ZMR 2009, 64; BayObLG WuM 1994, 504, 505.
[39] LG Saarbrücken MietRB 2013, 211.
[40] ZMR 2012, 474.
[41] BGH NZM 1999, 563.

und den Kosten der Instandsetzung andererseits unterscheidet,[42] ansonsten ggf. anders.[43] Regelung „zu unterhalten und zu pflegen" bedeutet nicht auch Instandsetzung.[44] Weist Vereinb die Pflicht zur Instandhaltung und Instandsetzung der Fenster nebst Rahmen in dem räumlichen Bereich des SEs den einzelnen WEern zu und nimmt dabei den Außenanstrich aus, ist eine vollständige Erneuerung der Fenster im Zweifel Sache der Gem.[45]

c) Tatsächliche Durchführung der Maßnahmen

3c Die tatsächliche Durchführung der Arbeiten führt nicht dazu, dass ein Gerichtsverfahren erledigt wird, solange eine Rückgängigmachung möglich ist oder der Prozess andere Auswirkungen wie Schadensersatzansprüche zur Folge haben kann, zB Folgeprozesse.[46]

d) Ermächtigung der Auswahl und Vergabe für Dritte (Delegation)

3d Wie Verwalter oder Beirat: Eine **allgemeine Bevollmächtigung** zur Vergabe von allen größeren Maßnahmen ist[47] **durch Beschl nichtig**, aber **durch Vereinb möglich**. Beschl möglich, wenn Eckdaten wie „Ob" und „Wie" und Kostenhöhe vorgegeben. Voraussetzung ist des Weiteren, dass die Ermächtigung zu einem überschaubaren und für den einzelnen WEer begrenzten finanziellen Risiko führt und die grundsätzliche Verantwortlichkeit für den Beschluss solcher Maßnahmen bei der Versammlung bleibt,[48] denn dann nur noch Ausführung aber nicht mehr Entscheidung,[49] zB wenn der Beirat nach dem Beschlusstext nur die Vorgabe hat, den billigsten Anbieter zu nehmen, wobei für den Fall, dass zum billigsten Preis mehrere Anbieter vorhanden sind, bereits entschieden ist, dass dann die Firma E beauftragt werden soll.[50]

e) Umfang

4 Es muss eine **Maßnahme** sein, **die eine den allgemein anerkannten Stand der Technik sowie die Regeln der Baukunst beachtende Sanierung ist**; da DIN-Normen die Vermutung in sich tragen, dass sie den Stand der allgemein anerkannten Regeln der Technik wiedergeben, sind solche Sanierungen grundsätzlich DIN-gerecht auszuführen.[51] Liegt dann eine Maßnahme der ordnungsgemäßen Instandhaltung bzw. -setzung vor, so gehören dazu auch Vorberei-

---

[42] BGH NZM 2009, 866.
[43] BGH NJW 1999, 2108.
[44] KG ZMR 2009, 625.
[45] BGH NJW 2012, 1722.
[46] BGH NJW 2011, 2660.
[47] OLG Düsseldorf WE 1998, 32 m. abl. Anm. Sauren.
[48] LG München ZMR 2009, 398.
[49] LG Hamburg ZMR 2012, 389 Rn. 27; Bärmann/Merle § 27 Rn. 41; aA Palandt/Bassenge Rn. 14.
[50] AG Aachen ZWE 2012, 235.
[51] BGH NZM 2013, 582.

tungsmaßnahmen, zB die Einholung eines Sachverständigen-[52] oder Rechts-[53] oder auch Gerichtsgutachtens. Hierfür besteht Beschlkompetenz.[54] Die WEer dürfen sich auch auf Ratschläge von Fachunternehmen verlassen, zB bei Feuchtigkeitsschäden zur Eingrenzung der Schadensursache schrittweise vorzugehen.[55] Die dann zu ergreifende technische Lösung muss eine dauerhafte Beseitigung von Mängeln und Schäden versprechen, aber auch wirtschaftlich sein, so dass ein überteuerter Auftrag nicht erteilt werden darf.[56] Zur Beseitigung von Feuchtigkeitsschäden einer Außenwand kann ein WEer deshalb keine aufwändige Außendämmung verlangen, sondern nur eine kostengünstige Innendämmung[57] oder selbst ein Privatgutachten einholen und entsprechende Maßnahme verlangen, da nur die Gem das Auswahlermessen hat.[58] Auch teilweise Instandsetzung kann ordnungsgemäße Verwaltung sein.[59] Andererseits kann eine Mindestsanierung überschritten werden, wenn vertretbar.[60]

f) Auswahl der Möglichkeiten

Bei mehreren in Betracht kommenden Lösungsmöglichkeiten ist deshalb der Gesichtspunkt der **Wirtschaftlichkeit** unbedingt zu beachten.[61] **Vor der Auftragsvergabe**[62] sind grds. der Schadensumfang, die Sanierungsbedürftigkeit festzustellen sowie mehrere Kostenangebote einzuholen,[63] regelmäßig 3, wobei jedoch keine Verpflichtung besteht, die billigste Lösung zu nehmen.[64] Bei einer **sukzessiven Auftragsvergabe** in einzelnen Abschnitten, kann es ordnungsgemäßer Verwaltung entsprechen, wenn ohne Einholung von Konkurrenzangeboten dem Handwerker einen Folgeauftrag erteilt, der die Arbeiten für den ersten Abschnitt ausgeführt hat.[65] Wie viele Alternativangebote erforderlich sind, können die WEer im Rahmen ihres Beurteilungsspielraums aber selbst festlegen. Er ist nur überschritten, wenn der Zweck solcher Alternativangebote verfehlt wird, nämlich den WEern die Stärken und Schwächen der Leistungsangebote aufzuzeigen.[66] Es kann sich dabei anbieten, einen sog Preisspiegel aufzustellen.[67] Allein „bekannt und bewährt" ist aber bei höheren preislichen Differenzen deshalb kein durchschlagender Gesichtspunkt.[68] Die Ordnungsmäßigkeit von

---

[52] OLG Hamm DWE 1993, 28.
[53] OLG Köln DWE 1997, 31.
[54] LG Köln IMR 2013, 1108 m. Anm. Sauren.
[55] BayObLG WuM 1995, 57.
[56] BayObLG NJW-RR 1989, 1293.
[57] LG Bremen WuM 1994, 37.
[58] OLG Köln ZMR 2000, 862.
[59] BayObLG NJW-RR 1999, 886.
[60] OLG Düsseldorf WuM 1999, 352.
[61] BayObLG WE 1991, 23.
[62] KG ZMR 1993, 383, 385.
[63] BayObLG ZMR 2002, 689; NZM 1999, 280 mwN; Kümmel WE 1999, 120.
[64] KG ZMR 1993, 383, 385.
[65] NZM 2000, 512; OLGR Köln 2006, 561; aA zu Recht BayObLG ZMR 2002, 689.
[66] BGH NJW 2012, 3175 Rn. 20 zu Verwalterwahl.
[67] BayObLG WuM 1996, 651.
[68] BayObLG NZM 2002, 567.

Beschl wird nicht dadurch in Frage gestellt, dass sie einen einzelnen WEer über dessen konkrete finanzielle Leistungsfähigkeit hinaus belasten.[69] In einem Fall, in dem es mehrere Möglichkeiten gibt, ist es Sache der WEer, im Rahmen ihres Beurteilungsspielraums zu entscheiden, welche Möglichkeit gewählt werden soll[70] und welche Bieter.[71] Es ist nicht erforderlich, dass die beschlossene Maßnahme die einzige sinnvolle Entscheidung sein muss.[72]

g) Übertragung der Instandhaltung

4b Ist die Instandhaltung einem einzelnen WEer übertragen, so erfasst das alle Maßnahmen, die zur Wiederherstellung des ordnungsgemäßen Zustands erforderlich sind.

Beispiel: Bei einer defekten Schiebetüre deren Erneuerung.[73]

h) Finanzierung

4c Bei (Bau-)Maßnahmen müssen die Eigentümer auch über deren Finanzierung Beschl fassen, also darüber entscheiden, ob die Kosten der jeweiligen Maßnahme durch Erhebung einer SU oder durch Rückgriff auf die gebildete Rücklage gedeckt werden sollen und welcher Verteilungsschlüssel zur Anwendung gelangt.[74]

4. Keine baulichen Veränderungen

5 Keine baulichen Veränderungen sind aber **alle Maßnahmen der ordnungsgemäßen Instandhaltung**. Hierzu gehören auch solche, die für sich genommen eine bauliche Veränderung darstellen können, aber nicht von der Vorschrift des § 22 erfasst werden, weil sie aufgrund eines anderen vorrangigen Blickwinkels als ordnungsgemäße Instandhaltung/-setzung anzusehen sind:

a) Errichtung der Wohnanlage in Abweichung vom Aufteilungsplan

5a Die Errichtung der Wohnanlage durch den aufteilenden Eigentümer, zB Bauträger, von vornherein in Abweichung vom Aufteilungsplan.[75]

Beispiel: Einbau einer Wendeltreppe statt der im Plan vorgesehenen normalen Treppe bzw. vor Entstehung der WEerGem,[76] selbst wenn die Veränderung auf Betreiben eines späteren WEer erfolgt,[77] Zugang zu öffentlichem Weg.[78]

---

[69] BayObLG NZM 2002, 531.
[70] OLG Hamm ZMR 1996, 218, 221.
[71] BayObLG NZM 2002, 567.
[72] OLG Saarbrücken ZMR 1998, 52, bedenklich.
[73] OLG Düsseldorf ZMR 1997, 38.
[74] LG Hamburg ZMR 2012, 654; BGH NJW 2012, 371.
[75] OLG Frankfurt NZM 2008, 322; BayObLG NJW-RR 1986, 954.
[76] BayObLG NJW-RR 1994, 276.
[77] BayObLG NZM 1999, 286.
[78] BGH NJW 2006, 3426.

Das gilt nur für Maßnahmen, die vor Entstehung der Gem fertiggestellt wurden.[79] Enthalten Pläne und Baubeschreibung zur Bauausführung im Einzelnen keine Angaben, so ist diejenige Ausführung zu wählen, die bestehenden Vorschriften entspricht und iÜ sachgerecht ist.[80]

b) Maßnahmen der ordnungsgemäßen Instandhaltung

Sonstige Maßnahmen, die der ordnungsgemäßen Instandhaltung dienen, dh Erhaltung und Wiederherstellung des ursprünglichen Zustandes des GE. Hierzu gehören ua:

aa) Erstmalige Herstellung eines einwandfreien oder nach Vereinbarung oder/und Aufteilungsplan vorgesehenen Zustandes.[81]

Beispiele: Nachträglicher Einbau einer im Aufteilungsplan vorgesehenen, tatsächlich aber nicht angebrachten Wohnungsabschlusstüre,[82] Fortführung der Entlüftungsrohre über das gemeinschaftliche Dach,[83] erstmalige Anlegung der im Aufteilungsplan als Gartenanlage vorgesehenen Fläche.[84] Anbringung eines Regenfallrohrs[85] oder Errichtung des vorgesehenen Kfz-Stellplatzes.[86] Gilt auch dann, wenn dies auf Betreiben eines WEers erfolgte und dieser die Änderung nun dulden muss.[87]

Grundlage dafür sind die beim GBA hinterlegten Unterlagen und nicht der Errichtungszustand,[88] sondern zB TErkl,[89] Aufteilungsplan oder auch die Baupläne, auch ein Entwässerungsplan[90] oder Freiflächenplan.[91] Der Anspruch gegen die übrigen WEer kann jedoch **ausgeschlossen** sein, wenn auf ihn **verzichtet** wurde (zB über den Platz, auf dem eine Wand geplant war, führt nun ein Gehweg[92]) oder er **unverhältnismäßig** ist, zB Versetzung des kompletten Gebäudes,[93] dann kann dem benachteiligten WEer jedoch ein Ausgleichsanspruch zustehen,[94] oder gegen **Treu und Glauben** verstößt, weil er erst nach 35 Jahren geltend gemacht wird,[95] denn er ist unverjährbar,[96] s. auch § 2 Rn. 9.

---

[79] BayObLG WE 1992, 194; zur Frage, wann die WEerGem entsteht, s. Vor § 1 Rn. 6.
[80] BayObLG ZMR 1995, 87.
[81] OLGReport Düsseldorf 2008, 304.
[82] BayObLG v. 10.11.1983 – 2 Z 117/82.
[83] BayObLG ZMR 1985, 62.
[84] BayObLG Rpfleger 1975, 367.
[85] BayObLG WE 1996, 480; ZWE 2000, 472.
[86] BayObLG NZM 2002, 875.
[87] OLG Frankfurt NJW-RR 2008, 395; BayObLG WuM 2004, 494.
[88] OLGReport Köln 2001, 22.
[89] OLG Köln ZMR 2000, 861.
[90] BayObLG ZWE 2000, 472.
[91] OLG Schleswig WuM 2002, 228.
[92] BayObLG ZMR 2001, 48.
[93] BayObLG NJW-RR 1990, 332; ZWE 2000, 472.
[94] BayObLG NJW-RR 1990, 332.
[95] BayObLG ZMR 2001, 366; aA LG Hamburg ZMR 2001, 1012.
[96] BGH NJW 2012, 508.

§ 22   I. Teil. Wohnungseigentum

Gerichtliche Geltendmachung erfordert aber die vorherige Befassung in einer Versammlung.[97]

5d bb) Beseitigung anfänglicher Mängel oder Gefahrenquellen.

Beispiel: Sanierung eines mangelhaften Flachdaches[98] oder Verbrauchszähler zur Umsetzung der beschl verbrauchsabhängigen Kostenverteilung[99] oder außenliegender Wärmeschutz bei Innentemperaturen von deutlich mehr als 27°C[100] oder Fällen eines umsturzgefährdeten Baumes[101] oder Errichtung Blitzschutzanlage.[102]

Mängel können auch vorliegen, wenn bei der Errichtung die DIN-Vorschriften beachtet wurden[103] oder den anerkannten Regeln der Technik entsprochen wurde, diese sich aber nachträglich als untauglich erweisen.[104]

Beispiel: Das Absacken eines Treppenpodestes.

Mängel sind auch durch gesundheitsgefährdendes GE gegeben, zB Asbesthaltigkeit von Pflanzentrögen[105] oder Sicherung gegen Geländeveränderung.[106] Hier ist nach OLG München[107] kein Kosten-Nutzen-Verhältnis maßgeblich.

c) Anpassung an veränderte Erfordernisse

5e Zum Beispiel des **öffentlichen Rechts**

Beispiel: Einbau von selbstschließenden Sicherheitstüren im Fahrstuhl,[108] Errichtung eines baurechtlich vorgeschriebenen Spielplatzes oder Versetzung einer Kinderschaukel, wenn beim alten Standort der Sicherheitsabstand zu gering war[109] oder Errichtung bzw. Beseitigung eines Sicherheitsaustrittes[110] oder sonstiger öffentlicher Bauvorschriften,[111] wie Brandschutz.[112] Nicht aber bei Anforderungen für Neubau,[113] ohne dass die Voraussetzungen einer Modernisierung vorliegen, s. auch Rn. 17.

oder des **Nachbarrechts**

Beispiel: Einfriedung nach Landesnachbarrecht.

---

[97] BayObLG ZMR 2001, 469.
[98] OLG Hamm DWE 1987, 54.
[99] BGH NJW 2003, 3476.
[100] LG Aachen WuM 2003, 474 m. Anm. Vervoort/Sauren; aA OLG Köln WuM 2003, 475.
[101] OLG Köln NZM 1999, 623.
[102] OLG Düsseldorf NZM 2001, 146.
[103] LG Hamburg ZMR 2012, 892; BayObLG WE 1991, 23.
[104] BayObLG WE 1992, 20, 21.
[105] BayObLG WuM 1993, 207.
[106] BayObLG ZMR 2001, 468.
[107] ZMR 2006, 311.
[108] LG München DB 1977, 2231.
[109] BayObLG ZMR 1998, 648.
[110] OLG Hamm WE 1993, 318.
[111] BGH NJW 2002, 3632, Kaltwasserzähler: BGH NJW 2003, 3476.
[112] OLG Köln ZMR 2005, 403.
[113] OLG Stuttgart OLGZ 1994, 524.

oder **energiesparender Maßnahmen** nach der Energieeinsparverordnung vom 24.7.2007.[114]

Beispiel: Nachrüstung bei Anlagen und Gebäuden (§ 9) oder zur Aufrechterhaltung der energetischen Qualität (§ 10) oder Erneuerung der Heizung.[115]

d) Ersatzbeschaffung

Ersatzbeschaffung **von gemeinschaftlichen Einrichtungen und Ausstattungen.**   5f

Beispiel: Austausch einer alten defekten Waschmaschine durch eine neue[116] oder Austausch der Fenster.[117]

e) Modernisierende Instandhaltung

S. Rn. 17.   5g

5. Vorliegen einer baulichen Veränderung

a) Bauliche Veränderung

Liegt, weil weder Rn. 3 bzw. 5 ff., noch Abs. 2 oder 3 gegeben ist, eine bauliche   6
Veränderung vor, so **kann** eine solche **durch Vereinb/TErkl zulässig sein** (s. Vor § 10 Rn. 15),[118] soweit bauliche Veränderungen Eingang in die Beschreibung des SNRs gefunden haben oder wenn sie nach dem Inhalt des jeweiligen SNRs üblicherweise vorgenommen werden und der Anlage dadurch kein anderes Gepräge verleihen,[119] was jedesmal durch Auslegung zu ermitteln ist (Abluftrohr für Gewerbeeinheit abgelehnt[120]), zB Reklame für Gewerbeeinheit.[121]

b) Voraussetzung der Genehmigung

Es bedarf der (vorherigen oder späteren) **Zustimmung aller betroffenen**   7
WEer.

aa) Kein Beschluss notwendig. Die Zustimmung eines betroffenen WEer's   8
ist an keine Frist gebunden und verlangt nicht einen Beschl.[122] Dies entspricht der ständigen Rechtsprechung des BGH's, der ausführt, dass bauliche Verände-

---

[114] BGBl. I S. 1519; OLG Hamm ZWE 2009, 261.
[115] OLG München ZMR 2009, 64.
[116] BayObLG NJW 1975, 2296.
[117] BayObLG WuM 1993, 562.
[118] BGH ZMR 2012, 651.
[119] BGH NJW 2012, 676.
[120] OLG München ZMR 2006, 948.
[121] BayObLG ZMR 2001, 123.
[122] BGH NJW 2013, 1439 Rn. 3; Jennißen Rn. 13; Häublein NZM 2007, 753 f., Abramenko § 4 Rn. 4; Gottschalg NZM 2007, 194, 195; Sauren DStR 2007, 1308; offen gelassen vom BGH NJW 2014, 1090 Rn. 9 f.

rungen grundsätzlich der Zustimmung aller benachteiligten WEer bedürfen[123] und dass diese danach nur zulässig wären, wenn alle WEer zustimmen, die von dieser baulichen Maßnahme über das in § 14 Nr. 1 WEG bestimmte Maß hinaus beeinträchtigt werden.[124] Eine andere Meinung will, dass jede Maßnahme nach Abs. 1 nur durch Beschl eine Zustimmung erfahren kann, so dass eine Zustimmung außerhalb einer Versammlung nicht ausreichend ist („Beschlusszwang").[125] Dies diene dem Schutz vor vollendeten Tatsachen.[126] Das letztere ist nicht nachvollziehbar, da jeder Benachteiligte zustimmen muss und es damit keine vollendeten Tatsachen geben kann. Die WEG-Reform wollte das bewährte Verfahren nicht ersetzen, sondern die Praxis in das Gesetz einfließen lassen.

9 bb) **Zustimmungerteilung des/der Betroffenen.** Ist erforderlich, die **Zustimmung des Verwalters reicht ohne Beschl nicht aus.**[127] Ist Allstimmigkeit erforderlich, so verhindert eine Enthaltung oder nichtige Stimme sie, ebenfalls eine bedingte Zustimmung.[128] Ist Zustimmung einmal erklärt, so ist jeder Rechtsnachfolger des Zustimmenden daran gebunden,[129] wenn er nach Veränderungsbeginn erwarb.[130] Im Einzelfall ist ggf. zu klären, ob tatsächlich eine Zustimmung gewollt war.

Beispiel: Die Unterschrift auf einem Eingabeplan zur Baugenehmigung reicht idR nicht aus, es sei denn, es ist eine entsprechende Vereinb getroffen.[131]

Konkludent gegebene Zustimmung reicht aus, dann setzt dies aber einen Rechtsfolgewillen voraus, also ein entsprechendes Bewusstsein.[132] Sie liegt nicht schon in der bloßen Duldung.[133] Die Beseitigung der einmal gegebenen Zustimmung richtet sich nach den BGB-Regeln, zB Widerruf,[134] Anfechtung bzw. solange der bauwillige Dispositionen zur Verwirklichung noch nicht getroffen hat. Ist einmal die Zustimmung von allen erteilt, so können die Einzelheiten durch Beschl geregelt werden,[135] zB Erteilung des Auftrages. Unerheblich ist deshalb, ob eine Baugenehmigung vorliegt,[136] ob Kosten verursacht werden[137] oder eine mögliche Haftung im Außenverhältnis besteht, denn die

---

[123] NJW 2012, 676 Rn. 8; ZMR 2012, 883 Rn. 7.
[124] BGH NZM 2013, 618 Rn. 10.
[125] LG Hamburg ZWE 2013, 418, aufgehoben durch BGH NJW 2014, 1090; LG Berlin ZWE 2011, 181; Bärmann/Merle Rn. 137 mwN; Moosheimer ZMR 2009, 811; Mediger S. 123.
[126] BT/Drucks 16/887 S. 28.
[127] OLG Celle WuM 1995, 338.
[128] BayObLG WuM 1995, 227.
[129] OLG Hamm NJW-RR 1991, 910, 911.
[130] KG ZMR 2005, 75.
[131] BayObLG NJW-RR 1994, 82; OLG Karlsruhe WE 1998, 268; s. aber Rn. 46, Verwirkung.
[132] OLG Bremen NZM 1998, 871.
[133] BayObLG NJW-RR 2003, 952.
[134] OLG Düsseldorf ZMR 2006, 624; BayObLG WE 1996, 195, 196.
[135] BayObLG WE 1992, 20.
[136] BayObLG ZMR 1985, 239.
[137] BayObLGZ 1971, 322.

nicht zustimmenden WEer sind von den Kosten ohnehin befreit (§ 16 Abs. 6 S 1 Hs. 2).[138]

c) Beschlussfassung über bauliche Veränderung

aa) Beschluss. In der Praxis wird regelmäßig über bauliche Veränderungen ein Beschl gefasst, **der bei Bestandskraft die Zustimmung ersetzt.**[139] Die **Beschlusskompetenz** ergibt sich aus Abs. 1. Beschl bedarf der Mehrheit nebst Zustimmung der Benachteiligten, dann ist die Veränderung ebenfalls genehmigt, ansonsten ist Negativbeschl zu verkünden.[140] Fehlt in dem Beschl die durch positive Stimmabgabe erteilte Zustimmung eines beeinträchtigten Wohnungseigentümers, entspricht er nicht ordnungsgemäßer Verwaltung.[141] Kommt ein Beschluss nicht all-stimmig zustande, so ist der Versammlungsleiter verpflichtet, die Ablehnung des Beschlusses festzustellen.[142] Der Verwalter darf dann nicht verpflichtet werden, einen nicht ordnungsgemäßen Beschluss festzustellen, obwohl er weiß, dass der Beschl im Fall einer Anfechtung aufgehoben wird.[143] Er ist deshalb dann anfechtbar, soweit er sich nicht im Rahmen von Abs. 1 S. 2, 2 oder 3 hält, aber nicht nichtig.[144] Der Anfechtende muss einen eigenen Nachteil nachweisen, denn durch die Nichtanfechtung geben die übrigen ihre Zustimmung.[145] Der Beschl kann auch Bedingungen (zB Übernahme der Gefahr für alle Folgen[146]), Auflagen oder Befristung etc. enthalten, zB Erteilung einer Baugenehmigung.[147] Bei Bestandskraft bindet er alle WEer. Spätere Konkretisierungen sind dann auch durch Beschl möglich.[148] Wird jedoch ein Beseitigungsanspruch abgelehnt, bedeutet dies keine Genehmigung.[149] Verstößt der Beschl gegen die Kostenregelung des § 16 Abs. 6, macht das den Beschl nicht nichtig, da sich eine Beschlkompetenz aus § 16 Abs. 6 S. 2, 4 ergibt. Beschl, durch den ein früherer Beschl aufgehoben wird, der eine bauliche Veränderung zum Gegenstand hatte, die bis zum Zeitpunkt der Zweitbeschlfassung noch nicht durchgeführt worden ist, hat seinerseits keine bauliche Veränderung zum Gegenstand und bedarf deshalb nicht der Einstimmigkeit.[150]

bb) Anspruch eines Wohnungseigentümers. Der WEer hat einen Anspruch auf den Beschl, **wenn Voraussetzungen des Abs. 1 erfüllt sind**, zB soviel Nichtbetroffene gegen die Veränderung gestimmt haben, dass keine Mehrheit zustande kam, oder die Betroffenen in der Versammlung nicht anwesend waren

---

[138] BGH NJW 2013, 1439 Rn. 4; s. auch Rn. 35.
[139] BGH NJW 1979, 818.
[140] LG München NZM 2009, 868.
[141] LG Hamburg ZMR 2012, 127.
[142] LG München DWE 2011, 31.
[143] LG München DWE 2011, 31.
[144] LG München DWE 2011, 31.
[145] BayObLG WuM 1995, 60.
[146] KG WuM 1993, 209.
[147] Ausführlich Jennißen Rn. 22 ff.
[148] OLG Düsseldorf NZM 2000, 391.
[149] BGH NJW 2001, 1212.
[150] OLG Köln NZM 2002, 454.

und später außerhalb der Versammlung dafür gestimmt haben.[151] Klage gegen alle WEer.[152]

2–16 Einstweilen frei.

6. Modernisierende Instandhaltung

17 Eine Maßnahme ordnungsgemäßer Instandhaltung und Instandsetzung darf über die bloße Reparatur oder Wiederherstellung des früheren Zustands hinausgehen, wenn die Neuerung eine **technisch bessere oder wirtschaftlich sinnvollere Lösung** darstellt.[153] Der Maßstab eines vernünftigen, wirtschaftlich denkenden und erprobten Neuerungen gegenüber aufgeschlossenen Hauseigentümers darf dabei nicht zu eng an dem bestehenden Zustand ausgerichtet werden, wenn die im Wohnungseigentum stehenden Gebäude nicht zum Schaden aller Eigentümer vorzeitig veralten und an Wert verlieren sollen.[154] Voraussetzung im Einzelnen:

a) Reparaturnotwendigkeit

17a Diese ist erforderlich[155] zB altersbedingte Erneuerung der Heizung.[156] Aber Kleinstreparatur reicht nicht aus (zB für 200 EUR[157]). Auch absehbare Reparaturen werden erfasst, müssen nicht schon eingetreten sein.[158] Aber Durchführung muss Instandhaltung dienen, nicht bei der Vornahme anfallen, zB Solaranlage zur Warmwasseraufbereitung bei Heizungsreparatur.[159] Solche Massnahmen sind dann nach den Voraussetzungen des Abs. 1 und 2 zu beurteilen.

b) Kosten-Nutzen-Analyse

17b Modernisierende Instandhaltung muss wirtschaftlich sein als weitere Voraussetzung. Dies wird anhand einer Kosten-Nutzen-Analyse überprüft. Sofern sich die Mehraufwendungen innerhalb eines angemessenen Zeitraums – der idR zehn Jahre beträgt – amortisieren, halten sich die Maßnahmen noch im Rahmen der modernisierenden Instandhaltung,[160] insbesondere bei Maßnahmen, durch die in Zukunft Aufwendungen erspart werden (zB Energie/Wasser etc.). Eine weitergehende Kosten-Nutzen-Analyse[161] ist aber dann nicht geboten, wenn die Erneuerung, zB der Heizungsanlage, ohnehin erforderlich ist.[162] Für

---

[151] Merle ZWE 2007, 374.
[152] Kümmel ZMR 2007, 932; aA Merle ZWE 2007, 374.
[153] BGH NJW 2013, 1439.
[154] BayObLG ZMR 2004, 442.
[155] AA Staudinger/Bub Rn. 165: zeitgemäßes Wohnen reicht.
[156] BGH NJW 2011, 2958 Rn. 6.
[157] OLG Oldenburg WuM 1989, 346.
[158] LG Hamburg ZMR 2009, 314.
[159] BayObLG ZWE 2005, 346.
[160] BGH NJW 2013, 1439.
[161] Dazu KG NJW-RR 1994, 1358.
[162] BayObLG ZMR 1994, 280, 281.

die im Rahmen der modernisierenden Instandsetzung erforderliche Kosten-Nutzen-Analyse muss die Höhe der Kosten festgestellt werden, die durch eine Sanierung, zB der vorhandenen Holzbrüstungen, und die geplante Maßnahme entstehen. Darüber hinaus bedarf es einer Prognose der jeweiligen Unterhaltungskosten über einen angemessenen Zeitraum, der bei etwa zehn Jahren liegt. Nur wenn danach die erzielbaren Einsparungen die entstehenden Mehrkosten annähernd aufwiegen, ist eine modernisierende Instandsetzung gegeben.[163]

c) Ordnungsgemäße Verwaltung

Auch diese Maßnahme muss sich in diesem Rahmen halten, also die Voraussetzungen einer Reparatur (s. Rn. 4), dh eine vernünftige Werterhaltung darstellen.[164] **17c**

d) ABC der modernisierenden Instandhaltungsfälle

Aufgrund **der Häufigkeit** und der schwierigen Abgrenzung wird das folgende ABC der modernisierenden Instandhaltungsfälle vorgenommen: **18**

Balkon: Modernisierenden Instandhaltung möglich (LG Hamburg ZMR 2012, 290), zB die sanierungsbedürftigen, aus Holz gefertigten Balkonbrüstungen durch solche aus Stahl und Glas zu ersetzen (BGH NJW 2013, 1439). **18B**

Dach: Die Sanierung eines Flachdaches durch Herstellung eines Walmdaches ist möglich (BayObLG ZMR 1998, 364), s. auch Fenster. **18D**

Fahrstuhlkabine: Bei der Neugestaltung einer Fahrstuhlkabine handelt es sich um eine modernisierende Instandsetzung, wenn durch diese Maßnahme vorhandene Einrichtungen wegen bereits notwendiger oder absehbarer Reparaturen technisch auf einen aktuellen Stand oder durch eine wirtschaftlich sinnvollere Lösung ersetzt werden (LG Hamburg ZMR 2009, 314). **18F**
Farbanstrich: S. Fassadensanierung.
Fassadensanierung (s. ansonsten das ABC „bauliche Veränderung" Rn. 43 ff.): Eine Fassadenrenovierung, die mit einem Vollwärmedämmschutz nach dem Disbothermsystem durchgeführt wird und die mit einer Veränderung des Fassadenbilds verbunden ist, stellt keine bauliche Veränderung dar, wenn bei einem Vergleich die Kosten, die mit der Durchführung verbunden sind (zB 104.000 EUR), mit denjenigen, die für eine lediglich konservierende Maßnahme anfallen würden (zB 88.650 EUR), nicht wesentlich auseinanderfallen. Hierbei sind die mit der Maßnahme verbundene Heizkostenersparnis (zB 8.700 EUR jährlich) und die Bezuschussung nach dem Energieeinsparungsgesetz (zB 26.000 EUR) zu berücksichtigen (LG Krefeld v. 27.4.1983 – 1 T 180–181/81).

---

[163] BGH NJW 2013, 1439.
[164] OLG Hamm WE 1992, 314, 316; OLG Schleswig ZMR 2007, 562.

§ 22 I. Teil. Wohnungseigentum

- Auch wenn das architektonische Aussehen der Fassade durch die Verwendung von Rauputz statt glatten Sichtbetons tangiert wird, liegt hierin dennoch keine bauliche Veränderung, wenn allein diese Maßnahme einen lebensverlängernden Schutz gegen weitere Korrosion zu leisten vermag, denn ein längeres Zuwarten, bis sämtliche Schäden soweit gediehen sind, dass sie sichtbar werden und zu einer Gefährdung der Umwelt führen, kann der Mehrheit der WEer nicht zugemutet werden (AG Offenbach ZMR 1986, 134).
- Ist die Renovierung eines Teils der Fassade, zB im Bereich des ersten Obergeschosses, notwendig, um die Konservierung des Gebäudes in diesem Bereich zu gewährleisten, so ist die Renovierung der gesamten Fassade aus diesem Anlass dann keine bauliche Veränderung, wenn die Gesamtrenovierung zu einer Wertverbesserung führt, und der hierfür zu erbringende wirtschaftliche Aufwand nicht wesentlich höher (etwa 1.000 EUR) liegt (LG Bielefeld WuM 1989, 101).
- Ist zur Beseitigung von Feuchtigkeitsschäden in einem WE die Aufbringung einer Thermohaut an einer Außenwand notwendig, so kann diese als Instandsetzungsmaßnahme von einem WEer verlangt werden, obwohl hierin eine bauliche Veränderung liegt (BayObLG DWE 1984, 59).
- Die Anbringung einer „Thermohaut" auf der bisherigen „Verbundmauerwerk"-Fassade ist keine bauliche Veränderung, wenn durch eine bessere Wärmedämmung Heizkosten sowie Kosten für Imprägniermaßnahmen eingespart werden (LG Hamburg DWE 1987, 31).
- Ein neuer Farbanstrich der Fassade kann eine Instandhaltungsmaßnahme sein. Es ist nämlich möglich, dass ein Fassadenputz im Laufe der Jahre seine Festigkeit verliert und „sandet". In einem solchen Fall ist ein Fassadenanstrich gestattet, anstatt den Putz vollständig abzuschlagen und neu aufzutragen (KG NJW-RR 1993, 1104).
- Die Sanierung und das anschließende Aufkleben mit einer sog Spaltriemchenverklinkerung ist nach dem LG Wuppertal (v. 8.3.1988 – 6 T 993/87) allein wegen der Verklinkerung eine bauliche Veränderung, da es auch andere Maßnahmen gebe, die ohne Veränderung des optischen Gesamteindrucks zum gleichen Ergebnis führen würden.
- Eine Modernisierung, die sich erst nach mehr als 20 Jahren amortisiert oder bei der unzutreffende Angaben über die Finanzierungsmöglichkeiten (öffentliche Zuschüsse) gemacht worden sind, kann mehrheitlich nicht beschlossen werden.
- Eine durchfeuchtete Fassade kann mit einem ca. 50.000 EUR teuren Wärmedämmsystem renoviert werden, wenn eine neue Klinkerwand mit Wärmedämmung 108.500 bis 168.000 EUR kostet und Bewohner ETWen räumen müssten (OLG Düsseldorf NZM 2000, 1067).
- Neuanbringung einer vollständigen Fassadenverkleidung auf einer Unterkonstruktion aus Metall anstelle der bisherigen hölzernen. Wenn WärmeschV zu beachten ist, ist Kosten-Nutzen-Analyse überflüssig (BayObLG ZMR 2002, 210).
- Bei der Anbringung eines Wärmedämmverbundsystems handelt es sich nicht um eine Maßnahme der modernisierenden Instandsetzung, sondern um eine bauliche Veränderung, wenn sich die Kosten für die Maßnahme

im Hinblick auf die Einsparung von Energiekosten erst nach einem Zeitraum von deutlich mehr als zehn Jahren amortisieren. Das gilt auch dann, wenn es bereits zu Feuchtigkeitsschäden an der Fassade des Gebäudes gekommen ist (LG München ZMR 2012, 903).

– Beschließt eine Gem mehrheitlich zur Vermeidung weiterer Feuchtigkeitsschäden die Dämmung der kompletten Hausfassade, handelt es sich nach OLG Frankfurt um eine modernisierende Instandsetzung und nicht um eine bauliche Veränderung (NJW-RR 2011, 160). Ebenso nach LG Hamburg Sanierungsmaßnahmen an der Fassade, die das GE nicht umgestalten, sondern lediglich schadhafte Stellen erneuern, ohne das Erscheinungsbild der Fassade zu ändern (LG Hamburg v. 1.9.2010 – 318 S 182/09, vgl. aber BGH NJW 2011, 2660).

Fenster: Im Rahmen des Fensteraustauschs sind auch erstmals Außenjalousien möglich (AG und LG Aachen WuM 2003, 474 m. Anm. Sauren, OLG München v. 27.8.2008 – 32 Wx 54/08; aA LG Bamberg Info M 2010, 392; BayObLG WuM 1992, 88; OLG Düsseldorf NZM 2001, 243). Im Zuge der Instandhaltungsmaßnahme kann der Einbau zusätzlicher Fenster in das neu erstellte Dach erfolgen (LG Itzehoe ZMR 2012, 219) oder der Austausch 40 Jahre alter einfach verglaster Holzfenster gegen isolierverglaste Kunststofffenster (OLG Köln ZMR 1998, 45).

Fernsehen: Die Umstellung des Fernsehempfangs auf einen Breitbandkabelanschluss ist durch Beschl möglich (LG Frankfurt DWE 2012, 37), zB wenn die vorhandene ältere Gemeinschaftsantenne reparaturbedürftig ist und selbst durch deren vollständige Erneuerung kein ausreichender Fernsehempfang gewährleistet werden kann (OLG Hamm ZMR 1998, 188). S. Rn. 19 ff.

Heizung: Austausch einer 15 Jahre alten reparaturbedürftigen Heizungsanlage unter Einbau der sog Brennwerttechnik möglich (AG Ludwigsburg WuM 2009, 251) oder Umstellung von Öl auf Gas (LG Köln ZWE 2010, 278; BayObLG ZMR 2002, 209; OLG Celle WE 1993, 224) oder Fernwärme (LG Nürnberg ZMR 2011, 750; OLG Hamburg ZMR 2005, 803; aA OLG Düsseldorf ZMR 1998, 185). Die altersbedingte vollständige Erneuerung der Heizzentrale und der Steigleitungen einer Zentralheizung ist als modernisierende Instandsetzung anzusehen (BGH NJW 2011, 2958). **18H**

Jalousien: S. Fenster. **18J**

Rollos: S. Fenster. **18R**

Steigleitungen: S. Heizung. **18S**

Verbrauchsgeräte: Umstellung auf funkgesteuerte Verbrauchsgeräte für Heiz- und Warmwasser möglich (AG München ZMR 2012, 739). **18V**

Warmwasserbereitung: Erneuerung der Warmwasserbereitung bei alsbald zu erwartender Reparatur möglich (BayObLG DWE 2004, 89), ebenso die Ersetzung zweier 16 Jahre alter je 750 l fassender Warmwasserboiler, von denen einer defekt ist, durch einen neuen 500 l Boiler aus Edelstahl, der durch sein besseres Heizsystem warmes Wasser in ausreichender Menge zur Verfügung stellt (OLG Düsseldorf ZMR 2002, 957). **18W**

7. Kabelfernsehen

19 Hier sind folgende **Fallgruppen** zu unterscheiden:

a) Einbau bis zum Übergabepunkt

20 Ein Einbau des Kabelanschlusses bis zum Übergabepunkt **kann mit Beschluss** (mE sogar allein durch den Verwalter und den Beirat) **bei den jeweiligen Anbietern beantragt werden**. Etwaige Staub- und Lärmentwicklungen stellen keinen beachtlichen Nachteil dar.[165]

b) Erstinstallation

21 Der Anschluss **kann** als Erstinstallation in einem Neubau ohne Einschränkungen oder als erstmalige Herstellung eines ordnungsgemäßen Zustandes **beschlossen werden, wenn bisher kein normaler Empfang möglich war**.[166]

c) Gemeinschaftsantenne vorhanden und erneuerungsbedürftig

22 Ist eine Gemeinschaftsantenne vorhanden und ist sie erneuerungsbedürftig,[167] so gilt Folgendes: **Beschließt** unter dieser Prämisse **die Wohnungseigentümergemeinschaft den Anschluss**, so **wird dies idR ordnungsgemäßer Verwaltung entsprechen** und somit nicht angreifbar sein. Dies resultiert daraus, dass eine Maßnahme, die über die reine Ersatzbeschaffung hinausgeht, möglich ist, soweit sie auf vernünftigen wirtschaftlichen Erwägungen beruht und künftige Kosteneinsparungen erwarten lässt. Somit ist es im Einzelfall notwendig, eine genaue Kostengegenüberstellung vorzunehmen.[168] Nach dem OLG Celle[169] ist jedoch bei einem Verhältnis 4.000 EUR (Reparaturkosten) zu 11.000 EUR (Kabelfernsehen) der Rahmen überschritten und eine bauliche Veränderung gegeben. Das AG Buxtehude[170] will bereits grds. höhere Kosten für den Kabelanschluss ausreichen lassen. Möglich ist die Berechnung in allen Fällen, in denen über Jahre feste Konditionen vereinbart werden können (zB von Privatanbietern, wie zB „Kabelcom"). Bei Gebühren der Telekom, die einseitig durch diese abänderbar sind, ist das erheblich problematischer. Eine weitere Einschränkung ist dahingehend zu machen, dass durch die Umrüstung die bisher bestehenden Empfangsmöglichkeiten der Lang-, Mittel- und Kurzwellen-Rundfunkprogramme nicht beseitigt werden dürfen. Obwohl diese Programme nur extrem gering genutzt werden, wäre dies ein Verstoß gegen die grundgesetzlich ge-

---

[165] AG Hamburg v. 11.1.1985 – 102 B II Wo 89/84, zit. nach Deckert Gruppe 5/74 h.
[166] LG Hamburg DWE 1990, 31.
[167] Nach OLG Oldenburg WuM 1989, 346 reicht das Vorhandensein von Mängeln, die einen Kostenaufwand von 200 EUR erfordern, nicht; nach dem OLG Hamm ZMR 1998, 188 aber, dass von zwei Privatsendern einer nur stark verschwommen empfangen werden kann, nach LG Berlin ZMR 2002, 160, dass die Antenne 18 Jahre alt ist.
[168] BayObLG NJW-RR 1990, 330.
[169] DWE 1988, 66.
[170] DWE 1987, 32.

schützte Informationsfreiheit (Art. 5 GG[171]). Nach einer Erhebung liefern jedoch nur rund 40 % aller Antennenanlagen diese Rundfunkprogramme.[172] Zudem soll es nunmehr möglich sein, durch einen sog AM-Connector das vorhandene Antennen- und Verteilungssystem für dieses Rundfunkprogramm zu nutzen.[173] Soweit ein Beschl gefasst wird, ist noch festzuhalten, dass in der Versammlung die Art und Weise des Anschlusses an das Kabelfernsehen, die Auswirkung des Anschlusses für die bestehende Gemantennenanlage, die Frage eines Anschlusszwangs für die einzelnen WEer und der Haftung für die Gebühren zu erörtern und bei der Beschlfassung zu berücksichtigen sind. Ist dies nicht geschehen, ist der Beschl schon allein aus diesem Grund anfechtbar.[174]

d) Gemeinschaftsantenne vorhanden und nicht erneuerungsbedürftig

Eine Gemeinschaftsantenne ist vorhanden und nicht erneuerungsbedürftig. Hier ist nunmehr fraglich, **ob** idR eine **bauliche Veränderung vorliegt**.[175] Dies sah das OLG Celle[176] jedenfalls dann, wenn die Kosten für die Umstellung auf alle WEer verteilt werden. Auf Grund des Umfangs der inzwischen vorhandenen Kabelfernsehanschlüsse[177] wird teilweise vertreten,[178] dass ein Anspruch auf Errichtung aus dem Gesichtspunkt des allgemein üblichen Wohnkomforts besteht (Rn. 50). Entscheidend ist aber nun die Abschaffung des analogen Fernsehempfanges, denn dadurch wird idR die Umstellung notwendig sein und keine bauliche Veränderung mehr vorliegen.[179] 23

e) Praxislösung

Aus diesem Dilemma heraus versucht man nunmehr eine Lösung zu finden.[180] Eine Möglichkeit wäre, den Kabelanschluss lediglich für die anschlusswilligen WEer herzustellen, wenn gleichzeitig sichergestellt wird, dass für die übrigen WEer eine Verschlechterung des derzeitigen Zustands nicht eintritt.[181] 24

Einstweilen frei. 25

f) Kabelführung

Entscheidet die Gem, die Anschlusskabel statt durch bereits vorhandene Versorgungskanäle durch die im SE stehenden Terrassen und Balkone zu führen, liegt 26

---

[171] LG Würzburg NJW 1986, 66.
[172] DWE 1987, 3.
[173] DWE 1987, 3.
[174] LG Hamburg WuM 1986, 153.
[175] BayObLG ZMR 1999, 55; OLG Karlsruhe NJW-RR 1989, 1041.
[176] NJW-RR 1986, 1271.
[177] Bub ZWE 2008, 214; aA Bärmann/Merle Rn. 367.
[178] OLG Köln DWE 1995, 155; aA aber BayObLG ZMR 1999, 55, Nachweise bei Gottschalg NZM 2001, 733.
[179] LG Frankfurt DWE 2012, 37; Bärmann/Merle Rn. 71.
[180] S auch Florian ZMR 1989, 128.
[181] LG Berlin Info M 2010, 135; AG München WE 1989, 105; AG Hamburg-Altona DWE 1988, 30.

dies nach im Rahmen ihres Ermessensspielraums. Die einzelnen WEer sind (gemäß § 14 Nr. 4) zur Duldung dieser Kabelführung verpflichtet.[182]

g) Kündigung

27 Die Kündigung eines Kabel-TV-Vertrags entspricht nicht ordnungsgemäßer Verwaltung, wenn völlig ungeklärt bleibt, wie die WEG-Anlage künftig mit TV und Telekommunikation versorgt werden soll.[183]

h) Einzelanschluss pro Wohnung

28 Keine rechtlichen Probleme macht ein Kabelanschluss dann, wenn ein Einzelanschluss pro Wohnung **technisch und gebührenrechtlich möglich** ist **ohne Beeinträchtigung der anderen Wohnungseigentümer**. Soweit der Einzeleigentümer die Kosten übernimmt und sich weiterhin an dem Gemanschluss beteiligt, bestehen rechtlich keine Bedenken.

i) Anspruch eines WEers gegen den Verwalter

29 Ein Anspruch eines WEers gegen den Verwalter, unverzüglich geeignete Maßnahmen zu ergreifen, um einen kostengünstigen Kabelanschluss zu verwirklichen, **besteht nicht**. Der Verwalter ist auch nicht verpflichtet, eine außerordentliche Versammlung mit diesem TOP einzuberufen. Die Initiative muss vielmehr von den WEern selbst ausgehen.

8. Parabolantenne

30 Da eine Parabolantenne sowohl **mobil** als auch durch **Anbringung am Gemeinschaftseigentum** (dann regelmäßig mit Eingriff in das GE verbunden und damit eine bauliche Veränderung;[184] s. auch: Antenne, Rn. 42) möglich ist, ist zu unterscheiden:

a) Einzelparabolantenne

31 aa) Mobil. Hier ist **regelmäßig keine Benachteiligung der anderen WEer** zu sehen,[185] nur wenn der optische Gesamteindruck beeinträchtigt wird, was konkret dargelegt werden müsste. Damit ist die Aufstellung einer mobilen Parabolantenne versteckt hinter der Balkonbrüstung ohne Eingriff in das GE zulässig.

31a bb) Bauliche Veränderung. Eine Einzelparabolantenne ist grundsätzlich eine bauliche Veränderung (§ 22).

---

[182] LG Frankfurt DWE 2012, 37.
[183] AG Eutin ZMR 2013, 568.
[184] OLG Zweibrücken NJW 1992, 2899.
[185] BGH NJW 2004, 937; OLG Zweibrücken ZMR 2007, 143, zB am Sonnenschirmständer (AG Hamburg NZM 2014, 196).

Besondere Aufwendungen, Wiederaufbau § 22

(1) Anspruch des Einzelnen. Hat ein WEer ein **berechtigtes Anliegen auf** 31b
Empfang bestimmter Sender und lässt sich sein Wunsch, zB ausländischer
Sender, nicht mit der in der Anlage bestehenden befriedigen (ansonsten Anschlusszwang dort[186]), dann ist ein Einzelanschluss möglich. Dies ist nicht der
Fall, wenn die Möglichkeit besteht, über andere Möglichkeiten wie Breitbandkabel oder Internet (s. 4.) zB sieben Fernsehsender in der Heimatsprache zu
empfangen und sich weitere Nachrichten über Internet und Radio zu beschaffen.[187] Aus der Informationsfreiheit bzw. Religionsfreiheit (Art. 4 und 5 GG)
ergibt sich dann ggf. ein Anspruch eines WEers auf Anbringung einer fachgerechten und den öffentlichrechtlich (Bau/Denkmal-) Vorschriften entsprechenden Anschluss an das Fernsehen an einer die Gem möglichst gering störenden
Stelle und ist nicht von der Staatsbürgerschaft des Miteigentümers abhängig, der
die Antenne angebracht hat oder anbringen will.[188] Voraussetzung, eine Antenne anbringen lassen zu dürfen, ist die Zustimmung der Gem.,[189] ansonsten
schon deshalb Beseitigungsanspruch. Dieser steht das Recht zu, den Ort der Anbringung zu bestimmen,[190] wobei das ästhetische Interesse der übrigen Miteigentümer und das Informationsinteresse des Betroffenen gegeneinander abzuwägen sind. Die Gem kann bei Installation verlangen, dass sie auf Kosten des
betreffenden WEers durch einen Fachmann erfolgt, um eine Beschädigung oder
eine erhöhte Reparaturanfälligkeit des Gemeinschaftseigentums zu vermeiden[191] und der begünstigte WEerer ein etwaiges Haftungsrisiko durch den
Nachweis des Abschlusses einer Versicherung abdeckt und Sicherheit für die
voraussichtlichen Kosten des Rückbaus der Anlage erbringt.[192] Dies ist zulässig,
selbst wenn die Installationskosten für den WEer damit ca. 2.600,00 EUR betragen.[193]

(2) Verbot seitens der Gemeinschaft. Ein Verbot der Anbringung **kann** 31c
nach BGH **wirksam vereinbart werden**, bei Eintragung auch mit Wirkung
gegenüber Rechtsnachfolger. Hiergegen sind Bedenken anzumelden. Eine Inhaltskontrolle (gemäß § 242 BGB) zeigt, dass diese Vereinb im Falle der Vermietung an einen Ausländer oder eine Partnerschaft mit einem Ausländer/in, der
nicht zureichend mit Medien versorgt ist, nicht standhält. Ob diese Gestaltung
nur zur Reduktion oder zur Nichtigkeit führt, muss abgewartet werden. Wenzel[194] will eine Einzelfallprüfung anhand von Treu und Glauben vornehmen, zB
Verstoß dann, wenn Anlage unauffällig in das optische Gesamtbild integriert
wird. Für **Beschluss** nunmehr Beschlkompetenz (§ 22 Abs. 2) gegeben. Durch
Beschl kann aber **kein generelles Verbot** der Anbringung erfolgen[195] wegen

---

[186] BVerfG NJW 2013, 2180; BGH NJW 2004, 937; OLGR Celle 2006, 698.
[187] LG München ZMR 2010, 795.
[188] BGH NJW 2010, 438.
[189] LG München ZMR 2008, 73.
[190] BGH NJW 2010, 438.
[191] BGH NJW 2004, 937.
[192] OLG München NJW 2008, 235; OLG Celle WE 2002, 8.
[193] OLG Frankfurt NZM 2005, 427.
[194] Wenzel ZWE 2005, 5.
[195] BGH NJW 2004, 937; BayObLG WuM 2004, 359.

Eingriffs in den Kernbereich, es sei denn, der oder die betroffenen WEer stimmen zu. Tut er dies nicht, wird der bis dahin schwebend unwirksame Beschl endgültig unwirksam.

31d (3) Vorhandensein von Kabelfernsehen. Der einzelne WEer kann nur dann darauf verwiesen werden, solange damit für ihn kein Informationsdefizit verbunden ist. Dies gilt auch für einen Deutschen.[196]

31e (4) Vorhandensein von Internet. Und damit Möglichkeit des Fernsehens: Wenn die Möglichkeit besteht, über Internet die notwendigen Sender zu empfangen, hat das regelmäßig die Folge, dass kein Anspruch auf Installation bzw. ein überwiegendes Beseitigungsinteresse der Eigentümer besteht.[197] Angesichts der geringen Anschaffungskosten von internetfähigen Computern, ist des Weiteren nicht ersichtlich, warum keine Anschaffung eines Computers vorgenommen wird, um das Informationsbedürfnis über das Internet zu befriedigen.[198]

b) Beseitigung

32 Nach der BGH-Rechtsprechung ist **keine Beschlusskompetenz zur Beseitigungsverpflichtung** gegeben.[199] Ist dem WEer die Anbringung gestattet, so bedarf ein Beschl über die Versetzung der Antenne der Berücksichtigung der Belange des WEers.[200] Die Rspr. des BVerfG lässt es jedoch zu, dass die WEer gegen den installierenden ausländischen Mieter direkt vorgehen können. Dieser ist dann zur Beseitigung verpflichtet.[201]

c) Gemeinschaftsparabolantenne

33 Hier gelten die Ausführungen zum Kabelfernsehen entsprechend,[202] dh **grds. bauliche Veränderung**.[203] Ist zB das Breitbandkabel nicht reparaturbedürftig, so stellt die Parabolantenne eine bauliche Veränderung dar. Regelmäßig fehlt aber ein Nachteil, deshalb nach dem BayObLG[204] beschließbar. Die Gem kann dann sowohl Kauf als auch Anmietung beschließen, selbst wenn letztere teurer ist.[205]

---

[196] Wenzel ZWE 2005, 5.
[197] LG Frankfurt ZMR 2010, 965 Rn. 30; LG München ZMR 2010, 795.
[198] LG Frankfurt NZM 2013, 793 = IMR 2013, 469 m. Anm. Sauren.
[199] BGH NJW 2010, 2801; aA OLG München ZWE 2008, 355; OLG Köln NZM 2005, 223; OLG Bremen WuM 1995, 58.
[200] KG WuM 2000, 500.
[201] BVerfG NJW 1996, 2858; AG Hannover ZMR 2009, 695.
[202] LG Essen NJW-RR 1995, 208.
[203] Gottschalg NZM 2001, 733.
[204] NZM 2000, 679.
[205] OLG Köln NZM 1999, 970.

9. Fehlende Beinträchtigung (Abs. 1 S. 2)

Darüber hinaus sind **Zustimmungen einzelner Wohnungseigentümer** (gemäß Abs. 1 S. 2) **zur baulichen Veränderung** nicht erforderlich, soweit keine wesentliche (dh über das nach § 14 Nr. 1 zulässige Maß hinaus) Beeinträchtigung der Rechte dieses WEer vorliegt. Maßgebend ist danach, ob dem WEer durch die Maßnahme in vermeidbarer Weise ein Nachteil erwächst.[206] Unter einem Nachteil in diesem Sinne ist jede nicht ganz unerhebliche Beeinträchtigung zu verstehen. Nur konkrete und objektive Beeinträchtigungen gelten als ein solcher Nachteil. Entscheidend ist, ob sich nach der Verkehrsanschauung ein WEer in der entsprechenden Lage verständlicherweise beeinträchtigt fühlen kann.[207] Eine Abwägung zwischen den Nachteilen für die WEer und den Vorteilen für den einzelnen WEer findet nach der gesetzlichen Regelung nicht statt, so dass ein Nachteil vorliegen kann, selbst wenn der Vorteil überwiegt.[208] Es findet auch keine Güterabwägung statt,[209] vielmehr reicht das Vorliegen jeder nicht ganz unerheblichen Beeinträchtigung oder Nachteils aus.[210] Ein Nachteil kann auch erst durch das Zusammenwirken verschiedener Maßnahmen entstehen.[211] Das bedeutet, dass nur diejenigen WEer zustimmen müssen, die von der beabsichtigten Maßnahme auch in ihren Rechten betroffen werden. Unter Umständen reicht die Zustimmung eines einzelnen[212] oder einiger WEer.[213] Ggf. Aufklärungspflicht über die Auswirkungen der baulichen Veränderung.[214] Die Zustimmungsregelung (gemäß Abs. 1 S. 2) wird nicht deshalb ausgeschlossen, weil durch die bauliche Veränderung Teile des GE zerstört werden.[215] Liegt ein Beschl mit einer Verpflichtung zur Beseitigung vor, der nicht innerhalb der Monatsfrist (§ 46) angefochten wurde, so ist dieser verbindlich, auch wenn die bauliche Veränderung zustimmungsfrei gewesen wäre.[216] Nach einer abzulehnenden Entscheidung des OLG Düsseldorf[217] soll bei vom Beschl abweichender Ausführung Abs. 1 S. 2 nicht gelten. Für die evtl. Nachteile kann auch auf § 14 Rn. 3 ff. nebst ABC verwiesen werden.

---

[206] BGH NJW 1992, 978.
[207] BGH NJW 1992, 978, 979, s. § 14 Rn. 5 ff.
[208] BayObLG NJW-RR 1993, 337, 338.
[209] OLG Hamm WE 1993, 318.
[210] BayObLG NJW-RR 1990, 209.
[211] BayObLG NJW-RR 1992, 272.
[212] OLG Köln DWE 1988, 24.
[213] BGH NJW 1979, 817.
[214] BayObLG NJW 2002, 71.
[215] BayObLG NJW-RR 1987, 1359.
[216] OLG Zweibrücken WE 1991, 140.
[217] FGPrax 2005, 200.

10. Modernisierung (Abs. 2)[218]

35 Das Gesetz sieht eine weitere Beschlkompetenz mit qualifizierter Mehrheit für bauliche Veränderungen des GE's vor, die einer Modernisierung **isd Mietrechts (§ 555b Nr. 1 bis Nr. 5 BGB)** entsprechen oder eine Anpassung des GE an den **Stand der Technik** erbringen, wenn die **Eigenart der Wohnanlage** nicht geändert wird und kein WEer gegenüber anderen **unbillig beeinträchtigt** wird (Abs. 2). Der Unterschied zur modernisierenden Instandhaltung (Abs. 3) besteht darin, dass hier unabhängig von dem Bestehen eines Reparaturbedarfs ein Beschl gefasst werden kann. Die Instandhaltung und die modernisierende Instandhaltung gehen aber vor, nur wenn sie nicht vorliegen ist die Modernisierung zu prüfen.

a) Modernisierungsbegriff[219] (§ 555b Nr. 1 bis Nr. 5 BGB)

36 Modernisierungen werden dabei in Anlehnung an das bürgerliche Recht verstanden. Diese angeordnete entsprechende Heranziehung der mietrechtlichen Regelungen gibt nach dem BGH zu einer großzügigeren Handhabung des Modernisierungsbegriffes Anlass:[220] Denn zum einen kommen den WEern auch solche Verbesserungen zugute, von denen im Mietrecht nur der Vermieter, nicht aber auch der Mieter profitiert. Zum anderen ist zu berücksichtigen, dass das mit der Erweiterung der Beschlusskompetenz nach Abs. 2 verfolgte gesetzgeberische Anliegen darin besteht, den WEern – unabhängig von dem Bestehen eines Reparaturbedarfs – die Befugnis einzuräumen, mit qualifizierter Mehrheit einer Verkehrswertminderung durch Anpassung der Wohnungsanlage an die „Erfordernisse der Zeit" entgegenzuwirken.[221] Somit genügt es, dass die Maßnahme aus der Sicht eines verständigen WEers eine sinnvolle Neuerung darstellt, die voraussichtlich geeignet ist, den Gebrauchswert der Sache nachhaltig zu erhöhen.[222] Deshalb kann auf die MietRspr. hierzu zurückgegriffen werden. Danach handelt es sich um **bauliche Maßnahmen**, die den Gebrauchswert der Anlage nachhaltig erhöhen **(aa)**, die allgemeinen Wohnverhältnisse auf Dauer verbessern **(bb)**, nachhaltige Endenergieeinsparung bewirken **(cc)**, Einsparung von nicht erneuerbarer Primärenergie/Schutz des Klimas hervorbringen **(dd)** oder eine Reduzierung des Wasserverbrauchs **(ee)** bewirken. Bei einzelnen baulichen Veränderungen können mehrere Alternativen erfüllt sein, entscheidend ist, dass nur eine erfüllt sein muss, also alternativ.[223] Im Einzelnen:

36a **aa) Gebrauchswerterhöhung (§ 555b Nr. 4 BGB).** Darunter sind **alle Maßnahmen, die die Nutzbarkeit verbessern, weil sie die Nutzung be-**

---

[218] Ausführlich Mediger, Die ökologische Modernisierung von Eigentumswohnungen auf der Basis des neuen WEG, Baden-Baden 2010.
[219] Ausführlich Krüger, Der Modernisierungsbegriff im Miet und WEG-Recht 2009; Derleder ZWE 2013, 1.
[220] BGH NJW 2011, 1221.
[221] Vgl. BT-Drucks. 16/887 S. 29 f.
[222] BT-Drucks., aaO, S. 30.
[223] LG München ZMR 2009, 945.

quemer, sicherer, gesünder oder angenehmer machen. Die Regelung bezieht sich nicht nur auf im GE stehende Räume, sondern auf das **komplette GE**, dh Modernisierungen können auch vorliegen, wenn zB das gemeinschaftliche Schwimmbad mit einer modernen Badeinrichtung versehen wird. Voraussetzung dafür ist, dass sie auf Dauer vorhanden sein muss, also nachhaltig wirkt. Häufig handelt es sich um Zentralheizung, Lüftung oder Isolierverglasung und deren Anlagen, wie zB Schornsteinwiedereröffnung[224] oder vorhandene Glasbausteine, die sich im Eingangsbereich in der Außenwand des Gebäudes befinden, auszubauen und durch Fenster zu ersetzen[225] oder Errichtung einer Zaunanlage mit spezieller Sicherheitstechnik[226] oder Errichtung von Rampe statt Treppe.[227] Dabei muss nicht die vorhandene Bausubstanz verändert werden, vielmehr kann dies auch durch zusätzliche Installationen oder Änderungen geschehen, wie zB Fernwärme statt Einzelheizungen.[228] Keine Modernisierungen sind reine Bauerhaltungsmaßnahmen, wie der Austausch der Fassade. Auch der Austausch von Geräten, wie zB des Bodenbelags, fällt nicht darunter. **Das SE** kann ebenfalls Gegenstand sein, zB bei aus Holz gefertigten Balkonbrüstungen durch solche aus Stahl und Glas zu ersetzten,[229] dann muss WEer die Maßnahme dulden soweit sein SE betroffen ist (§ 14 Nr. 4). Schaffung von Wohnraum ist nicht erfasst, weil Verweis auf § 550b Nr. 7 BGB fehlt, so dass Dachgeschossausbau oder eine Anbau nicht Modernisierung iSd Abs. 2 darstellen.

bb) Verbesserung der allgemeinen Wohnverhältnisse auf Dauer (§ 555b Nr. 5). Hierunter fallen auf Dauer wirkende Maßnahmen **nur des Gemeinschaftseigentums**, wie zB Gestaltung des Stellplatzes, Aufzuges, der Treppe, Türöffner, Gegensprechanlage oder Balkone,[230] also Einbau eines Fahrstuhls, Anbringung einer Gemeinschaftsantenne, Anschluss an verbesserte Versorgungsleitungen aller Art und Einrichtung einer neuen oder verbesserten Haustür- oder Treppenhausbeleuchtung, aber nicht Gebäudeaufstockung.[231]

cc) Endenergieeinsparung (§ 555b Nr. 1 BGB). Diese bezieht sich auf **alle Arten von Energie**, nicht auf die Heizenergie. Nicht nur in Bezug auf das GE auch SE und auch wenn nur ein WEer begünstigt ist, muss Endenergie nachhaltig eingespart werden (energetische Modernisierung). Endenergie ist dabei die **Menge an Energie, die der Anlagetechnik eines Gebäudes zur Verfügung stehen muss, um die erforderliche Nutzenergie zu decken.** Endenergie wird zum einen dann gespart, wenn zur Erbringung derselben Energiedienstleistungen am Ort des Verbrauchs weniger Energie als vor der Modernisierung erforderlich ist. Die dafür erforderlichen Modernisierungsmaß-

---

[224] BGH NJW 2011, 1221.
[225] LG Saarbrücken MietRB 2013, 211.
[226] AG Charlottenburg ZMR 2012, 48.
[227] LG Hamburg ZMR 2011, 580.
[228] LG Chemnitz NJW-RR 2004, 373.
[229] BGH NJW 2013, 1439.
[230] LG Lüneburg ZMR 2011, 830.
[231] LG Hamburg ZMR 2010, 550.

§ 22   I. Teil. Wohnungseigentum

nahmen sind beispielsweise Wärmedämmung der Gebäudehülle, Fensteraustausch oder Installation von Lüftungsanlagen mit Wärmerückgewinnung. Endenergie wird auch dann gespart, wenn die Nutzenergie mit größerer Effizienz zur Verfügung gestellt wird. Die dafür erforderlichen Maßnahmen sind die Erneuerung des Heizkessels oder die Verringerung der Wärmeverluste zwischen Heizkessel und Heizkörpern. Auswirkungen auf den Energiebedarf können aber auch am Gebäude befindliche Anlagen zur Umsetzung von Sonnen- oder Windenergie haben. Damit ist Umstellung auf billigere Energie mit ggf. mehr Verbrauch erfasst, ebenso damit auch Sonnenkollektoren.[232] Wenn sie dauerhaft ist, muss eine bestimmte Mindesteinsparung nicht gegeben sein.[233] Hierunter fällt auch die Wärmedämmung einer Fassade.[234] Wärmedämmung und Wärmerückgewinnung oder alle nachträglich eingebauten Verteileinrichtungen nach der Energieeinsparverordnung (§ 14). Bei **Wassereinsparung** gilt hier jede Maßnahme, welche den Wasserverbrauch dauerhaft mindert, zB der nachträgliche Einbau von Verteilungseinrichtungen gemäß der Energieeinsparverordnung (§ 12).

36d **dd) Einsparung von nicht erneuerbarer Primärenergie/Schutz des Klimas (§ 555b Nr. 2 BGB).** Der Begriff der Primärenergie berücksichtigt im Unterschied zur Endenergie nicht nur die an der Gebäudegrenze übergebene Energiemenge, sondern **zusätzlich auch diejenige Energiemenge, die durch vorgelagerte Prozesse außerhalb des Gebäudes zur Gewinnung, Umwandlung oder Verteilung benötigt wird** (zB Bohrung zur Gewinnung von Erdöl, Raffinerie zu Heizöl und Transport zum Abnehmer). Unter Nr. 2 fallen auch Maßnahmen, die zwar der Einsparung nicht erneuerbarer Primärenergie dienen, bei denen die Einsparung jedoch nicht in Bezug auf das WE im Haus erfolgt. Dies ist zB der Fall bei einer Fotovoltaikanlage, die auf das Dach der Anlage montiert wird und bei der der erzeugte Strom nicht der Versorgung der WEer im Haus dient, sondern ins allgemeine Netz eingespeist wird. Zum anderen werden in Nr. 2 Maßnahmen erfasst, die das Klima auf sonstige Weise nachhaltig schützen.

36e **ee) Reduzierung des Wasserverbrauchs (§ 555b Nr. 3 BGB).** Alle Maßnahmen, die den Wasserverbrauch mindern, wie zB Wasserzählereinbau,[235] WC-Durchlaufbegrenzung, Regenwassernutzung oder Wiederverwendung von Brauchwasser.

36f **ff) Abwägung.** Für die Prüfung der Beschlusskompetenz (gemäß Abs. 2 S. 1 iVm § 555b BGB) sind Feststellungen zu dem erzielbaren Vorteil erforderlich, der nicht notwendigerweise finanzieller Natur sein muss.[236] An einer solchen sinnvollen Neuerung wird es unter anderem dann fehlen, wenn die entstehenden Kosten bzw. Mehrkosten außer Verhältnis zu dem erzielbaren Vorteil ste-

---

[232] Derleder NZM 2013, 443; vgl. BayObLG ZMR 2000, 471.
[233] BGH NJW 2002, 2036.
[234] Zum Mietrecht LG Berlin ZMR 1998, 166.
[235] BGH NJW 2011, 1499.
[236] BGH NJW 2011, 1221.

hen.[237] Auch insoweit muss der entstehende Aufwand ermittelt werden; weil ohnehin ein Sanierungsbedarf besteht, kommt es auf den Mehraufwand an. Die Abwägung, ob ein verständiger WEer den durch die andere Bauausführung erzielten Vorteil gemessen an dem erforderlichen Mehraufwand als sinnvolle Neuerung ansehen wird, ist eine Frage tatrichterlicher Würdigung.[238]

b) Anpassung an den Stand der Technik

Hiermit ist der Stand einer annerkannten und in der Praxis bewährten fortschrittlichen technischen Entwicklung zu verstehen, welches das Erreichen des gesetzlichen Ziels, der dauerhaften Erhaltung des Hauses und dessen Wert sichert.[239] Dabei ist das gemeint, was technisch zu machen und Standard ist. Dies erschließt sich daraus, dass der Gesetzgeber diese zusammen mit den Modernisierungen erwähnt. Hierunter ist der Standard zu verstehen, den man auf Grund der technischen Normen bei Bauten vornimmt. Da dieser Entwicklungen ausgesetzt ist, ändert er sich laufend. Zum Beispiel Parabolantennen, bei denen zwischenzeitlich der Verweis auf Kabelanschluss eine erhebliche Beeinträchtigung bei dem Informationsinteresse von Rundfunkprogrammen bedeuten würde. Der Stand der Technik ist heute, dass mittels der Parabolantenne über mehrere Hundert Hörfunkprogramme empfangen werden können. Dies entspricht dem heutigen Stand der Technik, jedoch nicht dem von 1995.[240] Mit dem Stand der Technik hat der Gesetzgeber nicht gemeint, dass etwas technisch notwendig sei.[241] Vielmehr hat er damit zum Ausdruck bringen wollen, dass die WEer die Möglichkeit haben, das Haus laufend an die technischen Möglichkeiten anzupassen und nicht nur an die technischen Notwendigkeiten. Da sie sich **in der Praxis bewährt** haben müssen, müssen sie auch dort erprobt sein. Hierbei sind dann die **wirtschaftlichen Gesichtspunkte** zu berücksichtigen, wobei auf die Grundsätze zur modernisierenden Instandhaltung (Abs. 3) zurückgegriffen werden kann. Beispiele hierfür sind regelmäßig Weiterentwicklungen im Bau, zB Dreifachverglasung bei Fenstern, bei der Sicherheit der Anlage, wie Alarmanlage, oder bei der Energieversorgung, wie zB Heizgeräuschminimierung. 37

c) Keine Änderung der Eigenart der Wohnanlage

Die Modernisierung oder Anpassung an den Stand der Technik darf die Eigenart der Wohnanlage nicht ändern: Hiermit ist eine Zweckbestimmung mit Vereinbarungscharakter eingeführt, so dass solche Maßnahmen, selbst wenn die vorherigen Voraussetzungen erfüllt sind, einer Allstimmigkeit bedürfen, würde die Eigenart geändert. 38

---

[237] BGH NJW 2013, 1439.
[238] BGH NJW 2013, 1439.
[239] BT-Drucks. 16/887 S. 30, aufgrund der Auslegung des BGH's zur Modernisierung verbleibt fast kein Raum mehr für eine Anpassung an den Stand der Technik, s. Jenníßen Rn. 71.
[240] OLG Zweibrücken NZM 2006, 937.
[241] OLG Hamm ZMR 2007, 131.

38a **aa) Innerer Bestand.** Zunächst ist aus dem Wort Wohnanlage zu folgern, dass der **Charakter der Anlage** nicht geändert werden darf, dh der innere Bestand: Dies bedeutet, wenn in einem Haus bisher ausschließlich gewerbliche Nutzungen vorlagen, es nunmehr nicht durch die Baumaßnahmen komplett zur Wohnraumnutzung umgewandelt werden darf. Genauso auch anders herum, dh die Wohnanlage darf nicht so umgebaut werden, dass eine Umwandlung in eine rein gewerbliche Vermietung eintritt. Desweiteren können Vergrößerung der Fläche darunter fallen (Dachgeschossausbau) oder Luxussanierungen,[242] zB durch zusätzliche Einrichtungen (2. Bad) oder aufwendigere Materialien (Granit statt Fliesen).

38b **bb) Äußerer Bestand.** Hierunter fallen **Veränderungen am Haus** (zusätzlicher Balkon, Anbau oder Aufstockung[243] oder Raumerweiterung[244]) **oder in den Außenanlagen** (Parkplatzerweiterung, Garagenerstellung, Gartenumänderung,). Unzulässig ist folglich der Kinderspielplatz im Seniorenwohnsitz oder der Treppenlift im Sporthotel.[245]

38c **cc) Umgebung.** Desweiteren ist nicht nur die eigene Wohnanlage, sondern auch die sie umgebenden Gebäude zu berücksichtigen, zB ob bei Balkonsanierung alle in der Umgebung mit Holzbalkonen gestaltet sind[246] und deshalb andere Materialien eine Änderung herbeiführen.

38d **dd) Überprüfung.** Zur Überprüfung dieses Merkmals ist deshalb zweistufig vorzugehen. Zunächst ist anhand der GO und tatsächlichen Verhältnissen zu klären, wie die Eigenart der Wohnanlage nebst Umgebung tatsächlich aussieht. Danach ist dann zu fragen, ob durch die Modernisierung oder die Anpassung des GE an den Stand der Technik sich daran etwas ändert.[247]

d) Prüfung der tatsächlichen Verhältnisse

39 Aufgrund der Modernisierung bzw. Anpassung an den Stand der Technik: Die Prüfung hierzu ist nicht abstrakt vorzunehmen, sondern **konkret**. Für die Annahme eines unbilligen Nachteils genügt es – anders als bei Abs. 1 – nicht schon, dass sich ein verständiger Durchschnittseigentümer nach der Verkehrsanschauung nachvollziehbar beeinträchtigt fühlen kann.[248] Vor dem Hintergrund der von dem Gesetzgeber angestrebten Erweiterung des Gestaltungsspielraums der WEer ist vielmehr von einer Ausweitung dessen auszugehen, was ein – zumal mit qualifizierter Mehrheit überstimmter – Wohnungseigentümer hinzunehmen hat. Dabei liegt es auf der Hand, dass Umstände, die zwangsläufig mit der Modernisierung verbunden sind, für sich alleine nicht zur Bejahung eines unbilligen Nachteils führen können, zB die mit dem Einbau eines Fahrstuhls

---

[242] Vgl. Gesetzesbegründung NZM 2006, 401, 418.
[243] LG Hamburg ZMR 2010, 550.
[244] BGH NJW 2012, 603.
[245] Abramenko S. 170.
[246] BGH NJW 2013, 1439 Rn. 19.
[247] Ähnlich Mediger S. 182.
[248] BGH NJW 2011, 1212.

verbundenen Geräusche und Einschränkungen des Gebrauchs, reichen nicht aus, da sie naturgegeben sind. Unbillig sein können nur darüber hinausgehende Nachteile, die bei wertender Betrachtung und in Abwägung mit den mit der Modernisierung verfolgten Vorteilen einem verständigen WEer zumutbarer Weise nicht abverlangt werden dürfen.[249] Davon abgesehen sind nur solche Maßnahmen von Bedeutung, durch die einem oder mehreren WEern größere Nachteile zugemutet werden als den anderen; unbillig sind sie, wenn sie zu einer treuwidrigen Ungleichbehandlung der Wohnungseigentümer führen.[250] Damit ist wie folgt zu unterscheiden: Das Gesetz verlangt eine **Beeinträchtigung**. Damit werden gegenüber dem Nachteil bei den baulichen Veränderungen (§ 14 Nr. 1) die Anforderungen erheblich heraufgesetzt.[251] Dies bedeutet, wenn bereits ein Nachteil nach der derzeitigen Rechtslage vorliegt (§ 14 Rn. 4), dann muss dies noch keine Beeinträchtigung sein, aber bei Kostenzuweisung nur einem WEer, der nicht der ausschließliche Störer ist.[252]

e) ABC

Die Fragen rund um die Modernisierung und den Stand der Technik haben erhebliche praktische Bedeutung. Hierzu folgendes ABC: **40**

Aufzug: Errichtung von Außenaufzügen möglich (AG Konstanz ZMR 2008, 494). **40A**

Balkone: Balkonbrüstungen durch solche aus Stahl und Glas zu ersetzen möglich (BGH NJW 2013, 1349), aber Anbringen von Balkonen an der Ständerkonstruktion eines Altbaus ist unwirksam (LG Lüneburg ZMR 2011, 830). Balkonaufstockung ebenfalls möglich (AG Konstanz NJW 2007, 3728) oder Balkonvergrößerung (AG Hamburg ZMR 2014, 57). Siehe Wintergarten. **40B**
Beeinträchtigung von SE/GE: Wie bei baulichen Veränderungen unzulässig (Abramenko S. 175, ebenso der optische Gesamteindruck, Häublein NZM 2007, 757).

Elektroleitung: Siehe Versorgungsleitungen. **40E**

Fahrradabstellplatz: Möglich (AG Lübeck v. 28.11.2008 – 35 C 22/08, hierzu Meffert S. 156). **40F**
Fahrstuhl: S. Aufzug.
Fenster: Einbau neuer Fenster, selbst wenn nicht alle schadhaft, möglich (LG Düsseldorf ZMR 2012, 805), s. Glasbausteine.

Gefährdung, zusätzliche: Unzulässig. **40G**
Gegensprechanlage: Möglich.

---

[249] BGH NJW 2011, 1221 Rn. 12.
[250] BGH NJW 2011, 1221 Rn. 13.
[251] Abramenko S. 171.
[252] BGH NJW 2012, 1221 Rn. 16.

Glasbausteine: Austausch der Glasbausteine gegen Fenster möglich (LG Saarbrücken MietRB 2013, 211).

Glaseinhausung: einer Rezeption keine Modernisierung (AG Nürnberg ZWE 2014, 51).

40H **Haustür:** Verbesserung zum Einbruchschutz ist Modernisierung, ggf. sogar Instandhaltung (LG Köln WuM 1903, 608).

Heizung: Ersatz von Einzelöfen durch zentralgesteuerte Heizungsanlagen stellt eine Modernisierung dar, aber nicht Austausch Gasetagen- durch Zentralheizung (BGH NJW 2012, 2954). Die Anschaffung eines sog BHKW in Kombination mit einer Gasbrennwerttherme (einheitlich konzipierte Maßnahme) bei fehlender Erneuerungsbedürftigkeit der Alt-Anlage ist eine Modernisierung (AG Pinneberg ZMR 2014, 159).

Hofgestaltung: Innenhofbegrünung und -gestaltung mit Herstellung einer Pergola möglich (AG Schöneberg v. 18.3.2009 – 77 C 233/08 WEG).

40I **Immissionen, verstärkte:** Wie bei baulichen Veränderungen unzulässig (Abramenko S. 173).

40K **Kamin:** S. Schornstein.

Kosten der Modernisierung (BT-Drucks 16/887 S. 31): Wird das WE in einen allgemein üblichen Zustand versetzt, ist dies keine Beeinträchtigung (Hügel/Elzer S. 117). Verfehlt ist aber, die Anforderung erst bei Überforderung oder Zwang zum Verkauf anzusetzen (Abramenko S. 176; aA BT-Drucks 16/887 S. 31). Die Grenzen sind nicht dann erreicht, wenn keine Amortisierung wie bei der modernisierender Instandhaltung von zehn Jahren erreicht wird, weil auf die Benachteiligung des einzelnen abzustellen ist (Mediger S. 192; aA Abramenko S. 176), sondern wenn ein unzumutbares Sonderopfer, wie zB Mieterhöhung des einzelnen, die die mögliche Einsparung um 200 % überschreitet, vorliegt (Mediger S. 192, Abramenko S. 176). Aber keine Kosten-Nutzen-Analyse durch einen Sachverständigen zur Wirtschaftlichkeit erforderlich (LG Düsseldorf ZMR 2012, 805).

40L **Luxusanlage:** Aufteilung fast 500 m² großer Einheit sowie die Vermietung an Angestellte kann nicht generell untersagt werden unter Hinweis auf den Charakter der Luxus-Wohnanlage (AG Hamburg ZMR 2008, 839).

40M **Musteretage:** Erstellung einer Musteretage unzulässig (AG Düsseldorf MietRB 2012, 150).

40N **Nutzung, intensivere/Beschränkung des Gebrauchs:** Nur in Ausnahmefällen, da sie regelmäßig mit Modernisierung einhergehen (Abramenko S. 173).

40R **Rampe:** Bau anstatt Treppe möglich (LG Hamburg ZMR 2011, 580).

Rollläden: Modernisierung, wenn diese einen Wärmeschutz und einen Schallschutz bieten (LG Berlin ZMR 1999, 554).

40S **Schornstein:** Wiedereröffnung zur Nutzung möglich (BGH NJW 2012, 1221), auch Neueinbau von Kaminzügen (AG Schöneberg GE 2008, 1637).

Speicherausbau: Der Ausbau des Speichers zu Wohnraum ist keine Modernisierung; er kann zudem die Eigenart der Wohnanlage ändern (LG München ZMR 2014, 53).

Treppe: Treppen von den Erdgeschosswohnungen in den Garten möglich (AG Hannover ZMR 2008, 250). Die Erneuerung der Treppenhausanlage ist eine Modernisierung (AG Dülmen WuM 1998, 345). **40T**

Verschattung/Einsehbarkeit, verstärkte: Wie bei baulichen Veränderungen unzulässig, da kein WEer seine Intimsphäre für Modernisierungen opfern muss (LG Lüneburg ZMR 2011, 830; aA Abramenko S. 174). **40V**

Versorgungsleitung: Die Erstellung und Verstärkung einer neuen Elektroinstallation ist grundsätzlich eine Modernisierung (KG Berlin GE 1984, 757).

Wasser: Fachingenieur mit der Planung und Ausschreibung eines neuen Regenentwässerungskonzeptes zu beauftragen möglich (AG Schöneberg GE 2008, 1637). **40W**

Wintergarten: Wintergärten auf Balkonflächen möglich (aA AG Konstanz ZMR 2008, 494, ähnlich Meffert S. 156).

Wohnumfeld: Es reicht auch aus, dass Wohnumfeld so gestaltet wird, dass dadurch auch eine Verbesserung der Wohnverhältnisse eintritt. Daher kann die Neugestaltung und Begrünung einer Hof- und Rasenfläche eine Modernisierung sein.

Zaun: Errichtung einer Zaunanlage mit spezieller Sicherheitstechnik möglich (AG Charlottenburg ZMR 2012, 48). **40Z**

Zugang: Schaffung eines barrierefreien Zugangs möglich (AG Hamburg ZMR 2010, 480).

f) Qualifizierte Mehrheit

$2/3$ Mehrheit und mehr als die Hälfte der MEA: Formelle Voraussetzung ist, dass $3/4$ aller stimmberechtigten WEer (iSd § 25 Abs. 2) **und** mehr als die Hälfte aller MEanteile für den Beschl stimmen müssen, dh eine doppelte Qualifikation. Bei der Ermittlung der $3/4$-Mehrheit kommt es auf alle stimmberechtigten WEer an, nicht nur auf die in der Versammlung anwesenden oder vertretenen. **41**

Beispiel: Wenn die Wohnanlage über 10 Wohneinheiten verfügt, ist die erforderliche Dreiviertelmehrheit erst mit 8 Ja-Stimmen erreicht.[253]

Diese Anzahl ist nach Kopfzahl zu ermitteln, wie das gesetzliche Stimmrecht ausgestaltet ist (§ 25 Abs. 2). Daran ändert sich auch nichts, wenn die Stimmrechte nach der GO nach MEanteilen oder anders ausgestaltet sind. Stimmrechtsausschlüsse sind zu beachten (§ 25 Abs. 5). Dies liegt daran, dass (gemäß § 22 Abs. 2 S. 2) diese Befugnis durch Vereinb der WEer nicht eingeschränkt oder ausgeschlossen werden kann. Neben dieser Kopfzahl müssen auch noch zusätzlich (kumulativ) mehr als 50 % aller MEanteile für die Maßnahme sein.

---

[253] AG Schöneberg GE 2008, 1637.

Wird die Mehrheit nicht erreicht, so ist der verkündete Beschl nur anfechtbar;[254] es sei denn alle Beeinträchtigten haben zugestimmt, dann erforderliche Zustimmung nach Abs. 1 erreicht.[255]

g) Unabdingbarkeit

42 Die vorgenannten Befugnisse dürfen nicht durch Vereinb der WEer **eingeschränkt oder ausgeschlossen werden (Abs. 2 S. 2)**, ebenfalls nicht durch Beschl aufgrund einer Öffnungsklausel. Dies können höhere Stimmanforderungen sein oder Zustimmung bestimmter WEer. Eine **Erweiterung** ist damit **möglich**. Dies bedeutet, dass Vereinb wirksam bleiben, wenn in ihnen eine geringere Anforderung an die Maßnahme gestellt wird, zB eine Regelung in der TErkl, mit einfacher Stimmenmehrheit über den Standort einer Fahrstuhlanlage zu beschließen[256] oder einen Verzicht auf eine qualifizierte Mehrheit oder sonstige Reduzierung der gesetzlichen Anforderungen vorsehen.[257] Auch durch Beschl aufgrund Öffnungsklausel.[258] Gilt auch für vor dem 1.7.2007 getroffene Vereinb. Diese unabdingbare gesetzliche Bestimmung ist abzulehnen. Insbesondere der Eingriff in bestehende Vereinb[259] ist verfassungswidrig. Nach dem Bundesverfassungsgericht erfasst die Eigentumsgarantie das jeweils ausgestaltete WE in der Form der TErkl inkl. GO. Sie bedeutet auch eine unzulässige Rückwirkung, soweit der Sachverhalt zum Zeitpunkt der Novelle bereits verwirklicht war. Die unabdingbare Vorschrift ist unnötig, zerstört sie doch das Vertrauen in die bisherigen Ausgestaltungen.[260]

h) Kein Anspruch des Wohnungseigentümers auf Modernisierung

43 Anders als nun bei baulichen Veränderungen gemäß Abs. 1 besteht hier kein Anspruch eines einzelnen WEers, denn eine Verlangensmöglichkeit sieht das Gesetz nicht vor,[261] er kann sie **nur anregen**, aber **nicht erzwingen**.

11. Zulässigkeit aus anderen Gründen

44 Von den Maßstäben der Abs. 1, 2, 3 sind weitere **Erleichterungen** möglich:

a) Vereinbarung oder Teilungserklärung

45 Durch Vereinb ist Abs. 1 **abdingbar**[262] **oder abänderbar** (Vor § 10 Rn. 15).

---

[254] Hügel/Elzer S. 117.
[255] Niedenführ Rn. 171.
[256] AG Lichtenberg ZMR 2008, 577.
[257] LG Dessau ZMR 2008, 324 Rn. 23.
[258] Mediger S. 197.
[259] Abramenko S. 183.
[260] Bub NZM 2006, 841.
[261] LG Itzehohe ZMR 2013, 995; BT-Drucks. 16/887 S. 31; Abramenko S 182.
[262] BGH MDR 1970, 753.

b) Beschluss

Wird ein Beschl über eine bauliche Veränderung, Modernisierung, Anpassung **46**
an den Stand der Technik etc. ohne die notwendige Zustimmung gefasst, und
bleibt dieser **unangefochten**, so ist er wirksam.[263] Der Beschl ist nicht nichtig
wegen Verstoß gegen Abs. 1.[264] Ablehnung eines Antrages auf Beseitigung bedeutet
nicht Genehmigung.[265] Nach einem Grundsatzbeschl über die Durchführung
der Maßnahme[266] kann die Feststellung der weiteren Einzelheiten dann
durch weiteren Beschl erfolgen,[267] es sei denn, der Beschl über die bauliche Änderung
ist nichtig, wie zB wegen Verstoßes gegen öffentlich-rechtliche (baurechtliche)
Vorschriften.[268]

c) Anfechtung

Wird ein Beschl von einem WEer angefochten, dessen Zustimmung (gemäß **47**
Abs. 1 S. 2) nicht erforderlich ist, fehlt dem Antrag das Rechtsschutzbedürfnis.[269]

d) Schutz- und Treuepflicht

Aus der innerhalb der WEerGem bestehenden Schutz- und Treuepflicht (Vor **48**
§ 1 Rn. 18) kann sich ein **Anspruch auf Zustimmung zur baulichen Veränderung** ergeben.

Beispiel: Anbringung von Fenstergittern oder Außenjalousienkästen wegen feststellbarer
erhöhter Einbruchgefahr.[270] Diese ist aber nicht gegeben, wenn Vorfälle schon mehr als
fünf Jahre zurückliegen[271] oder Gitter wiederum Kletterhilfe sind und damit eine Gefahrerhöhung
bringen.[272]

Dies ist **auf Ausnahmefälle begrenzt**, wenn das Veränderungsinteresse das Erhaltungsinteresse
überwiegt, also nicht bei Car-Port wegen Laubfalls[273] oder
Markise bei Laden.[274]

e) Grundrecht

Aus einem Grundrecht kann sich ggf. ein Anspruch ergeben, s. hierzu Parabol- **49**
antenne Rn. 30.

---

[263] BGH NJW 2000, 3500; OLG Köln NZM 2001, 293.
[264] BayObLG NJW-RR 1986, 763.
[265] BGH NJW 2001, 1212.
[266] Sog Stufenbeschl.
[267] Sog Stufenbeschl.
[268] BayObLG WE 1992, 54.
[269] BayObLG NJW-RR 1993, 206.
[270] OLG Köln NZM 2004, 385; KG NJW-RR 1994, 401.
[271] KG WuM 2000, 562.
[272] OLG Zweibrücken ZWE 2000, 283.
[273] BayObLG NZM 1999, 865.
[274] KG ZMR 1995, 169.

f) Wohnkomfort

50 Aus dem **allgemein üblichen Wohnkomfort** kann sich ggf. ein Anspruch ergeben,[275] da jeder WEer ein Recht auf diesen Wohnkomfort hat.

12. ABC der baulichen Veränderungen

51 Liegen diese Ausnahmen nicht vor, kann trotzdem die Abgrenzung, ob eine zustimmungsbedürftige bauliche Veränderung vorliegt, schwierig sein. Deshalb sind typische Fallgestaltungen in **ABC-Form** nachstehend aufgeführt:

51A **Abgasrohr:** Die Verlegung eines Abgasrohrs in die Loggienaußenfassade ist eine bauliche Veränderung (OLG Köln ZMR 2006, 948), auch wenn teilender WEer damit einverstanden war (OLG Düsseldorf WE 1997, 472); ebenso Anbringung eines Edelstahlkamins mit Abgasrohr an der Außenfassade (AG Kassel WuM 2009, 481; LG Köln v. 14.11.2011 – 29 S 114/11 n.v.), auch wenn nach TErkl die „Teileigentumseinheiten … zu beliebigen gewerblichen Zwecken verwendet werden" können (OLG München ZMR 2006, 948 Rn. 14).
Abluftrohr: S. Abgasrohr.
Absperrkette: Wiederanbringung von fünf Eisenpfosten und einer Absperrkette gemäß Aufteilungsplan ist keine bauliche Veränderung (BayObLG NZM 1999, 29). Anders nur dann, wenn die Entfernung als rechtmäßige bauliche Veränderung anzusehen gewesen wäre (vgl. BayObLG NZM 1999, 29).
Abstellplatz: S. Parkplatz.
Abtrennung von Teilen des GE: Bauliche Veränderung (LG Itzehoe Info M 2008, 232); ebenso Beseitigung einer Trennwand (BayObLG das GE 2001, 775).
Abwasserleitung: Keine bauliche Veränderung, wenn es sich um die erstmalige Herstellung entsprechend den Plänen und der Baubeschreibung handelt (BayObLG ZMR 1995, 87).
Altarbild: Errichtung ist bauliche Veränderung (AG Starnberg ZMR 2011, 914).
Amateurfunkanlage: S. Antenne und CB-Funk.
Anbau: Anbauten wie Balkone (OLG Düsseldorf NZM 2006, 702; OLG Hamburg ZMR 2006, 702; LG Hamburg ZMR 2012, 574), Garagen (LG Hamburg ZMR 2011, 161; BayObLG vom 27.3.1984 – 2 Z 27/83) oder ein Wintergarten (OLG München ZWE 2006, 48) stellen grds. eine bauliche Veränderung dar, weil ua der Lichteinfall der darunterliegenden Wohnung beeinträchtigt wird. Anders aber, wenn der Anbau sowohl in der TErkl, als auch im Aufteilungsplan bereits vorgesehen ist. Allerdings muss nach OLG Köln die Lösung gewählt werden, die deren Belange am wenigsten beeinträchtigt (OLG Köln NZM 2005, 911). Gleiches gilt für Anbau auf Nachbargrundstück (OLG Köln WuM 1995, 502). Dies ist aber nicht zwingend: Sind

---

[275] OLG Zweibrücken NJW 1992, 2899.

weder Belästigungen vorhanden, und stört er auch nicht optisch, dann kein Beseitigungsanspruch (BayObLG ZMR 2000, 776). Die Gem kann durch Beschl einem WEer den Anbau eines Balkons gestatten (LG Hamburg ZMR 2012, 574; BayObLG ZMR 2004, 132). Verschlechtern sich durch einen Balkonanbau die Sichtverhältnisse in der Wohnung, kann dies eine unbillige Beeinträchtigung darstellen (AG Konstanz IMR 2007, 399). S. auch Zustimmung.

Anschaffung: Die Neuanschaffung von Gegenständen kann eine bauliche Veränderung sein, zB zweier Wäschetrockenautomaten für über 2.000 EUR (BayObLGZ 1977, 90), jedoch nicht, wenn sie für eine ordnungsgemäße Bewirtschaftung erforderlich ist, zB Schneeschaufel oder Besen. Die Neuanschaffung kann aber auch zur Instandsetzung gehören (OLG Hamburg ZMR 2006, 546).

Anschluss: Der zusätzliche Anschluss eines Heizkörpers ist dann eine bauliche Veränderung, wenn dadurch die Heizleistung vermindert wird (BayObLG DWE 1984, 92). Die Errichtung eines Kamins ist bauliche Veränderung (LG Karlsruhe ZWE 2012, 138). Jegliche Veränderung an einem bestehenden Kamin stellt eine bauliche Veränderung dar (OLG Köln ZMR 2000, 861), zB Anschluss eines Kamins, wenn dadurch keine anderen Öfen mehr angeschlossen werden können (OLG Frankfurt MietRB 2006, 129; BayObLG ZMR 1985, 239), ein Flachdach durchbrochen werden muss (BayObLG WuM 2004, 48; OLG Hamburg DWE 1987, 98) oder der Anschluss an einen Leerschornstein, wenn die anderen WEer dadurch von der Nutzung ausgeschlossen werden, dass der Leerschornstein aus technischen Gründen nur von einem WEer benutzt werden kann (OLG Frankfurt OLGZ 1986, 43), auch bei Verlegung von Leitungen in Leerschornsteinen (KG WuM 1994, 38). Der zusätzliche Anschluss an die außerhalb des Hauses verlaufende öffentliche Versorgungsleitung ist eine bauliche Veränderung (OLG München ZMR 2007, 998; BayObLG WE 1994, 21). S. auch Beseitigungsanspruch.

Antenne: Hinsichtlich der Neuherstellung von Antennenanlagen lässt sich zwischen solchen Maßnahmen, die lediglich Arbeiten an der Antenne selbst erfordern (idR kein § 22 Abs. 1), und solchen, die darüberhinaus mit einem Eingriff in das GE verbunden sind (idR § 22 Abs. 1), unterscheiden.

Beispiele: Die bloße technische Umrüstung einer Gemantenne, um zB den Empfang eines zusätzlichen dritten Programms zu ermöglichen, stellt keine bauliche Veränderung dar, weil hierdurch lediglich die bestehende Anlage an den derzeitigen Stand der technischen Entwicklung angepasst wird (OLG Celle WuM 1993, 89; BayObLG WM 90, 234; AG Starnberg MDR 1970, 679; aA AG Wiesbaden MDR 1967, 126). Ist eine Maßnahme dagegen mit einer schädlichen Belastung der Dachhaut verbunden, weil zB eine Amateurfunkantenne (LG Düsseldorf DWE 1980, 24; LG Stuttgart WuM 1991, 213) auf dem Dach befestigt werden soll, zB mit einem Antennenmast (AG Mettmann DWE 1987, 32) oder Antennenträgern (BGH NZM 2014, 201), oder wird durch die Anbringung der Antenne der optische Gesamteindruck beeinträchtigt (zB Mobilfunkantenne, OLG Saarbrücken ZMR 1998, 310), oder müssen zur Durchführung solcher Arbeiten Löcher in die Geschossdecke gestemmt werden (OLG Celle DWE 1982, 33), so liegt eine bauliche Veränderung vor.

Ein Anspruch auf **Beseitigung** einer Funkantenne besteht dann nicht, wenn die Wohnanlage weder optisch beeinträchtigt ist, noch sonstige Nachteile für die WEer entstehen (BayObLG WE 1991, 261). Das **Aufstellen** einer mobilen Antenne auf dem Balkon kann bauliche Veränderung sein (AG Hannover ZMR 2009, 233; Schuschke ZWE 2000, 146), wenn man sie nicht sieht, aber nicht (BGH NJW 2004, 937). Nach OLG Celle soll die Errichtung einer Parabolantenne in jedem Fall eine bauliche Veränderung sein (OLG Celle WE 2006, 272). S. auch Kabelfernsehen Rn. 19 ff., Parabolantenne Rn. 30.
Asphaltieren bzw. Asphaltboden: S. Bodenbelag.
Aufstockung: Stellt eine bauliche Veränderung dar (BGH NJW 2012, 603; LG Hamburg ZMR 2010, 550; OLG Köln WuM 2006, 625), s. Dachausbau und Anbau.
Aufzug: Der Anbau eines Aufzuges ist eine bauliche Veränderung, ebenso wie die Stilllegung (AG Aachen ZMR 2009, 878; OLG Saarbrücken WuM 2007, 154), es sei denn, amtlich angeordnet (OLG Hamm NJW-RR 1986, 16). Ebenso erstmalige ordnungsgemäße Herstellung einer Aufzugsanlage (LG München II v. 11.10.2007 – 8 T 7376/07). Digitalisierung der Anzeigen des Aufzugs ist nach LG Hamburg modernisierende Instandsetzung (ZWE 2011, 133). Ebenso bei Austausch einer erneuerungsbedürftigen Verkleidung eines Aufzugs gegen eine leichter zu reinige Verkleidung aus Metall (LG Hamburg ZMR 2009, 314). S. aber Modernisierung.
Außenjalousie: S. Jalousie.
Außenkamin: In Mehrwohnhausanlage ist Errichtung auch nur an einem Haus bauliche Veränderung (LG Karlsruhe ZWE 2012, 138; OLG Köln NZM 2000, 764). S. auch Anschluss, Schornstein.
Außenregler: S. Heizung.
Außenspiegel: Die Anbringung ist eine bauliche Veränderung (BayObLG NJW-RR 1996, 1358).
Außentreppe: S. Treppe.
Außenverglasung: S. Fenster.
Ausstieg: Die Durchtrennung der Außenverkleidung und des Metallgeländers einer Loggia zwecks Erstellung eines Ausstieges kann eine bauliche Veränderung sein (BayObLG WuM 1990, 403).

51B
Bad: S. Dachausbau.
Balkon: Errichtung ist bauliche Veränderung (BayObLG ZMR 2001, 640). S. Anbau.
Balkonbeleuchtung: Die Anbringung von Leuchten auf der im GE stehenden Balkonbrüstung soll eine eine bauliche Veränderung darstellen (OLG Hamm NJW-RR 2008, 100).
Balkonbrüstung: Anbringung ist grundsätzlich bauliche Veränderung (BGH NJW 2007, 432). Im Rahmen der Fassadensanierung kann die Ersetzung gemauerter Balkonbrüstungen durch Balkongeländer Instandhaltung sein (BGH NJW 2013, 1439), wenn so weitere Schäden an den Stahlträgern der Balkonplatten verhindern werden (OLG Hamburg ZMR 2003, 866). Demgegenüber gilt die Anbringung einer Regenrinne an der Balkonbrüstung als bauliche Veränderung (OLG Düsseldorf WE 1990, 204). Ebenso Katzennetz mit

Ständerwerk (AG Oberhausen ZMR 2012, 62) und mit Kabelbindern an Balkonbrüstung angebrachte Lichterkette (LG Köln ZMR 2008, 993). Ebenso auch die Errichtung neuer um 83 % größerer Balkone, auch wenn die alten Balkone abbruchreif sind (AG Düsseldorf ZMR 2008, 249). Die Installation von Leichtmetallgeländern anstelle von massiven Balkonbrüstungen ist modernisierende Instandsetzung (OLG München ZMR 2006, 302).
Balkonfenster: S. Fenster.
Balkongittertür: Der Ersatz des Balkongitters durch eine Balkongittertür stellt eine bauliche Veränderung dar (OLG Karlsruhe ZMR 1999, 65; BayObLG Rpfleger 1974, 319).
Balkontrennwand: S. Wand.
Balkontreppe: S. Treppe.
Balkontür: S. Tür.
Balkonüberdachung: S. Überdachung.
Balkonunterfangung: Das Unterfangen eines bisher nur auf Stelzen ruhenden Balkons durch einen geschlossenen Anbau ist eine bauliche Veränderung (OLG Köln NZM 2000, 296).
Balkonverglasung: S. Fenster und Balkonverkleidung.
Balkonvergrößerung: Eine Vergrößerung des Balkons zu Lasten des rückwärtigen Wohnraumes stellt eine bauliche Veränderung dar (OLG Düsseldorf ZMR 2008, 249).
Balkonverkleidung: Bedingt die Installation von Holzverkleidungen und Rollladenkästen an einem Balkon (AG Mannheim DWE 1984, 57) oder die Anbringung einer Balkonverkleidung (auch als Markise, BayObLG NJW-RR 1996, 266) in Form einer Verglasung, die nur an einzelnen Balkonen durchgeführt wird (LG Lüneburg ZMR 2008, 486; OLG Schleswig NZM 2000, 385; BayObLG NJW-RR 1987, 1357; ZMR 1992, 591; WE 1993, 351; 1994, 306; OLG Frankfurt ZMR 1994, 381), eine Veränderung des Fassadenbildes, so liegt hierin eine bauliche Veränderung, da eine solche Maßnahme den optischen Gesamteindruck des Gebäudes beeinträchtigt. Dies muss aber nicht sein (BayObLG WE 1992, 54). Auch wenn die Verglasung möglicherweise den optischen Eindruck des Bauwerks verbessert oder seinen Wert erhöht, ist die Zustimmung aller WEer erforderlich (OLG Zweibrücken WE 1989, 102). Der Umstand, dass in der Vergangenheit andere WEer durch Balkonverglasungen die Fassade des Gebäudes nachteilig verändert haben, kann (bei Vorliegen einer baulichen Veränderung) grds. dem Anspruch auf Beseitigung einer später vorgenommenen Balkonverglasung nicht unter dem Gesichtspunkt des Rechtsmissbrauchs entgegengehalten werden (BayObLG v. 17.4.2003 – 2 Z BR 26/03). S. auch Fenster.
Ballspielplatz: Geht die Ausstattung des Spielplatzes über das allgemein übliche Maß hinaus, liegt eine bauliche Veränderung vor. Es muss aber nicht zwingend ein Nachteil vorliegen (OLG Schleswig WuM 2002, 230). Ebenso erstmalige Errichtung eines Kinderspielplatzes, da Errichtung eines Kinderspielplatzes zur Erfüllung landesrechtlicher Bauvorschriften erforderlich sei, sei aber keine Einstimmigkeit notwendig (LG Wuppertal ZMR 2006, 725).
Bank: Das Aufstellen von Biertischen, Bänken und Schirmen für sechs Monate ohne Verankerung ist keine bauliche Veränderung (BayObLG NZM

§ 22

2002, 569). Ebenso Anlage einer aus festen Materialien bestehenden Fläche zur Aufstellung von Gartenmöbeln, wenn SNR. Dies wird vom Recht zur Sondernutzung einer unbebauten Fläche als Terrasse umfasst (BGH NJW 2012, 676; LG Köln v. 10.3.2011 – 29 S 187/10).

Bankautomat: Der Einbau ist im Zuge einer Betreibung einer Bank zulässig, aber nicht in Lebensmittelverbrauchermarkt (vgl. OLG Düsseldorf DWW 2008, 258).

Barrierefreiheit: S. Behinderte.

Bauausführung: Vollendet der Bauträger vor Eintragung einer Eigentumsvormerkung eine von der TErkl abweichende Bauausführung, liegt nach BayObLG keine bauliche Veränderung vor (BayObLGR 2004, 389), s. Rn. 7. Aber bauliche Veränderung, wenn die Wohnanlage nicht von Bauträger errichtet worden ist, sondern von mehreren Bauherren, die schon zu Beginn der Bauarbeiten WEer geworden waren, vom Aufteilungsplan abweichende Bauausführung von Sondernutzungsflächen vorliegt und die Sondernutzungsflächen von dem nach der TErkl und dem Aufteilungsplan oder aber auch von dem nach der Baubeschreibung oder den Bauplänen vorgesehenen Zustand des GE abweichen (LG Hamburg ZMR 2010, 146).

Baum: Das Anpflanzen oder Beseitigen von Bäumen stellt grds. eine bauliche Veränderung dar (LG Köln v. 10.03.2011 – 29 S 187/10; BayObLG NJWE 1997, 253; OLG Schleswig WuM 2007, 587), zB wenn die Bäume mitbestimmend für den Gesamteindruck waren (OLG Schleswig WuM 2007, 587; OLG Hamburg ZMR 2004, 294; LG Hamburg ZMR 2013, 742) oder bei 70- bis 80-jährigem Bestand (OLG Köln NZM 2000, 1021, LS). Dies gilt auch für das starke Zurückschneiden von Bäumen (OLG Karlsruhe DWE 1994, 20, 43). Ebenso Errichtung einer aus Pflanzsteinen samt Bepflanzung mit Thujen bestehenden Mauer zwischen zwei Sondernutzungsflächen (OLG Frankfurt MDR 2010, 1108). Im Einzelfall kann es sich um eine Instandsetzungsmaßnahme handeln (KG ZMR 1989, 202; OLG München ZMR 2006, 799), weil Bäume zB nicht mehr standsicher sind (LG Berlin GE 2011, 1631; OLG Köln NZM 1999, 623) oder die Baumwurzeln eine vorhandene Dichtungsschicht zu beschädigen drohen (BayObLG NJW-RR 1996, 1166) oder weil durch Bestand von 60 Bäumen das Fällen einzelner Bäume erforderlich ist (BayObLG ZMR 2001, 565). Ist ein Recht auf Sondernutzung für eine Fläche erteilt worden, besteht aber das Recht, Rasen, Blumen, Beete und kleinere Sträucher anzulegen (BGH NJW 2012, 676; LG Köln v. 10.3.2011 – 29 S 187/10; OLG Köln NJW-RR 1997, 14). S. auch Bepflanzung, Gartengestaltung und § 21 Rn. 10 Dach.

Baumaßnahme: Untergeordnete Baumaßnahmen in GE, wie zB der Einbau einer Trennwand, die Verkleidung eines Raumes und die Schaffung eines neuen Raumes bei einer umfassenden Heizungsmodernisierung, stellen keine baulichen Veränderungen dar (KG NJW-RR 1994, 278).

Bauwich: Beschl zur Zustimmung der Unterschreitung des Bauwichs nach örtlichem Bauordnungsrecht führt zwar nicht zu einer Veränderung der baulichen Substanz des GEs, aber Abs. 1 entsprechend angewandt. Wie im Innenverhältnis der WEer untereinander bei der Zustimmung zur Unterschreitung des Bauwichs nach Bauordnungsrecht durch den Nachbarn zu verfahren ist,

regelt das WEG nicht. Die Einhaltung des Bauwichs durch den Nachbarn kommt den WEern zwar zugute. Das macht aber weder den Bauwich noch seine Einhaltung durch den Nachbarn zu einem Teil des GEs. Ein möglicher Verzicht gehört deshalb auch nicht zur Verwaltung des GEs. Eine Zustimmung zur Unterschreitung des Bauwichs führt aber zu einem Heranrücken der Nachbarbebauung. Das wiederum kann sich auf das GE ähnlich wie eine bauliche Veränderung selbst auswirken (BGH NJW 2010, 446 Rn. 19 f.).
Bebauung: S. Nachbarbebauung.
Beet: S. Baum, Pflanzenbeet.
Behinderte (Schmidt NJW 2014, 1201): Hier sollte in besonderem Maße Rücksicht genommen werden. Ist es zB für einen Rollstuhlfahrer notwendig, auf einem Teil der Eingangstreppe eine Abschrägung einzubauen, so sollte dies geduldet werden, auch wenn der optische Eindruck des Eingangs dadurch geringfügig beeinträchtigt und der Stufenteil der Treppe schmaler wird (vgl. OLG Düsseldorf ZMR 1994, 161). Im Mietrecht wird dem Mieter ein Anspruch auf Umbauarbeiten gewährt, die für eine behindertengerechte Nutzung der Wohnung erforderlich sind (sog Barrierefreiheit, § 554a BGB). Auch im WEG hat der Behinderte gegen die anderen WEer einen Anspruch, dass die notwendigen Arbeiten geduldet werden (LG Köln ZWE 2012, 277; OLG München NJW-RR 2005, 1324). Die Kosten sind aber nur von dem Behinderten zu tragen, auch unter dem Gesichtspunkt eines barrierefreien Zugangs besteht kein Anspruch auf Kostenübernahme durch die Gem (LG Köln ZWE 2012, 277, § 16 Abs. 3). Dieses Recht steht dann auch einem Mieter einer ETW zu, der WEer muss seine Zustimmung erteilen (Drasdo WuM 2002, 129), aber kein Anspruch gegen Gem (Mersoon ZMR 2001, 956; NZM 2002, 319). Nach AG Stuttgart hat der Mieter aber einen Anspruch gegen den Vermieter, dass dieser eine WEversammlung einberufen lässt, auf welcher darüber entschieden wird (WuM 2012, 288). S. Rollstuhlrampe. Die Errichtung einer behindertengerechten Rampe bleibt aber bauliche Veränderung und kann nicht über die Instandhaltungsrücklage finanziert werden (AG Bonn ZWE 2011, 291).
Beleuchtung: S. Dämmerungsschalter.
Bepflanzung: Das Anlegen eines Dachgartens stellt jedenfalls dann eine bauliche Veränderung dar, wenn es mit Erdaufschüttungen und einer umfangreichen Bepflanzung verbunden ist (OLG München MDR 2007, 827). Die Erstbepflanzung von nicht für andere Zwecke vorgesehenen Flächen mit Blumen und Sträuchern, Bäumen, Hecken oder Rasen stellt keine bauliche Veränderung dar (BayObLG NJW-RR 1991, 1362), da die WEer über die gärtnerische Gestaltung beschließen können, sofern die Gestaltung nicht anderweitig vereinbart ist. Dasselbe gilt für die Bepflanzung einer Gartenfläche mit Blumen (BayObLG WE 1991, 167) und die Aufstellung von Pflanztrögen auf einer Terrasse (BayObLG WE 1992, 203). Die Beseitigung einer Bepflanzung ist keine bauliche Veränderung (BayObLG NZM 1998, 1011), ggf. Anspruch auf Ersatzbepflanzung als Schadensersatz (s. § 23 Rn. 53). Fordert die GO, dass Änderungen der gärtnerischen Anlagen eines Beschl bedürfen, unterfällt das Auswechseln von Blumentrögen und das Aufstellen eines nicht im Boden fest verankerten Kunststoffzauns unter diesen Vorbehalt (BayObLG ZMR 2002, 949). S. auch Baum, Gartengestaltung, Pflanzenbeet.

§ 22 I. Teil. Wohnungseigentum

Beseitigungsanspruch: Der Anspruch auf Beseitigung einer baulichen Veränderung richtet sich einmal gegen denjenigen, welcher die Eigentumsbeeinträchtigung durch sein Verhalten, dh durch positives Tun oder pflichtwidriges Unterlassen, adäquat verursacht hat (sog Handlungsstörer, BGH NJW 2007, 432). Hiervon abzugrenzen ist der Zustandsstörer. Dieser ist dabei der Eigentümer, Besitzer oder Verfügungsbefugte einer Sache, von der eine Beeinträchtigung ausgeht, die sich wenigstens mittelbar auf seinen Willen zurückführen lässt. Auch dieser ist aktiv zur Beseitigung (und nicht nur zur Duldung) verpflichtet, wenn er nicht nur tatsächlich und rechtlich in der Lage ist, die Störung zu beseitigen, sondern zudem, dass die Störung bei der gebotenen wertenden Betrachtung durch seinen maßgebenden Willen zumindest aufrechterhalten wird (BGH WuM 2010, 254).
Betonierung: S. Bodenbelag.
Betonplatte: Die Errichtung einer Fundamentbetonplatte stellt idR eine bauliche Veränderung dar (OLG Hamburg WE 1989, 141). Ebenso das Aufbringen einer Betonplatte auf einem Flachdach (OLG Karlsruhe ZWE 2008, 398), s. auch Plattenbelag.
Betonschwelle: S. Bodenbelag.
Betontreppe: S. Böschung.
Biertisch: S. Bank.
Blitzschutzanlage: Keine bauliche Veränderung bei sinnvoller Anbringung und 6.000 EUR Aufwand (OLG Düsseldorf WuM 2000, 502).
Blumen: S. Baum
Blumenkästen: Kann bauliche Veränderung sein (OLG Hamburg ZMR 2003, 441; Staudinger/Bub Rn. 115; § 21 Rn. 15). S. Bepflanzung.
Bodenbelag: Die Auswechselung des bisherigen Bodenbelages gegen eine neue, andersartige Auflage, die nicht allein der Modernisierung dient, stellt eine bauliche Veränderung dar, wenn mit ihr eine dauernde Veränderung der äußeren Gestalt des GE verbunden ist. Die Verlegung von Platten im Garten stellt eine bauliche Veränderung dar (BayObLG WE 1989, 178).

Beispiele: Die Betonierung einer Garagenzufahrt zum Zwecke ihrer Befestigung (OLG Celle MDR 1968, 48) sowie das Teeren einer Rasenfläche (BayObLG WE 1987, 51) stellen eine bauliche Veränderung dar. Die Auswechselung der bisherigen Dachhaut gegen eine andersartige Schweißbahn, die mit der Beseitigung des bisherigen Dachgartens verbunden ist, stellt auf Grund der hiermit verbundenen optischen Beeinträchtigungen eine bauliche Veränderung dar (OLG Köln OLGZ 1986, 19). S. auch Grünfläche.

Wird dagegen durch die Verlegung von Betonschwellen zur Verkehrsberuhigung in das GE eingegriffen, so liegt keine bauliche Veränderung vor, da die Fläche dadurch nur auf einen den heutigen verkehrstechnischen Erkenntnissen entsprechenden Stand gebracht wird (KG OLGZ 1985, 263). S. auch Grünfläche, Teppichboden.
Boiler: Ersetzung ist keine bauliche Veränderung, sondern Abs. 3 (OLG Düsseldorf NZM 2002, 705).
Böschung: Der Einbau einer Betontreppe in eine Böschung ist eine bauliche Veränderung (BayObLG NZM 2004, 747; WE 1992, 198). Ebenso ggf.

Umgestaltung der Grundstücksoberfläche. Wird die Nutzbarkeit erhöht, so kann Nachteil darin liegen (BayObLG WuM 2002, 688).
Böschungsstützmauer: S. Stützmauer.
Brandwand: Der Durchbruch durch eine Brandwand, um eine Gaststätte um einen Raum im Nachbaranwesen zu erweitern, kann eine bauliche Veränderung sein, wenn ein Nachteil vorliegt, was regelmäßig nicht der Fall ist (OLG Celle ZWE 2002, 533; BGH NJW 2001, 1212). Vereinigt ein WEer durch Eintragung auf einem Wohnungsgrundbuchblatt zwei ETW zu einer rechtlichen SE-Einheit, kann ihm ein Anspruch zustehen, dass die übrigen WEer den Durchbruch einer zwischen den beiden ehemals selbständigen ETW bestehenden Brandwand genehmigen (KG NJW-RR 1997, 587). Siehe Durchbruch.
Breitbandkabelnetz: Der Anschluss an das Breitbandkabelnetz (Kabelfernsehen) stellt idR eine bauliche Veränderung dar (OLG Düsseldorf ZMR 2001, 648; BayObLG WE 1991, 168), aber Modernisierung möglich. S. ausführlich Rn. 19 ff.

Car-Port: S. Stellplatz.

51C

CB-Funk und Amateurfunk: Amateurfunksendungen können den Rundfunk- und Fernsehempfang stören. Der Funkamateur ist verpflichtet, seine Sendungen so einzurichten, dass Störungen nicht auftreten (Amateurfunkverordnung v. 15.2.2005, BGBl. I S. 242, die durch Art. 4 Abs. 114 des Gesetzes v. 7.8.2013 (BGBl. I S. 3154) geändert worden ist). Ein weiterer Einwand gegen Amateurfunksendungen sind befürchtete Gesundheitsschäden („Elektrosmog"). Auch dazu gibt es gesetzliche Regelungen und DIN-Vorschriften. Nach § 7 Abs. 3 des Amateurfunkgesetzes (v. 23.6.1997, BGBl. I S. 1494) ist der Funkamateur verpflichtet, vor Inbetriebnahme seiner Anlage die Berechnungsunterlagen und die ergänzenden Messprotokolle für die ungünstige Antennenkonfiguration seiner Amateurfunkstelle der Bundesnetzagentur vorzulegen. Dies sichert eine Kontrolle und ermöglicht eine Überprüfung im Streitfall. Zu beachten ist hierbei, dass eine Antenne umso weniger Störungen erzeugen kann, je höher sie über das Gebäude aufragt und je mehr sie als Dachantenne Richtstrahlcharakter aufweist. Es wäre also falsch, einem Hausbewohner die Dachantenne verbieten zu wollen mit der Folge, dass er dann eine nicht ortsfeste viel störungsträchtigere Balkonantenne mit Rundstrahlcharakter betreibt. Die Errichtung einer (ggf. weiteren) Funkstation ist eine bauliche Veränderung (AG Hannover WE 2004, 22; BayObLG NJW-RR 1990, 1167), Beschl ggf. anfechtbar (OLG Hamm NJW 2002, 1730, vgl. OLG Karlsruhe NZM 2006, 746). Es gibt keine Anspruchsgrundlage für eine Zustimmung zur Errichtung einer Satellitenempfangsanlage auf dem Dach (BayObLG WuM 2004, 366).

Dachabriss: Für den Abriss und die Ersetzung eines Daches durch eine technisch neue Konstruktion kann bei Vorliegen erheblicher Gründe (Abstellung der Undichtigkeit, Beseitigung der statisch unzulässigen Mehrbelastung des Daches etc.) ein Beschl ausreichen, wenn es sich damit um eine Maßnahme der ordnungsgemäßen Instandhaltung handelt (KG ZMR 1989, 229), ebenso die Sanierung eines Flachdaches durch Anbringung eines Pultdaches

51D

aus Kupferblech (BayObLG WE 1991, 196) oder die Auswechslung des vorhandenen Flachdaches durch Wiederherstellung der ursprünglichen Walmdachkonstruktion (KG WE 1994, 335) oder Herstellung eines Walmdaches (BayObLG NZM 1998, 338). Auch die Reparatur eines Daches mit Ziegeln anstatt mit Dachpappe kann geboten sein, wenn Ziegel die Undichtigkeiten abstellen (OLG Braunschweig WuM 1994, 501). Anders aber, wenn mit der Renovierung eine Aufstockung des Gebäudes verbunden ist (BayObLG ZMR 2001, 560).

Dachausbau:

1. **Ungenehmigt.** Der Ausbau eines Dachbodens, beispielsweise zu einem Gästezimmer (LG Hamburg DWE 1982, 25) oder zur Erweiterung von Wohnräumen (BayObLG WE 1992, 19), die Umwandlung eines Speichers in eine Wohnung (BayObLG ZMR 2006, 301), die Erweiterung eines Dachraumes zB um ein WC (BayObLG WE 1986, 76 m. krit. Anm. Seuß) oder der Einbau eines Bades mit Küchenzeile in einem Speicher (BayObLG WE 1992, 19) führen nach der Rspr. grds. zu einem Eingriff in das GE und damit zum Vorliegen einer baulichen Veränderung (AG München v. 23.7.2009 – 483 C 1500/08). Nach dem OLG Braunschweig (WuM 1991, 367) auch dann, wenn zwar in den Kaufverträgen mit allen WEern eine Genehmigung zum Ausbau inkl. Gaube erteilt wurde, aber zusätzlich eine Dachterrasse gebaut werden soll (mE zu eng; aA Armbrüster ZMR 1997, 395, 397). Auch der Beschl, die im SE der WEer stehenden Abstellräume auf dem Dachboden zu einer ETW auszubauen, beinhaltet die Entscheidung über eine bauliche Veränderung, weil die anderen WEer nicht zur Aufgabe vom GE verpflichtet sind (§ 14 Nr. 1, KG OLGZ 1976, 56). Ein unangefochtener Beschl reicht aber für einen Ausbau aus (OLG München ZMR 2007, 69). Dagegen hält der BGH (NJW 1992, 978) einen Dachdurchbruch, der erforderlich wird, weil ein Velux-Fenster eingebaut werden soll, für möglich, soweit durch den Ausbau nur die Dachlatten und nicht die für die Stabilität und Sicherheit wichtigen Dachsparren verändert werden. Ist der Anbau genehmigt, kann die Beseitigung des Fensters nicht verlangt werden mit dem Argument der intensiveren Nutzung (BayObLG NJWE 1997, 32) oder die Vermietung oder der Anbau zu einer selbständigen Einheit mit Balkon, Küche und Bad (BayObLG NJWE 1997, 13).

2. **Genehmigt.** Bei **gestattetem Dachgeschossausbau** entspricht es allgemeinen Grundsätzen, dass der Ausbauende sowohl die Kosten des Ausbaus als auch die daraus für die Gem entstehenden Folgekosten zu tragen hat (BayObLG NZM 2000, 1015). Die Gem hat gegen den Ausbauenden Anspruch auf vollständige und mangelfreie Ersterstellung. Diese Verpflichtung geht nicht auf den Erwerber über. Die Erwerber haben gegen die Gem Anspruch auf Instandhaltung des GE (KG NZM 2000, 1012). Die Genehmigung schließt Dachfenstereinbau oder Dachgauben ein, aber nicht Dachloggia (BayObLG WuM 2004, 744). Eine von den WEern generell erklärte Zustimmung zum Dachausbau führt nicht dazu, dass der Verwalter über die Akzeptanz konkreter Baumaßnahmen entscheidungsbefugt wäre (OLG Hamburg ZMR 2005, 565). S. auch Dachterrasse, Familie, Sicherungsaustritt, Treppe.

Besondere Aufwendungen, Wiederaufbau § 22

Dachdurchbruch: S. Durchbruch.
Dachfenster: S. Fenster.
Dachgarten: Das Anlegen eines Dachgartens stellt nach OLG München eine bauliche Veränderung dar (MDR 2007, 827). Ebenso Beseitigung eines Dachgartens (OLG Köln ZWE 2000, 429).
Dachluke: S. Fenster.
Dachsanierung: S. Sanierung.
Dachspitz: S. Treppe.
Dachterrasse: Die Umwandlung einer Dachfläche in eine Dachterrasse stellt eine bauliche Veränderung dar (OLG Frankfurt ZWE 2006, 243), ebenso die Begrünung (OLG Hamm NJWE 1997, 277) oder die Beseitigung einer Dachterrasse und Ersetzung durch ein Pultdach, wie auch die Erweiterung der Terrasse an der Frontseite über das dem Antragsgegner zustehende SNR hinaus (OLG Frankfurt ZMR 2010, 703). Ebenso die Anlage einer Dachterrasse, nach dem KG selbst dann, wenn in der TErkl dem WEer das Recht zum Ausbau der Dachräume eingeräumt wurde (ZMR 1986, 189). Diese Auffassung ist aber abzulehnen, da aus dem Zusammenhang zu folgern ist, dass der WEer auch eine Terrasse zu seiner Wohnung bauen kann. Wird das architektonisch-ästhetische Bild eines Gebäudes durch die Verbindung von zwei Dachterrassen in seiner Symmetrie nicht gestört, so liegt in einer solchen Baumaßnahme keine bauliche Veränderung (BayObLG v. 21.10.1981 – 2 Z 101/80, zit. nach Deckert 5/137). S. auch Terrasse, Gartenhaus und Fenster.
Dämmerungsschalter: Der Austausch einer Zeitschaltuhr für die Außenbeleuchtung durch einen Dämmerungsschalter ist keine bauliche Veränderung (BayObLG WE 1994, 251). Demgegenüber nach AG Tempelhof-Kreuzberg bauliche Veränderung bei Austausch einer dauerhaften Beleuchtung gegen Dämmerungsschaltersteuerung (ZMR 2010, 651).
Decke: Der nachtägliche Einbau in Galeriewohnung, um Abstellraum zu schaffen, ist keine Veränderung (LG München NZM 2001, 896). Aber bauliche Veränderung bei Deckendurchbruch zum Zwecke der Verbindung zweier Wohnungen (OLG München ZWE 2007, 318), s. Durchbruch.
Diele: Die Umwandlung einer Kellergarage in eine Diele ist eine bauliche Veränderung (BayObLG Rpfleger 1984, 409 m. Anm. Sauren). Ebenso ggf. Einbau eines Schrankes in der Diele (BayObLG NJW-RR 1993, 1165).
Doppeltür: Der Einbau einer Eingangsdoppeltür zum verbesserten Schallschutz stellt idR keine bauliche Veränderung dar (BayObLGZ 1978, 117).
Drahtfernsteueranlage: Der Einbau einer Drahtfernsteueranlage zum Öffnen eines Einfahrttores stellt eine bauliche Veränderung dar (BayObLGZ 1979, 267).
Drittschutz: Ist durch Vereinb Abs. 1 S. 1 abbedungen, dann dürfen im Rahmen des öffentlich-rechtlich Zulässigen Veränderungen durchgeführt werden. Dann kann die materielle Baurechtswidrigkeit geltend gemacht werden (LG Itzehoe v. 19.4.2011 – 11 S 26/10; BayObLG WuM 2004, 496).
Durchbruch: Ob der Durchbruch einer Trennmauer eine bauliche Veränderung darstellt, bestimmt sich danach, ob die Mauer im GE oder im SE der WEer steht und ob ein Nachteil vorliegt (BGH NZM 2001, 197). Der BGH

(aaO) hat mit Bezug auf diesen Kommentar einen Mauerdurchbruch einer tragenden Wand als zulässig angesehen, soweit die Statik des Gebäudes nicht beeinträchtigt wurde (zB durch Einhaltung des Baugenehmigungsverfahrens, BGH aaO S. 198; s. auch AG Hamburg-Blankenese ZMR 2008, 839). Das OLG Köln (DWE 1988, 25) hat den Durchbruch einer tragenden Wand für zulässig erklärt, weil ein Gutachten die Stabilität als nicht berührt ansah, ebenfalls bei einer Außenmauer der WEG von OLG Hamburg (WuM 1992, 87; OLG Düsseldorf ZMR 1993, 581 f.; LG Köln ZWE 2013, 269) oder der Öffnung zweier getrennter Häuser (OLG Celle ZWE 2002, 533). Keine bauliche Veränderung mehr ist die Verbindung von ETWen durch einen **Deckendurchbruch** (OLG München ZWE 2007, 318; LG Hamburg ZMR 2001, 918). Ein 15×15 cm großer Durchbruch für die Anbringung eines Entlüftungsgitters (OLG Köln WE 3/1982, 16) oder eines Klimagerätes (OLG Frankfurt DWE 1986, 64; LG Krefeld DWE 1987, 32) ist eine bauliche Veränderung. Ebenfalls der Durchbruch für eine Türe, wenn durch den Einbau hinsichtlich der Brandgefahr eine Verschlechterung eintritt (OLG Celle Nds-Rpfl 1981, 38). Liegt demgegenüber SE an einer nicht tragenden Wand vor, und will der SEer durch Veränderung dieser Wand zB eine Garage in eine Diele umwandeln, so bedarf er für die Durchführung dieser Baumaßnahme nicht der Zustimmung aller WEer, da er damit nicht in das GE eingreift (BGH NZM 2001, 487; BayObLG Rpfleger 1984, 409 m. Anm. Sauren). S. auch Dachausbau, Schornstein, Zusammenlegung. Für das GBA ist ein Durchbruch nicht ein Eintragungshindernis (LG Augsburg Rpfleger 1999, 72). Die Eröffnung eines zusätzlichen Eingangs mittels eines Wanddurchbruchs ist bauliche Veränderung (OLG Frankfurt v. 14.9.2005 – 20 W 305/05 und 20 W 305/03). Die Schaffung eines Wanddurchbruchs, durch den für einen Bastlerraum eine Nutzung zu Wohnzwecken ermöglicht wird, stellt nach OLG Köln eine bauliche Veränderung dar (NZM 2005, 785). Nach dem AG Oberhausen haftet als WEer, wer einen Wanddurchbruch unter Beteiligung von Sonderfachleuten durchführen lässt, für Folgen von Planungsfehlern (ZMR 2012, 58).
Dusche: Der Einbau im Spitzboden ist eine bauliche Veränderung (OLG Köln NJW-RR 2001, 1094).

Einbau: Der Einbau von zusätzlichen Gegenständen, zB Aufzug, ist eine bauliche Veränderung, s. Aufzug.
Einbeziehung eines Zimmers: S. Zusammenlegung.
Einbruchsicherungen: Die Anbringung ist eine bauliche Veränderung (OLG Düsseldorf NZM 2005, 264), ebenso bei zusätzlicher Stahlgittertür, die aus den unteren Stockwerken nicht einsehbar ist (OLG Köln NZM 2005, 463). S. auch Rn. 39, Gitter.
Eisenpfosten: S. Absperrkette.
Elektroleitungen: Die eigenmächtige Anbringung im GE ist bauliche Veränderung (BayObLG WE 1998, 149, 151). Ebenso Verlegung von Kabeln unter Putz statt wie vorher in einem Kabelkanal (OLG Köln WuM 2006, 169).
Entfernung: Die Entfernung von Fenstern ist verboten (BayObLG ZMR 1989, 201).

Entlüftungsanlage: Die Installation am Küchenfenster einer Gaststätte ist eine bauliche Veränderung (OLG Köln NZM 2000, 297). Sind die WEer zur Duldung der Gaststätte verpflichtet, müssen sie nach OLG Köln auch die Anlage dulden (MDR 2004, 391).
Entlüftungsgitter: S. Durchbruch.
Entlüftungsrohr: Entlüftungsanlage ist jedenfalls bei einem zusätzlichen Mauerdurchbruch und dem Anschluss eines Aluminiumrohrs bauliche Veränderung (OLG Frankfurt ZWE 2006, 250). Ebenso ggf. Fortführung von Entlüftungsrohren über das Dach (BayObLG ZMR 1985, 62; WuM 2004, 48).
Erstmalige Herstellung: Eine bauliche Veränderung, welche dieser dient, gehört zur Instandsetzung (OLG Frankfurt OLGR 2006, 93 und OLGR 2006, 94).
Etagenheizung: S. Versorgungsleitung.

Fahrradständer: Soweit eine Beeinträchtigung besteht (zB weil ein ohnehin schmaler Weg weiter verengt wurde BayObLG WE 1991, 228), liegt bauliche Veränderung vor (BayObLG WE 1992, 195, zB wegen Störung des ästhetischen Gesamteindrucks; aA KG NJW-RR 1990, 1495). Ebenso Fahrradabstellplatz (AG Lübeck v. 28.11.2008 – 35 C 22/08) oder Fahrradhäuschchen (OLG Hamburg ZMR 2001, 651). Ist kein Fahrradständer vorhanden und stehen Räder einzeln im Hof, ist nach OLG Köln (ZMR 1997, 44) Installation durch Beschl möglich. Eine Fahrradstange ist nach BayObLG keine bauliche Veränderung (WuM 2004, 733).

51F

Fahrstuhl: S. Aufzug.
Fallrohr: Anbringung idR bauliche Veränderung (OLG Düsseldorf WE 1990, 204).
Familie: Der Dachgeschossausbau ist auch bei Familienmitgliedern nicht zu dulden (BayObLG NJW-RR 1993, 336), selbst wenn beengte Wohnverhältnisse verbessert werden sollen.
Farbanstrich: Werden Dachunterschläge mit einem weißen Farbanstrich auf den bisher an beiden Haushälften vorhandenen Naturholzlatten vorgenommen, so bauliche Veränderung (LG Hamburg ZMR 2013, 739). S. Fassade.
Fassade: Der Neuanstrich der rückwärtigen Fassade, der in der Weise erfolgt, dass anstatt der bisherigen einheitlichen und unauffälligen Farbgebung nunmehr die Balkone und die sie stützenden Pfeiler mit einem kräftigen Farbton farblich abgesetzt werden, ist eine bauliche Veränderung (OLG Hamburg WuM 2005, 357; LG München ZMR 2013, 137).
Fassadenrenovierung: S. Sanierung Rn. 18.
Fassadensanierung: S. Sanierung Rn. 18.
Fenster/Fensterscheiben: Der **Ersatz von Fensterscheiben** fällt nicht unter Abs. 1. Jedoch kann eine dabei vorgenommene Veränderung, zB durch Einsatz getönter Fenster oder Auswechselung eines Fensters durch zwei mit einem Steg getrennte Fenster, unter Abs. 1 fallen. Immer ist zu prüfen, ob dies optisch ins Gewicht fällt (verneint von BayObLG DWE 1983, 30 bei Unterteilung einer Scheibe in der Eingangshalle). Der Einbau von Fenstern kann im Zusammenhang mit dem Neu- oder Ausbau von Räumen (1.), im Rahmen von Modernisierungsmaßnahmen (2.), durch Einbau anderer Elemente (3.) oder durch zusätzliche Verglasung (4.) erfolgen.

1. **Neu- und Ausbau von Räumen.** Der **Einbau eines Dachfensters** oder Dachflächenfensters (OLG Frankfurt NZM 1998, 962) muss keine bauliche Veränderung sein, wenn der ästhetische Gesamteindruck nicht beeinträchtigt wird (LG Hamburg ZMR 2008, 825; LG Bremen WuM 1998, 116), jedoch bei sieben großen, von außen deutlich sichtbaren Dachflächenfenstern (OLG Köln NZM 2000, 765). Die **Vergrößerung und Umgestaltung von Giebelfenstern** zum Ausbau von Dachgeschossräumen zu Wohnzwecken ist als bauliche Veränderung anzusehen, unabhängig davon, ob für einen solchen Einbau eine baubehördliche Genehmigung bestand oder nicht, da mit ihm ein Eingriff in die Substanz des GE verbunden ist (aA OLG Karlsruhe ZMR 1985, 209; s. Dachausbau). Dasselbe gilt für die Verglasung eines Balkons (BayObLG WuM 1993, 750). Der Ersatz eines zur Gartenseite gelegenen Fensters durch eine Türe im Zusammenhang mit der Neuerrichtung einer Terrasse, der mit einer nicht unerheblichen optischen Veränderung des Gesamteindrucks des Gebäudes verbunden ist, stellt eine bauliche Veränderung dar (BayObLG DWE 1984, 27). Dasselbe gilt für das Zumauern eines Fensters bzw. das Ersetzen des Fensters durch ein Schiebeelement (OLG Düsseldorf DWE 1989, 177), die Ersetzung einer Dachluke durch ein Flächenfenster (BGH NJW 1992, 978) sowie den Umbau eines Fensters zu einer Türe (LG Berlin ZWE 2011, 181; BayObLG WE 1994, 245), anders bei Terrassentür (OLG Düsseldorf ZMR 1999, 196) oder zweier Einzelfenster zu einer Fenstertürkombination (OLG Frankfurt ZMR 1994, 381; BayObLG WE 1995, 64) bzw. die Vergrößerung eines Kellerfensters (OLG Düsseldorf ZMR 1993, 581) oder den Ersatz einer Schichtstoffverbundplatte durch ein Fenster (OLG Celle ZMR 2008, 391). Ob eine Veränderung des optischen Gesamteindrucks vorliegt, liegt idR auf tatrichterlichem Gebiet (BayObLG WuM 1995, 59). Hat WEer Fenster eingebaut, so kann die Gem den Mieter der Wohnung auf Duldung der Störungsbeseitigung in Anspruch nehmen (BGH NJW 2007, 432).
2. **Modernisierung.** Erfolgt eine Beeinträchtigung des GE durch das **Auswechseln von Fenstern**, weil zB einfach verglaste Außenfenster durch solche mit Thermopane-Verglasung ersetzt werden, die in der Gestaltung ihrer Rahmen, der Art des Materials (Kunststoff statt Holz, OLG Düsseldorf NZM 2005, 426), der Farbgebung (OLG Köln NJW 1981, 585) von der bisherigen Gestaltung sichtbar abweichen, so liegt eine bauliche Veränderung vor (sog optischer Gesamteindruck, BayObLG WuM 1994, 565). Ebenso kann die Beseitigung einer Loggia- oder Balkonverglasung mit farbigem Rahmen und farbigem Glas verlangt werden, wenn auf Grund eines unangefochtenen Beschl festgelegt worden war, dass eine Verglasung nur einheitlich vorgenommen werden sollte und auch einheitlich verglast worden ist, so dass die andersartige Verglasung durch einen WEer den optischen Gesamteindruck der Wohnanlage stört (OLG Frankfurt OLGZ 1985, 48). Die Auswechslung der Fenster und der Einbau einer Sprossenverglasung erfordert die Zustimmung aller WEer, da sie insbesondere bei der Einschaltung der Innenbeleuchtung auffällt und damit eine nicht unerhebliche Veränderung des optischen Gesamteindrucks mit sich bringt (OLG Frankfurt DWE 1983, 60) oder der Einbau von Dreh-Kipp- an Stelle von

Kippfenstern (NZM 1999, 263). Ebenso bei dem Einbau anderer Fenster mit kleineren Glasanteilen, aber integrierten Rollläden (AG Hamburg DWE 1988, 98), s. aber Modernisierung Fenster Rn. 40, s. auch Rollläden. Demgegenüber liegt **keine bauliche Veränderung** vor, wenn eine 40 Jahre alte Einfachverglasung durch eine Isolierverglasung ohne sichtbare Fassadenveränderung durchgeführt wird (KG Berlin GE 2007, 1561; OLG Köln ZMR 1998, 49) oder wenn lediglich Unterschiede zwischen den für die Rahmen verwendeten Materialien oder ganz geringfügige Abweichungen in der Farbgebung bestehen (OLG Oldenburg WE 1988, 175). So etwa dann, wenn die bisherigen Fenster mit mittelbraunem Holzrahmen und Einfachverglasung gegen solche mit dunkelbrauner Farbe, ansonsten gleicher Gestaltung aus Kunststoff und mit Thermopaneverglasung ausgetauscht werden, weil eine derartig geringfügige optische Beeinträchtigung der Fassade von den WEern hingenommen werden muss, wobei auch das öffentliche und private Interesse an der Einsparung von Heizkosten zu berücksichtigen ist (OLG Köln NJW 1981, 585; BayObLG DWE 1991, 33) oder etwa dann, wenn Holzverbundfenster durch beschichtete Aluminium-Einschubfenster gleicher Farbe ersetzt werden (AG Nürnberg v. 30.10.1985 – 1 UR II 127/85, zit. nach Bielefeld S. 378), oder wenn in der schadhaften Giebelwand ein Fenster eingesetzt wird (BayObLG WE 1988, 142), oder wenn eine praktisch nicht einsehbare Permanententlüftung in das Fenster eingebaut wird (AG Hamburg DWE 1988, 98). Ebenso regelmäßig bei Holz- gegen Kunststofffenster (LG München I NJW-RR 2009, 1672).
3. **Einbau anderer Elemente in das vorhandene Fenster.** Der **Einbau eines Klimagerätes** in das Außenfenster eines Schlafzimmers stellt eine bauliche Veränderung dar (OLG Düsseldorf ZMR 2007, 206; OLG Frankfurt WE 1986, 104), soweit hiermit eine nicht unerhebliche optische Beeinträchtigung verbunden ist, nach OLG Köln (WuM 1999, 296) reicht dafür schon eine Lärmbelästigung.
4. **Anbringung von zusätzlicher Verglasung.** Bei einer zusätzlich angebrachten Verglasung, zB der Anbringung von Fensterflügeln an den seitlich vorhandenen Trennwänden zu den Nachbarbalkonen (BayObLG WEM 80, 31), oder bei einer Terrassen- (OLG Köln WE 1990, 172), Loggia- (AG Charlottenburg MietRB 2013, 51; BayObLG NZM 1998, 980; OLG Hamm WuM 1995, 220) oder Balkonvollverglasung (OLG Frankfurt OLGZ 1985, 48) oder eines Terrassenfreisitzes (OLG Karlsruhe ZMR 2001, 224) ist idR eine bauliche Veränderung gegeben, selbst wenn die Loggiaveränderung nicht störend ist oder gar architektonisch oder/und ästhetisch geglückt ist (OLG Zweibrücken NJW-RR 1987, 1358), ebenso bei der Anbringung einer Glasfensterkonstruktion an einer Loggia (BayObLG WE 1988, 65) oder Einbau eines erheblich längeren Fensters (LG Bremen ZMR 2001, 149). Wird jedoch lediglich die übliche Trennwand auf dem Balkon zum Nachbarn wieder angebracht, liegt keine bauliche Veränderung vor, s. auch Entfernung.

Fernbedienung: S. Garagentorfernbedienung.
Fernsehen, Fernsehantenne: S. Antenne.
Feuchtigkeitsschaden: S. Rn. 18.

§ 22 I. Teil. Wohnungseigentum

Findlinge (Steine): Auslegung ist bauliche Veränderung (AG Oberhausen ZMR 2014, 158).
Flachdachsanierung: S. Dachabriss.
Flachkollektoren: Beschl, der das Ausmaß der Kollektoren nicht beachtet, ist aufzuheben. Errichtung ist bauliche Veränderung (OLG Düsseldorf NZM 2002, 262). S. Solarzelle, Sonnenkollektoren.
Fliesen: Das zusätzliche Fliesen eines Trockenraumbodens stellt nach dem BayObLG (ZMR 1986, 249) eine bauliche Veränderung dar. Ebenso das Anbringen von Fliesen an der Außenwand eines Balkons (AG Hannover ZMR 2005, 658).
Flügeltor: An Garage ist bauliche Veränderung (BayObLG WuM 1998, 679), s. Tor.
Fluchttreppe: S. Rn. 12.
Friesenwall: Die Ersetzung einer vorhandenen Wand durch einen sog Friesenwall, auf dem eine Palisadenwand aus Rundhölzern errichtet wurde, muss keine bauliche Veränderung sein (OLG Schleswig NZM 1999, 422).
Funksprechanlage, -antenne: S. Antenne.

51G **Garage:** Erfordert die Aufstellung von Fertiggaragen, die neben den vorhandenen Pkw-Parkplätzen eine zusätzliche Parkfläche schaffen soll, weitergehende Baumaßnahmen, wie zB die Verankerung von Betonklötzen im Erdreich (KG OLGZ 1967, 479) oder das Aufstellen einer Holztrennwand (OLG München ZMR 2006, 641), so liegt hierin eine bauliche Veränderung, da mit diesen Arbeiten Eingriffe in das GE und eine auf Dauer angelegte Veränderung der äußeren Gestalt des GE verbunden sind. Als weitere Nachteile werden in der Rspr. bei Garagenbauten anerkannt:
– Lärmbelästigung wegen zunehmenden Verkehrs auf dem Grundstück (BayObLG WuM 2003, 346);
– Pflasterung des Vorplatzes;
– Verlegung des Kinderspielplatzes und der notwendigen teilweisen Beseitigung der Bepflanzung;
– Veränderung des optischen Gesamteindrucks der Wohnanlage (AG Hamburg-Blankenese ZMR 2012, 405);
– zusätzliche Unterhaltskosten für ein neues, den Zwecken der WEerGem bestimmtes Gerätehaus;
– Notwendigkeit von Änderungen der Vereinb in der TErkl;
– Begründung von SNR zugunsten einzelner WEer (Garagennutzer), die andere MEer von ihrem Mitgebrauchsrecht ausschließen würden (OLG Frankfurt WE 1986, 141 mwN);
– Veränderungen an der Statik (AG Hamburg-Blankenese ZMR 2012, 405);
– Überbauung einer Freifläche durch Garage (BayObLG MietRB 2004, 350).
Eine Garage im Garten ist keine gärtnerische Gestaltung, deshalb bauliche Veränderung (LG Köln IMR 2013, 1107 m. Anm. Sauren). S. auch Diele, Anbau, Parkplätze, Stellplatz, Tor.
Garagentor: Das Anbringen eines Garagentors ist eine bauliche Veränderung, wenn der optische Gesamteindruck verändert und das Rangieren dadurch erschwert wird (BayObLG WE 1987, 57); s. Tür.

Garagentorfernbedienung: Bauliche Veränderung (BayObLG NZM 1998, 522), wenn Klingeltableau mit Gegensprechanlage installiert wird.
Garagenzufahrt: S. Bodenbelag.
Garderobe: Im Treppenhaus ist bauliche Veränderung (OLG Hamm ZMR 2009, 386; OLG München NJW-RR 2006, 803).
Gartengestaltung (Bielefeld DWE 1995, 50, 94; 1996, 10, 69): Ist die Anlegung eines Gartens durch Vereinb oder Beschl vorgesehen, so gilt folgendes:
1. **Erstmalig.** Die erstmalige Herstellung kann dann ggf. durch Beschl im ortsüblichen Umfang und entsprechend dem Charakter der Anlage erfolgen, zB durch Blumen, Sträucher, Bäume und Plattierung etc.
2. **Folge.** Danach stellen nur noch die Instandhaltung und Instandsetzung einen ordnungsgemäßen Gebrauch dar. Das Zurückschneiden der Hecke ist im Regelfall keine bauliche Veränderung (BayObLG NJW-RR 2004, 1378). Anders aber, wenn der Rückschnitt keine ordnungsgemäße Gartenpflege ist (OLG München NJW-RR 2006, 88). Der Rückschnitt einer Weinlaube (OLG Saarbrücken ZMR 1998, 50), das Schneiden eines Durchganges (BayObLG ZMR 1989, 192), der Austausch von Blumen oder das Auslichten von Bäumen, verbunden mit dem Entfernen einzelner, weniger wertvoller Bäume (AG Hamburg-Blankenese DWE 1985, 95), der Ersatz eines ursprünglich heckenartig bis zur Höhe von 2 m angepflanzten Zuckerahorngehölzes wegen Sanierungsbedürftigkeit durch gemischtes Gehölz bis zu einer Höhe von 2,80 m (OLG Hamm WE 1996, 310), einer **Hecke** entlang eines Zaunes (BayObLG NZM 1999, 261), nicht jedoch die Entfernung des **Baum**bestandes (OLG Düsseldorf DWE 1989, 80), zB einer 18 Jahre alten 6–7 m hohen Bepflanzung (OLG Düsseldorf ZMR 1994, 376), diese stellen keine bauliche Veränderung dar. Bei einer Verschönerung oder zusätzlichen Anschaffung (zB von Fichten für den Vorgarten) ist es jedoch möglich, dass ein Beschl gefasst wird, und die WEer, die dagegen gestimmt haben, nicht an den Kosten beteiligt werden (BayObLG Rpfleger 1975, 367). Die eigenmächtige Anpflanzung einer **Hecke** ist keine bauliche Veränderung (BayObLG WE 1992, 179), aber ein Eingriff in das GE und damit eine Beeinträchtigung der übrigen WEer. Ebenso einmalige Maßnahme der Gartengestaltung mit einem relativ niedrigen Auftragsvolumen (ZMR 2006, 894). Errichtung einer aus Pflanzsteinen samt Bepflanzung mit Thujen bestehenden Mauer ist bauliche Veränderung (OLG Frankfurt MDR 2010, 1108) Ebenso wenn der Charakter des Gartens radikal verändert wird (OLG Schleswig WuM 2007, 587). S. Baum, Bepflanzung.
Gartenhaus: Die Errichtung eines Gartenhauses stellt wegen der hiermit verbundenen optischen Veränderung eine bauliche Veränderung dar (OLG Schleswig ZMR 2007, 635; OLG Celle ZMR 2004, 363; BayObLG WuM 2004, 170) unabhängig davon, ob das neue Bauwerk mit oder ohne Fundament errichtet worden ist (OLG Frankfurt DWE 1986, 30), auch auf Dachterrasse (BayObLG ZMR 2002, 136), und Gewächshaus (OLG Hamburg ZMR 2005, 305). Ebenso bei Beseitigung des vorhandenen (BGH ZMR 2012, 883; LG Köln v. 10.3.2011 – 29 S 188/10). Kann aber im Einzelfall zulässig sein (LG Hamburg ZMR 2013, 60).
Gartenhütte: S. Gartenhaus.

§ 22

Gartentor: S. Tür.

Gartenzwerge: Das Aufstellen von Gartenzwergen in der gemeinschaftlichen Gartenanlage beeinträchtigt nach dem OLG Hamburg (NJW 1988, 2652) den optischen Gesamteindruck erheblich, ebenso bei 50 cm Größe (AG Essen NZM 2000, 309); anders aber bei „normalen" in SNR nach AG Recklinghausen DWE 1996, 40.

Gasleitung: Die Neuinstallation ist idR bauliche Veränderung, aber bei einer unterirdischen Gasleitung kann die Zustimmung entbehrlich sein (OLG München ZMR 2007, 998). S. auch Stilllegung.

Gegensprechanlage: Die Installation stellt nach OLG Hamburg keine bauliche Veränderung dar (ZMR 2004, 139; aA LG München I ZMR 2004, 219; AG Bremen DWE 1985, 128). Nach BayObLG zwar eine bauliche Veränderung, beeinträchtige aber idR die Rechte eines WEers nicht (NZM 2002, 869).

Gehweg: S. Weg.

Geländer: Die Anbringung eines Terrassengeländers ist eine bauliche Veränderung (LG Köln ZWE 2012, 277; BayObLG WE 1992, 194).

Gerätehaus, Geräteschuppen: Die Errichtung eines Geräteschuppens stellt eine bauliche Veränderung dar (OLG München ZWE 2006, 505; KG WE 1992, 283). Dies gilt auch dann, wenn ein Gerätehaus auf einer bisher als Grünanlage benutzten Fläche errichtet wird und es zu Lasten der Bewirtschaftungskosten unterhalten werden soll (KG Rpfleger 1977, 314).

Gewächshaus: S. Gartenhaus.

Giebel: Eine Verglasung eines Dachgiebels ist idR nicht zu dulden (BayObLG NJW-RR 1988, 588). Der Ausbau eines Giebels ist bauliche Veränderung (OLG München ZMR 2007, 69).

Gitter: Das vor einem Fenster angebrachte Gitter stellt grds. eine bauliche Veränderung dar (OLG Düsseldorf NZM 2005, 264). Ebenso ein Lüftungsgitter (OLG München v. 4.7.2005 – 32 Wx 43/05). Wirkt das Gitter einer feststellbaren erhöhten Einbruchgefahr entgegen, ist dieses aber gerechtfertigt (KG WE 1994, 217). Etwas anderes aber dann, wenn es wiederum Kletterhilfe für Einstieg in anderes SE ist (OLG Zweibrücken NZM 2000, 623). S. auch Einbruchsicherung, Rollläden.

Glasbausteine: Ersetzung durch Fenster idR bauliche Veränderung (BayObLG NZM 1998, 339), auch keine Modernisierung, wenn Bausteine noch in Ordnung (LG Saarbrücken ZWE 2013, 421)

Glasfasertapete: S. Tapete.

Grillplatz: Entfernen ist bauliche Veränderung (BayObLG ZMR 2004, 924 und 2001, 909).

Grünfläche: Wird den WEern eine im GE stehende Rasenfläche nicht in ihrem Bestand entzogen, sondern nur eine Gebrauchsregelung (§ 15) getroffen, wie zB durch die Erlaubnis, Kinder auch außerhalb des vorgesehenen Spielplatzes auf den allgemein vorhandenen Rasenflächen spielen zu lassen, so liegt keine bauliche Veränderung vor (AG Rheinbach DWE 1979, 23). § 22 ist jedoch dann gegeben, wenn eine jahrelang als Grünfläche genutzte Freifläche nunmehr in einen Park- (BayObLG WE 1991, 290), Spiel- (LG Mannheim ZMR 1976, 51), Abstell- (OLG Stuttgart NJW 1961, 1359), Kfz-Abstell- (LG Siegen WuM 1988, 413) oder Müllbehälterplatz (OLG Zweibrücken

Besondere Aufwendungen, Wiederaufbau **§ 22**

NJW-RR 1987, 1359) umgewandelt werden soll, bei gepflegter Pflasterung aber nicht nach LG Wuppertal (ZMR 2001, 483). Ebenso wenn in parkähnlicher Grünfläche der Eindruck einer großzügigen offenen Freifläche besteht und diese der Sondernutzungsfläche durch Zaun abgetrennt werden soll (OLG Köln ZMR 2008, 817). Versetzung einer Schaukel wegen zu geringem Abstand keine bauliche Veränderung (LG Wuppertal ZMR 2006, 725). S. auch Bodenbelag, Weg, Sandkasten, Ballspielplatz und zu der idR gleichzeitig vorliegenden Nutzungsänderung § 21 Rn. 11.

Handlauf: Wenn das Gesetz die beiderseitige Anbringung eines Handlaufs fordert, kann dem nicht die Unterschreitung der Treppenbreite nach Landesbaurecht entgegengehalten werden (AG Bremen ZMR 2012, 997), ebenso eines einklappbaren zweiten Handlaufs zulässig (LG Bremen ZMR 2014, 386). **51H**
Hecke: Sieht TErkl Hecke in Pflanzkästen aus Holz vor, während WEer unter anderem einen Stahlgitterzaun und Begrenzungssteine verwendet hat, so nur bei Beinträchtigung Beseitigungsberechtigung (BGH NJW 2012, 676 Rn. 20). S. Gartengestaltung.
Heizkörper: S. Anschluss.
Heizung: Der Einbau einer automatischen Regelanlage (zB Einbau eines sog Außenreglers) in die vorhandene Zentralheizung, um die Zentralheizung auf den derzeitigen energierechtlichen und technischen Standard zu bringen, stellt keine bauliche Veränderung dar, wenn diese Maßnahme zu einer wesentlichen Verminderung der Energieverluste von 10 bis 15 % beiträgt (LG Bochum Rpfleger 1982, 99) oder der Aufwand für eine solche Maßnahme in einem vernünftigen Verhältnis zum Erfolg und Wohnwert des Hauses steht (OLG Hamm OLGZ 1982, 260). Ebenso Ersetzung einer 30 Jahre alten Öl-Zentral-Heizung durch Fernwärme (LG Nürnberg-Fürth ZWE 2010, 466). Bei der Gesamterneuerung der Zentralheizung muss den WE angemessene Zeit zur Umstellung der in ihrem SE stehenden Heizkörper und Anschlussleitungen gegeben werden. Danach können sie von der erneuerten Heizungsanlage abgetrennt werden, wenn die alten Geräte mit der neuen Anlage nicht (mehr) kompatibel sind (BGH ZWE 2011, 394). Nach AG Bremen-Blumenthal bauliche Veränderung bei Einbau eines Blockkraftwerkes, wenn dieses ergänzend zur Heizung gewünscht wird (ZMR 2012, 667). Ebenso AG Freiburg für Ersatz der vorhandenen Heizung durch Blockkraftwerk (ZWE 2008, 355). Anders LG Koblenz, das ein Blockkraftwerk derzeit weder als bauliche Veränderung sieht noch als modernisierende Instandsetzung. Derzeit sei ein Blockkraftwerk nicht Stand der Technik, sondern über den Stand der Technik hinausgehend (abzulehnen LG Koblenz ZWE 2009, 282), s. Modernisierung. S. auch Abgasrohr.
Heizungsanschluss: S. Anschluss.
Heizungsumstellung:
1. **Sondereigentum.** Ist die Art der Heizung nicht in der TErkl vorgeschrieben, so ist ein WEer grundsätzlich in der Wahl der Beheizung seines SEs frei (LG Köln ZWE 2013, 269). Die Umstellung einer Etagenheizung auf Gas stellt – soweit keine Beeinträchtigung anderer WEer gegeben ist – nach dem OLG Frankfurt (WuM 1992, 561) keine bauliche Veränderung dar.

2. Gemeinschaftseigentum. Die Rspr. bejaht zunehmend bei **notwendiger Erneuerung** der Zentralheizungsanlage Modernisierungen, die vertretbare Mehrkosten verursachen, zB wahlweisen Betrieb mit Öl oder Gas (BayObLGZ 1988, 271) oder Umstellung von Öl auf Gas bei absehbarem Ausfall (OLG Celle WE 1993, 224), auch wenn die Heizung derzeit noch funktionstüchtig ist (BayObLG ZMR 1994, 279); weiter bei einer umfassenden Erneuerung (AG Ludwigsburg WuM 2009, 251), einschließlich einer eventuellen Verkleinerung des Querschnitts des Schornsteins, sowie Schallschutzmaßnahmen bei 30 Jahre alter Heizung (KG NJW-RR 1994, 278), die Ersetzung einer reparaturanfälligen Wärmepumpenanlage durch eine kostengünstige Gas-Heizungsanlage (KG WE 1995, 58) oder Anschluss an Fernwärme (OLG Hamburg ZMR 2005, 803), auch als Modernisierung an Blockheizwerk (Bärmann/Merle Rn. 348; Greupner ZMR 2013, 1; aA LG Koblenz ZWE 2009, 282; AG Freiburg ZWE 2008, 355). Hingegen **ohne Notwendigkeit der Erneuerung** ist nach dem OLG Frankfurt (DWE 1987, 51) der Beschl, die bisherige Wärmeversorgung durch Fernwärme aufzugeben oder Nachtspeicher auf Gas umzustellen (OLG Hamm DWE 1995, 159) oder andersherum von Öl auf Fernwärme, wenn Ausfall nicht abzusehen ist (OLG Düsseldorf ZMR 1998, 185), eine bauliche Veränderung, s. Baumaßnahmen.
Hofpflasterung: S. Pflasterung.

51J **Jalousie:** Das Anbringen von Außenjalousien verändert idR den optischen Gesamteindruck und ist deshalb eine bauliche Veränderung (OLG Köln WuM 2003, 474), ebenso das Anbringen von Außenrollläden (LG Bamberg Info M 2010, 392; BayObLG WE 1992, 138), aber Modernisierung möglich.

51K **Kabelfernsehen:** S. Rn. 18 ff.
Kabelverlegung: Die Aufputz-Verlegung des TV-Kabels muss der Wohnungseigentümer in seinem Sondereigentum dulden (AG Hannover ZMR 2014, 63).
Kaltwasserzähler: Deren Einbau und der Übergang zu einer verbrauchsabhängigen Abrechnung der Wasserkosten ist Maßnahme der ordnungsgemäßen Verwaltung des WE und kann durch Beschl erfolgen (LG Hamburg ZMR 2011, 495; OLG Hamburg ZMR 2004, 936; OLG Düsseldorf v. 14.10.2005 – I-3 Wx 77/05; BGH NJW 2003, 3476), s. Zähler.
Kamin: Kann kein anderer WEer mehr nach Anschluss an ihn anschließen, so bauliche Veränderung (OLG Frankfurt MietRB 2006, 129), Errichtung ist bauliche Veränderung (LG Karlsruhe ZWE 2012, 138). Keine bauliche Veränderung bei Aufstellung eines kleinen beweglichen Kamins auf Terrasse (LG Köln v. 10.3.2011 – 29 S 187/10). S. Außenkamin, Anschluss, Schornstein.
Kaninchengehege: Keine bauliche Veränderung (OLG Köln NZM 2005, 785).
Katzennetz: Anbringung an Balkon ist nach OLG Zweibrücken bauliche Veränderung (NZM 1998, 376). BayObLG hat einen Nachteil der anderen WEer angenommen (ZWE 2003, 302). Ebenso AG Oberhausen (ZMR 2012, 62).

Besondere Aufwendungen, Wiederaufbau **§ 22**

Keller: Der Ausbau eines gemeinschaftlichen Montagekellers (Kriechkeller) stellt eine bauliche Veränderung dar (Sauren Rpfleger 1984, 210; aA BayObLG Rpfleger 1984, 209), s. auch Terrasse und Wand.
Kelleraufgang und Kellervorbau: Bauliche Veränderung (BayObLG v. 12.8.1983 – 2 Z 86/82).
Kellertrennwand: S. Wand.
Kette: S. Absperrkette.
Kfz-Stellplatz: Die farbige Kennzeichnung von Stellplätzen stellt keine bauliche Veränderung dar (OLG Karlsruhe MDR 1978, 495), jedoch die Errichtung von Garagen anstelle der Stellplätze (BayObLG WE 1986, 71). Ebenso Errichtung eines Car-Ports (OLG Hamburg ZMR 2005, 305). Automatische Schrankenanlage zu Stellplatz kann bauliche Veränderung sein (OLG Frankfurt v. 1.9.2003 – 20 W 20/01). S. auch Grünfläche und Bodenbelag.
Kiesschicht: Die Beseitigung ist bauliche Veränderung (BayObLG WE 1997, 96).
Kinderrutsche: Das Aufstellen einer bewegliche Kinderrutsche ist keine bauliche Veränderung (AG Braunschweig ZMR 2007, 403), s. Wäschespinne.
Kinderschaukel: Der Abriss und der Wiederaufbau an anderer, die WEer nicht stärker beeinträchtigender Stelle können durch Beschl erfolgen (KG WE 1990, 210), zB wegen Sicherheitsabstand (BayObLG ZMR 1998, 647), das erstmalige Aufstellen ist nach dem LG Hannover (NdsRpfl 1990, 97) eine bauliche Veränderung. Anspruch auf Beseitigung aber nicht gegen Verwalter (BayObLG WuM 1996, 665).
Kinderspielplatz:
1. Die **erstmalige Errichtung** im Zuge der Herstellung und die Errichtung auf Grund öffentlich-rechtlicher Verpflichtungen stellen keine bauliche Veränderung dar (LG Wuppertal ZMR 2006, 725; BayObLG ZMR 1998, 647). Der genaue Standort kann dann durch Beschl festgelegt werden (LG Freiburg ZMR 1979, 382). Ebenso die anzuschaffenden Spielplatzgeräte, zB Klettergerüste etc (BayObLG ZMR 1980, 381). Hierzu dann auch Durchsetzungsanspruch gegen Gem (AG Andernach Info M 2009, 278).
2. Soweit ein **Kinderspielplatz vorhanden** ist bzw. vereinbart oder unangefochten beschlossen wurde, können die entsprechenden Geräte zB Spielhaus, Schaukel, Klettergerüst, Sandkasten etc durch Beschl angeschafft werden (BayObLG ZMR 1980, 381; KG WE 1992, 110), soweit es sich noch um Kinderspielgeräte handelt. Auch die Anschaffung einer Tischtennisplatte fällt darunter (KG aaO; aA AG Charlottenburg DWE 1984, 28, weil dadurch auch ein Anreiz für ältere Kinder und Erwachsene gegeben würde, den Kinderspielplatz zu benutzen).
3. Die **Verlegung** stellt idR eine bauliche Veränderung dar (BayObLG v. 13.12.1978 – 2 Z 81/77, zit. nach Deckert 5/145).
4. IÜ ist die **Errichtung** eines Kinderspielplatzes idR mit einer Veränderung der bisherigen Zweckbestimmung verbunden, die Anlage auf einer zunächst rein gärtnerisch gestalteten Fläche ist jedoch nicht notwendig eine bauliche Veränderung, wenn sie der TErkl oder einer Verein nicht widerspricht und die gärtnerische Gestaltung des Gesamtgrundstücks noch nicht

§ 22

abgeschlossen war (OLG Düsseldorf MDR 1983, 320). S. deshalb § 21 Rn. 11, Grünfläche und Ballspielplatz.

Kletterhilfe: ZB Holzpfosten ca. 2 m hoch mit Drähten für wildwachsenden Wein, nach BayObLG (NZM 1999, 575) keine bauliche Veränderung, da jederzeit entfernbar.

Klimageräte: Einbau einer Klimaanlage ist bauliche Veränderung (OLG Düsseldorf ZMR 2010, 385 und 2007, 206; LG Braunschweig Info M 2011, 232). Nachteil kann bei fehlender optischer und/oder akustischer Beeinträchtigung fehlen (OLG Düsseldorf ZMR 2007, 206). Nach OLG Köln kann aus Verpflichtung, den Betrieb eines Bistros zu dulden, auch die Pflicht folgen, den Einbau eines Klimagerätes zu dulden (OLG Köln v. 28.7.2003 – 16 Wx 37/03). S. auch Fenster bzw. Durchbruch, Nachteil.

Kosten: Gestatten die übrigen WEer durch Beschl die Errichtung eines Wintergartens bei „Selbstfinanzierung" durch den WEer, dann geht diese Kostenlast auf den Sondernachfolger des WEers über (OLG Düsseldorf NZM 2006, 109). Ein Eigentümer, der einer baulichen Veränderung nicht zustimmt, und auch nicht zustimmen musste, ist an den Kosten nicht zu beteiligen (zB Errichtung Solaranlage BayObLG ZWE 2005, 346). Siehe ausführlich § 16 Abs. 6.

Kunststoffmatte: S. Matte.

51L **Ladeneingang:** Die nachträgliche Schaffung oder Verlegung eines Ladeneingangs oder einer Ladenzufahrt stellt eine bauliche Veränderung dar (BayObLG WE 1987, 51), selbst wenn in der TErkl der Umbau in einen größeren Laden gestattet wurde (BayObLG WE 1987, 12, fraglich).

Lärmschutz: Gehen von Teilen des GE Störungen aus, die die Richtsätze nach DIN (zB 4109) oder VDI (zB 2058) überschreiten, so hat ein einzelner WEer einen Anspruch auf Beseitigung, zB durch schallabwendende Maßnahmen hinsichtlich einer gemeinschaftlichen Wasserdruckerhöhungsanlage (BayObLG DWE 1982, 30), wenn sie einen Nachteil darstellen, s. § 14 Rn. 3 ff. Diese sind dann keine baulichen Veränderungen. Einhausung von Balkonen zum Zwecke des Schallschutzes ist bauliche Maßnahme (AG Hamburg-Wandsbek ZMR 2012, 227).

Leitung: S. Wasserleitung.

Leuchte: Die Anbringung von Leuchten auf der Balkonbrüstung ist nach dem OLG Frankfurt (v. 11.2.1988 – 20 W 24/88, zit. nach Bielefeld Bd II S. 199) bauliche Veränderung. Ebenso Anbringung von Bewegungsmeldern für Leuchten (AG Tempelhof-Kreuzberg ZMR 2010, 651) und Lichterketten an Balkonbrüstung (LG Köln ZMR 2008, 993).

Leuchtreklame: S. Reklame.

Lichtblende: Hier liegt eine bauliche Veränderung vor (OLG Celle DWE 1973, 30), soweit ein Nachteil iSv § 14 gegeben ist (s dort Rn. 3 ff.).

Lift: S. Aufzug, Stilllegung.

Loggia: S. Balkonverkleidung, Fenster, Abgasrohr und Treppe.

Loggiaverglasung: S. Fenster.

51M **Mansarde:** Der Ausbau und die Nutzung des im Aufteilungsplan als Mansarde bestimmten Raumes als Wohnraum ist nach dem AG Aachen (v.

31.3.1992 – 12 UR II 33/91) zulässig, nicht aber der Ausbau zu einer selbständigen Wohnung. Nach OLG München ist Ausbau eines Speichers zu Wohnzwecken bauliche Veränderung (ZMR 2006, 301).
Markierung: S. Parkplatz.
Markierung von Einstellplätzen: S. Parkplatz.
Markise: Die Anbringung stellt idR eine bauliche Veränderung dar (OLG München ZMR 2006, 800; KG ZMR 1994, 426; BayObLG NJW-RR 1986, 178), ebenso eine sog Ladenmarkise (KG WE 1995, 122) oder Balkonmarkise (BayObLG NJW-RR 1996, 266). Im Einzelfall ist jedoch zu prüfen, ob ein Nachteil iSv § 14 vorliegt (§ 14 Rn. 3).
Marmorgarten: Die Herstellung durch einen WEer ist bauliche Veränderung (OLG Hamburg ZMR 2001, 382).
Maschendrahtzaun: S. Zaun.
Mast: S. Antenne.
Matte: Das Anbringen einer grünen Sichtschutzmatte aus Kunststoff ist nach BayObLG (NZM 2000, 679) bauliche Veränderung.
Mauer: Ein abgestuftes Terano-Mauersystem für Hangbefestigung oder Anpassung des Hangs statt Mauer ist eine bauliche Veränderung (LG Köln ZMR 2013, 473 = IMR 2013, 1106 m. Anm. Sauren). Die Errichtung einer aus Pflanzsteinen samt Bepflanzung mit Thujen bestehenden Mauer zwischen zwei Sondernutzungsflächen stellt eine bauliche Veränderung dar (OLG Frankfurt MDR 2010, 1108).
Mauerdurchbruch: S. Durchbruch.
Mehrhausanlage: S. Vor § 10 Rn. 14.
Mobilfunkanlage: Nach dem BGH ist wegen der öffentlichen Diskussion um die Strahlenbelastung in jedem Fall – unabhängig von der Berechtigung der Vorwürfe – ein Nachteil gegeben. Daher sei eine bauliche Veränderung gegeben (BGH NJW 2014, 1233; OLG München WuM 2007, 34). S. auch Antennne.
Modernisierung: S. Rn. 17, auch Sanierung.
Möbel: Aufstellen auf Freifläche keine bauliche Veränderung (BayObLG ZMR 2002, 688), s. Bank.
Müllschlucker: Zur Stilllegung Vereinb notwendig (OLG Frankfurt NZM 2004, 910), es sei denn, es wird durch das Bauordnungsamt angeordnet, dass auf Grund einer Änderung der Landesbauordnung die vorhandenen Müllabwurfschächte außer Betrieb zu nehmen und die zum Befüllen vorgesehenen Öffnungen innerhalb einer bestimmten Frist zu schließen sind, dann ist Beschl, in dem die Verwaltung beauftragt wird, die erforderlichen Maßnahmen zur Schließung der Schächte durchführen zu lassen, wirksam (AG Bonn ZMR 2012, 995).
Mülltonnenplatz: Die Verlegung eines Mülltonnenplatzes stellt eine bauliche Veränderung dar (LG Berlin GE 2008, 1573; BayObLG ZMR 2002, 535). Es kann aber an einem Nachteil fehlen, wenn sowohl die mögliche Belästigung der WEer durch die Verlegung der Mülltonnenbehälter, als auch durch den zukünftigen Gang zu den Mülltonnen an der Straße sich in den Grenzen hält, die bei einem geordneten Zusammenleben unvermeidlich sind (LG Berlin GE 2008, 1573; BayObLG ZMR 2002, 535). Ist hiermit aber eine

weitere Baumaßnahme, wie zB die Verlegung einer gemeinschaftlichen Böschungsstützmauer, verbunden, so liegt eine bauliche Veränderung vor (OLG Karlsruhe OLGZ 1978, 172) oder wenn die Ausführung des Platzes entgegen der TErkl erfolgte (LG Bremen NZM 1998, 725). Als weitere Nachteile wurden ebenfalls angesehen (OLG Frankfurt OLGZ 1980, 78): die Beschränkung des gemeinschaftlichen Gebrauchs; längere Wege zur Müllbeseitigung; die Veränderung des optischen Gesamteindrucks der Wohnanlage und vom OLG Hamburg eine Kostenbeteiligung des WEers (MDR 1977, 230). Wird der Müllcontainerplatz völlig umgestaltet, zB in einen Parkplatz, so ist wegen der Zweckänderung bereits Einstimmigkeit erforderlich (OLG Frankfurt OLGZ 1980, 78). Der Einzeichnung des Standorts der Müllbehälter im Aufteilungsplan kommt keine verbindliche Wirkung zu, so dass die WEer mit Stimmenmehrheit eine Verlegung des Standorts beschließen können (BayObLG WuM 2005, 482).

Münzwaschsalon: Bauliche Veränderung (BayObLGZ 1991, 256).

51N **Nachbarbebauung:** Muss die WEerGem einer Bebauung des Nachgrundstücks zustimmen, so ist Allstimmigkeit idR erforderlich (KG ZMR 1995, 553). Eine Unterschreitung des öffentlich-rechtlichen Bauwichs durch einen Nachbarn ist zwar keine bauliche Veränderung, nach BGH sind die Regeln aber entsprechend anzuwenden (NJW 2010, 446).

Nachteil: S. § 14 Rn. 4.

Neuanstrich: S. Farbanstrich.

51O **Optische Beeinträchtigung:** Ob eine bauliche Veränderung des GE eine optische Beeinträchtigung darstellt, obliegt der Beurteilung des Tatrichters und ist vom Rechtsmittelgericht nur auf Rechtsfehler zu untersuchen (BGH NZM 2013, 618; OLG Düsseldorf ZWE 2010, 92; BayObLG ZMR 2003, 857). Der Tatrichter kann auch ohne Durchführung eines Ortstermins die Feststellung, dass ein Eingriff in das GE eine zustimmungsbedürftige bauliche Veränderung darstelle, auf aussagekräftiges Fotomaterial stützen (OLG Köln WuM 2006, 169).

51P **Parabolantenne:** S. Rn. 30 ff.

Parkabsperrbügel: Die Anbringung kann eine bauliche Veränderung sein (LG Düsseldorf ZMR 2013, 556; LG Hamburg ZMR 2001, 394; OLG Frankfurt NJW-RR 1993, 86). S. aber Sperrbügel.

Parkplatz: Zu Veränderungen kann es hier vor allem durch Abänderung der vorhandenen Markierung der Einstellplätze kommen. Sie stellt eine bloße Maßnahme der Gebrauchsregelung dar, wenn die gemeinschaftliche Hoffläche durch Einzeichnung abgegrenzter Parkflächen den baurechtlichen Vorschriften entsprechend hergerichtet wird (OLG Karlsruhe MDR 1978, 495) oder alle Parkplätze markiert werden sollen (BayObLG NJW-RR 1987, 1490). Wird eine Parkfläche so markiert, dass vier Fahrzeuge mehr als zuvor parken können, so liegt keine bauliche Veränderung vor, da damit nur eine veränderte Parkordnung beschlossen wurde (OLG Köln OLGZ 1978, 287). Die Umwandlung eines Parkplatzes in eine Garage ist eine bauliche Veränderung (BayObLG DNotZ 1973, 611), aber nicht bei erstmaliger eines dem Auftei-

lungsplan entsprechenden Zustandes auf dem Parkplatz (BayObLG NZM 1999, 29). Errichtung einer Schrankenanlage kann bauliche Veränderung sein (LG Hamburg ZMR 2012, 217). Ein Beschl, der die Nutzung einer Grundstücksfläche als Parkplatz so regelt, dass nicht alle WEer auch während der Zeit von 18.00 Uhr bis 8.00 Uhr dort ein Fahrzeug abstellen dürfen, ist möglich (OLG Frankfurt ZMR 2008, 398). Ein Beschl, auf dem GE befindliche Parkflächen den jeweils unmittelbar anliegenden Miteigentümern mietweise zur Verfügung zu stellen, überschreitet dann die zulässigen Grenzen des ordnungsgemäßen Gebrauchs der Flächen, wenn zugleich für den Fall der Nichtvermietung ein Halten oder Parken von Fahrzeugen oder das Abstellen von Gegenständen auf den Flächen gänzlich untersagt wird (OLG Köln ZMR 2009, 388).
Pergola: Die Errichtung einer Pergola stellt idR eine bauliche Veränderung dar (OLG München ZMR 2006, 800). Dies gilt auch bei dauernder ausschließlicher Nutzungszuteilung (OLG Köln DWE 1998, 51). Werden jedoch die übrigen WEer nicht über das in § 14 zulässige Maß hinaus (Rn. 35 und § 14 Rn. 3 ff.) beeinträchtigt, so liegt keine bauliche Veränderung vor.
Pflanzenbeet: Die Anbringung eines Pflanzenbeetes vor der Terrasse mit einer Breite von bis zu 1,40 m stellt eine bauliche Veränderung dar (BayObLG WE 1992, 84) ebenso die Anlage (LG Hamburg ZMR 2012, 989), oder eine kniehohe Beeteinfassung (KG NJW-RR 1994, 526), s. aber Bepflanzung und § 21 Rn. 11.
Pflanzentrog: Das Aufstellen von nicht fest im Boden verankerten Pflanzentrögen auf einer Terrasse ist keine bauliche Veränderung (BayObLG NJWE 1997, 279, 280), jedoch die Entfernung, da sie GE sind, es sei denn, sie sind zB durch Asbestgehalt gesundheitsgefährdend (BayObLG WE 1994, 26). Werden sie auf GE aufgestellt, kann Entfernung verlangt werden (BayObLG WE 1998, 149, 151). Das Entfernen von im SE stehenden Pflanztrögen kann nach OLG Frankfurt unzulässig sein (ZWE 2006, 408 und 458). Die Ersetzung einer Holzpalisade durch Betonpflanztröge ist bauliche Veränderung (OLG Düsseldorf NJW-RR 2007, 1024). S. auch Bepflanzung, Sitzbank.
Pfosten: S. Absperrkette.
Pflasterung: Des Hofes keine bauliche Veränderung, wenn dadurch erstmals ordnungsgemäßer Zustand hergestellt wird (OLG Düsseldorf NZM 2000, 390). Ansonsten bauliche Veränderung (OLG München v. 22.5.2006 – 34 Wx 183/05).
Photovoltaikanlage: S. Solarzelle.
Plattenbelag: Die Anbringung eines Plattenbelages oder die Vergrößerung eines Plattenbelages (BayObLG NZM 2003, 121; OLG Bremen v. 29.12.2003 – 3 W 51/03) oder die Verlegung von Betonplattenreihen zwecks Anlegung eines Stellplatzes stellen idR eine bauliche Veränderung dar (OLG Hamburg ZMR 2009, 306; OLG Stuttgart WEM 1980, 75), ebenso das Belegen eines Kiesweges mit Platten (BayObLG WuM 1992, 705). Eine Ausnahme ist dann zu machen, wenn es sich um die Gartenfläche handelt, die dem WEer der Erdgeschosswohnung mit SNR zugewiesen ist (BayObLG Rpfleger 1975, 310), oder wenn durch eine Plattierung erst alle WEer einen sicher begehbaren Zugang erhalten (BayObLG DWE 1989, 38). S. auch Fliesen und Betonplatte.
Praxisschild: S. Reklame.

Pumpe: S. Wasserstrahlpumpe.

Putzarbeiten: Auch provisorische Instandsetzungsmaßnahmen, die nicht die Ursache eines Mangels beheben, können sich im Rahmen des Verwaltungsermessens der Gem bewegen; jedenfalls handelt es sich beim Provisorium, zB Putzarbeiten, nicht um eine bauliche Veränderung (LG Bremen ZMR 2011, 657).

Rampe: Auffahrtsrampe für Kinderwagen ist bauliche Veränderung (AG München ZMR 2013, 1002).

51R **Rasenfläche:** S. Grünfläche.

Rasengittersteine: Verwendung regelmäßig keine bauliche Veränderung (AG Halle v. 27.11.2012 – 120 C 811/12).

Rauchgasklappen: Der Einbau stellt idR keine bauliche Veränderung dar (BayObLG NJW 1981, 690).

Regelanlage: S. Heizungsregelanlage.

Regenrinne: Ein Beschl über die Anbringung ist möglich (OLG Düsseldorf WE 1990, 204).

Reklame: Hier ist zu unterscheiden:

1. Die **Anbringung** einer Reklame ist grds. eine **bauliche Veränderung** (LG Karlsruhe ZWE 2012, 103). Ein WEer oder TEer, der in der Anlage zulässig ein Geschäft betreibt, darf aber ortsüblich und angemessen an der Außenfront des Hauses dafür **werben** (OLG Köln NZM 2007, 92; LG Karlsruhe ZWE 2012, 103; OLG München ZMR 2007, 391), wenn das Schild (zB ein Leuchttransparent in Größe von 80×40 cm, das im Winter bis 20 Uhr beleuchtet ist) weder zu einer ersichtlichen Verschlechterung noch zu einer sonstigen Beeinträchtigung führt (BayObLG ZMR 1987, 389), aber Gleichbehandlung in der Anlage geboten (BayObLG WE 1995, 61). Im Falle zulässiger Nutzung einer Eigentumswohnung für eine freiberufliche Praxis müssen die WEer auch ein Praxisschild in angemessener Größe am Haus- und Wohnungseingang dulden (KG NJW-RR 1995, 333).

2. Die Anbringung von fünf roten, etwa 60 × 60 cm großen, senkrecht übereinander angebrachten **Leuchtkästen**, die von innen beleuchtet sind und darüberhinaus mit Dübeln und Schrauben in der Hauswand befestigt sind, stellt auf Grund der mit ihrer Beleuchtung verbundenen störenden Lichtauswirkungen sowie der hiermit verbundenen Eingriffe in das GE zwar eine bauliche Veränderung dar. Jedoch kann die Beseitigung nur bei einem wesentlichen Nachteil verlangt werden. Die mit einer solchen Maßnahme verbundene Einschränkung des Blickfeldes allein reicht nicht aus, da ihr das berechtigte Werbebedürfnis des betroffenen WEers entgegensteht (OLG Hamm OLGZ 1980, 274). Ebenso bei einer an der Außenwand angebrachten, vorspringenden Leuchtreklame, wenn diese ortsüblich ist (BayObLG NZM 2000, 1236).

3. Nach dem OLG Stuttgart (WEM 1980, 38) ist die Errichtung von **Schaukästen** ggf. hinzunehmen.

Beispiel: Bei an zwei Außenwänden eines Gebäudes installierten 2 × 1 m großen Kästen sind an einer Häuserseite diese aber zu beseitigen, s. auch § 21, 10 Werbung.

Besondere Aufwendungen, Wiederaufbau § 22

Renovierung: S. Sanierung.
Rolladen: Grds. ist die Anbringung eines Rolladens eine bauliche Veränderung, da sie einen Eingriff in das GE darstellt (LG Bamberg Info M 2010, 392; OLG Zweibrücken ZWE 2003, 274). Jedoch ist dieser Eingriff zu dulden, soweit keine Beeinträchtigung vorliegt (LG Bad Kreuznach DWE 1984, 127), die zB bei außenliegenden Rollädenkästen zu bejahen ist (AG Nürnberg v. 30.10.1985 – 1 UR II 127/85, zit. nach Bielefeld S. 409) oder bei farblich abweichender Blende (BayObLG WEM 1982, 109) oder 15 cm vorstehender Kasten (OLG Düsseldorf NJW-RR 1995, 418). Beeinträchtigung auch wegen Lärm möglich, zB bei Rolläden mit Motorantrieb (OLG Zweibrücken ZWE 2003, 274). In diesem Fall müssen auch die Energiesparinteressen zurücktreten. Ggf. ist aber noch zu erörtern, ob nicht das Sicherheitsbedürfnis einzelner WEer vorrangig ist. S. auch Jalousie, Fenster und Gitter.
Rollladenheber: Der Umbau der bisher manuell betriebenen Rollläden durch elektrisch betriebene Rollladenheber bedarf keiner Zustimmung, wenn keine Nachteile, so zB keine nennenswerte Geräusche zu erwarten sind (OLG Köln NZM 2001, 53; OLG Zweibrücken ZWE 2003, 274).
Rollstuhlrampe, -weg: Nach AG Pinneberg kann bei Behinderung (wegen § 554a BGB) im Rahmen ordnungsgemäßer Verwaltung diese per Mehrheitsbeschl vorgenommen werden (WuM 2004, 227). Ebenso bei Weg für behinderten WEer (AG Dortmund WuM 1996, 242; AG Krefeld WuM 1999, 590). Gilt auch für weitere Erleichterung, zB zum Erreichen von Keller oder Garten. Verlangt der Mieter des WEers (nach § 554a BGB) die Zustimmung zu baulichen Veränderungen, ist der Vermieter verpflichtet, eine Eigentümerversammlung über den Verwalter einberufen zu lassen, um über die Zulässigkeit des Eingriffs zu entscheiden (AG Stuttgart WuM 2012, 288). S. auch Behinderte.
Rutsche: S. Kinderrutsche.

Sandkasten: Die Errichtung im Garten ist nach OLG Celle bauliche Veränderung (OLG Celle OLGR 1996, 242). Anders LG Wuppertal (ZMR 2006, 725) und BayObLG (WuM 1998, 745) für Errichtung von Kinderspielplätzen mit Sandkasten. Sandkästen alleine sind für Kinderspielplatz nicht ausreichend (LG Wuppertal ZMR 2006, 725). S. auch Grünfläche, Ballspielplatz.
Sanierung: S. Dachabriss und Rn. 18.
Satellitenfernsehen: S. Gemantenne, Kabelfernsehen, Parabolantenne.
Sauna: Nach dem BayObLG (NJW-RR 1992, 272) muss der Einbau einer Sauna im SE nicht eine bauliche Veränderung sein, vielmehr kommt es auf die Umstände an, anders aber bei Saunahaus auf Terrasse (BayObLG ZMR 2001, 827).
Schallschutz: S. Lärmschutz.
Schaukasten: S. Reklame.
Schaukel: Versetzung einer Schaukel ist bauliche Veränderung (LG Wuppertal ZMR 2006, 725). S. Kinderschaukel.
Schild: Ein ca. 0,50 cm großes Schild kann bauliche Veränderung sein, wenn störende Anlage (OLG Köln NZM 2002, 258). Ebenso Werbeschild (LG Karlsruhe ZWE 2012, 103).
Schirm: S. Bank.

§ 22 I. Teil. Wohnungseigentum

Schirmständer: Der Einbau in der Eingangsdiele einer kleinen Anlage ist nach BayObLG keine bauliche Veränderung (WE 1994, 178).
Schließanlage: Die Auswechselung eines herkömmlichen Türschlosses durch eine elektrische Schließanlage stellt eine bauliche Veränderung dar (Korff DWE 1984, 63), ebenso der Schließzylinder in einzelnen Türen (Schmid DWE 1989, 91).
Schornstein: Errichtung ist bauliche Veränderung (LG Karlsruhe ZWE 2012, 138), ebenso Anbringung eines zweiten Schornsteins auf Bungalow, wenn dadurch die Aussicht zerstört wird (LG Hamburg v. 3.4.1984 – 20 T 10/84), ebenso eine Veränderung (OLG Celle WuM 1995, 338, 339). Wiederinbetriebnahme eines bereits bestehenden, in der Vergangenheit aber stillgelegten Schornsteinkamins kann nunmehr eine Modernisierung sein (BGH NZM 2011, 281). S. Durchbruch, Kamin, Außenkamin.
Schrank: Der Einbau von Schränken im Bereich der Wohnungstür ist nach BayObLG (WE 1993, 50; 1994, 178) und OLG Köln (NZM 1999, 911) bauliche Veränderung. Ebenso für Schrank unter Dachschräge (OLG München NZM 2005, 622). S. Terrasse.
Schuppen: Bauliche Veränderung (BayObLG ZMR 2001, 640), s. Terrasse.
Schwimmbecken: Bauliche Veränderung (AG München ZMR 2011, 170; BayObLG ZMR 1999, 580)
Sicherungsaustritt: Ist ein Dachausbau von dem Bauträger vor Entstehung der WEerGem vorgenommen worden, soll nach OLG Hamm (WE 1993, 318) die von der Baubehörde für die Genehmigung des Ausbaus geforderte Errichtung eines „Sicherheitsaustrittes" keine bauliche Veränderung sein, auch wenn sie nach Entstehung der WEer-Gem vorgenommen wird (bedenklich hinsichtlich BayObLG WE 1992, 194, da dort die Einzäunung eines vor Entstehung der WEerGem vorgenommenen Dachterrassenausbaus als bauliche Veränderung angesehen wurde). Wird Dachaustritt im Zusammenhang mit Fensterausbau notwendig, kann dies Nachteil sein, wenn optischer Gesamteindruck beeinträchtig wird (OLG Frankfurt v. 6.2.2003 – 20 W 295/01). S. Optische Beeinträchtigung.
Sichtblende: Das Anbringen massiver, fest eingefügter Sichtblenden auf Balkonen und Terrassen ist idR eine bauliche Veränderung (OLG Köln NZM 1999, 178), s. Matte.
Sichtschutzmatte: S. Matte.
Sitzbank: Die Umgestaltung eines Pflanzentroges, der als Brüstung einer Terrasse dient, zu einer Sitzbank wurde vom AG Aachen als bauliche Veränderung angesehen (v. 13.11.1990 – 12 UR II 40/90).
Sitzgruppe: Die Errichtung ist bauliche Veränderung, die im konkreten Fall aber nicht nachteilig war (OLG Karlsruhe NJW-RR 1998, 14).
Solarzelle: Die Anbringung ist eine bauliche Veränderung (BayObLG NJW-RR 1993, 206; OLG München NZM 2005, 825: Fläche von 10 qm), allerdings ist die Zustimmung nur der WEer erforderlich, die diese sehen können, oder wenn sie von der Straße aus sichtbar ist. Bei einer Größe von 0,8 qm auf einem Garagenflachdach kann dies ausgeschlossen sein (BayObLG NZM 2002, 74). Siehe Sonnenkolletoren.
Sondernutzungsrecht: S. § 15 Rn. 11.

Sonnenkollektoren: Das Aufstellen auf dem Dach von Reihenhäusern ist bauliche Veränderung (BayObLG ZWE 2005, 346), Umweltfreundlichkeit ändert nichts daran, ist aber Modernisierung (Derleder ZWE 2012, 68; Bärmann/Merle Rn. 348). S. auch Flachkollektoren.
Speicherraum: S. Dachausbau, Treppe.
Sperrbügel: Für SNR-Stellplatz nicht zustimmungspflichtig, wenn er sich in die Prägung des Erscheinungsbilds der Wohnanlage einfügt und andere nicht behindert (OLG Schleswig NJWE 1997, 29); s. aber Parkabsperrbügel.
Spielplatz/Spielhaus: S. Kinderspielplatz.
Spitzboden: Ausbau ist bauliche Veränderung (LG Hamburg ZMR 2010, 550; OLG München ZMR 2006, 301), auch wenn er im Aufteilungsplan als ausbaufähig beschrieben wird (OLG Hamm NZM 1998, 873). Nach OLG München kann es an Nachteil fehlen, wenn die Wohnanlage aus selbständigen Einfamilienhäusern besteht (ZMR 2006, 301). Der WEer, der als einziger durch sein SE den Zugang innehat, darf ihn jedoch auch nur so nutzen wie die übrigen WEer (OLG Köln NZM 2001, 385); s. Treppe.
Sprossenverglasung: S. Fenster.
Stabantenne: IdR bauliche Veränderung (BayObLG DWE 1990, 114). S. Antenne
Stellplatz: Die Anlegung zu Lasten des Grünbereichs ist eine bauliche Veränderung (BayObLG WE 1991, 290). Bei einem Carport handelt es sich nach BayObLG idR um eine optisch nachteilige bauliche Veränderung des GE (NZM 2003, 199), ebenso OLG Hamburg (ZMR 2005, 305, LG Hamburg ZMR 2013, 992). Errichtung einer Schrankenanlage kann bauliche Veränderung sein (LG Hamburg ZMR 2012, 217). S. Parkplatz.
Stilllegung: Die Stilllegung gemeinschaftlicher Einrichtungen, wie zB die eines Lifts (OLG Saarbrücken WuM 2007, 154), einer Gaszuleitung (BayObLG Rpfleger 1976, 291) oder eines zu einer Wohnanlage gehörigen Hallenbades mit Sauna (BayObLG NJW-RR 1987, 655) durch die wesentliche Teile eines Bauwerks betroffen sind, stellt idR eine bauliche Veränderung dar. Anders aber, wenn Anlage bereits stillgelegt ist; dann Anspruch eines WEer auf Wiedereröffnung nur im Rahmen ordnungsgemäßer Verwaltung. Das Gericht darf Gem nur zu rechtmäßigen Handlungen verpflichten, daher kein Anspruch auf Wiedereröffnung, wenn öffentlich-rechtliche Vorschriften nicht eingehalten sind (OLG Köln NZM 1998, 1015).
Stimmrecht bei Beschl über bauliche Veränderungen: Auch wenn die WEer über eine bauliche Veränderung beschließen, die einem WEer überwiegend oder gar ausschließlich zu Gute kommt, ist dieser grds. nicht von seinem Stimmrecht ausgeschlossen (BayObLG ZMR 2004, 209). Anders aber AG Kerpen, wenn es ersichtlich nicht darum gehe, eine im Geminteresse liegende Regelung zu finden (ZMR 2009, 153). Ebenso wenn Umstände hinzutreten, die sich als Verstoß gegen die Pflicht zur Rücksichtnahme auf die Interessen der Gem und die Grundsätze ordnungsgemäßer Verwaltung darstellen (AG Hannover ZMR 2008, 669 m. Hinw. auf BGH ZfIR 2002, 907). Werden in einer (getrennten) WEversammlung der Untereinheit einer Mehrhausanlage ausschließlich Angelegenheiten (auch nach § 22 WEG) besprochen, die allein die WEer der Untereinheit betreffen, so sind (bei entspre-

chender Regelung in der GO) nur diese zu laden und besitzen nur diese ein Stimmrecht. Auch bei kostenverursachenden Maßnahmen steht den übrigen WE der Gesamtanlage kein Stimmrecht zu, so dass sie nicht zwingend zur WEerversammlung der Untereinheit zu laden sind (LG Köln ZWE 2010, 278), aber unrichtig Ladung ja Stimmrecht nein. Bei einer Abstimmung über eine modernisierende Instandsetzung bedarf nach LG München das Kopfstimmenprinzip im Rahmen der doppelt qualifizierten Mehrheit keiner Korrektur zugunsten von Mehrfach-WEer; insofern habe der Gesetzgeber den vermögensrechtlichen Belangen nach der Gesetzesbegründung ausdrücklich durch Aufnahme der erforderlichen Mehrheit der MEA Rechnung getragen (WuM 2009, 424). Ein WEer, dessen SE (noch) nicht entstanden ist, hat solange die Rechte eines (gewöhnlichen) WEers (also auch Stimmrecht), bis der gesetzeswidrige Zustand beseitigt ist (OLG Dresden ZMR 2008, 812; OLG Hamm Rpfleger 2007, 137).
Sträucher: S. Baum.
Stromnetz: Der Ausbau des vorhandenen Stromnetzes ist idR eine bauliche Veränderung (BayObLG NJW-RR 1988, 1164).
Stützmauer: Die Veränderung einer gemeinschaftlichen Böschungsstützmauer infolge des Einbaus von Mülltonnenbehältern in die Böschung stellt eine bauliche Veränderung dar, da hiermit das GE in seiner Substanz verändert wird (OLG Karlsruhe OLGZ 1978, 172). Ebenso Errichtung einer Stützmauer (BayObLG ZMR 2001, 468). Siehe Mauer.

51T **Tapete:** Die Ersetzung der Raufasertapete durch eine Glasfasertapete bei der Renovierung des GE ist keine bauliche Veränderung (OLG Düsseldorf WuM 1994, 503).
Teerung: S. Grünfläche.
Teichanlage: Beseitigung ist idR bauliche Veränderung. Wenn Beseitigung zur Erfüllung von Verkehrssicherungspflichten zwingend erforderlich, dann auch als Instandhaltung durch Mehrheitsbeschl möglich (OLG Frankfurt v. 30.6.2003 – 20 W 254/01).
Teppichboden: Ersetzung im GE keine bauliche Veränderung (OLG Saarbrücken DWE 1998, 79). Anders aber für Beseitigung eines Teppichbodens in einem Treppenhaus, der schon vor der Aufteilung des Hauses in WE vorhanden und damit Bestandteil des GE gewesen ist (LG Düsseldorf WE 1991, 124). S. Bodenbelag.
Terrasse: Baumaßnahmen können hier im Zusammenhang mit der **Errichtung** der Terrasse sowie der Erstellung von Zusatzeinrichtungen auf einer bestehenden Terrasse entstehen, zB Erstellung einer Überdachung begründet eine bauliche Veränderung, wenn sie die Instandsetzung des gemeinschaftlichen Eigentums erschwert (BGH v. 7.2.2014 V ZR 25/13) Sind mit der erstmaligen Anlage einer Terrasse einschneidende Änderungen in der äußeren Gestalt verbunden, etwa weil die bisher bestehende Grünfläche in eine durch Platten befestigte, abgegrenzte Terrasse umgestaltet und zudem eine Erdaufschüttung erforderlich wird, um die Terrasse in eine Ebene mit dem Fußboden der Wohnung eines WEers zu bringen, so liegt hierin auch eine bauliche Veränderung (KG OLGZ 1971, 492). Ebenso bei einer Terrassenverbauung

(BayObLG WE 1992, 84) oder Vergrößerung der Terrasse (BayObLG WE 1997, 317), etwa um 33 % (OLG Karlsruhe WuM 2000, 500) oder Holzterrasse (OLG München ZMR 2006, 230), aber nicht bei geringer Vergrößerung (LG Hamburg ZMR 2011, 226). Ist jedoch keine Beeinträchtigung mit der Errichtung verbunden, so kann die Terrasse zu dulden sein (AG Hamburg ZMR 2011, 591; BayObLG DWE 1984, 27). Die Errichtung eines Kellervorbaus unter dem Garten eines Bungalows, die zu dem Zweck erfolgt, darüber eine Terrasse zu errichten, stellt auf Grund der damit verbundenen Beeinträchtigung des optischen Gesamteindrucks (BayObLG v. 12.8.1983 – 2 Z 86/82) und der durch die Fundamentierung bedingten Veränderung des GE (OLG Hamm OLGZ 1976, 61) eine bauliche Veränderung dar. Ebenso die Errichtung eines ca. 4 × 4 m großen Zimmeranbaus (AG Aachen v. 1.7.1986 – 12 UR II 77/85) bzw. eines 4 × 2,10 m großen (AG Aachen v. 7.2.1989 – 12 UR II 82/88) oder eines 1 × 1 × 2 m großen, farblich deutlich von der Fassade abgehobenen Schrankes (AG Aachen v. 3.8.1993 – 12 UR II 46/93) auf einer Dachterrasse, ggf. anders, wenn Schuppen durch immergrüne Pflanzen von außen nicht mehr sichtbar ist (BayObLG ZMR 1999, 118). Die Anbringung von Stufen in einer Böschung ist eine bauliche Veränderung (BayObLG ZMR 2005, 66). Ebenso Erweiterung des Plattenbelags, Einbau eines Sockels am Böschungsfuß und Ersetzung von Trittstufen, die mit Platten belegt waren durch eine betonierte Treppe (BayObLG WuM 2002, 638). Ebenso Erweiterung einer Küchenfenster zu einer Terrassentür (AG Hamburg ZMR 2011, 591). S. auch Zustimmung, Balkon, Dachterrasse.
Terrassenüberdachung: S. Überdachung, Dachausbau und Dachterrasse.
Terrassenunterkellerung: S. Terrasse.
Tor: Der erstmalige Einbau eines Gartentores, zB eines Garagentores an offenen Stellplätzen in einer Tiefgarage (BayObLG WE 1992, 54) oder Schwung- oder Kipptor und seitliche Begrenzung (BayObLG WuM 1998, 175) oder Errichtung eines Gartentors (OLG München MDR 2005, 1400; BGH NJW 1979, 817; OLG Stuttgart DWE 1981, 124), ist idR eine bauliche Veränderung (OLG München MDR 2005, 1400). Ebenso Anbringung eines Tores. Jedoch ist jedesmal zu prüfen, ob eine Beeinträchtigung der übrigen WEer vorliegt.
Trampelpfad: Anlage eines Trampelfades ist keine bauliche Veränderung (LG Hamburg ZMR 2011, 226).
Trennmauer: S. Wand.
Trennwand: S. Wand.
Treppe: Ist mit der Anbringung einer Treppe an einer bereits bestehenden Balkonplatte eine Veränderung der äußeren Gestalt des Gebäudes verbunden, so liegt hierin eine bauliche Veränderung (BayObLGZ 1974, 269). Ebenso bei der Errichtung einer Treppe von einer Loggia einer Erdgeschosswohnung in den gemeinschaftlichen Garten (LG Essen WuM 1987, 37). Nach AG Hannover kann dies aber nunmehr Modernisierung und einem qualifizierten Mehrheitsbeschl zugänglich sein (AG Hannover ZMR 2008, 250). Portable Treppen (OLG Karlsruhe ZMR 1999, 65), die Anlage einer Treppe mit Treppenvorplatz und einer schmalen Auffahrt zum Schieben von Einkaufswagen vor einem Ladeneingang (BayObLG WE 1987, 51) oder der Einbau einer

Betontreppe in die Böschung einer Terrasse (BayObLG WE 1992, 198) sind bauliche Veränderungen. Aber keine bauliche Veränderung, wenn an einem Spitzboden ein SNR besteht und eine Verbindungstreppe gebaut wird, durch die weder Nachteile in statischer, schalltechnischer oder brandtechnischer Hinsicht entstehen, noch eine wohnungsähnliche Nutzung des Spitzbodens in Betracht kommt (BayObLG NJW-RR 1994, 1169). Anders wiederum bauliche Veränderung, wenn die Treppe errichtet wurde, um die unzulässige Wohnnutzung des Dachspitzes zu ermöglichen oder eines Speicherraumes (BayObLG WE 1994, 277, ebenso die Abmauerung und Fenstervergrößerung). Ebenso zusätzliche Handläufe im Treppenhaus (LG Köln ZWE 2012, 277). Ebenso Einbau einer Freitreppe. Aber hier kein Anspruch auf Beseitigung, wenn in derselben Anlage bereits eine wesentlich wuchtiger aussehende Freitreppe eines anderen SE existiert und die dem Garten zugewendeten Balkone stark unterschiedlich ausgestaltet sind (LG Hamburg ZMR 2009, 141). S. Behinderte.
Treppenanbau: Bauliche Veränderung (KG ZMR 2009, 790; OLG Hamburg ZMR 2003, 525). Siehe Fluchttreppe.
Treppenlift: Dieser ist bauliche Veränderung (LG Karlsruhe ZWE 2013, 37; OLG München NJW-RR 2008, 1332), aber kann Modernisierung sein, s. auch Aufzug.
Trittplatten: Bauliche Veränderung (BayObLG ZMR 2002, 61).
Trockenstange auf dem Balkon: S. Wäschetrockenstange.
Tür: Der Ersatz eines Fensters durch eine Tür (BayObLG ZMR 1987, 344, wegen der Mehrbenutzung des GE, BayObLG WE 1998, 149, 151), eines Balkongitters (BayObLGZ 1974, 269, 271 f.), die Neuerrichtung (BGH NJW 1979, 817) oder der Austausch inkl. Zarge (BayObLG NJW-RR 1987, 1359) sind bauliche Veränderungen (OLG Frankfurt ZWE 2008, 353; OLG München ZMR 2006, 797). Soweit damit keine Nachteile verbunden sind, ist die Errichtung zu dulden (BayObLG DWE 1984, 27; WE 1992, 87), aber nicht, wenn im Aufteilungsplan vorgesehen (BayObLG ZWE 2003, 190). S. auch Durchbruch, Doppeltüre.
Türspion: Der Einbau ist ohne Zustimmung anderer WEer möglich (AG Kassel ZMR 2010, 485 Rn. 36). Ein stark Geh- und Sehbehinderter ist dann berechtigt, im Hausflur eine Video-Überwachungsanlage zu installieren, die ihm – statt eines Türspions – die Überwachung seines Wohnungseingangsbereiches ermöglicht, wenn die Überwachungsanlage ausschließlich diesen Bereich erfasst und damit im Ergebnis weniger Beobachtungsmöglichkeiten eröffnet als ein Türspion (für eine normalsichtige Person), durch den infolge der Lage der Wohnung im Erdgeschoss und zur Straßenseite hin der gesamte Hauseingangsbereich beobachtet werden könnte (AG Köln NJW-RR 1995, 1226).

51U   **Überbau:** Wie bauliche Veränderung zu behandeln, wenn Genehmigung erteilt werden soll (BGH NJW 2010, 446 Rn. 20).
Überdachung: Die Überdachung einer Terrasse zB mittels einer Ziegel-/ Holzkonstruktion stellt idR eine bauliche Veränderung dar (BGH NJW 2014, 1090; LG Hamburg ZMR 2013, 373; AG Konstanz ZMR 2008, 494;

OLG München ZMR 2006, 230), ebenso bei einem Balkon (LG Hamburg ZMR 2012, 574), einer Pergola (BayObLG WE 1990, 177) oder einer Garageneinfahrt (BayObLG WE 1991, 228).
Uhr: S. Zähler.
Umzäunung: S. Zaun.
Unterkellerung: S. Terrasse, Balkonunterfangung.

Verbindung: S. Dachterrasse.
Verbrauchszähler: S. Zähler.
Verglasung: S. Fenster.
Verkleidung: Bedingt die Installation von Holzverkleidungen auf Balkonen keine nachteilige Veränderung des optischen Gesamteindrucks der Wohnanlage, so liegt hierin keine bauliche Veränderung (AG Mannheim DWE 1984, 57). Das BayObLG (WE 1987, 51) sieht aber in der Verkleidung eines Lieferanteneingangs eine bauliche Veränderung, ebenso in der nachträglichen Anbringung einer Loggienverkleidung (BayObLG WE 1990, 71). Aber nicht bei Austausch einer erneuerungsbedürftigen Verkleidung eines Aufzugs gegen eine leichter zu reinigende Verkleidung aus Metall (LG Hamburg ZMR 2009, 314). S. Balkon, Aufzug.
Verschränkungen: Im Regenfallrohr bauliche Veränderungen, da Gefahr der Verstopfung besteht (LG Hamburg ZMR 2014, 307).
Versorgungsleitung: Die zusätzliche Verlegung durch das GE stellt eine bauliche Veränderung dar (OLG München ZMR 2007, 998; BayObLG NJW-RR 1988, 589; KG WuM 1994, 38), aA AG Hannover (Rpfleger 1969, 132) für die Durchführung der Umstellung einer Etagenheizung auf Gas.
Videoanlage (Elzer NJW 2013, 3537): Die Installation ist bauliche Veränderung (BGH NJW-RR 2011, 949; OLG Düsseldorf NJW 2007, 780; Huff, FS Bub, S. 127; OLG Köln WuM 2007, 646) und nicht per Beschl einführbar (KG NJW 2002, 2798), anders bei konkreter Gefährdung (Staudinger/Bub § 21 Rn. 174a). Ein WEer, dem die Sondernutzung an „seinem" Haus und Garten zugewiesen ist, darf zwar auf der Rückseite des Hauses eine Videoüberwachungskamera anbringen, die ausschließlich Flächen erfasst, an denen das SNR besteht. Jedoch ist er zur Beseitigung einer weiteren, an der Hausvorderseite angebrachten Videoüberwachungskamera verpflichtet, wenn diese GE und fremdes SE erfasst, nämlich Zugangswege zu anderen Wohneinheiten (BayObLG MietRB 2005, 180; AG Hamburg ZMR 2014, 59). Als Nachteil wird hier auch der Eingriff in das Persönlichkeitsrecht der WEer anerkannt (BGH NJW-RR 2011, 949). Nach BGH ist der Nachteil ausgeschlossen, wenn die Kamera nur durch Betätigung der Klingel aktiviert wird, eine Bildübertragung allein in die Wohnung erfolgt, bei der geklingelt wurde, die Bildübertragung nach spätestens einer Minute unterbrochen wird und die Anlage nicht das dauerhafte Aufzeichnen von Bildern ermögliche (BGH NJW-RR 2011, 949). Der Eingangsbereich einer Anlage kann mit einer Videokamera überwacht werden, wenn ein berechtigtes Überwachungsinteresse der Gem das Interesse des einzelnen WEers und von Dritten, deren Verhalten mitüberwacht wird, überwiegt und wenn die Ausgestaltung der Überwachung unter Berücksichtigung von § 6b BDSG inhaltlich und formell dem Schutzbedürf-

nis des Einzelnen ausreichend Rechnung trägt, ein Beschl, der dies nicht einhält, ist nichtig (BGH NZM 2013, 618). S. auch Nachteil § 14 Rn. 4.
Vogelhaus: Auf Balkon kann bauliche Veränderung sein (AG Frankfurt IMR 2014, 80).
Vollwärmeschutz: S. Rn. 17.

51W **Wärmedämmsystem:** Die Anbringung kann modernisierende Instandsetzung oder Modernisierung sein (OLG Düsseldorf NZM 2002, 704). Wies die alte Fassade keine schwerwiegenden Mängel auf, war sie insbesondere nicht undicht, führte ihre Beschaffenheit nicht zu Feuchtigkeitsschäden, war Zweck der Sanierung somit nicht eine akute Reparaturbedürftigkeit, sondern eine optische Aufwertung und die Einsparung von Energiekosten durch eine bessere Wärmedämmung, liegt nach OLG Schleswig eine bauliche Veränderung vor (NJW-RR 2007, 1093). Anders aber, wenn Feuchtigkeitsschäden vorliegen und zur Vermeidung weiterer Feuchtigkeitsschäden die Dämmung der kompletten Hausfassade beschl wird (OLG Frankfurt NJW-RR 2011, 160). Nach LG Düsseldorf kann ein WEer von der Gem nicht die Anbringung eines Wärmedämmsystems verlangen, wenn die Fassadendämmung eines Gebäudes den zum Zeitpunkt seiner Errichtung geltenden DIN-Vorschriften entspricht, sich aber Jahre später – nach (eigenmächtigem) Einbau von Isolierglasfenstern – im Schlafzimmer der Wohnung erstmals Feuchtigkeitsschäden (Schimmel, Stockflecken) zeigen und der Sachverständige einen zu hohen Taupunkt des Mauerwerks feststellt (NZM 2007, 930). S. Kosten.
Wärmemengenzähler: S. Zähler.
Wäschespinne: S. Wäschetrockenplatz.
Wäschetrockenplatz: Die Verlegung durch Umsetzen und Einbetonieren von Wäschestangen oder Wäschespinnen stellt eine bauliche Veränderung dar (BayObLG ZMR 1987, 389), es sei denn, der Standplatz war von vornherein verfehlt gewählt, und die Verlegung stellt deshalb lediglich die erstmalige Herstellung eines ordnungsgemäßen Zustandes dar (BayObLG WE 1994, 151) oder es handelt sich um eine nicht fest und dauerhaft installierte Spinne (OLG Zweibrücken NZM 2000, 293).
Wäschetrockenstange: Die Anbringung zweier farblich angepasster Wäschetrockenstangen auf dem gemeinschaftlichen Balkon, die zudem in den vorhandenen Blumenschmuck einbezogen werden und damit der gesamten Wohnanlage ein freundliches Aussehen geben, stellt keine bauliche Veränderung dar (AG Stuttgart DWE 1980, 128). Beseitigung einer Wäschestange kann Modernisierung sein (AG Konstanz ZWE 2008, 350).
Walmdach: S. Dachabriss.
Wand: Die Errichtung einer Trennwand im Treppenhaus, die mit einer Beschränkung der Nutzungsmöglichkeit des gemeinschaftlichen Treppenhauses verbunden ist (BayObLG v. 1.6.1979 – 2 Z 34/78, zit. nach Deckert 5/149), einer Trennwand zu einem Nachbarbalkon (LG Itzehohe Info M 2008, 232; BayObLG WuM 1985, 31), oder einer Trennwand zur Abtrennung der Stellplatzes in einer Sammelgarage (OLG Zweibrücken WE 1991, 140) stellt eine bauliche Veränderung dar. Ebenso die Abänderung der Trennwände im Keller zB von Maschendraht in Holztrennwände (BayObLG DWE 1983, 61). Je-

Besondere Aufwendungen, Wiederaufbau **§ 22**

doch nicht die Anbringung eines Sichtschutzes in Form einer Stoffbespannung (LG Nürnberg-Fürth v. 30.8.1978 – 13 T 8584/77, zit. nach Bielefeld S. 425, bedenklich). Die eigenmächtige Ersetzung von Holztrennwänden auf Terrassen durch Trennmauern mit den gleichen Ausmaßen stellt angesichts der unterschiedlichen Materialien eine bauliche Veränderung dar (LG Berlin GE 2007, 1563). S. Durchbruch.
Wanddurchbruch: S. Durchbruch.
Warmwasser- oder Wärmemengenzähler: S. Zähler.
Waschküche: Der Umbau zum Raum für WEerversammlungen ist nach BayObLG (NJWE 1997, 179, s. auch ZWE 2000, 216) bauliche Veränderung.
Wasseranschlüsse: Die eigenmächtige Anbringung im GE ist bauliche Veränderung (BayObLG WE 1998, 149, 151).
Wasserenthärtungsanlage: Der Einbau stellt auch, wenn sie mit wirtschaftlichen Vorteilen verknüpft ist, eine bauliche Veränderung dar (BayObLG MDR 1984, 406), ggf. aber nach Einbau Anspruch auf schonende Betreibung (OLG Karlsruhe ZMR 1999, 123).
Wasserleitung: Die eigenmächtige Anbringung in SE oder GE ist bauliche Veränderung (OLG Düsseldorf DWE 2000, 167), unterirdisch nicht (OLG Zweibrücken NZM 2002, 253). Ebenso ist der Einbau einer sog „Guldager TIPTAL-Anlage" zur Sanierung der eingebauten mangelhaften Wasserleitungen keine bauliche Veränderung (LG Dresden ZMR 2007, 491). Ebenso der Beschl über die Abtrennung von Versorgungsleitungen zur Wohnung eines säumigen WEers (BayObLG WuM 2004, 363).
Wasserstrahlpumpe: Der Ersatz der nicht mehr gebrauchsfähigen Wasserstrahlpumpe durch eine automatische Tauchpumpe stellt keine bauliche Veränderung dar, da bei der Ersatzbeschaffung ein Ermessensspielraum der WEer besteht (aA BayObLG DWE 1982, 29, da im konkreten Fall eine technisch wesentlich anders geartete und im Preis erheblich teurere angeschafft worden war).
WC: Der Einbau eines WC in eine Dachkammer (BayObLG NJW-RR 1988, 589 mwN) oder einen Keller (BayObLG NJW-RR 1992, 272) stellt eine bauliche Veränderung dar. Anders nach dem AG Aachen die Errichtung in einem zur Anlage gehörenden Hausmeister-Werkstattraum bei einer großen Anlage (v. 19.11.1992 – 12 UR II 68/91).
Weg: Die Wiedereröffnung eines Weges durch Freilegung ist keine bauliche Veränderung (OLG Stuttgart DWE 1980, 62), ebensowenig das Belegen des Weges mit Betonlochsteinen (BayObLG WE 1991, 228). Anders aber die Verbesserung eines Trampelpfades zu einem befestigten Weg (KG NZM 2003, 642). Durch Beschl kann auch ein öffentlich genutzter Weg beseitigt werden, der durch faktische Benutzung entstanden ist (BayObLG NJW-RR 1990, 82). Anders jedoch, wenn der Gehweg zu Lasten des Grünbereichs angelegt wird (BayObLG WE 1991, 290); s. auch Plattenbelag, Rollstuhlrampe, Trammpelpfad.
Werbeschild: S. Reklame.
Werbung: S. Reklame.
Windfang: S. Zaun.
Windschutz: Die Anbringung stellt eine bauliche Veränderung dar, es kann aber an der Beeinträchtigung (Rn. 35) fehlen (LG Hamburg ZMR 2005, 989; BayObLG DWE 1984, 27).

Wintergarten: IdR bauliche Veränderung (AG Rosenheim ZMR 2010, 1000; OLG München ZMR 2014, 51, NJW-RR 2008, 247 und ZWE 2006, 48), zB anstelle Pergola (BayObLG WE 1998, 149). Durch die Errichtung eines Wintergartens auf der Terrassenfläche, an der ein SNR besteht, werden die übrigen WEer über das zulässige Maß hinaus in ihren Rechten idR schon dadurch beeinträchtigt, dass durch den Wintergarten eine intensivere Nutzung der Terrassenfläche ermöglicht wird (BayObLG NZM 2004, 836). S. auch Kosten.

51Z **Zähler:** Nach OLG Hamburg ist für Kaltwasserzähler Beschl möglich (ZMR 2004, 936). Der Einbau von Kaltwasserzählern zur Umsetzung einer beschlossenen oder vereinbarten verbrauchsabhängigen Verteilung der Wasserkosten stellt nach dem BGH eine Maßnahme ordnungsmäßiger Verwaltung dar und keine bauliche Veränderung (NJW 2003, 3476; LG Hamburg ZMR 2011, 495). Die Einführung der verbrauchsabhängigen Abrechnung der Wasser- und Abwasserkosten steht nach LG Hamburg nicht mehr in Einklang mit den Grundsätzen ordnungsmäßiger Verwaltung, wenn die Aufwendungen die Einsparungen übersteigen, die sich über zehn Jahre hinweg voraussichtlich erzielen lassen (LG Hamburg ZMR 2011, 495).

Zählerkasten: Ein 20 cm ins Treppenhaus hineinragender von einem WEer angebrachter Zählerkasten ist nach BayObLG (ZMR 2002, 211) keine bauliche Veränderung.

Zarge: S. Tür.

Zaun: Grds. ist die Errichtung eines Zauns eine bauliche Veränderung (LG Itzehoe v. 19.4.2011 – 11 S 26/10). Desweiteren ist hier dann weiter zu unterscheiden:

1. **Grundlage Vereinbarung.** Soweit die Umzäunung eines Grundstücks bereits in der TErkl festgelegt wurde, kommt eine Anwendung des § 22 nicht in Betracht (KG OLGZ 1982, 131). Die **Überarbeitung** des vorhandenen Zauns entspricht **ordnungsgemäßer Verwaltung** (OLG Düsseldorf MDR 1986, 677). Eine Verlegung kann verlangt werden, wenn sie an den im Aufteilungsplan eingezeichneten Standort erfolgt (BayObLG WuM 1994, 640).

2. **Nachträgliche Errichtung.** Umstritten ist, ob die nachträgliche Errichtung eines Zaunes gemäß § 22 Abs. 1 S. 2 zu dulden ist. Der Regelfall ist, dass eine Einzäunung nicht geduldet werden muss, vielmehr nur in Ausnahmefällen (OLG Stuttgart ZMR 1995, 81).

Eine **Duldungsverpflichtung** wurde **bejaht:**
– bei der Errichtung eines Maschendrahtzaunes zwischen Gartensondernutzungsflächen bei einem Doppelhaus, da zwar der großzügige Charakter der Anlage verlorenging, dafür der Zaun aber zB Tiere davon zurückhält, das Grundstück zu beeinträchtigen (BayObLG Rpfleger 1982, 219; NZM 1999, 261),
– bei der Errichtung von Maschendrahtzäunen von 1,10 m Höhe im Zuge der Aufteilung des Gartengrundstücks in weitere Sondernutzungsbereiche, da dies den natürlichen Wohnbedürfnissen entspreche, die gerade bei einem kleinen Grundstück auf die volle Nutzung gerichtet seien (OLG Hamburg DWE 1984, 91),

- bei unangefochtenem Beschl (OLG Düsseldorf DWE 1986, 119),
- bei Ersetzung eines schadhaften Hauszauns durch eine Hecke (BayObLG MDR 1982, 852),
- beim Ersatz von Holzzaunpfosten durch Stahlpfosten (OLG Düsseldorf MDR 1986, 677),
- Errichtung eines kindersicheren Zaunes, soweit es um die Abgrenzung eines Grundstücks zu einem Bach geht (BayObLG NZM 2000, 513),
- Aufstellen eines leicht demontierbaren Zaunsegments (OLG Köln NZM 1998, 820),
- Ersatz eines erneuerungsbedürftigen Holzzaunes, soweit der neue Zaun sich in das Gesamtbild einfügt (LG Hamburg ZMR 2011, 226).

Eine **Duldungspflicht** wurde **verneint:**
- generell eine Sondernutzungsfläche einzuzäunen (OLG Köln ZMR 2008, 817; BayObLG NJW-RR 1991, 1362) und damit abzutrennen (OLG Köln NZM 1998, 864), auch wenn andere schon vorhanden sind (OLG Köln NZM 1999, 138), zB durch einen Jägerzaun (OLG Düsseldorf WuM 1997, 187) oder die Errichtung eines Holzflechtzaunes hinter einem Jägerzaun (KG NJW-RR 1997, 713), jedenfalls in städtischen Bereichen (KG ZMR 1985, 27). Bei einem SNR, wenn dadurch der parkähnliche Charakter der Wohnanlage optisch nicht nur geringfügig beeinträchtigt wurde, und eine Einzäunung nicht aus anderen Gründen im Einzelfall geboten ist (BayObLG ZMR 1987, 29),
- ohne Beschl (AG München v. 24.10.1984 – UR II 525/83 WEG, zit. nach Deckert 5/153),
- bei einem zwei Meter hohen massiven Holzlattenzaun als Windfang, der sich von den sonst vorhandenen Zäunen durch Höhe, Massigkeit und Abgeschlossenheit unterscheidet, da hiermit eine Veränderung des gesamten äußeren Bildes der Anlage verbunden ist (LG Hannover DWE 1985, 24, 25),
- bei einem Maschendrahtzaun zwischen den beiden Stellflächen einer Doppelgarage (BayObLG NJW-RR 1991, 722),
- bei dem Austausch eines auf dem gem Grundstück vorhandenen Jägerzauns durch eine Zaunanlage mit integrierter Überwachungstechnik in einer geplanten Höhe von zwei Metern mit Übersteige- und Untergrabschutz (AG Charlottenburg ZMR 2012, 48) oder der Ersetzung eines Rundholzzaunes durch Halbrundhölzer (AG Charlottenburg GE 2013, 1600)

3. **Erhöhung.** Eine **Erhöhung** eines vorhandenen Zaunes ist zulässig, soweit kein Nachteil entsteht bzw. die Erhöhung wegen der Sicherheit des Grundstücks notwendig ist, s. auch Hecke, Gartengestaltung.

4. **Erneuerung.** Von Rundhölzern auf Halbrundhözer ist bauliche Veränderung (AG Berlin ZWE 2014, 130).

Zentralheizung: S. Heizung.

Zumauern: Das Zumauern eines Fensters ist eine bauliche Veränderung (OLG Düsseldorf DWE 1989, 177). Ebenso das Zumauern der Verbindungstür zu den Zählerräumen und zu den Hauptabsperrhähnen (BayObLG WuM 2004, 237).

§ 22　　　　　　　　　　　　　　　　　　　　　　I. Teil. Wohnungseigentum

> **Zusammenlegung:** Wird bei der Zusammenlegung zweier WE eine gemeinschaftliche Fläche einbezogen, so liegt nach dem KG (ZMR 1985, 346) eine bauliche Veränderung vor, ebenso eine Einbeziehung eines Zimmers in ein Büro (OLG Düsseldorf WE 1989, 98) oder eines Raumes des Nachbarhauses in eine Gaststätte (BayObLG NJW-RR 1991, 1490). Es kann aber der Nachteil fehlen, zB bei der Verbindung von zwei Wohnungen über einen Mauerdurchbruch, wenn feststeht, dass damit keine Nachteile für die übrigen WEer verbunden sind (OLG Celle WuM 2003, 230). S. Durchbruch.
>
> **Zustimmung:** Die WEer können das Erfordernis der Zustimmung der übrigen WEer zu einer baulichen Veränderung abbedingen (LG Itzehoe v. 19.4.2011 – 11 S 26/10). Dies muss durch Vereinb geschehen (BayObLGR 2004, 426). Sind die wohnungseigentumsrechtlichen Vorschriften über bauliche Veränderungen wirksam abbedungen, beurteilt sich ein Anspruch auf Beseitigung einer solchen nach den allgemeinen nachbarrechtlichen Vorschriften des Privatrechts und des öffentlichen Rechts (BayObLG ZMR 2004, 764).

13. Beseitigungsverlangen

52 **Ausschluss** eines Beseitigungsverlangens: Bei Vorliegen einer baulichen Veränderung ist diese rückgängig zu machen, es sei denn, es liegen Gründe vor, die dieses Verlangen verhindert. Solche sind gegeben bei:

a) Unzulässige Rechtsausübung

53 Eine sog unzulässige Rechtsausübung liegt dann vor,[276] wenn zB damit eine Leistung verlangt würde, die alsbald zurückzugewähren wäre.

Beispiel: Eine schadhafte Wand wird durch ein Fenster ersetzt[277] oder bei Unterscheidung zwischen einzelnen WEer ohne sachlichen Grund.[278]

Dafür reicht aber allein die Unverhältnismäßigkeit des Beseitigungsverlangens nicht aus, kann aber im Einzelfall zum Ausschluss führen.[279]

b) Verwirkung oder Verjährung

54 Ist der Beseitigungsanspruch verwirkt oder verjährt oder von einem Rechtsvorgänger verwirkt,[280] so kann die Leistung verweigert werden (§ 214 BGB). Praktische Bedeutung hat Verwirkung nicht mehr, da die Verjährungsfrist drei Jahre beträgt (§ 195 BGB), s. hierzu Rn. 70. Verwirkung bedarf neben längerem Zeitablauf auch eines Verhaltens, aufgrund dessen der WEer sich auf Nichtgeltend-

---

[276] BGH ZMR 2010, 622.
[277] BayObLG WE 1988, 142.
[278] OLG Oldenburg DWE 1997, 127; OLG Düsseldorf ZMR 2007, 710.
[279] BayObLG WuM 2003, 291.
[280] BayObLG NZM 2004, 747; OLG Hamm ZMR 2007, 880.

machung einrichten konnte und eingerichtet hat,[281] wirkt auch gegenüber Rechtsnachfoger.[282]

c) Schikanöses oder widersprüchliches Verhalten

Ein Antrag ist schikanös, wenn eine Beseitigung nur deshalb verlangt wird, um dem anderen einen Schaden zuzufügen (§ 226 BGB[283]), aber nicht allein deshalb, weil bereits andere bauliche Veränderungen in unzulässiger Weise vorgenommen worden waren.[284]

55

d) Beseitigung unverhältnismäßig

Die Beseitigung unverhältnismäßig und damit rechtsmissbräuchlich wäre. Dies liegt vor, wenn der in Anspruch Genommene nur unter unverhältnismäßigen, billigerweise nicht zumutbaren Aufwendungen dem Antrag entsprechen könnte.[285] Dies wurde bei 1.500 EUR Aufbaukosten[286] oder 4.000 EUR[287] jeweils verneint, wobei berücksichtigt wurde, dass die Gem sich zuvor gegen solche Maßnahmen ausgesprochen hatte oder bei 12.500 EUR[288] oder weil die bereits getätigten erheblichen finanziellen Mittel wirtschaftlich sinnlos werden.[289] **Rechtsmissbräuchlichkeit** kann vorliegen, wenn die optische Veränderung äußerst gering ist,[290] aber nicht, weil allein eine Disziplinierung anderer WEer angestrebt wird[291] oder ähnliche Änderungen von anderen vorliegen.[292]

56

e) Beschluss

Ein Beschl **gefasst** wird und dieser **unangefochten** blieb.[293] Eine Beseitigung des Beschl durch späteren Beschl kann nur verlangt werden, wenn ein sachlicher Grund vorliegt und der betroffene WEer gegenüber dem bisherigen Zustand nicht unbillig benachteiligt wird,[294] wonach neuer Beschl wiederum eine bauliche Veränderung bedeutet. Bestehen auf Grund des Beschl mehrere Möglichkeiten der Gestaltung, so ist nur eine solche zulässig, die die WEer am wenigsten beeinträchtigt.[295]

57

---

[281] BGH ZMR 2012, 793 Rn. 18; ZWE 2010, 266.
[282] OLG Düsseldorf ZMR 2004, 610.
[283] BayObLG NJW-RR 1987, 1492.
[284] OLG Karlsruhe ZMR 2001, 224.
[285] BGH NJW 2004, 1798 Rn. 25, NJW 1974, 1552.
[286] BayObLG NJW-RR 1990, 1168, 1169.
[287] BayObLG WuM 1993, 209, 210.
[288] OLG Schleswig NZM 2000, 674.
[289] OLG Köln NZM 2000, 764.
[290] BayObLG WuM 1996, 790.
[291] BayObLG NZM 1998, 336.
[292] OLG Köln NZM 2005, 790; Maßnahme gebilligt von OLG Frankfurt MietRB 2007, 234.
[293] BayObLGZ 1973, 78, 81.
[294] BayObLG WuM 1995, 222; aA OLG Köln ZWE 2000, 429.
[295] BayObLG NZM 1999, 132.

f) Zurückbehaltungsrecht

58 Ein Zurückbehaltungsrecht besteht, zB wegen Mängeln am GE gegen die anderen WEer. IdR wird dies jedoch ausgeschlossen sein, wenn die WEer wegen dieser Mängel bereits Gewährleistungsansprüche gegen den Bauträger geltend gemacht haben[296] und die bauliche Veränderung eine unerlaubte Handlung darstellt, so dass ein Zurückbehaltungsrecht ausscheidet.[297]

g) Störereigenschaft

59 Das Beseitigungsverlangen muss sich gegen den **(Handlungs)-Störer** richten. Der WEer ist Störer, wenn er selbst oder sein Nutzer verändert hat oder dies duldet als Zustandsstörer. Der Nutzer, der verändert hat, selbst wenn das von Drittem genehmigt wurde, da der Dritte nur die Rechtsmacht weitergeben kann, wie er sie besitzt. Hat Nutzer nicht verändert, ist er zur Duldung der Beseitigung verpflichtet.[298] Der Sonderrechtsnachfolger ist als Zustandsstörer grundsätzlich nur verpflichtet, die Beseitigung zu dulden, er haftet weder als Handlungs-, noch als Zustandsstörer für die Beseitigung. Beseitigungs- und Duldungsanspruch sind aber verschiedene Dinge.

Beispiele: Nach dem BayObLG[299] ist **der Erwerber, der ein WE mit baulichen Veränderungen erwirbt, kein Störer**. Er ist allenfalls zur Duldung der Wiederherstellung des GE durch alle WEer verpflichtet[300] unter Kostenbeteiligung.[301]

Der **Sonderrechtsnachfolger** kann aber Handlungsstörer sein, wenn er die störende Handlung im Rahmen einer früheren Nutzungsberechtigung an der Wohnung verantwortlich mit hervorgerufen hat[302] oder weiter geduldet hat, wie Weiterwachsen einer Hecke. Letzteres setzt allerdings voraus, dass er nicht nur tatsächlich und rechtlich in der Lage ist, die Störung zu beseitigen, sondern zudem, dass die Störung bei der gebotenen wertenden Betrachtung durch seinen maßgebenden Willen zumindest aufrechterhalten wird.[303] Ein Zustandsstörer haftet idR dann auf Beseitigung, wenn er allein für den rechtswidrigen Zustand verantwortlich ist.[304] Haftet dagegen neben ihm auch noch ein Handlungsstörer, ist regelmäßig nur dieser zur Beseitigung verpflichtet; der Zustandsstörer haftet daneben grundsätzlich nur auf Duldung der Beseitigung durch den Handlungsstörer.[305] Die Pflicht des Handlungsstörers nach Verkauf bleibt erhalten.[306]

---

[296] BayObLG WE 1992, 55.
[297] BayObLG WE 1992, 55.
[298] BGH NJW 2007, 432.
[299] NJW-RR 1988, 587, 588; WuM 2003, 481; OLG Hamburg ZMR 2006, 377; 2007, 62; kann aber OLG München ZMR 2007, 643.
[300] BayObLG WuM 2002, 165; KG ZWE 2007, 352 m. Anm. Sauren.
[301] OLG Düsseldorf ZWE 2008, 290.
[302] OLG München ZMR 2007, 643.
[303] BGH ZMR 2010, 622.
[304] BGH ZMR 2010, 622.
[305] BGH NJW 2007, 432; LG München ZMR 2010, 800.
[306] LG München ZWE 2009, 458.

h) Zustimmung liegt vor

Wenn von dem betroffenen WEer oder seinem Rechtsvorgänger der baulichen 60
Veränderung **zugestimmt** wurde,[307] zB vor rechtlicher Invollzugsetzung der
WEerGem, aber nach Errichtung der TErkl;[308] anders aber, wenn vor Errichtung der TErkl Zustimmung erfolgte, in der TErkl dies aber nicht aufgenommen wurde.[309] Die Bindung des Rechtsnachfolgers besteht nach dem OLG
Düsseldorf[310] aber nur, wenn die bauliche Maßnahme im Zeitpunkt des Rechtsvorgängers mindestens teilweise vorgenommen worden ist.

i) Verstoß gegen Treu und Glauben (§ 242 BGB)[311]

Liegt insbesondere dann vor, wenn WEer Anspruch auf die Maßnahme hat, aber 61
lediglich keine Entscheidung herbeigeführt hat.[312]

14. Rechtsfolge bei fehlender Zustimmung

Also bei vorhandener baulicher Veränderung.[313] 62

a) Auskunftsanspruch

Gegen denjenigen WEer, der verändert hat,[314] auch wenn inzwischen veräußert 63
wurde.

b) Beseitigung/Unterlassung

Jeder WEer[315] kann die **Beseitigung/Unterlassung** der baulichen Veränderung beantragen (§ 1004 BGB, § 15 Abs. 3[316]), soweit sie von einem WEer vorgenommen wurde. Aber auch möglich, dass die Gem die Sache an sich zieht 64
oder einen WEer dazu beauftragt.[317] Dies bedeutet allumfassende Rückgängigmachung nebst Herstellung des ursprünglichen Zustands. Nach OLG Düsseldorf sind jedoch bei Ausbau WC und Handwaschbecken Ausstattungsmerkmale, die bei der Ausübung von Freizeitbeschäftigungen einen gewissen
Komfort bedeuten und nicht stets auf die Vorbereitung eines Ausbaus zu einer
(umfassenden) Wohnnutzung hinweisen. Daher müssten sie bei einem Verbot

---

[307] BayObLG ZMR 1998, 359.
[308] BayObLG WuM 1994, 640.
[309] BayObLG WuM 1994, 222.
[310] ZMR 1997, 657.
[311] BGH ZMR 2010, 622 Rn. 19; BayObLG ZMR 2001, 640.
[312] BGH NZM 2012, 239.
[313] Deckert WE 1997, 51, 97.
[314] OLG Düsseldorf WE 1997, 149.
[315] BGH NJW 1992, 978.
[316] BGH NJW 2001, 1212 Rn. 6; OLG Düsseldorf NZM 2001, 392; KG NJW-RR 1993, 909.
[317] BGH ZMR 2010, 622 Rn. 11.

derselben nicht zwingend entfernt werden.[318] Vom Verwalter vorgenommene bauliche Veränderung nach OLG Schleswig[319] nur nach vorherigem Beschl (§ 43 Rn. 17). Hierzu kann auch der WEer verpflichtet werden, wenn sein Mieter die Änderungen vorgenommen hat.[320]

c) Beschluss

65 Ein selbst bestandskräftiger Beschl zur Beseitigung ergibt keine selbständige Anspruchsgrundlage, da er nichtig ist.[321] Aber jedenfalls zu prüfen, ob tatsächlich Anspruchsgrundlage gewollt ist, oder nur Beauftragung für gerichtliches Verfahren.[322] Negativbeschl über Beseitigung steht neuem Beschl auf Beauftragung nicht entgegen.[323]

d) Herausgabeanspruch

65a Anspruch auf Herausgabe des GE's, wenn die bauliche Veränderung sowohl ein Vorenthalten als auch eine andere Beeinträchtigung des gemeinschaftlichen Eigentums darstellt, zB Herausgabe des Anbaus.[324]

e) Wiederherstellung

66 Oder/und einen **Schadensersatzanspruch auf Wiederherstellung** des ursprünglichen Zustandes geltend machen (wegen Verletzung der Pflichten aus §§ 14 Nr. 1, 15[325]), zB Ersatzbepflanzung.[326]

f) Beschädigung

67 Oder/und einen **Schadensersatzanspruch** geltend machen, **wenn** im Zuge der Maßnahme sein **Eigentum beschädigt** wurde. Hierbei haftet der WEer dann grds. bei Verschulden wegen Pflichtverletzung. Etwas anderes gilt nach KG,[327] wenn der WEer nach einer Vereinb einen Ausbau auf „eigene Kosten und Gefahren" vornimmt. Hierdurch habe er im Verhältnis der WEer untereinander festgelegt, dass jegliche Zufallsschäden im Zuge der Maßnahme zu seinen Lasten gehen.

Beispiel: Wasserschäden im Zuge des Dachgeschossausbaus.[328]

---

[318] ZMR 2008, 395.
[319] WuM 1998, 309, bedenklich.
[320] OLG Köln NZM 2000, 1018.
[321] BGH NJW 2010, 2801.
[322] OLG Hamm ZWE 2006, 231.
[323] AA BayObLG FGPrax 2004, 60.
[324] OLG München ZMR 2008, 234.
[325] BayObLG NJW-RR 1991, 1234.
[326] BayObLG NZM 1998, 1012.
[327] WE 1993, 138 = ZMR 1993, 430.
[328] KG WE 1993, 138.

Besondere Aufwendungen, Wiederaufbau § 22

g) Andere Maßnahmen möglich

In Ausnahmefällen kommt statt einer Beseitigung oder Wiederherstellung auch **68**
eine **Anordnung anderer geeigneter Maßnahmen** in Betracht,[329]

Beispiel: Anbringung einer Markise anstatt Auswechslung einer Tür.

h) Duldung

Andere WEer müssen Beseitigung dulden.[330] **69**

15. Verjährung

Durch sie besteht die Berechtigung, die Leistung zu verweigern (§ 214 BGB). **70**

a) Frist

Die **Verjährungsfrist** für die Beseitigung baulicher Veränderungen beträgt nur **70a**
drei Jahre (§ 195 BGB) und der Beseitigungsanspruch kann danach verweigert
werden.[331] Dadurch erlangt dieses Frage enorme praktische Bedeutung: Anknüpfungspunkt für den Beginn der Verjährungsfrist ist die **Vornahme der
baulichen Veränderung,** sowie weiter die **Kenntnis** der den Anspruch begründenden Umstände und der Person des Schuldners[332] bzw. deren **grobfahrlässiger Unkenntnis** (§ 199 Abs. 1 Nr. 1 und 2 BGB). **Unabhängig von der
Kenntnis** tritt die Verjährung für den Beseitigungsanspruch (§ 22 Abs. 1 iVm
§ 1004 Abs. 1 BGB) spätestens zehn Jahre nach der baulichen Veränderung ein
(§ 199 Abs. 4 BGB). Gleiches gilt für den Wiederherstellungsanspruch (§§ 823
Abs. 1, 249, 199 Abs. 3 Nr. 1 BGB), wobei unabhängig von der Anspruchsentstehung die Verjährung jedenfalls 30 Jahre seit der Begehung der Handlung,
Pflichtverletzung oder dem sonstigen schadensauslösenden Ereignis eintritt.

b) Grob fahrlässige Unkenntnis

Auch das Wissen des Verwalters oder die grobfahrlässige Unkenntnis über die **70b**
bauliche Veränderung können die Verjährungsfrist in Gang setzen (§ 15
Rn. 17c ff.). Bei grob fahrlässiger Unkenntnis beginnt die Verjährungsfrist in
dem Zeitpunkt, in dem der Inhaber des Unterlassungsanspruchs oder sein Wissensvertreter ihre Unkenntnis nach dem gewöhnlichen Lauf der Dinge frühestens hätten beseitigen können. Bei der Wissenszurechnung ist auf den Zeitpunkt
der Kenntnis des Wissensvertreters abzustellen. Damit beginnt die Verjährungsfrist am Ende des Jahres, in dem die bauliche Veränderung ausgeführt wurde,
auch wenn keine positive Kenntnis dem WEer gegeben ist, da der Verwalter auf
Grund seiner Pflicht zur regelmäßigen Überprüfung des GE die bauliche Veränderung bemerken müsste und somit eine Unkenntnis auf Grund grober Fahr-

---

[329] BayObLG WEM 1982, 3/109.
[330] BayObLG ZMR 2001, 720.
[331] OLG Hamm ZMR 2009, 38; LG Hamburg ZMR 2012, 128; BGH ZMR 2010,
622, dort auch zu landesrechtlichen Verjährung. ausführlich Sauren NZM 2002, 585 ff.
[332] LG Hamburg ZMR 2013, 558 Rn. 72.

lässigkeit des Verwalters vorliege, die sich die Gem und/oder der einzelne WEer anrechnen lassen muss.[333]

c) Verkauf und Erbe

70c Beim Verkauf der Wohnung muss sich der Käufer den beim Verkäufer eingetretene **Kenntnisstand des alten Gläubigers** und damit den bereits eingetretenen Ablauf der Verjährung **zurechnen lassen**. Im Grundsatz gilt Gleiches für eine Erbschaft, wobei allerdings der Ablauf der Verjährung für sechs Monate gehemmt ist (§ 211 BGB).

d) Folgeanspruch

70d Ist ein Rückbauanspruch gegen den Handlungsstörer verjährt, kann der Rechtsnachfolger zur Duldung des Rückbaus auf Kosten aller Eigentümer verpflichtet sein, da sich durch die Verjährung an der Rechtswidrigkeit der Baumaßnahme nichts geändert hat.[334]

16. Rechtsfolgen bei Duldungsverpflichtung

71 Bei Anbau zB Briefkasten und Klingelanlage anzubringen. Bei mehreren Möglichkeiten nur die, die am wenigsten beeinträchtigt.[335] Der geänderte Zustand ist nunmehr Vergleichsmaßstab für weitere Änderungen. Die Veränderung ist mangelfrei durchzuführen.[336]

17. Wiederaufbau (Abs. 4)

72 Bei einer Zerstörung der Anlage regelt Abs. 4 die Folgen: Die **Pflicht zum Wiederaufbau**,[337] die unabhängig vom Wert immer dann besteht, wenn die Kosten durch eine Versicherung oder auf andere Weise gedeckt sind, wie zB durch vorhandene Rücklage oder Schadensersatzansprüche. Trifft dies nicht zu, so ist zu ermitteln, ob die Hälfte des Wertes zerstört ist. Dafür ist der Wert des Gebäudes durch Schätzung zu ermitteln. Dabei ist der Wert des Gebäudes vor der Zerstörung mit dem Wert nach der Zerstörung zu vergleichen:

a) Zerstörung zu mehr als der Hälfte

73 Ist das Gebäude zu **mehr als der Hälfte des Wertes** zerstört, so ist die Zustimmung aller WEer notwendig. Ein Mehrheitsbeschl ist auf Anfechtung aufzuheben.[338]

---

[333] AG Wiesbaden ZMR 2012, 406; Sauren NZM 2002, 585, 588.
[334] LG Hamburg ZMR 2013, 462.
[335] BayObLG NJWE 1997, 256.
[336] KG ZMR 2000, 635; Armbrüster ZWE 2001, 85; für Kosten und Nutzungen s. § 16 Rn. 41.
[337] Röll WE 1997, 94.
[338] BayObLG WuM 1996, 495.

Besondere Aufwendungen, Wiederaufbau **§ 22**

b) Zerstörung zu weniger als der Hälfte

Ist das Gebäude zu **weniger als der Hälfte seines Wertes** zerstört, so ist ein 74
gemeinschaftlicher Wiederaufbau auf Grund eines Beschl oder einer Entscheidung des Gerichts möglich. Ursache unerheblich. Muss nicht alle Einheiten betreffen. Bei einer teilweisen Zerstörung oder drohendem Verfall, zB des Garagenkomplexes,[339] der den hälftigen Wert des gesamten Gebäudes nicht überschreitet, gilt das Gleiche, da der Zustandsgrad sich nach dem Wert des Hauses inkl. Nebengebäude bemisst, auch wenn diese sich in einem getrennten Bau befinden,[340] anders aber bei Mehrhausanlage,[341] denn dort kommt es ausschließlich auf das einzelne Gebäude an. Lehnt die Mehrheit ab, so verbleibt dem einzelnen WEer nur die Anrufung des Richters, da der Aufbau in diesem Fall idR einer ordnungsgemäßen Verwaltung entspricht. Die Aufbaukosten des GE haben dabei alle WEer zu tragen (nach den MEanteilen, soweit nicht anders für diesen Fall vereinbart), diejenigen des SE der einzelne SEer. Die Wiederaufbauverpflichtung richtet sich auf die Herstellung des früheren Zustandes, andere oder zusätzliche Maßnahmen, zB Einbau eines vorher nicht vorhandenen Liftes, stellt bauliche Veränderungen dar.[342]

c) Unterbleiben des Wiederaufbaus

Soll der Wiederaufbau unterbleiben, so können unter den in §§ 9 und 11 gege- 75
benen Voraussetzungen die **Wohnungsgrundbücher geschlossen** werden,
ansonsten bleiben die WE's bestehen.

18. Abdingbarkeit

Abs. 4 ist **durch Vereinbarung** abdingbar[343] (vgl. Vor § 10 Rn. 15 Wiederauf- 76
bau), zB ausdehnbar auf Verfall oder Teilverfall der Anlage.

19. Aufbauverpflichtung bei steckengebliebenem Bau[344]

a) Steckengebliebener Bau

Wird die Eigentumsanlage nicht fertiggestellt (sog steckengebliebener Bau oder 77
Bauruine), weil zB der Bauträger insolvent wird, so besteht eine **Aufbaumitverpflichtung der Wohnungseigentümer**. Diese resultiert daraus, dass die WEer bzw. die werdenden WEer sich zum Aufbau zB gegenüber dem Verkäufer verpflichtet haben,[345] der gemeinsamen TEerkl nebst Bauanlagen und alle

---

[339] AG Ebersberg v. 28.7.1983 – UR II 43/81.
[340] OLG Schleswig NJW-RR 1998, 15.
[341] Bärmann/Merle Rn. 377.
[342] OLG Köln DWE 1989, 180.
[343] KG NJWE 1997, 206.
[344] Rix, Der steckengebliebene Bau, Düsseldorf 1991.
[345] ZB aus dem Bauträgervertrag, aA Rix der dies aus dem WEG als Maßnahme der ordnungsgemäßen Verwaltung folgert S. 67; Ott NZM 2003, 135; Bärmann/Merle

Beteiligten von dem Bau der Anlage ausgegangen sind. Diese Mitverpflichtung wird durch Beschl der Gem umgesetzt,[346] wie die erstmalige Herstellung (Rn. 9) und besteht nur im Rahmen der ordnungsgemäßer Verwaltung (§ 21 Abs. 4[347]), insbesondere dann nicht, wenn unverhältnismäßig (s. Rn. 81, vgl. Rn. 56). Bei Nichtanfechtung ist er verbindlich und bindet den Rechtsnachfolger.[348] Die individuellen rechtlichen Möglichkeiten der WEer aus dem Kaufvertrag, zB zurückzutreten, bleiben davon unberührt (zB Anfechtung wegen arglistiger Täuschung). Abs. 2 ist folglich nicht analog heranzuziehen.[349] Die Aufbauverpflichtung bezieht sich auf GE und SE,[350] da die Grenzen fließend sind und eine Nurherstellung des GE's nicht möglich ist, zB die Leitungen, die ins SE abzweigen, aber im GE verlaufen. Der beschlossene Aufbau ist durch den Verwalter durchzuführen. Die Fertigstellung hat nach dem ursprünglichen Konzept zu erfolgen. Abweichungen davon sind idR bauliche Veränderungen.[351] Bei einem Widerspruch zwischen einer Zeichnung in der TErkl und dem Aufteilungsplan ist letzterer maßgebend.[352] Für den weiteren Ausbau ist ein Beschl ausreichend.[353]

b) Mehrhausanlage

78 Anders ist der Fall jedoch bei einer Mehrwohnhausanlage zu beurteilen. Für den Aufbau der erst geplanten Häuser, für die noch kein Käufer gefunden wurde, besteht **keine Verpflichtung der Wohnungseigentümer**, die bereits gebaut haben oder für die noch Bauenden, diese aufzubauen. Auch ein Beschl reicht hierfür nicht aus.[354] Deshalb ist dies und das weitere für jede Untergem gesondert zu regeln.[355]

c) Weiterbau

79 Bauen die Käufer als WEer weiter, **teilen sich die WEer** mangels anderer Vereinb gemäß § 16 Abs. 2 **die Aufbaukosten**.[356] Hierfür ist eine SU regelmäßig

---

Rn. 396.
[346] OLG Celle ZInsO 2005, 818; OLG München ZMR 2007, 560 Rn. 2.
[347] OLG Celle ZInsO 2005, 818; OLG Dresden ZMR 2008, 812 Rn. 12; Rix S. 67; Ott NZM 2003, 135; Bärmann/Merle Rn. 396.
[348] OLG Frankfurt ZMR 2005, 145; BayObLG NJW 2003, 2323.
[349] LG Bonn ZMR 1985, 63; Rix S. 39 mwN; Ott NZM 2003, 135; Riesenberger, FS Deckert, S. 409 f.; wohl auch OLG Dresden ZMR 2008, 812; gegen die hM zB BayObLG NJW 2003, 2323; OLG Karlsruhe NJW 1981, 466; unklar OLG Celle ZInsO 2005, 818.
[350] OLG Celle ZInsO 2005, 818; LG Bonn ZMR 1985, 63; Riesenberger, FS Deckert, S. 411; aA OLG Frankfurt ZMR 2005, 145; Ott NZM 2003, 134; Bärmann/Merle Rn. 396: nur GE.
[351] OLG Köln DWE 1989, 180.
[352] OLG Hamburg WE 1990, 204.
[353] OLG Celle ZInsO 2005, 818; OLG Hamburg WE 1990, 204; OLG Frankfurt WuM 1994, 36.
[354] AG Dortmund JurBüro 1980, 272; Röll NJW 1978, 1507, 1509.
[355] OLG Celle ZInsO 2005, 818.
[356] OLG Celle ZInsO 2005, 818.

nötig. Diese richtet sich nach dem geschätzten Finanzbedarf, der prognostiziert werden muss, nach BayObLG[357] ist hier immer großzügige Handhabung zulässig. Nach dem OLG Karlsruhe[358] müssen die WEer, welche zum Erwerb ihrer Wohnung weniger bezahlt haben, zu den Fertigstellungskosten in größerem Umfang beitragen. Diese Ansicht ist abzulehnen,[359] da nicht derjenige „bestraft" werden kann, der mit dem Verkäufer einen günstigeren Preis ausgehandelt hat. Bei Untergemeinschaften sind diesen die Kosten aufzuerlegen, weil sie in gleicher (besonderer) Weise an der Fertigstellung der zu den jeweiligen Untergemeinschaften gehörenden Gebäude interessiert sind, während sie von der Fertigstellung der zu den anderen Untergemeinschaften gehörenden Gebäude nicht in gleicher Weise profitieren.[360]

d) Unzumutbarkeit

Die Aufbauverpflichtung entfällt, wenn der Aufbau unzumutbar ist. Nach Rix[361] liegt dies vor, wenn die **Kosten der Ersterstellung 50 % der im Bauträgervertrag vereinbarten Summe überschreiten**, also insgesamt mehr als 150 % betragen. **80**

e) Versorgungssperre

Zahlt der Miteigentümer nicht, kann er vom **Mitgebrauch** der WEerGem, zB durch Verhinderung des Anschlusses an die Versorgungsleitungen (Wasser, Strom etc) **ausgeschlossen werden**, wenn dies die einzig praktikable Möglichkeit darstellt, um die Forderung zu realisieren.[362] **81**

§ 23 Wohnungseigentümerversammlung

(1) Angelegenheiten, über die nach diesem Gesetz oder nach einer Vereinbarung der Wohnungseigentümer die Wohnungseigentümer durch Beschluß entscheiden können, werden durch Beschlußfassung in einer Versammlung der Wohnungseigentümer geordnet.
(2) Zur Gültigkeit eines Beschlusses ist erforderlich, daß der Gegenstand bei der Einberufung bezeichnet ist.
(3) Auch ohne Versammlung ist ein Beschluß gültig, wenn alle Wohnungseigentümer ihre Zustimmung zu diesem Beschluß schriftlich erklären.
(4) ¹Ein Beschluss, der gegen eine Rechtsvorschrift verstößt, auf deren Einhaltung rechtswirksam nicht verzichtet werden kann, ist nichtig. ²Im Übrigen ist ein Beschluss gültig, solange er nicht durch rechtskräftiges Urteil für ungültig erklärt ist.

---

[357] NZM 1998, 337.
[358] NJW 1981, 466.
[359] OLG Frankfurt ZMR 1991, 272; WuM 1994, 36; OLG Hamburg WE 1990, 204.
[360] OLG Celle ZInsO 2005, 818 Rn. 22.
[361] Rix, S. 74.
[362] OLG Hamm WE 1994, 84 mwN.

§ 23

I. Teil. Wohnungseigentum

Übersicht

	Rn.
1. Regelungsbereich	1
2. Versammlung	2
3. Beschlussfassung	3
4. In einer Versammlung	4
a) Einladung	5
b) Teilversammlung	
aa) Betroffenheit der Wohnungseigentümer	6
bb) Getrennte Versammlungen	6a
cc) Teilnahmerecht	6b
c) Vollversammlung	7
5. Tagesordnungspunkte (TOP)	8
a) Abfassung	9
b) ABC der Tagesordnungspunkte	10
c) Geschäftsordnungsbeschluss	11
d) Anspruch auf Aufnahme von TOP	12
aa) Jahresversammlung	12a
bb) Außerordentliche Versammlung	13
cc) Ergänzungspunkt einer Versammlung	13a
e) Ankündigung eines TOP	14
f) Kausalität	15
6. Schriftliche Beschlussfassung	16
a) Initiator	16a
b) Beschlussfassung	17
c) Zeitpunkt der Beschlussfassung	18
7. Gegenstand eines Beschlusses	
a) Fragen der laufenden Verwaltung	19
b) Nichtbefassung	19a
8. Nichtigkeit und Anfechtbarkeit	20
a) Nichtiger Beschluss	21
b) Rechtswidriger Beschluss	22
c) Teilrechtswidriger Beschluss	23
9. Beschlussarten	24
a) Gegenstand der Beschlussfassung	25
b) Geschäftsordnungsbeschluss	25a
c) ABC der Geschäftsordnungsbeschlüsse	26
d) Besonderheiten	27
e) Ablehnung eines Antrags	
aa) Antragsablehnung	27a
bb) Beschluss, etwas nicht zu tun	27b
cc) Kombinationsbeschluss	27c
10. Stimmenmehrheit	28
11. Zustandekommen, Entstehung	
a) Verkündung	29
b) Schwebend unwirksamer Beschluss	30
aa) Zustimmung des betroffenen Wohnungseigentümers	30a
bb) Vereinbarung	30b
cc) Zustimmung dinglicher Berechtigter	30c
dd) Beschlussergebnis	30d
ee) Zustandekommen	30e
12. Mängel der Beschlussfassung (Abs. 4)	31

	Rn.
13. Nichtigkeit	32
a) Formelle Mängel	33
b) Materielle Mängel	34
c) ABC der Nichtigkeit	35
d) Ungültigkeitserklärung von Beschlüssen	43
aa) Formelle Mängel	44
bb) Materielle Mängel	45
cc) Genehmigungsbeschluss	46
14. Beschlussfeststellung	47
15. Folgen der Ungültigkeiterklärung	48
16. Abdingbarkeit	49

1. Regelungsbereich

Dieser Paragraph betrifft **die mindestens (§ 24 Abs. 1) jährlich stattfindende Wohnungseigentümerversammlung.** Sie ist das oberste Organ der WEerGem, in der die WEer ihre Auffassung darlegen und ihre Anträge beschließen. Sie entscheiden damit in der Versammlung über den Gebrauch ihres GE (§ 15) und über die Verwaltung desselben (§§ 21 ff.). Hinzu kommt, dass durch die Versammlung den WEern die Möglichkeit gegeben ist, Gedanken mit den anderen MEer auszutauschen. Durch eine Diskussion erfolgt oft erst in der Versammlung eine Meinungsbildung. Diese Möglichkeiten zur Information und Diskussion stellen elementare Rechte eines jeden WEers dar. Es ist die Aufgabe des Verwalters, dieses rechtliche Gehör dem einzelnen WEer auf der Versammlung zu gewähren. Deshalb ist gemäß Abs. 3 für die schriftliche Beschlfassung eine Allstimmigkeit erforderlich. Um Überrumpelungen einzelner WEer zu vermeiden, verlangt Abs. 2 die Ankündigung des Beschlgegenstandes. Damit die Rechtssicherheit und der Rechtsfrieden innerhalb der WEerGem gewährleistet sind, müssen fehlerhafte Beschl innerhalb eines Monats gemäß Abs. 4 angefochten werden, um eine Ungültigkeitserklärung durch den Richter (gemäß § 43 Nr. 4, § 46 Abs. 1) erreichen zu können. 1

2. Versammlung

Gemäß Abs. 1 ist eine Versammlung **erforderlich, soweit** über eine Angelegenheit **durch Beschl zu entscheiden ist und nicht ein schriftlicher Beschl gemäß Abs. 3 gefasst wird.** Für andere Angelegenheiten wie die Fassung einer Vereinb oder die Änderung derselben oder Verfügungen über gemeinschaftliche Grundstücksteile ist eine Versammlung zwar nicht ausreichend und notwendig, aber möglich und zweckmäßig die Argumente auszutauschen. 2

Da das Gesetz das Beschlverfahren vorschreibt, ist durch ein Verhalten außerhalb der Versammlung, zB durch mündliche, zB Telefonkonferenz[1] oder konkludente Zustimmung, eine Beschlfassung nicht möglich.[2]

---

[1] AG Königstein NZM 2008, 171.
[2] BayObLG NZM 1999, 282; Palandt/Bassenge Rn. 1; aA OLG Frankfurt OLGZ 1975, 100.

Beispiel: Änderung der Bestellung der Verwalterin durch Schweigen der WEer (konkludente Zustimmung) ist nicht möglich.

3. Beschlussfassung

3 Abs. 1 sieht in der Versammlung die Möglichkeit einer Beschlfassung vor. Für die Frage, **ob ein Beschluss zustande gekommen ist**[3] und mit welchem **Beschlussergebnis (also Inhalt)**, ist aus Rechtssicherheitsgründen allein auf die Feststellung des Versammlungsleiters abzustellen[4] und nicht auf die Versammlungsniederschrift und dessen Inhalt.[5] Bei der Feststellung und Bekanntgabe des Beschlergebnisses handelt es sich um eine Voraussetzung für das rechtswirksame Zustandekommen des Beschl.[6] Entscheidender Zeitpunkt ist folglich derjenige der Ergebnisverkündung[7] und nicht der der letzten Stimmabgabe[8] oder der Aufnahme in das Protokoll.[9] Die erforderliche Feststellung und Verkündung des Beschlussergebnisses müssen nicht zwingend in das Versammlungsprotokoll aufgenommen werden und können dann noch in konkludenter Weise geschehen.[10] Die Wiedergabe eines eindeutigen Abstimmungsergebnisses im Versammlungsprotokoll ohne Zusätze oder vorherigen Erörterungen zum erforderlichen Quorum erfüllt die Voraussetzung einer konkludenten Beschlussverkündung,[11] aber wird lediglich das „einstimmiges Einverständnis" herbeigeführt, liegt keine Beschlussfassung vor.[12] Fehlt ein Vorsitzender, ersetzt die Einigung der WEer die Feststellung durch den Vorsitzenden.[13] S. ergänzend § 25 Rn. 20 ff.

4. In einer Versammlung

4 Des Weiteren muss die Beschlfassung in einer Versammlung erfolgen.

a) Einladung

5 Der **Verwalter** hat zur Versammlung alle WEer (mit der ihm zuletzt bekannt gegebenen Anschrift) einzuladen (§ 24 Rn. 4, 11 ff.). Keine Versammlung liegt deshalb vor, wenn nach Ende der Versammlung einzelne WEer noch Beschlüsse fassen[14] oder ohne Einberufung einige WEer „Beschlüsse" fassen.[15]

---

[3] LG Lübeck DWE 1986, 63.
[4] Also konstitutiv: BGH NJW 2001, 3339; hierzu Riecke MDR 2001, 128; Armbrüster ZWE 2001, 527; BayObLG ZMR 2004, 446.
[5] BayObLG ZMR 2004, 446.
[6] BGH ZMR 2001, 809.
[7] Merle Verwalter S. 98.
[8] KG NJW-RR 1992, 720, 721.
[9] BayObLG DWE 1984, 62.
[10] OLG Hamm ZMR 2009, 58.
[11] LG Hamburg ZMR 2012, 572.
[12] AG Bremen NZM 2008, 454.
[13] BGH ZMR 2001, 809.
[14] BayObLG NZM 1998, 1010.
[15] OLG Hamm WE 1993, 24.

b) Teilversammlung

aa) Betroffenheit der Wohnungseigentümer. Soweit TErkl/Vereinb aber **6** eine **ausschließliche Betroffenheit einzelner Wohnungseigentümer oder einer Gruppe** vorsieht, ist die Willensbildung in einer Teilversammlung vorzunehmen. Es bedarf aber keiner ausdrücklichen Zulassung, zB in der Vereinb, oder der ausdrücklichen Bildung von Einheiten, zB pro Wohnhausblock oder Untergem,[16] denn es genügt die Betroffenheit. Durch Vereinb kann aber auch noch weitergehend eine getrennte Verwaltung von Teilen der Anlage angeordnet werden,[17] zB bei Mehrhausanlagen.[18] Dann handelt es sich bei jeder Teilversammlung um eine Versammlung iSd Abs. 1. sofern in dieser Versammlung nur über Angelegenheiten Beschl gefasst wird, welche ausschließlich ihr Gebäude betreffen. Wird dann trotzdem insgesamt abgestimmt, kommt eine Ungültigkeitserklärung nur in Betracht, wenn sie eine Mehrheit pro Einheit nicht mehr ergibt.[19]

Beispiel: Enthält eine Abrechnung auch Kosten für die gesamte Anlage, so ist eine getrennte Abrechnung pro Haus nicht möglich.[20] Wird trotzdem von der Gesamtanlage abgestimmt, ist der Beschl anfechtbar, aber nicht nichtig.[21] Beschluss aber nichtig, wenn eine kleine Gem über eine Änderung des „ihr" Haus betreffenden, aber auch Kosten der Gesamtanlage erfassenden Kostenverteilungsschlüssels beschließen, weil insoweit nur eine Beschlusskompetenz der „großen" Gemeinschaft besteht.[22]

bb) Getrennte Versammlungen. Dies meint die Form von getrennten Versammlungen über eine alle Eigentümer betreffende Angelegenheit, die bei einer Vereinb vorgenommen werden kann, wobei dann anschließend eine Zusammenzählung der Stimmen erfolgt, so dass im Rechtssinne nur ein Beschluss vorliegt.[23] Ist ein Beschl nicht in allen Teilversammlungen angefochten, kann durch eine Anfechtung eines Beschl einer Teilversammlung der gesamte Beschl nicht aufgehoben werden, vielmehr wird er bestandskräftig.[24] **6a**

cc) Teilnahmerecht. Andere WEer haben Teilnahmerecht[25] und müssen über Versammlungsort und -zeit informiert werden, aber nicht förmlich eingeladen.[26] Ebenso Rederecht.[27] **6b**

---

[16] OLG München ZMR 2007, 391.
[17] BayObLG DNotZ 1985, 414.
[18] LG Köln ZWE 2010, 191.
[19] OLG Düsseldorf WE 1995, 86, 87.
[20] BayObLG NJW-RR 1994, 1236.
[21] BayObLG WE 1992, 26.
[22] OLG Köln ZMR 2005, 550.
[23] LG Karlsruhe v. 16.5.2011 – 11 S 11/10 zit n. juris; OLG Stuttgart WuM 1996, 791.
[24] BayObLG NJW-RR 1994, 1236.
[25] Jennißen Vor § 23 Rn. 164; aA Hügel NZM 2010, 15.
[26] BayObLG ZMR 1999, 418 Rn. 34; DNotZ 1985, 414; aA Rüscher ZWE 2011, 311.
[27] Jennißen Vor § 23 Rn. 164; Häublein ZWE 2010, 149; aA Hügel NZM 2010, 15.

c) Vollversammlung

7 Ein Sonderfall ist die sog Universal- oder Vollversammlung: Bei ihr sind **alle Wohnungseigentümer anwesend oder vertreten**. Fassen dann die WEer in Kenntnis eines Einberufungsmangels einen Beschl, nimmt die Rspr[28] an, dass die WEer auf die Einhaltung der Formvorschriften verzichtet haben. Allerdings tritt bei Fernbleiben eines Eigentümers in der Versammlung die Heilungswirkung hinsichtlich etwaiger Einberufungsmängel nicht ein.[29] Voraussetzung dafür ist jedoch, dass alle WEer die Wirkung ihres Verzichtes kennen,[30] weil damit die Einberufungsmängel geheilt sind.[31] Voraussetzung ist zudem immer, dass die WEer kein zwangloses Treffen veranstalten, sondern Rechtsbindungswillen haben.[32]

5. Tagesordnungspunkte (TOP)

8 Gemäß Abs. 2 **müssen** die Punkte, die in der Versammlung besprochen werden sollen, **im Einladungsschreiben** (s. hierzu § 24 Rn. 13) oder später, wenn Benennung nachgeschoben wird, **bezeichnet bzw. konkretisiert werden**. Dieser Abs. ist abdingbar.

a) Abfassung

9 Bei der Abfassung der einzelnen TOP hat der Einladende[33] **Folgendes zu beachten:** Die vorgesehenen Beschlüsse müssen so genau bezeichnet werden, dass die WEer verstehen und überblicken können, was in tatsächlicher und rechtlicher Hinsicht erörtert und beschlossen werden soll und welche Auswirkungen der vorgesehene Beschluss insoweit auf die Gem und sie selbst hat; eine schlagwortartige Bezeichnung reicht aber regelmäßig aus.[34] Der Gegenstand der beabsichtigten Beschlfassung ist dabei derart anzugeben, dass die Beteiligten weitestgehend vor Überraschungen geschützt sind und ihnen die Möglichkeit der Vorbereitung und der Überlegung gegeben wird, ob ihre Teilnahme veranlasst ist. Maßgeblich ist das auch von der Bedeutung des Beratungsgegenstandes abhängige berechtigte Informationsbedürfnis der WEer. Aus diesem Informationsbedürfnis des einzelnen ergibt sich, dass der Beschlussgegenstand umso genauer bezeichnet werden muss, je größer seine Bedeutung und je geringer der Wissensstand des einzelnen Eigentümers ist.[35] Erforderlich und genügend ist jede Angabe, die erkennen lässt, worüber beraten und Beschl gefasst werden soll. Im Allgemeinen ist es aber nicht notwendig, dass das Einladungsschreiben bereits alle Einzelheiten des Beschl enthält, also seien konkrete Anträge oder Inhalte

---

[28] LG Hamburg ZMR 2011, 824; BayObLG WE 1997, 268; ZWE 2001, 494.
[29] BGH ZMR 2011, 891.
[30] BayObLG WE 1988, 67.
[31] BGH ZMR 2011, 891; OLG Celle NZM 2005, 308.
[32] BayObLG NZM 2003, 199.
[33] BGH ZMR 2012, 380; BayObLG WuM 1985, 101.
[34] BayObLG NZM 2003, 199.
[35] OLG München NZM 2006, 934.

nicht notwendig.[36] Dem schutzwürdigen Informationsbedürfnis der WEer kann bei einem einfachen Sachverhalt, über den zu beschließen ist, durch dessen schlagwortartige Bezeichnung genügt werden.[37] Eine solche genügt auch, wenn sie den WEern auf Grund einer früheren Beschlfassung durch eine Vorkorrespondenz oder Verfahren bekannt geworden ist.[38] Nicht notwendig ist darüberhinaus, dass aus der Einladung bereits die rechtlichen und tatsächlichen Auswirkungen des Beschl ersehen werden können.[39]

b) ABC der Tagesordnungspunkte

Im Folgenden ist die Verwendbarkeit häufig auftauchender TOPs **in ABC-Form** dargestellt.   10

Abrechnung: Hier kann auch über Entlastung des Verwalters beschlossen werden, da Entlastung und Rechnungslegung eng zusammenhängen (BayObLG WEM 1979, 38, 49 f.; Rpfleger 1979, 66 f., 266).   10A
Änderungen: S. Hausordnung und Vertragsschluss mit Verwalter.
Anregungen von Wohnungseigentümern zur Vermietung: Zu unbestimmt für Beschl über Umzugspauschale (OLG Frankfurt WuM 1990, 461).
Anträge: S. Verschiedenes, Nottreppe.

Beauftragung eines Rechtsanwaltes: Hier kann nicht über Entziehungsanspruch (§ 18) oder über Veräußerungsverlangen nach § 18 gegen einen ME entschieden werden, da Zweck der Beauftragung aus dem TOP nicht klar ersichtlich ist (BayObLG WE 1990, 61). Es kann aber über eine Beauftragung zur Weiterverfolgung von Ansprüchen und einer Kostenerstattung beschl werden (BayObLG NZM 1999, 175).   10B
Beirat: Bezeichnung „Neuwahl/Wiederwahl des Verwaltungsbeirats lt. Antrag Wohnungseigentümer G." umfasst auch die Aufspaltung der Beschlfassung zunächst in Frage, ob überhaupt Beirat abgewählt werden soll und falls ja, die eigentliche Neuwahl vorzunehmen (OLG München ZMR 2007, 996).
Beschlussfassung: WEer müssen bei jedem TOP damit rechnen; hierauf muss in der Einladung nicht extra hingewiesen werden (AG Hamburg-Altona ZMR 2012, 141). Werden in der Einladung für einen Beschlgegenstand mehrere Alternativen angekündigt, deckt dies nach AG Aachen auch die Fassung eines weitergehenden Beschl ab, der dasselbe Ziel erreichen will (ZMR 2010, 231).

Dachsanierung und Folgeschäden: Reicht für den Beschl über alle gemeinschaftlichen Folgeschäden aus (BayObLG DWE 1984, 93).   10D
Diverses: S. Verschiedenes.

---

[36] OLG Celle ZWE 2002, 474.
[37] OLG Düsseldorf ZMR 2001, 723; BayObLG NZM 2000, 499.
[38] BGH ZMR 2011, 735 Rn. 9; OLG Zweibrücken ZMR 2004, 63.
[39] OLG Stuttgart NJW 1974, 2137.

10E **Entlastung:** S. Abrechnung.
Entziehungsklage: Der TOP „Beschlfassung über die Beauftragung von Rechtsanwalt X zur Durchführung der Rechte der Gem" reicht für Entziehungsklage gegen einen WEer nicht aus (BayObLG WE 1990, 61 f.), ebensowenig „Unterrichtung der Gem über Aktivitäten des WEer, seinen Schuldenstand und Beschlfassung" (OLG Düsseldorf ZMR 1998, 244).
Erhöhung: S. Wirtschaftsplan.
Erstellung von Stellplätzen: Ist ausreichend für Bau (OLG Stuttgart NJW 1974, 2137).

10F **Fenster:** TOP „Antrag auf Genehmigung von weiteren vier Stück Dachgaubenfenstern jeweils in Block A u. C u. D Nordseite" für Einbau ausreichend. Person des Antragstellers, die Kostenverteilung und auch die Verantwortlichkeit für spätere Schäden müssen nicht erkennbar sein (LG Itzehoe ZMR 2012, 219).
Finanzierung: Im Zusammenhang mit Reparaturmaßnahme umfasst dies auch die Möglichkeit der Kreditaufnahme (BayObLG NZM 2002, 869). Aber wohl nicht ausreichend, wenn Kostenverteilung abweichend von TEerkl erfolgen soll (LG Hamburg ZMR 2011, 824; offengelassen weil Kläger mit Erhebung dieser Rüge ausgeschlossen war). Nach AG Hannover ist Ankündigung einer Maßnahme „sowie deren Finanzierung" unter Angabe von drei Alternativen ausreichend, auch wenn nicht genannte weitere Möglichkeit beschl wird (ZMR 2009, 957).

10G **Gerichtliche Geltendmachung:** Bei konkreter Bezeichnung ist die notwendige gerichtliche Geltendmachung möglich (BayObLG NJWE 1997, 61).
Geschäftsordnungsbeschluss (§ 23 Rn. 26): Muss in Einladung nicht angekündigt werden (AG Hamburg ZMR 2012, 225; OLG Düsseldorf DWE 1981, 25).

10H **Haftung:** „Haftung für bauliche Veränderung" reicht nach BayObLG (WE 1997, 239) aus für gerichtliche Geltendmachung.
Hausfassade Rückseite: Diese Bezeichnung reicht aus, um Gewährleistungsansprüche gegen Bauunternehmer wegen Schadhaftigkeit der Fassade zu beschließen (BayObLG 1973, 1086).
Hausgeldabrechnung: Nicht ausreichend für Änderung des Kostenverteilungsschlüssels für Kosten der Aufzugsanlage (OLG Düsseldorf ZMR 2005, 895).
Hausmeisterkosten, Erhöhung der Hausmeisterkosten: S. Wirtschaftsplan.
Hausordnung, Änderung der Hausordnung: Wenn in Hausordnung eine Vielzahl von Verhaltensnormen enthalten ist, kann unter diesem TOP kein Beschl gefasst werden (OLG Köln DWE 1988, 24). Der TOP „Konkretisierung der Hausordnung hinsichtlich der Benutzung der Kellerräume" deckt nur einen Beschl über eine private, nicht aber über eine berufliche Nutzung der Kellerräume (OLG Köln WuM 1991, 615).
Hausverwaltung: S. Verwalter.
Heizung: Bezeichnung „Beschl über die Erneuerung der Heizungsanlage und Finanzierung" „aus WEV vom 15.6.2007" und „Informationen wurden

bereits für die WEV vom 15.6.2007 zur Verfügung gestellt" in Einladung nicht ausreichend, wenn Beschl auf Tatsachen basieren soll, die über die bisherigen Informationen hinausgehen (konkret war Erneuerung der Heizungsanlage für unter 60.000,00 EUR bislang vorgestellt worden und Beschl ein neuartiges, bisher nicht erwähntes Finanzierungsmodell des Contracting mit Kompletterneuerung der Heizanlage, 15-jähriger Bindung an die Stadtwerke und Finanzierungsvolumen von ca. 160.000,00 EUR bis – unter Einbeziehung der Laufzeit – 303.000,00 EUR; LG Karlsruhe ZWE 2010, 377).

Jahresabrechnung: Notwendig, aber ausreichend, den WEern eine Fassung der zu beschl JA mit der Einladung zu übersenden. Wenn der Entwurf der JA dann noch geändert wird, ist dies unschädlich (LG München I ZMR 2010, 554). **10J**

Kontokorrentkredit: Hinreichend bezeichnet ist der TOP, wenn es dort zB heißt: „Genehmigung des Beschl TOP 5.4. vom 17.3.89 über die Aufnahme eines Kontokorrentkredits bis zu einer Höhe von 5.000 EUR (OLG Hamm WE 1992, 136). **10K**

Kulanzzahlung: TOP reicht für Beschl über Gewährleistungsanspruch des Bauträgers (BayObLG NZM 2000, 345).

Nottreppe: S. Verschiedenes. **10N**

Rechtsanwalt: Beauftragung reicht aus (BayObLG ZMR 1998, 580). Die Teilnahme an der WEerversammlung muss in der Einladung nicht angekündigt werden (LG Frankfurt NJW 2012, 399). S. Beauftragung eines Rechtsanwaltes. **10R**

Reinigung: S. Treppenhaus.

Reparatur- und Erneuerungsarbeiten: Genügt nicht zur Beschlfassung, da zu allgemein gehalten und nicht hinreichend spezifiziert (AG Düsseldorf ZMR 2008, 917; LG Wuppertal v. 16.3.1988 – 6 T 168/88).

Rücklage: Mit der Bezeichnung des Beschlussgegenstandes „Wirtschaftsplan" in der Einladung ist grundsätzlich auch die Beschlussfassung über die jährliche Zuführung zur Rücklage und auch deren Erhöhung erfasst (AG München ZWE 2012, 190).

Schranke, Anschaffung einer Schranke: Reicht nach AG Aachen (v. 19.11.1987 – 12 UR II 40/87) aus, um zu beschl, dass Mieten für Stellplätze nicht mehr in die Rücklage fließen, sondern zweckgebunden eventuell für die Anschaffung einer Schranke angesammelt werden. **10S**

Sanierung: TOP „Ergänzende und weiterführende Beschlüsse zur Großsanierung" nicht ausreichend, wenn über drei oder vier konkrete Einzelmaßnahmen beschl werden soll (OLG München ZMR 2006, 954). S. Dachsanierung und Folgeschäden.

Sonderumlage (SU): Ausreichend, die Höhe der vorgesehen SU anzugeben und eine kurze Zusammenfassung der wesentlichen Gründe für die SU (BGH NJW-RR 2012, 343).

Stellplätze: S. Erstellung.

Straßenbau: Ausreichend, wenn schon früher über Straßenbauarbeiten beraten wurde (BayObLG NJW 1972, 1086).

§ 23 I. Teil. Wohnungseigentum

10T **Teilnahme:** Die fehlende Ankündigung der Teilnahme eines Prozessbevollmächtigten an der Versammlung in der Einladung stellt keinen Einberufungsmangel dar (LG Frankfurt NJW 2012, 399). Gilt ebenso für andere Fachleute.
Transparenz: Aus dem TOP muss hervorgehen, welche Regelung getroffen wird. Soll zB der vorgegebene Kostenverteilungsschlüssel geändert werden, so kann dies nicht in dem WP erfolgen (BGH NZM 2010, 622). Derart weitreichende Änderungen müssen transparent gestaltet werden. Zudem muss schon aus der Einberufung hervorgehen, dass der Kostenverteilungsschlüssel Gegenstand der Beschlussfassung sein soll, ebenso für Vergütungserhöhung (BayObLG WE 1990, 27).
Treppenhaus, Reinigung: Hierunter kann über Reinigungskosten beschl werden (AG Lüdenscheid WuM 1985, 35).

10U **Überbelegung:** Hierunter kann die Aufforderung, Missstände bei der Vermietung abzustellen, und zum Betreiben des WCs im Keller auf eigene Kosten eine Hebeanlage einzubauen, beschlossen werden (BayObLG WE 1990, 29, 30).

10V **Verbreiterung der Terrasse der Wohnungseigentümer X:** Ausreichend nur bzgl. der genannten Terrasse (BayObLG WuM 1989, 202).
Vermietung: Der TOP „Untersagung der Vermietung der Kellerräume zum Wohnen" gestattet nach dem BayObLG (WE 1990, 29, 30) den Beschl „soll nach erfolgloser Abmahnung in der heutigen Versammlung der WEer zur Aufgabe der Wohnung gemäß § 18 herangezogen werden", s. auch Entziehungsklage.
Verschiedenes: Unter diesem TOP (OLG München NZM 2005, 825) oder unter **„Diverses"** oder **„verschiedene Anträge"** (BayObLG WuM 1992, 90) oder **„Sonstiges"** (OLG Hamm NJW-RR 1993, 468) oder **„Anträge, Anfragen, Anregungen"** (Staudinger Rn. 196) oder Diskussion (BGH v. 7.2.2014 V ZR 25/13 Rn. 8) ist eine Beschlfassung nicht möglich, da der Beschlgegenstand bei Einberufung der Versammlung nicht bezeichnet und daher der Inhalt etwaiger Beschlüsse nicht voraussehbar ist (BayObLG WuM 1985, 101; KG OLGZ 1974, 309). Daher ist dieser TOP keine genügende Bezeichnung zB für:
– Abwahl des Verwalters (KG OLGZ 1974, 399);
– Vorlauftemperatur in den Sommermonaten (AG Unna DWE 1981, 24);
– Regelung der Gebrauchszeiten der Waschmaschine (BayObLG WuM 1987, 328);
– Umwandlung eines Tischtennisraumes in einen Geräteraum (BayObLG WuM 1985, 101);
– Standort eines Müllcontainers (BayObLG NJW-RR 1990, 784);
– Umlage von Prozesskosten (OLG Hamm NJW-RR 1993, 468);
– Zahlungspflicht für Installation einer Nottreppe über insgesamt 1.950 EUR (BayObLG WuM 1992, 90);
– Pkw-Stellplatzordnung;
– Vergütung des Verwalters (OLG Düsseldorf ZMR 1997, 92);
– Änderung der Hauszugangstüre (KG ZMR 1997, 254).
Es wird jedoch vertreten, unter diesem TOP könne über Angelegenheiten von **untergeordneter Bedeutung** beschl werden (BayObLG NJW-RR

1990, 784; so auch OLG Hamm NJW-RR 1993, 468). Dies ist jedoch abzulehnen, da die Abgrenzung „untergeordneter Angelegenheiten" Unklarheiten und Wertungschwierigkeiten mit sich bringt (im Ergebnis ebenso BayObLG NJW-RR 1987, 1463; 1990, 784; OLG Hamm NJW-RR 1993, 468; AG Hamburg DWE 1989, 78; Augustin Rn. 10; Müller Rn. 367; Deckert 4/385, wN, Staudinger Rn. 196). Das OLG Köln (ZMR 1998, 372) gestattet unter „Verschiedenes" einen Beschl, wenn der Verwalter ohnehin zu dem beschlossenen Verhalten verpflichtet sei. „Behandlung eingegangener Anträge" daher nicht ausreichend. Wird aber in der Einladung darauf hingewiesen, dass sich der TOP noch erweitern könne, und der konkrete Antrag zeitgerecht an WEer weitergeleitet, ist Gegenstand der Beschlfassung nach OLG München hinreichend konkretisiert (NJW-RR 2008, 1332).
Vertragsschluss mit neuem Verwalter: Dieser TOP deckt einen Beschl über die Wahl des Verwalters, der sein Amt vorher gekündigt hat (BayObLG WuM 1987, 237). TOP „Änderung des Verwaltervertrages" deckt einen Beschl über Erhöhung der Verwaltergebühr (BayObLG WuM 1987, 237). TOP „Verlängerung des Verwaltervertrages" schließt Beschlfassung über Neubestellung des bisherigen Verwalters ein (BayObLG WuM 1992, 331).
Verwalter: S. Vertragsschluss, Wahl des Verwalters und Verwalterbestellung.
Verwalterbestellung: Sowohl Bestellung, als auch Regelung der Vergütung des Verwalters nach BayObLG (WuM 2000, 688; NZM 2003, 154) hier möglich. Der erneut zum Verwalter zu bestellende muss nicht benannt werden und nicht mitgeteilt werden, dass er ohne förmliche Bestellung und ohne gültigen Vertrag als Verwalter tätig war, wenn dies anderweitig bakannt ist (BGH ZMR 2011, 735).
Verwalterneuwahl: Die Bezeichnung „Neuwahl der Hausverwaltung" als Gegenstand der Tagesordnung deckt auch die Wiederwahl des bisherigen Verwalters sowie den Abschluss eines Verwaltervertrags mit diesem ab (OLG München ZMR 2009, 64; BayObLG MDR 1982, 68; MDR 1985, 412; WuM 1992, 331; ZMR 2000, 858), anders aber, wenn darunter anderer Verwalter gewählt wird (AG Bonn ZMR 2012, 47). TOP „Fortsetzung des Verwaltervertrages" soll auch die Neubestellung des Verwalters umfassen (OLG Schleswig NJW-RR 2006, 1525, bedenklich).
Verwaltervertrag: TOP genügt für Wiederbestellung (BayObLG NJW-RR 1992, 910, 911). Eine angekündigte Verlängerung des Verwaltervertrages um drei Jahre ist ausreichend für eine Verlängerung nur um zwei Jahre (LG Frankfurt ZMR 2013, 371).
Verwalterwechsel: Deckt auch Beschlfassung über Bedingungen mit dem neuem Verwalter (BayObLG DWE 1982, 137).

Wahl des Verwalters: Hierunter kann über wesentliche Bedingungen des Verwaltervertrages Beschl gefasst werden (BayObLG WuM 1985, 100), sowie über Erhöhung des Verwalterentgeltes (BayObLG ZMR 1985, 412).
Wärmeisolierung der Hauswand: Reicht für Beschl, dass Wärmeisolierung aufgebracht werden soll (OLG Frankfurt OLGZ 1980, 418).
Wirtschaftplan: Unter TOP „WP für 20 .." kann nach dem KG Weitergeltung des WP über diesen Zeitraum hinaus beschlossen werden (KG WE 1990,

210), ebenso über Zuführung und Erhöhung der Zuführung zur Rücklage (AG München ZWE 2012, 190; BayObLG NZM 2000, 1239). Nicht ausreichend für Beschl über Erhöhung Stundenvergütung des Hausmeisters (BayObLG WE 1990, 27). Siehe Rücklage, Tranparenz.

Wohngeld: Der TOP „Wohngelderhöhung" ist unzulässig, wenn Wohngeld eines Teiles der MEer (zB Ladeneigentümer) erhöht werden soll (BayObLG Rpfleger 1978, 445). Die Bezeichnung „Wohngeld X" ist ausreichend, wenn alle WEer wissen, dass der bezeichnete WEer eine Kürzung seines Wohngeldes angekündigt hat und in der Versammlung über gerichtliche Schritte beschlossen werden soll (BayObLG NJW 1973, 1086).

c) Geschäftsordnungsbeschluss

11 In die Tagesordnung sind sog Geschäftsordnungsbeschlüsse **nicht aufzunehmen** (Rn. 25).

d) Anspruch auf Aufnahme von TOP

12 Hier ist **nach Art der Versammlung zu unterscheiden:**

12a aa) Jahresversammlung. Da ohne TOP keine Beschl wirksam gefasst werden können, ist der einzelne WEer darauf angewiesen, dass der berechtigt Einberufende, idR der Verwalter, den von ihm gewünschten Punkt auf die Tagesordnung setzt, da dieser allein über die TOPs bestimmt. Einzelne oder Mehrheit von WEer haben kein solches Recht. Der Verwalter muss dem Wunsch eines WEers auf Aufnahme eines TOPs in die Tagesordnung einer Versammlung dann nachkommen, wenn dies durch § 24 Abs. 2 gesetzlich angeordnet ist oder ordnungsgemäßer Verwaltung entspricht.[40] Widersetzt er sich, muss der WEer das Gericht anrufen, ggf. mittels einstweiliger Verfügung, und ihn zur Aufnahme verpflichten lassen,[41] also besteht ein **Anspruch auf Festlegung eines TOP auf der Jahresversammlung gegen den berechtigt Einladenden** (nicht gegen WEer[42]). Der BGH[43] räumt dem einzelnen WEer das Recht ein, die „Frage bei der nächsten regelmäßigen Versammlung auf die Tagesordnung setzen zu lassen". Die von Verwalterseite oft zu hörende Quote von $^1/_4$ der WEer iSd § 24 Abs. 2 ist deshalb unrichtig.[44] Es reicht, wenn der Verwalter innerhalb der Zweiwochenfrist (§ 24 Abs. 4 S. 2) dies den anderen WEer mitteilen kann.

13 bb) Außerordentliche Versammlung. Von dieser Frage abzugrenzen ist der Fall, dass ein WEer eine außerordentliche Versammlung mit einem TOP anstrebt. Einen solchen **Anspruch** hat ein WEer nach dem BGH[45] **nur, wenn**

---

[40] LG Hamburg ZMR 2013, 62.
[41] LG Hamburg ZMR 2013, 62; OLG Frankfurt NJW 2009, 300; ZMR 2004, 288; OLG Saarbrücken ZMR 2004, 533.
[42] BayObLG ZMR 2001, 992.
[43] NJW 1989, 1091, 1093.
[44] LG Bremen WuM 1998, 239.
[45] NJW 1989, 1091, 1093.

sein **Begehren von einem Viertel der Wohnungseigentümer** gemessen an der Kopfzahl **unterstützt wird** (§ 24 Abs. 2 analog).

cc) Ergänzungspunkt einer Versammlung. Eine dritte Frage ist es, ob ein WEer **Anspruch** auf Ergänzung zu einer bereits eingeladenen Versammlung hat. Dieses Recht wird vom OLG Düsseldorf[46] weder einem WEer noch einer Mehrheit eingeräumt, vielmehr **nur** dem Vorsitzenden des Beirats oder seinem Stellvertreter **bei pflichtwidriger Weigerung des Verwalters** (§ 24 Abs. 3 analog). Nicht nachvollziehbar daran ist, dass ein WEer, wenn die Einladung noch nicht verschickt ist, einen Anspruch auf Aufnahme eines TOPs im Rahmen ordnungsgemäßer Verwaltung hat, danach aber auf den Beirat angewiesen sein soll. Die Entscheidung des OLG Düsseldorf ist deshalb abzulehnen.

13a

e) Ankündigung eines TOP

Die Ankündigung eines TOP **durch** einen **Unbefugten ist anfechtbar.**

14

f) Kausalität

Bei Verstoß gegen Abs. 2 ist Beschl **anfechtbar**, aber nicht nichtig.[47] Auf die Einhaltung des Abs. 2 kann auch nicht nachträglich von allen WEern verzichtet werden.[48]

15

Beispiel: Der Verwalter ficht den Beschl an und rügt Verletzung von Abs. 2. Die WEer können im Prozess nicht auf die Einhaltung von Abs. 2 verzichten.[49]

Ein Verstoß führt zur Ungültigkeitserklärung, es sei denn, es steht fest, dass Beschl bei ordnungsgemäßer Einladung genauso gefasst worden wäre,[50] ggf. Beweiserhebung wie die Eigentümer bei ordnungsmäßiger Ankündigung des Beschlussgegenstandes abgestimmt hätten.[51] Bei der Beurteilung ist es zu berücksichtigen, wenn ein WEer wegen Selbstbetroffenheit von der Stimmabgabe ausgeschlossen war.[52] Bei Beschlunfähigkeit ist dies nicht mehr möglich.[53]

6. Schriftliche Beschlussfassung

Abs. 3 regelt die Möglichkeit, **ohne Versammlung einen Beschluss zu fassen.**[54]

16

---

[46] NJW-RR 1986, 96; aA zu Recht OLG Frankfurt DWE 1988, 105, 106.
[47] BGH NJW 2011, 3237; BayObLG ZMR 1986, 249.
[48] KG OLGZ 1974, 399.
[49] KG OLGZ 1974, 399.
[50] BayObLG NZM 2005, 825; OLG Düsseldorf ZMR 1998, 244; s. § 24 Rn. 13.
[51] OLG Hamburg ZMR 2007, 552; LG Hamburg ZMR 2012, 121.
[52] LG Hamburg ZMR 2012, 141.
[53] OLG Düsseldorf ZMR 1999, 426.
[54] Vgl. Prüfer, Schriftliche Beschlüsse, gespaltene JA, 2001.

a) Initiator

16a Für die Beschlfassung ist nicht notwendig, dass der **Verwalter** alle WEer anschreibt, was sich jedoch empfiehlt. Möglich ist auch, dass jeder an der Gem Beteiligten dies initiiert, nicht notwendig der Verwalter,[55] aber nicht von Dritten.[56] Dann ist der Initiator nach erfolgter Fristsetzung auch Zustellungsempfänger für die Stimmen und für den weiteren Ablauf zuständig, wie Verkündung, weitere Information etc. Diese Ansicht ist bedenklich, da dann ein Einzelner zu große Machtfülle erlangt. Bei Vorhandensein eines Verwalters muss dieser für das weitere Vorgehen verantwortlich sein, denn er führt die Beschlusssammlung, verwaltet die Protokolle etc. Nach allen Stimmabgaben hat der Initiator deshalb dem Verwalter diese zu übergeben, so dass dieser das weitere zu veranlassen hat.[57] Da keine Versammlung stattfindet, sind erhöhte formelle Anforderungen gestellt.

b) Beschlussfassung

17 Nach Eingang der Stimmen beim Initiator bis zu der gesetzten Frist, hat dieser sie auszuzählen. Ein Widerruf der Stimme ab Zugang ist nicht mehr möglich,[58] aber verspätete Abgabe möglich, wie bei Sukzessivbeschl.[59] Diese **schriftliche Beschlussfassung**[60] ist **nur durch Zustimmung aller Wohnungseigentümer möglich** (und zwar eigenhändig durch Namensunterschrift, §§ 126 Abs. 1, 126a BGB, Telefax reicht nicht[61]). Dadurch wird der Beschl aber nicht allein deshalb zu einer Vereinb, sondern dies regelt sich nach den allg. Abgrenzungen (§ 10 Rn. 33). Eine Beschlussfassung nach Abs. 3 setzt zunächst eine unmissverständliche Initiative zur schriftlichen Universalentscheidung voraus, damit für jeden WEer erkennbar ist, dass eine verbindliche Entscheidung und nicht lediglich eine unverbindliche Meinungsäußerung herbeigeführt werden soll.[62] Eine eventuelle Stellvertretung muss schriftlich im Original (§ 174 BGB) nachgewiesen werden.[63] Nach dem Zugang der Stimme bei dem Initiator kann sie nicht mehr widerrufen werden. Ein Beschl kommt erst mit der Feststellung[64] und einer an alle WEer gerichteten Mitteilung des Beschlussergebnisses zustande.[65] Da es nur um eine entsprechende Anwendung der Regeln zur Beschlussfeststellung und -bekanntgabe in der Versammlung gehen kann, ist dies

---

[55] OLG München ZMR 2007, 305; aA Prüfer S. 28 ff.: nur WEer.
[56] Bärmann/Merle Rn. 107; aA Jennißen Rn. 77.
[57] Ähnlich Bärmann/Merle Rn. 115 wenn er fordert, dass das Ergebnis dem Verwalter mitgeteilt wird.
[58] BGH NJW 2012, 3372; Weitnauer/Lüke Rn. 11, Rn. 222; aA OLG Hamburg MDR 1971, 1072; Staudinger/Bub Rn. 222: bis zum Zugang der letzten Stimme.
[59] AA Staudinger/Bub Rn. 213; Jennißen Rn. 81.
[60] F. Schmidt ZWE 2000, 155.
[61] AG Hamburg ZMR 2009, 406.
[62] OLG Celle NZM 2006, 784.
[63] Soergel Rn. 4; aA Bärmann/Merle Rn. 108 (aber Empfehlung); Staudinger/Bub Rn. 208; Bassenge PiG 25, 107.
[64] BGH NJW 2012, 3372.
[65] BGH NJW 2001, 3339 Rn. 28.

nicht iSd Zugangs der Mitteilung bei jedem einzelnen Eigentümer zu verstehen. Fehlt auch nur **eine Zustimmung, so ist kein Beschluss zustande gekommen**,[66] es handelt sich dann aber nicht um einen sog Nichtbeschl,[67] s. Rn. 36, denn dies bestimmt sich nach der Mitteilung des Beschlergebnisses.[68] Dabei kann das Schweigen eines WEer nicht als Zustimmung ausgelegt werden.[69] Da nach dem Wortlaut alle WEer zustimmen müssen, ist auch diejenige des WEers, der von seinem Stimmrecht ausgeschlossen ist (nach § 25 Abs. 5), erforderlich.[70] Es reicht jedoch aus, wenn in einer Versammlung die Anwesenden zustimmen und die übrigen WEer dies später schriftlich tun[71] (Sukzessivbeschl § 10 Rn. 16), obwohl die Dokumentation der Schriftlichkeit bei den Stimmen in der Versammlung fehlt. Trotz nicht erreichter Allstimmigkeit verkündeter Beschl ist nur anfechtbar, aber nicht nichtig.[72] Eine übereinstimmende Erklärung des Vertreters der WEer in einem Gerichtsverfahren stellt aber keine Beschlfassung dar.[73] Bei Mehrhausanlage bzw. Untergem ist auf deren WEer abzustellen.[74]

c) Zeitpunkt der Beschlussfassung

Zu welchem Zeitpunkt eine Beschlfassung gemäß Abs. 3 vorliegt, ist **umstritten**. Einerseits wird diese mit Zugang der letzten Zustimmung beim Initiator angenommen,[75] andererseits erst mit Ergebnisfeststellung, -verkündung und -mitteilung.[76] Da der Zeitpunkt der Beschlfassung für die Anfechtung entscheidend ist und es nicht in der Hand des Initiators liegen kann, eine Anfechtung durch späte Bekanntgabe unmöglich zu machen, ist der letztgenannten Auffassung zuzustimmen.[77] Nach dem BGH[78] genügt jede Form der Unterrichtung (etwa durch Aushang oder Rundschreiben), die den Geschäftsbereich des Feststellenden verlassen hat und bei der den gewöhnlichen Umständen nach mit einer Kenntnisnahme der WEer gerechnet werden kann. Damit ist der Beschl existent. Die Anfechtungsfrist (§ 46 Abs. 1 S. 2) läuft erst ab Verkündung des Ergebnisses an die WEer.[79] Hierfür empfiehlt sich mit dem Ergebnis eine Bestä-

18

---

[66] BayObLG MDR 1972, 145, 146.
[67] AA BayObLG ZWE 2001, 590 Rn. 30; OLG Zweibrücken ZMR 2004, 63, bei fehlendem Anschreiben eines WEers.
[68] Bärmann/Merle Rn. 116.
[69] AG Königsstein MDR 1979, 760.
[70] BayObLG ZMR 2002, 138; LG Dortmund MDR 1966, 843; Bärmann/Merle Rn. 112 mwN; aA Prüfer S. 42; Schmidt ZWE 2000, 155: nur Prozedere zustimmen.
[71] KG WuM 1989, 91 mwN.
[72] AG Hamburg ZMR 2009, 406; Bärmann/Merle Rn. 116.
[73] KG OLGZ 1974, 403, 404.
[74] Jennißen Rn. 84; Bärmann/Merle Rn. 109.
[75] OLG Hamburg MDR 1971, 1012; BayObLGZ 1971, 313.
[76] KG OLGZ 1974, 399.
[77] BGH NJW 2001, 3339 Rn. 28.
[78] NJW 2001, 3339 Rn. 28.
[79] BGH NJW 2001, 3339; KG OLGZ 1974, 403; Staudinger/Bub Rn. 217; aA OLG Hamburg MDR 1971, 1012, mwN bei Bassenge PiG 25, 108.

tigung des Eingangs von jedem zu erbitten, so dass das letzte das Verkündigungsdatum ist.[80] Zur Abdingung Rn. 49.

7. Gegenstand eines Beschlusses

a) Fragen der laufenden Verwaltung

19 Vgl. §§ 15 Abs. 2, 18 Abs. 3, 21 Abs. 3, 26 Abs. 1, 27 Abs. 2 Nr. 5, 28 Abs. 4 und Abs. 5, 29 Abs. 1) oder die durch Vereinb einem Beschl zugewiesenen Gegenstände (§ 10 Abs. 4, vgl. § 10 Rn. 92), die auf diesem Wege durch die Versammlung geregelt werden. Beschlüsse unterscheiden sich von bloßen Anregungen, Empfehlungen, Anmerkungen und Probeabstimmungen[81] durch den vorhandenen Willen der WEerGem, hierdurch eine Angelegenheit verbindlich für die WEer regeln zu wollen.

Beispiel: Dieser fehlt, wenn in der Versammlung nur auf etwas hingewiesen wird, zB eine Fläche in Zukunft von Kraftfahrzeugen freizuhalten.[82]

Die Abgrenzung zu einem verbindlichen Beschl hängt maßgeblich davon ab, mit welchen Vorgaben der Versammlungsleiter den Abstimmungsvorgang einleitete.[83]

b) Nichtbefassung

19a Die Entscheidung, einen TOP nicht in die Tagesordnung aufzunehmen oder einen solchen von dieser abzusetzen (sog Nichtbefassung), ist jedoch ein Beschl, wenn Anspruch auf Beschlfassung besteht.[84]

8. Nichtigkeit und Anfechtbarkeit

20 Bei Streitigkeiten über die Frage, ob ein Beschl mit und ggf. welchen Mängeln behaftet sind, erfordert die Rechtssicherheit eine Notwendigkeit zur Feststellung der Ungültigkeit. Fehler bei der Beschlussfassung können dazu führen, dass überhaupt kein Beschl vorliegt oder zur Nichtigkeit oder Anfechtbarkeit (Abs. 4) des betroffenen Beschl führen (Rn. 31 ff.). Der **Mangel muss aber zum Zeitpunkt der Beschlussfassung** vorliegen,[85] wobei BGB-Regelungen zu beachten sind (zB Umdeutung gemäß § 140 BGB[86]). Die Unterscheidung ist wegen der unterschiedlichen Rechtsfolgen wichtig.

---

[80] Jennißen Rn. 82a.
[81] Müller Rn. 833.
[82] BayObLG NJW-RR 1987, 1364.
[83] KG NJW-RR 1992, 720.
[84] BayObLGZ 1972, 150.
[85] OLG Frankfurt ZMR 2009, 864; BayObLG NZM 2001, 754.
[86] OLG Schleswig NZM 2005, 669.

§ 23 Wohnungseigentümerversammlung

a) Nichtiger Beschluss

Die **Geltendmachung** der Nichtigkeit eines Beschl **erfordert kein gerichtliches Verfahren** (§§ 46 Abs. 1, 43 Nr. 4).[87] Es empfiehlt sich jedoch, die Nichtigkeit gerichtlich (§§ 46 Abs. 1, 43 Nr. 4) feststellen zu lassen.[88] **Nichtigkeitsfeststellung** kann auch erfolgen, wenn nur Ungültigkeitserklärung (§§ 46 Abs. 1, 43 Nr. 4) beantragt ist[89] oder Ungültigkeitserklärung wenn Nichtigkeit offen ist.[90] **Wirkung:** Die Berufung auf die Nichtigkeit ist jederzeit möglich. Dass ein Antrag auf Ungültigkeitserklärung gerichtet ist, steht jedoch einer Feststellung der Nichtigkeit nicht entgegen.[91] Im gerichtlichen Verfahren sind alle in Betracht kommenden Anfechtungs- und Nichtigkeitsgründe zu prüfen. Ein Beschlussanfechtungsantrag ist daher immer auch auf die Feststellung der Nichtigkeit gerichtet, falls dieser an einem als Nichtigkeitsgrund einzuordnenden Mangel leiden sollte. In diesem Fall entspricht die Feststellung der Nichtigkeit dem mit der Beschlussanfechtung zum Ausdruck gebrachten Rechtsschutzziel, eine verbindliche Klärung der Gültigkeit des zur Überprüfung gestellten Eigentümerbeschlusses herbeizuführen.[92] Ist die Nichtigkeit einmal bejaht bzw. verneint worden im gerichtlichen Verfahren, so sind durch die Rechtskraft alle am Verfahren Beteiligten daran für die Zukunft gebunden (§ 48 Abs. 3).[93]

21

b) Rechtswidriger Beschluss

Im Fall eines rechtswidrigen Beschlusses **bedarf** es **der gesonderten Anfechtung** (sog Anfechtungsverfahren, §§ 46 Abs. 1, 43 Nr. 4) und der entsprechenden Feststellung durch das Gericht. Dafür muss ein **Antrag** unter Angabe von Gründen **innerhalb eines Monats nach Beschlussfassung**, ohne Rücksicht auf die Kenntnis von seinem Ergehen, bei Gericht eingereicht werden (Abs. 4 iVm § 46). Die Anfechtung bewirkt nicht die Aussetzung der beschlossenen Maßnahmen, dh sie hat **keine aufschiebende Wirkung**.[94]

22

Beispiel: Wohngeldforderung kann auch eingeklagt werden, wenn Abrechnungsbeschl angefochten ist.

Ist ein Beschl, der nicht nichtig ist, unangefochten geblieben, so wirkt er sowohl unter den Beteiligten als auch gegenüber dem Nachfolger (§ 10 Rn. 93), selbst wenn ein WEer geschäftsunfähig ist.[95] Diese Rechtskraft kann auch nicht durch nachträgliche Einwendungen von Anfechtungsgründen unterlaufen werden.[96] Er kann dann nicht Grundlage für Schadensersatz eines WEer's sein, egal ob gegen

---

[87] BGH NJW 2000, 3500.
[88] OLG Schleswig NZM 2005, 669.
[89] BayObLG NJW-RR 1987, 329.
[90] BayObLG NJW-RR 1991, 402.
[91] BGH NJW 2003, 3550 Rn. 26.
[92] BGH NJW 2003, 3550 Rn. 26.
[93] BayObLGZ 1980, 29.
[94] BayObLG NZM 1998, 337.
[95] OLG Stuttgart OLGZ 1985, 259.
[96] BayObLG NJW-RR 1992, 15.

Verband oder die anderen[97] und den Verwalter. Ein WEer kann nicht auch dem unangefochtenen Beschl entgegenhalten, dass dieser gegen Treu und Glauben (§ 242 BGB) verstoße[98] oder die Beschlussfassung habe nicht ordnungsmäßiger Verwaltung entsprochen, dies ist aufgrund der Bestandskraft ausgeschlossen.[99]

c) Teilrechtswidriger Beschluss

23 Bei teilweiser Unwirksamkeit ist jedes Mal durch das Gericht zu prüfen, **ob davon** nicht **der gesamte Beschl erfasst wird** (§ 139 BGB entsprechend[100]). Ist der unbeanstandet gebliebene Teil des Beschl allein nicht sinnvoll oder gewollt, so Aufhebung; ansonsten bleibt nicht beanstandeter Teil bestehen. Neben der Anfechtung kann der Anfechtende auch einen Antrag stellen, die im Beschl getroffene Regelung zu ändern, zu ergänzen oder zu ersetzen (§ 21 Abs. 8).

9. Beschlussarten

24 Einem Beschlantrag können die WEer zustimmen oder ihn ablehnen. Auf Grund dessen lassen sich bereits zwei Arten von Beschl unterscheiden:
1. die **(zustande gekommenen) Beschlüsse** (§ 25 Rn. 20) und
2. die Nichtannahme, sog **Negativbeschlüsse**.
Nicht hierher gehört die dritte Art von Beschl, nämlich
3. die sog **Nichtbeschlüsse**, die lediglich einen besonderen Fall der nichtigen Beschl betrifft (Rn. 38).

a) Gegenstand der Beschlussfassung

25 Gegenstand der Beschlfassung können **organisatorische Regelungen jeglicher Art** sein, die im Gegensatz zu den sog Vereinb (§ 10 Rn. 6) nicht die Grundordnung, sondern die laufende Verwaltung betreffen (s. § 10 Rn. 34 ff.).

Beispiel: Die Bestellung oder Abberufung eines Verwalters etc.

b) Geschäftsordnungsbeschluss

25a Darüber hinaus können auch Beschl über die Geschäftsordnung bzw. die **Verfahrensfragen** (dies ist die vierte Art von Beschl), die die Versammlung betreffen, gefasst werden. Diese sind isoliert nicht anfechtbar, da sie sich mit Ablauf der Versammlung erledigt haben.[101]

c) ABC der Geschäftsordnungsbeschlüsse

26 Nachfolgend einige Beispiele in **ABC**-Form. Soweit nicht anders vermerkt handelt es sich jeweils um Geschäftsordnungsbeschlüsse.

---

[97] BGH NJW 2012, 2955.
[98] BayObLG ZMR 2001, 211.
[99] BGH ZWE 2012, 218; NJW 2011, 2660 Rn. 16.
[100] BGH NJW 2012, 2648; 1998, 3715.
[101] OLG Hamburg ZMR 2008, 148.

Abstimmung: 26A
- über Verfahrensfragen der Abstimmung (zB Bewertung der Enthaltungsstimmen (BayObLGZ 1985, 104) oder Geheimabstimmung);
- namentliche Abstimmung oder Reihenfolge der Abstimmung über **TOP** (BayObLG NJW-RR 1987, 1363);
- deren Änderung (BayObLG WE 1996, 235) oder
- Abstimmung über Rauchverbot (OLG Köln 2000, 1017).

Antrag zur **Beschlussfassung** zu stellen (LG Düsseldorf ZMR 2013, 459).

Anwesenheit eines Beistandes in der Versammlung (LG Berlin ZMR 2013, 457; AG Hamburg ZMR 2012, 225; LG Karlsruhe ZMR 2013, 469; 2011, 588; OLGR Frankfurt 2005, 736; BayObLG ZMR 1997, 478).

Protokoll: Bestimmung zweier WEer für die **Unterzeichnung** des Protokolls (OLG Hamm ZMR 2007, 880). 26P

Redezeit: Redezeitbegrenzung (AG Koblenz ZMR 2011, 591; LG München ZMR 2008, 488; OLG Stuttgart NJW-RR 1986, 1277) oder Diskussionsende. 26R

Tagesordnung: Erweiterung der Tagesordnung (OLG München NZM 2005, 825). 26T

Versammlung: 26V
- **Ausschluss** von der Versammlung (LG Frankfurt NJW 2012, 399; AG Hamburg ZMR 2008, 919) oder
- **Gestattung der Teilnahme** an der Versammlung (LG Berlin ZMR 2013, 457; AG Hamburg ZMR 2012, 225; LG Karlsruhe ZMR 2013, 469; 2011, 588; OLGR Frankfurt 2005, 736; BayObLG ZMR 1997, 478).

Versammlungsort: Die Bestimmung des Versammlungsortes ist kein Geschäftsordnungsbeschl (AG Strausberg ZMR 2009, 563).

Vertagung einzelner **Tagesordnungspunkte** aus sachlichen Gründen (OLG Hamburg ZMR 2008, 148), ansonsten anfechtbar (LG Hamburg ZMR 2013, 922)

Vorsitzender: Wahl des Versammlungsvorsitzenden (BGH NJW 2002, 3629; OLG Düsseldorf DWE 1981, 25) und dessen **Absetzung** (AG Hamburg ZMR 2008, 1001).

d) Besonderheiten

Dabei bestehen **drei Besonderheiten:** 27
1. Ausnahmsweise ist eine eigenständige Anfechtung nur dann möglich, wenn der rechtswidrige Beschluss zur Geschäftsordnung über die gegenwärtige Versammlung hinaus auch **Rechtswirkungen für künftige Versammlungen** haben soll.[102]

---

[102] OLG Schleswig NJW-RR 2006, 1675 Rn. 24; OLG Hamm WE 1997, 363; BayObLG NZM 2002, 616.

§ 23 I. Teil. Wohnungseigentum

2. Dieser Beschl braucht nicht angekündigt zu werden als TOPs[103] wenn 1. nicht vorliegt. Sie sind **nicht selbstständig anfechtbar**, sondern ihre Fehlerhaftigkeit muss kausal für den Fehler eines anderen Sachbeschl geworden sein.[104] Dies ist bei Beschneidung von Mitwirkungsrechten der Fall, zB bei Störung der Nichtöffentlichkeit. Eine Störung liegt zB dann vor, wenn ein WEer durch die Zulassung von NichtWEer an der Versammlung in seiner Unbefangenheit als Teilnehmer gestört oder hierdurch die Abhaltung der Versammlung in irgendeiner Weise beeinträchtigt worden ist.[105]

3. **Aufnahme TOP:** Abzugrenzen von diesen Geschäftsordnungsbeschl ist der Geschäftsordnungsbeschl, einen TOP nicht aufzunehmen oder einen solchen nicht abzusetzen. Dieser ist ein anfechtbarer Beschl, wenn ein Anspruch auf Beschlfassung besteht,[106] ansonsten nicht.[107]

e) Ablehnung eines Antrags

27a **aa) Antragsablehnung.** Entscheidend ist auch hier die Verkündung des Versammlungsleiters (§ 25 Rn. 20). Grundlage dafür ist das Abstimmungsergebnis: Von einer Nichtannahme eines Antrages ist dann auszugehen, wenn die Jastimmen die Neinstimmen nicht übersteigen. Damit erschöpft sich dieser sog **Negativbeschluss**[108] in der Ablehnung von Beschlanträgen.[109] Bei dieser Art von „Beschl" kommt der ursprünglich beabsichtigte Beschl nicht zustande, weil eine Mehrheit für diesen fehlt. Auch der ablehnende Beschl hat eine Regelungswirkung und ist für ungültig erklärbar,[110] auch isoliert. Es muss nicht zusätzlich ein Antrag auf Vornahme der abgelehnten Maßnahme zusätzlich gestellt wird, weil selbst der Bestandskraft des Beschl nicht dem unbefristeten Antrag auf Vornahme eine Maßnahme entgegensteht.[111] Das dafür notwendige Rechtsschutzbedürfnis ergibt sich daraus, dass der Kläger durch die Ablehnung ggf. in seinem Recht auf ordnungsmäßige Verwaltung verletzt wird auch ohne Stellung eines weiteren Verpflichtungsantrages.[112]

27b **bb) Beschluss, etwas nicht zu tun.** Abzugrenzen zum Negativbeschl ist der Beschl, in dem beschlossen wird, etwas nicht zu tun (dies ist die fünfte Art von Beschl).

Beispiel: Nichteinbau der Heizkostenverteiler.

Hier wird eine **Regelung** getroffen, so dass ein Beschl gefasst ist.

---

[103] OLG Düsseldorf DWE 1981, 25.
[104] OLG München NZM 2005, 825; OLG Hamm WE 1997, 23.
[105] OLG Hamm WE 1997, 23.
[106] BayObLGZ 1972, 150.
[107] LG Köln ZMR 2013, 65.
[108] Von BGH NZM 2001, 196 Nichtbeschl genannt.
[109] Wenzel ZWE 2000, 382, 383.
[110] BGH NJW-RR 2013, 1034; ZMR 2001, 809.
[111] BGH NJW 2012, 1722 Rn. 22; ZMR 2001, 809; Bub ZWE 2000, 194.
[112] BGH NJW 2010, 2129 Rn. 13.

§ 23

cc) Kombinationsbeschluss. Häufig findet man auch Beschl, der beides 27c
kombiniert, zB bei Genehmigungen von WE-Nutzung: erschöpft er sich nicht
allein in einem Negativbeschluss des Inhalts, dass sich die erforderliche Mehrheit für die Erteilung einer Genehmigung nicht fand, sondern beinhaltet die
Verweigerung der Genehmigung zugleich die Untersagung einer weiteren
Fortsetzung der Tätigkeit, so wird der Beschl dann, nachdem er nicht angefochten wird, bestandskräftig. Dies hat dann zur Folge, dass der Klägerin einen Anspruch auf einen der Beschlussfassung entsprechenden Gebrauch der Wohnung
zusteht.[113]

10. Stimmenmehrheit

Der Verkündung durch den Versammlungsleiter erfolgt auf Grund der Ermitt- 28
lung der Mehrheit durch **Zählung der abgegebenen Stimmen**. Diese Beschlfassung stellt die wesentliche Aufgabe der Versammlung dar, wobei Beschlüsse je nach Gegenstand bzw. den getroffenen Absprachen allstimmig,
einstimmig oder (einfach bzw. qualifiziert) mehrheitlich gefasst werden können.
Die entsprechenden Abstimmungen können schriftlich oder mündlich, namentlich oder geheim vorgenommen werden. Die **allstimmig** zu fassenden Beschl
setzen voraus, dass sämtliche WEer der Anlage (persönlich oder ordentlich vertreten) dem zur Abstimmung kommenden TOP zustimmen.

Beispiel: Meist notwendig für bauliche Veränderungen (§ 22 Abs. 1).

In besonderen, durch Vereinb festgelegten Fällen kann es für ein wirksames Zustandekommen eines Beschl der Zustimmung einer **qualifizierten Mehrheit**
bedürfen. So kann beispielsweise bestimmt werden, dass Beschlüsse, die bestimmte Gegenstände betreffen, nur bei Zustimmung von $^2/_3$ oder $^3/_4$ der anwesenden oder aller WEer wirksam zustandekommen.

Beispiel: Für die Veränderung des Verteilungsschlüssels kann ein qualifiziertes Mehrheitserfordernis vorgesehen sein.[114]

Grds. reicht es für das Zustandekommen eines Beschl aus, wenn bei der Abstimmung die Mehrheit der Stimmen der WEer für den Beschlantrag stimmt **(einfache Mehrheit)**. Ein **einstimmiger** Beschl liegt schließlich vor, wenn alle zur
Versammlung erschienenen oder vertretenen WEer positiv abstimmen, rechtlich
ist dies jedoch völlig unerheblich, soweit nicht eine Vereinb dies erfordert.[115]
Siehe § 25 Rn. 20.

---

[113] BGH ZMR 2012, 970 Rn. 10.
[114] BGH NJW 1985, 2832.
[115] OLG Hamm ZMR 2009, 219.

11. Zustandekommen, Entstehung

a) Verkündung

29 Ein Beschl wird durch Verkündung des Versammlungsleiters existent. Grundlage sind gleich lautende Stimmabgabe der WEer (§§ 23–25). Die Stimmabgabe ist eine empfangsbedürftige Willenserklärung (§ 25 Rn. 4).

b) Schwebend unwirksamer Beschluss

30 Daneben kann ein Beschl noch schwebend unwirksam sein.[116] Bei einem schwebend unwirksamen Beschluss handelt es sich um einen Beschluss, der das unentziehbare Recht eines einzelnen Wohnungseigentümers oder Dritten tangiert oder aber, wenn es an einer Entstehungsvoraussetzung für einen Beschluss (noch) fehlt.[117] Folgende **Fallgestaltungen** gibt es beispielsweise:

30a **aa) Zustimmung des betroffenen Wohnungseigentümers.** Ein Beschl über eine Parabolantenne verletzt die Informationsfreiheit eines Einzelnen. So lange dieser Einzelner nicht zustimmt, ist der Beschl schwebend unwirksam oder wenn ein unentziehbares Recht eines WEers verletzt ist, zB zur tätige Mithilfe (§ 16 Rn. 6) oder ein Beschl erfolgt zur gesamtschuldnerischen Haftung jedes WEer's.[118]

30b **bb) Vereinbarung.** Gemäß der GO ist die Eintragung in die Niederschrift und die Unterschrift von mindestens drei WEern notwendig. So lange diese Niederschrift nicht angefertigt und nicht von drei WEern unterschrieben worden ist, ist der Beschluss nicht zustande gekommen.[119]

30c **cc) Zustimmung dinglicher Berechtigter.** Ein Beschluss bedarf der Zustimmung der dinglichen Berechtigten. Dies kann bei einer Abänderung der Gemeinschaftsordnung durch das WEG (§§ 16 Abs. 4, 22 Abs. 2) dann der Fall sein, wenn ein dinglicher Berechtigter vorhanden ist, zB Nießbrauchsrechte, Wohnungsrechtsinhaber. So lange diese nicht zugestimmt haben, ist der Beschluss schwebend unwirksam. Hierfür war bisher der Rechtspfleger zuständig. Durch die neue Änderung durch Beschluss ist nunmehr der Verwalter für die Überprüfung zuständig.[120]

30d **dd) Beschlussergebnis.** Es fehlt die Feststellung und/oder Verkündung des Beschlussergebnisses.[121]

---

[116] BGH NJW 2012, 3719 Rn. 17; ZMR 2004, 438, 442; Bub, FS Seuß, 2007, S. 53.
[117] BGH ZMR 2004, 442; Bub, FS Seuß, 2007, S. 68 ff.
[118] BGH NJW 2012, 3719 Rn. 17.
[119] LG Dortmund ZMR 2014, 139; OLG München ZMR 2007, 883; Sauren ZWE 2008, 31; aA Bärmann/Klein § 10 Rn. 91 Frage der Anfechtbarkeit. Dies trifft zu, aber bis zur Rechtskraft nachholbar und deshalb schwebend unwirksam.
[120] Sauren ZMR 2008, 514; Armbrüster ZWE 2013, 242; Bärmann/Klein § 10 Rn. 151.
[121] Zu Recht ablehnend zu dieser Fallgruppe Bub, FS Seuß, 2007, S. 68 ff.

ee) Zustandekommen.
Da in diesen Fällen Beschl noch von weiteren Voraussetzungen abhängig ist, kommt er erst zustande, wenn diese vorliegen. Wird Zustimmung erteilt, gilt sie auch für den Rechtsnachfolger.[122]

12. Mängel der Beschlussfassung (Abs. 4)

Können verschiedenartige Gründe haben. Es lässt sich wie in Rn. 20 beschrieben eine Unterscheidung danach treffen, ob ein solcher Mangel die Nichtigkeit (a) oder die Rechtswidrigkeit (b, Rn. 43 ff.) des zugrundeliegenden Beschl zur Folge hat, weil die Rechtsfolge unterschiedlich ist.

13. Nichtigkeit

Die Nichtigkeit eines Beschl, für die die Tatsachen zur Zeit der Beschlfassung maßgebend sind,[123] kann ihrerseits beruhen auf:[124]

a) Formelle Mängel

Dies sind alle Beschl, die weder durch das WEG noch durch Vereinb dem Mehrheitsprinzip unterworfen sind (sog **fehlende Beschlusskompetenz**,[125] s. § 16 Rn. 49 ff.).

b) Materielle Mängel

1. Die **Sittenwidrigkeit** des Beschlinhalts (§ 138 BGB[126]).
2. Ein **Verstoß gegen** ein allgemein **zwingendes gesetzliches Verbot**[127] (§ 134 BGB).
3. Eine **Verletzung der unabdingbaren Regelungen des WEG**[128] (Vor § 10 Rn. 3).
4. Vorliegen eines **Nicht-/Scheinbeschlusses**[129] (dies ist die sechste Art von Beschl): dann Fehlen die wesentlichen organisatorischen bzw. formellen Voraussetzungen für ein wirksames Zustandekommen.[130]

---

[122] Bärmann/Merle Rn. 132.
[123] BayObLG ZMR 1998, 509; OLG Hamm NJW-RR 1993, 279.
[124] Vgl. BGH NJW 1994, 1866, 1868; bei teilweiser Nichtigkeit ist § 139 BGB anwendbar, BGH NJW 2012, 2648.
[125] BGH NJW 2009, 2129 Rn. 27; 2000, 3500.
[126] BGH NJW 2009, 2129 Rn. 27.
[127] BGH NJW 2009, 2129 Rn. 27.
[128] BGH NJW 2009, 2129 Rn. 27.
[129] BayObLG ZMR 2002, 138.
[130] Zur Terminologie Bärmann/Merle Rn. 127 mwN; nach BGH NZM 2001, 196; OLG Düsseldorf ZWE 2000, 280; BayObLG ZWE 2000, 576; WE 1997, 280 liegt ein Nichtbeschl vor, wenn die Abstimmung zu keinem Ergebnis geführt hat, also in der hier vertretenen Terminologie ein Negativbeschl. Diese Terminologie hat der BGH aber in Folge aufgegeben und die hier beschriebene fortlaufend benutzt (vgl. BGH NJW-RR 2013, 1034).

5. Der absoluten Unzuständigkeit der WEerversammlung für die Regelung des betroffenen Beschlgegenstandes, weil in den **Kernbereich des Wohnungseigentums** eingegriffen wird.[131]
6. Der **Widersprüchlichkeit**, sachlichen **Undurchführbarkeit und** völligen **Unbestimmtheit**[132] des Beschlinhalts oder bei Beschl mit einem tatsächlich unmöglichen und damit unvollziehbaren Inhalt,[133] anders aber, wenn der Beschl eine durchführbare Regelung noch erkennen lässt, die Unbestimmtheit also nicht auf inhaltlicher Widersprüchlichkeit beruht;[134] nimmt der Beschl auf ein Ereignis oder einen Gegenstand Bezug, so muss dieser mit genügender Bestimmtheit feststellbar sein.[135]

c) ABC der Nichtigkeit

35 Die Abgrenzung zwischen der Nichtigkeit und der Anfechtbarkeit von Beschlüssen hat für die Praxis erhebliche Bedeutung. Soweit nichts vermerkt, handelt es sich um einen Nichtigkeitsbeschluss. Deshalb nachfolgend das **ABC**:

35A **Abberufung:** Beschl, der während der Dauer eines gerichtlich bestellten **Verwalters** diesen mit sofortiger Wirkung abberuft (KG WE 1989, 202).
Abmahnung: Ein Beschl über Abmahnung eines WEer, ohne das beanstandete Verhalten konkret zu bezeichnen (BayObLG ZMR 1985, 276).
Abrechnung: Beschl, der in die Abrechnung Zeiträume einbezieht, in der noch keine WEerGem bestand (KG WE 1992, 285), es sei denn, Abrechnung betrifft nur das Jahr der Entstehung der WEerGem, zur Abgrenzung s. Vor § 1 Rn. 13. Beschl, der die Anzahl der bei der Meldebehörde gemeldeten WEer als maßgeblich bei der Abrechnung ansieht, die Meldebehörde aber keine Anzahl pro Wohnung mitteilen kann (BayObLG WE 1997, 69).
Abstellplatz: Beschl, der die Verteilung der Abstellplätze unter allen WEer gleich vornimmt, ohne die unterschiedliche Interessensberechtigung, zB der Gewerberaumeigentümer zu berücksichtigen, Ja wegen Verstoßes gegen das Eigentumsrecht des GG's (NJW-RR 1991, 1489, sehr bedenklich).
Abstimmung: Der WEerGem, bevor sie besteht (OLG Hamm OLGZ 1968, 89). Aber nicht: Manipulation bei der Abstimmung (BGH NJW 2009, 2129 Rn. 28; KG NJW-RR 1991, 530, 531) oder rechtsmissbräuchlichen **Stimmabgabe** eines sog Mehrheitseigentümers (BGH ZMR 2012, 380 Rn. 21).
Anspruchsbegründung: Keine Kompetenz, einzelnen WEer **Leistungspflichten** außerhalb des Bereichs der Kosten und Lasten zu begründen, wie zB den Schornstein wiederherzustellen (BGH NJW 2011, 1222 Rn. 15) oder die von den einzelnen ein konkretes **Tun oder Unterlassen verlangen**, wie Vermietung an Feriengäste (BGH NJW 2010, 3093).

---

[131] BGH NJW 2009, 2129 Rn. 27.
[132] OLG Düsseldorf WuM 2009, 63.
[133] BayObLG WE 1991, 50.
[134] BGH NJW 1998, 3716; OLG Düsseldorf NJW 2009, 3377.
[135] BayObLG WuM 1993, 707.

Arbeiten: Beschl über Arbeiten, der nicht festlegt, wer wann welche Arbeiten in welchem Umfange zu erledigen habe, ist zu unbestimmt (OLG Köln ZMR 2005, 229).
Auflassungsklage: Beschl über die Tragung von Rechtsanwaltskosten für eine Auflassungsklage nur einiger WEer (aA BayObLG v. 29.6.1984 – 2 Z 15/84).
Aufwendungen: Beschl für die Übernahme von Aufwendungen einzelner WEer für den Erwerb eines SE, wenn dies im Interesse aller liegt (BayObLG ZMR 1998, 511 – keine Nichtigkeit).
Ausnutzung: Ausnutzung der Stimmenmehrheit, wenn ein begünstigter WEer treuwidrig mit dem Verwalter zusammenwirkend in sachwidriger Weise eigene Zwecke auf Kosten der übrigen verfolgt (OLG Schleswig ZMR 2006, 315).
Ausschluss: Beschl, dass ein WEer, der mit der Zahlung von Beiträgen in Verzug ist, **von der Versammlung** ausgeschlossen oder ihm das Stimmrecht entzogen wird (BGH NJW 2011, 679 Rn. 8).

Bauabnahme: Nicht aber Beschl über Bauabnahme des GE und Abschluss eines Vergleichs zur Abgeltung festgestellter Baumängel (BayObLG NZM 1999, 864; aA AG Hochheim NJW-RR 1986, 563). **35B**
Behauptung: Beschl, der nicht Rechte und Pflichten eines WEers in seiner Stellung als WEer betrifft, zB Beschl über ehrenrührige Behauptung eines WEers (BayObLG NJW-RR 1991, 402, 403).
Behinderung: Verbot des Abstellens eines Rollstuhls im Flur, wenn WEer durch Behinderung darauf angewiesen ist (OLG Düsseldorf ZMR 1984, 161).
Beirat: Beschl über die Wahl des Verwalters in den Beirat (OLG Zweibrücken OLGZ 1983, 438). **Nicht** aber die durch Vereinb übertragene Zuständigkeit des WP auf den Beirat (OLG Naumburg WuM 2001, 38).
Beschlussfassung: Fehlen einer geordneten Beschlussfassung, zB weil es zu massiven Angriffen auf Versammlungsteilnehmer gekommen ist (BGH NJW 2009, 2129 Rn. 29).
Beschlusskompetenzüberschreitung einer Untereinheit (OLG Schleswig WuM 2000, 370).
Beschlussmängel: Aber **nicht** Häufung von Beschlussmängeln (BGH NJW 2009, 2129 Rn. 28).
Bestellung: Die Bestellung des **Verwalters** erfolgt für einen Zeitraum von mehr als fünf Jahren (BayObLG Rpfleger 1980, 291); die Bestellung des Verwalters (LG Lübeck Rpfleger 1985, 232), die Genehmigung der JA oder die Entlastung des Verwalters wird dem **Beirat** überlassen (BayObLG NJW-RR 1988, 1168).
BGB-Gesellschaft: Gründung einer BGB-Gesellschaft, zB der Appartmenteigentümer (BayObLG NZM 1999, 420, 422).

Eigentümer: Entscheidungen eines alleinigen Eigentümers, da ein Beschl zumindest zwei WEer voraussetzt (OLG Frankfurt OLGZ 1986, 40). **35E**
Elementarrechte: Beschl, der Elementarrechte der WEer beseitigt, zB von der Teilnahme an einer **Versammlung** ohne triftigen Grund ausschließt (vgl. BayObLG NJW-RR 1991, 531).

Einzelabrechnung: Beschl über das Ergebnis der Einzelabrechnung, zB den Saldo nicht auszuzahlen (Drasdo WuM 1995, 336; aA KG WuM 1995, 333; hierzu ablehnend Deckert 2/2480).

35G **Gartennutzung:** Beschl sieht eine Gartennutzung, wie bisher tatsächlich gehandhabt, vor (nichtig wegen unbestimmten Beschlinhalts: KG OLGZ 1981, 307; OLG Düsseldorf NZM 2007, 488) oder „weiterhin im bisherigen Umfang" (OLG Hamburg ZMR 2001, 725; LG Hamburg ZMR 2001, 480).
Gerichtskosten: Beschl über die Auferlegung der Gerichtskosten in Abweichung von der Gerichtsentscheidung (LG Tübingen DWE 1989, 53), oder von der in einem gerichtlichen Vergleich getroffenen Kostenregelung (BayObLG WuM 1999, 179, 180).
Gewerbeeinheiten: Beschl, der die Umwandlung in „Gewerbeeinheiten" nicht genehmigt, obwohl Freiberufler dort tätig sein soll (BayObLG WE 1993, 342).

35H **Haftung:** Beschl, der WEer, Beirat oder Verwalter von jeglicher Haftung für sein Verhalten freistellt, also auch bei Vorsatz (§ 276 Abs. 3 BGB).
Haftung des Erstehers: Beschl über die Haftung des Erstehers in der Zwangsvollstreckung für Wohngeldrückstände der früheren WEer (BayObLGZ 1984, 198).
Hausflur: Nicht aber der Beschl, dass Kinderwagen „vorübergehend im Hausflur abgestellt werden dürfen" (OLG Hamm NZM 2001, 1084).
Haustierhaltungsverbot: Ein Beschl der ein absolutes Haustierhaltungsverbot (OLG Saarbrücken NJW 2007, 779) verhängt, aber nicht Beschl, der die Hunde- und Katzenhaltung mit Ausnahme der bereits vorhandenen Tiere in einer Wohnanlage generell verbietet (OLG Frankfurt ZWE 2011, 363).
Heizkörper: Beschl über die Erneuerung der Heizkörper und der dazugehörigen Anschlussleitungen im SE und die SU dazu (BGH ZMR 2011, 971).
HeizkostenV: Beschl, der den Verzicht auf die Heizkostenverbrauchserfassung gemäß HeizkostenV erklärt (OLG Düsseldorf DWE 1989, 29), zB wenn er aus Gründen außerhalb des Regelungsbereichs des § 3 S. 2 HeizkostenV erfolgt, zB wegen zu hoher Kosten (OLG Hamm ZMR 1995, 173), nicht aber Beschl, der nur unter Verstoß gegen die HeizkostenV die Verteilungsregeln anders bestimmt (§ 16 Rn. 18 f.).
Heizung: ein Beschl, nach der die Heizung zwischen 22:00 und 6:00 Uhr auf Nachtabsenkung zu reduzieren ist, „wenn die Mehrheit der WEer dies wünscht" (BayObLG DWE 1984, 122).

35I **Individualanspruch:** Beschl, dass ein tituliertet Individualanspruch erfüllt sei (OLG Hamm ZMR 2001, 654).
Instandhaltungsrücklage: Keine Beschlkompetenz, einen die Ansammlung von Instandhaltungsrücklagen betreffenden Verteilungsschlüssel zu ändern (BGH NJW 2010, 2654).

35K **Kosten:** Beschl, einen WEer, der nach einer Vereinb von der Tragung bestimmter Kosten oder der Kostentragungspflicht insgesamt befreit ist, durch Beschluss erstmals an den Kosten zu beteiligen (BGH NJW 2012, 2578 Rn. 13).
Kostenverteilung: Beschl, eine von WP und JA unabhängige Kostenverteilung für viele Jahre durch SU zu ersetzen (BGH ZMR 2011, 981).

Wohnungseigentümerversammlung § 23

Kündigung: Nicht aber: durch Beschl sich zu einer durch einen Vertreter ausgesprochenen Kündigung zu erklären und den Verwalter dazu anzuhalten, Ansprüche des Verbandes prozessual durchzusetzen (BGH ZMR 2013, 288).

Leistungspflichten: Keine Beschlkompetenz, den WEern außerhalb der gemeinschaftlichen Kosten und Lasten Leistungspflichten aufzuerlegen, zb Beseitigung von Diebstahlsicherung (BGH NJW 2010, 2801). — 35L

Mieteinzug: Beschl über Mieteinzug von SE durch Verwalter und Bildung eines Zwangspools (OLG Düsseldorf NZM 2001, 238 – str, über Grund s. § 10 Rn. 21, 20). — 35M

Mindestanforderungen: Fehlen der Mindestanforderungen an einen Beschl, zB **Versammlung** (BayObLG NJW-RR 1996, 524).

Mithilfe: Beschl über tätige Mithilfe (vgl. § 16 Rn. 6), zB Räum- und Streupflicht (BGH ZMR 2012, 646 – unrichtig s. § 16 Rn. 6).

Nutzung: Beschl, durch den einem WEer die Nutzung eines zu seinem SE gehörenden Raums, zB Keller, entzogen werden soll (BayObLG NJW-RR 1990, 660, 662) oder Schließung eines Zugangs zum SE (OLG Düsseldorf WuM 1996, 44). Beschl über Genehmigung der gewerblichen Nutzung der Wohnungen mangels inhaltlicher Bestimmtheit (OLG Frankfurt OLGZ 1986, 39). — 35N

Nutzungsvereinbarung: Beschl, der Nutzungsvereinb dauerhaft einschränkt oder aufhebt (OLG Düsseldorf ZMR 2003, 861; OLG Saarbrücken ZMR 2006, 554).

Protokoll: Ein Beschl, der bewusst und gewollt außerhalb des Protokolls gefasst wird, um eine Anfechtung zu verhindern (LG München ZMR 2010, 876). — 35P

Rechtsanwaltskosten: Nicht aber der Beschl „die bisher entstandenen Rechtsanwaltskosten (einzelner WEer für ihre Auflassung) werden durch die WEerGem getragen" (BayObLG v. 29.6.1984 – 2 Z 15/84); s. auch § 21 Rn. 11 Beschl, äußerst bedenklich. — 35R

Ruhezeiten: Beschl, der gegen die Einhaltung der öffentlich-rechtlichen Ruhezeiten verstößt (KG WE 1992, 110; aA Müller WE 1994, 164 f.).

Rückbau: Beschl, der WEer Rückbau aufgibt über die von ihm vorgenommene Erweiterung einer Treppe (BayObLG ZMR 2004, 762; AG Hamburg ZMR 2005, 312).

Rücklage: Beschl, dass „Zuführung Rücklage Tiefgarage" in Zukunft abweichend von dem bisherigen Schlüssel nach Einheiten erfolgt (BGH NJW 2011, 2202). Beschl, der die komplette Auflösung der Rücklage und kurze Zeit wiederum deren erneute Bildung vorsieht, um Wohngeldausfall auf liquiden Erwerber zu verlagern (OLG Hamm NJW-RR 1991, 212; dem ist nicht zu folgen, vgl. § 16 Rn. 67).

Rückstände: Beschl, der (entgegen § 56 S. 2, ZVG) dem Erwerber Rückstände des Veräußerers auferlegt.

Schuppenerrichtung: Beschl, der die Errichtung eines Schuppens genehmigt und die Standortauswahl dem WEer mit der Maßgabe überlässt, dass — 35S

§ 23 I. Teil. Wohnungseigentum

kein anderer WEer über das normale Maß hinaus belästigt wird, ist nicht wegen Unbestimmtheit nichtig (OLG München OLGR 2006, 847).
Schwarzarbeit: Vergabe von Instandsetzungsarbeiten an Schwarzarbeiter (BGHZ 85, 44).
Sondereigentum:
1. **Eingriff** in das SE einzelner WEer (OLG Düsseldorf NJWE 1997, 81; AG München ZMR 1997, 326), zB durch Zuordnung zu anderem SE (BayObLG NZM 1998, 973), oder in das vor Bauausführung entstandene dingliche Anwartschaftsrecht (BayObLG MDR 1973, 584);
2. Beschl über **Gegenstand** des SE (OLG Stuttgart NJW-RR 1986, 815);
3. Beschl über SE, zB Instandhaltung (OLG Düsseldorf DWE 2002, 22);
4. Beschl, mit Ermächtigung SE in GE **umzuwandeln** und umgekehrt als „Inhalt des SE" (KG ZMR 2007, 553);
5. Bei Sanierung wird der im SE stehende Balkonbelag verändert (OLG Köln ZMR 2001, 568) oder beschlossen, dass er nicht geändert werden darf (OLG Düsseldorf NZM 2002, 443).

Sonnenschutzblenden: Die Beschlfassung „Die Gem genehmigt die Anbringung von außenliegenden Sonnenschutzblenden bzw. die Umgestaltung des Eingangsbereichs des Block 17.." ist **inhaltlich** zu unbestimmt (OLG Düsseldorf ZMR 2004, 282).
Spontanversammlung: Die Entscheidungen einer Spontanversammlung, an der nicht alle WEer teilgenommen haben, zB nur Garageneigentümer (OLG Celle DWE 1983, 62); oder Ad-hoc-Versammlung (OLG Hamm WE 1993, 24) ohne vorherige Einberufung (sonst streitig).

35T **Teilungserklärung:** Beschl über Änderung der Teilungserklärung (BGH NZM 2009, 866).
Terrasse: Beschl, der Verbreiterung der Terrasse vorsieht, ohne den Umfang festzulegen (BayObLG WE 1989, 224).
Tierhaltungsverbot: S. Haustierhaltung.

35U **Umlaufverfahren:** Mehrheitlicher Beschl im Umlaufverfahren (BayObLGZ 1980, 331).
Umwandlung von Gemeinschafts- in Sondereigentum: Beschl über die Umwandlung von GE in SE oder SE in GE (BayObLG NJW-RR 1987, 329; OLG Köln ZMR 1997, 376).
Umwandlung/Umwidmung: Die Umwidmung von TE in WE, die Begründung **von SNRen** und die Umwandlung von GE in SE sind einer Beschlussfassung von vorneherein entzogen (BGH ZMR 2012, 793).
Untergemeinschaften: Einheitlicher Beschl mehrerer selbständiger Untergemeinschaften (OLG Düsseldorf ZMR 2003, 765); Beschl einer Untergemeinschaft NZM 2000 über bauliche Veränderungen der Gesamtgem (OLG Schleswig NZM 2000, 385).
Unterteilung: Beschl über Verbot der Unterteilung (BayObLG NZM 2003, 481).
Übertragung: Beschl, dass der Verwalter berechtigt ist, die Verwaltung auf Dritte zu übertragen wegen Verstoß gegen § 26 Abs. 1 S. 4 (OLG Schleswig DWE 1997, 160); Beschl, dass der Verwalter die Verwaltung auf Dritte über-

tragen kann (BayObLGZ 1975, 327) oder Verwalterwahl unter einer Bedingung (KG OLGZ 1976, 266).

Veräußerung: Beschl über Veräußerung von Teilen des gem Grundstücks (BGH NJW 2013, 1962; Sauren Info M 2010, 284), nicht aber Beschl, der die Zustimmung zur Veräußerung ohne wichtigen Grund versagt oder dies für zukünftige Fälle zulässt (BGH NJW 2012, 3232).

Vermietungsverbot: Absolutes Vermietungsverbot (BGH NJW 2010, 3093).

Vernichtung: Beschl, der die Vernichtung von Unterlagen vorsieht und damit gegen die Aufbewahrungsfristen des HGB verstößt (LG Bochum PuR 1993, 112, 113).

Versammlung: Nicht aber Fehler in der Einladung zu einer Versammlung (BGH NJW 2011, 3237 Rn. 33).

Versorgungssperre: Nicht aber Zutritt zur Wohnung wegen Durchführung der Versorgungssperre (BayObLG NZM 2004, 556).

Vertretung: Nicht aber ein Beschl, einen Rechtsanwalt mit der Vertretung der Gem zu beauftragen, weil der Anwalt Mitgesellschafter der Verwaltungs-GmbH ist (OLG Oldenburg ZMR 2005, 734).

Verwalter: Nach dem BayObLG (WE 1989, 55) für die Beauftragung des Verwalters gegen Sondervergütung zur Abwicklung der Bauherrengemeinschaft. Beschl über die Wahl einer BGB-Gesellschaft (BGH NJW 2006, 2189; aA Schäfer NJW 2006, 2160) oder mehrerer Personen (BGH WE 1990, 84) zum Verwalter (BGH NJW 1989, 2059); aber nicht per se einer Unternehmergesellschaft (UG, BGH NJW 2012, 3175);

Verwalterhonorar: Beschl, der die Höhe des Verwalterhonorars für die Zukunft unabänderlich festlegt (KG WuM 1994, 36).

Vorschriften: Beschl, der gegen **öffentlich-rechtliche Vorschriften**, zB Bauvorschriften verstößt, weil ansonsten keine Beseitigung verlangt werden kann (BayObLG WE 1992, 54), es sei denn, Befreiung ist möglich (vgl. BayObLG WEZ 1988, 409, 411).

35V

Wiederbestellung: Beschl, der **Verwalter** vor der Jahresfrist des § 26 Abs. 2 wiederbestellt (OLG Frankfurt OLGR 2006, 46.).

Wohngelder: Beschl, dass rückständige Wohngelder auch vom Konkursverwalter als Masseverbindlichkeiten zu behandeln sind (BGH DWE 1989, 130).

Wohngeldzahlung: Beschl, der ehemalige WEer oder außenstehende Dritte zur Wohngeldzahlung verpflichten soll, (OLG Köln NJW-RR 1992, 460).

35W

Zahlungsverpflichtungen: Beschl, eine bereits entstandene, aber noch nicht erfüllte Zahlungsverpflichtungen eines WEer's erneut zu beschließen und so neu zu begründen (BGH NJW 2012, 2796).

Zinsen: Ein Beschl über 36,5 % Zinsen für Wohngeldrückstände (BayObLG NJW-RR 1986, 179).

35Z

Einstweilen frei.

36–42

d) Ungültigkeitserklärung von Beschlüssen

43 Alle sonstigen Mängel können nur **zur Rechtswidrigkeit** des Beschl führen und müssen deshalb innerhalb eines Monats angefochten werden aufgrund einer sog Anfechtungsklage. Widerspruch beim Verwalter genügt nicht. Klage hat keine aufschiebende Wirkung.[136] Diese kann nur durch einstweilige Verfügung erreicht werden. Die Mängel können auf formellen (aa) oder materiellen Fehlern (bb) beruhen. Formelle Fehler können nicht durch einen neuen Beschl, der die Fehler vermeidet, rückwirkend geheilt werden.[137]

44 aa) Formelle Mängel. Formelle Mängel können sein:
- alle Verfahrensmängel, die der Beschlfassung vorausgehen, zB Einberufungsmängel (§ 24 Rn. 11 ff., § 23 Rn. 5), Beschlunfähigkeit (§ 25 Rn. 5);
- Mitwirkung eines Geschäftsunfähigen;[138]
- Mängel einer vereinbarten Form (zB notwendige Protokollierung laut TErkl als Voraussetzung für den Beschl);[139]
- fehlende, aber festgestellte Einstimmigkeit,[140] zB auf Grund nachträglicher Anfechtung (§§ 119, 123 BGB), oder wenn Mehrheit vorliegt, aber im Protokoll Allstimmigkeit festgehalten ist;[141]
- fehlende, aber festgestellte qualifizierte oder einfache Mehrheit inkl. Wertungsfragen,[142] zB weil eine falsche Stimmenzählung oder falsche Bewertung wegen des Ruhens einer Stimme (gemäß § 25 Abs. 5) oder eine relative Mehrheit als ausreichend angesehen[143] oder die Stimmenthaltung falsch gewertet oder das Stimmrecht eines WEer auf 25 % beschränkt wird;[144]
- dass eine Mehrheit zustande gekommen ist, obwohl ein Nichtzustandekommen protokolliert oder verkündet wurde;
- die Nichteintragung eines Beschl in ein Protokollbuch, obwohl die TErkl die Führung eines solchen für Wirksamkeit eines Beschl vorsieht. Wird der Beschl nicht zeitnah eingetragen, ist Heilung durch spätere Eintragung nicht möglich.[145]

45 bb) Materielle Mängel. Werden darüber hinaus materielle Fehler gerügt, kann dies ebenfalls nur durch **Anfechtung** vorgebracht werden. Die materielle Anfechtbarkeit ist gegeben, wenn ein Beschl seinem Inhalt nach fehlerhaft ist. Das ist insbesondere dann der Fall, wenn gegen das WEG (zB § 15 Abs. 2, zB Tierhalteverbot[146] oder § 22 Abs. 1) oder ein Gesetz verstoßen wurde, wie zB Treu und Glauben (§ 242 BGB[147]) oder gegen Vereinb oder TErkl (zB Kosten-

---

[136] BGH v. 4.4.2014 – V ZR 167/13.
[137] BGH NJW 1989, 1087.
[138] OLG Stuttgart DWE 1986, 60.
[139] BGH NJW 2012, 2512; OLG Oldenburg ZMR 1985, 30; aA KG WE 1994, 45.
[140] BGH NJW 1981, 282.
[141] KG OLGZ 1979, 282.
[142] OLG Frankfurt DWE 1988, 36.
[143] OLG Schleswig DWE 1987, 133.
[144] OLG Celle WE 1989, 199.
[145] OLG Köln ZMR 2007, 388.
[146] OLG Saarbrücken NJW 2007, 779; OLG Frankfurt Rpfleger 1978, 414.
[147] OLG Hamm OLGZ 1982, 260, 262.

verteilung[148]) oder bei Verstoß gegen den Grundsatz ordnungsgemäßer Verwaltung. Hierzu gehören die Fälle, in denen die Beschl inhaltlich anders gefasst als protokolliert wurden[149] und der Antrag auf Protokollberichtigung, weil der Beschlinhalt falsch wiedergegeben wurde.[150]

cc) Genehmigungsbeschluss. Das Protokoll der letzten Versammlung wird **46** zum Teil in der nächsten Versammlung „als ordnungsgemäß protokolliert" oder nur „genehmigt" (sog Genehmigungsbeschluss, dies ist die siebte Art von Beschl) nochmals beschlossen. Solche Beschl **entsprechen nicht ordnungsgemäßer Verwaltung**, weil sie den falschen Eindruck erwecken, eine Unrichtigkeit der Niederschrift dürfte auch von den bei der Versammlung Überstimmten oder an ihr nicht beteiligten WEer nun nicht mehr geltend gemacht werden.[151]

14. Beschlussfeststellung

Eines **Antrags an das WEG-Gericht** (§§ 46 Abs. 1, 43 Nr. 4) bedarf es, wenn **47** geltend gemacht wird, dass der Beschl tatsächlich zustande gekommen ist, weil Protokollinhalt falsch ist oder weil Stimmrecht falsch beurteilt[152] oder weil falsch ausgezählt wurde. Hier sollte die Anfechtung mit einem Antrag an das Gericht auf Feststellung des wirklichen Inhaltes verbunden werden.

15. Folgen der Ungültigkeiterklärung

Ist ein **Beschluss** vom Gericht rechtskräftig für ungültig erklärt worden, so **ist 48 er so zu behandeln, als habe er nie bestanden**.[153] Er verliert rückwirkend seine Wirksamkeit.[154] Zwei Ausnahmen hierzu: nach BGH[155] bleibt die Verwalterstellung bis zur Zeit der rechtskräftigen Aufhebung bestehen,[156] ebenso begründet sein Handeln bis dahin eine Duldungs- oder Anscheinsvollmacht.[157] Dies bedeutet, dass die aufgrund des Beschl geschlossenen Verträge deshalb wirksam bleiben.[158] Der außenstehende Vertragspartner hat keinen Schaden. Die Rückabwicklung erfolgt innerhalb der Gem. Ist der Beschl schon vollzogen, hat jeder WEer, insbesondere aus der überstimmten Minderheit gegenüber der Mehrheit einen Anspruch auf Rückgängigmachung bzw. **Folgenbeseitigung**,[159]

---

[148] BayObLG Rpfleger 1979, 216.
[149] OLG Hamm OLGZ 1985, 147.
[150] LG Hamburg ZMR 2013, 63; OLG Hamm OLGZ 1985, 147.
[151] BayObLG DWE 1987, 56, 57; NJW-RR 2002, 1667; 1987, 1363, 1364.
[152] OLG Hamm WE 1990, 102.
[153] Sauren ZWE 2000, 113.
[154] BayObLG ZMR 2003, 283; BGH NJW 1989, 1089.
[155] NJW 1997, 2106.
[156] AA Sauren ZWE 2000, 113.
[157] BayObLG ZMR 1988, 70; Staudinger/Bub § 26 Rn. 352; Wenzel WE 1998, 457 mwN; aA Gottschalg Haftung Rn. 77, aber Freistellungsanspruch des Verwalters.
[158] KG ZMR 1990, 62.
[159] OLGR Köln 2004, 358 Rn. 6; OLG Karlsruhe NJW-RR 1992, 1494 Rn. 8; BayObLG Rpfleger 1975, 367.

§ 23

der von der Mehrheit als Veranlasser durchzuführen ist. Auch nicht anwesende oder sich enthaltende WEer haben den Anspruch, ggf. auch ein dafür stimmender (Frage dann, ob rechtsmissbräuchlich[160]). Ein entsprechender gerichtlicher Antrag ist nicht gegen den Verwalter zu richten,[161] sondern gegen die WEer gerichtet darauf, den Verwalter entsprechend zu beauftragen. Allein aus dem Umstand der Vollziehung des Beschl durch den Verwalter kann kein Schadensersatzanspruch gegen ihn geltend gemacht werden.[162] Folgenbeseitigung bedeutet Wiederherstellung des früheren Zustandes, zB Rückerstattung von Hausgeldzahlungen auf eine unwirksame JA.[163] Dies bedeutet iE: Hatte der Beschl Außenwirkung, zB Vertrag mit Dritten, so haften die WEer trotz Aufhebung des Beschl dem Dritten gegenüber gemäß § 10 Abs. 8 nach dem Verhältnis ihrer MEanteile.[164] Tatsächlich erbrachte Leistungen sind deshalb zu vergüten.

Beispiel: Verwaltertätigkeit[165] oder Hausmeisteranstellung.

Die WEerGem ist jedoch verpflichtet, den Vertrag zum nächstmöglichen Termin zu kündigen, ebenso bei Vermietung von Gemsfläche (zB Mobilfunkantenne). Besondere Probleme tauchen bei Baumaßnahmen auf, zB Fassadensanierung. Hier soll nach Gottschalg[166] die Frage der wirtschaftlich tragbaren Ergebnisse gestellt werden. Wäre die Fassade schon weitestgehend fertiggestellt, sei die Wiederherstellung unzumutbar,[167] anders jedoch bei noch nicht oder kaum durchgeführten Maßnahmen. Dem ist entgegenzuhalten, dass die Gem dann nur möglichst schnell bauen und den Prozess in die Länge ziehen muss (ggf. kann die Einstellung der Bautätigkeit durch einstweilige Verfügung des Gerichtes erwirkt werden). Deshalb ist es eine Frage des Einzelfalles (§ 242 BGB). Es besteht dann ein Auskunftsanspruch gegen die Gem über den Stand der Angelegenheit, nicht gegen den Verwalter.[168] Im Innenverhältnis, dh zwischen den WEer, müssen die WEer, die dem für ungültig erklärten Beschl zugestimmt haben, den Schaden, den die WEerGem durch die Ausführung erlitten hat, allein tragen (analog § 16 Abs. 6). Soweit einzelne zustimmende WEer nicht mehr feststellbar sind, ist der Anteil auf alle WEer umzulegen.[169] Dies alles ist vom Verwalter bei der Abrechnung zu beachten. Neuem Beschl steht aber Rechtskraft nicht entgegen, da die materielle Rechtskraft der gerichtlichen Entscheidung sich nämlich nur auf den konkreten, für ungültig erklärten Beschl erstreckt.[170]

---

[160] Gottschalg NZM 2001, 115; Staudinger/Bub Rn. 315.
[161] BayObLG WE 1991, 198.
[162] BayObLG WE 1991, 198.
[163] AG Neuss ZMR 2013, 392.
[164] Sauren ZWE 2000, 113; ggf. aus GoA (§§ 683, 677, 670 BGB) oder auf Schadensersatz analog § 122 BGB; oder Duldungs- und/oder Anscheinsvollmacht, BayObLG ZMR 1988, 70.
[165] BGH NJW 1997, 2106; OLG Hamm WE 1996, 35 mwN.
[166] NZM 2001, 115.
[167] Vgl. BayObLG NZM 1999, 1150.
[168] Sauren ZWE 2000, 113; aA Gottschalg NZM 2001, 116.
[169] Vgl. ausführlich Keith PiG 14, 1 ff.
[170] BGH NJW 2003, 3476 Rn. 29.

Einberufung, Vorsitz, Niederschrift § 24

16. Abdingbarkeit

Es besteht für Abs. 1 und 2 eine grds. Abänderungsmöglichkeit (zu den Grenzen **49** s. § 10 Rn. 8 ff.) mit der Grenze, dass die gänzliche Abschaffung der Versammlung (aber Turnus, zB zweijährig[171]) und des WEG-Verfahrens nicht statthaft ist, aber Videokonferenz als Versammlung möglich, da Meinungsaustausch gegeben.[172] Das Überprüfungsrecht des einzelnen WEers muss gewährleistet sein, zB in einem Schiedsverfahren (Vor § 10 Rn. 16). Abs. 3 ist nach hM nicht änderbar oder aufhebbar durch Vereinb. Ein schriftlicher Mehrheitsbeschl[173] oder eine Zustimmung durch Schweigen[174] ist deshalb nach hM durch Vereinb nicht einführbar wegen des Minderheitenschutzes.[175] Dies ist in der Allgemeinheit abzulehnen, da durch eine Vereinb zB festgehalten werden kann, dass ein vom Stimmrecht ausgeschlossener MEer nicht zustimmen muss. Dadurch wird aber das Minderheitenrecht nicht tangiert, deshalb möglich, Verfahren weiter festzulegen oder Schweigen als Zustimmung zu vereinbaren.[176]

§ 24 Einberufung, Vorsitz, Niederschrift

(1) Die Versammlung der Wohnungseigentümer wird von dem Verwalter mindestens einmal im Jahre einberufen.

(2) Die Versammlung der Wohnungseigentümer muß von dem Verwalter in den durch Vereinbarung der Wohnungseigentümer bestimmten Fällen, im übrigen dann einberufen werden, wenn dies schriftlich unter Angabe des Zweckes und der Gründe von mehr als einem Viertel der Wohnungseigentümer verlangt wird.

(3) Fehlt ein Verwalter oder weigert er sich pflichtwidrig, die Versammlung der Wohnungseigentümer einzuberufen, so kann die Versammlung auch, falls ein Verwaltungsbeirat bestellt ist, von dessen Vorsitzenden oder seinem Vertreter einberufen werden.

(4) ¹Die Einberufung erfolgt in Textform. ²Die Frist der Einberufung soll, sofern nicht ein Fall besonderer Dringlichkeit vorliegt, mindestens zwei Wochen betragen.

(5) Den Vorsitz in der Wohnungseigentümerversammlung führt, sofern diese nichts anderes beschließt, der Verwalter.

(6) ¹Über die in der Versammlung gefaßten Beschlüsse ist eine Niederschrift aufzunehmen. ²Die Niederschrift ist von dem Vorsitzenden und einem Wohnungseigentümer und, falls ein Verwaltungsbeirat bestellt ist, auch von dessen Vorsitzenden oder seinem Vertreter zu unterschreiben. ³Jeder Wohnungseigentümer ist berechtigt, die Niederschriften einzusehen.

(7) ¹Es ist eine Beschluss-Sammlung zu führen. ²Die Beschluss-Sammlung enthält nur den Wortlaut

---

[171] Staudinger/Bub Rn. 7.
[172] Staudinger/Bub Rn. 11a; aA Palandt/Bassenge Rn. 1.
[173] OLG Hamm OLGZ 1978, 292.
[174] AG Königstein MDR 1979, 760.
[175] Palandt/Bassenge Rn. 7; aA Breiholdt ZMR 2010, 168; Prüfer S. 58 ff., 78 ff.
[176] Jennißen Rn. 120.

§ 24
I. Teil. Wohnungseigentum

1. der in der Versammlung der Wohnungseigentümer verkündeten Beschlüsse mit Angabe von Ort und Datum der Versammlung,
2. der schriftlichen Beschlüsse mit Angabe von Ort und Datum der Verkündung und
3. der Urteilsformeln der gerichtlichen Entscheidungen in einem Rechtsstreit gemäß § 43 mit Angabe ihres Datums, des Gerichts und der Parteien,

soweit diese Beschlüsse und gerichtlichen Entscheidungen nach dem 1. Juli 2007 ergangen sind. [3]Die Beschlüsse und gerichtlichen Entscheidungen sind fortlaufend einzutragen und zu nummerieren. [4]Sind sie angefochten oder aufgehoben worden, so ist dies anzumerken. [5]Im Falle einer Aufhebung kann von einer Anmerkung abgesehen und die Eintragung gelöscht werden. [6]Eine Eintragung kann auch gelöscht werden, wenn sie aus einem anderen Grund für die Wohnungseigentümer keine Bedeutung mehr hat. [7]Die Eintragungen, Vermerke und Löschungen gemäß den Sätzen 3 bis 6 sind unverzüglich zu erledigen und mit Datum zu versehen. [8]Einem Wohnungseigentümer oder einem Dritten, den ein Wohnungseigentümer ermächtigt hat, ist auf sein Verlangen Einsicht in die Beschluss-Sammlung zu geben.

(8) [1]Die Beschluss-Sammlung ist von dem Verwalter zu führen. [2]Fehlt ein Verwalter, so ist der Vorsitzende der Wohnungseigentümerversammlung verpflichtet, die Beschluss-Sammlung zu führen, sofern die Wohnungseigentümer durch Stimmenmehrheit keinen anderen für diese Aufgabe bestellt haben.

Übersicht

	Rn.
1. Normzweck	1
2. Einberufung einer Versammlung	
a) Versammlungspflicht	2
b) Abdingbarkeit der Vorschrift (§ 24)	3
c) Einberufungsrecht des Verwalters (Abs. 1)	4
d) Einberufungsrecht des Beiratsvorsitzenden (Abs. 3)	5
e) Einladung durch Nichtberechtigte	6
f) Vorbereitung der Versammlung	8
g) Versammlungszeit	9
h) Versammlungsort/-raum	10
i) Kausalität	11
j) Form der Einberufung	12
k) Inhalt	13
l) Einzuladende	
aa) Einladung	13a
bb) Zugang	13b
cc) Mehrhausanlage	13c
m) Nichtladung	
aa) Fehlende Einladung	14
bb) Kausalität	14a
cc) Kosten	15
n) Erwerber	16
o) Einberufungsfrist (Abs. 4 S. 2)	17
p) Ursächlichkeit zu einem Einberufungsverstoß	18
q) Absage/Verlegung/Auflösung	19
r) Eventualeinberufung	20

Einberufung, Vorsitz, Niederschrift **§ 24**

Rn.
3. Durchführung der Versammlung
   a) Vorsitz 21
   b) Teilnahmeberechtigung
      aa) Wohnungseigentümer 22
      bb) Vertreter 22a
      cc) Verwalter/Beirat 22b
      dd) Teilnahmepflicht 22c
      ee) Verstoß gegen Teilnahmerecht 22d
   c) Abdingbar 23
   d) Beschlussfähigkeit in der Erstversammlung (§ 25 Abs. 3) 24
   e) Unzulässige Anwesenheit Dritter
      aa) Nichtöffentlich 26
      bb) Widerspruch 26a
      cc) Weitergehender Verrtetungsausschluss durch Vereinbarung 26b
      dd) Treu und Glauben 26c
      ee) Wirkung des Vertretungsausschlusses 26d
      ff) Kausalität 26e
   f) Vertretung
      aa) Recht der Vertretung 27
      bb) Beschränkung 27a
      cc) Schriftform-Vereinbarung 28
      dd) Bevollmächtigter Verwalter 30
      ee) Kausalität 30a
   g) Beistand/Berater in der Versammlung 31
      aa) Beiziehung durch die Gemeinschaft 31a
      bb) Beiziehung durch einzelne Wohnungseigentümer 32
      cc) Konsequenz der BGH-Rechtsprechung 33
      dd) Kausalität 34
      ee) Ausschluss eines Wohnungseigentümers von der Versammlung 35
   h) Versammlungsablauf
      aa) Verfahren 36
      bb) Reihenfolge der TOP's 37
      cc) Abstimmung 38
      dd) Schließung der Versammlung 39
4. Versammlungsprotokoll (Abs. 6)
   a) Inhalt 40
   b) Ablaufprotokoll 41
   c) Entstehung 41a
   d) Protokollberichtigung
      aa) Beweiskraft 42
      bb) Protokollberichtigung 42a
      cc) Anspruch auf Berichtigung 43
   e) Protokollunterschrift 44
   f) Protokollübersendung, Einsicht
      aa) Übersendung 45
      bb) Einsicht (Abs. 6 S. 3) 45a
   g) Anfechtungsfrist 46
   h) Protokollmängel 47
   i) Abdingung 48
5. Beschlusssammlung (Abs. 7 und 8) 49

		Rn.

- a) Sinn und Zweck 50
- b) Einsichtsrecht (Abs. 7 S. 8)
  - aa) Wohnungseigentümer 51
  - bb) Zwangsversteigerungsverfahren 51a
  - cc) Generelle Ermächtigung des Verwalters zur Gewährung von Einsichtnahme 51b
  - dd) Verweigerung................................... 51c
- c) Form 52
- d) Inhalt
  - aa) Inhaltsverzeichnis 53
  - bb) Aufbau 53a
  - cc) Beispiele 53b
  - dd) Unterschrift.................................... 53c
  - ee) Führung in Papierform 53d
- e) Führung der Beschlusssammlung 54
  - aa) Verwalter 54a
  - bb) Fehlen eines Verwalters 54b
  - cc) Sanktion 54c
  - dd) Anspruch auf Berichtigung einer Eintragung 54d
- f) Inhalt 55
  - aa) Beschlüsse 56
  - bb) Gerichtliche Entscheidungen 57
  - cc) Urteilsformel 58
  - dd) Vergleiche 59
  - ee) Aufbau 60
  - ff) Eintragungszeitpunkt (Abs. 7 S. 7) 61
  - gg) Löschen von Einträgen (Abs. 7 S. 5 und 6) 62
  - hh) Anmerkung anstelle der Löschung 62a
- g) Wichtiger Grund zur Abberufung 63
- h) Zeitraum 64
- i) Vergütung des Verwalters 65
  - aa) Führung einer Beschlusssammlung seit dem 1.7.2007 .... 65a
  - bb) Erfassung der Beschlüsse vor dem 1.7.2007 .... 65b
  - cc) Einsichtsrecht 65c
  - dd) Wichtiger Grund 65d
- j) Folge des Verstoßes gegen die Führung der Beschlusssammlung
  - aa) Inhaltliche Fehler 66
  - bb) Keine Beschlusssammlung 66a
  - cc) Führung durch Dritte 66b
- k) Inhaltliche Widersprüche
  - aa) Zwischen Versammlungsniederschrift und Beschlusssammlung 67
  - bb) Zwischen Beschlusssammlung und Grundbuch 67a
- l) Übernahme einer Verwaltung ohne Beschlusssammlung 68
- m) Abdingbarkeit
  - aa) Gänzliche Beseitigung 69
  - bb) Modifikation 69a
  - cc) Abweichende Regelung durch Beschluss 69b
  - dd) Bestehende Vereinbarung 69c

Einberufung, Vorsitz, Niederschrift § 24

1. Normzweck

Dieser Paragraph enthält weitere Regelungen über die **Abwicklung der** **1**
WEerversammlung, und zwar die Einberufung, den Vorsitz und die Niederschrift.[1] Zusätzlich sind die Regelungen über die **Beschlsammlung** (Abs. 7 und 8) aufgenommen worden.

2. Einberufung einer Versammlung

a) Versammlungspflicht

Für den **Turnus** der Versammlung sieht Abs. 1 zunächst als Minimum eine **2**
jährliche Versammlung vor. Darüber hinaus findet eine Versammlung dann statt, wenn dies in einer Vereinb bestimmt ist (vgl. Abs. 2 Alt. 1) oder wenn der Verwalter sie für erforderlich hält[2] oder im Falle der Beschlunfähigkeit der einberufenen Versammlung (§ 25 Abs. 4 S. 1), ebenso auf schriftlich (§§ 126, 126a BGB, nicht in Textform) begründetes Verlangen von mehr als 25 % der WEer (Abs. 2 Alt. 2), im Zeitpunkt des Verlangens. Beim letzteren Fall erfolgt die Berechnung ohne anderslautende Vereinb nach dem sog Kopfprinzip des § 25 Abs. 2 (§ 25 Rn. 15), auch dann, wenn durch Vereinb ein anderes Stimmrecht festgelegt ist.[3] Oder wenn Versammlung erforderlich ist, zB wenn schwerwiegende Pflichtverletzungen des Verwalters angeführt werden, die nicht für längere Zeit ungeklärt im Raum stehen können.[4]

b) Abdingbarkeit der Vorschrift (§ 24)

Die Vorschrift ist abdingbar,[5] zB Versammlung halbjährlich oder zweijährig. Ein **3**
über ein Jahr hinausgehender Versammlungsturnus ist nicht zu empfehlen, schon angesichts der Pflicht des Verwalters, eine JA und einen WP jährlich zu erstellen, ebenso nicht die Möglichkeit, das Einberufungsrecht (gemäß Abs. 1 und 3) jedem WEer zuzubilligen.[6] Das BayObLG[7] hat mit Zustimmung der Literatur[8] hinsichtlich Abs. 2 Alt. 2 eine Beschränkung insoweit gemacht, als der Anspruch der Minderheit auf Einberufung nicht beseitigt werden darf (§ 10 Rn. 12 ff.), aber es kann an die Anforderungen für die Einberufung auf ein Schriftformerfordernis (iSv § 126 BGB) verzichtet werden.[9] Eine völlige Ab-

---

[1] Zur unzulässigen virtuellen Versammlung s. Mankowski ZMR 2002, 246; Huff, FS Deckert, S. 175.
[2] OLG Hamm DWE 1987, 54.
[3] OLG Hamm NJW 1973, 2300; Sauren S. 63.
[4] OLG Köln NZM 2004, 305.
[5] BayObLG WuM 1994, 227.
[6] OLG Hamm WE 1994, 24, äußerst bedenklich, wenn jeder einberufen kann, droht ein Chaos, deshalb nichtig wegen Verstoß gegen § 27 Abs. 3.
[7] NJW 1973, 151.
[8] ZB Weitnauer/Lüke Rn. 1b.
[9] LG Hamburg ZMR 2011, 744.

schaffung des Rechts auf Versammlung ist nicht möglich (Rn. 8), also auch das Einberufungsrecht nicht.[10]

c) Einberufungsrecht des Verwalters (Abs. 1)

4 Das Recht zur Einberufung hat zunächst **nur** der Verwalter (Abs. 1), der zum Zeitpunkt der Einladung Verwalter ist, auch dann, wenn er zum Zeitpunkt der Versammlung nicht mehr Verwalter ist. Er kann auch andere dazu bevollmächtigen, zB einen Mitarbeiter.[11] Dies gilt auch dann, wenn die Wahl des Verwalters nachträglich für ungültig erklärt wird.[12] Der Verwalter, dessen Amtszeit beendet ist, darf nur mit Ermächtigung der WEer eine Versammlung einberufen.

d) Einberufungsrecht des Beiratsvorsitzenden (Abs. 3)

5 **Fehlt ein Verwalter** (dazu zählt auch die tatsächliche, zB Krankheit[13] oder rechtliche Verhinderung) **oder weigert er sich pflichtwidrig**, die Versammlung der WEer nicht oder nicht rechtzeitig einzuberufen, so kann die Versammlung auch, falls ein Verwaltungsbeirat bestellt ist, von dessen Vorsitzenden oder seinem Vertreter (Abs. 3) einberufen werden. Ist kein Vorsitzender bestellt, so kann nur das komplette Gremium einladen,[14] aber nicht ein einzelner, der nicht Vorsitzender ist.[15] Bei der Frage, unter welchen Voraussetzungen eine **pflichtwidrige Weigerung** des Verwalters anzunehmen ist, eine Versammlung einzuberufen, ist festzuhalten, dass sowohl die Nichtladung[16] als auch die zu späte Ladung[17] oder unangemessen langes Untätigbleiben[18] darunter fällt. Bei letzteren ist zu berücksichtigen, dass dem Verwalter ein gewisser Ermessensspielraum hinsichtlich der angemessenen Zeit zuzubilligen ist, was innerhalb eines Monats heißt nach dem BayObLG.[19] Sieht man von Ausnahmefällen wie Weihnachtszeit oder allgemeine Urlaubszeit ab, dann ist es noch genügend, wenn zB auf ein Verlangen vom 28.11. eine Versammlung zum 17.1. einberufen wird.[20] Das dem Verwalter grundsätzlich anzuerkennende Ermessen kann sich im Einzelfall auf eine unverzügliche Handlungspflicht hin verdichten.[21] Die Weigerung des Verwalters ist pflichtwidrig, wenn eine ordnungsgemäße Verwaltung die Aufnahme eines TOP erfordert.[22] Dann kann auch die Tagesordnung vom Einladenden bestimmt werden.[23] Der Verwalter muss nicht eingeladen

---

[10] Jennißen Rn. 201.
[11] OLG Köln ZMR 2003, 380.
[12] BayObLG NJW-RR 1992, 910.
[13] LG Düsseldorf ZMR 2011, 899.
[14] OLG Köln NZM 2000, 675.
[15] LG Zwickau ZMR 2002, 307.
[16] OLG Köln NZM 2004, 305.
[17] OLG Düsseldorf ZMR 2004, 692.
[18] LG Hamburg ZMR 2012, 384.
[19] NZM 2003, 317.
[20] BayObLG WE 1992, 51.
[21] LG Frankfurt ZWE 2011, 128; OLG Düsseldorf NZM 2004, 110.
[22] LG Hamburg ZWE 2011, 132.
[23] OLG Frankfurt NJW 2009, 300.

werden.[24] Insoweit ist dem Beirat dann ebenfalls ein Ermessen eingeräumt. Wenn aber ein Anspruch einzelner auf Fassung bestimmter Beschlüsse, zB der Bestellung einer neuen Verwaltung, besteht und die Einladung nicht durch einen Verwalter erfolgen kann, ist das Ermessen des Beirats auf Null reduziert, dieser also zur Einberufung der Versammlung verpflichtet. Das kann dann gerichtlich durchgesetzt werden.[25] **Ausnahmsweise** sind auch die Eigentümer berechtigt, eine Versammlung einzuberufen, sofern die **Einberufung einvernehmlich durch alle Eigentümer** erfolgt,[26] Einzelne haben nicht das Recht. Sie müssen sich gerichtlich ermächtigen lassen, wozu der WEG-Richter und nicht der Rechtspfleger zuständig ist.[27]

e) Einladung durch Nichtberechtigte

Die von einer durch einen Nichtberechtigten einberufenen Versammlung, zB nicht gerichtlich ermächtigter WEer oder der Verwalter, dessen Amtszeit beendet ist,[28] gefassten Beschlüsse sind nicht nichtig, sondern nur anfechtbar.[29] Eine **eigenmächtige Einberufung einer Versammlung** ist deshalb **nur durch alle**[30] **oder mit Zustimmung aller Wohnungseigentümer** möglich. Ein einzelner[31] oder eine Gruppe von WEer kann nur einen Antrag bei Gericht (§ 43) stellen auf Verpflichtung des Verwalters zur Einberufung oder auf Ermächtigung zur Einberufung und Regelung des Vorsitzes in der Versammlung.[32] Die gerichtliche Ermächtigung wird durch die ordnungsgemäße Einberufung verbraucht.[33]

6

Kausalität: Bei der Einladung durch eine nichtberechtigte Person wird die Ursächlichkeit dieses Fehlers (Auswirkung auf das Beschlergebnis) vermutet.[34] Eine Aufhebung erfolgt, wenn nicht feststeht, dass auch bei ordnungsgemäßer Einberufung dieselbe Beschlfassung erfolgt wäre.[35]

7

f) Vorbereitung der Versammlung

Für die gelungene Durchführung der Versammlung hat die sorgfältige Vorbereitung des Einladenden, idR des Verwalters, entscheidende Bedeutung. Er hat sich im Vorfeld bereits (soweit vorhanden) **mit dem Beirat abzustimmen**, damit möglichst Einvernehmen über den Gegenstand und den Ablauf der Versammlung erreicht wird. Die Vorbereitung des Verwalters läuft ferner über das ge-

8

---

[24] LG Hamburg ZMR 2012, 384.
[25] AG Charlottenburg ZMR 2010, 76; Staudinger/Bub Rn. 77; aA Jennißen Rn. 25.
[26] BGH ZMR 2011, 892 Rn. 4.
[27] LG München ZMR 2013, 748 m. Anm. Sauren IMR 2014, 42.
[28] OLG Stuttgart NJW-RR 1986, 315.
[29] LG Düsseldorf ZMR 2011, 898; BayObLG NZM 2002, 346.
[30] BGH ZMR 2011, 892 Rn. 4; OLG Köln NZM 2003, 810.
[31] OLG Hamm OLGZ 1973, 423.
[32] OLG Zweibrücken ZMR 2011, 155; OLG Köln NZM 2003, 810.
[33] BayObLG WE 1991, 226.
[34] KG NZM 1998, 920.
[35] LG Düsseldorf ZMR 2011, 898; OLG Hamm WE 1992, 314.

samte Jahr; denn er hat für die Versammlung neben den zu diskutierenden Beschl alle wichtigen Informationen zu sammeln und über Vorgänge zu berichten.

Beispiele: Gesetzliche Veränderungen, nachbarschaftliche Gegebenheiten, behördliche Auflagen und Maßnahmen, Zwischenberichte über in Gang befindliche, aber noch nicht beendete Maßnahmen, Stand gerichtlicher Verfahren.

g) Versammlungszeit

9 Der Verwalter sollte den Zeitpunkt der Versammlung **mit dem Beirat abstimmen**. Er sollte dies regelmäßig in die **erste Jahreshälfte** legen, weil die JA dann aufgestellt sein muss. Die Zeit muss **zumutbar** und **verkehrsüblich** sein. Sie darf zu keiner Unzeit, zB werktags in den Vormittagsstunden, einberufen werden[36] oder nach LG München[37] erst ab 18.00 Uhr.[38] Das OLG Köln[39] hat mittwochs 16.00 Uhr für möglich gehalten, wenn Ärzte und Freiberufler die Mehrheit in der Anlage stellen oder gar 15.00 Uhr bei großer Gem;[40] dem ist nicht zu folgen, da gerade der Einladungszeitpunkt einen Minderheitenschutz darstellt, deshalb werktags nicht vor 18 Uhr.[41] Sonntags sollte nur auf Bitten der WEer und nicht vor 11.00 Uhr die Versammlung abgehalten werden.[42] Eine Versammlung an einem Samstag nach einem Feiertag um 20.00 Uhr hat das OLG Zweibrücken[43] akzeptiert. Feiertags möglichst nicht, wenn auch das OLG Schleswig eine Versammlung am Karfreitagnachmittag als zulässig angesehen hat.[44] Dabei sollte der Verwalter die Ferienzeit[45] und gesellschaftliche Ereignisse (Fußballspiel etc) berücksichtigen. Das OLG Hamm[46] hat auch aus anderen Gründen eine Versammlung am 28.12. nicht akzeptiert. Sollten wichtige Gründe gegen den einmal festgelegten Versammlungszeitpunkt vorliegen, so ist der Verwalter berechtigt, die von ihm einberufene Versammlung auf einen anderen Zeitpunkt zu verlegen, wobei die Verlegung eindeutig bekanntzugeben ist.[47]

h) Versammlungsort/-raum

10 Auch hier hat der Einladende bei der Wahl ein **Ermessen**. Er kann zB einen (kostenpflichtigen) neutralen Ort den Räumlichkeiten eines Eigentümers vorziehen.[48] Als Ort sollte idR der der **Wohnanlage** gewählt werden, weil jeder

---

[36] OLG Frankfurt OLGZ 1982, 418.
[37] NZM 2005, 591; Huff WE 1988, 52.
[38] Ab 17.00 Uhr nach OLG Düsseldorf WuM 1993, 305.
[39] Vom 4.11.1991 – 16 Wx 81/91.
[40] OLG Köln NZM 2005, 20.
[41] AG Köln ZMR 2004, 546.
[42] OLG Stuttgart NJW-RR 1986, 316.
[43] WE 1994, 126.
[44] NJW-RR 1987, 1362; aA zu Recht LG Lübeck NJW-RR 1986, 813.
[45] Aber kein Anfechtungsgrund, BayObLG NZM 2002, 794; LG München ZMR 2012, 819; aA LG Karlsruhe NZM 2014, 168.
[46] NZM 2001, 297.
[47] OLG Hamm OLGZ 1981, 24.
[48] AG Bremen ZMR 2013, 663.

WEer verlangen kann, dass ihm dort die Unterlagen zur Einsicht vorgelegt werden. Auch der **Versammlungsort muss** auf jeden Fall **verkehrsüblich und zumutbar sein**,[49] bei einer kleinen Gem kann aber Waschküche[50] oder Speicher genügen, anfechtbar ist aber die Abhaltung in einer Gaststätte in Anwesenheit anderer Gäste und Störungen durch Lärm[51] oder in offenem Gastraum einer Gaststätte[52] oder Vorgarten[53] oder bei „bestellter" Presse[54] oder im Wohnwagen des Verwalters[55] oder in einer Wohnung eines WEers, es sei denn, alle WEer sind damit einverstanden[56] oder es liegt sachlicher Grund vor, wie zB Behinderung.[57] Er muss **nahe der Anlage liegen**, auch wenn die Mehrheit der WEer aus einem anderen Gebiet kommt,[58] aber nicht im selben Stadtteil.[59] Deshalb hat das OLG Köln[60] eine Versammlung in Stuttgart von einer Anlage in Bonn untersagt. Nach dem OLG Frankfurt[61] braucht der Ort nicht notwendig in der politischen Gemeinde der Anlage zu liegen. Die Versammlung muss dann auch an dem eingeladenen Ort stattfinden, ansonsten anfechtbar.[62] Der **Raum muss** ebenfalls **zumutbar sein**, zB keine übermäßige Kälte oder Wärme oder schlechte Akustik.

Beispiel: 13 Grad ist zu kalt.[63]

i) Kausalität[64]

Wird gegen diese Regeln verstoßen, wird auf die Anfechtung hin nur dann der Beschl für **ungültig** erklärt, wenn nicht feststeht, dass auch bei ordnungsgemäßer Einladung keine Teilnahme oder bei Teilnahme eine gleiche Beschlfassung erfolgt wäre.[65]

Beispiel: Soweit hinsichtlich eines Beschl erhebliche inhaltliche Einwendungen geltend gemacht wurden, die in der Versammlung nicht vorgebracht wurden, ist der Beschl aufzuheben, nicht aber, wenn diese fehlen.[66]

---

[49] BGH NJW 2002, 1651.
[50] OLG Düsseldorf WuM 1993, 305.
[51] OLG Hamm WE 1990, 97.
[52] OLG Frankfurt NJW 1995, 3395.
[53] KG NJW-RR 1997, 1171.
[54] AG Bielefeld ZMR 1996, 154.
[55] OLG Hamm NZM 2001, 297.
[56] AG Aachen v. 4.7.2001 – 12 UR II 37/01 WEG.
[57] AG Oberhausen ZMR 2012, 60.
[58] OLG Köln NZM 2006, 227.
[59] BGH NJW 2002, 1651.
[60] NJW-RR 1991, 725.
[61] OLGZ 1984, 333.
[62] BGH ZMR 2011, 892.
[63] AA OLG Köln WuM 1999, 297, 298, weil kostenfrei.
[64] Bassenge, FS Merle, S. 17.
[65] BGH NJW 1973, 235; BayObLG WE 1991, 285.
[66] LG Lübeck NJW-RR 1986, 813.

Wird Versammlung bewusst an einen Ort gelegt, den WEer aus Gesundheitsgründen nicht aufsuchen kann, ist der Beschl **nichtig**[67] oder der Tagungsort vorsätzlich nicht mitgeteilt[68] oder vorsätzlich keine Ladung vorgenommen.[69]

j) Form der Einberufung

12 Abs. 4 S. 1 schreibt vor, dass die Einberufung der Versammlung in **Textform**[70] zu erfolgen hat. Es bedarf damit keiner Unterschrift. Es genügt, dass die Person des Erklärenden genannt ist.[71] Dies bedeutet weiter mangels anderweitiger Vereinb in einer Urkunde oder auf andere zur dauerhaften Wiedergabe in Schriftzeichen geeigneter Weise (iSv § 126b BGB), zB per Post, Fax oder E-Mail,[72] wohl aber nicht per SMS, da Dauerhaftigkeit und damit Nachweis nicht möglich sind,[73] oder Web-Seite, da die Einstellung in die Seite für WEer nicht erkennbar ist[74] und nicht alle über Internetzugang verfügen.

k) Inhalt

13 In der Einladung sind die genauen **Angaben zum Zeitpunkt und Ort** der Versammlung mitzuteilen,[75] sowie der **Beschlussgegenstand** (Rn. 8 ff.). Dies gilt auch bei Wiederholungsversammlung (§ 25 Abs. 4), zB genaue Anfangszeit.[76] **Bei Verstoß nur anfechtbar**, nicht nichtig. Anfechtung ist nicht erfolgreich, wenn Ursächlichkeit nicht nachgewiesen wird[77] oder nach OLG Hamm[78] rügelos an einer Versammlung teilgenommen wird.

l) Einzuladende

13a aa) **Einladung.** Der berechtigt Einladende hat die einzelnen **Wohnungseigentümer** einzuladen, **die im Grundbuch zum Zeitpunkt der Absendung eingetragenen sind**[79] (ist falscher im Grundbuch eingetragen, so kein Mangel (§ 893 BGB), es sei denn, dem Verwalter ist der wahre WEer bekannt[80]) oder deren gesetzliche Vetreter oder Bevollmächtigte. Hierzu hat er die Einladung an diese mit letzter bekannter Adresse zum Zeitpunkt der Absendung[81] zu verschicken.

---

[67] OLG Köln NZM 2004, 793.
[68] BayObLG ZMR 2005, 801.
[69] OLG Zweibrücken ZWE 2002, 276.
[70] Vgl. Lammel ZMR 2002, 333.
[71] AG Berlin-Mitte NJW-RR 2003, 1377.
[72] Bielefeld DWE 2001, 16.
[73] Ähnlich Jenißen Rn. 86; aA Weitnauer/Lüke Rn. 6; Bielefeld DWE 2001, 96.
[74] AA Staudinger/Bub Rn. 78.
[75] BayObLG WuM 1989, 658.
[76] BayObLG WE 1991, 49.
[77] OLG München NZM 2005, 825.
[78] OLG München NZM 2005, 825.
[79] OLGR Frankfurt 2005, 423.
[80] Staudinger/Bub Rn. 158.
[81] KG ZMR 1997, 318.

Einberufung, Vorsitz, Niederschrift § 24

bb) Zugang. Die Einladung muss zugehen.[82] Durch Vereinb kann deshalb der Nachweis der rechtzeitigen Absendung[83] oder die **Absendung an letzte bekannte Adresse** als genügend bestimmt werden,[84] dann soll letzteres nur bei einer Adressenänderung zum Tragen kommen,[85] ebenfalls nicht durch Verwaltervertrag, da Verstoß gegen Verbot der Zugangsfiktion (§ 308 Nr. 6 BGB[86]). Teilt einer seine ladungsfähige Anschrift nicht oder falsch mit und misslingt seine Ladung aus diesem Grund ohne Verschulden der Verwaltung, muss er sich die unterbliebene Ladung als Folge seiner Obliegenheitsverletzung zurechnen lassen.[87] Die Absendung an letzte bekannte Adresse ist deshalb ausreichend. Bei wiederholtem Bestreiten des Zugangs der Einladung empfiehlt sich Einschreiben mit Rückschein.[88]

13b

cc) Mehrhausanlage. Ist jedoch in der TErkl vereinbart, dass eine oder mehrere Wohneinheit(en) vom Objekt getrennt verwaltet wird (Untergem), so darf der Verwalter diese WEer nicht laden, wenn von den zu beschließenden Maßnahmen deren Interessen nicht berührt werden.[89]

13c

m) Nichtladung

aa) Fehlende Einladung. Soweit ein WEer von dem Verwalter nicht eingeladen wurde[90] oder die Einladung den Empfänger nicht erreichte (es sei denn, sie beruht auf einer nicht oder falsch mitgeteilten Anschrift,[91] zB Mail Adresse wurde gelöscht) oder eine unwirksame Einladung eines WEers vorliegt, zB die Ladung eines Geschäftsunfähigen (§ 104 BGB[92]), sind die gefassten **Beschluss nicht nichtig, sondern anfechtbar.**[93] Ist ein **Zustellungsbevollmächtigter** nicht benannt, sind bei einer Mehrheit von Berechtigten alle einzuladen,[94] jedoch bei GBR nur die tatsächlichen Gesellschafter, nicht die im Grundbuch noch eingetragenen.[95] Einzuladen sind auch WEer, die evtl. kein Stimmrecht für einzelne oder alle TOPs haben (§ 25 Abs. 5) und Beiratsmitglieder, die nicht WEer sind,[96] da letztere die Pflicht zur Auskunft vor der WEerGem haben und sodann idR über ihre Entlastung abgestimmt werden soll und sie ggf. Unter-

14

---

[82] BGH NZM 2013, 653.
[83] OLG Hamm ZMR 2009, 217 Rn. 45.
[84] OLGR Frankfurt 2005, 423 Rn. 48; LG Magdeburg Rpfleger 1997, 306; aA LG Magdeburg Rpfleger 1997, 108 m. abl. Anm. Röll.
[85] OLG Hamburg ZMR 2006, 704, Beschränkung aber unrichtig, ebenso Palandt/Bassenge Rn. 5.
[86] BayObLG WE 1991, 295.
[87] BGH NZM 2013, 653.
[88] Vgl. BayObLG WuM 1990, 321.
[89] BayObLG ZMR 1999, 418 Rn. 34; DNotZ 1985, 414.
[90] OLG Frankfurt OLGZ 1986, 45.
[91] BGH NZM 2013, 653; NJW 2012, 3571; Merle DWE 2001, 45.
[92] OLG Stuttgart OLGZ 1985, 259.
[93] BGH NZM 2013, 653; NJW 2012, 3571; 1999, 3713.
[94] OLG Köln WE 1989, 30.
[95] OLG Köln NZM 2001, 146.
[96] AA BayObLG NJW-RR 1988, 270.

schrift leisten müssen.[97] Nach BayObLG[98] soll bei Zwangsverwaltung der WEer nicht zu laden sein, bedenklich wegen seines möglichen Stimmrechts (vgl. § 25 Rn. 11). Nicht einzuladen ist der Verwalter, dessen Abberufung bestätigt werden soll.[99] IÜ sind alle zu laden, die ein Stimmrecht haben (§ 25 Rn. 4 ff.).

14a bb) Kausalität. Ficht der oder ein anderer WEer an, so muss der Verwalter nachweisen, dass er entweder ordnungsgemäß geladen hat oder das Nichterscheinen für das Stimmergebnis nicht ursächlich war,[100] dh, dass der Beschl bei ordnungsgemäßer Ladung ebenso gefasst worden wäre[101] (sog Kausalität).

Beispiele: Über den Beschlgegenstand ist in verschiedenen Beschl unterschiedlich abgestimmt worden (Aufhebung des Beschl[102]), gegen Beschl wird sachlicher Einwand erhoben;[103] auch bei ordnungsgemäßer Ladung wäre der WEer nicht erschienen (Aufhebung abgelehnt[104]); Anhaltspunkte für eine Beeinflussung des Stimmergebnisses fehlen (Aufhebung abgelehnt[105]). Aber nichtiger Beschl, wenn bewusst WEer nicht eingeladen wurde oder notwendige Umstände nicht mitgeteilt wurden.[106]

15 cc) Kosten. Der Verwalter muss bei schuldhaftem Verhalten für die Kosten der neuerlichen Versammlung aufkommen.

n) Erwerber

16 Neben dem WEer kann der Verwalter, soweit er Kenntnis davon hat und kein WEer dagegen ist, abklären, ob die Käufer, die noch nicht im Grundbuch eingetragen sind, einzuladen sind, damit diese über die Vorgänge in der WEerGem bereits frühzeitig informiert sind. Ggf. ist der Käufer nach der Rspr[107] sogar zur Stimmausübung ermächtigt oder ist im Kaufvertrag ermächtigt worden.

o) Einberufungsfrist (Abs. 4 S. 2)

17 Für die Frist der Einladung schreibt Abs. 4 S. 2 vor, dass sie **mindestens zwei Wochen** betragen soll, sofern nicht ein Fall von Dringlichkeit gegeben ist. Die **Frist beginnt** regelmäßig erst mit Zugang der Einladung beim letzten zu Ladenden (zumindest Ort, Zeit und TOP, aber alle Bestandteile, selbst wenn TOP nachgeschoben wird), wobei die Fristberechnung nach dem BGB (§§ 187 ff.) erfolgt, so dass Samstage und Sonntage bei dem Fristende nicht mitgerechnet wer-

---

[97] OLG Hamm ZMR 2007, 133.
[98] WE 1997, 267, 268.
[99] OLG Hamm NZM 1999, 229.
[100] OLG Celle NZM 2002, 458.
[101] BGH NJW 1999, 3713.
[102] BayObLG NJW-RR 1986, 813.
[103] Aufhebung, BayObLG ZMR 1998, 508, anders, wenn nicht, BayObLG WuM 1990, 321.
[104] KG WE 1989, 29.
[105] OLG Frankfurt OLGZ 1986, 45.
[106] BayObLG NZM 2005, 630.
[107] KG NJW-RR 1995, 147.

den.[108] Von einer besonderen **Dringlichkeit** ist auszugehen, wenn die Regelfrist nicht abzuwarten ist, weil ansonsten die Gem einen Schaden erleiden würde, zB weil nach der Begutachtung der Tiefgarage die umgehende Sanierung erforderlich ist.[109] Mit der Ladung sollte die Bitte des Verwalters verbunden sein, diesem Anregungen und Anträge zur Festlegung der TOP mitzuteilen. Erfolgt eine Ergänzung der Tagesordnung oder sonstige Änderungen, so ist für diese auch die Frist einzuhalten.[110] Da die Vorschrift abdingbar ist[111] und in vielen Fällen die alte Frist von einer Woche in der GO festgehalten ist, gilt dann diese.

p) Ursächlichkeit zu einem Einberufungsverstoß

Hält der Verwalter die Frist nicht ein und liegt auch kein Fall besonderer Dringlichkeit vor, so kann dies allein keine Anfechtung begründen. Eine Anfechtung ist aber dann begründet, wenn als Folge der Verletzung der Einberufungsfrist die Stimmrechtsausübung (Möglichkeit zur Teilnahme an Diskussion und Abstimmung) konkret beeinträchtigt oder behindert und dadurch das **Ergebnis der Meinungsbildung beeinflusst** worden sein könnte (sog Kausalität[112]). Dabei ist seitens des Verwalters der Nachweis erforderlich, dass bei vernünftiger Betrachtungsweise eine Beeinflussung des Abstimmungsverhaltens der übrigen WEer nicht ernsthaft in Betracht gezogen werden kann. Enthält eine Vereinb eine längere als die gesetzliche Frist, so hat eine auf Fristverletzung gestützte Beschlanfechtung Erfolg, es sei denn, es steht fest, dass der gleiche Beschl bei ordnungsgemäßer Ladung ebenfalls gefasst worden wäre.[113] **18**

q) Absage/Verlegung/Auflösung

Nur der **Einladende** kann die Versammlung wieder absagen[114] oder zeitlich oder örtlich verlegen. Auch bei einer Verlegung ist die Einladungsfrist zu beachten.[115] Der Einladende hat regelmäßig nicht das Recht, die ordnungsgemäß einberufene und zusammengetretene Versammlung aufzulösen.[116] Entfernt sich nach einer solchen Auflösung im Vertrauen darauf ein Teil der WEer, so sind danach gefasste Beschl anfechtbar.[117] **19**

---

[108] KG WE 1989, 29; Staudinger/Bub Rn. 82; aA hM Bärmann/Merle Rn. 33; Jennißen Rn. 88a, weil sie dem WEer nur Gelegenheit geben soll, sich auf den Termin einzurichten, vgl. zur GmbH-Gesellschafterversammlung OLG Hamm NJW-RR 2001, 105.
[109] LG Düsseldorf v. 14.3.2013 – 19 S 88/12; LG München ZMR 2011, 839.
[110] AG Bremen WuM 1999, 592.
[111] OLG Dresden ZMR 2009, 301.
[112] LG Frankfurt ZMR 2013, 368; BGH NJW 2002, 1651; OLG Hamburg ZMR 2006, 704.
[113] LG Köln ZWE 2010, 191; OLG Köln v. 4.11.1991 – 16 Wx 104/91.
[114] BGH ZMR 2011, 892; OLG Hamm OLGZ 1981, 24.
[115] BGH NJW 1987, 2580.
[116] KG WE 1989, 26.
[117] KG WE 1989, 26.

r) Eventualeinberufung

20 S. § 25 Rn. 26.

3. Durchführung der Versammlung

a) Vorsitz

21 Gemäß Abs. 5 führt der **Verwalter** den Vorsitz in der Versammlung, sofern diese mit einfacher Mehrheit (ggf. am Anfang der Versammlung) nichts anderes beschließt.[118] Er kann sich allgemein vertretungsberechtigter Personen bedienen, zB bei einer GmbH eines Prokuristen oder bestellten Vertreters,[119] auch sich dabei durch einen Angestellten **vertreten** lassen, soweit in der Versammlung keiner widerspricht,[120] aber nicht auf einen bevollmächtigten Dritten delegieren,[121] auch bei Zutrittsverbot für Dritte in Vereinb. Der Verwalter kann ggf. abfragen oder darüber beschließen lassen als Geschäftsordnungsbeschl. Kausalität notwendig bei Anfechtung.[122] Zu bestimmten TOP's können Berater (zB Rechtsanwälte oder Architekten) der Gem zur Meinungsbildung herangezogen werden.[123] Damit ist der Verwalter idR beauftragt, die Versammlung zu leiten einschließlich etwaiger Abstimmungen und Auflösungen.[124] Der Verwalter ist folglich für alle formellen Fragen verantwortlich.

Beispiele: Feststellung der Beschlfähigkeit und des Abstimmungsergebnisses, Protokollierung etc.

b) Teilnahmeberechtigung

22 aa) **Wohnungseigentümer.** Teilnahmeberechtigt ist grds. **jeder im Grundbuch eingetragene Wohnungseigentümer** oder **Mitglied einer werdenden Wohnungseigentümergemeinschaft** (vor § 1 Rn. 6 ff.), auch wenn sein Stimmrecht ausgeschlossen ist. Anstelle des WEer treten gesetzliche Vertreter oder -befugte (vgl. § 25 Rn. 11 ff.), trotzdem haben die WEer haben neben den Vertretern auch ein Anwesenheitsrecht,[125] weil ihr Eigentum betroffen ist und regelmäßig nach Beendigung der Maßnahme an ihn zurückfallen kann.

22a bb) **Vertreter.** Ebenfalls teilnahmeberechtigt ist der stimmberechtigte Vertreter.

22b cc) **Verwalter/Beirat.** Ebenso der Verwalter, aber nicht, wenn er abberufen werden soll[126] und Beirat, der NichtWEer ist.[127]

---

[118] LG Mainz ZMR 2012, 41 Rn. 50.
[119] OLG Schleswig DWE 1997, 161.
[120] BayObLG ZMR 2004, 131.
[121] OLG München NJW-RR 2005, 964; Staudinger/Bub Rn. 87a.
[122] OLG München NJW-RR 2005, 964.
[123] BayObLG ZMR 2004, 603.
[124] KG ZMR 1989, 27.
[125] Palandt/Bassenge Rn. 13a.
[126] LG Düsseldorf ZMR 2012, 384.
[127] OLG Frankfurt ZMR 2007, 133.

dd) Teilnahmepflicht. Aber keine Teilnahmepflicht.[128] 22c

ee) Verstoß gegen Teilnahmerecht. 22d

1. **Anfechtbarkeit:** Unbeabsichtigter oder **irrtümlicher Ausschluss** führt zunächst zur Anfechtbarkeit des Beschl, es sei denn, es steht fest, dass sich der Mangel auf das Abstimmungsergebnis nicht ausgewirkt hat.[129]
2. **Nichtigkeit:** Anders verhält es sich jedoch bei schwerwiegenden Eingriffen in den Kernbereich elementarer Mitgliedschaftsrechte, die dazu führen, dass das Teilnahme- und Mitwirkungsrecht eines Eigentümers in gravierender Weise ausgehebelt wird, dann keine Ursächlichkeitsprüfung notwendig.[130] Ebenso der **gezielte Ausschluss** eines WEer's[131] durch Maßnahmen, wie Nichtladung,[132] Nichtmitteilung von Ort[133] oder Zeit oder Wahl eines für einen behinderten WEer nicht erreichbaren Ortes.[134]

c) Abdingbar

Diese Teilnahmeberechtigung kann ausgestaltet werden, aber nicht, auch nicht 23 teilweise, eingeschränkt werden,[135] selbst bei hohen Wohngeldrückständen, vielmehr dann nur Möglichkeit über § 18.

d) Beschlussfähigkeit in der Erstversammlung (§ 25 Abs. 3)

Die WEer, die zumindest vertreten sind in der Versammlung, müssen mehr als 24 die Hälfte der MitEAnteile ausmachen. Die Feststellung geschieht idR in der Weise, dass die anwesenden WEer und die Vertreter von WEern sich in eine Liste eintragen. Ein vom Stimmrecht Ausgeschlossener (§ 25 Abs. 5) zählt nicht mit,[136] ebenso bei Ruhen des Stimmrechts (vgl. § 25 Rn. 46).[137] In der Liste müssen folglich 50,1 % aller im Grundbuch eingetragenen WEer vertreten sein.[138] Ist mindestens die Hälfte der WEer von der Ausübung des Stimmrechts ausgeschlossen, so findet die Mindestquotenregelung von 50,1 % keine Anwendung,[139] so dass es der Einberufung einer neuen Versammlung nicht bedarf.

Abdingbar: Die Regelung der Mindestquote ist abdingbar,[140] aber[141] nicht 25 durch unangefochtenen Beschl, es sei denn mit Öffnungsklausel.

---

[128] AG Mettmann ZMR 2008, 847.
[129] BGH NJW 2012, 3571; 2011, 679.
[130] BGH NJW 2011, 679.
[131] BGH NJW 2012, 3571 Rn. 8.
[132] OLG Celle ZWE 2002, 276.
[133] BayObLG NZM 2005, 630.
[134] OLG Köln NZM 2004, 793.
[135] BGH NJW 2011, 679; LG Regensburg Rpfleger 1991, 244.
[136] BayObLG NJW-RR 1993, 206; OLG Düsseldorf ZMR 1999, 191, 192; aA KG ZMR 1989, 185 m. Anm. Schwenn.
[137] KG ZMR 1994, 171, 172; aA OLG Düsseldorf ZMR 1999, 191, 192.
[138] KG OLGZ 1974, 419.
[139] KG NJW-RR 2003, 1596; BayObLG NJW-RR 1993, 206; aA Häublein NZM 2004, 534.
[140] OLG München NJW 2006, 730; OLG Frankfurt NZM 2007, 808.
[141] BGH NJW 2000, 3500.

Beispiel: Jede Versammlung ist beschlussfähig unabhängig von der Zahl der vertretenen WEer.[142]

Da die Beschlussfähigkeit **bei jeder Beschlussfassung** gegeben sein muss,[143] hat der Verwalter sie während der gesamten Versammlung im Auge zu behalten, zB wenn WEer die Versammlung verlassen. Sie muss jedoch nicht vor jedem Beschl erneut festgestellt werden, es sei denn, Zweifel sind offenkundig oder werden von einem Versammlungsteilnehmer geäußert.[144] Ist die Versammlung nicht mehr beschlussfähig, muss der Verwalter sie schließen bzw. unterbrechen. Mangelnde Beschlfähigkeit führt jedoch nur zur Anfechtbarkeit und nicht zur Nichtigkeit des getroffenen Beschl;[145] Ursächlichkeit muss aber festgestellt werden.[146] s. § 25 Rn. 5.

e) Unzulässige Anwesenheit Dritter[147]

26 **aa) Nichtöffentlich.** Die Versammlung ist nicht öffentlich,[148] so dass grds. kein WEer fremde Dritte dulden muss, denn es besteht ein berechtigtes Interesse daran, dass fremde Einwirkungen von WEerversammlungen ferngehalten werden,[149] zudem kann jeder WEer davon ausgehen, dass seine Worte vertraulich sind, denn er ist nicht verpflichtet, sich vor Fremden zu äußern oder sich mit deren Argumenten und Vorstellungen auseinandersetzen zu müssen.[150] Die WEer sollen zudem in ihrer Versammlung auftretende Meinungsverschiedenheiten dort grundsätzlich allein unter sich austragen. Außenstehende Dritte sollen nicht auf den Ablauf der Versammlung und dadurch womöglich auf die Meinungsbildung der WEer Einfluss nehmen können.[151] Soweit der Verwalter zulässig **Berater** hinzuziehen darf,[152] muss dies in der Ladung angegeben werden.[153]

26a **bb) Widerspruch.** Nach dem Vorgenannten ist die Anwesenheit dieser Dritten nicht gestattet. Der Verwalter kann aber nicht wissen, ob im konkreten Fall einzelne berechtigt teilnehmen oder nicht. Er hat deshalb keine Verpflichtung, Überprüfungen vorzunehmen.[154] Vielmehr erst dann, wenn der Anwesenheit eines Dritten von einem Berechtigten **widersprochen oder gerügt** wird, da es sich bei der Nicht-Öffentlichkeit um ein individuelles Recht jedes einzelnen han-

---

[142] LG Berlin GE 2012, 1179; KG DWE 1994, 33.
[143] BayObLG WE 1990, 140; OLG Köln ZMR 2003, 607.
[144] BayObLG WE 1990, 140.
[145] BGH NJW 2009, 2132; BayObLG WE 1991, 285.
[146] OLG Frankfurt NZM 2007, 808.
[147] Sauren ZWE 2007, 21; Schmid ZWE 2010, 480; Deckert ZMR 2014, 337.
[148] BGH NJW 1993, 1329.
[149] BGH NJW 1993, 1329.
[150] Sauren ZWE 2007, 25.
[151] OLG Hamm ZMR 2007, 134; BayObLG ZMR 2004, 603.
[152] BayObLG ZMR 2004, 603.
[153] Sauren ZWE 2007, 21 aus Waffengleichheitsgründen kann dann jeder WEer Berater zu diesem TOP mitbringen; aA BayObLG ZMR 2004, 603.
[154] Sauren ZWE 2007, 22.

Einberufung, Vorsitz, Niederschrift § 24

delt[155] bzw. Kernbereich des Wohnungseigentums.[156] Auch ist es dem Verwalter als Leitungsrecht entzogen, darüber zu befinden,[157] vielmehr hat er nur den Willen des oder der Eigentümer zu vollziehen, wenn sich dieser als berechtigt herausstellt. Einem Beschl fehlt deshalb die Beschlkompetenz,[158] so dass Beschl über Zulassung von Mietern in der Versammlung nichtig ist.[159] Die herrschende Aufassung in der **Rechtsprechung** sieht dies anders und sieht die Möglichkeit eines Beschl[160] mit der Folge, dass darüber abgestimmt werden kann und sich die Minderheit beugen muss[161] oder verlangt ihn sogar als Voraussetzung für eine Anfechtung.[162] Wenn die Anwesenheit des Dritten rügelos geduldet wird, liegt aber darin ein stillschweigender Verzicht auf die Einhaltung der Nichtöffentlichkeit.[163]

cc) Weitergehender Verrtetungsausschluss durch Vereinbarung. Die Vertretung kann durch Vereinbarung, nicht aber durch Beschluss, weiter **beschränkt** sein.[164] 26b

Beispiel: Die Vertretung ist nur durch den Ehegatten oder Verwalter möglich[165] oder durch nahe Angehörige, nämlich Ehegatten und Kinder,[166] aber nicht durch Regelung im Verwaltervertrag.[167]

Hierunter fällt nach dem BayObLG[168] nicht der nichteheliche Lebenspartner (aA bei unstreitiger dauerhafter Verbindung[169]), aber der eingetragene[170] und führt bei juristischer Person oder KG nicht dazu, dass nur gesetzlicher Vertreter auftreten darf, vielmehr darf WEer-Firma sich auch durch Firmenangehörige vertreten lassen.[171]

dd) Treu und Glauben. Die **Berufung auf einen Vertretungsausschluss** kann im Einzelfall gegen Treu und Glauben (§ 242 BGB) verstoßen, zB wenn Ehegatte aus gesundheitlichen Gründen zur Vertretung nicht in der Lage ist[172] 26c

---

[155] AG München ZMR 2014, 406; KG OLGZ 1984, 51; AG Neuss DWE 1996, 38; Bärmann/Merle Rn. 102; Niedenführ Rn. 51; Sauren ZWE 2007, 21; aA LG Karlsruhe ZMR 2013, 469 Rn. 13; BayObLG NZM 2004, 388; OLG Hamm NJW-RR 1997, 846.
[156] OLG Köln NZM 2002, 617.
[157] AA Palandt/Bassenge Rn. 16.
[158] Jennißen Rn. 63; Sauren ZWE 2007, 25.
[159] Jennißen Rn. 63; aA AG Bochum ZMR 2009, 230.
[160] LG Karlsruhe ZMR 2013, 469; OLGR Frankfurt 2005, 378 Rn. 51; Staudinger/Bub Rn. 96.
[161] BayObLG NZM 2004, 388; OLG Hamm NJW-RR 1997, 846.
[162] LG Frankfurt NJW 2010, 121 Rn. 58.
[163] LG Frankfurt NJW 2013, 399; OLG Hamburg ZMR 2007, 550.
[164] BGH NJW 1993, 1329; 1987, 650.
[165] BGH NJW 1987, 650 zur Ausnahme zB bei kleinen WEerGem, OLG Braunschweig NJW-RR 1990, 979, 980.
[166] LG Wuppertal ZMR 1995, 423, dann auch der Vater.
[167] AA BayObLG WuM 1994, 106.
[168] NJW-RR 1997, 463.
[169] OLG Köln NZM 2004, 656.
[170] Palandt/Bassenge § 25 Rn. 5.
[171] BayObLGZ 1981, 220; OLG Frankfurt OLGZ 1979, 134.
[172] OLG Düsseldorf ZMR 1999, 195.

oder der ausländische in England lebende und der deutschen Sprache nicht mächtige WEer sich durch seine Schwester vertreten lässt, an die er die Wohnung vermietet hat[173] oder an Bruder[174] oder die zugelassenen Vertreter wegen Interessenkollision für den Vertretenen unzumutbar sind[175] oder beim Kaufanwärter[176] oder wenn für die übrigen WEer eine Teilnahme aus anderen Gründen unzumutbar ist.[177]

Beispiel: Beschl, wonach unter Polizeischutz stehende Personen von der Teilnahme an der Versammlung ausgeschlossen sind.

Fraglich ist, ob dadurch eine konkrete Gefährdung von Leib und Leben der Versammlungsteilnehmer eintritt. Dies hat das OLG Köln verneint, obwohl im konkreten Fall der Teilnehmer die höchste Gefährdungsstufe („Staatsschutz I") hatte, deshalb bedenklich. Die Berufung auf eine Vertretungsbeschränkung ist ebenfalls ausgeschlossen, wenn sie lange geduldet wurde und nicht rechtzeitig, zB in Einladung, angezeigt wurde[178] oder Eigentümer durch Anwalt vertreten wird.[179]

26d ee) Wirkung des Vertretungsausschlusses. Ein solcher Ausschluss in der TEerkl betrifft nach dem BGH[180] nicht nur die Stimmabgabe, sondern **jede aktive Beteiligung**. Dann ist nach dem BGH auch einem Beistand nicht erlaubt, in der Versammlung Erklärungen abzugeben und Anträge zu stellen, vielmehr ist eine Stimmabgabe durch ihn unwirksam, wenn er nicht zugelassen ist, ohne dass es einer gesonderten Zurückweisung bedarf.

26e ff) Kausalität. Wird Beschl angefochten mit Verweis auf die unzulässige Anwesenheit Dritter, so bedarf es der Feststellung der Ursächlichkeit.[181]

f) Vertretung

27 aa) Recht der Vertretung. Jeder WEer kann sich durch einen Dritten oder mehrere, die aber dann nur einheitlich abstimmen können,[182] es sei denn, es bestehen mehrere Stimmrechte,[183] in der Versammlung vertreten lassen. Dazu bedarf es einer **Vollmacht** (§§ 164 ff. BGB).[184] Möglich sind dabei alle Arten von Vollmachten, zB von Dauervollmacht, zB für alle in der Versammlung nicht Vertretenen[185] bis zur Duldungs-[186] oder Anscheinsvollmacht. Wenn ein WE meh-

---

[173] OLG Hamburg ZMR 2007, 477.
[174] LG Nürnberg NZM 2002, 619, oder Tochter, AG Bremen ZMR 2014, 319.
[175] OLG Karlsruhe OLGZ 1976, 273.
[176] KG NJW-RR 1995, 147.
[177] OLG Köln v. 14.8.1995 – 16 Wx 126/95; Becker WE 1996, 52.
[178] OLG Köln NZM 2005, 149; Sauren ZWE 2007, 21.
[179] LG Hamburg ZMR 2014, 313.
[180] NJW 1993, 1329.
[181] BGH NJW 2011, 3028 Rn. 11; OLG München ZMR 2006, 960; LG Frankfurt Info M 2013, 291.
[182] BGH NJW 2012, 2512.
[183] AG Niebüll ZMR 2011, 912.
[184] BGH NJW 1987, 650.
[185] OLG Frankfurt OLGZ 1986, 45.
[186] KG WE 1989, 135.

reren gemeinschaftlich zusteht, kann das Stimmrecht nur einheitlich ausgeübt werden (§ 25 Abs. 2 S. 2). Der in der Versammlung anwesende Mitinhaber handelt bei der Stimmabgabe idR nicht nur für sich, sondern auch für die übrigen – abwesenden – Mitinhaber desselben Wohnungseigentums. Derjenige Mitinhaber, der die Stimme abgibt, gilt regelmäßig als legitimiert, das Stimmrecht für alle Mitinhaber auszuüben, insbesondere, wenn es sich um Ehegatten handelt.[187] Eine schriftliche Vollmacht kann der Versammlungsleiter nur in Zweifelsfällen verlangen,[188] vielmehr reicht bei Bestreiten ein „Inkenntnissetzen" seitens des Vollmachtgebers (§ 174 S. 2 BGB[189]). Die Vollmacht braucht nicht auf eine Versammlung beschränkt zu sein.[190] Kann auch Generalvollmacht sein. Eine Vollmacht **soll** aber nach AG Neuss[191] **nicht für TOP, der erst später in ergänzender Einladung erfolgte**,[192] **gelten**. Nicht möglich ist es des Weiteren, für Gruppen von WEer durch Vereinb einen Vertreter einzusetzen oder wählen zu lassen, da dies praktisch zu einem Stimmrechtsausschluss führt[193] (sog „Wahlmänner"). Sie kann durch Vereinb (nicht aber durch Beschl[194]) zB in der TErkl[195] erfolgen. Nach dem OLG Zweibrücken[196] gelten einmal dem Verwalter erteilte Vollmachten auch für die wiederholte Bestellung des Verwalters und enden nicht automatisch mit dessen Amtszeit. Soweit die Vollmachtserteilung MEer, zB Ehegatten, betrifft, ist der Versammlungsleiter nicht zur Überprüfung verpflichtet,[197] ebenso bei Mitberechtigten.[198] Wird die Vollmacht bei Stimmabgabe aber nicht beanstandet, so ist sie auch ohne Nachweis wirksam.[199] Beanstandung zB nach dem OLG Zweibrücken[200] berechtigt, wenn in **Hauptvollmacht** die Erteilung einer Untervollmacht nicht ausdrücklich gestattet[201] und Unterbevollmächtigte abstimmen.[202] Weisung für die Ausübung des Stimmrechts in Hauptvollmacht bindet den Unterbevollmächtigten.[203]

bb) Beschränkung. Vollmacht kann begrenzt sein, zB durch Weisungen zu einzelnen TOP's. Weisungswidrige Abgabe ist kein Mangel im Abstimmungsvorgang.[204]

27a

---

[187] OLG Rostock v. 12.9.2005 – 7 W 43/03; aA Häublein ZWE 2012, 2.
[188] LG Köln ZMR 2013, 134.
[189] OLG München ZMR 2011, 738; 2008, 236.
[190] OLG Zweibrücken ZMR 1986, 369.
[191] WuM 1994, 505.
[192] AA richtig Deckert 2/2357.
[193] LG München Rpfleger 1978, 381.
[194] BayObLG DWE 1988, 140.
[195] OLG Frankfurt OLGZ 1986, 45.
[196] ZMR 1986, 369.
[197] OLG Frankfurt DWE 1997, 31.
[198] BayObLG NJW-RR 1994, 1236.
[199] OLG Hamm WE 1990, 104.
[200] WE 1991, 357.
[201] Anders, wenn gestattet, OLG Zweibrücken NZM 1998, 671.
[202] AA zu Recht BayObLG NJW-RR 1990, 784.
[203] BayObLG ZMR 2003, 283.
[204] KG ZMR 1998, 658.

28 cc) Schriftform-Vereinbarung. Ist eine Schriftform vereinbart („Vertretung in der Versammlung durch eine schriftliche Bevollmächtigung ist zulässig"), so ist die **Vollmacht im Original bei jeder Versammlung vorzulegen.** Dies gilt auch bei einer sog Dauervollmacht.[205] Bei Mitberechtigten (§ 25 Abs. 2 S. 2) reicht Vollmacht von einem.[206] Diese liege vor, wenn der Vertreter das Schriftstück dem Vorsitzenden der Versammlung entweder zur Einsichtnahme vorweise oder übergebe. Es genüge auch, wenn es dem Vorsitzenden zur betreffenden Versammlung vorher übersandt würde. Die Schriftformklausel bedeutet nach der Rspr.[207] desweiteren lediglich das Recht, den nicht so ausgewiesenen Vertreter zurückzuweisen. Unterbleibt eine solche Zurückweisung, zB weil Fax vorliegt,[208] ist die Stimmabgabe des Vertreters auch ohne Zurückweisung unwirksam[209] und der Beschl anfechtbar,[210] aber nicht nichtig.

29 Einstweilen frei.

30 dd) Bevollmächtigter Verwalter. Ein **Verwalter, der nicht Wohnungseigentümer ist,** ist, wenn ihn ein **Stimmrechtsverbot,** zB gemäß § 25 Abs. 5, trifft (s dort Rn. 39 ff.), nicht zur Vertretung berechtigt,[211] auch wenn nur Mitberechtigter[212] oder versuchter Umgehung, zB durch Aufruf eines anderen TOP's, bei dem der Verwalter dem Stimmrechtsverbot nicht unterfällt (Weiterbestellung statt Abberufung aus wichtigem Grund[213]). Er kann aber nach BayObLG[214] seine ihm erteilten Vollmachten zum TOP-Verwaltervertrag ohne Weisungen weitergeben. Aber nicht seine eigenen Stimmen an andere.[215]

30a ee) Kausalität. Die fehlende Berechtigung führt zur Anfechtbarkeit, wenn sich dadurch die Mehrheitsverhältnisse ändern, da bei Fehlen oder Unwirksamkeit der Vollmacht Stimme nicht zählt.

30b (1) Mängel der Vollmacht. Soweit ein WEer in der Versammlung von der Vollmacht keinen Gebrauch macht, kann der WEer nach dem KG[216] hieraus keine Nichtigkeitsgründe gegen einen Beschl herleiten. Eine weisungswidrige Ausübung der Vollmacht gibt kein Anfechtungsrecht,[217] es sei denn, Verwalter überschreitet Vollmacht bewusst, um zB zum Verwalter gewählt zu werden.

---

[205] LG Mainz ZMR 2012, 41 Rn. 50.
[206] OLG Düsseldorf ZMR 2006, 56.
[207] BayObLGZ 1984, 15; OLG Hamm OLGZ 1990, 191, ebenso wenn schriftliche Erteilung, OLG Düsseldorf WuM 2005, 414, oder Übergabe, OLG München NJW 2006, 730, gefordert.
[208] OLG Hamm ZMR 2007, 63.
[209] BayObLG ZMR 2006, 231 Rn. 15.
[210] OLG München ZMR 2008, 237.
[211] AG Weimar ZMR 2013, 582; OLG Hamm ZMR 2007, 63; OLG Düsseldorf ZMR 1999, 60.
[212] AG Dresden v. 17.10.2008 – 150 C 269/08.
[213] LG Saarbrücken ZWE 2009, 49.
[214] NZM 1998, 668.
[215] OLG Düsseldorf ZMR 2002, 143.
[216] NJW-RR 1997, 776.
[217] KG NJW-RR 1998, 1385.

Fehlt oder ist die Vollmacht unwirksam, ist die darauf beruhende Stimmabgabe nichtig (§ 180 S. 1 BGB), bei Nichtzurückweisung bis zur Genehmigung aber genehmigungsfähig (§ 180 BGB). Wird nicht genehmigt und ändert sich dadurch die Mehrheit, ist der Beschl erfolgreich anfechtbar. Wird sie nicht zurückgewiesen, ist eine Heilung möglich (analog § 180 S. 2 BGB[218]). Ist bei Mitberechtigten Vollmacht des Erschienenen unwirksam, kann dadurch Abstimmungsergebnis verändert sein.[219] Wird die Vollmacht nicht durch Vorlage der Urkunde nachgewiesen, so ist Stimme bei Zurückweisung durch Leiter unwirksam (§ 174 BGB). Ist Zurückweisung unberechtigt, weil zB Mangel jahrelang hingenommen, so Anfechtungserfolg bei Kausalität.[220]

(2) Notwendige schriftliche Vollmacht. Unwirksam ist Stimme auch, wenn trotz notwendiger schriftlicher Vollmacht nicht zurückgewiesen wurde,[221] s. Rn. 28.   30c

g) Beistand/Berater in der Versammlung

Für das Hinzuziehen von Beiständen/Beratern, zB Anwälten, Steuerberatern, Wirtschaftsprüfern etc. gilt Folgendes: 31

aa) Beiziehung durch die Gemeinschaft. Der Verband kann im Interesse der Gesamtheit zu bestimmten Tagesordnungspunkten einen Berater zur Information und Meinungsbildung hinzuziehen, solange nicht ein konkreter Interessengegensatz zwischen einem einzelnen und der Gesamtheit hervorgetreten ist.[222]   31a

bb) Beiziehung durch einzelne Wohnungseigentümer. Auch bei Bestehen einer Vertretungsvereinb ist nach dem BGH[223] die Hinzuziehung eines lediglich **beratenden Beistandes** nur im Falle eines berechtigten Interesses zulässig, welches sich aus beachtlichen persönlichen Gründen oder aus dem Schwierigkeitsgrad der Angelegenheit ergeben kann, über die nach der Tagesordnung zu beschließen ist. Ob Berater beruflich zur Verschwiegenheit verpflichtet ist, ist deshalb uninteressant.[224] Dieser Auffassung des BGH's ist mit Deckert,[225] Lücke[226] und Becker[227] zu widersprechen, weil die Verwendung von Generalklauseln, die nur umständlich im Gerichtsverfahren geklärt werden können, keine Kriterien schafft, die in der täglichen Arbeit angewendet werden können.   32

---

[218] Jennißen Rn. 55 mwN; Häublein ZWE 2012, 12; aA BayObLG ZMR 2003, 283 Rn. 23.
[219] OLG Düsseldorf ZMR 2004, 53.
[220] BayObLG NJW-RR 2004, 1602.
[221] OLG München ZMR 2006, 231; OLG Hamm WE 1990, 104.
[222] LG Frankfurt NJW 2012, 399; AG Hamburg ZMR 2012, 225; OLG Köln NJW 2009, 3245.
[223] NJW 1993, 1329.
[224] BayObLG ZMR 2002, 844.
[225] WE 1993, 166.
[226] WE 1993, 260, 262.
[227] WE 1996, 50.

33 cc) Konsequenz der BGH-Rechtsprechung. Die Auffassung des BGH führt dazu, dass nun untersucht wird, **wer begleiten darf bei unterschiedlichen Konstellationen**.[228] So hat zB das OLG Karlsruhe[229] bei fehlender Regelung nach GO eine Begleitung (zB RA) nur bei berechtigtem Interesse zugelassen. Dies wird vom BayObLG[230] verneint für Fragen des GE, die wiederholt auftreten, ebenfalls für das Vorliegen von Zerstrittenheit in der Gem. Jedoch können in der Person des WEer nach dem BayObLG[231] Gründe vorliegen, zB bei hohem Alter, Fremdsprachigkeit, schwieriger TOP oder Unvermögen ihren Standpunkt zu vertreten. Aus Treu und Glauben (§ 242 BGB) kann ein Anspruch auf Anwesenheit bestehen, zB wenn die WEerGem über mehrere Jahre die Vertretung eines WEers in der Versammlung hingenommen hat, obwohl die GO eine Beschränkung vorsieht.[232] Der Anwesenheit kann jeder WEer **widersprechen**, da es sich bei der Nicht-Öffentlichkeit um ein individuelles Recht jedes einzelnen handelt, über welches **kein Beschluss** gefasst werden kann mangels Beschlkompetenz.[233]

34 dd) Kausalität. Nach dem BGH[234] und dem BayObLG[235] sind bei Verstoß gegen Nichtöffentlichkeit (Anwesenheit Dritter, Ausschluss aus der Versammlung, Beistände) Beschl nur anfechtbar, aber nicht nichtig. Der Antrag hat Erfolg, wenn festgestellt wird, dass Beschl nicht so gefasst worden wäre. Nach der Rspr. kann aber ein konkludenter Verzicht auf Einhaltung der Nichtöffentlichkeit in rügeloser Anwesenheit gesehen werden.[236]

35 ee) Ausschluss eines Wohnungseigentümers von der Versammlung. Wird ein WEer von der Versammlung durch Beschl ausgeschlossen,[237] so forderte die Rechtsprechung bei Anfechtung dafür den sog **Ursächlichkeitsnachweis**. Diese eine Kausalität fordernde Rspr. ist bedenklich bei Ausschluss eines WEers aus der Versammlung, denn faktisch wird dadurch der WEer von der Teilnahme an der Versammlung ausgeschlossen. Dies ist aber selbst durch Vereinb nicht möglich.[238] Der Ausschlussbeschl auf einer solchen Versammlung ist deshalb immer nichtig, wenn es sich um solch einen schwerwiegenden Eingriff in den Kernbereich elementarer Mitgliedschaftsrechte handelt, der dazu führt, dass das Teilnahme- und Mitwirkungsrecht eines WEers in gravierender Weise ausgehebelt wird.[239] Dies gilt aber nicht nur bei bewusstem Ausschluss,[240]

---

[228] Vgl. OLG Düsseldorf WE 1996, 32; AG Essen WuM 1995, 663; LG Wuppertal WuM 1995, 673.
[229] NJWE 1997, 153.
[230] ZMR 1997, 478.
[231] ZMR 1997, 478.
[232] OLG Hamm WE 1997, 352.
[233] Sauren ZWE 2007, 21 mwN.
[234] NJW 1993, 1329.
[235] NZM 1998, 1007; NJW-RR 1991, 531.
[236] OLG Hamburg ZMR 2007, 551.
[237] BayObLG NJW-RR 1991, 531.
[238] BGH NJW 2011, 679; Weitnauer/Gottschalg § 16 Rn. 19.
[239] BGH NJW 2011, 679.
[240] OLG Köln NJW 2005, 908.

Einberufung, Vorsitz, Niederschrift § 24

der iÜ schwer feststellbar ist, sondern auch bei mittelbarem, zB bei Weigerung des Versammlungsleiters, über beantragtes Rauchverbot abstimmen zu lassen, so dass ein WEer aus Gesundheitsgründen die Versammlung verlassen muss.[241]

h) Versammlungsablauf

aa) Verfahren. Das **Leitungsrecht** obliegt dem Versammlungsvorsitzenden. Er 36 hat dafür zu sorgen, dass ein **geregelter Ablauf** erfolgt. Die Gem kann aber jederzeit durch einen sog Geschäftsordnungsbeschl dieses Recht beschneiden, ändern oder aufheben. Der Versammlungsleiter hat zudem die Verpflichtung eine Beschlfassung zu veranlassen, wenn er differierende Meinungen aus der Gem vernimmt. In diesem Fall darf er nicht seine Meinung an die Stelle der Gem stellen. Zum geregelten Ablauf kann gehören:
1. **Rauchverbot** ist auch ohne Beschl sicherzustellen.[242]
2. Die **Redezeit** kann durch Beschl beschränkt werden,[243] das **Rederecht** an sich nicht.

Beispiel: Beschl, dass pro TOP nur jeder WEer eine Wortmeldung hat, ist anfechtbar.[244]

Das Rederecht besteht auch bei Stimmrechtsausschluss.[245] Nach dem BGH[246] enthält das Vertretungsverbot auch ein Redeverbot. Tonbandaufzeichnungen bedürfen der Zustimmung der jeweiligen Redner,[247] Beschl nicht ausreichend. Mitschnitte sind bei Verstoß herauszugeben. Grund zur Beschlanfechtung.[248]
3. **Ausschluss aus Versammlung:** Erst wenn der störungsfreie Ablauf der Versammlung anders nicht zu gewährleisten ist; mildere Mittel wie Redezeitbegrenzung oder Wortentzug sind vorrangig einzusetzen,[249] auch dann erst nach Abmahnung etc.
4. **Verstoß:** Begründet Anfechtung, bei Kausalität Erfolg.

bb) Reihenfolge der TOP's. Die TOPs sind in der in der **Einladung** ange- 37 gebenen Reihenfolge zu behandeln; der Versammlungsleiter darf einen neuen Punkt erst aufrufen, wenn die vorhergehenden Punkte (idR durch Abstimmung über einen Beschlantrag) erledigt sind. Davon kann auf Grund eines Geschäftsordnungsbeschlusses abgewichen werden. Ein Verstoß dagegen führt zur Ungültigerklärung eines Beschl, wenn ein WEer die Versammlung in der Annahme verlässt, ein TOP sei ohne Abstimmung erledigt, aber dazu später noch ein Beschl gefasst wird.[250]

---

[241] OLG Köln NZM 2000, 1017.
[242] Vgl. zum Beschlrecht OLG Köln ZMR 2000, 866.
[243] AG Koblenz ZMR 2011, 591; OLG Stuttgart NJW-RR 1986, 1277.
[244] AG Neuss v. 17.3.1983 – 19 UR 98/82.
[245] BayObLG NJW 1993, 603.
[246] WE 1993, 165.
[247] OLG Karlsruhe NJW-RR 1998, 1116 zum Gesellschaftsrecht.
[248] Palandt/Bassenge Rn. 17.
[249] OLG Saarbrücken ZMR 2004, 67; vgl. BGH NJW 2011, 679.
[250] BayObLG ZMR 1999, 570.

§ 24   I. Teil. Wohnungseigentum

38   **cc) Abstimmung.** S. § 25 Rn. 3. Das Verfahren über die Abstimmung (zB geheim, Substraktionsverfahren) wird vom Vorsitzenden festgelegt, falls keine Regelung durch Gem.[251]

39   **dd) Schließung der Versammlung.** Es ist ebenfalls Aufgabe des Verwalters, die Versammlung förmlich zu schließen und den Zeitpunkt im Protokoll festzuhalten.[252] Verlässt der Verwalter ohne förmliche Schließung nach Abhandlung der TOPs die Versammlung ohne Übertragung des Vorsitzes, kann kein Beschl mehr gefasst werden,[253] anders aber bei Übertragung des Vorsitzes.[254]

4. Versammlungsprotokoll (Abs. 6)

a) Inhalt

40   Der Vorsitzende, regelmäßig der Verwalter, hat die Versammlungsniederschrift (Abs. 6) anzufertigen und dafür zu sorgen, dass neben dem Abstimmungsergebnis auch das Beschlergebnis zutreffend in die Niederschrift aufgenommen wird, und dies durch seine Unterschrift zu bestätigen. Er hat sie zu versenden und in Verwahrung zu halten, damit sie jederzeit griffbereit sind. Diese **Versammlungsniederschrift soll enthalten:** Ort, Tag und Zeit der Versammlung, Feststellung der ordnungsgemäßen Ladung, Präsenz, dh Anzahl der anwesenden und vertretenen Mitglieder (bzw. Anteile), Feststellung der Beschlfähigkeit, TOP mit kurzer Darlegung der vorgetragenen Argumente, Beschlinhalt mit Abstimmungs- und Beschlergebnis (mit Zahl der Ja- und Neinstimmen und Enthaltungen) und Verkündung des Beschl, Unterschrift des Verwalters, des Beiratsvorsitzenden und eines WEer (Abs. 6 S. 2). Die für das Entstehen eines Beschl erforderliche Feststellung und Verkündung des Beschlergebnisses müssen nicht in das Versammlungsprotokoll aufgenommen werden und können auch in konkludenter Weise geschehen.[255] Allerdings ist zu beachten, dass – zumindest dann, wenn der Beschl auch für Sondernachfolger gelten soll (§ 10 Abs. 3) – für die Auslegung nur solche Umstände Berücksichtigung finden können, die für jedermann ohne weiteres erkennbar sind, sich insbesondere aus dem Protokoll ergeben.[256] Daher wird für die Annahme einer konkludenten Feststellung idR die bloße Wiedergabe des für sich genommen eindeutigen Abstimmungsergebnisses im Versammlungsprotokoll genügen, es sei denn, dass sich das hieraus folgende Beschlergebnis nach den zu berücksichtigenden Umständen, insbesondere aufgrund der protokollierten Erörterungen in der Versammlung, vernünftigerweise in Frage stellen lässt.[257]

---

[251] BGH NJW 2002, 3629.
[252] Seuß WE 1995, 260, 270.
[253] BayObLG NZM 1998, 1011.
[254] OLG Celle ZWE 2002, 276.
[255] OLG Hamm ZMR 2009, 58; BGH NJW 2001, 3342.
[256] BGHZ 139, 288, 292.
[257] BGH NJW 2001, 3343.

Einberufung, Vorsitz, Niederschrift **§ 24**

b) Ablaufprotokoll

Ein wie vor beschrieben abgefasstes Protokoll nennt man ein sog Ablaufprotokoll, da darin der **Ablauf der Versammlung** wiedergegeben wird. Die inhaltliche Gestaltung obliegt der Verwaltung in grds. freier Ermessensausübung.[258] Der Umfang des Ermessensspielraums ist aber umso mehr eingeengt, je größer die Bedeutung ist, die den Erklärungen der Beteiligten im Hinblick auf ihre rechtlichen Wirkungen zukommt. Die endgültige Verweigerung der Korrektur der JA stellt eine solche rechtserhebliche Erklärung dar, die protokolliert werden muss.[259] Desweiteren gebietet es der Persönlichkeitsschutz der WEer, dass die Niederschrift keine sachlich nicht gebotenen Wertungen, Schärfen, Bloßstellungen und Diskriminierungen enthält.[260] Hingegen ist ein **Protokoll, das nur die Ergebnisse festhält**, ebenfalls möglich (sog Ergebnisprotokoll),[261] jedoch nicht empfehlenswert. Die Niederschrift dient der Information über Inhalt und Zustandekommen von Beschl und damit der Vorbereitung einer etwaigen Anfechtung. Als Mindestanforderung sind deshalb neben dem Inhalt der gefassten Beschl die zum Verständnis notwendigen Anträge, Erklärungen und Ergebnisse wiederzugeben,[262] wenn ansonsten der Beschlinhalt für sich gesehen unklar wäre. **41**

Beispiel: Auf Grund der Kürze der Wiedergabe ist Beschl nicht klar.[263]

c) Entstehung

Das Protokoll entsteht nach dem KG[264] erst **mit Unterschrift** der hierzu Verpflichteten, da sie die Verantwortung für die Richtigkeit übernehmen. Dies führt aber nicht zur Anfechtbarkeit, da weder die Niederschrift selbst noch die Unterschriften Gültigkeitsvoraussetzung sind,[265] aber ggf. beim Fehlen zur Wiedereinsetzung in den vorherigen Stand berechtigen.[266] **41a**

d) Protokollberichtigung

aa) Beweiskraft. Jeder WEer hat einen **Anspruch auf ein vollständiges und richtiges Protokoll**. Dabei ist zu berücksichtigen, dass das Protokoll eine Privaturkunde (iSd § 416 ZPO)[267] ist, deshalb Beweis nur für die Urheberschaft des Ausstellers, nicht aber für die inhaltliche Richtigkeit der Urkunde gibt. Eine gesetzliche Beweiskraft kommt dem Protokoll daher nicht zu.[268] Zu unterscheiden ist davon die Frage der **konstitutiven Wirkung** von Feststellung und Be- **42**

---

[258] OLG Hamm WE 1989, 174.
[259] LG Lüneburg ZMR 2007, 894.
[260] BayObLGZ 1982, 445, 448; ZWE 2005, 345.
[261] BayObLGZ 1982, 445.
[262] Ähnlich BayObLGZ 1974, 86, 89.
[263] LG Aachen v. 19.4.1991 – 3 T 473/89.
[264] DWE 2002, 62, BayObLG ZMR 2003, 435.
[265] BayObLG ZMR 2004, 358.
[266] BayObLG ZMR 2004, 435.
[267] BayObLG ZWE 2002, 469.
[268] BayObLG WE 1991, 81, 82.

kanntgabe des Beschlergebnisses,[269] die die Anfechtungsfrist des § 46 auslöst (§ 25 Rn. 20). Hinsichtlich dieser Frage kommt dem Protokoll idR auch keine Beweiskraft zu,[270] s. auch § 24 Rn. 39.

42a bb) Protokollberichtigung. Das Berichtigungsbegehren betreffend die Niederschrift kann lediglich den Versammlungsteil betreffen, während dessen der Versammlungsleiter anwesend war. Inhaltlich steht dem Protokollverfasser ein **Ermessensspielraum** zu, sogar ein erhebliches Ermessen dann, wenn zu einem TOP lediglich Erörterungen stattgefunden haben, eine Beschlfassung, an die rechtliche Folgen anknüpfen, aber nicht stattgefunden hat.[271] Der Verwalter hat sich bei Abfassung aber aller sachlich nicht gebotenen Schärfen zu enthalten, jeder WEer kann verlangen, Fehler oder Unrichtigkeiten zu berichtigen, sofern hierfür ein Rechtsschutzbedürfnis besteht. Der Persönlichkeitsschutz gebietet, dass die Niederschrift keine sachlich nicht gebotenen Wertungen, Schärfen, Bloßstellungen und Diskriminierungen enthält.[272] Wegen Bagatellen können Korrekturen der Niederschrift jedoch nicht verlangt werden.[273]

Beispiele: Monierung eines Satzes ohne rechtliche Bedeutung[274] oder wegen Darstellung bestimmter Äußerungen, Erklärungen etc, auch wenn sie unzutreffend sind, weil ein Ermessen des Verwalters besteht[275] und kein Anspruch abwesender WEer besteht, über alle Diskussionsbeiträge unterrichtet zu werden. Der einzelne WEer ist darauf verwiesen, innerhalb und außerhalb der Versammlung selbst für seine Standpunkte zu werben.[276] Wegen kritischer Meinungsäußerungen besteht ebenfalls kein Berichtigungsanspruch, wenn die beanstandete Passage des protokollierten Vorgangs in der Versammlung in tatsächlicher Hinsicht zutreffend wiedergegeben wird, und der WEer durch die im Protokoll festgehaltene Meinungsäußerung nicht rechtswidrig in seinem Persönlichkeitsrecht verletzt wird.[277]

43 cc) Anspruch auf Berichtigung. Die Grenze wird erst dann überschritten, wenn das abwertende Urteil zu bloßen Schmähungen des Gegners herabsinkt, die jeden sachlichen Bezug auf den vertretbaren Standpunkt des Kritikers vermissen lässt. Darüber hinaus besteht dann ein Anspruch auf Protokollberichtigung, wenn eine rechtsgeschäftliche Willenserklärung oder rechtsverbindliche Erklärung falsch protokolliert worden ist.[278] Die gilt auch, wenn der Verwalter von seinem Ermessen eindeutig fehlerhaft Gebrauch gemacht hat. Ein Verstoß gegen eine ausgewogene Darstellung reicht aber nach dem BayObLG[279] nicht aus. Die Rspr[280] will selbst dann keinen Berichtigungsanspruch zulassen, wenn die Darstellung eindeutig falsch ist.

---

[269] BGH ZMR 2001, 809.
[270] BGH ZMR 2001, 812.
[271] LG Dessau NZM 2012, 467.
[272] LG Hamburg ZMR 2011, 666; BayObLG ZWE 2005, 345.
[273] KG WuM 1989, 347.
[274] BayObLGZ 1982, 445, 477.
[275] OLG Hamm WE 1989, 174.
[276] BayObLG WE 1991, 81, 82.
[277] OLG Köln WuM 1986, 230.
[278] KG WE 1989, 139.
[279] WE 1991, 81, 82.
[280] BayObLG WE 1992, 87.

Beispiel: Die Zahl der abgegebenen Ja- oder Neinstimmen trifft nicht zu, das wirkt sich aber auf das Abstimmungsergebnis nicht aus. Dem ist zu widersprechen, denn unwahre Tatsachen dürfen die Gerichte in Protokollen nicht zulassen.

Bei einem Berichtigungsbegehren ist zu prüfen, ob bei einem falsch wiedergegebenen Beschlusstext eine **Auswirkung auf das Beschlussergebnis** besteht; ist dies nicht der Fall, ist das Berichtigungsbegehren unerheblich, es fehlt das Rechtsschutzbedürfnis.[281] Die Protokollberichtigung muss notfalls gerichtlich geltend gemacht werden innerhalb der Monatsfrist (§ 46).[282]

e) Protokollunterschrift

Da durch das Protokoll der Beweis der inhaltlichen Richtigkeit erbracht werden soll, besteht damit die **Pflicht zur Anwesenheit für diejenigen, die unterschreiben**. Für die Unterschrift unter das Protokoll muss nicht nachgewiesen werden, dass derjenige, der unterschrieben hat, die entsprechende Funktion, zB WEer, innehat. Unterschrift des Beirats kann nur verlangt werden, wenn Anhaltspunkte für Existenz eines Beirats bestehen.[283] Die Unterschrift eines Miteigentümers kann auch von einem solchen geleistet werden, der Mitglied des Verwaltungsbeirates ist. Auch die Beifügung des Zusatzes „Beirat" zur Unterschrift ändert nichts daran, dass es sich um die Unterschrift eines Miteigentümers handelt.[284] Bei Identität von Beiratsvorsitzenden und Versammlungsleiter braucht dieser nur einmal zu unterschreiben,[285] ebenso bei Verwalter und Miteigentümer oder Vertetung aller WEer durch Verwalter.[286] Entscheidender Beirat ist derjenige, der im Zeitpunkt der Protokollerstellung Beiratsvorsitzender ist, muss aber bei der Versammlung anwesend gewesen sein, ansonsten der, der bei der Versammlung anwesend war. Bei Vorsitzendenwechsel während der Versammlung reicht Unterschrift von einem.[287] Besser ist jedoch ein Teilprotokoll zu erstellen, bei dem der jeweilige Anwesende zu unterschreiben hat. Im Falle der zulässigen Vertretung aller durch Dritte sind diese befugt, das Versammlungsprotokoll zu unterschreiben, und bei lediglich einem anwesenden Vertreter reicht neben dem Versammlungsleiter die Unterschrift dieser Person aus.[288] Fehlende Unterschrift kann bis zur Ungültigkeitserklärung nachgeholt werden.[289] Nicht aber, wenn die durch Vereinbarung notwendige Bestimmung der beiden WEer zu Beginn der Versammlung durch Beschl nicht erfolgte.[290] Fehlt eine Unterschrift oder beide, so handelt es sich trotzdem um ein Protokoll, da

---

[281] LG Hamburg ZMR 2013, 63.
[282] KG OLGZ 1990, 421; OLG Hamm OLGZ 1985, 147; aA Jennißen Rn. 142a; Becker ZMR 2006, 491 mit guten Gründen.
[283] LG Oldenburg Rpfleger 1983, 436.
[284] OLG Hamm ZMR 2011, 984; aA OLG Düsseldorf ZMR 2010, 548.
[285] OLG Düsseldorf ZMR 2010, 548.
[286] OLG Hamm ZMR 2013, 648.
[287] Röll Rpfleger 1986, 4; aA Staudinger/Bub Rn. 130; Bärmann/Merle Rn. 122: beide.
[288] OLG Hamm ZMR 2009, 217.
[289] OLG München NJW 2008, 156.
[290] OLG Schleswig ZMR 2006, 721.

das Gesetz nur verlangt, dass die Niederschrift unterschrieben wird, nicht jedoch genehmigt. Dann ist die Beweiskraft (Rn. 38) erheblich beeinträchtigt.[291] Protokollführer hat nicht zu unterschreiben.[292]

f) Protokollübersendung, Einsicht

45 **aa) Übersendung.** Nach der Rspr[293] muss das Protokoll in angemessener Zeit vor Ablauf der Anfechtungsfrist, dh zumindest eine Woche vorher, angefertigt sein. Dabei ist umstritten, ob dem einzelnen WEer ein Recht auf Übersendung eines Protokolls zusteht.[294] **Anspruch auf Protokollübersendung** wird zu bejahen sein, wenn Übersendung in der WEerGem Gewohnheit geworden ist[295] durch wiederholte Übung oder Verweis auf Protokoll seitens des Verwalters[296] oder ein Beschl/Vereinb dies vorsieht. Ebenfalls wenn über einen nicht angekündigten TOP Beschl gefasst wird.[297] Dann auch Pflicht bis eine Woche vor Ablauf der Anfechtungsfrist zu übersenden. Erfolgt Übersendung nicht rechtzeitig, können nicht vorsorglich alle Beschlüsse angefochten werden, da Anspruch auf Einsicht in Beschlsammlung besteht.[298]

45a **bb) Einsicht (Abs. 6 S. 3).** Das Gesetz gibt jedem WEer ein **Recht** die Niederschriften **einzusehen**, die vom Verwalter aufbewahrt werden müssen. Es ist grundsätzlich in den Geschäftsräumen des Verwalters auszuüben; dort kann er sich auf seine Kosten Ablichtungen der Unterlagen anfertigen oder anfertigen lassen, aber **kein Anspruch auf Anfertigung und Zusendung von Ablichtungen von Verwaltungsunterlagen, auch nicht gegen Kostenerstattung**.[299] Desweiteren ist der Verwalter nicht zur Aushändigung von Protokollen[300] verpflichtet. Überlässt der Verwalter einem WEer trotzdem Verwaltungsunterlagen zur Prüfung außerhalb seiner Geschäftsräume, kommt regelmäßig ein Leihvertrag zustande mit der Folge, dass der Verwalter die Herausgabe der Unterlagen im eigenen Namen verlangen kann.[301]

g) Anfechtungsfrist

46 Auf den Ablauf der Anfechtungsfrist (gemäß § 46) hat aber die Protokollherstellung, die Einsichtsgewährung oder etwa die Unterlassung von gebotener oder

---

[291] BGH NJW 1997, 2956.
[292] Staudinger/Bub Rn. 130.
[293] BayObLG NZM 2001, 757.
[294] Bejahend AG Wennigsen ZMR 1986, 321; verneinend OLG Frankfurt WuM 1990, 461; BayObLG WE 1992, 139.
[295] BayObLGZ 1989, 16; LG Bonn DWE 1995, 168; Staudinger/Bub Rn. 141; Weitnauer/Lüke Rn. 21.
[296] LG Köln WuM 1989, 660.
[297] Staudinger/Bub Rn. 142.
[298] LG München NJW 2008, 1823; LG Stuttgart Info M 2013, 41; LG Hamburg ZMR 2010, 990; aA BayObLG NZM 2001, 143; ZMR 2001, 815.
[299] BGH NJW 2011, 1137.
[300] BayObLG DWE 2004, 93.
[301] BGH ZMR 2011, 976.

Einberufung, Vorsitz, Niederschrift § 24

nicht gebotener Information keinen Einfluss,[302] aber ggf. Wiedereinsetzung in den vorherigen Stand.

h) Protokollmängel

Verstöße gegen Abs. 6 machen die Beschlüsse nicht nichtig[303] oder anfechtbar, sondern nach der hM[304] ist nur der tatsächlichen **Beweiswert** hinsichtlich der Richtigkeit und Vollständigkeit der Niederschrift **beeinträchtigt**. **47**

Beispiel: Das Protokoll ist nur vom Verwalter unterschrieben.

Dies bedeutet, dass die Beweislast in diesem Falle zu Lasten desjenigen verschoben ist, der einen nicht ordnungsgemäß protokollierten Beschl behauptet.[305] Darüber hinaus können Schadensersatzansprüche entstehen.

Beispiel: Mangels Vorhandenseins eines Protokolls hat der Erwerber keine Kenntnis über einen Beschl.[306]

i) Abdingung

Die Bestimmungen über die Niederschrift (Abs. 6) sind durch Vereinb abdingbar,[307] zB können die Protokollierung[308] und deren Form (zB Unterschrift des kompletten Beirats oder des Verwalters[309]) oder Beschlbucheintragung[310] zur Gültigkeitsvoraussetzung für den Beschl gemacht werden oder das Protokoll muss auf der nächsten Versammlung bestätigt werden.[311] Macht die TErkl von der Protokollierung und der Unterzeichnung des Protokolls von zwei WEern abhängig, muss das Protokoll von zwei verschiedenen natürlichen Personen unterzeichnet werden, die entweder selbst WEer sind oder für sich oder andere WEer handeln.[312] Mängel dieser vereinbarten Form (zB Protokollierung oder Unterschrift durch die von der Versammlung gewählten WEer) führen dann zur Ungültigkeitserklärung.[313] Ein Verstoß hiergegen muss in der Monatsfrist (§ 46) gerichtlich geltend gemacht werden.[314] Wenn abberufener Verwalter nicht mehr unterschreibt und neuer noch nicht bestellt, so ist dies kein Anfechtungsgrund.[315] **48**

---

[302] BayObLGZ 1980, 29.
[303] OLG Hamm DNotZ 1967, 38.
[304] BGH NJW 1997, 2956.
[305] Bärmann/Merle Rn. 130.
[306] Weitnauer/Lüke Rn. 19.
[307] BayObLG ZMR 2004, 443.
[308] OLG Frankfurt ZWE 2011, 363; BGH NJW 1997, 2956.
[309] LG Dortmund ZMR 2014, 139.
[310] OLG Köln ZMR 2006, 711.
[311] BayObLG NJW-RR 1989, 1186.
[312] BGH NJW 2012, 2512.
[313] BGH NJW 1997, 2956; OLG München ZMR 2007, 883; LG Dortmund ZMR 2014, 139.
[314] OLG Oldenburg ZMR 1985, 30.
[315] OLG Celle NZM 2005, 308.

5. Beschlusssammlung (Abs. 7 und 8)

49 Der Verwalter hat eine weitere Pflicht, nämlich eine Beschlsammlung,[316] die **zum Verwaltungsvermögen** der Gem **gehört** (§ 10 Abs. 7), zu führen. Dies gilt auch in Zweiergem.[317] Vor dem 1.7.2007 existierte keine Verpflichtung zur Führung einer Beschlsammlung. Es war lediglich Pflicht des Verwalters, die Protokolle der Versammlung aufzubewahren (§ 24 Abs. 6).[318] Die Beschlsammlung ist damit nicht identisch mit der Sammlung der Protokolle, sondern daneben zu führen.

a) Sinn und Zweck

50 Durch das Vorhandensein einer Beschlsammlung soll es den WEern zum einen möglich sein, über **die bestehenden Regelungen in der Gemeinschaft auch rasch Kenntnis zu erlangen**. Durch eventuell bestehende Öffnungsklauseln und die vielfältigen gesetzlichen Möglichkeiten, Vereinbarungen abzuändern (§§ 12 Abs. 4, 16 Abs. 3 und 4, 22 Abs. 2 etc), wird eine solche Beschlsammlung dringend notwendig, damit jeder WEer sich über die Rechtslage informieren kann. Erfolgt eine solche Änderung, so wäre ohne Beschluss-Sammlung der Käufer nicht informiert, er würde aufgrund der Eintragung im Grundbuch gerade nicht wissen, wie der Rechtsstand derzeit in der Gem ist, sondern häufig von etwas anderem oder gerade vom Gegenteil ausgehen müssen. Die zwingende Folgerung der Möglichkeit der Durchbrechung von Vereinb durch Beschl ist folglich die Beschl-Sammlung.[319] Darüber hinaus dient sie auch der Information eines möglichen Käufers, soweit ermächtigt oder den gesetzlichen (Zwangs-)Vertreters, wie Insolvenzverwalters, Zwangsverwalters etc., die nicht Dritte iSd Gesetzes sind und deshalb keine Ermächtigung seitens des Eigentümers benötigen. Sie hat keine Beweiskraft für den Inhalt sowohl bzgl. der Vollständigkeit als auch der Richtigkeit, ihr kommt keine Registerpublizität zu.[320]

b) Einsichtsrecht (Abs. 7 S. 8)

51 aa) Wohnungseigentümer. Nach Abs. 7 S. 8 hat **jeder Wohnungseigentümer** ein Recht auf Einsicht in die Beschlsammlung, aber nicht auf Übersendung.[321] Unter WEer sind alle die zu verstehen, die auch tatsächlich ein Stimmrecht haben, dh also auch gesetzlichem (Zwangs-)Vertreter, wie Insolvenzverwalter oder Zwangsverwalter. Ein spezieller Einsichtszeitpunkt ist nicht vorgesehen. Vielmehr kann jeder Eigentümer oder Ermächtigte jederzeit Einsicht verlangen.[322] Nach der Rechtsprechung ist dann erst die Grenze erreicht,

---

[316] Merle ZWE 2007, 272; Sauren ZflR 2009, 152; Briesemeister ZWE 2012, 397.
[317] LG Frankfurt ZMR 2010, 396.
[318] Bärmann/Merle Rn. 145; Sauren ZflR 2009, 154.
[319] Sauren ZflR 2009, 152.
[320] AG Charlottenburg MittBayNot 2010, 45 Rn. 30.
[321] AG Viersen ZMR 2013, 394.
[322] Sauren ZflR 2009, 160.

wenn die Einsichtnahme missbräuchlich erfolgt, zB durch ständige Einsichtnahme ohne erkennbaren Sinn.[323] Auch ein Dritter, den ein WEer ermächtigt hat, hat das Recht dazu, ohne ein besonderes Interesse haben zu müssen, oder ein WEer zusammen mit einem Dritten als Unterstützung.[324] Auch für einen neuen Verwalter ist diese ein erstes Informationsmittel.[325] Dazu gehört auch die Anfertigung von **Kopien**;[326] ggf. gegen Kostenerstattungen. Das Anfertigen umfangreicher Kopien ins Blaue hinein ist dem Verwalter aber nicht zumutbar,[327] insbesondere wenn nur 15 Cent pro Kopie angeboten werden.[328] Für Einsichtsrechte in die Beschlsammlung kann dem Verwalter durch Beschl Sondervergütung gewährt werden.

bb) Zwangsversteigerungsverfahren. In Zwangsversteigerungsverfahren gibt es regelmäßig keinen ermächtigten Dritten. Hier betreibt ein Gläubiger ein Zwangsverfahren. Dieser Gläubiger ist nicht Eigentümer und kann damit auch die gesetzlichen Voraussetzungen zur Ermächtigung nicht erfüllen.[329] Da es aber im Interesse der Gem regelmäßig ist, den säumigen Schuldner möglichst rasch auszutauschen, ist ein Beschl zur Gestattung der Einsicht zu raten.[330] **51a**

cc) Generelle Ermächtigung des Verwalters zur Gewährung von Einsichtnahme. Durch Beschl ist anfechtbar.[331] **51b**

dd) Verweigerung. Bei Verweigerung der Einsichtnahme kann der WEer gerichtliche Hilfe in Anspruch nehmen (§ 43). Darüber hinaus macht sich Verwalter ggf. schadensersatzpflichtig.[332] **51c**

c) Form

Hierzu gibt es keine Vorgaben, entweder ist sie **schriftlich oder in Textform** herzustellen. Das Gesetz lässt dem Aufsteller die Möglichkeit, diese in einem Ordner oder in elektrischer Form als Computerdatei zu führen, wenn durch Ausdruck jederzeit ungehindert Einsicht ermöglicht werden kann.[333] Die Eintragungen in die Beschlsammlung sind fortlaufend vorzunehmen und zu nummerieren. Daraus folgt, dass eine Nummerierung nach Jahren etwa in der Form „16/2008, 17/2008 ..., 01/2009" nicht möglich ist. Vielmehr muss beginnend mit der ersten Versammlung nach dem 1.7.2007 der erste Beschluss bzw. die erste Gerichtsentscheidung als Nr. 1 und dann chronologisch alle weiteren Eintragungen mit der jeweils nächsten Nummer geführt werden. Des Weiteren bedeutet dies, dass Lücken oder Auslassungen nicht erlaubt sind. Durch das fort- **52**

---

[323] BGH NJW 2011, 1137 Rn. 8; LG Hamburg ZMR 2012, 292.
[324] LG Hamburg ZMR 2012, 294.
[325] OLG Hamm ZMR 2009, 58.
[326] Sauren ZfIR 2009, 160.
[327] OLG Hamm NZM 1998, 724.
[328] AG Heidelberg ZMR 2011, 72 Rn. 167.
[329] Sauren ZfIR 2009, 160.
[330] Sauren ZfIR 2009, 160 mit Beschltextvorschlag.
[331] AG Aachen ZMR 2012, 222 Rn. 174.
[332] Sauren ZfIR 2009, 160.
[333] Deckert NZM 2005, 928.

laufende Eintragen und die Nummerierung soll Kontrolle erfolgen. Auch die Datumsangabe soll die Kontrolle sicherstellen.[334]

d) Inhalt

53 aa) Inhaltsverzeichnis. Hier ist zu empfehlen, dass zunächst ein Inhaltsverzeichnis[335] voran gestellt wird, damit jeder über die Führung informiert ist. Es bietet sich neben dem Inhaltsverzeichnis auch eine **Vorbemerkung mit Erläuterung** zur Führung an. Der Ersteller sollte dabei bedenken, dass ein Dritter – ggf. ein rechtlich Unkundiger – irgendwann diese Beschlsammlung weiter führen muss. Hierfür ist empfehlenswert, eine kurze Anleitung zu geben, in der der Aufbau der Beschlsammlung erläutert wird.[336]

53a bb) Aufbau. Für den nicht gesetzlich vorgesehenen Aufbau bieten sich im Wesentlichen zwei verschiedene Möglichkeiten an. Entweder wird die Beschlsammlung **zeitlich** aufgebaut, dh nach den einzelnen zeitlich festgelegten Beschlüssen, **oder nach Sachgebieten**. Für die erste Variante spricht, dass hier keine Wertung vorgenommen werden muss und die Vollständigkeit wesentlich einfacher zu überprüfen ist. Auf Grund der Protokolle kann man jedes Mal überprüfen, ob die Beschlüsse auch aufgenommen worden sind. Die zweite Alternative einer Führungsmöglichkeit, nämlich nach Sachgebieten, könnte folgendermaßen aussehen:
– Vermögensverwaltung (WP, JA, SU)
– Organisation, insbesondere Organisationsbeschlüsse
– bauliche Maßnahmen, wie Instandhaltung/Instandsetzung, Modernisierung und bauliche Veränderungen
– Kostenverteilung.
Hier ist dann die Frage, ob nicht doch besser fortlaufend nummeriert wird, damit die Vollständigkeit dokumentiert werden kann. Derzeit besteht aber keine Verpflichtung insoweit, so dass auch ohne fortlaufende Nummerierung dies als zulässig erscheint.[337]

53b cc) Beispiele. Um die Übersichtlichkeit und Zweckmäßigkeit der Beschlsammlung zu wahren, muss die Beschlssammlung, um den notwendigen Inhalt aufnehmen zu können, eine Spalte für den Beschlusswortlaut; eine Spalte für die Eintragung, ob es sich um eine Eigentümerversammlung oder einen Umlaufbeschluss gehandelt hat, eine Spalte für Gerichtsentscheidungen, eine Spalte für Vermerke, wie etwa, ob der Beschluss angenommen, abgelehnt, bestandskräftig o. ä. ist und eine Spalte für die Unterschrift des Verwalters enthalten.[338]

53c dd) Unterschrift. Es ist umstritten, **ob die Sammlung** überhaupt **unterschrieben werden muss**.[339] Zweck dieses Verlangens ist, dass die Verantwor-

---

[334] Sauren ZfIR 2009, 156.
[335] So auch Deckert NZM 2005, 928; Sauren ZfIR 2009, 156.
[336] Sauren ZfIR 2009, 156.
[337] Sauren ZfIR 2009, 156.
[338] Sauren ZfIR 2009, 156.
[339] Dafür Sauren ZfIR 2009, 160; dagegen die hM zB Palandt/Bassenge Rn. 29.

tung für die Eintragung erkennbar von einer Person übernommen wird, wie bei der Niederschrift. Zudem werden dadurch spätere Einfügungen eher erkennbar. Für eine Unterschrift ergäbe sich bei Computerdateien das Problem, wie unterschrieben werden soll. Es reicht hierzu nicht aus, dass derjenige, der die Beschlusssammlung führt, seine handschriftliche Unterschrift einscannt und an die entsprechende Stelle kopiert. Vielmehr muss eine qualifizierte elektronische Signatur nach dem Signaturgesetz verwendet werden[340] (§ 126a BGB). Um eine qualifizierte elektronische Signatur zu erhalten, muss von einem der zugelassenen Anbieter eine Signaturkarte erlangt werden (für eine Übersicht über zugelassene Anbieter s. www.bundesnetzagentur.de unter den Stichpunkten: Sachgebiete und dort Zertifizierungsdiensteanbieter). Der Anbieter der Signaturkarte wird eine entsprechende Karte übersenden.[341] Um diese zur Unterschrift nutzen zu können, ist noch ein entsprechendes Lesegerät, welches an den Computer angeschlossen wird, notwendig und ein Programm, welches die elektronische Signatur ermöglicht.

ee) Führung in Papierform. Bei einer Führung der Beschlsammlung in Papierform muss darauf geachtet werden, dass eine **hinreichende feste Verbindung** notwendig ist. Dies ergibt sich daraus, dass es sich um eine Sammlung handelt. Auf der sicheren Seite ist der Verwalter, wenn er die einzelnen Seiten mechanisch so fest verbindet, dass die Trennung durch Zerstörung der Seiten sichtbar wird.[342] Ansonsten dürfte auch eine fortlaufende Paginierung, fortlaufende Nummerierung der einzelnen Bestimmungen, einheitliche grafische Gestaltung und ein inhaltlicher Zusammenhang des Textes ausreichend sein.[343] Ausführliche Beispiele finden sich bei Sauren.[344]

e) Führung der Beschlusssammlung

Entsteht Streit über die Berechtigung, zB zur Einsichtnahme und/oder das Fertigen von Fotokopien, ist eine Klage gegen den Beschl-Sammlung Führenden zu richten.[345]

aa) Verwalter. Grundsätzlich ist sie durch den Verwalter zu führen (Abs. 8 S. 1), der zwingend dazu verpflichtet ist, sie zu führen. Die Gem kann weder durch Beschl, noch durch Vereinbarung diese Aufgabe auf jemand anderen übertragen. Der gegenteiligen Auffassung, eine Vereinbarung sei möglich,[346] ist entgegen zu halten, dass der Gesetzgeber anders als bei der Leitung der Versammlung davon abgesehen hat, die Möglichkeit zu eröffnen, eine andere Person zu bestimmen. Dies zeigt, dass die Vorschrift insoweit unabdingbar ist. Damit kann auch durch eine Vereinbarung nicht ein Dritter bestimmt worden. Für den Verwalter stellt sich damit unter Umständen das Problem, dass er zwar zur

---

[340] Sauren ZflR 2009, 157, str.
[341] Zum ganzen Sauren ZflR 2009, 157, str.
[342] Sauren ZflR 2009, 157.
[343] Vgl. hierzu BGH NJW 1998, 58.
[344] ZflR 2009, 156 ff.
[345] AG Hamburg ZMR 2010, 236 Rn. 30.
[346] Hügel/Elzer S. 135.

Führung der Beschlsammlung verpflichtet ist, er aber keine Kenntnis von den gefassten Beschlen hat (etwa weil die Versammlung ihn unberechtigterweise von der Versammlung ausgeschlossen hat). Hier muss der Verwalter dafür sorgen, dass er die entsprechende Kenntnis erlangt, unter Umständen auch unter Zuhilfenahme gerichtlicher Mittel. Besonders misslich ist dies bei Gerichtsentscheidungen. Da der Verwalter nicht mehr zwingend Beteiligter am Verfahren ist, sondern beitreten müsste, dies aber verständlicherweise nicht tut, kann es durchaus vorkommen, dass er von gerichtlichen Entscheidungen keine Kenntnis erlangt. Hier hat der Verwalter dafür zu Sorgen, dass er so schnell wie möglich Kenntnis erlangt, ggf. hat er bei den Beteiligten nachzufragen, auch häufiger. Aus diesem Umstand ergibt sich aber keine Pflicht des Verwalters, dem Prozess beizutreten, nur um das Ergebnis zu erfahren. In diesem Fall bezieht sich die unverzügliche Eintragung seit Kenntnis des Verwalters.[347]

54b bb) Fehlen eines Verwalters. Falls kein Verwalter vorhanden ist, ist – soweit die Gem niemand anderen bestimmt hat – der **Vorsitzende der Versammlung** zu berufen, die Beschlsammlung zu führen. Fehlt aber ein Verwalter, ist gesetzlich nicht vorgeschrieben, wer dann die Versammlung führt. Nach der Rechtsprechung ist es auch nicht Voraussetzung für eine Versammlung, dass überhaupt ein Vorsitzender gegeben ist.[348] Somit ist nicht vorgegeben, wer bei Fehlen eines Verwalters die Beschlsammlung zu führen hat. Unterlassen es die Eigentümer, einen Vorsitzenden zu wählen, wäre damit niemand vorhanden, der die Beschlsammlung führt. Da aber andererseits die Führung einer Beschlsammlung zwingend vorgeschrieben ist, wird man das Gesetz so auslegen müssen, dass eine Pflicht der Eigentümer besteht, einen Vorsitzenden zu wählen. Nach der Gesetzesfassung würde die Pflicht zur Führung der Beschlsammlung bei jeder Versammlung an den jeweiligen Vorsitzenden weitergegeben. Dies würde jedoch bedeuten, dass u.U. auf jeder Sitzung eine andere Person für die Führung verantwortlich ist und daher die alte Sammlung dann weitergeleitet werden müsste. Wie dies praxisgerecht umgesetzt werden soll, ist nicht nachvollziehbar. Daher sollte die Gemeinschaft von der Möglichkeit Gebrauch machen und eine feststehende Person zur Führung der Beschlusssammlung bestimmen,[349] der nicht zwingend der Versammlungsleiter sein muss.

54c cc) Sanktion. Hier sieht das Gesetz keine Sanktion vor, wenn sie unvollständig, fehlerhaft oder überhaupt nicht geführt wird. Der WEer und der Verwalter werden ggf. schadensersatzpflichtig, s. hierzu Rn. 66.

54d dd) Anspruch auf Berichtigung einer Eintragung. Der Anspruch auf Berichtigung einer Eintragung richtet sich nach den Grundsätzen über die Protokollberichtigung.[350]

---

[347] Sauren ZfIR 2009, 159.
[348] BGHZ 148, 335.
[349] Sauren ZfIR 2009, 159.
[350] LG Hamburg ZMR 2011, 664.

f) Inhalt

Nach Abs. 7 S. 2 ist Folgendes inhaltlich aufzunehmen: 55
- alle in einer Versammlung verkündeten Beschlüsse,
- alle schriftlichen Beschlüsse (§ 23 Abs. 3),
- Urteilsformel der wohnungseigentumsrechtlichen Entscheidungen (§ 43).

Dies gilt ab dem 1.7.2007. Die Gem kann natürlich per Beschl etwas anderes beschließen und zB mit dem Verwalter vereinbaren, dass die auch vorher gefassten Beschle nunmehr in die Beschlsammlung aufgenommen werden.

aa) Beschlüsse. Alle Beschlüsse müssen aufgenommen werden. Unerheblich ist 56 es, ob dies in einer ordentlichen oder außerordentlichen Versammlung erfolgte. Es kommt auch nicht darauf an, ob sie vereinbarungsändernd waren oder nicht. Ggf. käme für diese eine besondere Hervorhebung in Betracht, damit sie schneller auffindbar sind, zB Fett- oder Farbdruck.[351] Es sind nur solche Beschl aufzunehmen, die anfechtbar sind. Werden zB **Geschäftsordnungsbeschlüsse** gefasst, so sind diese nicht aufzunehmen.[352] Hingegen sind jedoch **Negativbeschlüsse** aufzunehmen (§ 23 Rn. 27). Bei ihnen handelt es sich um Beschl, die einen Antrag ablehnen, weil die erforderliche Mehrheit fehlt.[353] Es kommt auch nicht darauf an, ob die Beschl anfechtbar sind oder nicht (zB wegen Beschlfassung unter Verschiedenes) oder gar nichtig. Es sind nur verkündete Beschl aufzunehmen, dh ob die Gem sie gefasst hat oder nicht, ist nicht entscheidend, sondern ob der Vorsitzende sie verkündet hat. Besonderheiten bestehen auch bei schwebend unwirksamen Beschl (§ 23 Rn. 30). Bei dieser Art von Beschl muss der Verwalter überprüfen, ob alle notwendigen Zustimmungen gegeben sind und darf erst nach Vorliegen aller erforderlichen Zustimmungserklärungen den Beschl in die Sammlung eintragen.[354] So lange die Zustimmung fehlt, sind nach der Rechtsprechung des BayObLG und der Literatur die Beschlüsse nicht wirksam, dh die Beschlüsse entfalten keine Rechtswirkung, weil die Zustimmung, die notwendig ist, fehlt.[355] Wird ein Beschl aufgehoben, ist dies dann in der Beschlsammlung zu vermerken, der neue Beschl hinzuzunehmen.[356] Der Mitwirkung des Gerichts bedarf es daher auch nicht aus Gründen, die in der vom Verwalter zu führenden Beschlusssammlung liegen. Denn die Möglichkeit, dass die Wohnungseigentümer selbst ihre Beschlüsse wieder aufheben, hat der Gesetzgeber ausdrücklich vorgesehen. Die Beschlüsse müssen mit **Ort und Datum der Versammlung** angegeben werden. **Schriftliche Beschlüsse** sind **erst dann** aufzunehmen, **wenn alle zugestimmt haben**. Dann muss neben dem Wortlaut auch Ort und Datum der Verkündung eingetragen werden. Gefasst ist ein solcher Beschl im schriftlichen Verfahren, wenn die Zustimmung aller Eigentümer vom Verwalter verkündet wird. Dies erfolgt regelmäßig durch entsprechende Mitteilung des Verwalters an die Eigentümer in Form eines Rundschreibens

---

[351] Deckert NZM 2005, 928.
[352] Deckert NZM 2005, 928; Deckert/Kappus NZM 2007, 748 mwN.
[353] BGH NJW 2001, 3339, auch Vollstreckungsbescheide.
[354] Schneider ZMR 2005, 17; Sauren ZMR 2008, 514; ders. ZfIR 2009, 156.
[355] BayObLG ZMR 1998, 173.
[356] AG Bingen NJW 2009, 84.

oder nach dem BGH auch in Form eines Aushangs.[357] Ort der Verkündung ist derjenige, von dem aus der Verwalter die Mitteilung versendet.

57 bb) Gerichtliche Entscheidungen. Der Gesetzgeber hat als dritten Punkt noch die **Urteilsformeln** aufgenommen in Rechtsstreitigkeiten. Da er darauf Bezug genommen hat, sind nunmehr alle in § 43 erwähnten Urteile aufzunehmen. Hierbei sind sowohl Urteile, als auch Beschlüsse aufzunehmen. Auch aufgrund eines Mahnbescheides erwirkte Vollstreckungsbescheide[358] und Arrestbeschlüsse bzw. Einstweilige Verfügungen sind gerichtliche Entscheidungen. Hierbei darf nicht unterschieden werden zwischen Prozessen mit Mitgliedern der Gemeinschaft und Dritten, denn jede Verpflichtung der Gemeinschaft soll ersichtlich sein.[359] Man denke nur an die Haftung des einzelnen Eigentümers (§ 10 Abs. 8). Das Ergebnis des Prozesses ist ebenfalls uninteressant, deshalb sind auch klageabweisende Entscheidungen aufzunehmen. Nicht aufzunehmen sind aber Entziehungsklagen (§ 18), da diese nur den Bestand der Gemeinschaft zum Gegenstand haben.[360]

58 cc) Urteilsformel. Neben der eigentlichen **Sachentscheidung** wird auch die **Kostenentscheidung** und über die **Vollstreckbarkeit** (den sog Tenor) entschieden. Da ausdrücklich auf die Urteilsformel Bezug genommen wird, sind auch diese aufzunehmen (§ 313 Abs. 1 Nr. 4 ZPO[361]). Häufig wird der Informationswert einiger Eintragungen dann nicht gegeben sein und der Zweck damit nicht erfüllt sein. Man denke nur an eine Klage eines außenstehenden Dritten, die abgewiesen wurde. Die Urteilformel muss dann aufgenommen werden, die dann lautet: „Die Klage wird abgewiesen. Die Kosten des Rechtsstreits trägt der Kläger. Das Urteil ist vorläufig vollstreckbar." Damit weiß niemand, der in die Beschlsammlung hineinsieht, was damit gemeint ist. Hier wird dem Gesetzgeber dann wohl nicht zu Unrecht vorgeworfen, „auch hier nicht richtig nachgedacht" zu haben.[362] Dies bedeutet, dass erweiternde Klarstellungen mit den Eintragungen vonnöten sind: Es sollten nur Endentscheidungen eingetragen werden. Diese sollten auch das Aktenzeichen des Gerichts mit umfassen. Zudem sollten auch der Gegenstand des Urteils genannt werden, insbesondere wenn es ein Beschl war, wie zB „bzgl. des unter Nr. 9 eingetragenen Beschl".

59 dd) Vergleiche. Wird ein Rechtsstreit durch Vergleich beendet, so ist ein wesentliches Informationsbedürfnis unbestreitbar für alle gegeben. Dies hat der Gesetzgeber offensichtlich nicht beachtet, obwohl diese Lücke im Laufe des Gesetzesverfahrens moniert wurde.[363] Nach dem Sinn und Zweck kann es keine

---

[357] BGH NJW 2001, 3339; nicht empfehlenswert Deckert/Kappus NZM 2007, 749.
[358] Moosheimer ZMR 2009, 813; Deckert/Kappus NZM 2007, 750; aA Merle GE 2007, 638.
[359] Bärmann/Merle Rn. 173 mwN; aA Moosheimer ZMR 2009, 813.
[360] Sauren ZfIR 2009, 155.
[361] Jennißen Rn. 158; aA Merle GE 2007, 638; Palandt/Bassenge Rn. 31.
[362] Köhler Rn. 454.
[363] ZB Sauren MietRB 2005, 139; für Aufnahme auch Bärmann/Merle Rn. 178; Sauren ZfIR 2009, 156; Abramenko S. 62 Fn. 41; Deckert/Kappus NZM 2007, 750; aA Hügel/Elzer S. 129; Moosheimer ZMR 2009, 813.

Einberufung, Vorsitz, Niederschrift **§ 24**

Zweifel daran geben, dass Vergleiche mit aufgenommen werden müssen. Dies gilt selbst dann, wenn die Gem ihn durch Beschl genehmigt, obwohl der Beschl in der Sammlung eingetragen werden muss, weil niemand weiß, ob er letztendlich auch zustandegekommen ist. Insoweit kann auf die bisherige Rspr, in der den gerichtlichen Vergleichen die Wirkung gegenüber dem Sonderrechtsnachfolger zugesprochen wurde, verwiesen werden.[364]

ee) Aufbau. Eine Beschlsammlung kann wie folgt aufgebaut werden: **60**
1. Inhaltsverzeichnis,
2. Allgemeine Bemerkungen über die Führung des Buches,
3. Beschlsammlung. Hier ist am besten eine Untergliederung vorzunehmen mit folgender Reihenfolge:
   – laufende Nummer: Führt der Verwalter dies chronologisch, ist hier eine laufende Nummer zu vergeben;
   – Beschlusswortlaut: Hier ist der Wortlaut des Beschlusses aufzunehmen;
   – Versammlung: Art, Ort, Datum, Tagesordnungspunkt und Datum der Verkündung;
   – Gerichtsentscheidungen: Urteil: Tenor, Gericht, Datum, Aktenzeichen, Parteien;
   – Vergleich: Vergleichswortlaut, Datum, Aktenzeichen, Parteien;
   – Vermerke: Hier ist zu vermerken, ob angenommen, abgelehnt, bestandskräftig, aufgehoben, gelöscht, bedeutungslos oder rechtskräftig;
   – Eintragungsvermerk: Hier muss der Verwalter seinen Namen und die Versammlungsleitung mit Datum und Unterschrift vornehmen.[365]

ff) Eintragungszeitpunkt (Abs. 7 S. 7). Nach dem Wortlaut sind die Eintragungen **unverzüglich (§ 121 BGB)** vorzunehmen, dh ohne schuldhaftes Zögern[366] und zu datieren. Die Gesetzesbegründung meint, dass die Eintragung im Anschluss an die Verkündung erfolgt und somit eine Eintragung, die mehrere Tage später vorgenommen würde, idR nicht mehr unverzüglich sei. Nach der Rechtsprechung bedeutet dies drei Tage[367] bis zu einer Woche,[368] wobei eine Woche noch nicht verspätet ist.[369] In Teilen der Literatur wird in Ausnahmefällen bis zu drei Wochen genannt,[370] sechs Wochen sind aber zu spät, ebenfalls im Regelfall mehrere Wochen.[371] Bei Beschl, die erst zustande kommen, wenn noch weitere Voraussetzungen erfüllt sind, wie etwa die Unterzeichnung der Niederschrift durch bestimmte Personen, ist auf jeden Fall erst ab diesem Zeitpunkt die Frist zu berechnen.[372] Bei nicht oder nicht rechtzeitiger Aufnahme **61**

---

[364] OLG Zweibrücken ZMR 2001, 734.
[365] Sauren ZflR 2009, 158.
[366] BT-Drucks 16/887.
[367] LG Karlsruhe ZWE 2013, 37 Rn. 25.
[368] LG Berlin ZWE 2010, 224; Hügel/Elzer S. 132; Röll/Sauren Teil B Rn. 467.
[369] AA LG München NJW 2008, 1823.
[370] Deckert/Kappus NZM 2007, 751; Sauren ZflR 2009, 160.
[371] BGH NJW 2012, 1884 Rn. 12.
[372] Abramenko S. 71; Merle ZWE 2007, 274; aA Drasdo ZMR 2007, 505.

kann es zu Schadensersatz kommen, zb Kosten des Prozesses wegen Nichtaufnahme.[373]

62 gg) Löschen von Einträgen (Abs. 7 S. 5 und 6). Nach Abs. 7 S. 5 und 6 können auch Löschungen von Eintragungen vorgenommen werden (ohne „unverzüglich"). Dies soll der **Übersichtlichkeit** der Beschlsammlung dienen, was mit Recht bezweifelt wird. Zwar muss auch die Löschung vermerkt werden, jedoch handelt es sich hier um ein Ermessen, welches der Verwalter ausüben kann. Damit ist die Gefahr gegeben, dass er absichtlich ein weites Ermessen ausübt. Nach dem Wortlaut ist eine Löschung dann vorzunehmen, wenn die Eintragung „aufgehoben" wurde. Der Gesetzgeber erklärt nicht, was unter „Aufhebung" gemeint ist. Nach der Begründung ist jedoch davon auszugehen, dass er meint, wenn Beschlüsse aufgehoben wurden. Nach Abs. 7 S. 6 kann zusätzlich gelöscht werden, wenn der Beschl aus einem anderen Grund für die WEer keine Bedeutung mehr hat. Der Gesetzgeber geht davon aus, dass ein Beschl durch eine spätere Regelung überholt ist oder sich durch Zeitablauf erledigt. Dies ist äußerst gefährlich, man könnte vertreten, dass alle WP und JAen sich mit Zeitablauf, dh mit Ablauf des Jahres erledigt hätten. Häufig sind sie aber noch Grundlage für die Geltendmachung von Wohngeld. Auf Grund der großen Gefahren sollte keinesfalls tatsächlich eine Löschung, dh eine Streichung oder im Computer tatsächlich Wegnahme der Eintragung vorgenommen werden.

62a hh) Anmerkung anstelle der Löschung. Anstelle der Löschung sieht der Gesetzgeber auch die Möglichkeit vor, dass bei der nächsten freien Nummer eine Anmerkung gemacht wird.[374] Es wird empfohlen, diese Möglichkeit zu wählen. Auf diese Weise bleibt der ursprüngliche Eintrag erhalten und stellt sich dann später heraus, dass die Löschung unberechtigt erfolgt ist, ist es wesentlich einfacher, die ursprüngliche Form wieder herzustellen. In Anlehnung an die Grundbuchordnung (zB § 17 Abs. 2 der Grundbuchverfügung) sollte eine Löschung in der Weise durchgeführt werden, als dass die Eintragung rot unterstrichen wird, also der gelöschte Text jederzeit noch erkennbar ist.[375]

g) Wichtiger Grund zur Abberufung

63 Siehe weiter § 26 Rn. 38 Beschlsammlung.

h) Zeitraum

64 Die Beschlsammlung ist grundsätzlich **ab 1.7.2007** zu führen. Einzutragen sind alle Beschlüsse und Gerichtsentscheidungen, die nach dem 1.7.2007 verkündet worden sind. Bei Gerichtsentscheidungen ist unerheblich, ob das zugrundeliegende Verfahren bereits vor dem 1.7.2007 eingeleitet worden ist. Entscheidend ist alleine, ob die Entscheidung vor oder nach dem 1.7.2007 verkündet worden

---

[373] AG Hamburg ZMR 2010, 480, ggf. gemäß § 49 Abs. 2: LG Dresden ZMR 2010, 629.

[374] Beispiel bei Sauren ZfIR 2009, 158.

[375] Röll/Sauren Teil B Rn. 469.

ist. Soweit eine Gem bereits vor dem 1.7.2007 eine Beschlusssammlung geführt hat, kann diese weitergeführt werden, ggf. mit den notwendigen vereinbarten Konkretisierungen oder Erschwernissen. Ist dies nicht der Fall, muss die Gemeinschaft für den Zeitraum vor dem 1.7.2007 die Beschlsammlung nicht zwingend nachträglich einführen. Sie können dies aber jedenfalls dann beschließen, wenn die Beschllage noch rekonstruierbar ist.[376] Es besteht kein Anspruch des einzelnen Eigentümers im Rahmen ordnungsgemäßer Verwaltung auf Einführung der Beschlsammlung auch für die Zeiträume vor dem 1.7.2007. Zwar soll dies nach einer Auffassung[377] möglich sein, wenn eine nachträgliche Sammlung aller vorhergehenden Beschlüsse möglich ist. Dieser Auffassung ist aber zu widersprechen; die nachträgliche Erstellung des Beschlsammlung ist mit einem erheblichen Aufwand verbunden; es müssen die Beschl herausgesucht und zusammengestellt werden. Auch die ergangenen Gerichtsentscheidungen müssen durchgesehen werden. Diesem erheblichen Mehraufwand steht kein Mehrgewinn an Informationen gegenüber. Eine Vollständigkeit der Sammlung wird nicht garantiert werden können, so dass weder die Erwerber, noch die Eigentümer darauf vertrauen können, dass die Beschlusssammlung tatsächlich die Beschlusslage wiedergibt. Es entspricht aber nicht ordnungsgemäßer Verwaltung, Geld für etwas aufzuwenden, dem kein oder jedenfalls nur ein geringer Nutzen gegenübersteht.[378]

i) Vergütung des Verwalters

Für die Beschlsammlung ist wie folgt zu unterscheiden: **65**

aa) Führung einer Beschlusssammlung seit dem 1.7.2007. Diese Aufgabe **65a** ist nunmehr gesetzlich verankert und damit Bestandteil des Verwaltervertrages und der ausgehandelten Vergütung. Ein Beschl, der dem Verwalter dafür eine **Zusatzvergütung** verspricht, **verstößt gegen ordnungsgemäße Verwaltung**. Nach Auffassung des AG Aachen soll es darauf ankommen, ob der Verwaltervertrag vor oder nach dem 1.7.2007 abgeschlossen worden ist. Bei Verträgen die vor dem 1.7.2007 geschlossen worden sind, soll eine Vergütung möglich sein, bei Verträgen danach nicht.[379] Dies ist unrichtig: Keinesfalls ist zwischen abgeschlossenen Verträgen vor dem 1.7.2007 und danach zu unterscheiden, da es sich um eine gesetzliche Pflicht handelt und diese damit automatisch Bestandteil des Verwaltervertrages und der ausgehandelten Vergütung wird. Ein Beschl, der dem Verwalter dafür eine Zusatzvergütung verspricht, verstößt deshalb gegen ordnungsgemäße Verwaltung. Lediglich wenn die Beschlsammlung komplettiert werden soll für den Zeitraum vor dem 1.7.2007, kann eine Zusatzvergütung vom Verwalter verlangt werden, da das Gesetz dies nicht vorsieht. Diese ist im Einzelfall auszuhandeln, je nachdem wie umfangreich die Gem ist und wie lange sie schon existiert. Lediglich für die Erstellung einer Beschlsammlung für die Beschl vor dem 1.7.2007 kann eine Vergütung erfolgen.

---

[376] Sauren ZfIR 2009, 155.
[377] Hügel/Elzer S. 126.
[378] Sauren ZfIR 2009, 155.
[379] ZMR 2008, 833.

65b bb) Erfassung der Beschlüsse vor dem 1.7.2007. Soll die Beschlsammlung komplettiert werden für den Zeitraum vor dem 1.7.2007, **kann eine Zusatzvergütung vom Verwalter verlangt werden**, da das Gesetz dies nicht vorsieht. Diese ist im Einzelfall auszuhandeln, je nachdem wie umfangreich die Gemeinschaft ist und wie lange sie schon existiert.

65c cc) Einsichtsrecht. Hinsichtlich des Einsichtsrechts einzelner WEer oder auch bevollmächtigter Dritter ist fraglich, ob die Möglichkeit einer Vergütung gegeben ist. Die bloße **Gewährung von Einsicht in die Beschlusssammlung** gehört nach dem Gesetz zu den **Mindestpflichten des Verwalters** und ist deshalb **in der Grundvergütung enthalten**.[380] Hierfür eine Gebühr zu erheben widerspricht der ordnungsgemäßen Verwaltung und wäre anfechtbar. Auch eine Differenzierung danach, ob der Verwalter vor dem 1.7.2007 bestellt worden ist, dann handelt es sich um einen besonderen Verwaltungsaufwand,[381] ist abzulehnen. Dies ist deshalb nicht richtig, da die gesetzlichen Grundaufgaben durch den Verwalter erledigt werden müssen. Die herrschende Meinung[382] stellt fest, dass auf jeden Fall dem nach dem 1.7.2007 bestellten Verwalter keine Zusatzvergütung für die Einsichtnahme zu gewähren ist, da dies eine gesetzliche Aufgabe wäre und es nunmehr zum typischen Berufsbild des Verwalters gehören würde. Nach der herrschenden Auffassung[383] wird aber auch für davor begründete Verwaltungsverhältnisse keine Sondervergütung zu zahlen sein. Lediglich für die Erstellung einer Beschlsammlung für die Beschlüsse vor dem 1.7.2007 kann eine Vergütung erfolgen. Aber nur für die Erstellung, nicht für die Einsichtnahme. Hier können Stundensätze, zB 50,00 EUR bis 100,00 EUR oder Pauschalen vereinbart werden.

65d dd) Wichtiger Grund. Die Abhängigmachung von Zahlung einer Vergütung sowohl für Anfertigung wie auch Einsichtnahme können einen wichtigen Grund zur Abberufung darstellen.[384]

j) Folge des Verstoßes gegen die Führung der Beschlusssammlung

66 aa) Inhaltliche Fehler. Hat die Sammlung inhaltliche Fehler, **müssen sie korrigiert werden**. Diese Fehler können in der Unvollständigkeit, der nicht gesetzlichen Form, ebenso als Schreib- oder Rechenfehler oder sich sonst wie darstellen. Diese Korrekturpflicht trifft den Verwalter. Weigert er sich pflichtwidrig, besteht die Möglichkeit der Anweisung seitens der Gemeinschaft durch Beschluss, ansonsten eines Gerichtsverfahrens (§ 43 Nr. 3). Auf eine fehlerfreie Sammlung hat aber auch jeder Eigentümer Anspruch, wie der Protokollberichtigungsanspruch, sodass es eines Beschlusses zum Führen des gerichtlichen Verfahrens seitens der Gemeinschaft nicht bedarf.[385]

---

[380] Abramenko S. 94.
[381] Merle ZWE 2007, 80.
[382] Reichert ZWE 2007, 392.
[383] Reichert ZWE 2007, 392.
[384] Reichert ZWE 2007, 392.
[385] Merle ZWE 2007, 279.

Einberufung, Vorsitz, Niederschrift § 24

bb) Keine Beschlusssammlung. Wird überhaupt keine Beschlsammlung geführt bzw. wird diese nicht ordentlich geführt, ist zu unterscheiden: Der Verwalter muss zum einen mit Schadensersatzansprüchen rechnen, aber nur von Eigentümern nicht von Interessenten oder Erwerbern.[386] Zum anderen stellt das im Regelfall einen **wichtigen Grund zur Abberufung** dar (§ 26 Abs. 1 S. 4).

cc) Führung durch Dritte. Wird die Beschlsammlung durch eine sonstige Person geführt, kommen nur Schadensersatzansprüche in Betracht. Handelt es sich dabei um einen Eigentümer, kommt auch in Betracht, ihn aus der Gemeinschaft nach § 18 auszuschließen.

66a

66b

k) Inhaltliche Widersprüche

aa) Zwischen Versammlungsniederschrift und Beschlusssammlung. Das Protokoll über die Versammlung ist für die Eigentümer bislang das maßgebliche Beweismittel in Gerichtsverfahren gewesen. Nunmehr stellt sich die Frage, wer Vorrang hat, wenn sich zwischen der Protokollniederschrift und der Beschlsammlung Widersprüche auftun. Nach einer Auffassung[387] sollen dann weder die Beschlsammlung, noch die Niederschrift über die Versammlung Beweiskraft haben. Dieser Auffassung ist nicht zu folgen. Vielmehr ist der Niederschrift über die Versammlung der Vorzug zu geben. Dies folgt daraus, dass die Niederschrift über die Eigentümerversammlung einmal vom Verwalter zu unterzeichnen ist und zum anderen durch mindestens einen weiteren Eigentümer. Dies gibt eine gewisse Gewähr dafür, dass die Niederschrift richtig ist. Bei der Beschlsammlung hingegen muss überhaupt niemand gegenzeichnen, so dass insoweit die Kontrolle wegfällt. Die Niederschrift bietet daher die größere Gewähr der Richtigkeit.[388]

67

bb) Zwischen Beschlusssammlung und Grundbuch. Die wesentlichen Regelungen der Gem sind im Grundbuch eingetragen. Nunmehr besteht die Möglichkeit, diese durch Beschl abzuändern, ohne dass die Änderung im Grundbuch eingetragen wird. Es stellt sich dann die Frage, ob ein Erwerber, der nur ins Grundbuch Einsicht genommen hat, nicht aber in die Beschlsammlung sich auf den guten Glauben des Grundbuchs berufen kann (§ 892 BGB). Dies ist von der Rechtsprechung bejaht worden. Nach einhelliger Auffassung[389] soll dies nun nicht mehr möglich sein. Diese Auffassung ist zu unterstützen. Dadurch, dass der Gesetzgeber nunmehr die Möglichkeiten eröffnet hat durch Beschluss Vereinbarungen zu ändern, besteht von Gesetzes wegen schon kein guter Glaube mehr, denn jeder Erwerber muss damit rechnen, dass die Gemeinschaft von dieser gesetzlichen Möglichkeit Gebrauch gemacht hat. Die Beweiskraft der

67a

---

[386] BT-Drucks 16/887, S. 34 = NZM 2006, 420; Armbrüster AnwBl 2005, 16; Demharter NZM 2006, 489; aA Reichert ZWE 2007, 393, gute Argumente.

[387] Hügel/Elzer S. 139; aA Deckert/Kappus NZM 2007, 746: Sammlung hat Vorrang.

[388] Ähnlich LG Hamurg ZMR 2010, 986: übrige Protokolle für die Auslegung wichtig.

[389] Hügel/Elzer S. 127; Armbrüster AnwBl. 2005, 16; Häublein ZMR 2007, 412; Deckert/Kappus NZM 2007, 746.

Sammlung ist damit zweifelhaft,[390] da sie keine Garantie für die Wirksamkeit der Beschlüsse gibt. Der Informationsgehalt ist damit gering.[391]

l) Übernahme einer Verwaltung ohne Beschlusssammlung

68 In der Praxis kommt es häufig vor, dass eine Verwaltung ohne oder mit unvollständiger Sammlung übernommen wird. Der **neue Verwalter ist nicht verpflichtet, die Sammlung zu vervollständigen**, denn seine Pflicht beginnt erst ab Übernahme. Probleme ergeben sich dann, mit welcher laufenden Nummer in der Sammlung anzufangen ist. Dem neuen Verwalter ist zu raten ausreichend Platz zu lassen, um eine spätere Vervollständigung zu erleichtern, zB Nummerierung erst ab 100 zu beginnen. Jeder Eigentümer hat aber gegen die anderen Eigentümer einen Anspruch darauf, dass die Sammlung verkomplettiert wird, so dass ein entsprechender Beschluss ordnungsgemäßer Verwaltung entspricht. Der neue Verwalter muss dies nicht kostenlos tun, sondern hat einen Anspruch auf Vergütung.[392] Für die Verwalter stellt sich des Weiteren das Problem, ob sie die Sammlung, die sie übernehmen, so weiterführen müssen, wie sie sie vorfinden. Der Verwalter führt die Sammlung. Damit hat er es auch in der Hand die Ausgestaltung festzulegen. Er muss sich deshalb nicht das EDV-Programm des alten Verwalters besorgen, um die Sammlung weiterzuführen, sondern kann sein Programm benutzen. Dieses hat er aber lückenlos an die bisherigen Aufzeichnungen anzuschließen. Da eine einheitliche Sammlung vonnöten ist, muss der neue Verwalter die Daten in sein System dann einpflegen.[393]

m) Abdingbarkeit

69 aa) Gänzliche Beseitigung. Durch Vereinb kann die Führung einer Beschlsammlung gänzlich ausgeschlossen werden. Diese Regelung ist möglich, aber nicht empfehlenswert.[394]

69a bb) Modifikation. Auch teilweise abweichende, teilweise beseitigende Regelungen sind möglich, wie zB die Sammlung der Niederschriften zur Beschlsammlung machen, so dass der Verwalter nichts weiter zu veranlassen hat.[395] Darüber hinaus ist auch die verstärkende Möglichkeit gegeben, die Beschlusssammlung weiterer und klarer zu definieren, in dem zB für die Gültigkeit eines Beschl zur Voraussetzung gemacht wird, dass er in der Beschlsammlung aufgenommen worden ist.[396] Oder nicht nur eine Sammlung, sondern ein Buch zu

---

[390] Kreuzer, FS Seuß III, 2007, S. 115.
[391] Demharter NZM 2006, 489.
[392] Deckert/Kappus NZM 2007, 751; aA Drasdo ZMR 2007, 506 mit dem unrichtigen Argument, alles was ordnungsgemäßer Verwaltung entspräche, wäre in der Grundvergütung enthalten.
[393] Deckert/Kappus NZM 2007, 746.
[394] Palandt/Bassenge Rn. 26; Sauren ZfIR 2009, 153 mwN; aA Hügel/Elzer S. 126; Jennißen Rn. 205.
[395] Abramenko S. 73; Merle ZWE 2007, 272.
[396] Sauren ZfIR 2009, 153.

fordern, welches dann fest miteinander verbunden sein muss, so dass eine Loseblattsammlung oder eine EDV-Sammlung ausscheidet.[397]

cc) Abweichende Regelung durch Beschluss. Von der gesetzlichen Vorschrift abweichende Beschlüsse sind mangels Beschlusskompetenz nichtig.[398] 69b

dd) Bestehende Vereinbarung. Da Abs. 7 ohne Übergangsregelung gilt, werden durch die Neuregelung auch alle bereits bestehenden Vereinb erfasst. War bisher ein Beschlussbuch schon vereinbart, so ist dieses Beschlussbuch mehr als eine Sammlung, wie bereits der Wortlaut sagt. Damit ist die Gesetzeslage bereits abbedungen, also hierdurch verschärft. 69c

§ 25 Mehrheitsbeschluß

(1) Für die Beschlußfassung in Angelegenheiten, über die die Wohnungseigentümer durch Stimmenmehrheit beschließen, gelten die Vorschriften der Absätze 2 bis 5.

(2) ¹Jeder Wohnungseigentümer hat eine Stimme. ²Steht ein Wohnungseigentum mehreren gemeinschaftlich zu, so können sie das Stimmrecht nur einheitlich ausüben.

(3) Die Versammlung ist nur beschlußfähig, wenn die erschienenen stimmberechtigten Wohnungseigentümer mehr als die Hälfte der Miteigentumsanteile, berechnet nach der im Grundbuch eingetragenen Größe dieser Anteile, vertreten.

(4) ¹Ist eine Versammlung nicht gemäß Absatz 3 beschlußfähig, so beruft der Verwalter eine neue Versammlung mit dem gleichen Gegenstand ein. ²Diese Versammlung ist ohne Rücksicht auf die Höhe der vertretenen Anteile beschlußfähig; hierauf ist bei der Einberufung hinzuweisen.

(5) Ein Wohnungseigentümer ist nicht stimmberechtigt, wenn die Beschlußfassung die Vornahme eines auf die Verwaltung des gemeinschaftlichen Eigentums bezüglichen Rechtsgeschäfts mit ihm oder die Einleitung oder Erledigung eines Rechtsstreits der anderen Wohnungseigentümer gegen ihn betrifft oder wenn er nach § 18 rechtskräftig verurteilt ist.

Übersicht

	Rn.
1. Regelungsbereich	1
2. Beschlusskompetenz	2
3. Abstimmungsverfahren	3
4. Stimmrecht	4
a) Stimmabgabe	4a
b) Stimmberechtigung (Abs. 3)	5
aa) Grundbuch	6
bb) Mehrhausanlagen bzw. Untergemeinschaft	7
cc) Verkauf	8
dd) Nießbrauch	9
ee) Wohnrecht, Dauerwohnrecht	10

---

[397] Vgl. LG Saarbrücken NZM 2010, 909; OLG Köln NZM 2007, 133.
[398] Merle ZWE 2007, 272.

	Rn.
ff) Zwangsverwaltung	11
gg) Gesetzliche Vertreter	12
hh) Betreuung	13
ii) Mieter	13a
c) Anfechtung	14
d) Stimmkraft (Abs. 2 S. 1)	
aa) Kopfprinzip	15
bb) Stimmrechtsfälle beim Kopfprinzip	16
cc) Abdingbarkeit	17
dd) Mitberechtigte (Abs. 2 S. 2)	18
ee) Unterteilung, Vereinigung	19
e) Zustandekommen des Beschlusses	20
aa) Stimmabgabe	20a
bb) Feststellung des Vorsitzenden	21
cc) Qualifizierte Mehrheit	22
dd) Falscher Inhalt	23
f) Abdingung, relative Mehrheit	24
g) Enthaltung	25
5. Wiederholungsversammlung (Abs. 4) und Eventualeinberufung	26
a) Wiederholungsversammlung	26
b) Eventualeinberufung	27
c) Anfechtung	27a
d) Abdingbarkeit	28
6. Stimmrechtsausschluss (Abs. 5)	29
a) Abgrenzung zu mitgliedschaftlichen Angelegenheiten, die nicht Abs. 5 unterfallen	30
aa) Mitgliedschaftliche Fragen	30a
bb) Keine Erfassung der Verfolgung von Sonderinteressen	30b
b) Enge wirtschaftliche Verflechtung	31
c) Teilweiser Ausschluss, Erweiterung	32
d) Fallgruppen des Abs. 5	33
aa) Rechtsgeschäft	34
bb) Rechtsstreiterledigung oder -erhebung	35
cc) Verurteilung zur Veräußerung	36
dd) Stimmrechtsmissbrauch (§ 242 BGB)	37
ee) Stimmverbot des Verwalters, der auch Wohnungseigentümer ist	38
e) Rechtsfolge	39
f) Stimmverbot für Nichteigentümer	40
aa) Umfang	40a
bb) Wirkung, Vollmacht	40b
g) Anfechtung	41
7. Abdingbarkeit	42
a) Einschränkung	43
b) Erweiterung	44

1. Regelungsbereich

Dieser Paragraph regelt einzelne **formelle Voraussetzungen über die Beschlussfassung** der Versammlung, nämlich das Stimmrecht, die Berechnung der Mehrheit und die Beschlfähigkeit. 1

2. Beschlusskompetenz

Ein Beschl gemäß Abs. 1 genügt immer dann, **wenn das WEG oder eine Vereinbarung** (sog Öffnungsklausel) **eine Beschlusskompetenz einräumt**,[1] s. § 10 Rn. 21 ff. 2

3. Abstimmungsverfahren

Vor der Abstimmung sollte der Verwalter den endgültigen BeschlText der Versammlung vorlesen. Soweit in einer Vereinb nichts anderes bestimmt ist, kann durch Beschl oder durch den Vorsitzenden die dann folgende **Art und Weise der Abstimmung** festgelegt werden. Bestehen Differenzen über die Art und Weise der Abstimmung oder werden solche dem Verwalter bekannt, so hat er diese zunächst durch Beschl zu klären, zB wie abgestimmt und das Stimmergebnis ermittelt wird.[2] 3

Beispiel: Reihenfolge der Frage nach Zustimmung, Ablehnung und Enthaltung[3] oder Abstimmung durch einfaches Handaufzeigen oder geheim/nicht geheim.

Können weitere Punkte nicht durch Beschl geklärt werden, so bestimmt der Versammlungsleiter nach seinem Ermessen, wie der weitere Ablauf der Versammlung erfolgt. Damit wird dem Vorsitzenden ein starkes Instrument in die Hand gegeben. Vor schwierigen Abstimmungen (zB Verwalterwahl) ist deshalb jeder Versammlung zu raten, eine neutrale Person (zB Beiratsvorsitzender) als Leiter einzusetzen und nicht eine durch Interessenkollision möglicherweise befangene Person (zB der Verwalter).

4. Stimmrecht

Das Stimmrecht **resultiert aus dem Teilnahmerecht jedes Wohnungseigentümers** (§ 24 Rn. 22). Dieses stellt den Kernbereich der elementaren Mitgliedschaftsrechte jedes WEer's dar.[4] Dieses ist Voraussetzung für die Feststellung eines Beschl und auch dann erforderlich, wenn an der Versammlung nur eine Person teilnimmt.[5] 4

---

[1] BGH NJW 2000, 3500.
[2] BGH NJW 2002, 3629.
[3] KG ZMR 1985, 105.
[4] BGH NJW 2011, 679 Rn. 10.
[5] OLG München ZMR 2008, 409.

a) Stimmabgabe

4a Die Stimmabgabe als Ausübung des Stimmrechts (Abstimmungserklärung) ist juristisch eine sog **einseitige empfangsbedürftige Willenserklärung**, auf die die allgemeinen zivilrechtlichen Regeln zu den Willenserklärungen Anwendung finden:[6] Der WEer, der sie abgibt, muss die Fähigkeit haben, im Rechtsverkehr Geschäfte abschließen zu können, die sog **Geschäftsfähigkeit**[7] und sie muss unbedingt erfolgen.[8] Soweit bei der Stimmabgabe Irrtümer unterlaufen sind oder Fälle der arglistigen Täuschung vorliegen (§§ 119, 123 BGB), kann der WEer seine Abgabe nachträglich anfechten,[9] nach dem BayObLG[10] auch nach der Ablauf der Anfechtungsfrist (§ 46). Die erfolgreiche **Anfechtung** der Stimmabgabe wegen eines Willensmangels führt zur Unwirksamkeit der Einzelstimme. Dies kann wiederum, wenn ohne die betroffene Stimme die erforderliche Mehrheit nicht erreicht wird, Grundlage für einen Erfolg der Anfechtung des Eigentümerbeschlusses sein.[11] Ein **Widerruf** der Stimmabgabe nach ihrem Zugang bei dem Versammlungsleiter ist nicht möglich.[12] Die in der Versammlung abgegebene Stimme wird daher wirksam, wenn der Versammlungsleiter sie zur Ermittlung des Abstimmungsergebnisses zur Kenntnis nimmt, zB bei Stimmzettel, wenn sie übergeben wurden an den Versammlungsleiter.[13] Sie kann auch aus anderen Rechtsgründen zB wegen Verstoß gegen Treu und Glauben (§ 242 BGB) unwirksam sein.[14]

Beispiel: WEer hat sich vertraglich gebunden und hält sich nicht an Stimmbindung.[15]

Eine sog **Blockabstimmung**, dh Abstimmung über mehrere Gegenstände oder Kandidaten in einem Wahlgang, zB für den Beirat, ist auch möglich,[16] insbesondere wenn keiner widerspricht.

b) Stimmberechtigung (Abs. 3)

5 Nach Abs. 3 hängt die Beschlfähigkeit (§ 24 Rn. 24) von der Zahl der erschienenen stimmberechtigten WEer ab. Es ist Aufgabe des Vorsitzenden abzuklären, wer WEer und stimmberechtigt ist, dh Inhaber des Stimmrechts. Bei Verwaltungsmaßnahmen, die mehrere Anlagen betreffen, können diese nur gemeinsam vorgenommen werden,[17] zB Kündigung von Wartungsvertrag von zwei Gem durch einen ist unwirksam.

---

[6] BGH NJW 2012, 3372; BayObLGZ 1981, 161.
[7] OLG Stuttgart OLGZ 1985, 259; BayObLG ZMR 2004, 209.
[8] OLG Düsseldorf NZM 2002, 527.
[9] BGH NJW 2002, 3629; OLG Celle DWE 1984, 126; BayObLG ZMR 2001, 994; ausführlich Abramenko ZWE 2013, 395.
[10] ZMR 2005, 463; 2003, 525.
[11] BGH NJW 2002, 3629 Rn. 16.
[12] BGH NJW 2012, 3372.
[13] BGH NJW 2012, 3372 Rn. 5.
[14] BayObLG NZM 1998, 442.
[15] OLG Frankfurt OLGR 2005, 423.
[16] OLG Hamburg ZMR 2005, 395; AG Hamburg ZMR 2008, 919; aA LG Düsseldorf NZM 2004, 468.
[17] BayObLG ZMR 2003, 796; NZM 2000, 1021.

aa) Grundbuch.
Ausgangspunkt sind **alle im Grundbuch eingetragenen** 6
Wohnungseigentümer, grundsätzlich stimmberechtigt ist, bei juristischen Personen handelnd durch den gesetzlichen Vertreter mit der Ausnahme der werdenden Gem (Vor § 1 Rn. 6), vorher nicht.[18] Dies gilt auch bei einer sehr großen Zahl von WEern (zB 1500 Einheiten[19]) hinsichtlich jedes TOPs. Ist die Gem Eigentümer einer Einheit, so steht ihr kein Stimmrecht zu.[20]

bb) Mehrhausanlagen bzw. Untergemeinschaft.
Es kann vereinbart[21] wer- 7
den (Vor § 10 Rn. 14; § 21 Rn. 4; § 28 Rn. 30),[22] dass einzelne WEer nicht stimmberechtigt sind, soweit sie nicht betroffen sind.[23]

Beispiel: Hinterhaus/Vorderhaus.[24]

Hat eine **Teilversammlung** wirksam beschlossen, ist eine Gesamtversammlung nicht befugt, Beschl aufzuheben,[25] aber Beschl der Gesamtversammlung über Angelegenheiten einer Teilversammlung sind nur anfechtbar, nicht nichtig.[26] Untergem hat aber nicht die Kompetenz, auch über die Kostenpositionen zu entscheiden, die das Grundstück, mehrere Gebäude oder gemeinschaftliche Anlagen betreffen.[27] Darüber hinaus ist auch ohne Vereinb in den Fällen, in denen nur eine klar abgrenzbare Gruppe von WEer betroffen ist und die übrigen WEer hiervon in keiner Weise berührt werden, das Stimmrecht auf diejenigen beschränkt, die von der Angelegenheit betroffen sind.[28]

Beispiel: Durchsetzung von bestimmten Gewährleistungsansprüchen gegen den Bauträger (zB Garageneigentümer).[29]

Die **Betroffenheit** ist dabei weit auszulegen: Kostenbelastung der Gem[30] oder Veränderung des äußeren Erscheinungsbildes[31] reicht aus. Vereinb, dass Entscheidungen über das GE in ihrem Gebäude ohne die Mitwirkung der WEer der anderen Gebäude zu regeln ist, umfasst nicht die Mobilfunkanlage auf dem Dach ihres Gebäudes;[32] aber wenn vereinbart ist, dass jedes Gebäude als wirtschaftliche Einheit zu verwalten ist, kann allein die GaragenGem regeln, wie ihr Gebäude genutzt wird und beschließen, dass ein sanierungsbedürftiges Parkdeck

---

[18] OLG Hamm ZMR 2007, 712.
[19] BayObLG DWE 1981, 55.
[20] OLG Hamm NJW 2010, 1464.
[21] Nicht beschlossen, BayObLG WuM 1994, 105.
[22] BGH ZMR 2012, 979 Rn. 10; Göken WE 1998, 129.
[23] BayObLG NZM 1999, 420, 421.
[24] OLG Celle NJW 2007, 2781.
[25] OLG Köln NZM 2000, 1019.
[26] BayObLG WE 1992, 26.
[27] BGH ZMR 2012, 979 Rn. 10; Göken WE 1998, 129.
[28] BayObLG NZM 2000, 1021; BayObLGZ 1983, 320, 323.
[29] BayObLG WuM 1996, 369.
[30] OLG Köln WE 1998, 190, daher bei einheitlicher JA immer Stimmberechtigung aller.
[31] OLG Köln WE 1998, 191.
[32] OLG München ZMR 2007, 391.

geschlossen wird.³³ Die Beschlfähigkeit richtet sich nach den Stimmrechten der Mitglieder der Untergem. Die anderen WEer haben aber Recht auf Anwesenheit. Ihnen wird auch nicht das Beschlussanfechtungsrecht genommen, welches gegen alle WEer zu richten ist.³⁴

8 cc) Verkauf. Bei dem Verkauf eines WE ist fraglich, **ob der Käufer bereits vor Eintragung ein Stimmrecht hat.** Der BGH³⁵ hat nur den im Grundbuch eingetragenen WEer ein Stimmrecht gegeben. Die Rspr. hat den Käufer aber als ermächtigt angesehen, das Stimmrecht des WEers auszuüben.³⁶ Aus einem Eigentümerwechsel zwischen Einladung und Versammlung kann jedoch nach dem KG³⁷ kein Beschlmangel hergeleitet werden.

9 dd) Nießbrauch. Nach dem BGH³⁸ **steht** auch bei einem Nießbrauchsrecht **allein dem Wohnungseigentümer das Stimmrecht zu.** Aus dem zwischen dem WEer und dem Nießbraucher bestehenden Schuldverhältnis kann der WEer jedoch im Einzelfall gegenüber dem Nießbraucher verpflichtet sein, bei der Stimmabgabe dessen Interessen zu berücksichtigen, nach dessen Weisung zu handeln oder ihm eine Stimmrechtsvollmacht zu erteilen. Fehlt es an einer ausdrücklichen Vereinb, so ist für das Entstehen und den Umfang einer solchen Verpflichtung insbesondere die Regelung zur Tragung der Kosten des nießbrauchsbelasteten WE maßgeblich. Durch eine solche Verpflichtung wird die Gültigkeit der Beschlfassung jedoch nicht berührt.

10 ee) Wohnrecht, Dauerwohnrecht. Der Inhaber eines Wohnrechts (§ 1093 BGB) an einem WE ist **stimmberechtigt** nach dem BGH³⁹ **in Angelegenheiten, die sich auf die Benutzung dieser Räume** und die Mitbenutzung der zum gem Gebrauch der Bewohner bestimmten Anlagen und Einrichtungen **beziehen** (sog Gebrauchsregeln des § 15 Abs. 2). Dies wird abgelehnt aus den vorgenannten Gründen in Rn. 9,⁴⁰ ggf. ist Auffassung auch durch die Rspr. des BGH⁴¹ überholt.⁴² Dasselbe gilt für das Dauerwohnrecht (§ 31).⁴³

11 ff) Zwangsverwaltung. Bei der Zwangsverwaltung ist der Zwangsverwalter nicht schlechthin befugt, die Rechte der WEer wahrzunehmen. Vielmehr ist hierbei zu prüfen, **ob die Handlung durch den Zweck der Vollstreckung gedeckt ist.**⁴⁴

---

³³ LG Saarbrücken ZMR 2006, 478.
³⁴ BGH ZWE 2012, 88.
³⁵ NJW 1989, 1087.
³⁶ KG NJW-RR 1995, 147.
³⁷ WuM 1997, 291.
³⁸ NJW 2002, 1647; OLG Düsseldorf ZMR 2005, 897; OLG Hamburg ZMR 2003, 701.
³⁹ Rpfleger 1977, 55.
⁴⁰ Ebenso OLG Hamburg ZMR 2003, 701; Bärmann/Merle Rn. 19; Jennißen Rn. 35; Palandt/Bassenge Rn. 2; Prüfer ZWE 2002, 259.
⁴¹ NJW 1987, 1087.
⁴² Vgl. BayObLG ZMR 1998, 710.
⁴³ Bärmann/Merle Rn. 21; Jennißen Rn. 35.
⁴⁴ KG NJW-RR 1987, 77; Häublein ZfIR 2005, 337; Jennißen Rn. 31; ähnlich LG Berlin ZMR 2009, 474: Kernbereich.

Beispiel: Zweck der Zwangsverwaltung ist die Verteilung der eingehenden Mieten nach der Rangfolge des § 10 ZVG (§ 155 ZVG).

Der Zwangsverwalter ist deshalb hinsichtlich der JA, des WP und einer Verwalterwahl und Abwahl stimmberechtigt.[45] Er ist aber nicht befugt, Rechtsmittel zurückzunehmen oder eine bauliche Veränderung zu genehmigen[46] oder eine Versicherung zu kündigen.[47] Dies führt zu einer Aufteilung des Stimmrechts nach dem Gegenstand der Beschlfassung, da der WEer für das Wohngeld haftet.[48] Nach der Rechtsprechung[49] spricht aber zunächst eine Vermutung für das Stimmrecht des Zwangsverwalters.[50] Nach der herrschenden Auffassung[51] übt der Zwangsverwalter das Stimmrecht uneingeschränkt aus. Auf Grund der BGH-Entscheidung[52] ist der hier vertretenen Auffassung zu folgen. Dort war ein Vorhaben des Zwangsverwalters abgelehnt worden, ein Gebäude durch Umbau nachhaltig zu verändern oder in die vom Schuldner dem Objekt zugedachte Nutzung in einer Weise einzugreifen, die die wirtschaftliche Beschaffenheit des Grundstücks in ihrem Gesamtcharakter berührt. Folglich ist der WEer auch zu laden und hat Rederecht.[53] Zwangsverwalter nimmt aber auch weitere Rechte des WEer's wahr, zB Einsichtsrecht.[54] Bei der Zwangsverwaltung eines WE und der Inhaberschaft des Eigentümers meherer Einheiten sind bei dem Kopfstimmrecht beide gemeinsam stimmberechtigt (Abs. 2 S. 2).[55]

gg) Gesetzliche Vertreter. Testamentvollstrecker,[56] **Nachlassverwalter,**[57] **Insolvenzverwalter**[58] oder **Sequester** (je nach Ausgestaltung als starker oder schwacher Verwalter) ist stimmberechtigt bis auf Änderungen der GO.[59] Damit stimmt die Auffassung des BGH überein, wenn er feststellt, dass der Insolvenzverwalter weitgehend in die Stellung des WEer's einrückt,[60] aber eben nicht gänzlich.

---

[45] KG WE 1990, 206.
[46] KG NJW-RR 1987, 77.
[47] OLG Hamm NJW-RR 2001, 394.
[48] OLG Köln DWE 1989, 30.
[49] WE 1990, 206; BayObLG ZMR 1999, 122.
[50] Ebenso BayObLG ZMR 1999, 122.
[51] OLG Hamm DWE 1987, 54; OLG Köln WE 1990, 105: „nimmt Rechte des WEer wahr", Bärmann/Merle Rn. 25.
[52] NZM 2005, 156.
[53] AA LG Berlin ZMR 2009, 474.
[54] AG Kassel ZMR 2011, 423.
[55] KG OLGZ 1989, 423.
[56] AA die hM ohne Einschränkungen, zB BGH NJW 2012, 316; AG Essen DWE 1996, 84; Staudinger/Bub Rn. 143.
[57] AG Essen NJW-RR 1996, 79.
[58] LG Düsseldorf ZWE 2012, 337.
[59] AA die hM ohne Einschränkungen, zB BGH NJW 2012, 316 für Testamentvollstrecker.
[60] BGH NJW 2002, 3709 Rn. 8.

§ 25 I. Teil. Wohnungseigentum

13 hh) Betreuung. Bei rechtlicher Betreuung (§§ 1896 ff. BGB)[61] ist **zu unterscheiden**. Da der Betreuer gesetzlicher Vertreter innerhalb seines Aufgabenkreises ist (§ 1902 BGB), aber WEer geschäftsfähig ist (iSv § 104 BGB), sind beide grundsätzlich zu laden, ebenso bei Einwilligungsvorbehalt (§ 1903 BGB), sonst nur im Rahmen seines Aufgabenkreises, zB Vermögensfürsorge. Eine Vertretungsbeschränkung zur Versammlung in der TEerkl erfasst nicht den Fall der gesetzlichen Vertretung eines unter Betreuung stehenden WEers.[62]

13a ii) Mieter. Die Mieter, Pächter oder sonstigen Bewohner/Nutzer des WE sind **nicht stimmberechtigt ohne Vollmacht.** Ebensowenig Hausmeister oder sonstige Angestellte der Gem.

c) Anfechtung

14 Ein Verstoß gegen die vorgenannten Regelungen, dh es haben Personen mitabgestimmt, die nicht stimmberechtigt waren oder nicht abgestimmt, die stimmberechtigt waren, begründet nur Anfechtbarkeit, nicht Nichtigkeit, selbst bei Abstimmung aller WEer in einer Teilversammlung einer Mehrhausanlage.[63] Ist eine Stimmabgabe unwirksam, berührt dies nicht die anderen Stimmen, eventuell aber das Ergebnis, wenn die Zahl der abgegebenen Stimmen nicht ausreicht.

d) Stimmkraft (Abs. 2 S. 1)

15 aa) Kopfprinzip. Das Gesetz (Abs. 2 S. 1) geht vom **Stimmrecht nach Kopfteilen** (sog Kopfprinzip) aus. Danach hat jeder WEer ungeachtet der Größe, des Umfanges oder des Wertes seines MEanteils und unabhängig von der Anzahl der ihm gehörenden WE nur eine Stimme.[64] Sinn des Kopfprinzips ist, die Bevormundung durch einen WEer (sog Majorisierung) bei einer annähernd gleichwertigen Verteilung des WEs auszuschalten. Auf Grund des Kopfstimmrechtes ist es immanent, dass die Stimmanzahl sich dauernd ändern kann, weil ein WEer mehrere ihm gehörige WE verkauft oder andere kauft.[65] So ist es einem Inhaber von mehreren WE möglich, durch Veräußerung, zB an Verwandte oder Freunde, „sein" **Stimmrecht zu vermehren**, wodurch sich allein aber kein Stimmrechtsausschluss (Abs. 5) ableiten lässt.[66]

16 bb) Stimmrechtsfälle beim Kopfprinzip. Sind gegeben, wenn mehrere WEer jeweils miteinander einzelne ETW halten.[67] Bei gleicher Beteiligung, zB

---

[61] Vgl. AG Essen WuM 1995, 673; Drabeck, FS Deckert, 2002, S. 105; vgl. OLG Köln NZM 2007, 219.
[62] AG Essen WuM 1995, 673.
[63] BayObLG WE 1992, 26.
[64] BGH NJW 2012, 2434 Rn. 8; OLG Rostock ZMR 2009, 470, anders wenn vereinbart, jeder „WEer" hat eine Stimme, BayObLG ZMR 1998, 797; Sauren S. 60.
[65] OLG München ZMR 2006, 950.
[66] OLG München ZMR 2006, 950: aber ggf. anders wenn in der konkreten Ausnutzung der Stimmenmehrheit ein Rechtsmissbrauch zulasten der Minderheit liegt.
[67] Ausführlich Mediger NZM 2011, 137.

als Miteigentümer oder in GBR, nur eine Stimme (Ehepaar hat beteiligungsidentisch zwei Einheiten),[68] aber anders, wenn nicht.

Beispiel: Ein Ehepaar hat zu je ½ oder in GBR ein WE, ein weiteres WE gehört einem der beiden Ehepartner allein.

Nach der Rechtsprechung[69] ist hier für jedes WE eine Stimme anzunehmen. Nach LG Hamburg erfährt dieser Grundsatz, dass bei unterschiedlichen Beteiligungen der WEer beim Kopfstimmrecht jeweils eine gesonderte Stimme besteht für die einzelne Rechts- oder Miteigentümergem, dann eine Einschränkung, wenn ein WEer an mehreren unterschiedlichen Rechtsgemeinschaften mehrheitlich beteiligt ist, da er seinen Willen jeweils in sämtlichen Rechtsgemeinschaften durchsetzen kann. Andernfalls würden ihm somit – entgegen dem Kopfprinzip – mehrere Stimmen zukommen.[70] Bei teilweiser Zwangs- oder Insolvenzverwaltung, dh bei mehreren Einheiten und teilweiser Zwangs- oder Insolvenzverwaltung wird das Stimmrecht aufgeteilt.[71] Hat ein Zwangsverwalter mehrere Einheiten verschiedener WEer, so besteht für jeden eine Stimme.[72] Halten zwei[73] oder drei WEer (A, B, und C) drei Einheiten mit unterschiedlicher Beteiligung, zB A und B eine, A und C eine und C die Dritte, so bestehen[74] zwei bzw. drei Einzelstimmen.[75]

cc) Abdingbarkeit. Die Stimmkraft (Abs. 2) ist abänderbar oder ganz abdingbar (zB kann Vetorecht eines WEers vereinbart werden, dh Beschl kann ohne ihn nicht gefasst werden),[76] es sei denn Kopfstimmrecht ist gesetzlich zwingend vorgesehen (§§ 16 Abs. 4 und Abs. 5, 18 Abs. 3, § 22 Abs. 2). Da idR eine gleichmäßige Verteilung der WE nicht gegeben ist, wird sehr häufig von der Abdingbarkeit durch Vereinb Gebrauch gemacht und das Stimmrecht anhand der **Miteigentumsanteile** oder der **Anzahl der Wohnungen (sog Objektstimmrecht)**, dann hatte jede Einheit eine Stimme[77] bestimmt. Gerade die Verteilung nach MEanteilen wird oft gewählt, weil sie den wirtschaftlichen Verhältnissen und Interessen der WEer am Bestand und Erhaltung des Gebäudes am nächsten kommt.[78] Dies gilt selbst dann, wenn in einer Zweier-WEerGem durch die Höhe der MEanteile ein WEer von vornherein immer die Mehrheit hat,[79] dann ist sog Majorisierung (Rn. 37) möglich.

17

---

[68] AG Hamburg ZMR 2006, 81; aA Happ WE 2005, 174.
[69] OLG Frankfurt ZMR 1997, 156; KG WE 1988, 166.
[70] ZMR 2008, 827: aA zu Recht OLG Dresden ZMR 2005, 895; Mediger NZM 2011, 141 mwN.
[71] Bärmann/Merle Rn. 26; Riecke Rn. 12; aA KG NJW-RR 1989, 1162; Staudinger/Bub Rn. 141: Abs. 2 S. 1.
[72] KG WuM 2004, 625.
[73] AG Offenbach ZMR 2013, 238.
[74] OLG Dresden ZMR 2005, 894; OLG Düsseldorf ZMR 2004, 696.
[75] Siehe ausführlich Mediger NZM 2011, 137; Bassenge, FS Seuß, S. 37 ff.
[76] BayObLG NJW-RR 1997, 1315.
[77] AG Wiesbaden ZMR 2012, 490.
[78] Sauren S. 60 f. mwN.
[79] BayObLG NJW 1986, 1692.

18 dd) Mitberechtigte (Abs. 2 S. 2). Halten mehrere WEer als Mitberechtigte (sei es als Gesamthandsgemeinschaft (GBR) oder als MEer, § 8 Rn. 3) ein WE, dann haben sie gemäß Abs. 2 S. 2 **alle zusammen nur eine Stimme**, also keine Stimmanteile oder Quoten. Die **Abgabe** muss also **einheitlich** erfolgen.[80] Geschieht dies nicht, ist die abgegebene Stimme unwirksam,[81] zB zwischen WEer und Zwangsverwalter.[82] Die Willensbildung erfolgt innerhalb der Mitberechtigten nach den Regeln der Gem.[83] Erscheint nur einer bei der Versammlung, ist davon auszugehen, dass dieser bevollmächtigt wurde und deshalb stimmberechtigt ist. Bei Abgabe der Stimme durch einen Mitberechtigten ist der Versammlungsleiter nicht gehalten, die Ermächtigung durch die übrigen zu prüfen,[84] es sei denn, Zweifel bestehen.[85] Dies kann zB sein, wenn die GO Schriftlichkeit der Vollmacht vorsieht und dies vom Verwalter (vgl. § 174 S. 1 BGB) zurückgewiesen wurde. Im Falle einer solchen Zurückweisung kommt es zu keiner Heilung und die Stimme zählt nicht.[86]

19 ee) Unterteilung, Vereinigung. Nach der Unterteilung des WE (§ 4 Rn. 7 ff.) halten auch mehrere WEer das alte WE. Teilt ein WEer zulässigerweise sein WE,[87] so wird das Stimmrecht beim einzig problematischen **Kopfprinzip** (bei ME bleibt diese unverändert) **in so viele Stimmanteile geteilt,**[88] **wie nunmehr Wohnungen vorhanden sind**.[89] Die Zustimmung des Verwalters zu einer solchen Teilveräußerung aufgrund eines in der TEerkl enthaltenen Zustimmungserfordernisses führt nicht zu einer Vermehrung der Stimmrechte.[90] Ebenso **andersherum nach Vereinigung,** da beide Vorgänge identisch behandelt werden müssen[91] (nur noch eine Stimme, da Verminderung nicht nachteilig).

e) Zustandekommen des Beschlusses

20 Durch oder mit Stimmenmehrheit (§§ 23 Rn. 3, 28). Sieht das Gesetz die Stimmenmehrheit (zB §§ 12 Abs. 4, 28 Abs. 5) oder einen Mehrheitsbeschl (zB § 24 Abs. 5) vor, so gilt folgendes:

20a aa) Stimmabgabe. Ein Beschluss kommt durch **einfache Mehrheit** der in der Versammlung abgegebenen Stimmen über einen konkreten Antrag zustande und die Feststellung des Abstimmungsergebnisses nebst **Verkündung**

---

[80] LG Köln ZMR 2013, 134.
[81] OLG Celle NJW 1958, 307; aA OLG Köln NJW-RR 1986, 698: Enthaltung.
[82] KG NJW-RR 1989, 1162.
[83] BayObLG WuM 1990, 322, zB beim ME nach § 745 Abs. 2 BGB.
[84] BayObLG NJW-RR 1994, 1236.
[85] OLG Düsseldorf ZMR 2004, 53.
[86] AG Hannover ZWE 2011, 146.
[87] Sauren S. 1 ff.
[88] BGH NJW 2012, 2434 (Kopfstimmrecht); NJW 2004, 3413 (Objektprinzip); OLG Frankfurt ZWE 2012, 272; OLG Stuttgart NZM 2005, 312; Sauren S. 65.
[89] Ausführlich Mediger NZM 2011, 142 f.
[90] BGH NJW 2012, 2434.
[91] Jennißen Rn. 43; Staudinger/Bub Rn. 161; Bärmann/Merle Rn. 46.

durch den Vorsitzenden.[92] Eine **einfache Mehrheit** bedeutet mehr Jastimmen (diese müssen ermittelt werden;[93] aber nicht im Protokoll festgehalten werden[94]) als Neinstimmen (nur diese beiden zählen)[95] der in der Versammlung vertretenen, stimmberechtigten und nicht von dem Stimmrecht ausgeschlossenen (Rn. 28) WEer, die von ihrem Stimmrecht Gebrauch machen (also nicht Enthaltung oder ungültige) dh wenn mehr als die Hälfte der Abstimmenden für den Antrag gestimmt haben.[96] Die Bekanntgabe des Ergebnisses bedeutet eine konkludente Feststellung, daher reicht die bloße Wiedergabe des Ergebnisses im Protokoll aus.[97] Der Verwalter muss einen Beschl verkünden, wenn die erforderliche Mehrheit erreicht ist, es sei denn, er ist nichtig oder wegen formeller in der Sphäre des Verwalters liegender Punkte unwirksam,[98] zB Ladungsfrist nicht beachtet. Bei Anwesenheit nur eines WEers kann dieser beschließen.[99] Bei zwei WEern ist Einstimmigkeit notwendig. Für die Ermittlung des Ergebnisses ist das sog **Substraktionsverfahren** zumindest in eindeutigen Fällen zulässig. Dabei wird nach Ermittlung der Ja-Stimmen (oder Nein-Stimmen) und der Enthaltungen durch Substraktion von den insgesamt vertretenen Stimmen auf die Zahl der nicht abgefragten geschlossen und so das Ergebnis festgestellt.[100]

bb) Feststellung des Vorsitzenden. Entscheidend für die Frage, ob und mit 21 welchem Inhalt ein Beschl zustande gekommen ist, ist die Verkündung des Vorsitzenden. Da das Protokoll nicht entscheidend ist, kann jederzeit die Antragsablehnung geltend gemacht werden, wenn er im Protokoll fälschlich festgehalten wird.[101] Wird Beschluss vom Vorsitzenden **fälschlich** festgestellt, ist Anfechtungsklage (gemäß § 46) mit Fristeinhaltung von einem Monat erforderlich, wenn zB bei richtiger Beurteilung (zB Enthaltungen falsch bewertet) eine Mehrheit nicht vorhanden wäre.[102] Ist Ergebnis zutreffend verkündet, aber falsch protokolliert, so jederzeitige Berufung darauf möglich.[103] Beweislast liegt dann beim Kläger.

cc) Qualifizierte Mehrheit. Ist für Antragsannahme qualifizierte Mehrheit er- 22 forderlich und tatsächlich eine **Mehrheit erreicht, aber nicht die erforderliche**, so ist eine Klage (§ 46) mit Fristeinhaltung notwendig, wenn Vorsitzender Annahme feststellt.[104] Ebenso bei Feststellung der Nichtannahme. Durch

---

[92] BGH NJW 2001, 3339.
[93] OLG Düsseldorf NZM 2000, 763.
[94] BayObLG ZMR 2001, 991.
[95] BayObLG ZMR 2002, 61.
[96] BayObLG NZM 1998, 917; 1999, 276.
[97] OLG Celle NZM 2005, 308.
[98] Sauren DWE 2005, 97; Häublein NJW 2005, 1466; aA ohne Einschränkung Kümmel ZWE 2006, 278; Deckert DWE 2005, 7.
[99] BayObLG WE 1996, 197; Röll WE 1997, 370.
[100] BGH NJW 2002, 3629.
[101] OLG Düsseldorf ZMR 2000, 550.
[102] BGH ZMR 2001, 809.
[103] OLG Düsseldorf FGPrax 2000, 140.
[104] LG München ZWE 2014, 186; Rev. BGH V R 10/14; KG NJW-RR 1992, 720; Sauren ZWE 2011, 326; aA nichtig Elzer IMR 2014, 106 mwN.

unbefristeten Antrag nur dann Geltendmachung, wenn für die WEer zweifelsfrei ist, dass die erforderliche Mehrheit nicht erreicht wurde.[105]

Beispiel: Vor Abstimmung ist die erforderliche Mehrheit angegeben worden. Aber Erklärung des Vorsitzenden nach der Auszählung, Beschl sei erreicht, reicht nicht.[106]

23 dd) Falscher Inhalt. Wird vom Vorsitzenden ein **falscher Inhalt einer Antragsannahme** festgestellt (zB Farbe gelb statt rot), so muss Klage (§ 46 innerhalb der dortigen Frist) erfolgen,[107] ggf. mit Feststellungsantrag mit wirklichem Inhalt.[108] Steht Auslegung eines Beschl in Frage, kein fristgebundener Antrag (nach § 46), sondern unbefristet.[109]

f) Abdingung, relative Mehrheit

24 Die Abdingung ist durch Vereinb möglich, zB qualifizierte Mehrheit, Einstimmigkeit[110] oder Zustimmung bestimmter WEer,[111] soweit durch Gesetz nicht zwingend einfache angeordnet (§§ 12 Abs. 4, 16 Abs. 3, 26 Abs. 1). Bei einer durch Vereinb verlangten **qualifizierten Mehrheit**, ohne dass dieser Begriff näher erläutert wird, muss die entsprechende Zahl der positiven Stimmen festgehalten werden,[112] es reicht nicht die entsprechende Zahl der Anwesenden. Oft wird bei einer Auswahl von Gewerken oder Verwaltern gleichzeitig über alle Bewerber bzw. Angebote abgestimmt, und keiner erhält die absolute Mehrheit. In diesem Fall ist nicht derjenige mit der höchsten Stimmzahl gewählt bzw. angenommen **(sog relative Mehrheit)**. Vielmehr muss über jedes Angebot usw. gesondert abgestimmt werden.[113] Diese Regelung führt dazu, dass, solange die Beschlfähigkeit (Rn. 5 ff.) gegeben ist, bei zwei Stimmen Einstimmigkeit notwendig ist[114] und bei einem stimmberechtigten WEer dessen Stimme ausreicht.

g) Enthaltung

25 Hier[115] **zählt die Stimme des sich Enthaltenden nicht mit:** Wie oben (Rn. 3) dargestellt, kann der Leiter der Versammlung (idR der Verwalter) den Abstimmungsmodus frei wählen. Gibt man der Enthaltung eine Bewertung als „nein", dann kann es der Verwalter in der Hand haben, durch die richtige Fragestellung („sind Sie für den Antrag" oder „sind Sie gegen den Antrag") das Ergebnis zu manipulieren, da jedes Mal die Enthaltungen nach der Mindermei-

---

[105] BayObLG NZM 1998, 866, 917.
[106] BayObLG NZM 1998, 866, 917.
[107] BGH ZMR 2001, 809.
[108] OLG Hamm OLGZ 1985, 147.
[109] Palandt/Bassenge § 23 Rn. 11.
[110] OLG Hamm ZMR 2009, 219.
[111] OLG Oldenburg NJW-RR 1997, 775.
[112] OLG Celle WE 1991, 330; aA AG Köln WuM 2007, 645.
[113] BayObLG NZM 2003, 444; OLG Schleswig DWE 1987, 133.
[114] OLG Köln Rpfleger 1980, 349.
[115] BGH NJW 1989, 1090.

nung als „nein" zu werten sind.[116] Gilt auch für qualifizierte Mehrheit.[117] Darüber hinaus besteht nicht die Möglichkeit, dass die Gem darüber abstimmt, wie die Enthaltungen zu werten sind,[118] sondern Vereinb erforderlich.[119]

5. Wiederholungsversammlung (Abs. 4) und Eventualeinberufung

a) Wiederholungsversammlung

Die Versammlung erreicht die nach Abs. 3 vorgesehene Beschlfähigkeit (§ 24 Rn. 23) dann nicht, wenn nicht mehr als die Hälfte der stimmberechtigten ME-anteile präsent sind. Dies kann von Anfang an oder während der Versammlung eintreten. Dann ist diese Versammlung zu schließen und eine **neue Versammlung einzuberufen** (Abs. 4 S. 1).[120] Dabei hat der Versammlungsleiter auf folgende Punkte zu achten:

– dass er dieselben und nicht mehr Gegenstände wie für die erste Versammlung bezeichnet (es sich also um eine echte Wiederholung handelt);
– dass er auf die Beschlfähigkeit ohne Rücksicht auf die Höhe der vertretenen Anteile hinweist (Abs. 4), ansonsten erfolgreiche Anfechtung,[121] falls in neuer Versammlung die Beschlfähigkeit nach Abs. 3 nicht erreicht wird, ansonsten nicht,[122] bei Verlegung jedoch nicht wieder Hinweis erforderlich;[123]
– dass er bei Einberufung der zweiten Versammlung außer den Gegenständen der ersten Versammlung nicht noch einen oder weitere TOP ankündigt; denn sonst ist **für diesen neuen Punkt** die Beschlfähigkeit wie für eine erste Versammlung zu beachten.[124]

Darüber hinaus hat der Verwalter alle sonstigen Einladungsformalitäten, zB Zeitpunkt,[125] Ort und Ladungsfrist zu beachten (auch bei Eventualeinberufungen).[126] Ist jedoch die Hälfte der Anteile oder mehr gemäß Abs. 5 vom Stimmrecht ausgeschlossen, so ist die Einberufung einer zweiten Versammlung reine Förmelei und dies führt dazu, dass bereits die erste Versammlung als beschlfähig angesehen wird.[127] Dies gilt jedoch nicht bei einem anderen Stimmrechtsausschluss (zB Rn. 36).[128] Eventueller Mangel der Erstversammlung ist kein Grund zur Anfechtung der Zweitversammlung.[129]

---

[116] Stubbe NJW 1985, 2812.
[117] Staudinger/Bub Rn. 96; Palandt/Bassenge Rn. 9; aA OLG Celle OLGZ 1991, 431.
[118] BGH NJW 2000, 3500.
[119] BayObLG NJW-RR 1992, 83.
[120] OLG Köln NJW-RR 1990, 26.
[121] BayObLG WE 1987, 158, 160.
[122] OLG Frankfurt NZM 2007, 810.
[123] KG ZMR 2004, 144.
[124] OLG Frankfurt NZM 2007, 810.
[125] BayObLG WE 1991, 49.
[126] BayObLG WuM 1995, 500.
[127] OLG Düsseldorf ZMR 1999, 269.
[128] OLG Düsseldorf NZM 1999, 270.
[129] OLG Hamm ZMR 2007, 984.

§ 25 I. Teil. Wohnungseigentum

b) Eventualeinberufung

27 S. § 10 Rn. 56. Manche Verwalter hatten in der Einladung **für den Fall, dass die erste Versammlung nicht beschlussfähig sein sollte**, gleich die Wiederholungsversammlung für eine halbe oder eine Stunde später einberufen. Diese Praxis der sog Eventualeinberufung ist jedoch **nicht gestattet** worden,[130] denn Beschl ist nichtig,[131] es sei denn, eine Öffnungsklausel ist vorhanden oder Vereinb sieht dies vor.[132]

c) Anfechtung

27a Beschl anfechtbar, nicht nichtig, aber Erfolg nur wenn Nichtursächlichkeit nicht ausgeschlossen ist, wobei die Ursächlichkeit des Mangels vermutet wird.[133] Ist der Hinweis auf die Beschlussfähigkeit unterblieben, liegt kein zur Ungültigkeit des Beschlusses führender Einberufungsmangel vor, wenn bei der Wiederholungsversammlung die Beschlussfähigkeit für eine Erstversammlung erreicht wird.[134]

d) Abdingbarkeit

28 Abs. 4 ist abdingbar,[135] deshalb durch Vereinb **möglich, die Versammlung ohne Rücksicht auf die Zahl der erschienenen WEer für beschlussfähig zu erklären**[136] oder eine **Eventualeinberufung zuzulassen**,[137] aber nicht durch Beschl.[138] Ist durch Vereinb die Eventualeinberufung zugelassen, so ist trotzdem die Einberufungsfrist (§ 24 Abs. 4 S. 2) zu beachten,[139] es sei denn, dies ist durch Vereinb abbedungen,[140] dann reichen 30 Minuten nach OLG Köln[141] aus. Bei einem Übergang von einer Erstversammlung zu einer Wiederholungsversammlung ist dies förmlich im Protokoll festzuhalten.

6. Stimmrechtsausschluss (Abs. 5)

29 Er schließt einen WEer von seinem Stimmrecht aus, wenn in einer Angelegenheit zwischen ihm und der Verwaltung, also auch dem Verband,[142] **eine im Gesetz genannte Interessenkollision** vorliegt. Das Recht zur Anwesenheit, Antragstellung, Anfechtungsrecht oder das Rederecht bleibt davon unbe-

---

[130] OLG Köln NJW-RR 1990, 26 mwN; OLG Frankfurt NZM 2007, 810.
[131] Siehe Darstellung in LG München ZMR 2010, 877.
[132] OLG Köln ZMR 1999, 282.
[133] OLG Frankfurt NZM 2007, 806.
[134] OLG Frankfurt OLGZ 1983, 29.
[135] OLG Frankfurt NZM 2007, 806; LG München ZMR 2010, 877.
[136] OLG Hamburg ZMR 1989, 230.
[137] BayObLG NJW-RR 1998, 1624.
[138] OLG Köln NJW-RR 1990, 26.
[139] LG Offenburg WuM 1993, 710; aA AG Wuppertal WuM 1993, 711.
[140] BayObLG WuM 1989, 459, 460.
[141] WuM 1999, 297.
[142] BGH v. 06.12.2013, V ZR 85/13.

rührt.[143] Soweit es sich auf den WEer bezieht, wie zB bei der Entziehung, gilt es nicht für dessen Zwangs- oder Insolvenzverwalter.[144] Es handelt sich hierbei um eine Sondervorschrift des Verbotes des Selbst-Kontrahierens (§ 181 BGB).[145] Liegt ein solcher Ausschluss für einen TOP vor, so bedeutet dies, dass sich die Stimmrechte ändern, so dass die Fragen der Beschlfähigkeit, Mehrheit etc. überprüft werden müssen.

a) Abgrenzung zu mitgliedschaftlichen Angelegenheiten, die nicht Abs. 5 unterfallen

Da das Stimmrecht ein wesentliches Mittel zur Mitgestaltung der Gemeinschaftsangelegenheiten bildet, darf es nur ausnahmsweise und lediglich unter eng begrenzten Voraussetzungen eingeschränkt werden.[146] Vor diesem Hintergrund erfasst das Stimmrechtsverbot nach Abs. 5 nur bestimmte Fälle schwerwiegender Interessenkollisionen, in denen die – sonst legitime – Verfolgung auch privater Sonderinteressen bei der Willensbildung der Wohnungseigentümer nicht mehr hinnehmbar erscheint.[147] Da damit der Wortlaut zu weit ist, weil er jede Beschlfassung erfasst, aber nur auf Ausnahmen begrenzt sein soll, ist zu differenzieren, ob der Schwerpunkt der Angelegenheit in der Verfolgung privater Sonderinteressen oder in der Wahrnehmung mitgliedschaftlicher Interessen liegt.[148]

aa) Mitgliedschaftliche Fragen. Damit sind alle Beschl über sog mitgliedschaftliche Fragen, zB die Bevollmächtigung des WEer's für eine Klagebefugnis,[149] baulichen Veränderungen,[150] Gebrauchregelungen,[151] eigene Verwalterwahl/-abwahl,[152] eigene Beiratswahl/-abwahl,[153] Abstimmung über Abgrenzung GE/SE[154] oder Kostentragung[155] nicht erfasst. Bei zusammengefasstem Beschl über beide Angelegenheiten besteht nach dem BGH kein Stimmrechtausschluss, wenn Schwerpunkt in mitgliedschaftlicher Angelegenheit, was idR der Fall ist, wie bei Verwalterbestellung und -vertrag,[156] aber nicht bei JA und Entlastung.[157]

bb) Keine Erfassung der Verfolgung von Sonderinteressen. Nach der Rechtsprechung[158] folgt aus Abs. 5 damit **kein allgemeines Stimmverbot** bei Vorliegen von Interessenkollisionen, zB bei privaten Sonderinteressen.

---

[143] LG Frankfurt NJW 2012, 399.
[144] BayObLG ZMR 1999, 121.
[145] OLG Karlsruhe OLGZ 1976, 145.
[146] BGH NJW 2012, 72.
[147] BGH NJW 2012, 72.
[148] So BGH NJW 2012, 72; 2002, 3704, zweifelhaft, da gegen klaren Wortlaut.
[149] KG NJW-RR 1994, 855.
[150] BayObLG NZM 2000, 292; ZMR 2004, 209.
[151] BayObLG ZMR 2005, 561.
[152] BGH NJW 2002, 3704; OLG Köln ZMR 2007, 715.
[153] BayObLG ZMR 2001, 997.
[154] OLG Düsseldorf WE 1998, 146.
[155] AG Saarbrücken ZMR 2012, 308 Rn. 61.
[156] NJW 2002, 3704; aA OLG Köln ZMR 2007, 715.
[157] OLG Köln ZMR 2007, 715.
[158] BGH NJW 2012, 72; BayObLG NJWE 1997, 206.

Beispiel: Bei Beschlfassung über Nutzung seines Kellers ist WEer nicht ausgeschlossen,[159] oder ob WE zu beruflichen Zwecken genutzt werden kann.[160]

Damit ist dann kein Ausschluss gegeben, wenn (zunächst) nur über mitgliedschaftliche Angelegenheiten abgestimmt wird.

Beispiel: Errichtung von Abstellplätzen,[161] selbst wenn später einzelnen WEer diese zugeteilt werden sollen. Vielmehr ist ein Ausschluss erst bei dem Beschl über die Benutzung oder Zuteilung gegeben.

b) Enge wirtschaftliche Verflechtung

31 Der Ausschluss greift aber auch dann, wenn der WEer mit dem Betroffenen wirtschaftlich eng verbunden ist.[162]

Beispiel 1: Beide Betroffene sind Gesellschafter und Geschäftsführer beider Firmen und unterhalten ein gemeinsames Büro[163] oder es handelt sich um die Komplementär-GmbH einer GmbH & Co. KG[164] oder WEer ist Geschäftsführer und Gesellschafter der GmbH[165] oder wenn eine enge **persönliche Verflechtung** vorliegt.

Beispiel 2: Ehegatten.[166]

Erfasst damit auch solche WEer, die mit Betroffenen eine wirtschaftliche Einheit bilden oder **wirtschaftlich und/oder rechtlich eng verknüpft** sind, so dass sie interessengemäß als Einheit erscheinen.[167]

Beispiel: Beide Gesellschaften haben dieselbe Anschrift und denselben Geschäftsführer.[168]

Nicht jedoch bei Zwangs- oder Insolvenzverwalter.[169]

c) Teilweiser Ausschluss, Erweiterung

32 Ist der WEer in einem Teil ausgeschlossen, so ist er dies auch in den anderen damit **in Zusammenhang stehenden** Punkten (zB Prozesskosten).[170] Der Ausschluss ergreift auch Klagen gegen Dritten, wenn die Interessenlage identisch ist, zB anderen Bauherrn.[171]

Beispiel: Bei Rechtsstreit über Mängel am GE ist WEer nicht nur bei Klage gegen sich selbst ausgeschlossen, sondern auch bei Klage gegen Mitbauherrn, ebenso bei Rechtsmitteleinlegung.

---

[159] BayObLG NJWE 1997, 206, 207.
[160] BayObLG ZMR 1999, 186.
[161] OLG Stuttgart OLGZ 1974, 404.
[162] BayObLG DWE 1982, 67; 1989, 134.
[163] KG NJW-RR 1986, 642.
[164] BayObLG WE 1992, 27.
[165] OLG Oldenburg ZMR 1998, 105.
[166] BayObLG NJW-RR 1993, 206; aA hM LG Frankfurt ZMR 2013, 368 Rn. 23; OLG Saarbrücken FGPrax 1998, 18; Palandt/Bassenge Rn. 13.
[167] BayObLG WE 1995, 224.
[168] OLG Düsseldorf ZMR 1999, 60.
[169] Bärmann/Merle Rn. 155.
[170] BayObLG NJW-RR 1998, 231.
[171] BayObLG NJW-RR 1998, 231.

d) Fallgruppen des Abs. 5

Folgende Fälle unterscheidet das Gesetz bzw. sind von der Rspr. und Literatur entwickelt worden: 33

aa) Rechtsgeschäft. Wenn der zu fassende Beschl auf ein Rechtsgeschäft **mit dem Wohnungseigentümer** gerichtet ist **(Abs. 5 Alt. 1)**, dh insbesondere bei Abschluss von Verträgen oder einseitigen Willenserklärungen (zB Kündigung). 34

Beispiele: WEer wollen Instandsetzungsarbeiten an einen WEer vergeben oder Kündigung des (Verwalter)vertrages erkären[172] oder über die Beauftragung des Ehegatten des WEer als Rechtsanwalt wird abgestimmt[173] oder Schuldanerkenntnis der Gem gegenüber dem WEer[174] oder Entlastung.[175]

bb) Rechtsstreiterledigung oder -erhebung. (1) Arten. Wenn die Beschlfassung die Einleitung oder Erledigung eines Rechtsstreits der anderen WEer gegen ihn betrifft **(Abs. 5 Alt. 2)**, worunter auch die Fortführung oder Nichterhebung einer Klage gehört. Hierunter fallen alle Arten von Ansprüchen, auch wenn sie den WEer nicht in seiner Funktion als WEer treffen, zB als Verwalter.[176] 35

Beispiel: Der WEer ist gleichzeitig Bauherr, Bauträger oder Verkäufer und es soll über rechtliche Schritte gegen ihn (zB Gewährleistungsansprüche[177]) oder die Einleitung eines selbstständigen Beweisverfahrens[178] oder die Erhebung einer Klage auf Entziehung abgestimmt werden[179] oder Rechtsmittel einlegen oder Vergleich schließen.[180]

(2) Umfang. Alleiniges Ziel ist, zu verhindern, dass der Prozessgegner auf das Ob und Wie einer gegen ihn gerichteten Prozessführung Einfluss nehmen kann.[181] Denn bei einer Mitwirkung an der auf das Verfahren bezogenen Willensbildung auch auf Klägerseite bestünde die naheliegende Gefahr, dass eine sachgerechte Klärung der zur gerichtlichen Überprüfung gestellten Streitgegenstände erschwert oder gar verhindert würde, sei es, dass schon keine Klage erhoben würde, sei es, dass sachgerechte Anträge nicht gestellt würden oder der Rechtsstreit in sonstiger Weise nicht mit dem nötigen Nachdruck betrieben würde. Daher scheidet eine Beteiligung an der Abstimmung über alle Beschlussgegenstände aus, die verfahrensbezogene Maßnahmen betreffen, worunter insbesondere Beschlüsse über die Einleitung des Rechtsstreits, des Umfangs der Beklagten,[182] die 35a

---

[172] BGH NJW 2002, 3704.
[173] BayObLG WuM 1995, 222.
[174] KG ZMR 2005, 570.
[175] OLG Zweibrücken ZMR 2002, 786; OLG Köln ZMR 2007, 715.
[176] BGH NJW 1989, 1091.
[177] BayObLG ZMR 1978, 248.
[178] BayObLG NJW-RR 1998, 231.
[179] KG NJW-RR 1994, 855.
[180] Staudinger/Bub Rn. 307.
[181] BGH NJW 2012, 72; v. 6.12.2013 – V ZR 85/13.
[182] Andere WEer: LG München I NJW-RR 2011, 374, 375 oder Dritte: BayObLG ZMR 1998, 44.

Art und Weise der Prozessführung, die Frage der verfahrensrechtlichen Beendigung[183] oder die Rechtsmitteleinlegung fallen,[184] aber nicht Beschlüsse mit materiellen Auswirkungen, wie Beseitigung von baulicher Veränderung[185] oder Aufforderung zur Unterlassung.[186]

36 cc) Verurteilung zur Veräußerung. Wenn der WEer zur Veräußerung seines WE rechtskräftig verurteilt ist (§ 18), diese aber noch nicht erfolgt ist **(Abs. 5 Alt. 3)**. Jedoch nicht vorher.

Beispiel: Noch nicht bei Anhängigkeit des Prozesses bei Gericht.

Soweit ein Zwangsverwalter bestellt ist, soll dies den Ausschluss nicht betreffen nach dem BayObLG.[187] Umfasst alle Einheiten, auch wenn nur für eine ein Titel vorliegt.[188] Endet dann wieder, wenn Urteilswirkung erreicht ist, zB Beiträge nachentrichtet (§ 19 Abs. 2).

37 dd) Stimmrechtsmissbrauch (§ 242 BGB). (1) Voraussetzungen. Das Stimmrecht kann insoweit nicht ausgeübt werden, als die Ausübung missbräuchlich ist. Dies kommt insbesondere dann in Frage, wenn eine **Majorisierung der Minderheit** vorliegt.[189] Von einer sog Majorisierung spricht man dann, wenn auf Grund der Stimmgewichte (zB MEanteile) ein WEer von vornherein die Mehrheit hat (wenn nicht, ist umfassende Abwägung notwendig[190]) und diese Mehrheit dadurch missbraucht, dass er ohne Rücksicht auf die anderen seine Meinung durchsetzt.

Beispiele: Durchsetzung der Wahl eines Verwalters, dessen Gesellschafter der WEer ist, ohne vorherige ausreichende Information und gegen den Willen der anderen WEer[191] oder Ausschluss anwaltlicher Beratung der anderen WEer bei eigener anwaltlicher Beratung.[192]

Dass ein WEer sein Stimmenübergewicht nutzt, um seine Bestellung zum Verwalter durchzusetzen oder seine Abberufung als Verwalter zu verhindern, stellt allein noch keinen Rechtsmissbrauch dar. Eine Majorisierung ist erst dann rechtsmissbräuchlich, wenn weitere Umstände hinzutreten, die sich als Verstoß gegen die Pflicht zur Rücksichtnahme auf die Interessen der Gem und damit gegen die Grundsätze ordnungsmäßiger Verwaltung darstellen, wie etwa bei der Verschaffung unangemessener Vorteile oder der Bestellung eines persönlich ungeeigneten oder fachlich unfähigen Verwalters.[193] Die Gegenansicht, nach der

---

[183] BGH NJW 2012, 72.
[184] LG Stuttgart ZWE 2010, 468.
[185] BGH NJW 2012, 72.
[186] NZM 1998, 442.
[187] ZMR 1999, 123.
[188] Bärmann/Merle Rn. 148.
[189] BGH NJW 2002, 3704.
[190] BayObLG ZMR 2001, 368.
[191] OLG Karlsruhe v. 11.9.1983 – 11 W 48/83.
[192] LG Berlin WuM 1989, 203.
[193] BGH NJW 2002, 3704; BayObLG ZfIR 2002, 296, 299; OLG Düsseldorf ZMR 2002, 614, 615; OLG Celle OLGR 2002, 75, 77.

bereits ein Stimmenübergewicht bei Durchsetzung einer Verwalterwahl für die Annahme eines Rechtsmissbrauchs genügen soll,[194] berücksichtigt nicht hinreichend, dass nicht jede unter Einsatz eines Stimmenübergewichts zustande gekommene Entscheidung für die Gem nachteilig und mit Rücksicht auf deren Belange treuwidrig sein muss. Zudem folgt aus der Zulässigkeit einer vom Kopfprinzip (Abs. 2) abweichenden Regelung der Stimmkraft, dass einem WEer, dem mehrere Einheiten gehören, ein berechtigtes Interesse an einer stärkeren Einflussnahme auf die Willensbildung der Eigentümergemeinschaft nicht schlechthin abgesprochen werden kann. Damit ist jedes Mal im Einzelfall zu prüfen, ob ein Missbrauch vorliegt.[195]

Beispiel: Erhöhung des Verwalterhonorars um fast 20 % und Einräumung eines Sonderhonorars.[196]

(2) Rechtsfolge. Ein Beschluss, der auf Grund der rechtsmissbräuchlichen Stimmabgabe eines sog Mehrheitseigentümers zustande kommt, ist **nicht nichtig, sondern anfechtbar**.[197] Klage hat nur Erfolg, wenn mit Wegfall der Missbrauchstimmen Mehrheit nicht mehr vorhanden ist. Wird Antrag nicht angenommen, so unterfällt dies nicht der Majorisierung, denn ein Fortfall der Stimmen führt nicht zur Antragsannahme.[198] 37a

ee) Stimmverbot des Verwalters, der auch Wohnungseigentümer ist. Stimmverbote können sich ergeben, wenn ein WEer zugleich Verwalter ist oder werden soll oder bei enger wirtschaftlicher Verflechtung, s. Rn. 31.[199] Hier ist zu unterscheiden: 38

(1) Stimmrecht besteht. Grundsätzlich hat der WEer, der auch Verwalter ist, **bei allen Verwaltungsmaßnahmen** der Gem Stimmrecht, also auch bei der Bestellung oder Abberufung seiner Person als Verwalter,[200] Begründung, Änderung und Beendigung des Verwaltervertrages,[201] über den WP,[202] die Wahl des Beirates,[203] die JA.[204] Das hiernach grundsätzlich bestehende Stimmrecht entfällt nicht dadurch, dass von der Versammlung mit der Bestellung oder der Abberufung eines Verwalters zugleich über den Abschluss oder die Auflösung des 38a

---

[194] OLG Hamm OLGZ 1978, 185, 188; OLG Düsseldorf OLGZ 1984, 289; OLG Celle WE 1989, 199, 200.
[195] BayObLG NZM 2001, 672; OLG Düsseldorf NJWE 1997, 233.
[196] OLG Düsseldorf ZMR 1997, 91, 93.
[197] BGH ZMR 2012, 380 Rn. 21.
[198] BayObLG NZM 1999, 712, bedenklich wegen Rechtsänderung.
[199] OLG Karlsruhe ZMR 2008, 408.
[200] BGH NJW 2002, 3704; OLG München ZWE 2010, 462; OLG Hamburg ZMR 2001, 997; AG Wedding GE 2008, 615.
[201] BGH NJW 2002, 3704; aA OLG Saarbrücken FGPrax 1998, 18; BayObLG NJW-RR 1993, 206.
[202] OLG Zweibrücken DWE 1983, 95.
[203] BayObLG ZMR 2001, 996 Rn. 18, dies kann im konkreten Fall sehr zweifelhaft sein.
[204] BayObLG WE 1996, 235.

Verwaltervertrags beschlossen wird, da Schwerpunkt bei Wahl bzw. Abwahl[205] liegt.

38b (2) **Stimmverbot.** Kein Stimmrecht besteht bei seiner **Entlastung,**[206] auch für den weiteren Gegenstand, wenn er mit der Enlastung abgestimmt wird, wie zB über die JA.[207] Das Stimmrecht wird ebenfalls bei der **Abberufung des Verwalters aus wichtigem Grund**[208] und bei Einleitung eines Prozesses[209] verneint. Voraussetzung ist aber, dass wichtiger Grund tatsächlich besteht.[210] S. abgrenzend, wenn Verwalter kein WEer ist, Rn. 40.

e) Rechtsfolge

39 Durch den Ausschluss in einem der vorgenannten Punkte hat der WEer in diesem Punkt **kein Stimmrecht** mehr und **zählt für die Beschlussfähigkeit nicht** mehr **mit.** Bei Zwangs- und Insolvenzverwaltung erlangt der WEer kein subsidiäres Stimmrecht, Stimmverbot des WEer berührt das des Verwalters nicht.[211] Steht das WE mehreren Mitberechtigten zu, Abs. 2, so gilt der Ausschluss des Stimmrechts für alle.[212] Ist der Betroffene vom Stimmrecht ausgeschlossen, so kann er nicht in gesetzlicher oder rechtsgeschäftlicher Vollmacht für andere stimmen,[213] selbst wenn ihm für den TOP konkrete Weisungen erteilt wurden.[214] Er kann auch den Stimmrechtausschluss nicht dadurch umgehen, dass er einen anderen WEer oder Dritte bevollmächtigt.[215]

f) Stimmverbot für Nichteigentümer

40 Zum Beispiel für den Verwalter:

40a aa) **Umfang.** Stimmrechtsausschluss ergibt sich für NichtWEer als Bevollmächtigter, wenn er als WEer ausgeschlossen wäre, dh für Verwalter bei Abstimmung über seine Entlastung[216] oder Abberufung aus wichtigem Grund[217] und für weitere Punkte, wenn diese unter diesem TOP behandelt werden, aber kein

---

[205] BGH NJW 2002, 3704.
[206] OLG Karlsruhe ZMR 2008, 408; LG Itzehohe ZMR 2009, 142 Rn. 10; AG Dresden v. 17.10.2008 – 150 C 269/08.
[207] BayObLG WuM 1988, 330.
[208] BGH NJW 2002, 3704; OLG Düsseldorf ZMR 2002, 144; KG NZM 2002, 618; aA OLG Hamm OLGZ 1978, 184.
[209] BGH NJW 1989, 1091.
[210] LG Saarbrücken ZWE 2009, 51.
[211] Bärmann/Merle Rn. 155.
[212] BayObLG NJW-RR 1993, 206 mwN; aA Bassenge, FS Seuß, S. 33: nur wenn Betroffener mindestens 50 %.
[213] OLG Düsseldorf NZM 1999, 285; OLG Zweibrücken NZM 2002, 345.
[214] LG Frankfurt NJW-RR 1988, 596.
[215] Bärmann/Merle Rn. 149.
[216] OLG Zweibrücken WE 1991, 357.
[217] Bärmann/Merle Rn. 153; Palandt/Bassenge Rn. 15; aA OLG München ZWE 2010, 461.

Ausschluss als Vertreter der WEer bei Abstimmung über Abwahl[218] oder über Abstimmung über seine erneute Bestellung.[219]

bb) Wirkung, Vollmacht. Ist der Verwalter, der NichtWEer ist, vom Stimmrecht,[220] zB bei seiner Entlastung ausgeschlossen, so **kann** er **auch nicht in Vollmacht für andere Wohnungseigentümer abstimmen**.[221] Dies kann der Verwalter auch nicht dadurch umgehen, dass er die Vollmacht auf Dritte überträgt,[222] zB auf Angestellte oder andere WEer.[223] Fraglich ist, ob die WEer, die die JA miterstellt haben, oder Angestellte des Verwalters vom Stimmrecht ausgeschlossen sind. Das wird vom LG Frankfurt[224] verneint mit dem zweifelhaften Argument, dass der Verwalter weiter für die Tätigkeit verantwortlich sei. Dabei übersieht das LG die wirtschaftliche Abhängigkeit des Angestellten und die damit verbundene Entlastung von sich selbst, die zum Stimmrechtsausschluss führt.[225] Der Verwalter kann auch dann nicht Bevollmächtigter[226] oder gesetzlicher Vertreter sein, wenn ihm konkrete Weisung erteilt worden ist.[227] Als Bevollmächtigter kann er aber Untervollmacht erteilen.[228] Unberührt bleibt das **Teilnahme-** und **Rederecht**.[229]

g) Anfechtung

Ein Verstoß begründet die Anfechtbarkeit und Ungültigkeitserklärung dann, wenn sich die Mehrheitsverhältnisse auf Grund der Nichtberücksichtigung ändern.[230]

7. Abdingbarkeit

Abs. 5 ist nach hM abdingbar durch Vereinb.[231] Diese Abdingbarkeit kann **in zwei Richtungen** erfolgen: Entweder durch Erweiterung oder durch Einschränkung, die bis zum gänzlichen Ausschluss bzw. Abdingung reichen kann. Deshalb ist im Folgenden zu unterscheiden:

---

[218] OLG Köln ZMR 2007, 715.
[219] OLG Hamm ZMR 2007, 63.
[220] OLG Zweibrücken WE 1991, 357.
[221] LG Berlin ZMR 2013, 738 Rn. 57; LG Lübeck DWE 1985, 93.
[222] OLG Frankfurt OLGZ 1983, 175.
[223] So auch Münstermann-Schlichtmann WE 1998, 412; aA wenn weisungsfrei, OLG Zweibrücken NZM 1998, 671, da es auf den Willen der Hauptbevollmächtigten ankäme.
[224] NJW-RR 1988, 596.
[225] Zustimmend Münstermann-Schlichtmann WE 1998, 412; ähnlich Schmidt WE 1989, 3.
[226] OLG Zweibrücken NZM 2002, 345.
[227] LG Frankfurt NJW-RR 1988, 596.
[228] OLG Zweibrücken NZM 1998, 671.
[229] BayObLG NJW 1993, 603; LG Frankfurt NJW 2012, 399.
[230] OLG Köln OLGR 2006, 590.
[231] OLG Düsseldorf NZM 1998, 523 Rn. 66.

a) Einschränkung

43 Eine Einschränkung des § 25 Abs. 5 bis hin zur Streichung ist möglich.[232]

b) Erweiterung

44 Eine Erweiterung der Vorschrift[233] ist ohne weiteres nicht möglich. Das Gesetz weist den WEern nicht die Befugnis zu, einem Mitglied der Gem sein Stimmrecht zu entziehen.[234] Die hM versteht dies selbst in einem teilweisen, nicht nur dauerhaften Entzug.[235] Dem ist aber mit Gottschalg[236] zu widersprechen, denn ein nur zeitweises Ruhen des Stimmrechts von zahlungssäumigen WEer's ist notwendig, bei hohen Rückständen von zB sechs Monaten, ähnlich der Versorgungssperre. Jedoch sind die von Gottschalg vorgeschlagenen 3 % des Einheitswertes schwer nachweisbar, da den Wert regelmäßig nur das Finanzamt kennt und für diesen Fall kein Auskunftsanspruch besteht.

§ 26 Bestellung und Abberufung des Verwalters

(1) ¹Über die Bestellung und Abberufung des Verwalters beschließen die Wohnungseigentümer mit Stimmenmehrheit. ²Die Bestellung darf auf höchstens fünf Jahre vorgenommen werden, im Falle der ersten Bestellung nach der Begründung von Wohnungseigentum aber auf höchstens drei Jahre. ³Die Abberufung des Verwalters kann auf das Vorliegen eines wichtigen Grundes beschränkt werden. ⁴Ein wichtiger Grund liegt regelmäßig vor, wenn der Verwalter die Beschluss-Sammlung nicht ordnungsmäßig führt. ⁵Andere Beschränkungen der Bestellung oder Abberufung des Verwalters sind nicht zulässig.

(2) Die wiederholte Bestellung ist zulässig; sie bedarf eines erneuten Beschlusses der Wohnungseigentümer, der frühestens ein Jahr vor Ablauf der Bestellungszeit gefaßt werden kann.

(3) Soweit die Verwaltereigenschaft durch eine öffentlich beglaubigte Urkunde nachgewiesen werden muß, genügt die Vorlage einer Niederschrift über den Bestellungsbeschluß, bei der die Unterschriften der in § 24 Abs. 6 bezeichneten Personen öffentlich beglaubigt sind.

Übersicht

	Rn.
1. Normzweck	1
2. Verwalterauswahl	
a) Verwalterqualifikation	2
b) Verwalterperson	3
c) Höchstpersönlichkeit, Rechtsnachfolge und Wechsel im Verwalteramt	4
aa) Verwalter ist natürliche Person	4a

---

[232] Kefferpütz S. 221, 228.
[233] Ausführlich Kefferpütz S. 221.
[234] BGH NJW 2011, 679 Rn. 8.
[235] Bärmann/Merle Rn. 190; Jennißen Rn. 121.
[236] NZM 2012, 272.

		Rn.
bb) Verwalter ist Personengesellschaft		4b
cc) Verwalter ist juristische Person		4c
dd) Verwalter wechselt die Rechtsform		4d
ee) Der Gewählte wird Verwalter		4e
3. Trennung von Amt und Vertrag (Trennungstheorie)		5
a) Verwalterbestellung (Abs. 1)		6
b) Bauträgerentschluss		7
c) Bestellungsbedarf		8
d) Nichtige Bestellungsbeschränkungen		9
aa) Zeitliche Beschränkung		9a
bb) Sonstige Beschränkungen		9b
cc) Wiederbestellung		9c
dd) Amtszeitbeginn		9d
4. Abdingbarkeit		10
5. Bestellungsbeschluss (Abs. 1)		11
6. Ungültigkeitserklärung		12
a) Grundlagen		13
b) Beispiele		14
c) Folgen der Ungültigkeitserklärung		14a
7. Gerichtsbestellung		15
a) Möglichkeiten der Gerichtsbestellung		16
b) Bedingungen		17
8. Verwaltervertrag		18
a) Zustandekommen des Vertrages		19
b) Regelungsgegenstand des Vertrages		20
c) Vertragslaufzeit		21
d) Inhalt des Vertrages		22
e) Vergütung		23
f) Höhe der Vergütung		24
aa) Übliche Vergütung		25
bb) Umfang der üblichen Vergütung		26
cc) Unzulässige Vergütung		26a
g) Zulässige Vergütung		27
h) Sondertätigkeit		28
i) Mangelhafte Leistung		29
9. Aufgaben und Befugnisse		30
10. Abberufung des Verwalters		31
a) Abberufungsbeschluss		32
aa) Aufgrund eines Beschlusses (Abs. 1 S. 1)		33
bb) Aufgrund eines Gerichtsurteils		34
cc) Verpflichtungsklage		35
b) Außerordentliche Abberufung		36
c) Wichtiger Grund		37
d) ABC der wichtigen Gründe		38
11. Beendigung des Verwalteramtes durch den Verwalter		
a) Niederlegung des Amtes		39
b) Beendigung des Verwaltervertrages		
aa) Ohne Kündigung		40
bb) Mit Kündigung		40a
cc) Ansprüche durch Trennung von Amt und Vertrag		42a
12. Vertragsabwicklung		44

	Rn.
13. Prozessführung	
a) Stufenklage	60
b) Beschluss	61
c) Einstweilige Verfügung	62
14. Kontoausgleich bzw. Aufwendungsersatz des Verwalters	63
15. Verwalternachweis	64

1. Normzweck

1 Dieser Paragraph regelt konkret die **Fragen der Bestellung**, die gemäß Abs. 1 S. 3 unabdingbar sind, **der Laufzeit, der Wiederwahl** und **Abberufung des Verwalters**, dessen Bestellung nicht ausgeschlossen werden darf (§ 20 Abs. 2).

2. Verwalterauswahl

a) Verwalterqualifikation

2 Über die Person des Verwalters oder seine fachliche Qualifikation finden sich **im Gesetz keine Anforderungen**. Von Gesetzes wegen kann nur in besonderen Ausnahmefällen eine Gewerbeuntersagung (§ 35 GewO) erfolgen, wenn die Annahme der Unzuverlässigkeit des Verwalters gerechtfertigt ist, zB wenn er sich selbst ein Darlehen aus den gem Geldern gibt.[1] Die WEer müssen deshalb den Verwalter selbst nach Kriterien auswählen.[2]

Beispiel: Berufliche Vorbildung, Bonität, Personalbestand etc.

Diejenigen, die eine neue Verwalterauswahl vornehmen, müssen nicht alle Bewerber zur Versammlung laden, sondern können sich auf die ausgewählten geeignetsten beschränken.[3] Bei der Neuwahl, nicht bei der Wiederbestellung, sind Konkurrenzangebote einzuholen, wobei es keine feste Größe hinsichtlich der Anzahl der einzuholenden Angebote gibt. Diese sind den WEer'n vor der Versammlung zugänglich zu machen.[4] Der Verwalter hat nach der Rspr. sein **Amt neutral auszuführen**.[5] Er muss **Kritik** an seiner Tätigkeit auch soweit **hinnehmen**, als sie seiner Meinung nach und auch objektiv unrichtig ist.[6]

b) Verwalterperson

3 Der Verwalter kann sowohl ein **Wohnungseigentümer** als auch ein **Dritter** sein. Möglich ist auch eine **juristische Person**, zB eine GmbH;[7] eine Aktien-

---

[1] BVerwG NVwZ-RR 1995, 197= DWE 1995, 102.
[2] Hinweise dafür bei Peters, FS Seuß, S. 223.
[3] OLG Düsseldorf ZMR 2002, 213.
[4] BGH ZMR 2011, 735 (Wiederbestellung); LG Köln ZMR 2013, 379 (Neuwahl).
[5] BayObLG ZMR 2001, 722.
[6] BayObLG ZMR 2001, 721; aA OLG Düsseldorf ZWE 2001, 164, hierzu Derleder ZWE 2001, 312.
[7] KG NJW 1956, 1679.

Bestellung und Abberufung des Verwalters § 26

gesellschaft, unabhängig davon, ob sie gemeinnützig ist oder nicht;[8] eine **OHG/ KG**;[9] Partnerschaftsgesellschaft oder EWIV. **Nicht** möglich ist es jedoch, eine **BGB-Gesellschaft**[10] oder **mehrere Personen**, zB zwei WEer,[11] vier Beiräte,[12] Sozietäten oder Ehepaare,[13] zum Verwalter zu ernennen, denn das Gesetz geht von dem Handeln eines Einzelnen aus. Möglich ist aber die Beauftragung einer BGB-Gesellschaft mit Einzelmaßnahmen, wie Führung von Gerichtsverfahren.[14] Nach dem OLG Köln[15] ist diese Fallgestaltung jedoch nicht gegeben, wenn ein Mitglied einer solchen Vereinigung, zB BGB-Gesellschafter, zum Verwalter gewählt wird, selbst wenn dieser sich zur Erledigung seiner Aufgaben des Personals und der sachlichen Mittel der BGB-Gesellschaft bedient. Ebenfalls nicht möglich ist die Aufteilung des Verwalteramtes, zB für bestimmte Bereiche oder bestimmte Häuser einer Anlage.[16]

c) Höchstpersönlichkeit, Rechtsnachfolge und Wechsel im Verwalteramt

Das Verwalteramt ist **personenbezogen** und **kann** deshalb **nicht einseitig** **4 übertragen werden**, da der Vertrag als Dienstvertrag (§§ 613, 664 BGB) grundsätzlich höchstpersönlicher Natur ist.[17] Die mit der besonderen Vertrauensstellung des Verwalters verbundene **Höchstpersönlichkeit** seines Amtes verlangt, dass er für den Kernbereich seiner Tätigkeit verantwortlich bleiben muss und **schließt** eine **vollständige Delegation auf eine andere Person aus**. Bei der eigenverantwortlichen Wahrnehmung der Kernbereichsaufgaben des Verwalters handelt es sich um unverzichtbare Grundsätze, die weder durch vertragliche Regelungen noch durch einen Beschl wirksam abbedungen werden können.[18] Im Interesse der WEer scheidet daher ein Übergang des Verwalteramts ohne Zustimmung der WEer aus, weil sich diese keine andere, von ihnen nicht zum Verwalter bestellte Rechtsperson aufdrängen lassen müssten.[19] Deshalb ist bei **Rechtsnachfoge** im Verwalteramt einschließlich Verwaltervertrag wie folgt zu unterscheiden:

aa) Verwalter ist natürliche Person.
Stirbt die Person, die das Verwalteramt **4a** innehat, so geht das Amt **nicht** auf den Gesamtrechtsnachfolger, zB Erben über,[20] sondern dies bedarf der Zustimmung der Gem durch Beschl,[21] ansonsten

---

[8] OLG Bremen NJW 1981, 414.
[9] OLG Düsseldorf Rpfleger 1990, 356; OLG Hamburg OLGZ 1988, 299.
[10] BGH NJW 2006, 2189.
[11] BayObLG WE 1991, 289.
[12] OLG Schleswig ZMR 2007, 727.
[13] BGH WE 1990, 84.
[14] BGH NJW 2009, 2449.
[15] OLG Köln v. 4.11.1991 – 16 Wx 81/91.
[16] Bub DWW 1989, 317.
[17] BGH NJW 2014, 1447; Sauren, Verwalter, S. 48 mit Klauselvorschlag für Vertrag.
[18] LG Karlsruhe ZMR 2013, 376.
[19] LG Landau ZMR 2013, 744.
[20] OLG Köln ZMR 2006, 385; BayObLG ZMR 1987, 230.
[21] BayObLG NZM 2002, 346.

endet die Verwalterstellung,[22] ebenso bei Veräußerung des Handelsgewerbes[23] oder bei der Einbringung des Vermögens eines einzelkaufmännischen Unternehmens in eine neue GmbH.[24]

4b bb) Verwalter ist Personengesellschaft. KG oder OHG zulässig, aber BGB-Gesellschaft unzulässig. Unberührt bleibt der **Wechsel von Gesellschaftern**, zB des persönlich haftenden Gesellschafters einer KG.[25] Die Abgrenzung kann aber schwierig sein, da mit einem Gesellschafterwechsel auch ein Wechsel oder Erlöschen der Gesellschaft verbunden sein kann, zB scheidet aus einer zweigliedrigen Gesellschaft einer aus, so erlischt diese (§ 142 Abs. 1 HGB) und damit auch das Verwalteramt.[26] Ansonsten endet mit der Beendigung der Personengesellschaft auch das Amt,[27] zB durch Anwachsung aller Anteile auf eine Person.[28]

4c cc) Verwalter ist juristische Person. GmbH oder AG. Der **Austausch** von Gesellschafter und/oder Geschäftsführer hat **keinen Einfluss** auf die Identität. Endet die Rechtsfähigkeit, zB durch Übertragung[29] oder Ausgliederung zum Zwecke einer GmbH-Gründung[30] oder Übertragung aller Anteile auf eine andere GmbH[31] oder durch Veräußerung[32] oder Abspaltung[33] oder Verschmelzung,[34] so geht das Amt **nicht** auf den Nachfolger über, sondern dies bedarf der Zustimmung der Gem durch Beschl[35] nach der bisherigen Rechtsprechung. Nach dem BGH[36] besteht bei juristischen Personen keine Höchstpersönlichkeit, so dass eine Abspaltung zum Übergang führt, denn dies kann im Ausnahmefall nur Kündigungsgrund sein. Auch ein Wechsel von einer GmbH auf eine andere, auch wenn die zweite bzgl. der ersten GmbH weisungsgebunden und personell verflochten ist,[37] ist ohne Beschl nicht möglich.

4d dd) Verwalter wechselt die Rechtsform. Grundsätzlich **nicht möglich ohne Beschluss**, zB von GmbH auf Genossenschaft.[38] Bei einem Wechsel der

---

[22] OLG München ZMR 2008, 481.
[23] BayObLG WuM 1990, 234.
[24] BayObLG ZMR 2002, 532.
[25] BayObLG NJW-RR 1988, 1170.
[26] BayObLG BayObLG ZMR 1987, 230, für die Übernahme des KG-Anteils durch Komplementär.
[27] OLG Düsseldorf Rpfleger 1990, 356.
[28] OLG Köln ZMR 2006, 385.
[29] OLG Düsseldorf Rpfleger 1990, 356.
[30] BayObLG NZM 2002, 346; aA Lüke ZfIR 2002, 469; BayObLG ZMR 2001, 366.
[31] OLG Köln NZM 2006, 591.
[32] BayObLG WE 1991, 196.
[33] LG Frankfurt ZMR 2013, 981; OLG München ZWE 2014, 169.
[34] LG Landau ZMR 2013, 744; LG Frankfurt NZM 2012, 656; aA BGH NJW 2014, 1447.
[35] BayObLG NZM 2002, 346.
[36] NJW 2014, 1447.
[37] BayObLG WE 1991, 287.
[38] AG Homburg NZM 2012, 201.

Rechtsform vom Einzelunternehmen in eine GmbH ist es jedoch unschädlich, wenn die GmbH zum Zeitpunkt der Beschlfassung noch nicht gegründet ist, wesentlich ist nach dem OLG Frankfurt,[39] dass zum Zeitpunkt der Übernahme der Pflichten die GmbH besteht.

ee) Der Gewählte wird Verwalter. Verwalter wird der Gewählte, nicht der in der Versammlung sich vorstellende Prokurist, auch wenn er als vermeintlicher Inhaber angesehen wird.[40]

4e

3. Trennung von Amt und Vertrag (Trennungstheorie)

Da niemand durch einen Beschl gemäß Abs. 1 gezwungen werden kann, das Amt des Verwalters zu übernehmen, bedarf es neben dem sog Bestellungsakt (der nur unter den WEern festlegt, wer Verwalter werden soll, diesem aber keinen Anspruch darauf gibt) noch einer vertraglichen Begründung der Amtsübernahme durch den bestellten Verwalter (sog Trennungstheorie[41]). Deshalb ist immer zu unterscheiden zwischen dem sog **Bestellungsakt** (Rn. 6 ff.) und dem **Abschluss des Verwaltervertrages** (Rn. 19 ff.[42]), wobei das Bestellungsverhältnis unabhängig vom Vertrag bei (konkludenter) Annahme durch Verwalter erfolgt, sog zweistufiger Akt,[43] jedoch Verwaltervertrag notwendig nach OLG Hamburg.[44] Der **Bestellungsakt kann nicht** alleine **durch Duldung der Verwaltertätigkeit** durch einen Dritten in irriger Annahme der Bestellung **erfolgen**[45] oder nur durch Abschluss eines Verwaltervertrages, da durch die dann fehlende Bestellung der Verwalter an der Erfüllung gehindert wäre[46] oder durch widerspruchlose Hinnahme.[47] Das BayObLG[48] lässt aber auch das jahrelange widerspruchslose Tätigsein genügen. Wird das Amt nach Vertragsende, auf Grund Übertragung vom bestellten Verwalter oder sonstwie ausgeübt, bedarf es zwingend eines Bestellbeschl, da Schweigen außerhalb der Versammlung nicht Zustimmung bedeutet.[49] Der Bestellungsakt kann einen Rahmen (zB Höhe der Vergütung oder/und Laufzeit) festlegen[50] oder Bedingungen der Verwaltertätigkeit, aber nicht der Bestellung.[51] Wird eine Person ohne Bestellungsbeschl oder ein zum Verwalter bestellte Person tätig, ohne dass ein Vertrag geschlossen

5

---

[39] Vom 22.7.1994 – 20 W 323/94, zit. nach Deckert 2/2302.
[40] OLG Hamburg ZMR 2001, 132.
[41] BGH NJW 2002, 3240; 1997, 2107; OLG Düsseldorf ZMR 2008, 392.
[42] BGH NJW 1997, 2106, 2107.
[43] BGH NJW 2002, 3240; OLG Köln WuM 2007, 344.
[44] ZWE 2002, 133; OLG Köln WE 1990, 171; BeckOK WEG/Steinmeyer Rn. 70; aA Staudinger/Bub Rn. 130; Bärmann/Merle Rn. 26.
[45] BayObLG ZMR 1987, 230; aA BayObLG WE 1988, 31.
[46] BGH NJW 2012, 3175 Rn. 5.
[47] KG NZM 1999, 255.
[48] BayObLG WE 1988, 31; ebenso OLG Hamm NJW-RR 1997, 143.
[49] OLG Düsseldorf ZWE 2001, 386; KG NZM 1999, 255; aA OLG Hamm WE 1997, 26.
[50] OLG Hamburg OLGZ 1988, 299.
[51] KG NJW 1975, 318; aA Palandt/Bassenge Rn. 4.

wurde oder er nichtig oder unwirksam ist, so führt dies dazu, dass der Verwalter nur Anspruch auf Ersatz seiner Kosten hat, aber nicht eine Vergütung verlangen kann (§§ 677 ff. BGB[52]).

a) Verwalterbestellung (Abs. 1)

6 Die Bestellung des Verwalters durch die Gem kann durch **Vereinbarung, Beschluss** (Rn. 14) oder **Urteil** (Rn. 16) erfolgen (sog Bestellungsakt, vgl. Abs. 1 S. 2 Hs. 2). Wenn **durch Vereinbarung**,[53] dann erfolgt sie **idR bereits in der Gemeinschaftsordnung**,[54] was zulässig ist.[55] Bei Festlegung in GO ist zu fragen, ob damit Vereinb oder (schriftlicher) Beschl gewollt war.[56] Die Rechtslage ist vergleichbar mit der Frage der Hausordnung in der GO, dort wird sie materiell als Beschl aufgefasst, da Abgrenzung zwischen Vereinb und Beschl inhaltsmäßig erfolgt.[57] Anders sieht das KG darin eine Vereinb mit der Folge, dass alle Ersterwerber (zB im Kaufvertrag) der Verwalterbestellung zustimmen müssen, damit der Verwalter gewählt ist.[58]

b) Bauträgerentschluss

7 Oft erfolgt die **Erstbestellung, wenn in der Teilungserklärung nicht vorhanden**, durch einen „Entschluss" des Bauträgers vor Entstehung der Gem. Dies ist jedoch allein nicht möglich,[59] es sei denn, die TErkl enthält eine entsprechende Befugnis, und es ist noch keine faktische WEerGem entstanden.[60] Dann Vertragsübernahme der WEer, zB im Kaufvertrag, notwendig,[61] streitig, ob die Zustimmung keines, nur des ersten WEer genügt oder jeder WEer zustimmen muss. Dies kommt auf das Stadium der Gem an. Nach Entstehung der werdenden Gem ist Vertragsübernahme überflüssig.

c) Bestellungsbedarf

8 Bestellung ist aber immer (auflösend) bedingt durch Ungültigkeitserklärung des Abberufungsbeschl des alten Verwalters.[62]

---

[52] BGH NJW 1997, 2107.
[53] BayObLG NJW 1974, 2136.
[54] OLG Düsseldorf ZWE 2001, 386; BayObLG WE 1992, 171.
[55] BGH NJW 2002, 3240.
[56] Wenzel, FS Bub, S. 249.
[57] So die hM, s. § 10 Rn. 19, deshalb konsequent Schmidt, FS Bub, S. 221 ff.: Beschl mit Wirkung gegenüber Rechtsnachfolger; Bärmann/Merle Rn. 75 f. mwN.
[58] KG ZWE 2012, 96 m. abl. Anm. Jacoby; Staudinger/Bub Rn. 139, 180.
[59] OLG Frankfurt OLGZ 1986; 41; Bader, FS Seuß, S. 10; aA OLG Köln Rpfleger 1986, 298.
[60] BayObLG ZMR 1994, 483.
[61] KG ZWE 2012, 96; aA Bärmann/Merle Rn. 76; Elzer ZMR 2012, 118: keine Zustimmung nötig.
[62] BayObLG NZM 2000, 341.

Bestellung und Abberufung des Verwalters § 26

d) Nichtige Bestellungsbeschränkungen

Beschränkungen bei der Bestellung sind nichtig, **wenn sie über die in Abs. 1 S. 2 ff., Abs. 2 enthaltenen Möglichkeiten hinausgehen**. 9

aa) Zeitliche Beschränkung. 9a
1. **Erstbestellung:** Die Bestellungszeit des Erstverwalters ist auf **drei Jahre** beschränkt. Die Begründung dafür ist, dass die Frist für die Verjährung von Gewährleistungsansprüchen bei neu errichteten ETWen ebenfalls fünf Jahre betragen würde.[63] Da der Bauträger bei der Begründung von WE den ersten Verwalter idR auch für die Höchstdauer von fünf Jahren bestellen würde, bringe der Gleichlauf der Bestellungsdauer mit der Verjährungsfrist die Gefahr von Interessenkollisionen. Die Regelung ist insoweit **unzweckmäßig**, als die meisten Begründungen von neuen WE nicht durch Bauträger erfolgen, sondern regelmäßig durch Bestandsobjekte, sowie die Fälle der Aufteilung gemäß § 3 (deshalb zumindest hier teleologische Reduktion[64]). Man kann schätzen, dass höchstens 20 % der WEG-Begründungen Bauträgerfälle sind. Damit hat der Gesetzgeber eine Regelung für eine Situation geschaffen, die nur 20 % der Fälle betrifft. Zu Recht wird ebenfalls angeführt, dass in der heutigen Zeit die Bauträgerobjekte nicht innerhalb kurzer Zeit komplett verkauft werden. Es kann häufig sein, dass auch noch nach drei Jahren der Bauträger über ausreichende Mehrheiten verfügt, so dass er sich dann für fünf Jahre wählen lassen kann. Insoweit wäre dann die Regelung sogar kontraproduktiv.[65]

2. **Zeitloser Beschluss:** Bei **Bestellung** des Verwalters **ohne zeitliche Begrenzung** oder für einen fünf Jahre (bzw. drei Jahre bei Erstbestellung) übersteigenden Zeitraum oder bei geringerer Laufzeit mit Verlängerungsklausel ist diese nicht nichtig, sondern **endet nach drei bzw. fünf Jahren automatisch**.[66] Keine Anwendung von Beschränkungen durch Vorschriften über allgemeine Geschäftsbedingungen (zB Höchstlaufzeit zwei Jahre, § 309 Nr. 9a BGB).[67]

bb) Sonstige Beschränkungen. Egal, ob in Vereinbarung oder durch Beschluss.[68] Beschränkung des Personenkreises des Verwalters (zB nur WEer[69]), qualifizierte Mehrheitserfordernisse zB $^2/_3$,[70] oder $^3/_4$[71] oder relatives,[72] aber 9b

---

[63] BT-Drucks 16/3843 S. 51.
[64] Hügel/Elzer S. 188.
[65] Köhler, Das neue WEG, Rn. 465.
[66] BayObLG WuM 1996, 650 (Verlängerungsklausel); OLG München NZM 2007, 647.
[67] BGH NJW 2002, 3240.
[68] OLG Hamm WuM 1991, 220.
[69] BayObLG NJW-RR 1995, 271; Wohnungsunternehmen oder Haus- und Grundbesitzerverein, OLG Bremen Rpfleger 1980, 68.
[70] BayObLG ZMR 1985, 210.
[71] OLG München ZMR 2011, 738; BayObLG WE 1995, 30.
[72] BayObLG ZWE 2004, 160.

nicht ein vom Gesetz abweichendes Stimmrecht;[73] Bestellung durch einen WEer auf Grund von Vereinb[74] oder eine Minderheit der WEer,[75] den Beirat[76] oder Dritte,[77] zB den Treuhänder,[78] notwendige Zustimmung eines Grundpfandgläubigers oder die Wiederwahl des bisherigen Verwalters länger als ein Jahr vor Ablauf der Bestellzeit.[79] IÜ eine Vereinb, die dem Verwalter erlaubt, die Verwaltung auf Dritte zu übertragen,[80] es sei denn, der Verwalter macht nach dem OLG Frankfurt[81] vor Aufnahme der Tätigkeit von der Ermächtigung Gebrauch und kein WEer widerspricht (bedenklich). Ebenfalls nichtig ist die Aufnahme von einer Bedingung, zB wenn 40 % der Einheiten der Anlage verkauft sind, aber nicht ein anderes als das gesetzliche Stimmrecht (§ 25 Abs. 2).[82]

9c cc) **Wiederbestellung.** Eine Wiederbestellung ist **jederzeit auch mehrfach möglich**, aber bei Wirkung ab Ende der Bestellzeit vor Ablauf der Jahresfrist (Abs. 2) nichtig.[83] Möglich ist es ebenfalls, während der Verwalterzeit eine neue Wahl vorzunehmen, wenn die neue Verwalterzeit sofort beginnt,[84] bis zur fünfjährigen Höchstzeit,[85] insgesamt also höchstens sechsjährige Bindung.[86] Durch eine Wahl können auch mehrere Verwalter hintereinander bestellt werden, nach dem LG München[87] aber jeder nur einmal und nach dem LG Freiburg[88] auf höchstens insgesamt fünf Jahre. Beschl über die wiederholte Bestellung für eine weitere Amtsperiode von fünf Jahren ist aber nichtig, wenn der Beschl länger als ein Jahr vor Ablauf der bisherigen Amtszeit gefasst wird und die neue Amtszeit nicht mit der Neubestellung zu laufen beginnt.[89]

9d dd) **Amtszeitbeginn.** Die Amtszeit beginnt idR **durch Festlegung der Vertragsparteien, bei fehlender Festlegung sofort** (§ 271 BGB, da diese Vorschrift für Schuldverhältnisse aller Art gilt[90] mit Wirksamwerden des Bestellungsaktes. Die Bestellung durch Vereinb/TErkl beginnt nach dem LG Bre-

---

[73] BGH NJW 2012, 921; 2002, 3704.
[74] BayObLG MDR 1994, 798.
[75] AG Niebüll DWE 1988, 31.
[76] LG Lübeck Rpfleger 1985, 232.
[77] AG Niebüll DWE 1988, 31.
[78] AG München v. 28.5.1986 – 4 UR II 578/85 WEG, zit. nach Bader, FS Seuß, 1987, S. 10 Fn. 29.
[79] KG WE 1998, 66.
[80] OLG Schleswig WE 1997, 388; BayObLGZ 1975, 327.
[81] Rpfleger 1976, 253.
[82] BGH NJW 2012, 921.
[83] BGH NJW-RR 1995, 780; KG ZMR 1997, 611.
[84] OLG Hamm WE 1990, 104.
[85] BGH NJW-RR 1995, 780.
[86] LG Zwickau ZMR 2002, 307.
[87] MittBayNot 1978, 59.
[88] WuM 1994, 406.
[89] OLG Zweibrücken ZMR 2005, 908.
[90] Vgl. Palandt/Grüneberg BGB § 271 Rn. 3; aA Weitnauer/Lüke Rn. 15: mit Aufnahme der Tätigkeit; Palandt/Bassenge Rn. 4.

men[91] mit Grundbuchanlegung und Gementstehung, nach dem KG[92] mit Eintragung des zweiten WEer bei einer Teilung gemäß § 8. Anderer Ansicht ist das BayObLG,[93] wenn es einer werdenden WEerGem schon das Recht gibt, über die Abberufung des Verwalters zu beschließen. Aber keine Rückwirkung möglich.[94]

4. Abdingbarkeit

§ 26 ist insoweit **unabdingbar**, als ein Verwalter nur auf Dauer von maximal fünf Jahren bestellt und die Abberufung aus wichtigem Grund nicht ausgeschlossen werden kann, Abs. 3 ist ebenfalls unabdingbar.[95] **10**

5. Bestellungsbeschluss (Abs. 1)

Die Bestellung erfolgt regelmäßig durch Beschl (vgl. Wortlaut des Abs. 1 S. 1). Dafür bedarf es der **einfachen Mehrheit**, eine relative, zB Abstimmung über alle Kandidaten zugleich, statt gesondert über jeden Kandidaten ist anfechtbar (§ 25 Rn. 24). Der Beschl enthält idR auch die Vollmacht zum Vertragsabschluss mit dem neuen Verwalter (des Benannten, zB alter Verwalters bzw. Beiratsvorsitzenden, wenn keiner benannt alle WEer). Während der Zeit, für die der Verwalter durch Beschl bestellt wurde, kann dann ordentlich nicht gekündigt werden ohne Schadensersatzpflicht.[96] **11**

6. Ungültigkeitserklärung

Ein Bestellungsbeschluss ist dann für ungültig zu erklären, wenn er gegen ordnungsgemäße Verwaltung (§ 21 Abs. 3) verstößt.[97] **12**

a) Grundlagen

Dabei ist auf die **Tatsachen zum Zeitpunkt des Beschlusses** zurückzugreifen,[98] wenn spätere Tatsachen erfolgen, dann ggf. Abberufung. Ein Verstoß ist insbesondere gegeben, wenn gegen die Bestellung des in Aussicht genommenen Verwalters ein wichtiger Grund (Rn. 36 ff.)[99] vorliegen würde,[100] bei Wieder- **13**

---

[91] Rpfleger 1987, 199; Müller WE 1997, 448.
[92] WE 1987, 121.
[93] Vom 6.4.1984 – 2 Z 7/83.
[94] OLG Hamm WE 1996, 33; AG Bonn ZMR 2010, 320.
[95] Staudinger/Bub § 26 Rn. 46.
[96] OLG Hamm WE 1997, 28.
[97] OLG München NZM 2007, 804, Vergütungen 40 % unter Konkurrenz.
[98] OLG Düsseldorf ZMR 2006, 144.
[99] BayObLG WuM 1989, 264.
[100] BGH NJW 2012, 3175; OLG Stuttgart NJW-RR 1986, 315; BayObLG WE 1991, 167.

wahl muss wichtiger Grund vorliegen.[101] Im Gegensatz zum Fall der Abberufung eines Verwalters, in dem sich die Mehrheit gegen den Verwalter entschieden hat, hat sich im Fall der (Wieder-)Bestellung die Mehrheit für den Verwalter entschieden; deshalb sind bei der Anfechtung des Beschl höhere Anforderungen an das Vorliegen des wichtigen Grundes als bei der Abberufung zu stellen. Denn die Gerichte sollen nicht ohne zwingende Notwendigkeit in die Mehrheitsentscheidung der Eigentümer eingreifen.[102] Da eine Gemeinschaft nicht zwei Verwalter haben kann,[103] führt die Ungültigerklärung des Beschlusses zur Abbberufung eines Verwalters von selbst auch zur Ungültigerklärung des Beschlusses zu Neuwahl eines Verwalters.[104]

b) Beispiele

14 Die **wesentlichen Vertragsdaten** müssen bei Beschlfassung bekannt sein (Dauer und Vergütung), ansonsten Verstoß gegeben (§ 21 Abs. 3),[105] ebenso bei Nichteinholung mehrer **Angebote** bei Neubestellung, die mit der Einladung übersandt werden müssen,[106] aber nicht erforderlich bei Wiederbestellung des amtierenden Verwalters,[107] ebensowenig Anhörung eines Bewerbers in der Versammlung.[108] Der **Kandidat** muss über ausreichende finanzielle Mittel verfügen und **ausreichende Sicherheit** im Haftungsfall bietet, die Rechtsform ist nicht entscheidend.[109] Vorstrafe wegen Vermögens- oder Eigentumsdelikten berechtigt zur Anfechtbarkeit[110] und Bekanntwerden zur Abberufung.[111] **Anzahl** der Kandidaten nicht vorgeschrieben, Einzelfall entscheidend, so dass einer reichen kann,[112] aber bei zwei verschiedenen bekannten Lagern in der Gem auch zwei Kandidaten zu wenig sein können.[113] Bei Bestellung durch beherrschenden Eigentümer (s § 25 Rn. 38).

c) Folgen der Ungültigkeitserklärung

14a Wird der Beschl für ungültig erklärt, so s. § 23 Rn. 48. Ein Schadensersatzanspruch gegen den Verwalter kommt ebenfalls nicht in Betracht, weil der Verwalter für die Beschl der Gem materiell nicht verantwortlich ist.[114] Für das Grundbuchverfahren kann aber nach dem BayObLG[115] auf diese Grundsätze zu Recht

---

[101] BayObLG ZMR 2005, 561.
[102] BGH NJW 2002, 3243; OLG Düsseldorf ZMR 2006, 144.
[103] BGHZ 107, 268; BayObLGZ 1989, 1.
[104] BayObLG ZMR 2000, 321.
[105] LG Düsseldorf ZWE 2012, 327 m. abl. Anm. Merle.
[106] LG Köln ZMR 2013, 379.
[107] BGH ZMR 2011, 735.
[108] OLG München ZMR 2007, 1000.
[109] BGH NJW 2012, 3175; LG Frankfurt ZMR 2014, 305.
[110] OLG Schleswig ZMR 2003, 295.
[111] LG Mönchengladbach ZMR 2007, 565.
[112] OLG Hamm DWE 2008, 60.
[113] LG Hamburg ZMR 2011, 822.
[114] BayObLG WE 1991, 198.
[115] DWE 1981, 55, 58.

nicht zurückgegriffen werden. Ungültigkeitserklärung erlangt erst mit Rechtskraft des Urteils seine **Wirkung** und Verwalter ist abgewählt, vorher nur Möglichkeit durch einstweilige Verfügung, zB Aussetzung der Bestellung.

7. Gerichtsbestellung

Letztlich kann die Bestellung auch durch Gerichtsurteil erfolgen.[116] In dieser Fallgestaltung erfolgt die Bestellung aufgrund einer **Klage, wenn ein Beschluss nicht erreichbar ist**. Die Bestellung wird erst mit Ablauf der Rechtsmittelfrist wirksam (Rechtskraft). Die Bestellung kann auch durch einstweilige Verfügung erfolgen, wenn die Voraussetzungen dafür vorliegen,[117] nämlich das Bedürfnis einer Eilentscheidung, zB bei notwendigem Heizöl[118] oder Vollstreckungen drohen, aber allein Verwalterlosigkeit reicht nicht aus.[119] Wird sie später wieder aufgehoben, so hat dies auf die vorher getätigten Rechtshandlungen des gerichtlich bestellten Verwalters keine Auswirkungen.[120] Die Bestellung durch Urteil ist mit einer Bestellung nach Abs. 1 S. 1 identisch[121] und endet wie diese,[122] also kein Urteil auf Zeit, sondern bis zur Wahl eines neuen,[123] aber während der Dauer der gerichtlichen Bestellung ist ein sofortiger Abberufungsbeschl nichtig.[124] Dritte haben nicht die Möglichkeiten, einen Verwalter bestellen zu lassen.[125]

15

a) Möglichkeiten der Gerichtsbestellung

Für die gerichtliche Bestellung bestehen folgende Möglichkeiten: Als Maßnahme der ordnungsgemäßen Verwaltung kann jeder WEer die Bestellung eines Verwalters durch das Gericht verlangen (§§ 21 Abs. 4, 43 Nr. 1), ohne dass ein Fall von Dringlichkeit vorliegen muss. Dabei ist die **Bestellung eines Notverwalters** möglich, denn die ordnungsgemäße Verwaltung schließt einen Anspruch auf Abberufung eines untauglichen Verwalters und auf Bestellung eines tauglichen Verwalters ein.[126] Es kann auch die **Bestellung einer bestimmten Person** zum Verwalter verlangt werden, den das Gericht aber ablehnen und einen Dritten einsetzen kann (§ 21 Abs. 8),[127] die Nennung einer Person ist

16

---

[116] OLG Köln ZMR 2003, 960.
[117] BGH NJW 2011, 3025; OLG Düsseldorf ZMR 2007, 878; LG Frankfurt DWE 2009, 71.
[118] LG Stuttgart ZMR 2009, 148.
[119] LG Berlin ZMR 2012, 569.
[120] BayObLG NJW-RR 1992, 787.
[121] BGH NJW 1993, 1924.
[122] BayObLG NJW-RR 1989, 461.
[123] LG Berlin ZMR 2001, 143.
[124] OLG Düsseldorf NZM 2002, 958.
[125] So auch Abramenko S. 210;
[126] BGH NJW 2011, 3025 Rn. 11; aA Jennißen Rn. 49.
[127] BayObLG ZMR 1999, 795; aA Bärmann/Merle Rn. 283: Aufgabe des Klägers mehrere Kandidaten mit Konditionen zu bennen.

aber nicht erforderlich.[128] Die Maßnahme des Gerichts ist nicht darauf beschränkt, die übrigen WEer zur Mitwirkung bei der Bestellung des Notverwalters zu verpflichten, sondern kann dem Anspruch eines WEers auf ordnungsgemäße Verwaltung dadurch Geltung verschaffen, dass es nach billigem Ermessen den Verwalter unmittelbar bestellt.[129] Als weitere Möglichkeit kann jeder WEer durch das Gericht die Mitwirkung der übrigen bei der Verwalterbestellung durch Beschl verlangen (gemäß §§ 21 Abs. 4, 43 Nr. 1).

b) Bedingungen

17 Bei allen zwei Verfahren können jeweils Bedingungen der Tätigkeit (zB Vergütung, andernfalls gilt die letzte Verwaltervergütung[130]) geregelt werden.[131] Aber es besteht **kein Recht des Gerichts, die gesetzlich geregelten Kompetenzen des Verwalters zu erweitern.**[132] Materiell ist Voraussetzung, dass ein Verwalter fehlt. Dies ist nicht nur gegeben, wenn kein Verwalter eingesetzt ist, sondern auch, wenn der eingesetzte Verwalter die Geschäftsführung grundsätzlich verweigert oder sich weigert, dringende Angelegenheiten wahrzunehmen.[133]

8. Verwaltervertrag

18 Die Rechte und Pflichten des Verwalters regelt neben den Gesetzen (WEG, BGB etc.) der Verwaltervertrag.[134] Die Doppeltätigkeit des Verwalters, Vertreter des Verbandes und der Mitberechtigten am Grundstück (§ 10 Rn. 5 ff.), die sich deutlich aus dem Gesetz (§ 27 Abs. 2 Vertretungsmacht für WEer, Abs. 3 für Verband) ergibt, ist ursächlich für die Frage, ob es zwei Vertragsparteien für den Verwalter gibt. Der Verwaltervertrag **kommt ausschließlich zwischen dem Verband und dem Verwalter zustande**, weil die Gem insoweit mit der Verwaltung des GE am Rechtsverkehr teilnimmt.[135] Dieser ist entweder als Vertrag zu Gunsten Dritter[136] oder mit Schutzwirkung für die WEer[137] zu qualifizieren und löst Pflichten des Verwalters auch gegenüber diesen aus bzw. räumt diesem unmittelbare Rechte gegenüber dem Verwalter ein. Der Verwalter ist damit auf Grund des Verwaltervertrags verpflichtet, dem einzelnen WEer den Schaden zu ersetzen, der diesem durch die Verletzung der vertraglichen Pflichten ent-

---

[128] LG Frankfurt DWE 2009, 71.
[129] OLG Düsseldorf ZMR 2007, 878.
[130] KG NJW 1994, 138.
[131] BGH NJW 1980, 2466.
[132] OLG München NZM 2007, 649.
[133] BayObLG WE 1990, 27.
[134] Ausführlich hierzu Sauren WEG-Verwalter 4. Auflage.
[135] OLG Frankfurt ZMR 2009, 620 Rn. 21 und 861 Rn. 21; OLG Hamburg ZMR 2008, 901; AG Saarbrücken ZMR 2009, 561; dahin tendierend wohl auch BGH NJW 2012, 2955 Rn. 18; aA Jennißen Rn. 80: zwei Vertragspartner, mit guten Argumenten, hiergegen Riecke Rn. 36 f.
[136] OLG München ZMR 2006, 954; OLG Düsseldorf NZM 2007, 137, 137; Riecke Rn. 36 f.; Wenzel ZWE 2006, 462, 464; Armbrüster ZWE 2006, 470.
[137] OLG Düsseldorf NJW 2007, 161.

Bestellung und Abberufung des Verwalters § 26

steht.[138] Andererseits kann er Ansprüche einzelner WEer nicht mit einem Vergütungsanspruch aus dem Verwaltervertrag aufrechnen, weil es unterschiedliche Personen sind.[139]

a) Zustandekommen des Vertrages

Wie bei jedem Vertrag bedarf es **zweier korrespondierender Willenserklärungen** (§§ 145 ff. BGB). Im Bestellungsakt ist juristisch, je nachdem, ob ein konkretes Angebot bereits vorliegt oder nicht, dessen Annahme und damit das Zustandekommen des Vertrages[140] oder erst das Angebot an den Verwalter[141] zu sehen. Dann kann auch nach BGH[142] durch Einverständnis mit der Wahl und Ausübung der Tätigkeit über längere Zeit ein konkludenter Vertrag zustande kommen. Grundsätzlich müssen alle WEer ihn abschließen, können aber eine Ermächtigung beschließen (§ 27 Abs. 3 S. 3). Dafür ist es zweckmäßig, einen WEer, zB den Beiratsvorsitzenden, zu wählen, der die Vertragsurkunde abschließt und unterzeichnet.[143] Es ist auch ein Beschl möglich (zB wenn aus Zeitgründen noch keine Zeit zum Verhandeln war, weil man noch nicht wusste, welcher Kandidat gewählt wird), dass ein oder mehrere WEer oder Dritte den Vertrag aushandeln sollen, (also weder nichtig[144] noch anfechtbar), da die Ausführung sich im Rahmen der ordnungsgemäßen Verwaltung halten muss,[145] und auch nicht deshalb, weil die Eckdaten vorgegeben werden müssen[146] anfechtbar. Gründe müssen innerhalb der einmonatigen Anfechtungsfrist geltend gemacht werden,[147] zB ungewöhnliche Haftungsklausel für den Verwalter.[148] Mangels einer solchen Bestimmung hat die Mehrheit diese Rechtsmacht.[149] Bei einer Bestellung durch gerichtliches Verfahren ist der Kläger zuständig.[150]

19

b) Regelungsgegenstand des Vertrages

Regelungsgegenstand des Verwaltervertrages ist **nur die Beziehung des Verbandes zum Verwalter**.[151] Deshalb dürfen in den Vertrag keine Regelungen über das Verhältnis der WEer untereinander aufgenommen werden,[152] zB Be-

20

---

[138] BGH NJW 2012, 2955 Rn. 18.
[139] OLG Hamm ZMR 2006, 633.
[140] BayObLG NJW-RR 1987, 1039, 1040.
[141] BGH NJW 1980, 2466.
[142] NJW 1997, 2107.
[143] OLG Düsseldorf NJW 2006, 3645.
[144] OLG Köln ZMR 2002, 155; ZMR 2003, 604; BayObLG WuM 2004, 736.
[145] OLG Köln NJW 1991, 1302; OLG Hamburg ZMR 2003, 864.
[146] OLG Düsseldorf ZMR 1998, 104; aA Jennißen Rn. 83; Palandt/Bassenge Rn. 14.
[147] KG ZMR 2008, 476.
[148] OLG Frankfurt ZMR 2009, 987.
[149] OLG Hamburg OLGZ 1988, 299.
[150] AA Merle S. 84f.
[151] BayObLG NJW-RR 1989, 1168, 1170.
[152] OLG Saarbrücken WE 1998, 69; Sauren Verwalter S. 3, können aber jederzeit beschlossen werden.

tretungsrecht des SE,[153] weitere Beispiele bei Sauren Verwalter S. 3 ff. Ein Beschl über den Vertrag enthält nicht zugleich auch Regelung der Gem.[154] Des Weiteren darf der Verwaltervertrag keine Regelungen enthalten, die der GO widersprechen.[155] Deshalb sind von dem BayObLG[156] zur GO in Widerspruch stehende Regelungen über Fälligkeit des Wohngeldes, Höhe der Verzugszinsen und der Bevollmächtigung aufgehoben worden. Die Wirksamkeit des Vertrages wird nach dem OLG Saarbrücken[157] nicht durch einzelne unwirksame Passagen in Frage gestellt, wenn davon auszugehen ist, dass die WEer dem Vertrag auch ohne die Regelung zugestimmt hätten, anders das OLG Düsseldorf, wenn es ausreichen lässt, dass mehrere in ihrer Gesamtwürdigung bedeutsame Klauseln aufzuheben sind[158] oder das LG Mönchengladbach, wenn es aus den aufzuhebenden Klauseln die Intention des Verwalters schließen lässt, seine Interessen über die der Gem zu setzen.[159] Jeder WEer kann die Unwirksamkeit des oder einzelner Passagen des Vertrages gerichtlich feststellen lassen.[160]

c) Vertragslaufzeit

21 Regelmäßig wird eine feste, **nach Jahren bemessene Laufzeit** vereinbart. Eine sog **Verlängerungsklausel** (zB der Vertrag verlängert sich jeweils um ein Jahr, wenn nicht bis sechs Monate vor Ablauf gekündigt) ist **zulässig**.[161] Dadurch kann es zu Abweichungen zwischen Bestellungszeit und Vertragslaufzeit kommen (s. Rn. 43). Auch mit einer Verlängerungsklausel endet der Vertrag jedoch spätestens nach Ablauf von drei bzw. fünf Jahren.[162]

d) Inhalt des Vertrages

22 Ausführlich und mit Muster Sauren Verwalter S. 1 ff.: Rechtlich handelt es sich regelmäßig um einen sog **Geschäftsbesorgungsvertrag mit Dienstvertragselementen**[163] **und Werkvertragselementen** (Abrechnung). Die Passagen des Vertrages unterliegen idR den Regeln der allgemeinen Vertragsbeziehungen (früher AGBG, jetzt §§ 307 ff. BGB),[164] erst recht bei einem gewerblichen Verwalter als sog Verbrauchervertrag (§ 310 Abs. 3 BGB[165]), es sei denn der Vertrag wurde ausgehandelt oder Entwurf stammt von der Gem[166] oder

---

[153] OLG Hamm NZM 2001, 49, 52.
[154] AA KG ZMR 2000, 60.
[155] OLG Hamm ZMR 2000, 843; BayObLG WE 1991, 295.
[156] BayObLG WE 1991, 295, 296.
[157] WE 1998, 69.
[158] OLG Düsseldorf NJW 2006, 3654.
[159] ZMR 2007, 895.
[160] BayObLG WuM 2004, 736.
[161] OLG Köln DWE 1990, 69.
[162] BayObLG WuM 1996, 651.
[163] BGH NJW 1997, 2106; 1980, 2466; NJW-RR 1993, 1227: §§ 611, 675 BGB.
[164] OLG München ZMR 2007, 220 zur Haftungsbegrenzung; ausführlich Sauren Verwalter S. 1 ff.; s. ergänzend Rn. 48.
[165] OLG München NJW 2008, 3574.
[166] Sauren Verwalter S. 16 f.

Verwalter beruft sich darauf.[167] Als Beispiel ist die oft vorzufindende Befreiung vom Selbstkontrahieren (§ 181 BGB) zu nennen, die unwirksam ist.[168] Ausnahme gilt bzgl. der Vertragslaufzeit, weil die WEG-Regelungen hier dem BGB vorgehen.[169]

e) Vergütung

Die **Verwaltung ist im Zweifel entgeltlich**, es sei denn, ein Entgelt ist ausgeschlossen (davon ist nach BayObLG[170] in kleiner Anlage auszugehen). Dann handelt es sich rechtlich um einen sog Auftrag (§ 662 BGB), der jederzeit widerrufen werden kann. Soweit der Verwalter vor Vertragsschluss bereits Arbeiten durchführt (§§ 677 ff. BGB)[171] oder wenn wegen nicht wirksamer Vertretung für die Vertragszeit keine vertraglichen Ansprüche bestehen,[172] hat er Anspruch auf Vergütung (aus Geschäftsführung ohne Auftrag) auch im Falle unberechtigter Geschäftsführung.[173] Ist über die **Fälligkeit** nichts vereinbart, so tritt sie erst **nach Erbringung der Leistung** ein, dh nach dem OLG Hamm[174] nach Vorlage der JA. Gegen die übliche vertragliche Regelung der vorschussweisen monatlichen Zahlung eines entsprechenden Anteils bestehen nach OLG Hamm[175] keine Bedenken. Solange dem Verwalter gerichtlich die Amtsausübung untersagt ist, hat er keinen Vergütungsanspruch.[176] Der gerichtlich Bestellte erhält mangels Festlegung die Vergütung des bisherigen Verwalters.[177] Der Vergütungsanspruch des Verwalters **verjährt** in drei Jahren. 23

f) Höhe der Vergütung

Die Höhe der Vergütung ist **frei vereinbar**, soweit keine wirksamen Vorgaben durch Vereinb bestehen. Sie wird üblicherweise nach der Anzahl der Wohnungen/Einheiten bemessen. Einen Anhaltspunkt gibt hier § 41 Abs. 2 der II. Berechnungsverordnung, wonach höchstens 275 EUR pro Jahr und Wohnung angesetzt werden dürfen (ohne Umsatzsteuer), für Garagen und Einstellplätze gemäß § 26 Abs. 3 der II. Berechnungsverordnung 30 EUR. Für die Vergütung ist entscheidend, ob zum Objekt viele zu verwaltende Gemrichtungen (Heizung, Schwimmbad, Sauna, Sportanlagen etc.) gehören, ob zB größere Instandhaltungsmaßnahmen anstehen oder ob die Anlage viele Einheiten hat. 24

aa) Übliche Vergütung. In der Praxis angetroffene übliche Vergütungen reichen von **20 EUR bis 60 EUR pro Einheit pro Monat ohne Umsatz-** 25

---

[167] BayObLG DWE 1994, 80.
[168] OLG München NJW-RR 2008, 1182; aA AG Hamburg ZMR 2011, 71.
[169] BGH NJW 2002, 3240.
[170] BayObLG ZMR 2000, 850.
[171] OLG Hamm NJW-RR 1989, 970.
[172] BGH ZMR 1989, 265.
[173] OLG Düsseldorf WuM 1996, 178.
[174] NJW-RR 1993, 845: § 614 BGB.
[175] NZM 2001, 49, 51.
[176] KG WE 1991, 105.
[177] KG WE 1994, 80.

steuer: Gottschalg in Deckert[178] von 250 bis 300 EUR jährlich, Müller[179] 20 bis 30 EUR monatlich, Häublein[180] von 180 bis 420 EUR jährlich. Eine aufwandsabhängige Gebühr von 50 EUR pro Stunde als Verwaltergebühr kann nach BayObLG[181] zulässig sein. Bei 59 EUR pro Einheit hat das LG Köln den Beschl aufgehoben, wenn kein Alternativangebot vorlag,[182] das OLG München bei 40 % Überschreitung von den Vergleichsangeboten.[183] Das OLG Oldenburg geht bei einem Mietshausverwalter bei einer Vergütung von 140 % über der ortsüblichen von Sittenwidrigkeit aus.[184] Eine Gebühr von 0,34 EUR pro qm zuzüglich MwSt. monatlich bei einer 99,81 qm Wohnung = 33,94 EUR hat das OLG Köln[185] im Jahr 1991 für **unwirksam** erklärt, ebenso 130 EUR pro Stunde für das Jahr 2003[186] und 50 EUR/Einheit und Monat das BayObLG,[187] 7 EUR/Einheit bei Hobbyraum das OLG Düsseldorf,[188] unrichtig, da die Einzelkalkulation des Verwalters nicht in die Überprüfung des Gerichts gestellt ist, sondern nur die gesamte Vergütung); ebenso das OLG Düsseldorf eine rückwirkende Erhöhung,[189] anders bei Erhöhungsklausel im Vertrag.[190] Nach BayObLG[191] ist bei einer aus zwei Einheiten bestehenden WEerGem in getrennten Häusern bei Bestellung eines WEers als Verwalter keine Vergütung zu erwarten.

26 bb) Umfang der üblichen Vergütung. Sämtliche Kosten der Geschäftsführung einer Verwaltung müssen in der Verwaltergebühr enthalten sein.[192] Die **Erhebung von besonderen Gebühren für Kontoführung, Erstellung von Abrechnungen**, Durchführung der jährlichen Versammlung, Feststellung von Bauzuständen, „Beteiligung" am Sanierungskonzept, Besprechungen, Angebotseinholung, Auftragserteilung, Rechnungsprüfung, Buchung, Zahlungsüberwachung[193] ist **abzulehnen**. Diese Ausgaben gehören zum typischen Berufsbild eines Verwalters und können ohne Vereinbarung nicht zusätzlich zu einer Verwaltergebühr berechnet werden.[194]

---

[178] Gruppe 4, 1118.
[179] Müller 9 Rn. 70 S. 402.
[180] ZMR 2003, 235.
[181] WuM 2000, 688.
[182] ZMR 2012, 575.
[183] ZMR 2007, 1000.
[184] ZMR 2002, 782.
[185] Vom 23.8.1991 – 16 Wx 91/91.
[186] BayObLG NZM 2004, 587.
[187] ZMR 2000, 846, 848, 851.
[188] NZM 2001, 390.
[189] ZMR 1998, 653.
[190] BayObLG NZM 2004, 794.
[191] ZMR 2000, 848.
[192] BGH NJW 1993, 1924, 1925.
[193] OLG Düsseldorf ZMR 1998, 653.
[194] BGH NJW 1993, 1925; BayObLG WuM 1996, 490, 491.

Bestellung und Abberufung des Verwalters § 26

cc) **Unzulässige Vergütung.** Sondervergütung für zusätzliche Versammlung[195] oder deren Protokollversendung,[196] Baubetreuung[197] oder EDV-Kosten für die Buchführung[198] oder Kopier- oder Versandkosten für Rundschreiben oder Information über gerichtliches Verfahren;[199] Kosten sowohl für die Tätigkeit im Zusammenhang mit Änderung des Vertrages über die Wartung der Aufzuganlage als auch für die Begehung einer Wohnung wurden als unzulässig angesehen,[200] ebenso für die JA (anders jedoch, wenn der Verwalter im abgerechneten Zeitraum noch nicht tätig war[201] oder bei einer umfangreichen Sanierungsmaßnahme)[202] oder Durchführung von Umlaufbeschl.[203]

g) Zulässige Vergütung

Zulässig soll jedoch nach dem OLG Frankfurt[204] ein Beschl sein, wonach die Vergütung für vermietete Wohnungen 2,50 EUR je Monat mehr beträgt als für selbstgenutzte Wohnungen. Dies kann sich umgekehrt auch für die Erteilung einer Einzugsermächtigung für Wohngeld anbieten, da der Verwalter damit erhebliche Kosten spart (Vor § 10 Rn. 15; § 21 Rn. 11). **Nicht abgegolten** sind lediglich Tätigkeiten, die typischerweise nicht im Rahmen der Aufgaben eines Verwalters liegen.

Beispiel: Mietverwaltung.[205]

Hier hat der Verwalter auch dann, wenn keine vertraglichen Regelungen bestehen, einen gesonderten Honoraranspruch in Höhe der üblichen Vergütung (§ 612 Abs. 1 BGB),[206] äußerst streitig, nach hM nur, wenn vereinbart).

h) Sondertätigkeit

In dem Verwaltervertrag oder per Beschl können aber für Sondertätigkeiten dem Verwalter **zusätzliche Vergütungen** eingeräumt werden. Diese müssen aber vor Beschlfassung nach OLG Hamm[207] den WEern bekannt sein.

---

[195] LG Itzehoe ZMR 2001, 919.
[196] BayObLG ZMR 2001, 908.
[197] BayObLG DWE 1985, 124.
[198] BayObLG NJW-RR 1987, 1368.
[199] BayObLG ZMR 2001, 908.
[200] BayObLGZ 1985, 63, 69 ff.
[201] KG NJW-RR 1993, 529.
[202] OLG Köln v. 4.11.1991 – 16 Wx 104/91, ohne Beschl; mit Beschl anders: NZM 2001, 470.
[203] AG Hamburg ZMR 2010, 896.
[204] NJW-RR 1991, 659.
[205] LG Hamburg ZMR 2001, 929; s. ergänzend Schmid DWE 1990, 2.
[206] OLG Hamm NZM 2001, 53.
[207] NZM 2001, 49, 52.

§ 26 I. Teil. Wohnungseigentum

Beispiel: Sonderhonorar für die gerichtliche Geltendmachung von Ansprüchen,[208] per Stunde oder als Pauschale[209] oder für Architektenleistungen[210] oder für aufwändige Baubetreuung[211] oder für die Zustimmung zum Eigentümerwechsel[212] oder Bescheinigung nach § 35a EStG (s. § 28 Rn. 54[213]), oder Mahnungen[214] oder Fotokopiekosten: Soweit der Verwaltervertrag für notwendige Informationsschreiben an die Eigentümer einen Ersatzanspruch des Verwalters vorsieht, ist dieser nach dem OLG Düsseldorf[215] auf 0,15 EUR zuzüglich MwSt. zu begrenzen, 0,25 EUR ist nach dem OLG zu hoch. Dies gilt nach OLG Hamm[216] auch bei Erstattung von Fotokopiekosten. Der Verwalter soll für die in seinem Büro vorhandenen Fachkräfte grundsätzlich nur dann eine Vergütung erhalten, wenn sie für die Gem besondere Aufgaben ausführen.

Das **Sonderhonorar muss** jedoch **in einem angemessenen Verhältnis stehen**, was bei 0,5 % vom Kaufpreis nicht der Fall ist.[217] Ebenso bei einer Verwaltergebühr für Bauaufsicht von 5 % der Bausumme plus MwSt. Bei einem WP-Volumen von 12.000 EUR, ist dies bei einer Summe von 1.500 EUR unangemessen.[218]

i) Mangelhafte Leistung

29 Erbringt der Verwalter seine Leistungen schlecht oder mangelhaft, so kann der Verband die Vergütung nur **mindern**, wenn dadurch ein Schadensersatzanspruch entsteht, mit dem aufgerechnet werden kann,[219] keinen Anspruch hat er nur, wenn er keine Leistung erbringt, zB wegen Tätigkeitsverbot.[220]

9. Aufgaben und Befugnisse

30 Hier kann entweder in kurz gefassten Verwalterverträgen auf die **gesetzlichen Bestimmungen** verwiesen und entsprechende Ergänzung vorgenommen[221] oder die vom Verwalter übernommenen **Aufgabenbefugnisse detailliert dargestellt** und in Grundleistung und besondere Leistung unterteilt werden.[222] Ansonsten gelten die Vorschriften des BGB über Auskunft (§ 666[223]), Heraus-

---

[208] BGH NJW 1993, 1924 oder Bearbeitung, AG Düsseldorf WuM 2007, 646.
[209] BayObLG NZM 2004, 587; AG Düsseldorf ZMR 2008, 80.
[210] OLG Hamm NZM 2001, 49, 52.
[211] OLG Köln NZM 2001, 471; AG Hamburg ZMR 2008, 106.
[212] KG NJW-RR 1997, 1231.
[213] KG ZMR 2009, 709.
[214] OLG Düsseldorf NZM 1999, 267.
[215] Vom 22.4.1991 – 3 Wx 428/90.
[216] NZM 2001, 49, 52; OLG München ZMR 2007, 815: 0,20–0,72 EUR.
[217] KG NJW-RR 1997, 1231.
[218] OLG Düsseldorf ZMR 1999, 193.
[219] BayObLG WuM 1997, 345.
[220] KG WuM 1991, 57.
[221] Sauren Verwalter §§ 3–6.
[222] Sauren Verwalter S. 52 ff.
[223] BGH NJW 2011, 1137.

Bestellung und Abberufung des Verwalters § 26

gabe (§ 667,[224] s. Rn. 44 f.) oder Aufwendungsersatz (§ 670[225]). Zu häufig unwirksamen Haftungsbegrenzung.[226]

10. Abberufung des Verwalters

Auch hier ist, wie bei der Bestellung, **zwischen** der **Abberufung und** der **Kündigung** des Vertrages zu **unterscheiden**.[227] Die Trennungstheorie zwischen Amt und Vertrag (Rn. 5) bietet für den Verband den Vorteil, sich jederzeit vom Verwalter durch Abberufung lösen zu können, ohne die Beschränkung des Verwaltervertrages berücksichtigen zu müssen, zB derzeitige Unkündbarkeit. Mit bestandskräftigem Abberufungsbeschl endet die Verwalterstellung.[228] Die **fristlose Kündigung des Verwaltervertrages** wird aber regelmäßig dahin auszulegen sein, dass damit auch der Verwalter abberufen wird.[229] Nach OLG Schleswig kann bei wichtigem Grund die wirksame Abberufung des Verwalters als auflösende Bedingung des Verwaltervertrages vereinbart werden.[230]

31

a) Abberufungsbeschluss

Der Beschl (oder das Urteil) als Abberufungsakt **regelt intern zwischen den Wohnungseigentümern**, dass der Betreffende die Stellung als Verwalter beenden soll. Da die Abberufung eine empfangsbedürftige Willenserklärung ist, bedarf es zur Beendigung noch des Zugangs bei dem Verwalter,[231] der jedoch regelmäßig in der Versammlung anwesend ist, so dass die Abberufung sofort wirkt. Durch die Abberufung erlöschen die dem Verwalter gegebenen Vollmachten (§ 168 S. 2 BGB).[232] Für die Abberufung zeigt das WEG **zwei Wege** auf, unabhängig davon, durch welchen Akt der Verwalter bestellt wurde, nämlich Beschl oder Urteil:

32

aa) Aufgrund eines Beschlusses (Abs. 1 S. 1). Abberufung ist **jederzeit möglich, wenn keine bestimmte Zeit vereinbart wurde**,[233] aber **nicht rückwirkend**.[234] Sie erfolgt durch Beschl aufgrund einfacher Mehrheit entweder als ausdrücklicher Abberufungsbeschl oder durch Vertragskündigungsbeschl[235] oder als Bestellungsbeschl für neuen Verwalter.[236] Beschl bis zur rechtskräftigen Aufhebung verbindlich auch ohne wichtigen Grund. Soweit andere Personen kündigen, zB der Beiratsvorsitzende oder einzelne WEer, ist dies nur

33

---

[224] BayObLG NZM 1999, 1148.
[225] BGH NJW 1993, 1227.
[226] S Sauren Verwalter § 8.
[227] BayObLG NZM 1999, 844; s. auch Rn. 39.
[228] BGH NJW 2002, 3230.
[229] BayObLG NZM 1999, 844.
[230] OLG Schleswig ZMR 2007, 727.
[231] OLG Hamm ZMR 2007, 133; Suilmann ZWE 2000, 106.
[232] BayObLG NJW 1958, 1824.
[233] OLG Hamm NZM 1999, 230.
[234] AG Bonn ZMR 2010, 320.
[235] BayObLG ZMR 2004, 687.
[236] BayObLG ZMR 2003, 438.

möglich, wenn dieser vorher durch Beschl beauftragt wurde, selbst wenn er im Einverständnis mit der Mehrheit der WEer handelt.[237] Ist eine **feste Vertragslaufzeit** vereinbart, so endet Vertrag, ohne dass es einer Kündigung bedarf, mit ihr. Will sich die Gem vorher vom Verwalter lösen, bedarf sie eines wichtigen Grundes, um nicht schadensersatzpflichtig zu werden. Die Frist des BGB (§ 626) von 14 Tagen zum fristlosen Kündigen seit Bekanntwerden der Gründe gilt nicht, jedoch muss Gem binnen angemessener Frist handeln.[238] Der Verwalter, der abberufen wurde, hat **Anfechtungsrecht gegen eigene Abberufung**,[239] aber kein Anfechtungsrecht gegenüber dem Beschl, der den neuen Verwalter bestellt,[240] es sei denn, er ist WEer, jedoch steht ihm gegen seine eigene Abberufung ein Rechtsmittelrecht gegen die Ungültigkeitserklärung des Bestellbeschl des Gerichts zu,[241] ebenso dem neuen Verwalter bei Aufhebung des Abberufungsbeschl.[242] Das Recht zur Anfechtung entfällt auch nicht deshalb, weil der neue Verwalter zwischenzeitlich ausscheidet.[243] Das Gerichtsverfahren erledigt sich aber mit Ablauf der Bestellzeit,[244] anders bei Klage des Abberufenen, wenn diese noch für Vergütung bedeutsam sein kann.[245]

34 bb) Aufgrund eines Gerichtsurteils.[246] Wenn ein WEer dies als Maßnahme der ordnungsgemäßen Verwaltung (§ 21 Abs. 4) verlangt, entweder auf Abberufung des Verwalters (Regelfall[247]) oder auf Verurteilung der anderen WEer zur Abgabe der Abberufungserklärung. Die Entscheidung des Gerichts **ersetzt** (§ 21 Abs. 8) **die** an sich gebotene **Beschlussfassung**. Die Rechtslage stellt sich nicht anders dar, als wenn die WEer selbst einen Beschl über die Abberufung gefasst hätten.[248]
1. Hierzu besteht aber ein **Rechtsschutzbedürfnis** idR nur dann, wenn der Versuch, einen Beschl zu erreichen, gescheitert ist.[249] Dies ist aber ausnahmsweise dann entbehrlich, wenn das dem WEer, der die Absetzung des Verwalters fordert, nicht zugemutet werden kann.[250] Solche Gründe sind zB, dass nur wenige WEer vorhanden sind und der Verwalter im praktischen Ergebnis über die Mehrheit in der Versammlung verfügt,[251] oder der Verwalter trotz der Bedenken der WEer entlastet und neu bestellt wurde.[252]

---

[237] BayObLG NJW 1965, 821.
[238] BayObLG NZM 2000, 341; OLG Schleswig ZMR 2007, 727.
[239] OLG Hamburg ZMR 2010, 627.
[240] BGH NJW 1989, 1087; 2002, 3240.
[241] BGH NJW 2007, 2776.
[242] OLG Düsseldorf ZMR 2004, 450.
[243] BayObLG NJW-RR 1988, 270.
[244] OLG Köln NZM 2004, 625; OLG Hamm NZM 1999, 227; aA Sauren ZWE 2000, 113.
[245] OLG Hamm ZMR 2007, 133.
[246] Gottschalg WE 1998, 242.
[247] BGH NJW 2011, 3025.
[248] BGH NJW 2012, 1207 Rn. 16.
[249] BayObLG ZMR 1998, 174, 175.
[250] BayObLG ZMR 1998, 174, 175.
[251] OLG Stuttgart OLGZ 1977, 433; OLG Düsseldorf ZMR 1994, 520.
[252] BayObLG NJW-RR 1986, 445.

Bestellung und Abberufung des Verwalters § 26

2. **Voraussetzung** ist aber, dass der Beschl ordnungsgemäßer Verwaltung entspricht und die Beschränkung der Abberufung (regelmäßig wichtiger Grund) vorliegt.[253] Der Antrag kann jedoch nicht auf Gründe gestützt werden, für die der Verwalter durch Beschl entlastet wurde oder die durch Anfechtung der Bestellung hätten geltend gemacht werden können.[254] Haben bei einer Wiederwahl die WEer in Kenntnis des Verhaltens des Verwalters den Beschl gefasst, so kommt nach OLG Düsseldorf[255] nur eine Abberufung in Betracht, wenn danach ein neuer wichtiger Grund vorliegt, ebenso wenn Wiederwahlbeschl unangefochten blieb.[256] Selbst ein wichtiger Grund kann nicht ausreichen, wenn noch ein Ermessensspielraum besteht nach BGH,[257] es sei denn, die Pflichtverletzung ist erheblich, zB Untreue.[258] Es besteht die Möglichkeit, vor einem Urteil durch eine einstw. Verfügung einen Verwalterwechsel zu erreichen.[259]

3. **Folgen:** Das rechtskräftige Urteil ersetzt dann den Abberufungsbeschl.[260] Abberufener hat Rechtsschutzmöglichkeit. Durch Ablauf der Bestellzeit erledigt sich die Klage.[261]

cc) **Verpflichtungsklage.** Der Weg, gerichtlich die übrigen WEer zur Mitwirkung bei der Abberufung zu verpflichten, ist vom BayObLG[262] ausdrücklich abgelehnt worden.

b) Außerordentliche Abberufung

Gemäß Abs. 1 S. 3 kann die außerordentliche Abberufung nur auf das Vorliegen eines **wichtigen Grundes** begrenzt werden. Andere Beschränkungen, sei es im Verwaltervertrag, durch Beschl oder Vereinb/TErkl, sind nichtig (Abs. 1 S. 4, § 134 BGB).

Beispiel: Das Hinausschieben des Wirksamwerdens des Abberufungsbeschl.

Die Abberufung des Verwalters gilt als wirksam, wenn der Beschl nicht innerhalb eines Monats angefochten wird.[263]

Beispiel: Zustimmung der Realgläubiger[264] oder Dritter oder das Erfordernis einer qualifizierten Mehrheit, ³/₄ Mehrheit[265] oder der Ausschluss bestimmter Gründe bzw. die Auflistung bestimmter Gründe.[266]

---

[253] BGH NJW 2012, 1884.
[254] BayObLG NJW-RR 1986, 445.
[255] ZMR 1997, 96.
[256] OLG Düsseldorf NZM 2000, 1019.
[257] NJW 2012, 1884.
[258] OLG Köln ZMR 2002, 152.
[259] BGH NJW 2011, 3025.
[260] BGH NJW 2012, 1207.
[261] OLG München ZMR 2006, 475.
[262] NJW-RR 1986, 445 mwN.
[263] KG OLGZ 1978, 179.
[264] BayObLG NJW 1958, 1824; ZMR 1985, 210, 211.
[265] AG Köln MDR 1977, 53f.
[266] Palandt/Bassenge Rn. 9.

§ 26 I. Teil. Wohnungseigentum

S. 4 verbietet nicht Beschränkungen, die das ordentliche Abberufungsrecht einengen.[267]

Beispiel 1: Die ordentliche Kündigung ist nur unter der Bedingung der Zustimmung der Realkreditgläubiger zulässig.

Beispiel 2: Ebensowenig ist ein vom gesetzlichen Stimmrecht abweichendes Stimmrecht unzulässig.[268]

c) Wichtiger Grund

37 Für das Vorliegen eines wichtigen Grundes (§ 314 Abs. 1 BGB) ist entscheidend, ob das **Vertrauensverhältnis zwischen Wohnungseigentümergemeinschaft und Verwalter** unter Berücksichtigung aller Umstände, nicht notwendig durch das Verhalten des Verwalters, **zerstört** ist und der WEGem deshalb nach Treu und Glauben ein Festhalten an der Zusammenarbeit mit dem Verwalter nicht mehr zugemutet werden kann.[269] Dies ist erforderlich, wenn die Bestellung oder der Vertrag auf bestimmte Zeit erfolgt ist und man sich vorher lösen will oder wenn dies so im Vertrag vereinbart ist.[270] Die Abberufung muss innerhalb angemessener Zeit geschehen, nachdem die WEer von den belastenden Umständen Kenntnis erlangt haben, länger zurückliegende Tatsachen können allenfalls unterstützend herangezogen werden.[271] Nur Ereignisse zum Zeitpunkt der Beschlfassung sind relevant und bekannte,[272] diese können aber vor Bestellung liegen[273] und außerhalb des Verwalterverhältnisses. Nach OLG Hamm[274] soll auch die Störung Einzelner oder einer Gruppe ausreichen. Dies ist abzulehnen, da ansonsten ein Mehrheitseigentümer schalten und walten kann, wie er will.

d) ABC der wichtigen Gründe

38 In **ABC-Form** sind nachfolgend mögliche Fallgestaltungen aufgeführt. Zu berücksichtigen ist aber, dass ggf. einzelne Gründe für sich allein genommen nicht ausreichen, sondern nur im Zusammenhang mit anderen.[275] IÜ ist zu berücksichtigen, dass es sich hierbei um eine Willensentscheidung der Mehrheit handelt. Wichtige Gründe können deshalb dann nicht ausreichend sein, wenn ein einzelner WEer den Beschl anficht; denn den Eigentümern steht insoweit ein Beurteilungsspielraum zu, der erst dann überschritten ist, wenn die Ablehnung der Abberufung aus objektiver Sicht nicht vertretbar erscheint.[276] Zu berück-

---

[267] Merle S. 97f.
[268] BGH NJW 2012, 921.
[269] BGH NJW 2014, 1447 Rn. 23 f.; 2002, 3240.
[270] BGH NJW 2012, 1884.
[271] Siehe Abberufungsfrist Rn. 38.
[272] OLG Saarbrücken ZMR 1998, 55; BayObLG NZM 2001, 104; OLG Köln NJW-RR 1998, 1622; KG ZMR 2007, 801.
[273] KG OLGZ 1974, 399.
[274] NZM 2002, 297.
[275] OLG Köln ZMR 1999, 789; LG Hamburg ZMR 2012, 468.
[276] BGH NJW 2012, 1884; KG ZMR 2007, 801.

sichtigen ist, dass die Abberufung nicht auf Gründe gestützt werden kann, auf die sich eine dem Verwalter erteilte Entlastung (§ 28 Rn. 68) erstreckt.[277]

Abberufungsfrist: Die Abberufung muss innerhalb angemessener Frist nach Kenntnis vom Grund geschehen (KG Berlin GE 2009, 1053; BayObLG NZM 2000, 341; OLG Hamm WuM 1991, 218 und ZMR 2007, 133). Sie bemisst sich danach, in welchem Zeitraum die erforderliche Beschlfassung der Versammlung herbeigeführt werden kann (BayObLG und OLG Hamm aaO). Das KG Berlin hielt den Zeitraum 26. 4. bis 4. 11.2005 bei umfangreicherer Aufarbeitung des Sachverhaltes und Verhandlungen für angemessen (KG Berlin aaO). Für Abberufungsbeschl als Organisationsakt gilt keine Erklärungsfrist. Die Zweiwochenfrist (des § 626 Abs. 2 BGB) hat für die Abberufung aus wichtigem Grund nur Bedeutung, wenn diese zugleich die fristlose Kündigung des Verwaltervertrages enthält (ZMR 2012, 465). Kenntnis ist erst gegeben, wenn Gem in ihrer Gesamtheit die maßgeblichen Umstände kennt; einzelne WEer reichen nicht aus (KG Berlin aaO). Nach BayObLG hat ein WEer, der allein das in § 24 Abs. 2 WEG genannte Quorum erreicht, das Recht, Abberufung und Kündigung zu verlangen, jedenfalls nach dem Ablauf von mehr als zwei Monaten ab Kenntniserlangung verwirkt (NJW-RR 2000, 676). S. Jahresabrechnung.

Abmahnung (Abramenko ZWE 2012, 250): Nach der hier vertetenen Mindermeinung ist eine solche nicht notwendig vor Abberufung, wäre auch regelmäßig praktisch bei einer nur einmal im Jahr stattfindenden Versammlung nicht durchführbar (LG Hamburg ZMR 2002, 468; aA OLG Düsseldorf ZMR 2006, 465). Nach BGH muss vor Abberufung der Verwalter zu einer ordnungsgemäßen, den Vorstellungen des Verbandes entsprechenden Erfüllung der Verwalterpflichten angehalten werden (NJW 2002, 3240). Ebenso AG Halle (Saale), nach welchem bei einmaligen Pflichtverstößen es geboten sein kann, den Verwalter zunächst durch eine Abmahnung zur Erfüllung der Verwalterpflichten anzuhalten (v. 17.11.2009 – 120 C 376/09). Nach der hM ist Abmahnung je nach Schwere der Vorwürfe entbehrlich (OLG Hamm ZMR 2007, 133; AG Bonn ZMR 2011, 904; AG Moers NZM 2012, 122; LG Frankfurt ZWE 2013, 219 Rn. 74). Eine vorherige Abmahnung ist zB nicht erforderlich, wenn Verwalter mehrere gegen ihn ergangene Entscheidungen nicht in Beschlsammlung aufnimmt (LG Karlsruhe ZWE 2013, 37; LG Hamburg ZMR 2014, 310). Abmahnung ist durch Beschl auszusprechen, zu dessen Anfechtung der Verwalter berechtigt ist (LG Nürnberg ZMR 2009, 483). Überprüfungsmaßstab sind nicht nur formelle Mängel, sondern alle, da Verwalter die Möglichkeit haben muss, sich vor unberechtigten Vorwürfen zu schützen (LG Nürnberg aaO; aA Bärmann/Merle Rn. 207 nur formelle). Einzelner WEer hat nur Abmahnrecht, wenn seine Rechte betroffen.

Abrechnung(JA)/Belege: Wichtiger Grund liegt vor, wenn Verwalter einen durch Beschl verlangten Bericht nicht erstattet und Belege nicht (LG Freiburg NJW 1968, 1973) oder verspätet (acht Monate) vorlegt (BayObLG

---

[277] BayObLG ZMR 1998, 176.

Rpfleger 1965, 224). Dies gilt aber nicht bei elf Monaten, wenn er auf Heizkostenabrechnung wartet (OLG Brandenburg NZM 2002, 131). Aber wichtiger Grund, wenn verspätete Berücksichtigung nicht erklärt (BayObLG WE 1996, 237) oder nicht in gewünschter Form vorgelegt wird (BayObLG WE 1986, 65). Ebenso wichtiger Grund bei Nichtvorlage der JA über einen längeren Zeitraum (OLG Köln WuM 1999, 599), zB von 15 Monaten (OLG Karlsruhe WE 1998, 191) oder zwei Jahren, sowie der Unterlassung von Versammlungen (AG Recklinghausen DWE 1990, 36). Ebenso die wiederholte nicht rechtzeitige Aufstellung der JA nach BayObLG (NZM 2000, 343; BGH NJW 2002, 3240) und LG Dortmund (NZM 2000, 684) oder Nichtvorlage mehrerer Abrechnungen (OLG München ZMR 2007, 807). Ferner, wenn der Verwalter den mit der Prüfung der JA beauftragten WEern die Einsicht in seine Abrechnungsunterlagen verweigert (BayObLG WE 1991, 358). Mängel einer JA können aber nicht mehr geltend gemacht werden, wenn diese genehmigt wurde (LG Düsseldorf ZMR 2010, 713; KG ZMR 1987, 393). Nach OLG Köln (NJW-RR 1998, 1622) müssen die Mängel der JA schwerwiegend sein, zB bei Verstoß gegen Vereinb (hierzu Sauren WE 1999, 90) und auch subjektiv vorwerfbar, was bei Rechtsprechungsänderung fehlt (BayObLG NZM 2001, 757). Unvermögen oder mangelnde Bereitschaft des Verwalters, nach der gesetzlich anerkannten Methode abzurechnen, stellt einen „wichtigen Grund" dar (OLG Düsseldorf ZMR 2006, 293). Hat Verwalter Fehler bei der JA begangen, dann aber gezeigt, dass er in der Lage ist, diese abzustellen (insbesondere durch nicht angefochtene JA), führt dies nach OLG Köln zum Entfallen des wichtigen Grundes (WuM 2006, 586). S. Jahresabrechnung, Entnahme, Neutralitätspflicht.

Abtretung von Ansprüchen: Wichtiger Grund liegt vor, wenn sich Verwalter Ansprüche Dritter gegen die WEer abtreten lässt, um gegen diese vorzugehen (BayObLG WE 1994, 274). Tritt Verwalter seine Honoraransprüche an einen WEer ab, damit dieser mit den gegen ihn gerichteten Wohngeldforderungen aufrechnet, ist dies wichtiger Grund (BayObLG ZMR 2004, 840).

Auftragsvergabe: Vergibt Verwalter ohne Beschl Aufträge zur Ausführung von nicht dringenden Instandsetzungsmaßnahmen erheblichen Umfangs, ist wichtiger Grund gegeben, insbesondere, wenn es auf Uneinsichtigkeit beruht, und die Gem damit rechnen muss, dass es fortgesetzt wird (BayObLG ZMR 2004, 601). Vergibt Verwalter Auftrag an Firma, die keinen Auftrag erhalten sollte, ist dies nach LG Itzehoe kein wichtiger Grund (ZWE 2012, 145). Ebenso kein wichtiger Grund nach OLG Hamburg, wenn Verwalter Beiratsaufgaben an sich zieht, die Beiratsmitglieder dies über einen längeren Zeitraum geduldet haben, und die Vergabe der Arbeiten durch den Verwalter zu keinerlei finanziellen Nachteilen geführt hat (ZMR 2005, 974).

38B **Baumängel:** Verwalter hat evtl. vorhandene Baumängel, soweit er an der Errichtung der Anlage nicht mitgewirkt hat, nicht zu vertreten, aber die WEer darüber zu unterrichten, sonst wichtiger Grund (OLG Frankfurt ZMR 1992, 356). Wichtiger Grund gegeben, wenn Verwalter auch als Bauleiter tätig war, und er die ihm bekannten und von ihm gegenüber den ausführenden Firmen

gerügten Mängel nicht in das Abnahmeprotokoll für das GE aufnehmen ließ (AG Augsburg v. 23.2.2011 – 30 C 2739/08).
Beantwortung: Verzögerungen bei Briefen und Anfragen, soweit sie nicht eklatant sind, stellen keinen wichtigen Grund dar.
Behandlung: Schikanöse Behandlung der WEer stellt wichtigen Grund dar, wie haltlose Strafanzeige (OLG Hamm ZMR 2002, 542). Macht Verwalter gegen einen WEer („Mehrheitseigentümer") Forderungen geltend, die nicht die Verwalterpflichten gegenüber den WEern berührt (hier: streitige Honorarforderungen aus angeblicher Beratungstätigkeit im Zusammenhang mit der Verwaltung anderer WEeinheiten gegen einen WEer), besteht nach OLG Düsseldorf idR kein wichtiger Grund (ZMR 2004, 53). Bezeichnung eines schwierigen WEers als Querulanten ist wichtiger Grund (LG Lüneburg ZMR 2012, 133).
Beirat: Ein Angriff gegen den Beirat („in diesem Stil ist eine Zusammenarbeit nicht möglich") in Verbindung mit der Betreibung der Abwahl stellt nach dem OLG Frankfurt einen wichtigen Grund dar (NJW-RR 1988, 1169; s. auch OLG Köln WuM 2007, 403). Unterlassener Hinweis auf mögliche Anfechtbarkeit der Beiratswahl kein wichtiger Grund; auch zusammen mit kurzfristiger Verzögerung der JA und einem unvollständigen Protokoll, sein (AG Koblenz WuM 2012, 118). Behauptet Verwalter, die Beiratsvorsitzende sei der Prostitution nachgegangen, und steht dies mit sachlichen Vorwürfen nicht im Zusammenhang, liegt wichtiger Grund vor (OLG Hamm ZMR 2007, 133). S. auch Verwaltungsbeirat.
Beleidigung: Nach KG (ZMR 1997, 489) dann nicht ausreichend, wenn WEer Auseinandersetzung mit großer, vom Verwalter objektiv nicht veranlasster Schärfe geführt hat.
Berufliche Qualifikation: Nach LG Hamburg wichtiger Grund gegeben, wenn Verwalter einer größeren WEG (etwa 24 Einheiten) und dessen Mitarbeiter nicht über die berufliche Qualifikation (Ausbildung im Bereich der Immobilienverwaltung) und Erfahrung bei der Verwaltung von WEGs verfügen (ZMR 2012, 385), ebenso LG Düsseldorf (ZMR 2014, 234).
Beschäftigung vorbestrafter Angestellter: Soweit ein wegen Vermögensdelikten vorbestrafter Angestellter beim Verwalter eine Stellung bekleidet, die erhebliche Vertrauenswürdigkeit erfordert, kann dies nach KG Berlin (v. 4.7.1984 – 24 W 1714/84, zit. nach Dittrich ZMR 1986, 191) wichtiger Grund sein, es sei denn, die Vorstrafen sind getilgt (KG WuM 1989, 347). Wenn ein zum Verwalter Bestellter vor seiner Bestellung Fragen nach eigenen Vorstrafen oder denen seines Vertreters ausweichend oder bagatellisierend beantwortet und dadurch Irrtum über den genauen Umfang der noch nicht getilgten Vorstrafen erregt, kann dies wichtigen Grund darstellen (KG WuM 1993, 761). Wenn Verwalter selbst eine strafbare Handlung begeht, insbesondere ein Vermögens- oder Eigentumsdelikt, ist ebenfalls wichtiger Grund gegeben (BayObLG ZMR 1998, 446). Unbegründeter Verdacht reicht nicht (Elzer WE 2000, 269), ebenso reichen nicht bei erfolgtem Freispruch Ausführungen im Urteil, dass bewusst wahrheitswidrig in einer Angelegenheit vorgetragen worden wäre (BayObLG NZM 2001, 104). S. Straftat.

Beschluss: Die Nichtbeachtung von Beschlüssen ist idR ein wichtiger Grund, zB wenn die JA (BayObLG WE 1986, 65) oder der WP (LG Schweinfurt WERS II S. 345) abweichend von einem Beschl aufgestellt wird; s. auch Gerichtsverfahren und Sanierung.
Beschlussunfähigkeit: Herbeiführung derselben stellt wichtigen Grund dar (LG Freiburg NJW 1968, 1973).
Beschlusssammlung: Bei nicht ordnungsgemäßer Führung liegt idR wichtiger Grund vor, muss aber nicht zur Abberufung führen, wenn Mehrheit trotzdem eine Wiederwahl vornimmt (BGH NJW 2012, 1884). Nicht jeder noch so kleine Fehler führt aber stets zur Abberufung, es müssen die Umstände des Einzelfalls berücksichtigt werden. Ein wichtiger Grund soll aber vorliegen, wenn bei der Führung der Beschlsammlung mehrere Fehler gemacht werden (AG Wiesbaden ZMR 2012, 66; LG Hamburg ZMR 2014, 316) oder einzelne, wenn gewichtig, wie zB Nichtaufnahme einer gegen ihn ergangene Entscheidung (LG Karlsruhe Info M 2012, 120) oder Aufnahme einer nicht existierenden Beschlussfassung über seine Entlastung (AG Charlottenburg ZWE 2013, 274). S. § 24 Rn. 49 ff.
Bestellung: Auch das Verhalten vor der Bestellung, zB die Verletzung der Pflichten als Baubetreuer oder außerhalb der Verwaltung, kann ein wichtiger Grund sein (KG OLGZ 1974, 399). S. ordnungsgemäße Buchführung; Baumängel.
Betreuung: Regt der Verwalter an, für einen WEer einen Betreuer zu bestellen, kann dies ein wichtiger Grund, es sei denn, er hat vorher anwaltlichen Rat eingeholt (BayObLG ZMR 2005, 561).

38E **Einberufungsverlangen:** Beruft der Verwalter WEerversammlung unberechtigt nicht ein, ist dies (OLG Düsseldorf ZMR 2004, 692; 1998, 449; LG Düsseldorf ZMR 2012, 384) wichtiger Grund, ebenfalls bei außerordentlicher Versammlung (OLG Hamm WuM 2001, 461). Haben WEer schwerwiegende Vorwürfe mit konkreten Beanstandungen erhoben, die Verdacht finanzieller Unregelmäßigkeiten des Verwalters begründen, und tritt der Verwalter den Vorwürfen nicht konkret entgegen, ist den WEern eine weitere Zusammenarbeit mit dem Verwalter nicht mehr zuzumuten, wenn dieser es unterlässt, dem Verlangen der WEer auf Einberufung einer außerordentlichen WEerversammlung unverzüglich nachzukommen (OLG Düsseldorf ZMR 2004, 692). S. Versammlung.
Eigenmächtigkeit: Eigenmächtige Befriedigung angeblich eigener Ansprüche aus gemeinschaftlichen Geldern ist wichtiger Grund (OLG Düsseldorf DWE 1981, 25). Ebenso wenn Verwalter Aufträge von nicht dringenden Instandsetzungsmaßnahmen erheblichen Umfangs vergibt, wenn das auf Uneinsichtigkeit beruht und die Gem damit rechnen muss, dass das fortgesetzt wird (BayObLG ZMR 2004, 601). Wichtiger Grund, wenn Verwalter eigenmächtig ohne Befassung einen zehnjährigen Zeitmietvertrag über eine Wohnung abschließt und umfangreiche Renovierungsarbeiten in der angemieteten Wohnung durchführen lässt (OLG München WE 2006, 71). Ebenso bei eigenmächtigem Abschluss eines Fernwärmelieferungsvertrages und damit verbundener Umstellung der Beheizung von Öl auf Fernwärme (KG Berlin

GE 2009, 1053). Eigenmächtige Beseitigung von Pflanzen kein wichtiger Grund nach LG Itzehoe (ZWE 2012, 145).
Eigentümer: Der Verwalter hat sich über die Zusammensetzung der Eigentümer zu informieren. Hält er Versammlung nur unter Beteiligung des Bauträgers ab, so wichtiger Grund nach LG Düsseldorf (ZWE 2001, 501).
Einlagensicherung: Ungenügende Einlagensicherung für das Konto der Instandhaltungsrücklage kann wichtiger Grund sein (OLG München NZM 2006, 593).
Einsichtsrecht: Die Nichtgewährung von Einsicht in das Versammlungsprotokoll kann wichtiger Grund sein (LG Freiburg NJW 1968, 1973; BayObLG ZMR 2004, 840) oder wenn er den mit der Prüfung der JA Beauftragten die Einsicht und Auskunft verweigert (BayObLG DWE 1991, 31) oder wenn er einen Termin zur Prüfung der Abrechnungsbelege durch den Beirat ohne triftigen Grund kurzfristig absagt und dem Beirat während der nächsten 4 Monate trotz wiederholter schriftlicher und anwaltlicher Aufforderungen und einer bevorstehenden Versammlung die Einsicht verweigert (AG Pinneberg ZMR 2005, 318).
Entnahme: Monatelange Verzögerung der JA über Entnahmen ist wichtiger Grund (OLG Köln NZM 1998, 960). Entnimmt Verwalter Kosten eines Gerichtsverfahrens aus Gemkonto, obwohl er diese tragen muss, ist dies wichtiger Grund. Abmahnung in diesem Fall nicht erforderlich (LG Karlsruhe Info M 2012, 120). S. Abmahnung.
Ermessen der WEer bei Abberufung: Auch wenn wichtiger Grund für Abberufung eines Verwalters vorliegt, steht Gem für Entscheidung über Abberufung grds. Beurteilungsermessen zu. Deshalb hat ein einzelner WEer gegen die Gem nur dann Anspruch auf Abberufung des Verwalters, wenn dessen Nichtabberufung nicht mehr den Grundsätzen ordnungsgemäßer Verwaltung entsprechen würde, dh nicht mehr vertretbar wäre (BGH NJW 2012, 1884; OLG Rostock ZMR 2010, 223; OLG München ZMR 2007, 807; OLG Schleswig WuM 2007, 216).

Fälschungen: S. Protokoll. 38F
Fehler bei Verwaltung: Wird nur ein Teil der Gesamt-WEG vom Verwalter verwaltet und ist dessen Tätigkeit insoweit beanstandungsfrei, kann nach Entdecken des vom Vorverwalter „übernommenen" Irrtums kein wichtiger Grund für die Anfechtung der Verwalterwahl angenommen werden (LG Köln ZMR 2011, 669).
Finanzielle Verhältnisse: Sorgt Verwalter nicht für ordnungsgemäße finanzielle Verhältnisse der WEer, kann dies (OLG Köln WE 1998, 189; OLG Karlsruhe NZM 1998, 768) wichtiger Grund sein.
Frist: S. Abberufungsfrist.

Gemeinschaftliche Gelder: Sowohl die Entnahme überhöhter Vergütungen (OLG Düsseldorf DWE 1981, 25), als auch die Alleinverfügung über gem Gelder trotz Beschl der WEer, nur mit der Zustimmung eines bestimmten WEers zu verfügen (LG Freiburg NJW 1968, 1973), stellen wichtigen Grund dar. Ebenso irrtümliche Überweisung hoher Geldbeträge auf falsche Konten bzw. an eine falsche Person (KG WE 1988, 168). Erst recht die Entnahme für 38G

§ 26   I. Teil. Wohnungseigentum

eigene Zwecke, da dies einen Straftatbestand erfüllt (Untreue gemäß § 266 StGB, BGH NJW 1996, 65), ggf. auch bei fehlender getrennter Vermögensverwaltung (OLG Hamm v. 26.11.1984, zit. nach Bielefeld Bd 1, 1987, S. 147). Stellt der Verwalter fiktive Zahlungen in JA ein, deren Hintergrund Aufrechnungen und Abtretungen waren, ist dies nach BayObLG wichtiger Grund (ZMR 2004, 840). S. Straftat.

Gerichtsverfahren: Allein die Einleitung von Wohngeldverfahren ohne Beschl der WEer kein wichtiger Grund (KG WE 1986, 140). Verwalter, der durch Maßnahmen in seiner Eigenschaft als WEer Rechtsstreitigkeiten der WEer provoziert und durch sein Verhalten den Eindruck erweckt, er nutze seine Stellung und das Vertrauen der übrigen WEer aus, um seine Interessen gegenüber einem einzelnen WEer durchzusetzen, ist nach OLG Frankfurt für sein Amt ungeeignet. Auch unter Berücksichtigung eines der Gem zustehenden Ermessensspielraumes erforderten die Grundsätze der ordnungsgemäßen Verwaltung in einem derartigen Fall die Abberufung als Verwalter (ZfIR 2004, 444). Die Nichtbeachtung rechtskräftiger Entscheidungen indiziert die Missachtung der Interessen der WEer und ist wichtiger Grund (OLG Oldenburg ZMR 2007, 727). Ebenso wenn Verwalter die Gem mit Kosten eines Prozesses des Beiratsvorsitzenden gegen einen anderen WEer (bei dem der Beiratsvorsitzende unterlegen ist) belastet (OLG Düsseldorf ZMR 2006, 144). Wichtiger Grund gegeben, wenn Verwalter die Gem erst nach Durchführung der mündlichen Verhandlung und Teilanerkenntnis informiert (AG Bonn ZMR 2010, 320).

Gutachten: Die Einholung eines Zusatzgutachtens zur Dachsanierung ist nach BayObLG (WE 1992, 236) allein kein wichtiger Grund.

38H **Hausmeister:** Verfehlungen oder Nachlässigkeit des Hausmeisters können keinen wichtigen Grund für den Verwalter darstellen, es sei denn, er hat sie verursacht und sie sind schwerwiegend, aber ggsf Verletzung der Aufsichtspflicht. Das Fehlen eines schriftlichen Vertrages mit dem Hausmeister ist ebenfalls kein wichtiger Grund (AG Arnsberg DWE 1988, 134). Ebensowenig die Verzögerung des Abschlusses neuer Hausmeisterverträge (AG Hannover ZMR 2005, 581).

Hausordnung: Fehlt diese, ist dies kein wichtiger Grund (AG Hannover ZMR 2005, 581; AG Arnsberg DWE 1988, 134)

Häufung von Fehlern: Die Häufung von Fehlern, die für sich genommen keinen wichtigen Grund ergäben, kann ihrerseits einen wichtigen Grund darstellen (LG Hamburg ZMR 2012, 465; OLG Hamm WuM 1991, 218).

Heizkostenabrechnung: Fehlerhafte Erstellung ist für sich genommen, noch zusammen mit fehlender Einladung zur Versammlung, noch zusammen mit Vorwurf, bei der Nutzung des Dachbodens durch nur zwei WEer untätig geblieben zu sein, ausreichend, um einen wichtigen Grund anzunehmen (OLG Celle OLGR 2003, 419).

38I **Information:** S. Rechtsstreit, Gerichtsverfahren.

Insolvenzverfahren: Ist Verwalter mit Firmen, an denen er entweder beteiligt oder für die er als Geschäftsführer bestellt war, in Insolvenzverfahren verwickelt gewesen und hat er für diese in seiner Funktion als GmbH-Geschäftsführer eidesstattliche Versicherungen (jetzt: Vermögensauskunft nach § 802d

ZPO) abgegeben, kann dies wichtigen Grund darstellen (BayObLG ZMR 2005, 301). Schlechte Vermögensverhältnisse des Verwalters können wichtiger Grund sein (OLG Oldenburg ZMR 2007, 306, s. auch BGH NJW 2012, 3175). S. Unpfändbarkeit.

Instandhaltungsrücklage: Die Anlage in Form eines Bausparvertrags ist nach BGH kein wichtiger Grund (NJW 2002, 3240). Ebenso Ungenauigkeiten bei der Entwicklung der Rücklage (AG Bonn ZMR 2012, 485), aber fehlende Trennung und Verwendung für Wohngeld kann ein wichtiger Grund sein (LG Berlin ZMR 2014, 383).

Interessenkonflikt: Bei **Bauträgern** kann dies wichtiger Grund sein (AG Solingen NZM 2001, 149), wobei nach OLG Hamm bereits Gefahr der Interessenkollision, in der sich ein bereits in der TErkl bestimmter Bauträger-Verwalter bei der Verfolgung von Gewährleistungsansprüchen der Gem befindet, sich in der Weise konkretisiert, dass die WEer Gewährleistungsansprüche geltend machen wollen (NJW-RR 2004, 1382), ebenso BayObLG (WuM 2004, 443), weil das Vertrauensverhältnis fehlt. Nach OLG Frankfurt macht ihn das noch nicht ungeeignet als gewählten Verwalter. Vielmehr müssten noch weitere Umstände, wie konkreter Interessenkonflikt und/oder Pflichtverletzungen des Verwalters, hinzutreten (OLGR 2005, 378). Ebenso wenn der Bauträger-Verwalter durch Klage gegen einen WEer auf Kaufpreis sich in einem Interessenkonflikt befindet (OLG Hamm NZM 2002, 295). Wichtiger Grund gegeben, wenn Mehrheitseigentümer sein absolutes Stimmenübergewicht gegen die Mehrheit nach Köpfen für eine seinen Interessen einseitig verbundene Person einsetzt, dh denjenigen WEer zum Verwalter bestellt, dem er Generalvollmacht erteilt hat, der auf Versammlungen ständig seine Interessen wahrnimmt und mit dem eine wirtschaftliche Verquickung besteht (LG Hamburg ZMR 2011, 661). Ebenso, wenn Verwalter die SEverwaltung für Mietpool durchführt und im Rahmen einer Sanierung eine billigere, baurechtlich aber nicht genehmigungsfähige Maßnahme durchzusetzen versucht (LG Hamburg ZMR 2011, 822).

Jahresabrechnung: Die Vorlage der JA nach dem 30.6. eines Jahres kann wichtiger Grund sein (BayObLG WE 1991, 223; BGH NJW 2002, 3240). Weigerung des Verwalters die JA zu erstellen, stellt wichtigen Grund dar (OLG Hamm NJW-RR 2004, 805). Legt Verwalter JAen für zwei aufeinander folgende Abrechnungsperioden nicht vor und billigt die Gem in Kenntnis dieses Umstands allstimmig einen Vertrag, mit dem der Verwalter für einen Zeitraum von fünf Jahren bestellt wird, ist es einem WEer nicht schon mit Rücksicht auf diese Bestellung verwehrt, Abberufung des Verwalters aus wichtigem Grund zu verlangen, wenn der Verwalter diese JA, sowie diejenige für den nächsten Abrechnungszeitraum aus ihm zurechenbaren Gründen auch in der Folgezeit nicht zur Beschlussfassung einbringt (OLG Düsseldorf NZM 2002, 487). Wesentliche Verstöße gegen Regeln einer ordnungsgemäßen Abrechnung stellen wichtigen Grund für Abberufung des Verwalters dar (LG Düsseldorf ZMR 2010, 713; AG Dresden ZMR 2012, 736). Die JA kann aber nicht herangezogen werden, wenn sie von der Gem gebilligt wurde (LG Düsseldorf aaO). Legt der Verwalter seiner Abrechnung einen Verteilerschlüs-

38J

sel zugrunde, der weder den Bestimmungen der TEerkl entspricht, noch durch eine Vereinbarung der WEer gedeckt ist, liegt wichtiger Grund vor (OLG Köln NJW-RR 1998, 1622). S. Abrechnungen/Belege.

38K **Konto:** Unterhält Verwalter nicht für jede WEerGem eigenes Konto, kann dies wichtiger Grund sein (OLG Hamm v. 26.11.1984, zit. nach Bielefeld, 1987, S. 147; aA LG Regensburg v. 14.9.1998 m. abl. Anm. Deckert 2/3594). Ebenso wichtiger Grund, wenn Gelder der Gem nicht auf gesondertem Konto, sondern Eigenkonto geführt werden (OLG Rostock ZMR 2010, 223).

38L **Liquiditätsprobleme:** Schuldhafte Nichtverhinderung stellt nach OLG Karlsruhe (NZM 1998, 768) wichtigen Grund dar.

38M **Makler:** Tätigkeit des Verwalters als Makler für sich genommen stellt keinen wichtigen Grund dar. Ist zusätzlich seine Zustimmung zum Verkauf erforderlich aber wichtiger Grund gegeben (BayObLG NJW-RR 1998, 302; aA Deckert 2/3042, zur Maklertätigkeit des Verwalters s. Münstermann/Schlichtmann FV 1, 99 ff.). Anders wieder, wenn Verwalter erklärt, so lange nicht als Makler tätig zu sein, wie er Verwalter in der Anlage ist (BayObLG NZM 2001, 104). Wichtiger Grund, wenn Verwalter sich über Willen der WEer, zB keine Ausübung von Maklertätigkeiten in der Wohnanlage zu dulden, hinwegsetzt (BayObLG NJW 1972, 1284).
Mehrheitseigentümer: S. Neutralität.

38N **Neutralität:** Verstößt Verwalter gegen sie, liegt wichtiger Grund vor, zB bei Abrechnung, wenn Verwalter den Vorschlägen des Mehrheitseigentümers folgt (OLG Köln NZM 1999, 126; Briesemeister, Potsdamer Tage 2001, 25); in ZweierGem, wenn Verwalter einen WEer im Prozess vertreten hat (BayObLG ZMR 2001, 722) oder wenn Verwalter einem von mehreren verfeindeten Lager angehört (LG Hamburg ZMR 2012, 385, LG Düsseldorf ZWE 2014, 87). Nach AG Hamburg-Blankenese wichtiger Grund, wenn der allein mit Stimmen der in einem Mietpool organisierten WEer gewählte Verwalter in der Nachbar-WEGem bereits Mietpool-WEer zu Beschlussanfechtungen unter Kostenübernahme aufgefordert hat (ZMR 2008, 841). Ebenso, wenn sich ein Verwaltungsmitbewerber bereits vor der Wahl ein Anfechtungsrecht von Wahlbeschlüssen dadurch sichert, dass er eigene Wohnungen ankauft (AG Hamburg-Blankenese ZMR 2008, 575). Erhebt Verwalter Klage gegen Mehrheitseigentümer, die nicht die Verwalterpflichten gegenüber den WEern berührt (zB Streitige Honorarforderungen aus angeblicher Beratungstätigkeit im Zusammenhang mit der Verwaltung anderer WEeinheiten) kein wichtiger Grund (OLG Zweibrücken, ZMR 2004, 53). S. Beirat, Behandlung, Interessenkonflikt.

38O **Ordnungsgemäße Buchführung:** S. Konto.

38P **Personelle Verflechtungen:** Allein die wirtschaftliche oder verwandtschaftliche Beziehung zu einem oder mehreren WEer rechtfertigt keinen wichtigen Grund. Anders aber, wenn Verwalter wirtschaftlich in einer Weise verbunden ist, dass dadurch seine Stellung als uneigennütziger Sachwalter fremden Vermögens beeinträchtigt werden könnte (AG Wedding ZMR 2009, 881 m. Hinw. auf KG Berlin WE 1986, 140). Wichtiger Grund kann gegeben

sein, wenn Verwalter Aufträge an Tochterfirmen vergibt und die Entgeltbeträge über dem regionalen Durchschnitt liegen (AG Halle (Saale) v. 17.11.2009 – 120 C 376/09).
Protokoll: Unrichtige und wahrheitswidrige (insbesondere gefälschte) Protokollierung einer WEerversammlung ist wichtiger Grund (BayObLG WE 1980, 125). Anders, wenn kein Täuschungsvorsatz gegeben ist (BayObLG NZM 2001, 104). Dies gilt auch für das Unterlassen der Protokollierung; jedoch nicht, wenn bei Hausbegehungen keine Protokolle angefertigt wurden, weil keine Mängel festgestellt werden können (AG Arnsberg DWE 1988, 134). Eine mehr als dreimonatige Verspätung bei der Übersendung des Protokolls kann wichtiger Grund sein (BayObLG WEM 1980, 125). Eine verspätete Übersendung für sich allein nach BayObLG (ZMR 2001, 818) aber kein wichtiger Grund. Verwalter, der über eine Versammlung eine Niederschrift erstellt, die in wesentlichen Punkten unrichtig ist, kann nach BayObLG für die weitere Führung der Verwaltung ungeeignet sein (NJW-RR 2004, 445).
Provision: S. Versicherungsprovision.

Querulant: S. Behandlung.

Rechen- und Schreibfehler: Gelegentliche Rechen- und Schreibfehler sind kein wichtiger Grund.
Rechtsstreit, Information über: Die Verletzung dieser Pflicht (§ 27 Abs. 1 Nr. 7) ist kann ein wichtiger Grund sein. Es müssen dabei die Gesamtumstände gewertet werden. Die Nicht-Information über einen Wohngeldprozess ist ggf. anders zu bewerten (LG München ZMR 2010, 473) als zB über die Anfechtung einer wichtigen Sanierungsmaßnahme oder einen jeden WEer betreffenden Nachbarstreit (AG Bonn ZMR 2010, 320).
Rückzahlung: Nimmt Verwalter ohne Beschlermächtigung eine Erstattung an einen WEer vor, kann dies wichtiger Grund sein (BayObLG ZMR 2004, 840).

Sanierung: Allein die Durchführung von Instandhaltungsarbeiten ohne Beschl ist kein wichtiger Grund (KG WE 1986, 140), auch nicht die Nichtdurchführung einer Reparatur, wenn die WEer durch die Abberufung selbst den Grund dafür gesetzt haben (KG ZMR 1987, 393).
Strafanzeige: Des Verwalters gegen WEer reicht nach OLG Düsseldorf (ZMR 1998, 449), erst recht bei haltloser (OLG Hamm ZMR 2002, 542).
Straftat: Verurteilung zur Vermögenstraftat, nicht notwendig gegen die Gem reicht aus, auch wenn die Tat bereits gemäß § 51 BZRG getilgt ist (LG Mönchengladbach ZMR 2007, 565). Bloßer vager Verdacht einer Veruntreuung ist kein wichtiger Grund (AG Bremen-Blumenthal ZMR 2012, 667). Verurteilung wegen Vermögens- oder Eigentumsdelikt auch dann wichtiger Grund, wenn Verwalter eine GmbH ist und Straftat durch deren Geschäftsführer begangen wurde (LG Berlin ZMR 2001, 143). Bei Verurteilung wegen Untreue idR wichtiger Grund, auch dann, wenn diese gegenüber anderer WEG begangen wurde. Anders nur bei positiver Zukunftsprognose. Diese ist nicht gegeben, wenn Verwalter vor seiner Wiederwahl nicht alle WEer über seine zwischenzeitliche Verurteilung und den zugrundeliegenden Sachverhalt in-

formiert. Dann sei er entweder uneinsichtig oder versuche bewusst, seine Verurteilung vor den WEern zu verschleiern (OLG Köln ZMR 2008, 734). S. Beschäftigung vorbestrafter Angestellter.

38T **TOP:** Die Weigerung, einen von vielen WEer gewünschten TOP in die Einladung aufzunehmen, rechtfertigt nach dem OLG Frankfurt (NJW-RR 1988, 1169) einen wichtigen Grund. S. Versammlung.

38U **Unpfändbarkeit:** Ein wichtiger Grund ist auch dann gegeben, wenn die Verwaltungsgesellschaft und die Geschäftsführer unpfändbar sind (OLG Stuttgart OLGZ 1977, 433; AG Wedding ZMR 2009, 881).

38V **Vergütung:** Eine übermäßig hohe Vergütung (zB mehr als 25 % über Vergleichspreisen) kann ein wichtiger Grund sein (OLG München NJW-RR 2008, 26; LG Köln ZMR 2012, 575; BayObLG, WuM 1989, 264; LG Dortmund ZMR 2014, 386). Ebenso eine unberechtigte Honorarvergütung des Verwalters an sich selbst. Nach OLG Köln muss Verwalter bei Honorierung der eigenen Tätigkeit besondere Sorgfalt walten lassen, da er Vertrauensstellung einnehme (ZMR 2008, 904).
Versammlung: Verhinderung einer WEerversammlung zur Abwahl bzw. ordentlichen Kündigung des Verwaltervertrages ist wichtiger Grund (OLG Frankfurt DWE 1988, 36; OLGR 2006, 136). Ist Verwalter auch bei einer zweiten Gem Verwalter und leistet er bei dieser einem Einberufungsverlangen keine Folge, kann die erste WEGem nach OLG Düsseldorf idR daraus keinen wichtigen Grund ableiten (ZMR 2004, 53). Die Überschreitung der Ermessensgrenzen hinsichtlich Zeit und Ort der Versammlung (OLG Hamm NZM 2001, 297) ist wichtiger Grund, ebenso wie die anderthalbjährige **Nichteinberufung** einer Versammlung (BayObLG ZMR 1999, 575). Nach BGH ist dies nur dann ein wichtiger Grund, wenn zu dem Unterlassen des Verwalters weitere Umstände hinzutreten, die seine Pflichtwidrigkeit als schwerwiegend erscheinen lassen. Dies sei regelmäßig anzunehmen, wenn ohne die Durchführung einer Eigentümerversammlung die Funktionsfähigkeit der Verwaltung in Frage gestellt oder sonstige Gründe eine alsbaldige Einberufung einer Versammlung erforderlich machen (BGH NJW 2002, 3240). Wichtiger Grund ist auch die **Herbeiführung der Beschlussunfähigkeit** der Versammlung (LG Freiburg NJW 1968, 1973). Die Nichtabhaltung der Versammlung an dem von der Mehrheit gewünschten Werktag kann wichtigen Grund darstellen (BayObLG WE 1986, 65), nicht jedoch die einmalige Abhaltung der Versammlung an einem 50–60 km entfernten, mit der Bahn gut erreichbaren Ort (BayObLG WE 1992, 236). Bei wiederholten Abhaltungen aber ggf. anders (BayObLG WE 1994, 274). Verlangen eines Vollmachtsnachweises in Form einer schriftlichen Vollmachturkunde gegenüber Vertreter eines WEers ist nach AG Moers wichtiger Grund, wenn der Vertreter bereits wiederholt als solcher aufgetreten ist, ohne dass ein entsprechender Nachweis verlangt wurde (NZM 2012, 122). S. auch gemeinschaftliche Gelder, Einberufungsverlangen, TOP.
Verschmelzung des Verwaltungsunternehmens: Allein die Tatsache ist nach BGH (NJW 2014, 1447 Rn. 28) kein wichtiger Grund, kann es aber

dann sein, wenn Eigentümer dadurch mit nachteiligen Änderungen in der Zusammenarbeit rechnen müssen, die nicht ganz unerheblich sind. Daran wird es regelmäßig fehlen, wenn die sachliche Betreuung aus Kundensicht im Wesentlichen unverändert bleibt, weil das Interesse des Verwalters an der Erhaltung der vertraglichen Vereinbarung höher zu gewichten sein wird.

Versicherung: Abschluss einer verbundenen Gebäudeversicherung ohne die vorherige Einberufung einer von mehr als einem Viertel der WEer beantragten WEerversammlung ist wichtiger Grund (BayObLG WE 1991, 358), ohne einen entsprechenden Antrag nach OLG Köln (NJW-RR 1998, 1623) nicht. Ist Verwalter bevollmächtigt, Versicherungsverträge abzuschließen, enthält dies auch die Bevollmächtigung zur Kündigung. Wird dann keine Verhandlung mit anderen Gesellschaften aufgenommen, begründet dies allenfalls einen geringfügigen Verstoß, der nicht zum wichtigen Grund führt (OLG Köln aaO). Schließt Verwalter die Versicherung in eigenem Namen ab, nach OLG Köln (aaO) nicht zu beanstanden. Ein wichtiger Grund kann nach OLG Düsseldorf vorliegen, dass Verwalter über Monate hinweg versäumt, für einen ausreichenden Gebäudeversicherungsschutz zu sorgen (NZM 2005, 828). Im Einzelfall kann dies anders sein (AG Neuss ZMR 2007, 575). Die Kündigung einer Versicherung, ohne dass der Gem ein Nachteil erwächst, stellt idR nach OLG Düsseldorf keinen wichtigen Grund dar (ZMR 2004, 53).

Versicherungsprovision: Die Entgegennahme von Provisionen für Vertragsabschlüsse der WEer ist wichtiger Grund (OLG Düsseldorf ZMR 1998, 306).

Versorgungssperre: Kein wichtiger Grund, wenn Nichtzahlung von Wohngeld durch WEer veranlasst (BayObLG NZM 2000, 341).

Vertrag: Der Nichtabschluss eines beschlossenen Gaswartungsvertrages kann wichtiger Grund sein (BayObLG WE 1986, 65).

Verwaltervertrag: Missachtung des Antrages einer Vielzahl von WEer, die fristlose Kündigung des Verwaltervertrages in die Einladung zur WEversammlung aufzunehmen, ist wichtiger Grund. Beachtet Verwalter das Auslaufen seines Vertrages nicht, ist das nach OLG Köln (NJW-RR 1998, 1622) allein kein wichtiger Grund. S. Vergütung

Verwaltungsbeirat: Das Betreiben der Abwahl des Verwaltungsbeirates ohne wichtigen Grund und die erklärte Verweigerung der Zusammenarbeit sind wichtige Gründe (vgl. OLG Frankfurt DWE 1988, 36). Anders nach BayObLG (NZM 1999, 283), wenn Beirat in vorwerfbarer Weise Zerwürfnisse herbeigeführt hat (ebenso OLG Hamm ZMR 2007, 133). Wichtiger Grund auch, wenn vertrauensvolle Arbeit zwischen Beirat und Verwalter nicht mehr möglich ist (BayObLG WuM 2002, 386; NZM 2000, 510). Legt Verwalter der Einladung mit TOP seiner Abberufung ein Schreiben seines Anwalts bei, in dem der Beirat als „klassisch psychologischer Fall" bezeichnet wird, kann dies wichtiger Grund sein (BayObLG ZMR 2004, 923). Das Ansichziehen von Beiratsaufgaben (hier: Auftragserteilung für Sanierungsarbeiten) stellt keinen wichtigen Grund dar, wenn der Beirat die Kompetenzüberschreitung über einen längeren Zeitraum geduldet hat, und es zu keinerlei finanziellen Nachteilen geführt hat (OLG Hamburg ZMR 2005, 974). Wichtiger Grund nach OLG Köln, wenn durch Angriffe gegen den Beirat ein Beleg für nachhaltige Störung des Vertrauensverhältnisses gegeben ist; ein Angriff gegen den Beirat hat gleiches Gewicht wie der Angriff gegen WEer (OLG Köln ZMR 2007, 717). S. auch Beirat.

Verwalterübertragung: Die rechts- oder vertragswidrige Übertragung der Verwalterstellung auf einen Dritten stellt einen wichtigen Grund dar (OLG Hamm WuM 1991, 218, 220), auch bereits eines wesentlichen Teils (BayObLG ZMR 1998, 174, 176).

Verwaltungsvergütung: Eigenmächtige Entnahme eines Sonderhonorars ist wichtiger Grund (OLG Düsseldorf ZMR 1997, 485). S. Vergütung.

Vollmacht: Missbrauch der Vollmacht reicht ebenfalls als wichtiger Grund (OLG Düsseldorf ZMR 1997, 485). S. Versammlung.

38W **Weisung:** Die Zuwiderhandlung von Weisungen ist ein wichtiger Grund (OLG Düsseldorf ZMR 1998, 306; LG Bremen ZMR 2001, 148).

Weitergabe von Informationen: Die Nichtweitergabe von Informationen über Mängel am GE/SE durch den mit dem Bauträger identischen Erstverwalter ist ein wichtiger Grund (OLG Frankfurt ZMR 1992, 356). Eine fehlerhafte Information des Verwalters zur Höhe der Einlagensicherung der Instandhaltungsrücklagen begründet keinen wichtigen Grund (OLG München NZM 2006, 593). Wichtiger Grund gegeben, wenn Verwalter Pflicht, interne Angelegenheiten der Gem vertraulich zu behandeln, verletzt. Etwa dadurch, dass er Schreiben einzelner WEer, durch geeignete Maßnahmen das Spielen von Kindern auf Flächen außerhalb des Spielplatzes zu verhindern, einem Dritten zur Verwertung in einer örtlichen Tageszeitung überlässt, weil er etwas gegen das „kinderfeindliche Verhalten" der WEer tun will (AG Kassel ZMR 2006, 322).

Wiederwahl: Hier sind an das Vorliegen eines wichtigen Grundes für die mangelnde Eignung strengere Anforderungen zu stellen als bei einer Abberufung, da sich die WEer gerade bei einer Wiederbestellung für den Verwalter entschieden haben und in die Entscheidung der WEer nur aus wichtigem Grund eingegriffen werden darf (BGH NJW 2002, 3240; 2012, 1884; OLG Düsseldorf ZMR 2006, 144; BayObLG ZMR 2005, 561). Eingriff verneint, wenn zB der Verwalter versucht, die von ihm zu verantwortenden Mängel seiner Arbeit baldmöglichst abzustellen (BayObLG aaO). Ein Beschl über die Wiederwahl eines Verwalters widerspricht ordnungsgemäßer Verwaltung, wenn der Verwalter gravierende Defizite der JA in der nachfolgenden Abrechnungsperiode nicht ausräumt und zudem die Gem mit den Kosten der erfolglosen Klage ihres Beiratsvorsitzenden belastet (OLG Düsseldorf ZMR 2006, 144).

Wirtschaftsplan: Nichtvorlage kann wichtiger Grund sein (BGH NJW 2002, 3240). Die verspätete Vorlage des WP reicht aber dann nicht aus, wenn laut TErkl der frühere WP als Grundlage des Wohngeldvorschusses weiter gilt (OLG Frankfurt OLGR 2005, 378).

Wohngeldrückstände: Soweit Verwalter rechtzeitig einen Anwalt mit der gerichtlichen Geltendmachung beauftragt hat, ist dies kein wichtiger Grund (KG ZMR 1987, 393). Nach BayObLG (ZMR 1997, 93) kein wichtiger Grund, wenn einem WEer Nichtzahlung vorgeworfen und die Entziehung des WE angedroht wird, wenn dies auf Umstellung der Konten beim Verwalter beruht. Aber wichtiger Grund, wenn keine geordneten finanziellen Verhältnisse der Gem mehr gegeben sind (OLG Karlsruhe NZM 1999, 768).

11. Beendigung des Verwalteramtes durch den Verwalter

a) Niederlegung des Amtes

Auch der Verwalter kann grds. ohne wichtigen Grund sein Verwalteramt jederzeit niederlegen.[278] Dies erfolgt **durch Willenserklärung gegenüber dem Verband** regelmäßig in der beschlfähigen Versammlung,[279] gegenüber einem WEer reicht nicht.[280] Grundsätzlich beendet die Niederlegung das Bestellungsverhältnis und damit die Verwalterstellung sofort, den Vertrag jedoch nicht.[281] Niederlegung kann auch als Bedingung für Beendigung des Verwaltervertrages vereinbart werden, dann ist mit ihr der Vertrag zusätzlich beendet.[282] Die weiteren Rechtsfolgen des Vertrages beurteilen sich aus Rn. 40 f. 39

b) Beendigung des Verwaltervertrages

aa) Ohne Kündigung. Ohne Kündigung erfolgt sie regelmäßig **durch Zeitablauf bei befristetem Vertrag, spätestens nach Ablauf von drei bzw. fünf Jahren**[283] oder wenn Bestellung durch Gericht aufgehoben wird, weil Vertrag damit „steht und fällt"[284] oder mit Abberufung, wenn beides als Einheit nach dem Willen der Vertragspartner ausgelegt wird.[285] 40

bb) Mit Kündigung. Sie kann sowohl durch den Verwalter (1) als auch durch die WEerGem (2) erfolgen. 40a

(1) Kündigung durch den Verwalter. Die Kündigung des Verwalters **beendet die Verwalterstellung**[286] **erst, wenn sie in der beschlussfähigen Versammlung erklärt wird**[287] oder den dafür bestimmten WEern (§ 27 Abs. 3 S. 2) oder allen WEern zugeht.[288] Die „Niederlegung des Amtes" des Verwalters aus wichtigem Grund enthält regelmäßig auch die außerordentliche Kündigung des Verwaltervertrages.[289] Er kann sowohl fristgerecht (§ 621 BGB) als auch fristlos (§ 626 BGB) kündigen, soweit die Voraussetzungen dafür, zB der Ablauf des Vertrages, vorliegen. Zwar kann er einseitig sein Amt sofort wirksam niederlegen,[290] wird jedoch dann ggf. schadensersatzpflichtig ohne Vorliegen 41

---

[278] LG Karlsruhe ZWE 2013, 180; BayObLG NZM 2000, 48.
[279] Vgl. OLG Frankfurt OLGZ 1986, 432 für Kündigung; Jennißen Rn. 167; aA zum alten Recht: allen gegenüber OLG München ZMR 2005, 980.
[280] AA LG Karlsruhe ZWE 2013, 180; AG Wisloch NZM 2012, 122; Palandt/Bassenge Rn. 16; Bärmann/Merle Rn. 247; AHW Kap. 12, 279.
[281] Bärmann/Merle Rn. 249.
[282] BayObLG DWE 1994, 80.
[283] BGH NJW 2002, 3240.
[284] BGH NJW 1997, 2107.
[285] BGH NJW 1997, 2106; OLG Zweibrücken ZMR 2004, 66.
[286] OLG Köln NZM 1999, 920.
[287] OLG Frankfurt OLGZ 1986, 432.
[288] Zum alten Recht OLG München ZMR 2005, 980.
[289] BayObLG NZM 2000, 48; LG Münster NZM 2002, 459.
[290] Bogen ZWE 2002, 157.

eines wichtigen Grundes.[291] Der Verwalter hat auch die Kündigungserklärungsfrist einzuhalten (soweit sie im WEG reicht, s. Rn. 42), weil zB bei Zerwürfnis die Gem Zeit haben muss, durch eine Versammlung zu entscheiden, ob die Beiratsmitglieder weiter tätig sein sollen.[292] Wichtiger Grund ist entsprechend Rn. 37 ff. gegeben. Dazu genügt es idR nicht, dass nur gegenüber einem WEer oder einer Minderheit der Grund vorliegt, anders jedoch, wenn Grund gegenüber Beirat oder einzelnem Mitglied gegeben ist,[293] bedenklich. Liegt wichtiger Grund vor, kann sich Verband dadurch ggf. schadensersatzpflichtig machen (§ 628 Abs. 2 BGB).

42 (2) **Kündigung durch die Gemeinschaft.**
1. Einer Erklärung der Gem bedarf es nicht, wenn der Vertrag durch **Fristablauf** (zB wegen Erreichen der Drei- bzw. Fünfjahresfristen gemäß Abs. 1 oder Vertragsende oder Rechtskraft des Urteils) oder durch Abberufung endet, wenn Stellung und Vertrag einheitlich behandelt werden.[294]
2. Die Kündigung erfolgt hier regelmäßig **durch Beschluss**. Häufig fehlt aber eine ausdrückliche Erklärung (Kündigung), weil in der Abberufung zugleich die Kündigung zumindest stillschweigend enthalten ist.[295] Abberufung ist aber nicht Voraussetzung für Kündigung[296] und ohne Einfluss auf Rechtmäßigkeit der Abberufung.[297] Ist dem Verwalter die Abberufung noch nicht zur Kenntnis gelangt, so ist ein Zugang notwendig, indem zB das Protokoll übersandt wird. Auslegung, ob fristlose oder fristgerechte Kündigung erfolgt. Ob und wie **ordentliche Kündigung** (§§ 620, 621 BGB) zulässig ist, ist durch Vertragsauslegung zu ermitteln.[298]
3. Bei **außerordentlicher Kündigung** ist die sog **Kündigungserklärungsfrist (§ 626 Abs. 2 BGB)**, wonach die Kündigung aus wichtigem Grund nur innerhalb von zwei Wochen seit dem Zeitpunkt erfolgen muss, in welchem die WEer über die für die Kündigung maßgeblichen Tatsachen Kenntnis erlangt haben, nach der Rspr[299] dahingehend anzuwenden, dass die Kündigung in angemessener kurzer Zeit erfolgen muss. Dabei kommt es auf die Kenntnis derjenigen Personen an, denen im konkreten Fall das Recht zur Kündigung zusteht, also den WEern insgesamt.[300] IdR werden die WEer in der Versammlung die umfassende Kenntnis erlangen, so dass dann die sofortige Kündigung genügt, wenn die Versammlung innerhalb angemessener Frist einberufen wurde.[301] Ein Jahr ist jedoch zu lang,[302] ebenfalls mehr als zwei Monate, wenn

---

[291] BayObLG NZM 2000, 49; Bärmann/Merle Rn. 250; Palandt/Basssenge Rn. 16.
[292] BayObLG NZM 2000, 47, 51.
[293] BayObLG NZM 2000, 47, 50.
[294] OLG Zweibrücken ZMR 2004, 66.
[295] BayObLG ZMR 2004, 923; OLG Zweibrücken ZMR 2007, 727.
[296] OLG Düsseldorf ZMR 2008, 392.
[297] BGH NJW 2002, 3240.
[298] ZMR 1997, 94.
[299] OLG Zweibrücken ZMR 2007, 727; BayObLG NZM 2000, 49f.
[300] OLG Hamm WuM 1991, 218, 221.
[301] OLG Frankfurt ZMR 1988, 348.
[302] KG ZMR 1987, 394.

… Bestellung und Abberufung des Verwalters § 26

WEer genügend Stimmen hat (§ 24 Abs. 2), um eine Versammlung einzuberufen.[303] Wichtiger Grund notwendig, entsprechend Rn. 37.

4. Rechtsschutz für Verwalter. Verwalter kann Abberufung anfechten[304] oder Festellung der Unwirksamkeit der Kündigung mit Vergütungszahlung verlangen, dabei muss aber Fälligkeit der Vergütung beachtet werden.

cc) Ansprüche durch Trennung von Amt und Vertrag. (1) Zahlungsansprüche des Verwalters. Der Zeitablauf der Bestellung führt nicht automatisch dazu, dass der Verwaltervertrag beendet ist.[305] Soweit Beschränkungen im Verwaltervertrag enthalten sind, hat dann die Gem weiterhin die Vergütung zu zahlen bzw. Schadensersatz zu leisten (zB bei Vertrag mit automatischer Verlängerung wird Frist für Kündigung nicht eingehalten[306]). Damit hat die bestandskräftige Abberufung nicht notwendig die Kündigung des Vertrages zur Folge,[307] was oft bei der Abfassung von TOP übersehen wird (Rn. 39). Der Verwalter kann folglich trotz bestandskräftiger Abberufung die Feststellung des Fortbestehens seines Vertrages verlangen, erst recht bei Anfechtung.[308] 42a

(2) Schadensersatzansprüche des Verwalters. Durch die Spaltung von Abberufung und Kündigung (Rn. 31) kann die Abberufung wirksam sein, die Kündigung jedoch nicht. 43

Beispiele:
– Die WEer machen bei einem Fünfjahresvertrag vorzeitig von ihrem Abberufungsrecht Gebrauch, ohne dass ein wichtiger Grund vorliegt. Die Abberufung ist wirksam, die Kündigung aber mangels wichtigen Grundes (§ 626 Abs. 1 BGB)[309] nicht.
– Trotz der Beschränkung auf einen wichtigen Grund (Abs. 1 S. 3) bei der Abberufung wird ohne einen solchen der Verwalter abberufen. Der Beschl wird nicht angefochten. Damit ist die Abberufung wirksam, aber nicht die Kündigung des Verwaltervertrages.

In diesen Fällen führt die Abberufung zur Beendigung des Verwalteramtes mit allen Folgen. Der Vergütungsanspruch (§ 615 BGB) und evtl. Schadensersatzansprüche bleiben jedoch bestehen.[310] Allein daraus, dass die WEer sich gegen den Verwalter wenden und ihm kündigen, kann jedoch kein Schadensersatzanspruch hergeleitet werden (§ 823 Abs. 1 BGB, sog Eingriff in den eingerichteten und ausgeübten Gewerbebetrieb liegt nicht vor[311]).

(3) Schadensersatzansprüche der Gemeinschaft. Bei Schadensersatzansprüchen der WEerGem ist zu fragen, welches Mitglied sie verursacht hat, da nach BayObLG[312] nur der verursachende WEer schadensersatzpflichtig ist (dies 43a

---

[303] BayObLG NZM 2000, 341.
[304] BGH NJW 2002, 3240.
[305] BayObLG WuM 1996, 650.
[306] LG Köln v. 16.8.2012 – 29 S 240/11, nicht veröffentlicht.
[307] BayObLG NZM 1999, 283, 284; OLG Köln NZM 2001, 429.
[308] BGH NJW 2002, 3240.
[309] BayObLG WE 1994, 274.
[310] OLG Köln OLGZ 1969, 389.
[311] OLG Köln OLGZ 1980, 4.
[312] NZM 2000, 47, 51.

ist fraglich, da zB Beirat in Vertretung der Gem handelt kann und damit dann bevollmächtigt ist).

Beispiel: Beiratsmitglied gibt wichtigen Grund, dann hat Verwalter nur gegen diesen einen Anspruch, andere WEer haften nicht.

Der Verband, aber nicht der einzelne WEer, oder der Verwalter können gegenüber Vergütungsansprüchen mit Forderungen, zB auf Rückzahlung unberechtigt entnommener Gemgelder, aufrechnen.[313] Es kann auch durch eine entsprechende Klausel im Verwaltervertrag die Dauer des Verwaltervertrages an das Amt gekoppelt werden.[314] Die Höhe der ersparten Aufwendungen des Verwalters bei vorzeitiger Beendigung des Verwalteramtes ist von den Umständen abhängig, 30 bis 90 %,[315] sie wird inzwischen aber regelmäßig mit 80 % bei mittlerern Anlagen angesetzt.[316]

12. Vertragsabwicklung

44 Endet das Amt des Verwalters, gleich aus welchem Anlass, so hat er dem Verband,[317] idR vertreten durch den neuen Verwalter, **alles**, und zwar **im Orginal, herauszugeben**, was er zur Ausübung seines Verwalteramtes erhalten[318] und im Zusammenhang mit seiner Verwaltungstätigkeit angelegt oder erlangt hat.[319] Dies gilt auch dann, wenn der Verwalter seine Abberufung angefochten hat[320] und unabhängig davon, wem das Eigentum an den Unterlagen zusteht.[321] Gerichtliche Geltendmachung erfordert aber Beschl.[322] Trotz Beendigung der Amtstellung muss der Verwalter noch unerledigte Aufgaben erfüllen, zB noch nicht erteilte Abrechnungen fertigen, ggf. Rechnung legen oder Gerichtsverfahren bzw. Zwangsvollstreckung fortsetzen.[323] Ein **Zurückbehaltungsrecht** an Verwaltungsunterlagen **steht dem Verwalter nicht zu** (zB wegen strittiger Vergütung, die schwer zu klären ist[324]), da er weiterhin ein Einsichtsrecht hat und sich Fotokopien anfertigen kann.[325] Verspätete Rückgabe kann Schadensersatzpflicht begründen.[326] Im Einzelnen hat der Verwalter **herauszugeben**, ggf. auf eigene Kosten zu beschaffen, wenn nicht mehr vorhanden:[327]

---

[313] OLG Stuttgart ZMR 1983, 422.
[314] BayObLG WE 1994, 147.
[315] BayObLG NZM 2000, 48, 51; OLG Köln DWE 1994, 110.
[316] OLG Hamburg ZMR 2005, 974 Rn. 31; OLG Köln NZM 2001, 429 Rn. 10.
[317] OLG Hamburg ZMR 2008, 148; OLG München NZM 2006, 349.
[318] BayObLG ZMR 1985, 212, 213; ausführlich Sauren WE 1989, 4.
[319] OLG Hamburg ZMR 2008, 148; aA AG Mettmann ZMR 2008, 848.
[320] OLG Celle NZM 2005, 749.
[321] BayObLG WE 1993, 288.
[322] BayObLG NZM 2000, 48, 51; OLG Köln DWE 1994, 110.
[323] Merle ZWE 2000, 9.
[324] OLG Frankfurt ZMR 1994, 376, oder Unterlagen, OLG Hamm OLGR 2007, 502.
[325] BayObLG WE 1993, 288.
[326] LG Mainz MietRB 2006, 46.
[327] OLG Frankfurt WuM 1999, 61.

- Alle der WEerGem gehörenden **Wohngelder**[328] inkl. Instandhaltungsrück- 45
lage (und Übergabe der Sparbücher, Wertpapiere etc). Es ist nicht notwendig,
dass ein Beschl über die JA oder den WP gefasst wurde.[329] Der Verwalter darf
allerdings mit Ansprüchen auf rückständige Verwaltungsvergütung aufrechnen.[330] Aufwendungen, die der Verwalter nach seiner Abberufung gemacht
hat, kann er nur aus ungerechtfertigter Bereicherung bzw. Geschäftsführung
ohne Auftrag zurückerhalten.[331] Zu den herauszugebenden Geldern gehören
auch solche, die der Verwalter vom Konto der WEerGem verausgabt hat,
ohne dass es sich um Verwaltungsschulden handelte.[332] Andererseits ist der
Verwalter nicht verpflichtet, ein offenes Treuhandkonto des Verbandes auszugleichen.[333] Die Beweislast für die Gemeinschaftsbezogenheit der Überweisungen trifft den Verwalter.[334] Die Differenz kann so ermittelt werden, dass
von dem Guthaben in der letzen Abrechnung bis zum Ausscheiden eine Abrechnung anhand von Kontounterlagen durchgeführt wird.[335]
- Alle **Originalbankauszüge nebst Belegen**[336] der Wohngeldkonten[337] inkl. 46
Überweisungsträger, Originalrechnungen, Kontoblätter etc. und Buchführungsunterlagen (zB Journale, Debitoren-, Kreditorenkonten etc.).
- **Namens- und Anschriftenliste und MEeranteile der WEer.**[338] 47
- **TErkl** mit GO und Aufteilungsplan. 48
- **Verwaltervollmacht** im Original. 49
- Alle bisherigen **Jahresgesamt- und Einzelabrechnungen**[339] einschließlich 50
Heizkostenabrechnung und WP.
- **Verwaltungsprotokolle** inkl. Vollmachten und Anwesenheitslisten. 51
- **Gerichtsentscheidungen** und Verfahrensunterlagen anhängiger Streitsa- 52
chen.
- **Korrespondenz** mit WEern und Dritten. 53
- **Versicherungspolicen** und Versicherungspläne. 54
- **Alle Orginalverträge**, wie Wartungsverträge einschließlich Betriebsanlei- 55
tungen, Wärmelieferungsverträge der WEerGem, auch wenn sie schon abgewickelt sind, soweit die Verträge nur nach steuer- und handelsrechtlichen
Vorschriften aufzubewahren sind oder den WEer aus anderen Gründen ein

---

[328] BGH NJW 1997, 2108.
[329] BGH NJW 1997, 2108.
[330] OLG Stuttgart ZMR 1983, 422; BGH NJW 1997, 2108, auch aus der Rücklage OLG Hamm ZMR 2008, 64; aA Jennißen Rn. 189.
[331] BayObLG DWE 1988, 142.
[332] OLG Hamm v. 18.4.1984 – 15 W 235/84.
[333] BayObLG WE 1998, 157.
[334] BayObLG NZM 1999, 1148; 2000, 245; Niedenführ NZM 2000, 270.
[335] BayObLG ZMR 2001, 207.
[336] Zuletzt BayObLG WE 1993, 288.
[337] OLG Hamburg OLGZ 1987, 188.
[338] OLG Hamburg v. 18.1.1986 – 2 W 61/86, insoweit in OLGZ 1987, 188 nicht abgedruckt.
[339] OLG Hamburg aaO.

Interesse zugestanden werden muss (zB zum Vergleich von Angeboten bei Wärmelieferungsvertrag[340]).

56 – Schließplan, Sicherungspläne, **Generalschlüssel**.[341]

57 – **Unterlagen des Hausmeisters**.[342]

58 – Von der WEerGem dem Verwalter überlassener **Raum**.[343]

59 – Alle für die Errichtung des Gebäudes maßgeblichen **Bauunterlagen**, die für eine ordnungsgemäße Verwaltung bzw. zur Geltendmachung von Gewährleistungsansprüchen notwendig sind, zumindest in Fotokopie,[344] zB Handwerkerverzeichnis oder Gewährleistungsfristenplan,[345] unabhängig, ob er auch Bauträger war.[346] **Nicht** dagegen kann die **Statik** verlangt werden, da diese jederzeit beim Bauamt besorgt werden kann. Auch ist ein direkter Anspruch gegen Bauträger, der nicht Verwalter war, möglich,[347] aber nur bei konkretem Grund, wie Baumängeln.

59a – Alle in der EDV gespeicherten Daten der WEG.[348] Der alte Verwalter hat dabei den Datenschutz sicherzustellen.[349] Er hat dabei die Informationspflicht über aktuelle Probleme.[350] Der neue Verwalter hat die übergebenen Unterlagen auf Vollständigkeit und Richtigkeit zu prüfen, zB Verträge, Beschlsammlung, Vermögenslage, etc.[351]

13. Prozessführung

a) Stufenklage

60 Soweit die WEer ihre Herausgabeansprüche mangels Kenntnis nicht konkretisieren können, können sie **zunächst auf Auskunft klagen** (sog Stufenklage). Der bisherige Verwalter handelt arglistig, wenn er eine nähere Bezeichnung verlangt, die deshalb unmöglich ist, weil der Verwalter Auskunft und Herausgabe versäumt hat.[352] Einfacher ist es jedoch, „alle" Unterlagen zu fordern,[353] dann Zwangsvollstreckung als unvertretbare Handlung (§ 888 ZPO,[354]). Soweit jedoch schon einzelne Unterlagen herausgegeben wurden, ist eine Spezifikation unumgänglich.[355]

---

[340] AG Köln DWE 1980, 23.
[341] BayObLG ZMR 1985, 306.
[342] OLG Hamburg aaO, wie zB Vertrag, Lohnsteuerkarte, Versicherungspapiere etc.
[343] BayObLG ZMR 1988, 187.
[344] OLG Frankfurt ZWE 2006, 458; OLG Hamm NJW-RR 1988, 268.
[345] BayObLG NZM 2001, 469; s. iE die Aufzählung bei Sauren WE 1989, 4, 8.
[346] BayObLG ZMR 2001, 819.
[347] Klimesch IBR 2007, 323; aA LG München BauR 2007, 1431 (konkreter Grund).
[348] AG Oldenburg ZMR 2014, 159.
[349] Brink ZWE 2014, 149.
[350] Casser ZWE 2014, 157.
[351] Scheurer ZWE 2014, 152.
[352] OLG Hamburg OLGZ 1987, 188, 189.
[353] OLG Hamburg ZMR 2008, 148.
[354] OLG Frankfurt WuM 1999, 61.
[355] OLG Hamm vom 15.10.1987 – 15 W 361/85, insoweit in NJW-RR 1988, 268 nicht veröffentlicht.

Bestellung und Abberufung des Verwalters **§ 26**

b) Beschluss

Regelmäßig führt ein **neuer Verwalter das Verfahren als Vertreter des Verbandes**. Ohne Vollmacht und Ermächtigung der WEer ist er jedoch nicht befugt, aus eigenem Recht die Leistung an die Gem zu seinen Händen zu verlangen.[356] Beschlermächtigung für Verwalter entspricht ordnungsgemäßer Verwaltung,[357] aber nicht mehr im eigenen Recht,[358] für Klage aber nicht relevant, da alter Verwalter kein Beschlanfechtungsrecht hat. Dies soll auch stillschweigend erfolgen können.[359] Erfüllungsort ist der Ort der Anlage.[360] **61**

c) Einstweilige Verfügung

Da die Verwaltung des Objekts gewährleistet sein muss und die Unterlagen dazu erforderlich sind, kann ein Antrag einer einstweiligen Verfügung geboten sein,[361] der nach dem AG Kelheim[362] nur **auf befristete Einsichtnahme** begründet ist. Desweiteren empfiehlt sich, von dem Verwalter per Beschl Rechnungslegung (§ 28 Rn. 71 ff.) zu verlangen.[363] **62**

14. Kontoausgleich bzw. Aufwendungsersatz des Verwalters

Hat der Verwalter Zahlungen für den Verband getätigt, weil er das Konto des Verbandes als eigenes oder als Treuhandkonto geführt hat oder Zahlungen von andereren eigenen Konten getätigt, so hat er Anspruch auf **Ersatz seiner Aufwendungen**, sofern die Verbindlichkeiten den Verband betrafen.[364] Waren die WEer selbstverständlich davon ausgegangen, dass der Verwalter die entsprechenden Ausgaben tätigt oder haben sie diese durch WP oder JA gebilligt, haften sie.[365] Aber nicht für Zinsen für eigenmächtig aufgenommenen Kredit.[366] Bei Verfahrenskosten haben die WEer den Verwalter freizustellen, es sei denn, es trifft ihn ein Verschulden.[367] Der Anspruch ist ab Fälligkeit oder Verzug[368] mit mindestens 5 % über dem sog Basiszinssatz (§ 288 Abs. 1 BGB) zu verzinsen. JA ist nicht erforderlich,[369] auch wenn über Jahre keine erfolgten, bedeutet dies keine Verwirkung.[370] Der Anspruch verjährt in drei Jahren.[371] **63**

---

[356] BayObLG Rpfleger 1975, 426.
[357] BayObLG WE 1995, 95.
[358] Folgerung aus BGH NJW 2011, 361.
[359] BayObLG NZM 2003, 243.
[360] AG Aachen ZMR 1998, 56.
[361] Sauren WE 1989, 4, 9.
[362] ZMR 2008, 83; aA zu Recht AG Oldenburg ZMR 2014, 159.
[363] BayObLG WE 1994, 280.
[364] BGH NJW-RR 1993, 1227; OLG Hamburg ZMR 2004, 932; OLG Hamm ZMR 1997, 377.
[365] OLG Hamm ZMR 1997, 377.
[366] OLG Schleswig ZMR 2002, 468.
[367] BayObLG NZM 2000, 964.
[368] KG ZMR 1997, 539; 1990, 62.
[369] BGH NJW 1997, 2107.
[370] BayObLG ZMR 1997, 658; 1998, 104.
[371] BGH NJW-RR 1993, 1227.

15. Verwalternachweis

64 Abs. 3 regelt die Frage, wie der Nachweis der Verwaltereigenschaft geführt wird, wenn sie durch eine **öffentlich beglaubigte Urkunde** nachgewiesen werden muss, zB im grundbuchrechtlichen Verkehr (§ 29 GBO). Häufigster Fall ist derjenige der Zustimmung des Verwalters (§ 12). Bei der Bestellung durch Vereinb/TErkl genügt die Vorlage dieser,[372] es sei denn, die festgelegte Bestellungsdauer ist überschritten.[373] Unbeachtlich und nicht ausreichend ist der Verwaltervertrag.[374] Bei der üblichen Verwalterbestellung durch Beschl reicht Vorlage der Niederschrift nebst Unterschriftsbeglaubigung,[375] es braucht die Eigenschaft der Unterschreibenden (§ 24 Abs. 6), zB die Stellung als Beiratsvorsitzender, nicht nachgewiesen zu werden,[376] aber Nachprüfungsrecht des Amtes bei Zweifeln.[377] Die erforderliche Unterschrift eines Miteigentümers kann auch von einem solchen geleistet werden, der Mitglied des Beirates ist. Auch die Beifügung des Zusatzes „Beirat" zur Unterschrift ändert nichts daran, dass es sich um die Unterschrift eines Miteigentümers handelt.[378] Bei schriftlicher Beschlfassung (§ 23 Abs. 3) ist jedoch die Zustimmung aller WEer in der Form erforderlich.[379] Abs. 3 ist eng auszulegen und kann nicht dahin ausgedehnt werden, dass sie zum Nachweis der Berechtigung des Verwalters auch zur Abgabe von Eintragungsbewilligungen, zB für SNRe, für sämtliche WEer genügt.[380] Besondere Probleme tauchen auf, wenn der Verwalter einen Vertrag mit automatischer Verlängerungsklausel innehat (Rn. 10) oder wenn er laufend wiedergewählt wird. Bereits das OLG Oldenburg[381] hat für den Fall der Begründung durch die TErkl die Vermutung aufgestellt, dass die Bestellung zumindest bis zu ihrem regulären Ende fortbesteht. Das OLG Köln[382] hat dies dahin erweitert, dass nur bei einem begründeten Zweifel der Fortbestand nachzuweisen ist. Ein solcher Zweifel kann nicht aus dem Ablauf einer einmal begrenzten Verwalterzeit entstehen. Vielmehr ist auch hier generell vom weiteren Fortbestand auszugehen,[383] ein Nachweis des Fortbestehens kann nicht verlangt werden, ebenso nicht die

---

[372] OLG Oldenburg DNotZ 1979, 33.
[373] BayObLG NJW-RR 1991, 978.
[374] LG Köln MittRhNot 1984, 121.
[375] OLG Frankfurt ZWE 2011, 337.
[376] OLG Düsseldorf ZWE 2010, 182; LG Lübeck Rpfleger 1991, 309.
[377] OLG Köln ZMR 2012, 982.
[378] OLG Hamm ZMR 2011, 984; aA OLG Düsseldorf ZWE 2010, 182.
[379] BayObLG NJW-RR 1986, 565.
[380] BayObLG Rpfleger 1979, 108.
[381] DNotZ 1979, 33.
[382] Rpfleger 1986, 298.
[383] AA anscheinend BayObLG NJW-RR 1991, 978.

Vorlage des Anstellungsvertrages.[384] Ist durch Vereinb bestimmt, dass auch der Beirat zustimmen muss, gilt das Vorstehende für den Nachweis entsprechend.[385]

§ 27 Aufgaben und Befugnisse des Verwalters

(1) Der Verwalter ist gegenüber den Wohnungseigentümern und gegenüber der Gemeinschaft der Wohnungseigentümer berechtigt und verpflichtet,
1. Beschlüsse der Wohnungseigentümer durchzuführen und für die Durchführung der Hausordnung zu sorgen;
2. die für die ordnungsmäßige Instandhaltung und Instandsetzung des gemeinschaftlichen Eigentums erforderlichen Maßnahmen zu treffen;
3. in dringenden Fällen sonstige zur Erhaltung des gemeinschaftlichen Eigentums erforderliche Maßnahmen zu treffen;
4. Lasten- und Kostenbeiträge, Tilgungsbeträge und Hypothekenzinsen anzufordern, in Empfang zu nehmen und abzuführen, soweit es sich um gemeinschaftliche Angelegenheiten der Wohnungseigentümer handelt;
5. alle Zahlungen und Leistungen zu bewirken und entgegenzunehmen, die mit der laufenden Verwaltung des gemeinschaftlichen Eigentums zusammenhängen;
6. eingenommene Gelder zu verwalten;
7. die Wohnungseigentümer unverzüglich darüber zu unterrichten, dass ein Rechtsstreit gemäß § 43 anhängig ist;
8. die Erklärungen abzugeben, die zur Vornahme der in § 21 Abs. 5 Nr. 6 bezeichneten Maßnahmen erforderlich sind.
(2) Der Verwalter ist berechtigt, im Namen aller Wohnungseigentümer und mit Wirkung für und gegen sie
1. Willenserklärungen und Zustellungen entgegenzunehmen, soweit sie an alle Wohnungseigentümer in dieser Eigenschaft gerichtet sind;
2. Maßnahmen zu treffen, die zur Wahrung einer Frist oder zur Abwendung eines sonstigen Rechtsnachteils erforderlich sind, insbesondere einen gegen die Wohnungseigentümer gerichteten Rechtsstreit gemäß § 43 Nr. 1, Nr. 4 oder Nr. 5 im Erkenntnis- und Vollstreckungsverfahren zu führen;
3. Ansprüche gerichtlich und außergerichtlich geltend zu machen, sofern er hierzu durch Vereinbarung oder Beschluss mit Stimmenmehrheit der Wohnungseigentümer ermächtigt ist;
4. mit einem Rechtsanwalt wegen eines Rechtsstreits gemäß § 43 Nr. 1, Nr. 4 oder Nr. 5 zu vereinbaren, dass sich die Gebühren nach einem höheren als dem gesetzlichen Streitwert, höchstens nach einem gemäß § 49a Abs. 1 Satz 1 des Gerichtskostengesetzes bestimmten Streitwert bemessen.
(3) ¹Der Verwalter ist berechtigt, im Namen der Gemeinschaft der Wohnungseigentümer und mit Wirkung für und gegen sie
1. Willenserklärungen und Zustellungen entgegenzunehmen;
2. Maßnahmen zu treffen, die zur Wahrung einer Frist oder zur Abwendung eines sonstigen Rechtsnachteils erforderlich sind, insbesondere einen gegen die Ge-

---

[384] OLG Oldenburg DNotZ 1979, 33.
[385] OLG Hamm ZMR 2014, 302.

meinschaft gerichteten Rechtsstreit gemäß § 43 Nr. 2 oder Nr. 5 im Erkenntnis- und Vollstreckungsverfahren zu führen;
3. die laufenden Maßnahmen der erforderlichen ordnungsmäßigen Instandhaltung und Instandsetzung gemäß Absatz 1 Nr. 2 zu treffen;
4. die Maßnahmen gemäß Absatz 1 Nr. 3 bis 5 und 8 zu treffen;
5. im Rahmen der Verwaltung der eingenommenen Gelder gemäß Absatz 1 Nr. 6 Konten zu führen;
6. mit einem Rechtsanwalt wegen eines Rechtsstreits gemäß § 43 Nr. 2 oder Nr. 5 eine Vergütung gemäß Absatz 2 Nr. 4 zu vereinbaren;
7. sonstige Rechtsgeschäfte und Rechtshandlungen vorzunehmen, soweit er hierzu durch Vereinbarung oder Beschluss der Wohnungseigentümer mit Stimmenmehrheit ermächtigt ist.

[2]Fehlt ein Verwalter oder ist er zur Vertretung nicht berechtigt, so vertreten alle Wohnungseigentümer die Gemeinschaft. [3]Die Wohnungseigentümer können durch Beschluss mit Stimmenmehrheit einen oder mehrere Wohnungseigentümer zur Vertretung ermächtigen.

(4) Die dem Verwalter nach den Absätzen 1 bis 3 zustehenden Aufgaben und Befugnisse können durch Vereinbarung der Wohnungseigentümer nicht eingeschränkt oder ausgeschlossen werden.

(5) [1]Der Verwalter ist verpflichtet, eingenommene Gelder von seinem Vermögen gesondert zu halten. [2]Die Verfügung über solche Gelder kann durch Vereinbarung oder Beschluss der Wohnungseigentümer mit Stimmenmehrheit von der Zustimmung eines Wohnungseigentümers oder eines Dritten abhängig gemacht werden.

(6) Der Verwalter kann von den Wohnungseigentümern die Ausstellung einer Vollmachts- und Ermächtigungsurkunde verlangen, aus der der Umfang seiner Vertretungsmacht ersichtlich ist.

Übersicht

	Rn.
1. Normzweck	1
2. Verbandsvertreter	2
3. Übertragung von Aufgaben auf Dritte durch den Verwalter	3
a) Im Namen der Wohnungseigentümer	4
b) Im eigenen Namen	5
c) Untervollmacht	6
4. Vertretungsmacht	7
5. Beschlussdurchführung	8
6. Hausordnungsüberwachung	9
a) Durchführung der Hausordnung	10
b) Einhaltung anderer Regelungen	11
7. Instandhaltung, Instandsetzung und Vertragsgestaltung	12
a) Was bedeutet „Treffen der erforderlichen Maßnahmen"?	13
b) Anforderungen an die Sorgfaltspflicht des Verwalters	14
c) Vorgehen des Verwalters	15
aa) Treffen der ersten Feststellungen	16
bb) Sicherung der Beschaffung der Finanzmittel	22
cc) Erfüllung der organisatorischen Vorarbeiten	23
8. Notmaßnahmen (Abs. 1 Nr. 3)	
a) Voraussetzung	24

Aufgaben und Befugnisse des Verwalters § 27

	Rn.
b) Umfang	24a
9. Gesetzliche Vollmacht des Verwalters	25
a) Ersatzbeschaffung	
aa) Geringfügige Arbeiten	26
bb) Ersatzbeschaffung	26a
cc) Ordnungsbehördliche Auflagen	26b
b) Abschaffung; Änderung bzw. Kündigung	27
c) Verträge über laufende Instandsetzungs- und Instandhaltungsmaßnahmen	28
d) Sonstige Dienstleistungs- und Kaufverträge	29
e) Verträge über Versorgung und Entsorgung	30
f) Versicherungsverträge	31
aa) Verbundene-Gebäude-Versicherung	32
bb) Haus- und Grundbesitzerhaftpflichtversicherung	33
cc) Gewässerschadenshaftpflichtversicherung	34
dd) Sonstige Versicherungen	35
ee) Abwicklung von Versicherungsschäden	36
ff) Selbstbeteiligung bei Versicherungsschäden	37
gg) Regress der Versicherung	38
g) Hausmeister- und sonstige Angestelltenverträge	39
10. Empfangnahme von gemeinschaftlichen Kosten und Lasten (Abs. 1 Nr. 4)	41
11. Kosten einzelner Wohnungseigentümer	42
12. Zahlungen des Verbandes	43
a) Leisten	44
b) Entgegennahme	45
13. Verwaltung der Verbandsgelder	
a) Verwaltung der eingenommenen Gelder (Abs. 1 Nr. 6)	46
b) Vermögenstrennung	47
14. Verfügungsbeschränkung	48
15. Abdingbarkeit	49
16. Rechtsstreitinformation	50
a) Umfang	51
b) Betroffene Personen	52
c) Unverzüglich	53
d) Form und Umfang	
aa) Umfang	54
bb) Form	54a
e) Kosten	55
17. Hausanschlüsse	57
18. Handeln des Verwalters für die Wohnungseigentümer (nicht den Verband)	58
19. Zustellungsvollmacht	
a) Entgegennahme von Willenserklärungen	59
b) Zustellungsvertreter	60
c) Der Verwalter ist nicht zur Vertretung berechtigt (Abs. 3 S. 2)	60a
20. Fristwahrung und Abwendung sonstiger Rechtsnachteile	61
a) Fristwahrung	62
b) Abwendung sonstiger Rechtsnachteile	63
c) Passivprozess	64
d) Vollstreckungsverfahren	65

	Rn.
21. Anspruchsgeltendmachung	66
a) Ermächtigung des Verwalters	67
b) Erteilung	68
c) Prozessverfahren	69
d) Prozessstandschaft des Verwalters	70
e) Rechtsdienstleistungsgesetz	71
f) Rechtsanwaltsbeauftragung	72
22. Streitwertvereinbarung mit einem Anwalt (Abs. 2 Nr. 4)	74
a) Hintergrund	74a
b) Verwalterhaftung	74b
c) Überschreitung der Vertretungsmacht	74c
23. Handeln des Verwalters für den Verband	75
24. Entgegennahme von Erklärungen	76
25. Eilmaßnahmen	77
26. Instandhaltung	78
27. Vertretungsmacht des Verwalters	79
28. Kontoführung	80
29. Streitwertvereinbarung	81
30. Ermächtigung	82
a) Grundlage der Ermächtigung	83
b) Beschlusskompetenz	84
c) Begrenzung auf die Verwaltung	84a
d) Abdingbarkeit	84b
31. Verwalterlose Gemeinschaft	85
a) Vertretung	85a
b) Außenstehender	85b
c) Ermächtigung	85c
d) Inhalt der Ermächtigung	85d
e) Entgegennahme von Willenserklärungen	85e
32. Entziehung von Verwalteraufgaben	86
33. Haftung des Verwalters	
a) Inhalt	87
b) Anspruchsberechtigt	88
c) Verschulden	88a
d) Kausalität	90
34. ABC der Verwalterhaftung	91
a) Haftung für unerlaubte Handlungen	92
b) Verkehrssicherungspflicht	93
c) Ablösen von Gebäudeteilen	94
d) Verjährung	95
e) Actio pro socio	96
f) Entlastung	99
34. Vollmachtsurkunde für den Verwalter	100

1. Normzweck

1 Dieser Paragraph regelt die **Rechte und Pflichten des Verwalters**, die er bei den laufenden Verwaltungsgeschäften hat. Durch die Rechtsfähigkeit sind zwei Gebilde geschaffen worden. Der Verwalter vertritt zukünftig sowohl die Mitberechtigten am GE als auch den Verband, gegen Außenstehende und gegen die

Aufgaben und Befugnisse des Verwalters **§ 27**

WEer (Abs. 3 Nr. 4). Insoweit kommt ihm eine Zwitterstellung zu.[1] Der Gesetzgeber hält es deshalb für erforderlich, die Vertretungsmacht des Verwalters in seinen unterschiedlichen Formen zu normieren. In **Abs. 1** wird das **Innenverhältnis** sowohl gegenüber den Eigentümern als auch gegenüber dem Verband geregelt. Aus dem **Abs. 2** soll sich die **Vertretungsmacht nach außen für die Wohnungseigentümer** ergeben. Der **Abs. 3** regelt sodann die **Vertretungsmacht für den Verband**. Die in den Abs. 1 bis 3 enthaltenen Rechte und Pflichten werden gemäß **Abs. 4** für **unabdingbar** erklärt, damit der Verwalter nicht entmachtet werden kann. Hierdurch wird der Verwalter bei den laufenden Geschäften unabhängig von den einzelnen WEern. Andererseits sollen seine Handlungskompetenzen festgelegt werden, um die Eigentümerrechte nicht mehr als erforderlich einzuschränken.[2] Abs. 5 regelt die Geldverwaltung und durch Abs. 6 erhält der Verwalter Anspruch auf eine Vollmachtsurkunde. Weitere Rechte und Pflichten sind die Einberufung der WEerversammlung (§§ 23 Abs. 2, 24 Abs. 1, 2, 4), idR der Vorsitz dort (§ 24 Abs. 5 und 8), die wiederholte Einberufung (§ 25 Abs. 4), die Aufstellung des WP und der JA (§ 28) und die Möglichkeit der gerichtlichen Überprüfung (§ 43 Nr. 2, 4).

2. Verbandsvertreter

Während die Versammlung der WEer das oberste Organ der Gem ist, hat der **2** Verwalter für die Durchführung der Verwaltung zu sorgen. Dabei ist der Verwalter kein Organ, wie etwa der Vorstand eines Vereins (iSv § 31 BGB, auch wenn der BGH[3] einmal von „organschaftlichen Vertreter" spricht[4]), sondern ist gesetzlicher Vertreter,[5] dem teilweise eine Vertretungsmacht beigegeben wurde, und gleichzeitig daneben **Beauftragter und Treuhänder** und damit **an die Weisungen der Wohnungseigentümer gebunden**,[6] jedoch keine Kontrollinstanz für Dritte, zB Mieter.[7] Die Vertretungsmacht reicht folglich nur soweit, wie die Gesetze, insbesondere das WEG, ihm Rechte und Pflichten zuweisen, oder soweit ihn Vereinb oder Beschl ausdrücklich zur Vertretung ermächtigen. Das Mindestmaß ergibt sich aus den unabdingbaren Vorschriften der Abs. 1 bis 3. Der Verwalter nimmt treuhänderisch die Rechte und Pflichten der WEer[8] wahr. Diese Treuhänderstellung des Verwalters ist die einer uneigennützigen Treuhand.[9] Dabei kann er Weisungen von den WEern einholen, soweit ernstliche Zweifel bestehen.[10]

---

[1] Vgl. Hügel DNotZ 2005, 764; Sauren ZWE 2006, 258.
[2] Weitnauer/Lüke Rn. 1.
[3] NJW 2003, 590.
[4] AA Palandt/Bassenge Rn. 1; Wenzel ZWE 2006, 8.
[5] BT-Drucks 16/887 S. 70: „gesetzliche Vertretungsmacht"; Merle ZWE 2006, 365; Hügel/Elzer S. 162.
[6] BayObLG NJW 1972, 1285; OLG Düsseldorf ZMR 1997, 485.
[7] OLG Koblenz WuM 1999, 167.
[8] Sauren Rpfleger 1988, 527.
[9] OLG Köln ZMR 2007, 717; OLG Frankfurt NJW-RR 1988, 1161.
[10] BGH NJW 1996, 1216

3. Übertragung von Aufgaben auf Dritte durch den Verwalter

3 Hier muss unterschieden werden zwischen der Übertragung im Namen der WEer und im eigenen Namen des Verwalters.

a) Im Namen der Wohnungseigentümer

4 Im ersten Fall überträgt der Verwalter als Vertreter der WEer Aufgaben auf Dritte und wird dadurch gegenüber den WEern von diesen befreit.

Beispiel: Aufzugswartung, Heizkostenabrechnung,[11] etc.

Eine solche ist **nur** möglich, **soweit dem Verwalter durch Beschluss/Vereinbarung** dies **übertragen ist.**

b) Im eigenen Namen

5 Im zweiten Fall bedient sich der Verwalter fremder Gehilfen zur Erfüllung seiner eigenen Aufgaben.

Beispiel: Erstellung der JA.

Dies ist ihm mangels abweichender Vertragsregelung **gestattet, wenn er für den Kernbereich seiner Tätigkeit verantwortlich bleibt** und schließt eine vollständige Delegation auf eine andere Person aus, so dass er keine großen Teile der Verwaltertätigkeit auf Dritte übertragen kann.[12]

c) Untervollmacht

6 Untervollmacht kann der Verwalter erteilen, soweit er rechtsgeschäftlicher Vertreter und dies nicht ausgeschlossen ist (zB im Verwaltervertrag[13]).

4. Vertretungsmacht

7 Da Abs. 1 das Innenverhältnis sowohl gegenüber den WEern als auch dem Verband betrifft,[14] ergibt sich allein aus Abs. 1 für alle Fälle, die hier enumerativ aufgezählt sind, keine Vertretungsmacht für die WEer oder den Verband.[15]

5. Beschlussdurchführung

8 Gemäß Abs. 1 ist der Verwalter verpflichtet und berechtigt, Beschl der WEer durchzuführen. Dabei hat er zu beachten, dass er **auch an** einen **fehlerhaft zu-**

---

[11] AG Halle ZMR 2013, 221.
[12] OLG Hamm ZMR 1996, 678, 680; LG Karlsruhe ZMR 2013, 376, s. § 26 Rn. 4.
[13] Sauren Verwalter § 4 Abs. 2.
[14] Abramenko S. 186; Hügel/Elzer S. 161; aA Niedenführ Rn. 9: nur WEer.
[15] BT-Drucks 16/887 S. 70; Palandt/Bassenge Rn. 4.

Aufgaben und Befugnisse des Verwalters § 27

standegekommenen Beschluss gebunden** ist und diesen auszuführen hat,[16] soweit bzw. bis er nicht für ungültig erklärt wurde oder durch einweilige Verfügung gestoppt wurde. Dies gilt selbst für Beschl, die klar gegen die Vereinb der WEer verstoßen, soweit der Beschl deshalb nicht nichtig ist. Bei erkennbar nichtigem Beschl ist eine Ausnahme zu machen,[17] dies gilt auch für einen Beschl, der die Anweisung zur Durchführung eines nichtigen enthält.[18] Es besteht dann das Recht des Verwalters, denselben Beschlgegenstand als TOP der nächsten WEerversammlung aufzunehmen. Ggf. kann der Verwalter den offensichtlich nichtigen Beschl auch selbst anfechten (§§ 46 Abs. 1, 43 Nr. 4). Vorrausetzung ist aber, dass der Beschl durchführbar ist, insbesondere die Finanzierung gesichert ist.[19] Weigert sich der Verwalter, einen Beschl auszuführen, so können die WEer gegen ihn gerichtlich vorgehen (§ 43 Nr. 3).

Beispiel: Beschl über die Verteilung der Gemkosten.[20]

Der Verwalter kann durch Beschl ebenfalls ermächtigt werden, eine strittige Frage zwischen den WEer gerichtlich klären zu lassen.

Beispiel: Streitigkeiten über den Gebrauch eines gem Wäschepflegeraumes.[21]

Eine eventuell **fehlende gesetzliche Vertretungsmacht** des Verwalters wird regelmäßig durch den Beschl erteilt[22] und entfällt nicht durch spätere Aufhebung.[23]

Beispiel: Ist der Verwalter beauftragt worden, die Garage zu vermieten, dann wird er auch bevollmächtigt sein, den Mietvertrag abzuschließen, nicht aber diesen zu kündigen.[24]

Die Beschl müssen vom Verwalter auch mit der gegebenen Zügigkeit ausgeführt werden,[25] nämlich **unverzüglich**,[26] ansonsten ggf. Schadensersatz, vgl. Rn. 98. Der Verwalter hat dabei kein Recht, noch eine weitere „Ursachenforschung" zu betreiben. Dies gilt auch für möglicherweise sachwidrig gefassten Beschl.

6. Hausordnungsüberwachung

Gemäß Abs. 1 Nr. 1 hat der Verwalter weiterhin zu überwachen, dass die Hausordnung eingehalten wird.[27]

9

---

[16] BGH NJW 2012, 2955 Rn. 11; LG Hamburg ZMR 2013, 131.
[17] Wenzel WE 1998, 455.
[18] AG Neukölln ZMR 2002, 474.
[19] Fehlende Kreditaufnahme: BGH NZM 2011, 454; BayObLG ZMR 2004, 601.
[20] BayObLG MDR 1974, 491.
[21] BayObLG DWE 1983, 94.
[22] OLG Düsseldorf NZM 2006, 182.
[23] BayObLG WE 1991, 199; NJW-RR 1992, 787.
[24] LG Bamberg NJW 1972, 1376.
[25] LG Düsseldorf v. 15.11.1983 – 25 T 520/82.
[26] BayObLG NZM 2000, 501.
[27] Suilmann MietRB 2014, 60; Bielefeld FV 1, 20.

a) Durchführung der Hausordnung

10 Dem Verwalter obliegt es, für die Durchführung der Hausordnung zu sorgen.

Beispiel: turnusmäßige Überwachung der Möglichkeit der Nutzung der gem Einrichtungen, zB durch Begehungen.

Widerspricht das Verhalten der Hausbewohner den Vereinb, so hat der Verwalter entsprechende Maßnahmen zu treffen.

Beispiele: Hinweise, Aufforderungen, Ermahnungen, Rundschreiben, Aushänge, Aufstellung von Verbotschildern, zB gegen hausordnungswidriges Parken in Grünanlagen[28] oder Beschlfassung über (Geld)-Sanktionen (§ 21 Abs. 7).

1. Nach LG Hannover[29] sind hierfür zumindest stichprobenartige **Kontrollen** erforderlich.
2. Bei mehrmaligen und wiederholten schweren Verstößen kommen Geldstrafen, Abmahnungen und/oder Beschl über die Entziehung (§ 18) in Frage.
3. Hierzu bedarf es einer Rechtsgrundlage, zB durch einen Beschl (Abs. 3 Nr. 7, § 21 Abs. 7).
4. Nicht berechtigt ist der Verwalter zur Einleitung von Gerichtsverfahren gegen Störer ohne Ermächtigung durch die WEer.

b) Einhaltung anderer Regelungen

11 Die Einhaltung anderer Gebrauchs- und Nutzungsregelungen ist auch Aufgabe des Verwalters: Hierunter sind die **Pflichten gemäß § 14** (insbesondere Nr. 1 und 2) zu verstehen.

Beispiele: Pflicht zur Instandhaltung des SE des einzelnen WEer, Pflicht zum schonenden Gebrauch des SE und des GE; keine Überbelegung der Wohnung; keine Lärmbelästigung der anderen Bewohner des Hauses; keine Geruchsbelästigung. Maßnahmen wie vor zu a.

Die Gem kann jederzeit diese Kompetenzen zu a und b an sich ziehen und Entscheidungen selbst treffen.[30]

7. Instandhaltung, Instandsetzung und Vertragsgestaltung

12 Der Verwalter hat alle für die ordnungsgemäße Instandhaltung und Instandsetzung des GE (Abs. 1 Nr. 2) – der Begriff ist identisch mit § 21 Abs. 5 Nr. 2, dort Rn. 10 – sowie in dringenden Fällen sonstige zur Erhaltung des GE **erforderlichen Maßnahmen zu treffen** (Abs. 1 Nr. 3). Da es sich um eine Maßnahme der ordnungsgemäßen Verwaltung (§ 21 Abs. 5 Nr. 2) handelt, ist es in erster Linie Aufgabe der WEer, durch Beschl darüber zu entscheiden.[31] Der Verwalter hat folglich die Maßnahmen nicht selbst vorzunehmen, sondern nur Sorge für sie zu tragen.[32]

---

[28] BayObLG MDR 1981, 937.
[29] Vom 21.5.1986 – 1 T 134/85.
[30] BayObLG ZWE 2001, 596.
[31] OLG Frankfurt ZMR 2009, 861; BayObLG ZMR 2004, 601.
[32] OLG Frankfurt ZMR 2009, 861.

Aufgaben und Befugnisse des Verwalters § 27

a) Was bedeutet „Treffen der erforderlichen Maßnahmen"?

Die Behebung von zB Mängeln ist in erster Linie Sache der WEer. Aufgabe des 13 Verwalters ist „nur", **auf eine ordnungsgemäße Instandhaltung und Instandsetzung hinzuwirken** (vgl. Rn. 20). Was unter diesem Hinwirken zu verstehen ist, hängt von dem Gegenstand der Instandhaltung und Instandsetzung ab. Bei **Mängeln** hat er sie im Rahmen regelmäßiger Überwachung festzustellen, die WEer darüber zu unterrichten, auf den Ablauf von Gewährleistungsfristen hinzuweisen und eine Entscheidung in der Versammlung über das weitere Vorgehen (zB Einschaltung eines Sachverständigen) herbeizuführen.[33] Eine Verpflichtung des Verwalters zum selbständigen Handeln kommt nur in Betracht, wenn sein Eingreifen unaufschiebbar ist.[34] Der Verwalter schuldet folglich nicht die Vornahme der Handlung an sich, sondern er hat nur Sorge dafür zu tragen, dass ein ordnungsgemäßer Ablauf erfolgt. Bei Behebung von Mängeln wäre dies zB die ordnungsgemäße Auswahl und Beauftragung von Fachfirmen[35] oder Fachleuten.[36] Die beauftragte Fachfirma ist deshalb auch nicht Erfüllungsgehilfe des Verwalters.[37] Der Verwalter hat also die Verpflichtung, die WEer als ihr Vertreter zu informieren und zu beraten.

b) Anforderungen an die Sorgfaltspflicht des Verwalters

Dies beurteilt sich[38] danach, ob der Verwalter auf bestimmten Gebieten **beson-** 14 **dere Sachkunde** hat. Ist der Verwalter zB eine Bauträgerfirma, so schuldet er in den Fragen der Erkennung von Mängeln die Sorgfalt einer solchen Fachfirma.[39]

c) Vorgehen des Verwalters

Es ist folglich festzuhalten, dass der Verwalter den Bedarf für die Werterhaltung, 15 Pflege und die notwendigen Verbesserungen festzustellen, die WEer zu informieren und deren Entscheidung über das weitere Vorgehen herbeizuführen hat.[40] Gegen den Willen der WEer darf er keine Maßnahmen treffen.[41] Daraus ergibt sich ein konkretes Muster der Aufgabe des Verwalters: **aa)** die ersten Feststellungen zu treffen (s. Rn. 16 ff.), **bb)** die Beschaffung der Finanzmittel zu sichern (s. § 21 Rn. 12) und **cc)** die organisatorischen Vorarbeiten zu erfüllen (s. Rn. 23 ff.).

aa) Treffen der ersten Feststellungen. (1) Verträge. Der Verwalter hat ua 16 die Notwendigkeit, den Abschluss von Verträgen zu prüfen. Eine Delegierung seiner Arbeiten, zB mit einem Wartungsvertrag, muss erforderlich sein. Hierauf

---

[33] OLG Frankfurt ZMR 2009, 861; BayObLG ZMR 2004, 610.
[34] BayObLG WE 1988, 31.
[35] BayObLG NJW-RR 1992, 1102.
[36] BayObLG ZMR 2002, 689.
[37] OLG Frankfurt ZMR 2009, 861.
[38] BayObLG ZMR 1990, 65.
[39] BayObLG ZMR 1990, 65, 66.
[40] BayObLG ZMR 2001, 823.
[41] BayObLG ZMR 2004, 610.

hat der Verwalter hinzuweisen. Ohne Beschl der WEer besteht keine Berechtigung, einen solchen Vertrag zu Lasten der WEer abzuschließen, aber im Außenverhältnis nunmehr wohl (Rn. 28).

17 **(2) Begehungen.** Der BGH[42] hat dem Verwalter auch die Verantwortlichkeit der Haftung beim Einsturz eines Gebäudes auferlegt (§ 826 BGB). Der Verwalter hat alle zumutbaren Maßnahmen zu treffen, die aus technischer Sicht geboten und geeignet sind, die Gefahr einer Ablösung von Dachteilen, sei es auch nur bei starkem Sturm, nach Möglichkeit rechtzeitig zu erkennen und ihr zu begegnen; dies gilt um so mehr, je älter das Gebäude und seine Dachkonstruktion sind. Der BGH hat einen Anscheinsbeweis für eine Pflichtverletzung durch den Verwalter bei durch abgelöste Gebäudeteile verursachten Schäden festgestellt, auch bei einem Orkan. Der Verwalter kann sich nur mit einer Überprüfung entlasten, die alle die Konstruktionselemente erfasst, bei welchen etwa auftretende Mängel zu einer Lösung von Gebäudeteilen führen können. Nach den Anforderungen des BGH ergibt sich folglich, dass
- **regelmäßig** Begehungen zumindest **der Gebäudeteile** stattfinden müssen,
- die Begehung **durch eine in Baudingen erfahrene Person** erfolgen muss und
- von dieser Person Überprüfungen im Rahmen des Möglichen zu erfolgen haben, **die alle Konstruktionselemente erfassen,** bei welchen etwa auftretende Mängel zur Lösung von Gebäudeteilen führen können.

Der Verwalter hat **Begehungsprotokolle** auszufüllen, damit ihm der Entlastungsbeweis gelingt. Er muss dabei für Nachweise seiner Fachkunde sorgen bzw. die Person, die er hinzuzieht. Die Ausführungen des BGH gelten nur für Gebäude und Gebäudeteile, worunter zB Balkone, Schornsteine oder Dachziegel zu verstehen sind.[43]

18 **(3) Überwachung der (zumeist öffentlich-rechtlichen) Sicherheitsvorschriften.** Begehungen hierzu sind unerlässlich,[44] auch um die öffentlich-rechtlichen Vorschriften zur Überprüfung des GE zu erfüllen. Hier ist der **Verwalter** nach der Rechtsprechung regelmäßig in Persona **selbst verpflichtet**[45] (s. ausführlich Vor § 1 Rn. 21). Diese ergeben sich zB aus Folgendem:

19 | Rechtsgrundlage | Prüfumfang | Prüfer |
|---|---|---|
| AbfGNW (Abfallgesetz NRW) | • Trennung und Entsorgung von Abfall (§ 44 Abs. 1 Nr. 1 iVm § 5 Abs. 4) | Verwalter |
| | **Beispiel für Verstoß:** Fehlende oder fehlerhafte Nutzung öffentlicher Sammelbehälter (Stichwort: „gelbe Tonne"); Duldung eines abgemeldeten Pkw auf der Wohnanlage, Müllablagerung. | |

---

[42] NJW 1993, 1782.
[43] Palandt/Sprau BGB § 836 Rn. 5.
[44] KG ZWE 2010, 185 Rn. 27; OLG München ZMR 2006, 716; Sauren ZdWBay 1997, 27; WE 1998, 416.
[45] OVG Münster NJW 2009, 3528.

Aufgaben und Befugnisse des Verwalters § 27

Rechtsgrundlage	Prüfumfang	Prüfer

BetrSichV (Betriebssicherheitsverordnung)	• Zugänglichmachen der Aufzugsanlage für Prüfer
	• Stellung der notwendigen Hilfspersonen bei den Prüfungen durch Sachverständige oder Aufzugswarte
	• wöchentliche Überprüfung; Erreichbarkeit jederzeit[46] längstens in 20 Minuten
	• Hinweisschilder, wenn Aufzug außer Betrieb
	  – Prüfungen spätestens alle zwei Jahre (§ 15 Abs. 13).
	  – Liegen Mängel vor, sind nach DIN EN 81–80 Fristen festgelegt, wann Massnahmen zwecks Beseitigung des Mangels zu ergreifen sind: Kurzfristig für fehlende Notrufeinrichtungen; Fahrkörbe ohne Türen, unzureichende Umwehrungen etc; mittelfristig bei fehlenden Alarmeinrichtungen, fehlenden Schutzmaßnahmen an Treibscheiben, Seilrollen und Kettenrädern etc.
		Verwalter

BauONW (Bauordung NRW)	• Befahrbarkeit der Zu- und Durchfahrten auf dem Grundstück (§ 84 Abs. 1 Nr. 1 iVm § 5 Abs. 6) • Kennzeichnung der Zu- und Durchfahrten (§ 84 Abs. 1 Nr. 1 iVm § 5 Abs. 6) • Anbringung eines Baustellenschildes bei der Ausführung von genehmigungsbedürftigen Vorhaben (§ 84 Abs. 1 Nr. 2 iVm § 14 Abs. 3) **Beispiel für Verstoß:** Zufahrt für Feuerwehr durch parkende PKW versperrt; Zufahrt durch Aufstellung eines Müllcontainers eingeengt; Kein Offenhalten der Garagentore (§ 61 Abs. 1 S. 2[47]); bei Durchgang im Hausflur nutzbare Breite des Rettungsweges durch vorhandene Gegenstände nicht eingehalten (§§ 36 Abs. 5, 38 Abs. 2 BauO NRW[48]) etc.	Verwalter

---

[46] OLG Hamm DWE 1986, 61.
[47] OVG Münster ZMR 2011, 425.
[48] OVG Münster NJW 2009, 3528.

Rechtsgrundlage	Prüfumfang	Prüfer
FeuVONW Feuerungsverordnung NRW; GV.NRW 2006, 615)	• Nutzung von Heizräumen oder Heizöllagerräumen (§ 6) • Vorhaltung eines Feuerlöschers oder eines Löschmittels **Beispiel für Verstoß:** Keine Vorhaltung von Feuerlöschern als Löschmittel bei Lagerung von mehr als 1.000 l Heizöl; keine Vorhaltung von Sand als Löschmittel bei Lagerung von weniger als 1.000 l Heizöl; Duldung der Lagerung sonstiger leicht brennbarer Gegenstände wie etwa Skateboards, Gartenmöbel etc in Heizöllagerräumen (Begehungspflicht aber nur, soweit GE betroffen ist). Betriebssicherheit der Brandmeldeanlage muss gegeben sein.[49]	Verwalter
GarVONW (Garagenverordnung NRW; GV.NRW 2000, 226)	• Beleuchtung geschlossener Mittel- und Großgaragen während der Betriebszeit, dh Garagen mit Nutzfläche von mehr als 100 qm (§ 14) • Keine Aufbewahrung brennbarer Stoffe außerhalb von Kraftfahrzeugen (§ 18 Abs. 4[50]). **Beispiel für Verstoß:** Beleuchtungsstärke von weniger als 20 Lux während der Betriebszeit; Ausschalten der Beleuchtung außerhalb der Betriebszeit.	Verwalter
SBauVO (Sonderbauverordnung Teil 4 Hochhaus NRW; GV 2009, 682)	• Begehbarkeit der Rettungswege innerhalb des Gebäudes • Geschlossenheit von Türen ohne Feststellvorrichtung • ständiger Betrieb der Sicherheitsbeleuchtung **Beispiel für Verstoß:** Es reicht bereits, wenn die Türen im Zuge von Rettungswegen nicht in voller Breite geöffnet werden können.	Verwalter

Des Weiteren sind zB **Trinkwasserverordnung**, **Energieeinsparverordnung** und **Eichgesetz** zu beachten.[51]

20 (4) Ursachenforschung. Sind Schäden aufgetreten, ist es Aufgabe des Verwalters der Ursache nachzugehen, auch, wenn die Schäden im SE bestehen oder auftreten, entscheidend ist, dass es eine Ursache im GE geben könnte.[52]

---
[49] VG Bayreuth v. 7.11.2013 – B 2 K 13.700.
[50] Vgl. VG Düsseldorf ZMR 2011, 338.
[51] Lehmann-Richter ZWE 2013, 341; Böck/Pause ZWE 2013, 346.
[52] OLG München ZMR 2006, 716.

Aufgaben und Befugnisse des Verwalters § 27

(5) Pflicht zur Erkennung von Mängeln. Kennt der Verwalter die Mängel nicht, hätte er sie aber auf Grund seiner erforderlichen Fachkenntnisse erkennen können, haftet er für den daraus entstehenden Schaden.[53] Diese Verwalterpflichten folgen daraus, dass die Eigentümer die Beaufsichtigung und die Betreuung der Anlage auch hinsichtlich der Aufdeckung und Beseitigung von Baumängeln in die Hand des Verwalters gegeben haben und dass sie zumal bei großen Wohnanlagen vielfach gar nicht die Möglichkeit haben, selbst diese Aufgaben wahrzunehmen.[54]   21

bb) Sicherung der Beschaffung der Finanzmittel. S. § 23 Rn. 12   22

cc) Erfüllung der organisatorischen Vorarbeiten. Der **Sachumfang** bzw. **Leistungskatalog des Verwalters** im Rahmen der **Instandhaltung und Instandsetzung** ist folgender: 23
– Einleiten von technischen Sofortmaßnahmen zur Instandsetzung in dringenden Fällen,
– periodische Begehung des WEsobjektes mindestens einmal jährlich, zur Erkennung sichtbar nötiger Instandsetzungen, mit Bedarfsfeststellung und Bedarfsanalysen notwendiger Instandhaltungs- und Instandsetzungsarbeiten und mit Kostenschätzung nach DIN 276 als Grundlage für den WP und die Beschlfassung,
– Angebotsprüfung und Erstellen von Preisspiegeln,
– Vergabe von technischen Aufträgen nach Beschl, rechnerische Rechnungsprüfung und sachliche Prüfung auf Übereinstimmung mit Ausschreibungstext, Aufmaß und Massenberechnung,
– technische Mitwirkung bei Betriebskostenverteilung,
– Vorbereitungsmaßnahmen zur Ansammlung einer angemessenen Instandhaltungsrücklage einschließlich Beschlvorlage,
– Pflege und Ergänzung technischer Unterlagen,
– Pflege der technischen Ersatzteilkartei, der Handwerkerkartei und Lieferantenkartei,
– Vorbereitung der Beschlfassung für die Instandhaltung und Instandsetzung des GE, Überwachung, Abnahme[55] und Abrechnung einfacher routinemäßiger Arbeiten,
– Wahrnehmung der Verkehrssicherungspflicht[56] durch Laubabfallbeseitigung, Streuen etc.

8. Notmaßnahmen (Abs. 1 Nr. 3)

a) Voraussetzung

Dringend ist der Fall dann, wenn die Maßnahme notwendig ist und die Erhaltung des GE nicht mehr gesichert wäre, wenn der Verwalter erst eine Versammlung einberufen würde.[57]   24

---

[53] BayObLG ZMR 1990, 66.
[54] BayObLG WE 1988, 31.
[55] Vgl. BayObLG NZM 2001, 539; Schmidt WE 1999, 49.
[56] OLG Düsseldorf ZMR 1995, 177; OLG Frankfurt Rpfleger 1981, 399; s. Rn. 101.
[57] BayObLG NZM 2004, 390; LG Hamburg ZMR 2012, 388.

Beispiel: Heizungsausfall,[58] Wasserrohrbruch bzw. Leitungsverstopfungen,[59] Wetterschäden am Dach, an den Außenmauern, an den Fenstern, oder gefährliche Abnutzung der Stahlseile des Aufzuges.

Das bedeutet also, dass nicht unbedingt eine unmittelbar drohende Gefahr, sondern eine **auffallende Notwendigkeit** (vgl. § 21 Abs. 3) vorliegen muss und eine Unzumutbarkeit eines vorherigen Beschl. Dies kann auch bei ordnungsbehördlichen Massnahmen vorliegen.[60] Dann kann der Verwalter nach dem OLG Hamm[61] selbst dann Aufträge vergeben, wenn gegen ihn als Bauträger oder Architekt Gewährleistungsansprüche in diesem Fall möglich sind. Der Verwalter hat hier neben der Sorgentragung (Rn. 12 ff.) auch die Möglichkeit und ggf. Notwendigkeit der Auftragsvergabe ohne Beschl, braucht aber dafür nicht eigenes Geld einzusetzen.

b) Umfang

24a Das Notgeschäftsführungsrecht berechtigt den Verwalter nur zu den **Maßnahmen, welche die Gefahrenlage beseitigen**, jedoch nicht zur Beauftragung solcher Arbeiten, die einer dauerhaften Beseitigung der Schadensursache dienen,[62] nur in diesem Umfang besteht eine Vertretungsmacht.[63]

9. Gesetzliche Vollmacht des Verwalters

25 Eine **Vertretungsmacht** des Verwalters, **selbständig Verträge abzuschließen,** die sich ausschließlich auf das GE zu beziehen haben, wobei keine Weisungen der WEer insoweit vorliegen dürfen, gibt es nur in drei Fallgruppen, nämlich geringfügige Arbeiten (s. Rn. 26) oder Ersatzbeschaffung (s. Rn. 26a) und Erfüllung ordnungsbehördlicher Verfügungen (s. Rn. 26b), laufende (s. Rn. 28) und dringende Arbeiten (s. Rn. 24):

a) Ersatzbeschaffung

26 **aa) Geringfügige Arbeiten.** Regelmäßig können außerhalb einer gesetzlichen Ermächtigung keine Aufträge erfolgen, wie zB eigenmächtig Bauaufträge vergeben.[64] Nur ausnahmsweise gestattet dies die Rechtssprechung im Einzelfall, wie bei geringfügigen Arbeiten, **die keinen Nachteil darstellen und iÜ auch den Interessen der Gesamtheit dienen**.[65]

---

[58] BayObLG ZMR 1997, 326.
[59] OLG Hamm NJW-RR 1989, 331.
[60] OVG Münster ZMR 2011, 425; aA Hogenschurz MietRB 2011, 119; Tank ZWE 2012, 306; VG Düsseldorf ZMR 2011, 338.
[61] NJW-RR 1989, 331.
[62] BGH NZM 2011, 454.
[63] BGH NZM 2011, 454.
[64] BayObLG ZMR 2004, 601.
[65] BayObLG WuM 1985, 30; „unproblematisch und zwingend" OLG Zweibrücken NJW-RR 1991, 1302.

Beispiel: Bagatellreparaturen, zB an der Dachrinne, Einbau einer Doppeltüre wegen erheblichen Lärms im Treppenhaus, Beseitigung eines Defekts am Tiefgaragentor, Schweißarbeiten an den Kellergittertüren, Erneuerung der Elektroinstallation im Waschraum, Arbeiten nach einem Wasserrohrbruch.[66]

Man wird aber nun zu Recht fragen, was unter „geringfügiger Arbeit" bzw. „Bagatellarbeit" zu verstehen ist. Nach dem BayObLG[67] ist dies zB ein Betrag von 561 EUR bei einer WEerGem von 270 WEer, dh 2,08 EUR pro WEer. Daran sollte man sich jedoch nicht sklavisch halten, sondern auch die Notwendigkeit und das Interesse des einzelnen WEers sowie die Größe der Wohnanlage berücksichtigen, denn notwendigerweise werden bei einer kleineren Anlage die Kosten pro WEer größer sein als bei einer größeren. Das OLG Düsseldorf[68] hat bei kleineren Arbeiten im Rahmen „normaler Unterhaltung des Hauses" dem Verwalter Vertretungsmacht nach außen eingeräumt.

bb) Ersatzbeschaffung. Das BayObLG[69] hat bei Geräten, die bei bestimmungsmäßigem Gebrauch durch die WEerGem dem **Verschleiß unterliegen,** eine weitere Ausnahme gemacht. **26a**

Beispiel: Dem Hausmeister zur Verfügung gestellte Gerätschaften, gem Waschmaschine etc.

Nicht aber bei Anschaffung einer automatischen elektrischen Tauchpumpe anstatt einer wesentlich billigeren Wasserstrahlpumpe.[70] Wenn die ordnungsgemäße Verwaltung die Ersatzbeschaffung dieser Geräte bei dauerhaftem Bedarf erfordert, ist der Verwalter grundsätzlich nach dem BayObLG zur Ersatzbeschaffung berechtigt.

cc) Ordnungsbehördliche Auflagen. Nach der Rechtsprechung der Verwaltungsgerichte ist der Verwalter zur Einhaltung der ordnungsbehördlichen Vorschriften (s. Rn. 19) ohne Beschl und ohne Vorliegen etwaiger Dringlichkeit ermächtigt.[71] **26b**

b) Abschaffung; Änderung bzw. Kündigung

Jedoch ist der Verwalter nicht zur Abschaffung solcher Geräte ohne Beschl der WEer befugt, ebenso nicht zur Änderung bzw. Kündigung von Verträgen. **27**

Beispiel: Abschaffung einer Mülltonne, die vier Jahre vorher durch die WEerGem angeschafft worden war.[72]

---

[66] So BayObLG ZMR 1979, 56 für Doppeltüre; für den Rest: OLG Koblenz ZMR 1999, 583.
[67] ZMR 1979, 56, 58. Der Wert bezieht sich auf das Jahr 1972 und ist deshalb anzupassen auf ca. 1.500 EUR, 3.000 EUR erscheint aber zu hoch, so auch Jennißen Rn. 28. Die Anzahl der Einheiten der Anlage ist natürlich entscheidend.
[68] NZM 2000, 193 Rn. 10.
[69] Rpfleger 1975, 349.
[70] BayObLG DWE 1982, 29.
[71] OVG Münster NJW 2009, 3528; ZMR 2011, 425; aA Briesemeister ZWE 2011, 25.
[72] LG Essen ZMR 1966, 334.

c) Verträge über laufende Instandsetzungs- und Instandhaltungsmaßnahmen

28 Hier hat der Verwalter **Vollmacht im Außenverhältnis** (Abs. 3 S. 1 Nr. 3). Dadurch kann er den Verband mit gesetzlicher Vollmacht vertreten.[73] Die **Beschränkungen** des Verbandes **im Innenverhältnis bleiben davon unberührt**. Der Gesetzgeber wollte sogar die komplette laufende Verwaltung erfassen.[74] Dies ist aber aus dem Wortlaut nicht ersichtlich, so dass es bei der laufenden Instandhaltung und -setzung verbleiben muss.[75] Unter Instandsetzung- und Instandhaltung sind alle **Maßnahmen** zu verstehen, **die erforderlich sind, um alle Bauteile, Einrichtungen und Anlagen des Gemeinschaftseigentums in Ordnung zu halten**. Dies sind insbesondere die **Wartungs- und Pflegeverträge**: Lift-, Antennenwartung, Maschinenwartung, Heizungsanlagen, Wasseraufbereitung, Sprinkleranlage, Lüftungsanlage, Doppelstockgaragen. Unter „laufend" ist umgangssprachlich alles dauernde fortwährende immer wiederkehrende zu verstehen. Diese beiden Kriterien werden weiteren eingeschränkt, indem nur ein begrenztes und überschaubares finanzielles Risiko für die WEer vorhanden sein dürfte.[76] Deshalb werden wie bisher lang laufende Wartungsverträge nicht unter die Kompetenz fallen,[77] wie auch nicht Maßnahmen größeren Umfangs[78] oder ungenehmigte Zusatzaufträge.[79] Deshalb gilt folgendes:

d) Sonstige Dienstleistungs- und Kaufverträge

29 Diese sind grundsätzlich **von** einer **Vollmacht ausgenommen**, wenn nicht ein Fall des a) vorliegt. Eine Ausnahme gilt nach dem BGH[80] durch die Berücksichtigung von Geldern im WP für konkrete Ausgaben. Hierdurch sei dem Verwalter eine (stillschweigende) Vollmacht erteilt worden, solche Verträge abzuschließen. Weiterhin streitig ist aber, wie weit diese Vollmacht geht. Bei einer Ölbestellung liegt insoweit ein Ausnahmetatbestand vor, weil bei fehlendem Brennstoff eine Gefahr für die Gesundheit der WEer und die Substanz des Hauses gegeben ist und eine Bestellung folglich auch von jedem WEer vorgenommen werden könnte. Bei anderen Verträgen, wie zB der Hausreinigung, ist eine solche Dringlichkeit zumeist nicht gegeben, es können durchaus unterschiedliche Meinungen über Modalität und Bezahlung auftauchen, so dass auch hier der Verwalter sich zumindest der Zustimmung des Beirates versichern sollte.

---

[73] Merle ZWE 2006, 368.
[74] BT-Drucks 16/887 S. 71.
[75] Jennißen Rn. 26; Bärmann/Merle Rn. 42; Häublein ZWE 2009, 192; aA Elzer ZWE 2012, 166: keine Vertretungsmacht.
[76] Bärmann/Merle Rn. 41 f.
[77] OLG Hamburg DWE 1993, 164.
[78] BGH NJW-RR 1993, 1227.
[79] BGH NZM 2011, 455.
[80] ZMR 1978, 81: Bestellung für Öl.

Aufgaben und Befugnisse des Verwalters § 27

e) Verträge über Versorgung und Entsorgung

Da die Versorgung mit Strom, Gas, Wasser, Kanal, Wärme etc. zum notwendigen 30 und unbedingten Benutzen des Hauses erforderlich ist, ist dies ein Fall des „Laufenden" in Sachen des Abs. 3 S. 1 Nr. 3. Zudem ist Lieferant in den meisten Fällen die öffentliche Hand, bei der unterschiedliche Verträge oft nicht möglich sind und deshalb Wünsche einzelner Vertragspartner nicht berücksichtigt werden. Dann aber keine Vollmacht, wenn es sich um einen lang laufenden Vertrag handelt und damit eine Umstellung der Energielieferung verbunden ist.[81]

f) Versicherungsverträge[82]

Hierzu ist zunächst die Verpflichtung der WEer (aus § 21 Abs. 5 Nr. 3) zu be- 31 achten (dort Rn. 12). Das LG Essen[83] hat dem Verwalter aus dem Gesetz weder eine Vollmacht zum Abschluss noch zur Kündigung eines Versicherungsvertrages gegeben.[84] Schon die Auswahl der möglichen Versicherungsarten und die große Zahl der Versicherungsgesellschaften zeigen, dass der Abschluss einer Versicherung eine Frage des Einzelfalles und des Kostenrisikos ist. Da aber der Verwalter letztlich über Gelder der WEer verfügt, sollte er diese – soweit er nicht schon in der TErkl oder in dem Verwaltervertrag ermächtigt wurde – auch über die abzuschließenden Versicherungen entscheiden lassen. Zudem sollte der Verwalter berücksichtigen, dass evtl. Mitglieder in der WEerGem Versicherungen angehören oder Mitarbeiter solcher sind und deshalb oftmals Vorzugskonditionen erhalten.

aa) Verbundene-Gebäude-Versicherung. Die unter dieser Bezeichnung in- 32 zwischen üblich gewordene Versicherung enthält ua die in § 21 Abs. 5 Nr. 3 vorgesehene Feuerversicherung sowie die Leitungswasser-, Sturmschädenversicherung etc. Hierdurch wird die WEer ua versichert gegen Brand, Blitzschlag, Explosion und Schäden durch Löschen, Niederreißen oder Aufräumen, gegen Anprall und Absturz von Luftfahrzeugen und Luftfahrzeugteilen. Auf Grund der Urteile[85] ist dem Verwalter zu raten, die WEer entscheiden zu lassen. Zu den Aufgaben des Verwalters zählt auch die Überprüfung des GE, ob sich nicht Gefahrenerhöhungen durch Veränderungen ergeben haben.

Beispiel: Neuanlage einer Heizung, Umstellung der Heizung auf neuen Brennstoff.

bb) Haus- und Grundbesitzerhaftpflichtversicherung. § 21 Abs. 5 Nr. 3 33 spricht noch die Versicherung der Haus- und Grundbesitzerhaftpflicht an. Dar-

---

[81] KG ZMR 2010, 974.
[82] Ausführlich Dötsch ZMR 2014, 169; Greiner NZM 2013, 481.
[83] VersR 1979, 80.
[84] LG Berlin VersR 1986, 698 für Feuer-, Leitungswasser und Stromversicherung; ebenso LG München VersR 1990, 1378 und AG Erlangen VersR 1984, 634 für Leitungswasser- und Stromschädenversicherung; ebenso Bärmann/Merle Rn. 59; Jennißen Rn. 29; aA AG Karlsruhe VersR 1980, 820 für eine Leitungswasserversicherung; Köhler WE 1994, 167.
[85] ZB des LG Essen VersR 1979, 80. Herabsetzung des Versicherungsschutzes soll bei desolater Lage möglich sein (LG Essen ZMR 2007, 817).

unter fallen insbesondere die Verkehrssicherungspflicht für die angrenzenden Gehwege sowie die Haftpflichtgefahren aus der Instandhaltung, Beleuchtung und sonstigen Betreuung der der WEerGem dienenden Anlagen, insbesondere Hausflur, Treppenhaus, Aufzüge, Wasser- und Heizungsversorgung. Der Haftungsumfang ist insoweit praktisch identisch mit der Haftung des Eigentümers eines Mietanwesens. Geschädigte können hier sein: einzelne WEer oder außenstehende Dritte, zB Straßenpassanten, Postboten, Besucher von Mietern etc. Der Abschluss ist Sache der WEer.

34 cc) Gewässerschadenshaftpflichtversicherung. Sie ist im WEG nicht angesprochen, weil sie zweckmäßigerweise nur bei dem Vorhandensein von Öltanks oder Etagenölheizungen mit Ölvorrat im Keller abgeschlossen wird. Sie bietet Schutz bei Gewässerschäden. Der Abschluss der Verträge ist nach einhelliger Meinung Sache der WEer.

35 dd) Sonstige Versicherungen. Hier seien zu nennen: Haftpflichtversicherung für Gemeinschaftsantennen, Unfallversicherungen für WEer, gesonderte Glasversicherung, Vermögensschadenshaftpflichtversicherung des Verwalters, Haftpflichtversicherung gegen Schäden aus Einsturz und Gebäudeunterhalt etc. Da es im Einzelfall hier Argumente für und gegen den Versicherungsabschluss gibt, ist der Abschluss solcher Versicherungen Aufgabe der WEer.

36 ee) Abwicklung von Versicherungsschäden. Zunächst hat der Verwalter, auch wenn ein **Schaden** im SE auftritt, diesen zu **untersuchen**. Stellt er fest, dass im SE die alleinigen Ursachen liegen, so ist er nach dem BayObLG[86] nicht zur Abwicklung verpflichtet. Köhler[87] relativiert dies zur Recht, soweit die TErkl vereinbart, dass das Gebäude als Ganzes zu versichern ist, ist die Verwalterhoheit gegeben. Zusätzlich hat das OLG Hamm[88] dem einzelnen WEer das Recht abgesprochen, mit der Versicherung den Schaden abzuwickeln, da Vertragspartner der Verband ist. Eine Klage gegen die Versicherung eines WEers ist unzulässig.[89] Deshalb ist der Verwalter dafür zuständig.[90] Soweit der Verwalter von der Versicherung sog Abwicklungspauschalen erhält, hat er sie an die Gem herauszugeben. Im Verwaltervertrag kann aber eine Gebühr vereinbart werden.[91]

37 ff) Selbstbeteiligung bei Versicherungsschäden.[92] Der Verwalter ist nicht befugt, ohne Beschl einen Versicherungsvertrag mit Selbstbeteiligung abzuschließen. Ein Beschl über Selbstbeteiligung entspricht idR ordnungsgemäßer Verwaltung. Die Selbstbeteiligung muss nicht von den oder dem betroffenen WEer getragen werden, sondern von allen WEern, selbst wenn Schaden im SE ist.[93]

---

[86] WE 1997, 39.
[87] WE 1998, 419.
[88] NJW-RR 1995, 1419.
[89] OLG Köln NJW-RR 2003, 1612.
[90] Köhler FV 1, 39; Sauren WE 1996, 129 mwN.
[91] Jansen/Köhler, FS Merle, S. 183.
[92] Dötsch ZMR 2014, 169, 176; Köhler FV 1, 39.
[93] AG Saarbrücken ZMR 2002, 980.

Hierfür ist Grundlage, zB Beschl notwendig.[94] Ob dies ordnungsgemäßer Verwaltung entspricht, hängt von der TErkl ab.[95]

gg) Regress der Versicherung. Aus versicherungsrechtlicher Sicht ist festzuhalten, dass nach dem BGH[96] durch den Gebäudeversicherungsvertrag auch der WEer geschützt ist, so dass die Versicherung ihn nicht in Regress nehmen kann für fahrlässig verursachte Schäden, ebensowenig die WEer untereinander.[97] 38

g) Hausmeister- und sonstige Angestelltenverträge[98]

Die Notwendigkeit der Einstellung eines Hausmeisters ist bei jeder Anlage unterschiedlich zu beurteilen. Wegen der damit verbundenen enormen Kosten können nur die WEer darüber befinden.[99] Die Bevollmächtigung zur Einstellung von Hilfskräften im Verwaltervertrag ist ohne Festlegung einer Obergrenze nach OLG Düsseldorf[100] auf Anfechtung hin aufzuheben. 39

Einstweilen frei. 40

10. Empfangnahme von gemeinschaftlichen Kosten und Lasten (Abs. 1 Nr. 4)

Gemäß Abs. 1 Nr. 4 hat der Verwalter im Innenverhältnis die gemeinschaftlichen Lasten und Kosten in Empfang zu nehmen und weiterzuleiten. Der Begriff Lasten und Kosten ist identisch mit demjenigen in § 16 (zum Umfang dort Rn. 13), dh es fallen **alle Wohngeldbeträge** (iSv § 28) darunter. Durch Zahlung auf das Konto der Gem vertreten durch den Verwalter erlischt die Schuld. Nach dem OLG Saarbrücken[101] genügt die Zahlung auf ein anderes (zB privates) Konto des Verwalters, damit der WEer von seiner Pflicht befreit wird.[102] Deshalb sollte die Gem auch von Barzahlungen per Beschl Abstand nehmen. Darüber hinaus hat der Gesetzgeber ausdrücklich Tilgungsbeiträge und Hypothekenzinsen aufgeführt. Da es sich um eine gem Angelegenheit der WEer handeln muss, besteht diese Pflicht des Verwalters nur, wenn Pfandrechte das gesamte Objekt global belasten und alle WEer hierfür gem haften. 41

---

[94] OLG Köln ZMR 2004, 298.
[95] OLG Köln ZMR 2004, 298; Köhler FV 1, 44.
[96] ZMR 2001, 717 m. Anm. Armbrüster.
[97] BGH NJW 2007, 292.
[98] Köhler WE 1997, 213.
[99] OLG München NZM 2009, 550; Bärmann/Merle Rn. 60; Jennißen Rn. 29.
[100] NZM 2001, 390.
[101] OLGZ 1988, 45; OLG Köln WuM 2007, 647; OLG München ZMR 2007, 815.
[102] AA OLG Köln NJW-RR 1991, 50 für Bezahlung eines Kostenfestsetzungsbeschlusses auf ein nicht benanntes Konto, AG Pinneberg ZMR 2008, 87, überzeugend.

11. Kosten einzelner Wohnungseigentümer

42 Über Angelegenheiten, die die Pfandrechte jedes einzelnen WEer betreffen, können die WEer keinen Beschl fassen.[103] Jedoch ist es nach dem BayObLG[104] durch Vereinbarung möglich, dem Verwalter das Inkasso für Zins- und Tilgungsbeiträge für **Verbindlichkeiten der Gemeinschaft, die durch Pfandrechte gesichert sind**, zu übertragen.[105] Ebenso für Erbbauzinsen.[106] Nicht aber für Zahlungsverpflichtungen einzelner WEer wie Grundsteuer.[107] Ein WEer kann nicht an Gläubiger statt an die Gem leisten, dies befreit ihn nicht.[108] Eine außer-[109] oder gerichtliche Geltendmachung ist nur unter der Voraussetzung einer Bevollmächtigung der WEer (zB gemäß Abs. 2 Nr. 3) möglich.

12. Zahlungen des Verbandes

43 Gemäß Nr. 5 hat der Verwalter **alle Zahlungen für den Verband zu leisten bzw. entgegenzunehmen**, aber keine Befugnis zu Verfügungen, wie Erlass, Verzicht,[110] Anerkenntnis[111] oder Vergleich oder Zurückbehaltungsrecht[112] ohne Beschl auszuüben.

a) Leisten

44 Hierbei handelt es sich um **Zahlungen aus dem gemeinschaftlichen Geld** nach dem WP, JA, der Rücklage oder der beschlossenen (Sonder)-Umlagen zur Erfüllung der gem Verbindlichkeiten.

Beispiele: Versicherungsbeiträge, Hausmeisterkosten, Versorgungskosten, öffentliche Gebühren (Abfall[113] oder Schornsteinfeger[114]). Der Verwalter kann kein Geld der Rücklage entnehmen, um damit Aufträge zu bezahlen, durch die er von seiner Gewährleistung als Bauträger befreit wird.[115]

Unter **Bewirken** sind solche Handlungen zu verstehen, durch die von den WEer begründete gem Pflichten erfüllt werden (sog Erfüllungsgeschäfte). Hierunter ist auch die Überprüfung, welche Leistungen erbracht wurden und welche Abschlagzahlungen diese rechtfertigen[116] bzw. die Annahme bestellter Wa-

---

[103] KG NJW 1975, 318.
[104] Rpfleger 1978, 257.
[105] Zweifelhaft; aA KG NJW 1975, 318.
[106] OLG Karlsruhe Justiz 1962, 90.
[107] OVG Sachsen-Anhalt NVwZ-RR 2009, 577.
[108] BayObLG NJW 1959, 1277.
[109] OLG Düsseldorf NZM 2001, 291.
[110] BayObLG ZMR 1999, 190.
[111] BayObLG ZMR 1997, 325.
[112] BGH NJW 2005, 2622.
[113] VG Stuttgart ZMR 2007, 738.
[114] VG Darmstadt NZM 2007, 418.
[115] OLG Köln WEM 1978, 91.
[116] KG WE 1993, 197.

ren zu verstehen, um die WEer von ihren Verbindlichkeiten zu befreien und eine Inanspruchnahme (gem § 10 Abs. 8) zu verhindern.[117] Aber nicht zur Begründung von Verbindlichkeiten,[118] wie zB Kredit.[119]

b) Entgegennahme

Hierunter ist zunächst die Entgegenahme **aller Zahlungen** zu verstehen: 45

Beispiele: Miete aus gem Einrichtungen,[120] Versicherungsleistungen,[121] Prozesskosten.[122]

Des Weiteren sind die **Abnahme von Werken** (§ 640 BGB) und entsprechende **Quittungserteilung** (zB für Zwangshypothek) zu verstehen.[123] Darüber hinaus muss der Verwalter **Mängelrügen** erheben und alles Erforderliche tun (zB Frist setzen), damit die WEer über die Durchsetzung der bestehenden Ansprüche entscheiden können.[124] Hierzu gehören auch die Geltendmachung eines Zurückbehaltungsrechts[125] und die Beweissicherung.[126] Deshalb sind alle rechtsgestaltenden Maßnahmen, zB Rücktritt vom Vertrag (§§ 437 Abs. 1 Nr. 2, 634 Abs. 1 Nr. 3 BGB), nicht möglich. Der WEer kann seiner Beitragspflicht nicht dadurch entgehen, dass er direkt an die Gläubiger „seinen Anteil" erbringt, da der Verband Schuldner ist, und der Gläubiger zur Entgegennahme von Teilbeträgen einzelner WEer nicht verpflichtet ist (§ 281 Abs. 1 BGB).

13. Verwaltung der Verbandsgelder

a) Verwaltung der eingenommenen Gelder (Abs. 1 Nr. 6)

Den Verwalter trifft auch die Aufgabe der Verwaltung der eingenommenen 46 Gelder (Abs. 1 Nr. 6). Darunter sind **alle bar oder unbar empfangenen** (gem Nr. 4, Rn. 41) **oder entgegen genommenen** (gem Nr. 5, Rn. 45) **Gelder** zu verstehen. Nach dem LG Berlin[127] bedeutet dies auch Baugelder für einen Ausbau. Eigentümer der gem Gelder ist der Verband und nicht etwa der Verwalter.[128] Aufgaben des Verwalters im Rahmen der Betreuung der Gelder des Verbandes sind im Wesentlichen folgende:
– Entgegennahme und Anforderung des Hausgeldes, Abwicklung aller Zahlungsvorgänge und Begleichung aller Rechnungen, die mit der laufenden

---

[117] BGH NJW 2005, 2064.
[118] BayObLG ZMR 2004, 840.
[119] BGH NZM 2011, 454.
[120] OLG Köln DWE 1988, 106.
[121] LG Köln RuS 1984, 200.
[122] BayObLG NJW-RR 1995, 852.
[123] Aber keine Löschungsbewilligung erteilen nach OLG München NZM 2011, 283; LG Köln ZWE 2011, 290.
[124] BayObLG WE 1988, 31.
[125] KG WE 1993, 197; OLG Düsseldorf ZMR 1997, 380.
[126] BGH NJW 1981, 282.
[127] JR 1962, 222.
[128] Als sog Treuhandeigentum, OLG Hamburg MDR 1970, 1008.

Verwaltung des GE zusammenhängen (Betriebskosten, Instandhaltungskosten, Überweisung auf Sparkonten), nicht aber Kreditaufnahme.[129]
- Entgegennahme und Anforderung der sonstigen Einnahmen (Umlagen, Miete, Pacht, Waschmaschinengebühren, Zinsen ua).
- Einleitung eines Verfahrens zur Beitreibung von rückständigen Hausgeldern, Umlagen oder sonstige Forderungen (soweit ermächtigt).
- Geldanlage; s. § 21 Rn. 11: Rücklage.

b) Vermögenstrennung

47 Gemäß Abs. 5 müssen die eingenommenen **Gelder des Verbandes getrennt vom Vermögen des Verwalters** gehalten werden.[130] Dadurch ist natürlich der Eigentümer vor Entnahme des Verwalters nicht geschützt. Deshalb ist in Abs. 5 S. 2 wiederum eine „Klarstellung" vorgenommen, dass eine solche Verfügung durch Vereinb oder einen Beschl geregelt werden kann. Unter der notwendigen Trennung wird das Konto bei der Bank verstanden, das der Verwalter folglich nicht als Eigenkonto oder evtl. als Sonderkonto führen darf. Entscheidend ist hier, dass der Verband durch die richtige Einrichtung des Kontos gegen Anfechtung, Pfand- und Zurückbehaltungsrechte der Bank oder Dritter gegen den Verwalter, evtl. auch bei Insolvenz, gesichert ist. Einzig das **offene Fremdkonto** ist zulässig:[131] Kontoinhaber und damit Gläubiger der Einlage bzw. Verpflichteter aus dem Konto ist der Verband. Da nunmehr der Verwalter nach außen Vollmacht (gemäß Abs. 3 S. 1 Nr. 5) hat Konten zu führen, kann er diese eröffnen und schließen.[132] Er hat die Einlagensicherung des Kontos sicherzustellen.[133] Soweit der Verwalter mehrere WEerGem verwaltet, hat er für jede ein gesondertes **Konto** zu unterhalten, jedoch muss er nach dem KG[134] für laufende Gelder und die Instandhaltungsrücklage nicht zwei getrennte Bankkonten führen. Diese Ansicht ist aber bedenklich, da die Instandhaltungsrücklage zweckgebunden ist (§ 21 Rn. 11) und damit eine Zweckentfremdung vorgenommen werden kann.

14. Verfügungsbeschränkung

48 Ist den WEern die alleinige Verfügungsmöglichkeit des Verwalters zu groß, so können sie gemäß Abs. 5 S. 2 die **Verfügung des Verwalters von** der **Zustimmung** eines (oder mehrerer[135]) anderen (auch eines Nicht-WEer) **abhängig**

---

[129] BGH NJW-RR 1993, 1227.
[130] Bader FV1, 53 ff.
[131] AG Straußberg ZMR 2009, 653 Rn. 69; Hügel ZMR 2008, 6; Sauren ZWE 2006, 258; Jennißen Rn. 104; Palandt/Bassenge Rn. 10; Bärmann/Merle Rn. 91; vgl. OLG München NZM 2000, 1023; aA OLG Hamburg ZMR 2007, 60; LG Berlin ZMR 2010, 470; AG Kassel ZMR 2012, 231.
[132] Merle ZWE 2006, 366; Abramenko S. 193.
[133] Dietrich ZWE 2013, 385.
[134] NJW-RR 1987, 1160; Jennißen Rn. 109 mwN.
[135] Staudinger/Bub Rn. 327.

Aufgaben und Befugnisse des Verwalters § 27

machen. Dem Verwalter ist im eigenen Interesse zu raten, eine solche Beschränkung anzuregen. Hat nämlich ein Dritter die Überweisungen mitunterschrieben, so kann sich der Verwalter jederzeit vor den anderen MEer darauf berufen und ist damit oft exkulpiert. Sind von der Bank trotz entsprechender Anordnung Verfügungen vorgenommen worden, können diese zurückgefordert werden.[136] Die Beschränkung kann durch Beschl erfolgen, da es sich um eine Sicherung des Vermögens der WEer handelt, der idR ordnungsgemäßen Verwaltung entspricht. Dasselbe gilt für eine Aufhebung.[137] Bei offensichtlichem Fehlverhalten des Verwalters gibt es ggf. Schadensersatzanspruch auch gegen die Bank.[138]

15. Abdingbarkeit

Abs. 5 ist abdingbar,[139] also Ausnahme zu Abs. 4 (Rn. 22). **49**

16. Rechtsstreitinformation

Der Verwalter muss die WEer (nicht den Verband) **unverzüglich** über Rechtsstreite unterrichten (Abs. 1 Nr. 7). Dies dient der Wahrung der Interessen der WEer, die damit die Möglichkeit bekommen, sollen sich frühzeitig an Rechtsstreitigkeiten, die sie auch betreffen, zu beteiligen und ihre Rechte wahrnehmen zu können. **50**

a) Umfang

Zunächst sind **alle Zivilrechtsstreite** betroffen, **egal, ob Außen-** (§ 43 Nr. 5[140]) **oder Innenprozesse** (§ 43 Nr. 1 bis Nr. 4). Des Weiteren sind alle sonstigen, zB **finanz- oder verwaltungsrechtlichen Verfahren** vom Wortlaut zwar nicht erfasst, aber nach Sinn und Zweck mitumfasst.[141] Der Gesetzgeber spricht von anhängigen Verfahren, dh die bei Gericht eingegangen sind. Da darüber der Verwalter keine Kenntnis hat, muss insoweit der Anwendungsbereich eingeschränkt werden auf zugestellte Klagen.[142] Des Weiteren sind einstweilige Verfügungsverfahren, Mahnverfahren (§ 43 Nr. 6[143]), Beweissicherungsverfahren und Streitverkündungen umfasst, weil auch hier die WEer genauso eine Möglichkeit haben müssen, ihre Rechte aktiv vertreten zu können. Grundsätzlich ist sowohl über **Aktiv- als auch über Passivprozesse** zu unterrichten, wobei Klagen gegen außenstehende Dritte regelmäßig bekannt sind bzw. hier kein In- **51**

---

[136] OLG München NZM 2000, 1023.
[137] Weitnauer/Lüke Rn. 33.
[138] OLG Koblenz 2004, 953.
[139] LG Köln NJW-RR 1987, 1365, 1366; Bärmann/Merle Rn. 93.
[140] AG Bonn ZMR 2010, 320.
[141] Hügel/Elzer S. 168; aA Jennißen Rn. 55; Vandenhouten ZWE 2009, 151; Bärmann/Merle Rn. 105 keine Analogie, da andere Informationspflicht gegeben, aber dann sind die Fristen regelmäßig verstrichen.
[142] Rechtshängigkeit, Abramenko S. 204.
[143] Jennißen Rn. 55; aA Bärmann/Merle Rn. 105.

formationsbedürfnis der WEer besteht[144] und deshalb keine Pflicht besteht. Es ist nicht Bedingung, dass der Verwalter Zustellungsvertreter der WEer ist (gemäß § 45[145]), vielmehr reicht aus, dass er von dem Verfahren, wie auch immer Kenntnis erhält ggf. auch zufällig,[146] da die Vorschrift den Schutz der WEer bezweckt.
Ausnahmen: Ist eine Zustellung an den Ersatzzustellungsbevollmächtigten (§ 45 Abs. 2) erfolgt, entfällt die Pflicht des Verwalters,[147] ebenso bei Klagen der WEer (Wohngeldklagen[148]) oder bei schon durch das Gericht erfolgte Zustellungen an die WEer und bei allen Fällen, bei denen es keine Möglichkeit der Rechtewahrnehmung gibt, wie Klagen des Verbandes oder in denen eine Beiladung ausscheidet (§ 48 Rn. 7). Zudem, wenn erkennbar nur Einzelinteressen betroffen sind.

b) Betroffene Personen

52 Als WEer sind alle möglich Betroffenen zu nennen, also auch ausgeschiedene, weil diese noch eine Nachhaftung haben und deshalb betroffen sein können.[149] Ebenso bei werdender WEG deren Mitglieder.[150]

c) Unverzüglich

53 Unverzüglich bedeutet, dass der Verwalter die Eigentümer **ohne schuldhaftes Zögern** informieren muss (§ 121 BGB[151]). Bei Aktivprozessen schon über die Anhängigkeit bei Gericht, ansonsten über die Zustellung. Die Zeitspanne, die dem Verwalter damit zugebilligt wird, bemisst sich nach einer nach den Umständen des Einzelfalls zu bemessenden **Prüfungs- und Überlegungsfrist**.[152] Da von dem Verwalter nur die Unterrichtung darüber verlangt wird, dass eine Klage vorliegt, wird dem Verwalter keine allzu lange Prüfungszeit zuzubilligen sein. Der Verwalter hat zu prüfen, ob eine Ausnahme gemäß Rn. 51 vorliegt. Zuwarten bis zu einer Verhandlung ist zu spät.[153] Hat das Gericht eine Frist zur Abgabe der Verteidigungsabsicht gesetzt, muss die Zusendung aber so rechtzeitig geschehen, dass die Eigentümer ausreichend Zeit haben, darüber zu entscheiden, ob sie sich gegen die Klage verteidigen wollen oder nicht. Dem Verwalter wird daher zu raten sein, in diesen Fällen nach vier, allerspätestens nach sieben Tagen die Eigentümer zu informieren. Für den Regelfall wird es aber für den Verwalter nichts zu prüfen geben, sondern vielmehr wird er lediglich die Information abzusenden haben. In diesem Fall wird spätestens am Tag nach Eingang der Klage eine Weiterleitung an die Eigentümer notwendig sein.[154]

---

[144] Bärmann/Merle Rn. 103.
[145] AA LG München ZWE 2010, 219.
[146] Jennißen Rn. 54; Palandt/Bassenge Rn. 11; Bärmann/Merle Rn. 94.
[147] Vandenhouten ZWE 2009, 146.
[148] LG München ZWE 2010, 219.
[149] Ähnlich Hügel/Elzer S. 169; Jennißen Rn. 53.
[150] Bärmann/Merle Rn. 106.
[151] AG Bonn ZMR 2010, 320.
[152] BGH NJW 2005, 1869.
[153] AG Bonn ZMR 2010, 320.
[154] So auch Vandenhouten ZWE 2009, 152; wenige Tage, Riecke Rn. 34b.

d) Form und Umfang

aa) Umfang. Nach dem Gesetzeswortlaut hat er die WEer darüber zu unter- 54
richten, dass ein Rechtsstreit anhängig ist. Welche genaue Mitteilung er machen muss, ist damit nicht festgelegt. Sinn und Zweck der Informationspflicht des Verwalters ist es, die Eigentümer so umfassend über **den gesamten Rechtsstreit** in Kenntnis zu setzen, dass sie darüber entscheiden können, ob sie Rechte wahrnehmen wollen, ggf. weitere Informationen einholen, zB durch Akteneinsicht oder einen Anwalt mit ihrer Vertretung beauftragen wollen. Daher ist der Verwalter verpflichtet, den Eigentümern das Gericht mitzuteilen, bei welchem die Klage eingereicht worden ist, das Aktenzeichen und den Inhalt. Der Gesetzeswortlaut verlangt nicht ausdrücklich die **Übersendung der Klageschrift**. Allerdings ist ohne Kenntnis der Klageschrift eine Abwägung, ob eine Verteidigung erfolgen soll oder nicht, kaum möglich. Daher hat der Verwalter regelmäßig die Klageschrift zu übersenden. Darüber hinaus hat er nicht über den weiteren Prozess zu unterrichten.[155] Dies kann sich aber für den Verwalter aus seiner allgemeinen Unterrichtungspflicht ergeben.[156]

bb) Form. Anbieten kann sich deshalb zB, die Schriftsätze schriftlich, elektro- 54a
nisch (e-mail) oder auf einer nur beschränkt zugänglichen Internet-Seite den WEern zur Verfügung zu stellen, nicht aber an einem sog schwarzem Brett[157] wegen eine möglichen Datenschutzes.

e) Kosten

Die entstehenden Kosten **sind solche der Verwaltung** (§ 16 Abs. 2).[158] Es 55
handelt sich um eine Kernaufgabe des Verwalters, die mit seiner Grundvergütung abgegolten ist. Anderenfalls muss der Verwalter mit dem Verband eine Erstattung seiner Kosten vereinbaren,[159] aber keinen Beschl gemäß § 21 Abs. 7 fassen lassen, weil dieser nur im Innenverhältnis der WEer gilt.[160]

Einstweilen frei. 56

17. Hausanschlüsse

Abs. 1 Nr. 8 sieht die Abgabe von Erklärungen für die Herstellung von **Fern-** 57
sprech- und Antennenanlagen sowie **Energieversorgungseinrichtungen** (also Strom, Gas, Wasser und Heizung) vor, als Ergänzung zu Verpflichtung des einzelnen WEer's (s. § 21 Rn. 11: Anschlüsse). Diese besteht nur hinsichtlich des GE und nicht hinsichtlich des SE, kann sich aber als Duldungspflicht des einzelnen WEer's aus dem Gemeinschaftsverhältnis ergeben. Nicht übertragbar auf

---

[155] S. Jennißen Rn. 56.
[156] Riecke Rn. 34.
[157] Hügel/Elzer S. 169; aA Jennißen Rn. 56.
[158] BGH NJW 2009, 2135; 1981, 282.
[159] BayObLG NZM 2001, 1040; Vandenhouten ZWE 2009, 146; Riecke Rn. 34b; aA Jennißen Rn. 56.
[160] AA Hügel/Elzer S. 170.

andere Gebrauchszulassungen, wie Durchleitungsrechte etc.[161] Soweit kein Zweifel über die Duldungspflicht besteht, ist ein Beschl nicht erforderlich, und der Verwalter kann entsprechende Erklärungen abgeben.[162]

18. Handeln des Verwalters für die Wohnungseigentümer (nicht den Verband)

58 In Abs. 2 wird der **Vertretungsumfang des Verwalters** für die WEer festgelegt, also das **Außenverhältnis**. Es handelt sich um die Fälle, in denen der Verwalter im Namen aller WEer für und gegen sie tätig wird,[163] also eine gesetzliche Vertretungsmacht.[164]

19. Zustellungsvollmacht

a) Entgegennahme von Willenserklärungen

59 Gemäß Abs. 2 Nr. 1 ist der Verwalter berechtigt und damit verpflichtet, im Namen der WEer **Willenserklärungen und Zustellungen entgegenzunehmen**, soweit sie, nicht notwendig an alle[165] WEer in dieser Eigenschaft gerichtet sind, weil eine gemeinschaftliche Angelegenheit betroffen ist.[166] Regelmäßig werden diese aber an den Verband gerichtet sein,[167] für den es die gleichlautende Vorschrift in Abs. 3 S. Nr. 1 gibt, zumal das Gesetz (§ 10 Abs. 6 S. 3) dem Verband die Geltendmachung aller Ansprüche überträgt. Da in der Praxis hierfür keine Unterschiede erkennbar sind, wird dies hier zusammengefasst kommentiert.

Beispiele: Mahnungen, Kündigungen (zB vermietete Gemeinschaftsanlagen, Gemeinschaftshypotheken etc), Klagezustellungen im Zivil-[168] oder WEG-Verfahren[169] oder Verwaltungsverfahren,[170] soweit WEer sich nicht selbst vertritt,[171] Zustellungen im Zwangsvollstreckungsverfahren, zB Terminsbenachrichtigungen im Zwangsversteigerungsverfahren.[172]

Eine Spezialregelung findet sich für gerichtliche Verfahren nach § 43 für dortige Zustellungen (§ 45, s. dort).

---

[161] Jennißen Rn. 58.
[162] Bärmann/Merle Rn. 113.
[163] Merle ZWE 2006, 366.
[164] BGH NJW 1981, 282.
[165] BGH NJW 2003, 3477 Rn. 10.
[166] BGH NJW 1981, 282.
[167] Abramenko S. 205.
[168] BGH NJW 2003, 3476.
[169] BGH WPM 1984, 1254.
[170] OVG Münster NZM 2004, 557; BVerwG NJW-RR 1995, 73.
[171] KG NZM 2001, 105.
[172] OLG Stuttgart Rpfleger 1966, 113; LG Göttingen NZM 2001, 1141.

b) Zustellungsvertreter

Damit ist der Verwalter Zustellungsvertreter, **wenn die zuzustellenden Er-** 60
klärungen erkennbar **gegenüber den Wohnungseigentümern abgegeben**
werden sollten.[173] Er wird aber nicht automatisch zum Prozessbevollmächtigten oder Verfahrensbevollmächtigten der WEer,[174] vielmehr setzt ein solcher eine besondere Ermächtigung voraus (Abs. 2 Nr. 3). Um die WEer an einem Verfahren zu beteiligen, genügt folglich die Zustellung an den Verwalter, und zwar eine Ausfertigung des Schriftstücks.[175] Dieses ist entscheidend für die Berechnung von Fristen, denn sie beginnen mit der Entgegennahme durch den Verwalter.[176] Eine Zustellung an den Verwalter ist jedoch nur wirksam, wenn sie mit dem Hinweis durch das Gericht erfolgt, dass eines der Exemplare für die WEer bestimmt ist oder der Verwaltung als Zustellungsvertreter zugeleitet ist.[177] Wird dies versäumt, so müssen zumindest[178] im Rubrum des Urteils die übrigen WEer als weitere Beteiligte und die Verwaltung als Zustellungsvertretung aufgeführt sein, ansonsten liegt keine wirksame Zustellung des Urteils vor.[179]

c) Der Verwalter ist nicht zur Vertretung berechtigt (Abs. 3 S. 2)

Diese gesetzliche Zustellungsvollmacht entfällt nicht bei jeder **Interessenkolli-** 60a
sion für den Verwalter, sondern nur, wenn er selbst Kläger oder Rechtsmittelführer ist oder begründeter Verdacht besteht, dass er der ihm obliegenden Informationspflicht gegenüber den übrigen WEer nicht nachkommen wird,[180] nach hM[181] wenn eine konkrete Gefahr vorliegt.[182]

Beispiel: Ein Verfahren, in dem der Verwalter selbst Gegner der WEer ist (zB bei § 43 Nr. 3) oder Kläger[183] oder selbst Rechtsmittelführer[184] oder wenn bei einem WEG-Verfahren (gemäß Nr. 4) die Rechte und Pflichten des Verwalters Gegenstand des Verfahrens sind,[185] es sei denn, der Verwalter ist ausdrücklich davon befreit (zB durch Ausschluss des Selbstkontrahierungsverbotes § 181 BGB im Verwaltervertrag[186]).

---

[173] BayObLG NZM 1999, 850.
[174] BayObLG WE 1997, 272, sondern geht über die Entgegennahme nicht hinaus, zB für Abgabe einer Willenserklärung, OLG Frankfurt NZM 2005, 427 Rn. 31.
[175] Auch wenn der Verwalter selbst beteiligt ist, BGH NJW 1981, 281.
[176] KG ZMR 1984, 249.
[177] BayObLG NZM 1999, 850; NJW-RR 1992, 150.
[178] BayObLGZ 1983, 14, 19.
[179] BayObLGZ 1983, 14, 19.
[180] LG Bremen WuM 1998, 118; BayObLG WE 1998, 118.
[181] BayObLG NZM 1998, 976; Riecke Rn. 45; Jennißen Rn. 88.
[182] BGH NJW 2012, 2040; KG ZMR 2004, 143; BayObLG ZMR 2002, 533; OLG Köln WuM 1999, 301.
[183] BayObLG ZMR 1997, 613.
[184] BGH NJW 2007, 2776; OLG München ZMR 2008, 657.
[185] ZB Anfechtung der Verwalterbestellung, LG Lübeck DWE 1986, 63; Anfechtung der Entlastung, AG Konstanz ZWE 2009, 327, OLG Frankfurt WE 1990, 56, aA AG Heidelberg ZMR 2011, 72; Wirksamkeit des Verwaltervertrages, OLG Hamm NZM 2001, 49, 50; aA zu Recht BayObLG WE 1998, 118; Abberufung, BayObLG WuM 1991, 131 oder sonstige Pflichtwidrigkeiten des Verwalters.
[186] BayObLG v. 14.7.1983 – 2 Z 45/83 oder GO, BayObLG DWE 2004, 62.

Die Rspr. lässt eine **mittelbare Betroffenheit** genügen.

Beispiel: Anfechtung der JA wegen Pflichtverletzung des Verwalters.[187]

Es ist dann aber jeweils eine ernsthafte Befürchtung notwendig, dass der Verwalter die Eigentümer nicht unterrichtet.[188] Ist die Einschätzung des Gerichts bzgl. der Berechtigung unrichtig, ist die Zustellung noch nicht erfolgt und muss nachgeholt werden, so dass sie neu zu laufen beginnen.[189]

20. Fristwahrung und Abwendung sonstiger Rechtsnachteile

61 Nr. 2 regelt die Fristwahrung und die Abwendung sonstiger Rechtsnachteile für die WEer. Da dieser Abs. nur die WEer betrifft, aber die hier geregelten Fragen regelmäßig den Verband, welcher mit demselben Wortlaut (in Abs. 3 S. 1 Nr. 2) angesprochen ist, wird diese hier zusammen kommentiert.[190] Die Vertretungsmacht erfolgt für alle objektiv erforderlichen Maßnahmen[191] zur Nachteilsabwehr, dh nicht zu einer Verfügung über den Prozessstoff, wie Anerkenntnis oder Vergleich.[192] Es fehlt zB, wenn jeder WEer informiert wurde (gemäß Abs. 1 Nr. 7, Rn. 50 ff.) und die Prozessführung selbst durchführen kann. Soweit Gerichtsverfahren betroffen sind, gehört hierzu auch die Anwaltsbeauftragung[193] ohne Berücksichtigung eines eventuellen Vertretungsausschlusses gemäß Rn. 60a.[194] Voraussetzung ist immer, dass keine vorherige Beschlfassung möglich ist.[195]

a) Fristwahrung

62 Hier ist gedacht an **Verjährungsfristen** (zB Gewährleistung[196]), **Rechtsmittelfristen**[197] (Beschwerde, Berufung, Revision, Einspruch), **Rechtsbehelfsfristen** zur Klageerhebung, auch in Verwaltungssachen, **Klagefristen**[198] oder Mängelfristen. Letztlich zählen auch **Anfechtungsfristen** (wegen Irrtums bzw. arglistiger Täuschung) hierzu.

Beispiel: Widerspruch gegen Mahnbescheid.

Auch sonstige Fristen sind vom Verwalter zu beachten.

Beispiel: Kündigung einer Versicherung, soweit ermächtigt.

---

[187] OLG Hamm DWE 1989, 69.
[188] BayObLG DWE 2004, 62.
[189] OLG Zweibrücken ZMR 2003, 452; Riecke Rn. 45.
[190] Zu den dadurch aufgetretenen Ungereimtheiten s. Abramenko S. 205.
[191] BayObLG WE 1994, 375.
[192] Jennißen Rn. 74.
[193] AG Heidelberg ZMR 2011, 72.
[194] BayObLG WE 1994, 375.
[195] OLG Düsseldorf ZMR 1994, 520.
[196] BayObLG WE 1988, 31.
[197] OLG Hamm ZMR 2004, 856.
[198] BGH NJW 1981, 282.

Dem Verwalter obliegt die pflichtgemäße Prüfung wegen möglicher Fristabläufe und die Wahrung dieser Fristen.

Beispiel: Rechtzeitige Inanspruchnahme einer Gewährleistungsbürgschaft ohne Beschl.[199] Dadurch erlangt er aber nicht die Stellung des umfassenden Prozessvertreters.[200]

b) Abwendung sonstiger Rechtsnachteile

Als Abwendung sonstiger Rechtsnachteile kommen in Betracht: selbständiges Beweisverfahren (§§ 485 ff. ZPO) für das GE,[201] einstweilige Verfügungen gegen Altverwalter auf Herausgabe,[202] vorläufiger Rechtsschutz (§ 80 Abs. 5 VwGO) gegenüber bauaufsichtlichen Anordnungen (zB Brandschutzmaßnahmen[203]) oder Klage gegen Baugenehmigung des Nachbarn.[204] Nicht entscheiden kann der Verwalter zB über eine etwa für Bauvorschriften notwendige Zustimmung von Bauarbeiten, die Nachbarn vornehmen wollen, da es sich immer um gem Rechte handeln muss und nicht Rechte einzelner Beklagter.

c) Passivprozess

Es wird in Abs. 2 Nr. 2 unwiderleglich vermutet, dass ein Passivprozess (einschließlich einstweiligem Rechtsschutz) gegen die WEer (gemäß § 43 Nr. 1, 4 oder 5) eine **Nachteilsabwehr** darstellt[205] und damit ausdrücklich die **Ermächtigung des Verwalters** festgeschrieben ist. Damit kann der Verwalter für alle WEer oder auch nur für die übrigen bei Anfechtungsprozessen auftreten und einen Anwalt beauftragen,[206] auch für die zweite Instanz, selbst wenn die Eigentümer Berufungsführer sind.[207] Natürlich ist kein WEer daran gehindert, selbst den Prozess zu führen oder sich gar auf Seiten des Klägers zu stellen. Bei Klagen Dritter gilt dies nicht, da der Verwalter hier alle vertritt, nicht einzelne.[208] Bei der Führung des Passivprozesses ist der Verwalter frei, wenn kein Fall der alleinigen Informationspflicht vorliegt (gemäß Abs. 1 Nr. 7). Er kann ihn auch selbst führen,[209] was aber nicht zu empfehlen ist. Die Gerichts- und Anwaltskosten dürfen beim Verbandsprozess und der Anfechtungsklage vom Gemeinschaftskonto bestritten werden bzw. in Form einer SU geltend gemacht werden. Es ist nur auf die jeweilige Beteiligtenstellung bei der Kostenverteilung Rücksicht zu nehmen.[210]

---

[199] OLG Düsseldorf NJW-RR 1993, 470.
[200] OLG Saarbrücken ZMR 1998, 310.
[201] BayObLG ZMR 1977, 345.
[202] AG Wiesloch NZM 2012, 122.
[203] OVG Lüneburg ZfBR 1986, 196.
[204] VG München v. 12.2.2008 – M8SN08211.
[205] LG Karlsruhe ZMR 2011, 589.
[206] BGH NJW 2001, 3723 Rn. 5 mwN; aA Bärmann/Merle Rn. 144.
[207] LG Dortmund ZMR 2014, 386; aA AG Erfurt ZMR 2014, 152 für Beschl.
[208] Briesemeister NZM 2007, 346.
[209] Hügel/Elzer S. 174.
[210] BayObLG NZM 2001, 959; ZMR 2004, 763; KG Berlin ZMR 2006, 224; LG Leipzig ZMR 2007, 400; LG Düsseldorf ZMR 2009, 712; aA Kuhla ZWE 2009, 196.

d) Vollstreckungsverfahren

65 Aus dem Gesetz ergibt sich, dass der Verwalter auch Vollmacht im Vollstreckungsverfahren hat,[211] ebenfalls bei Klagen Dritter (§ 43 Nr. 5), und auch soweit der Verband betroffen ist die sog eidesstattliche Versicherung (jetzt: Vermögensauskunft) abzugeben (§ 802d ZPO[212]). Es ist deshalb zu **differenzieren**, dass die Zwangsvollstreckung bzgl. des Verbandes immer den Verwalter trifft, sobald sie sich aber gegen einen WEer persönlich richtet, trifft es diesen (Gerichtsvollzieher, etc.[213]).

21. Anspruchsgeltendmachung

66 Gemäß Abs. 2 Nr. 3 hat der Verwalter die Befugnis zur Geltendmachung von Ansprüchen.[214] Nr. 3 ist weitgehend überflüssig, da der Verband (§ 10 Abs. 6 S. 2) diese Rechte wahrnimmt[215] oder ihm deren Wahrnehmung regelmäßig übertragen wird (§ 10 Abs. 6 S. 3). Es sind aber Fälle denkbar, in denen der Verwalter von den WEern ermächtigt wird, Ansprüche geltend zu machen. Zudem muss der Verwalter die Grundsätze bei seiner Arbeit für den Verband heranziehen (dann Abs. 3 S. 1 Nr. 7).

a) Ermächtigung des Verwalters

67 Geltendmachung bedeutet zB **Rechtsmittel** gegen verlorenen Prozess,[216] aber **nicht** ohne konkrete Ermächtigung Klage auf Rückzahlung von Lohn eines früheren Arbeitnehmers[217] oder **Erlass** von Wohngeld im Prozess[218] oder **Stundung**[219] oder eigenmächtige Zahlungsverpflichtung aus Abrechnung zwischen Erwerbern und Veräußerern aufzuteilen[220] oder Beseitigungsanspruch bzgl. baulicher Veränderungen geltend zu machen[221] oder Führung eines baurechtlichen Nachbarstreits[222] oder außergerichtliche Geltendmachung.[223]

Beispiel: Gewährleistungsansprüche wegen Mängeln am GE,[224] Ansprüche gegen Handwerker oder Lieferanten.

---

[211] Abramenko S. 205.
[212] BGH ZMR 2012, 323.
[213] Palandt/Bassenge Rn. 15.
[214] Wenzel FV1, 108.
[215] Jennißen Rn. 77; Abramenko S. 202.
[216] LG München NZM 2010, 326.
[217] BAG NZM 1999, 25.
[218] BayObLG NJW-RR 1999, 235; aA Wenzel FV1, 115; s. Rn. 24.
[219] BayObLG WE 1994, 247.
[220] OLG Hamm NZM 2000, 139.
[221] BayObLG NZM 2000, 513.
[222] VG Freiburg v. 19.3.2013 – 4 K 114/13.
[223] OLG Düsseldorf NZM 2001, 291.
[224] BGH NJW 1981, 1841.

Es muss sich hier naturgemäß um Gemeinschaftsansprüche handeln, dann ist auch ein Vorgehen gegen einzelne WEer möglich.[225]

Beispiel: Wohngeldverfahren[226] oder die Aufrechung gegenüber Ansprüchen,[227] Zwangsvollstreckung durch Zwangsverwaltung[228] oder Insolvenzeröffnungsantrag.[229]

Sie **berechtigt nicht** zur Ausübung von Gestaltungsrechten,

Beispiel: Rücktritt etc, wodurch ein Anspruch erst begründet wird,[230]

oder Verfügungen, wie Löschung einer Dienstbarkeit[231] oder Auflassung.[232]

b) Erteilung

Die Ermächtigung muss **entweder** allgemein **durch Vereinbarung,**[233] **Teilungserklärung, Verwaltervertrag oder Beschluss**[234] erteilt werden[235] **oder für den konkreten Einzelfall**; setzt aber zumindest (werdende) Gem. voraus.[236] Sie begründet eine Vollmacht des Verwalters auch in verwaltungsrechtlichen Verfahren[237] und kann als Einzelfallvollmacht[238] oder als Dauervollmacht ausgestaltet werden (zB „alle Aktiv- und Passivprozesse zu führen"), dann ist jedoch eine Bevollmächtigung für eine Ausschlussklage (gemäß § 18) nicht gegeben.[239] Die Vollmacht kann auch unter Bedingungen erteilt werden, wie zB der Zustimmung des Beirats,[240] oder einem außenstehenden Dritten, wie zB dem ausgeschiedenen Verwalter erteilt oder belassen werden.[241] Sie kann nachträglich erteilt oder beschränkt erteilt oder entzogen werden. Soweit Ansprüche gegen einzelne WEer vom Verwalter geltend gemacht werden, vertritt er die WEer mit Ausnahme des Gegners,[242] beim Verband diesen. Bei durch Beschl erteilter Vollmacht ist zu beachten, dass eine personenbezogene Vollmacht beim Verwalter mit dessen Ausscheiden erlischt, anders bei nicht personenbezogener.[243]

68

---

[225] BayObLG MDR 1982, 151.
[226] LG Karlsruhe ZWE 2011, 338.
[227] BayObLG WE 1986, 14 m. Anm. Weitnauer.
[228] OLG Hamburg WE 1993, 166.
[229] LG Kreuznach ZWE 2011, 339.
[230] LG Bamberg NJW 1972, 1376; Lücke WE 1995, 78; aA OLG Köln DWE 1990, 108, wenn Verwalter auch den Vertrag begründen konnte.
[231] AG Berlin ZWE 2011, 103.
[232] OLG München NJW 2010, 1468; aA OLG Hamburg ZMR 2010, 466, diese Entscheidung ist unhaltbar wie Jennißen Rn. 78 richtig feststellt.
[233] AG Hamburg ZMR 2012, 226.
[234] OLG München ZWE 2008, 352.
[235] Ständige Rspr, zB BGH NJW 2009, 547; 1988, 1910.
[236] OLG Düsseldorf ZMR 2005, 896.
[237] HessVGH ZMR 1986, 68.
[238] Auch noch in der Rechtsmittelinstanz, BayObLG NJW-RR 1995, 652.
[239] AG Aachen v. 19.12.1988 – 4 C 523/88.
[240] OLG Zweibrücken NJW-RR 1987, 1366.
[241] OLG Düsseldorf ZMR 2000, 397; vgl. wN BGH NJW 2012, 1207 Rn. 12.
[242] BGH NJW 1999, 3713; aA Sauren NJW 2000, 1536 mwN.
[243] KG NJW-RR 1989, 657.

c) Prozessverfahren

69 Verfahrens- oder Prozessvertretung durch Verwalter. Hierunter versteht man die Geltendmachung namens des Verbandes oder der WEer durch den Verwalter, der damit zum **Prozessbevollmächtigten** wird. Die Vertretungsmacht reicht im Falle der Ermächtigung (gemäß Abs. 2 Nr. 3) von der gerichtlichen Geltendmachung von Ansprüchen bis zur Befriedigung des sachlichen Verfolgungsinteresses, sie gilt für alle Instanzen einschließlich der Einlegung von Rechtsmitteln und ist analog den Grundsatzen zum Umfang der Prozessvollmacht (gemäß §§ 81 bis 87 ZPO) zu beurteilen.[244] Ein Beschl, der dem Verwalter „Prozessvollmacht" erteilt, kann als Ermächtigung zur Führung eines Verfahrens angesehen werden und gilt nach dem BayObLG[245] für alle Instanzen. Für den Prozess ist es wichtig, dass die Vollmacht dem Verwalter jedenfalls vor Verfahrensbeginn erteilt wurde und noch im Zeitpunkt der Einlegung des Rechtsmittels gegeben ist.[246] Ist der Verwalter bevollmächtigt, den Verband oder die WEer in Angelegenheiten der laufenden Verwaltung außergerichtlich und gerichtlich zu vertreten, umfasst dies auch Ansprüche aus beschlossenen SU,[247] auch solche, die nicht während der Tätigkeit des gegenwärtigen Verwalters, sondern seines Vorgängers beschlossen wurden,[248] da die Vollmacht bei Verwalterwechsel fortbesteht.[249] Dies gilt auch für Vorschüsse, die unter dem Verwaltervorgänger fällig geworden sind, auch dann, wenn dieser keine Vollmacht hatte.[250] Die Bevollmächtigung, den Verband in Angelegenheiten der laufenden Verwaltung zu vertreten, beinhaltet nicht das Recht, einen Anspruch auf Unterlassung der vereinbarungswidrigen Nutzung von SE geltend zu machen.[251] Bei Ende des Verwalteramtes erlischt eine Vollmacht nicht,[252] aber bei einer vorzeitigen Abberufung zumindest die materiell-rechtliche Ermächtigung zu einem Forderungseinzug.[253] Ist der neue Verwalter ermächtigt, tritt er in die Stellung ein.

d) Prozessstandschaft des Verwalters

70 Eine Vollmacht kann den Verwalter **nicht** mehr ermächtigen, im **eigenen Namen** vorzugehen, auf Zahlung an sich oder den Verband (sog **aktive Prozess- oder Verfahrensstandschaft**). Das notwendige eigene rechtliche Interesse des Verwalters ist nicht mehr gegeben, da es insoweit regelmäßig an dem für eine gewillkürte Prozessstandschaft erforderlichen eigenen schutzwürdigen Interesse des Standschafters, hier Verwalter, fehlt.[254] Eine Verfahrensstandschaft auf der Beklagtenseite (sog passive Verfahrensstandschaft) ist nicht möglich.[255]

---

[244] LG Kreuznach ZWE 2011, 340; Bärmann/Merle Rn. 169.
[245] ZMR 1979, 56.
[246] BayObLG v. 15.9.1983 – 2 Z 112/82.
[247] BayObLG NJW-RR 1987, 1039.
[248] OLG Frankfurt ZWE 2006, 106.
[249] BayObLG NJW-RR 1993, 488.
[250] Reichert ZWE 2004, 211; aA AG Aachen WuM 1985, 360.
[251] BayObLG NJW-RR 1994, 527.
[252] OLG Düsseldorf ZMR 2000, 397; vgl. wN BGH NJW 2012, 1207 Rn. 12.
[253] BGH NJW 2012, 1207.
[254] BGH NJW 2012, 1207 Rn. 10; BGHZ 188, 157, 159 Rn. 6 ff.
[255] BayObLG Rpfleger 1974, 311.

Aufgaben und Befugnisse des Verwalters § 27

e) Rechtsdienstleistungsgesetz

Die gerichtliche Geltendmachung von Ansprüchen durch den Verwalter ohne Zuschaltung eines Rechtsanwaltes verstößt nicht gegen das Rechtsdienstleistungsgesetz.[256] Nach der überwiegenden Literatur ist eine allumfassende **Rechtsberatung** nicht möglich, aber **bei den gesetzlichen Ermächtigungen des Abs. 2 und 3**[257] **als Nebentätigkeit erlaubt**. Der Verwalter ist befugt, für das GE die Gem **außergerichtlich** zu vertreten,[258] ebenso vor Gericht (Abs. 2 Nr. 3 ist lex specialis zu § 79 Abs. 2 ZPO).[259] 71

f) Rechtsanwaltsbeauftragung

Ist die Ermächtigung erteilt, so berechtigt dies auch zur Bevollmächtigung eines Rechtsanwaltes,[260] dessen Kosten auch bei einfachen Wohngeldstreitigkeiten erstattungsfähig sind.[261] 72

Einstweilen frei. 73

22. Streitwertvereinbarung mit einem Anwalt (Abs. 2 Nr. 4)

Sie betrifft die gesetzliche Ermächtigung des Verwalters zur Streitwert- (nicht Vergütungs- oder Gebühren-,[262]) Vereinbarung mit dem Rechtsanwalt. Darunter fallen auch Prozesse von Dritten[263] und sowohl Aktiv-, wie auch Passivprozesse,[264] aber nicht Verwalterstreitigkeiten (§ 43 Nr. 3). Da eine gesetzliche Vollmacht vorliegt, ist sie bindend. Durch die Erhöhung des Streitwertes erhöht sich auch die Anwaltsvergütung, aber nicht die übrigen Gerichtskosten und nicht der Erstattungsumfang im Obsiegensfalle. 74

a) Hintergrund

Da bei Klagen einzelner WEer für den Streitwert allein auf deren Interesse abgestellt wird, und dies nicht dem Interesse der übrigen WEer entsprechen kann, ist dem Verwalter die Möglichkeit gegeben den Streitwert zu erhöhen und um die WEer vertretenden Rechtsanwalt eine abgemessene Vergütung zu ermöglichen. Nach dem GKG beträgt der Streitwert grundsätzlich 50 % des Interesses der Parteien, mindestens jedoch den Wert des Interesses des Klägers und der auf 74a

---

[256] Gem § 5 Abs. 2 Nr. 2 Rechtsdienstleistungsgesetz.
[257] Caliebe Potsdamer Tage 2000, 175; Riecke ZMR 2000, 498; Sauren NZM 2003, 966.
[258] OLG Nürnberg ZMR 2004, 300, Erläuterung JA gegenüber Mieter; Riecke ZMR 2000, 493; Sauren NZM 2003, 966.
[259] Lehmann-Richter ZWE 2009, 299; Bärmann/Merle Rn. 179 mwN; Hügel/Elzer S. 173.
[260] BGH NJW 1993, 1624 für Verfahrensvertretung.
[261] Sauren Rpfleger 1987, 306; aA AG Wolfenbüttel Rpfleger 1987, 306; LG Lübeck WEZ 1988, 110 m. abl. Anm. Fett.
[262] AA Niedenführ Rn. 71.
[263] BT-Drucks 16/887 S. 53f.
[264] Bärmann/Merle Rn. 181; Jennißen Rn. 81.

seiner Seite Beigetretenen, jedoch der Höhe nach begrenzt auf den 5fachen Wert des Interesses des Klägers und der auf seiner Seite Beigetretenen (s. § 49a GKG Rn. 1 ff.).

Beispiel: Der Beschl der WEer, aus einer Gem mit 100 WEer, der als Inhalt eine Sanierungsmaßnahme mit Kosten in Höhe von 100.000 EUR hat, wird von einem WEer angefochten, auf den durch die Sanierung Kosten in Höhe von 1.000 EUR zukämen.

Lösung: Der Streitwert beträgt hier 5.000 EUR, und zwar das fünffache des Interesses der oder des Klägers von 1.000 EUR.

Dies mag für den Kläger einsehbar sein. Für den Anwalt der Beklagten, der nunmehr 99 WEer zu vertreten hat, soll aber ebenfalls nunmehr ein Geschäftswert von 5.000 EUR gelten, obwohl deren Interesse an der gerichtlichen Entscheidung 100.000 EUR entspricht. Die (im Gesetzgebungsverfahren einkalkulierte) Folge wird sein, dass die Gem keinen Anwalt finden wird, der bereit ist, für dieses niedrige Honorar den Prozess mit 99 Eigentümern zu führen. Allein das gesteigerte Haftungsrisiko abzudecken, wird mehr als die Gebühren aus 5.000 EUR kosten. Deshalb erfolgt eine **Ermächtigung des Verwalters**, einen Streitwert mit dem Anwalt für die übrigen WEer zu vereinbaren. Die Höhe des vereinbarten Streitwertes soll auf das begrenzt sein, den der Anwalt nach dem regelmäßig festzusetzenden Streitwert in Höhe von 50 % des Wertes des Interesses aller Beteiligten erhalten würde. Nach der Beispielszahl könnte der Verwalter eine Vergütung auf der Basis eines Streitwertes von bis zu 50.000 EUR mit dem Anwalt vereinbaren.

b) Verwalterhaftung

74b Damit könnte ein **Haftungsrisiko** auf den Verwalter zukommen.[265] Denn bei einer Vereinb sind die über die gesetzliche Höhe hinausgehenden Kosten nicht erstattbar und müssen deshalb von allen, ggf. auch obsiegenden WEer bezahlt werden (§ 16 Abs. 8). Daraus wird gefolgert, dass der Verwalter die WEer vorher befragen soll, welche Gebührenhöhe er vereinbaren darf[266] bzw. sogar auf keinen Fall darauf verzichten soll.[267] Die Argumente sind nicht durchgreifend. Es muss nämlich berücksichtigt werden, dass der Gesetzgeber durch die Bevollmächtigung des Verwalters diesem die Macht gegeben hat darüber zu entscheiden. Damit hat er auch festgelegt, dass eine solche Vereinb ordnungsmäßer Verwaltung entspricht.[268] Ein dagegen gefasster Beschl wäre anfechtbar und würde das Risiko mit sich bringen, keine Vertretung im Prozess zu haben. Zudem müsste zunächst zeitraubend ein ordnungswidriger Beschluss durch ein Gericht aufgehoben werden, um dann erst eine ordnungsgemäße Vertretung zu ermöglichen, was keinem Verwalter zuzumuten ist. Mit der Gesetzesbegründung ist folglich festzuhalten,[269] dass **keine Schadensersatzansprüche** auf den Verwalter zukommen, wenn er sich im gesetzlichen Rahmen hält ohne die WEer zu fragen.

---

[265] Gottschalg NZM 2007, 199: kaum zumutbaren Konflikt.
[266] Riecke Rn. 51; Abramenko S. 197.
[267] Hügel/Elzer S. 176.
[268] Abramenko ZWE 2009, 157.
[269] BT-Drucks 16/887 S. 77.

Zudem wird ansonsten regelmäßig eine Streitwertvereinb nicht zustandekommen, weil die WEer immer dafür sein werden, sie nicht abzuschließen.[270] IÜ wird die Vereinb regelmäßig im Interesse der WEer sein, weil sie damit einen kompetenten Anwalt erhalten. Bei der Auswahl des Anwalts ist der Verwalter **nicht verpflichtet, Konkurrenzangebote einzuholen**, weil das Vertrauensverhältnis vorgeht, insbesondere wenn es sich um den Hausanwalt oder/und einen Spezialisten handelt.

c) Überschreitung der Vertretungsmacht

Überschreitet der Verwalter seine Vertretungsmacht, ist der Verband nicht verpflichtet, zB Stundensatzvereinbarung. **74c**

23. Handeln des Verwalters für den Verband

Abs. 3 S. 1 regelt die für die Praxis wichtigen Fälle, in denen der Verwalter für den Verband **bestimmte Außenvollmachten** besitzt.[271] Dadurch wirken sie auch nach innen, dh dem Verband gegenüber,[272] aber nicht den WEern persönlich gegenüber.[273] Der Vertragspartner des Verbandes ist jetzt nicht mehr darauf angewiesen, sich eine Vollmacht des Verwalters geben zu lassen in den in diesem Abs. beschriebenen Fällen. Die WEer können diese beschränkten Vollmachten erweitern, was regelmäßig geschieht, da sie gemäß Abs. 4 nur das Minimum darstellen. Wenn der Verwalter rechtlich oder faktisch fehlt, regelt S. 2 die Zuständigkeit durch die WEer (s. Rn. 85). **75**

24. Entgegennahme von Erklärungen

Nr. 1 regelt die Entgegennahme von **Willenserklärungen und Zustellungen** für bzw. gegenüber den/m Verband. Auf den Parallelabs. 2 Nr. 1 wird mit der Maßgabe verwiesen, dass der Verband Ansprechpartner ist (Rn. 59 ff.). Damit wird nur Vollmacht für die Entgegennahme begründet.[274] Die Praxis wird dies natürlich nicht leben, weil schon bei der Adressierung regelmäßig keine Unterschiede gemacht werden, was aber zur Unwirksamkeit der Zustellung führen kann (s. Vor § 1 Rn. 23 ff.). Informationspflicht des Verwalters besteht gegenüber den WEer'n. **76**

25. Eilmaßnahmen

Nr. 2 beinhaltet die Eilmaßnahmen **und** den **Passivprozess für den Verband.** Hier ist auf Abs. 2 Nr. 2 zu verweisen (Rn. 61 ff.), nur dass anstatt der **77**

---

[270] Abramenko ZWE 2009, 158.
[271] BGH NJW 1981, 282.
[272] Abramenko S. 192.
[273] Abramenko S. 203.
[274] OLG Frankfurt NZM 2005, 427.

WEer der Verband Betroffener ist (im Prozess also § 43 Nr. 2[275]). Kosten für den Prozess können aus dem Verwaltungsvermögen entnommen werden.[276] Ebenfalls ist der Verwalter für die Zwangsvollstreckung zuständig, was auch die Abgabe einer eidesstattlichen Versicherung im Rahmen der Vermögensauskunft für den Verband umfasst,[277] aber nicht mehr nach Beendigung des Amtes, da damit seine Pflichten beendet sind.[278]

26. Instandhaltung

78 Nr. 3 normiert die Instandhaltung und Instandsetzung. Diese Vorschrift ergänzt die dem Verwalter (nach Abs. 1 Nr. 2) für den Verband gegebene Vollmacht, soweit die WEer nicht durch Beschl bereits diese vorgenommen haben, jedoch nicht vollumfänglich (wegen der damit ggf. für die WEer verbundenen Kosten), sondern um die **laufenden Maßnahmen**. Was darunter zu verstehen ist, s. die Kommentierung zu Abs. 1 Nr. 3 (Rn. 12 ff., insbesondere Rn. 28 ff.).

27. Vertretungsmacht des Verwalters

79 Nr. 4 gibt dem Verwalter die erforderliche Vertretungsmacht, den Verband in folgenden Angelegenheiten auch nach außen zu vertreten: **Ermächtigung in dringlichen Maßnahmen** der Verwaltung (Abs. 1 Nr. 3), s. Rn. 24. Zudem hat er die **Geldverwaltung vorzunehmen** (Abs. 1 Nr. 4, 5), s. Rn. 46. Ebenfalls die Erklärungen für Versorgungsanschlüsse (Abs. 1 Nr. 8), s. Rn. 57.

28. Kontoführung

80 Nr. 5 ermächtigt den Verwalter gegenüber dem Verband zur Kontoführung gemäß Abs. 1 Nr. 6, also den kompletten Zahlungsverkehr einschl. Eröffnung und Schließung von Konten des Verbandes ohne Kreditaufnahme (ausführlich Rn. 46).

29. Streitwertvereinbarung

81 Nr. 6 beinhaltet die Möglichkeit, für den Verwalter eine Streitwertvereinbarung für den Verband (entsprechend Abs. 2 Nr. 4, s. Rn. 74) vorzunehmen. Betrifft Verfahren nach § 43 Nr. 2 und 5, letztere nur auf Passivseite.

---

[275] LG Karlsruhe ZWE 2011, 338.
[276] Palandt/Bassenge Rn. 23.
[277] BGH NZM 2012, 277.
[278] AA Jennißen Rn. 92, der Verweis auf BGH NJW-RR 2007, 185 zum Verein geht fehl, da der Verwalter kein Vorstand ist und eine Vetretungsregelung für den Fall des Fehlens eines Verwalters in Abs. 3 S. 2 vorhanden ist.

30. Ermächtigung

Durch Nr. 7 kann dem Verwalter eine Ermächtigung **zu sonstigen Rechtsgeschäften und Rechtshandlungen** von den WEer'n gegeben werden. 82

a) Grundlage der Ermächtigung

Besteht keine gesetzliche Vertretungsmacht (zB gemäß Nr. 1 bis 6) für den Verband, bedarf der Verwalter einer Ermächtigung seitens der WEer. Hierfür schafft diese Absatznummer die Grundlage, zu der auch Prozesshandlungen gehören können.[279] Zum Umfang wird auf die Kommentierung bei der Vertretung der WEer verwiesen (Rn. 66 ff.). Bei einseitigen Rechtsgeschäften, wie zB Kündigung, ist Vollmachtsurkunde erforderlich (§ 174 BGB).[280] 83

b) Beschlusskompetenz

Des Weiteren schafft diese Vorschrift eine weitere Beschlkompetenz,[281] da das ermächtigende Rechtsgeschäft weder im Gesetz oder Vereinb vorgesehen sein muss.[282] Damit wird eine sog **Öffnungsklausel** (s. Vor § 10 Rn. 15) geschaffen. Damit[283] soll den WEer'n die Möglichkeit gegeben werden, den Verwalter wie einen Geschäftsführer mit allumfassender Vollmacht auszustatten. Nach dem Gesetz gibt es dabei keine Vollmachtsbegrenzung, wie zB im Rahmen der laufenden Verwaltung. Als Beispiele können desweiteren Kredite, Wechsel, Bürgschaften, Bestellung von Grundpfandrechten,[284] Löschungsbewilligungen[285] oder Erwerbe von Grundstücken[286] genannt werden. Der Rahmen ist regelmäßig die ordnungsgemäße Verwaltung. 84

c) Begrenzung auf die Verwaltung

Damit kann er natürlich **nicht über fremdes Vermögen verfügen**, also keine Kompetenz SNR auf dem GE zu begründen[287] oder gar Auflassung von GE.[288] Die Begrenzung auf die Verwaltung des GE[289] ist mit dem Wortlaut nicht in Übereinstimmung zu bringen. Die sonstigen Grenzen sind somit die allgemeinen des Rechts.[290] Notfalls ist durch eine einstweilige Verfügung die Durchführung der Maßnahme zu stoppen. 84a

---

[279] OLG München NZM 2011, 282 Rn. 8.
[280] BGH NJW 2014, 1587.
[281] BT-Drucks 16/887 S. 71; Hügel/Elzer S. 182.
[282] Abramenko S. 197.
[283] BT-Drucks 16/887 S. 71.
[284] Jennißen Rn. 117.
[285] OLG München NZM 2011, 282; aA KG ZMR 2014, 252.
[286] OLG Hamm NZM 2009, 914.
[287] Abramenko S. 198.
[288] OLG München NJW 2010, 1468.
[289] Merle ZWE 2006, 369.
[290] Hügel/Elzer S. 182.

§ 27 I. Teil. Wohnungseigentum

d) Abdingbarkeit

84b Die Unabdingbarkeit ist (Abs. 4) nicht gegeben. Dies folgt aus einer Reduktion, dass nur die „Befugnis" sonstige Rechtsgeschäfte vorzunehmen, unabdingbar ist, nicht aber die Beschlfassung selbst.[291]

31. Verwalterlose Gemeinschaft

85 Gemäß Abs. 3 S. 2 und 3 wird der Verband auch bei fehlendem Verwalter durch alle oder die bestimmten Wohnungseigentümer vertreten.[292]

a) Vertretung

85a Da der Verband (nicht die Vertretung der WEer) die Aufgaben der Verwaltung innehat, muss er auch dann handlungsfähig sein, wenn kein Verwalter vorhanden ist (Ablauf der Bestellzeit[293]) oder nicht in der Lage ist (Tod, Krankheit) oder nicht zur Vertretung berechtigt ist wegen möglicher Interessenkollision (§ 181 BGB) oder fehlender Vertretungsmacht.[294] Dies ist nach LG Hamburg[295] Bedingung dafür, dass der Verband **durch alle Wohnungseigentümer vertreten wird** und abweichend davon einer oder mehrere durch Beschl bevollmächtigt werden können (S. 3). Richtigerweise ist dies jedoch nicht der Fall, vielmehr können die WEer, auch ohne dass die Voraussetzungen des S. 2 gegeben sind, einzelne oder mehrere WEer zu Vertretung ermächtigen,[296] soweit nicht in die unabdingbare Kernkompetenz des dann noch vorhandenen Verwalters eingegriffen wird (Abs. 4). Die Bestellung kann auch nachträglich erfolgen.[297]

b) Außenstehender

85b Außenstehender **kann auch ermächtigt werden**, aber **nicht nur durch Vereinbarung**,[298] sondern **auch durch Beschluss**, der auch nicht deswegen anfechtbar ist,[299] da es durchaus auch gute Gründe geben kann, einen Außenstehenden zu ermächtigen (ordnungsgemäße Verwaltung gem. § 21 Abs. 3[300]). Die Beschlkompetenz[301] des S. 3 ergibt aber die Bevollmächtigung Außenstehender nicht.[302]

c) Ermächtigung

85c Der Verband wird folglich in diesen Fällen von den WEern vertreten, wobei sie die Möglichkeit haben, **einen oder mehrere** zu ermächtigen. Dies erfolgt regelmäßig

---

[291] Abramenko S. 200.
[292] Merle, FS Bub, S. 173.
[293] LG Karlsruhe ZWE 2011, 339.
[294] Bub NZM 2006, 847.
[295] ZMR 2010, 551 Rn. 33.
[296] Bärmann/Merle Rn. 295.
[297] AG Hamburg ZMR 2009, 644.
[298] So Jennißen Rn. 132.
[299] Bärmann/Merle Rn. 299; aA Riecke Rn. 84; Drabeck ZWE 2008, 79.
[300] Vgl. Staudinger/Bub § 21 Rn. 297.
[301] AA Palandt/Bassenge Rn. 21: keine.
[302] Bärmann/Merle Rn. 299; Riecke Rn. 849.

durch Beschl, wobei namentliche Benennung möglich ist, aber auch wohnungsbezogene (zB Eigentümer der ETW Nr. 7). Hierbei ist jedesmal festzulegen, wie die Ermächtigung aussehen soll, als Einzel (bei mehreren jeder einzeln)- oder Gesamtvertretungsermächtigung (nur gemeinsam von allen). Bei der Ausgestaltung als Einzelvertretung von mehreren für die gesamte Verwaltung wird diese nichtig sein, da der BGH[303] dies beim Verwalter ebenfalls für unzulässig erklärt hat. Zudem darf der Ermächtigte nicht selbst von der Vertretung ausgeschlossen sein.[304]

d) Inhalt der Ermächtigung

Der Inhalt der Ermächtigung wird zunächst auf die **Gesamtverwaltung** gerichtet sein, kann jedoch auch **gegenständlich** oder **einzelfallbezogen** sein, zB Verwaltervertrag zu verhandeln, mit anderem WEer Zahlungsrückstände zu klären, aber nicht pauschal Erlassensmöglichkeit zu gewähren[305] oder Ansprüche der Gem im eigenen Namen gerichtlich durchzusetzen,[306] ansonsten führt der Verband den Prozess, vertreten durch die Ermächtigten.[307]

85d

e) Entgegennahme von Willenserklärungen

Bei der Entgegennahme von Willenserklärungen **genügt** nach hM die **Zustellung an einen Wohnungseigentümer**,[308] der verpflichtet ist, diese an alle weiterzuleiten, ansonsten er sich schadensersatzpflichtig macht. Im Passivprozess genügt die Zustellung deshalb nach hM ebenfalls an einen, es sei denn sie sind bestimmt, dann an den oder diese.[309] Sie kann auch nachträglich erfolgen.[310] Die Ermächtigung kann auch schon für den Verwalter im Verwaltervertrag festgelegt werden,[311] zB für die Kündigung des Verwalters einen Empfangsbevollmächtigten zu bestimmen.[312]

85e

32. Entziehung von Verwalteraufgaben

Die Abs. 1 bis 3 (Geschäftsführung und Vertretung des Verwalters) sind gemäß Abs. 4 **unabdingbar**,[313] aber **erweiterbar**.[314] Beschl oder Vereinb, der **Entziehung oder Beschränkung** vorsieht, **ist nichtig**.

86

---

[303] NJW 2006, 2189.
[304] AG Berlin ZMR 2008, 576.
[305] OLG Hamburg ZMR 2008, 154; aA Bärmann/Merle Rn. 301.
[306] LG Frankfurt ZMR 2012, 120.
[307] Palandt/Bassenge Rn. 21.
[308] LG Karlsruhe ZWE 2013, 180; Bärmann/Merle Rn. 284; Palandt/Bassenge Rn. 21 mit Verweis auf § 164 BGB, der aber nicht anwendbar ist, da S. 2 lex specialis ist, folglich bedenklich, deshalb genügt in der beschlussfähigen Versammlung; so auch Jennißen § 26 Rn. 167.
[309] AG Wiesloch NZM 2012, 122.
[310] AG Hamburg ZMR 2009, 644.
[311] Bärmann/Merle Rn. 262.
[312] Siehe Sauren Verwalter § 2 Abs. 4.
[313] Vgl. BGH NJW 1996, 1216: nichtig, Bärmann/Merle Rn. 303 ff.
[314] BGH ZMR 2004, 522.

Beispiele: Vereinbarung, dass Verwalter keinen Zugriff auf das gem Konto hat,[315] allgemeine Zustimmungsvorbehalte für Beirat,[316] Bestellung mehrerer Verwalter.[317]

Alle WEer können deshalb nicht für den Verwalter auf diesem Gebiet handeln, sondern nur den Verwalter anweisen (zB Richlinien bestimmen[318]). Die Entziehung einzelner Aufgaben ist aber möglich.[319] Ebenfalls möglich, zB bei der Instandhaltung, ist, eine konkrete Art der Durchführung vorzusehen (das „Wie"), die eine Überwachungstätigkeit des Verwalters ausschließt,[320] zB Durchführung der Arbeiten in Eigenleistung der WEer. aber nicht das „Ob", wie marode Garage nicht zu reparieren.[321] Einzelne Nr. der Absätze für Einzelfall oder -fälle sind abdingbar, zB andere Vermögenstrennung durch Vereinb. Will Verwalter die Maßnahmen nicht hinnehmen, kann er dagegen klagen (§ 43 Nr. 4).

33. Haftung des Verwalters

a) Inhalt

87 Der Verwalter kann sowohl dem Verband, als auch den WEer'n im Innenverhältnis oder auch außenstehenden Dritten gegenüber haften. Dabei ist zu unterteilen in **Pflichtverletzungen** aus dem (Verwalter)Vertrag (Rn. 90, 91) und sog **unerlaubten Handlungen** (Rn. 92 ff.). Hiervon ist aber die Haftung der WEer für das Handeln des Verwalters gegenüber Dritten zu unterscheiden (s. § 14 Rn. 20). Weiter ist dies von seiner Herausgabepflicht abzugrenzen, da er als Geschäftsführer/-besorger alles herauszugeben hat, was er als Verwalter erlangt hat, zB auch Versicherungsprovisionen für den Verband oder Verkaufserlöse für Stellplatzzuordnung.[322]

b) Anspruchsberechtigt

88 Aus dem Vertrag stehen Ansprüche dem **Verband** zu, **soweit nicht nur einzene Wohnungseigentümer betroffen sind** (zB Beschädigung des SE's[323]). Der Verwalter kann aufgrund seiner Interessenkollision den Verband nicht vertreten, so dass die WEer den Verband vertreten (gemäß Abs. 3 S. 2), soweit nicht etwas anderes beschlossen ist.

---

[315] AG Weddimg ZMR 2009, 881.
[316] LG Düsseldorf ZMR 2002, 303.
[317] LG Düsseldorf NZM 2010, 288.
[318] LG Hamburg MDR 1970, 762.
[319] S Diskussion in PiG 32, 216 f.; aA Jenißen Rn. 137; Riecke Rn. 72.
[320] OLG Hamm WE 1994, 378, 380.
[321] LG Düsseldorf v. 13.12.2011 – 16 S 72/10.
[322] BayObLG WuM 1996, 653.
[323] OLG Düsseldorf NZM 2007, 136.

Aufgaben und Befugnisse des Verwalters § 27

c) Verschulden

Der Verwalter hat seine Pflichten mit der **Sorgfalt eines ordentlichen Kaufmannes** zu erfüllen (§ 276 BGB, nach **besonderer Fachkunde**[324] und haftet bei schuldhafter Verletzung seiner Pflichten, auch soweit er sich der Hilfe Dritter bedient (§ 278 BGB). Er hat dabei Vorsatz und Fahrlässigkeit zu vertreten und zwar nach der Sorgfalt eines durchschnittlichen und gewissenhaften Verwalters,[325] wie ihn ein Eigentümer in eigenen Angelegenheiten aufwenden würde.[326] Diese Pflichten können sich aus dem Verträgen oder dem Gesetz, nämlich dem WEG ergeben. In diesem Bereich (zB des § 27) hat der Verwalter nicht für den Erfolg einzustehen, vielmehr schuldet er nur die Überwachung, wie in den Rn. 12 ff. beschrieben. 88a

Einstweilen frei. 89

d) Kausalität[327]

Die Pflichtverletzung des Verwalters muss ursächlich für den konkreten Schaden sein. Beispiele: Trotz fehlenden Hinweises des Verwalters steht fest, dass die Gem keine Maßnahmen veranlasst hätte (Verjährung[328]) oder sie verzögert,[329] verschweigt Verwalter Informationen, ist davon auszugehen, dass die Gem sich aufklärungsgerecht verhalten hätte.[330] 90

34. ABC der Verwalterhaftung

Nachfolgend ein **ABC** bzgl. möglicher Haftungstatbestände des Verwalters: 91

Abrechnung: Haftung bei nicht rechtzeitiger Vorlage (LG Köln ZMR 2010, 642; BayObLG WE 1998, 274), es sei denn, er hat es nicht zu vertreten, weil Abrechnungsfirma die Heizkostenabrechnung zu spät vorlegt (OLG Brandenburg NZM 2007, 773) oder bereits Versäumnis durch Vorverwalterin (OLG Düsseldorf ZMR 2007, 287). S. Jahresabrechnung.
Anwalt: Haftung für Mehrkosten, die durch vorzeitige Kündigung eines Anwaltes entstehen (LG Itzehoe ZMR 2001, 920). Haftung für vorgerichtliche Rechtsanwaltskosten, wenn die Kostenrechnung beglichen wurde und Verwalter sich zum Zeitpunkt der Beauftragung des Rechtsanwalts im Verzug befand (AG Rostock GE 2009, 127;).
Auftragsvergabe: Ohne einen entsprechenden Beschl der Gem ist er weder berechtigt, den Auftrag zur Installation einer Solaranlage zu vergeben, noch 91A

---

[324] OLG Düsseldorf NZM 2007, 136; BGH NJW 1996, 1216.
[325] BayObLG WE 1998, 31.
[326] OLG München ZMR 2006, 716.
[327] BGH NJW 1996, 1216.
[328] OLG Düsseldorf ZMR 2002, 857.
[329] AG Hamburg ZMR 2011, 331.
[330] LG Hamburg ZMR 2011, 501.

darf er Gelder der Gemeinschaft zur Begleichung der Rechnungen verwenden (AG Calw v. 21.10.2011 – 9 C 825/10). S. Reparatur.

91B **Bauliche Veränderung:** Haftung bei **falschem Hinweis** über eine angeblich nicht notwendige Zustimmung zu einer baulichen Veränderung (BGH NJW 1992, 182).
Baum: Keine Haftung, wenn bestandskräftiger Beschluss zur Fällung zweier Bäume vollzogen wird (BGH WuM 2012, 399).
Baumängel: Haftung, wenn Verwalter es unterlässt, vorhandene Baumängel festzustellen, die WEer nicht unterrichtet, eine Entscheidung der WEer nicht herbeiführt, und daher die WEer Gewährleistungsansprüche nicht mehr durchsetzen können. Dies gilt auch, wenn Verwalter auf Ansprüche gegen sich selbst hätte hinweisen müssen (BGH GE 2011, 1317; OLG Stuttgart v. 18.11.2010 – 13 U 198 /09).
Begehung: Haftung, wenn **Erstbegehung** unterlassen wird und dadurch nicht bemerkt wird, dass die GE-Fläche vermietet ist und die Miete nicht eingezogen wird (OLG Köln WE 1989, 31). Ebenso wenn Ortsbegehung zur Schadensfeststellung unterlassen wird (OLG München ZWE 2007, 100) oder/und Hinweise nicht beachtet werden (LG Köln ZMR 2011, 502).
Beschlussdurchführung: Haftung, wenn er nach Kenntniserlangung von dem nicht durchgeführten Austausch der Fahrkorbschienen trotz unveränderter und inhaltlich abweichender Beschlusslage davon abgesehen hat, das bauausführende Unternehmen anzuhalten, die Fahrkorbschienen auszutauschen (LG Hamburg ZMR 2013, 131). Siehe Auftragsvergabe.
Buchführung: Haftung bei Verletzung der Pflicht zu geordneter, nachvollziehbarer Buchführung und Neuherstellung der Buchführung (BayObLG ZMR 1985, 212) oder wenn Buchprüfer hinzugezogen werden muss (BayObLGZ 1975, 369).

91D **Diebstahl:** Keine Haftung, wenn Verwalter nach Diebstahl alle WEer auf die Notwendigkeit einer Absicherung durch ein Rundschreiben hinweist, es in der Vergangenheit zu keinen Diebstählen gekommen war, ein weiterer Diebstahl nicht zu erwarten war und es aber trotzdem zu einem erneuten Diebstahl kommt (LG Saarbrücken ZMR 2009, 641).
Duplexstellplatz: Das Aushängen einer Bedienungsanleitung auf zwei Blättern – Größe DIN A4 – an einem an dem Duplex-Stellplatz angrenzenden Betonpfeiler im Hinblick auf die Verkehrssicherungspflichten in einem Hotel ist nicht ausreichend (OLG München NJW-RR 2009, 1474).

91F **Fliesen:** Haftung, wenn Fachfirma schonendere Methode zur Fliesenentfernung kennt, dies dem Verwalter bekannt ist und er es unterlässt, Klempner anzuweisen, ggf. diese Fachfirma einzuschalten (OLG Hamburg ZMR 2001, 381).
Frostsicherung: S. Heizung.
Fördermittel: S. Heizung.

91G **Geldanlage:** Haftung zumindest auf Spareckzins, wenn Verwalter nicht benötigte Gelder nicht anlegt (AG Köln ZMR 2001, 748). Unter Umständen Mithaftung, wenn WEer eine – ordnungsgemäßer Verwaltung nicht entsprechende Art der Anlage des als Instandhaltungsrücklage angesammelten Kapi-

talbetrages – beschl, der Verwalter das Verlustrisiko der speziellen Anlage hätte erkennen müssen und gleichwohl weder die WEer auf das bestehende Risiko hinweist, noch seine Mitwirkung von einem gesonderten Beschl über die spezielle Anlage abhängig macht (OLG Celle NZM 2004, 426).
Gerichtskosten: Grds. keine Haftung für Gerichtskosten über die gerichtliche Kostenentscheidung hinaus, wenn Verwalter am Gerichtsverfahren beteiligt war (§ 47 Rn. 8).
Gerüst: Haftung, wenn Verwalter ein von einem WEer für legale Arbeiten aufgestelltes Gerüst ohne Beschl abbauen lässt (OLG Düsseldorf ZMR 2001, 217).

Hausschwamm: Haftung, wenn er WEer nicht über Besichtigungsbericht eines Architekten über einen festgestellten Schaden durch Schwammbefall informiert und dass eine dringende Prüfung durch Fachleute erfolgen müsse (LG Hamburg ZMR 2011, 499).
Heizung: Haftung, wenn Verwalter nicht prüft, ob Voraussetzungen für die Inbetriebnahme der Heizung vorliegen; auch bei permanenter Frostsicherung und Vorhandensein eines Heizungsbauers (BayObLG NZM 2000, 96). Ebenso, wenn er ungeeichte Zähler verwendet (OLG München ZMR 2011, 406). Ebenso, wenn er eigenmächtig mit einem Fernwärmeunternehmen einen Energielieferungsvertrag abschließt und in diesem Zusammenhang eine Umstellung der Heizungsanlage von Öl auf Fernwärme veranlasst (KG Berlin ZMR 2010, 974). Haftung, wenn Verwalter WEer nicht auf bestehende Fördermittel bei Umstellung von Öl auf Gas hinweist. Aber Mithaftung der Gem, wenn Selbstinformation der Gem zumutbar (LG Mönchengladbach ZMR 2007, 402).

91H

Jahresabrechnung: Keine Haftung für Ausfall von Betriebskostennachforderungen eines SEers, wenn Verwalter JA verspätet erstellt (LG Frankfurt a.M. Info M 2011, 538). S. Abrechnung.

91J

Käufer: Keine Haftung, wenn Verwalter Käufer ungefragt nicht informiert (etwa über eine zu erwartende erhöhte Umlage, OLG Köln NZM 1999, 174).
Kellerbeleuchtung: Haftung, wenn Verwalter neuen WEer nicht auf kurze Einschaltdauer der Kellerbeleuchtung und Lage des Zeitschalters hinweist (OLG Zweibrücken WE 1995, 26).
Kredit: Haftung für Kreditkosten, wenn Verwalter Kredit aufnimmt und dies nicht ordnungsgemäßer Verwaltung entsprach, auch nicht vom mutmaßlichen Willen der WEer gedeckt, und auch die Voraussetzungen einer Notgeschäftsführung nicht vorlagen (LG Köln ZWE 2011, 45).
Kritik: Keine Haftung für kritische oder polemische Werturteile im Protokoll (OLG Köln ZWE 2000, 427). S. auch WP.
Kündigung: Haftung für den Unterschiedsbetrag, wenn Verwalter eine Versicherung **grundlos** kündigt und eine neue mit höherer Prämie abschließt (AG Aachen v. 12.5.1992 – 12 UR II 86/90).

91K

Leistungsfähigkeit: Keine Haftung, wenn Verwalter vor Auftragsvergabe Firma für Sanierungsarbeiten nicht auf ihre wirtschaftliche Leistungsfähigkeit überprüft. Anders wenn dies für die Auftragsvergabe ein Kriterium ist (OLG Düsseldorf NJWE 1997, 232).

91L

Lohn: Haftung, wenn durch Verwalter **Auszahlung** zu hohen Lohns inkl. Steuer erfolgt (BayObLG NJW-RR 1998, 519).

91M **Mängel:** Haftung, wenn Verwalter es schuldhaft unterlässt, Baumängel festzustellen (OLG Hamm NJW-RR 1997, 143) oder die WEer auf Baumängel vor Ablauf der Gewährleistung hinzuweisen (BayObLG NZM 2001, 388; WE 1991, 22). Ebenso wenn durch die Unterlassung der Geltendmachung der Mängel Ansprüche verjähren (BayObLG WE 1988, 31). Die Hinweispflicht des Verwalters entfällt nur, wenn allen WEern die Baumängel bekannt sind (OLG Düsseldorf ZMR 1997, 432), zB durch Gutachten.
Mietausfall: Haftung für nicht gezogene Mieten und die Zinsen (LG Köln ZMR 2003, 67) oder weil er damit in Verzug kommt, die für die ordnungsgemäße Instandsetzung des GE erforderlichen Maßnahmen zu treffen, so haftet er für den Schaden (BayObLG NJW-RR 1988, 599), zB Mietausfall (BayObLG NZM 2002, 133).

91N **Notmaßnahme:** Haftung, wenn Verwalter trotz Notmaßnahme nicht weiteren Schaden durch Maßnahme verhindert (Deckert 2, 4181; aA BayObLG NZM 2000, 555). Ebenso, wenn er Maßnahme ohne Beschl der Gem durchführen lässt, die nicht von Notgeschäftsführung gedeckt ist (OLG Hamm ZMR 2012, 31; LG Nürnberg-Fürth ZMR 2011, 327).

91P **Pauschalvereinbarung:** Haftung, wenn Gem beschlossen hat, Pauschalvertrag abzuschließen und Verwalter dies unterlässt (BayObLG ZMR 1997, 431).
Persönlichkeitsrecht: Unter Umständen Haftung, wenn Verwalter unerlaubt Photos von der Terrasse eines SEers macht. Entscheidend ist Abwägung mit Zweck. Keine Haftung, wenn für Dokumentation der statischen Belastung von Balkonen und Terrassen notwendig. Unzulässig aber, wenn Anprangerung erfolgt oder Aufnahme in einem der Privat- und Intimsphäre im besonderen Maße gewidmeten Raum (etwa Sauna) gezeigt wird (LG Köln NJW 2009, 1825).
Polemik: S. Kritik.

91R **Rechnungsbegleichung:** Haftung für **voreilige Begleichung** einer Rechnung über mangelhafte Handwerksleistung, wenn Gewährleistungsansprüche gegen den Handwerker nicht mehr durchzusetzen sind (KG DWE 1993, 118), zB voreilige Zahlung einer Nachtragsrechnung wegen Abhandenkommens von Baumaterialien (OLG Düsseldorf NJWE 1997, 208). Ebenso wenn Verwalter bei Mängeln vereinbarte Abschlagszahlung erbringt, anstatt Leistungsverweigerungsrecht bis zur endgültigen Mängelbeseitigung geltend zu machen (OLG Frankfurt ZMR 2009, 620). Ebenso für Begleichung einer Gasrechnung aus der Zeit vor Entstehung der WEerGem (OLG Hamburg WuM 1995, 126).
Reichsversicherungsordnung: Keine Haftung, wenn Verwalter WEer, der Instandhaltungsarbeiten gegen Vergütung vornimmt, nicht auf Möglichkeit hinweist, sich freiwillig in der Reichsversicherungsordnung (RVO) zu versichern (OLG Hamm WE 1994, 378).
Reparatur: Haftung, wenn Verwalter es unterlässt, die erforderlichen Maßnahmen zur Schadensfeststellung durchzuführen (OLG München ZMR

Aufgaben und Befugnisse des Verwalters § 27

2006, 716) oder es durch Unterlassung der Reparatur zu Schimmelbildung und dadurch zu Schäden kommt (BayObLG WuM 1996, 654). Ebenso wenn Verwalter der Reparatur nur zögerlich nachkommt und WEer Mietausfall erleiden (OLG Köln WuM 1997, 68) oder Verwalter Wasserschaden nicht untersucht (BayObLG ZMR 1998, 356). Ebenso wenn Verwalter größeren Auftrag ohne Konkurrenzangebot vergibt (BayObLG NZM 2002, 567). Keine Haftung für erneuten Wassereintritt, wenn Verwalter nach erstem Wassereintritt Wartungsarbeiten veranlasst. Er darf sich auf deren Erfolg verlassen und er erst durch weiteren Wassereinbruch Kenntnis erlangt, dass Wartungsarbeiten unzureichend waren (LG Lüneburg ZMR 2012, 392). Aber Haftung, wenn er nach Dachdeckerarbeiten und Hinweisen auf einen Feuchtigkeitsschaden keine weiteren Untersuchungen anstellt, sondern erst auf Grund der Feststellungen des von einem WEers beauftragten Privatgutachters weitere Maßnahmen ergreift (LG Köln ZMR 2011, 502). Keine Haftung gegenüber SEer für Schäden durch Verzögerungen bei der Beseitigung von Mängeln (zB Sanierung des Hausschwammbefalls), die durch **dilatorisches Verhalten** der Gem (zB Negativbeschlüsse, zu geringe SU), sowie durch Fehler von Handwerkern und Sonderfachleuten entstanden sind (AG Hamburg-Blankenese ZMR 2011, 331). Ebenso nicht für Fehler der Unternehmer; diese sind nicht seine Erfüllungsgehilfen (OLG Frankfurt NJW-RR 2010, 161). Ebenso nicht, wenn Verwalter auf die Mitteilung eines „auffällig rauschenden Rohres" im Heizungskeller zeitnah den Hausmeister sowie ein Fachunternehmen mit der Fehlerermittlung beauftragt, auch in der Folgezeit wegen wiederholter Meldungen über Geräusche immer wieder den Hausmeister, sowie den Klempner beauftragt und stets mehrfach bei Fachunternehmen nach der Ursache der Geräusche nachfragt (AG Hamburg St. Georg ZMR 2009, 322).

Sanierung: S. Reparatur.

91S

Schimmelpilz: Haftung für Schimmelpilzbefall, wenn Instandsetzungsbeschl nicht unverzüglich ausgeführt werden (BayObLG NZM 2000, 501). S. Reparatur.

Sondereigentum: Haftung für die einem einzelnen WEer insbesondere am SE entstandenen Schäden (KG NJW-RR 1986, 1078), sofern der Verwalter schuldhaft gehandelt hat (BayObLG NJW-RR 1992, 1103). Dabei zu beachten, dass ein von der WEerGem beauftragter Dritter, zB eine Fachfirma, nicht Erfüllungsgehilfe des Verwalters ist (BayObLG aaO) und er sich deshalb deren Verschulden (zB Architekt) nicht zurechnen lassen muss (OLG Düsseldorf NZM 1998, 721).

Sozialversicherungspflicht: Haftung, wenn sie nicht abgeführt wird (OLG Köln ZMR 2001, 913).

Stellplatz: Haftung, wenn durch die veranlasste Reparatur Stellplatz verkleinert wird (KG WuM 2002, 106).

Strom: Haftung, wenn Verwalter trotz Hinweises auf erhöhten Stromverbrauch eines MEers keinerlei geeignete Maßnahmen trifft, um die Ursache zu ermitteln (OLG Brandenburg, v. 22.7.2010 – 5 Wx 27/09).

Tiefgarage: Haftung, wenn Verwalter Sperrmülllagerung in Tiefgarage duldet und es deshalb zu Brandschaden kommt (LG Mannheim NJW-RR 1997, 921).

91T

Treppenaufgang: Haftung, wenn Verwalter es unterlässt, an einem Treppenaufgang ein fehlendes Geländer anzubringen, obwohl ihn die WEer beauftragt haben (BayObLG WE 1996, 315).

91U **Unfallverhütungsvorschrift:** Haftung, wenn Verwalter gesetzliche Unfallverhütungsvorschriften nicht beachtet (AG Mettmann DWE 1995, 167).

91V **Verfahrenskosten:** Haftung, wenn Verwalter ihm auferlegte Kosten aus der WE-Kasse bezahlt (Untreue, BayObLG ZMR 2002, 141).
Vergleichsangebote: Unterlassen der Einholung begründet Haftung (BayObLG NZM 2002, 565).
Verwaltervertrag: Haftung hieraus nicht nur dem Verband als Vertragspartner gegenüber, sondern auch einzelnen WEern gegenüber, wenn diesem Schaden entsteht (LG Saarbrücken ZMR 2009, 641).
Verkehrssicherungspflicht: Keine Haftung, wenn die dem Verwalter übertragene Verkehrssicherungspflicht durch Abschluss eines Vertrages im Namen des Verbandes mit einem Hauswart oder Winterdienstunternehmen auf diese übertragen wird (AG Hannover ZMR 2012, 738). Anders aber, wenn Verwalter Vertrag im eigenen Namen abschließt (OLG Karlsruhe NJW-RR 2009, 882).
Versammlung: Haftung bei Nichteinberufung (BayObLG WE 1998, 274).

91W **Wasserschaden:** S. Reparatur.
Wintergarten: Keine Haftung, wenn nach bestandskräftigem Negativbeschl der Aufbau eines mobilen Schräglastenaufzugs verboten wird, mit dem Baumaterial zum Dachgeschoss transportiert werden soll, um Wintergarten (wieder) aufzubauen (LG München I ZMR 2009, 875).
Wirtschaftsplan (WP): Haftung auf Kreditzinsen, wenn Verwalter **unzureichenden WP** aufstellt und deshalb Kreditaufnahme notwendig wird (AG Waiblingen DWE 1996, 40).
Wohngeld: Haftung, wenn Verwalter es unterlässt oder verzögert, dieses einzuziehen, zB durch die Unterlassung der Anforderung von Wohngeld fällt es auf Grund von Insolvenz aus (BGH NJW 1989, 1091).

91Z **Zustimmung:** Haftung, wenn Verwalter unberechtigt Zustimmung zur Veräußerung eines WE versagt (OLG Karlsruhe OLGZ 1985, 140; vgl. BGH WE 1995, 265).
Zwangsversteigerung: Nichtanmeldung von Forderung kann Haftung begründen (LG Köln ZWE 2014, 135).

a) Haftung für unerlaubte Handlungen

92 Der Verwalter haftet auch für unerlaubte Handlungen (§§ 823 ff. BGB). Das Gesetz geht davon aus, dass grundsätzlich derjenige, der die Verfügungsmacht über eine Immobilie innehat, auch die Pflicht hat, Gefahrenquellen, die von der Immobilie ausgehen, zu berücksichtigen und Vorkehrungen zum Schutze Dritte zu treffen.[331]

---

[331] Vgl. Deckert PiG 42, 89 ff.

b) Verkehrssicherungspflicht

Ein besonderer Fall dieser Haftung ist die sog Verkehrssicherungspflicht.[332] Die **originäre Verkehrssicherungspflicht verbleibt zunächst bei den Wohnungseigentümern**,[333] zB für Spielplätze.[334] Hieraus kann sich auch ein Anspruch einzelner WEer auf Installation, zB einer Straßenlaterne ergeben.[335] Sie kann nur dann **delegiert** werden, wenn dies eindeutig erfolgt, zB auf die Verwaltung[336] oder einzelne Aufgaben, zB Reinigungs- und Winterdienste auf eine selbstständige Firma, dann sieht der BGH[337] den Reinigungsdienst als den Beauftragten für den Gefahrenbereich an und bejaht den Ausschluss der Haftung der WEer und damit auch des Verwalters. Zusätzlich muss dann noch einer Überwachungspflicht[338] genügt werden,[339] je nach den Umständen, zB bei einem 82jährigen Räumungspflichtigen entsprechend intensiv.[340] Genügen die WEer, zB durch den Beirat, dieser Pflicht, so trifft den Verwalter die ansonsten primär dem Grundstückseigentümer zuzuordnende Verkehrssicherung. Diese besagt: „Wer die Verfügungsmacht über eine Sache hat, durch die er mit Dritten in Berührung kommt und durch die er eine Gefahrenquelle für die Dritten schafft, ist verpflichtet, die notwendigen Vorkehrungen zum Schutz der Dritten zu treffen. Dies gilt insbesondere für diejenigen, die, wie die Rspr. sagt, ‚einen Verkehr eröffnen'".[341]

Beispiel: Ein Grundstückseigentümer ermöglicht anderen das Betreten des Grundstücks, indem er Wege, Treppen und Flure der allg. Benutzung zur Verfügung stellt.

Verletzt der Verwalter schuldhaft die Pflicht zur Gefahrenabwehr, unterlässt er es also, zB zu streuen (zB entgegen festgelegtem Turnus[342]), Hindernisse wegzuräumen, eine durch Frost oder Ausschütten von Öl entstandene Glätte o. Ä. zu beseitigen, so ist er für Schaden verantwortlich. Er ist deshalb befugt und verpflichtet, drohende Gefahrenherde zu beseitigen, und muss selbst für die sofortige Beseitigung sorgen auch ohne Beschl.

Beispiele: Defekte Geräte, wie Spielgeräte, Waschmaschinen, Lifte, elektrische Tore, verunreinigte Wege, nicht beseitigte Schneeglätte,[343] schadhafte Boden- und Plattenbeläge, unzureichende Beleuchtung, sonstige Gefahren wie fehlende Warntafeln, Balkonkästen etc, jedoch zumeist nicht bei Dachlawinen oder zu erwartetem Zustand bei Zufahrten in Tiefgaragen.[344]

---

[332] BGH NJW 1996, 2646.
[333] BGH NJW 1985, 484.
[334] OLG Celle WE 1988, 57.
[335] BayObLG ZWE 2000, 580.
[336] OLG Frankfurt WuM 2002, 619.
[337] NJW-RR 1989, 394.
[338] BGH NJW 1985, 484; OLG Frankfurt NJW-RR 2004, 314.
[339] OLG Frankfurt WuM 2002, 619.
[340] OLG Oldenburg IMR 2014, 169 m. Anm. Sauren.
[341] Vgl. Weitnauer PiG 3, 68.
[342] Vgl. Bader PiG 42, 197 ff.
[343] AG Hamburg ZMR 2013, 76.
[344] AG Rosenheim ZMR 2008, 79.

c) Ablösen von Gebäudeteilen

94 Aus dem Bereich der unerlaubten Handlungen gibt es noch Sondertatbestände (§§ 836 bis 838 BGB), wobei derjenige des Ablösens von Teilen des Gebäudes wichtig ist.[345] Die Verpflichtung übernimmt der Verwalter (gemäß § 838 BGB), da er die **Unterhaltung des Gebäudes** zu besorgen hat (Rn. 11). Der Verwalter genügt aber seiner Verkehrssicherungspflicht, wenn er diese ggf. auch in Teilbereichen auf eine zuverlässige (Wartungs)firma überträgt, zB Winterdienst.[346] Zu einer Überwachung der Firma ist der Verwalter nicht verpflichtet, wenn über mehrere Jahre hinweg kein Anlass zu Beanstandungen bestand,[347] ansonsten regelmäßige Überwachung. Hat der Verwalter einen auch die Räum- und Streupflichten umfassenden Hausmeistervertrag mit einem Dritten nicht im Namen der WEer, sondern im eigenen Namen abgeschlossen, so bedient er sich zur Erfüllung seiner Streupflicht des Dritten und haftet (gemäß § 278 BGB) für dessen Verschulden.[348]

d) Verjährung

95 Schadensersatzansprüche gegen den Verwalter verjähren grundsätzlich in **drei Jahren** nach Kenntnis des Gläubigers von der Person des Ersatzpflichtigen und den Anspruch begründenden Umständen (§§ 195, 199 Abs. 1 BGB), spätestens jedoch in zehn (§ 199 Abs. 3 Nr. 1 BGB) bzw. in 30 Jahren (§ 199 Abs. 3 Nr. 2 BGB).

e) Actio pro socio

96 Gemeinschaftliche **Schadensersatzansprüche** gegen den Verwalter **kann nicht jeder Wohnungseigentümer allein geltend machen**, sondern dies kann nur auf Grund eines vorherigen Beschl der WEer erfolgen[349] (ausführlich § 43 Rn. 17 ff.).

97–98 Einstweilen frei.

f) Entlastung

99 Des Weiteren kann eine Haftung durch die Entlastung des Verwalters ausgeschlossen sein (vgl. § 28 Rn. 68).

34. Vollmachtsurkunde für den Verwalter

100 Gemäß Abs. 6 kann der Verwalter die **Ausstellung einer Vollmachts- und Ermächtigungsurkunde** verlangen. Die Ausstellung einer Urkunde ist schon deswegen zweckmäßig, um die Stellung und den Umfang der Vollmacht ersichtlich zu machen, weil es kein Register von Verwaltern gibt. Die Erteilung

---

[345] Sauren WE 1996, 129, 130.
[346] AG Hannover ZMR 2012, 738.
[347] BayObLG NJW-RR 2005, 100.
[348] OLG Karlsruhe ZMR 2009, 623.
[349] BGH NJW 1989, 1091.

der Vollmacht ist ein einseitiges Rechtsgeschäft, welches die Vertretungsmacht nach außen, dh mit Wirkung für und gegen den Vertretenden gegenüber Dritten, regelt (vgl. §§ 164 ff. BGB). Der Vertrag regelt das Innenverhältnis zwischen dem WEer und dem Verwalter. Für die Ausgestaltung der Vollmacht bieten sich **zwei Wege** an:[350] Entweder man wiederholt die im Verwaltervertrag getroffenen Regelungen oder man gibt dem Verwalter in Teilbereichen eine Art Blankovollmacht, dh man bevollmächtigt ihn nach außen unbeschränkt, obwohl er im Innenverhältnis Beschränkungen unterliegt (Abs. 3 S. 1 Nr. 7). Solche Beschränkungen liegen vor, wenn zB die Verträge nur mit Zustimmung des Beirats durch den Verwalter abgeschlossen werden dürfen. Die Wiederholung dieser Regelungen in der Vollmacht könnte im Rechtsverkehr zu Problemen führen, so dass eine reibungslose Verwaltungsarbeit gefährdet wäre (zB wegen fehlender Abgrenzungskriterien). Es wird deshalb empfohlen, dem Verwalter eine unbeschränkte Vollmacht zu erteilen, damit er entsprechend handlungsfähig ist. Dh jedoch nicht, dass die evtl. Beschränkungen des Verwaltervertrages damit aufgehoben sind. Der Verwalter hat sich an die Beschränkungen zu halten. Tut er dies nicht, verpflichtet dies zwar die WEer, jedoch ist der Verwalter ihnen dann zum Schadensersatz verpflichtet. Dies ist natürlich dann problematisch, wenn der Verwalter zahlungsunfähig ist. Damit die WEerGem jedoch zB bei der Kündigung eines Hausmeisters keiner Beschränkung des Kündigungsschutzgesetzes unterworfen ist, sollte sie nur mit Zustimmung des Beirats erfolgen.[351] Der Verwalter legitimiert sich erst durch die Vollmachtsurkunde und die Vorlage einer beglaubigten Abschrift des Beschl für seine Bestellung.[352] Als Nachweis reicht nach dem OLG Hamm[353] die Bestellungsniederschrift nebst Beschl (in Form von § 26 Abs. 3).

Die **Unterschrift seitens der Gemeinschaft** müssen grundsätzlich alle WEer leisten. Da dies regelmäßig wegen der Größe einzelner Anlagen nicht möglich ist, wird ein Ermächtigungsbeschl (gemäß Abs. 3 S. 3) empfohlen, der einen WEer, zumeist den Beiratsvorsitzenden unterschreiben lässt.[354]

§ 28 Wirtschaftsplan, Rechnungslegung

(1) ¹Der Verwalter hat jeweils für ein Kalenderjahr einen Wirtschaftsplan aufzustellen. ²Der Wirtschaftsplan enthält:
1. die voraussichtlichen Einnahmen und Ausgaben bei der Verwaltung des gemeinschaftlichen Eigentums;
2. die anteilmäßige Verpflichtung der Wohnungseigentümer zur Lasten- und Kostentragung;
3. die Beitragsleistung der Wohnungseigentümer zu der in § 21 Abs. 5 Nr. 4 vorgesehenen Instandhaltungsrückstellung.

---

[350] Sauren Verwalter S. 105, Jennißen Rn. 159.
[351] Vgl. Köhler WE 1995, 102.
[352] BayObLG NJW 1964, 1962.
[353] NZM 2009, 914, davon abratend Jennißen Rn. 160.
[354] Jennißen Rn. 161 f.

§ 28

(2) Die Wohnungseigentümer sind verpflichtet, nach Abruf durch den Verwalter dem beschlossenen Wirtschaftsplan entsprechende Vorschüsse zu leisten.
(3) Der Verwalter hat nach Ablauf des Kalenderjahres eine Abrechnung aufzustellen.
(4) Die Wohnungseigentümer können durch Mehrheitsbeschluß jederzeit von dem Verwalter Rechnungslegung verlangen.
(5) Über den Wirtschaftsplan, die Abrechnung und die Rechnungslegung des Verwalters beschließen die Wohnungseigentümer durch Stimmenmehrheit.

Übersicht

	Rn.
1. Regelungsinhalt	1
2. Rechnungs- und Finanzwesen	
a) Grundlagen des Rechnungs- und Finanzwesens	2
b) Buchführung	
aa) Beweiskraft	3
bb) Belegerfassung	4
cc) Kontenplan und Buchungskonto	5
dd) Zeitnahe Erfassung	6
ee) Schadensersatzpflicht	6a
3. Wirtschaftsplan (WP), Abs. 1	
a) Grundlage	7
b) Aufstellungspflicht	7a
c) Verjährung	7b
4. Inhalt	
a) Zweiteilung	8
b) Inhalt	8a
5. Gesamtwirtschaftsplan	
a) Nicht aufzunehmen	9
b) Aufzunehmen	9a
aa) Einnahmen	9b
bb) Ausgaben	9c
cc) Rücklage	9d
6. Aufbau	10
a) Inhalt	11
aa) Gegenüberstellung	11a
bb) Zahlbetrag	11b
cc) Rücklage	11c
b) Betragsfestlegung	11d
c) Anfechtung	11e
d) Aufstellung	12
e) Wirkung	13
7. Zahlung durch die Wohnungseigentümer	
a) Einzelwirtschaftsplan	14
b) Vorschusspflicht (Abs. 2)	15
8. Geltungsdauer	
a) Kalenderjahr	16
b) Fortgeltung	16a
9. Jahresabrechnung (JA), Abs. 3	
a) Aufstellung und Frist	17
b) Umfang	18

§ 28 Wirtschaftsplan, Rechnungslegung

	Rn.
c) Zusammenstellung	19

10. Gesamtabrechnung
    a) Inhalt 20
    b) Abrechnungsart 20a
    c) Bilanzwerte 21
    d) Zwingende Bestandteile der Gesamtjahresabrechnung
        aa) Der Abrechnungszeitraum 22
        bb) Einnahmen 23
        cc) Ausgaben 24
    e) Verteilungsschlüssel 25
    f) Aufstellung und Salden 26
11. Einzelabrechnung
    a) Inhalt 26a
    b) Wohngeldsaldoliste der anderen Wohnungseigentümer 26b
    c) Ausscheiden eines Wohnungseigentümers 26c
    d) Fälligkeit 26d
12. Instandhaltungsrücklage 27
    a) Darstellung 27a
    b) Zuführungen 27b
    c) Ausgaben 27c
    d) Anfechtung 27d
13. Kontenentwicklung 28
    a) Information 28a
    b) Kontrolle 28b
    c) Anfechtung 28c
    d) Vermögensstatus 28d
14. Wertpapiere 29
15. Mehrhausanlagen 30
    a) Kostenverteilung 30a
    b) Anfechtung 30b
16. Unberechtigte Ausgaben 32
17. Salden und Kontenabstimmungen 33
18. Abflussprinzip bzw. Kassensystem 34
19. Heiz-/Warmwasserkosten (Abrechnung)
    a) Anforderung des BGH 35
    b) Folge 35a
    c) Stellungnahme 35b
20. Heizkosten (Anfechtung)
    a) Fehler in der Abrechnung 36
    b) Folge 36a
21. Verbrauchsvereinbarung 37
22. Forderungen, Verbindlichkeiten, Rechnungsabrenzungsposten und durchlaufende Posten 38
    a) Forderungen und Verbindlichkeiten 38a
    b) Rechnungsabgrenzungsposten 38b
23. Tilgungsbestimmung oder Tilgungszuordnung (§ 366 BGB) ... 39
    a) Tilgungszuordnung 40
    b) Tilgungsbestimmung bei periodenübergreifender Bezahlung 41
24. Versicherungschäden oder Doppelzahlung, irrtümliche oder falsche Zahlung und durchlaufende Posten
    a) Versicherungsschäden 42

	Rn.
b) Durchlaufende Posten	42a
25. Mehrwertsteuer bzw. Umsatzsteuer	43
a) Umsatzsteueroption des Wohnungseigentümers	44
b) Umsatzsteueroption des Verbandes	45
c) Stellplatzvermietung	46
d) Steuererklärung	46a
26. Zinsbesteuerung (Kapitaleinkünfte)	47
a) Nichtveranlagungsbescheinigung	48
b) Einheitliche und gesonderte Feststellung	49
c) Umlegungsmaßstab	50
d) Darstellung in der Abrechnung	51
e) Abweichende Abrechnungsperiode	52
27. Bauabzugsteuer (§§ 48 bis 48d EStG)	53
28. Haushaltsnahe Dienstleistungen (§ 35a EStG)	
a) Umfang	54
b) Wahlmöglichkeit	54a
c) Anfechtung	54b
d) Vergütung	54c
29. Vermögensstatus	
a) Begriffsdefinition	55
b) Beschluss	55a
30. Saldoliste und Inventarliste	56
31. Verwalterpflicht	
a) Welcher Verwalter	61
b) Gerichtliche Erzwingung	61a
32. Zweitbeschluss	62
33. Mehrheitsbeschluss	
a) Beschluss	63
b) Bedingung	63a
c) Zweiergemeinschaft	63b
34. Anspruch auf Abrechnungsbeschluss	63c
35. Abrechnungsfehler	
a) Mängel	64
b) Beweislast	64a
36. Beschränkung der gerichtlichen Aufhebung	65
a) Ungültigkeitserklärung	66
b) Folgerung	66a
c) Unterscheidung notwendig	67
aa) Ungültigkeitserklärung	67a
bb) Teilunwirksamkeitserklärung	67b
cc) Ergänzungsanspruch	67c
d) Praxisfolge	67d
36. Entlastung	
a) Wirkung	68
b) Anspruch des Verwalters	69
c) Beschluss	70
d) Anfechtung	71
e) Jahresabrechnungsbeschluss	72
f) Entlastungsbeschluss	73
37. Rechnungslegung	74
a) Umfang	74a

Wirtschaftsplan, Rechnungslegung § 28

	Rn.
b) Beschlussnotwendigkeit	74b
c) Eidesstattliche Versicherung	75
38. Aufbewahrung der Unterlagen	76
39. Abdingbarkeit	77
40. Genehmigungsfiktion	78
41. Informationspflicht	79
a) Benachrichtigung/Information	80
b) Auskunft	81
aa) Auskunftspflicht gegenüber Dritten	82
bb) Auskunftspflicht gegenüber Wohnungseigentümern	83
cc) ABC zur Auskunftspflicht gegenüber Wohnungsseigentümern	83E
c) Einsicht	84
d) Ort der Einsicht	85
e) Bevollmächtigung	86
f) Kopien	87
g) Unterlagen	88

1. Regelungsinhalt

Dieser Paragraph gestaltet das **Informationsrecht der Wohnungseigentü-** 1
mer gegenüber dem Verwalter im Hinblick auf den WP, die JA und die Rechnungslegung. Er normiert gleichzeitig die Vorauszahlungs- und Endzahlungspflicht der WEer gegenüber dem Verband und ist Kern des verwalterischen Rechnungswesens.

2. Rechnungs- und Finanzwesen

a) Grundlagen des Rechnungs- und Finanzwesens

Voraussetzung für eine korrekte Verwaltung einer Anlage ist die Pflicht des Ver- 2
walters, ein geordnetes Rechnungs- und Finanzwesen (vgl. § 259 BGB) zu unterhalten.[1] Dem Rechnungswesen des Verwalters muss eine **ordnungsgemäße Buchführung** zugrunde liegen, weil für das Vertrauensverhältnis zwischen Verwalter und WEer eine korrekte und übersichtliche Buchführung mitentscheidend ist. Dies ergibt sich auch aus § 27 Abs. 1 Nr. 6, wonach der Verwalter die eingenommenen Gelder verwalten muss. Das Buchführungssystem des Verwalters muss den Grundsätzen der ordnungsgemäßen Buchführung entsprechen.[2] Sie muss **lückenlos, zeitnah und aussagekräftig** sein, so dass sie den allgemeinen Grundsätzen einer ordnungsgemäßen Buchhaltung entspricht, aus der WP, JA und die Rechnungslegung entwickelt und abgeleitet werden können. Diese beinhaltet ebenfalls die **Sammlung und Aufbewahrung der Belege**.[3]

---

[1] BayObLG WE 1997, 117; Bub PiG 39, 27 ff.
[2] BayObLG WE 1991, 164; Seuß PiG 27, 21 f.
[3] BayObLG WuM 1996, 661 Rn. 9.

b) Buchführung

3 aa) Beweiskraft. Die Buchführung dient nicht nur der Information über die wirtschaftliche Entwicklung der WEerGem, sondern auch der Beweiskraft **über die ordnungsgemäße Tätigkeit des Verwalters.** Was Gegenstand der Buchführung sein muss, ergibt sich erst aus der Aufgabe des Verwalters. Bei kleineren WEerGem kann es durchaus genügen, dass einmal im Jahr Ausgaben und Einnahmen zusammengerechnet werden. Es reicht folglich eine einfache Buchführung ohne Bestandskonten, also nur mit den Erfolgskonten.[4] Auch ist die sog doppelte Buchführung (alle Vorfälle werden auf zwei Konten verbucht und damit für eine bessere Kontrolle doppelt erfasst) selbst im Steuerrecht nicht Pflicht, wenn auch zweckmäßig. Nur vor diesem Hintergrund kann dem BayObLG[5] zugestimmt werden, wenn es ausführt, dass es zu den Verwalterpflichten gehört, die im Laufe des Jahres anfallenden Unterlagen zu sammeln und in einer Buchführung zu erfassen, die dann wiederum Grundlage der Erstellung der JA ist.

4 bb) Belegerfassung. Die Buchführung muss **alle Geldbewegungen** erfassen sowie eine einfache und lückenlose Kontrolle der Tätigkeit des Verwalters ermöglichen. Dabei gilt der allgemeine Grundsatz **„keine Buchung ohne Beleg"**. Die Belege werden chronologisch nummeriert und abgeheftet. Bei der Buchung wird dann jeweils die Belegnummer vermerkt, damit sowohl der Beleg als auch die Buchung auffindbar sind. Sinnvoll ist die Ablage der Rechnungen zu den dazugehörigen Belegen. Hierdurch wird die schnelle Überprüfbarkeit der Buchführungsvorgänge anhand der dazugehörigen Belege gewährleistet. Jeder Buchung muss in der Abrechnung folglich ein schriftlicher Beleg als Nachweis des Geschäftsvorfalls zugrunde liegen. Dabei sind die Anforderungen an den Inhalt der Belege zwar nach dem Einzelfall zu bemessen. Allerdings muss der Beleg seine Funktion als dokumentarisches Bindeglied zwischen dem Geschäftsvorfall und der Buchung erfüllen können. Folglich muss der Beleg idR insbesondere den konkreten Geschäftsvorfall, den Bezug zu der betroffenen Wohnanlage sowie die Höhe der jeweiligen Forderung einschließlich der zu ihrer Nachvollziehbarkeit erforderlichen Angaben enthalten.[6] Der Verwalter hat also zB wenn er Auszahlungen vornimmt, zu dokumentieren, wer der Empfänger der Geldbeträge ist und welcher Rechtsgrund für die Zahlung besteht.[7] Eigenbelege sind folglich regelmäßig nicht aureichend.

5 cc) Kontenplan und Buchungskonto. Darüber hinaus wird **für jede Kostenart und jedes Wohnungseigentum bzw. jeden Wohnungseigentümer** (je nach Kostentragung laut Vereinb) empfohlen, **ein Konto** einzurichten. Hierfür ist ein Kontenplan erforderlich.

6 dd) Zeitnahe Erfassung. Die Buchführungsarbeiten müssen schließlich zeitnah erfolgen. Dies bedeutet, dass möglichst **während des laufenden Jahres** die Arbeiten durchgeführt werden und keinesfalls deshalb erst im März des darauf-

---

[4] BayObLG WE 1991, 164.
[5] ZMR 1985, 212.
[6] OLG Oldenburg ZMR 2008, 238 Rn. 11; Staudinger/Bub Rn. 296 f.
[7] AG Pinneberg ZMR 2003, 613.

Wirtschaftsplan, Rechnungslegung § 28

folgenden Jahres noch nicht abgeschlossen sein dürfen.[8] Der Verwalter hat nach der Rspr. die Verpflichtung, die Verwaltung so einzurichten, dass die WEer in der Lage sind, ihre Prüfungsbefugnisse selbst auszuüben.[9] Die Buchführung des Verwalters genügt den Erfordernissen einer ordnungsgemäßen Verwaltung nur, wenn sie für die WEer bei einer dieser zumutbaren Sorgfalt verständlich und dadurch nachprüfbar ist.[10]

ee) Schadensersatzpflicht. Genügt die Buchführung den obigen Grundsätzen nicht, ist der Verwalter ggf. zum Schadensersatz verpflichtet,[11] zB wenn die Eigentümer dadurch einen Buchprüfer bestellen müssen.[12] Dies ist der Fall, wenn Vorauszahlungen der WEer fehlerhaft erfasst[13] oder Geschäftsvorfälle mit einem Mietpool vermischt werden.[14] **6a**

3. Wirtschaftsplan (WP), Abs. 1

a) Grundlage

Gemäß Abs. 1 hat der Verwalter jährlich eine **Kostenvorschau,** einen sog WP aufzustellen. Er hat die **voraussichtlichen Einnahmen und Ausgaben bei der Verwaltung des gemeinschaftlichen Eigentums**[15] des kommenden oder bereits laufenden Wirtschaftsjahres[16] zu enthalten mit der Aufteilung auf den einzelnen WEer. Er bildet die Grundlage für die Anforderung der von den WEern zu leistenden Vorschüsse, durch welche die für die Wirtschaftsführung erforderlichen Geldmittel aufgebracht und zur Verfügung des Verwalters gestellt werden. **7**

b) Aufstellungspflicht

Bis zur Erstellung des Wirtschaftsplans kann Wohngeld nach einem vorerst geschätzten Ausgabenrahmen beschlossen werden,[17] einem Pauschbetrag[18] oder einem NotWP, zB wenn die Unterlagen vom Vorverwalter nicht zu erlangen sind.[19] Die Pflicht zur Aufstellung des WP **endet zum Jahreswechsel**, da dann eine Abrechnung möglich ist, danach aufgestellter WP ist nichtig.[20] Für die An- **7a**

---

[8] BayObLG ZMR 1985, 212.
[9] BGH NJW 2010, 2127; BayObLGZ 1975, 369, 372.
[10] BayObLG NJW-RR 1988, 18.
[11] BayObLG NJW-RR 1988, 18.
[12] LG Köln MietRB 2012, 78 Rn. 33.
[13] LG Wuppertal ZMR 2009, 556.
[14] OLG Düsseldorf ZMR 2003, 230.
[15] BGH NZM 2013, 650.
[16] OLG Hamburg OLGZ 1988, 299.
[17] KG WuM 1989, 91.
[18] BayObLG WE 1997, 436.
[19] OLG Hamm ZMR 2009, 58.
[20] OLG Schleswig ZMR 2001, 855, zweifelhaft, aber anfechtbar bis auf Rücklage nach LG München ZMR 2012, 394.

§ 28

fechtung des WP entfällt mit Beschlfassung über die Abrechnung deshalb nicht das Rechtschutzbedürfnis.[21]

c) Verjährung

7b Die WEer müssen gemäß dem beschlossenen WP die **Vorschüsse** zahlen. Der Zahlungsanspruch **verjährt in drei Jahren** (§ 195 BGB).[22] Der Anspruch der Gem auf Zahlung der in einem beschlossenen WP ausgewiesenen Vorschüsse entsteht zu dem Zeitpunkt, zu dem diese aufgrund des Abrufs durch den Verwalter (Abs. 2) zu leisten sind. Die Frist beginnt mit dem Schluss des Jahres, in welchem der jeweilige Vorschuss fällig wird. Diese wird von der Beschlfassung über JA nicht berührt.[23]

4. Inhalt

a) Zweiteilung

8 Die gemäß Rn. 7 vorzunehmende Einnahmen-Ausgaben-Kalkulation bildet den Gesamtwirtschaftsplan, während die erforderliche Darstellung der anteilsmäßigen Verpflichtung der Wohnungseigentümer zur Lasten- und Kostentragung (Nr. 2) die Pflicht zur Erstellung von Einzelwirtschaftsplänen betrifft.[24] Damit ist **zu unterscheiden zwischen Gesamtwirtschaftsplan** (Nr. 1 und Nr. 3, Rn. 9 ff.) **und** der Aufteilung auf die einzelnen WEer, dem **Einzelwirtschaftsplan** (Rn. 14). Die eigentliche Bedeutung des WPs liegt nämlich darin, dass er die Belastung der WEer mit Vorschüssen nach Abs. 2 verbindlich regelt und deren Zahlungsverpflichtung erst entstehen lässt. Deshalb ist ein WP bestehend nur aus Gesamtwp anfechtbar.[25] Der Gesamt- und der Einzelwirtschaftsplan können aber zusammengefasst werden.[26] Die Einzelpläne sind aus den Gesamtplänen abzuleiten; ohne beschlossene Gesamtpläne können die Einzelpläne keinen Bestand haben.[27]

b) Inhalt

8a Der WP muss eine **geordnete Zusammenstellung der einzelnen Einnahmenarten und Kostenarten** enthalten. Dabei ist eine bestimmte Aufgliederung nicht vorgeschrieben, zB gemäß § 2 BetrKV.[28] Die Aufführung von Salden oder Differenzen zwischen Einnahmen und Ausgaben, zB aus der Hausmeisterwohnung[29] oder von Zusammenfassungen von unterschiedlichen Kostenbeträ-

---

[21] BayObLG ZWE 2000, 470; Folgerung aus BGH NJW 1999, 3713; 1996, 725.
[22] BGH NJW 2012, 2797; WuM 2005, 667.
[23] BGH NJW 2012, 2797.
[24] BGH NZM 2013, 650.
[25] BGH NJW 2005, 2061 Rn. 54.
[26] BGH NZM 2013, 650.
[27] LG Konstanz NJW 2008, 593 Rn. 72 f.
[28] OLG Frankfurt WuM 2003, 647.
[29] OLG Düsseldorf WE 1991, 331.

gen ist unzulässig. Nach OLG Karlsruhe muss die Kostenposition „Hausmeister/Putzhilfe" im WP zumindest getrennt nach den einzelnen beschäftigten Personen unter Angabe des Namens und der jeweiligen Vergütung aufgegliedert werden.[30] Die Festlegung einzelner Posten in dem WP, wie zB der Rücklage, ist nicht vorgreiflich für die JA. Die bestätigende Wirkung des JAsbeschlusses bezieht sich nicht auf einzelne Rechnungsposten des WPs.[31]

5. Gesamtwirtschaftsplan

a) Nicht aufzunehmen

Beim Gesamtwirtschaftsplan handelt sich nicht um eine bilanzielle Erfassung oder gar Vermögensrechnung,[32] sondern nur um eine Vorausschau bzw. Kalkulation in Form einer Einnahmen und Ausgaben Überschussrechnung.[33] Sie darf deshalb nicht **Bilanzposten** enthalten, wie: **9**

– einen Nutzungswert des SE oder des GE,[34] es sei denn, es besteht eine Ausgleichspflicht,

Beispiel: Die einzige Garage der WEerGem wird nur von einem WEer benutzt;

– oder einen Vermögensgegenstand der WEerGem.

Beispiel: Bankguthaben.[35]

b) Aufzunehmen

Aufzunehmen sind aber alle zu erwartenden Einnahmen und Ausgabenpositionen: **9a**

aa) Einnahmen. Zu den Einnahmen gehören alle **Zuflüsse zum Vermögen der Gemeinschaft, die die Vorschussverpflichtung der Wohnungseigentümer mindern**, wie zB Wohngeld,[36] Mieten,[37] Zinsen, zB aus dem Girokonto oder der Rücklage,[38] Einnahmen zur Deckung der vorjährigen Einzelfehlbeträge. Nach dem BGH soll es hinsichtlich der Gestaltung des Wirtschaftsplans aber nicht zu beanstanden sein, wenn die Hausgeldvorschüsse nicht ausdrücklich als erwartete Einnahmen bezeichnet werden. Vielmehr sei es ausreichend, wenn sich aus dem Gesamtzusammenhang ergibt, dass die durch die sonstigen Vermögenszuflüsse nicht gedeckten voraussichtlichen Ausgaben durch **9b**

---

[30] OLG Karlsruhe ZMR 2003, 290.
[31] KG KGR Berlin 2005, 91.
[32] BGH NZM 2013, 650.
[33] BGH NJW 2010, 2127.
[34] BayObLGZ 1973, 78, 80.
[35] LG Freiburg NJW 1968, 1973.
[36] BGH NZM 2013, 650 Rn. 9.
[37] Staudinger/Bub Rn. 94.
[38] OLG Köln ZMR 2008, 818; OLG Düsseldorf WE 1991, 331; Sauren WE 1995, 40; aA BayObLG WE 1991, 363.

§ 28 I. Teil. Wohnungseigentum

Hausgeldvorschüsse aufgebracht werden sollen.[39] Dem ist nicht zu folgen, denn einmal widerspricht dies dem klaren Wortlaut und zum anderen ist ohne diese Angabe die Schlüssigkeit und rechnerische Richtigkeit nicht zu überprüfen.

9c bb) Ausgaben. Zum Beispiel für Strom, Wasser, Müllabfuhr, Versicherung, Hausmeister, Verwalterhonorar, Grundbesitzabgaben, Heizkosten[40] etc. S. Aufstellung hierzu bei § 16 Rn. 15, 26 ff.

9d cc) Rücklage. S. hierzu Rn. 35 und § 21 Rn. 12.

6. Aufbau

10 Der WP sollte jedenfalls in der Struktur und Gliederung in der gleichen Weise aufgebaut sein **wie die Jahresabrechnung,** um den Vergleich der Sollwerte mit den wirklichen Werten der vergangenen Jahre zu erleichtern. Er wird durch den Beschl der WEer (gemäß Abs. 5) wirksam.[41] Dabei kann von der Versammlung auch eine rückwirkende Wohngelderhöhung beschlossen werden, ohne dass es dazu eines vollständigen Nachtrags des WP's bedarf.[42] Der WP greift nicht der Abrechnung insoweit vor, als dass Abweichendes nicht mehr beschlossen werden könnte.[43]

Beispiel: Änderung des Verteilungsschlüssels.[44]

a) Inhalt

11 Nach Abs. 1 enthält der WP zumindest **drei Positionen:**

11a aa) Gegenüberstellung. Eine Gegenüberstellung („Aufstellung") **der voraussichtlichen Einnahmen und Ausgaben** (ggf. geschätzt), und zwar eine geordnete, übersichtliche, nachprüfbare Zusammenstellung, weshalb sie sich nicht auf die Angabe globaler Beträge beschränken darf, sondern Grund und Höhe der einzelnen erwarteten Einnahmen und Ausgaben, wie aus Rn. 9, ersichtlich machen muss.

11b bb) Zahlbetrag. Aus der Gegenüberstellung der Einnahmen (ohne Wohngeld des einzelnen WEers) und Ausgaben ergibt sich der geschätzte Finanzbetrag. Diese Beträge sind **nach den zB durch die Teilungserklärung festgelegten Schlüsseln auf die Wohnungseigentümer aufzuteilen.**[45] Die ausdrückliche Festlegung derEinzelbeträge der WEer ist grundsätzlich erforderlich,[46] es kann jedoch nach Rechtsprechung[47] reichen, den Verteilungsschlüssel anzugeben.

---

[39] BGH NZM 2013, 650 Rn. 10.
[40] BayObLG WE 1988, 204.
[41] BayObLGZ 1971, 313.
[42] BayObLG v. 22.12.1982 – 2 Z 96/81.
[43] KG KGR Berlin 2005, 91, OLG Hamm OLGZ 1971, 96, 99f.
[44] BayObLG 1974, 172, 177.
[45] OLG Frankfurt OLGZ 1984, 257; KG DWE 1985, 126.
[46] BayObLG WE 1991, 166; aA KG WE 1991, 204, 193.
[47] BayObLG NJW 2003, 2323, abzulehnen.

Wirtschaftsplan, Rechnungslegung § 28

Nach dem LG Frankfurt[48] ist es zulässig, unterschiedlich hohe Beiträge zu beschließen, aber nicht in jedem Monat einen unterschiedlichen Betrag.

cc) Rücklage. Außerdem ist ein **angemessener Beitrag** zur Rücklage vorzunehmen, s. Rn. 35 und § 21 Abs. 5 Nr. 4, s. § 21 Rn. 12 „Instandhaltungsrücklage". 11c

b) Betragsfestlegung

Der Verwalter hat dabei unter Berücksichtigung der vorherigen Jahre die Ausgaben (inkl. Beiträge zur Rücklage und sonstigem Sondervermögen) und Einnahmen (zB Mieten, Entnahmen aus Rücklagen) **zu schätzen**, soweit sie nicht von vornherein betragsmäßig feststehen (zB Verwaltervergütung). Dabei ist dem Verwalter eine großzügige Handhabe zu gestatten,[49] um hohen Nachforderungen und damit einer Liquiditätsenge einzelner WEer vorzubeugen. Eine Erhöhung um 5 % gegenüber dem letzten Abrechnungsjahr ist vom BayObLG nicht beanstandet worden.[50] 11d

c) Anfechtung

Die Ansetzung der Höhe darf aber nicht dazu führen, dass wesentlich überhöhte Vorschüsse ausgewiesen werden,[51] oder andererseits es zu erheblichen Nachzahlungen[52] kommt. **Forderungen/Verbindlichkeiten sind anzusetzen, wenn** mit ihrer Erfüllung ernsthaft zu rechnen ist,[53] aber nicht, wenn nach der bisherigen Erfahrung der Eingang nicht zu erwarten ist und sie nur bei Eintritt ganz besonderer, außergewöhnlicher Umstände entstehen können[54] oder Forderungen (Außenstände), bei denen nicht abzusehen ist, dass sie eingezogen werden können,[55] im Laufe des Jahres muss also auf sie zurückgegriffen werden können.[56] Die WEer können auch nicht durch Beschl generell auf die Auflistung verzichten, zB der Gemeinschaftseinnahmen.[57] Sie können aber nach dem BayObLG[58] sich darauf beschränken, die bisherigen Vorauszahlungen auch weiterhin für verbindlich zu erklären. Die betragsmäßige Einzelfestlegung ist nach der abzulehnenden Rechtsprechung entbehrlich, wenn der Verteilungsschlüssel unstreitig bekannt ist und durch einfachen Rechengang ermittelt werden kann.[59] **Wenn der Wirtschaftsplan nicht sämtliche voraussichtlichen Einnahmen und Ausgaben ausweist**, zB Zinsen, ist er anfechtbar.[60] Es ist aber zuläs- 11e

---

[48] DWE 1992, 85.
[49] OLG Hamm OLGZ 1971, 96, 104; BayObLG WE 1991, 363.
[50] NZM 1999, 869.
[51] BayObLG WE 1989, 64, 65.
[52] BayObLG NZM 1999, 869; WuM 2004, 369.
[53] BGH NJW 2005, 2061.
[54] OLG Hamm OLGZ 1971, 96, 104.
[55] BayObLG WE 1987, 59.
[56] BGH NJW 1989, 3018.
[57] KG WE 1987, 122.
[58] WE 1991, 295.
[59] Für MEA BayObLG NJW 2003, 2323; für Wohnfläche BayObLG NZM 1999, 853.
[60] OLG Köln ZMR 208, 818; aA OLG München ZMR 2009, 630 da Zinsen geringfügig.

sig, die voraussichtlichen Heizkosten verbrauchsunabhängig nach Miteigentumsanteilen zu verteilen.[61] Nach einer abzulehnden BGH-Entscheidung müssen in dem Gesamtwirtschaftsplan die (künftigen) Hausgeldvorschüsse nicht ausdrücklich als Einnahmen aufgeführt werden, sondern es reicht, wenn sich aus dem Gesamtzusammenhang ergibt, dass die durch die sonstigen Vermögenszuflüsse nicht gedeckten voraussichtlichen Ausgaben durch Hausgeldvorschüsse aufgebracht werden sollen,[62] zB durch eine Liste der Wohngelder.[63] Bevor über den Gesamtwirtschaftsplan und die Einzelwirtschaftspläne abgestimmt wird, ist den WEern neben dem GesamtWP lediglich der jeweilige Einzelwirtschaftsplan zu übersenden. Es ist grundsätzlich nur erforderlich, dass alle Einzelwirtschaftspläne in allgemein zugänglicher Weise in ausreichender Zeit vor der Versammlung ausliegen und dies den Eigentümern mitgeteilt wird.[64] Es entspricht nicht ordnungsgemäßer Verwaltung, wenn die Wohnungseigentümer beschließen, dass tatsächlich geleistete Wohngeldzahlungen zunächst gegen die Zuführungsbeträge zur Rücklage gebucht werden, da die Möglichkeit besteht, dass eine ordnungsgemäße Bewirtschaftung des Objektes und eine Kostendeckung nicht mehr möglich ist, weil auf Grund der beschlossenen Verrechnung keine Zahlungen auf das eigentliche Wohngeld erfolgen.[65]

d) Aufstellung

12 Die Aufstellung des WP **obliegt dem Verwalter bereits nach Gesetz** (Wortlaut Abs. 1 S. 2), und es bedarf keiner besonderen Aufforderung oder Verpflichtung mehr. Mangels abweichender Regelung durch Vereinb oder Beschl ist der WP nicht notwendig, aber zweckmäßig vor Beginn der Abrechnungsjahres, spätestens in den ersten Monaten jeden Abrechnungsjahres aufzustellen[66] und den WEer mindestens zwei Wochen vor Beschlfassung zu übersenden.[67] Kommt eine **zeitgerechte Beschlussfassung** der WEerGem nicht zustande, kann jeder WEer vor Ablauf der Abrechnungsperiode die gerichtliche Festsetzung verlangen, selbst wenn eine Abstimmung noch nicht stattgefunden hat (§ 21 Abs. 8[68]). Kommt der Verwalter seiner Verpflichtung nicht nach, so **kann die Erfüllung** der Verpflichtung **von jedem Wohnungseigentümer gerichtlich** ohne die anderen WEer während des betroffenen Kalenderjahres **erzwungen**[69] **und ggf. vollstreckt werden**.[70] Sie endet mit Ablauf des Jahres.

---

[61] LG Köln v. 9.12.2010 – 29 S 114/10; KG ZMR 2005, 221.
[62] NZM 2013, 650.
[63] OLG Köln ZMR 2008, 818.
[64] OLG Köln NJW-RR 2006, 19 f.; aA LG Itehohe ZMR 2009, 142: überhaupt nicht notwendig.
[65] LG Köln ZMR 2012, 662.
[66] BayObLG NJW-RR 1990, 659.
[67] LG Aachen ZMR 1997, 326.
[68] KG WE 1993, 221.
[69] KG NJW-RR 1986, 644.
[70] BayObLG WE 1989, 220.

§ 28 Wirtschaftsplan, Rechnungslegung

e) Wirkung

13 Der WP entfaltet nach der Rspr[71] weitere Wirkung, als er **gleichzeitig Auftrag für den Verwalter** sein kann, **die angesetzte Position**, wie zB Reparaturen, in Angriff zu nehmen und **durchzuführen**. Er kann auch eine stillschweigende Zustimmung zu einer baulichen Veränderung enthalten, indem dafür ein Posten angesetzt und genehmigt wird.

7. Zahlung durch die Wohnungseigentümer

a) Einzelwirtschaftsplan

14 Die Ausgaben des GesamtWP und die Einnahmen (bis auf die Wohngelder) sind mit dem jeweiligen Kostenverteilungsschlüssel auf den einzelnen WEer zu verteilen. Der sich aus dieser Summe ermittelte Betrag (Saldo) ergibt die **Höhe des Vorschusses, den jeder Wohnungseigentümer** auf das Konto der WEerGem **zu zahlen hat** (Abs. 2). Einzelne Positionen sind keine Unterforderungen und können deshalb nicht getrennt bezahlt werden,[72] so dass zB Versorgungsleistungen erfüllt sind und damit Versorgungssperre entfällt. Der EinzelWP gehört zu den unverzichtbaren Bestandteilen des WP.[73] Ein Beschl, der den Verwalter von der Aufstellung von EinzelWP zukünftig freistellt, ist nichtig.[74]

b) Vorschusspflicht (Abs. 2)

15 Die Zahlungspflicht setzt einen nach Abs. 5 beschlossenen Einzel- und GesamtWP voraus.[75] Leistet ein WEer Vorschüsse, obwohl eine wirksame Beschlussfassung über einen WP nicht besteht, so ist ein Bereicherungsanspruch gegen die übrigen im Hinblick auf den Vorrang des Innenausgleichs durch das Instrument der JA ausgeschlossen, selbst wenn er zwischenzeitlich aus der Gem ausgeschieden ist.[76] Wohngeldforderungen aufgrund eines Jahres-Wirtschaftsplans werden idR monatlich fällig und nicht schon mit Beschluss über den Wirtschaftsplan.[77] Die WEer können generell oder im Einzelfall aber anders über die **Fälligkeit** von Beitragsvorschüssen beschließen (§ 21 Abs. 7). Zu zahlen braucht der WEer aber erst, soweit nichts anderes durch Beschl oder Vereinb geregelt ist, „nach Abruf durch den Verwalter", also auf dessen Anforderung hin.[78] In Verzug kommt der WEer, wenn er auf eine Mahnung des Verwalters nicht unverzüglich leistet bzw. die kalendermäßig festgelegten Zeitpunkte nicht einhält. Die Ver-

---

[71] KG WE 1993, 223, abzulehnen.
[72] KG NZM 2006, 23.
[73] BGH NJW 2005, 2061; BayObLG NZM 2006, 62.
[74] BayObLG ZMR 2005, 384.
[75] OLG Frankfurt OLGR 2006, 327; OLG Oldenburg ZMR 2005, 734.
[76] OLG Hamm ZMR 2005, 398.
[77] OLG Köln ZMR 2008, 988.
[78] BGH NJW 2012, 2797; 2003, 3550; s. § 16 Rn. 74.

pflichtung endet nicht mit der Beschlfassung über die JA[79] und wird durch eine Zahlungspflicht bezüglich des Abrechnungssaldos nicht ersetzt, es sei denn, der Saldo aus der JA unterschreitet die Vorschusssumme.[80] Die Haftung eines während des Jahres ausgeschiedenen WEers für nicht bezahlte Vorschüsse bleibt bestehen und wird durch die Abrechnung nicht aufgehoben (vgl. § 16 Rn. 39 ff.).[81] Ein auf Grund des WP erlangter Vollstreckungstitel bleibt bestehen.[82] Der WP behält weiter seine Wirkung für die fälligen Verzugszinsen und andere Verzugsschäden.[83] Verabsäumt die Gem, einen WP mit Vorschussverpflichtungen aufzustellen, kann sie einen ausgeschiedenen WEer für die Lasten und Kosten nicht in Anspruch nehmen, die vor seinem Ausscheiden entstanden sind.[84]

8. Geltungsdauer

a) Kalenderjahr

16 WP ist regelmäßig für das Kalenderjahr aufzustellen, es sei denn etwas anderes ist vereinbart. Auf eine unzulässige Abweichung des Wirtschaftsplanes vom Kalenderjahr darf sich ein WEer aber nicht berufen, wenn eine langjährige Übung besteht, der anfechtende WEer zuvor noch nicht ernsthaft und nachhaltig eine Änderung verlangt hatte und ihm auch keine erheblichen Nachteile durch die Abweichung drohen. Er kann dann lediglich für künftige Pläne und Abrechnungen die Umstellung auf das Kalenderjahr verlangen.[85]

b) Fortgeltung

16a Auf den WP für ein bestimmtes Kalenderjahr können Zahlungsansprüche grundsätzlich nur für dieses Jahr gegründet werden (zB WP 2015 hat keine Wirkung für 2016).[86] Für die Fortgeltung des WP über das Kalenderjahr hinaus **bedarf es eines Beschlusses der Wohnungseigentümer**.[87] Dies liegt in der Kompetenz der Versammlung.[88] Ständige Übung reicht nicht.[89] Die Gem kann aber nicht generell die Fortgeltung beschließen, sondern muss sich immer auf einen konkreten WP beziehen.[90] Dies ist nur durch Vereinb möglich. Beschließt die Gem ohne die Einzelwirtschaftspläne einen neuen Gesamtwirtschaftsplan, so

---

[79] OLG Zweibrücken NZM 1999, 322; BayObLG ZWE 2000, 470; WuM 2004, 742.
[80] OLG Köln OLGR 2004, 143; BayObLG NJW-RR 2001, 659.
[81] OLG Hamm NZM 2000, 139.
[82] OLG Köln WE 1993, 54.
[83] ZB Rechtsanwaltskosten, BayObLG WE 1986, 104 m. Anm. Weitnauer; Sauren DWE 1989, 42.
[84] OLG München MDR 2007, 1066.
[85] OLG München ZMR 2009, 630; LG München ZMR 2009, 947.
[86] BayObLG WuM 2003, 293; OLG Frankfurt OLGR 2006, 327.
[87] BayObLG NZM 2004, 711.
[88] BayObLG WuM 2003, 293; OLG Düsseldorf ZMR 2003, 862.
[89] BGH NJW 2002, 3243.
[90] OLG Düsseldorf ZMR 2003, 862 und 767, da § 21 Abs. 7 nicht gilt (Palandt/Bassenge Rn. 7).

9. Jahresabrechnung (JA), Abs. 3[92]

a) Aufstellung und Frist

Sie ist **nach Ablauf des Kalenderjahres** vom Verwalter (s. Rn. 61) aufzustellen (Abs. 3), dh mit Ablauf des Kalenderjahres entsteht der entsprechende Anspruch der WEer ohne besondere Aufforderung oder Verpflichtung und wird nach Ablauf einer für die Aufstellung angemessenen Frist fällig, idR **in den ersten Monaten nach Beendigung der Wirtschaftsperiode**. Ende Juni ist deshalb verspätet.[93] Legt der Verwalter die JA verspätet vor, so ergibt sich daraus kein Schadensersatzanspruch eines vermietenden WEers, da der Verwalter kein Erfüllungsgehilfe des WEer's ist.[94] Sie ist regelmäßig für das Kalenderjahr aufzustellen und nur ein Teil daraus reicht nicht.[95] Ebenfalls unzulässig ist Vorlage von vier Quartalsabrechnungen.[96] Die JA ist den WEern mindestens zwei Wochen vor der Versammlung zu übersenden,[97] dh die vier Bestandteile der JA (s. Rn. 18), nicht aber Belege oder Saldenlisten oder Einzelabrechnungen der anderen WEer.[98]

b) Umfang

Nach der ständigen Rspr. insbesondere des BGH[99] besteht die JA aus **vier Bereichen**:
1. einer Gesamtabrechnung (Rn. 20 ff.) und
2. einer Einzelabrechnung (Rn. 26a ff),
3. einer Darstellung der Rücklage (ggf. mit Konten, Rn. 27) und
4. einer Darstellung der Girokonten der Gem (Rn. 28).

Bei der JA handelt es sich begrifflich um eine Einnahmen-Ausgabenrechnung[100] (Gesamtabrechnung) mit Verteilung auf die einzelnen WEer (Einzelabrechnung). Eine Vorgreiflichkeit für den WP existiert nicht, jedoch sollten WP und JA von der Struktur her wegen der leichten Überprüfbarkeit identisch sein.

c) Zusammenstellung

Die Verwaltung hat nach Ablauf des Kalenderjahres eine Abrechnung der Einnahmen und Ausgaben zu erstellen. Dazu hat sie eine **geordnete und über-**

---
[91] Palandt/Bassenge Rn. 7; aA OLG Düsseldorf WuM 2003, 167.
[92] Muster bei Casser ZMR 2011, 85.
[93] BayObLG WE 1991, 223.
[94] LG Frankfurt Info M 2011, 538.
[95] BayObLG WuM 2004, 738; OLG Düsseldorf NJW-RR 2007, 594.
[96] OLG Düsseldorf ZMR 2007, 128.
[97] LG Aachen ZMR 1997, 326.
[98] OLG Köln ZMR 2007, 986.
[99] NJW 2010, 2127; WE 1994, 210; 1996, 144.
[100] BGH NJW 2010, 2127 Rn. 10.

sichtliche **Einnahmen- und Ausgabenrechnung** vorzulegen, die auch Angaben über die Rücklagen und den Stand und die Entwicklung der Konten enthält.[101] Eine geordnete Zusammenstellung ist nicht nur hinsichtlich der Belege erforderlich, die für jeden WEer ohne Sachverständigenhilfe verständlich und nachprüfbar sein muss.[102] Die Belege müssen nicht der Abrechnung beigefügt, aber bei dem Beschl zur Einsichtnahme bereitliegen.[103] Für die Beurteilung der formellen Rechtmäßigkeit ist der Zeitpunkt der Beschlfassung maßgeblich, nachträgliche Unterlagen werden nicht berücksichtigt.[104] Hatten die WEer nicht ausreichend und in zumutbarer Weise Gelegenheit, in die JA (einschließlich der Einzelabrechnungen der anderen WEer) Einblick zu nehmen, ist die JA anfechtbar.[105] Es besteht keine Verpflichtung, die JA oder deren Aufbau an § 2 BetrKV auszurichten.[106]

10. Gesamtabrechnung

a) Inhalt

20 Bei der Gesamtabrechnung handelt es sich um eine gegliederte **Zusammenstellung aller tatsächlichen Einnahmen und Ausgaben der gesamten Anlage.** Darin enthalten müssen deshalb auch eine eventuell vorhandene (Hauswart)Kasse, Waschmaschinenerträge, Schwimmbadzahlungen, Saunaerträge und/oder sonstiger Erträge der Gemeinrichtungen sein, sowie die Miet- und Pachterlöse des GE's und alle sonstigen mit der Verwaltung zusammenhängenden Zahlungen. Ein Beschl über die JA muss die Jahresgesamtabrechnung einschließlich Einzelabrechnungen und der weiteren beiden Bestandteile zum Gegenstand haben.[107]

b) Abrechnungsart

20a Sie ist keine Bilanz[108] oder Vermögensrechnung,[109] sondern eine geordnete und verständliche, inhaltlich zutreffende Aufstellung aller Einnahmen und Ausgaben[110] unter Darlegung der Kontostände.[111] Deshalb hat die Abrechnung grundsätzlich **nach den tatsächlichen Istbeträgen**, also den im Jahr geleisteten Zahlungen und Ausgaben zu erfolgen, **Sollbeträge** (sog Verbindlichkeiten)

---

[101] BGH NJW 2010, 2127 Rn. 10.
[102] BGH NJW 2010, 2127 Rn. 10; OLG Hamm ZWE 2001, 446.
[103] OLG Frankfurt OLGZ 1984, 334.
[104] Köhler ZMR 1998, 327 mwN.
[105] OLG Köln ZMR 2007, 986; NJW-RR 2006, 19; OLG München ZMR 2007, 720.
[106] OLG Frankfurt WuM 2003, 647.
[107] BayObLG NJW-RR 2006, 20.
[108] BGH NJW 2010, 2127; 1999, 3713; 1996, 925; Sauren WE 1993, 62; ders. WE 1994, 172.
[109] BayObLG NJW-RR 1987, 595.
[110] BGH NJW 2012, 2796, BayObLG NJW-RR 1988, 81; OLG Hamm ZMR 1997, 251.
[111] OLG Frankfurt WE 1986, 138; KG NJW-RR 1987, 1160.

Wirtschaftsplan, Rechnungslegung § 28

sind nicht aufzunehmen.[112] Es dürfen auch keine Beträge als Einnahmen ausgewiesen werden, die dem Gemkonto nicht tatsächlich zugeflossen sind, weil ihnen Abtretungen von Ansprüchen an die Gem und Aufrechnungen mit Forderungen gegen die Gem zu Grunde liegen.[113] Die JA muss nachvollziehbar aufgebaut sein. Hierzu gehört, dass die Buchungsvorgänge für die WEer verständlich aufgebaut sind.[114] Dies ist nicht der Fall, wenn die WEer sie nur nachvollziehen können, wenn erst auf Grund von Erläuterungen des Verwalters eine Vielzahl von Zu- und Abrechnungen errechnet werden muss.[115]

c) Bilanzwerte

21 Entsprechend der Regelung beim WP (Rn. 9) sind Außenstände[116] oder nach dem WP geschuldete, aber nicht gezahlte Beträge[117] und nicht ausschüttungsfähige Nutzungswerte **nicht einzusetzen**, auch keine Abschreibungen, also keine Bilanzwerte. Deshalb auch **nicht aufzunehmen sind Rückstände**, zB Forderungen (auch gegen Dritte)[118] oder Wohngeldrückstände aus früheren Jahren.[119] Siehe weiter Rn. 38 ff.

d) Zwingende Bestandteile der Gesamtjahresabrechnung

22 **aa) Der Abrechnungszeitraum.**[120] In die Jahresgesamtabrechnung sind alle im Abrechnungszeitraum geleisteten bzw. tatsächlich vorgenommenen Ausgaben und Einnahmen aufzunehmen, s. auch § 21 Rn. 12 „Abrechnungszeitraum".

23 **bb) Einnahmen.** Aufgelistet **nach der jeweiligen Art**,[121] wie Wohngelder,[122] Ausgleichszahlungen aus der Vorjahresabrechnung,[123] Zinserträge aus laufenden Girokonten, aus Verzug von WEern[124] oder der Rücklage,[125] Mieten,[126] zB des GE, Benutzungsgebühren, zB für Sauna oder Waschmaschine[127] oder Mahngebühren, diese dürfen nicht saldiert erfolgen. Nach dem BGH ist eine **nähere**

---

[112] BGH NJW 2010, 2127 Rn. 10, BayObLG NZM 2000, 280; NJW-RR 1992, 1431.
[113] BayObLG OLGR 2004, 283.
[114] BayObLG NZM 2005, 750.
[115] OLG Hamm ZMR 2001, 1001.
[116] BGH NJW 2013, 3098 Rn. 24; 2012, 2797 Rn. 17.
[117] OLG Düsseldorf DWE 1991, 251.
[118] BayObLG NJW-RR 2002, 881.
[119] BayObLG ZMR 2003, 761; NJW-RR 2002, 1093.
[120] BGH NJW 2012, 1434; LG Bielefeld v. 10.1.1984 – 3 T 900/83.
[121] BayObLG WE 1990, 133; OLG München ZMR 2007, 724; aA Ott ZWE 2007, 508.
[122] AG Neustadt ZMR 2011, 910; OLG Schleswig ZMR 2008, 665
[123] BGH NJW 2014, 145 Rn. 8, Staudinger/Bub Rn. 338.
[124] BGH NJW 2014, 145 Rn. 7.
[125] LG München ZWE 2009, 221; OLG Köln ZMR 2007, 818; OLG Düsseldorf v. 16.8.1993 – 3 Wx 230/91; Sauren WE 1995, 40 und zwar brutto, s. Rn. 51.
[126] LG Köln ZMR 2007, 652.
[127] Staudinger/Bub Rn. 342.

Aufschlüsselung der in dem Abrechnungszeitraum eingegangenen Hausgeldzahlungen im Hinblick auf die Abrechnungszeiträume nicht zwingend erforderlich.[128] Dem ist zu widersprechen, da ohne Kalenderjahr übergreifende Trennung der Zahlungen eine ordnungsgemäße Schuldenermittlung der einzelnen Jahre nicht möglich ist.[129] Fehlen die Wohngeldzahlungen eines WEers ist die JA anfechtbar.[130] Ist eine Instandsetzungsmaßnahme aus der Rücklage bezahlt worden, gilt für die Jahresabrechnung, dass die Entnahmen aus der Rücklage weder Einnahmen sind, da diese Gelder tatsächlich nicht im Wirtschaftsjahr der Gemeinschaft zugeflossen sind, noch Ausgaben sind, da die Mittelabflüsse nicht durch Vorschusszahlungen finanziert wurden.[131]

24 cc) Ausgaben. Aufgeteilt **nach der jeweiligen Kostenart**[132] wie bei Betriebskosten (§ 16 Rn. 15) Strom, Müllabfuhr, Versicherung, Grundbesitzabgaben, Heizkosten[133] oder bei Verwaltungskosten, wie Verwalter, Zinsen,[134] Bankgebühren etc (§ 16 Rn. 13) und Auszahlungen aus Vorjahresabrechnungen. Häufig findet man eine **Position „Sonstiges"**, dies **ist unzulässig**, da kein Inhalt erkennbar ist. Zahlungen auf die Rücklage dürfen nicht als Ausgaben verbucht werden, wenn sie nicht ausgegeben werden.[135] Soweit die Zinsen per Beschl der Rücklage zugewiesen sind, sind sie dort auszuweisen.[136] Aufzunehmen sind nur Kosten, welche die jeweiligen WEer betreffen.

Beispiel: Ist an Betreibergesellschaft vermietet, dürfen Kosten für sie nur auf die der Gesellschaft Beigetretenen umgelegt werden, auch wenn Pflicht dazu besteht für alle beizutreten und einzelne dies nicht getan haben.[137]

Bei den Ausgaben dürfen keine Kostenpositionen zusammengerechnet oder zusammengefasst werden.[138] Ebenfalls ist die Gesamtsumme aller Ausgaben aufzuführen.[139]

e) Verteilungsschlüssel

25 Bei jeder einzelnen Ausgabenposition ist der Verteilungsschlüssel anzugeben.[140] Maßgeblich ist der jeweils einschlägige Verteilungsschlüssel, **wie er sich aus einer Vereinbarung, einem Beschluss** nach § 16 Abs. 3 und 4, **aus § 16 Abs. 2 oder einer gerichtlichen Entscheidung ergibt.** Steht ein Ersatzanspruch gegen einen WEer in Rede, rechtfertigt dies nur dann eine von dem einschlägigen

---

[128] NJW 2014, 145.
[129] Ablehnend auch Drasdo NJW-Spezial 2014, 2.
[130] BayObLG ZMR 2003, 761; NJW-RR 2002, 1093.
[131] AG Düsseldorf ZMR 2013, 313.
[132] OLG Schleswig ZMR 2008, 665 Rn. 15.
[133] BGH NJW 2012, 1434.
[134] Elzer ZWE 2011, 113.
[135] LG Berlin ZWE 2013, 374; LG München ZMR 2014, 65.
[136] LG München ZWE 2008, 218 (221).
[137] BayObLG ZMR 2001, 828.
[138] AG Saarbrücken ZMR 2008, 925, wie WP, OLG Düsseldorf WE 1991, 331.
[139] OLG Hamm OLGZ 1975, 158.
[140] LG Bielefeld v. 10.1.1984 – 3 T 900/83.

Umlageschlüssel abweichende Kostenverteilung, wenn der Anspruch tituliert ist oder sonst feststeht.[141] Fehlen die Verteilungsschlüssel oder sind sie falsch, muss die Abrechnung aufgehoben werden[142] (s. Rn. 65 ff.), es führt aber nach BayObLG nicht zur Nichtigkeit des Beschl.[143] Immer wieder werden bei den Positionen Verwaltervergütung und Kosten des gerichtlichen Verfahrens (§ 16 Abs. 6, s. § 16 Rn. 13 Prozesskosten) die falschen Verteilungsschlüssel gewählt, ebenso Kabelfernsehen.[144] Der Verwalter legt nämlich oft den Verteilungsschlüssel seines Verwaltervertrages (idR pro Einheit) zugrunde, ohne die Regelung der TErkl zu beachten.[145] Beschl für Änderung möglich (§ 16 Abs. 3).

f) Aufstellung und Salden

Die gesonderte Aufstellung der Einnahmen und Ausgaben in der **Aufschlüsse-** **26**
lung jeweils **nach lfd. Nummer, Buchungsdatum, Gegenstand, Belegnummer und Höhe**.[146] Diese Abrechnungen müssen eine geordnete Zusammenstellung der einzelnen Einnahmen und Ausgabenpositionen beinhalten, die für jeden WEer verständlich und nachprüfbar sein muss.[147] Es dürfen **keine Salden** erscheinen[148] oder Positionen außer Acht gelassen werden.

11. Einzelabrechnung

a) Inhalt

Ein weiterer notwendiger Bestandteil der Abrechnung ist die sog wohnungsbe- **26a**
zogene (nicht WEer bezogen) Einzelabrechnung. In ihr erfolgt die **Aufteilung der Einnahmen und Ausgaben der Gesamtabrechnung mittels der Verteilungsschlüssel auf die einzelnen Einheiten.**[149] Allein sie reicht aber nicht aus zu beschließen,[150] sondern immer nur mit der Gesamtabrechnung zusammen. Ist wirksam aufgerechnet worden, ist dieser Betrag ebenfalls einzustellen.[151] Anteilige Beträge von Ausgaben der WEer, die nicht in der Gesamtabrechnung enthalten sind, können somit nicht Gegenstand der Einzelabrechnung sein.[152] Die Aufteilung erfolgt nach dem für jede Position anzuwendenden Verteilungsschlüssel.[153] Ausgaben, die nur eine einzelne Einheit betreffen (zB Ver-

---

[141] BGH NJW 2011, 1346.
[142] OLG Düsseldorf v. 14.10.2005 – I-3 Wx 77/05.
[143] BayObLG NZM 2002, 743; WE 1995, 89.
[144] OLG Frankfurt v. 16.10.2006 – 20 W 278/03; KG ZMR 2006, 221.
[145] Oft MEanteile, BGH NJW 2012, 2648 Rn. 8, KG WE 1986, 139, anders aber, wenn nach Anzahl, soweit möglich, umgelegt werden soll; BayObLG ZMR 2001, 827.
[146] LG Bielefeld v. 10.1.1984 – 3 T 900/83.
[147] BayObLG NJW-RR 1993, 1166.
[148] LG Lübeck ZMR 2011, 747; OLG Düsseldorf WE 1991, 361.
[149] OLG Hamm DWE 1997, 36.
[150] OLG Düsseldorf IMR 2007, 333 = NZM 2007, 811.
[151] KG NJW-RR 1993, 1104.
[152] BayObLG NJW-RR 1992, 1169.
[153] BGH NJW 2011, 1346; KG NJW-RR 1987, 1160, 1161.

zugszinsen) und von dem WEer zu tragen sind, sind nur dort aufzunehmen.[154] Dann erfolgt die Verrechnung des so festgestellten Kostenanteils mit den Wohngeldvorauszahlungen.[155] Hierbei sind nach dem OLG Frankfurt die tatsächlich erbrachten Vorschusszahlungen, nicht die laut WP geschuldeten als Einnahmen einzustellen.[156] Dies ergibt den Saldo, der die Nachzahlung bzw. das Guthaben begründet. Eine Nachzahlungspflicht wird nur bzgl der sog Abrechnungsspitze (§ 16 Rn. 43) begründet. Bei Rückständen aus WP kann Forderung gänzlich auf JA gestützt werden.[157] Auch diese muss, um verbindlich zu werden, von den WEern beschlossen werden (Abs. 5[158]), selbst wenn das Guthaben auf Folgejahre vorzutragen ist.[159]

b) Wohngeldsaldoliste der anderen Wohnungseigentümer

26b Weder müssen alle Einzelwirtschaftspläne an sämtliche WEer versandt, noch eine Vorschussliste erstellt werden, aus der sich ergibt, welche Hausgeldvorschüsse jeder einzelne WEer jährlich und monatlich zu zahlen hat.[160] Nach dem OLG Köln[161] genügt es aber selbst nicht, die Einzelabrechnung in dem Verwalterraum bereitliegen zu haben oder in einem Ordner in der Versammlung, vielmehr muss der Verwalter auf die Einsichtsmöglichkeit in diese Papiere in der Versammlung hinweisen. Ist in der GO eine Klausel enthalten, dass die Abrechnung den WEer schriftlich mitzuteilen ist, ist die Übersendung der Einzelabrechnung nach dem OLG Köln[162] Pflicht des Verwalters.

c) Ausscheiden eines Wohnungseigentümers

26c Scheidet ein WEer während des Jahres aus, so hat der Verwalter keine **Zwischenabrechnung** für jeden WEer aufzustellen,[163] sondern nur eine, die auch nur den neuen WEer verpflichtet, es sei denn, die GO bestimmt etwas anders. Dies folgt daraus, dass die Abrechnung wohnungsbezogen ist. Mangelnde Anfechtung führt dazu, dass Überzahlungen nicht mehr gerügt werden können[164] oder irrige Annahmen über die Zuordnung von GE oder SE und die damit im Zusammenhang stehende Zahlungspflicht nicht mehr berücksichtigt werden.[165]

---

[154] BGH NJW 2011, 1346; OLG Düsseldorf ZMR 2006, 217.
[155] BayObLG NJW-RR 1992, 1431.
[156] OLG Frankfurt OLGR 2005, 5; anders wohl hM zB BGH NJW 1999, 3713.
[157] OLG Dresden ZMR 2006, 543; BayObLG NZM 2004, 711: Verjährung länger.
[158] BayObLG NJW-RR 1988, 81.
[159] BayObLG WuM 1989, 42.
[160] BGH NZM 2013, 650 Rn. 11.
[161] NZM 2007, 366; 2006, 66; OLG Müchen ZMR 2007, 720.
[162] WE 1997, 232; 1995, 222.
[163] KG NZM 2000, 830.
[164] BayObLG WuM 2004, 367.
[165] BayObLG NJW-RR 2004, 1668.

Wirtschaftsplan, Rechnungslegung **§ 28**

d) Fälligkeit

Die Nachzahlungspflicht oder Erstattung kann generell durch Vereinb oder Beschl (§ 21 Abs. 7) geregelt sein, zB auch im Verwaltervertrag. Für die konkrete Abrechnung aber auch im billigenden Beschl möglich. Soweit nichts geregelt ist, ist sie **sofort** fällig (§ 271 BGB). 26d

12. Instandhaltungsrücklage

S. § 21 Rn. 12. Der dritte Bestandteil der JA ist die **Darstellung und Entwicklung** der Rücklage **inkl. Zinserträge, Ausgaben und Zuführungen**.[166] Die Grundsätze gelten für alle vorhandenen Rücklagen ebenfalls solchen für eine Untergem. Diese sind gesondert von der Abrechnung darzustellen. Tatsächliche und geschuldete Zahlungen auf die Rücklage sind in der Jahresgesamt- und -einzel-abrechnung deshalb weder als Ausgabe noch als sonstige Kosten zu buchen.[167] Die Darstellung der Entwicklung der Rücklage in der Abrechnung soll den WEern ermöglichen, die Vermögenslage ihrer Gem zu erkennen und die JA auf Plausibilität zu überprüfen.[168] Sie ist **in Form einer Vermögensübersicht nach tatsächlichen Soll- und Ist-Beträgen** darzustellen und bedeutet eine Durchbrechung des Zu- und Abflussprinzipes der Abrechnung (Rn. 20). Diese ist aber gerechtfertigt, da mit der Rücklage periodenübergreifend gearbeitet wird und ohne eine solche Darstellung eine jahreübergreifende Übersicht nicht oder nur schwer erreichbar wäre. Der Einfachheit halber wird auch hier nach Gesamt- und Einzelabrechnung unterschieden. Eine Aufteilung des Endbestandes auf die einzelnen WEer ist überflüssig, da sie Verwaltungsvermögen der Gem darstellt und auch nicht in Teilen den WEern gehört. 27

a) Darstellung

Darstellung bedeutet die **Angabe des Anfangs- und Endbestandes** der Rücklage. Nach dem Anfangsbestand ist der Gesamtbetrag der Ist-Zuführungen und der Abgänge darzustellen, der dann den Saldo und gleichzeitig den Endbestand bedeutet. Der Anfangsbestand muss mit dem Endbestand des Vorjahres übereinstimmen, wie der Endstand den Anfangsbestand des Folgejahres darstellt. 27a

b) Zuführungen

In der Darstellung der Gesamt-Entwicklung der Rücklage sind **die tatsächlichen Zahlungen** der Wohnungseigentümer auf die Rücklage als Einnahmen darzustellen **und** zusätzlich auch **die geschuldeten Zahlungen** (Soll-Zuführung gem WP) anzugeben.[169] Entsprechend ist bei der Einzelabrechnung der Rücklage für jede Einheit zu verfahren, mit der Gegenüberstellung der nach WP geschuldeten und den tatsächlich gezahlten Beiträgen, der den Saldo der 27b

---

[166] BGH NJW 2010, 2127; s. Häublein ZWE 2011, 1 ff.; ders. ZWE 2010, 237.
[167] BGH NJW 2010, 2127.
[168] BGH NJW 2010, 2129.
[169] BGH NJW 2010, 2127.

einzelnen Einheit ergibt. Verbleiben Zinseinnahmen bei der Rücklage, sind sie auch für die Darstellung der Rücklage zu berücksichtigen.[170] Teileistungen sind entsprechend zu verrechnen.[171]

c) Ausgaben

27c Sie sind aus der Gesamtrücklage zu entnehmen und eine **Berücksichtigung bei der Einzelabrechnung unterbleibt**, da insoweit keine Zahlung erfolgt. Ist auf Beschluss eine Instandsetzungsmaßnahme aus der Rücklage bezahlt worden, gilt für die JA, dass die Entnahmen aus der Rücklage weder Einnahmen sind, da diese Gelder tatsächlich nicht im Wirtschaftjahr zugeflossen sind, noch Ausgaben sind, da die Mittelabflüsse nicht durch Vorschusszahlungen finanziert wurden, vielmehr ist der Abfluss alleine in der Rücklage darzustellen.[172]

d) Anfechtung

27d Entspricht die Darstellung der Rücklage nicht den obigen Vorgaben, ist die Abrechnung auf Anfechtung aufzuheben,[173] s. dazu Rn. 65 ff. Die Rücklage muss stets in Gestalt von Kontenguthaben vorhanden sein.[174] Es muss auch angegeben werden, wo und wie die Rücklage angelegt ist (Bank, Konto, Zinssatz etc), denn die WEer müssen die Möglichkeit zur Überprüfung haben.[175] Sind die Kontostände niedriger als die Rücklage, muss die JA falsch sein.[176]

13. Kontenentwicklung

28 Sie ist der vierte notwendige Bestandteil der Abrechnung.[177] Nach anderer Ansicht ist sie nicht Bestandteil der Abrechnung, sondern ist Auskunft des Verwalters.[178] Dem ist nicht zu folgen, denn es ist auch Bestandteil der Abrechnung festzustellen, ob alle Geldbewegungen enthalten sind und sie richtig erfasst sind.

a) Information

28a Die **Darstellung des Anfangs- und Endbestandes der Bestandskonten** inkl. evtl. vorhandener Kasse[179] und deren Entwicklung. Diese Konten (zB Rücklage, Girokonto, Außenstände) sind mit ihrem Bestand zu Beginn und

---

[170] AG Düsseldorf MietRB 2012, 150.
[171] LG Köln ZWE 2012, 280; aA Bärmann/Becker Rn. 153.
[172] AG Düsseldorf ZMR 2013, 313.
[173] BGH NJW 2010, 2127; LG Berlin ZWE 2013, 374; AG Hamburg ZMR 2013, 389; 2012, 909; AG Saarbrücken ZMR 2012, 308; AG Hersbrück ZMR 2012, 143; es sei denn nur Teilaufhebung: AG Hannover ZMR 2012, 229.
[174] BayObLG DWE 1994, 154.
[175] OLG Düsseldorf WE 1997, 313.
[176] BayObLG DWE 1994, 154.
[177] KG ZMR 2005, 568; OLG Düsseldorf ZMR 2004, 282; Staudinger/Bub Rn. 366; Jennißen Rn. 124.
[178] BayObLG ZWE 2002, 580.
[179] OLG Hamm ZMR 2001, 1001; BayObLG NZM 2000, 281.

§ 28

Ende des Wirtschaftsjahres sowie mit Zugängen (ggf. nach Beschl inkl. Zinsen) und Abgängen anzugeben.[180] Diese Darstellung soll den WEern jeweils in Verbindung mit der JA einen **Überblick über den Stand ihrer Geldanlagen** geben,[181] und sie in die Lage versetzen, bei etwa notwendig werdenden Reparaturen schon zu einem möglichst frühen Zeitpunkt zu überlegen, ob die vorhandenen Gelder ausreichen oder möglicherweise besondere Umlagen erhoben werden müssen.

b) Kontrolle

Außerdem soll sie den WEern eine Überprüfung dahin ermöglichen, **ob die als Rücklagen dienenden Gelder** möglichst **gewinnbringend angelegt sind**.[182] Dies bedeutet auch deren Entwicklung.[183] Werden die tatsächlichen Einnahmen/Ausgaben in der JA nämlich vollständig in die Abrechnung aufgenommen, so stimmt deren Differenz mit der Differenz der Anfangs- und Endbestände der Bankkonten ggf. der Barkasse überein, über die diese Umsätze getätigt wurden. Die Angaben zu den Konten sind daher erforderlich, um die rechnerische Schlüssigkeit der gesamten Einzelabrechnung darzulegen. Diese sog **Kontenabstimmung** indiziert dann die rechnerische Richtigkeit der Gesamtabrechnung.[184] Dabei ist zu berücksichtigen, dass eine aus sich heraus verständliche Aufstellung der Einnahmen/Ausgaben nicht schon dann vorliegt, wenn sich die Verbuchung der Einnahmen- oder Ausgabenpositionen erst aus anderen Unterlagen ergibt, die zur Einsicht bereitgehalten werden.[185] Dies bedeutet, dass bei dieser Kontendarstellung der Verwalter Korrekturposten, die das Zu- und Abflusssystem durchbrechen, hier berücksichtigen muss,[186] ansonsten die rechnerische Richtigkeit nicht gegeben sein kann.

28b

c) Anfechtung

Fehlende Angaben über die Entwicklung der Konten können nachgeholt werden. Insoweit besteht lediglich ein Ergänzungsanspruch.[187] Bei Differenzen zwischen Abrechnung und Kontenentwicklung aber Gesamtaufhebung.[188]

28c

d) Vermögensstatus

Von der Darstellung der Konten ist ein eventueller Vermögenstatus abzugrenzen. S. hierzu Rn. 55.

28d

---

[180] BayObLG NJW-RR 2006, 20; 1992, 1169; WuM 1993, 485.
[181] OLG Frankfurt ZMR 2003, 594 Rn. 38.
[182] OLG Düsseldorf WE 1997, 313.
[183] OLG Düsseldorf ZMR 2004, 282.
[184] BGH NJW 2012, 1434 Rn. 16; OLG Hamm ZMR 2001, 1001; WE 1997, 194, 196.
[185] BayObLG NJW-RR 1989, 1163, 1164.
[186] Köhler ZMR 1998, 334.
[187] LG Bonn ZMR 2004, 302, s. Rn. 65.
[188] AG Hamburg ZMR 2013, 568; LG München ZMR 2012, 480; 2010, 554; 2009, 398; KG ZMR 2005, 568.

14. Wertpapiere

29 Sind die Gelder der Gem teilweise oder insgesamt in Wertpapieren (Anleihen, Aktien etc.) angelegt, so muss auch der Bestand und die Entwicklung entsprechend der Kontenentwicklung angegeben werden. Nach dem OLG Düsseldorf[189] wird bei **auf- oder abgezinsten Wertpapieren**, zB Bundesschatzbrief Typ B, die Auflistung des Bruttoansatzes (also mit Zinsen) in der Mitteilung über den Kontostand verlangt, obwohl diese Zinsen der Gem noch nicht zugeflossen sind. Das OLG Düsseldorf verlangt auch die Angabe des tatsächlichen Wertes, zB der Wert der Wertpapiere zum Stichtag. Wenn die JA nur Zufluss und Abfluss beinhaltet, so können Zinsen, die nicht zugeflossen sind, auch nicht aufgenommen werden.[190] Ansonsten bedarf es in der Abrechnung einer Aufnahme einer Position bei Einnahmen-/Ausgaben Verluste aus Wertpapieranlagen. Zudem müssten dann in Zukunft alle rechnerischen Zinsen vereinnahmt werden, zB auch die Verzugszinsen von einzelnen WEer. Es ist aber anerkannt, dass solche Forderungen nicht in die Abrechnung aufzunehmen sind (Rn. 34).

15. Mehrhausanlagen

30 Hier schuldet der WEer seinen Anteil aus der Abrechnung der Untergem zuzüglich des Saldos aus der Abrechnung für die Gesamtgem (einheitliche Wohngeldschuld).[191] Gläubiger des Wohngeldes sind demzufolge auch alle WEer.

a) Kostenverteilung

30a Soweit Mehrhausanlagen bzw. Untergemein durch Vereinb oder Öffnungsklausel[192] geschaffen sind (vgl. vor § 10 Rn. 15; § 25 Rn. 7), soll dies nicht automatisch zur Aufstellung getrennter JA[193] zwingen, sondern ist Frage des Inhalts der Vereinb,[194] zB wenn das Aufstellen eines gesonderten WP's der Untergem fehlt, keine Verpflichtung dazu.[195] Nur wenn die Kosten gemäß der Vereinb von der GesamtWE ausgeklammert sind, muss über sie gesondert durch JA abgerechnet werden,[196] zB wenn jede Untergem – soweit rechtlich zulässig – selbständig verwaltet werden soll. Nach der Rechtsprechung[197] gilt folgendes: Die **Untergemeinschaft darf nicht über die Kostenpositionen entscheiden, die das Grundstück, mehrere Gebäude oder gemeinschaftliche Anlagen betref-**

---

[189] Vom 12.8.1994 – 3 Wx 157/94; ZMR 1997, 323; Bärmann/Becker Rn. 117.
[190] Ablehnend auch Elzer ZWE 2011, 115; Staudinger/Bub Rn. 368; Drasdo ZMR 1997, 324; Bub FW III, 107.
[191] AG Saarbrücken ZMR 2013, 153.
[192] LG Hamburg ZMR 2008, 570.
[193] BayObLG ZMR 1994, 338; KG ZMR 1997, 247, 248.
[194] KG ZMR 2008, 68.
[195] BGH NZM 2011, 716; aA KG ZMR 2008, 68.
[196] BayObLG ZMR 2004, 598; KG ZMR 1997, 247, 248.
[197] BGH NZM 2012, 766 Rn. 11; BayObLG ZMR 2001, 209.

Wirtschaftsplan, Rechnungslegung **§ 28**

fen.[198] WPe und JAen enthalten indes notwendigerweise auch solche Kosten, weshalb – auch wenn es sich um eine Mehrhausanlage handelt – alle WEer zur Beschlussfassung über diese berufen sind.[199] Daraus folgt jedoch nicht, dass die von einer Untergem beschlossenen WPe und JAen insgesamt nichtig sind, wenn in ihnen auch die auf die Mitglieder der Untergem entfallenden anteiligen Lasten des GEs nach einem in der GO bestimmten Schlüssel ausgewiesen und in den Einzelabrechnungen auf die Mitglieder verteilt worden sind. Sollen nach der GO die Untergem in eigener Zuständigkeit, wie wenn sie selbständige Gem wären, über die Lasten und Kosten entscheiden, wird die Grenze ihrer Beschlusszuständigkeit nicht bereits mit der Aufnahme der anteiligen Koste in die WPe und JAen, sondern erst dann erreicht, wenn sie dadurch einen in der GO bestimmten oder den auf einer Versammlung beschlossenen Verteilungsschlüssel ändern.[200] Bestimmt die GO, dass sowohl die Gesamtgem als auch die Untergem JAen aufstellen sollen, besteht eine Beschlusskompetenz der Untergem zur Genehmigung der JA nur, soweit durch diese Abrechnung gemeinschaftsbezogene Zu- und Abflüsse auf die Miteigentümer der Untergem verteilt werden, die zuvor durch die Abrechnung der Gesamtgemeinschaft der Unter wirksam zugewiesen wurden.[201] Dies ist abzulehnen, da damit die Mehrheit die Macht hätte, Kosten auf die Untergem zu verteilen.

b) Anfechtung

Beklagte sind alle WEer der Gesamtanlage.[202] Gläubiger des Wohngeldes sind demzufolge auch alle WEer. **30b**

Einstweilen frei. **31**

16. Unberechtigte Ausgaben

Zum Beispiel **Kosten, die nicht die Anlage oder das Gemeinschaftseigentum betreffen**. Fraglich ist, ob alle tatsächlich geleisteten oder nur alle mit dem GE in Verbindung stehenden Einnahmen/Ausgaben einzusetzen sind. Nach der Rspr[203] sind alle Einnahmen und Ausgaben ohne Rücksicht darauf einzustellen, ob sie zu Recht getätigt wurden,[204] zB für WEG-Verfahren (§ 16 Abs. 8, s. dort Rn. 13: Prozesskosten) oder für das SE einzelner WEer. Nur so sei sichergestellt, dass die WEer die Vermögenslage der Gemeinschaft erfassen, die JA auf ihre Plausibilität[205] und ggf. auch darauf hin überprüfen können, was mit den eingezahlten Mitteln geschehen ist[206] und ob Regressansprüche gegen den Verwalter oder sonstige Personen in Betracht kommen und ob diese gerichtlich **32**

---

[198] BGH NZM 2012, 766 Rn. 11; OLG Köln NZM 2005, 550.
[199] OLG Zweibrücken ZMR 2005, 751, 752.
[200] BGH NZM 2012, 766 Rn. 12; BayObLG ZMR 2004, 213.
[201] LG München ZMR 2011, 413; aA zu Recht Rüscher ZWE 2011, 308.
[202] BGH ZMR 2012, 979.
[203] BGH NJW 2011, 1346; 2007, 1869; 1997, 2106, 2108.
[204] BGH NJW 2011, 1346; Bärmann/Becker Rn. 119.
[205] BGH NJW 2010, 2129.
[206] BayObLG NJW-RR 1992, 1432.

durchgesetzt werden sollen. Eine solche Prüfung wäre zumindest deutlich erschwert, wenn unberechtigt getätigte Ausgaben in die Gesamtabrechnung nicht eingestellt würden.[207] Dem ist nicht zu folgen,[208] weil die geschuldete Abrechnung (gem. § 259 BGB) nach dem gesetzlichen Leitbild nur die mit der Verwaltung (im Zusammenhang stehenden Einnahmen und Ausgaben erfassen will. Dies ist in Abs. 1 ausdrücklich festgehalten, wenn in Nr. 1 von Einnahmen und Ausgaben bei der Verwaltung des GEs bestimmt wird.

17. Salden und Kontenabstimmungen

33 Werden beschlossene Beträge in die Gesamt- oder Einzelabrechnung, zB Rückstand aus einer Abrechnung übernommen, so ist durch Auslegung festzustellen, ob es sich nur um eine **Kontostandsmitteilung** handelt **oder** ob eine eigenständige **Zahlungspflicht** des Erwerbers begründet werden soll.[209] Im letzteren Fall würde der Erwerber für die Rückstände haften und damit die Verjährung umgangen werden können. Deshalb ist die **Aufnahme von Saldenpositionen in die Abrechnung unzulässig**,[210] solche Beschl sind mangels Beschlkompetenz nichtig.[211] Auch **Schulden** aus alten Jahren dürfen **nicht** in die Abrechnung aufgenommen werden.[212]

18. Abflussprinzip bzw. Kassensystem

34 Durch ggf. vorrangige Gesetze und konsequente Anwendung des Kassen(Abfluss)prinzips können sich folgende Probleme und Lösungen in der JA ergeben:

19. Heiz-/Warmwasserkosten (Abrechnung)

a) Anforderung des BGH

35 Die Darstellung dieser Kosten in der Abrechnung hat nach dem BGH wie folgt zu erfolgen:[213] Die Heiz-/Warmwasserkosten in der Abrechnung sind **nach der HeizkostenV** zu erstellen, die eine verbrauchsabhängige Verteilung der Heiz- und Warmwasserkosten vorsieht und deshalb eine Ausnahme vom Abflussprinzip darstellt. Die HeizkostenV gilt unmittelbar, einer Vereinbarung oder eines Beschlusses über ihre Geltung bedarf es nicht.[214] In der Gesamtabrechnung ist aber am **Einnahmen-Ausgaben-Prinzip** festzuhalten. Die HeizkostenV erfordert keine Abweichung, da die dort vorgeschriebene verbrauchsabhängige Ver-

---

[207] BGH NJW 2011, 1346.
[208] Giese WE 1993, 64, Sauren DWE 1990, 26 und ausführlich 4. Aufl. Rn. 29.
[209] OLG Köln WE 1995, 221; BayObLG ZMR 1997, 249; NZM 2000, 52.
[210] BGH NJW 2012, 2796; BayObLG NJW-RR 1992, 1169; KG WE 1993, 194.
[211] BGH NJW 2012, 2796.
[212] BGH NJW 2012, 2796; BayObLG NZM 2000, 51.
[213] BGH NJW 2012, 1434; OLG Hamburg ZMR 2007, 210; Spielbauer ZWE 2013, 101.
[214] BGH NJW 2012, 1434.

teilung lediglich die Einzelabrechnungen betrifft. In die Gesamtabrechnung müssten daher alle tatsächlichen Zahlungsflüsse, die im Zusammenhang mit der Anschaffung und dem Verbrauch von Brennstoff stehen, eingestellt werden nach dem allgemeinen Verteilungsschlüssel (§ 16 Abs. 2),[215] während in den Einzelabrechnungen die auf den konkreten Verbrauch entfallenden Kosten nach der HeizkostenV zu verteilen sind. Dass insoweit dann keine Deckungsgleichheit zwischen Einzel- und Gesamtabrechnung mehr besteht, ist in deren unterschiedlichen Zielrichtungen begründet. Die Gesamtabrechnung dient auch der Kontrolle des Verwalters, die Einzelabrechnungen hingegen der Kostenverteilung im Innenverhältnis der WEer. Die Differenz zur Gesamtabrechnung sei aus Gründen der Übersichtlichkeit und Nachvollziehbarkeit der Abrechnung zu erläutern. Der Umstand, dass sich insoweit ausnahmsweise die Einzelabrechnung nicht unmittelbar aus der Gesamtabrechnung herleitet, ist hinzunehmen, sofern die in der Einzelabrechnung enthaltene Abweichung deutlich ersichtlich und mit einer verständlichen Erläuterung versehen ist. An welcher konkreten Stelle der Gesamt- oder Einzelabrechnung diese Erläuterung erfolgt, bleibt dem Verwalter überlassen. Entscheidend ist allein, dass die Darstellung verständlich und nachvollziehbar ist.[216] Ohne diese Erläuterungen ist die Abrechnung aufzuheben.[217]

b) Folge

Die nicht verbrauchten Brennstoffe müssen einmal bewertet werden und dann in dem Folgejahr verteilt werden nach Verbrauch. Um eine **Doppelbelastung zu vermeiden**, müssen die nicht verbrauchten Wohngelder im Folgejahr als Zahlungen eingebucht werden und ggf. abgegrenzt werden,[218] so dass im Ergebnis der gesamte Einkauf des Vorjahrs verbrauchsabhängig verteilt ist. Im Jahr der Ausgabe besteht dann ein Überschuss. Dieser ist in eine weitere Rücklage Heizkosten zuzuführen, um dann den Verbrauch im Folgejahr nach der HeizkostenV umzulegen.[219]

35a

c) Stellungnahme

Dieser Auffassung ist nicht zufolgen, da nunmehr statt einer Durchbrechung des Abflussprinzips nun auch noch der weitere unnötige Verstoß gegen die Deckungsgleichheit der Einzel- und Gesamtabrechnung erfolgt und noch umfangreiche Erläuterungen nötig sind. Zudem ist nunmehr erstmals Heizöl zu bewerten und in die Abrechnung einzustellen, obwohl diese eine Geldflussrechnung ist und keine Bilanz. Wie das Heizöl zu bewerten ist, sagt der BGH nicht. Zudem ist dann zu fragen warum nur das Heizöl in die Abrechnung aufzunehmen ist und nicht auch alle weiteren der Gem gehörenden Wirtschaftsgüter, wie Rasenmäher etc. Desweiteren wird die Finanzierung der Energie dem sparsamen WEer auferlegt, denn dieser muss über die Gesamtabrechnung nun die Vorräte

35b

---

[215] AG Bremen ZMR 2014, 316; Lang ZMR 2013, 861, 863.
[216] BGH NJW 2012, 1434.
[217] AG Hamburg ZMR 2012, 909.
[218] Häublein ZWE 2010, 245; Bärmann/Becker Rn. 126.
[219] Casser ZMR 2012, 375; Jennißen/Kümmel/Schmidt ZMR 2012, 761.

mitfinanzieren. Das Ergebnis ist damit eine Bilanzerstellung, die aber von der Rechtsprechung kategorisch abgelehnt wird. Die nunmehr geforderte Teilbilanz ist aber noch systemwidriger als die bisherige Lösung der HeizkostenV in der Gesamtabrechnung.

20. Heizkosten (Anfechtung)[220]

a) Fehler in der Abrechnung

36 Fehler in der Abrechnung bzgl. der Heizkosten: Solange **keine Messeinrichtungen** vorhanden sind, ist eine verbrauchsunabhängige Abrechnung nicht anfechtbar; es besteht aber ein Anspruch jedes WEer auf Anbringung dieser Einrichtungen.[221] Ist das Verfahren formal nach der HeizkostenV erfolgt, aber wegen großer **Erfassungsfehler** ungeeignet, so kommt eine Ungültigkeitserklärung der Abrechnung nach BayObLG[222] nicht in Betracht, sondern nur ein Anspruch auf Korrektur bestimmter Maßnahmen oder Schadensersatzanspruch gegen die anderen WEer. Diese Auffassung ist abzulehnen, da die HeizkostenV kein Selbstzweck ist, sondern gewährleisten soll, dass materiell richtig abgerechnet wird. Bei **Schätzung** müssen die maßgeblichen Schätzgrundlagen ermittelt werden, ein pauschaler Ansatz ist nach BayObLG nicht zulässig.[223] Häufiger Fehler in der Abrechnung ist, dass die Ablesekosten nicht dem richtigen Jahr zugeordnet werden, weil die Ablesefirma sie dem laufenden Jahr zuordnet. Bei **Heizöl** ist zunächst zu beachten, dass der Bestand am Anfang und Ende des Jahres erfasst werden muss, weil es regelmäßig vorkommt, dass in einem Jahr mehr Heizöl eingekauft als verbraucht wird oder umgekehrt. Das BayObLG[224] hat die Einstellung des tatsächlichen Verbrauchs gebilligt, wenn dieser höher ist als die Ausgaben. Es hat auch gebilligt,[225] wenn die höheren Kosten des Kaufs anstelle der Verbrauchskosten eingestellt werden. Der letzten Entscheidung kann nicht zugestimmt werden, da nicht in einem Jahr von den tatsächlichen Ausgaben und im nächsten von den Verbrauchszahlen ausgegangen werden kann. Damit ist eine Kontinuität nicht zu erreichen.[226] Eine **getrennte Abrechnung** über Heizkosten **bei einer Mehrhausanlage** kommt nur bei Bestehen einer Vereinb oder bestandskräftigem Beschl in Frage.[227] Nach dem BayObLG[228] dürfen iÜ die Heizkosten nur dann **für mehrere Jahre zusammengefasst** werden, wenn dies die GO zulässt oder wenn wegen Fehlens von Zählerablesungen und Verbrauchsmessungen eine jährliche Abrechnung unmöglich ist.[229] Ist ein Raum bei der Verteilung unberücksichtigt geblieben, ist die JA nur hinsichtlich der

---

[220] Schmid ZMR 2010, 884; ders. DWW 2010, 258.
[221] BayObLG ZMR 2000, 853.
[222] ZMR 1998, 177.
[223] BayObLG WuM 2004, 679.
[224] NJW-RR 1988, 81.
[225] WE 1991, 360.
[226] BayObLG NJW-RR 1988, 81.
[227] BayObLG WE 1994, 304.
[228] NJW-RR 1992, 1431.
[229] Ebenso KG WuM 1994, 402.

§ 28 Wirtschaftsplan, Rechnungslegung

Einzelabrechnung für ungültig zu erklären.[230] Ist der tatsächliche Verbrauch wegen eines Defektes des Messgerätes nicht ermittelbar, so ist neue Abrechnung mit Schätzung gemäß § 9a Abs. 1 HeizkostenV nicht zu beanstanden[231] oder bei unterlassener Ablesung der Durchschnittswert der vergangenen Jahre anzusetzen.[232] Bei einer Dachgeschosswohnung ist diese zwar einer höheren Sonneneinstrahlung ausgesetzt, andererseits ist der Mitheizeffekt dort geringer.[233] Eine vorläufige Abrechnung der Heizkosten ist nach OLG Köln zulässig, wenn der Ausgang eines Rechtsstreits abgewartet werden soll.[234] Wird ein Beschl über JA bestandskräftig, wird die davon umfasste Heizkostenabrechnung ebenfalls bestandskräftig, auch dann, wenn der Verteilungsmaßstab gegen § 9a HeizkostenV verstößt.[235] Die Heizkostenverteilung zu 70 % nach Verbrauch ist bei einer Einrohrheizung anfechtbar[236] aber nicht nichtig.[237] Kann nur ein geringer Teil der verbrauchten Heizwärme über Ausstattungen zur Verbrauchserfassung erfasst werden, so kommt eine Ausnahme von der HeizkostenV nach § 11 Abs. 1 Nr. 1 Buchst. b HeizkostenV in Betracht.[238]

b) Folge

Verstöße gegen die Kostenverteilungsvorschriften der Heizkostenverordnung **36a** führen nur zu einer **Ungültigerklärung der Einzelabrechnungen**.[239]

21. Verbrauchsvereinbarung

Vereinb oder Beschl über Abrechnung nach Verbrauch (zB Kalt- und Abwasser). **37** Auf Grund der Beschlkompetenz (§ 16 Abs. 3) kann die Gem beschließen, dass Kosten nach Verbrauch abzurechnen sind. Dann ist eine **Zuordnung der Verbräuche zu den einzelnen Abrechnungsjahren** vorzunehmen mit einer **Durchbrechung des Abflussprinzips**. Bei der Abrechnung muss zwischen dem individuellen und dem gem Verbrauch unterschieden werden.[240] Damit ist eine Abgrenzung notwendig, wenn das, was in der Periode verbraucht wurde, nicht aber innerhalb dieser Periode auch bezahlt wurde. Dann sind Rechnungsabgrenzungsposten entsprechend den im Vorjahr geleisteten Zahlungen für den Verbrauch im Abrechnungsjahr und entsprechend den im Abrechnungsjahr für den Verbrauch im Folgejahr geleisteten Zahlungen zu bilden.[241] Diesseits wird die entsprechende Anwendung wie bei der HeizkostenV durch den BGH abgelehnt (Rn. 35).

---

[230] BayObLG ZMR 1999, 185.
[231] OLG Düsseldorf NZM 2000, 875; LG Itzehohe ZWE 2014, 91.
[232] BayObLG ZMR 2001, 815.
[233] OLG Düsseldorf NZM 2000, 875.
[234] ZMR 2001, 661.
[235] OLG Düsseldorf ZMR 2007, 379.
[236] AG Düsseldorf ZMR 2013, 311; aA AG Aachen v. 30.4.2014 – 119 C 78/13.
[237] AG Niebüll ZMR 2012, 826.
[238] OLG München ZMR 2013, 130; LG Landau ZWE 2014, 97.
[239] OLG München ZMR 2013, 130.
[240] BayObLG WuM 2002, 333.
[241] BayObLG WuM 2002, 333 mit Verw. auf OLG Hamm ZWE 2001, 446, 450.

22. Forderungen, Verbindlichkeiten, Rechnungsabrenzungsposten und durchlaufende Posten

38 Da die Abrechnung eine Einnahmen- und Ausgabenabrechnung ist (Rn. 21), dürfen Bilanzpositionen wie diese **nicht angesetzt werden**.[242]

a) Forderungen und Verbindlichkeiten

38a Forderungen und Verbindlichekeiten, egal ob gegen WEer oder Dritte **sind nicht aufzunehmen**, es sei denn vereinbart oder beschlossen (§ 16 Abs. 3).

b) Rechnungsabgrenzungsposten

38b Rechnungsabgrenzungsposten (RAP, dh Abgrenzung wegen **Zahlungen für das folgende oder das vergangene Jahr**, zB bei periodenübergreifender Versicherung) sind gemäß Rn. 27, 35 anzusetzen, ansonsten nicht aufzunehmen,[243] ohne Vereinb,[244] Beschl ausreichend, wenn zB der nach § 16 Abs. 3 gefasst wird. Zweckmäßig sind Rechnungsabgrenzungen für Hausmeisterkosten (wegen der vermieteten ETW[245]) und für die zu früh überwiesenen Wohngeldzahlungen (Rn. 41).

23. Tilgungsbestimmung oder Tilgungszuordnung (§ 366 BGB)

39 Bezahlt der WEer sein Wohngeld nicht in voller Höhe oder nicht periodengerecht, so ist zu unterscheiden:

a) Tilgungszuordnung

40 Liegen **Forderungen aus mehreren Schuldverhältnissen**, zB WP, JA und/ oder SU vor, zahlt der WEer aber nur Teile, so ist dessen Bestimmung maßgeblich (§ 366 BGB[246]). Zahlt er ohne konkrete Bestimmung, so sind diese zuzuordnen und zwar zuerst auf die fällige, dann auf die ältere Schuld (§ 366 Abs. 2 BGB[247]). Die Gem kann aber etwas anderes beschließen (§ 21 Abs. 7).

b) Tilgungsbestimmung bei periodenübergreifender Bezahlung

41 Streitig ist hier die Zuordnung **in welches Abrechnungsjahr** des Zuflusses oder der Tilgungsbestimmung des WEer's. Wenn die Zahlung im neuen Jahr für das alte Jahr vorgenommen wurde, soll sie trotzdem nicht in die Abrechnung des alten Jahres aufgenommen werden nach der Rspr.[248] Hierbei ist offensichtlich

---

[242] BayObLG ZMR 2002, 684; OLG Hamm ZWE 2001, 446; Sauren WE 1993, 62.
[243] OLG Schleswig ZMR 2008, 667; OLG Saarbrücken NZM 2006, 228; OLG Celle DWE 1987, 1104; zB Versicherungsprämie, BayObLG ZMR 1998, 792; aA Jennißen ZWE 2002, 19; hierzu zu Recht Drasdo ZWE 2002, 166.
[244] OLG Zweibrücken ZMR 1999, 66.
[245] BGH NJW 1982, 573.
[246] LG München ZWE 2010, 229.
[247] OLG Saarbrücken NZM 2006, 228 Rn. 21.
[248] BGH NJW 2014, 145 Rn. 10, BayObLG WE 1993, 114; 1995, 91, 92; aA wie hier LG Köln ZMR 2007, 653; Giese WE 1993, 64.

Wirtschaftsplan, Rechnungslegung **§ 28**

übersehen worden, dass § 366 Abs. 2 BGB (der im WEG grundsätzlich anwendbar ist[249]) vorrangig ist, welcher nach dem LG Köln zwingend zu beachten ist.[250] Dies müsste auch für den umgekehrten Fall, nämlich der Zahlung von Dezember für Januar gelten.[251]

24. Versicherungschäden oder Doppelzahlung, irrtümliche oder falsche Zahlung und durchlaufende Posten

a) Versicherungsschäden

Bei diesen Zahlungen[252] kann sich uU eine Beschlfassung seitens der WEer anbieten, damit unbillige Ergebnisse verhindert werden, wobei die Fallgestaltung der irrtümlichen Zahlungen nicht in die Abrechnung gehört. Insbesondere bei periodenübergreifenden Versicherungschäden ist dies zu empfehlen. Einen Anspruch haben die WEer aber nicht darauf.[253] **42**

b) Durchlaufende Posten

Hierbei handelt es sich nach der gesetzlichen Definition um Einnahmen oder Ausgaben, die im Namen und für Rechnung eines Dritten verwendet werden (§ 4 Abs. 3 S. 2 EStG) und deshalb **ergebnisneutral** sind. Diese übliche bilanzielle Terminologie versteht die WEG Rechtsprechung aber anders. Nämlich in Sinne der unter a) dargestellten Fälle. Deshalb sind sie auch vom BayObLG als „wertneutrale Fälle" richtig tituliert worden und dieser hat zu Recht hier keine Ausnahme zugelassen.[254] Sie werden nunmehr von einigen Gerichten fälschlich als durchlaufende Posten bezeichnet worden.[255] Die falsche Bezeichnung ändert aber nichts an der Pflicht, sie in die Abrechnung aufzunehmen. Sollte die WEG-Rechtsprechung damit eine Erleichterung der unter a) dargestellten Fälle zulassen, ist dagegen nichts einzuwenden, aber bei der Aufnahme in der Abrechnung verbleibt es,[256] zB Kontendarstellung[257] und/oder in einer Mittelverwendungsrechnung darzustellen.[258] Erfolgt die Ausgabe erst in einem späteren Wirtschaftsjahr, so ist sicherzustellen, dass die Einnahme nicht zu einem Abrechnungsguthaben führt.[259] **42a**

---

[249] LG München ZWE 2010, 229; LG Köln ZMR 2012, 662; BayObLG ZMR 2003, 587; ZWE 2000, 350.
[250] ZMR 2007, 653 Rn. 46.
[251] So auch Giese WE 1993, 64; BayObLG WE 1995, 91, 92.
[252] Giese WE 1993, 65.
[253] Sauren WE 1994, 172.
[254] BayObLG NJW-RR 1993, 1166; Demharter ZWE 2008, 46.
[255] So auch Jennißen MietRB 2008, 52.
[256] Palandt/Bassenge Rn. 9; aA OLG Schleswig ZMR 2008, 665.
[257] Gebilligt vom LG Köln MietRB 2012, 78 Rn. 37, obwohl nach deren Meinung dort nicht hingehörend.
[258] OLG Schleswig ZMR 2008, 665; s. auch OLG München ZMR 2007, 723.
[259] Demharter ZWE 2008, 46.

25. Mehrwertsteuer bzw. Umsatzsteuer[260]

43 Der **Verband** ist aufgrund seiner Tätigkeiten **umsatzsteuerlich als Unternehmer anzusehen**,[261] dessen Umsätze aber umsatzsteuerbefreit sind (§ 4 Nr. 13 UStG). Hieraus können Probleme in dreifacher Hinsicht auftreten:

a) Umsatsteueroption des Wohnungseigentümers

44 Hat ein WEer oder TEer sein WE oder TE umsatzsteuerlich vermietet oder nutzt er es für die Ausführung von umsatzsteuerlichen Umsätzen und will er deshalb aus seinem Wohngeld die Vorsteuer bei der Umsatzsteuererklärung geltend machen, so muss die WEerGem gegenüber dem einzelnen WEer zur Mehrwertsteuer optieren (§§ 14 Nr. 13, 9 UStG[262]). Dazu bedarf es eines Beschl.[263] Ohne Beschl grundsätzlich nicht, auch wenn es sich um ein sog Bauherrenmodell handelt.[264] Ein Anspruch eines einzelnen WEer gegen die WEerGem besteht nur, wenn die anderen WEer auch von Kostennachteilen freigestellt werden.[265] Es ist Pflicht des Verwalters, die Umsatzsteuerbeträge gesondert auszuweisen, denn den Beschl über die Option hat der Verwalter durchzuführen (gemäß § 27 Abs. 1 Nr. 1[266]), für dessen Durchführung er sich nach entsprechendem Beschl eines Steuerberaters bedienen kann. Dabei ist auf alle Kostenpositionen die Mehrwertsteuer zu erheben.[267]

b) Umsatzsteueroption des Verbandes

45 Weniger bekannt ist, dass auch die WEerGem eine sog Umsatzsteueroption ausüben kann. Dies ist dann der Fall, wenn GE vermietet ist, zB Stellplätze, Schwimmbad, TE. Ist der Mieter dann umsatzsteuerpflichtig, ist es idR für ihn ohne Bedeutung, ob er die Miete zzgl. Umsatzsteuer schuldet oder nicht. Durch die Option kann die Gem, die in den Kosten enthaltene Vorsteuer (zB bei Gas, Wasser, Strom, Schornsteinfeger etc) geltend machen Dann muss eine entsprechende Umsatzsteuererklärung von der WEerGem abgegeben werden, denn die WEerGem ist iSd Umsatzsteuergesetzes Unternehmer. Hierzu kann sich der Verwalter nach einem entsprechenden Beschl eines Steuerberaters bedienen.[268]

c) Stellplatzvermietung[269]

46 Seit dem 1.1.1992 ist die Vermietung von Plätzen für das Abstellen von Fahrzeugen **zwingend umsatzsteuerpflichtig**. Hierzu zählen neben den Garagen

---

[260] Sauren ZMR 1997, 700; ders. FV 1, 50ff.
[261] BGH NJW 2005, 2061 Rn. 37; Sauren, PiG 63, 61, 62 f.
[262] Sauren BB 1986, 436; Schellenberger BB 1987, 1648.
[263] OLG Hamm NJW-RR 1992, 1232.
[264] BayObLG WuM 1996, 656.
[265] Sauren BB 1986, 436, 437; BayObLG WuM 1996, 656.
[266] Merle PiG 21, 115.
[267] BMF BStBl 1987 I 228; Jennißen Rn. 101.
[268] Jennißen Rn. 101.
[269] Sauren WE 1994, 262.

nicht nur Autoabstellplätze, sondern auch solche für Fahrräder, Motorräder, Wohnwagen oder Reisemobile. Damit muss der Verwalter grundsätzlich von dem erhaltenen Geld die derzeit 19 % Umsatzsteuer, ggf. nach Verrechnung der auf den Stellplätzen entfallenen Vorsteuer, an das Finanzamt abführen. Dies wird regelmäßig nicht getan. Folgende Auswege gibt es: Eine Umsatzsteuerpflicht für die Vermietung von Stellplätzen entfällt, wenn die Vermietung des Stellplatzes eine sog Nebenleistung wäre und die Hauptleistung eine steuerfreie Vermietung. Dies käme dann in Betracht, wenn die Gem den Stellplatz zumindest mit einer Wohnung vermieten würde, dann müsste die Wohnung jedoch in GE stehen.[270] Ein weiterer Ausweg ist dann gegeben, wenn die Gem nur Kleinunternehmer ist, dh keinen größeren Umsatz als 17.500 EUR pro Jahr hat.[271]

d) Steuererklärung

Der Verwalter darf keine Steuererklärung geschäftsmäßig erledigen.[272]   **46a**

26. Zinsbesteuerung (Kapitaleinkünfte)[273]

Durch das sog Abgeltungssteuergesetz (§ 43 Abs. 1 ff. EStG) ist eingeführt worden, dass ein 25 %iger Abzug plus Solidaritätszuschlag und ggf. Kirchensteuer (§ 43a EStG) auf die Kapitaleinkünfte von den Banken als Abgeltung für die Besteuerung einbehalten wird (§ 43 Abs. 5 EStG). Jeder WEer hat aber die Möglichkeit im Rahmen der sog Günstigerprüfung durch die Einkommensteuererklärung sich die Steuer ganz oder teilweise erstatten zu lassen.   **47**

a) Nichtveranlagungsbescheinigung

Die WEerGem ist nicht berechtigt, eine sog Nichtveranlagungsbescheinigung (**§ 44a EStG**) zu erhalten, wonach der Abgeltungsteuer nicht erhoben wird, weil die Bankkonten auf den Verband lauten.   **48**

b) Einheitliche und gesonderte Feststellung

Da die MEer gem Einnahmen erzielen, sind diese grundsätzlich einheitlich und gesondert festzustellen (gemäß § 180 Abs. 1 Nr. 2 AO). Einheitlich und gesondert bedeutet, dass in einer gesonderten Steuererklärung **einheitlich alle Zinseinnahmen erfasst** werden und der **Anteil jedes Miteigentümers aus den gesamten Einnahmen gesondert festgehalten** wird. Sie muss von der Gem angefertigt und abgegeben werden. Der Bundesfinanzminister[274] hat jedoch für den „Normalfall" von der Abgabe dieser Steuererklärung abgesehen (gemäß § 180 Abs. 2 S. 1 Nr. 2 AO) und erklärt, dass es ausreiche, wenn der Verwalter die anteiligen Einkünfte aufteilt und dem einzelnen WEer mitteilt. Dabei ist   **49**

---

[270] Sauren ZMR 1997, 500.
[271] Sauren FV1, 51.
[272] Thüringer FG EFG 2014, 517.
[273] Ausführlich Elzer ZWE 2011, 113; Schlüter ZWE 2008, 460; Sauren WE 1995, 40.
[274] BMF v. 20.12.2012 – IV C 1 – S 2401/08/10001:008 Rn. 18

eine Anrechnung des Zinsabschlages bei dem einzelnen Beteiligten nur möglich, wenn neben der Mitteilung des Verwalters über die Aufteilung der Einnahmen die Steuerbescheinigung des Kreditinstituts vorgelegt wird. Im Ausnahmefall, wenn dieses Verfahren keine beachtliche Erleichterung bedeutet, ist jedoch eine gesonderte einheitliche Steuererklärung (gemäß § 180 Abs. 1 Nr. 2 AO) abzugeben. Diese ist mE nicht Aufgabe des Verwalters, und er kann sich nach entsprechendem Beschl eines Steuerberaters bedienen.[275]

c) Umlegungsmaßstab

50 Gemäß Beschl/Vereinb oder TErkl.[276]

d) Darstellung in der Abrechnung

51 Für die Darstellung in der JA bieten sich zwei Verfahren an, nämlich entweder die sog Nettomethode oder die sog Bruttomethode. Die **Nettomethode** hat den entscheidenden Nachteil, dass der WEer sich mühsam alle Zinseinnahmen, nämlich aus Bankkonten, Verzugszinsen und Rücklage erst zusammenstellen muss. Bei der Nettomethode werden nur die tatsächlich zugeflossenen Zinsen ohne Zinsabschlag festgehalten. Darauf könnte man kommen, wenn man nur den tatsächlichen Zufluss berücksichtigt.[277] Der Nachteil besteht dann darin, dass eine gesonderte Anlage für Zinsen aufstellt werden muss, um die Höhe des Zinsabschlages darzustellen. Besser und einfacher ist die sog **Bruttomethode**, die die Zinseinnahmen inkl. Zinsabgeltung in die JA aufnimmt und den Abschlag als Ausgabe (Rn. 24[278]). Dies entspricht der Behandlung der Zinsen in der Einkommensteuererklärung, da jeder WEer die gesamten Zinseinnahmen bei einer Günstigerprüfung angeben muss.

e) Abweichende Abrechnungsperiode

52 Hier ist eine Aufteilung pro Jahr notwendig.[279]

27. Bauabzugssteuer (§§ 48 bis 48d EStG[280])

53 Bei Bauleistungen (was darunter zu verstehen ist, s. § 48 Abs. 1 EStG[281]) im Inland hat der Verwalter darauf zu achten, dass bei Aufträgen über 5.000 EUR eine sog **Freistellungserklärung** des Auftragnehmers vorliegt (§ 48 Abs. 2 EStG), ansonsten hat er 15 % einzubehalten und an das Finanzamt abzuführen. Die Summe erhöht sich auf 15.000 EUR, wenn ausschließlich umsatzsteuerfreie

---

[275] Seuß PiG 32, 69 ff.
[276] Elzer ZWE 2011, 114; Sauren WE 1995, 40.
[277] LG München ZWE 2009, 221; Niedenführ NZM 1999, 646; dem zuneigend anscheinend auch OLG Düsseldorf WuM 1999, 358.
[278] Elzer ZWE 2011, 114; Staudinger/Bub Rn. 340; Sauren WE 1995, 40; Seuß WE 1993, 70.
[279] Sauren WE 1995, 40.
[280] Siehe hierzu BMF BStBl 2001 I 804 und 2002, 1399.
[281] OFD Frankfurt DStR 2008, 722.

Wirtschaftsplan, Rechnungslegung § 28

Vermietungsumsätze (§ 4 Nr. 9 UStG) erzielt werden (§ 48 Abs. 2 EStG), was häufig in einer Gem der Fall ist. Diese kann projektbezogen für eine bestimmte Bauleistung oder auch zeitraumbezogen für längstens drei Jahre erteilt werden. IdR wird sie für den Zeitraum von drei Jahren zu erteilen[282] sein und gilt ab dem Tag der Ausstellung. Der Verwalter hat überschlägig zu prüfen, ob sie richtig ist und noch für den Zeitraum gilt. Nur wenn Anhaltspunkte dafür vorliegen, dass ggf. sie nicht richtig oder gar gefälscht sein könnte, hat der Verwalter das Finanzamt anzurufen oder per Internet dies zu überprüfen (www.bff-online.de). Hat der Verwalter die Abführung vornehmen müssen, ist diese zusammen mit dem Werklohn in die Abrechnung einzustellen und darf nicht gesondert ausgewiesen werden.

28. Haushaltsnahe Dienstleistungen (§ 35a EStG)[283]

a) Umfang

Auch die selbstnutzenden WEer kommen[284] in den Genuss der sog haushaltsnahen Dienstleistungen. Hiernach werden steuerlich die Arbeitskosten bei sog haushaltsnahen Arbeiten gefördert und zwar **20 % bis höchstens 600 EUR Direktabzug von der Steuer** (§ 35a EStG) je Variante Die Kostenpositionen sind in die steuerlich absetzbaren Arbeitskosten einerseits und die Materialkosten andererseits aufzuteilen. Wichtig ist, dass neben den Arbeitskosten auch die Fahrtkosten komplett begünstigt sind. Nach dem Erlass sind auch die in Rechnung gestellten Maschinenkosten begünstigt. Hierzu gehören zB die Kosten für Trockner, wenn diese aufgestellt werden, um Räume nach Feuchtigkeitsschäden zu trocknen. Als Abgrenzung zu den Maschinenkosten sind Materialkosten oder im sonstigen Zusammenhang mit der Dienstleistung gelieferten Ware zu sehen, die steuerlich außer Ansatz bleiben. Dies sind die üblichen Materialien wie Tapete, Farbe, Fliesen, Pflastersteine etc.

54

b) Wahlmöglichkeit

Die Finanzverwaltung gibt dem Verwalter in Erfüllung seiner Pflicht eine Wahlmöglichkeit, nämlich **entweder** durch eine **Bescheinigung oder** durch **Aufnahme in die Jahresabrechnung**. Dies bedeutet, dass er keine Pflicht hat, in die Wohngeldabrechnung solche Positionen aufzunehmen. Durch die steuerlichen Vorschriften sind insoweit die Pflichten hinsichtlich der Aufstellung der JA nicht verändert worden. Auch besteht keine Verpflichtung des Verwalters eine Steuerberatung durchzuführen. Es besteht lediglich die Verpflichtung des Verwalters, die WEer darüber zu unterrichten, welche Kosten wofür aufgewendet worden sind. Dies resultiert daraus, dass der einzelne WEer dies nicht wissen kann. Da der Verwalter aber die Gelder ausgibt, kann er die Information leicht in Erfahrung bringen. Da es ein Wahlrecht des Verwalters gibt, kann er dieses Wahlrecht auch ausüben. Der Verwalter ist folglich nicht verpflichtet, die Ab-

54a

---

[282] FinMin Bayern DStR 2001, 1979.
[283] Ausführlich Beck ZWE 2009, 313; Sauren NZM 2007, 23.
[284] Siehe Rn. 24 des BMF-Schreibens v. 3.11.2006, NZM 2007, 31.

rechnung zu ändern. Es ist jedoch dem Verwalter zu raten, die Positionen in der JA zu unterteilen, da er ansonsten verpflichtet ist, Bescheinigungen auszustellen. Die Ermittlung für eine Bescheinigung und die Ausstellung einer Bescheinigung werden regelmäßig weit höhere Kosten verursachen, als die Einstellung in die JA, wenn die entsprechenden organisatorischen Maßnahmen vorher getroffen worden sind. Da den Verwalter auch eine Schadensminderungspflicht trifft, hat er seine Organisation so auszurichten, dass der WEer am wenigsten belastet wird.[285] Da er dies ohne weiteres durch Ausweis in der JA vornehmen kann, kann jeder WEer ihn darauf verweisen. Deshalb ist dem Verwalter auch zu empfehlen, einfache Kostenpositionen wie folgt zu wählen: – Gartenkosten 1 (Material), – Gartenkosten 2 (Dienstleistung, Arbeitskosten und Fahrtkosten), – Gartenkosten 3 (Handwerk, Arbeitskosten und Fahrtkosten).

c) Anfechtung

54b Ein Beschl, keine derartigen Bescheinigungen dem Verwalter aufzubürden, ist nicht erfolgreich anfechtbar nach dem AG Aachen.[286] Dadurch sei der einzelne WEer nicht rechtlos gestellt, da er durch seinen Steuerberater notfalls mit Hilfe von Kopien der entsprechenden Ausgabenbelege die notwendigen Nachweise gegenüber dem Finanzamt führen kann. Dies ist abzulehnen, da ein außenstehender Steuerberater sich nicht in überschaubare Zeit in die Unterlagen einer Gem einarbeiten kann.[287] Die Nichtbeachtung in der Abrechnung stellt keinen Anfechtungsgrund dar.[288]

d) Vergütung

54c Der Verwalter braucht nicht unentgeltlich die Bescheinigung zu erteilen.[289] Eine zusätzliche Verwaltervergütung von 8,50 EUR jeweils pro Jahr und Einheit ist angemessen[290] oder 25 EUR[291] oder 5 EUR jeweils zuzüglich Umsatzsteuer.[292]

29. Vermögensstatus[293]

a) Begriffsdefinition

55 Was unter dem Begriff Vermögensstatus zu verstehen ist, ist nicht klar definiert und wird unterschiedlich verstanden.[294] In dem hier verstandenen Sinne können darunter nicht die Kontenbestände und deren Entwicklung (Rn. 28) gesehen

---

[285] Jennißen Abrechnung Rn. 255; aA KG ZMR 2009, 711, aber dann einen Beschl zulässt.
[286] ZMR 2008, 835 m. abl. Anm. Sauren.
[287] Sauren ZMR 2008, 836.
[288] Sauren, FS Bub, S. 201 ff.
[289] LG Bremen NZM 2009, 750; AG Neuss ZMR 2007, 898.
[290] KG ZMR 2009, 711.
[291] LG Düsseldorf WuM 2008, 173.
[292] AG Öhringen ZMR 2010, 488.
[293] Niedenführ ZWE 2011, 65; v. Rechenberg ZWE 2011, 69.
[294] Niedenführ ZWE 2011, 65.

Wirtschaftsplan, Rechnungslegung § 28

werden, weil dies bereits Bestandteil der JA sind.[295] Zwar wird darunter definitionsmäßig die Gegenüberstellung von Vermögen und Schulden auf einen bestimmten Stichtag verstanden,[296] dies kann aber nicht Zweck des Vermögenstatus in dem hier verstandenen Sinne sein, da das GE unstreitig nicht erfasst werden soll. Es handelt sich folglich um die seit Jahren verlangte Teilbilanz. Die unterschiedlichen Anforderungen an den Status erklären sich daraus, welche Priorität man deren Inhalt einräumt: Soll dem bilanziellen Ansatz gefolgt werden, so müssen RAP mitaufgenommen werden, soll dem WEG-Ansatz gefolgt werden, bedeutet dies deren Nichtaufnahme, da die RAP nicht gebildet wurden in der laufenden Buchführung und folglich nicht angesetzt werden können.[297] Dies bedeutet, dass ein Vermögensstatus iSd WEG's die **Geldbestände**, also Bankkonten, **erweitert um die Übersicht der Forderungen und Verbindlichkeiten zum Endstichtag** darstellt.[298] Die Kenntnis der Wohngeldaußenstände ist zB wichtig, um zu erkennen, ob der Verwalter alles Notwendige veranlasst hat.[299] Das übrige Vermögen wie Rasenmäher oder der Gem gehörende ETW etc. bleibt unberücksichtigt,[300] soweit nicht aus der Heizkostenabrechnung sich etwas anderes ergibt (Rn. 35[301]). Dieser um Forderung und Verbindlichkeit ergänzte Status ist Bestandteil der Abrechnung als Verwalterauskunft und deshalb vom Verwalter verpflichtend zu erstellen.[302] Dies erfolgt schon daraus, dass die Rechtsprechung den Status bei der Rechnungslegung nunmehr fordert.[303] Zudem wird sie bereits jetzt häufig in der Praxis erstellt wie vielen Gerichtsverfahren zu entnehmen ist.[304] Soweit die Verpflichtung, sie zu erstellen, abgelehnt wird, wird die Erstellung aber empfohlen.[305] Obwohl sie nicht für zwingend angesehen wird, können Fehler zur Anfechtung führen.[306]

b) Beschluss

Ergänzungen vorzunehmen oder zusätzliche Anforderungen an die Gesamtabrechnung zu stellen, ist seitens der WEer durch Beschl möglich,[307] zB auch den

55a

---

[295] AA wohl Palandt/Bassenge Rn. 13.
[296] Niedenführ ZWE 2011, 65.
[297] Ebenso Niedenführ ZWE 2011, 67.
[298] Jenißen Abrechnung Rn. 624 ff.; Niedenführ ZWE 2011, 66.
[299] Jenißen Rn. 128.
[300] Niedenführ ZWE 2011, 67.
[301] Ebenso Jenißen Rn. 126b.
[302] Staudinger/Bub Rn. 368; Giese DWE 1992, 146; v. Rechenberg ZWE 2011, 69; Greiner Rn. 871; aA BGH NJW 2014, 145; AG Hannover ZMR 2012, 229; BayObLG NZM 2000, 280; OLG Frankfurt v. 16.10.2006 – 20 W 278/03; Jenißen Abrechnung Rn. 624; Niedenführ ZWE 2011, 68.
[303] OLG München ZWE 2007, 509 m. Anm. Sauren, s. Rn. 74.
[304] ZB LG München ZMR 2011, 64; AG Schöneberg ZMR 2009, 157; LG Wiesbaden ZMR 2008, 331; OLG Schleswig ZMR 2008, 665; OLG Hamm ZMR 2007, 984.
[305] Jenißen Abrechnung Rn. 624; BeckOK WEG/Batschari Rn. 70; Bärmann/Bekker Rn. 131.
[306] LG München ZMR 2009, 398 Rn. 60; AG Hamburg ZMR 2013, 389; aA AG Bremen ZMR 2013, 486; BayObLG NZM 2000, 280.
[307] Jenißen Abrechnung Rn. 625, aA OLG Frankfurt v. 16.10.2006 – 20 W 278/03,

§ 28   I. Teil. Wohnungseigentum

Status. Ist sie gefordert, ist eine Anfechtung erfolgreich, wenn sie nicht vorhanden ist oder unrichtig.[308] Der Verwalter ist nicht verpflichtet sie kostenlos zu erstellen, wenn sie nicht als verpflichtend angesehen wird. Entweder hat er Anspruch auf Sondervergütung[309] oder die Verpflichtung ist in den Verwaltervertrag aufzunehmen.[310]

30. Saldoliste und Inventarliste

56 Darüber hinaus **kann** auch eine Inventarliste (Maschinen, Geräte und Werkzeuge des Hausmeisters) **zur Inhaltspflicht der Abrechnung gemacht werden**.[311] Es wird auch ohne Beschl eine Saldoliste[312] als Bestandteil der Abrechnung gefordert, aus der alle Abrechnungsergebnisse ersichtlich sind, was aber nicht notwendiger Bestandteil ist und vom BGH abgelehnt wird. Durch Beschl ist diese Verpflichtung aber möglich.

7–60 Einstweilen frei.

31. Verwalterpflicht

a) Welcher Verwalter

61 Die Abrechnung ist durch den Verwalter unaufgefordert und ohne besonders begründete Verpflichtung kraft Gesetzes (Wortlaut des Abs. 3) aufzustellen. Dies ist von jedem WEer ohne Ermächtigung der anderen erzwingbar (§ 43 Nr. 2[313]), nach KG jedoch nicht mehr vom ausgeschiedenen WEer.[314] Auch **der zum Jahresende ausgeschiedene Verwalter** hat noch die Abrechnung anzufertigen.[315] Nach der anderslautenden Rspr. ist wie folgt zu **differenzieren**: Bei **Ende des Verwalteramtes vor oder mit Ablauf der Wirtschaftsperiode** ist der neue Verwalter ohne Sondervergütung zur Aufstellung verpflichtet,[316] bei **Ende nach Ablauf** hat der alte diese noch zu erstellen, so dass der neue Verwalter dafür eine Sondervergütung fordern kann.[317] Die Differenzierung der Rspr. ist nicht nachvollziehbar, denn der Wortlaut der Vorschrift ist identisch

---

Vereinb.

[308] OLG Frankfurt v. 16.10.2006 – 20 W 278/03; Riecke Rn. 72; Jennißen Rn. 127.
[309] Riecke Rn. 72.
[310] Jennißen Abrechnung Rn. 625.
[311] Deckert PiG 18, 153.
[312] AG Köln MietRB 2008, 211; Jennißen Rn. 129, aA OLG Köln ZMR 2007, 986.
[313] BGH NJW 2012, 2797; OLG Hamm WE 1993, 248.
[314] NZM 2000, 830.
[315] LG Hamburg WE 2000, 222; für Hausverwalter, Jennißen Rn. 181; Röll WE 1986, 22; Sauren ZMR 1985, 326; aA OLG Celle ZMR 2005, 718; Reichert ZWE 2001, 92; OLG Hamburg OLGZ 1987, 188: das Ende des Verwalteramtes befreit von der Verpflichtung nur, wenn die Abrechnung zu diesem Zeitpunkt noch nicht fällig war; OLG Zweibrücken ZMR 2007, 887.
[316] OLG Hamm WE 1993, 248.
[317] KG NJW-RR 1993, 529.

Wirtschaftsplan, Rechnungslegung § 28

(der Verwalter bzw. von dem Verwalter) wie bei der Rechnungslegung (Rn. 71), trotzdem wird dort dem alten Verwalter die Pflicht auferlegt. Die Wortauslegung zwingt deshalb zu der hier vertretenen Meinung. Soweit die Rechtsprechung die Jahresabrechnung nicht bereits mit dem Ablauf der Abrechnungsperiode, sondern erst nach Ablauf einer angemessenen Frist fällig stellt, die idR drei Monate, höchstens jedoch sechs Monate nach Ablauf des Wirtschaftsjahres enden soll,[318] ist dem mit der herrschenden Literatur nicht zu folgen.[319] Nach dieser unrichtigen Rechtsprechung trifft demnach die Abrechnungspflicht denjenigen **Verwalter, der im Zeitpunkt der Entstehung der Pflicht das Verwalteramt innehatte**, also drei Monate nach Jahresende. Hierbei wird übersehen, dass die als Begründung herangezogene Heizkostenabrechnung nicht in allen Anlagen notwendig ist und deren Erstellung zudem von der Information des Verwalters abhängt, so dass dieser sich die Fälligkeit selbst herstellen könnte.

b) Gerichtliche Erzwingung

Jeder WEer kann gerichtlich erzwingen, dass der Verwalter die Abrechnung erstellt, **auch noch nach Ende des Verwalteramtes**.[320] Dieser Anspruch ist erfüllt, wenn die vorgelegte Abrechnung den an die Klarheit und Vollständigkeit der Abrechnung zu stellenden formalen Erfordernissen entspricht. Geringe Fehler der Abrechnung, 61a

Beispiel: Rechenfehler von wenigen EUR,

die die WEer hinnehmen können, ohne damit gegen die Grundsätze ordnungsgemäßer Verwaltung zu verstoßen, hindern die Erfüllung nicht.[321] Der Verwalter hat keine Verpflichtung zur Neuerstellung, bevor seine Abrechnung nicht durch Beschl abgelehnt oder für ungültig erklärt wird.[322] Das Urteil ist bezügl der JA nach § 888 ZPO vollstreckbar[323] bzw. bezügl des WP's nach § 887 ZPO als vertretbare Handlung,[324] denn dieses erfordert keine Verwaltererklärung über Richtigkeit und Vollständigkeit.

32. Zweitbeschluss

Wird eine **Jahresabrechnung durch Beschluss wieder geändert**, so ist dies im Rahmen der ordnungsgemäßen Verwaltung möglich,[325] aber zB abhängig davon, ob nicht durch die nachträgliche Änderung in schutzwürdige Belange einzelner WEer eingegriffen wird.[326] 62

---

[318] OLG Zweibrücken ZMR 2007, 887; BayObLG WE 1991, 223.
[319] Bärmann/Becker Rn. 110; Jennißen Abrechnung Rn. 954.
[320] BayObLGZ 1975, 161.
[321] KG NJW-RR 1987, 1160.
[322] BayObLG WE 1988, 101.
[323] OLG Köln WuM 1998, 375.
[324] Jennißen Rn. 182c.
[325] KG NJW-RR 1993, 1104.
[326] BGH NJW 1991, 979.

33. Mehrheitsbeschluss

a) Beschluss

63 Gemäß Abs. 5 **wird erst mit einem Beschluss** über die (Gesamt- und Einzel-)Abrechnung nebst den beiden weiteren Bestandteilen oder den (Gesamt- und Einzel) WP oder der SU im Innenverhältnis der WEer und gegenüber dem Verband und dem Verwalter **die Pflicht zur Tragung der Kosten und Lasten** (gemäß § 16 Abs. 2) in konkreter Höhe **begründet**[327] oder einen mangels anderweitiger Regelung (§ 21 Abs. 7) sofort fälligen Zahlungsanspruch des einzelnen WEers.[328] Den Entwurf des Verwalters kann die Gem verändern und diese dann verabschieden.[329] Es steht der Wirksamkeit der Abrechnung nicht entgegen,[330] dass ein anderer als der derzeitige WEer als Beitragsschuldner ausgewiesen ist, zB vorheriger WEer. Ein Anspruch auf Auszahlung eines Guthabens kann nur gegenüber dem Verband geltend gemacht werden, nicht gegenüber einem einzelnen WEer.[331] Für den Beschl genügt es nach dem BayObLG,[332] dass die entsprechenden Abrechnungen vor der Versammlung übersandt und in der Versammlung erörtert wurden, sie müssen in der Niederschrift nicht ausdrücklich bezeichnet sein. Bei alternativen Vorlagen seitens des Verwalters, zB des WP, sollte dieser eindeutig im Protokoll bezeichnet werden (zB durch Nennung der Gesamtsumme) und nicht „Der WP wurde beschlossen", damit ein Streit, welcher Entwurf genehmigt wurde, ausgeschlossen wird,[333] ggf. Anfechtungsgrund, nicht aber bei Vorlage nur eines WP.[334] Da nach ständiger Rspr. auch die Einzelabrechnung genehmigt werden muss (Rn. 27a), um verbindlich zu werden, liegt in der Zustimmung zu einer Einzelabrechnung auch die Zustimmung zu den anderen Einzelabrechnungen.[335]

b) Bedingung

63a Der Beschl kann auch bedingt sein.

Beispiel: vorbehaltlich der Beiratszustimmung,[336] nicht jedoch inhaltlich bedingt,[337] zB „dass diese richtig sind", da sofort Streit darüber entstehen könnte, ob sie auch tatsächlich richtig sind.

---

[327] OLG Dresden ZMR 2006, 543; BGH NJW 1994, 2950; OLG Frankfurt OLGR 2005, 21; 2005, 5.
[328] OLG Hamm ZMR 2011, 656.
[329] KG WE 1993, 223.
[330] BGH NJW 1999, 3713.
[331] KG ZMR 2001, 846.
[332] DWE 1991, 326; WuM 1993, 487.
[333] Bassenge PiG 21, 100.
[334] BayObLG NZM 2000, 683.
[335] OLG Stuttgart WE 1998, 383.
[336] OLG Köln ZMR 2005, 227; BayObLG WuM 1996, 722.
[337] BayObLG WE 1990, 138.

Wirtschaftsplan, Rechnungslegung § 28

c) Zweiergemeinschaft

Bei Zweiergem mit **Stimmpatt** kann ohne Beschl Erstattung für die Gem vorgestreckter Ausgaben verlangt werden,[338] nicht aber ohne Stimmpatt.[339] Bei Stimmpatt kein Aufrechnungsverbot (§ 16 Rn. 65[340]). **63b**

34. Anspruch auf Abrechnungsbeschluss

Die Beschlussfassung gemäß Abs. 5 gehört zur ordnungsgemäßen Verwaltung (§ 21 Abs. 3), so dass **jeder Wohnungseigentümer** einen Anspruch darauf hat (gemäß §§ 21 Abs. 4, 43 Nr. 1[341]). Nach dem KG[342] ist der Antrag eines WEers, einen anderen WEer zur Zustimmung zu einer von der Versammlung abgelehnten Abrechnung zu verpflichten, als Antrag auf gerichtliche Festlegung der JA auszulegen (§ 21 Abs. 8[343]). Dies ist nur zulässig, wenn zuvor durch den WEer alles Mögliche und Zumutbare getan wurde, um eine Entscheidung der WEer zu erreichen. Ist jedoch bereits ein Beschl gefasst, entsteht erst bei rechtskräftiger Ungültigkeitserklärung des alten ein Anspruch auf einen neuen Beschl. Die gerichtliche Ersetzung von JA und SU kommt nicht in Betracht, wenn inhaltliche Beanstandungen der Vorlage gegeben sind und es nicht ausgeschlossen erscheint, dass nach Behebung der Mängel eine erneute Beschlfassung erfolgreich ist.[344] Der Anspruch erlischt beim WP mit Ablauf des Abrechnungsjahres, da dann Abrechnung möglich. Keine Zwischenabrechnung bei Ausscheiden, da Abrechnung wohnungsbezogen.[345] **63c**

35. Abrechnungsfehler

a) Mängel

Ohne Anfechtung wird die JA/WP/SU **bestandskräftig**, so dass alle materiellen Fehler, wie zB falscher Verteilungschlüssel, Einstellung nicht bestehender Forderung[346] oder Berücksichtigung nicht erbrachter Zahlungen oder Nichtberücksichtigung erbrachter Zahlungen,[347] nicht mehr geprüft werden, soweit sie die Abrechnung betreffen. Ein Vergleich mit dem Verwalter, eine nicht ordnungsgemäße JA nicht mehr zu beanstanden, widerspricht nach OLG Köln[348] ordnungsgemäßer Verwaltung. **64**

---

[338] LG München ZWE 2009, 131 m. Anm. Sauren.
[339] AG Bremen NZM 2010, 906.
[340] Sauren ZWE 2009, 134; aA LG München ZWE 2009, 131.
[341] BGH NJW 1985, 912.
[342] WE 1991, 326.
[343] AA Bonifacio MDR 2007, 869.
[344] KG ZMR 1999, 509.
[345] KG NZM 2000, 830.
[346] BayObLG ZMR 2005, 463.
[347] LG Köln ZMR 2008, 830; BayObLG ZMR 2005, 65; KG NZM 2005, 22; aA OLG München ZMR 2013, 130; LG Hamburg ZMR 2006, 77.
[348] ZMR 2003, 387.

b) Beweislast

64a Der **Anfechtende** hat die **Mängel** der Abrechnung **zu beweisen**. Dabei reicht das bloße Bestreiten nicht aus, so dass innerhalb der zweimonatigen Begründungsfrist regelmäßig Einsicht beim Verwalter genommen werden muss. Im Prozess ist ein Bestreiten mit Nichtwissen aber nicht deshalb verwehrt, weil der Bestreitende vom Verwalter Auskunft über die bestrittenen Tatsachen verlangen kann,[349] deshalb kann alles, was durch die Belegeinsicht zu überprüfen ist, trotzdem mit Nichtwissen bestritten werden.[350] Nicht erst wenn substantiiert bestritten wird, müssen die verklagten WEer konkret beweisen, zB welche Positionen im Einzelnen wie umgelegt worden sind.[351]

36. Beschränkung der gerichtlichen Aufhebung

65 Beschränkung der gerichtlichen Aufhebung eines Beschlusses gemäß Abs. 5, ganz oder teilweise oder nur Ergänzung.[352] Die Rspr. ist zunehmend dazu übergegangen, die Rechte der anfechtenden WEer stark zu beschneiden, sei es, dass erklärt wird, ohne besonderen Umstände führe die fehlerhafte Verteilung einzelner Kostenpositionen nicht dazu, dass Einzeljahresabrechnungen oder Einzelwirtschaftspläne **insgesamt** für ungültig zu erklären sind,[353] sei es, dass die Beschränkung auf einzelne Abrechnungspositionen zugelassen wird, wenn es sich um einen rechnerisch selbständigen und abgrenzbaren Teil der Abrechnung handelt[354] bzw. dies sogar regelmäßig unterstellt wird. Damit wird der Beschl nur teilweise für ungültig erklärt werden,[355] was für den Streitwert entscheidend ist (§ 49a GKG). Bei teilweiser Anfechtung wird die übrige Abrechnung mit Ablauf der Anfechtungsfrist bestandskräftig.[356]

a) Ungültigkeitserklärung

66 Ausgangspunkt ist die Rspr, die die **Anfechtung einzelner Positionen der Jahresabrechnung** zulässt,[357] was zunächst als Vorteil des anfechtenden WEers herausgestellt wurde (wegen des Streitwerts). Zwar hat das BayObLG entschieden, dass sich eine Beschränkung idR nicht schon daraus ergebe, dass der Antragsteller nur zu einzelnen Posten der Abrechnung konkrete Rügen vorbringt. Mache er deutlich, dass er die JA auch iÜ gerichtlich überprüft wissen will, wenn er auch mangels Belegkenntnis weitere Mängel nicht vortragen könne, so

---

[349] BGH NZM 2009, 745.
[350] AA Jennißen Rn. 162c.
[351] AA LG Dortmund ZMR 2011, 660 Rn. 19.
[352] Abramenko ZMR 2004, 91.
[353] BGH NJW 2012, 2648.
[354] BGH NJW 2010, 2127 Rn. 6.
[355] BGH NJW 2010, 2127 Rn. 6; aA zu Recht AG München DWE 1990, 40.
[356] BGH NJW 2007, 1869; BayObLG NJW-RR 1993, 1109.
[357] BGH NJW 2012, 2648; 2010, 2127 Rn. 6; OLG München ZMR 2006, 949; ZMR 2008, 660.

Wirtschaftsplan, Rechnungslegung § 28

sei die gesamte Abrechnung Verfahrensgegenstand.[358] Aber selbst wenn der anfechtende WEer alle Positionen rügt, das Gericht aber nur einzelne Rügen für stichhaltig hält, wird – und das ist der entscheidende Schritt – nur eine **Teilunwirksamkeit** des Beschl erklärt[359] oder bei einem Ergänzungsanspruch der Antrag als unzulässig abgewiesen! Dieses entspricht nicht dem Willen des anfechtenden WEers, und eine Aufhebung des Beschl ist folglich unmöglich, da es wohl keine Abrechnung gibt, in der nicht zumindest ein Posten stimmt. Dabei wird desweiteren übersehen, dass mit der Unwirksamkeit einer einzelnen Kostenposition das Abrechnungsergebnis falsch ist und neu errechnet werden muss.[360] Zudem wird übersehen, dass, wenn man einen WEer auf einen bloßen Ergänzungsanspruch verweisen würde, dies zu der Folge führen würde, dass er einen Mangel, der etwa durch die fehlende rechnerische Schlüssigkeit der Abrechnung aufgedeckt wird, nicht mehr rügen könnte, soweit die Klagefrist bzw. die Klagebegründungsfrist für den eigentlichen Abrechnungsgenehmigungsbeschluss abgelaufen ist. Nachgelieferte Auskünfte des Verwalters würden ihm insoweit keine rechtliche Handhabe mehr liefern, um gegen die fehlerhafte Abrechnung vorzugehen. Es ist außerdem widersprüchlich, einen bestimmten Bestandteil der Abrechnung für zwingend zu erklären, sein Fehlen aber für folgenlos für ihren Bestand zu lassen.[361]

b) Folgerung

Aus der Beschränkung der Anfechtung auf einzelne selbständige Rechnungsposten folgt, dass der Eigentümerbeschluss über die Jahresabrechnung **bei uneingeschränkter Anfechtung** nur hinsichtlich derjenigen selbständigen Abrechnungsposten für ungültig zu erklären ist, die mit Mängeln behaftet sind.[362] Nach einer Ansicht liegt es im Ermessen der Tatsacheninstanzen, ob bei festgestellten Fehlern der Jahresabrechnung, insbesondere wegen der Schwere oder der Vielzahl der sich auf das Endergebnis auswirkenden Abrechnungsfehler, die Billigung der Jahresabrechnung **insgesamt** für ungültig zu erklären oder nur eine abgrenzbare **Teilungültigerklärung** auszusprechen ist. Eine bloße Teilungültigerklärung ist sogar dann zwingend geboten, wenn ein die Festlegung der Gesamtkosten beeinflussender Mangel nicht vorliegt.[363] Nach anderer Ansicht sind die Schwere des Fehlers und die hieraus resultierenden Rechtsfolgen wie ein unbestimmter Rechtsbegriff zu behandeln, so dass die Subsumierung des Sachverhalts im Rechtsbeschwerdeverfahren grundsätzlich vollständig nachprüfbar ist.[364] Schließlich ist nach einer dritten Ansicht[365] die Genehmigung der Jahresabrechnung insgesamt für ungültig zu erklären, wenn sie rechnerisch unschlüssig, mit durchgehenden Mängeln behaftet oder hinsichtlich wesentlicher

66a

---

[358] BayObLG ZMR 2003, 692; 2006, 949.
[359] Vgl. BayObLG NJW-RR 1992, 1169; vgl. auch KG WE 1993, 194.
[360] Jennißen Abrechnung Rn. 986
[361] AG Charlottenburg ZMR 2012, 402.
[362] BGH NZM 2007, 358, 359 f. und 886.
[363] KG ZWE 2001, 334; OLG Frankfurt ZMR 2003, 769.
[364] Abramenko ZMR 2003, 769 f.
[365] Abramenko ZMR 2003, 402, 405.

Bestandteile lückenhaft ist. Die teilweise Ungültigerklärung oder bloße Ergänzungsansprüche kommen nur bei Mängeln einzelner Positionen in Betracht.[366]

c) Unterscheidung notwendig

67 Diese Rspr[367] bedeutet, dass man zu unterscheiden hat zwischen Ungültigkeitserklärung, Teilunwirksamkeitserklärung und Ergänzungsanspruch:

67a **aa) Ungültigkeitserklärung.** Fehlen[368] eines EinzelWPs (damit auch der Einzelabrechnung), Fehlen der Gesamtabrechnung,[369] bei „erheblichen Mängeln",[370] zB Abrechnungssaldo ist nicht zu erkennen oder verschiedene Einnahmen/Ausgaben sind nicht aufgenommen,[371] Fehlen der kompletten Einnahmeseite[372] oder Verteilerschlüssel falsch.[373]

67b **bb) Teilunwirksamkeitserklärung.** Diese liegt nach dem KG im Ermessen der Tatsacheninstanz,[374] eine Teilgültigkeitserklärung ist nur dann geboten, **wenn ein die Festlegung der Gesamtkosten beeinflussender Mangel nicht vorliegt** (zB falscher Kostenverteilungsschlüssel). Im Einzelnen: Aufnahme vom Abschlusssaldo aus Vorjahr,[375] unberechtigte Positionen in der Einzelabrechnung, die in der Gesamtabrechnung fehlen,[376] Umlageschlüssel bis auf Heizkosten bei allen Kosten falsch (bis auf Heizkostenabrechnung Ungültigkeitserklärung[377]), einzelne Positionen fehlerhaft, wie zB Einzelabrechnung falsch.[378] Einzelabrechnung falsch, nur diese aufgehoben.[379] Ist aber anhand der vorgelegten JA ein Nachvollzug der rechnerischen Schlüssigkeit nicht möglich, weil sie bereits aus sich heraus nicht nachvollziehbar und verständlich ist, ist sie komplett aufzuheben.[380]

67c **cc) Ergänzungsanspruch.** Fehlen von Angaben zu gem Konten,[381] zB Anfangsbestand,[382] der Hausgeldzahlungen,[383] von Rechtsverfolgungskosten oder

---

[366] OLG München ZMR 2008, 660.
[367] BGH NJW 2012, 2648; 2007, 1869.
[368] BGH NJW 2005, 2061.
[369] BayObLG WE 1995, 89.
[370] OLG Düsseldorf ZMR 1999, 422.
[371] OLG Düsseldorf WuM 1999, 357.
[372] AG Aachen v. 26.2.1998 – 12 UR II 69/96; BayObLG NJW-RR 1990, 1107, 1108; LG Frankfurt ZWE 2014, 137; oder deren Darstellung LG Berlin ZWE 2014, 222.
[373] KG WE 1996, 270, aA BGH NJW 2010, 2127 Rn. 6 Teilunwirksamkeit.
[374] ZWE 2001, 334.
[375] BayObLG NJW-RR 1992, 1169; KG WE 1993, 194.
[376] BayObLG NJW-RR 1992, 1169.
[377] BayObLG WE 1995, 89.
[378] BayObLG WE 1995, 91.
[379] KG ZMR 2006, 63.
[380] OLG Frankfurt ZWE 2006, 194.
[381] BayObLG NJW-RR 1989, 1163.
[382] BayObLG ZMR 1999, 185.
[383] OLG Hamm NZM 1998, 923.

Wirtschaftsplan, Rechnungslegung § 28

Sanierungskosten in der Einzelabrechnung.[384] Fehlen von Kontoständen[385] oder Unvollständigkeit der EinzelJAbr.[386] Hierfür ist nicht die Wahrung der Anfechtungsfrist nach KG nötig.[387] Bei Unterlassung des Antrages und Weiterverfolung der Anfechtung erfolgt Klageabweisung.

d) Praxisfolge

Entscheidend ist, welche Schlussfolgerung die Praxis aus dieser Rspr. zieht. Das BayObLG geht wohl[388] davon aus, dass der Verwalter eine ergänzende Abrechnung fertigen muss, dass also ein Ergänzungsbeschl der WEer erfolgt. Dies entspricht aber nicht der Realität. Vielmehr geschieht in der Praxis nichts. Der Verwalter ist nicht daran interessiert, seinen Fehler aufzudecken, die WEer kennen oft die Entscheidung nicht oder wollen nicht noch einmal darüber entscheiden, weil sie schon bezahlt haben oder/und in der Mehrheit nicht betroffen sind. Die Anfechtung ist folglich zwecklos, da abzusehen ist, dass der Anfechtende keine Aufhebung erreicht, sich in der Praxis nichts tut, aber das Verfahren ihn sicher Geld kosten wird.

67d

36. Entlastung

a) Wirkung

Ist der Verwalter für einen bestimmten Zeitraum entlastet, so ist er insoweit **freigestellt von Ersatzansprüchen,**[389] **Verpflichtungen und Erklärungen in Bezug auf Vorgänge der gemeinschaftlichen Verwaltung,** aber nicht aus der gleichzeitigen Mietverwaltung[390] oder wegen Beschädigungen des SEs[391] die bei der Beschlfassung allen WEern[392] bekannt oder bei sorgfältiger Prüfung[393] seiner Vorlagen und Berichte nicht nur besonders fachkundigen WEer erkennbar waren,[394] auch wenn sich deren Unrichtigkeit herausstellen sollte,[395] es sei denn, es handelt sich um eine Straftat.[396] Nach der Rspr[397] genügt Kenntnis oder Kennenmüssen des Beirates, was nur sein kann im Rahmen seines Aufgabengebietes.[398] Dies ist abzulehnen, da er nicht Vertreter der Gem ist. Danach

68

---

[384] KG ZMR 1997, 541.
[385] OLG Frankfurt ZMR 2003, 594; aA zu Recht LG Hamburg ZMR 2011, 163 mwN; LG Frankfurt ZWE 2014, 137.
[386] OLG München NJW-RR 2008, 1182.
[387] ZMR 1997, 541.
[388] ZB WE 1995, 89.
[389] BGH NJW 2011, 1346 Rn. 8; 1997, 2108; BayObLG NJW 2003, 1328.
[390] BayObLG ZMR 1988, 69.
[391] BayObLG WE 1990, 145.
[392] BayObLG NJW-RR 2001, 731.
[393] KG ZMR 2010, 467; BGH NJW-RR 1988, 745, 748.
[394] BayObLG WuM 1994, 43; KG NJW-RR 1993, 404.
[395] BayObLG v. 6.10.1983 – 2 Z 100/82.
[396] OLG Celle NJW-RR 1991, 979.
[397] OLG Düsseldorf ZMR 2002, 294; NJW-RR 2001, 949; OLG Köln NZM 2001, 862.
[398] Palandt/Bassenge § 26 Rn. 20.

hat der Verwalter[399] auch keine Verpflichtung zur Auskunft und kann auch nicht zum Schadensersatz herangezogen werden,[400] ebenfalls keine Abberufung oder Kündigung mehr wegen der einer Entlastung zugrunde liegenden Umstände,[401] jedoch muss er noch Einsicht gewähren.[402] Eine Wiederbestellung wirkt nicht als Entlastung.[403] Es genügt die einseitige Erklärung, eines Vertrages mit dem Entlasteten bedarf es nicht.[404]

b) Anspruch des Verwalters

69 Der Verwalter hat **keinen Anspruch auf Erteilung der Entlastung**,[405] es sei denn, dies ist durch Vereinb oder Beschl vorgesehen.

c) Beschluss

70 Nach dem BGH[406] liegt ein Entlastungsbeschl im Rahmen **ordnungsgemäßer Verwaltung**, wenn keine Pflichtverletzung des Verwalters zu ersehen ist oder keine Gründe gegen einen Verzicht bestehen. Zu Recht anderer Ansicht ist Demharter,[407] der keinen Grund sieht, warum der Verband auf Ansprüche verzichten soll.[408] Die Entlastung kann auf einen oder einzelne Vorgänge begrenzt werden.[409]

d) Anfechtung

71 Die Entlastung verstößt gegen das Gebot ordnungsgemäßer Verwaltung, wenn den WEern möglicherweise Ansprüche zustehen und auch kein Anlass besteht, aus besonderen Gründen auf die Ansprüche zu verzichten,[410] jedoch nicht bei Regressansprüchen gegen einen SEer.[411] Sie ist erfolgreich, wenn Ansprüche gegen den Verwalter möglich sind oder er seine Verpflichtungen noch nicht voll erfüllt hat, zB seiner Verpflichtung zur Vorlage einer ordnungsgemäßen Abrechnung noch nicht nachgekommen ist[412] oder bei fehlerhafter Abrechnung oder einem mangelhaften Wirtschaftsplan.[413] Entscheidend ist, für welchen Zeitraum Entlastung erteilt wurde. Betreffen zB die Schadensersatzansprüche mehrere Jahre, so muss für alle Entlastung erteilt worden sein.

---

[399] BayObLG WE 1989, 180.
[400] OLG Köln WuM 1989, 207.
[401] BayObLG NJW-RR 1997, 1443.
[402] BGH NJW 2011, 1137 Rn. 8; BayObLG WE 1997, 117.
[403] OLG Düsseldorf NJWE 1997, 64.
[404] BayObLG NJW-RR 1988, 82.
[405] BayObLG NJW 2003, 1328; OLG Düsseldorf WuM 1996, 72.
[406] NJW 2003, 3554 und 3124.
[407] ZWE 2001, 853; Köhler ZMR 1999, 293.
[408] Ebenso AG Kerpen ZMR 1998, 376; offen lassend OLG München ZMR 2011, 738.
[409] BayObLG ZMR 1988, 69.
[410] BayObLG NJW-RR 1988, 81.
[411] OLG Düsseldorf WuM 1996, 783.
[412] BGH NJW 2011, 2202 Rn. 19.
[413] BGH NJW 2010, 2654 Rn. 18.

Wirtschaftsplan, Rechnungslegung **§ 28**

Beispiel: Schadensersatzansprüche verjähren, der Verwalter wurde aber nur für ein Jahr entlastet.[414]

e) Jahresabrechnungsbeschluss

Der Beschl über die JA (Abs. 5) kann regelmäßig **nicht** die **stillschweigende** 72 **Entlastung des Verwalters** darstellen,[415] weil es sich um zwei verschiedene Gegenstände handelt, die sich unterschiedlich entwickeln können.[416] Des Weiteren kann die JA selbst unterschlagene Gelder beinhalten.[417] Entscheidend kommt es auf den Sinn des jeweiligen Beschl und damit auf die Auslegung an,[418] da die Entlastung nicht notwendigerweise mit der Abrechnung verbunden sein muss.[419] Anders die Rspr, die teilweise in dem Beschl über die JA auch die Entlastung sieht.[420] Die Fragwürdigkeit dieser Rspr. zeigt sich daran, dass dann in dem Beschl über die JA von den WEern ausdrücklich klargestellt werden müsste, dass dieser nicht auch die Entlastung des Verwalters enthalten solle.[421] Widrigenfalls könnte die konkludente Entlastung wohl nur durch Anfechtung der JA beseitigt werden (s auch Rn. 29). Im Wege der Auslegung ist der zeitliche und gegenständliche Umfang der Entlastung zu ermitteln.[422] Dies folgt aus den unterschiedlichen Regelungsinhalten der Beschl: Die JA soll die Ausgleichspflicht der WEer regeln, die „Entlastung" die Billigung der Arbeitsweise des Verwalters; sie sind deshalb auch isoliert anfechtbar.[423] In der Abrechnung ist immer dann keine Entlastung enthalten, wenn nochmals gesondert über diese beschlossen wird. IdR ist deshalb keine Entlastung in der Billigung der Abrechnung zu sehen.[424] Ebenfalls liegt keine Entlastung vor, wenn die Abrechnung unter Vorbehalt gebilligt wird.[425] Das BayObLG[426] will für den Fall, dass die Entlastung „nach der Genehmigung der Abrechnung" erteilt wurde, sie nur für solche Vorgänge gelten lassen, die mit der Abrechnung zusammenhängen und in ihr dargestellt zu werden pflegen.[427]

---

[414] OLG Hamm NJW-RR 1997, 143, 144.
[415] Dass dies immer der Fall sei, glaubt anscheinend OLG Frankfurt DWE 1988, 142, bei besonderen Umständen das OLG Düsseldorf ZMR 2002, 295 m. zu Recht abl. Anm. Demharter ZMR 2002, 369.
[416] Jennißen Abrechnung Rn. 755; Gottschalg Rn. 351.
[417] Vgl. Rn. 29; Demharter ZWE 2001, 587.
[418] So richtig BayObLG NJW-RR 1988, 81; OLG Düsseldorf DWW 1989, 21.
[419] BayObLGZ 1983, 314, 319; aA KG ZMR 1987, 274, nach dem dies selbst für den Fall gelten soll, dass sowohl über die Abrechnung als auch über die Entlastung beschlossen wurde; gerade dieser Fall zeigt die Sinnwidrigkeit der Auffassung des KG.
[420] OLG Düsseldorf WuM 1999, 357.
[421] So Palandt/Bassenge § 26 Rn. 20.
[422] BayObLG ZWE 2000, 352.
[423] BayObLG ZMR 1988, 69.
[424] OLG München NZM 2007, 488.
[425] BayObLG NJW-RR 1988, 18, 19.
[426] ZMR 1998, 176.
[427] Ebenso BayObLG NZM 2001, 388.

f) Entlastungsbeschluss

73 Anders ist die Rechtslage zu beurteilen, wenn dem Verwalter **nur „Entlastung"** erteilt wird, **ohne dass nochmals über die Jahresabrechnung beschlossen wird**. Legt in diesem Fall der Verwalter gleichzeitig die Abrechnung vor,[428] oder wird dies unter dem TOP JA[429] beschlossen oder nach Erörterung und Prüfung der Abrechnung,[430] so sind der Sinnzusammenhang und der Wortlaut entscheidend. Mangels gegenteiliger Anhaltspunkte ist dies auch als Genehmigung der JA aufzufassen,[431] da ein „innerer" Zusammenhang zwischen Entlastung und Genehmigung bestehe. Anders ist dies dann zu beurteilen, wenn aus den Umständen

Beispiel: die WEer haben im Vorjahr unter demselben TOP JA und Entlastung beschlossen, im betreffenden Jahr aber nur die Entlastung.[432]

oder dem Wortlaut etwas anderes zu schließen ist,

Beispiel: Der Verwalter wird „für seine Tätigkeit" entlastet,[433]

da die Abrechnung die Ausgleichspflicht unter den WEer regeln soll, die Entlastung aber die Billigung der Arbeit des Verwalters.

37. Rechnungslegung

74 Gemäß Abs. 4 können die WEer durch Beschl **jederzeit** eine Rechnungslegung vom Verwalter verlangen. Sie bezweckt die Überprüfung der ordnungsgemäßen Verwaltung.

a) Umfang

74a Der Umfang und die Form entsprechen den vier Bestandteilen der JA (Rn. 17 ff.), jedoch grundsätzlich ohne Einzelabrechnung,[434] die jedoch auch verlangt werden kann, wenn sie zur Aufklärung erforderlich ist.[435] Die bei der JA umstrittene Frage, **ob Forderungen und Verbindlichkeiten darzustellen sind**, ist hier von der Rechtsprechung bejaht worden.[436] Deshalb ist – unter Beifügung der entsprechenden Belege – eine Aufstellung der noch bestehenden Forderungen, Verbindlichkeiten, Rücklage und Kontostände anzufertigen. Der Verwalter ist damit verpflichtet, für jede Rechnungsposition einen Beleg zu er-

---

[428] OLG Düsseldorf NZM 2000, 46.
[429] OLG Düsseldorf DWW 1989, 21.
[430] BayObLG DWE 1991, 76; 1993, 126.
[431] BayObLG WuM 1989, 42.
[432] BayObLG WE 1988, 141.
[433] KG ZMR 1986, 371.
[434] OLG Frankfurt ZMR 1999, 61; KG OLGZ 1981, 304.
[435] Staudinger/Bub Rn. 473.
[436] OLG München ZWE 2007, 509 m. Anm. Sauren; LG Köln ZMR 2010, 642; Bärmann/Becker Rn. 189; Staudinger/Bub Rn. 473; Freytag InfoM 2007, 316; vgl. auch OLG Oldenburg ZMR 2008, 238; aA Köhler AHB S. 469.

stellen, den er im Zusammenhang mit der Abrechnung vorlegt und aus dem sich durch eine geordnete Auflistung der abzurechnenden Positionen die Berechtigung der Zahlung ergab. Soweit der Verwalter dem nicht nachgekommen ist, hat er bereits damit gegen seine Pflichten aus dem Verwaltervertrag verstoßen. Dann findet eine Verlagerung der Darlegungs- und Beweislast statt und der Verwalter muss konkret vortragen, für welche Leistung er welche Zahlungen vorgenommen hat.[437]

b) Beschlussnotwendigkeit

Voraussetzung dafür ist ein Beschl[438] oder Vereinb,[439] auf Grund dessen die Pflicht gegenüber dem Verband besteht.[440] Nur wenn die WEerGem davon keinen Gebrauch macht, kann dieser Anspruch von jedem einzelnen WEer zur Leistung an die Gesamtheit der WEer (§ 432 BGB) geltend gemacht werden,[441] aber nur, wenn die anderen WEer dies unter Verstoß gegen die ordnungsgemäße Verwaltung unterlassen haben[442] oder ein Individualanspruch des WEers in Rede steht.[443] Voraussetzung ist aber auch eine Ermächtigung zur Klageerhebung, es sei denn sämtliche WEer machen den Anspruch auf Rechnungslegung geltend.[444] Nach der Entlastung des Verwalters und/oder Genehmigung der JA für das betreffende Jahr ist sie, soweit sie erteilt wurde, nicht mehr möglich.[445] Eine Rechnungslegungspflicht bleibt auch nach Beendigung des Verwalteramtes bestehen,[446] ist aber auf den Zeitpunkt des Ausscheidens begrenzt.[447] Vollstreckung ist möglich (§ 887 ZPO[448]).

c) Eidesstattliche Versicherung

Die **Vollständigkeit der vorgelegten Rechnungslegung** hat der Verwalter im Zweifel an Eides statt zu versichern (§ 259 Abs. 2 BGB). Die Rechnungslegungspflicht entfällt erst mit dem Genehmigungsbeschl der JA.[449] Dies gilt jedoch nicht bei einem ausgeschiedenen Verwalter, da hier die Rechnungslegung auch dazu dient, die Ordnungsmäßigkeit des Verwaltungshandelns für die Zeit bis zur Beendigung der Verwaltung zu überprüfen und um Herausgabeansprüche (§§ 667, 675 BGB) geltend machen zu können.[450]

---

[437] OLG Oldenburg ZMR 2008, 238.
[438] BayObLG WE 1989, 145.
[439] BayObLG NZM 2004, 621.
[440] BayObLG NZM 2000, 281 f.
[441] BayObLG WE 1989, 145.
[442] OLG Düsseldorf ZMR 2001, 301; KG WE 1988, 17.
[443] BGH NJW 2011, 1137.
[444] BayObLG ZMR 2004, 761.
[445] AG Halle ZMR 2012, 908; BayObLG WE 1989, 145.
[446] BayObLG WE 1994, 280.
[447] KG WE 1988, 17.
[448] OLG Düsseldorf NJW-RR 1999, 1029; aA BayObLG ZWE 2002, 587: § 888 ZPO.
[449] AA BayObLG ZMR 2004, 761; KG WE 1988, 17 m. Anm. Seuß: Ablauf des Jahres; KG ZMR 1998, 70, 71; Bub FW VI, 18: Fälligkeit der Abrechnung.
[450] BayObLG ZMR 2004, 761.

38. Aufbewahrung der Unterlagen

76 Der Verwalter ist verpflichtet, **alle** Unterlagen inkl. der für die Buchführung nebst Belegen zu sammeln, aufzubewahren[451] und in Verwahrung zu halten.

Beispiel: Vereinb, Beschl, Gerichtsentscheidungen (gemäß § 43), Baupläne, Statik etc.

Alle Unterlagen sind **ohne zeitliche Befristung** aufzubewahren, da sie noch nach Jahrzehnten Bedeutung haben können. Auch Buchführungsunterlagen, Korrespondenzen etc sind grundsätzlich, weil sie Eigentum der WEer sind,[452] ohne Beschränkung aufzubewahren, insbesondere gelten aus den vorgenannten Gründen nicht die Vorschriften der Aufbewahrung des Steuerrechts (§ 147 AO) oder des HGB (§ 257), da dies nur die Verpflichtung der Aufbewahrung der WEer, nicht aber des Verwalters betrifft.[453] Der Verwalter kann sich deshalb nicht auf den Ablauf dieser Fristen bzgl. Einsicht berufen.[454] Zudem sind bestimmte Unterlagen wie Teilungserklärung, die Versammlungsprotokolle und die Beschlusssammlung unbefristet aufzubewahren.[455] Das AG München[456] will Sinn und Zweck der Regelung anwenden und lässt sechs Jahre genügen, nicht aber nur drei. Es besteht eine Zehnjahresfrist zur Aufbewahrung.[457] Durch Beschl kann die Aufbewahrungsfrist dieser Unterlagen über diesen Zeitraum hinweg von den WEer selbst bestimmt werden, darunter wäre der Beschl wegen Verstoßes gegen eine zwingende gesetzliche Vorschrift nichtig.[458] Dies bedeutet dann die Aushändigung der Unterlagen an die WEer, aber nicht die Vernichtung. Ein solcher Vernichtungsbeschl wäre nichtig.[459] Die WEer haben dann für die weitere Aufbewahrung zu sorgen.[460] Für Datenträger gelten die vorstehenden Ausführungen entsprechend.[461]

39. Abdingbarkeit

77 Die Vorschriften des § 28 sind grundsätzlich **durch Vereinbarung** abdingbar[462]

---

[451] BayObLG WE 1997, 117.
[452] BayObLGZ 1978, 231.
[453] OLG München ZMR 2009, 64; Bub FW III, 43; Staudinger/Bub Rn. 301.
[454] BayObLG ZMR 2004, 839 Rn. 20.
[455] AG Bad Segeberg v. 8.12.2011 – 17 C 186/10; Bärmann/Merle § 24 Rn. 134, detailliert dazu Schmid DWE 1989, 146.
[456] DWE 1990, 1640.
[457] Riecke WE 2001, 23.
[458] OLG München ZMR 2009, 64; anfechtbar: AG Königstein NZM 2000, 876.
[459] OLG München ZMR 2009, 64; LG Bochum PuR 1993, 112, 113.
[460] Staudinger/Bub Rn. 301.
[461] Staudinger/Bub Rn. 300.
[462] BayObLG NZM 2006, 62 Rn. 25: „insgesamt"; BB 1979, 857, 858; WuM 1989, 42; OLG Hamm OLGZ 1982, 20; OLG Frankfurt OLGZ 1986, 45; KG WE 1990, 209; OLGR Frankfurt 2006, 181 Rn. 15 für Abs. 2.

Wirtschaftsplan, Rechnungslegung § 28

Beispiel: Übertragung der Genehmigung der Abrechnung und der Entlastung auf den Beirat[463] oder bei WP nur Benennung eines Geldbetrages.[464]

Aber **nicht durch Beschluss**, der nichtig ist.[465] Nach Bassenge[466] soll es durch Vereinb aber möglich sein, den Verwalter von der Pflicht zur Aufstellung des WP zu entbinden und die Aufstellungspflicht auf den Beirat zu übertragen.[467] Auch möglich sind ein ergänzendes Abbedingen und die Einführung eines anderen Systems, zB die Anwendung des § 748 BGB:[468] Dann wird jede Außenverbindlichkeit sofort auf jeden WEer umgelegt.[469] Bei einer solchen Regelung sind jedoch dann die Mindestinhalte zu wahren (vgl. § 10 Rn. 13 ff.). Anderer Meinung ist das LG Berlin,[470] das meint, bei Abs. 5 handele es sich um ein gesetzliches Verbot, was aber mit Merle[471] nicht nachvollziehbar ist, da dafür Anhaltspunkte fehlen.

40. Genehmigungsfiktion

Auch durch Vereinb kann nicht bestimmt werden, **dass die Abrechnung als genehmigt gilt**, wenn nicht die Mehrheit der WEer widerspricht. 78

Beispiel: Wenn nicht innerhalb von 14 Tagen nach der Absendung der Abrechnung ein schriftlicher begründeter Widerspruch von mehr als der Hälfte der MEanteile eingelegt ist, gilt die Abrechnung als anerkannt,[472] weil damit eine Vereinb durch Schweigen eingeführt wird, ein Instrument, das das WEG nicht kennt[473] und keine Rechtssicherheit bietet.

Nach dem OLG Frankfurt[474] soll es durch Vereinb möglich sein, die Abrechnung als anerkannt gelten zu lassen, **wenn nicht innerhalb einer bestimmten Frist** (zB vier Wochen) nach Absendung dieser schriftlich **widersprochen wird**. Dem ist nicht zu folgen, da dadurch ein tragender Grundsatz des WEG, nämlich der einheitlichen Festsetzung der Abrechnungsgrundlage und damit der gleichmäßigen Behandlung aller WEer, verletzt wird.[475] Wird in diesen Fällen trotzdem durch die Versammlung ein Beschl über die Abrechnung gefasst,

---

[463] OLG Hamm ZMR 2008, 63; BayObLG WE 1988, 207. Dies schließt Genehmigung durch Gem nicht aus (OLG München ZMR 2009, 64 Rn. 23).
[464] BayObLG NZM 1999, 1058.
[465] BGH ZMR 2011, 981.
[466] PiG 21, 99.
[467] AA Schmidt BlGBW 1976, 61.
[468] Weitnauer/Lüke Rn. 4.
[469] Bub PiG 39, 20.
[470] ZMR 1984, 424, diese Entscheidung wurde durch das KG aus anderen Gründen aufgehoben, v. 4.11.1985 – 24 W 5022/84.
[471] PiG 21, 125.
[472] BayObLG WuM 1989, 42.
[473] Sauren, FS B/W, S. 532, 538.
[474] OLGZ 1986, 46 mwN.
[475] KG WE 1990, 209; BayObLG WE 1988, 207; Sauren, FS B/W, S. 532 ff.

kann ein WEer sich nicht mehr auf die Vereinb berufen.[476] IÜ widerspricht dieses Verfahren den unabdingbaren Vorschriften des Umlaufbeschl, da nicht alle ausdrücklich zustimmen.[477]

41. Informationspflicht[478]

79 Der Verwalter als sog Geschäftsbesorger (§ 675 BGB) hat drei Informationspflichten, nämlich die Auskunfts-, Benachrichtigungs- und Rechenschaftspflicht (gemäß § 666 BGB), so auch OLG Frankfurt[479] unter Bezug auf diesen Kommentar. Bei der letzteren Pflicht handelt es sich um die Erstellung der Abrechnungen (Gegenüberstellungen der Einnahmen und Ausgaben). Sie ist abweichend von dem BGB in diesem § 28 geregelt, insoweit wird auf Rn. 2 ff. verwiesen.

a) Benachrichtigung/Information

80 Bei der bestehenden Benachrichtigungspflicht hat der Verwalter die WEer aus eigener Initiative **über die wichtigsten Vorgänge, die die Wohnungseigentümergemeinschaft betreffen**, zu informieren sowie den Stand der Geschäfte darzustellen.

Beispiel: Stand von Reparaturarbeiten, des Wohngeldkontos, säumige WEer, Unterrichtung über mögliche Fördermittel,[480] Festellungen eines Sachverständigen über Schäden am GE.[481]

Der wichtigste Fall stellt die Benachrichtigung von Zustellungen etc (zB Klagen), dar, die an den Verwalter als Bevollmächtigten erfolgen (§ 27 Abs. 1 Nr. 7). Dabei gibt es **Datenschutz** innerhalb der WEerGem nicht.[482]

b) Auskunft

81 Die Auskunft stellt die **Beantwortung von Fragen** dar. Sie kann schriftlich oder mündlich abgegeben werden.[483] Hierbei ist zwischen außerhalb der WEerGem stehenden Dritten (aa) und WEer (bb) zu unterscheiden:

82 aa) Auskunftspflicht gegenüber Dritten. Gegenüber Dritten, mit denen keine Rechtsbeziehung besteht, ist **nur** dann eine Auskunftspflicht gegeben, **wenn** diese **gesetzlich angeordnet** ist

Beispiel: Zeugenaussage in Zivil- oder Strafprozess,

---

[476] OLG München ZMR 2009, 64 Rn. 23, KG NJW-RR 1991, 1042.
[477] Weitnauer DNotZ 1989, 428; Böttcher Rpfleger 1990, 160.
[478] Sauren WE 1989, 4.
[479] OLGR 2005, 783.
[480] LG Mönchengladbach ZMR 2007, 402; aA AG Oberhausen v. 7.5.2013 – 34 C 79/12.
[481] LG Hamburg ZMR 2011, 499.
[482] Sauren WE 1989, 4.
[483] Sauren WE 1989, 4.

oder die Betroffenen einwilligen. Bestehen Rechtsbeziehungen (zB Verträge) mit Dritten, so ist der Verwalter, soweit es die Zweckbestimmung des Vertrages erlaubt, zur Auskunft verpflichtet.

Beispiel: Bei einem Bauvertrag ist er zur Bekanntgabe von MEanteilen der WEer verpflichtet.[484]

Eine Auskunftspflicht des Verwalters gegenüber Dritten ist von der Rspr. auch aus der Vertreterstellung des Verwalters abgeleitet worden.[485] Der Vertreter sei verpflichtet, Auskunft über die Person des Vertretenden zu erteilen. Verweigert der Vertreter diese Auskunft, mache er sich schadensersatzpflichtig. Der Verwalter sei als Vertreter der Gem verpflichtet, die von ihm vertretenen Personen zu offenbaren. Hierzu sei es nicht ausreichend, dass der Verwalter auf die von ihm vertretene WEGem verweist. Der Verwalter vertrete auch und in erster Linie die einzelnen WEer. Auch aus Treu und Glauben ist der Auskunftsanspruch zu bejahen. Ohne den Auskunftsanspruch hätte ein Dritter kaum eine Möglichkeit, seine Ansprüche klageweise gegen die einzelnen Eigentümer geltend zu machen. Der einzelne Eigentümer kann aber nicht verlangen, sich vor berechtigten Ansprüchen hinter dem Verband verstecken zu können. Gegenüber **Behörden** wird die Auskunftspflicht durch die jeweiligen Gesetze (zB beim Finanzamt, § 93 AO) geregelt.[486]

bb) Auskunftspflicht gegenüber Wohnungseigentümern. Die Rspr[487] lässt **83** unter Berufung darauf, dass der Verwalter den Verband als Auftraggeber hat, **nur** diesem **gegenüber** eine Auskunftspflicht zu, dh nur **der Wohnungseigentümerversammlung**. Erst wenn sie davon trotz Verlangens eines einzelnen Eigentümers keinen Gebrauch machen, kann dieser allein die Auskunft verlangen. Außerdem besteht ein **Individualanspruch** des einzelnen Wohnungseigentümers dann, **wenn sich das Auskunftsverlangen auf Angelegenheiten bezieht, die ausschließlich ihn betreffen.**[488] In diesem Fall ist eine vorherige Befassung der Versammlung oder eine Ermächtigung zum Auskunftsverlangen nicht notwendig. Auch durch einen Beschl voraus kann dies gewährt werden.[489] Andere Teile der Rspr[490] lassen zu Recht einen Individualanspruch zu.[491] Noch zu beachten ist, dass ein Auskunftsanspruch dann **ausgeschlossen** ist, **wenn** dem Verwalter **Entlastung erteilt wurde**[492] (§ 28 Rn. 68).

---

[484] OLG München v. 18.5.1983 – 15 U 4617/82; aA LG Köln WuM 1996, 648.

[485] OLG München v. 18.5.1983 – 15 U 4617/82; LG Köln WuM 1996, 643; OLG Düsseldorf MDR 1974, 843; LG Regensburg WuM 1983, 742; LG Köln NJW-RR 1990, 152.

[486] Näher Sauren WE 1989, 4.

[487] BGH NJW 2011, 1137; KG ZMR 1987, 100.

[488] BGH NJW 2011, 1137; BayObLG WE 1988, 198.

[489] BayObLG NJW-RR 1994, 1236, 1237; OLG Frankfurt ZMR 2013, 647.

[490] ZB OLG Köln OLGZ 1984, 162.

[491] Sauren WE 1989, 4.

[492] BayObLG NJW-RR 1994, 1236, 1237.

cc) ABC zur Auskunftspflicht gegenüber Wohnungseigentümern.

Ja = anerkannt, nein = abgelehnt:

83E	**Einnahmen und Ausgaben:** Auskunft über Einnahmen und Ausgaben von einem faktisch das Verwalteramt ausführenden WEer (KG NJW-RR 1993, 470), Ja. **Entlastung:** Die Vorlage einer neuen geordneten Einnahmen- und Ausgabenrechnung nach Entlastung (OLG Celle DWE 1985, 25), nein.
83G	**Gemeinschaftskonto:** Ein Anspruch über den Bestand und die Bewegung des Gemeinschaftskontos (OLG Celle OLGZ 1983, 177), Ja. **Gemeinschaftsvermögen:** Angaben zum Gemeinschaftsvermögen (zB Rücklage), wenn diese in der JA nicht enthalten sind (BayObLG WuM 1989, 44), Ja. **Gerichtsverfahren:** Stand eines Gerichtsverfahrens und Angabe des Aktenzeichens (BayObLG WE 1991, 253), nein.
83H	**Hauskonto:** Aufklärung eines Fehlbetrages auf dem Hauskonto (BayObLG NJW-RR 1994, 1236), nein. **Heiz- und Warmwasserkostenabrechnung:** Ein Anspruch auf Richtigstellung der Anzahl der die Heizperiode umfassenden Tage sowie auf Bekanntgabe des Heizverteilungsschlüssels und sonstiger Einzelheiten der Heiz- und Warmwasserkostenabrechnung (BayObLG NJW-RR 1988, 1166), nein.
83J	**Jahresabrechnung:** nein (BGH NJW 2011, 1137).
83K	**Kaufbewerber:** Auskunft über einen Kaufbewerber (OLG Köln OLGZ 1984, 162), Ja.
83N	**Namensliste aller Wohnungseigentümer:** Herausgabe einer Namensliste aller WEer (LG Frankfurt WuM 2013, 637; OLG Saarbrücken ZMR 2007, 141; BayObLGZ 1984, 133), weil der WEer idR auf diese Auskunft angewiesen ist, denn aus dem Grundbuch und den Grundakten müssen die ladungsfähigen Anschriften nicht hervorgehen (vgl. § 15 Abs. 1 GBV); zudem kann sich ein Eigentümerwechsel auch außerhalb des Grundbuchs vollziehen (BGH NJW 2013, 1003 Rn. 11). Nach dem OLG Frankfurt (OLGZ 1984, 258) selbst dann, wenn dem ein ablehnender Beschl vorangnig, Ja.
83O	**Ordnungsmäßigkeit der Verwaltung:** Ein Anspruch auf Beantwortung solcher Fragen, auf deren Klärung der WEer angewiesen ist, um sich ein umfassendes Bild über die Ordnungsmäßigkeit der Verwaltung zu machen (OLG Celle DWE 1985, 25), Ja.
83R	**Rücklage:** Die schriftliche Auskunft über die Entwicklung der Rücklage, da ein vorausgehender Beschl der WEer fehle (KG ZMR 1987, 100). Dies steht im offensichtlichen Widerspruch zum BayObLG (WuM 1989, 44), nein.
83V	**Verwaltungsfragen:** nein (BGH NJW 2011, 1137).
83W	**Werkzeug:** Ein Auskunftsverlangen über den Bestand an Werkzeugen (WuM 1988, 191), nein. **Wirtschaftsplan:** nein (BGH NJW 2011, 1137).

Wirtschaftsplan, Rechnungslegung **§ 28**

Da jeder WEer Anspruch auf ordnungsgemäße Verwaltung hat (§ 21 Abs. 4), muss es auch jedem WEer möglich sein zu überprüfen, ob der Verwalter dieser Pflicht nachkommt, was ohne Auskunftspflicht nicht möglich ist. Ohne Auskunftspflicht könnte der WEer zB seinem Mieter gegenüber seinen Verpflichtungen auf unbeschränkte Auskunft nicht nachkommen, er wäre rechtlos gestellt,[493] oft kann auch nicht ein Jahr gewartet werden. Aber es besteht keine Pflicht des Verwalters zur Auskunft gegenüber Käufern.[494]

c) Einsicht

Von der Auskunft ist die Einsicht abzugrenzen. Durch das Einsichtsrecht will **84** sich der WEer zwar auch Kenntnis über bestimmte Vorgänge verschaffen, jedoch nicht durch Erklärung des Verwalters, sondern durch Einsichtnahme in Urkunden. Gemäß § 24 Abs. 6 S. 3 ist jeder WEer bereits zur Einsicht in die Niederschrift berechtigt. Darunter fallen jedoch nicht private Mitschriften des Verwalters.[495] Grundsätzlich besteht ein **uneingeschränktes Einsichtsrecht des Wohnungseigentümers in die Verwaltungsunterlagen**.[496] Nur das Verbot des Rechtsmissbrauchs (§ 242 BGB) und das Schikaneverbot (§ 226 BGB) begrenzen das Einsichtsrecht.[497]

d) Ort der Einsicht

Jeder WEer hat generell ein Einsichtsrecht in die Belege zumindest am Ort **des** **85** **zu verwaltenden Gebäudes**[498] oder **in den Geschäftsräumen des Verwalters**.[499] Die WEer können deshalb keinen neutralen Ort verlangen,[500] es sei denn, der WEer muss um seine körperliche Unversehrtheit fürchten, dann außerhalb der Büroräume.[501] Dieses Recht verliert er auch nicht, wenn ein Beschl, zB über die JA gefasst wird,[502] oder nach Entlastung,[503] oder wenn er ausgeschieden ist,[504] und bedarf auch nicht der Gestattung durch Beschl, weil jeder WEer MEer der Unterlagen ist. Ein solcher Anspruch ist auch nicht durch Beschl abdingbar,[505] vielmehr hat der Verwalter die Unterlagen jederzeit zur Einsicht bereitzuhalten.[506] Darunter fallen aber nicht die Aushändigung von Protokollen.[507] Eine Beschränkung des Einsichtsrechts auf die letzten zehn Jahre ist

---

[493] Ausführlich Sauren WE 1989, 4.
[494] OLG Köln WuM 1999, 301.
[495] KG NJW 1989, 532.
[496] AG Bremen ZMR 2013, 386.
[497] BGH NJW 2011, 1137 Rn. 8; AG Bremen ZMR 2013, 386.
[498] OLG Köln ZMR 2001, 851.
[499] BGH NJW 2011, 1137; BayObLG WE 1989, 145.
[500] OLG Köln NZM 2006, 702.
[501] OLG Hamm ZMR 1998, 587.
[502] BayObLG WuM 1989, 145.
[503] BayObLG WuM 1996, 661.
[504] KG NZM 2000, 828.
[505] OLG Hamm NJW-RR 1988, 598, zB nicht möglich: Einsicht nur durch den Beirat.
[506] OLG Frankfurt OLGZ 1984, 333.
[507] BayObLG DWE 2004, 93.

nicht anzuerkennen,[508] ebenso wenig die praktischen Probleme einer Großanlage für den Verwalter.[509] Der Anspruch ist ggf. gerichtlich erzwingbar (§ 43 Nr. 1 gegen den Verband oder § 43 Nr. 2 gegen Verwalter[510]). Bei einer Entfernung von 21 km zum Sitz des Verwalters und einer Fahrtzeit von rund 30 Minuten ist eine Unzumutbarkeit der Einsichtnahme am Sitz des Verwalters nicht gegeben.[511]

e) Bevollmächtigung

86 Der WEer kann hierzu auch Dritte bevollmächtigen, idR kommt eine **zur Verschwiegenheit verpflichtete Person** in Frage, da ansonsten die Angelegenheiten der WEer der Öffentlichkeit preisgegeben sind. Dies ist aber nicht Bedingung. Der WEer kann auch eine Begleitperson mitbringen.[512]

f) Kopien

87 Es besteht **kein Anspruch auf Anfertigung und Zusendung** von Ablichtungen von Verwaltungsunterlagen selbst gegen Kostenerstattung.[513] Jeder WEer hat darüber hinaus ein eigenes Recht zur Anfertigung von Abschriften[514] und gegen den Verwalter einen Anspruch[515] auf Fertigung von Fotokopien gegen Kostenerstattung (zB 0,50 EUR zuzüglich Mehrwertsteuer[516]), der auch im Wege der einstweiligen Anordnung durchgesetzt werden kann.[517]

g) Unterlagen

88 Der Anspruch beschränkt sich auf die **vorhandenen** Unterlagen. Der Verwalter hat nach dem OLG Hamm[518] keine Pflicht, alte, nicht vom Vorverwalter erhaltene Unterlagen zu beschaffen, nicht einmal herauszuverlangen (zumindest letzteres ist fraglich). Überlässt der Verwalter einem WEer Verwaltungsunterlagen zur Prüfung außerhalb seiner Geschäftsräume, kommt regelmäßig ein Leihvertrag zustande mit der Folge, dass der Verwalter die Herausgabe der Unterlagen im eigenen Namen verlangen kann.[519]

---

[508] BayObLG NJWE 1997, 14, 15.
[509] BayObLG NZM 2000, 873.
[510] OLG Hamm NJW-RR 1988, 598.
[511] BGH NJW 2011, 1137; LG Köln ZMR 2011, 668.
[512] LG Hamburg ZMR 2012, 292; Bub FW VII, 37 mwN.
[513] BGH NJW 2011, 1137.
[514] OLG Karlsruhe MDR 1976, 758.
[515] OLG Hamm ZMR 1998, 586; OLG Celle DWE 1984, 126.
[516] AG Köln DWE 1989, 72.
[517] AG Aachen ZMR 1988, 111 m. Anm. Sauren.
[518] Vom 26.3.1998 – 15 W 343/97.
[519] BGH ZMR 2011, 976.

§ 29 Verwaltungsbeirat

(1) ¹Die Wohnungseigentümer können durch Stimmenmehrheit die Bestellung eines Verwaltungsbeirats beschließen. ²Der Verwaltungsbeirat besteht aus einem Wohnungseigentümer als Vorsitzenden und zwei weiteren Wohnungseigentümern als Beisitzern.
(2) Der Verwaltungsbeirat unterstützt den Verwalter bei der Durchführung seiner Aufgaben.
(3) Der Wirtschaftsplan, die Abrechnung über den Wirtschaftsplan, Rechnungslegungen und Kostenanschläge sollen, bevor über sie die Wohnungseigentümerversammlung beschließt, vom Verwaltungsbeirat geprüft und mit dessen Stellungnahme versehen werden.
(4) Der Verwaltungsbeirat wird von dem Vorsitzenden nach Bedarf einberufen.

Übersicht

	Rn.
1. Regelungsinhalt	1
2. Rechtsbeziehung	2
3. Anspruch auf Bestellung	3
4. Installierung	
a) Einführung	4
b) Abdingbarkeit	5
c) Zusammensetzung	6
d) Mitglied des Beirats	7
e) Amtszeit	8
f) Beendigung	9
aa) Unentgeltlich (Ehrenamt)	10
bb) Entgeltliche Tätigkeit	11
5. Anfechtung	
a) Formell	12
b) Materiell	12a
6. Aufgaben	13
7. Delegation von Beiratsaufgaben	14
8. Erweiterungen des Aufgabenfeldes	15
9. Aufgabendurchführung	
a) Unterstützung (Abs. 2)	16
b) Rechnungsprüfung (Abs. 3)	17
c) Aufgabenerzwingung	18
d) Fehlende Ermächtigung	19
e) Befugnisse	19a
f) Herausgabepflicht	19b
10. Rechtstellung gegenüber den Wohnungseigentümern	20
a) Auskunftspflicht	20a
b) Einsichtsrecht	21
c) Fotokopien	22
11. Entlohnung	23
12. Steuerliche Behandlung	
a) Einkommensteuer	24
b) Umsatzsteuer	25
13. Stimmrecht	26

	Rn.
14. Entlastung	27
15. Haftung	28
a) Gefälligkeitsvertrag (Ehrenamt)	29
b) Unerlaubte Handlung	30
c) Vertrag	31
16. Haftung der Wohnungseigentümer gegenüber Dritten	32
17. Beiratssitzung (Abs. 4)	
a) Einberufungsrecht	33
b) Form	33a
c) Beschluss	33b
d) Niederschrift	33c
e) Fehlerhafte Beschlüsse	33d
18. Gerichtliches Verfahren	34

1. Regelungsinhalt

1 Dieser Paragraph regelt das weitere dritte Organ einer Gem, nämlich den Verwaltungsbeirat. Der Verwaltungsbeirat nimmt als **fakultatives**[1] **Verwaltungsorgan** eine wichtige Funktion für die WEer ein, da ihm in erheblichem Umfang das Vertrauen der WEer übertragen ist. Dies ergibt sich bereits daraus, dass ein Vorschlag, der vom Beirat unterstützt wird, idR das Votum der WEer ganz wesentlich beeinflusst.[2] Seine Position ist aber ohne Rechtsmacht ausgestaltet. Trotzdem ist in der Praxis die Bestellung die Regel geworden und wird allgemein empfohlen.[3]

2. Rechtsbeziehung

2 Wie beim Verwalter ist auch beim Beirat zwischen der Bestellung und einem (ggf. mündlichen) Vertrag zu unterscheiden (Trennungstheorie).[4] Auf Grund der Rechtsfähigkeit des Verbandes und der Aufgaben des Beirates sind die Rechtsbeziehung **zum Verband vorrangig, die zu den Wohnungseigentümern untergeordnet**.[5] Dies führt deshalb nicht zu einem doppelten Organ,[6] sondern zu einem Vertrag zugunsten Dritter.[7] Kein Beirat hat die Intention, mit den WEern einen Vertrag abzuschließen, von ihnen erhält er auch kein Mandat, sondern vom Verband. Damit besteht nur ein Vertrag mit dem Verband. Die jeweiligen Mitglieder und nicht das Organ „Verwaltungsbeirat" sind Auftragnehmer, da das Organ keine eigene Rechtspersönlichkeit besitzt.[8]

---

[1] Sauren ZMR 1984, 325.
[2] OLG Zweibrücken OLGZ 1983, 438, 439.
[3] BayObLG WuM 2000, 148.
[4] Bärmann/Merle Rn. 18; Gottschalg Rn. 44
[5] Gottschalg Rn. 47 ff.
[6] Gottschalg, FS Bub, S. 78; Rn. 66.
[7] Abramenko ZWE 2006, 275, Riecke Rn. 14, Jennißen Rn. 15, Bärmann/Merle Rn. 18.
[8] OLG Düsseldorf NZM 1998, 36.

3. Anspruch auf Bestellung

Zu unterscheiden ist die Frage, ob ein Beirat eingerichtet wird, und der Bestellung des jeweiligen Beirats, wobei regelmäßig in der Bestellung konkludent auch die Einrichtung liegt.[9] Es besteht **kein Anspruch** eines WEers oder einer Minderheit auf Bestellung eines Beirats,[10] wenn durch Vereinb nicht zwingend ein Beirat vorgesehen ist. Ein Beschluss, entgegen der Regelungen in der GO einen Beirat zu bestellen, ist nichtig.[11] **3**

4. Installierung

a) Einführung

Die Einführung erfolgt **durch Vereinbarung**[12] **oder Beschluss**.[13] Die **Wahl der Mitglieder** erfolgt **durch Beschluss**, einer gesonderten Bestellung bedarf es nicht,[14] ebenso wie bei anderen Ausschüssen.[15] Ein Mitglied ist stimmberechtigt, nicht (gemäß § 25 Abs. 5) ausgeschlossen, selbst wenn auch über den Vertrag abgestimmt wird.[16] Mit der Wahl ist die Bestellung erfolgt. Jedes Mal ist zu fragen, ob eine Beiratswahl tatsächlich gewollt war, zB bei Wahl eines „beratenden Mitgliedes ohne Haftung und ohne Stimmrecht". Beiratswahl liegt vor, wenn der WEer das Recht hat, an allen Beiratssitzungen teilzunehmen, zu allen Fragen seine Meinung darzulegen und somit an allen Entscheidungen mitzuwirken.[17] Einem einzelnen WEer können Aufgaben eines Beirates auch teilweise übertragen werden, ohne dass er als Beirat bestellt wird.[18] Wird durch den teilenden WEer in der GO vorgesehen, dass statt dem gesetzlich vorgesehenen Mehrheitsbeschl Einstimmigkeit notwendig ist, ist dies nach BayObLG auch bei größeren Gem wirksam.[19] Wird danach über mehrere Jahre hinweg der Beirat per Mehrheitsbeschl gewählt, kann eine Abänderung nur angenommen werden, wenn alle WEer dauerhaft in Zukunft per Mehrheitsbeschl wählen wollen. Dazu muss den WEern nach dem BayObLG die Regelung in der GO bekannt sein.[20] **4**

---

[9] BayObLG WuM 2000, 148.
[10] OLG Düsseldorf NJW-RR 1991, 594, 595; Bub ZWE 2002, 11; aA Bärmann/Merle Rn. 8.
[11] LG München v. 12.4.2010 – 36 S 16624/09.
[12] BayObLG DWE 1984, 30.
[13] OLG Zweibrücken DWE 1987, 137.
[14] BayObLG WuM 2000, 148.
[15] ZB Bauausschuss, OLG Frankfurt OLGZ 1988, 188; oder Kassenprüfer, Sauren ZMR 1984, 325.
[16] Folgerung aus BGH NJW 2002, 3704; so auch Gottschalg, FS Bub, S. 80.
[17] OLG Düsseldorf WE 1995, 278.
[18] BayObLG NJW-RR 1994, 338 bei Ausschluss durch TErkl.
[19] BayObLG NJW-RR 2005, 165.
[20] BayObLG NJW-RR 2005, 165.

b) Abdingbarkeit

5 Die Bestellung eines Beirats kann durch Vereinb ausgeschlossen sein,[21] dann muss dies aber eindeutig erfolgen, zB reicht die bloße Streichung einer Passage in einem Formularvertrag nicht aus.[22] Das BayObLG[23] hat eine Vereinb, nach der der Bestellung alle WEer zustimmen mussten, als wirksam angesehen, obwohl in großen WEerGem dies faktisch unmöglich ist.

c) Zusammensetzung

6 Das Gesetz bestimmt, dass der Beirat aus **einem Wohnungseigentümer als Vorsitzendem** und **zwei Wohnungseigentümern als Beisitzern** besteht. Aus dieser Formulierung ergeben sich unterschiedliche Auffassungen hinsichtlich der Anzahl und der Zusammensetzung der Beiratsmitglieder. Weil der Gesetzgeber sowohl die Anzahl drei als auch das Wort „WEer" verwendet hat, ist eine **abweichende Regelung** der WEer von diesem Wortlaut **nur über** eine **Vereinbarung möglich**, zB bei Wahl Außenstehender[24] oder andere Zahl als drei.[25] Zu dem WEer zählt nach dem OLG Frankfurt[26] auch der persönlich haftende Vertreter einer Personengesellschaft, die MEer ist, da Gesellschaften durch natürliche Personen handeln, ebenso der Geschäftsführer für juristische Personen,[27] da durch diese gehandelt wird; nach dem OLG Köln[28] auch die juristische Person selbst, letzteres wird zu Recht abgelehnt, da sie nicht handeln können und fremde Dritte durch Bestellung des Vertreters die Zusammensetzung des Beirats vornehmen können und die Tätigkeit höchstpersönlicher Natur ist;[29] nicht jedoch die Gesellschafter, Testamentsvollstrecker, Insolvenzverwalter oder Zwangsverwalter. Aber möglich durch Beschl, wenn die GO eine Abänderung durch qualifizierte Mehrheit vorsieht (sog Öffnungsklausel).[30] Auch eine bisherige, anderweitige dauernde Übung durch Beschl reicht nicht aus.[31] Ist eine solche Vereinb der WEer getroffen worden, so ist jede Mitgliederzahl im Beirat möglich. Für den Einzelfall ist aber ein Beschl ausreichend. Bestimmt die Gem nicht den Vorsitzenden und/oder den Vertreter, so wählt der Beirat sie selbst.[32] Die **Wahl des Vertreters** wird oft vergessen, da das Gesetz ihm aber Aufgaben zuweist, sollte er gewählt werden.[33] Nach der Rechtspre-

---

[21] Vgl. BayObLG WuM 1994, 45.
[22] Vgl. OLG Köln Rpfleger 1972, 261.
[23] BayObLG WuM 1994, 45.
[24] LG Karlsruhe ZMR 2009, 550; KG ZMR 1989, 186; BayObLG NZM 1998, 961.
[25] BGH NJW 2010, 3168; OLG Düsseldorf NJW-RR 1991, 594.
[26] WE 1986, 141.
[27] Palandt/Bassenge Rn. 2.
[28] NZM 2000, 193; aA Gottschalg, FS Bub, S. 82; Schmidt ZWE 2004, 26; Armbrüster ZWE 2001, 356.
[29] Staudinger/Bub Rn. 83; Armbrüster ZWE 2001, 356; aA Kümmel NZM 2003, 303.
[30] BayObLG NZM 1998, 961.
[31] BayObLG NJW-RR 1994, 338.
[32] OLG Köln NZM 2000, 675.
[33] Gottschalg, FS Bub, S. 84.

chung ist deshalb ein Beschl, durch welchen 21 Beiräte bestellt werden, anfechtbar[34] oder Wahl eines Außenstehenden.[35] Finden sich nicht genügend WEer, kann durch Beschluss ein Sonderausschuss für bestimmte einzelne Aufgaben eingerichtet werden, sofern dadurch nicht den WEern und dem Verwalter die ihnen nach dem Gesetz oder durch Vereinb zugewiesenen Befugnisse beschnitten werden. Die Anzahl der Mitglieder eines solchen Ausschusses festzulegen, liegt im Ermessen der WEer. Das Gesetz enthält hierfür keine ausdrückliche Festlegung.[36]

d) Mitglied des Beirats

Mitglied des Beirats oder eines Sonderausschusses kann **nicht der Verwalter** 7 oder der Geschäftsführer der verwaltenden Firmen werden, weil der zu Kontrollierende sich nicht selbst kontrollieren kann.[37] Ein entsprechender Beschl wäre nichtig.[38] Dies muss auch für andere von der Gem Abhängige gelten, wie Angestellte, zB Hausmeister. Ein Gesellschafter einer juristischen Person, zB GmbH oder AG, ist jedoch nach dem OLG Zweibrücken[39] nicht davon betroffen, selbst wenn er Alleingesellschafter ist (letzteres ist bedenklich, weil Alleingesellschafter Geschäftsführer anweisen kann, deshalb ablehnend Bub[40]). Die Mitgliedschaft erfordert neben der Wahl noch einen Vertrag, da niemand gezwungen werden kann, das Amt zu übernehmen. Regelmäßig handelt es sich um einen Auftrag (§ 662 BGB), da kein Entgelt gezahlt wird, sondern nur Aufwandsentschädigung, ansonsten Geschäftsbesorgungsvertrag. Einzelne Kandidaten müssen nicht vor der Versammlung benannt werden, zB in der Einladung.[41]

e) Amtszeit

Da keine gesetzliche Regelung vorliegt, ist diese **unbegrenzt**.[42] Dadurch ist es 8 möglich, zB juristische Personen auf ewig Beiratsmitglied werden zu lassen. Ebenso soll es nach dem OLG Köln[43] möglich sein, der juristischen Person einseitig ein Delegationsrecht in den Beirat durch unangefochtenen Beschl zu gestatten.[44] Eine **zeitliche Beschränkung ist sinnvoll**, zB nach zwei bis drei Jahren, wobei sich empfiehlt, sie zeitversetzt zur Wahl des Verwalters durchzuführen.

---

[34] BayObLG ZMR 2003, 760.
[35] BGH NJW 2010, 3168.
[36] BGH NJW 2010, 3168 Rn. 8.
[37] OLG Zweibrücken OLGZ 1983, 438, 440.
[38] OLG Zweibrücken OLGZ 1983, 438, 440.
[39] OLG Zweibrücken OLGZ 1983, 438, 440.
[40] PiG 61, 10.
[41] Armbrüster PiG 61, 43f.
[42] OLG Köln NZM 2000, 193.
[43] NZM 2000, 193.
[44] Überholt durch BGH NJW 2000, 3500.

f) Beendigung

9 Beendigungsgründe sind:
- **Beschlussanfechtung:** Zunächst kann sie durch Ungültigkeitserklärung des Bestellungsbeschlusses enden (Rn. 12).
- Regelmäßig endet sie durch **Zeitablauf** oder **Rücktritt** des Mitglieds.
- Ein Antrag auf **gerichtliche Abberufung** des Beirats ist ohne vorherige Anrufung der Versammlung zulässig, wenn feststeht, dass ein entsprechender Antrag abgelehnt werden würde.[45]
- Eine **Abwahl** kann komplett oder bzgl. einzelner Mitglieder erfolgen.[46]
- Keine Möglichkeit, durch Beschl einzelnen WEer ggf. auf Zeit die Wahlmöglichkeit zum Beirat zu nehmen **(Berufsverbot)**, wegen fehlender Beschlusskompetenz.

Des Weiteren ist wie folgt zu unterscheiden:

10 **aa) Unentgeltlich (Ehrenamt).** Nach OLG Hamm[47] ist bei unentgeltlicher Tätigkeit die Abwahl jederzeit durch Beschluss möglich. Grundsätzlich endet das Amt **durch Abwahl oder Neuwahl**[48] **oder** bei zeitlicher Beschränkung **durch Ablauf der Zeit.**[49] Die Mitglieder können ihr Amt jederzeit niederlegen, jedoch nicht zur Unzeit (§ 671 BGB). Nach dem BayObLG[50] scheidet ein Beiratsmitglied durch Ausscheiden aus der Gem auch aus dem Beirat aus.[51] Des Weiteren endet das Amt durch Zeitablauf (zB bei Profibeirat, s. Rn. 8) oder durch Niederlegung des Amtes durch den Beirat.[52] Das BayObLG[53] will auch bei einem Wiedereintritt in die Gem den WEer nicht automatisch wieder Beirat werden lassen. Dem ist zu widersprechen; diese Fallgestaltung zeigt gerade, dass es durchaus nicht dem Interesse der WEer entspricht, wenn ein WEer durch Austritt aus einer Gem auch aus dem Beirat automatisch austritt. Ansonsten erfolgt Beendigung durch Abberufung, die durch gerichtliche Antragstellung nicht hinausgeschoben wird.[54] Bei Ausscheiden eines Mitglieds wird der Beirat nicht insgesamt aufgelöst,[55] sondern bleibt als Schrumpfbeirat bis zur Ergänzungswahl (worauf Anspruch bestehen soll[56]) oder Neuwahl bestehen.[57] Deshalb ist auch die vorsorgliche Wahl von Ergänzungsbeiräten nicht notwendig, aber rechtlich nicht zu beanstanden.[58]

---

[45] OLG München ZMR 2006, 962.
[46] LG Nürnberg ZMR 2001, 746.
[47] NZM 1999, 227.
[48] LG Nürnberg ZMR 2001, 746.
[49] OLG Hamm NZM 1999, 227.
[50] ZMR 1993, 127.
[51] Armbrüster PiG 61, 50.
[52] KG ZMR 1997, 544.
[53] KG ZMR 1997, 544.
[54] OLG Hamm NJW-RR 1997, 1233.
[55] BayObLGZ 1988, 212, 214; OLG Düsseldorf NJW-RR 1991, 594, 595.
[56] Bub PiG 61, 13.
[57] Armbrüster PiG 61, 39.
[58] OLG Düsseldorf NJW-RR 1991, 594, 595.

bb) **Entgeltliche Tätigkeit.** Soweit eine entgeltliche Tätigkeit ausgeübt wird, endet die Tätigkeit **durch Zeitablauf ohne Möglichkeit der jederzeitigen Niederlegung**.[59] Die Gem kann jederzeit das Mitglied entlassen.[60] Besteht in der Gem ein auf unbefristete Zeit eingesetzter Beirat, kann der Verwalter über den Antrag eines WEers auf „Neuwahl des Beirates" zunächst eine Abstimmung darüber herbeiführen, ob überhaupt der Beirat neu zu bestellen ist, und vom Ausgang dieser Abstimmung die Neuwahl abhängig machen.[61]

11

5. Anfechtung

a) Formell

Die Beschlussfassung über die Bestellung zum Mitglied des Beirats muss sich im Rahmen ordnungsgemäßer Verwaltung halten (vgl. § 21 Abs. 3, Abs. 4). Dabei ist nach dem LG Schweinfurt eine **Blockwahl** zulässig.[62] Der WEer ist bei seiner Wahl nicht vom Stimmrecht ausgeschlossen.[63]

12

b) Materiell

Die Bestellung zum Mitglied des Beirats verstößt dann gegen die Grundsätze ordnungsgemäßer Verwaltung und ist auf fristgerechte Anfechtung hin für ungültig zu erklären, wenn ein **wichtiger Grund** vorliegt.[64] Ein wichtiger Grund liegt dann vor, wenn unter Berücksichtigung aller Umstände eine **Zusammenarbeit** mit dem gewählten Mitglied oder Vorsitzenden des Beirats **unzumutbar und das erforderliche Vertrauensverhältnis von vornherein nicht zu erwarten** ist.[65] Da der Beirat gemäß Abs. 2 und 3 keine Entscheidungsbefugnis, sondern nur Funktionen ergänzender Art hat, sind nach dem OLG Köln[66] nicht die gleichen Anforderungen wie an einen Verwalter zu stellen, sondern geringere. Nach aA soll dies allerdings nur dann der Fall sein, wenn schwerwiegende Umstände gegen die Person des Gewählten sprechen. Nur dann besteht eine zwingende Notwendigkeit, in die Entscheidung der WEer einzugreifen,[67] zB bei Vorstrafen vermögensrechtlicher Natur. Hierauf darf ein WEer in der Versammlung auch hinweisen, wenn der Verurteilte weiterhin auf unlautere und unredliche Weise eigene Vorteile erstrebt, zB sich für das Amt des Beiratsvorsitzenden zur Wahl stellt.[68] Nicht reicht aus, dass Beirat uU keine Tätigkeiten ge-

12a

---

[59] Brych WE 1990, 44.
[60] LG Nürnberg ZMR 2001, 746.
[61] OLG München ZMR 2007, 996.
[62] WuM 1997, 644; KG NZM 2005, 107; Gottschalg, FS Bub, S. 79; aA LG Düsseldorf NZM 2004, 468.
[63] BayObLG WE 1991, 226.
[64] BayObLG WE 1991, 226.
[65] BayObLG WuM 2000, 148; ZMR 2003, 438.
[66] NJW-RR 2000, 88.
[67] BayObLG WE 1991, 226.
[68] OLG Frankfurt NJW 1976, 1410.

gen einzelne WEer, zB Bauträger bei Abnahme, entfaltete[69] oder bei Streit mit einem anderen WEer oder wenn er Unregelmäßigkeiten des Verwalters nicht erkannte, es sei denn, er hat Vorgaben des Gerichts nicht beachtet[70] oder wenn er als Anwalt anderen WEer und/oder Gem und/oder Verwalter vertritt[71] oder er Verkaufsabsichten hinsichtlich seiner Wohnung hat[72] oder allein das Übersehen von Fehlern, die später zur gerichtlichen Beanstandung von Beschlüssen führen oder das Vorliegen von Entziehungsgründen nach §§ 18, 19[73] reicht nicht aus, um die Eignung zu verneinen.[74]

6. Aufgaben[75]

13 Neben den in Abs. 2 und 3 bezeichneten besteht noch (gemäß § 24 Abs. 6) die Pflicht des Vorsitzenden/Stellvertreters zur **Mitunterzeichnung des Versammlungsprotokolls** und ggf. **zur Einberufung einer Versammlung**[76] (§ 24 Abs. 3). Hat das nach Amtsniederlegung durch den Verwalter und der weiteren Mitglieder des Beirates einzig verbliebene Beiratsmitglied Befugnisse des Vorsitzenden ausgeübt, nämlich (hier) zu einer weiteren Versammlung eingeladen, bestellt es sich damit schlüssig selbst zum Vorsitzenden des Beirates. Für diese Versammlung besteht dann kein Ladungsmangel.[77] Der Beirat kann – wenn in der GO nichts anderes bestimmt ist – seine Pflicht zur Stellungnahme aus Abs. 3 zum Entwurf eines WP auch noch in der Versammlung (mündlich oder schriftlich) abgeben.[78] Die Überprüfung des WP durch den Beirat ist keine Wirksamkeitsvoraussetzung.[79] Auch wenn die Bestellung des Beirates, welcher die Prüfung vorgenommen hat, unwirksam ist, führt dies nicht zur Unwirksamkeit des WP.[80] Eine Überwachungspflicht oder ein Überwachungsrecht hinsichtlich des Verwalters besteht also nicht,[81] obwohl er als Kontrolleur des Verwalters von Gerichten angesehen wird.[82] Er vertritt auch die WEer nicht gegenüber dem Verwalter.[83] Deshalb auch keine Pflicht, Prozesse auf „Haltbarkeit" zu überprüfen.[84]

---

[69] BayObLG WuM 2000, 148.
[70] OLG Köln NJW-RR 2000, 88.
[71] OLG Frankfurt NZM 2001, 627.
[72] BayObLG ZMR 2001, 996.
[73] LG Baden-Baden ZMR 2009, 273.
[74] OLG Köln OLGR 2006, 590.
[75] Ausführlich Drasdo PiG 61, 63 ff.
[76] OLG Celle ZWE 2002, 276.
[77] OLG München NZM 2005, 750.
[78] BayObLG DWE 1984, 30.
[79] BayObLG NZM 2004, 235; KG NJW-RR 2003, 1596.
[80] BayObLG NZM 2004, 623.
[81] BayObLG NJW 1972, 1377.
[82] OLG Zweibrücken OLGZ 1983, 439.
[83] OLG Koblenz WuM 1999, 429.
[84] LG Düsseldorf ZMR 2014, 389.

7. Delegation von Beiratsaufgaben

Es bleibt den WEern auch überlassen, durch Beschl Teile der Aufgaben des Beirats (zB Überprüfung des WP und der Abrechnung auf Kassenprüfer:[85] dann bleibt die Verantwortung beim Beirat, eine Ersetzung der Aufgaben des Beirats wäre anfechtbar) oder andere Aufgaben (zB Bauausschuss[86]) auf einzelne WEer oder mehrere zu delegieren (sog Sonderausschüsse), ohne dass es sich um einen Beirat iSv § 29 handelt.[87] Die **Grenzen** liegen in den **unabdingbaren Aufgaben des Verwalters** (§ 27 Abs. 3). Der Ausschuss kann den Verwalter nicht zu etwas ermächtigen ohne Beschl der Gem.[88]

14

8. Erweiterungen des Aufgabenfeldes

Erweiterungen des Aufgabenfeldes des Beirates **sind** ohne weiteres **möglich**[89] (Mitunterschrift der übrigen Mitglieder des Beirates unter das Protokoll; Aushandeln des Verwaltervertrages und Abschluss, Bevollmächtigung;[90] Verhandlungen mit Verwalter über Schadensersatz[91]), soweit nicht zwingende Regelungen entgegenstehen (zB § 27 Abs. 1 und 2). IdR wird Beschl dafür ausreichen, es sei denn, Beschränkungen anderer Verwaltungsorgane erfordern Vereinb. Desweiteren besteht auch ein **Weisungsrecht der Gemeinschaft gegenüber den Beiräten**.[92] Möglich ist nach OLG Hamburg auch, dem Beirat die Kompetenz zum Beschl über die JA zuzuweisen, dann sind dessen Beschlüsse nicht anfechtbar, jedoch nach OLG Hamm[93] nichtig, wenn die Verteilung der Kostenpositionen nicht dem in der Anlage geltenden Verteilungsschlüssel entspricht. Eine danach erfolgende Beschlfassung der WEer über die JA und den WP ist nur anfechtbar und nicht nichtig. Der an Stelle des Beirates gefasste Beschl greift nicht in den Kernbereich ein, denn § 28 Abs. 5 sieht gerade das vor, dass in Abweichung von der für ihre Anlage maßgeblichen TErkl mehrheitlich beschlossen werden kann, nämlich die Beschlzuständigkeit der WEerversammlung.[94] Wird dem Beirat die Aufgabe zugewiesen, den Verwaltervertrag abzuschließen, ohne dass ihm konkrete inhaltliche Vorgaben gemacht werden, ist der Verwaltervertrag nach OLG Köln jedenfalls dann wirksam, wenn der Ermächtigungsbeschl nicht angefochten wird.[95]

15

---

[85] Sauren ZMR 1984, 225.
[86] OLG Frankfurt OLGZ 1988, 188; AG Hamburg ZMR 2014, 57.
[87] BGH ZWE 2010,216, BayObLG NJW-RR 1994, 338.
[88] OLG Celle ZMR 2001, 642.
[89] OLG Düsseldorf ZMR 1998, 104.
[90] OLG Köln NJW 1991, 1302, 1303.
[91] OLG Hamm ZMR 1997, 433; s. ergänzend Schmidt ZWE 2001, 137.
[92] Bub PiG 61, 19.
[93] MietRB 2007, 238.
[94] OLG Hamburg ZWE 2004, 177.
[95] OLG Köln ZMR 2003, 604.

9. Aufgabendurchführung

a) Unterstützung (Abs. 2)

16 Auf jeden Fall ist es Aufgabe des Beirats, die Unterstützung **des Verwalters** vorzunehmen.[96] Diese erstreckt sich auf die Vorbereitung der Versammlung, Mithilfe bei Ausführung von Beschlüssen, Durchführung der Hausordnung, Angebotseinholung bis zur Information der WEer.

b) Rechnungsprüfung (Abs. 3)

17 Nach Abs. 3 ist es ua Aufgabe des Verwaltungsbeirats, die Rechnungs- und Belegprüfung des Verwalters durchzuführen und mit einer Stellungnahme zu versehen. Das Gesetz enthält hierzu keine weiteren konkreten Ausführungen, deshalb gelten zunächst die allgemeinen Prüfungsgrundsätze, also **rechnerische und sachliche Prüfung**, Prüfung der **Kostenverteilung**, des **Vermögensstatus** und der **Kostenvoranschläge**. Dies bedeutet, dass es (lediglich) um die rechnerische Richtigkeit geht, es nämlich zB die Zahlen in der Abrechnung selbst und in zugrunde liegenden Belegen übereinstimmen. Demgegenüber ist es nicht Aufgabe des Beirates, Anforderungen der höchstrichterlichen Rechtsprechung an die Abrechnungsmethode zu überprüfen. Damit wäre der Beirat von vornherein überfordert.[97] Nach OLG Düsseldorf[98] gehören desweiteren die rechnerische Schlüssigkeit der Abrechnung und eine stichprobenhafte Prüfung, die der sachlichen Richtigkeit dient und nur durch Prüfung der Belege erfolgen kann, dazu. Neben der Überprüfung der sachlichen Richtigkeit der einzelnen Abrechnungsposten ist auch zu prüfen, ob von allen WEern die mit dem WP beschlossenen Hausgeldzahlungen geleistet wurden[99] oder in welcher finanziellen Lage die Gem ist. Die Tätigkeit schließt ein, die Gem in angemessener Zeit zu informieren, wenn ihm bei Prüfung der vom Verwalter vorgelegten Unterlagen Tatsachen bekannt werden, die eine Abberufung des Verwalters und eine Kündigung des Verwaltervertrages rechtfertigen könnten. Er kann dazu die Einberufung einer außerordentlichen Versammlung veranlassen oder selber gemäß § 24 Abs. 3 die Versammlung einberufen, wenn der Verwalter fehlt oder sich pflichtwidrig weigert, diese einzuberufen.[100]

c) Aufgabenerzwingung

18 Die Auftragserfüllung ist gesetzlich nicht erzwingbar. Es besteht **kein Anspruch der Wohnungseigentümer auf Erstellung eines Prüfungsberichts**.[101] Bei Versagen ist vielmehr eine Neuwahl gegeben, falls der WEer darauf Anspruch hat.

---

[96] Brych WE 1990, 17.
[97] AG Hamburg ZMR 2013, 389 Rn. 31.
[98] ZMR 1998, 107.
[99] AG Düsseldorf v. 5.7.2010 – 292a C 16167/09.
[100] KGR Berlin 2009, 893.
[101] KG ZMR 1997, 544.

Verwaltungsbeirat § 29

d) Fehlende Ermächtigung

Ohne eine **Aufgabenzuweisung** bestehen folglich keine Befugnisse zur Kündigung oder Auswahl und Bestellung des Verwalters[102] oder Entlastung des Verwalters,[103] oder Änderung von Vertragsverhältnissen der WEerGem, zB mit dem Verwalter[104] oder zur Klagebefugnis bei Mängeln am GE[105] oder Beschl der WEer aufzuheben oder zu ändern.[106] Ebenfalls hat er nicht Reparaturen selbständig zu vergeben,[107] selbst bei unangefochtenem Beschl aber keine WP-Aufstellung,[108] es sei denn Öffnungsklausel (Vor § 10 Rn. 15). S. § 21 Rn. 10. 19

e) Befugnisse

Die Aufgabenerfüllung setzt voraus, dass jedes Mitglied die Unterlagen und Belege des Verwalters einsehen und von ihm jederzeit Auskunft erhält.[109] Ein Recht zur Anfertigung von Kopien zulasten der Gem besteht ebenfalls, da ansonsten die Aufgaben nicht erfüllt werden können. 19a

f) Herausgabepflicht

Herausgabepflicht besteht bzgl. seiner Beiratsunterlagen bei Beendigung des Amtes an Nachfolger bzw. Verwalter, soweit ermächtigt, zB von Urkunden,[110] wobei es auf das Eigentum nicht ankommt. 19b

10. Rechtstellung gegenüber den Wohnungseigentümern

Aufgrund der Stellung des Beirates als **Vertrauter** der WEer sind die Rechte zu dem Beirat für die WEer wichtig. 20

a) Auskunftspflicht

Auskunftspflicht gegenüber WEer nach BayObLG,[111] idR jedoch nur in der Versammlung und gerichtlich nur, wenn WEer von anderen ermächtigt ist.[112] Es sei denn individueller Anspruch aus Treu und Glauben.[113] Gegenüber Dritten besteht keine Auskunftspflicht. 20a

---

[102] LG Lübeck DWE 1986, 64.
[103] BayObLG WE 1988, 207.
[104] BayObLG NJW 1965, 821.
[105] OLG Frankfurt NJW 1975, 2297, dort aber bejaht, da Beirat zur Abnahme bevollmächtigt.
[106] BayObLG Rpfleger 1980, 23.
[107] OLG Düsseldorf WE 1998, 32 m. abl. Anm. Sauren; Münstermann/Schlichtmann DWE 1998, 110.
[108] AA noch OLG Köln ZMR 1998, 374; überholt durch BGH NJW 2000, 3500.
[109] Bärmann/Merle Rn. 57.
[110] OLG Hamm NJW-RR 1997, 1233.
[111] NJW-RR 1992, 1377.
[112] BayObLG WuM 1995, 66; zur Kritik s. § 28 Rn. 80; ebenso Deckert 2, 2380.
[113] Bärmann/Merle Rn. 104.

b) Einsichtsrecht

21 Jeder WEer hat das Recht, in die Unterlagen des Beirats Einsicht zu nehmen, zB Beiratsprotokolle,[114] wobei es auf das Eigentum nicht ankommt, da diese Verwaltungsunterlagen sind.

c) Fotokopien

22 Den WEern steht ebenfalls das Recht zu, auf eigene Kosten Fotokopien von Unterlagen des Beirats zu fertigen.[115]

11. Entlohnung

23 Entlohnung[116] und Aufwendungen (zB Kursgebühren, Getränke, Gebäck für Sitzungen) sind **Verwaltungskosten**.[117] Der faktische Beirat hat aber nach AG Bremen keinen Erstattungsanspruch.[118] Nach der Rechtsprechung ist die **Tätigkeit grundsätzlich unentgeltlich**,[119] kann aber insbesondere bei größeren Gem entlohnt werden oder Aufwendungsersatz erhalten. Hierfür bieten sich verschiedene Möglichkeiten je nach Größe der Anlage an: Entweder pauschale Aufwandsentschädigung, zB pro Sitzung, oder eine Vergütung.[120] Im letzteren Fall muss jedoch die Gegenleistung klar und eindeutig umrissen sein, zB Stundenfestlegung,[121] es reicht nicht, per Beschl pauschal dem Beirat zB 2.500 EUR zuzuwenden.[122] Nach OLG Schleswig ist es aber möglich, pauschale Vergütung festzulegen, etwa 20 EUR pro Sitzung und Fahrkostenerstattung analog der Erstattung für Dienstreisen.[123] Bei Entlohnung dann „Profi-Beirat" als entgeltlicher Geschäftsbesorger (§§ 675, 670 BGB) mit zB anderer Haftung (Rn. 28). Dafür ist aber nicht eine Vereinb Voraussetzung, sondern ein Beschl ist ausreichend.[124] Anfechtbar ist auch, dem Beirat jährlich einen Betrag, zB 250 EUR, zur Verfügung zu stellen, den er für die WEG nach dessen Gutdünken ausgeben kann.[125] Dieselben Kriterien gelten für ein zusätzlich bestelltes Organ, wie Bauausschuss oder Kassenprüfer.[126]

---

[114] Staudinger/Bub Rn. 142 nur in diese, aA Bärmann/Merle nur an Gem, gegenüber einzelnem nur aus Treu und Glauben.
[115] Bärmann/Merle Rn. 57.
[116] ZB angemessene Pauschale, BayObLG NZM 1999, 863.
[117] BayObLG DWE 1983, 123.
[118] WE 2001, 247.
[119] LG Hannover ZMR 2006, 399.
[120] ZB 150 EUR, BayObLG NZM 1999, 863.
[121] Sauren PiG 32, 234.
[122] AG Hannover ZMR 2006, 398, Sauren PiG 32, 234, aA LG Hannover ZMR 2006, 399: 1.200 EUR pauschal pro Jahr pro Beirat bei Anlage mit 340 Einheiten.
[123] OLG Schleswig ZMR 2005, 735.
[124] Palandt/Bassenge Rn. 6; Bub ZWE 2002, 7.
[125] AG Hamburg ZMR 2008, 335.
[126] OLG Schleswig ZMR 2005, 735.

12. Steuerliche Behandlung

a) Einkommensteuer

Beiräte erzielen **Einkünfte aus selbständiger Tätigkeit** (§ 18 Abs. 1 Nr. 3 **24** EStG). Danach[127] ist die Tätigkeit des Beirats mit der eines in einer GmbH oder einem Aufsichtsrat vergleichbar.[128] Denn Aufgabenfelder (§ 29) begründen eine überwachende und damit selbständige Tätigkeit. Die Folge ist, dass die Beiräte als selbständig Tätige eine **Gewinnermittlung** vornehmen müssen. Daher sind die Mitglieder verpflichtet, als Gewinn den Überschuss der Betriebseinnahmen über die Betriebsausgaben ansetzen. Erfreulich ist, dass, wenn der Beirat auch Gewerbetreibender ist, diese Beträge nicht zum Gewerbeertrag gezählt werden,[129] da es sich um eine freiberufliche Tätigkeit handelt. Die Problematik für die Beiräte liegt deshalb auch nicht so sehr auf der Einnahmenseite, sondern vielmehr auf der **Ausgabenseite**. IdR werden die Aufwendungen nur schwer oder überhaupt nicht nachgewiesen werden können. Dies hätte zur Folge, dass die Beiräte die Einnahmen voll zu versteuern hätten. Die Finanzverwaltung hat jedoch unter ganz bestimmten Umständen gewisse Erleichterung gewährt, die für jeden Beirat interessant sind zu wissen. Als erste Möglichkeit können die Beiräte auch ohne einen Nachweis in Höhe von 25 %, höchstens jedoch 650 EUR, die Auslagen pauschalieren, da gemäß einem BMF-Erlass[130] für nebenberufliche Prüfungstätigkeiten diese Größe vorgesehen ist. Gerade aber der Beirat, der nur in einer oder zwei Anlagen seine Tätigkeit ausübt, wird damit jedoch nicht zufrieden sein. Er wird argumentieren, dass die Zahlungen nur eine Kostenerstattung seien und für ihn nicht einsehbar sei, dass er zB diese 25 EUR pro Monat, also insgesamt 300 EUR im Jahr noch mal versteuern müsste. Die Finanzverwaltung hat deshalb schon frühzeitig für die Angehörigen freier Berufe für ehrenamtliche Tätigkeiten in Berufs- und Standesorganisation Erleichterung gestattet.[131] Hiernach sind von den Aufwandsentschädigungen grundsätzlich 1/3, mindestens aber 25 EUR pro Monat steuerfrei, wenn Anspruch und Höhe der Aufwandsentschädigung von einem Gesetz oder einer Verordnung bestimmt sind. Soweit der Kreis der Anspruchsberechtigten und die Höhe der Aufwandsentschädigung nicht durch Gesetz oder Verordnung bestimmt wird, sind zwar ebenfalls 1/3 der Aufwandsentschädigung und monatlich mindestens 25 EUR als steuerfrei zu berücksichtigen, jedoch begrenzt auf den monatlichen Höchstbetrag von 160 EUR. Diese Regelungen sind in weiteren Erlassen vom 10.8.1978 und 6.4.1982[132] nochmals bestätigt worden. Sie gelten natürlich zunächst nur für die Entschädigung an Mitglieder kommunaler Vertretungen. Bei den Beiräten handelt es sich gerade nicht um solche kommunalen Vertretungen, sondern nur um private Entschädigungen. Um den Beiräten Erleichterung zu

---

[127] FG Köln EFG 1995, 255.
[128] FG Münster EFG 1974, 108.
[129] FG Münster EFG 1976, 402.
[130] DB 1994, 305.
[131] FR 1973, 114.
[132] DStR 1982, 593.

gewähren, sollte man daran denken, diese Regelungen entsprechend anzuwenden. Dies lehnt die Finanzverwaltung aber bisher ab.[133]

b) Umsatzsteuer

25 Die Beiräte als Selbständige wären zur Abführung der Umsatzsteuer verpflichtet, da es sich hier um Leistungen handelt, die sie für die Gem erbringen. IdR werden die Beiräte aber deshalb nicht in Anspruch genommen, weil ihr Umsatz pro Jahr unter 17.500 EUR liegt und sie deshalb sog Kleinunternehmer sind (§ 19 UStG), die von der Umsatzsteuer befreit sind. Bei allen Selbständigen und Gewerbetreibenden sieht dies anders aus. Auch hier ist deshalb die Befreiung (§ 4 Nr. 26 UStG) analog zu erteilen, weil es sich um ehrenamtliche Tätigkeit handelt. Das Bundesfinanzministerium macht aber eine weitere Einschränkung, dass nicht mehr als 50 EUR pro Stunde vergütet werden darf.[134]

13. Stimmrecht

26 Der Beirat hat ein **eigenes Stimmrecht**, zB bei seiner Wahl.[135] Ausgeschlossen ist das Stimmrecht bei seiner Abwahl aus wichtigem Grund (str.) und seiner Entlastung.[136] Dies erfasst auch die übrigen Vollmachten und weitere Regelungspunkte, zB Verwalterentlastung.[137]

14. Entlastung

27 Die Entlastung des Beirats bedeutet den **Verzicht auf bis dahin erkennbar entstandene Schadensersatzansprüche**[138] (vgl. § 28 Rn. 68), nicht aber bei Veruntreuung des Verwalters und der Verletzung der Pflichten des Beirats.[139] Nach BGH[140] sollen dieselben **Grundsätze** wie bei **der Verwalterentlastung** gelten. Ein Beschl über die Entlastung des Beirats entspricht nicht ordnungsgemäßer Verwaltung, wenn ein Ersatzanspruch gegen die Beiräte möglich erscheint,[141] zB aus der Prüfung von Jahresabrechnung und Wirtschaftsplan[142] oder wenn der Beirat die Annahme einer unvollständigen Abrechnung empfiehlt,[143] deshalb regelmäßig bei unrichtiger oder zu ändernden JA zu versagen[144] oder

---

[133] DB 2007, 887.
[134] BMF DStR 2013, 763.
[135] BayObLG WE 1991, 226.
[136] OLG Zweibrücken NZM 2002, 345.
[137] OLG Zweibrücken NZM 2002, 345.
[138] BayObLG NJW-RR 1991, 1360.
[139] OLG Düsseldorf ZMR 1998, 107.
[140] NJW 2010, 2127, aA AG Hamburg ZMR 2013, 389.
[141] OLG München ZMR 2008, 905.
[142] BayObLG NJW-RR 1991, 1360; 2004, 1602.
[143] OLG Düsseldorf WE 1991, 251.
[144] BGH NJW 2010, 2127; KG NZM 2001, 241; OLG Hamburg ZMR 2003, 772; AG Saarbrücken ZMR 2012, 308; AG Neuss ZWE 2012, 333.

Verwaltungsbeirat § 29

solange kein ordnungsgemäßer Beschluss über die JA vorliegt,[145] aber nicht bei geringfügigen Mängeln[146] und nicht bei jedem Fehler, denn er muss dem Beirat vorzuwerfen sein, deshalb nicht bei Verstoß gegen Abrechnungsmethode.[147] Nach BayObLG[148] soll dies bei dem Fall der erhöhten Verwaltergebühr für einen WEer mangels Verschulden nicht der Fall sein. Es stellt aber keine Pflichtverletzung der Beiratsmitglieder dar, wenn diese ohne besondere Ermächtigung durch die Gem Gegenstände und Materialien wie Gartengeräte, Pflanzen oder Farben für die Gem anschaffen und sich ihre Auslagen von der Verwaltung erstatten lassen. Kann eine Bereicherung auf Kosten der Gemeinschaft nicht festgestellt werden, kommen auch keine Schadensersatzansprüche in Betracht.[149] Es besteht kein Anspruch auf Entlastung, nach diesseits vertretener Auffassung ist der Beschl ein Verstoß gegen die ordnungsgemäße Verwaltung (vgl. § 28 Rn. 68).

15. Haftung

Haftung des Beirats **gegenüber dem Verband, nicht gegenüber einzelnen Wohnungseigentümern**, Anspruch kann nur durch Verband geltend gemacht werden, ansonsten nur durch Beschl durch Einzelnen, wenn dazu ermächtigt.[150] Die Haftung des Beirats gegenüber WEerGem kann allgemein nur durch Vereinb beschränkt werden. **Beschränkungen** sind im Einzelfall, zB in Bestellungsbeschluss, nicht nichtig.[151] Hierbei ist zwischen entgeltlicher und unentgeltlicher Tätigkeit zu unterscheiden: 28

a) Gefälligkeitsvertrag (Ehrenamt)

Bei unentgeltlicher Tätigkeit ist das **Grundverhältnis** ein **Auftrag** (iSv § 662 BGB, dem sog Gefälligkeitsvertrag[152]). Insgesamt haften die Beiräte als Gesamtschuldner,[153] zB beim Aushandeln des Verwaltervertrages. Werden zusätzliche Aufgaben auf den Beirat übertragen, haften sie ebenfalls aus Auftrag.[154] Ihre Hauptpflicht besteht in der sorgfältigen und gewissenhaften Besorgung des übernommenen Geschäfts. Gegenstand, Art und Weise richten sich nach dem Inhalt des erteilten Auftrages und den erteilten Weisungen.[155] 29

Beispiel: Nichtbeachtung von Weisungen der WEer bei Abschluss des Verwaltervertrages.

---

[145] LG Baden-Baden ZMR 2009, 473.
[146] AG Traunstein ZMR 2012, 63.
[147] AG Hamburg ZMR 2013, 389.
[148] BayObLG NZM 1999, 505.
[149] LG Köln v. 9.12.2010 – 29 S 114/10.
[150] AG Düsseldorf v. 5.7.2010 – 292a C 16167/09.
[151] OLG Frankfurt OLGZ 1988, 188, Riecke Rn. 26, aA Elzer/Riecke ZMR 2012, 171, s. zur Inhaltskontrolle § 10 Rn. 20.
[152] BayObLG NJW-RR 1991, 1360.
[153] OLG Düsseldorf ZMR 1998, 105.
[154] OLG Düsseldorf ZMR 1998, 104.
[155] OLG Düsseldorf ZMR 1998, 104.

Bei Verletzung der Pflicht, auf die desolate finanzielle Situation der WEG hinzuweisen bzw. mitzuteilen, kann Haftung wegen Ausfall von Wohngeld wegen Verjährung eintreten[156] oder bei Provozierung der Kündigung des Verwalters.[157] Grob fahrlässig ist zB die Prüfung der JA ohne Einsicht in Belege vorzunehmen.[158] Dann haftet er als vollmachtsloser Vertreter ggf. auch Dritten gegenüber. Eine Haftung setzt aber ein Verschulden voraus. Das ist nach BayObLG[159] nicht gegeben bei bestrittener überhöhter Verwaltervergütung für einen WEer. Als Verschuldensmaßstab kommt jede Art der Fahrlässigkeit in Betracht.[160] Ein Haftungsprivileg für leichte Fahrlässigkeit scheidet aus, auch die entsprechende Anwendung der Ausnahme des Vereinsrechts (§ 31a BGB).[161]

b) Unerlaubte Handlung

30 Daneben ist eine Haftung der Beiratsmitglieder aus sog unerlaubter Handlung (§ 823 Abs. 1 BGB) möglich. § 831 BGB kommt nicht in Betracht,[162] da die WEerGem die Tätigkeiten des Beirates nicht jederzeit soweit beschränken, entziehen oder nach Zeit und Umfang bestimmen können,[163] so dass sie noch als Geschäftsherrin angesehen werden könnte. Damit haften WEer im Rahmen der abgeschlossenen Verträge, soweit der Beirat hierzu bevollmächtigt wurde. Überschreitet der Beirat seine Vollmacht, so haftet er als vollmachtsloser Vertreter.

c) Vertrag

31 Erfolgt die Entlohnung als Gehalt bzw. Vergütung, so stellt das **Grundverhältnis** einen **Geschäftsbesorgungsvertrag mit Dienstvertragscharakter** (iSv §§ 675, 670, 611 BGB) dar.[164] In diesem Fall sind die Sorgfaltsanforderungen auf die eines entsprechenden Fachmannes anzuheben, und die Schadensersatzpflicht tritt damit durch die erhöhten Anforderungen bereits früher ein.[165]

16. Haftung der Wohnungseigentümer gegenüber Dritten

32 Haftung der WEer gegenüber Dritten für die Tätigkeit des Beirats kommt in Betracht, **wenn** allgemein der **Beirat als Erfüllungsgehilfe** der WEer **tätig ist** (§ 278 BGB), aber nicht als sog Verrichtungsgehilfe (§ 831 BGB[166]), da die

---

[156] AG Düsseldorf v. 5.7.2010 – 292a C 16167/09.
[157] BayObLG ZMR 2000, 45.
[158] OLG Düsseldorf ZMR 1998, 107.
[159] NZM 1999, 505.
[160] Bärmann/Merle Rn. 111; Sauren ZMR 1984, 325 f.
[161] Elzer/Riecke ZMR 2012, 171; Bärmann/Merle Rn. 111.
[162] Weimar JR 73, 8, 10; aA die hM: Staudinger/Bub Rn. 77, Bärmann/Merle Rn. 108 mwN.
[163] BGHZ 45, 311, 313.
[164] Brych WE 1990, 44.
[165] Brych WE 1990, 44.
[166] Sauren ZMR 1984, 325, 326.

Weisungsgebundenheit fehlt,[167] es sei denn, es ist tatsächlich zB durch Beschl der WEer eine Weisung gegeben worden.

17. Beiratssitzung (Abs. 4)

a) Einberufungsrecht

Das Gesetz bestimmt, dass die Sitzung des Beirats **von dem Vorsitzenden nach Bedarf** einberufen wird. Dies wird regelmäßig über das Jahr erforderlich sein, mindestens einmal. Weigert sich der Vorsitzende pflichtwidrig, eine Sitzung einzuberufen oder einen TOP zu bestimmen, so hat jedes Mitglied dieses Recht, jedoch nicht der Verwalter oder ein WEer.[168] 33

b) Form

Die Einberufung sollte wie eine WEerversammlung vom Vorsitzenden vorbereitet werden und in formeller Hinsicht die Regularien beachten, zB Zweiwochenfrist, TOPs, Beschlfähigkeit (§ 25 Abs. 3) etc. Einem Dritten kann die Teilnahme ggf. durch Beschl des Beirates gestattet werden. 33a

c) Beschluss

Soweit keine Geschäftsordnung[169] durch die WEer gegeben ist, ist der Beirat beschlussfähig, **wenn mehr als die Hälfte der Mitglieder anwesend ist**. Mitglied hat Pflicht zu erscheinen, da ansonsten Aufgabe nicht erfüllt werden kann.[170] Vertretung aber zulässig.[171] Leitung hat der Vorsitzende, wenn verhindert der Stellvertreter oder ein anderes Mitglied. **Beschlüsse werden mit einfacher Mehrheit der Mitglieder** gefasst, wobei jedes Mitglied eine Stimme (Kopfstimmrecht) hat.[172] Bei Stimmengleichheit kann Vorsitzendem eine Zweitstimme eingeräumt werden.[173] 33b

d) Niederschrift

Es empfiehlt sich, die Beschl schriftlich niederzulegen und **vom Vorsitzenden unterschreiben** zu lassen[174] und jedem Beirat auszuhändigen. Da Protokolle Verwaltungsunterlagen sind, hat jeder WEer Einsichtsrecht, aber nicht Verwalter.[175] Da Entscheidungen keine Rechtsverbindlichkeit haben, besteht grundsätzlich kein Anfechtungsrecht. Anders bei Rechtsverbindlichkeit, zB wenn 33c

---

[167] Sauren ZMR 1984, 325; aA hM Gottschalg Rn. 506 ff., Staudinger/Bub Rn. 77; Bärmann/Merle Rn. 108.
[168] Armbrüster PiG 61, 53.
[169] Muster bei Armbrüster PiG 61, 59.
[170] Staudinger/Bub Rn. 139; aA Bärmann/Merle Rn. 46.
[171] Jennißen Rn. 25.
[172] OLG Zweibrücken NJW-RR 1987, 1367.
[173] Bärmann/Merle Rn. 43; Sauren ZMR 1984, 325.
[174] Analog § 24 Abs. 6; aA Staudinger/Bub Rn. 142: alle Teilnehmer.
[175] Staudinger/Bub Rn. 142.

Aufgaben auf Beirat delegiert worden sind, dann ist aber auch das Beschlverfahren des WEG's einzuhalten mit Verkündung, Bekanntgabe etc.

e) Fehlerhafte Beschlüsse

33d Anfechtung nicht vorgesehen, da nur Innenwirkung. Verstöße gegen eine Geschäftsordnung ergeben deshalb keine Anfechtung, können aber Schadenersatzansprüche auslösen.[176]

18. Gerichtliches Verfahren

34 WEG-Rechtsweg bei Streit über Bestellung und Tätigkeit, auch wenn Mitglied ein Außenstehender oder ausgeschiedener WEer ist. Für Geltendmachung von Ansprüchen ist die Ermächtigung der WEer erforderlich.[177]

4. Abschnitt. Wohnungserbbaurecht

§ 30 Wohnungserbbaurecht

(1) Steht ein Erbbaurecht mehreren gemeinschaftlich nach Bruchteilen zu, so können die Anteile in der Weise beschränkt werden, daß jedem der Mitberechtigten das Sondereigentum an einer bestimmten Wohnung oder an nicht zu Wohnzwecken dienenden bestimmten Räumen in einem auf Grund des Erbbaurechts errichteten oder zu errichtenden Gebäude eingeräumt wird (Wohnungserbbaurecht, Teilerbbaurecht).

(2) Ein Erbbauberechtigter kann das Erbbaurecht in entsprechender Anwendung des § 8 teilen.

(3) ¹Für jeden Anteil wird von Amts wegen ein besonderes Erbbaugrundbuchblatt angelegt (Wohnungserbbaugrundbuch, Teilerbbaugrundbuch). ²Im übrigen gelten für das Wohnungserbbaurecht (Teilerbbaurecht) die Vorschriften über das Wohnungseigentum (Teileigentum) entsprechend.

Das Wohnungserbbaurecht hat keine große Bedeutung erlangt (Vor § 1 Rn. 2). Deshalb wird von einer Kommentierung abgesehen.

---

[176] Jennißen Rn. 25.
[177] KG ZMR 1997, 544.

II. Teil. Dauerwohnrecht

§ 31 Begriffsbestimmungen

(1) ¹Ein Grundstück kann in der Weise belastet werden, daß derjenige, zu dessen Gunsten die Belastung erfolgt, berechtigt ist, unter Ausschluß des Eigentümers eine bestimmte Wohnung in einem auf dem Grundstück errichteten oder zu errichtenden Gebäude zu bewohnen oder in anderer Weise zu nutzen (Dauerwohnrecht). ²Das Dauerwohnrecht kann auf einen außerhalb des Gebäudes liegenden Teil des Grundstücks erstreckt werden, sofern die Wohnung wirtschaftlich die Hauptsache bleibt.

(2) Ein Grundstück kann in der Weise belastet werden, daß derjenige, zu dessen Gunsten die Belastung erfolgt, berechtigt ist, unter Ausschluß des Eigentümers nicht zu Wohnzwecken dienende bestimmte Räume in einem auf dem Grundstück errichteten oder zu errichtenden Gebäude zu nutzen (Dauernutzungsrecht).

(3) Für das Dauernutzungsrecht gelten die Vorschriften über das Dauerwohnrecht entsprechend.

§ 32 Voraussetzungen der Eintragung

(1) Das Dauerwohnrecht soll nur bestellt werden, wenn die Wohnung in sich abgeschlossen ist.

(2) ¹Zur näheren Bezeichnung des Gegenstandes und des Inhalts des Dauerwohnrechts kann auf die Eintragungsbewilligung Bezug genommen werden. ²Der Eintragungsbewilligung sind als Anlagen beizufügen:
1. eine von der Baubehörde mit Unterschrift und Siegel oder Stempel versehene Bauzeichnung, aus der die Aufteilung des Gebäudes sowie die Lage und Größe der dem Dauerwohnrecht unterliegenden Gebäude- und Grundstücksteile ersichtlich ist (Aufteilungsplan); alle zu demselben Dauerwohnrecht gehörenden Einzelräume sind mit der jeweils gleichen Nummer zu kennzeichnen;
2. eine Bescheinigung der Baubehörde, daß die Voraussetzungen des Absatzes 1 vorliegen.

³Wenn in der Eintragungsbewilligung für die einzelnen Dauerwohnrechte Nummern angegeben werden, sollen sie mit denen des Aufteilungsplans übereinstimmen. ⁴Die Landesregierungen können durch Rechtsverordnung bestimmen, dass und in welchen Fällen der Aufteilungsplan (Satz 2 Nr. 1) und die Abgeschlossenheit (Satz 2 Nr. 2) von einem öffentlich bestellten oder anerkannten Sachverständigen für das Bauwesen statt von der Baubehörde ausgefertigt und bescheinigt werden. ⁵Werden diese Aufgaben von dem Sachverständigen wahrgenommen, so gelten die Bestimmungen der Allgemeinen Verwaltungsvorschrift für die Ausstellung von Bescheinigungen gemäß § 7 Abs. 4 Nr. 2 und § 32 Abs. 2 Nr. 2 des Wohnungseigentumsgesetzes vom 19. März 1974 (BAnz. Nr. 58 vom 23. März 1974) entsprechend. ⁶In diesem Fall bedürfen die Anlagen nicht der Form des § 29 der Grundbuchordnung. ⁷Die Landesregierungen können die Ermächtigung durch Rechtsverordnung auf die Landesbauverwaltungen übertragen.

(3) Das Grundbuchamt soll die Eintragung des Dauerwohnrechts ablehnen, wenn über die in § 33 Abs. 4 Nr. 1 bis 4 bezeichneten Angelegenheiten, über die Voraussetzungen des Heimfallanspruchs (§ 36 Abs. 1) und über die Entschädigung beim Heimfall (§ 36 Abs. 4) keine Vereinbarungen getroffen sind.

§ 33 Inhalt des Dauerwohnrechts

(1) ¹Das Dauerwohnrecht ist veräußerlich und vererblich. ²Es kann nicht unter einer Bedingung bestellt werden.

(2) Auf das Dauerwohnrecht sind, soweit nicht etwas anderes vereinbart ist, die Vorschriften des § 14 entsprechend anzuwenden.

(3) Der Berechtigte kann die zum gemeinschaftlichen Gebrauch bestimmten Teile, Anlagen und Einrichtungen des Gebäudes und Grundstücks mitbenutzen, soweit nichts anderes vereinbart ist.

(4) Als Inhalt des Dauerwohnrechts können Vereinbarungen getroffen werden über:
1. Art und Umfang der Nutzungen;
2. Instandhaltung und Instandsetzung der dem Dauerwohnrecht unterliegenden Gebäudeteile;
3. die Pflicht des Berechtigten zur Tragung öffentlicher oder privatrechtlicher Lasten des Grundstücks;
4. die Versicherung des Gebäudes und seinen Wiederaufbau im Falle der Zerstörung;
5. das Recht des Eigentümers, bei Vorliegen bestimmter Voraussetzungen Sicherheitsleistung zu verlangen.

§ 34 Ansprüche des Eigentümers und der Dauerwohnberechtigten

(1) Auf die Ersatzansprüche des Eigentümers wegen Veränderungen oder Verschlechterungen sowie auf die Ansprüche der Dauerwohnberechtigten auf Ersatz von Verwendungen oder auf Gestattung der Wegnahme einer Einrichtung sind die §§ 1049, 1057 des Bürgerlichen Gesetzbuches entsprechend anzuwenden.

(2) Wird das Dauerwohnrecht beeinträchtigt, so sind auf die Ansprüche des Berechtigten die für die Ansprüche aus dem Eigentum geltenden Vorschriften entsprechend anzuwenden.

§ 35 Veräußerungsbeschränkung

¹Als Inhalt des Dauerwohnrechts kann vereinbart werden, daß der Berechtigte zur Veräußerung des Dauerwohnrechts der Zustimmung des Eigentümers oder eines Dritten bedarf. ²Die Vorschriften des § 12 gelten in diesem Falle entsprechend.

II. Teil. Dauerwohnrecht **§§ 36–38**

§ 36 Heimfallanspruch

(1) ¹Als Inhalt des Dauerwohnrechts kann vereinbart werden, daß der Berechtigte verpflichtet ist, das Dauerwohnrecht beim Eintritt bestimmter Voraussetzungen auf den Grundstückseigentümer oder einen von diesem zu bezeichnenden Dritten zu übertragen (Heimfallanspruch). ²Der Heimfallanspruch kann nicht von dem Eigentum an dem Grundstück getrennt werden.

(2) Bezieht sich das Dauerwohnrecht auf Räume, die dem Mieterschutz unterliegen, so kann der Eigentümer von dem Heimfallanspruch nur Gebrauch machen, wenn ein Grund vorliegt, aus dem ein Vermieter die Aufhebung des Mietverhältnisses verlangen oder kündigen kann.

(3) Der Heimfallanspruch verjährt in sechs Monaten von dem Zeitpunkt an, in dem der Eigentümer von dem Eintritt der Voraussetzungen Kenntnis erlangt, ohne Rücksicht auf diese Kenntnis in zwei Jahren von dem Eintritt der Voraussetzungen an.

(4) ¹Als Inhalt des Dauerwohnrechts kann vereinbart werden, daß der Eigentümer dem Berechtigten eine Entschädigung zu gewähren hat, wenn er von dem Heimfallanspruch Gebrauch macht. ²Als Inhalt des Dauerwohnrechts können Vereinbarungen über die Berechnung oder Höhe der Entschädigung oder die Art ihrer Zahlung getroffen werden.

§ 37 Vermietung

(1) Hat der Dauerwohnberechtigte die dem Dauerwohnrecht unterliegenden Gebäude- oder Grundstücksteile vermietet oder verpachtet, so erlischt das Miet- oder Pachtverhältnis, wenn das Dauerwohnrecht erlischt.

(2) Macht der Eigentümer von seinem Heimfallanspruch Gebrauch, so tritt er oder derjenige, auf den das Dauerwohnrecht zu übertragen ist, in das Miet- oder Pachtverhältnis ein; die Vorschriften der §§ 566 bis 566e des Bürgerlichen Gesetzbuches gelten entsprechend.

(3) ¹Absatz 2 gilt entsprechend, wenn das Dauerwohnrecht veräußert wird. ²Wird das Dauerwohnrecht im Wege der Zwangsvollstreckung veräußert, so steht dem Erwerber ein Kündigungsrecht in entsprechender Anwendung des § 57a des Gesetzes über die Zwangsversteigerung und Zwangsverwaltung zu.

§ 38 Eintritt in das Rechtsverhältnis

(1) Wird das Dauerwohnrecht veräußert, so tritt der Erwerber an Stelle des Veräußerers in die sich während der Dauer seiner Berechtigung aus dem Rechtsverhältnis zu dem Eigentümer ergebenden Verpflichtungen ein.

(2) ¹Wird das Grundstück veräußert, so tritt der Erwerber an Stelle des Veräußerers in die sich während der Dauer seines Eigentums aus dem Rechtsverhältnis zu dem Dauerwohnberechtigten ergebenden Rechte ein. ²Das gleiche gilt für den Erwerb auf Grund Zuschlages in der Zwangsversteigerung, wenn das Dauerwohnrecht durch den Zuschlag nicht erlischt.

§ 39 Zwangsversteigerung

(1) Als Inhalt des Dauerwohnrechts kann vereinbart werden, daß das Dauerwohnrecht im Falle der Zwangsversteigerung des Grundstücks abweichend von § 44 des Gesetzes über die Zwangsversteigerung und Zwangsverwaltung auch dann bestehen bleiben soll, wenn der Gläubiger einer dem Dauerwohnrecht im Range vorgehenden oder gleichstehenden Hypothek, Grundschuld, Rentenschuld oder Reallast die Zwangsversteigerung in das Grundstück betreibt.

(2) Eine Vereinbarung gemäß Absatz 1 bedarf zu ihrer Wirksamkeit der Zustimmung derjenigen, denen eine dem Dauerwohnrecht im Range vorgehende oder gleichstehende Hypothek, Grundschuld, Rentenschuld oder Reallast zusteht.

(3) Eine Vereinbarung gemäß Absatz 1 ist nur wirksam für den Fall, daß der Dauerwohnberechtigte im Zeitpunkt der Feststellung der Versteigerungsbedingungen seine fälligen Zahlungsverpflichtungen gegenüber dem Eigentümer erfüllt hat; in Ergänzung einer Vereinbarung nach Absatz 1 kann vereinbart werden, daß das Fortbestehen des Dauerwohnrechts vom Vorliegen weiterer Voraussetzungen abhängig ist.

§ 40 Haftung des Entgelts

(1) [1]Hypotheken, Grundschulden, Rentenschulden und Reallasten, die dem Dauerwohnrecht im Range vorgehen oder gleichstehen, sowie öffentliche Lasten, die in wiederkehrenden Leistungen bestehen, erstrecken sich auf den Anspruch auf das Entgelt für das Dauerwohnrecht in gleicher Weise wie auf eine Mietforderung, soweit nicht in Absatz 2 etwas Abweichendes bestimmt ist. [2]Im übrigen sind die für Mietforderungen geltenden Vorschriften nicht entsprechend anzuwenden.

(2) [1]Als Inhalt des Dauerwohnrechts kann vereinbart werden, daß Verfügungen über den Anspruch auf das Entgelt, wenn es in wiederkehrenden Leistungen ausbedungen ist, gegenüber dem Gläubiger einer dem Dauerwohnrecht im Range vorgehenden oder gleichstehenden Hypothek, Grundschuld, Rentenschuld oder Reallast wirksam sind. [2]Für eine solche Vereinbarung gilt § 39 Abs. 2 entsprechend.

§ 41 Besondere Vorschriften für langfristige Dauerwohnrechte

(1) Für Dauerwohnrechte, die zeitlich unbegrenzt oder für einen Zeitraum von mehr als zehn Jahren eingeräumt sind, gelten die besonderen Vorschriften der Absätze 2 und 3.

(2) Der Eigentümer ist, sofern nicht etwas anderes vereinbart ist, dem Dauerwohnberechtigten gegenüber verpflichtet, eine dem Dauerwohnrecht im Range vorgehende oder gleichstehende Hypothek löschen zu lassen für den Fall, daß sie sich mit dem Eigentum in einer Person vereinigt, und die Eintragung einer entsprechenden Löschungsvormerkung in das Grundbuch zu bewilligen.

(3) Der Eigentümer ist verpflichtet, dem Dauerwohnberechtigten eine angemessene Entschädigung zu gewähren, wenn er von dem Heimfallanspruch Gebrauch macht.

II. Teil. Dauerwohnrecht §42

§ 42 Belastung eines Erbbaurechts

(1) Die Vorschriften der §§ 31 bis 41 gelten für die Belastung eines Erbbaurechts mit einem Dauerwohnrecht entsprechend.
(2) Beim Heimfall des Erbbaurechts bleibt das Dauerwohnrecht bestehen.

Das Dauerwohnrecht hat keine Bedeutung erlangt. Deshalb wird auf eine Kommentierung verzichtet.

III. Teil. Verfahrensvorschriften

Vorbemerkung vor § 43

Übersicht

	Rn.
1. Regelungsinhalt	1
a) Anwendung der Zivilprozessordnung	2
b) Beteiligte am Verfahren	3
c) Beibringungsgrundsatz	5
d) Einstweiliger Rechtsschutz	6
e) Außergerichtliches Güteverfahren	7
f) Entscheidung durch Urteil	8
g) Rechtsmittel	9
h) Verfahrenskosten	
aa) Gerichtskostengesetz	10
bb) Streitwert ist Bemessungsgrundlage	11
cc) Verteilung der Kosten	12
i) Zuständigkeit	13
2. ABC des Gerichtlichen Verfahrens	14

1. Regelungsinhalt

1 Der dritte Teil des WEG (§§ 43 ff.) regelt **das gerichtliche Verfahren in Wohnungseigentumssachen**. Das Verfahren wird eingeleitet durch einen Klageantrag eines WEers, des Verwalters (§ 43 Nr. 1 bis 4 und Nr. 6) oder eines Dritten (§ 43 Nr. 5). Das Gerichtsverfahren ist seit dem 1.7.2007 dem Zivilprozessrecht (ZPO) unterstellt.[1] Das Verfahren wird wesentlich durch die nachstehenden Grundsätze geprägt:

a) Anwendung der Zivilprozessordnung

2 Für das Verfahren gelten die Vorschriften der Zivilprozessordnung (§§ 1–592 ff. ZPO), **soweit nicht durch das WEG** (§§ 43 ff.) **Sonderregelungen getroffen** werden.

b) Beteiligte am Verfahren

3 An dem ZPO-Verfahren sind nur die Parteien beteiligt, die durch den Kläger **formell** als Beteiligte bezeichnet worden sind. Dies sind idR der oder die Kläger und der oder die Beklagten. Andere Personen sind selbst dann nicht an dem Verfahren beteiligt, wenn klar auf der Hand liegt, dass auch sie materiell betroffen sind.

---

[1] Für Altfälle s. Röll/Sauren 9. Aufl. Teil B Rn. 896 ff. Zum Übergangsrecht § 62 Rn. 2 ff. Zur berechtigten Kritik an den Änderungen zB Demharter NZM 2006, 494; Lüke ZWE 2005, 153; Armbrüster AnwBl 2005, 20.

Vorbemerkung vor § 43 **Vor § 43**

Beispiel: E1 klagt gegen E2 auf Beseitigung einer baulichen Veränderung. Hier sind auch die anderen WEer betroffen, aber nur E1 und E2 am Verfahren beteiligt.

Auch das **Urteil gilt nur zwischen den am Verfahren Beteiligten**, also im 4 obigen Beispiel E1 und E2. Um die anderen Betroffenen an dem Verfahren zu beteiligen, sieht der Gesetzgeber vor, dass bei Streitigkeiten der WEer untereinander (§ 43 Nr. 1) und bei Streitigkeiten mit dem Verwalter (§ 43 Nr. 3) die übrigen WEer und der Verwalter von dem Gericht beizuladen sind, falls das Verfahren nur gegen einzelne von ihnen geführt wird (§ 48). Das Urteil wirkt dann auch gegen die Beigeladenen.

c) Beibringungsgrundsatz

Es gilt der sog Beibringungsgrundsatz (§§ 128, 253 ZPO). Dieser ist dadurch gekennzeichnet, dass es die **Parteien** sind, die darüber **entscheiden** können, **welchen Tatsachenstoff sie in den Prozess einführen**.[2] Führen sie Tatsachen nicht in den Prozess ein, dürfen diese vom Gericht nicht dem Urteil zugrunde gelegt werden,[3] selbst dann wenn sie offenkundig sind.[4] Das Gericht ist grundsätzlich an die gestellten Anträge gebunden. Eine **Auslegung** ist nur möglich, wenn der Antrag mehrdeutig ist. Bei einem eindeutigen Antrag darf das Gericht diesen nicht umstellen, wenn es der Auffassung ist, dass ein anderer Antrag sinnvoller wäre.[5] Es sind auch Versäumnis- (§ 330 ff. ZPO) und Anerkenntnisurteile (§§ 307 ff. ZPO) möglich: Erscheint eine der Parteien in der mündlichen Verhandlung nicht, kann auch in ihrer Abwesenheit entschieden werden, es ergeht dann ein sog Versäumnisurteil.[6] Erklärt der Beklagte, dass er keine Einwendungen gegen den Anspruch habe, erlässt das Gericht ein entsprechendes Urteil, allein auf Grund des Anerkenntnisses.[7] Die Parteien können auch Vergleiche schließen.[8] Damit entscheiden die Parteien über Einleitung, Gegenstand und Beendigung des Prozesses.

d) Einstweiliger Rechtsschutz

Einstweiliger Rechtsschutz wird durch **Arreste** (§§ 916 ff. ZPO) und **einstwei-** 6 **lige Verfügungen** (§§ 935 ff. ZPO) gewährt. Beide Verfahren sind selbständig gegenüber dem Hauptsacheverfahren und von diesem getrennt. Der Antrag auf Arrest bzw. einstweilige Verfügung kann auch ohne einen Antrag auf Durchführung des Hauptsacheverfahrens gestellt werden. Allerdings kann der Antragsgegner die Durchführung des Hauptsacheverfahrens durch entsprechende Antragstellung erzwingen.[9] Das Hauptsacheverfahren findet aber auch dann in einem getrennten Verfahren statt.

---

[2] BVerfG NJW 1979, 1927; BGH NJW 1990, 3151.
[3] BGH NJW 2001, 1287.
[4] Baumbach ZPO Grdz § 128 Rn. 23.
[5] Vor § 43 Stichwort „Antrag"; Baumbach ZPO Grdz § 128 Rn. 52.
[6] Vor § 43 Stichwort „Versäumnisurteil".
[7] Vor § 43 Stichwort „Anerkenntnisurteil".
[8] Dötsch NZM 2013, 625.
[9] Vor § 43 Stichworte „Arrest", „Einsteilige Verfügung".

e) Außergerichtliches Güteverfahren[10]

7 Vor Klageeinreichung ist in einzelnen Bundesländern, zB Bayern und Baden-Württemberg, **bei vermögensrechtlichen Ansprüchen** (also **nicht bei Beschlussanfechtungsverfahren**) ein außergerichtliches Güteverfahren durchzuführen (§ 15a EGZPO iVm mit dem jeweiligen Ausführungsgesetz, zB gemäß § 15a Abs. 1 Nr. 2 EGZPO iVm § 10 Abs. 1 Nr. 1 Buchst. e GüSchlG NW[11]). Zu denken sind insbesondere an Hausgeldzahlungen, und alle sonstigen Ansprüche bei denen es um Geldzahlungen geht. Das Güteverfahren ist **nicht** durchzuführen, **wenn** entweder der **Streitwert über 750,00 EUR** liegt oder aber ein **Mahnverfahren** vorgeschaltet war. Es ist auch nicht notwendig, wenn die **Parteien nicht im selben Bundesland** wohnen oder ihren Sitz haben. Ist das außergerichtliche Schlichtungsverfahren durchzuführen, muss bei der zuständigen **Schlichtungsstelle** ein Antrag auf Durchführung der Schlichtung gestellt werden. Kosten, die hierfür entstehen, sind Kosten des Rechtsstreits (§ 15a Abs. 4 EGZPO) und damit erstattungsfähig.[12] Wurde versäumt, das Verfahren durchzuführen, ist die Klage unzulässig und kann auch nicht ruhendgestellt werden, bis das Schlichtungsverfahren nachgeholt werden konnte.[13] Teilweise vertraten Gerichte die Auffassung, durch eine **Klageerweiterung** über die maßgebliche Grenze von 600,00 EUR bzw. 750,00 EUR hinweg könne die unzulässige Klage zulässig gemacht werden, es sei denn, die Erweiterung sei offensichtlich unbegründet.[14]

f) Entscheidung durch Urteil

8 Das Gericht entscheidet durch Urteil (§ 300 Abs. 1 ZPO).

g) Rechtsmittel

9 Gegen Urteile finden **Berufung** (§§ 511 ff. ZPO) und **Revision** (§§ 542 ff. ZPO) als Rechtsmittel statt.

h) Verfahrenskosten

10 **aa) Gerichtskostengesetz.** Die Gerichtskosten für die Durchführung des gerichtlichen Verfahrens werden durch das Gerichtskostengesetz (GKG) bestimmt. Dies führt zu einer etwa vierfach höheren Kostenbelastung bei den Gerichtskosten als bis zur WEG-Reform. Bei einem Streitwert von 5.000 EUR liegt die Gerichtsgebühr nicht mehr wie bisher bei 42 EUR, sondern bei 146 EUR. Es fallen damit nicht mehr 126 EUR (3 × 42 EUR) an, sondern 438 EUR (3 × 146 EUR), also entstehen 237 EUR Mehrkosten.

11 **bb) Streitwert ist Bemessungsgrundlage.** Die Höhe der Gerichts-, aber auch der Anwaltsgebühren wird durch den sog Streitwert (auch Gegenstands-

---

[10] Vgl. hierzu Skrobek ZMR 2010, 890.
[11] AG Düsseldorf ZMR 2010, 889.
[12] BayObLG NJW-RR 2005, 724; LG Mönchengladbach Rpfleger 2003, 269.
[13] BGH NJW-RR 2009, 1239.
[14] LG Kassel NJW 2002, 2256; LG München I MDR 2003, 1313.

oder Geschäftswert) bestimmt. Dieser drückt das **Interesse der Parteien an einer gerichtlichen Entscheidung** aus.

cc) Verteilung der Kosten. Die Kosten des Gerichtsverfahrens sind grundsätzlich **nach dem Verhältnis von Unterliegen zu Obsiegen** (§§ 91 ff. ZPO) zu verteilen. Musste früher jede Seite im Regelfall ihren Anwalt selbst bezahlen, muss nunmehr der Verlierer auch die Kosten des gegnerischen Anwalts übernehmen. 12

i) Zuständigkeit

Zuständiges Gericht ist das **Amtsgericht**, soweit es sich um eines der klassischen WEG-Verfahren (§ 43 Nr. 1 bis 4) handelt (§ 23 Nr. 2c GVG). Ausschließlich zuständig ist das Amtsgericht, **in dessen Bezirk das Grundstück der Gemeinschaft liegt.** Bei Klagen, die von Dritten gegen die Gem gerichtet werden, kommt es hingegen auf den Streitwert an; für Verfahren bis einschließlich 5.000 EUR ist das Amtsgericht zuständig, während ab 5.000,01 EUR das Landgericht zuständig ist (§ 71 Abs. 1 iVm § 23 Nr. 1 GVG). Das örtlich zuständige Gericht bleibt auch zuständig, wenn ein verklagter bzw. klagender Eigentümer im Ausland lebt.[15] 13

Beispiel: Die WEG liegt in Dortmund, bis auf E wohnen alle Eigentümer auch in Dortmund. E wohnt in den USA. Dortmund bleibt trotzdem örtlich zuständig.

2. ABC des Gerichtlichen Verfahrens

Die wichtigsten Fragen des gerichtlichen Verfahrens sind nachfolgend in **ABC-Form** dargestellt: 14

Abgabe des Verfahrens: Wird eine Sache, die zu den WEGsachen gehört, bei einem anderen Gericht anhängig gemacht oder eine Sache, die vor eine anderes Gericht gehört, als WEGsache anhängig gemacht, kann nur auf Antrag des Kläger die Sache an die zuständige Abteilung verwiesen werden. Eine Verweisung von Amts wegen nach § 17a Abs. 2 GVG ist nicht möglich, da diese Norm nur eingreift, wenn der falsche Rechtsweg beschritten worden ist. Es ist aber nur die falsche Abteilung des Gerichts gewählt worden. Deshalb entscheidet das Präsidium über die Zuständigkeit innerhalb des Amtsgerichts (BGH NJW 2000, 81). Eine Bindung (§ 281 ZPO; § 17a GVG) tritt nicht ein. 14A

Anerkenntnisurteil: Dieses kann erlassen werden, wenn der Beklagte den Anspruch anerkennt (§ 307 ZPO). Ein besonderer Antrag des Klägers ist nicht mehr notwendig. Sofern es sich um ein **sofortiges Anerkenntnis** handelt, können dem Kläger die Kosten des Verfahrens auferlegt werden (§ 93 ZPO). Ein sofortiges Anerkenntnis ist gegeben, wenn der Beklagte den geltend gemachten Anspruch noch vor Stellung seines angekündigten oder nicht

---

[15] OLG Stuttgart NZM 2005, 430 mwN.

angekündigten sonstigen Sachantrages akzeptiert (OLG Düsseldorf OLGR 1999, 410; OLG Köln MDR 2006, 226). Dies muss spätestens in der ersten streitigen mündlichen Verhandlung geschehen, die vor dem zuständigen Gericht stattfindet. Außerdem darf der Beklagte zur Erhebung der Klage keinen Anlass gegeben haben. Der Anlass kann nach dem LG Nürnberg (ZMR 2013, 834) auch im Nichtstun bei Notverwalterbestellung begründet sein. Bei Notverwalterbestellung kommt auch Kostenauferlegung gegenüber dem Verband in Frage, damit alle Eigentümer gleich belastet werden (SchGfWEG IMR 2013, 352) oder nach Köpfen (LG Nürnberg ZMR 2014, 148).
Anhängigkeit: Sie beginnt mit dem Eingang der Klage bei Gericht. Eine Hauptsacheentscheidung kann aber erst nach Zustellung der Klage an den Beklagten und dessen Anhörung erfolgen. Frühestens dann ist die Sache zur Endentscheidung reif. Eine einstweilige Verfügung oder einen Arrest kann das Gericht nicht mehr von Amts wegen, sondern nur auf Antrag einer der beiden Parteien erlassen. Es handelt es sich um ein gegenüber der Hauptsache selbständiges Verfahren.
Anhörungsrüge: Diese ist nur gegeben, wenn a) kein anderes Rechtsmittel gegen die Entscheidung gegeben ist und b) das Gericht den Anspruch dieser Partei auf rechtliches Gehör in entscheidungserheblicher Weise verletzt hat (§ 321a ZPO). Ist also insbesondere Berufung oder Revision möglich, scheidet die Anhörungsrüge aus. Die Anhörungsrüge ermöglicht es auch nicht, ein Urteil, gegen das keine Berufung möglich ist, nochmals überprüfen zu lassen.

Beispiel 1: B wird verurteilt 2.000,00 EUR Hausgeld zu zahlen, das Gericht hat seinen rechtzeitig vorgebrachten Einwand, er habe diese bezahlt, übersehen. Hier ist zwar das rechtliche Gehör entscheidungserheblich verletzt, da das Gericht den Erfüllungseinwand nicht beachtet hat. Da die Berufung möglich ist, ist aber ein Rechtsmittel gegeben.

Beispiel 2: B wird verurteilt 350,00 EUR Hausgelder zu zahlen und das Gericht hat alle Einwände des B ordnungsgemäß berücksichtigt. Es hat lediglich eine rechtliche Frage anders beurteilt als B. Hier ist zwar kein Rechtsmittel möglich, da die Berufungsbeschwer nicht gegeben ist und die Berufung nicht ausdrücklich zugelassen ist. Das Gericht hat aber das rechtliche Gehör nicht verletzt, diese ist keine „Superrevisionsinstanz", um das Urteil nochmals überprüfen zu lassen.

Im **Beispiel 1** hat das Gericht einen Schriftsatz des B nicht berücksichtigt, den es hätte berücksichtigen müssen. Die dort erhobenen Punkte hatten aber mit dem Klageanspruch nichts zu tun. Hier scheitert die Anhörungsrüge daran, dass die Verletzung des rechtlichen Gehörs nicht entscheidungserheblich war. Dies ist nur der Fall, wenn bei Berücksichtigung des maßgeblichen Vortrags die Entscheidung beeinflusst wird, dh anders ausfallen kann (BVerfG NJW 1988, 1963). Im **Beispiel 2** hat das Gericht den zu berücksichtigenden Erfüllungseinwand nicht beachtet. Hier ist nunmehr die Anhörungsrüge möglich. Es ist kein Rechtsmittel gegeben, und die Verletzung des rechtlichen Gehörs ist entscheidungserheblich. Bei einer **erfolgreichen Anhörungsrüge** fällt die maßgebliche Entscheidung weg und das Verfahren geht in der Ausgangsinstanz weiter. Die Ausgangsinstanz entscheidet auch über die Anhörungsrüge.

Vorbemerkung vor § 43 **Vor § 43**

Antrag (Klage):
1. **Form.** Im Regelfall durch Einreichung einer Klageschrift (§ 253 ZPO) oder durch Stellung des Antrags in der mündlichen Verhandlung (§ 261 Abs. 2 ZPO). Vor dem Amtsgericht können verfahrenseinleitende Anträge auch zu Protokoll der Geschäftsstelle gestellt werden (§§ 496, 129a ZPO). Der Antrag muss hinreichend bestimmt genug sein, dh er muss den erhobenen Anspruch konkret (entweder beziffert oder gegenständlich abgegrenzt) bezeichnen, den Rahmen der gerichtlichen Entscheidungsbefugnis erkennbar abgrenzen und Inhalt und Umfang der materiellen Rechtskraft erkennen lassen. Er darf das Risiko des eventuell teilweisen Unterliegens nicht durch vermeidbare Ungenauigkeiten auf den Beklagten abwälzen und muss so genau sein, dass eine Fortsetzung des Streits im Vollstreckungsverfahren ausgeschlossen ist. Der Antrag muss die Person des Erklärenden und den Willen, einen Antrag stellen zu wollen, mit ausreichender Deutlichkeit zu erkennen geben.
2. **Klageberechtigung.** S. § 43 Rn. 11, 19.
3. **Inhalt.** An die Bestimmtheit des Antrages sind wesentlich höhere Anforderungen zu stellen als im FGG-Verfahren. Zwar ist auch im Rahmen der ZPO eine Auslegung von Anträgen möglich (BGH NJW-RR 1994, 568; s. auch § 21 Abs. 8). Allerdings kommt eine Auslegung nur in Betracht, wenn der Antrag mehrdeutig ist. Ist der Antrag eindeutig gestellt, kann das Gericht selbst dann, wenn es erkennt, dass ein anderer Antrag zweckmäßiger wäre, keine Umdeutung vornehmen. Vielmehr ist das Gericht an den vorhandenen Antrag gebunden, es sei denn, es liegt die Ausnahme des § 21 Abs. 8 vor. Die genauen Anforderungen an die Bestimmtheit des Antrags unterscheiden sich nach **Klagetypen:**
   – Bei **Zahlungsanträgen** muss grundsätzlich die geforderte Summe angegeben werden. Nur bei Schmerzensgeldforderungen oder sonstigen Forderungen, die durch ein Gericht festgelegt werden, kann ausnahmsweise auf die genaue Bezifferung verzichtet werden. Es muss dann allerdings dem Gericht ein Mindestbetrag mitgeteilt werden, der begehrt wird.
   – Bei **Unterlassungsanträgen** muss die zu unterlassende Verletzungshandlung so genau wie möglich beschrieben werden, zB durch wörtliche oder bildliche Aufnahme der beanstandeten Handlung (BGH NJW 2003, 3406).
   – Bei **Herausgabeanträgen** muss der betroffene Gegenstand so genau bezeichnet werden, dass der Gerichtsvollzieher im Falle der Zwangsvollstreckung ohne Zweifel weiß, ob ein beim Schuldner vorgefundener Gegenstand der Vollstreckung unterfällt oder nicht (BGH NJW 2003, 668).

Arrest (§§ 916 ff. ZPO): Der Arrest dient der vorläufigen Sicherung eines Anspruchs auf Zahlung einer Geldforderung oder zumindest eines Anspruchs, der in eine solche übergehen kann. Zu unterscheiden ist zwischen dem **dinglichen** und dem **persönlichen** Arrest (§§ 916 ff. ZPO). Als Regelfall ist der dingliche Arrest anzusehen, dh eine Absicherung in das Vermögen des Schuldners. Die Inhaftierung des Schuldners (persönlicher Arrest) ist nur im Ausnahmefall zulässig, wenn der dingliche Arrest nicht ausreichend ist. Neben einem zulässigen Arrestanspruch ist weiter ein Arrestgrund notwendig. Es muss die Besorgnis bestehen, dass ohne den Arrest die Vollstreckung des in der Hauptsache zu ergehenden Urteils vereitelt oder wesentlich erschwert werden würde. Hierfür ist der „normale" Vermögensverfall des Schuldners nicht ausreichend, der Arrest soll nicht dazu dienen, einem Gläubiger einen Vorsprung vor den anderen zu verschaffen (BGHZ 131, 106). Notwendig ist vielmehr unlauteres Verhalten des Schuldners, etwa das Beiseiteschaffen von Vermögensstücken (OLG Düsseldorf NJW-RR 1994, 454) oder die Verschiebung von Vermögensgegenständen ins Ausland (OLG Köln ZIP 1988, 969). Ein weiterer Arrestgrund liegt vor, wenn das Urteil im Ausland vollstreckt werden müsste und die Gegenseitigkeit der Vollstreckung nicht verbürgt ist (zu einer Übersicht, mit welchen Ländern die Gegenseitigkeit verbürgt ist, s. Zöller ZPO 30. Aufl. 2014, Anhang IV).

Augenscheinnahme: Durch die Augenscheinnahme soll das Gericht durch eigene gegenständliche Wahrnehmung sich die Überzeugung von der Richtigkeit einer streitigen Behauptung vermitteln. Dabei kann Objekt für die Inaugenscheinnahme alles sein, was durch die Sinne wahrgenommen werden kann, also nicht nur optische Eindrücke, sondern auch akustische, sensorische oder taktile Wahrnehmungen. Befindet sich der vorzulegende Gegenstand im Besitz des Gegners oder eines Dritten, kann das Gericht diese verpflichten, den Gegenstand vorzulegen (§§ 371, 422–432 ZPO).

Auslagenvorschuss: Das Gericht kann die Ladung von Zeugen oder Sachverständigen davon abhängig machen, dass derjenige, welcher den Beweis anzutreten hat, einen hinreichenden Vorschuss leistet (§§ 379 und 402 ZPO). Bei Zeugen kann auch eine schriftliche Erklärung des Zeugen vorgelegt werden, dass er auf Kostenerstattung verzichtet. Bei Nichtzahlung des Vorschusses wird der Zeuge nicht geladen. Ist der Zeuge dann aber trotzdem im Termin anwesend (etwa weil der Beweisführer ihn mitbringt), darf die Vernehmung nicht wegen der unterbliebenen Zahlung verweigert werden (OLG Frankfurt OLGZ 1968, 436). Bei Sachverständigen führt die Nichtzahlung des Vorschusses dazu, dass das Gutachten nicht eingeholt wird und der Beweisführer als beweisfällig anzusehen ist.

Aussetzung des Verfahrens: Spielt ein in einem anderen Rechtsstreit oder in einem Verwaltungsverfahren zu klärendes Rechtsverhältnis für das Verfahren eine maßgebliche Rolle, kann das Gericht wegen Vorgreiflichkeit das Verfahren aussetzen (§ 148 ZPO).

Beispiel: E1 ficht den Eigentümerbeschl über die Verpflichtung zur Beseitigung seines Wintergartens an. Die Gem klagt auf Grund des Beschl auf Beseitigung.

IdR kann allerdings die Aussetzung eines Wohngeldverfahrens nicht damit begründet werden, dass der Beschluss über die Genehmigung von WP oder JA in einem anderen Verfahren angefochten worden ist (BayObLG WE 1991, 80; OLG Karlsruhe WuM 1992, 567).

14B **Beibringungsgrundsatz:** Durch den Beibringungsgrundsatz sind die Parteien Herr darüber, welcher Tatsachenstoff dem Urteil zugrunde gelegt wird: Sie entscheiden, welches Tatsachenmaterial in den Prozess eingebracht wird.

Vorbemerkung vor § 43 **Vor § 43**

Das Gericht darf nur die Tatsachen bei seiner Entscheidung verwenden, welche von den Parteien in den Prozess eingeführt worden sind. Selbst wenn das Gericht aus eigener Kenntnis bestimmte für den Prozess erhebliche Tatsachen kennt, darf es diese nicht verwerten, wenn keine der beiden Parteien diese Tatsache in den Prozess eingeführt hat. Es ist ebenfalls Sache der Parteien, welche Beweismittel gestellt werden. Allerdings kann das Gericht bei Gutachten (§ 144 ZPO), bei der Vorlage von Urkunden oder Akten (§§ 142 und 143 ZPO) oder durch ergänzende Vernehmung einer oder beider Parteien dies auch von Amts wegen anordnen (§ 448 ZPO).

Beiladung: S. § 48.

Beistand: Ein Verfahrensbeteiligter kann nur insoweit mit einem Beistand vor Gericht erscheinen, als die Vertretung durch Anwälte nicht geboten ist (§ 90 Abs. 1 ZPO). Vor dem Amtsgericht kann der Beistand auftreten, da hier die Vertretung durch einen Anwalt nicht zwingend ist. Vor dem Landgericht ist die Vertretung durch Anwälte zwingend vorgeschrieben (§ 78 ZPO), so dass ein Beistand unzulässig ist.

Beitritt: S. Streitverkündung und Beiladung.

Berichtigung: Gerichtliche Entscheidungen können wegen Schreibfehlern, Rechenfehlern oder anderer offenbarer Unrichtigkeiten jederzeit berichtigt werden (§ 319 Abs. 1 ZPO; BGH NJW 1989, 1281).

Beispiel: Das Gericht erwähnt in den Urteilsgründen, dass die Beschlüsse zu TOP 3, 4, und 5 für ungültig zu erklären sind, und macht auf drei Seiten Ausführungen zu einem Beschluss unter TOP 5. Im Tenor sind versehentlich nur die Beschlüsse zu TOPs 3 und 4 erwähnt.

Berufung: Gegen die Entscheidung des Amtsgerichtes kann als Rechtsmittel die Berufung eingelegt werden. Sie ist nur zulässig, wenn entweder der **Wert des Beschwerdegegenstandes 600 EUR übersteigt** oder aber die Berufung **im Urteil zugelassen** worden ist (§ 511 Abs. 2 ZPO). Für den Wert der Beschwer ist nur der Teil der Klage maßgeblich, mit welchem die Partei unterlegen ist.

Beispiel: Die Gem klagt auf 3.000 EUR Hausgeld. Das Gericht spricht 2.700 EUR zu. Die Gem ist mit 300 EUR unterlegen, so dass ihre Beschwer nur 300 EUR ist. Der unterlegene WEer ist aber mit 2.700 EUR beschwert, da er insoweit unterlegen ist. Diese bemisst sich (auch im Beschlussanfechtungsverfahren) nach der ZPO (§§ 3 bis 9, gemäß § 2 ZPO, BGH ZMR 2011, 571, ZWE 2012, 260, WuM 2012, 402).

1. **Berufungsfrist.** Die Berufung ist innerhalb **eines Monats** nach Zustellung des vollständigen Urteils einzulegen, spätestens aber mit Ablauf von fünf Monaten nach der Verkündung (§ 517 ZPO).
2. **Berufungsbegründungsfrist.** Innerhalb von **zwei Monaten** nach der Zustellung des vollständigen Urteils, spätestens aber wiederum mit Ablauf von fünf Monaten nach der Verkündung, muss die Berufungsbegründung eingegangen sein (§ 520 ZPO).
3. **Berufungsgründe.** Die Berufung kann nur darauf gestützt werden, dass das Urteil auf einer **fehlerhaften Anwendung des Rechts** basiert oder aber die zugrunde zu legenden Tatsachen eine andere Entscheidung rechtfertigen (§ 513 ZPO). Neue Tatsachen können nur in sehr eingeschränk-

tem Maße eingeführt werden; neue Angriffsmittel sind nur dann zuzulassen, wenn sie entweder
- einen Gesichtspunkt betreffen, der vom Amtsgericht erkennbar übersehen oder für unerheblich gehalten worden ist oder
- infolge eines Verfahrensmangels des Amtsgerichts nicht geltend gemacht worden sind oder
- vor dem Amtsgericht nicht geltend gemacht wurden, ohne dass dies auf einer Nachlässigkeit der Partei beruht. Neue Tatsachen können auch eingeführt werden, wenn sie unstreitig sind (BGH NJW 1980, 947; OLG Hamm NJW 2003, 2325).

4. **Berufungsgericht.** Die Berufung (bei Verfahren nach § 43 Nr. 1–4, nicht Nr. 5) ist bei dem Berufungsgericht einzulegen. Berufungsgericht ist das für den Sitz des Oberlandesgerichtes zuständige Landgericht für den Bezirk des Oberlandesgerichtes, in dem das Amtsgericht seinen Sitz hat (§ 72 Abs. 2 GVG). Die Bundesländer können hiervon abweichende Zuständigkeiten begründen und haben dies auch teilweise getan (eine Zusammenstellung der Berufungsgerichte s. NJW 2008, 1790). **Wird die Berufung bei dem falschen Gericht eingelegt**, ist sie auch dann unzulässig, wenn in dem betreffenden Oberlandesgerichtsbezirk auf Grund einer Rechtsverordnung nicht das für den Sitz des Oberlandesgerichts zuständige Landgericht, sondern ein anderes Landgericht für diese Berufungen zuständig ist (BGH NZM 2010, 445). Eine Wiedereinsetzung in den vorherigen Stand ist nicht möglich, wenn das Vorhandensein einer abweichenden Zuständigkeitsregelung und ihr Inhalt nicht geprüft worden sind (BGH NZM 2010, 445). Seit 2014 Rechtsmittelbelehrungspflicht des Gerichts (s. Rechtsmittelbelehrung, vor § 43 Rn. 14R).

5. **Zurückweisungsbeschluss.** Das Berufungsgericht kann einen Zurückweisungsbeschl erlassen, wenn die Berufung offensichtlich keine Aussicht auf Erfolg hat. Gegen den Beschl steht nunmehr dasselbe Rechtsmittel offen wie bei einem Berufungsurteil (§ 522 ZPO). Gegen ein Berufungsurteil stehen aber nur Revision (§ 543 ZPO) oder die Nichtzulassungsbeschwerde offen (§ 544 ZPO). Bis 31.12.2014 kann die Nichtzulassungsbeschwerde aber nur eingelegt werden, wenn der Beschwerdewert 20.000,00 EUR übersteigt (§ 26 Nr. 8 EGZPO). Darunter steht also effektiv nur ein Rechtsmittel gegen den Zurückweisungsbeschl offen, wenn die Revision zugelassen wurde. Die beiden Zulassungsgründe „Grundsätzliche Bedeutung" und „Sicherung einer einheitlichen Rechtsprechung" würden aber – wenn das Berufungsgericht diese bejaht – schon einen Zurückweisungsbeschl verbieten (§§ 522 Abs. 2 Nr. 2, 3 und 543 Abs. 2 ZPO). Weiter soll nach der Rechtsprechung zu § 522 ZPO eine offensichtlich fehlende Aussicht auf Erfolg vorliegen, wenn für jeden Sachkundigen ohne längere Nachprüfung erkennbar sei, dass die vorgebrachten Berufungsgründe das angefochtene Urteil nicht zu Fall bringen könnten. Der Rechtsbegriff der Offensichtlichkeit beziehe sich allerdings allein auf den Erkenntnisprozess des Gerichts; sei sich dieses zweifelsfrei darüber klar, dass eine mündliche Verhandlung zu keinem höheren Erkenntnisgrad führen kann, sei offensichtlich mangelnde Erfolgsaussicht anzunehmen. Offensichtlichkeit setze

Vorbemerkung vor § 43

dabei nicht voraus, dass die Aussichtslosigkeit gewissermaßen auf der Hand liege; sie könne auch das Ergebnis vorgängiger gründlicher Prüfung sein. Entscheidend sei, dass die durch die Berufung aufgeworfenen Tat- und Rechtsfragen nicht nur einstimmig, sondern auch zweifelsfrei beantwortet werden könne und von der Durchführung einer mündlichen Verhandlung keine neuen Erkenntnisse zu versprechen sind (OLG Stuttgart VRR 2012, 162).

Beschwerde: Die sofortige Beschwerde (§§ 567 ff. ZPO) kommt in WEG-Sachen nur noch bei Entscheidungen über Prozesskostenhilfe, bei isolierten Kostenentscheidungen des Gerichtes und sonstigen, im Gesetz zugelassenen Fällen und beim Kostenausgleich nach Beendigung des Gerichtsverfahrens in Betracht. Sie ist innerhalb von zwei Wochen nach Zugang der Entscheidung entweder bei dem Gericht, welches die Entscheidung erlassen hat oder dem übergeordneten Beschwerdegericht einzulegen. In der Zwangsvollstreckung gilt Landesrecht (§ 72 Abs. 1 GVG), wenn sie dem AG als Gericht des ersten Rechtszug zugewiesen ist (OLG Oldenburg und Karlsruhe NZM 2009, 246).

Beweisaufnahme: Die Beweisaufnahme unterliegt den Regeln des sog Strengbeweises, dh sie darf nur nach den in der ZPO vorgesehenen Regeln durchgeführt werden (§§ 355–484). Es kommen auch nur die in der ZPO zugelassenen Beweismittel in Betracht. Mit Einverständnis der Parteien kann das Gericht jedoch hiervon abweichen (§ 284 S. 2 ZPO). Als Beweismittel sieht die ZPO die **Zeugenvernehmung** (§§ 373 ff. ZPO), den **Augenschein** (§§ 371 ff. ZPO), den **Urkundenbeweis** (§§ 415 ff. ZPO), den **Sachverständigenbeweis** (§§ 402 ff. ZPO) sowie die **Parteivernehmung** (§§ 445 ff. ZPO) vor. Eine telefonische Befragung eines Zeugen ist grundsätzlich nicht möglich (s auch Vor § 43 Stichwörter „Augenscheinseinnahme", „Parteivernehmung", „Auslagenvorschuss" und „Zeuge"). Ein Freibeweis (zB auch eine telefonische Zeugenvernehmung) ist gem. § 495a ZPO („Verfahren nach billigem Ermessen") nur zulässig bei Streitwerten bis 600 EUR. Zeugenvernehmung ist die Befragung einer Person, die nicht am Prozess beteiligt ist, über Tatsachen. Der Zeuge soll keine Schlussfolgerungen abliefern. Demgegenüber soll der Sachverständige nicht über Tatsachen berichten, sondern auf Grund seines Fachwissens das Gericht bei der Auswertung von Tatsachen durch Schlussfolgerungen unterstützen. Der Augenschein ist eine unmittelbare Sinneswahrnehmung des Gerichtes zur Kenntnisnahme von der äußeren Beschaffenheit einer Sache. Entgegen dem Wortlaut kommen alle Sinne in Betracht, also Augen, Nase, Tastorgane und Zunge. Der Urkundenbeweis dient dazu, eine in einem Schriftstück verkörperte Information dem Gericht zugänglich zu machen. Die Parteivernehmung schließlich ermöglicht es einer Partei, uU den Beweis über eine Tatsache durch ihre Vernehmung oder durch Vernehmung des Gegners zu erreichen (Stichwort „Parteivernehmung").

Beweislast: Auf Grund des sog Beibringungsgrundsatzes sieht die ZPO sog Beweisführungslastregeln und Beweislastregeln vor. Die Beweisführungslastregeln legen fest, wer von den beiden Parteien Beweise vorzulegen hat, wenn eine Behauptung streitig ist. Beweislastregeln legen demgegenüber fest, zu wessen Lasten die Unaufklärbarkeit einer bestimmten Tatsache trotz Ausschöpfung aller prozessual zum Gebote stehenden Beweismittel geht.

Beispiel: Im Rahmen eines Hausgeldverfahrens behauptet der WEer E1, dass der zugrunde liegende WP von ihm angefochten worden ist. Die WEerGem EG bestreitet dies. Die Beweisführungsregeln geben vor, wer von den beiden Beweismittel dafür vorliegen muss, dass die Anfechtung erfolgt ist, in diesem Fall E1, da er es ist, der sich auf die für ihn günstige Anfechtung beruft.

Grundsätzlich **trägt der Anspruchsteller die Beweislast** für die rechtsbegründenden, der Anspruchsgegner hingegen für die rechtsvernichtenden, rechtshindernden und rechtshemmenden Tatbestandsmerkmale (BGH NJW 1991, 1052). Soweit den rechtsvernichtenden Tatsachen wiederum vernichtungshindernde (rechtserhaltende) Tatsachen entgegentreten, liegt die Beweislast wieder auf der Anspruchstellerseite (BGH NJW 1999, 352).

Beispiel: Macht der Verband gegen einen WEer Hausgeldansprüche geltend, muss dieser die anspruchsbegründenden Tatsachen darlegen, dh die Beschlussfassung über den WP bzw. die JA. Der beklagte WEer hingegen muss die rechtsvernichtenden oder rechtshindernden Tatsachen vortragen, hier kommen insbesondere Erfüllung oder Verjährung in Betracht. Liegen gegen diese wiederum Einwände vor, etwa Verzicht auf die Verjährung, muss diese der Verband vortragen.

14D **Dritter:** Dritter ist jeder, der nicht zur WEerGem gehört (Bauhandwerker, Öllieferant, Versicherer etc). Der frühere WEer ist kein Dritter in diesem Sinne. Auch wenn er aus der Gem ausscheidet, wird seine einmal gegebene Verbundenheit mit der Gem nicht rückwirkend wieder aufgelöst (Thomas/Putzo ZPO § 29b Rn. 2; BGH NJW 2002, 3709). Sind die Ansprüche aber erst nach seinem Ausscheiden begründet worden, ist er nicht anders zu behandeln, als wenn er nie WEer gewesen wäre. Dann kann er auch Dritter sein. Für Klagen Dritter gegen Mitglieder oder frühere Mitglieder einer WEerGem (nicht aber für Klage gegen solche Dritte) ist je nach Streitwert entweder das Amts- oder Landgericht zuständig, in dessen Bezirk sich das Grundstück der WEerGem befindet. Voraussetzung ist, dass sich die Klage auf das gemeinschaftliche Eigentum, seine Verwaltung oder das SE bezieht. Der früher vorhandene Gerichtsstand des Ortes, an dem sich die ETW-Anlage befindet (§ 29b ZPO aF), ist hierdurch ersetzt worden (§ 43 Nr. 5 iVm §§ 23, 71 GVG). Dieser Gerichtsstand ist ausschließlich.

14E **Einstweilige Verfügung:** Nur auf Antrag kann das Gericht einstweilige Verfügungen in Bezug auf den Streitgegenstand erlassen, soweit die Veränderung eines bestehenden Zustandes die Verwirklichung des Rechtes einer Partei vereitelt oder wesentlich erschweren könnte. Hierfür sind ein Verfügungsanspruch und ein Verfügungsgrund notwendig. Als Verfügungsanspruch kommt jeder nicht auf eine Geldleistung gerichtete Anspruch in Betracht, die Durchsetzung in einem Hauptsacheprozess muss möglich sein. Als Verfügungsgrund ist die objektiv begründete Besorgnis anzusehen, dass bei einem Zuwarten bis zur Entscheidung über den Hauptsacheprozess das Recht des Anspruchstellers nicht mehr oder nur noch unter wesentlich erschwerten Bedingungen durchgesetzt werden kann. Das Aussetzungsinteresse muss das Vollziehungsinteresse überwiegen (LG Frankfurt ZMR 2010, 787), zB bei irreparablen Schäden (LG München ZMR 2014, 396). Als Verfügungsgrund

kann etwa angesehen werden, wenn ein WEer damit anfängt, bauliche Veränderungen vorzunehmen, die selbst nach einem gewonnenen Hauptsacheprozess nicht mehr rückgängig gemacht werden können. Wesentlich ist, dass im Grundsatz die **Hauptsache nicht vorweggenommen** werden darf. Nur ausnahmsweise kommt eine **vorläufige Befriedigung** in Betracht. Die Vorwegnahme der Hauptsache wird zB bei Hausgeldklagen in Betracht kommen, wenn die Gem finanziell vor dem Kollaps steht und ohne die Zahlungen eine ordnungsgemäße Verwaltung nicht mehr möglich ist. Die einstweilige Verfügung ist anders als die frühere einstweilige Anordnung nicht mehr von der Erhebung der Hauptsacheklage abhängig. Allerdings muss das Gericht auf Antrag der Gegenseite anordnen, dass die Hauptsacheklage binnen einer zu bestimmenden Frist erhoben werden muss (§§ 926, 936 ZPO).
Ergänzung einer gerichtliche Entscheidung: ZB bei fehlender Kostenentscheidung (§ 321 ZPO).
Ermächtigung: S. Verfahrensstandschaft.

Feststellungsantrag (§§ 256 f. ZPO): Zulässig, wenn ein rechtliches Interesse des Klägers an der Feststellung besteht; dieses fehlt, wenn ein Leistungs- oder Unterlassungsantrag möglich ist (OLG Zweibrücken WE 1994, 146). Zulässig sind Anträge auf positive oder negative Feststellung (zB Feststellung der Unwirksamkeit des Verwaltervertrages; OLG Hamm ZMR 2001, 138), die Feststellung, dass ein bestimmter Beschl entgegen dem Versammlungsprotokoll nicht zustande gekommen ist (BayObLG NJW-RR 1996, 524) oder die (nicht fristgebundene) Feststellung eines Beschlussergebnisses, wenn der Versammlungsleiter dies in der WEerversammlung unterlassen hat (BGH NJW 2001, 3339).

14F

Gerichtliche Gestaltung: S. § 21 Abs. 8.

14G

Gerichtskostenvorschuss: Das Gericht soll die Klage erst nach Zahlung der Gebühr für das Verfahren im Allgemeinen zustellen (§ 12 GKG). Dies sind 3 Gerichtsgebühren. Das „soll" ist als „muss" zu lesen, so dass die Zahlung des Vorschusses zwingend notwendig ist. Im einstweiligen Rechtsschutz ist die Durchführung des Verfahrens nicht von der Zahlung des Vorschusses abhängig (§ 14 Nr. 3b GKG). Die Nichtzahlung des Vorschusses führt zur Nichtzustellung der Klage. Bei der Anfechtungsklage wird hierdurch die Einhaltung der Anfechtungsfrist gefährdet. Wird die Klage erst nach Ablauf der Anfechtungsfrist zugestellt, kommt es darauf an, ob die Zustellung noch „demnächst" war (s auch Stichwort „Zustellung").

Hauptsacheerledigung: Die Hauptsache erledigt sich dann, wenn eine ursprünglich zulässige und begründete Klage nachträglich unzulässig oder unbegründet geworden ist.

14H

Beispiel: E1 wird die Klage der Gem auf Zahlung von 5.000 EUR Hausgeld zugestellt. Sein Anwalt erklärt ihm, dass die von ihm erhobenen Einwände nicht durchgreifen. E1 zahlt nunmehr die 5.000 EUR.

In diesem Fall muss der Kläger eine Erledigungserklärung abgeben, da ansonsten die Klage abgewiesen wird. Der Beklagte kann sich der Erledigungserklärung des Klägers anschließen. Stimmen beide Parteien über die Erledigung überein, ist das Gericht hieran gebunden. Die übereinstimmende Erklärungserklärung ist grundsätzlich für die Parteien unwiderruflich (OLG Köln VersR 1974, 605; OLG Düsseldorf WM 1993, 1750) und bedingungsfeindlich. Eine Ausnahme gilt nur für die sog innerprozessuale Bedingung. Durch die übereinstimmende Erklärung endet der Prozess und es bleiben nur noch die Kosten zu klären (BGH NJW 1989, 2886). Diese sind nach billigem Ermessen unter Berücksichtigung des bisherigen Sach- und Streitstandes zu verteilen (§ 91a ZPO). Neue Beweise dürfen grundsätzlich nicht erhoben werden (OLG Hamm AnwBl 1990, 48; BGH NJW 1956, 1517). Bei einer noch nicht durchgeführten Beweisaufnahme sind die Kosten idR gegeneinander aufzuheben (OLG Frankfurt BB 1978, 331). Das Gericht braucht die noch ausstehenden Rechtsfragen nur summarisch zu prüfen, es genügt eine Beurteilung der Erfolgsaussichten der Parteien nach überwiegender Wahrscheinlichkeit (BGH NJW 1994, 256; BB 2000, 482). IdR wird derjenige die Kosten zu tragen haben, der auch nach den allgemeinen kostenrechtlichen Bestimmungen diese zu tragen gehabt hätte (OLG Düsseldorf FamRZ 82, 431; OLG Zweibrücken NJW 1996, 939). Gegen die Kostenentscheidung kann sofortige Beschwerde eingelegt werden (§ 91a Abs. 2 iVm §§ 567 ff. ZPO). Der Beklagte muss sich der Erledigungserklärung des Klägers nicht anschließen. Verweigert er die Zustimmung, wird nach der ganz überwiegenden Auffassung die Erledigungserklärung des Klägers in einen Feststellungsantrag umgedeutet: Es soll festgestellt werden, ob die Klage tatsächlich erledigt ist (BGHZ 91, 127; BGH NJW 1999, 2516).

Hilfsantrag: Dieser ist nur zulässig, wenn er von einer sog innerprozessualen Bedingung abhängig gemacht wird. Der Kläger kann zB einen weiteren Antrag von der Entscheidung des Gerichts über seinen Hauptantrag abhängig machen (BGH NJW 1965, 440).

Hinweispflicht des Gerichts: S. § 46 Rn. 9

14I   **Insolvenzverfahren:** WEer ist nach Eröffnung seines Insolvenzverfahrens nicht mehr klagebefugt (OLG Hamm ZMR 2004, 773, nicht überzeugend, er ist nach wie vor zur Zahlung verpflichtet, so dass er auch Rechtsmittel einlegen können muss) s. Unterbrechung.

14K   **Klageänderung (§§ 263, 264 ff. ZPO):** Diese liegt vor, wenn der Kläger entweder den Sachverhalt, auf den er seinen Klageanspruch stützt, abändert (statt dem Hausgeld für Mai 2008 wird nunmehr das Hausgeld für Juni 2008 geltend gemacht) oder aber den Klageantrag an sich abändert (statt Erfüllung des Werkvertrages wird nunmehr Schadensersatz von dem Unternehmer geltend gemacht). Die Klageänderung ist jederzeit bis zum Urteilserlass möglich. Es muss aber entweder der Beklagte in die Änderung einwilligen oder das Gericht die Klageänderung für sachdienlich erachten. Sachdienlichkeit liegt vor, wenn durch die Änderung der Klage ein neuer Prozess vermieden wird und die bisherigen Prozessergebnisse verwertet werden können (BGH NJW 2000, 800). Nicht jede Abänderung des Klageantrages ist jedoch als Klageänderung anzusehen. Keine Änderung der Klage liegt vor, wenn die tatsächlichen oder rechtlichen Ausführungen ergänzt oder berichtigt werden. Keine

Klageänderung liegt ebenfalls vor, wenn die Klage in der Hauptsache oder in Bezug auf Nebenforderungen erweitert oder beschränkt wird. Schließlich liegt ebenfalls keine Klageänderung vor, wenn statt des ursprünglich geforderten Gegenstandes wegen einer später eingetretenen Veränderung ein anderer Gegenstand oder das Interesse gefordert wird (§ 264 ZPO).
Klagerücknahme (§ 269 ZPO): Diese ist bis zum Beginn der mündlichen Verhandlung ohne Einwilligung des Beklagten möglich, ab diesem Zeitpunkt muss der Beklagte zustimmen (§ 269 Abs. 1 ZPO). Ein Schweigen des Beklagten kann nicht automatisch als Zustimmung gewertet werden, vielmehr darf dies nur dann angenommen werden, wenn der Beklagte zuvor durch das Gericht ausdrücklich darauf hingewiesen worden ist, dass diese Folge angenommen wird (§ 269 Abs. 2 S. 4 ZPO). Liegt die Einwilligung des Beklagten entweder vor oder kann sie fingiert werden, und ist die Klage zurückgenommen, führt dies dazu, dass der Rechtsstreit als nicht anhängig geworden anzusehen ist. Selbst ein bereits ergangenes, aber noch nicht rechtskräftiges Urteil wird gegenstandslos. Der Kläger ist dann verpflichtet, die Kosten des Rechtsstreits zu tragen, soweit nicht ausnahmsweise der Beklagte die Kosten dennoch zu übernehmen hat. Dies wäre etwa der Fall, wenn vor der Klagerücknahme der Beklagte säumig war. Nimmt der Kläger aus Zulässigkeitsgründen zunächst die Klage zurück und macht diese dann erneut anhängig, kann der Beklagte die Einlassung verweigern, bis die Kosten des ersten Verfahrens erstattet sind (§ 269 Abs. 6 ZPO). Eine Kostenübernahme durch den Kläger ist auch dann nicht zwingend, wenn der Anlass zur Einreichung der Klage vor Rechtshängigkeit weggefallen ist und die Klage daraufhin zurückgenommen wird.

Beispiel: Die WEerGem macht gegen den WEer E2 Hausgelder in Höhe von 500 EUR geltend. Der Antrag wird am 5.2. bei Gericht eingereicht. Am 6.2. zahlt E2 die 500 EUR. Am 7.2. wird die Klage zugestellt. Hier ist Zahlung vor Rechtshängigkeit erfolgt, da die Rechtshängigkeit erst mit Zustellung eintritt. Nimmt die Gem jetzt die Klage zurück, können die Kosten nach billigem Ermessen verteilt werden.

Kostenerstattung: Die Kosten des Verfahrens trägt im Regelfall der Unterlegene (§ 91 Abs. 1 S. 1 ZPO). Nur wenn der Unterlegene der Beklagte ist, keine Veranlassung zur Klageerhebung gegeben hat und er sofort anerkennt, ist der Kläger zur Tragung der Kosten verpflichtet (§ 93 ZPO; s. zu den Voraussetzungen des sofortigen Anerkenntnis Stichwort „Anerkenntnisurteil"). Unterliegt eine Seite nur teilweise, muss sie grundsätzlich die Kosten auch nur in diesem Verhältnis tragen. Um zu bestimmen, in welchem Maß ein Unterliegen vorliegt, wird der festgesetzte Gegenstandswert zu dem Betrag ins Verhältnis gesetzt, um welchen der Kläger hinter seinem Antrag zurückgeblieben ist. Unterliegt eine Seite teilweise, kann sie gleichwohl verpflichtet werden, die Kosten in voller Höhe zu tragen. Dazu muss entweder die Zuvielforderung verhältnismäßig gering sein und keine oder nur geringfügig höhere Kosten verursacht haben (§ 92 Abs. 2 Nr. 1 ZPO) oder der Betrag der Forderung von der Festsetzung durch richterliches Ermessen, von der Ermittlung durch Sachverständige oder von einer gegenseitigen Berechnung abhängig sein (§ 92 Abs. 2 Nr. 2 ZPO). Liegt die Unterliegensquote bei etwa 50 %, kann das Gericht die **Kosten auch gegeneinander aufheben**. Der Unterschied zu einer hälftigem Kostenteilung: Bei einer Quote 50 %–50 % trägt jede Seite die Kosten der anderen zur Hälfte. Bei einer Aufhebung der Kosten gegeneinander trägt jede Seite ihre Kosten selbst. Nur die Gerichtskosten werden geteilt. Die Kosten der Unterrichtung der WEer durch den Verwalter sind nicht erstattungsfähig (BGH NJW 2009, 2135, aA Weber WuM 2009, 441), bei einer Beauftragung der Verwalterin mit der Prozessführung sind nur die Kosten der Terminswahrnehmung erstattungsfähig (BGH v. 7.5.2014 – V ZB 102/13). Betrifft die Beschlussanfechtung die Rechtsstellung des Verwalters, sind allerdings die Kosten der Unterrichtung der übrigen WEer über die Klage erstattungsfähig, weil sich ein Beschlussanfechtungsprozess nur bei Sicherstellung dieser Unterrichtung ähnlich einem Verbandsprozess führen lässt (BGH aaO), aber auch nur, soweit die Kosten notwendig waren (dazu OLG Koblenz NJW 2005, 3789). Ebenso wenig erstattungsfähig ist eine Sondervergütung des Verwalters für die Prozessbearbeitung (BGH NJW 2012, 1152; LG Köln ZWE 2012, 59). Wohngeldklagen gegen denselben WEer dürfen nur in einer Klage betrieben werden, damit die gesamten Kosten erstattungsfähig sind (BGH ZMR 2013, 552).

Kostenfestsetzung (§§ 103 ff. ZPO): In dem Endurteil des Gerichts wird nur festgelegt, wer dem Grunde nach die Kosten zu tragen hat. Welcher Betrag genau zu zahlen ist, wird in der Kostenfestsetzung durch den sog Kostenfestsetzungsbeschluss (KFB) entschieden. Die Kostenfestsetzung erfolgt bei alleiniger Kostentragung durch eine der beiden Parteien durch die Einreichung eines Kostenfestsetzungsantrages durch die obsiegende Partei (§ 103 ZPO). Werden die Prozesskosten zwischen den beiden Seiten aufgeteilt, melden beide Seiten die bei ihnen entstandenen Kosten bei Gericht an. Das Gericht prüft, ob die angemeldeten Kosten anzusetzen sind und gleicht dann die Kosten nach der Quote der Kostengrundentscheidung aus (§§ 106 ff. ZPO). Gegen den KFB ist entweder die sofortige Beschwerde zulässig, wenn der Beschwerdewert 200 EUR übersteigt (§ 104 Abs. 3 S. 1 iVm § 567 Abs. 1 Nr. 1 und 2 ZPO) oder wenn der Wert unter 200 EUR liegt, die befristete Erinnerung. Beide sind innerhalb von zwei Wochen nach Zustellung des KFB einzulegen.

Künftige Leistung (§ 258 ZPO), Antrag auf: Dieser kann entweder gestellt werden, wenn eine **wiederkehrende Leistung** vorliegt oder aber die Besorgnis besteht, dass der Schuldner sich der rechtzeitigen Leistung entzieht. Eine wiederkehrende Leistung ist gegeben, wenn der Anspruch in regelmäßigen Zeitabständen wieder entsteht. Für das WE kommt insbesondere der Anspruch auf Zahlung des monatlichen Wohngelds in Betracht. Die Besorgnis der nicht rechtzeitigen Leistung ist gegeben, wenn die Zahlungsunfähigkeit entweder bereits eingetreten ist (BGH NJW 2003, 1395), oder aber der Schuldner seit mehreren Monaten die Zahlung eingestellt hat. Ebenso besteht die Besorgnis der Leistungsverweigerung, wenn der Schuldner den Anspruch ernsthaft bestreitet (BGH NJW 1999, 954). Schließlich ist die Klage auf künftige Zahlung auch zulässig, wenn eine nicht von einer Gegenleistung abhängige Geldforderung vorliegt (§ 257 ZPO). Dies ist bei der Wohngeldklage der Fall, da das Wohngeld nicht von der Überlassung des WE abhängig ist.

Mahnverfahren (§§ 688 ff. ZPO): Für das Mahnverfahren gelten grundsätzlich die §§ 688 ff. ZPO. Das Mahnverfahren kann wegen Ansprüchen betrieben werden, die auf Zahlung eines bestimmten Geldbetrages in EUR lauten. Der Mahnbescheid ist bei dem Amtsgericht zu beantragen, in dessen Bezirk das Grundstück der WEerGem liegt. Haben die Bundesländer ein zentrales Mahngericht eingerichtet, ist dieses zuständig (§ 689 Abs. 3 ZPO), auch für das WEG (Abramenko S. 248). Nach Zustellung des Mahnbescheides kann der Schuldner Widerspruch einlegen. Die Widerspruchsfrist beträgt mindestens zwei Wochen; der Schuldner hat auf jeden Fall zwei Wochen Zeit, die Schuld zu begleichen, wenn er den Anspruch als begründet ansieht. Hieraus wird abgeleitet, dass jedenfalls innerhalb dieser zwei Wochen Widerspruch eingelegt werden kann. Weiterhin kann der Schuldner solange Widerspruch einlegen, wie noch kein Vollstreckungsbescheid beantragt worden ist (§ 694 Abs. 1 ZPO). Läuft die Zweiwochenfrist ohne Widerspruch ab, wird nicht automatisch der Vollstreckungsbescheid als nächste Stufe des Mahnverfahrens erlassen, sondern dies geschieht erst auf Antrag des Gläubigers. Nach Erlass des **Vollstreckungsbescheides** hat der Schuldner erneut die Möglichkeit, Einspruch einzulegen und zwar zwei Wochen nach Zustellung des Vollstreckungsbescheides. Geht der Widerspruch rechtzeitig ein, geht das Verfahren in das normale zivilprozessuale Verfahren über. In Wohnungseigentumssachen ist von der Beantragung eines Mahnbescheides grundsätzlich abzuraten. Durch die Möglichkeit, sowohl gegen den Mahn- wie auch gegen den Vollstreckungsbescheid Einspruch einzulegen, hat der Schuldner die Möglichkeit, das Verfahren enorm zu verzögern. Ein Mahnbescheid lohnt sich nur dann, wenn vor Erhebung der Hausgeldklage ein sog obligatorisches Güteverfahren durchzuführen ist (§ 15a EGZPO bzw. falls vorhanden das Ausführungsgesetz des jeweiligen Bundeslandes). Das Güteverfahren muss aber nicht durchgeführt werden, falls vorher ein Mahnbescheid beantragt worden ist (s auch Rn. 7).

Mitwirkungspflicht: Eine Mitwirkungspflicht der Parteien an der Gestaltung des Gerichtsverfahrens durch Beibringung von Tatsachen, Beweismittel oÄ besteht nicht. Auf Grund des Beibringungsgrundsatzes sind die Parteien Herr des Verfahrens. Sie entscheiden, was sie einführen oder nicht. Daher sind sie nicht verpflichtet, bestimmte Tatsachen einzuführen. Führen sie Tatsachen, die für sie günstig sind, in den Prozess nicht ein, kann das Gericht diese auch nicht berücksichtigen, so dass es im Interesse der Parteien liegt, sämtliche günstigen Tatsachen einzuführen.

Mündliche Verhandlung: dient der Sachverhaltsaufklärung, der Gewähr rechtlichen Gehörs und dem **Versuch der gütlichen Einigung.** Grundsätzlich ist die mündliche Verhandlung zwingend. Stimmen die Parteien zu, kann das Gericht allerdings auf die mündliche Verhandlung verzichten. Ebenso kann das Gericht auf die mündliche Verhandlung verzichten, wenn der Streitwert 600 EUR nicht übersteigt.

Öffentliche Zustellung: Zulässig bei unbekanntem Aufenthalt eines Verfahrensbeteiligten (§ 185 ZPO). Unbekannt ist der Aufenthalt aber nur, wenn er nicht nur dem Gericht und dem Gegner, sondern allgemein unbekannt ist

(BGH MDR 2002, 600). An die Feststellung der Voraussetzungen werden von den Gerichten hohe Anforderungen gestellt. Es müssen alle Möglichkeiten ausgeschöpft sein, dem Adressaten das Schriftstück in anderer Weise zuzustellen. Es müssen daher eingehende Ermittlungen geführt werden. Hierzu gehört auf jeden Fall die Auskunft der Meldebehörde, soweit vorhanden des letzten Vermieters oder früheren Hausgenossen und etwa bekannter Verwandter (OLG Nürnberg FamRZ 1960, 204; OLG Hamm JurBüro 1994, 630).
Öffentlichkeit der Gerichtsverhandlung: Notwendig nach der Europäischen Menschenrechtskonvention (gemäß Art. 6 Abs. 1 EMRK; BayObLG WE 1988, 176; KG WuM 1990, 184; OLG Hamm NJW-RR 1988, 849). Sie gewährt, dass Prozesse nicht im „stillen Kämmerlein" abgehalten werden, sondern vor den Augen der Öffentlichkeit (§ 169 GVG).

14P **Parteifähigkeit der Gemeinschaft:** S. § 10 Abs. 6.
Parteivernehmung (§§ 445 ff. ZPO): Zu unterscheiden ist zwischen der Anhörung einer Partei zur Aufklärung des Sachvortrages und der eigentlichen Parteivernehmung. Bei der Anhörung einer Partei zur Aufklärung des Sachvortrages handelt es sich um einen reinen Parteivortrag. Stehen hier Aussagen des Klägers und des Beklagten gegenüber, sind beide gleichwertig und keine darf der anderen vorgezogen werden. Die Parteivernehmung hingegen ist Beweismittel und führt dazu, dass es einer Partei ermöglicht wird, sich in eine stärkere Position zu bringen. Die ZPO kennt **drei verschiedene Formen** der Parteivernehmung:
1. Zunächst kann eine Partei, die den ihr obliegenden Beweis mit anderen Beweismitteln nicht führen kann, **beantragen, dass der Gegner** über die zu beweisenden Tatsachen **vernommen wird**. Typisches Beispiel ist das Vieraugengespräch, bei dem neben dem Kläger und dem Beklagten sonst niemand anwesend war. Der Gegner kann allerdings die Vernehmung verweigern. Das Gericht hat dann diese Weigerung nach freier Überzeugung zu werten. Als Beweismittel ist diese Form der Parteivernehmung im Regelfall wertlos.
2. Als zweite Form der Parteivernehmung kann die beweispflichtige Partei auch **beantragen, dass sie selbst vernommen wird**. Voraussetzung ist aber, dass die andere Seite damit einverstanden ist. Verweigert die andere Seite die Zustimmung, dürfen hieraus keine nachteiligen Folgen gezogen werden. Da somit die Verweigerung gefahrlos möglich ist, ist diese Form der Parteivernehmung noch wertloser, da die Gegenseite ihr Einverständnis nur dann erteilen wird, wenn sie sicher gehen kann, dass die Aussage nichts Negatives für sie enthält.
3. Als dritte Form der Parteivernehmung sieht die ZPO schließlich vor, **dass seitens des Gerichts von Amts wegen die Parteivernehmung** einer oder beider Parteien **festgesetzt wird**. Voraussetzung ist, dass sämtliche sonstigen Beweismittel ausgeschöpft und eine gewisse Anfangswahrscheinlichkeit für die Behauptung spricht.

Parteiwechsel: Zu unterscheiden ist zwischen dem Wechsel auf der Beklagtenseite und auf der Klägerseite. Beim Wechsel auf der Beklagtenseite ist ge-

Vorbemerkung vor § 43 **Vor § 43**

genüber dem alten Beklagten der Wechsel wie eine Klagerücknahme zu werten. Ist bereits mündlich verhandelt worden, muss der alte Beklagte seine Zustimmung erteilen. Bei einem Parteiwechsel auf der Klägerseite ist ebenfalls die Zustimmung des Beklagten notwendig, wenn bereits mündlich verhandelt worden (§ 269 Abs. 1 ZPO analog; Zöller ZPO § 263 Rn. 30). Die Einwilligung kann nicht durch Sachdienlichkeitserwägungen seitens des Gerichts ersetzt werden. Im Beschlussanfechtungsverfahren wird eine Auswechslung auf Klägerseite nicht in Betracht kommen. Das Gesetz sieht zwingend vor, dass die Klage eines oder mehrerer WEer auf Erklärung der Ungültigkeit eines Beschl gegen die übrigen WEer zu führen ist. Die übrigen WEer stehen somit zwingend auf der Beklagtenseite. Nur dann, wenn mehrere WEer getrennt Anfechtungsklage erheben, sieht das Gesetz eine Ausnahme vor, in diesem Fall sollen die verschiedenen Verfahren verbunden werden (§ 47). Wird während des Verfahrens das WE veräußert, findet § 265 ZPO Anwendung (BGH NJW 2001, 3339): Der bisherige WEer führt das Verfahren im eigenen Namen ohne formelle Verfahrensbeteiligung des Erwerbers fort, es sei denn, der Erwerber ist damit nicht einverstanden. Will der Erwerber die Verfahrensstellung des Veräußerers übernehmen, bedarf es der Zustimmung des Beklagten (OLG Hamm WE 1990, 10). Es kommt aber ein Parteiwechsel auf Beklagtenseite in Betracht. Die Gefahr, statt den Eigentümern den Verband zu verklagen, ist bei undeutlicher Bezeichnung der Beklagten nicht unerheblich. Der BGH hat für diesen Fall festgehalten, dass die Klagefrist der Anfechtungsklage auch eingehalten ist, wenn bis zum Ende der mündlichen Verhandlung der Verwalter angegeben und die Eigentümerliste vorgelegt wird. Dann könne im Wege des Parteiwechsels die Klage auf die Eigentümer umgestellt werden (BGH NJW-RR 2012, 345; ZWE 2010, 455).
Persönliches Erscheinen von Verfahrensbeteiligten (§ 273 Abs. 2 ZPO): Dieses kann angeordnet werden und ist empfehlenswert, um den Sachverhalt aufzuklären und eine gütliche Einigung der Beteiligten zu erreichen; das Nichterscheinen kann mit Verhängung eines Ordnungsgeldes geahndet werden (BVerfG NJW 1998, 892; OLG Düsseldorf OLGR 1994, 183).
Prozessfähigkeit: S. Verfahrensfähigkeit.
Prozesskostenhilfe (§§ 114 ff. ZPO): Ist der Verband Beteiligter, gelten die WEer als die wirtschaftlich Beteiligten (LG Berlin NZM 2007, 493). Die Geltendmachung von Wohngeld liegt im allgemeinen Interesse und deshalb kann dies durch den Verband mit Prozesskostenhilfe durchgeführt werden (BGH NJW 2010, 2814).
Prozessstandschaft: Dies beinhaltet das Recht, ein fremdes Recht in eigenem Namen geltend zu machen. Zu unterscheiden ist zwischen gesetzlicher und gewillkürter Prozessstandschaft:
1. Bei der **gesetzlichen Prozessstandschaft** ergibt sich diese entweder aus einem Amt (zB Insolvenzverwalter, § 80 InsO), dem Prozessrecht (zB § 265 ZPO) oder einer Vorschrift des materiellen Rechts (zB Gesamthandsklage eines Erben, § 2039 BGB).
2. Bei **gewillkürter Prozessstandschaft** erteilt der Rechtsinhaber einem Dritten die Ermächtigung, das fremde Recht in eigenen Namen geltend zu

machen. Diese gewillkürte Prozessstandschaft ist nur zulässig, wenn eine wirksame Ermächtigung durch den Rechtsinhaber vorliegt (BGH NJW 1985, 1826) und ein schutzwürdiges rechtliches Interesse an der Prozessführung sowohl bei dem Dritten als auch bei dem Ermächtigten vorliegt. Dies wäre dann nicht gegeben, wenn der Gegner durch die Prozessführung durch den Dritten unzumutbar in seinen schutzwürdigen Belangen beeinträchtigt würde. Eine solche Benachteiligung läge zB vor, wenn die Parteirollen bewusst verändert werden, um das Kostenrisiko auszuschließen oder zu mindern (BGH NJW 1989, 933). Das schutzwürdige Interesse des Ermächtigten ist gegeben, wenn die Entscheidung in dem Prozess Einfluss auf die eigene Rechtslage des Prozessführungsbefugten hat (BGH NJW-RR 1988, 127). Dies kann etwa der Fall sein, wenn ein Sicherungsgeber auf Herausgabe der sicherungsübereigneten Gegenstände klagt (BGH NJW 1986, 424). Sie muss bei Anfechtungsklagen bis zum Klagefristende offengelegt werden (OLG Celle ZWE 2001, 34). Der BGH erkennt eine Befugnis des Verwalters, Rechte der Gem in eigenem Namen geltend zu machen, nur noch in Ausnahmefällen an, denn es kann nicht mehr aus der sich aus dem WEG ergebenden Rechts- und Pflichtenstellung des Verwalters hergeleitet werden (AG Hannover ZMR 2012, 911). Er sieht ein eigenes schutzwürdiges Interessen des Verwalters an der Durchsetzung von Rechten des Verbandes etwa dann, wenn sich der Verwalter der Gem gegenüber schadensersatzpflichtig gemacht hat und ihn die Gem vor diesem Hintergrund zur Schadensminimierung ermächtigt, auf eigene Kosten einen (zweifelhaften) Anspruch der Gem gegen Dritte durchzusetzen (BGH NJW 2011, 1361).

Prozessvollmacht (Verfahrensvollmacht, § 88 ZPO): Ob eine wirksame Vollmacht vorliegt ist – außer bei Vertretung durch Rechtsanwälte –, von Amts wegen zu prüfen (§ 88 ZPO).

14R **Rechtliches Gehör:** Durch das Grundgesetz (Art. 101 Abs. 2 GG) abgesichert (s auch § 321a ZPO). Die Partei muss die Möglichkeit zur Äußerung zum Sachverhalt und zur Rechtslage haben (BVerfGE 86, 133). Dies beinhaltet, sich zu Schriftsätzen des Gericht und des Gegners und auch zu Beweisergebnissen äußern zu dürfen. Hierzu gehört, dass diese der Partei zur Kenntnis gebracht werden. Weiter muss seitens des Gerichts eine hinreichende Frist zur Abgabe einer Erklärung abgewartet werden. Schließlich muss das Gericht das Vorbringen auch tatsächlich zur Kenntnis nehmen und bei seiner Entscheidung berücksichtigen (BVerfG NJW 1982, 30). Der Verstoß gegen das Prinzip des rechtlichen Gehörs führt zu einem Verfahrensfehler. Die Parteien sind allerdings gehalten, diesen Fehler innerhalb des Instanzenzuges zu rügen und für eine Korrektur zu sorgen.

Rechtsanwaltsbeauftragung: Der Verwalter ist regelmäßig ohne besondere Ermächtigung nicht befugt, für die WEer einen Rechtsanwalt zu beauftragen, außer im Notfall (§ 27 Abs. 1 Nr. 3). Allerdings ist der Verwalter berechtigt, wenn der Anwalt ordnungsgemäß beauftragt ist, mit ihm eine Gebührenvereinbarung wegen des Streitwertes zu treffen (§ 27 Abs. 2 Nr. 4 und Abs. 3 Nr. 6).

Vorbemerkung vor § 43

Rechtshängigkeit: Tritt ein mit Erhebung, dh mit Zustellung der Klage an den Gegner (OLG Stuttgart MDR 2004, 1017). Der Eingang bei Gericht begründet nur die sog Anhängigkeit. Wird die Klage „demnächst" zugestellt, können bestimmte Wirkungen von dem Zeitpunkt der Rechtshängigkeit auf den Zeitpunkt der Anhängigkeit zurückgerechnet werden (s auch § 46). Die Rechtshängigkeit ist maßgebend für die Frage, ob das Gericht schon oder noch zuständig ist (Stichwort „Anhängigkeit").
Rechtshängigkeit, anderweitige: Von Amts wegen zu beachten (BGH NJW 1989, 2064). Sie ist gegeben, wenn eine Klage mit demselben Streitgegenstand bereits bei demselben oder einem anderen Gericht anhängig ist oder war. Ist dies der Fall, muss die zweite Klage automatisch als unzulässig abgewiesen werden.
Rechtskraft: Es ist zwischen der formellen und der materiellen Rechtskraft zu unterscheiden:
1. Die **formelle Rechtskraft** ist gegeben, wenn kein ordentliches Rechtsmittel mehr gegen die Entscheidung möglich ist.
2. Die **materielle Rechtskraft** legt fest, in welchem Umfang eine erneute Klage wegen desselben Streitgegenstandes unzulässig ist. Es gilt dabei der zweigliedrige Streitgegenstandsbegriff bestehend aus Antrag und einen bestimmten Lebenssachverhalt (OLG Köln ZMR 1998, 374). Soweit die Streitgegenstände in erster und zweiter Klage identisch sind, kann kein neuer Prozess geführt werden. In Rechtskraft erwachsen außerdem Entscheidungssatz und auch die ihn tragenden rechtlichen Erwägungen. Die Rechtskraft wirkt nur zwischen den Parteien des Rechtsstreites (BGH NJW 1984, 127). Über die Parteien hinaus wirkt das Urteil ausnahmsweise auch gegenüber allen beigeladenen WE und ihren Rechtsnachfolgern sowie dem beigeladenen Verwalter (§ 48 Abs. 3).
Rechtsmittelbelehrung: Nach dem Gesetz zur Einführung einer Rechtsmittelbelehrung vom 5.12.2012 ist wie im Zivilprozess ab dem 1.1.2014 ein Parteiprozess vorgeschrieben.
Rechtsnachfolge (§§ 265, 325 ZPO): Die Veräußerung des WE während eines Verfahrens lässt die Verfahrensführungsbefugnis eines Veräußerers unberührt.
Rechtsschutz, einstweiliger: S. Arrest und einstweilige Verfügung.
Rechtsschutzbedürfnis: Bei Anfechtung von Beschl wird das Rechtsschutzinteresse vom Gesetz stillschweigend vorausgesetzt und **braucht im Normalfall nicht besonders dargelegt zu werden**, grundsätzlich selbst dann nicht, wenn der Kläger dem angefochtenen Beschl selbst zugestimmt hatte. Auch weiterhin dient das Anfechtungsrecht nicht allein dem persönlichen Interesse des anfechtenden WEers oder dem Minderheitenschutz, sondern auch dem Interesse der Gem an einer ordnungsgemäßen Verwaltung. Dazu gehört, dass rechtswidrige oder fehlerhafte Beschlüsse nicht durchgeführt werden sollen (s noch zum alten WEG BayObLG WE 1993, 344; 1994, 568). Im Einzelfall kann die Anfechtung aber **rechtsmissbräuchlich** und unzulässig sein, zB bei Zustimmung zum angefochtenen Beschl in Kenntnis des Einberufungsmangels (BayObLG NJW-RR 1993, 468). Ausnahmsweise kann das Rechtsschutzinteresse auch entfallen, wenn kein WEer aus der Anfechtung der JA

einen Vorteil zielt, weil diese durch die Fehler besser gestellt werden als bei einer ordnungsgemäßen Abrechnung (AG Montabaur v. 15.5.2007 – 9 UR II 11/06; BayObLG ZMR 2004, 358). Das Rechtsschutzbedürfnis entfällt aber nicht schon dann, wenn der WEer keine Nachteile durch den Beschl hat. Jeder WEer hat einen Anspruch auf ordnungsgemäße Verwaltung und mit der Anfechtungsklage wird dieser Anspruch durchgesetzt (BGH NJW 2003, 3124). Zur Wirkung eines Zweitbeschlusses auf das Rechtsschutzbedürfnis s. § 10 Rn. 78 ff. Das Rechtsschutzbedürfnis entfällt auch nicht automatisch dadurch, dass die Beschl-Maßnahme durchgeführt wurde. Nur wenn Folgewirkungen auf eventuell nachfolgende Prozesse auszuschließen sind, entfällt das Rechtsschutzbedürfnis (BGH NJW 2011, 2660). Auch die Genehmigung der JA lässt das Rechtsschutzbedürfnis für die Anfechtung des Beschl über den entsprechenden WP nicht entfallen. Weder der Zeitablauf des WP, noch die Beschlussfassung über die JA lassen das Rechtsschutzbedürfnis für die Anfechtung des WP entfallen. Anders aber, wenn der Beschl über die Genehmigung der JA bestandskräftig geworden ist, der anfechtende WEer seine Verpflichtungen aus dem WP vollständig erfüllt hat und zwischen der Beschlussfassung über den WP und die JA kein Eigentümerwechsel stattgefunden hat und weder ein Insolvenzverfahren noch die Zwangsverwaltung angeordnet worden ist (OLG Hamm, ZMR 2006, 879). Das Rechtsschutzbedürfnis entfällt auch nicht dadurch, dass die anzugreifenden Beschlüsse durch die Gem aufgehoben worden sind. Erst wenn der aufhebende Beschl bestandskräftig ist, entfällt das Rechtsschutzbedürfnis. Solange der aufhebende Beschl nicht bestandskräftig ist, kann er seinerseits aufgehoben oder gerichtlich für unwirksam erklärt werden. Dann würde der ursprüngliche Beschl wieder aufleben; ist dann keine Klage erfolgt oder eine erhobene Klage für unzulässig bzw. erledigt erklärt worden, könnte nicht weiter gegen den Beschl vorgegangen werden (vgl. AG Heidelberg ZMR 2011, 72). Soll wegen einer Maßnahme des Verwalters gegen diesen vorgegangen werden, entfällt aber das Rechtsschutzbedürfnis, wenn die Gem bestandskräftig einen Beschl gleichen Inhalts gefasst hat Eine möglicherweise bereits erhobene Klage muss dann in eine Anfechtungsklage umgestellt werden (BayObLGZ 1972, 246).
Regelungsantrag: S. gerichtliche Gestaltung.
Restitutionsverfahren (§§ 580 ff. ZPO): Gegen rechtskräftige Urteile stehen grundsätzlich noch zwei Möglichkeiten offen, um gegen diese vorzugehen, die Nichtigkeitsklage (§ 579 ZPO) und die Restitutionsklage (§ 580 ZPO). Die Nichtigkeitsklage ist möglich, wenn entweder an der Entscheidung ein Richter mitgewirkt hatte, der nicht hätte mitwirken dürfen, bzw. ein Richter, der hätte mitwirken müssen, nicht mitgewirkt hat (§ 579 Abs. 1 Nr. 1 bis 3), oder aber eine der beiden Parteien nicht ordnungsgemäß vertreten war (§ 579 Abs. 1 Nr. 4 ZPO). Die Nichtigkeitsklage ist aber ausgeschlossen, wenn der Nichtigkeitsgrund mittels eines Rechtsmittels hätte geltend gemacht werden können. Die Restitutionsklage kann erhoben werden, wenn das Urteil auf einer Straftat basiert (zB auf einer gefälschten Urkunde oder einer falschen eidlichen Aussage) oder aber das Urteil maßgeblich auf einem anderen Urteil basiert und dieses Urteil seinerseits aufgehoben worden ist. Für Verfahren, die am 1.7.2007 beendet oder anhängig waren, besteht außer-

dem noch die Möglichkeit bei Änderung der tatsächlichen Verhältnisse eine Änderung der Entscheidung zu beantragen (§ 45 Abs. 4 aF). Gemäß den Überleitungsvorschriften gelten für diese Verfahren die alten Verfahrensvorschriften für WEG-Verfahren weiter (§ 62). Dem Richter steht dann ein Ermessen bei der Frage zu, ob er die Entscheidung abändert. Dabei darf er die Entscheidung aber nur insoweit abändern, wie dies zur Vermeidung unbilliger Härten notwendig ist.
Revision (§§ 543 ff. ZPO): Gegen die Entscheidung des Berufungsgerichtes ist das Rechtsmittel der Revision gegeben. Das Berufungsgericht muss entweder die Revision ausdrücklich zugelassen haben oder aber auf die sog Nichtzulassungsbeschwerde hin muss das Revisionsgericht dies getan haben (§§ 543, 544 ZPO). Für Berufungsentscheidungen, die bis zum 31.12.2014 verkündet werden, ist die Nichtzulassungsbeschwerde aber ausgeschlossen (§ 62). Die Revision ist innerhalb eines Monats nach der Zustellung des vollständigen Berufungsurteil, spätestens mit Ablauf von fünf Monaten nach dessen Verkündung einzulegen (§ 548 ZPO). Die Revision muss beim BGH als Revisionsgericht eingelegt werden (§ 549 ZPO). Die Revisionsbegründung muss binnen zwei Monaten nach Zustellung des vollständigen Urteils oder aber wiederum fünf Monate nach der Verkündung eingelegt werden. Die Revision kann nur darauf gestützt werden, dass eine Vorschrift, deren Geltungsbereich sich über den Bezirk eines Oberlandesgerichtes hinaus erstreckt, verletzt worden ist. Neue Tatsachen können nicht mehr eingeführt werden.
Richterablehnung (§ 42 ZPO) wegen Besorgnis der **Befangenheit:** Besorgnis der Befangenheit besteht, wenn Gründe vorliegen, welche **Misstrauen gegen die Unparteilichkeit des Richters** rechtfertigen (§§ 42 ff. ZPO). Dabei muss der Richter nicht tatsächlich parteiisch sein. Es reicht, wenn objektive Gründe für Zweifel gegeben sind.
Ruhen des Verfahrens (§ 251 ZPO): Dieses ist seitens des Gerichts anzuordnen, wenn beide Parteien dies beantragen und das Gericht annimmt, dass dies aus wichtigen Gründen zweckmäßig sei. Ein wichtiger Grund stellt das Schweben von Vergleichsverhandlungen dar (§ 251 ZPO).

Schriftliches Vorverfahren (§ 272 ZPO): Das Gericht hat nach Eingang der Klage die Wahl, ob es einen frühen ersten Termin bestimmt oder ein schriftliches Vorverfahren veranlasst (§§ 272 und 276 ZPO). Wählt das Gericht das schriftliche Vorverfahren, hat es den Beklagten mit der Zustellung der Klage aufzufordern, sich binnen einer Notfrist von zwei Wochen nach Zustellung der Klageschrift darüber mitzuteilen, ob eine Verteidigung gegen die Klage gewünscht sei. Gleichzeitig ist eine weitere Frist von mindestens zwei Wochen zur Klageerwiderung zu setzen (§ 276 ZPO). Geht die Verteidigungsanzeige nicht rechtzeitig ein, kann auf Antrag des Klägers ein Versäumnisurteil erlassen werden (§ 331 ZPO). Geht die Klageerwiderung nicht fristgerecht ein, ist unverzüglich Termin zu bestimmen.
Selbständiges Beweisverfahren (§§ 485 ff. ZPO): Es handelt sich um eine vorsorgliche Beweisaufnahme, die vor oder auch während eines Gerichtsverfahrens zur Beweissicherung durchgeführt werden kann (§§ 485 ff. ZPO). Voraussetzung für das selbständige Beweisverfahren ist, dass die Be-

sorgnis besteht, dass ein Beweismittel ansonsten verloren geht oder seine Benutzung zumindest erschwert wird. Dies ist insbesondere dann der Fall, wenn zB ein Wasserschaden vorliegt und zur Verhinderung größerer Schäden umgehend die Reparatur durchgeführt werden muss.
Streitverkündung (§ 72 ZPO): gegenüber einem NichtWEer zulässig (§§ 72 ff. ZPO). Ebenfalls zulässig, wenn der WEer von der Gem wegen des Verhaltens eines Dritten in Anspruch genommen wird, dem er die Nutzung des WE/TE überlassen hat.
Streitwert: S. hierzu das ABC in § 49a GKG Rn. 5
Stufenantrag (§ 254 ZPO): Zulässig, zB erst Antrag auf Auskunft, dann Antrag auf Zahlung.

14T **Teilurteil (§ 301 ZPO):** Es muss ein teilbarer Anspruch vorliegen (zB Schmerzensgeldanspruch aus aufeinanderfolgenden Unfällen, OLG Oldenburg VersR 1986, 926) und die Entscheidung über den abgeurteilten Teil muss unabhängig davon sein, wie das Schlussurteil über den Rest des noch anhängigen Streitgegenstandes aussieht (BGH NJW 1997, 1710; 2004, 1452). Dies ist dann nicht gegeben, wenn die Möglichkeit verbleibt, dass Fragen, die auch im weiteren Teil eine Rolle spielen, für den jetzigen Teil maßgeblich sind. Möglich ist auch, ein Teilurteil mit einem Grundurteil zu verbinden. Dabei wird durch das Gericht zB bei einem einheitlichen Zahlungsanspruch der feststehende Mindestbetrag zusammen mit einer Entscheidung über den Grund auch für den anderen Teil ausgeurteilt (BGH NJW 1992, 511).
Titelumschreibung (§ 727 ZPO): Ein Vollstreckungstitel kann bei Rechtsnachfolge auf Kläger oder Beklagtenseite für bzw. gegen den Rechtsnachfolger umgeschrieben werden (s zB für Erbe BayObLGZ 1970, 125). Hat der Verwalter in Prozessstandschaft einen Titel für die Gem erwirkt und wechselt dann der Verwalter, kann keine Titelumschreibung stattfinden. Eine Rechtsnachfolge bezüglich des titulierten Anspruches hat nicht stattgefunden (LG Hannover NJW 1970, 436; OLG Düsseldorf NJWE-MietR 1997, 234). Vielmehr muss der Anspruch an den neuen Verwalter abgetreten werden, damit eine Rechtsnachfolge stattfindet.
Tod eines Verfahrensbeteiligten: S. Unterbrechung.
Trennung: Das Gericht kann einzelne von mehreren Anträgen oder einzelne oder alle Gegenanträge aus dem Verfahren abtrennen und in getrennten Verfahren entscheiden, wenn dies nach pflichtgemäßen Ermessen sachgerecht erscheint (§ 145 ZPO).

14U **Unterberechnung des Verfahrens:** Verstirbt eine der Parteien, so ist das Verfahren zu unterbrechen, bis es durch den Rechtsnachfolger aufgenommen wird. Verzögert der Rechtsnachfolger die Aufnahme, kann die andere Seite Termin zur Aufnahme und zur Verhandlung der Hauptsache bestimmen lassen (§ 239 Abs. 1 und 2 ZPO). Keine Unterbrechung tritt ein, wenn der Verwalter stirbt, sofern der Verwalter nicht Partei im Verfahren ist (zB bei Klage gegen Verwalter). Der Verwalter ist dann lediglich Zustellungsbevollmächtigter; bis zur Neubestimmung ist dann der Ersatzzustellungsvertreter für die Entgegennahme von Schriftstücken zuständig. Bei Eröffnung des Insolvenzverfahrens über das Vermögen eines Eigentümers wird das Verfahren grundsätzlich nicht (KG ZMR 2005, 647) unterbrochen, es sei denn Individualansprüche sind Gegenstand des Verfahrens (KG ZMR 2007, 803). Der Eröffnung des Insolvenzverfahrens steht bereits die Eröffnung des vorläufigen Insolvenzverfahrens gleich, wenn ein allgemeines Verfügungsverbot erlassen worden ist (§ 240 S. 2 ZPO). Erlässt das Gericht andere Sicherungsmaßnahmen im vorläufigen Insolvenzverfahren, greift die Unterbrechung nicht (BGH NJW 1999, 2822; OLG Celle OLGR 2000, 107). Keine Unterbrechung im Falle des Todes einer Partei tritt ein, wenn diese Partei anwaltlich vertreten war (§ 246 Abs. 1 ZPO). Der Anwalt kann in diesen Fällen jedoch den Antrag auf Aussetzung des Verfahrens stellen.

Urkundenprozess: Hausgelder und sonstige Ansprüche können im Urkundenverfahren (§§ 592 ff. ZPO) geltend gemacht werden. Voraussetzung dafür ist, dass sämtliche Tatsachen durch Urkunden belegt werden können. Bei Hausgeldern wird dies im Regelfall unproblematisch möglich sein; mit dem WP und dem Protokoll der mündlichen Verhandlung liegen die notwendigen Urkunden vor. Dem steht auch nicht entgegen, dass der verklagte WEer an WP und Protokoll nicht mitgewirkt hat. Ausreichend ist, dass der Inhalt der vorgelegten Urkunde ausreicht, um in einer freien Beweiswürdigung den vom Kläger behaupteten Sachverhalt festzustellen (BGH NJW-RR 2006, 761). Der Beklagte muss an der Errichtung der Urkunde nicht beteiligt gewesen sein (RGZ 142, 306). Aus dem Protokoll und dem WP kann durch das Gericht in freier Beweiswürdigung festgestellt werden, ob die Beschlussfassung über WP bzw. JA erfolgt ist.

Veräußerung der Eigentumswohnung: § 265 ZPO ist direkt anwendbar: Die Veräußerung während des Verfahrens hat auf die Beteiligtenstellung des Veräußerers keinen Einfluss; er führt das Verfahren in Verfahrensstandschaft für den Erwerber fort (BGH NJW 2001, 3339; s. auch Stichwort „Parteiwechsel").

Verbindung von Verfahren: Möglich, wenn die Verfahren in rechtlichem Zusammenhang stehen oder gleich in einer Klage hätten geltend gemacht werden können (OLG Köln ZMR 2007, 556; s. auch Vor § 43 Stichwort „Trennung").

Verfahrensbeteiligung: Grundsätzlich sind an dem Verfahren nur die in der Klageschrift als Kläger und Beklagten bezeichneten Parteien zu beteiligen. Bei Anfechtungsklagen (§ 43 Abs. 4) muss die Klage zwingend gegen alle übrigen WEer erhoben werden, so dass diese automatisch beteiligt sind. Bei Streitigkeiten aus dem Gemsverhältnis bzw. über die Rechten und Pflichten eines Verwalters (§ 43 Nr. 1 und 3) kann die Klage hingegen auf einzelne WEer beschränkt werden. In diesem Fall hat das Gericht zwingend die übrigen WEer beizuladen (§ 48 Abs. 1). Dies gilt nur dann nicht, wenn die Rechte der nicht aufgeführten WEer erkennbar nicht betroffen sind (BGH WuM 1991, 2164; OLG Hamburg ZMR 2001, 134; BayObLG WuM 1995, 672).

Verfahrensfähigkeit (Prozessfähigkeit): Prozessfähigkeit ist die Fähigkeit, Prozesshandlungen selbst oder durch selbstbestellte Vertreter wirksam vornehmen oder entgegenzunehmen (§ 52 ZPO). Prozessfähigkeit liegt insoweit vor, als eine Person sich durch Verträge verpflichten kann. Damit sind die WEer und der Verwalter unabhängig davon, ob es sich um eine natürlich oder eine juristische handelt prozessfähig. Die Gem der WEer ist – soweit sie im Rahmen der gesamten Verwaltung des gemeinschaftlichen Eigentums gegenüber Dritten oder WEer handelt – ebenfalls prozessfähig (§ 10 Abs. 6 WEG iVm § 52 ZPO). Das Gericht hat die Prozessfähigkeit von Amts wegen zu berücksichtigen (§ 56 ZPO). Das Gericht ermittelt jedoch nicht von sich aus, ob Anhaltspunkte für die fehlende Prozessfähigkeit vorliegen, sondern wird bei Vorliegen von Anhaltspunkten auch ohne Antrag tätig.

Verfahrenskosten, Verfahrensgebühren: Die Gerichtskosten berechnen sich nach dem Gerichtskostengesetz (GKG), die Anwaltsgebühren nach dem Rechtsanwaltsvergütungsgesetz (RVG). Grundsätzlich hat die unterliegende Partei sämtliche Anwalts- und Gerichtskosten zu übernehmen (§§ 93 ff. ZPO). Nur bei einem sofortigen Anerkenntnis (§ 93 ZPO) oder bei Säumniskosten (§ 95 ZPO sowie erfolglos gebliebenen Angriffs- oder Verteidigungsmitteln oder Rechtsmitteln (§§ 96 und 97 ZPO) bestehen Sonderregelungen. Bezog sich das Verfahren auf einen Antrag zur Verpflichtung auf Durchführung einer Maßnahme der ordnungsgemäßen Verwaltung (§ 21 Abs. 8), kann das Gericht ebenfalls eine Entscheidung nach billigem Ermessen (§ 49 Abs. 1) treffen. Hat der Verwalter die Tätigkeit des Gerichts veranlasst und trifft ihn grobes Verschulden, kann das Gericht ihm auch dann die Kosten des Verfahrens auferlegen, wenn er nicht Partei des Rechtsstreits ist (§ 49 Abs. 2). Dies wird der Fall sein, wenn zB der Verwalter trotz bestandskräftigen Beschl über die JA ein Guthaben nach wiederholter Aufforderung nicht auszahlt.

Vergleich: Das Gericht ist gehalten, in jeder Lage des Verfahrens eine vergleichsweise Einigung der Parteien herbeizuführen (§ 278 ZPO). Dies kommt auch dadurch zum Ausdruck, dass vor dem eigentlichen Verfahren eine obligatorische Güteverhandlung durch das Gericht durchzuführen ist (§ 278 Abs. 3 ZPO). Sowohl der außergerichtlich geschlossene Anwaltsvergleich als auch der vor Gericht geschlossene Vergleich sind Vollstreckungstitel (§§ 794 Abs. 1 Nr. 1 und 796a ZPO). Voraussetzung für die Vollstreckbarkeit des Anwaltsvergleichs ist jedoch, dass der Schuldner sich der sofortigen Vollstreckung unterworfen hat und den Vergleich unter Angabe des Tages seines Zustandekommens bei einem Amtsgericht niedergelegt hat, bei dem eine der Parteien zum Zeitpunkt des Vergleichsabschlusses ihren allgemeinen Gerichtsstand hat.

Versäumnisurteil (§§ 330 ff. ZPO): Erscheinen Kläger oder Beklagter im Termin zur mündlichen Verhandlung nicht (§§ 330 und 331 ZPO), kann die erschienene Partei ein Versäumnisurteil beantragen. Ist der Kläger säumig, wird die Klage ohne weitere Prüfung abgewiesen (§ 330 ZPO). Ist hingegen der Beklagte säumig, hat dies nur zur Konsequenz, dass der tatsächliche Sachvortrag des Klägers als zugestanden gilt, dh dass der Vortrag des Klägers zugrunde gelegt wird. Das Gericht muss weiterhin die Schlüssigkeit der Klage prüfen. Die Klage wird daher nur dann zugesprochen, wenn der Antrag durch den Vortrag des Klägers gedeckt ist. Ein Versäumnisurteil **darf nicht erlassen werden, wenn** die nicht erschienene Partei nicht ordnungsgemäß geladen war oder ein Vorbringen zugrunde gelegt werden soll, welches schriftsätzlich nicht rechtzeitig vorher mitgeteilt worden war (§ 335 ZPO). Säumnis liegt nicht nur dann vor, wenn eine der Parteien im ersten Termin nicht anwesend ist, sondern auch, wenn in den nachfolgenden Terminen eine der beiden Parteien nicht erscheint. Gegen das Versäumnisurteil kann **Einspruch** eingelegt werden und zwar innerhalb von zwei Wochen ab Zustellung des Versäumnisurteils (§§ 338 und 339 ZPO). Bei fristgerechtem Einspruch hat das Gericht Termin zur mündlichen Verhandlung anzuberaumen; der Prozess wird in den Stand versetzt, in welchem er sich vor der Säumnis befand. Sind auf Kläger- oder Beklagtenseite mehrere Personen beteiligt, ist zu unterscheiden:

1. Sind nur ein Kläger- und ein Beklagter vorhanden und alle anderen **Beteiligten nur beigeladen**, dann ist Säumnis nur gegeben, wenn Kläger oder Beklagter fehlen. Das Fehlen eines Beigeladenen ist unerheblich, da die Rechtskraft des Urteils auch in diesem Fall gegen ihn wirkt.
2. Sind hingegen auf Kläger- oder Beklagtenseite mehrere Personen vorhanden, reicht bei **notwendiger Streitgenossenschaft** (dh das Urteil kann gegen alle nur einheitlich ergehen, zB Anfechtung) die Anwesenheit eines Klägers bzw. eines Beklagten, um das Versäumnisurteil gegen alle zu verhindern (§ 62 ZPO).
3. Liegt demgegenüber nur ein Fall der **einfachen Streitgenossenschaft** vor (dh es liegt zwar der gleiche Sachverhalt vor, es sind aber unterschiedliche Entscheidungen denkbar, zB gesamtschuldnerisch haftende WEer), kann der erschienene WEer die nicht erschienenen WEer nicht ohne sonstige Ermächtigung vertreten und es kann Versäumnisurteil ergehen.

Vertretung von Verfahrensbeteiligten (§ 141 Abs. 3 ZPO): Eine Vertretung ist grundsätzlich zulässig; ist das persönliche Erscheinen der Parteien angeordnet worden, muss dem Rechtsanwalt eine besondere Vollmacht ausgestellt werden, die ihn in die Lage versetzt, alle gebotenen Prozesshandlungen vornehmen zu können, insbesondere auch einen Vergleich zu schließen. Der Rechtsanwalt muss in der Lage sein, sämtliche Fragen des Gerichts zu dessen Zufriedenheit beantworten zu können.

Verweisung: S. Abgabe des Verfahrens.

Vollstreckungsgegenklage (§ 767 ZPO): Einwendungen, die dem Schuldner gegen den im Urteil festgestellten Anspruch selbst zustehen (zB Erfüllung oder Verzicht), können durch den Schuldner für den Fall, dass die Vollstreckung ernsthaft droht, mittels der Vollstreckungsabwehrklage (§ 767 ZPO) geltend gemacht werden. Die Einwendung führt aber nur dann zu Unzulässigkeit der Zwangsvollstreckung, wenn der Grund, auf dem sie basiert, erst nach dem Schluss der mündlichen Verhandlung, in der die Einwendung spätestens hätte geltend gemacht werden müssen, entstanden ist und durch Einspruch nicht mehr geltend gemacht werden kann.

Beispiel: Der verklagte WEer hat es verabsäumt, eine Hausgeldzahlung in der letzten mündlichen Verhandlung dem Gericht mitzuteilen. Das Gericht erlässt am Ende der mündlichen Verhandlung ein Urteil, in welchem der WEer vollumfänglich verurteilt wird. Der Beklagte lässt das Urteil rechtskräftig werden. Die Erfüllung kann nunmehr nicht mehr von dem WEer eingewandt werden, da er dies in der mündlichen Verhandlung, jedenfalls aber in dem Rechtsmittel hätte einwenden können.

Das Gericht kann im Rahmen der Vollstreckungsabwehrklage bis zur Entscheidung die Zwangsvollstreckung gegen oder auch ohne Sicherheitsleistung einstellen (§ 769 ZPO). Zuständig ist WEG-Gericht (BGH NJW 2009, 1282).
Vorläufige Vollstreckbarkeit (§§ 708 ff. ZPO): Anders als nach altem Recht ist für die Vollstreckbarkeit nicht mehr Voraussetzung, dass die Entscheidung rechtskräftig ist. Urteile in WEG-Sachen sind regelmäßig bereits vor Rechtskraft entweder **mit oder ohne Sicherheitsleistung** für vorläufig vollstreckbar zu erklären (§§ 708, 709 ZPO). Für vermögensrechtliche Streitigkeiten (etwa Wohngeldklagen) ist die vorläufige Vollstreckbarkeit ohne Sicherheitsleistung gegeben, wenn die Verurteilung in der Hauptsache 1.250 EUR nicht übersteigt oder wenn die Entscheidung über die Kosten als einziges vollstreckbar ist und nicht mehr als 1.500 EUR betroffen sind. Liegt ein Anerkenntnis- oder Versäumnisurteil oder ein Urteil nach Lage der Akten oder ein Urkunden-, Wechsel- oder Scheckurteil vor, ist die vorläufige Vollstreckbarkeit ohne Sicherheitsleistung auszusprechen (§ 708 Nr. 1, 3 und 4 ZPO). Ist das Urteil ohne Sicherheitsleistung für vollstreckbar zu erklären, ist dem Schuldner die Befugnis auszusprechen, **durch** Zahlung einer entsprechenden **Sicherheitsleistung die Vollstreckung abzuwenden**. Die Sicherheitsleistung soll dabei so hoch bemessen sein, dass ein möglicher Schaden durch den Vollstreckungsaufschub abgewendet wird. Im Regelfall muss mindestens 100 % der zu vollstreckenden Summe gesichert werden. Da noch weitere Positionen hinzukommen, wird von den Gerichten als Faustformel **110 % des zu vollstreckenden Betrages** angewandt. Leistet der Schuldner entsprechende Sicherheit, muss der Gläubiger, wenn er die Vollstreckung fortsetzen will, seinerseits Sicherheit leisten. Liegt ein Versäumnis-, Anerkenntnis-, Urkunden-, Wechsel- oder Scheckurteil vor, ist dem Schuldner nicht die Befugnis auszusprechen, die Vollstreckung der Sicherheitsleistung abzuwenden (§ 711 ZPO). Ist das Urteil nicht ohne Sicherheitsleistung für vollstreckbar zu erklären, muss es gegen Sicherheitsleistung für vollstreckbar erklärt werden. Nunmehr ist es an dem Kläger Sicherheit zu leisten, wenn er sich aus der Vollstreckung befriedigen will. Ohne diese Sicherheit darf der Gläubiger die Vollstreckung nur insoweit betreiben, als die gewählte Vollstreckungsmethode ihm lediglich eine Sicherung verschafft. Dh er kann insbesondere nur die Pfändung bei beweglichen Gegenständen betreiben bzw. eine Zwangssicherungshypothek auf dem Grundstück des Schuldners eintragen lassen (§ 720a ZPO).
Vorschaltverfahren: Die WEer können durch Vereinb ein Vorschaltverfahren vorsehen, ohne dessen Durchführung das WEG-Verfahren unzulässig wäre (OLG Zweibrücken ZMR 1986, 63; BayObLG NJW-RR 1996, 910; ZMR 1991, 231). Ausnahme: Die Durchführung des Vorschaltverfahrens ist erkennbar sinnlos (OLG Frankfurt OLGZ 1988, 63).

Beispiel: Anrufung des Beirats (BayObLG DWE 1996, 36) oder der WEerversammlung (BayObLG NJW-RR 1991, 849) oder Schiedsgerichtsvereinbarung (§§ 1025 ff. ZPO; ausführlich Busse, Schiedsverfahren in WE Sachen, Düsseldorf 1993).

Empfehlenswert ist dabei das Deutsche ständige Schiedsgericht für WEG in Bonn (WE 1998, 95 oder www.schiedsgericht-wohnungseigentum.de). Als

Vorteile werden genannt kürzere Verfahrensdauer, schnelleres Erreichen der Vollstreckbarkeit, besondere Sachkunde der Schiedsrichter, Verminderung der Verfahrenskosten). Die Vereinb kann entweder in ein eigenes Vertragsdokument aufgenommen werden (Schiedsvereinbarung) oder als Klausel in einem anderen Vertragstext (Schiedsabrede). Es gelten die Vorschriften der ZPO über die Schiedsgerichte (§§ 1025 ff. ZPO). Die Schiedsvereinbarung darf einen wirkungsvollen Rechtsschutz nicht in seiner Substanz abbedingen; insbesondere muss das Schiedsgericht vorab festgelegt sein (LG München I NJW-RR 2011, 162).

Widerklage (§ 33 ZPO): Die Widerklage ist ein Gegenangriff des Beklagten, mit welchem ein von dem Anspruch der eigentlichen Klage verschiedener Anspruch geltend gemacht wird. In der ersten Instanz kann die Widerklage in der mündlichen Verhandlung bis zu deren Schluss erhoben werden. In der Berufungsinstanz ist die Widerklage nur noch zulässig, wenn der Kläger zustimmt, wobei eine rügelose Einlassung genügt oder das Gericht die Geltendmachung für sachdienlich hält (BGH NJW-RR 1992, 736). Weitere Voraussetzung ist, dass der Streitstoff durch die Widerklage nicht erweitert wird. Die Widerklage muss im Zusammenhang mit der eigentlichen Klage stehen. Hierfür ist ausreichend, aber auch notwendig, dass ein rechtlicher Zusammenhang zwischen den beiden Forderungen besteht. Die Widerklage darf sich nicht in einer reinen Negierung der Hauptsacheklage erschöpfen.

14W

Beispiel: Die WEerGem macht 5.000 EUR Hausgeld geltend. Der beklagte WEer macht widerklagend die Feststellung geltend, dass die Gem nicht berechtigt ist, 5.000 EUR Hausgeld zu fordern. Hier erschöpft sich der Antrag in eine Negierung der Klage, so dass die Widerklage unzulässig wäre. Berühmte sich die Gem über die 5000 EUR hinaus noch weiterer Forderungen, zB noch weiterer 5000 EUR Hausgeld und würde der WEer dann die Feststellung geltend machen, dass der Gem über die 5000 EUR hinaus keine weiteren Forderungen zustehen, wäre die Widerklage zulässig.

Die Widerklage ist zwingend von dem Beklagten der Hauptsacheklage zu erheben. Die Widerklage muss aber nicht zwingend gegen den Kläger gerichtet sein, sondern kann auch gegen Streitgenossen oder Nebenintervenienten gerichtet werden.

Wiederaufnahmeverfahren: S. Restitutionsverfahren.

Wiedereinsetzung in vorherigen Stand: Für die Einlegung der Anfechtungsklage sowie deren Begründung sind Fristen einzuhalten. Werden diese Fristen versäumt, kann die entsprechende Handlung nicht mehr vorgenommen werden. Es besteht aber die Möglichkeit, Wiedereinsetzung in den vorherigen Stand zu beantragen (§ 46 Abs. 1 S. 3 WEG iVm §§ 233 ff. ZPO). Für die Wiedereinsetzung müssen vorliegen:

1. Es muss eine **Notfrist** vorliegen (§ 233 ZPO) oder sonst die Vorschriften über die Wiedereinsetzung anwendbar sein. Notfristen sind nur solche Fristen, die als solche benannt sind (§ 224 Abs. 1 S. 2 ZPO). Weder die Anfechtungs- noch die Begründungsfrist sind als solche bezeichnet, so dass danach die Anwendung der Wiedereinsetzung ausscheidet. Die Vorschriften werden aber ausdrücklich für anwendbar erklärt (§ 46 Abs. 1 S. 3).

2. Die **Frist** muss **ohne Verschulden versäumt** worden sein. Verschulden liegt vor, wenn die Partei oder ein Dritter, dessen Verhalten ihr zuzurechnen ist, die im Verkehr erforderliche Sorgfalt außer Acht gelassen haben und dadurch die Frist versäumt worden ist (Zöller § 233 ZPO Rn. 11). Das Verschulden des Anwalts muss sich die Partei zurechnen lassen (§ 85 Abs. 2 ZPO). Die WEerGem muss sich auch das Verschulden des Verwalters zurechnen lassen (§ 85 Abs. 2). Soweit der Verwalter berechtigt ist, die Gem zu vertreten, ist er ebenso wie ein Anwalt Prozessbevollmächtigter (Staudinger/Bub § 27 Rn. 296).

– **Verschulden des Anwalts:** Die Anfechtungs- und die Begründungsfristen können seitens des Anwalts dadurch versäumt werden, dass er diese falsch berechnet oder falsch notiert. Der Anwalt ist verpflichtet, den Fristbeginn und das Fristende sorgfältig festzustellen und zu notieren. Auf Angaben der Partei darf er sich dabei nicht verlassen (BGH NJW-RR 1995, 825). Eine weitere Fehlerquelle kann in der nicht rechtzeitigen Versendung der Anfechtungs- bzw. der Begründungsschrift liegen. Der Anwalt muss sicherstellen, dass die Schriftsätze rechtzeitig bei Gericht eingehen (BGH NJW-RR 1992, 1277).

– **Verschulden des Verwalters:** Ist der Verwalter Prozessbevollmächtigter, ist er ebenso wie der Anwalt verpflichtet, für die Einhaltung gesetzlicher oder gerichtlicher Fristen zu sorgen.

– **Verschulden des Eigentümers:** Oftmals werden Anfechtungsfristen von Eigentümern versäumt, weil ihnen der entsprechende **Beschluss unbekannt** ist, da sie nicht an der WEerversammlung teilgenommen haben (sog Nichtteilnehmer). Für die Frage des Verschuldens kommt es darauf an, **ob der Wohnungseigentümer mit einer Beschlussfassung rechnen musste**. Ist eine Beschlussfassung **in der Einladung angekündigt** worden, muss ein WEer grundsätzlich damit rechnen, dass in der WEerversammlung ein entsprechender Beschl auch tatsächlich gefasst wird. Versäumt er die Frist für die Anfechtung, kann er sich für die Wiedereinsetzung nicht auf seine Nichtteilnahme und damit Unkenntnis berufen. Nur wenn der Beschl **nicht in der Einladung angekündigt** worden ist, braucht ein WEer nicht mit der Beschlussfassung zu rechnen. Bleibt er dann der WEerversammlung fern und versäumt er deswegen wegen Nichtkenntnis des Beschl die Anfechtungsfrist, kann er Wiedereinsetzung in den vorherigen Stand beantragen (§ 46 Abs. 1 S. 3, §§ 233 ff. ZPO; OLG Hamm OLGZ 1985, 147). Maßgeblich für die Frage der Fristversäumnis ist in diesen Fällen, **wann der Wohnungseigentümer von der Beschlussfassung Kenntnis erlangt hat**. Nach der Rspr. muss dem WEer eine Woche Überlegungsfrist zwischen Kenntnis von dem Beschl und dem Ende der Anfechtungsfrist bleiben (BayObLG NJW-RR 1989, 656; OLG Düsseldorf NJW-RR 1995, 464; KG NJW-RR 1996, 844). Regelmäßig durch Protokolleinsicht (BayObLG ZMR 2003,435), Wiedereinsetzung aber zu gewähren, wenn Übersendung trotz einer Verpflichtung (OLG Hamm DWE 1995,159) oder Aufforderung (OLG Karlsruhe WuM 1999,545) nicht erfolgt. Nach der Rspr. des KG soll es dabei maßgeblich darauf ankommen, **dass der**

Vorbemerkung vor § 43 **Vor § 43**

Wohnungseigentümer das fertig gestellte Protokoll vor Ablauf dieser Frist **erhält** (KG ZWE 2002, 179; DWE 2002, 62). Fertiggestellt soll dabei das Protokoll erst dann sein, wenn alle, die nach der gesetzlichen Regelung oder nach der TErkl zu unterschreiben haben, auch tatsächlich unterschrieben haben. Geht dem WEer ein in diesem Sinne nicht fertiggestelltes Protokoll zu und versäumt er dann die Anfechtungsfrist, soll er gleichwohl Wiedereinsetzung beantragen können. Begründet wird dies damit, dass ein WEer, der nicht an der WEerversammlung teilgenommen habe, sich nicht auf mündliche Angaben anderer WEer zu verlassen brauche und erst mit der Vorlage des fertiggestellten Protokolls sich verlässlich entscheiden könne, ob er anfechte. Dieser Auffassung ist in dieser Reichweite nicht zuzustimmen. Zutreffend ist, dass ein WEer nicht damit zu rechnen braucht, dass in der WEerversammlung ein Beschl gefasst wird, der so nicht in der Einladung angekündigt worden ist. Er muss daher auch nicht vorsorglich nachfragen, ob nicht vielleicht doch ein Beschl gefasst worden ist. Bekommt der WEer aber ein Protokoll, aus dem sich ergibt, dass doch ein Beschl gefasst worden ist, hat er die für die Anfechtung notwendige Kenntnis erlangt. Dies gilt auch dann, wenn eine notwendige Unterschrift fehlt. Auch dann hat der WEer genügend Anhaltspunkte, um anzufechten. Zudem kann er Einsicht in die Beschlusssammlung nehmen. Soweit darauf abgestellt wird, dass erst mit der letzten Unterschrift die Richtigkeit feststehe, wird übersehen, dass dem WEer auch dadurch geholfen werden kann, dass ihm ein Kostenerstattungsanspruch gegen den Verwalter zuerkannt wird (vgl. § 49). Für Teilnehmer reicht Nichtermöglichen der Protokolleinsicht nicht aus (BayObLG ZMR 2004, 212), ebenso für Nichtteilnehmer, wenn er Einsicht nehmen könnte und der Beschluss angekündigt war (BayObLG ZMR 2003, 435) oder – was regelmäßig der Fall ist – weil Einsicht in die Beschlusssammlung zur Verfügung steht (LG Stuttgart DWE 2013, 167, LG Hamburg ZMR 2010, 990). Die Anfechtungsfrist kann auch dadurch versäumt werden, dass der **Gerichtskostenvorschuss zu spät gezahlt** wird und dadurch die Zustellung verspätet erfolgt. Die Anfechtungsfrist ist in diesen Fällen nur gewahrt, wenn die Klageschrift vor Ablauf der Anfechtungsfrist bei Gericht einging und die Zustellung demnächst erfolgt (zu den Voraussetzungen s. auch Stichwort „Zustellung"). Damit eine schuldlose Nichteinhaltung der Begründungsfrist gegeben ist, muss der WEer alles getan haben, um eine fristgerechte Begründung zu erreichen. War der Verwalter – wie in vielen Gem üblich – verpflichtet, eine Kopie des Versammlungsprotokolls zu versenden, ist die Fristversäumnis des Eigentümers nicht verschuldet, wenn der Verwalter das Protokoll nicht versendet und daher die Begründung nicht gefertigt werden kann.
3. Weiter muss für die Wiedereinsetzung ein **Antrag** gestellt werden und zwar **innerhalb von zwei Wochen ab Wegfall des Hindernisses** (§ 234 Abs. 1 S. 1, Abs. 2 ZPO).
4. In dem Antrag müssen die den Antrag stützenden Tatsachen **glaubhaft** gemacht werden (§ 236 Abs. 2 ZPO).

5. Schließlich muss die **versäumte Prozesshandlung nachgeholt** werden (§ 236 Abs. 2 ZPO), dh insbesondere die Anfechtungsklage bzw. die Begründung müssen tatsächlich eingereicht werden.
Gewährt das Gericht die Wiedereinsetzung, steht dem Gegner kein Rechtsmittel zu (§ 238 Abs. 3). Versagt das Gericht die Wiedereinsetzung, sind die Rechtsmittel gegeben, wie sie gegen die Hauptsache bestünden (§ 238 Abs. 2 S. 1). Das heißt, es muss im WEG-Verfahren Berufung eingelegt werden. Wurde auch schon über die Hauptsache entschieden, muss auch diese angefochten werden.

14Z **Zeuge:** Ein Verfahrensbeteiligter, dh eine Partei des Gerichtsverfahrens, kann nicht Zeuge sein (BGH NJW 2000, 289); also können WEer, die nicht Partei sind oder die Gem vertreten (§ 27 Abs. 2 S. 3), Zeuge sein (AG Lichtenberg ZMR 2008, 576), auch nach Beiladung bis zum Beitritt. Es kommt dann die Parteivernehmung (§§ 445 ff. ZPO) in Betracht (s auch Stichwort „Parteivernehmung"). Der Verwalter kann daher nicht Zeuge sein, da er der gesetzliche Vertreter der Gem ist. Für den Zeugenbeweis gelten die §§ 373 ff. ZPO.
Zuständigkeit: S. § 43.
Zustellung (§§ 166 ff. ZPO): Zustellung ist die Bekanntgabe eines Schriftstücks an eine bestimmte Person in der vorgesehenen Form (§ 166 ZPO). Das heißt, die sog Zustellungsregeln bestimmen, wie das Gericht vorzugehen hat, um Schriftsätze, Beschlüsse, Urteile und sonstige Mitteilungen an die Prozessbeteiligten weiterzuleiten. Die Zustellung ist insbesondere bei der Klageerhebung wichtig, da erst mit der Zustellung an den Beklagten die Klage als erhoben gilt. Dieser Zeitpunkt ist insbesondere für die Frage wichtig, ob bestimmte Fristen (Anfechtung, Verjährung) eingehalten sind. Bei einer Zustellung **„demnächst"** kann für den Fall, dass eine Frist gewahrt oder die Verjährung neu beginnen oder gehemmt werden soll, das Datum der Zustellung auf das Datum des Eingangs des Antrages bei Gericht zurückverlegt werden (§ 167 ZPO). Die Zustellung „demnächst" ist nur gegeben, wenn die betreffende Partei alles ihr Zumutbare getan hat, um eine Zustellung zu erreichen, der Rückverlegung keine schutzwürdigen Interessen des Gegners entgegenstehen und die Zustellung mit nicht allzu erheblichem Abstand zu dem eigentlichen Fristablauf erfolgt (BGH NJW 1999, 3125). Selbstverständliche Voraussetzung ist weiter, dass das Datum des Eingangs vor dem Ablauf der Frist liegt. Soweit die Zustellung von der Zahlung eines Gerichtskostenvorschusses seitens des Gerichts abhängig gemacht worden ist, ist es für die Zustellung „demnächst" notwendig, dass eine rechtzeitige Zahlung des Vorschusses gegeben ist. Dabei muss die betreffende Partei nicht von sich aus den Vorschuss einzahlen, sondern kann die Anforderung durch das Gericht abwarten (BGH NJW 1993, 2811). Bleibt die Anforderung des Gerichts nach Einreichung des betreffenden Schriftsatzes aus, darf sich die betreffende Partei nicht zurücklehnen. Sie muss vielmehr spätestens nach ca. zwei Wochen bei Gericht nachfragen (BGH VersR 1992, 433). Sobald die Gerichtskostenanforderung vorliegt, muss diese unverzüglich, spätestens aber innerhalb von ca. zwei Wochen je nach den Umständen bezahlt werden (BGH ZMR 2011, 578 und 1227), aber Zahlung bei unzuständigem Gericht kann reichen, wenn rechtzeitig an das

zuständige Gericht weitergereicht (BGH NJW 1998, 3648). Der Kläger darf sich nicht auf eine eventuell vorhandene Rechtsschutzversicherung verlassen, insbesondere ist es kein Entschuldigungsgrund, wenn diese nicht oder verspätet zahlt (AG Aachen ZMR 2011, 753). Im Zweifel muss die betreffende Partei alles tun, um eine Zahlung zu veranlassen, ggf. sogar in Vorleistung treten (BGH VersR 1982, 1068). Die Zustellung kann an die betreffende Partei persönlich erfolgen; ist die Partei anwaltlich vertreten, muss die Zustellung an den Prozessbevollmächtigten erfolgen (§§ 166, 172 ZPO). Hat das Gericht gegen zwingende Zustellungsvorschriften verstoßen, werden diese in dem Augenblick geheilt, in welchem das Schriftstück der Person, an welche zugestellt werden sollte, tatsächlich zugegangen ist. Ist eine ladungsfähige Adresse wegen unbekannten Aufenthalts nicht vorhanden, kann auch öffentlich zugestellt werden (s auch Stichwort „Öffentliche Zustellung").

Zustellungsbevollmächtigter: S. § 45.

Zwangsvollstreckung: Für die Zwangsvollstreckung ist ein zumindest vorläufig vollstreckbares Urteil notwendig (s auch Stichwort „Vorläufige Vollstreckbarkeit"). Die ZPO unterscheidet zwischen der Zwangsvollstreckung in Geldforderungen (§§ 803 ff. ZPO) und der Zwangsvollstreckung zur Erwirkung der Herausgabe von Sachen und zur Erwirkung von Handlungen oder Unterlassungen (§§ 883 ff. ZPO). Für die WEerGem wird sich im Rahmen der Zwangsvollstreckung insbesondere der Pfändungs- und Überweisungsbeschluss (§§ 828 ff. ZPO), die Zwangsverwaltung (§ 869 iVm ZVG) und die Zwangssicherungshypothek (§ 867 ZPO) anbieten:

1. Mit dem **Pfändungs- und Überweisungsbeschluss** können Forderungen, die der verurteilte WEer gegen Dritte hat (etwa Mietforderungen oder Arbeitseinkünfte), gepfändet werden. Der sog Drittschuldner muss dann an die Gem zahlen. Insbesondere die Kontenpfändung hat sich als besonders effektiv gegenüber zahlungsunfähigen oder unwilligen Schuldnern erwiesen.
2. Bewohnt der WEer sein WE nicht selber und ist es auch nicht vermietet, kann durch die **Zwangsverwaltung** eine Nutzbarmachung dieses Eigentums erzielt werden. Der Zwangsverwalter erhält die volle Verfügungsgewalt über das Eigentum und kann insbesondere auch eine Vermietung herbeiführen.
3. Durch die **Zwangssicherungshypothek** erhält die Gem die Möglichkeit, auf dem WE des Eigentümers eine dingliche Absicherung zu erhalten. Aus dieser kann dann die Vollstreckung aus der Rangklasse 4 statt der Rangklasse 5 betrieben werden. Handelt es sich bei der Forderung um Hausgeldansprüche, die entweder aus dem Jahr der Beschlagnahme oder den beiden davor liegenden Jahren stammen und machen diese mehr als 3 von 100 des Einheitswertes des betreffenden Eigentums aus, besteht die Möglichkeit, bis zu 5 % des Verkehrswertes als bevorrechtigte Forderung in der Rangklasse geltend zu machen (§ 10 Abs. 2 ZVG).

Zwischenbeschluss: Zulässig, zB bei Streit über Zulässigkeitsfragen nach §§ 303, 304 und 318 ZPO (OLG Köln DWE 1994, 110; s. auch Stichwort „Feststellungsantrag").

Zwischenfeststellungsantrag: Möglich nach § 256 ZPO (BayObLG WuM 1995, 552). Er zielt darauf ab, Rechtsverhältnisse, deren Bestehen oder Nichtbestehen nicht in Rechtskraft erwachsen würde, in Rechtskraft erwachsen zu lassen.

Beispiel: E1 klagt gegen seinen Mieter auf Mietzahlung. M hält den Mietvertrag für nichtig. Spricht das Gericht die Klage zu, erwächst nur der Zahlungsanspruch in Rechtskraft, nicht aber das Bestehen des Mietverhältnisses. Muss E1 später wegen eines anderen Monats erneut klagen, besteht die Gefahr, dass ein anderer Richter das Bestehen verneint. Durch den Zwischenfeststellungsantrag kann E1 das Bestehen rechtskräftig feststellen lassen.

§ 43 Zuständigkeit

Das Gericht, in dessen Bezirk das Grundstück liegt, ist ausschließlich zuständig für
1. Streitigkeiten über die sich aus der Gemeinschaft der Wohnungseigentümer und aus der Verwaltung des gemeinschaftlichen Eigentums ergebenden Rechte und Pflichten der Wohnungseigentümer untereinander;
2. Streitigkeiten über die Rechte und Pflichten zwischen der Gemeinschaft der Wohnungseigentümer und Wohnungseigentümern;
3. Streitigkeiten über die Rechte und Pflichten des Verwalters bei der Verwaltung des gemeinschaftlichen Eigentums;
4. Streitigkeiten über die Gültigkeit von Beschlüssen der Wohnungseigentümer;
5. Klagen Dritter, die sich gegen die Gemeinschaft der Wohnungseigentümer oder gegen Wohnungseigentümer richten und sich auf das gemeinschaftliche Eigentum, seine Verwaltung oder das Sondereigentum beziehen;
6. Mahnverfahren, wenn die Gemeinschaft der Wohnungseigentümer Antragstellerin ist. Insoweit ist § 689 Abs. 2 der Zivilprozessordnung nicht anzuwenden.

Übersicht

	Rn.
1. Normzweck	1
a) Örtliche Zuständigkeit	1a
b) Sachliche Zuständigkeit	1b
c) Sachlicher Gegenstand	1c
2. Innenstreitigkeiten (§ 43 Nr. 1 bis 4)	2
a) Streitigkeiten innerhalb der Gemeinschaft (§ 43 Nr. 1)	
aa) Zuständigkeit	3
bb) Antragsrecht	4
cc) Keine actio pro socio	8
b) Streitigkeiten zwischen Verband und Eigentümern (§ 43 Nr. 2)	10
c) Streitigkeiten mit dem Verwalter (§ 43 Nr. 3)	
aa) Rechte und Pflichten des Verwalters	12
bb) Keine actio pro socio	16
d) Anfechtungsverfahren (§ 43 Nr. 4)	17
aa) Klagebefugnis	18
bb) Rechtsschutzbedürfnis	21
cc) Anfechtungsgegner	22
dd) Anfechtung bei nichtigen Beschlüssen	25

	Rn.
ee) Zustimmung zum angefochtenen Beschluss	26
ff) Mehrere Anfechtungen desselben Beschlusses	27
gg) Verwirkung des Anfechtungsrechts	28
hh) Anfechtungsfrist	29
ii) Begründung	34
jj) Zusammenfassen mehrerer Verfahren	37
3. Streitigkeiten mit Dritten (§ 43 Nr. 5)	
a) Zuständigkeit	38
b) Benennung der Wohnungseigentümer als Beklagte	40
c) Verwaltungsangelegenheit	41
4. Mahnverfahren (§ 43 Nr. 6)	42

1. Normzweck

Es ist anerkannt, **dass Streitigkeiten, die mit WEG zu tun haben,** nach Möglichkeit **konzentriert vor einem** einzigen **Gericht verhandelt werden sollten.**[1] Abweichend von den allgemeinen Zuständigkeitsregeln für bürgerliche Streitigkeiten (§§ 12 ff. ZPO, GVG) wird für Verfahren im WEG-Recht eine ausschließliche **sachliche und örtliche Zuständigkeit** des Amtsgerichts begründet, in dessen Bezirk sich das Grundstück befindet, auf dem sich die Gem befindet (§§ 43 Abs. 1 WEG, 23 Nr. 2 Buchstabe c GVG): 1

a) Örtliche Zuständigkeit

Die örtliche Zuständigkeit ist zwingend im **Gerichtsbezirk.**[2] Auch die internationale Zuständigkeit folgt dem, sodass Wohngeld gegen einen im Ausland wohnenden WEer ebenfalls im örtlichen Bezirk der Anlage geltend gemacht werden muss.[3] 1a

b) Sachliche Zuständigkeit

Sachlich ist das **Amtsgericht** zuständig, soweit Nr. 1 bis 4 und 6 betroffen ist, ansonsten nach allgemeinen Grundsätzen. 1b

c) Sachlicher Gegenstand

Der sachliche Gegenstand der Angelegenheit bestimmt, ob eine Streitigkeit nach § 43 vorliegt. Maßgeblich ist, ob die Forderung in einem **inneren Zusammenhang mit einer Angelegenheit** steht, **die aus dem Gemeinschaftsverhältnis erwachsen ist.**[4] Dabei ist die Zuständigkeit weit auszulegen, sodass auch Annexstreitigkeiten (zB Vollstreckungsabwehrklage[5]) oder Vertragsstrafenstreitigkeiten mit einbezogen sind, soweit diese ihren Ursprung in einem WEG-Ver- 1c

---

[1] BGH NJW 2005, 3709.
[2] BGH NJW 1993, 2810.
[3] OLG Stuttgart NJW-RR 2005, 814.
[4] BGH NJW 1995, 2851, 2852; 2010, 1818.
[5] BGH NJW 2009, 1282.

gleich[6] haben. Es ist zwischen **Innenstreitigkeiten** (§ 43 Nr. 1 bis 4), **Streitigkeiten mit Dritten** (§ 43 Nr. 5) und **Mahnverfahren** (§ 43 Nr. 6) zu unterscheiden.

2. Innenstreitigkeiten (§ 43 Nr. 1 bis 4)

2 Für diese wird eine ausschließliche sachliche und örtliche Zuständigkeit des Amtsgerichts begründet, **in dessen Bezirk sich das Grundstück befindet**, auf dem sich die Gem befindet (§ 43 Abs. 1, § 23 Nr. 2 Buchstabe c GVG). Zu den Innenstreitigkeiten zählen:

a) Streitigkeiten innerhalb der Gemeinschaft (§ 43 Nr. 1)

3 aa) **Zuständigkeit.** Abs. 1 begründet die Zuständigkeit für Streitigkeiten, die sich aus der Gem der WEer und aus der Verwaltung des gemeinschaftlichen Eigentums ergebende Rechte und Pflichten der WEer untereinander betreffen. Entscheidend ist dabei, dass der **Rechtsgrund für die Streitigkeiten dem Gemeinschaftsverhältnis entspringt**.[7] Abs. 1 ist deshalb auch einschlägig, wenn der Anspruch an Nichtwohnungseigentümer abgetreten ist[8] oder von nicht Nichtwohnungseigentümern (zB Mieter) in **Verfahrensstandschaft**[9] geltend gemacht wird.

4 bb) **Antragsrecht.** Das Antragsrecht ist nicht abdingbar. **Jeder Wohnungseigentümer**, welcher diese Stellung zur Zeit der Antragstellung innehat, ist antragsberechtigt. Fehlte dem WEer aber bei dem speziellen Streitgegenstand das Stimmrecht (zB bei Beschlüssen innerhalb einer Mehrwohnhausanlage, die sich nicht auf den Wohnblock des WE beziehen), fehlt es am Rechtsschutzbedürfnis.[10] Verliert der Eigentümer seine WEerstellung nach Antragstellung, ist dies unschädlich.[11] Nach dem KG[12] ist der **im Grundbuch** durch eine Auflassungsvormerkung abgesicherte Erwerber regelmäßig als ermächtigt anzusehen, das **Stimmrecht** und das **Antragsrecht** auszuüben, wobei er innerhalb der Monatsfrist deutlich machen muss, dass er in **Verfahrensstandschaft** auftritt.[13] Etwas anders gilt aber, wenn der Antrag sich ersichtlich gegen den Veräußerer richtet.[14] Steht das WE mehreren gemeinschaftlich zu, so ist jeder von ihnen antragsberechtigt, egal ob es sich um eine **Erbengemeinschaft**,[15] eine **Grundstücksgemeinschaft**[16] oder eine **Gesellschaft** (zB BGB-Gesellschaft)[17] handelt.

---

[6] BGH NJW 2010, 1818.
[7] BGH NJW 1995, 2851, 2852; 2010, 1818.
[8] KG WuM 1984, 308.
[9] BayObLG WuM 2000, 678.
[10] S § 25 Rn. 29ff.; Göken Mehrhausanlage S. 114.
[11] BGH NJW 1997, 2107; anders aber davor OLG Zweibrücken NZM 2007, 416.
[12] KG WE 1995, 119; ebenso BayObLGWE 1998, 149.
[13] AA zu Recht Drasdo ZMR 1995, 145.
[14] BayObLG ZMR 2002, 138.
[15] BayObLG ZMR 1998, 644.
[16] KG ZMR 1997, 247; OLG Frankfurt NZM 2007, 490; LG Frankfurt ZMR 2014, 141.
[17] Sauren WE 1992, 40; aA BayObLG NJW-RR 1991, 215.

Zuständigkeit **§ 43**

Diese Zuständigkeit umfasst alle **Streitigkeiten der Wohnungseigentü-** 5
mer, die sich aus dem Gesetz oder der GO (auch Aufbauverpflichtung; s. § 22
Rn. 72 ff.) ergeben. Dies gilt auch, wenn der Verband diese Rechte geltend
macht, zB durch Ermächtigung.[18]

Beispiele:
- Streit über die Nutzung von GE oder SE;[19]
- Streit über Anspruch auf Einräumung von SE nach Gründungsscheitern;[20]
- Streit über die Hausordnung;
- Streit über den Gebrauch des SE und GE;
- Streit über Abgrenzung von SE und GE als Vorfrage für den Streit aus dem Gemeinschaftsverhältnis;[21]
- Streit über Bestehen, Wirksamkeit,[22] Inhalt von SNR[23] oder Beeinträchtigung durch anderen WEer;[24]
- Ansprüche aus dem BGB (zB §§ 823, 1004) fallen auch darunter, wenn zugleich Pflichten aus dem Gemeinschaftsverhältnis verletzt wurden;[25]
- Ersatzansprüche (zB aus GoA) bezüglich Verwaltungsmaßnahmen;[26]
- Herausgabeverlangen bezüglich SE oder Teilen davon;[27]
- Streit wegen Entziehung des Wohnungseigentums;[28]
- Streit über Kosten eines Entziehungsverfahrens;[29]
- Streit über Wohngeld, auch gegen Erben;[30]
- Änderung der MEA;[31]
- Streit über Benutzung der Stellplätze von zwei Bruchteilssondereigentümern;[32]
- Streit über Zustimmung zur Veräußerung.[33]

Unter diese Nummer kann auch der Antrag auf **Berichtigung des Protokolls** 6
der WEerversammlung (§ 24 Rn. 43) fallen und zwar dann, wenn neben dem
Verwalter noch WEer an der Erstellung des Protokolls beteiligt sind.[34] Ist nur
der Verwalter an der Erstellung beteiligt, richtet sich der Antrag allein nach
Nr. 3. Sind WEer und Verwalter beteiligt, muss zusätzlich zu den Eigentümern
auch der Verwalter nach Nr. 3 verklagt werden. Der Antrag auf Berichtigung ist

---

[18] Abramenko S. 250.
[19] OLG Köln ZMR 1998, 112.
[20] BayObLG ZMR 1998, 582; aA KG NZM 1998, 581.
[21] OLG Frankfurt OLGZ 1984, 148.
[22] LG Stuttgart WE 1994, 119; aA OLG Stuttgart NJW-RR 1986, 318; für Berechtigung OLG Saarbrücken NZM 1998, 632.
[23] BGH NJW 1990, 1112; differenzierend OLG Zweibrücken ZMR 2002, 470.
[24] BGH NJW 2011, 384.
[25] BGH NJW-RR 1991, 907.
[26] OLG Frankfurt OLGZ 1984, 148.
[27] OLG Hamm WE 1991, 135 (Kellertauschverlangen).
[28] BGH NZM 2014, 247; OLG Köln ZWE 2010, 461.
[29] BGH NZM 2013, 863.
[30] BayObLG WE 1994, 153.
[31] OLG Schleswig ZMR 2006, 74.
[32] BGH IMR 2014, 266.
[33] BGH ZWE 2014, 140.
[34] Staudinger/Bub § 24 Rn. 124.

§ 43 III. Teil. Verfahrensvorschriften

nicht fristgebunden, die Anfechtungsfrist findet weder direkt noch analog Anwendung.[35] Auch der Folgenbeseitigungsanspruch aus § 21 Abs. 4 als Ausfluss ordnungsgemäßer Verwaltung ist nach der Nr. 1 geltend zu machen.

7 Nicht darunter fallen aber:

– Streit über sachenrechtliche Grundlage der WEerGem,[36] zB über Gegenstand, Inhalt und Umfang;
– Streit über Abgrenzung SE/GE, wenn dies nicht eine Vorfrage für Streit aus Gemeinschaftsverhältnis ist,[37] es sei denn, die Begründung ist gescheitert;[38]
– Streit aus Fortführung eines steckengebliebenen Baus wegen Kosten;[39]
– Streit über Teilung nach Aufhebung der WEerGem;[40]
– Streit zwischen WEern und Mietern oder Mietern und anderen WEerGem;[41]
– Streit aus nur zwischen einzelnen WEer vereinbartem Wettbewerbsverbot;[42]
– Streit zwischen WEer und Versicherung eines anderen WEer;[43]
– Streit über ehrverletzende Äußerungen;[44]
– Streit zwischen zwei WEer auf Grund anwaltlicher Tätigkeiten eines WEer;[45]
– Streit vor Entstehung der werdenden Gem;[46]
– Streit wegen Körperverletzung oder Diebstahl.[47]

8 cc) Keine actio pro socio. Ohne Genehmigung des Verbandes können einzelne Eigentümer allein **Ansprüche, welche dem Verband zustehen**, nicht geltend machen. Hierzu gehören zB:

– Ansprüche wegen Wohngeld;[48] hier soll aber eine Ausnahme für die Notgeschäftsführung gelten;[49]
– Beschädigung von GE;[50]
– Auskunftsanspruch gegen den Beirat.[51] Bei Gemeinschaften, die nur aus zwei Eigentümern bestehen, kann dies anders sein.[52]

---

[35] Staudinger/Bub § 24 Rn. 124.
[36] BGH NJW 1995, 2851, 2852.
[37] OLG Düsseldorf NJW-RR 1995, 206; OLG Bremen DWE 1987, 59.
[38] BayObLG NZM 1999, 272.
[39] OLG Karlsruhe ZMR 2000, 57.
[40] BayObLGZ 1979, 414.
[41] OLG Karlsruhe OLGZ 1986, 129, anders wenn Mieter auch WEer; KG ZMR 2005, 977.
[42] BGH NJW-RR 1986, 1335.
[43] BayObLG NJW-RR 1987, 1099.
[44] BayObLG WE 1990, 131; aA möglicherweise Derleder ZWE 2001, 313.
[45] BayObLG NZM 1998, 515; oder Schmerzengeldes oder Schadensersatz = LG Frankfurt WuM 2014, 49.
[46] OLG Karlsruhe ZMR 2000, 56; aA KG ZWE 2009, 120.
[47] LG Frankfurt ZWE 2014, 141.
[48] BGH NJW 1990, 2386.
[49] BGH NJW 1990, 2386.
[50] BGH NJW 1993, 727.
[51] BayObLG WuM 1995, 66.
[52] OLG Köln ZWE 2000, 485.

Zuständigkeit § 43

Vor einer ermächtigenden Beschlussfassung kann ein WEer gegen die anderen nicht gerichtlich vorgehen.[53]

Demgegenüber kann der einzelne Eigentümer als **Individualgläubiger** folgende Ansprüche geltend machen: 9

- Unterlassung des unzulässigen Gebrauchs des GE- oder auch des SE;[54]
- Schadensersatz wegen Beschädigung des SE,[55] zB Feuchteschaden;[56]
- Beseitigung von baulichen Veränderungen[57] oder Unterlassen von Verunreinigungen[58] oder
- die Wiederherstellung eines früheren Zustandes.[59]
- Auch Rechnungslegung über die Vermietung des GE[60] oder die Feststellung der Unwirksamkeit des Verwaltervertrages kann von jedem einzelnen Eigentümer geltend gemacht werden.[61]

b) Streitigkeiten zwischen Verband und Eigentümern (§ 43 Nr. 2)

Auf Grund der Rechtsfähigkeit des Verbandes der WEer hat der Gesetzgeber für Streitigkeiten über die **Rechte und Pflichten zwischen der Wohnungseigentümergemeinschaft und Wohnungseigentümern** erstmalig eine eigene Zuständigkeitsnorm begründet. Hierunter fallen alle Verfahren des Verbandes;[62] zB die Rückbauforderung des Verbandes gegen einen WEer wegen unzulässiger baulicher Veränderungen oder Schadensersatzansprüche des Verbandes gegen einen Eigentümer wegen Beschädigung des GE oder aus dem WP[63] oder gegen den Insolvenzverwalter eines WEer's,[64] aber nicht wenn anderer Rechtsgrund, zB Kauf oder Miete. 10

Klageberechtigt ist der Verwalter als Vertreter des Verbandes, aber auch die einzelnen WEer, soweit sie einen Anspruch gegen den Verband geltend machen. In Betracht kommt zB ein Anspruch eines Eigentümers auf Erstattung zu viel entrichteter Aufwendungen im Rahmen einer Notgeschäftsführung oder der Anspruch eines Eigentümers gegen den Verband auf Regulierung von Schäden im SE des Eigentümers. 11

c) Streitigkeiten mit dem Verwalter (§ 43 Nr. 3)

aa) Rechte und Pflichten des Verwalters. Hierunter fallen Streitigkeiten, die sich über Rechte und Pflichten des Verwalters **bei der Verwaltung des gemeinschaftlichen Eigentums** ergeben. Hiervon umfasst sind auch die Strei- 12

---

[53] OLG Hamburg WE 1994, 110.
[54] KG ZMR 1992, 351.
[55] BGH NJW 1999, 2109.
[56] OLG Hamburg ZMR 2005, 392.
[57] BGH NJW 1992, 978, OLG Düsseldorf ZMR 1996, 396.
[58] BayObLG ZMR 1997, 374.
[59] BayObLG NZM 1998, 1010.
[60] BayObLG NZM 1999, 1147; aA OLG Hamm NZM 1998, 921.
[61] OLG Hamm ZMR 2001, 134.
[62] Abramenko S. 250.
[63] BGH NJW 2005, 2067.
[64] OLG Düsseldorf ZMR 2007, 204.

§ 43
III. Teil. Verfahrensvorschriften

tigkeiten mit einem persönlich haftenden Gesellschafter einer Verwalterfirma.[65] Dies gilt unabhängig von der **Rechtsgrundlage** (dh egal, ob sich die Ansprüche aus dem WEG, dem BGB oder Vertrag ergeben).[66] Es spielt auch keine Rolle, ob der WEer ausgeschieden ist oder welche Stellung der Antragsteller einnimmt. Unerheblich ist, wann das Verwalteramt beendet ist.[67] Hat der Verwalter vor der Klagezustellung sein Amt verloren, dann nur, wenn ihm aus der Verwaltung des GE noch ein Anspruch zusteht.

13 Konkret werden folgende Verfahren erfasst: Streit über Verwaltungsführung (bei der Verlust der Verwalterstellung erfolgt regelmäßig auch Parteiwechsel im Prozess);

Beispiele:
– Pflichtverletzung bei Sanierung;[68]
– Zustimmung zu Veräußerung (§ 12) oder zum Gebrauch;
– Streit über Einberufung einer WEerversammlung (§ 24).

14 Ferner: Streit aus Verwalterverhältnis; Verlust der Verwalterstellung vor oder nach Prozessbeginn lässt die Prozessstellung unberührt.[69]

Beispiele: Streit über Verwalterverhältnis, zB den Verwaltervertrag,[70] die Verwaltervergütung und sonstige mit der Verwaltung im Zusammenhang stehende Fragen (zB Schadensersatz, Herausgabe).[71]

15 **Nicht umfasst sind** jedoch:
– Streit über Gelder, die der spätere Verwalter als Baubetreuervergütung der WEGem empfing;[72]
– Streit zwischen WE und dem Versicherer des Verwalters;[73]
– Streit aus Vermietungsauftrag für SE[74] oder Verwaltung des SE;[75]
– Ansprüche des Verwalters gegen die WEer auf Grund ehrverletzender Äußerungen[76] oder physischer Beeinträchtigungen, es sei denn, sie stellen sich wegen des Zusammenhangs mit dem WE als Beeinträchtigung desselben dar.[77]

Beispiel: Belästigung von anderen WE oder dessen Mieter durch dauernden Lärm.[78]

16 **bb) Keine actio pro socio.** Folgende Ansprüche des Verbandes gegen den Verwalter können von **einzelnen Wohnungseigentümern allein nicht** geltend gemacht werden:

---

[65] BayObLG NJW-RR 1987, 1368 oder dem Geschäftsführer KG NZM 2006, 61.
[66] BGHZ 59, 58; OLG Köln NJW-RR 2005, 1096.
[67] BGH NJW-RR 2011, 589.
[68] BGH NJW-RR 2011, 589.
[69] BayObLG ZMR 1990, 65.
[70] KG OLGZ 1976, 266.
[71] BGH NJW-RR 2011, 589; OLG Hamm NJW-RR 1988, 268.
[72] BGHZ 65, 264.
[73] BayObLG NJW-RR 1987, 1099.
[74] OLG Braunschweig MDR 1976, 669; BayObLG NJW-RR 1989, 1167.
[75] BayObLG DWE 1995, 118.
[76] BayObLG WuM 1989, 266; aA Derleder ZWE 2001, 312.
[77] BayObLG ZWE 2001, 319; Derleder ZWE 2001, 312.
[78] KG NJW-RR 1988, 586.

Zuständigkeit § 43

– Schadensersatzansprüche zB wegen zu später Geltendmachung von Wohngeld[79] oder Wohngeldrückzahlung;[80] Unterlassen der Instandhaltung des GE oder Wiederherstellungsansprüchen.[81]
– Auch die Herausgabe von Unterlagen oder die Erteilung von Auskünften[82] oder die Beseitigung von unberechtigten baulichen Veränderungen durch den Verwalter[83] können nicht von einzelnen Eigentümern verlangt werden. Dies soll aber nicht gelten, wenn nur ein einzelner WEer betroffen ist.[84]

Dagegen kann die Verpflichtung des Verwalters zur Aufstellung des WPes oder der JA[85] oder zur Durchführung von Maßnahmen der ordnungsgemäßen Verwaltung von jedem WEer geltend gemacht werden.[86] Ebenso kann jeder einzelne Eigentümer gegen den Verwalter vorgehen, wenn er als Individualgläubiger betroffen ist, zB bei der verspäteten Erteilung der Veräußerungszustimmung,[87] bei **falscher Auskunft**[88] oder der Beschädigung des SE durch den Verwalter.[89]

d) Anfechtungsverfahren (§ 43 Nr. 4)

Streitigkeiten über die Gültigkeit von Beschlüssen der Wohnungseigentümergemeinschaft (Beschlussanfechtungsverfahren) machen einen sehr großen Prozentsatz der Rechtsstreitigkeiten innerhalb der Gem aus. Beschl bilden neben Vereinb die Grundlage des Zusammenlebens innerhalb der Gem. Ein Beschl kann entweder **anfechtbar** oder **nichtig** sein (s auch § 23 Rn. 31). Ein nichtiger Beschl ist unwirksam; demgegenüber ist ein nur anfechtbarer Beschl gültig, solange er nicht durch rechtskräftiges Urteil für ungültig erklärt ist (§ 23 Abs. 4). Um ein solches Urteil zu erhalten, muss ein WEer Anfechtungsklage innerhalb eines Monats nach der Beschlussfassung erheben (§ 46 Abs. 1 S. 2). Die Frist beginnt mit dem Tag der Beschlussfassung ohne Rücksicht auf die Teilnahme oder die Kenntnis vom Beschl.[90] Als Klage reicht jede Erklärung aus, aus der erkennbar ist, dass der Kläger mit dem Beschl nicht einverstanden ist,[91] wobei es ausreicht, dass der Beschl auch durch die Begründung konkretisierbar ist.[92] 17

Die Frage der Wirksamkeit oder Unwirksamkeit eines Beschl betrifft die **gesamte Gemeinschaft**. Wird zB der WP angegriffen, würde es zu unhaltbaren Zuständen führen, wenn gegenüber dem anfechtenden WEer ein anderer WP

---

[79] BGH NJW 1989, 1091; KG NZM 2003, 683; AG Hannover ZMR 2009, 81.
[80] BGH NJW 1997, 2106, auch in Zweiergemeinschaft LG Hamburg ZMR 2010, 551.
[81] KG NZM 2000, 677.
[82] BayObLG WE 1991, 253; 1995, 96.
[83] OLG Schleswig WuM 1998, 309.
[84] KG ZMR 2002, 546.
[85] BayObLG WE 1991, 223; s. auch § 28 Rn. 17 ff.
[86] BayObLG WE 1994, 150.
[87] BayObLG NJW-RR 1993, 280.
[88] BGH NJW 1992, 182.
[89] OLG Zweibrücken NJW-RR 1991, 1301.
[90] Zur Wiedereinsetzung in den vorherigen Stand s. Vor § 43 Stichwort „Wiedereinsetzung".
[91] BGH NJW 2010, 446.
[92] OLG München ZMR 2006, 949 zum Umfang der Anfechtung.

als gegenüber den anderen WEern gelten würde. Um sicher zu gehen, dass die Entscheidung über die Klage auf Feststellung der Gültigkeit oder Ungültigkeit eines Beschl gegenüber allen WEern gleichermaßen gilt, hat der Gesetzgeber zwingend vorgeschrieben, dass die Anfechtungsklage eines WEers gegen alle übrigen WEer gerichtet werden muss (§ 46 Abs. 1 S. 1 Hs. 1). Auch der Verwalter kann gegen Beschlüsse vorgehen, aber nur gegen solche Beschlüsse, die in seine Rechtsposition eingreifen. Erhebt der Verwalter die Anfechtungsklage, wird die Beteiligung sämtlicher WEer dadurch erreicht, dass der Verwalter sämtliche WEer als Beklagte benennen muss (§ 46 Abs. 1 S. 1 Hs. 2). Der Verband wird von der Anfechtungsklage nicht berührt. Die Anfechtungsklage berührt nicht den Bereich, in welchem die Teilrechtsfähigkeit des Verbandes bestehen würde (§ 10 Abs. 6). Vielmehr verbleibt die Anfechtungsklage im Bereich der internen Willensbildung.

Beispiele für Anfechtungsklagen:
– Die WEGem Bahnhofstraße 1 besteht aus 100 WEern. Klagt E1 auf Ungültigerklärung des Beschlusses über die Genehmigung der JA, muss er diese Klage gegen alle 99 übrigen WEer richten.
– Wendet sich der Verwalter V gegen den Beschl über seine Abberufung, muss er die Anfechtungsklage gegen sämtliche 100 WEer richten.

18 aa) Klagebefugnis. Die Anfechtungsklage kann sowohl von den Wohnungseigentümern, als auch dem Verwalter erhoben werden. S. zur Klagebefugnis § 43 Rn. 11, 19. Als **Wohnungseigentümer** anzusehen sind neben den im Grundbuch Eingetragenen auch die Erben und derjenige, welcher den Zuschlag in der Zwangsversteigerung erhalten hat. Der **rechtsgeschäftliche Erwerber** hingegen hat grundsätzlich kein eigenes Anfechtungsrecht, solange er nicht im Grundbuch eingetragen ist. Dies gilt auch für eine gewillkürte Prozessstandschafter.[93] Nach dem Kammergericht[94] soll der Erwerber aber als ein solcher Prozessstandschafter das Anfechtungsrecht ausüben können. Voraussetzung sei, dass das WE an ihn aufgelassen und durch Vormerkung gesichert sei. In diesem Fall muss die Einwilligung des veräußernden Eigentümers bis zum Ablauf der Anfechtungsfrist vorliegen und der Erwerber muss bis zum Ablauf der Begründungsfrist seine Stellung offenlegen. **Scheidet ein Wohnungseigentümer vor der Beschlussfassung aus der Gemeinschaft aus**, entfaltet der Beschl für ihn keine Bindungswirkung mehr, so dass er auch nicht mehr zur Anfechtung berechtigt ist. Der **Zwangsverwalter** kann anstelle des Eigentümers, dessen Einheit er verwaltet, anfechten, wenn es um die JA geht.

19 Nach der Rechtsprechung ist der **Verwalter** nur berechtigt, Beschlüsse anzufechten, wenn sie in seine Rechtsposition eingreifen.[95]

20 Der **Verband** ist nicht berechtigt, die Anfechtungsklage zu erheben. Da der Gesetzgeber dem Verband an anderer Stelle (§ 43 Nr. 2) eine Klagebefugnis zugesprochen hat, zeigt sein Schweigen an dieser Stelle, dass der Verband nicht klageberechtigt sein soll. Anders wird dies aber zu beurteilen sein, wenn der Ver-

---

[93] BGH NZM 2012, 732.
[94] ZMR 1994, 524.
[95] LG Itzehohe NZM 2012, 207.

band berechtigt SE eines anderen WE erworben hat. In diesem Fall wird der Verband nicht als Verband tätig, sondern als Eigentümer. Ein sachlicher Grund, den Verband anders zu behandeln als zB eine GmbH, die Eigentümer ist, ist nicht ersichtlich.

bb) Rechtsschutzbedürfnis. Für die Anfechtungsklage muss ein Rechtsschutzbedürfnis gegeben sein. Dieses **wird** aber **idR unterstellt**. Auch soweit der Verwalter die Anfechtungsklage erhebt, ist das Rechtsschutzbedürfnis idR gegeben. Der Verwalter muss alle Beschlüsse bis zu deren Unwirksamkeitserklärung durch das Gericht durchführen, auch dann, wenn die Rechtswidrigkeit offensichtlich ist. Andererseits ist der Verwalter aber auch verpflichtet, die Verwaltung ordnungsgemäß zu führen und rechtswidrige Beschlüsse nach Möglichkeit nicht anzuwenden. Daher hat auch der Verwalter ein Interesse daran, eine Klärung der Rechtslage herbeizuführen, weshalb auch er ein umfassendes Rechtsschutzbedürfnis hat. 21

cc) Anfechtungsgegner. Gegner der Anfechtungsklage sind **entweder alle Wohnungseigentümer mit Ausnahme des Klägers** (§ 46 Abs. 1 S. 1 Alt. 1), wenn die Klage durch einen WEer erhoben wird **oder alle Wohnungseigentümer** (§ 46 Abs. 1 S. 1 Alt. 2), wenn der Verwalter Klage erhoben hat. Konsequenz ist, dass ein **Wohnungseigentümer, der** zwar **mit dem Beschluss ebenfalls nicht einverstanden ist, aber seinerseits keine Anfechtungsklage erhebt**, sich auf der Seite der übrigen WEer, dh der Beklagtenseite wiederfindet. Er befindet sich daher in einer widersprüchlichen Rolle: 22

Da er ebenfalls gegen den Beschl ist, müsste er eigentlich den Kläger unterstützen. Tut er dies aber, führt dies dazu, dass er Gefahr läuft, dem Kläger zum Sieg zu verhelfen. Im diesem Fall würde die Gem als unterliegende Partei die Prozesskosten tragen und der WEer müsste nach dem gesetzlichen oder vertraglich vereinbarten Umlageschlüssel an den Kosten partizipieren. Dies führt dazu, dass der WEer – obgleich er gegen den Beschl ist – gezwungen wird, für den Erhalt des Beschl zu kämpfen, will er nicht die Kosten tragen. Als einziger Ausweg sieht der Gesetzgeber die Möglichkeit, eine eigene Anfechtungsklage zu erheben. Dies muss aber innerhalb der Anfechtungsfrist (§ 43 Rn. 22) geschehen. 23

Eine **Möglichkeit** für den einzelnen WEer, wie bei der Beiladung (§ 48), dem Rechtsstreit auf Seiten des Klägers noch **beizutreten, ist nicht gegeben**.[96] Der einzelne WEer muss sich daher genau überlegen, ob er seinerseits eine Anfechtungsklage erhebt. Insbesondere dann, wenn die Rechtswidrigkeit des Beschl auf der Hand liegt, sollte er dies tun, um der Kostenlast des Unterliegens zu entgehen. Dies bedeutet eine deutliche Verschlechterung gegenüber der bisherigen Rechtslage (§ 48 Rn. 1). 24

dd) Anfechtung bei nichtigen Beschlüssen. Die Anfechtungsklage kann nicht nur dann erhoben werden, wenn geltend gemacht wird, dass Anfechtungsgründe vorliegen, sondern auch dann, wenn die Nichtigkeit des Beschl behauptet wird. Ist ein Beschl nichtig, **muss** zwar **nicht zwingend** Anfechtungsklage **erhoben werden**. Der Beschl ist auch ohne gerichtliche Feststellung unwirk- 25

---

[96] BGH NJW 2013, 65 Rn. 10; aA NJW 2009, 2132.

sam. Allerdings besteht für jeden WEer das Risiko, dass die anderen Eigentümer und/oder der Verwalter die Rechtsauffassung nicht teilen und von der Wirksamkeit des Beschl ausgehen. Daher besteht für jeden WEer ein **Rechtsschutzbedürfnis** dahingehend, auch die Nichtigkeit eines Beschl mit der Anfechtungsklage gerichtlich feststellen lassen zu können.[97] Die Möglichkeit, mit der Anfechtungsklage die Nichtigkeit eines Beschl geltend zu machen, ergibt sich indirekt auch aus der Tatsache, dass der Gesetzgeber angeordnet hat, dass seitens des Gerichtes ein Hinweis erfolgen muss, wenn der Beschl nichtig ist, dies vom Kläger aber nicht geltend gemacht ist (§ 46 Abs. 2). Schließlich kann mit der Anfechtungsklage auch das **Nichtzustandekommen** eines Beschlusses,[98] sowie die **Gültigkeit** und der **genaue Inhalt** des Beschl festgestellt werden.[99] Hat der Versammlungsleiter festgestellt, dass ein Beschl zustande gekommen sei und ist der Beschl tatsächlich nicht zustande gekommen, sei es weil der Protokollinhalt falsch ist, weil Stimmrechte falsch beurteilt worden sind,[100] oder weil falsch ausgezählt worden ist, muss auf jeden Fall Anfechtungsklage erhoben werden, da nur so die Wirkungen des Beschl aus der Welt geschafft werden können. Hat der Versammlungsleiter demgegenüber festgestellt, dass kein Beschl zustande gekommen sei, obwohl in Wirklichkeit ein Beschl gefasst worden ist, liegt ein **sog negativer Beschluss** vor. Auch in diesem Fall muss Anfechtungsklage erhoben werden. Zusätzlich kann ein Antrag auf Feststellung des wahren Beschlussergebnisses gestellt werden; mit der Anfechtungsklage wird nur der negative Beschl aus der Welt geschafft, nicht aber der wirkliche Beschlussinhalt festgestellt.[101]

26 ee) Zustimmung zum angefochtenen Beschluss. Die **Klagebefugnis** für die Anfechtungsklage steht jedem einzelnen WEer zu. Dies gilt **selbst dann, wenn der Wohnungseigentümer dem Beschl zunächst zugestimmt hatte**[102] oder kein Stimmrecht bestand wegen Stimmrechtsausschlusses (§ 25).[103] Mit der Anfechtungsklage macht ein WEer nicht nur eigene Ansprüche geltend, sondern auch den Anspruch der gesamten Gem auf ordnungsgemäße Verwaltung. Daher kann ein WEer grundsätzlich auch dann die Anfechtungsklage erheben, wenn er zunächst zugestimmt hatte. Hat der WEer aber dem Beschl, der angefochten werden soll in Kenntnis eines Verfahrensmangels zugestimmt und der Eigentümer diesen Mangel in der WEerversammlung auch nicht gerügt, ist die Anfechtungsklage unzulässig.[104]

27 ff) Mehrere Anfechtungen desselben Beschlusses. Die Anfechtungsklage kann auch dann erhoben werden, wenn bereits ein anderer WEer denselben Be-

---

[97] BGH NJW 2003, 3554; auch wenn nur Anfechtbarkeit beantragt wurde.
[98] OLG Celle ZMR 1989, 436.
[99] BGH NJW 2001, 3339; 2002, 3704; BayObLG WE 1989, 183.
[100] OLG Hamm WE 1990, 102.
[101] OLG Hamm OLGZ 1990, 180.
[102] BayObLG NZM 2001, 754.
[103] KG NJW-RR 1986, 642; aA AG Stuttgart ZMR 1997, 260: nur Stimmberechtigte sollen anfechtungsberechtigt sein, zu Recht ablehnend Deckert 2/3059.
[104] BayObLG NJW-RR 1992, 910.

schl angefochten hat.[105] Der **andere Wohnungseigentümer kann seinen Anfechtungsantrag** jederzeit **zurücknehmen**. Ohne die eigene Anfechtung würde der Beschl dann **bestandskräftig** werden. Daher besteht ein Rechtsschutzbedürfnis, auch dann die Anfechtungsklage erheben zu können.[106] Wäre dem WEer die Anfechtung verwehrt, wenn bereits ein anderer WEer angefochten hat, wäre der WEer gezwungen, als Beklagter an dem Verfahren teilzunehmen (§ 46 Abs. 1 S. 1). Die verklagten Eigentümer bilden bei der Anfechtungsklage eine **notwendige Streitgenossenschaft**. Sollte der andere WEer dann obsiegen, müsste der WEer als unterliegende Partei an den Kosten des Rechtsstreits teilnehmen, obgleich er ebenfalls gegen den Beschl war. Auch dies zeigt, dass die Anfechtung durch mehrere WEer möglich ist. Daher hat der Gesetzgeber zumindest indirekt zum Ausdruck gebracht, dass dies möglich ist, indem er vorgesehen hat, dass die Anfechtungsklage eines oder mehrerer WEer gegen alle übrigen Eigentümer zu richten und dass mehrere **Verfahren**, die unabhängig voneinander gegen denselben Beschl geführt werden, zu **verbinden** sind (§§ 46 und 47, s. auch Rn. 37).

gg) Verwirkung des Anfechtungsrechts. Bisher wurde eine Verwirkung des **28** Anfechtungsrechtes unter bestimmten Umständen angenommen.[107] Dies ist nunmehr abzulehnen; der Gesetzgeber hat in Kenntnis dieses Problems ausdrücklich davon abgesehen, eine entsprechende Regelung aufzunehmen. Betreibt ein WEer daher das Verfahren nicht weiter, besteht als einzige Konsequenz, dass nach sechs Monaten das Gericht die Akte weglegt. Auf Antrag jeder Partei kann dann aber jederzeit das Verfahren wieder aufgenommen werden. Weiter haben die Gerichte nunmehr die Möglichkeit, durch strikte Anwendung der Versäumnis- und Verspätungsregelungen der **Verzögerungstaktik** einer Partei bzw. dem Nichtbetreiben durch eine Partei einen Riegel vorzuschieben. Das Gericht kann Fristen für den weiteren Vortrag setzen (zB nach § 273 Abs. 2 Nr. 1 ZPO), bei Nichteinhaltung der Frist weiteres Vorbringen als verspätet zurückweisen (§ 296 Abs. 1 ZPO) und das Verfahren damit der Endentscheidung zuführen. Da für die Einhaltung der Anfechtungsfrist außerdem eine Zustellung der Klage entweder bis zum Ablauf der Anfechtungsfrist oder aber jedenfalls „demnächst" erfolgen muss, hat der anfechtende Eigentümer nicht mehr die Möglichkeit, **durch Zurückhaltung des Gerichtskostenvorschusses das Verfahren zu verzögern**. Daher besteht auch insoweit kein Bedürfnis mehr, eine Verwirkung des Anfechtungsrechtes anzunehmen.

hh) Anfechtungsfrist. Die Anfechtungsklage muss innerhalb der Anfech- **29** tungsfrist erhoben werden. Diese beträgt **einen Monat**, sie läuft **ab Beschlussfassung** und zwar **unabhängig von der Kenntnis des Wohnungseigentümers vom Beschluss** (§ 46 Abs. 1 S. 2).[108] Bei Beschl nach Mitternacht beginnt Frist ab diesem Tag. Die **Fristberechnung** erfolgt nach §§ 188 ff. BGB. Die Frist endet mit dem Ablauf des Tages, der im folgenden Kalendermonat sei-

---

[105] BayObLGZ 1977, 226.
[106] S. auch Vor § 43 Stichwort „Rechtsschutzbedürfnis".
[107] KG NJW-RR 1998, 370; OLG Düsseldorf NZM 1998, 964.
[108] OLG Frankfurt WuM 1990, 461.

ner Zahl nach dem Datum der Beschussfassung entspricht (§ 188 Abs. 2 BGB). Fällt das Fristende auf einen Samstag, Sonntag oder Feiertag, endet die Frist erst mit Ablauf des nächsten Werktages (§ 193 BGB). Die Übersendung des Protokolls hat keine Auswirkungen auf den Fristablauf, aber ggf. ist Wiedereinsetzung in den vorherigen Stand möglich (§ 24 Rn. 46). Die Anfechtungsfrist **kann weder durch Vereinbarung noch durch Beschluss verlängert werden**. Die Parteien können auf diese auch nicht dadurch verzichten, dass der Verstoß gegen die Anfechtungsfrist nicht gerügt wird. Das Gericht hat die Einhaltung der Anfechtungsfrist von Amts wegen jederzeit zu prüfen.[109]

30 Maßgeblich für die Einhaltung der Anfechtungsfrist ist das Datum der Rechtshängigkeit, diese tritt aber erst mit der Zustellung an die übrigen WEer ein (§§ 253 Abs. 1, 261 Abs. 1 ZPO).[110] Eine **verspätete Klage ist unbegründet, nicht unzulässig**.

31 Die **Zustellung der Anfechtungsschrift** an die übrigen WEer wird durch das Gericht **erst nach Bezahlung des Gerichtskostenvorschusses** veranlasst werden (§ 12 Abs. 1 GKG). Solange daher der Vorschuss nicht bezahlt ist, wird auch keine Zustellung erfolgen, womit auch die Einhaltung der Anfechtungsfrist gefährdet wird. Erfolgt die Zustellung erst nach Ablauf der Anfechtungsfrist, kann die Anfechtungsklage grundsätzlich nur dann erfolgreich sein, wenn die Zustellung noch „demnächst" erfolgt ist. In diesem Fall wird die Wirkung der Zustellung auf das Datum der Einreichung bei Gericht zurückgerechnet (§ 167 ZPO).[111]

32 Problematisch ist, **ob die Anfechtungsfrist auch durch einen PKH-Antrag eingehalten wird**. Hierzu müsste die Klage an die übrigen Eigentümer zugestellt werden. Durch den PKH-Antrag geschieht dies gerade nicht, wie auch ein Vergleich mit den Verjährungsregeln im BGB zeigt. Auch dort führt die Einreichung des PKH-Antrages alleine noch nicht zur Hemmung der Verjährung (§ 204 Abs. 1 Nr. 14 BGB). Allerdings hat der BGH für eine Klage auf Zahlung eines Lotteriegewinnes im Rennquintett die dort geltenden Ausschlussfristen für gewahrt gehalten, wenn zunächst ein PKH-Antrag gestellt und nach positiver oder negativer Bescheidung über den Antrag umgehend für eine Zustellung gesorgt wird.[112]

33 Nach Ablauf der Anfechtungsfrist kann die Klage nur noch darauf gestützt werden, dass der Beschl nichtig ist. Gründe, die zur Anfechtung des Beschl führen würden, sind nicht mehr zu berücksichtigen.[113] Sind keine Gründe vorhanden, die zur Nichtigkeit des Beschl führen, ist die Anfechtungsklage als unbegründet zurückzuweisen. **Nichtigkeitsgründe** können hingegen auch **nach Ablauf der Monatsfrist** geltend gemacht werden (§ 23 Abs. 4 S. 1).[114] Ein nichtiger Beschl bleibt auch nach Ablauf der Monatsfrist nichtig, dies kann mit

---

[109] BGH NJW 2011, 2050; 2009, 3655.
[110] S auch Vor § 43 Stichwort „Zustellung".
[111] Zur Voraussetzung der Zustellung „demnächst" s. Vor § 43 Stichwort „Zustellung".
[112] BGH NJW 1991, 1745; ebenso AG Düsseldorf v. 23.1.2012 – 290a C 8564/11 nicht veröffentlicht; aA Dötsch NZM 2008, 309; Palandt/Brudermüller § 46 Rn. 4.
[113] BGH WuM 2009, 373.
[114] BGH NJW 2009, 999.

der Anfechtungsklage geltend gemacht werden. Sinn der Anfechtungsfrist ist es, allen WEern möglichst schnell Klarheit und damit Rechtssicherheit zu bieten.[115] Eine Beanstandung gegenüber dem Verwalter oder anderen WEer wahrt die Frist nicht. Die Frist ist eine sog **materiell-rechtliche Ausschlussfrist**.[116] Die Fristversäumung führt dazu, dass die Klage als unbegründet abgewiesen wird. Innerhalb der Monatsfrist müssen die beanstandenden Beschlüsse konkretisierbar benannt werden.[117]

Beispiel: „vorbehaltlich der Benennung der konkreten anzufechtenden TOPs" reicht nicht[118] oder „Widersprüche gegen Beschl",[119] aber anders, wenn aus den Unterlagen sich etwas Konkretes ergibt, zB kommentiertes Protokoll ist dem Antrag beigelegt.[120]

ii) Begründung. Innerhalb von **zwei Monaten nach der Beschlussfassung** 34 muss die Begründung bei Gericht eingereicht werden (§ 46 Abs. 1 S. 2). Diese Frist ist weder durch die WEer noch durch das Gericht verlängerbar.[121] Welchen **Inhalt die Begründung** haben muss, ist im WEG nicht näher bestimmt worden. Umstritten war daher, was vorgetragen werden muss. Der BGH hat hierzu klargestellt, dass es sich bei den Fristen zur Erhebung und Begründung der Anfechtungsklage (§ 46 Abs. 1 S. 2) nicht um besondere Sachurteilsvoraussetzungen der wohnungseigentumsrechtlichen Anfechtungsklage handele, sondern um Ausschlussfristen des materiellen Rechts. Zur Vermeidung eines materiell-rechtlichen Ausschlusses sei der Kläger gehalten, innerhalb der Begründungsfrist die Gründe vorzutragen, auf welche er die Anfechtung stütze; ein **Nachschieben von neuen Gründen** sei **ausgeschlossen**.[122] Dabei müsse sich der Lebenssachverhalt, aus dem sich Anfechtungsgründe ergeben sollen, zumindest in seinem wesentlichen Kern aus den innerhalb der Frist eingegangenen Schriftsätzen selbst ergeben; dass er sich nur aus Anlagen ergibt, genüge nicht,[123] aber das Vortragen auch neuer Rechtsgründe ist jederzeit möglich.[124]

Auch wenn der Gesetzgeber – anders als bei der Berufung – darauf verzichtet 35 hat, **Mindestanforderungen** an die Begründung zu stellen, ist nach diesen Ausführungen des BGH darauf zu achten, dass sämtliche Gründe, auf welche die Anfechtung gestützt werden sollen, im Kern in der Begründung enthalten sind. Die so vorhandenen Gründe können später noch vertieft, neue Gründe aber nicht mehr eingeführt werden, wobei keine Mehrdeutigkeiten angegeben werden sollten, da sie nicht reichen, zB „Beschlussunfähigkeit gem. § 25 Abs. 3" reicht nicht, da dies verschiede Gründe haben kann.[125]

---

[115] BGH NJW 1970, 1316; BGH NJW 2009, 999.
[116] BGH NJW 1998, 3648.
[117] BayObLG NZM 1998, 864; OLG Zweibrücken NJW-RR 1987, 397.
[118] OLG Köln WuM 1996, 499.
[119] OLG Köln NZM 1998, 971.
[120] OLG Köln v. 2.2.1998 – 16 Wx 1/98.
[121] BGH NJW 2009, 3655.
[122] BGH NJW 2009, 999 und 3655.
[123] BGH NJW 2009, 999.
[124] Palandt/Brudermüller § 46 Rn. 5.
[125] So BGH NJW 2009, 2132.

36 Hat der Kläger die **Begründungsfrist versäumt**, führt dies dazu, dass die **Klage** als **unbegründet** abzuweisen ist.[126] Ist die Begründungsfrist (oder auch die Anfechtungsfrist) unverschuldet versäumt worden, kann der Kläger **Wiedereinsetzung in den vorherigen Stand** beantragen (§ 46 Abs. 1 S. 3, §§ 233 ff. ZPO).[127] Dies ist auch möglich für nachträgliche einzelne Anfechtungsgründe.[128]

37 jj) Zusammenfassen mehrerer Verfahren. Haben mehrere WEer gleichzeitig denselben Beschl angefochten, sind ihre Verfahren zu einem zusammenzufassen **(§ 47)**. Sie stehen dann gemeinsam auf Klägerseite (s auch § 47). Alle übrigen WEer unabhängig davon, ob sie den Beschl ebenfalls ablehnen oder nicht, sind dann auf Beklagtenseite. Die Anfechtungsklage muss zwingend gegen alle übrigen Eigentümer gerichtet werden. Ein Eigentümer muss auch dann als Beklagter aufgeführt werden, wenn bekannt ist, dass er selber auch Anfechtungsklage erheben will oder gar schon erhoben hat.[129]

3. Streitigkeiten mit Dritten (§ 43 Nr. 5)

a) Zuständigkeit

38 Klagt ein Dritter[130] gegen die WEG oder gegen einzelne WEer und bezieht sich die Klage auf das GE, seine Verwaltung oder das SE, ist das Amtsgericht nur dann **sachlich** zuständig, wenn der Klagewert bis zu 5.000 EUR beträgt. Liegt er bei 5.000,01 EUR und mehr, ist das Landgericht zuständig (§§ 23 Nr. 1, § 71 GVG). **Örtlich** ist das Gericht in dem Bezirk zuständig, in welchem das Grundstück der Gemeinschaft liegt.

39 Die Klage eines Dritten wird auch dann nicht zu einer **WEG-Sache**, wenn die Forderung an einen WEer abgetreten wird.

Beispiel: Hausmeister H hat gegen die Gemeinschaft eine Forderung auf Vergütung seiner Hausmeistertätigkeit über 7.250,00 EUR. Diese tritt er an den Eigentümer E ab, der diese einklagt. Das Landgericht bleibt weiter zuständig.[131]

Nicht betroffen sind Klagen gegen Wohnungserbbau-, Dauerwohnberechtigte und zwischen beiden letzteren.

b) Benennung der Wohnungseigentümer als Beklagte

40 Der Dritte, welcher hiernach **Klage gegen die Gemeinschaft** erhebt, muss **sämtliche Eigentümer** bereits **in der Klageschrift namentlich bezeichnen** (näher § 44 Rn. 10). Die Erleichterung, dass in der Klageschrift die bestimmte Angabe des gemeinschaftlichen Grundstücks ausreicht, greift hier nicht

---

[126] Hügel/Elzer S. 231.
[127] Zu den Voraussetzungen Vor § 43 Stichwort „Wiedereinsetzung".
[128] LG Nürnberg ZMR 2009, 317.
[129] AG Hamburg-St. Georg ZMR 2010, 236.
[130] S Vor § 43 Stichwort „Dritter".
[131] LG Nürnberg-Fürth NZM 2008, 494.

ein. Voraussetzung für die Erleichterung ist, dass die Klage durch oder gegen alle WEer mit Ausnahme des Gegners erhoben wird. Da hier ein Dritter klagt, kann diese Variante nicht eingreifen. Das bedeutet, dass der Dritte sämtliche Eigentümer mit Namen und Anschrift aufführen muss. Bei Gem mit mehreren 100 Eigentümern bedeutet dies, dass mehrere 100 Eigentümer als Beklagte aufgeführt werden müssen.

Macht der Dritte die **Klage nur gegen einzelne Eigentümer** geltend, muss er darauf achten, auch wirklich alle zu verklagen, die von seinem Anspruch umfasst sein könnten. Seitens des Gerichts besteht keine Verpflichtung, die übrigen Eigentümer, die möglicherweise betroffen sein könnten, beizuladen. Diese Verpflichtung besteht nur bei Innenstreitigkeiten (§ 48 Abs. 1).

c) Verwaltungsangelegenheit

In sachlicher Hinsicht muss das SE oder GE einschließlich deren Verwaltung betroffen sein, zB Versorgung, Reparatur von GE oder der Einbauküche der SE-Einheit.[132]

41

4. Mahnverfahren (§ 43 Nr. 6)

Die Vorschriften des Mahnverfahrens der ZPO finden direkt Anwendung.[133] **Zuständig** ist das AG, in dessen Bezirk sich das Grundstück befindet, auf dem sich die Gem befindet (§ 43 Abs. 1, § 23 Nr. 2 Buchstabe c GVG). Hat ein Bundesland aber ein oder mehrere **zentrale Mahngerichte** für die maschinelle Bearbeitung der Mahnbescheide eingerichtet, bleibt es bei deren Zuständigkeit (§ 689 Abs. 3 ZPO).

42

Beispiel: Die WEGem Mustersteinstraße in Aachen will einen Mahnbescheid beantragen. Grundsätzlich wäre das AG Aachen zuständig. Nordrhein-Westfalen hat mit Hagen und Euskirchen zentrale Mahngerichte eingerichtet. Daher ist der Mahnbescheid an das für Aachen zuständige AG Euskirchen zu richten.

Antragsteller muss der Verband sein. **Antragsgegner** können WEer, Verwalter oder Dritte sein.

§ 44 Bezeichnung der Wohnungseigentümer in der Klageschrift

(1) ¹Wird die Klage durch oder gegen alle Wohnungseigentümer mit Ausnahme des Gegners erhoben, so genügt für ihre nähere Bezeichnung in der Klageschrift die bestimmte Angabe des gemeinschaftlichen Grundstücks; wenn die Wohnungseigentümer Beklagte sind, sind in der Klageschrift außerdem der Verwalter und der gemäß § 45 Abs. 2 Satz 1 bestellte Ersatzzustellungsvertreter zu bezeichnen. ²Die namentliche Bezeichnung der Wohnungseigentümer hat spätestens bis zum Schluss der mündlichen Verhandlung zu erfolgen.

---

[132] Bärmann/Klein Rn. 119; Riecke Rn. 23, Briesemeister NZM 2007, 346.
[133] Zu den Voraussetzungen des Mahnverfahrens s. Vor § 43 Stichwort „Mahnverfahren".

§ 44 III. Teil. Verfahrensvorschriften

(2) ¹Sind an dem Rechtsstreit nicht alle Wohnungseigentümer als Partei beteiligt, so sind die übrigen Wohnungseigentümer entsprechend Absatz 1 von dem Kläger zu bezeichnen. ²Der namentlichen Bezeichnung der übrigen Wohnungseigentümer bedarf es nicht, wenn das Gericht von ihrer Beiladung gemäß § 48 Abs. 1 Satz 1 absieht.

Übersicht

	Rn.
1. Normzweck	1
2. Klageschrift	2
a) Verband als Kläger oder Beklagter	3
b) Eigentümer als Kläger oder Beklagte	3a
c) Ausnahmen	4
aa) Klage durch alle Wohnungseigentümer (Abs. 1 Hs. 1 Alt. 1)	5
bb) Klage gegen alle WEer (Abs. 1 Hs. 1 Alt. 2)	6
3. Nachholung der Beklagtenbenennung (§ 44 Abs. 1 S. 2)	7
4. Eilverfahren (§§ 916 ff., 935 ff. ZPO)	7a
5. Beweissicherungsverfahren (§§ 485 ff. ZPO)	8
6. Klage eines Dritten	10
7. Klage mit der Gemeinschaft der Wohnungseigentümer	11
8. Klage gegen nicht alle Wohnungseigentümer	12

1. Normzweck

1 Die Vorschrift bezweckt eine **Erleichterung bei der Bezeichnung der Wohnungseigentümergemeinschaft in der Klageschrift**. Abweichend von den allgemeinen Vorschriften (§ 253 ZPO) soll es dem Kläger ermöglicht werden, eine vereinfachte Form der Bezeichnung zu verwenden.

2. Klageschrift

2 Um ein Klageverfahren einzuleiten, muss ein entsprechender Schriftsatz bei Gericht eingereicht werden, die Klageschrift (§ 253 Abs. 1 ZPO). Diese muss ua die Bezeichnung der Parteien und des Gerichts enthalten (§ 253 Abs. 2 Nr. 1 ZPO). Zur Angabe der Parteien gehört alles, was notwendig ist, um die sog **Parteinämlichkeit** darzulegen:[1] Es muss feststehen, wer die Parteien sind. Grundsätzlich sind neben dem Namen des Klägers und des Beklagten auch deren ladungsfähige Anschriften anzugeben.[2]

a) Verband als Kläger oder Beklagter

3 Soweit der Verband rechtsfähig (§ 10 Abs. 6), und daher Träger von Rechten und Pflichten ist, kann er in der Klageschrift eindeutig bestimmt werden. Als Bezeichnung genügt zB: „Eigentümergemeinschaft Mustersteinstraße 1, 11111 Musterstadt, vertreten durch den Verwalter Martin Mustermann".

---

[1] BGH NJW 1988, 2114.
[2] BGH NJW 2001, 885.

b) Eigentümer als Kläger oder Beklagte

Es müssen für alle an dem Verfahren als Kläger oder Beklagten beteiligten WEer **3a** Namen und Adressen angegeben werden. Sind auf Beklagtenseite zB 250 WEer vorhanden, müssen für alle 250 die Namen und ladungsfähigen Anschriften genannt werden. Aus der Klage muss deutlich werden, dass die einzelnen WEer gemeint sind und nicht der Verband. Zwar ist nach dem BGH eine rechtzeitige Klageerhebung möglich, wenn zunächst der Verband verklagt, aber innerhalb der Klagefrist der Verwalter angegeben und die namentliche Bezeichnung der richtigerweise zu verklagenden übrigen Mitglieder der Gemeinschaft bis zum Schluss der mündlichen Verhandlung nachgeholt werde.[3] Allerdings wird dies wie ein Parteiwechsel behandelt, so dass der verklagte Verband Kostenerstattung verlangen kann.

c) Ausnahmen

Da die namentliche Bezeichnung der WEer für den Kläger schwierig sein kann, **4** ist in zwei Fallgruppen eine **Erleichterung** vorgesehen:

aa) Klage durch alle Wohnungseigentümer (Abs. 1 Hs. 1 Alt. 1). Wird **5** die Klage durch alle WEer **mit Ausnahme der oder des Beklagten** erhoben, genügt für die Bezeichnung der Kläger in der Klageschrift zunächst die bestimmte Angabe des gemeinschaftlichen Grundstücks. Zur Angabe des Grundstückes kann entweder auf die postalische Anschrift (also etwa Mustersteinstraße 1, 11111 Musterstadt) oder den Grundbucheintrag (also Grundbuch von Musterstadt, AG Musterstadt, Flur 1, Flurnummer 1, Blatt 1) abgestellt werden.[4] **Angabe des Verwalters** nicht erforderlich.

bb) Klage gegen alle WEer (Abs. 1 Hs. 1 Alt. 2). Werden alle WEer **mit 6 Ausnahme des oder der Kläger(s)** verklagt, genügt für die Bezeichnung der Beklagten in der Klageschrift ebenfalls die bestimmte Angabe des gemeinschaftlichen Grundstücks. In diesen Fällen reicht es daher zunächst aus, statt der Namen und Anschriften (sog ladungsfähige Anschriften, diese Angaben sind notwendig[5]) sämtlicher anderen WEer in der Klageschrift (sog ladungsfähige Anschriften, diese Angaben sind notwendig[6]) nur das gemeinschaftliche Grundstück zu bezeichnen oder andere Kurzbezeichnung gemäß Rn. 3. Im Verfahren kann vom nicht klagenden Verwalter die Bezeichnung verlangt werden (§ 142 ZPO[7]). Die **Angabe des Verwalters** oder des Ersatzzustellungsbevollmächtigten (§ 45 Abs. 2 S. 1) mit Anschrift ist notwendig, letzterer nur auf gerichtliche Aufforderung. Auch ist das Nichtvorhandensein nicht erforderlich anzugeben.[8] Des Weiteren ist die Angabe des Vorhandenseins eines Ersatzzustellungsbevollmächtigten in der Klage nicht erforderlich, da keine Zulässig-

---

[3] BGH NJW 2010, 449.
[4] Niedenführ Rn. 5.
[5] BGH NJW 2011, 3237; aA Palandt/Bassenge Rn. 4.
[6] BGH NJW 2011, 3237.
[7] BGH NJW 2013, 1003.
[8] AA Palandt/Bassenge Rn. 2.

keitsvoraussetzung,[9] aber Zustellungsvoraussetzung. Ist keiner vorhanden, muss dies nicht vermerkt werden,[10] da ein Nichts nicht vermerkt werden muss.[11]

3. Nachholung der Beklagtenbenennung (§ 44 Abs. 1 S. 2)

7 Der Kläger muss **spätestens bis zum Schluss der mündlichen Verhandlung** die namentliche Bezeichnung und ladungsfähigen Anschriften nachliefern (Abs. 1 S. 2). Geschieht dies nicht, ist die Klage als unzulässig abzuweisen.[12] Der Kläger kann somit zwar in der Klage auf die namentliche Bezeichnung der Beklagten verzichten. Er muss jedoch sich darum bemühen, so schnell wie möglich die Vor- und Nachnamen der Beklagten nebst Angaben zur notwendigen Identifizierung,[13] wie zB Adresse der Arbeitsstelle[14] etc. nachzuliefern, nicht zwingend die Wohnadresse.[15] Fehlt am Ende der mündlichen Verhandlung die Bezeichnung, darf dem Kläger auch keine Schriftsatzfrist gewährt werden.[16] Es fehlt dann an einem notwendigen Inhalt der Klageschrift (§ 253 ZPO), so dass die Klage als unzulässig abzuweisen ist.[17] Der Kläger kann sich dann auch nicht in die Säumnis flüchten, da nach dem BGH durch streitmäßiges Urteil entschieden werden soll, wenn eine Prozessvoraussetzung fehlt, und daher die Klage unzulässig ist.[18] Eine Ergänzung/Nachbesserung der fehlerhaften/unvollständigen Liste ist auch nach dem Schluss der mündlichen Verhandlung noch möglich, zB Mitbeteiligte am WE,[19] Anschrift[20] oder Name.[21] Die Bezeichnung **kann** aber **in der Berufungsinstanz nachgeholt werden**, aber dann regelmäßig Kostenauferlegung für Kläger des Berufungsverfahrens.[22]

4. Eilverfahren (§§ 916 ff., 935 ff. ZPO)

7a Mit mündlicher Verhandlung wie Klage, ohne müssen die Erleichterungen des Abs. 1 ebenfalls gelten. Eilbedürftigkeit steht der Namensliste entgegen. Deshalb kann der Antragsteller glaubhaft machen, er sei zur Vorlage der Eigentümerliste außerstande, solle dem Antrag stattgegeben und dem Antragsteller aufgegeben

---

[9] Bärmann/Klein Rn. 8, unklar Bergerhoff NZM 2007, 426.
[10] AA Jennißen Rn. 7.
[11] AA Bergerhoff NZM 2007, 426; AG Wedding GE 2011, 67.
[12] BGH NJW 2012, 997; 2011, 3237.
[13] BGH NJW 1977, 1686.
[14] BGH NJW 2001, 885.
[15] Grundsätzlich aber nach BGH NJW 2011, 1738; aA hM immer Bärmann/Klein Rn. 10.
[16] LG Stuttgart InfoM 2009, 138.
[17] BGH NJW 2012, 997; 1988, 2114.
[18] BGH GRUR 2001, 48.
[19] LG München NJW 2011, 1974.
[20] BGH NJW 2011, 3237.
[21] BGH NJW 2012, 997.
[22] BGH NJW 2012, 997.

werden, die Liste vorzulegen.[23] Zu Recht vertreten wird, es sei möglich, die Entscheidung gegen die summarisch bezeichneten Eigentümer zu erlassen,[24] da die ZPO auch Kurzbezeichnungen im Eilverfahren erlaubt.[25]

5. Beweissicherungsverfahren (§§ 485 ff. ZPO)

Auch hier haben die Erleichterungen zu gelten. Mit mündlicher Verhandlung wie Klage, ohne mündliche Verhandlung ggf. Fristsetzung durch Gericht. Sollte Eilbedürftigkeit bestehen wie oben unter Rn. 7a. **8**

Ein klagender WE kann sich die **Liste vom Verwalter** zukommen lassen. Hierauf besteht ein Anspruch jedes MEs.[26] Die ZPO kennt zwar die Möglichkeit, dem Gegner oder einem Dritten die Herausgabe von Unterlagen aufzugeben (§§ 142 ff. ZPO). In der Rechtsprechung wird bejaht,[27] dass diese Vorschriften greifen, nur teilweise verneint.[28] Sollte der Verwalter sich **weigern**, die Liste herauszugeben, ist an eine **einstweilige Verfügung** zu denken (§§ 938 ff. ZPO). **Verfügungsanspruch** ist der Anspruch auf Herausgabe der Eigentümerliste[29] und **Verfügungsgrund** die Tatsache, dass ohne die Liste eine Abweisung der Klage als unzulässig und damit die Erschwerung der Durchsetzung der Ansprüche droht. Allerdings wird in der Rechtsprechung für das Vorliegen des Verfügungsgrundes verlangt, dass der Verwalter eine Herausgabe verweigert, und das Gericht eine Anordnung gegen den Verwalter auf Herausgabe ablehnt,[30] was es aber nach dem BGH[31] muss. Sollte das Gericht die Anordnung gegen den Verwalter ablehnen, sollte die einstweilige Verfügung beantragt werden. **9**

6. Klage eines Dritten

Da die Erleichterung der Bezeichnung in der Klageschrift voraussetzt, dass die Klage sich entweder gegen alle WEer mit Ausnahme des Gegners (also des Klägers) richtet, oder durch alle WEer mit Ausnahme des Klägers erhoben wird, kommt ein **Kläger, der nicht gleichzeitig Wohnungseigentümer** ist (also ein Dritter), nie in diese Erleichterung. **10**

---

[23] Jennißen Rn. 22.
[24] Abramenko ZMR 2010, 329; Palandt/Bassenge Rn. 6; Jennißen Rn. 22 f.; aA Bärmann/Klein Rn. 13.
[25] Zöller ZPO § 935 Rn. 4.
[26] BayObLGZ 1984, 133; OLG Saarbrücken ZMR 2007, 141.
[27] BGH NJW 2013, 1003; LG Nürnberg-Fürth ZMR 2011, 242.
[28] LG Stuttgart Info M 2009, 138; AG Ulm ZMR 2011, 920.
[29] LG Stuttgart ZMR 2009, 77.
[30] LG Stuttgart ZMR 2009, 77.
[31] NJW 2013, 1003.

7. Klage mit der Gemeinschaft der Wohnungseigentümer

11 Nicht besonders geregelt, deshalb gelten die allgemeinen Regeln der ZPO. Vertreter ist Verwalter (§ 27 Abs. 3).

8. Klage gegen nicht alle Wohnungseigentümer

12 Hier müssen die übrigen WEer namentlich bezeichnet werden (§ 44 Abs. 2). Dies ist notwendig, damit das Gericht die **Beiladung**, soweit notwendig, durchführen kann (§ 48).

§ 45 Zustellung

(1) Der Verwalter ist Zustellungsvertreter der Wohnungseigentümer, wenn diese Beklagte oder gemäß § 48 Abs. 1 Satz 1 beizuladen sind, es sei denn, dass er als Gegner der Wohnungseigentümer an dem Verfahren beteiligt ist oder aufgrund des Streitgegenstandes die Gefahr besteht, der Verwalter werde die Wohnungseigentümer nicht sachgerecht unterrichten.

(2) ¹Die Wohnungseigentümer haben für den Fall, dass der Verwalter als Zustellungsvertreter ausgeschlossen ist, durch Beschluss mit Stimmenmehrheit einen Ersatzzustellungsvertreter sowie dessen Vertreter zu bestellen, auch wenn ein Rechtsstreit noch nicht anhängig ist. ²Der Ersatzzustellungsvertreter tritt in die dem Verwalter als Zustellungsvertreter der Wohnungseigentümer zustehenden Aufgaben und Befugnisse ein, sofern das Gericht die Zustellung an ihn anordnet; Absatz 1 gilt entsprechend.

(3) Haben die Wohnungseigentümer entgegen Absatz 2 Satz 1 keinen Ersatzzustellungsvertreter bestellt oder ist die Zustellung nach den Absätzen 1 und 2 aus sonstigen Gründen nicht ausführbar, kann das Gericht einen Ersatzzustellungsvertreter bestellen.

Übersicht

	Rn.
1. Normzweck	1
2. Verwalter als Zustellungsvertreter	2
3. Rechtzeitige Information der Wohnungseigentümer	4
4. Ersatzzustellungsvertreter	
a) Fallgestaltungen der Ersatzzustellung	5
aa) Interessenkollision	8
bb) Folge	9
b) Person des Ersatzzustellungsvertreters	10
5. Bestellung	11
6. Beendigung	12
7. Bestellung eines Ersatzzustellungsvertreters durch das Gericht (Abs. 3)	13
a) Bestellung	14
b) Beendigung	15
8. Nachweis des Bestellungsrechtsverhältnisses	16

Zustellung **§ 45**

1. Normzweck

Sind die WEer im Passivprozess als solche und nicht der Verband (dann gilt § 27 **1**
Abs. 3 Nr. 1) am Verfahren beteiligt (also Fälle der §§ 43 Nr. 1–5), müsste jedes
Schriftstück an jeden einzelnen WEer versandt werden, wenn es nicht § 27
Abs. 2 Nr. 1 und 2 gäbe. Die Vorschrift will eine **Erleichterung des Schriftverkehrs mit der Gemeinschaft** erreichen. Sie ist misslungen, da es keine
Abgleichung mit § 27 gibt.[1] Für die Zustellung der Klage gilt § 45, für die weitere Tätigkeit § 27 Abs. 2 Nr. 2.

2. Verwalter als Zustellungsvertreter

Die Klageerhebung (ebenso bei Beweissicherung und Eilverfahren) erfolgt **2**
durch Zustellung der Klage (§ 253 Abs. 1 ZPO). Werden mehrere oder alle
WEer verklagt, muss **für jeden eine Abschrift** beigefügt werden. Um dies zu
vermeiden ist der Verwalter Zustellungsvertreter der WEer. Dasselbe gilt, wenn
WEer beizuladen sind, weil die Klage gegen einzelnen WEer gerichtet ist (s.
§ 48), ob sie beitreten, steht dann in ihrem Ermessen. Es besteht jedoch keine
Pflicht zur Zustellung an den Verwalter, es sei denn er ist gesetzlicher Prozessvertreter (§ 27 Abs. 2 Nr. 2).[2] Es kann auch an die in der Klageschrift Genannten zugestellt werden. Da es den Klägern prozessual nicht zum Nachteil gereichen darf, dass sie die Namen der übrigen WEer zu einem Zeitpunkt mitteilten,
zu dem sie gemäß § 44 Abs. 1 S. 2 (noch) nicht hierzu verpflichtet waren, erfolgt die Zustellung regelmäßig an den Verwalter. Bei aktiver Prozessbeteiligung
ist zwingend an diesen Beteiligten zuzustellen.[3] Wird in der Klageschrift oder in
der nachzureichenden Eigentümerliste ein NichtWEer benannt, so ist das für
die Parteibezeichnung unschädlich. Er gilt als nicht verklagt. Erfolgt die Klagezustellung an einen Zustellungsvertreter ist die Klage an den NichtWEer nicht
zugestellt, da die Zustellungsvertretung nach § 45 nur für WEer besteht. Es wird
kein Prozessrechtsverhältnis begründet.[4]

Durch die Zustellung an den Verwalter **wird die Klage gleichzeitig allen 3
Eigentümern zugestellt**, regelmäßig durch Übersendung eines Exemplars.[5]
Unvollständige oder Falschbezeichnung der Beklagten ändert daran nichts.[6] Es
ist **Aufgabe des Verwalters, die Wohnungseigentümer zu informieren**
(§ 27 Abs. 1 Nr. 7 und Abs. 4; s. dort Rn. 50). Weitere Pflichten ergeben sich
aus dieser Norm nicht (zB RA auszusuchen). Kosten des Verwalters sind regelmäßig nicht erstattbar,[7] sondern Kosten der Verwaltung (§ 16 Abs. 2).[8]

---

[1] Bärmann/Klein Rn. 2.
[2] BGH NJW 2011, 2050 Rn. 13; KG ZMR 2000, 698; Bärmann/Klein Rn. 8 mwN.
[3] KG ZMR 2000, 698.
[4] Schmid ZWE 2013, 194; Slomian ZflR 2013, 410.
[5] Bärmann/Klein Rn. 11.
[6] BGH ZMR 2011, 976.
[7] BGH NJW 2009, 2135.
[8] BGH NJW 1981, 282.

3. Rechtzeitige Information der Wohnungseigentümer

4 Für die WEer ist es von höchster Wichtigkeit sicherzustellen, dass der Verwalter diesen Pflichten nachkommt, da im Regelfall mit der Zustellung der Klage eine Frist gesetzt wird (§§ 275, 276 ZPO). Der Verwalter macht sich deshalb **schadensersatzpflichtig**, wenn er diese Pflicht verletzt und die WEer zu spät oder gar nicht über eine Klage informiert.

4. Ersatzzustellungsvertreter

a) Fallgestaltungen der Ersatzzustellung

5 Der **Verwalter** kann die Klage nicht als Zustellungsvertreter entgegennehmen, wenn er **als Gegner am Verfahren beteiligt** ist (§ 45 Abs. 1 Hs. 2 Alt. 1), zB wenn der Verwalter selber als Kläger oder Beklagter an dem Verfahren beteiligt ist, etwa bei Streitigkeiten zwischen dem Verband und/oder einzelnen WEer auf der einen Seite und dem Verwalter auf der anderen Seite. Aber auch wenn der Verwalter in einem Anfechtungsverfahren einer der beiden Seiten beitritt (§ 48), scheidet er als Zustellungsvertreter aus.

6 Der Verwalter scheidet schließlich ebenfalls als Zustellungsvertreter aus, wenn auf Grund des Streitgegenstandes die **Gefahr** besteht, **dass er die Wohnungseigentümer nicht sachgerecht informieren werde** (§ 45 Abs. 1 Hs. 2 Alt. 2),

Beispiele: Anfechtung der Entlastung und mögliche Pflichtwidrigkeiten des Verwalters;[9] nicht aber allein Anfechtung der Bestellung;[10] aber wohl Anfechtung eines Beschl über Verwaltervertrag,[11] Abberufung.[12]

7 Es ist keine abstrakte Gefahr ausreichend, vielmehr ein **konkret** in der Sache begründeter Interessenkonflikt notwendig, welcher die Befürchtung nahe legt, der Verwalter werde die übrigen WEer nicht sachgerecht informieren, dh im Zeitpunkt der Entscheidung des Gerichts über die Durchführung der Zustellung in der Sache müssen begründete Umstände ersichtlich sein, die die konkrete Gefahr einer nicht sachgerechten Information der WEer rechtfertigen,[13] danach reicht allein die Anfechtung eines Verwalterwahlbeschlusses als eine solche Gefahr nicht aus. Selbst wenn Gefahr bestand, kann diese durch späteren Verlauf entfallen, zB wenn ordnungsgemäß unterrichtet wurde.[14]

8 aa) Interessenkollision. Für diesen Fall der Interessenkollision haben die WEer einen **Ersatzzustellungsvertreter** und einen Vertreter für diesen zu bestellen. Dies muss durch Beschl geschehen. Die Bestellung des Ersatzzustellungs-

---

[9] OLG Stuttgart OLGZ 1976, 8; OLG Frankfurt OLGZ 1989, 433.
[10] BGH NZM 2012, 387; aA LG Lübeck DWE 1986, 63.
[11] OLG Hamm NJW-RR 2001, 226; OLG Frankfurt WE 1990, 56.
[12] KG NZM 2003, 604.
[13] BGH NZM 2012, 387; LG Dresden ZMR 2010, 629.
[14] BGH NZM 2012, 387; LG Dresden ZMR 2010, 629.

vertreters und von dessen Vertreter darf nicht erst erfolgen, wenn konkret ein Rechtsstreit vorliegt. Vielmehr haben die WEer bereits vorsorglich eine entsprechende Bestellung vorzunehmen (§ 45 Abs. 2). Sie gehört zur ordnungsgemäßen Verwaltung.[15] Andernfalls kann wegen der unklaren Lage, an wen zuzustellen ist, noch Monate nach Ablauf der eigentlichen Anfechtungsfrist die Zustellung einer Anfechtungsklage „demnächst" möglich sein.[16] Das Gericht hat dabei nicht die Wahl, ob es die Klage und den sonstigen Schriftverkehr an den Verwalter oder den Ersatzzustellungsvertreter zustellen lässt.[17]

bb) Folge. Der **Verwalter bleibt alleiniger Zustellungsvertreter**, soweit 9
nicht einer der beiden genannten Ausnahmefälle eingreift. Ansonsten wirkt die Zustellung nicht gegenüber den WEer. Dieser Mangel kann aber durch Unterrichtung der WEer (zB über den Inhalt der Klage) geheilt werden.[18] Stellt das Gericht die Klage an den Ersatzzustellungsvertreter zu, obgleich der Verwalter weder Gegner ist, noch die Gefahr der Interessenkollision besteht, ist die Zustellung fehlerhaft. Die Klage und spätere Schriftsätze wären nicht wirksam zugestellt. Dies kann aber durch spätere Unterrichtung geheilt werden. Der Verwalter kann nur solange Zustellungsvertreter sein, wie er tatsächlich Verwalter ist. Dabei kommt es alleine auf die tatsächliche Verwalterstellung an.[19] Läuft die Verwalterstellung aus, ist die Zustellung nicht mehr möglich, auch wenn der Verwalter sich möglicherweise weiter als Verwalter geriert.

b) Person des Ersatzzustellungsvertreters

Ersatzzustellungsvertreter und dessen Vertreter (Abs. 2) kann **jede natürliche** 10
oder juristische Person sein. Es ist nicht erforderlich, dass die vorgesehene Person WEer in der Gem ist.[20] Kriterium für die Auswahl sollte sein, ob die zu erfüllende Aufgabe, dh Information der Eigentümer, erfüllt werden kann. Dh in der Person des Auserwählten müssen die persönlichen und organisatorischen Voraussetzungen gegeben sein, dies zu erfüllen.[21] In Betracht kommen etwa Verwaltungsbeiräte, Rechtsanwälte, aber auch Mieter.[22] Die Norm ist auf den Fall des fehlenden Verwalters auszudehnen.[23]

5. Bestellung

Wie beim Verwalter ist die Trennungstheorie (rechtliche **Trennung zwischen** 11
dem Bestellungsakt und dem Vertrags- oder Auftragsverhältnis) zu beachten. Der Ersatzzustellungsvertreter und dessen Vertreter muss mit der Ernen-

---

[15] Palandt/Bassenge Rn. 5.
[16] BGH ZWE 2011, 218; s. auch vor § 43 Stichwort „Zustellung demnächst".
[17] So Niedenführ Rn. 13.
[18] KG NZM 2003, 604.
[19] LG Hamburg ZMR 2009, 794.
[20] BT-Drucks 16/887 S. 37; Hogenschurz ZMR 2005, 764.
[21] AG Dortmund ZMR 2009, 231.
[22] So auch Bärmann/Klein Rn. 27; anders aber Jenißen Rn. 36 bei Mieter.
[23] Drabeck ZWE 2008, 23; BeckOK WEG/Elzer Rn. 44; aA Bärmann/Klein Rn. 25.

nung einverstanden sein.[24] Durch Beschluss erfolgt Bestellung. Abzugrenzen davon ist Vertragsverhältnis mit dem Verband, zB Auftrag oder Geschäftsbesorgung. Hierüber wird ebenso durch Beschl entschieden analog zu Verwaltervertrag, ggf. stillschweigend; denn der Ersatzzustellungsvertreter tritt in die Aufgaben und Pflichten des Verwalters bezüglich der Zustellung ein, wenn das Gericht die Zustellung an ihn anordnet (Abs. 2 S. 2). Dies bedeutet, dass er insbesondere ebenso wie der Verwalter unverzüglich die WEer zu informieren hat (§ 45 Abs. 2 iVm § 27 Abs. 1 Nr. 7). Dauer und Vergütung sind aber notwendig zu vereinbaren, ohne eine solche ist jedenfalls Auslagenersatz zu gewähren, zB 0,30 EUR für Kopie,[25] unabhängig davon, ob eine Kopie notwendig war oder nicht.

6. Beendigung

12 Analog Verwalter, dh **mit Zeitablauf** der Bestellung; **Amtsniederlegung oder Abberufung**, mit folgenden Besonderheiten bzgl. Zeitpunkt und Grund:

Beispiel 1: Das Gericht bestimmt in einem Prozess einen Ersatzzustellungsvertreter. Um den Prozess jedenfalls zu verzögern, beschließt die Mehrheit, den Ersatzzustellungsvertreter „abzuwählen" und ernennt keinen neuen.

Beispiel 2: Die Gem hat einen Ersatzzustellungsvertreter bestellt. Nach einem Mehrheitswechsel beschließt die Gem, den Ersatzzustellungsvertreter „abzuwählen".

Im ersten Fall ist eine gerichtliche Bestellung erfolgt, gegen welche die Eigentümer keine sofortige Beschwerde erheben können. Könnten die Eigentümer gleichwohl jederzeit und ohne sachlichen Grund den Benannten wieder absetzen, insbesondere ohne einen neuen Ersatzzustellungsvertreter zu benennen, würde ihnen eine Rechtsmacht gegeben, die sie nach den Verfahrensvorschriften nicht haben. Außerdem müsste das Gericht dann wegen Fehlens eines Ersatzzustellungsvertreters wiederum einen neuen Ersatzzustellungsvertreter benennen. Da die Gemeinschaft nach § 45 Abs. 2 WEG einen Ersatzzustellungsvertreter benennen muss, ist jedenfalls die **Abberufung ohne Bestellung eines neuen Ersatzzustellungsvertreters** wegen Verstoßes gegen eine unverzichtbare Gesetzesnorm **nichtig**. Benennt die Gemeinschaft mit der Abberufung einen neuen Ersatzzustellungsvertreter, endet die Stellung des alten Ersatzzustellungsvertreters mit der Beschlussfassung. Im zweiten Fall ist die ersatzlose Abberufung ebenfalls nichtig. Die Abberufung ist daher nur zulässig, wenn gleichzeitig ein anderer Ersatzzustellungsvertreter benannt wird. Ebenso kann auch der Ersatzzustellungsvertreter nicht ohne Grund die Position niederlegen, insbesondere nicht zur Unzeit.

---

[24] Ebenso Niedenführ Rn. 18.
[25] LG München ZMR 2010, 803.

7. Bestellung eines Ersatzzustellungsvertreters durch das Gericht (Abs. 3)

Haben die WEer keinen Ersatzzustellungsvertreter und keinen Vertreter bestellt und tritt der Fall der Interessenkollision bei dem Verwalter ein, kann das Gericht einen Ersatzzustellungsvertreter bestellen (§ 45 Abs. 3). Auch hier sind die Voraussetzungen des Abs. 2 zu beachten, also Zustellung an Beklagte nicht möglich, weil Verwalter ausgeschlossen und kein Vertreter bestellt oder Bestellter ausgeschlossen. Ob die Voraussetzungen tatsächlich vorliegen, ist unerheblich. **13**

a) Bestellung

Hier erfolgt Bestellung **für einen konkreten Prozess** durch Beschl des Gerichts ohne Rechtsmittelmöglichkeit,[26] ggf. von Amts wegen.[27] Gerichtsbeschluss ersetzt WEerbeschl.[28] **Zustimmung des zu Bestellenden notwendig,**[29] wodurch das Rechtsverhältnis begründet wird und für das weitere Vertreterverhältnis zu Verband wie Abs. 2 gilt. Vergütung bezahlt Verband, da es Pflicht des Verbandes ist, einen Ersatzzustellungsbevollmächtigten zu wählen.[30] Eine Festsetzung der Kosten bei Obsiegen im Kostenfestsetzungsverfahren ist nicht möglich.[31] **14**

b) Beendigung

Wie bei Abs. 2, mit Ausnahme eines Abberufungsbeschl der Gem, wenn er gegen die gerichtliche Entscheidung verstoßen würde, bzw. durch Prozessende, wenn nur für ihn bestellt. **15**

8. Nachweis des Bestellungsrechtsverhältnisses

Es besteht **keine Pflicht, mit der Klage einen Nachweis über die Bestellung eines Ersatzzustellungsbevollmächtigten vorzulegen**, weil das Gesetz nur verlangt, dass er in der Klage benannt wird (§ 44 Abs. 1[32]). Die Vollmacht eines Anwalts ist auch nur nachzuweisen, wenn diese konkret in Abrede gestellt wird.[33] Die Bezeichnung in der Klageschrift ist eine Behauptung, die nach allgemeinen Grundsätzen nur bewiesen werden muss, wenn sie streitig wird. Gibt der Kläger den falschen Ersatzzustellungsvertreter an, wird eine Zu- **16**

---

[26] LG Nürnberg NJW 2009, 1890; LG Berlin NJW 2009, 85.
[27] BGH ZMR 2011, 578 Rn. 7.
[28] LG Karlsruhe NZM 2012, 279.
[29] LG Nürnberg NJW 2009, 1890.
[30] AG Heilbronn ZMR 2011, 336; AG Dortmund NZM 2008, 938; Bärmann/Klein Rn. 46; aA LG Düsseldorf NZM 2012, 426; LG Karlsruhe NZM 2012, 279: vertretene WEer.
[31] LG Düsseldorf NZM 2012, 426; AG Dortmund NZM 2008, 938.
[32] AA Jennißen Rn. 40; wie hier Riecke § 44 Rn. 4.
[33] BGH NJW-RR 2002, 933.

stellung der Klage nicht möglich sein und die Zustellung an den falschen Ersatzzustellungsvertreter führt nicht zu einer wirksamen Klageerhebung. Diese Verzögerung wäre vom Kläger zu vertreten und könnte gerade bei Anfechtungsklagen zur Versäumung der Anfechtungsfrist führen.

§ 46 Anfechtungsklage

(1) ¹Die Klage eines oder mehrerer Wohnungseigentümer auf Erklärung der Ungültigkeit eines Beschlusses der Wohnungseigentümer ist gegen die übrigen Wohnungseigentümer und die Klage des Verwalters ist gegen die Wohnungseigentümer zu richten. ²Sie muss innerhalb eines Monats nach der Beschlussfassung erhoben und innerhalb zweier Monate nach der Beschlussfassung begründet werden. ³Die §§ 233 bis 238 der Zivilprozessordnung gelten entsprechend.

(2) Hat der Kläger erkennbar eine Tatsache übersehen, aus der sich ergibt, dass der Beschluss nichtig ist, so hat das Gericht darauf hinzuweisen.

Übersicht

	Rn.
1. Normzweck	1
2. Klageart	2
3. Kläger	
a) Wohnungseigentümer	3
b) Verwalter	3a
c) Andere Personen	3b
4. Beklagter (Abs. 1 S. 1)	4
5. Frist zur Erhebung der Klage (Abs. 1 S. 2 Hs. 1)	5
6. Frist zur Begründung der Klage (Abs. 1 S. 2 Hs. 2)	6
7. Nichtigkeitshinweis (Abs. 2)	7

1. Normzweck

1 Die Anfechtung von Beschl betrifft nicht nur einzelne WEer, sondern alle. Durch die Vorschrift soll sichergestellt werden, **dass die Entscheidung gegenüber allen Wohnungseigentümern Wirkung erlangt**. Außerdem soll verhindert werden, dass die Gerichte es vermeiden, aus Angst vor Befangenheitsanträgen auf Nichtigkeitsgründe hinzuweisen.

2. Klageart

2 Die Norm betrifft **nur Anfechtungsklagen**,[1] nicht Nichtigkeitsklagen, da dort keine Frist existiert. Siehe ergänzend § 43 Rn. 18 ff.

---

[1] BGH NJW 2009, 2132.

3. Kläger

a) Wohnungseigentümer

Jeder einzelne WEer (natürliche oder juristische Personen), der diese Rechtsposition im Zeitpunkt der Klageerhebung[2] innehat, auch derjenige der einen Stimmrechtausschluss (s. § 25 Rn. 29 ff.) unterliegt und eine Nichtmitgliedschaft einer Untergem bei Beschl der Untergem. **Keine persönlichen Nachteile erforderlich**.[3] Bei BGB-Gesellschaft,[4] Erbengemeinschaft[5] oder Bruchteilsgemeinschaft[6] jeder einzelne Inhaber, wobei dies bei der BGB-Gesellschaft nur in Notfällen (analog § 744 Abs. 2 BGB) in Betracht kommt,[7] ansonsten der vertretungsberechtigte Geschäftsführer oder alle Gesellschafter. Bei Bruchteilsgemeinschaft vertritt der Kläger die anderen Mitberechtigten mit, deshalb sind diese nicht mit zu verklagen.[8] Die anderen Mitberechtigten könnten aber binnen der Monatsfrist selbst klagen. Wenn nicht, hätten sie später kein eigenes Anfechtungsrecht.[9] Sind sie mit der Klage nicht einverstanden, sind sie auch Beklagte[10] oder beizuladen.[11] Verlust der Eigentümerstellung nach Beschl unerheblich, wenn der Beschl den ehemaligen WEer trotz Verlustes noch belastet.[12] Nicht klagebefugt ist der im Grundbuch eingetragene WEer, der aber tatsächlich kein Eigentum erworben hatte[13] oder der Verband, der eine Einheit hält.[14] 3

b) Verwalter

Der Verwalter ist **nur** klageberechtigt, **wenn seine Rechtsstellung berührt** wird.[15] 3a

c) Andere Personen

Andere nur dann, wenn sie ein **Stimmrecht** haben (s. § 25 Rn. 9 ff.), also nicht der Beirat, der nicht zugleich WEer ist. 3b

---

[2] OLG Frankfurt OLGZ 1992, 439.
[3] BGH NJW 2003, 3124 Fn. 9.
[4] Sauren WE 1992, 40; aA BayObLG NJW-RR 1991, 215.
[5] BayObLG NZM 1999, 286; LG Bremen DWE 1989, 32, 34.
[6] OLG Frankfurt NZM 2007, 490; KG ZMR 1993, 430; vgl. BGH ZMR 2012, 795.
[7] Sauren WE 1992, 40 mit Verweis auf BGH NJW 1955, 1027; Riecke Rn. 2; Bärmann/Klein Rn. 23.
[8] LG München ZWE 2012, 142.
[9] KG ZMR 1993, 430.
[10] So BeckOK WEG/Elzer Rn. 104.2.
[11] So Becker ZWE 2008, 405, 408.
[12] OLG Frankfurt ZMR 2013, 296 Rn. 127.
[13] BGH NJW 2012, 3232.
[14] OLG Hamm NJW 2010, 1464.
[15] LG Itzehoe NZM 2012, 207.

4. Beklagter (Abs. 1 S. 1)

4 Sind **alle Wohnungseigentümer bei Verwalterklage** ansonsten **alle mit Ausnahme des oder der Kläger(s), nicht** aber **der Verband**. Bei Klageerhebung ohne die beklagte Partei zu nennen, ist durch Auslegung zu ermitteln, gegen wen sich die Klage richten soll. Dabei ist grundsätzlich davon auszugehen, dass der Kläger die übrigen WEer verklagen will.[16] Die Anwesenheit in der Eigentümerversammlung oder das eigene Abstimmungsverhalten ist unerheblich,[17] wobei es auf den Zeitpunkt der Klageerhebung für die Frage der Eigentümerstellung ankommt. Ausnahmen, die an die materiellrechtliche Betroffenheit anknüpfen, sieht die Regelung nicht vor, so dass auch bei Vereinb, zB Untergemeinschaft mit eigener Beschlusskompetenz oder Mehrhausanlage, alle übrigen WEer zu verklagen sind.[18] Die Beklagten sind sog **notwendige Streitgenossen** (§ 62 ZPO), jeder aber bis zum Ablauf der Klagefrist selbst Klage erheben oder dem oder den Klägern beitreten (§ 69 ZPO), auch noch nach Ablauf der Klagefrist.[19] Eine nicht gegen alle WEer erhobene Klage ist unzulässig, zB nur gegen die MEer, die für die angefochtenen Beschlüsse gestimmt haben.[20] Eine gegen den Verband gerichtete Klage mit Bezeichnung des Verwalters kann bis zum Zeitpunkt des Endes der mündlichen Verhandlung nach BGH[21] sachdienlich geändert werden durch Benennung der WEer. Bei Klageerhebung durch alle WEer erlischt der Prozess mangels eines Beklagten.[22]

5. Frist zur Erhebung der Klage (Abs. 1 S. 2 Hs. 1)

5 Siehe § 43 Rn. 22 ff.

6. Frist zur Begründung der Klage (Abs. 1 S. 2 Hs. 2)

6 Siehe § 43 Rn. 27 ff.

7. Nichtigkeitshinweis (Abs. 2)

7 Verstößt Beschl gegen unverzichtbare Vorschriften, so ist er nichtig (§ 23 Abs. 4). Dieser Verstoß kann aber nach Abweisung einer Ungültigkeitsklage nicht mehr geltend gemacht werden (§ 48 Abs. 4). Die auf denselben Lebenssachverhalt ge-

---

[16] BGH ZMR 2013, 453 Rn. 5: Beifügung einer Namensliste ohne Benennung in der Klageschrift oder Klageerhebung gegen die WEer ohne Bezeichnung BGH NJW 2012, 997.
[17] BGH NJW 2009, 2135.
[18] BGH ZMR 2012, 979; NJW 2012, 1224: ansonsten Klage unzulässig.
[19] BGH NJW 2009, 2132.
[20] AG Wiesbaden ZMR 2008, 340; BGH NJW 2012, 1224.
[21] NJW 2011, 2050.
[22] Bonifacio ZMR 2010, 163.

stützten Anfechtungs- und Nichtigkeitsgründe betreffen keine unterschiedlichen Streitgegenstände. Da der Streitgegenstand maßgeblich durch den Antrag mitbestimmt wird, führt dies dazu, dass sowohl mit einem auf Feststellung der Nichtigkeit als auch mit einem auf Ungültigkeitserklärung gerichteten Antrag jeweils das umfassende Rechtschutzziel zum Ausdruck gebracht wird, unter jedem rechtlichen Gesichtspunkt eine verbindliche Klärung der Gültigkeit des zur Überprüfung gestellten Eigentümerbeschlusses herbeizuführen.[23] Es kann daher auch ohne Antragsumstellung die Nichtigkeit des Beschlusses ausgesprochen werden, obwohl der Antrag seinem Wortlaut nach (nur) darauf gerichtet ist, den Beschluss für ungültig zu erklären,[24] so dass ein zusätzlicher Feststellungsantrag nicht erforderlich ist. Die Hinweispflicht des Gerichts ist dann gegeben, wenn aus dem vom Kläger Vorgetragenen oder nicht Vorgetragenen, aber aus den Akten/Urkunden oder dem Beklagtenvortrag sich Indizien für eine Nichtigkeit ergeben. Die Vorschrift ergänzt die ZPO (§ 139), so dass diese ergänzend anwendbar ist.

§ 47 Prozessverbindung

¹**Mehrere Prozesse, in denen Klagen auf Erklärung oder Feststellung der Ungültigkeit desselben Beschlusses der Wohnungseigentümer erhoben werden, sind zur gleichzeitigen Verhandlung und Entscheidung zu verbinden.** ²**Die Verbindung bewirkt, dass die Kläger der vorher selbständigen Prozesse als Streitgenossen anzusehen sind.**

Übersicht

	Rn.
1. Normzweck	1
2. Verbindung mehrerer Anfechtungsklagen	2
3. Notwendige Streitgenossenschaft der Kläger	4
4. Unterlassen der Verbindung	5

1. Normzweck

Durch diese Vorschrift **soll der Gefahr entgegengewirkt werden, dass mehrere sich widersprechende Entscheidungen gefällt werden**, egal ob Anfechtungs- oder Nichtigkeitsklage oder zusätzliche Ziele verbunden sind, zB wenn ein zusätzlicher Beschl angefochten wurde. 1

2. Verbindung mehrerer Anfechtungsklagen

Haben mehrere WEer Anfechtungsklage wegen desselben Beschl erhoben, sind die Verfahren **zwingend** zu verbinden (S. 1). 2

---

[23] BGH NJW 2003, 3550.
[24] BGH NJW 2009, 3655.

Beispiel: Die Gem beschließt die JA 2015. E1 bis E5 erheben unabhängig voneinander die Anfechtungsklage. Es werden nun nicht fünf getrennte Anfechtungsverfahren geführt, sondern die fünf Klagen zu einem einzigen Verfahren verbunden. E1 muss E2–E5 auch dann in seiner Klage als Beklagte aufführen, wenn er weiß, dass diese auch Klage erheben wollen oder gar schon erhoben haben. Gleiches gilt auch für E2-E5, auch diese müssen die jeweils anderen zwingend als Beklagte aufführen.[1]

3 Dies führt dazu, dass es nicht fünf unterschiedliche Ergebnisse der Klage geben kann. Die Verbindung hat zur Folge, dass die Kläger als **notwendige Streitgenossen** (§§ 59–63 ZPO) anzusehen sind. Wichtigste Folge: Erscheint nur einer der Kläger zur Verhandlung, kann wegen der Säumnis der anderen Kläger kein Versäumnisurteil ergehen. Dies gilt auch, wenn nur einer der Kläger einen Antrag stellt.[2] Es handelt sich dann um einen einheitlichen Prozess (S. 2).

3. Notwendige Streitgenossenschaft der Kläger

4 Weitere Konsequenz der Streitgenossenschaft ist, dass im Verhältnis zur beklagten Gem **jeder der Kläger** als **selbständige Person** anzusehen ist. Zieht zB einer der Kläger seine Anfechtung zurück, hat dies keine Konsequenzen gegenüber den anderen Klägern. Die Ungültigkeitserklärung eines Beschl aufgrund eines anderen Klägers wirkt jedoch auch zugunsten des anderen.[3] Jeder Kläger kann unabhängig von den anderen vortragen und auch ggf. Rechtsmittel einlegen (§ 61 ZPO).[4] Jedoch kann die Klagefrist nicht durch das rechtzeitige Vorbringen anderer Kläger gewahrt werden.[5] Wird dann die rechtzeitig begründete Klage eines Streitgenossen zurückgenommen, ist nur über die von dem Kläger und seinen verbleibenden Streitgenossen rechtzeitig vorgebrachten Anfechtungsgründe zu entscheiden. Damit sind die Klagen der einzelnen Kläger jeweils isoliert zu beurteilen. Dies kann im Ergebnis dazu führen, dass trotz der Ungültigkeitserklärung sämtlicher angefochtener Beschlüsse einzelne Klagen zum Teil oder gänzlich abzuweisen sind.[6] Ebenfalls kann dies zu unterschiedlichen Folgen auch bei der Kostenentscheidung führen, hat zB der eine Kläger den formellen Verstoß, der zur Kostentragungslast des Verwalters führt, nicht gerügt, hat der Verwalter auch nur dessen Kosten zu tragen.[7] **Verbindung erfolgt durch unanfechtbaren Beschluss**. Da es sich um eine Ergänzung der ZPO handelt, gilt sie entsprechend (§ 147). Folge ist, dass der der vorher im anderen Klageverfahren Beklagter war nunmehr diese Stellung verliert.[8]

---

[1] AG Hamburg-St. Georg ZMR 2010, 236.
[2] BGH NJW 2009, 2132; s. auch Vorbemerkung Vor § 43 Stichwort „Versäumnisurteil".
[3] BGH NJW 2009, 2132.
[4] Wegen der Kostenfolge bei Streitgenossenschaft s. Vor § 43 Stichwort „Kostenerstattung".
[5] BGH NJW 2009, 2132 Rn. 21.
[6] AG Aachen v. 19.5.2010 – 119 C 5/10.
[7] AG Aachen v. 19.5.2010 – 119 C 5/10.
[8] BGH NJW 2013, 65.

4. Unterlassen der Verbindung

Unterlässt das Amtsgericht eine Verbindung, müssen die anfechtenden WEer 5
darauf achten, dass in den Verfahren, in denen sie als Beklagte vertreten sind,
dieselben Argumente vorgetragen werden wie in ihrem Verfahren. Wird eines
dieser Verfahren rechtskräftig beendet führt dies zur Unzulässigkeit der Klage in
dem anderen Verfahren dazu.[9]

Beispiel: E1, E2 und E3 fechten getrennt denselben TOP an. Das Amtsgericht unterlässt eine Verbindung. E1 führt seinen Prozess nachlässig und legt keine Eigentümerliste vor. Daher wird seine Anfechtungsklage abgewiesen. Wegen der fehlenden Eigentümerliste wird auch die Berufung zurückgewiesen. Nunmehr sind auch die Anfechtungsklagen von E2 und E3 unzulässig.

Ergehen trotzdem sich widersprechende Urteile, so geht das frühere dem späteren vor.[10] Gegen das Letztere ist sog Restitution möglich (s. Vor § 43 Stichwort Restitution).

§ 48 Beiladung, Wirkung des Urteils

(1) ¹Richtet sich die Klage eines Wohnungseigentümers, der in einem Rechtsstreit gemäß § 43 Nr. 1 oder Nr. 3 einen ihm allein zustehenden Anspruch geltend macht, nur gegen einen oder einzelne Wohnungseigentümer oder nur gegen den Verwalter, so sind die übrigen Wohnungseigentümer beizuladen, es sei denn, dass ihre rechtlichen Interessen erkennbar nicht betroffen sind. ²Soweit in einem Rechtsstreit gemäß § 43 Nr. 3 oder Nr. 4 der Verwalter nicht Partei ist, ist er ebenfalls beizuladen.

(2) ¹Die Beiladung erfolgt durch Zustellung der Klageschrift, der die Verfügungen des Vorsitzenden beizufügen sind. ²Die Beigeladenen können der einen oder anderen Partei zu deren Unterstützung beitreten. ³Veräußert ein beigeladener Wohnungseigentümer während des Prozesses sein Wohnungseigentum, ist § 265 Abs. 2 der Zivilprozessordnung entsprechend anzuwenden.

(3) Über die in § 325 der Zivilprozessordnung angeordneten Wirkungen hinaus wirkt das rechtskräftige Urteil auch für und gegen alle beigeladenen Wohnungseigentümer und ihre Rechtsnachfolger sowie den beigeladenen Verwalter.

(4) Wird durch das Urteil eine Anfechtungsklage als unbegründet abgewiesen, so kann auch nicht mehr geltend gemacht werden, der Beschluss sei nichtig.

Übersicht

	Rn.
1. Normzweck	1
2. Beiladung	2
a) Voraussetzung	3
b) Unterlassen der Beiladung	7
c) Durchführung der Beiladung	8
d) Verfahrensbeitritt	9

---

[9] BGH NJW 2013, 65; Hügel/Elzer S. 242; BayObLG ZMR 2003, 590.
[10] BGH NJW 1981, 1517.

	Rn.
e) Beitrittsfrist	11
3. Verkauf des Wohnungseigentums (Abs. 2 S. 3)	11a
4. Probleme	12
a) Nebenintervenient	13
b) Fehlerhafte Unterlassung der Beiladung	15
5. Nichtigkeitseinwand (Abs. 4)	16

1. Normzweck

1 Materiell-rechtlich gesehen sind alle WEer bei Streitigkeiten innerhalb der Gem oder gegen den Verwalter gleichermaßen betroffen. Macht zB ein WEer gegen einen anderen WEer einen Anspruch wegen Lärmbelästigung geltend, ist idR nicht nur der klagende Eigentümer betroffen, sondern alle WEer. Durch die Vorschrift soll[1] gewährleistet werden, **dass im ZPO-Verfahren für alle betroffenen Wohnungseigentümer eine gleichlautende Rechtslage geschaffen wird.** Mit der Beiladung ist aber eine geringere Möglichkeit der Rechtswahrnehmung verbunden und damit eindeutig eine Schlechterstellung gegenüber der bisherigen Rechtslage. Als Beigeladener scheiden eigene Anträge oder dem Parteivortrag zuwiderlaufender Sachvortrag aus, da es sich nach wie vor um ein Verfahren Dritter handelt.[2] Nunmehr ist ausgeschlossen, dass der notwendige Sachverhalt entweder durch das Gericht oder die anderen beigebracht wird. Deshalb ist das ZPO-Verfahren für Anfechtungsverfahren schlichtweg ungeeignet.

2. Beiladung

2 Im ZPO-Verfahren wirkt das Urteil grundsätzlich nur zwischen den Prozessparteien. Klagt daher zB der WEer E1 gegen den WEer E2 und sind die restlichen Eigentümer E3 bis E10 an dem Verfahren nicht beteiligt, können sich diese später nicht auf das Urteil berufen, wenn E2 obsiegt. E1 seinerseits kann das Urteil auch nicht gegen E3 bis E10 verwenden, falls er obsiegt. Da dies aber dann unnötig ist, wenn sich an der Sachlage nichts geändert hat, hat der Gesetzgeber vorgesehen, **dass sich das Urteil** in bestimmten Fällen auch **auf die anderen Eigentümer erstreckt:**

a) Voraussetzung

3 Voraussetzung (gemäß Abs. 1) ist zunächst, dass es sich um eine der folgenden Streitigkeiten handelt:
– Streitigkeiten, die sich aus der Gem der WE ergeben;
– Streitigkeiten, die sich aus der Verwaltung des gemeinschaftlichen Eigentums ergeben;
– Streitigkeiten, die sich über die Rechte und Pflichten der Eigentümer untereinander ergeben oder

---

[1] BT-Drucks 16/887 S. 39f., 74.
[2] Abramenko S. 254.

– Streitigkeiten über die Rechte und Pflichten des Verwalters bei der Verwaltung des gemeinschaftlichen Eigentums.

Weiter muss die Klage nur gegen einen oder einzelne Eigentümer oder nur gegen den Verwalter gerichtet sein. Liegen diese Punkte vor, muss das Gericht **zwingend** die übrigen Eigentümer **beiladen**.

Beispiel 1: Die Eigentümergemeinschaft Drachenweg 7 in Drachenstadt besteht aus 10 Eigentümern. E1 klagt wegen Lärmbelästigung gegen E2. Das Gericht hat E3 bis E10 beizuladen.

Beispiel 2: Der Verband klagt wegen Hausgeldrückständen gegen E2. Hier sind E3 bis E10 nicht beizuladen, da keine der genannten Streitigkeiten für die Beiladung vorliegt.

Nach Elzer soll die Notwendigkeit der Beiladung dazu führen, dass die Möglichkeit, die namentliche Bezeichnung der Eigentümer erst in der mündlichen Verhandlung zu liefern, unbeachtlich bleiben soll.[3] Diese Auffassung ist abzulehnen. Es existieren mitunter gute Gründe, die **Eigentümerliste** erst später vorzulegen. Insbesondere, wenn der Verwalter die Eigentümerliste vor Ablauf der Anfechtungsfrist nicht übergibt, würde die Durchsetzung von Ansprüchen unnötig erschwert, würde man – iÜ entgegen dem Gesetzeswortlaut – verlangen, dass die Eigentümer bereits in der Klageschrift benannt werden.

Eine weitere Pflicht zur Beiladung ergibt sich für das Gericht, **wenn bei Anfechtungsklagen der Verwalter nicht Partei ist**. Ist daher die Anfechtungsklage nicht durch den Verwalter erhoben worden, sondern – wie im Regelfall – durch einen Eigentümer, ist der Verwalter durch das Gericht beizuladen. Schließlich muss eine Beiladung durch das Gericht auch dann erfolgen, wenn eine Streitigkeit über die Rechte und Pflichten des Verwalters bei der Verwaltung des gemeinschaftlichen Eigentums vorliegt und dieser – ausnahmsweise – nicht sowieso schon Partei ist.

b) Unterlassen der Beiladung

Die Beiladung hat dann zu unterbleiben, **wenn die rechtlichen Interessen der übrigen Eigentümer erkennbar nicht betroffen sind**. Sinn dieser Regelung ist es, Eigentümer, die materiell-rechtlich von der Entscheidung nicht berührt sein können, nicht mit dem Rechtsstreit zu belasten. Ist die Klage unzulässig, erübrigt sich deshalb die Beiladung.[4] Ist demgemäß der Kreis der betroffenen Eigentümer begrenzt, sind auch nur diese beizuladen,[5] zB ein WEer verlangt vom Verwalter eindeutig nur ihn betreffende Kopien,[6] Grenzstreitigkeit zwischen 2 WEern,[7] Schadensersatz wegen falscher Auskunft gegen Verwalter,[8] Nichtbetroffenheit wegen Vereinb zB als Mehrhausanlage.[9]

---

[3] Hügel/Elzer § 13 Rn. 243.
[4] OLG Brandenburg NJW-RR 2000, 1735.
[5] BayObLG WuM 1995, 672; BGH ZMR 1992, 30.
[6] BayObLG ZMR 2003, 514.
[7] BayObLG ZWE 2001, 72.
[8] BGH NJW 1992, 182.
[9] BayObLG NZM 2000, 68.

§ 48 III. Teil. Verfahrensvorschriften

c) Durchführung der Beiladung

8 Um die Beiladung durchzuführen, muss die **Klageschrift** durch das Gericht **an die jeweiligen Beizuladenden übersandt** werden. Das heißt, dem jeweils Beizuladenden ist eine beglaubigte Abschrift der Klage zuzustellen (Abs. 2 S. 1).[10] Die Abschriften sind durch die Parteien dem jeweiligen Schriftsatz beizufügen (§ 133 ZPO). Erfolgt dies nicht, kann das Gericht auf Kosten der säumigen Partei diese anfertigen (§ 28 Abs. 1 S. 2 GKG). Regelmäßig ist dies zwar nicht erforderlich, da die Zustellung an den Verwalter ausreicht (§ 27 Abs. 2 Nr. 1). Dies gilt aber nicht im Falle der Interessenkollision, wie zB bei der Abberufung des Verwalters. Bei der Zustellung ist ein Hinweis des Gerichtes erforderlich, dass die Zustellung zwecks Beiladung erfolgt,[11] beizufügen sind die weiteren Verfügungen des Gerichts.

d) Verfahrensbeitritt

9 Die jeweiligen Eigentümer bzw. der Verwalter haben dann die Wahl**, ob sie dem Verfahren beitreten möchten oder nicht.** Möchten sie dem Verfahren nicht beitreten, brauchen sie nichts weiter zu tun; in diesem Fall haben sie dann keine Einflussmöglichkeiten und müssten später das Urteil trotzdem gegen sich gelten lassen (§ 48 Abs. 3). Ihnen sind keine weiteren Schriftsätze der am Rechtsstreit beteiligten Parteien oder anderweitige Verfahrensunterlagen zu übersenden. Sie werden vom weiteren Prozessverlauf, so sie ihren Beitritt nicht noch in einem späteren Verfahrensstadium erklären, statt dessen nicht mehr informiert.[12]

10 Möchten sie dem Verfahren beitreten, haben sie die Wahl**, ob sie dies auf Seiten des Klägers oder des Beklagten tun wollen** (Abs. 2 S. 2). Anders als bei der Anfechtungsklage können die bisher nicht beteiligten Eigentümer daher wählen, auf welcher Seite sie dem Verfahren beitreten wollen. Ein sachlicher Grund für diesen Unterschied zur Anfechtungsklage ist nicht ersichtlich; in beiden Fällen ergibt es sich daraus, dass für alle materiell-rechtlich Beteiligten ein einheitliches Ergebnis erzielt werden soll. Weshalb im Fall der Beiladung die Eigentümer wählen können, auf welcher Seite sie dem Verfahren beitreten wollen und dies im Fall der Anfechtungsklage nicht möglich ist, ist nicht ersichtlich. Unterstrichen wird dies noch dadurch, dass im Fall der Anfechtungsklage der nicht beteiligte Verwalter die Möglichkeit hat zu wählen, auf welcher Seite er dem Verfahren beitreten will. Ein sachlicher Grund ergibt sich insbesondere nicht aus einer möglichen unterschiedlichen Parteistellung. Allein dadurch, dass ein Eigentümer einem Beschl zustimmt und dann später keine Anfechtungsklage erhebt, macht ihn nicht automatisch zum Beklagten. Die Gründe, weshalb von einer Anfechtungsklage abgesehen wird, können vielfältig sein. Insbesondere mag ein Grund dafür sein, dass im Hinblick auf eine bereits eingelegte Anfechtung von einer aus Sicht des WEer's überflüssigen zweiten Anfechtung abgesehen wird.

---

[10] Zöller ZPO § 271 Rn. 4.
[11] BGH NJW 2010, 2132.
[12] LG Stuttgart ZMR 2013, 381.

e) Beitrittsfrist

Für den Beitritt ist **keine** Frist vorgesehen. Die betroffenen Eigentümer können daher in jedem Stadium des Verfahrens beitreten. Der Beitritt kann selbst noch nach Schluss der mündlichen Verhandlung erfolgen.[13] Verspätungsregeln greifen nicht ein (§ 296a ZPO). Allerdings hat der Beitretende keinen Anspruch auf Wiedereröffnung des Verfahrens.[14] Tritt ein Eigentümer nach Schluss der mündlichen Verhandlung dem Verfahren bei mit dem Ziel, einen Kostenerstattungsanspruch zu erlangen (etwa nachdem das Gericht mitgeteilt hat, wie es entscheiden will), ist der Beitritt unzulässig.[15] Der Beitritt erfolgt durch einen Schriftsatz, in welchem der Eigentümer mitteilt, dass und auf welcher Seite er beitritt.

3. Verkauf des Wohnungseigentums (Abs. 2 S. 3)

Der erfolgte Beitritt hat keinen Einfluss auf den Prozess (§ 265 ZPO). Nur für den Fall, dass der Gegner zustimmt, tritt der Erwerber an die Stelle des Veräußerers (§ 265 Abs. 2 S. 2 ZPO).

4. Probleme

Die Wirkung der Beiladung ist, dass das rechtskräftige Urteil für und gegen alle beigeladenen WEer gilt (Abs. 3), sowie die Parteien des Rechtsstreits und den beigeladenen Verwalter. Nicht aber gegen nicht wirksam Beigeladene oder deren Beiladung zurückgewiesen wurde. Problematisch an der gesetzlichen Regelung sind mehrere Punkte:

a) Nebenintervenient

Durch die Gesetzesfassung muss ein WEer das Urteil im vollen Umfang gegen sich gelten lassen. Dies wäre aber nur dann gerechtfertigt, wenn der beigeladene Eigentümer dieselben **Einwirkungsmöglichkeiten** auf das Verfahren hätte wie derjenige, auf dessen Seiten er beitritt. Dies ist aber nicht der Fall: Die Beiladung verschafft ihm nur die Stellung eines Nebenintervenienten. Er kann sich insbesondere mit seinem Vortrag nicht in Widerspruch zur Hauptpartei setzen (§ 67 ZPO). Ebenso kann er gegen deren Willen kein Rechtsmittel einlegen.[16]

Beispiel 1: E1 klagt gegen E2 wegen Lärmbelästigung. Betroffen ist auch E3, der nach Beiladung auf Seiten des E2 beitritt. E2 hat – was E3 nicht weiß – eine Vereinb mit E1 getroffen und verteidigt sich nicht gegen die Vorwürfe. E3 kann in diesem Fall selbst dann, wenn er Tatsachen vortragen könnte, die den Klageanspruch zur Fall bringen, diese nicht vortragen, da er sich damit in Widerspruch zu E2 setzen würde.

---

[13] Zöller ZPO § 66 Rn. 16.
[14] OLG Köln MDR 1983, 409.
[15] OLG Düsseldorf KostRsp ZPO § 101 Nr. 28; OLG München OLGR 1994, 142.
[16] Abramenko AnwBl 2007, 404; BLAH ZPO § 67 Rn. 8; Zöller § 67 ZPO Rn. 9.

Beispiel 2: E1 klagt wiederum wegen Lärmbelästigung gegen E2 und E3 tritt wiederum auf Seiten des E2 bei. Es kommt zu einer Beweisaufnahme, die objektiv richtig gesehen zu dem Ergebnis kommen müsste, dass die Grenzwerte nicht überschritten sind. Das Gericht wertet die Beweisaufnahme jedoch fehlerhafterweise so, dass eine Lärmbelästigung vorliege. E2 legt gegen das falsche Urteil kein Rechtsmittel ein. In diesem Fall kann E3 nicht seinerseits Rechtsmittel einlegen.

14 Damit ergeben sich erhebliche **Manipulationsmöglichkeiten**. Spricht der betroffene WEer mit einem anderen ab, dass dieser gegen ihn gerichtlich vorgeht, absichtlich den Prozess unrichtig führt und ihn dadurch verliert, sind die anderen alle an das Urteil gebunden,[17] da die Rechtskraft des Urteils sich auch auf die Beigeladenen erstreckt (Abs. 3). Rechtsmittel kann der Beigeladene nicht einlegen.

b) Fehlerhafte Unterlassung der Beiladung

15 Umgekehrt steht der Kläger aber auch vor Problemen, wenn das Gericht die notwendige Beiladung unterlässt. Gegenüber dem bisherigen Recht ist hier ebenfalls eine erhebliche Verschlechterung gegeben, da bisher dieser Mangel ohne Rüge vom Gericht zu beachten war.[18] Nunmehr kann in der fehlerhaften Unterlassung der Beiladung im weiteren Verfahren **kein Verfahrens**fehler gesehen werden.[19] Die Beiladung kann allerdings dem Gericht gegenüber angeregt werden. Dies muss dann beschieden werden. Unterlässt das Gericht dies, kann hiergegen mit der sofortigen Beschwerde (§ 567 Abs. 1 Nr. 2 ZPO) vorgegangen werden.[20] Wird auch mit der Beschwerde die Beiladung nicht durchgeführt, kann nur noch daran gedacht werden, dem Beizuladenden den Streit zu verkünden. Dies hätte dann zur Konsequenz, dass die Wirkungen der Nebenintervention für und gegen den Beigeladenen wirken und sich diese damit nicht mehr damit verteidigen können, der Rechtsstreit wäre schlecht geführt.

5. Nichtigkeitseinwand (Abs. 4)

16 Die Klageabweisung wegen Unbegründetheit bedeutet, dass auch in Zukunft kein Nichtigkeitseinwand geltend gemacht werden kann, auch bei Versäumnisurteil, aber nicht bei Unzulässigkeit der Klage.[21] Dies soll nach BayObLG[22] auch gelten bei Scheinbeschlüssen (§ 23 Rn. 38), aber abzulehnen, weil vom Wortlaut nicht gedeckt.

---

[17] Abramenko S. 256.
[18] KG ZMR 1997, 542.
[19] Abramenko AnwBl 2007, 404.
[20] Abramenko AnwBl 2007, 404.
[21] BGH NJW 2009, 999.
[22] ZMR 2002, 142.

§ 49 Kostenentscheidung

(1) Wird gemäß § 21 Abs. 8 nach billigem Ermessen entschieden, so können auch die Prozesskosten nach billigem Ermessen verteilt werden.
(2) Dem Verwalter können Prozesskosten auferlegt werden, soweit die Tätigkeit des Gerichts durch ihn veranlasst wurde und ihn ein grobes Verschulden trifft, auch wenn er nicht Partei des Rechtsstreits ist.

Übersicht

	Rn.
1. Grundsatz	1
2. Ausnahmen	2
a) Veranlassung für das Verfahren	2a
b) Auferlegung der Kosten an den Verwalter	3
3. ABC Kostenauferlegung	4

1. Grundsatz

Grundsätzlich gilt für die Kostenerstattung die Grundregel von Amts wegen, **dass die unterlegene Seite der obsiegenden die Kosten zu erstatten hat** (§ 91 ZPO in Verbindung mit anderen §§ der ZPO, 238, 269, 281, 344 etc.).[1] Die Kosten umfassen die Gerichtskosten, Anwaltskosten und sonstigen Kosten der Parteien. Bei Beigeladenen ebenfalls nach Beitritt (§ 101 Abs. 1 ZPO). 1

2. Ausnahmen

Die Vorschrift sieht zwei Ausnahmen von dieser Grundregel vor: 2

a) Veranlassung für das Verfahren

Jeder WEer hat einen Anspruch darauf, dass Maßnahmen ordnungsgemäßer Verwaltung auch durchgeführt werden (§ 21 Rn. 11) und ebenso bzgl. des Gebrauchs des GE oder SE (§ 15 Abs. 3). Beispielsweise gehört hierzu in jedem Jahr die Aufstellung eines WP. Unterlässt die Gemeinschaft die Durchführung einer Maßnahme, die nach ordnungsgemäßer Verwaltung geboten ist, kann dies gerichtlich durchgesetzt werden (§ 21 Abs. 8). Da die Entscheidung des Gerichts **nach billigem Ermessen** getroffen wird, soll auch die Kostenentscheidung so erfolgen (Abs. 1), dies gilt aber nicht, wenn von der Gem eine erforderliche Entscheidung bereits getroffen wurde. Dadurch können die Kosten gerechter verteilt werden, als es nach dem Verhältnis Obsiegen/Unterliegen möglich wäre. Dabei können die Kosten auch dem Obsiegenden auferlegt werden.[2] Dazu müsste aber der obsiegende WEer Anlass dafür gegeben haben, dass er dieses Verfahren durchsetzen musste. Zu fragen wird sein, wer Veranlassung für dieses Verfahren gegeben hat. Da § 21 Abs. 8 voraussetzt, dass **die Gemein-** 2a

---
[1] S Vor § 43 Stichwort „Kostenerstattung".
[2] BGH NJW 1990, 2386.

schaft Maßnahmen der ordnungsgemäßen Verwaltung nicht ergriffen hat**, wird im Regelfall die Gem Veranlassung für das Verfahren gegeben haben. Daher wird im Regelfall die Gem die Kosten zu tragen haben. In Betracht kommt auch, dass dem Verwalter die Kosten aufzuerlegen sind, dazu muss er durch sein eigenes schuldhaftes Verhalten das Verfahren verursacht haben.[3] Eine isolierte Anfechtung der Kostenentscheidung ist möglich (analog §§ 91a, 99 ZPO).[4]

b) Auferlegung der Kosten an den Verwalter

3 Als zweite Ausnahme sieht das Gesetz vor, dass dem Verwalter die Prozesskosten auferlegt werden können, soweit die **Tätigkeit des Gerichts durch ihn veranlasst** wurde **und** ihn ein **grobes Verschulden** trifft (Abs. 2). Ob das Gericht diesen Punkt prüft, liegt in seinem Ermessen.[5] Dies gilt auch dann, wenn er nicht Partei des Rechtsstreit ist, aber ihm muss rechtliches Gehör gewährt werden (Art. 103 GG). Bei Beiladung muss der Vorwurf deshalb bereits in der Klagebegründung enthalten sein, ansonsten notwendige gesonderte Möglichkeit der Äußerung. Die Kostentragungspflicht des Verwalters setzt damit voraus, dass der Verwalter die Tätigkeit des Gerichts veranlasst hat, also für dessen Tätigwerden, auch bei Mitveranlassung. Die Beendigungsart des Prozesses ist unerheblich, selbst bei Klagerücknahme. Weiter ist Voraussetzung, dass ihn ein **grobes Verschulden** trifft. Grobes Verschulden liegt dann vor, wenn der Verwalter **die im Verkehr erforderliche Sorgfalt im besonders schweren Maße verletzt**. Dies ist dann der Fall, wenn einfachste, ganz nahe liegende Überlegungen nicht angestellt werden und das nicht beachtet wird, was im gegebenen Fall jedem einleuchten musste.[6] Dies wird etwa dann anzunehmen sein, wenn der Verwalter trotz (uU mehrfacher) gerichtlicher Hinweise in der nächsten Abrechnung dieselben Fehler, derentwegen das Gericht die JA aufgehoben hatte, erneut begeht. Wird es verneint, kann wegen leichter Fahrlässigkeit aber der Verwalter in die Haftung genommen werden.[7] Ein nur gegen die Kostenentscheidung gerichtetes Rechtsmittel des Verwalters ist zulässig.[8] Die Haftung des Verwalters ist nicht dadurch ausgeschlossen, dass er gleichzeitig WE ist.[9]

3. ABC Kostenauferlegung

4 Da dieser Punkt in der Praxis **große Bedeutung** hat, folgendes **ABC** (Ja = Kostenauferlegung auf Verwalter; Nein = Keine Kostenauferlegung).

---

[3] OLG Düsseldorf DWE 1990, 74.
[4] S. Skrobek ZMR 2008, 174; BeckOK WEG/Elzer Rn. 22; aA Bärmann/Klein Rn. 12; Jennißen Rn. 36.
[5] BGH NZM 2010, 748.
[6] BGH NJW 1984, 789; NJW 1992, 3263; NJW 2005, 981.
[7] Niedenführ ZWE 2009, 69; aA LG Berlin NJW 2009, 2544.
[8] LG München ZMR 2009, 874; LG Frankfurt NJW 2009, 924.
[9] LG Berlin ZMR 2009, 393.

Kostenentscheidung § 49

Abrechnungsunterlagen: Ja, wenn der Verwalter dem Zwangsverwalter gegenüber die Einsichtnahme in diese ohne Grund verweigert, so dass der Zwangsverwalter sich gezwungen sieht, den Beschl über die JA innerhalb der Anfechtungsfrist anzufechten (AG Kassel ZMR 2011, 423). 4A

Bauliche Veränderung: Nein, wenn der Verwalter es ablehnt, einen Beschl über den Einbau von Dachgauben wegen Verfehlung der notwendigen Einstimmigkeit als Beschl festzustellen (LG München I ZMR 2009, 874); **Nein**, wenn der Verwalter laut Protokoll in der WEerversammlung mehrfach darauf hingewiesen habe, dass der Antrag eine bauliche Veränderung zum Gegenstand habe und demgemäß eines allstimmigen Beschl zur Wirksamkeit bedürfe, anderenfalls der Beschl der Anfechtung unterliege und gleichwohl den später mit Mehrheit gefassten Beschl als wirksam festgestellt hat. Auch von einem professionellen Verwalter könnten nicht die Kenntnisse eines Volljuristen erwartet werden. Angesichts der umstrittenen Rechtslage zur Verkündung rechtswidriger WEbeschl, sei dieses Verhalten nicht als grob fahrlässig zu werten (LG Karlsruhe NJW-RR 2012, 462). 4B
Beschlussfähigkeit: Stellt der Verwalter eine Beschlfähigkeit fest, obwohl sie nicht erreicht ist, so können ihm die Kosten auferlegt werden, **Ja** (AG Aachen v. 26.6.2013 – 118 C 67/12).
Beschlussfassung: Nein, da keine Verursachung der Beschlfassung durch Verwalter, wenn eine Maßnahme bereits längere Zeit im Vorfeld, sowie am Tag der Beschlfassung durch WE diskutiert wurde (AG Bremen-Blumenthal ZMR 2012, 667); **Nein**, wenn bereits für die an der Beschlfassung beteiligten WE ersichtlich war, dass der zustande gekommene Mehrheitsbeschl Grundsätzen ordnungsgemäßer Verwaltung offensichtlich widerspricht (AG Neukölln GE 2010, 495); **Ja**, wenn der Verwalter einen Beschl als gefasst verkündet, obgleich die erforderliche Mehrheit nicht erreicht ist (AG Tempelhof-Kreuzberg ZMR 2008, 997).
Beschlusskompetenz: Ja, wenn der Verwalter eine WEerversammlung einer Teil-Eigentümergemeinschaft abhält und dort Beschl fassen lässt, für welche die Teil-Eigentümerversammlung offensichtlich keine Beschlkompetenz hat (hier: über die Aufteilung der für die Gesamt-Gem gebildeten Instandhaltungs- und Reparaturrücklage auf die Teil-Gem) (AG Regensburg ZMR 2010, 649).
Beschlusssammlung: Ja, alle hier verursachten Fehler, zB falsche oder unkorrekte Eintragungen, fehlerhafte Beschlfestellungen etc.; **Nein**, bei fehlender Eintragung der Beschl in die Beschlsammlung, wenn der anfechtende Eigentümer alle Beschl anficht, obwohl ihm der TOP, um den es ihm geht, aus der Einladung bekannt ist (LG Dresden ZMR 2010, 629); **Nein**, wenn es der WE unterlässt, Einsicht in die Beschlsammlung zu nehmen. Dem WE stehe durch die Beschlsammlung kurze Zeit nach der WEerversammlung die Möglichkeit offen, festzustellen, welche Beschl gefasst worden sind und seine Klage danach auszurichten (LG München I WuM 2008, 243; LG Karlsruhe ZMR 2010, 715).
Beschlussvorschlag: Ja, wenn vom Ex-Verwalter inhaltsgleiche Beschl – wie sie schon mehrfach gerichtlich für ungültig erklärt wurden – vorgeschla-

gen und erneut für ungültig erklärt werden (AG Heidelberg ZMR 2012, 51); **Ja**, bei fehlerhafter Erstellung von JAen, wie auch bei inhaltlich ungenauer Formulierung von Beschlanträgen. Beides sind anerkannte Beispiele für eine Kostenhaftung des Verwalters wegen groben Verschuldens (LG Desssau-Roßlau ZMR 2010, 471; AG Hamburg ZMR 2012, 586).

Beschwerde: Nein, wenn dies erstmals im Beschwerdeverfahren beantragt wird, ohne dass die Kostenentscheidung angegriffen wird und Verwalter bisher keine Möglichkeit zur Stellungnahme hatte (LG Lüneburg ZMR 2012, 221).

Beweisaufnahme: Nein bei Notwendigkeit einer Beweisaufnahme über die Pflichtverletzung des Verwalters. Die grobe Fahrlässigkeit sei dann nicht mehr ohne besondere Schwierigkeiten feststellbar (LG Hamburg ZMR 2011, 481; LG Berlin ZMR 2009, 393).

4E **Entlastung: Ja**, wenn der Verwalter einen Anfechtungsprozess über einen Entlastungsbeschl veranlasst, und die WE den Anfechtungsprozess durch Anerkenntnis verloren geben (LG Berlin GE 2010, 991).

Erledigung: Nein, wenn nur noch Entscheidung über Kosten nach Erledigung (§ 91a ZPO) ansteht (LG Lüneburg ZMR 2012, 221 mit Verweis auf BGH NJW 2002, 680).

4G **Gemeinschaftsordnung: Ja**, wenn der Verwalter bei der Erstellung der Abrechnungen die geltende GO nicht beachtet (AG Mettmann ZMR 2009, 959; AG Strausberg ZMR 2009, 563); **Ja**, wenn der Verwalter eine ihm günstige absolute Mindermeinung in der juristischen Literatur übernimmt und so eine Anfechtungsklage veranlasst, weil die WE aufgrund seiner teilungserklärungswidrigen Stimmauszählung (nach dem sog Kopf- statt dem Objektprinzip) und der Beschlverkündung (über eine Verwalterwahl) davon ausgehen mussten, sie würden nur über einen Anfechtungsprozess zu ihrem Recht kommen. Der Vorwurf grober Fahrlässigkeit soll hier aus der eigennützigen Missachtung der GO folgen (AG Dresden ZMR 2010, 804).

4I **Insolvenz: Nein**, wenn über das Vermögen des früheren Verwalters zwischenzeitlich das Insolvenzverfahren eröffnet worden ist. Es sei unbillig, dass der erfolgreiche Kläger wegen der Insolvenz des Verwalters seine Kosten nicht erstattet bekäme (AG Hamburg-Blankenese ZMR 2010, 995).

4J **Jahresabrechnung: Ja**, wenn diese grobe Fehler enthält (etwa Fehler bei Abgleich des Endbestandes des Vorjahres mit dem Anfangsbestand des Abrechnungsjahres und Fehlbuchung, die in der Abrechnung nirgends ersichtlich ist (AG Konstanz ZWE 2008, 353).

4M **Modernisierende Instandhaltung: Nein**, wenn der Verwalter die Errichtung eines Blockkraftheizwerkes als „modernisierende Instandhaltung" vorschlägt. Wegen dessen umstrittener Einordnung sei dies nicht grob fahrlässig (AG Bremen-Blumenthal ZMR 2012, 667).

4N **Nichtöffentlichkeit: Ja**, bei deren Missachtung. Einer Berufsverwalterin müsse bekannt sein, dass wegen des Grundsatzes der Nichtöffentlichkeit der WEerversammlungen über JAen einzelner, rechtlich selbständiger Gem eine

Kostenentscheidung § 49

aus allen Wohneinheiten dieser Gem gebildete „Dachgemeinschaft" nicht wirksam beschl könne (AG Mettmann ZMR 2009, 959).

Prozesskosten: Ja, wenn der Verwalter über eine SU nach MEA hinsichtlich der Kosten einer vorangegangenen Anfechtungsklage einen Beschl fassen lässt und damit auch der im Vorprozess (erfolgreich) klagende WE entgegen der gerichtlichen Kostenentscheidung anteilig mit den Rechtsanwaltskosten der übrigen WE belastet wird (AG Königstein ZMR 2009, 236). **4P**

Sanierung: Nein, da kein grobes Verschulden, wenn Verwalter bei der Vorbereitung der WEerversammlung übersieht, dass in einem später beschl Angebot eine von der Gem nicht gewollte Maßnahme enthalten ist (etwa erneute Tapezierung einer Wohnung, LG Hamburg v. 22.5.2009 – 318 T 2/09); **Ja**, wenn die WE vom Verwalter erst in der WEerversammlung mit einem Vorhaben konfrontiert werden, das die Mittel der Instandsetzungsrücklage um mehr als das Dreifache übersteigt, in der Einladung nur mitgeteilt worden war, dass die erforderlichen Reparaturmaßnahmen derzeit ermittelt und erst in der WEerversammlung konkret bekanntgegeben werden würden und nur ein Angebot dem Beschl zugrunde gelegt wird (AG Velbert ZMR 2009, 565); **Ja**, wenn sich der Verwalter über einen Beschl hinwegsetzt und einen Auftrag zur Behebung eines Feuchtigkeitsschaden vergibt, der von einem Gutachtervorschlag abweicht und die Kosten um mehr als das Fünffache über denjenigen liegen, von dem die WE bei der Beschlfassung ausgehen durften (AG Traunstein ZWE 2009, 281). **4S**

Scheinverwalter: Ja, für eine als Verwalter auftretende, aber nicht berechtigte Person, wenn dieser positiv bekannt gewesen sein muss, dass sie unter keinem denkbaren Gesichtspunkt Verwalterin sein konnte (AG Koblenz WuM 2011, 538).

Sonderumlage: Nein, wenn der Verwalter einen (zu) unbestimmten Beschl für eine SU vorlegt. Die Finanzierung eines umfangreichen Sanierungsprojekts sei auch für einen Berufsverwalter mit Schwierigkeiten verbunden. Unkenntnis der obergerichtlichen Rechtsprechung zur Bestimmtheit von SUbeschl soll für sich genommen noch keine besonders schwere Pflichtverletzung bedeuten (LG München I ZMR 2010, 799).

Tagesordnung: Ja, wenn gewerbsmäßiger Verwalter die Tagesordnung einer WEerversammlung zu ungenau fasst und in der WEerversammlung ein Beschl gefasst wird, der nicht von der Tagesordnung gedeckt ist (LG Nürnberg-Fürth ZWE 2011, 227). **4T**

Vergleich: Nein, wenn Gem mit dem vormaligen Verwalter einen Abfindungsvergleich schließt und Anfechtungsklage erhoben war, ggf. kommt aber Kostenerstattung des Verwalters infrage (AG Neustadt (Weinstraße) ZMR 2011, 763). **4V**

Versammlungsleitung: Ja, wenn dem Verwalter bei dieser grobe Fehler unterlaufen (etwa mit falschen Stimmrechten über den Geschäftsordnungsantrag abstimmen zu lassen, oder bei der Abstimmung über die Entlastung mit eigenen oder durch Vollmacht zur Ausübung übertragenen Stimmen mitzuwirken) (AG Neuss v. 28.1.2009 – 101 C 442/07).

§ 50

> **Vollmacht: Ja**, wenn Verwalter diese zurückweist, weil er eine Abstimmung verhindern will (LG Lüneburg NZM 2009, 285); **Nein**, auch bei vorsätzlicher Verletzung der Teilnahmerechte eines WE, wenn der Beiratsvorsitzende als Volljurist der WEerversammlung die Rechtslage nicht aufgezeigt hat (AG Niebüll ZMR 2011, 912); **Ja**, wenn der Verwalter einer Zweipersonen-Eigentümergemeinschaft schuldhaft das Stimmrecht eines WE vereitelt, indem er die von diesem erteilte, mit konkreten Weisungen versehene Stimmrechtsvollmacht ablehnt, und sich dies auf WEbeschl auswirkt (AG Hannover v. 22.7.2008 – 483 C 945/08).
>
> **4W** **Wohngeld: Ja**, wenn Ex-Verwalter Wohngeld einklagt (LG Hamburg ZMR 2009, 477).

§ 50 Kostenerstattung

Den Wohnungseigentümern sind als zur zweckentsprechenden Rechtsverfolgung oder Rechtsverteidigung notwendige Kosten nur die Kosten eines bevollmächtigten Rechtsanwalts zu erstatten, wenn nicht aus Gründen, die mit dem Gegenstand des Rechtsstreits zusammenhängen, eine Vertretung durch mehrere bevollmächtigte Rechtsanwälte geboten war.

Übersicht

	Rn.
1. Normzweck	1
2. Ausgangslage	2
3. Begrenzung des Kostenrisikos	3
4. Ausnahme: Gebot der Vertretung durch mehrere Anwälte	4
5. Vorrangige Befriedigung bei Mehrfachvertretung	5
6. Schadensersatzanspruch gegen den Rechtsanwalt	6
7. Umfang der zu erstattenden Kosten	7
8. Verfahren	8

1. Normzweck

1 Werden die WEer verklagt, steht es jedem einzelnen WEer frei zu entscheiden, ob er überhaupt einen Anwalt für seine Vertretung beauftragt und falls ja, welchen Anwalt er beauftragt. Bei einer großen Gem könnte es also sein, dass mehr als 100 Anwälte an dem Verfahren beteiligt sind. Ziel ist es, **die Verpflichtung zur Kostenerstattung gering zu halten**, wenn eine Mehrheit von beklagten/klagenden[1] WEern sich bei gleichem Prozessziel von verschiedenen Rechtsanwälten vertreten lässt.[2] Also nicht im Prozess mit dem Verband oder wenn nur einer für mehrere klagt, zB Prozessstandschaft. Die Vorschrift betrifft nur die Kostenerstattung, nicht die Anwaltskosten des von ihm beauftragten Anwalts.

---

[1] So LG Berlin ZMR 2010, 309; LG Düsseldorf ZMR 2010, 143; aA Bärmann/Klein Rn. 7.
[2] BGH ZMR 2011, 50.

2. Ausgangslage

Nach den neuen ZPO-Regeln für die Kostenerstattung müsste der anfechtende WEer befürchten, uU 100 Anwälte bezahlen zu müssen. Auch wenn der Gesetzgeber durch die **Beschränkung des Gegenstandswertes** (§ 49a GKG) eine erste Beschränkung eingeführt hat, ist diese allein **nicht ausreichend, um den Wohnungseigentümer vor einer übermäßigen Kostenbelastung zu schützen.** Auch wenn pro Anwalt nur 500 EUR zu erstatten sind, würden sich diese bei 100 Anwälten auf 50.000 EUR summieren. Für so viele WEer wäre dies mit Sicherheit ein Punkt, der dazu führen könnte, dass eine Anfechtung, die sich im Ergebnis als berechtigt herausstellen würde, nicht durchgeführt wird. Bei Beschlussanfechtungsklagen mehrerer Eigentümer mit jeweils eigenen Rechtsanwälten ist nach Verbindung der ursprünglich getrennt eingeleiteten Verfahren die vorliegende Kostenbegrenzungsregelung aber nicht anwendbar, weil dadurch auf Klägerseite insbesondere bei größeren Anlagen, wo eine Abstimmung unter einer Vielzahl von Eigentümern bezüglich eines etwaigen gemeinsamen Vorgehens erforderlich wäre, die Monatsfrist für die Anfechtung unzumutbar verkürzt würde.[3] Andererseits sind die Kosten mehrerer Kläger, die denselben Rechtsanwalt mit der Erhebung einer Anfechtungsklage gegen dieselben Beschlüsse der Eigentümer beauftragen insoweit nicht zur Rechtsverfolgung notwendig, als sie darauf beruhen, dass der Rechtsanwalt statt für alle Kläger gemeinschaftlich für jeden Kläger gesondert Klage erhebt.[4]

3. Begrenzung des Kostenrisikos

Aus diesem Grund hat der Gesetzgeber eine zweite Maßnahme zur Begrenzung des Kostenrisikos getroffen. Auch wenn die WEer mehrere Anwälte beauftragen, sind sie bei der Kostenerstattung so zu behandeln, **als wenn sie alle durch einen einzigen Anwalt vertreten worden wären.**[5]

Beispiel: E1 ficht den Beschl über eine Reparatur in Höhe von 100.000 EUR an. Der Streitwert wird durch das Gericht auf 5.000 EUR festgelegt. Die Gem besteht außer E1 noch aus den Eigentümern E2 bis E10. Jeder WEer nimmt sich während des Verfahrens einen eigenen Anwalt. E1 unterliegt. Bei einem Gegenstandswert von 5.000 EUR würden sich Anwaltsgebühren von 925,23 EUR (inkl. MwSt. von derzeit 19 %) ergeben. Eigentlich könnten die Anwälte A1 bis A9 jeder diese Summe verlangen. E1 müsste dann 8.327,07 EUR erstatten. Durch die Begrenzung der Kostenerstattung werden die WEer E2 bis E10 aber so behandelt, als hätten sie alle nur einen Anwalt beauftragt. E 1 muss daher nur 925,23 EUR erstatten.

---

[3] LG Berlin ZMR 2011, 407.
[4] BGH ZMR 2011, 50.
[5] LG Karlsruhe ZWE 2009, 410.

4. Ausnahme: Gebot der Vertretung durch mehrere Anwälte

4 Deshalb ist die Beauftragung eines gemeinsamen Rechtsanwalts grundsätzlich ausreichend,[6] denn die beklagten Wohnungseigentümer haben in der Sache dasselbe Ziel, nämlich die Abwehr der von der Klägerseite erhobenen Einwendungen gegen die Wirksamkeit eines von ihnen gefassten Beschlusses. Kosten, die durch die Beauftragung eines weiteren Rechtsanwalts entstehen, sind nicht erstattungsfähig.[7] Bei einer Anfechtungsklage soll es regelmäßig ausreichend sein, wenn sich mehrere Kläger bzw. Beklagte jeweils von einem Anwalt vertreten lassen.[8] Von dieser Begrenzung der Kostenerstattung macht der Gesetzgeber jedoch eine Ausnahme, wenn **aus Gründen, die nicht mit dem Gegenstand des Rechtsstreits zusammenhängen**, eine Vertretung durch mehrere bevollmächtigte Rechtsanwälte geboten war.

1. Dies wird zum einen dann der Fall sein, wenn ein **Anwaltswechsel notwendig** wird, **der nicht durch die Gemeinschaft verschuldet wird**.

   Beispiel: E2 bis E10 werden durch Anwalt A vertreten, der allein arbeitet. A stirbt. Übernimmt nun ein anderer Anwalt, fallen die Gebühren erneut an.

2. Gleiches gilt auch, **wenn der Anwalt unberechtigterweise das Mandat kündigt** und die Gem daher einen neuen Anwalt suchen muss.
3. Weiterhin wird die Ausnahme von der Kostenbegrenzung eingreifen, wenn der Anwalt aus Gründen der **Interessenkollision** daran gehindert ist, alle WEer für die Gem zu vertreten,[9] aber nicht schon bei Stellung eines Antrages nur gegen einen WEer.[10] Dies könnte etwa dann der Fall sein, wenn im Falle des Obsiegens der Anfechtungsklage einer der restlichen WEer gegen die Gem Schadensersatzansprüche geltend machen könnte. In diesem Fall besteht eine Interessenkollision zwischen den Interessen des WEers und der Gem.
4. Des Weiteren **wenn die einzelnen Anfechtenden unterschiedliche Gründe haben** oder Gründe der Verteidigung, nicht aber alleine unterschiedliche Interessen oder finanzielle Folgen, sowie allein die Stellung eines Verpflichtungsantrages eines der Vertretenen.[11] Hierbei können auch räumliche Entfernung oder Vertrauensverhältnis entscheidend sein.[12] Die Beauftragung mehrerer Prozessbevollmächtigter ist aber notwendig, wenn mehrere Eigentümer unabhängig voneinander Klagen erhoben haben, und nicht erwartet werden konnte, sich vor Erhebung der Anfechtungsklage zu verständigen und gemeinsam einen Rechtsanwalt zu beauftragen.[13]
5. Eine weitere Ausnahme ist für **Wohnungseigentümer** gegeben, **die weit weg vom Sitz der Gemeinschaft wohnen**. Liegt die WEG etwa in Berlin

---

[6] BGH NJW 2009, 3168.
[7] AG Nürnberg Info M 2012, 81.
[8] BGH NZM 2009, 705.
[9] LG Berlin ZMR 2010, 309.
[10] Bärmann/Klein Rn. 10; aA AG Hamburg ZWE 2011, 144.
[11] BGH NJW 2009, 3168.
[12] BeckOK WEG/Elzer Rn. 16; aA Palandt/Bassenge Rn. 3.
[13] LG Düsseldorf ZMR 2010, 143.

und wohnt ein Eigentümer in München, sollen die (fiktiven) Kosten einer Informationsreise von München nach Berlin zusätzlich erstattungsfähig sein.[14]
6. Eine Ausnahme ist auch dann gegeben, **wenn die Klage mehrere Streitgegenstände umfasst**, und einzelne davon nur einen einzelnen Eigentümer betreffen.[15]

5. Vorrangige Befriedigung bei Mehrfachvertretung

Soll **der von der Mehrheit der beklagten Eigentümer beauftragte Anwalt** vorrangig befriedigt werden, ist nach dem BGH Voraussetzung, dass jeder Eigentümer hinreichend Möglichkeit hatte, auf die Willensbildung Einfluss zu nehmen.[16] Dies setzt dann voraus, dass der Versuch unternommen wurde, einen Konsens aller beklagten Eigentümer zu erzielen. Sei dies nicht erfolgt, sei quotal unter den Anwälten aufzuteilen.[17] Die Rechtsprechung überzeugt nicht. Warum der vom Verwalter beauftragte Anwalt Vorrang genießen soll, erschließt sich nicht. Schon eher kommt in Betracht, den Anwalt vorzuziehen, der von der Mehrheit beauftragt worden ist. Haben von zehn beklagten Eigentümern neun Anwalt A1 beauftragt und nur ein Eigentümer beauftragt A2, erscheint es vertretbar, A1 als Vertreter der Mehrheit nicht nur eine quotale Vergütung zu geben, sondern die gesamte. Allerdings ist zu berücksichtigen, dass eine Erwiderung auf die Begründung der Anfechtung innerhalb der vom Gericht gesetzten Fristen erfolgen muss. Gerade bei größeren Objekten mit vielen Eigentümern wird es kaum bis gar nicht möglich sein, die vom BGH geforderte Willensbildung herbeizuführen. Insbesondere wenn Eigentümer im Ausland leben, wird es schwierig, rechtzeitig eine Willensbildung zu erreichen.

6. Schadensersatzanspruch gegen den Rechtsanwalt

Ungeklärt ist derzeit, ob ein Schadensersatzanspruch gegen einen Anwalt besteht, **wenn dieser nicht darauf hingewiesen hat, dass** auch bei Obsiegen **die Anwaltskosten** entweder überhaupt **nicht** oder nur teilweise erstattet **werden**. Klar wäre dies, wenn es wie im Arbeitsrecht eine gesetzliche Hinweispflicht gäbe (§ 12a Abs. 1 S. 2 ArbGG). Der Sinn der Hinweispflicht im Arbeitsrecht könnte dafür sprechen, diese Pflicht auch hier anzunehmen: Im Arbeitsrecht ist die Kostenerstattung im Obsiegensfall ebenfalls eingeschränkt. Der Anwalt soll daher seinen Mandanten auf das Kostenrisiko hinweisen.[18] Zwischen WEG und Arbeitsrecht besteht aber ein erheblicher Unterschied: Die Arbeitsgerichtsbarkeit baute von Anfang an auf der ZPO auf, welche ergänzend eingreift, soweit das ArbGG keine Sondervorschriften beinhaltet. Die ZPO ist aber davon geprägt, dass grundsätzlich der Verlierer die Kosten zu tragen hat.

---

[14] LG Berlin ZMR 2011, 395.
[15] AG Hamburg St. Georg ZWE 2011, 144.
[16] BGH NJW 2011, 3165.
[17] BGH NJW 2011, 3165.
[18] So Drasdo ZMR 2008, 266.

Auch ein rechtskundiger Bürger musste daher nicht damit rechnen, dass die Arbeitsgerichtsbarkeit eine Ausnahme macht. Anders das WEG: Das WEG war bis 30.6.2007 davon geprägt, dass der Richter bestimmen konnte, dass die außergerichtlichen Kosten ganz oder teilweise zu erstatten sind. Dabei war bei Anfechtungsverfahren die Regel, dass auch im Obsiegensfall jede Seite ihre Kosten selber zu tragen hatte und daher keine Erstattung möglich war. Der Mandant geht also im Zweifelsfall nicht davon aus, dass er im Obsiegensfall seine Kosten zurückerhält, sondern dass er sie auch dann tragen muss. Daher könnte das Bedürfnis nach einer Aufklärung fehlen, weshalb uU der Gesetzgeber von einer gesetzlichen Hinweispflicht wie im Arbeitsrecht abgesehen hat.

7. Umfang der zu erstattenden Kosten

7 Kosten eines Anwalts (§ 7 RVG mit Erhöhungsgebühr VV 1008). Verkehrsanwalt bleibt unberührt.

8. Verfahren

8 Festsetzung erfolgt im Kostenfestsetzungsverfahren, nicht im Prozess, mit den dortigen Rechtsmitteln.

Nach § 50

§ 49a GKG Wohnungseigentumssachen

(1) ¹Der Streitwert ist auf 50 Prozent des Interesses der Parteien und aller Beigeladenen an der Entscheidung festzusetzen. ²Er darf das Interesse des Klägers und der auf seiner Seite Beigetretenen an der Entscheidung nicht unterschreiten und das Fünffache des Wertes ihres Interesses nicht überschreiten. ³Der Wert darf in keinem Fall den Verkehrswert des Wohnungseigentums des Klägers und der auf seiner Seite Beigetretenen übersteigen.

(2) ¹Richtet sich eine Klage gegen einzelne Wohnungseigentümer, darf der Streitwert das Fünffache des Wertes ihres Interesses sowie des Interesses der auf ihrer Seite Beigetretenen nicht übersteigen. ²Absatz 1 Satz 3 gilt entsprechend.

Übersicht

	Rn.
1. Normzweck	1
a) Maximaler Streitwert	2
b) Maximaler Streitwert bei Einzelklage	3
2. Rechtsmittel gegen Streitwertfestsetzung	4
3. ABC Streitwert	5

1. Normzweck

In den alten WEG-Verfahren war das Kostenrisiko für den unterlegenen WEer dadurch begrenzt, dass die Kosten nach Billigkeit verteilt und nach der gesetzlichen Wertung im Regelfall jeder WEer seine Kosten selbst tragen sollte (§ 47 S. 2 aF). Nunmehr muss die unterliegende Partei nicht nur ihre eigenen Kosten tragen, sondern auch die Kosten der obsiegenden Gegenseite (§ 91 ZPO). Die Vorschrift[1] des § 49a GKG will die **Kostenbelastung für die Wohnungseigentümer begrenzen** und sieht deshalb eine Beschränkung des Streitwertes[2] in zweierlei Hinsicht vor:

a) Maximaler Streitwert

Maximalwert für den Streitwert (auch Gegenstandswert genannt) ist **50 % des Interesses** der Parteien und aller Beigeladenen **an der Entscheidung**. Als **Untergrenze** ist das Interesse des Klägers und der auf seiner Seite Beigetretenen an der Entscheidung nicht zu unterschreiten. Sind die 50 % des Gesamtinteresses größer als das Fünffache des Wertes des Interesses des Klägers, ist der Streitwert auf diesen Betrag beschränkt (§ 49a Abs. 1 GKG).

Beispiel 1: Die Gem X-Straße beschließt eine Reparatur mit einem Gesamtkostenbetrag von 100.000 EUR für alle WEer. Auf den Kläger entfallen 25.000 EUR. Der Streitwert liegt bei 50.000 EUR: Das fünffache Interesse des Klägers liegt bei 125.000 EUR (5 × 25.000 EUR). Es greift aber die **Kappungsgrenze von 50 % des Gesamtinteresses**, also 50 % von 100.000 EUR = 50.000 EUR.

Beispiel 2: Wie in Beispiel 1, nur entfällt auf den Kläger ein Anteil von 5.000 EUR. Der Streitwert liegt hier bei 25.000 EUR: Das Gesamtinteresse liegt wieder bei 100.000 EUR, so dass 50 % wieder 50.000 EUR bilden. Allerdings greift hier die Kappungsgrenze des fünffachen Interesses. Dieses liegt bei 25.000 EUR (5 × 5.000 EUR).

b) Maximaler Streitwert bei Einzelklage

Richtet sich die Klage nur gegen einzelne WEer, darf der Streitwert das Fünffache des Wertes ihres Interesses (**Eigeninteresse**) sowie des Interesses der auf ihrer Seite Beigetretenen nicht übersteigen (§ 49a Abs. 2 GKG).

Beispiel: Nachbar N macht gegen einzelne WEer der X-Straße einen Unterlassungsanspruch geltend. Das Interesse der verklagten WEer beträgt 2.000 EUR. Der Streitwert darf somit 10.000 EUR nicht übersteigen (5 × 2.000 EUR).

2. Rechtsmittel gegen Streitwertfestsetzung

Gegen die Festsetzung des Streitwertes steht die **Beschwerde** als Rechtsmittel zur Verfügung (§§ 66, 68 GKG). Dies gilt auch, wenn das Landgericht als Berufungsgericht erstmals den Streitwert festsetzt, Beschwerdegericht ist dann das zuständige OLG.[3] Die Beschwerde muss binnen sechs Monaten nach Rechts-

---

[1] Wegen der weiteren Beschränkung der Kostenerstattung s. § 50 WEG.
[2] S für andere Streitwertbeispiele Rn. 5.
[3] OLG Stuttgart ZWE 2012, 136 mwN.

Nach § 50   III. Teil. Verfahrensvorschriften

kraft der Entscheidung in der Hauptsache oder nach der anderweitigen Erledigung eingelegt werden. Das Beschwerdegericht hat bei der Überprüfung des Streitwertes ein eigenständiges Ermessen, welches ausgeübt werden muss.[4] Das Beschwerdegericht überprüft also nicht nur, ob das Ausgangsgericht die Regeln zur Festsetzung des Streitwertes richtig angewandt hat, sondern muss selber überlegen, ob es diesen Wert auch ansetzen würde.

Beispiel: Das Ausgangsgericht setzt den Streitwert rechtlich korrekt auf 4.000,00 EUR. Es hätte den Streitwert rechtlich korrekt aber auch auf 5.000,00 EUR ansetzen können. Das Beschwerdegericht überprüft nicht nur, ob die 4.000,00 EUR rechtlich korrekt berechnet worden sind. Vielmehr muss es selber festlegen, ob es 4.000,00 EUR oder 5.000,00 EUR ansetzen möchte.

3. ABC Streitwert

5   Es ist nicht erforderlich, schon in der Klage hierzu Angaben zu machen.[5] Beispiele für die Festsetzung hierzu in **ABC-Form:**

5A   **Abänderung:** S. Kostenverteilung.
Abmahnung für Entziehungsverfahren: Mehr als 750 EUR (OLG Düsseldorf NZM 2000, 878).
Antragsermächtigung des Verwalters: 2.500 EUR (KG WuM 1994, 402).
Auskunftsanspruch: 500 EUR (BayObLG WuM 1990, 369).
Ausschluss vom Betretungsrecht: 500 EUR (BayObLG ZMR 1997, 668).

5B   **Beiratsbestellung:** 1.000 EUR (OLG Köln Rpfleger 1972, 261), wenn grundsätzlich die Frage im Streit steht, ob ein Beirat berufen wird; bei Erweiterung deshalb 500 EUR (OLG Köln v. 4.11.1991 – 16 Wx 81/91).
Beiratsentlastung: S. Entlastung.
Beschlüsse: 1.000 EUR für Anfechtung, wenn diese lediglich der Fristwahrung dient, da sich hier der Geschäftswert nach dem Interesse an der Erlangung der Kenntnisnahme des Protokolls bestimmt (LG Köln WuM 1989, 660). Ansonsten ist bei der Beschlussanfechtung der Streitwert auf 50 % des Gesamtinteresses aller Parteien festzusetzen (§ 49a GKG). Weiterhin darf der Geschäftswert der Anfechtung das Fünffache des Interesses des Klägers nicht überschreiten.
Beseitigung: S. Gegenstand, Unterlassung.
Beweisverfahren: S. selbständiges Beweisverfahren.

5E   **Einseitige Erledigung:** Die nach dem bisherigen Gegenstandswert bis zur Erledigung entstandenen Anwalts- und Gerichtsgebühren (OLG Köln NZM 2000, 305).
Einsicht in Unterlagen: 350 EUR, wenn Einsicht vorgerichtlich teilweise gewährt wurde (BayObLG WuM 1998, 688).

---

[4] OLG Stuttgart ZWE 2012, 136.
[5] LG Nürnberg ZMR 2008, 729.

§ 49a GKG Nach § 50

Einstweiliger Rechtsschutz, zB einstweilige Verfügung: ⅓ des Hauptsachewertes (AG Hamburg ZMR 2009, 233).
Entlastung: Höhe des (möglichen) Schadensersatzanspruches entscheidend, ansonsten 500 EUR bei Verwalterentlastung (BayObLG ZMR 2002, 66), 250 EUR für Beiratsentlastung (BayObLG WuM 1999, 185) bzw. 2.500 EUR und 1.250 EUR (OLG Hamm ZWE 2000, 482; s. auch unten „Verwalterentlastung").
Entziehungsbeschluss (§ 18): 20 % des Verkehrswertes (BGH NJW 2011, 3026).
Entziehungsklage: Verkehrswert (BGH ZMR 2007, 791).

Feststellungsantrag, gerichtet auf künftige Betriebskostenabrechnung: 12,5-facher Jahresbetrag des umzuverteilenden Betrages (BayObLG JurBüro 1987, 579).   5F

Gegenstand: Ist ein solcher konkret bestimmt, zB Anschaffung einer Waschmaschine, so bestimmt er sich nach dessen Wert (BayObLG WE 1992, 347). Bei Beseitigung des Gegenstandes sind diese Kosten maßgeblich (BayObLG WuM 1998, 688).   5G
Geldforderungen: Höhe des geltend gemachten Betrages.

Herausgabe von Verwalterunterlagen: 2.000 EUR (AG Hamburg 2009, 233), 2.500 EUR (LG Stade ZMR 2001, 483), Eigentümerlisten ca. 5 % der Hauptsache (LG Frankfurt ZMR 2014, 48).   5H
Herausgabe von Gegenständen: Bestimmt sich nach deren Verkehrswert (BayObLG WE 1992, 347).
Hundehaltung: 1.000 EUR (OLG Hamburg WuM 1999, 51).

Jahresabrechnungen: Der Streitwert einer Totalanfechtung bemisst sich nicht nur nach einem Bruchteil des Gesamtvolumens der Abrechnung (hier: 20–25 %), und davon 50 % (LG Itzehohe ZMR 2011, 667), sondern nach der sog „Hamburger Formel" (LG Hamburg ZMR 2010, 144), nämlich Anteil (nicht Nachzahlungsbetrag) des Klägers an den Gesamtausgaben plus 25 % des Gesamtvolumens. Wenn keine konkreten Beanstandungen erhoben werden, 20–25 % der in der JA abgerechneten Gesamtkosten (OLG Hamm NZM 2001, 549). Bei teilweiser Anfechtung: nur beanstandete Posten (BayObLGZ 1988, 326), bei lediglich formellen Fehlern 15 % (BayObLG ZMR 2002, 66).   5J

Kfz-Stellplatz: S. Unterlassung.   5K
Kostenverteilung: Für die Abänderung 2.500 EUR (BayObLG WuM 1998, 750) oder 3 Jahreswert (KG ZMR 2014, 231).
Kreditaufnahme: Voller Wert des Kredits (KG WuM 1994, 108).

Lastschrifteinzug: Für einzelne WEer unter 750 EUR (BayObLG WE 1998, 114), anders aber für Gem (OLG Hamburg NZM 1998, 407).   5L

Nutzung: Beschl über Nutzung richtet sich nach Nutzungsinteresse, nicht nach Kaufpreisdifferenz (BayObLG ZMR 2000, 777).   5N
Nutzungsentgelt: Bei Erhöhung für GE gilt der Erhöhungsbetrag für ein Jahr (BayObLG ZMR 1979, 214).

§§ 51–58

III. Teil. Verfahrensvorschriften

5P **Prostitution:** S. Unterlassung.
Protokollberichtigung: 500 EUR (KG WuM 1989, 347).

5R **Rechtsweg:** Zulässigkeitsstreit 20–33 % der Hauptsache (BayObLG NZM 1999, 277).
Reparaturen: Die Kosten der beschl Maßnahme (BayObLG ZMR 2001, 128). Verlangt der Kläger die Durchführung von kostengünstigeren Maßnahmen (also etwa eine Reparatur zu 20.000 statt 40.000 EUR), ist die Kostendifferenz ausschlaggebend (also etwa 20.000 EUR im genannten Beispiel, BayObLG WE 1998, 508); keine Begrenzung wie bei JA (Riecke Anh. zu § 50 Rn. 4).

5S **Sanierung:** S. Reparatur.
Selbstständiges Beweisverfahren: 50 % des Hauptsacheverfahrens, nämlich Gesamtwert der Mängelbeseitigungskosten am GE (OLG Düsseldorf NZM 2001, 55), aber begrenzt durch fünffachen Wert des Klägerinteresses sowie durch 50 % der Gesamtkosten.
Sonderumlage: Deren Kosten, auch wenn sie hoch sind (1 Mio. EUR, LG Wuppertal NZM 2000, 881).
Strafanzeige: 1.500 EUR (BayObLG NZM 1999, 321).

5U **Ungültigerklärung der Verwalterbestellung:** Gesamte Vergütung für die vorgesehene Amtszeit (BayObLG WuM 1996, 663 und 505; aA OLG Köln v. 4.11.1991 – 16 Wx 81/91: Jahreswert bei Fünfjahresvertrag), bei Einberufungsstreit 50 % (BayObLG ZMR 1998, 299).
Unterlassung der Benutzung eines Kfz-Stellplatzes: Einjähriger Mietwert (BayObLG WE 1994, 156; aA OLG Schleswig NJWE 1996, 182); Unterlassung der Prostitution: 500 EUR je WE bzw. Wertminderung (OLG Karlsruhe NJW-RR 2000, 89).

5V **Verwalterabberufung:** Bei der Verpflichtungsklage ist das Gesamtinteresse nach dem in der restlichen Vertragslaufzeit anfallenden Verwalterhonorar und das Interesse des klagenden WEer's nach seinem Anteil hieran zu bemessen (BGH NJW 2012, 1884), höchstens aber fünf Jahre (OLG Koblenz ZMR 2014, 135).
Verwalterbestellung: Gesamtvergütung für vorgesehene Zeit.
Verwalterentlastung: Regelmäßig 1.000 EUR (BGH ZMR 2011, 654), hängt nicht von dem Volumen der Abrechnung ab. S. auch Stichwort „Entlastung".
Verwaltungsunterlagen: S. Herausgabe.
Vorschuss: Herabsetzung der begehrten Minderung (KG Rpfleger 1969, 404).

5W **Wohngeldvorauszahlungen:** Jahresbetrag (OLG Hamburg DWE 1987, 139).
Wirtschaftsplan: Wird beim WP beschl, dass er länger gelten soll, so Erhöhung (BayObLG WE 1997, 238); s. JA.

5Z **Zustimmung nach § 12:** 10–20 % des Verkehrswertes (OLG Frankfurt ZMR 1994, 124).

§§ 51–58 (aufgehoben)

IV. Teil. Ergänzende Bestimmungen

§ 59 (aufgehoben)

§ 60 Ehewohnung

Die Vorschriften der Verordnung über die Behandlung der Ehewohnung und des Hausrats (*Sechste Durchführungsverordnung zum Ehegesetz*) vom 21. Oktober 1944 (Reichsgesetzbl. I S. 256) gelten entsprechend, wenn die Ehewohnung im Wohnungseigentum eines oder beider Ehegatten steht oder wenn einem oder beiden Ehegatten das Dauerwohnrecht an der Ehewohnung zusteht.

§ 61 Veräußerung ohne Zustimmung

¹Fehlt eine nach § 12 erforderliche Zustimmung, so sind die Veräußerung und das zugrundeliegende Verpflichtungsgeschäft unbeschadet der sonstigen Voraussetzungen wirksam, wenn die Eintragung der Veräußerung oder einer Auflassungsvormerkung in das Grundbuch vor dem 15. Januar 1994 erfolgt ist und es sich um die erstmalige Veräußerung dieses Wohnungseigentums nach seiner Begründung handelt, es sei denn, daß eine rechtskräftige gerichtliche Entscheidung entgegensteht. ²Das Fehlen der Zustimmung steht in diesen Fällen dem Eintritt der Rechtsfolgen des § 878 des Bürgerlichen Gesetzbuchs nicht entgegen. ³Die Sätze 1 und 2 gelten entsprechend in den Fällen der §§ 30 und 35 des Wohnungseigentumsgesetzes.

Ursprünglich enthielt dieser Paragraph, der 1985 aufgehoben wurde, Bestimmungen zur Einheitsbewertung. Nunmehr wurde er durch das Gesetz zur Heilung des Erwerbs von WE reaktiviert. **1**

Die **Erstveräußerung des aufteilenden** Eigentümers wurde bis zur Entscheidung des BGH[1] bei Veräußerungsbeschränkung gemäß § 12 als zustimmungsfrei behandelt. Da der BGH dies anders sah, waren alle Umschreibungen schwebend unwirksam (vgl. § 12 Rn. 5). Hierauf war in der Literatur hingewiesen worden. Deshalb war ein Gesetz erforderlich. **2**

Wurde vor dem 15.1.1994 eine Eigentumsumschreibung oder Auflassungsvormerkung eingetragen, so ist der Vorgang so zu behandeln, als sei Zustimmung erfolgt, es sei denn, gerichtlich ist rechtskräftig etwas anders entschieden worden. Die Vorschrift ist **nur anzuwenden, soweit es sich um die erstmalige Veräußerung des Wohnungseigentums** nach seiner Begründung im Wege der Teilung gemäß § 8 **handelt.**[2] **3**

---

[1] NJW 1991, 1613.
[2] KG WuM 1994, 499.

§ 62 Übergangsvorschrift

(1) Für die am 1. Juli 2007 bei Gericht anhängigen Verfahren in Wohnungseigentums- oder in Zwangsversteigerungssachen oder für die bei einem Notar beantragten freiwilligen Versteigerungen sind die durch die Artikel 1 und 2 des Gesetzes vom 26. März 2007 (BGBl. I S. 370) geänderten Vorschriften des III. Teils dieses Gesetzes sowie die des Gesetzes über die Zwangsversteigerung und die Zwangsverwaltung in ihrer bis dahin geltenden Fassung weiter anzuwenden.

(2) In Wohnungseigentumssachen nach § 43 Nr. 1 bis 4 finden die Bestimmungen über die Nichtzulassungsbeschwerde (§ 543 Abs. 1 Nr. 2, § 544 der Zivilprozessordnung) keine Anwendung, soweit die anzufechtende Entscheidung vor dem 31. Dezember 2014 verkündet worden ist.

Übersicht

	Rn.
1. Normzweck	1
2. Übergangsregelung	
a) Zeitpunkt	2
b) Zwangsversteigerungsverfahren	3
3. Verfahrensrecht: Nichtzulassungsbeschwerde	4
4. Materielles Recht	5

1. Normzweck

1 Dieser Paragraph regelt aufgrund der Gesetzesänderung zum 1.7.2007, **ob altes oder neues WEG anzuwenden ist**.[1]

2. Übergangsregelung

a) Zeitpunkt

2 Durch die Neufassung des WEG ist es sowohl im materiellen Recht wie auch im Verfahrensrecht zu erheblichen Änderungen gekommen. Für das **Verfahrensrecht** hat der Gesetzgeber angeordnet, dass es **für die am 1.7.2007 bei Gericht anhängigen Verfahren** sowie die Wohnungseigentums- oder in Zwangsversteigerungssachen oder für die bei einem Notar beantragten freiwilligen Versteigerungen, die am 1.7.2007 anhängig sind, bei der bisher geltenden Rechtslage bleiben soll. Nach einer Entscheidung des LG Dortmund[2] soll durch teleologische Reduktion die Vorschrift so zu lesen sein, dass maßgebliches Datum der 30.6.2007 sei und für alle am 1.7.2007 eingehenden Verfahren neues Verfahrensrecht gelte. Dies ist aber unrichtig; wesentliche Grenze für die Auslegung ist der Sinn und Zweck des Gesetzes, so wie der Gesetz gewordene Wortsinn dies vorgibt. Der Wortsinn ist aber eindeutig, der Gesetzgeber spricht von den am 1.7.2007 anhängigen Verfahren. Anhängig ist ein Verfahren aber bereits

---

[1] Röll WE 1991, 240; Schmidt WE 1991, 280.
[2] NZM 2007, 692.

Übergangsvorschrift § 62

mit Eingang bei Gericht. Für eine teleologische Reduktion ist daher kein Raum.

Beispiel 1: A hat am 1.3.2006 ein Beschlussanfechtungsverfahren eingeleitet. Die Entscheidung ergeht am 5.7.2007. Es gilt weiter altes Verfahrensrecht, so dass durch Beschl zu entscheiden ist, gegen den die sofortige Beschwerde offen steht.

Beispiel 2: A hat Anfechtungsklage unter dem 30.6.2006 erhoben. Die erstinstanzliche Entscheidung erging am 1.5.2007. Die sofortige Beschwerde ist am 3.5.2007 erhoben worden. Die Entscheidung über die sofortige Beschwerde ergeht am 6.7.2007. Das Beschwerdegericht hat weiter altes Verfahrensrecht anzuwenden, so dass durch Beschl zu entscheiden ist. Gegen diesen steht die sofortige weitere Beschwerde offen.

Beispiel 3: Die Eigentümergemeinschaft hat am 1.3.2007 den WP für 2007 beschl. E1 schuldet danach monatlich 500,00 EUR. Er bleibt ab April 2007 mit den Hausgeldern im Rückstand. Erst am 6.7.2007 erhebt die Gem Klage. Hier gilt, da die Klage erst nach dem 1.7.2007 anhängig geworden ist, neues Verfahrensrecht. Es ist durch Urteil zu entscheiden, gegen welches die Berufung offen steht.

Damit ist für Verfahren, die vor dem 1.7.2007 anhängig waren, auch danach altes Verfahrensrecht anzuwenden.

Ein **vor dem 1.7.2007 eingeleitetes selbständiges Beweisverfahren** – etwa zwischen Gem und Verwalter – soll aber nicht als anhängiges Verfahren gelten. Bei einer danach eingeleiteten Klage soll dann neues Verfahrensrecht gelten.[3] Dem ist zuzustimmen; das selbständige Beweisverfahren ist – wenn es nicht im Rahmen einer Klage eingeleitet wurde – ein eigenständiges Verfahren, was sich auch daran zeigt, dass schon das 2004 eingeführte Rechtsanwaltsvergütungsgesetz (RVG) das selbständige Beweisverfahren als eigenständiges gebührenrechtliches Verfahren sah und extra Anrechnungsvorschriften für nachfolgende Klageverfahren vorsah.[4] Das selbständige Beweisverfahren ist daher nicht Teil des „Verfahrens" iSd Übergangsvorschrift.

2a

Ebenso soll es bei einem **vorangeschalteten Mahnverfahren** auf den Zeitpunkt des Eingangs der Akten beim Streitgericht ankommen. War dies erst nach dem 1.7.2007, soll neues Verfahrensrecht gelten.[5]

Auch im **Gebührenrecht** des RVG sollen für Verfahren, bei denen das alte Verfahrensrecht weitergilt, das alte Gebührenrecht des RVG weitergelten.[6]

Das WEG sah in der Fassung bis 30.6.2007 die Möglichkeit vor, dass Beschlüsse des Amtsgerichts auf Antrag einer Partei geändert werden könnten, wenn sich die tatsächlichen Verhältnisse wesentlich geändert hätten und dies zur Vermeidung einer unbilligen Härte notwendig sei (§ 45 Abs. 3 WEG Fassung bis 30.6.2007). Bei diesen **Abänderungsanträgen** soll weiterhin altes Recht gelten und zwar auch, wenn der Antrag nach dem 1.7.2007 einging. Solche Beschlüsse der freiwilligen Gerichtsbarkeit seien mit Dauerwirkung „latent" anhängig und die Anwendung des neuen Rechts gebe entgegen der Absicht des Gesetzgebers die flexible Änderungsmöglichkeit preis und erschwere sie nachhaltig.[7]

---

[3] LG Duisburg ZMR 2010, 980.
[4] Siehe Vorbemerkung 3 Nr. 5 RVG.
[5] OLG Hamm ZWE 2009, 399; LG München I ZWE 2010, 48.
[6] LG Nürnberg-Fürth ZMR 2010, 721; LG Wuppertal ZMR 2008, 996.
[7] AG Mannheim ZWE 2010, 290.

b) Zwangsversteigerungsverfahren

3 Für die Zwangsversteigerungsverfahren ist problematisch, was unter „anhängigen Verfahren" zu verstehen ist. Werden für ein Grundstück mehrere Versteigerungsanträge gestellt, sind diese prinzipiell unabhängig voneinander. Danach könnte man geneigt sein, bei einem Antrag nach dem 1.7.2007 auch dann von neuem Recht auszugehen, wenn bereits vorher ein Antrag gestellt war. Der neue Antrag führt aber nicht dazu, dass ein gänzlich neues Verfahren eingeleitet würde. Maßgeblich ist die **zeitlich erste Beschlagnahme**. Die weiteren Anträge führen zu einem Beitritt zu diesem Beschluss.[8] Vielmehr führt der Antrag dazu, dass ein **Beitritt** zum alten Verfahren erfolgt. Das heißt, auch wenn für den neuen Antrag neue Fristen etc. laufen, bleibt es dabei, dass durch den alten Antrag ein anhängiges Verfahren vorliegt. Ausgleichsberechnungen[9] sind daher nicht notwendig.

Beispiel: Gegen den Eigentümer E1 sind Forderungen der Gem in Höhe von 20.000 EUR tituliert. Ein anderer Gläubiger hat eine Grundschuld über 100.000 EUR. Wegen dieser Grundschuld ist bereits unter dem 1.3.2007 ein Zwangsversteigerungsverfahren eingeleitet worden. Auch wenn die Gem am 5.7.2007 einen eigenen Versteigerungsantrag stellt, kann sie sich nicht auf die neue bevorrechtigte Befriedigungsmöglichkeit (§ 10 ZVG nF) berufen, da das Verfahren weiterhin nach altem Recht läuft.

3. Verfahrensrecht: Nichtzulassungsbeschwerde

4 Nach neuem Verfahrensrecht ist gegen Entscheidungen des Amtsgerichts die Berufung zu dem für die Berufung zentral zuständigen Landgericht zu erheben. Gegen die Berufungsentscheidung des Landgerichts kann – soweit das Landgericht diese zulässt – die Revision erhoben werden. Lässt das Gericht die Revision nicht zu oder unterlässt es die Entscheidung darüber, kann grundsätzlich die Nichtzulassungsbeschwerde zum BGH erhoben werden. Um den BGH vor einer Flut von Nichtzulassungsbeschwerden zu bewahren, hat der Gesetzgeber vorgesehen, dass im Rahmen der sog Innenstreitigkeiten (§ 43 Nr. 1 bis 4, aber nicht Nr. 5) **bei Entscheidungen, die vor dem 1.12.2014 verkündet worden sind**, die Nichtzulassungsbeschwerde (§ 544 ZPO) **nicht möglich** ist. Nunmehr ist dies **verlängert** worden; bei **Entscheidungen, die vor dem 31.12.2014 verkündet werden**, ist die Nichtzulassungsbeschwerde auch weiterhin nicht möglich.

Beispiel: Das Landgericht verkündet seine Berufungsentscheidung am 26.12.2014. Auch wenn die Entscheidung erst am 3.1.2015 zugestellt wird, kann die Nichtzulassungsbeschwerde nicht erhoben werden, da die anzufechtende Entscheidung vor dem 1.7.2014 ergangen ist.[10]

Dies gilt auch dann, wenn ein OLG über den Fall entschieden hat.[11] Nicht ausgeschlossen ist die Nichtzulassungsbeschwerde aber, wenn das Berufungsgericht

---

[8] BGH NJW 2009, 598; ZMR 2008, 385.
[9] S etwa Böhringer/Hintzen Rpfleger 2007, 353, 360.
[10] BGH NZM 2011, 202.
[11] BGH ZWE 2012, 334.

die Berufung als unzulässig verworfen hat[12] oder wenn die Berufung als unzulässig durch Beschluss verworfen wurde (§ 522 Abs. 1 S. 3 ZPO[13]).

4. Materielles Recht

Im Gegensatz dazu hat der Gesetzgeber für das materielle Recht **keine Übergangsvorschriften** vorgesehen. Soweit dies anders gesehen wird,[14] steht dem der klare Gesetzeswortlaut entgegen. Die Fortgeltung des alten Rechts ist nur für die Vorschriften des III. Abschnittes angeordnet. Dies sind aber nur die Verfahrensvorschriften. Die in den Abschnitten I und II angesiedelten materiellrechtlichen Vorschriften werden gerade nicht umfasst.

Das bedeutet, dass die Regelungen ab dem 1.7.2007 ohne Übergangszeit und teilweise **rückwirkend** in Kraft treten.[15] Dies führt zB dazu, dass im Rahmen von Kostenverteilungsregeln Bestimmungen in der TErkl, die eine Mehrheit vorsehen, welche größer ist als die im Gesetz vorgesehene ist, diese Bestimmungen unwirksam werden (§ 16 Abs. 3, 5). Das Fehlen der Übergangsvorschriften führt auch dazu, dass sich bei laufenden Gerichtsverfahren die Rechtslage von heute auf morgen ändert.

Beispiel: A hat Anfechtungsklage am 1.3.2007 erhoben, weil die Gem eine Kostenverteilungsregel nur mehrheitlich angenommen hatte und in der TErkl keine Öffnungsklausel vorhanden war. Nach alter Rechtslage wäre wegen fehlender Beschlusskompetenz die Anfechtungsklage erfolgreich gewesen. Das Gericht hatte am 1.7.2007 noch nicht entschieden. Nunmehr wird das Gericht die Anfechtungsklage zurückzuweisen haben, da jetzt eine Kompetenz der Gem vorhanden ist (§ 16 Abs. 3).

Diese Rechtslage führt dazu, dass zahlreiche TErkl, die mitunter seit mehreren Jahrzehnten galten, unwirksam werden und ein berechtigtes Interesse der Eigentümer enttäuscht wird. Ob auf Grund des **Vertrauensschutzes** die Vorschrift so zu lesen ist, dass bei am 1.7.2007 laufenden Gerichtsverfahren auch materiellrechtlich das alte WEG-Recht zur Anwendung kommt,[16] ist fraglich. Soweit das OLG München[17] ohne nähere Begründung auch materiell-rechtlich altes WEG-Recht zur Anwendung kommen lässt, wendet der BGH und Abramenko[18] zu Recht ein, dass weder der Gesetzeswortlaut noch die Begründung dies nahe legen. Vielmehr sei neues Recht ab 1.7.2007 anzuwenden.

Bei Beschlüssen hat die Rechtsprechung teilweise darauf abgestellt, dass auf die **Rechtslage im Zeitpunkt der Beschlussfassung** abzustellen und An-

---

[12] BGH NJW 2012, 3310.
[13] Vgl. BGH NJW-RR 2003, 132.
[14] Hügel/Elzer S. 291.
[15] So auch Bärman/Pick Rn. 2; Sauren ZWE 2007, 511; BGH NJW 2007, 3492, deshalb zu Recht erhebliche verfassungsrechtliche Bedenken: Bub NZM 2006, 848, Sauren 5. Aufl. Einf Rn. 3.
[16] So Bärmann/Pick Rn. 3.
[17] OLG München ZMR 2007, 815.
[18] BGH NJW 2011, 1361 mwN; Abramenko IMR 2007, 296.

§§ 63, 64   IV. Teil. Ergänzende Bestimmungen

fechtungsklagen auch nach dem 1.7.2007 als unbegründet abzuweisen seien.[19] Es soll aber ein Anspruch bestehen, dass die Gemeinschaft sich erneut mit dem Beschlussthema zu befassen habe und dann neues Recht anwenden muss.[20] Das OLG Düsseldorf hingegen stellt alleine auf das im Zeitpunkt der Entscheidung geltende Recht ab.[21]

§ 63 Überleitung bestehender Rechtsverhältnisse

(1) Werden Rechtsverhältnisse, mit denen ein Rechtserfolg bezweckt wird, der den durch dieses Gesetz geschaffenen Rechtsformen entspricht, in solche Rechtsformen umgewandelt, so ist als Geschäftswert für die Berechnung der hierdurch veranlaßten Gebühren der Gerichte und Notare im Falle des Wohnungseigentums ein Fünfundzwanzigstel des Einheitswertes des Grundstückes, im Falle des Dauerwohnrechtes ein Fünfundzwanzigstel des Wertes des Rechtes anzunehmen.

(2) (*gegenstandslose Übergangsvorschrift*)

(3) Durch Landesgesetz können Vorschriften zur Überleitung bestehender, auf Landesrecht beruhender Rechtsverhältnisse in die durch dieses Gesetz geschaffenen Rechtsformen getroffen werden.

§ 64 Inkrafttreten

Dieses Gesetz tritt am Tage nach seiner Verkündung in Kraft.

Das Gesetz trat am 20.3.1951 in Kraft.

---

[19] OLG Köln NZM 2007, 603; OLG Hamm ZMR 2008, 156; OLG Frankfurt NZM 2011, 37.
[20] OLG Hamm ZMR 2008, 156.
[21] OLG Düsseldorf ZMR 2008, 553.

Anhang
Gesetz über die Zwangsversteigerung und die Zwangsverwaltung
(Auszug)

§ 10 ZVG Rangordnung der Rechte

(1) Ein Recht auf Befriedigung aus dem Grundstücke gewähren nach folgender Rangordnung, bei gleichem Range nach dem Verhältnis ihrer Beträge:
1. der Anspruch eines die Zwangsverwaltung betreibenden Gläubigers auf Ersatz seiner Ausgaben zur Erhaltung oder nötigen Verbesserung des Grundstücks, im Falle der Zwangsversteigerung jedoch nur, wenn die Verwaltung bis zum Zuschlage fortdauert und die Ausgaben nicht aus den Nutzungen des Grundstücks erstattet werden können;
1a. im Falle einer Zwangsversteigerung, bei der das Insolvenzverfahren über das Vermögen des Schuldners eröffnet ist, die zur Insolvenzmasse gehörenden Ansprüche auf Ersatz der Kosten der Feststellung der beweglichen Gegenstände, auf die sich die Versteigerung erstreckt; diese Kosten sind nur zu erheben, wenn ein Insolvenzverwalter bestellt ist, und pauschal mit vier vom Hundert des Wertes anzusetzen, der nach § 74a Abs. 5 Satz 2 festgesetzt worden ist;
2. bei Vollstreckung in ein Wohnungseigentum die daraus fälligen Ansprüche auf Zahlung der Beiträge zu den Lasten und Kosten des gemeinschaftlichen Eigentums oder des Sondereigentums, die nach § 16 Abs. 2, § 28 Abs. 2 und 5 des Wohnungseigentumsgesetzes geschuldet werden, einschließlich der Vorschüsse und Rückstellungen sowie der Rückgriffsansprüche einzelner Wohnungseigentümer. Das Vorrecht erfasst die laufenden und die rückständigen Beträge aus dem Jahr der Beschlagnahme und den letzten zwei Jahren. Das Vorrecht einschließlich aller Nebenleistungen ist begrenzt auf Beträge in Höhe von nicht mehr als 5 vom Hundert des nach § 74a Abs. 5 festgesetzten Wertes. Die Anmeldung erfolgt durch die Gemeinschaft der Wohnungseigentümer. Rückgriffsansprüche einzelner Wohnungseigentümer werden von diesen angemeldet;
3. die Ansprüche auf Entrichtung der öffentlichen Lasten des Grundstücks wegen der aus den letzten vier Jahren rückständigen Beträge; wiederkehrende Leistungen, insbesondere Grundsteuern, Zinsen, Zuschläge oder Rentenleistungen, sowie Beträge, die zur allmählichen Tilgung einer Schuld als Zuschlag zu den Zinsen zu entrichten sind, genießen dieses Vorrecht nur für die laufenden Beträge und für die Rückstände aus den letzten zwei Jahren. Untereinander stehen öffentliche Grundstückslasten, gleichviel ob sie auf Bundes- oder Landesrecht beruhen, im Range gleich. Die Vorschriften des § 112 Abs. 1 und der §§ 113 und 116 des Gesetzes über den Lastenausgleich *vom 14. August 1952 (Bundesgesetzbl. I S. 446)* bleiben unberührt;
4. die Ansprüche aus Rechten an dem Grundstück, soweit sie nicht infolge der Beschlagnahme dem Gläubiger gegenüber unwirksam sind, einschließlich der

Anh. § 10 ZVG

Ansprüche auf Beträge, die zur allmählichen Tilgung einer Schuld als Zuschlag zu den Zinsen zu entrichten sind; Ansprüche auf wiederkehrende Leistungen, insbesondere Zinsen, Zuschläge, Verwaltungskosten oder Rentenleistungen, genießen das Vorrecht dieser Klasse nur wegen der laufenden und der aus den letzten zwei Jahren rückständigen Beträge;
5. der Anspruch des Gläubigers, soweit er nicht in einer der vorhergehenden Klassen zu befriedigen ist;
6. die Ansprüche der vierten Klasse, soweit sie infolge der Beschlagnahme dem Gläubiger gegenüber unwirksam sind;
7. die Ansprüche der dritten Klasse wegen der älteren Rückstände;
8. die Ansprüche der vierten Klasse wegen der älteren Rückstände.

(2) Das Recht auf Befriedigung aus dem Grundstücke besteht auch für die Kosten der Kündigung und der die Befriedigung aus dem Grundstücke bezweckenden Rechtsverfolgung.

(3) ¹Zur Vollstreckung mit dem Range nach Absatz 1 Nr. 2 müssen die dort genannten Beträge die Höhe des Verzugsbetrages nach § 18 Abs. 2 Nr. 2 des Wohnungseigentumsgesetzes übersteigen; liegt ein vollstreckbarer Titel vor, so steht § 30 der Abgabenordnung einer Mitteilung des Einheitswerts an die in Absatz 1 Nr. 2 genannten Gläubiger nicht entgegen. ²Für die Vollstreckung genügt ein Titel, aus dem die Verpflichtung des Schuldners zur Zahlung, die Art und der Bezugszeitraum des Anspruchs sowie seine Fälligkeit zu erkennen sind. ³Soweit die Art und der Bezugszeitraum des Anspruchs sowie seine Fälligkeit nicht aus dem Titel zu erkennen sind, sind sie in sonst geeigneter Weise glaubhaft zu machen.

Übersicht

	Rn.
1. Rechtslage	
a) Zwangsvollstreckung	1
b) Befriedigungsvorrecht in der Zwangsversteigerung	2
2. Rangklasse 2	
a) Voraussetzungen	3
aa) Bevorrechtigter Zeitraum	3a
bb) Mindestwert der anzumeldenden Forderungen	4
cc) Höchstwert der anzumeldenden Forderungen	5
dd) Ausnahmen	6
b) Forderungsanmeldung	
aa) Glaubhaftmachung	7
bb) Glaubhaftmachung bei „ungenauem" Titel	9
cc) Anmeldung der Forderungen durch den Verband	10
dd) Verwaltervergütung	11
ee) Eigentümeranmeldung	12
c) Zwangsverwaltung	13
3. Einzelprobleme	
a) Rechtsverfolgungskosten in Rangklasse 2	14
b) Ablösung durch Banken (Titelerwirkung)	15
c) Keine Mehrfachabschöpfung der 5 %	17
d) Zahlung des Schuldners	18

	Rn.
e) Wiederversteigerung	19
f) Anspruch auf Duldung, Zwangsversteigerung gegen Insolvenzverwalter	20
g) Zwangssicherungshypothek	21
h) Arrestanspruch	22

1. Rechtslage

a) Zwangsvollstreckung

Die Zwangsvollstreckung in das WE erfolgt **wie bei einem Miteigentumsanteil an einem Grundstück.** Die Anteile an dem Verband unterliegen nicht der Zwangsvollstreckung. Die Versteigerung ist eine Möglichkeit der Zwangsvollstreckung, s. weiter § 16 Rn. 79 ff. Der **Zuschlag** ist ein konstitutiv wirkender staatlicher Hoheitsakt, der Eigentum nicht überträgt, sondern frei von nicht ausdrücklich bestehen bleibenden Rechten begründet. Der Ersteher erwirbt das Eigentum originär, nicht als Rechtsnachfolger des Schuldners; der rechtsgestaltende Hoheitsakt nach (§ 81 ZVG) schafft Eigentum in der Person des Erstehers, das nicht vom Schuldner abgeleitet ist.[1]

b) Befriedigungsvorrecht in der Zwangsversteigerung

Im Zuge der WEG-Reform wurde durch eine Neufassung der Rangfolge den WEern eine bessere Chance auf Durchsetzung ihrer Forderungen durch Einräumung eines **bevorrechtigten Ranges** gewährt.[2] Die durch den Gesetzgeber getroffene Regelung wird aber nur den Gem etwas bringen, die darauf hoffen können, dass ein Ersteigerer zu finden ist. Nur dann ist eine Verteilungsmasse gegeben, aus der eine Verteilung stattfinden kann. Ist dagegen das Eigentum derart heruntergekommen, dass realistischerweise niemand auf dieses bietet, bringt auch die bevorrechtigte Zuteilung nichts. Deshalb wäre die Schaffung eines „Räumungsverfahrens" gerechter gewesen. Zudem hängt es davon ab, ob eine Versteigerung erfolgt oder eine Veräußerung, ob der Verband sein Vorrecht überhaupt erlangt. Deshalb sollte noch besser generell eine dingliche private Last für die Gem eingeführt werden.[3]

2. Rangklasse 2

a) Voraussetzungen

Zur Verbesserung der Vollstreckungsmöglichkeiten der Gem ist eine Rangklasse 2 geschaffen worden:

aa) Bevorrechtigter Zeitraum. Forderungen können von der Gem in dieser Rangklasse auch dann angemeldet werden, wenn diese nicht dinglich abgesi-

---

[1] BGH NJW-RR 1986, 1116.
[2] Hügel/Elzer S. 271.
[3] Herrler NJW 2013, 3518.

Anh. § 10 ZVG

chert sind. Dies setzt voraus, dass die Forderung sich auf **fälliges oder rückständiges Hausgeld** bezieht. Weitere Voraussetzung ist, dass die Hausgeldforderungen **nicht älter als drei Jahre vor dem Jahr der Beschlagnahme** sind. Maßgeblicher Zeitpunkt ist der Beschlagnahmebeschluss des Gerichts; eine Vorverlagerung auf den Eingang des Antrags auf Zwangsversteigerung bei Gericht ist nicht möglich.[4]

Beispiel 1: Das WE des Eigentümers E1 wird im Juli 2010 beschlagnahmt. Die Gem hat Hausgeldforderungen aus den Jahren 2006–2009, sowie Januar bis März 2010. Die Gem kann die Forderungen aus Januar bis März 2010, sowie den Jahren 2009 und 2008 in der Rangklasse 2 anmelden, da diese Forderungen nicht älter als drei Jahre vor der Beschlagnahme liegen. Die Restforderung aus dem Jahren 2006–2007 kann nur in Rangklasse 5 angemeldet werden.

Beispiel 2: Im obigen Beispiel wird der Antrag auf Zwangsversteigerung im November 2010 gestellt, die Beschlagnahme aber erst im Februar 2011 ausgesprochen. Bevorrechtigter Zeitraum ist dann Januar+Februar 2011, sowie 2009 und 2010. Die Jahre 2006–2008 fallen in die Rangklasse 5.

Laufende Hausgelder sind die letzten vor der Beschlagnahme fällig gewordenen Beträge, sowie die später fällig werdenden Beträge. Die zeitlich davor liegenden Hausgelder sind rückständige Beträge.[5]

4 bb) Mindestwert der anzumeldenden Forderungen. Stellt die Gem den Antrag auf Zwangsversteigerung, ist als weitere Hürde die Anmeldung in Rangklasse 2 nur möglich, wenn die Forderungen **5 % des Einheitswertes** des ME erreichen. Hierdurch soll verhindert werden, dass bei Rückständen die Grenze für eine Entziehungsklage (§ 18) unterlaufen und eine Verschleuderung eintritt.[6] Nunmehrige Ergänzung des Zwangsversteigerungsgesetz dadurch, dass bei Vorliegen eines vollstreckbaren Titels die Finanzämter über den Einheitswert Auskunft erteilen dürfen (§ 10 Abs. 3 S. 1 ZVG).

5 cc) Höchstwert der anzumeldenden Forderungen. Die Gem kann die rückständigen Hausgelder aber nicht in voller Höhe anmelden, sondern nur in Höhe von **5 % des festgesetzten Wertes des Eigentums**.

Beispiel: Der Wert des Eigentums wird auf 100.000 EUR festgelegt. 5 % hiervon sind 5.000 EUR. Unterstellt, die Forderung der Gem aus dem obigen Beispiel belaufen sich für Januar bis März 2009, 2008 und 2007 auf 15.000 EUR, könnte die Gem in Rangklasse 2 hiervon nur 5.000 EUR geltend machen. Die restlichen 10.000 EUR müssen in Rangklasse 5 geltend gemacht werden.

Die von dem Schuldner in einem Zwangsversteigerungsverfahren nach Beschlagnahme gezahlten (Teil-)Hausgelder vermindern – im Unterschied zu den Zahlungen ablösungsberechtigter Dritter (§ 268 BGB) – aber nicht den 5 % Höchstbetrag.[7]

---

[4] BGH NJW 2011, 528.
[5] LG Amberg ZWE 2010, 99; Schneider ZWE 2011, 342; aA BT-Drs. 16/887, ob sich die Kosten auf den Zeitraum beziehen.
[6] BGH NJW 2008, 1956; Begründung BT-Drs. 16/887 S. 45.
[7] BGH ZMR 2012, 798.

Rangordnung der Rechte **Anh.**

dd) Ausnahmen. Ist die **Versteigerung von einem anderen Gläubiger** als 6
der Gem eingeleitet worden, gilt die 5 %-Grenze der Mindestforderungshöhe nicht. Vielmehr kann die Gem auch dann die Forderungen anmelden, wenn die Forderung geringer ist.[8] Auch in diesem Fall kann die Anmeldung in Rangklasse 2 aber nur bis zu 5 % des Verkehrswertes erfolgen.

b) Forderungsanmeldung

aa) Glaubhaftmachung. Stehen der Gem Forderungen zu, die zu einer bevorrechtigten Befriedigung in Rangklasse 2 berechtigen, werden diese seitens 7
des Vollstreckungsgerichtes nicht von Amts wegen berücksichtigt. Vielmehr müssen sie angemeldet werden. Dabei muss dem Vollstreckungsgericht glaubhaft gemacht werden, dass die angemeldeten Forderungen die Voraussetzungen für die Bevorrechtigung erfüllen (§ 10 Abs. 3 ZVG). Die Glaubhaftmachung kann **insbesondere durch den Titel** selber erfolgen. Hierzu muss sich aus ihm ergeben, dass die titulierte Forderung eine Hausgeldforderung ist. Weiterhin muss sich aus dem Titel ergeben, welchen Zeitraum der titulierte Anspruch abdeckt. Schließlich muss auch der Zeitpunkt der Fälligkeit erkennbar sein.[9]

Um die Anforderungen an die Glaubhaftmachung aus dem Titel möglichst 8
einfach erfüllen zu können, und um die Frage, auf welche Forderung gezahlt worden ist, möglichst einfach beantworten zu können, sollte die Gem **Forderungen bzgl. mehrerer Einheiten getrennt geltend machen**, aber nicht einklagen.

Beispiel: Eigentümer E hat drei SEeinheiten, die Nr. 10, 11 und 12. Hier sollte die Gem für alle drei Einheiten getrennte Anträge in einer Klage vornehmen. Andernfalls wird es später uU schwierig, festzustellen, ob eine Teilzahlung auf die Einheit 10, 11 und 12 zu verrechnen ist. Die durch die mehreren Klagen entstehenden Mehrkosten sind nicht erstattungsfähig.[10]

bb) Glaubhaftmachung bei „ungenauem" Titel. Hat das Gericht sich hingegen „die Arbeit einfach gemacht" und in den Gründen nur ausgeführt, dass 9
der mit dem Antrag geltend gemachte Anspruch zur Überzeugung des Gerichts dargelegt ist (was insbesondere dann in Betracht kommen wird, wenn der Schuldner sich nicht zum Verfahren geäußert hat), steht die Gem vor einem Problem. Aus dem Titel ergibt sich dann nur die Verpflichtung des Schuldners zur Zahlung, nicht aber die Art und der Bezugszeitraum des Anspruchs. Das LG Heilbronn will dabei für die Bezeichnung der Art des Anspruchs eine Betreffzeile „Wegen Haus- und Wohngeldansprüchen" genügen lassen.[11] Weder aus dem Tenor noch aus den Gründen ergibt sich dann für welchen Zeitraum der Titel besteht. In diesem Fall muss die Gem **in sonstiger Weise** die genannten Punkte glaubhaft machen. Dies kann durch Vorlage der Klageschrift nebst den entsprechenden WP bzw. JA geschehen. Es sollte daher darauf geachtet werden, dass in der Klageschrift dargelegt wird, für welche Zeiträume der Anspruch gel-

---

[8] Böhringer/Hintzen Rpfleger 2007, 353, 359.
[9] LG Heilbronn ZMR 2012, 239.
[10] BGH ZMR 2013, 552 Rn. 7 ff.; aA LG Itzehoe ZMR 2008, 913.
[11] LG Heilbronn ZMR 2012, 239

Anh. § 10 ZVG

tend gemacht wird. Für einen Vollstreckungsbescheid soll es hingegen alleine auf den Titel ankommen. Wird dort eine Hausgeldforderung als Mietforderung bezeichnet, soll eine Glaubhaftmachung mit anderen Unterlagen ausscheiden.[12]

10 **cc) Anmeldung der Forderungen durch den Verband.** Die Anmeldung der Forderungen muss durch den Verband erfolgen, soweit Forderungen der Gem betroffen sind. Dies ist **Aufgabe des Verwalters**, einer besonderen Ermächtigung bedarf er nicht (§ 27 Abs. 1 Nr. 4, Abs. 3 Nr. 4).[13] Der Verwalter kann auch einen Anwalt mit der Anmeldung der Forderungen beauftragen.

11 **dd) Verwaltervergütung.** Übernimmt der Verwalter die Anmeldung, stellt sich für ihn die Frage, ob er eine gesonderte Vergütung verlangen kann. Dies ist zu bejahen. Von der Rspr. ist bereits entschieden, dass der Verwalter für die gerichtliche Geltendmachung von Ansprüchen ein **Sonderhonorar** verlangen kann.[14] Begründet wird dies damit, dass der Verwalter damit die kostenpflichtige Beauftragung eines Anwaltes erspare.[15] Dementsprechend kann der Verwalter auch für die Anmeldung der Forderungen im Rahmen der Zwangsversteigerung Honorar verlangen. Auch hier erbringt er eine Leistung, die über die normalen Aufgaben des Verwalters hinausgeht. Die Zwangsversteigerung wird nur unregelmäßig vorkommen, so dass der Verwalter diese Leistung nicht ständig erbringt. Bezüglich der Höhe der Vergütung kann sich der Verwalter an der Vergütung eines Anwaltes nach dem RVG orientieren.[16]

12 **ee) Eigentümeranmeldung.** Ist eine Forderung wegen eines **Rückgriffanspruches eines Eigentümers** anzumelden, muss die Anmeldung durch den betreffenden WEer selbst erfolgen (§ 10 Nr. 2 S. 5 ZVG).

c) Zwangsverwaltung

13 Vgl. auch § 16 Rn. 79. Eine weitere Bevorrechtigung der Gem ergibt sich für den Fall der Zwangsverwaltung. Hier ergab sich für die Gem oftmals folgendes Problem: Der Schuldner bewohnt seine Wohnung nicht selbst, hat sie aber nicht vermietet. Nicht selten ist die Wohnung auch nicht in einem vermietbaren Zustand. Um die Wohnung in einen vermietbaren Zustand zu bringen, müsste die Gem erhebliche Geldmittel investieren; muss zB die Wohnung entrümpelt und vorhandene Schäden beseitigt werden, werden nicht selten Beträge von 5.000 bis 10.000 EUR fällig. Bisher hatte die Gem kaum Aussichten, im Rahmen der Zwangsversteigerung diese Beträge zurückzuerhalten, da diese im Regelfall nicht dinglich abgesichert sind und daher bei der Verteilung nicht bedient werden. Hier hat der Gesetzgeber Abhilfe geschaffen und vorgesehen, dass **Ausgaben**, die **zur Erhaltung oder nötigen Verbesserung** des Grundstücks gemacht werden, in **Rangklasse 1** geltend gemacht werden können. Voraussetzung hierfür ist jedoch, dass die Zwangsverwaltung bis zum Zuschlag fortdauert und die Ausgaben nicht aus den Nutzungen des Grundstücks erstattet werden können.

---

[12] LG Mönchengladbach JurBüro 2009, 48
[13] Hügel/Elzer S. 282.
[14] BGH NJW 1993, 1924.
[15] Bärmann/Merle § 26 Rn. 163.
[16] BGH NJW 1993, 1924.

Rangordnung der Rechte

Beispiel: Die Gem betreibt gegen WEer E1 die Zwangsverwaltung. Um die Wohnung bewohnbar zu machen, muss die Gem 10.000 EUR aufbringen. Die Zwangsversteigerung findet am 1.9.2008 statt. Die Zwangsverwaltung dauert bis zu diesem Tag. Nach Beendigung der Arbeiten kann das Eigentum für 500 EUR pro Monat vermietet werden. Hiervon entfallen 200 EUR auf das monatliche Hausgeld, 300 EUR werden auf die Ausgaben erbracht. Soweit hier keine Zahlungen auf die Ausgaben erbracht worden sind, können diese nunmehr in Rangklasse 1 geltend gemacht werden. Sind zB über die Mieten 2.000 EUR auf die Ausgaben gezahlt worden, können noch 8.000 EUR bevorrechtigt in der Versteigerung angemeldet werden.

3. Einzelprobleme

a) Rechtsverfolgungskosten in Rangklasse 2

In der Rangklasse 2 können in erster Linie die Hausgelder angemeldet werden. **14** Dies sind die aus dem WP, JA und SU geschuldeten Beträge. Weiter können in der Rangklasse 2 aber auch die **Anwalts- und Gerichtskosten** angemeldet werden, die für eine Titulierung der Hausgelder aufgebracht werden mussten.

Beispiel: Gem A hat gegen den Eigentümer E eine Hausgeldforderung von 5.000,00 EUR. Diese werden tituliert, wofür 919,28 EUR Anwaltsgebühren und 313,00 EUR Gerichtskosten anfallen. In der Zwangsversteigerung können nicht nur die 5.000,00 EUR zur Rangklasse 2 angemeldet werden, sondern auch die 919,28 EUR und 313,00 EUR.[17]

Werden diese Kosten aber **alleine** geltend gemacht – etwa weil ausdrücklich auf die Hausgelder gezahlt wurde – sollen die Kosten nicht in die Rangklasse 2 fallen.[18]

Beispiel: Im obigen Beispiel zahlt Eigentümer E ausdrücklich 5.000,00 EUR auf die Hausgelder. Es bleiben nur die 1.231,28 EUR Anwalts- und Gerichtskosten. Diese können nicht alleine in der Rangklasse 2 angemeldet werden.

b) Ablösung durch Banken (Titelerwirkung)

Für die Einleitung der Versteigerung ist ein Titel notwendig. Hierzu reicht auch **15** ein vorläufig vollstreckbares Versäumnisurteil.[19] Das ZVG erlaubt es aber, untitulierte Forderungen ebenfalls in der Rangklasse 2 anzumelden.

Beispiel: Im obigen Beispiel bleibt E neben den titulierten 5.000,00 EUR bis zum Versteigerungstermin noch weitere 2.000,00 EUR an Hausgeldern schuldig. Diese werden nicht tituliert. Trotzdem kann die Gem bis zur Höchstgrenze der 5 % des Verkehrswertes diese 2.000,00 EUR ebenfalls zur Rangklasse 2 anmelden.

Dies führt dazu, dass es für die Gem nicht zwingend notwendig ist, sich einen **16** zweiten Titel zu besorgen. Gleichwohl ist aus mehreren Gründen dazu zu raten, **möglichst alle offenen Forderungen titulieren zu lassen:**

---

[17] LG Bonn ZMR 2011, 985
[18] LG Berlin ZMR 2010, 629.
[19] LG Rostock NJW-Spezial 2013, 387.

Anh. § 10 ZVG

1. Solange E mit nur einem Cent aus dem Titel rückständig bleibt, kann das Versteigerungsverfahren weiterbetrieben werden. Sollte E aber den Titel komplett ausgleichen, wäre das Verfahren zu beenden, auch wenn noch erhebliche weitere Hausgelder untituliert offen stehen. Wären diese tituliert, könnten die Titel in das laufende Verfahren einbezogen werden und dienten dann bei Wegfall des ersten Titels als Grundlage der weiteren Betreibung des Verfahrens.
2. Im Regelfall wird eine Bank an dem Versteigerungsverfahren beteiligt sein. Aus verschiedenen Gründen kann dieser das Interesse fehlen, eine Versteigerung stattfinden zu lassen. Beschränkt sich die Gem darauf, ihre Ansprüche zur Rangklasse 2 anzumelden, ist die Bank alleinige Herrin des Verfahrens und kann jederzeit – selbst nach Erteilung eines Zuschlags – die Einstellung des Verfahrens beantragen. Betreibt die Gem hingegen die Versteigerung selbständig aus einem Titel, ist sie neben der Bank Herrin des Verfahrens. Die Bank kann dann nicht mehr eigenmächtig die Einstellung beantragen. In dieser Situation greifen die Banken gerne zum Mittel der Ablösung (§ 268 BGB), um sich wieder zu den alleinigen Herren des Verfahrens zu machen. Ablösung bedeutet, dass die Banken auf den Titel der Gem zahlen und die Gem befriedigen. Dies tun die Banken aber nur auf die titulierten Ansprüche und zwar auch dann, wenn die Gem noch weitere Forderungen zur Rangklasse 2 anmelden kann.

Beispiel: Gem G hat titulierte Ansprüche von 2000,00 EUR. Nach dem Verkehrswert wären 3000,00 EUR zur Rangklasse 2 anmeldbar. Bank B zahlt nunmehr auf den Titel 2000,00 EUR.

Damit scheidet Gem G aus dem Versteigerungsverfahren als aktiv betreibender Gläubiger aus und kann nur noch passiv die Anmeldung zur Rangklasse 2 vornehmen. Sollte Bank B die Einstellung beantragen, könnte die Gem dies nicht verhindern. Hätte die Gem im obigen Beispiel einen weiteren Titel über 1.000,00 EUR und damit ebenfalls das Verfahren aktiv betrieben, hätte Bank B auch diesen ablösen müssen, um die Gem aus dem Verfahren zu drängen.

c) Keine Mehrfachabschöpfung der 5 %

17 Nach dem ZVG kann die Gem maximal 5 % des Verkehrswertes zur Rangklasse 2 anmelden. Diese Begrenzung gilt für das gesamte Versteigerungsverfahren. Es ist insbesondere nicht möglich, nach einer Ablösung durch Banken nochmals 5 % des Verkehrswertes anzumelden.

Beispiel: Gem G hat Forderungen von 2.500,00 EUR, die 5 % des Verkehrswertes ausmachen, so dass dieser voll ausgeschöpft ist. Bank B löst diese ab. Bis zum Versteigerungstermin laufen weitere 1.500,00 EUR an Hausgeldern auf.

Die Gem hat bereits 5 % des Verkehrswertes ausgeschöpft und kann nunmehr die 1.500,00 EUR nicht mehr zur Rangklasse 2 anmelden.[20] Anders ist dies, **wenn die 5 % noch nicht ausgeschöpft waren.**

---

[20] BGH ZMR 2010, 383; ZWE 2010, 367.

Rangordnung der Rechte

Beispiel: Von den im obigen Beispiel möglichen 2.500,00 EUR hat die Gem 2.000,00 EUR angemeldet, die abgelöst worden sind. Es sind wieder weitere 1.500,00 EUR aufgelaufen.

Hier kann die Gem noch 500,00 EUR anmelden.

d) Zahlung des Schuldners

Es kommt auch vor, dass der Schuldner Teilbeträge auf die titulierten Rückstände zahlt. Dies führt nicht zu einer Verringerung der anmeldbaren Hausgeldbeträge. **18**

Beispiel: Gem G hat Forderungen von 4.500,00 EUR, die 5 % des Verkehrswertes ausmachen. Eigentümer E zahlt 4.000,00 EUR. Bis zum Versteigerungstermin laufen weitere 4.000,00 EUR an Hausgeldern auf.

Die Gem kann hier die vollen 4.500,00 EUR zur Rangklasse 2 anmelden. Der Unterschied zu einer Ablösung durch eine Bank oder einen sonstigen Dritten: Der Gesetzgeber wollte, dass die Banken sich maximal 5 % des Verkehrswertes in der Versteigerung vorgehen lassen müssen bzw. die Banken maximal 5 % des Verkehrswertes zur Ablösung aufbringen müssen. Bei einer Ablösung führt dies dazu, dass die Banken sich mehr als 5 % des Verkehrswertes vorgehen lassen müssten, wenn über die abgelösten 5 % hinaus weitere Beträge angemeldet werden könnten. Bei einer Versteigerung wird nur das SE beschlagnahmt und nicht das sonstige Vermögen des Schuldners. Die Banken und sonstigen Gläubiger haben auch Anspruch auf den Erlös aus dem SE. Zahlt der Schuldner aus dem sonstigen Vermögen rückständige Hausgelder, ändert sich nichts daran, dass die übrigen Gläubiger sich weiterhin nur maximal 5 % des Verkehrswertes vorgehen lassen müssen. Ihnen wird durch die Zahlung auch nichts vorenthalten, was ihnen sonst zustände. Daher wird durch die Zahlung des Schuldners die anmeldbare Forderung der Gem nicht berührt.[21]

e) Wiederversteigerung

Im Rahmen des Versteigerungsverfahrens kann es auch vorkommen, dass der Ersteigerer seinerseits den Versteigerungserlös nicht zahlt. **19**

Beispiel: Die Gem betreibt das Verfahren gegen Eigentümer E1. Im Versteigerungstermin erhält Bieter B den Zuschlag für 20.000,00 EUR. Diese werden nicht von ihm bezahlt.

Dies kann etwa vorkommen, wenn B nur bietet, um E1 anschließend den Besitz zu überlassen, um es diesem zu ermöglichen, weiter in der Wohnung zu bleiben. Die Gem kann hier die Wiederversteigerung beantragen. Es stellt sich die Frage, ob die Gem wiederum die 5 % des Verkehrswertes ausschöpfen kann. Dies ist zu bejahen. Der BGH[22] hat festgehalten, dass innerhalb desselben Versteigerungsverfahrens die 5 % nur einmal ausgeschöpft werden dürfen. Die Wiederversteigerung ist aber ein neues Versteigerungsverfahren, das sich gegen einen

---

[21] BGH ZWE 2010, 367; NZM 2010, 324.
[22] ZWE 2010, 367; NZM 2010, 324.

neuen Eigentümer richtet. Dies zeigt sich auch daran, dass die Gerichte für das Wiederversteigerungsverfahren ein neues Aktenzeichen vergeben und dieses durchaus einem anderen Rechtspfleger zufallen kann. Außerdem ist zu berücksichtigen, dass ein Gebäude und damit auch das SE eine Lebensdauer von mehreren Jahrzehnten haben kann. Innerhalb dieser Zeit können auch durch Versteigerung mehrere Eigentümer in kurzer Folge wechseln. Würde man die Gem darauf verweisen, die 5 % innerhalb der Lebensdauer eines Gebäudes nur einmal anmelden zu können, wäre die Gem für einen langen Zeitraum schutzlos gestellt, wenn bereits der erste Eigentümer nach Fertigstellung ausfällt. Außerdem wäre unstreitig nicht mehr dasselbe Versteigerungsverfahren gegeben, wenn der Ersteigerer zunächst zahlt und alles ordnungsgemäß abläuft und erst nach einigen Jahren wegen Zahlungsunfähigkeit ein neues Versteigerungsverfahren eingeleitet werden muss. Die Situation ist nicht anders, wenn der Ersteigerer gleich zu Beginn ausfällt. Auch hier wird ein neues Verfahren eingeleitet, so dass nicht mehr dasselbe Verfahren vorliegt und die Gem erneut die 5 % ausschöpfen kann.

f) Anspruch auf Duldung, Zwangsversteigerung gegen Insolvenzverwalter

20 Die Zwangsversteigerung setzt wie jede Vollstreckungshandlung Titel, Klausel und Zustellung voraus. Wichtigste Handlung der Gem bei Rückständen ist also die Erlangung eines Titels. Wird aber über das Vermögen des rückständigen Eigentümers das Insolvenzverfahren eröffnet, wird eine Leistungsklage unzulässig. Die Gem kann wie jeder Gläubiger ab Eröffnung des Insolvenzverfahrens ihre Forderungen grds. nur noch nach den von der Insolvenzordnung (InsO) vorgesehenen Möglichkeiten durchsetzen (§ 87 InsO). Die InsO sieht aber nur die Anmeldung zur Insolvenztabelle vor. Hat die Gem vor Eröffnung des Insolvenzverfahrens noch keinen Titel erlangt, kann dies somit nicht mehr nachgeholt werden. Der Weg zur Zwangsversteigerung ist aber nicht abgeschnitten. Durch das Vorrecht aus der Rangklasse 2 ergibt sich eine insolvenzrechtliche Absonderungsberechtigung, welche einen Anspruch auf Duldung der Zwangsversteigerung gegen den Insolvenzverwalter gibt (§§ 49 InsO, 10 Abs. 1 Nr. 2 ZVG).[23] Dieser Anspruch setzt aber voraus, dass bevorrechtigte Forderungen iSd ZVG bestehen. An Stelle der Beschlagnahme als maßgeblichem Zeitpunkt für die Festlegung welche Ansprüche bevorrechtigt sind, tritt die Eröffnung des Insolvenzverfahrens. Die WEG kann deshalb wegen der vor der Insolvenzeröffnung fälligen Forderungen aus dem Jahr der Insolvenzeröffnung und zwei weiteren davor liegenden Jahren aus der Rangklasse 2 in die ETW des Schuldners vollstrecken. Wegen laufender Beträge kann sie die Vollstreckung nur noch wegen des letzten vor der Insolvenzeröffnung fällig gewordenen Betrages aus der Rangklasse 2 betreiben.[24]

Beispiel 1: Das Insolvenzverfahren wird im Dezember 2007 eröffnet. Die Gem kann daher das Jahr 2007 einschließlich Dezember ansetzen, sowie 2006 und 2005.

---

[23] BGH NJW 2011, 3098.
[24] BGH NJW 2011, 3098.

Rangordnung der Rechte **Anh.**

Beispiel 2: Das Insolvenzverfahren wird im April 2009 eröffnet. Hier kann das Jahr 2009 nur teilweise angesetzt werden und zwar die Monate Januar bis März als rückständige Hausgelder und April als laufender Monat. Die Monate Mai bis Dezember 2009 sind nicht ansetzbar und können nur über die Insolvenztabelle angemeldet werden. Angesetzt werden können noch die Jahre 2008 und 2007.

Beispiel 3: Im obigen Beispiel 2) hat die Gem aus den Jahren 2007 und 2008 sowie Januar bis April 2009 keine Rückstände, der Eigentümer hat dies ausgeglichen. Erst ab Juni 2009 stehen dann die Hausgelder offen. Hier steht der Gem kein Anspruch auf Duldung der Zwangsvollstreckung nach dem BGH zu.

g) Zwangssicherungshypothek

Die Zwangsversteigerung kann nicht nur aus einer persönlichen Forderung betrieben werden, sondern auch aus einer dinglich abgesicherten Position. Die Gem kann etwa nach Erlangung eines Titels eine Zwangssicherungshypothek erwirken (§ 866 Abs. 3 ZPO). Dies kann sinnvoll sein, wenn entweder ausnahmsweise der erste Rang im Grundbuch frei ist, oder der zweite Rang eingenommen werden kann und erwartet werden kann, mit diesem bedient zu werden. Außerdem wäre bei einem freihändigen Verkauf eine Verhandlungsposition gesichert. Der verkaufende Eigentümer müsste dann auch diese Sicherungshypothek ablösen. Diese Zwangssicherungshypothek kann auch unter der Bedingung eingetragen werden, dass „die zugrundeliegende Forderung nicht dem Vorrecht des § 10 Abs. 1 Nr. 2 ZVG unterfällt."[25] Teilweise wird von den Grundbuchämtern verlangt, dass eine solche Bedingung aufgenommen wird, um eine Doppelsicherung zu verhindern. Mit dem OLG Frankfurt ist eine solche zwingende Bedingung aber zu verneinen.[26] Die Zwangssicherungshypothek kann daher auch unbedingt eingetragen werden. **21**

h) Arrestanspruch

Nach dem AG Kerpen führt die Bevorrechtigung der Gem in der neuen Rangklasse 2 auch dazu, dass ein dinglicher Arrest der Gem erwirkt werden kann, wenn über das Vermögen des Eigentümers das Insolvenzverfahren eröffnet wird, der Insolvenzverwalter das Eigentum freigibt und der Eigentümer dann das Eigentum veräußert.[27] **22**

---

[25] BGH ZWE 2011, 401.
[26] OLG Frankfurt ZMR 2011, 401; OLG Dresden ZWE 2011, 365.
[27] AG Kerpen ZMR 2009, 323.

Sachverzeichnis

Die fettgedruckten Zahlen bezeichnen die Paragraphen des WEG,
die mageren die Randnummern

Änderung 23 10
- Gemeinschaftsordnung **Vor 10** 15
- Kostenverteilung/-schlüssel **16** 13 ff.
- → Teilungserklärung
- → Nutzungsänderung

Änderung/Aufhebung von Vereinb
10 42
- Abgrenzung **10** 49
- Allstimmigkeit aller WEer **10** 45
- besonders betroffene Beschl **10** 52 ff.
- Gebrauchsregelung **10** 50
- Gestattung durch TErkl **10** 44
- GO **Vor 10** 15A
- Instandhaltung, Instandsetzung, bauliche Veränderung **10** 51
- unangefochtener Beschl **10** 46 ff.
- Verwaltungsregelung **10** 49
- Zustimmung aller WEer **10** 43

Änderung/Aufhebung von Beschl
10 78, 79

Älterwerdender WEer 10 82A

Abänderung vereinbarter Nutzung **14** 9;
Nach 50 5A

Abberufung des Verwalters **23** 35A;
26 31 ff., 38

Abberufungsfrist 26 38A

Abdichtungsanschluss 1 10A

Abdingbarkeit 10 12 ff.; **22** 76; **23** 49;
24 3, 25; **25** 42; **27** 96; **28** 74
- → Unabdingbarkeit

Abfallbeseitigungsgebühren Vor 1 32

Abflussrohr 1 10A

Abgabenbescheid 21 9A

Abgabe des Verfahrens Vor 43 14A

Abgabe von Erklärungen 27 57

Abgasrohr 22 51A

Abgeschlossenheit 3 11; **7** 5; **14** 5A
- Abgabenrecht **Vor 1** 29
- -erfordernis **3** 11

Abgeschlossenheitsbescheinigung
3 11; **7** 5

abgeschlossener Raum
- → Zweckbindung

Abgrenzungen 5 1 ff.

Abgrenzung zwischen Beschl und
Vereinb **10** 33

Ablaufprotokoll 24 41

Ablesetag 16 39A

Abluftrohr 22 51A

Ablufttrockner 21 12A

Abmahnung 18 5; **23** 35A; **26** 38A;
Nach 50 5A

Abmeierungsklage 19 1
- → Streitwert
- → Entziehungsanspruch

Abnahme 21 12A; **27** 13

Abrechnung 23 10A, 35A; **26** 38A;
27 91A; **28** 16
- Belege **26** 37
- Beschl **28** 59
- unaufgefordert durch den Verwalter
28 61

Abrechnungsänderung 28 58

Abrechnungsmaßstab 16 39A

Abrechnungsspitze 16 56

Abrechnungsunterlagen 49 4A

Abrechnungszeitraum 21 12A; **28** 16

Absagen
- → Verlegung

Abschlussmängel Vor 2 2, 3, 4

Abschlusstüre 1 10A

Absperrkette 22 51A

Absperrpfahl
- → Sperrbügel

Absperrpfosten 10 82A

Absperrventil 1 10A

Abstandsflächen 13 23A

Abstellen von Gegenständen **21** 12A
- → Benutzung des GE

Abstellplätze 1 10A; **13** 23A, 35A;
21 12A; **22** 51A
- → Kfz-Stellplatz

Abstellraum 15 12A

Abstimmung 23 26A, 35A; **25** 3
- → Abstimmungsergebnis
- → Stimmenthaltung
- → Stimmrecht

Abstimmungsergebnis 23 3

801

Sachverzeichnis

fette Zahlen = Paragraphen

Abtrennung von Ansprüchen **26** 37; von Teilen des GE **22** 51A
Abtretung von Ansprüchen 26 38A
Abwasserbeseitigung 16 12A
Abwassergebühren 16 26
Abwasserhebeanlage 1 10A
– Fäkalienhebeanlage **10** 82A
Abwasserkanal 1 10A
Abwasserleitung 22 51A
→ Versorgungsleitung
Abwehrmöglichkeiten 10 103
abweichende Bauausführung
→ Planabweichung
Abweichung von Nutzfläche 10 83A
Abwendungsbefugnis 19 7
Abwendung sonstiger Rechtsnachteile 27 61
Abzug „Neu für Alt" 14 16
Änderung des SE **6** 2ff.
– GO **Vor 10** 15; **10** 90
– MEanteil **6** 3
Änderung 23 10A
– der GO **Vor 10** 15
Ansprüche gegen Mieter 15 21
AGB-Recht 10 21
Aktenlager 15 12A
Aktiengesellschaft 26 3
→ Stimmrecht
→ Vertretung
Alarmanlage 1 10A
Alleineigentümer 8 1
Allgemeine Geschäftsbedingungen 10 21
Allgemeine Verwaltungsvorschriften 59
Allstimmigkeitsprinzip Vor 10 15B
Altarbild 22 51A
Altenheim 15 12A
Amateurfunkanlage 22 51A
Amtsermittlung 28 67
Amtsniederlegung 26 40
Anbau 22 51A
Anderkonto 27 47ff.
Anerkenntnisurteil Vor 43 14A
Anfangsbestand 16 39A
Anfechtung der Beschl der WEerversammlung **28** 64
Anfechtung von Jahresabrechnungen/ WP 46 1ff.
Anfechtungsklage 43 20; **46; 47** 3
– Gegner **47** 7
– Verbindung **47** 10
Anfechtungsfrist 43 22
Anfechtungsgründe 23 10

Anfechtungsverfahren 43 17
Anhängigkeit Vor 43 14A
Anhörungsrüge Vor 43 14A
Ankauf 21 12A
Ankündigung TOPs durch Unbefugte **23** 14
– Folgen **23** 15
Anmeldung der Forderung **10 ZVG** 10
Anmietung 21 12A
Anpachtung 21 12A
Anspruch auf Festlegung eines TOPs **23** 12
Ansprüche der WEer 21 12
Anregungen 23 10A
Anregung der behördlichen Überprüfung 18 3A
Anschaffung 22 51A; **27** 30
Anschlüsse 21 12A; **22** 51A
Anschlussleitungen 1 10A
Anspruch der Gemeinschaft 16 24A
Ansprüche der WEer 21 12A
Anspruchsbegründung 23 35A
Anspruchsverfolgung 21 12B
Anstrich 22 17ff.
Anteilsverhältnis bei Aufhebung der Gem **17** 1ff.
Antenne 1 10A; **Vor 10** 15A; **22** 51A
Antennensteckdose
→ Steckdose
Antrag Vor 43 14A; **23** 10A, 26A, 47ff.
Antragsänderung Vor 43 14
→ Klageänderung
Antragsberechtigung 43 4
Antragsermächtigung Vor 43 14
Antragsermächtigung des Verwalters 43 4; **Nach 50** 5A
Antragsrecht Vor 43 14; **43** 4
Antragsrücknahme Vor 43 14
Antragsteller 44 1ff.
Antragstellerbezeichnung 44 1ff.
→ Gläubigerbezeichnung
Anwalt 27 91A
Anwaltsbeauftragung 21 12A; **27** 94
Anwaltskosten 49a GKG
Anwaltspraxis 15 12A
Anwartschaftsrecht 2 2
Anwendungsbereich 19 1
Anwesenheit in der Versammlung 23 26A; **24** 25
Apotheke 15 12A
Arbeiten 23 35A
architektonischer Gesamteindruck 14 4
Architekturbüro 15 12A

magere Zahlen = Randnummern

Sachverzeichnis

Archivraum 15 12A
Arrest Vor 43 14A
Arztpraxis 15 12A
→ logopädische Praxis
Asphaltieren/Asphaltboden 22 51A
Asylbewerber 15 12A
Attika
→ Markise
Aufbewahrungspflicht 28 73
Aufbauverpflichtung bei steckengebliebenem Bau **22** 77
Aufgaben und Befugnisse des Verwalters **26** 29
Aufhebung der Gem **11** 2ff.; **17** 2
Aufhebungsanspruch Vor 10 15A
Auflassung 8 11
Auflassungsklage 23 35A
Auflösung
– WEerversammlung **4** 19
Aufopferungsanspruch der Gem 14 13
Aufrechnung 10 114; **16** 50
Aufsichtspflicht 27 98
Aufstellen von Gegenständen 21 12
Aufstellung
– Wirtschaftsplan **28** 12
– Getränkeautomat **21** 12
Aufstockung 22 51
Aufteilung 8 1
– eines Altbaues in WE **14** 5A
Aufteilungsplan 7 4
Auftragsvergabe 22 4; **26** 38A; **27** 91A
Aufwendungen 23 35A
Aufwendungsersatz
– des Verwalters **16** 12A; **26** 63
– der WEer **16** 12A; **26** 44
Aufzug 1 10A; **21** 12A; **22** 40A; **22** 51A
Aufzugskosten Vor 10 15A; **10** 82A; **16** 12A; **16** 19A
Augenscheinnahme Vor 43 14A
Ausbau 10 82A
Auseinandersetzung der Gem **17** 1
Ausgaben 28 21, 29, 83E
→ Betriebskostenabrechnung
ausgeschiedener Verwalter 28 57
Auskunftsanspruch 10 112; **16** 39A; **28** 76; **Vor 43** 14; **Nach 50** 5A
– gegenüber Dritten **28** 79
– gegenüber WEer **28** 80
ausländische Staatsangehörige 12 18A
Auslagenersatz
→ Aufwendungsersatz; Erstattungsanspruch
Auslagenvorschuss Vor 43 14A

Auslegung 10 6
→ ergänzende Auslegung
→ WE-Beschl
Ausnutzung 23 35A
Ausschluss der WEer **18** 1 ff.; **23** 35A
– Anwendung **18** 2
– vom Betretungsrecht **Vor 43** 14; **Nach 50** 5A
– der MEer vom Mitgebrauch **Vor 10** 15A
Ausschlussfrist 23 22
Aussetzung des Verfahrens Vor 43 14A
Aussiedler 15 12A
Ausstieg 22 43
Ausübungsbefugnis 10 11
Auswechseln von Geräten 16 39A
Außenjalousien 1 10A; **22** 51A
Außenkamin 22 51A
Außenputz 1 10A
Außenregler 22 51A
Außenspiegel 22 51A
Außentreppe 22 51A
→ Treppe
Außenverglasung 22 51A
→ Fenster
Außenverhältnis
– Haftung der WEGem **10** 28
Außenwand 1 10A
außergewöhnliche Maßnahmen 22 1
Ausstieg 22 51A
Austausch 6 3
Auswechseln der Geräte **16** 39
Automaten-Sonnenstudio 15 12A

Bad 22 51B
Badeeinrichtungen 1 10B
Badeverbot 21 12B
Balkenkonstruktion 1 10B
Balkon 1 10B; **14** 5B; **16** 24B; **16** 39B; **21** 12; **22** 18B; **22** 40B; **22** 51B
– Anbau **22** 51
– Beleuchtung **22** 51B
– Benutzung **21** 12B
– Brüstung **1** 10B; **14** 5B; **22** 51B
– Fenster **22** 51B
– Geländer **21** 12B
– Gittertür **22** 51B
– Sanierung **21** 12B; **22** 17
– Stützen **1** 10B
– Trennmauer **1** 10T
– Trennwand **22** 51B
– Treppe **22** 51B
– Tür **22** 51B

803

Sachverzeichnis

fette Zahlen = Paragraphen

- Überdachung **22** 51B
- Unterfangung **22** 51B
- Verglasung **22** 51B
- Vergrößerung **22** 51B
- Verkleidung **22** 51B

Ballettstudio 15 12B
Ballspielen 22 51
→ Kinderspielplatz
Ballspielplatz 22 51B
Bank 22 51B
Bankautomat 22 51B
Bankguthaben 1 10B
Bankkonto
→ Konten
Bargeld 1 10B
Barrierefreiheit 22 51B
Bauabnahme 23 35B
Bauabweichungen 2 4
Bauausführung 22 51B
Bauausschuss 29 2
Baugestaltung 10 82B; **14** 5B
Bauherr Vor 1 26, 27
Bauherrengemeinschaft 2 2, 3
bauliche Veränderungen Vor 10 15B; **12** 18B; **13** 23B; **16** 12B; **22** 2, 43; **27** 91B; **49** 4B
- ABC **22** 51
- Abgrenzung **22** 4, 5
- Allstimmigkeitsprinzip **Vor 10** 15B
- Beschl anfechtbar **22** 6
- Einwilligung/Zustimmung der Verwalters **Vor 10** 15B
- Erleichterungen **22** 6
- Gänzliche/teilweise Abbedingung **Vor 10** 15B
- Mehrheitsprinzip **Vor 10** 15B
- Zustimmung aller betroffenen WEer **22** 6
- Zustimmung einzelner WEer nicht erforderlich **22** 34

Baum 21 12B; **22** 51B; **27** 91B
Baumängel 26 38B, 91B
Baumaßnahme 22 51B
→ Zuständigkeit
Bauordnungsrecht Vor 1 26
→ Nachbarrecht
Bausparvertrag Vor 10 15B
Bausubstanz 14 5B
Bauträger 21 12B
Bauunterlagen 26 37
Bauwerk auf Nachbargrundstück Vor 1 28
Bauwich 22 51B

Beantwortung 26 38B
Beauftragung eines Rechtsanwalts 23 10B
Bebauung 22 51B
Beeinträchtigung 14 5B; **22** 6; **22** 40B
Beet 22 51B
Befugnis zur Geltendmachung von Ansprüchen **27** 66
Begehung 27 16, 91B
Begehungspflicht 27 19
Begründung des WE **2** 13
- Mängel bei Begründung **Vor 2** 1 und 2
→ Einräumung
→ Sondernutzungsrecht
Behandlung 26 38B
Behauptung 23 35B
Behinderte 22 51B
Behinderung 23 35B
Beibringungsgrundsatz Vor 43 14B
Beiladung Vor 43 14B; **48** 2
- Frist **48** 12
- Wirkung **48** 13

Beirat Vor 10 15B; **16** 12B; **23** 10B, 35B; **26** 38B; **28** 74; **29** 2
- Aufgaben **29** 13
- Durchführung der Prüfung und Unterstützung **29** 16
- Einführung **29** 4ff.
- steuerliche Behandlung **29** 24

Beiratsbestellung 29 3; **Nach 50** 5B
- Beschlussfassung **29** 12
Beiratsentlastung 29 27; **Vor 43** 14; **Nach 50** 5B
Beiratssitzung 29 33
Beistand Vor 43 14B
Beiträge nach dem Kommunalabgabenrecht Vor 1 30
Beitritt Vor 43 14H; **47** 9
Bekanntgabe Vor 43 14
Belastung 13 17
Belastung des WE **4** 14
Belegbarkeit 14 5B
Belege 28 2
Beleidigung 18 3B; **26** 38B
Beleuchtung 22 51B
Belüftung 21 12B
Benutzbarkeit 14 5B
Benutzung Vor 10 15B
- durch Dritte **21** 12B
- des GE durch Dritte **21** 12B
- des GE durch WEer **21** 12B
- Ordnung **Vor 10** 15B
- Regelungen **Vor 10** 15B

magere Zahlen = Randnummern **Sachverzeichnis**

– des SE **21** 12
Benutzungsgebühren Vor 1 32; **28** 20
Benutzungsrecht 14 5; **21** 12B
Bepflanzung 13 23B; **15** 16; **21** 12B, **22** 51, 51B
→ Benutzung des GE
→ Garten
Beratung
→ Wohnungseigentümerversammlung
Berechtigung (dingliche) 13 14
Bergarbeiterwohnung 12 2
Berichtigung Vor 43 14B
– Verfahren **Vor 43** 11
→ Protokoll
Berufliche Qualifikation 26 38B
Berufung Vor 43 14B
– Berufungsbegründungsfrist **Vor 43** 14B
– Berufungsfrist **Vor 43** 14B
– Berufungsgründe **Vor 43** 14B
– Berufungsgericht **Vor 43** 14B
– Zurückweisungsbeschluss **Vor 43** 14B
Beschäftigung vorbestrafter Angestellter **26** 38B
Beschilderung 21 12B
→ Schilder
Beschimpfen 18 3B; **21** 12B
Beschluss 16 39B; **18** 9; **21** 12B; **22** 51; **23** 16, 24; **26** 38B; **Vor 43** 14; **Nach 50** 5B
→ unklarer Beschl, Stimmrecht
– allstimmiger Beschl **23** 27
– Anfechtung **18** 3B; **23** 29ff.
→ Anfechtungsantrag, -frist, -gründe
– Bestimmtheit **21** 12B
– Beschlussdurchführung **27** 91B
– einstimmiger **23** 27
– Fassung **23** 10B; **28** 35B; **49** 4B
– Gegenstand **23** 19
– gerichtliche Aufhebung **28** 65
– vom Gericht rechtskräftig für ungültig erklärt **23** 18
– -sammlung **24** 49 ff.; **26** 38B
– Ergebnis **23** 3
– Fähigkeit **24** 23; **49** 4B
– Fehler bei der Beschlussfassung **23** 20
– Teilanfechtung **28** 62ff.
– Teilungültigkeitserklärung **28** 62ff.
– Unfähigkeit **24** 23; **26** 38B
– Wirkung **10** 40ff.
– der WEerversammlung **23** 2, 7, 8
– der WEer **10** 34ff.
– Zeitpunkt **23** 18
– Zustandekommen, Entstehung **23** 29

– Zustimmung aller WEer **23** 17
Beschlussfassung der WEerversammlung **23** 2, 3, 4
– Fehler **23** 6
– Mängel **23** 8, 35B
– ohne WEerversammlung **23** 5
– Voraussetzung **25** 1, 2
Beschlusskompetenz Vor 10 15B; **49** 4B; **10** 37a, 49 ff.
Beschlusskompetenzüberschreitung 23 35B
Beschlusssammlung 21 12B; **23** 49; **49** 4B
Beschlussvorschlag 49 4B
Beschränkungen der WEer **14** 1
Beschmutzungen 18 3B
Beschwerde Vor 43 14B; **49** 4B
Beschwerdewert Vor 43 14
Beseitigung Vor 43 14
→ bauliche Veränderung
Beseitigung von GE **21** 12B; **Nach 50** 5B
Beseitigungsanspruch bei baulichen Veränderungen **22** 51B
– Wegfall **22** 52ff.
Beseitigungspflicht
→ bauliche Veränderung
Besitzschutz 13 8
Bestandteil, nicht wesentlicher **5** 5
Bestellung des Verwalters **23** 35B; **26** 1ff., 38B
– gerichtliche **26** 14
Bestimmtheit 23 39
→ Beschlussanfechtung
Bestimmtheitserfordernis 23 28ff.
Bestimmungszweck 14 5B; **22** 6
Besucher
– WEerversammlung **24** 26
Beteiligtenvernehmung Vor 43 14
Beteiligtenwechsel Vor 43 14
Betonierung 22 51B
Betonplatte 22 51B
Betonschwelle 22 51B
Betontreppe 22 51B
Betreuung 26 38B
Betretungsrecht 14 5
betreutes Wohnen 15 12B
→ Wohnung
Betreuungsanregung 26 37
Betriebskosten 16 7ff.; **16** 19B; **21** 9B
Betriebskostenabrechnung 28 22
– Abrechnungszeitraum **28** 19
– Forderung **28** 34, 47
→ Ausgaben

805

Sachverzeichnis

fette Zahlen = Paragraphen

Betroffenheit **10** 102
Beurkundung **4** 1
Bewegungsmelder **21** 12B
Beweisaufnahme **Vor 43** 14B; **49** 4B
Beweislast **Vor 43** 14B
Beweisverfahren **21** 9B; **Vor 43** 14; **Nach 50** 5B
Beweissicherungsverfahren **Vor 43** 14
BGB-Gesellschaft **23** 35B; **26** 3
Bierpavillon **15** 12B
Biertisch **22** 51B
Bilanz **28** 17
Bilder **21** 12
Billard-Café **15** 12B
Bindungswirkung **10** 88
Bistro **15** 12B
Blechwanne **1** 10B
Blitzschutzanlage **22** 51B
Blockheizwerk **1** 10B
Blumen, -trog **1** 10B
– Kästen **21** 12B; **22** 51B
→ Balkon
→ Gebrauch
Boarding House **15** 12B
Bodenbelag **22** 51B
→ Trittschallschutz
→ Estrich
Bodenplatte **1** 10B
Bodenraum **15** 12B
Böden **1** 10B
Böschung **22** 51B
Böschungsstützmauer **22** 51B
Boiler **22** 51B
Bordell **15** 12B; **18** 3B
Brandgefahr **14** 5B
Brandmauer **1** 10B
Brandschau **18** 3B
Brandschutzvorschriften **21** 12B
Brandversicherung **27** 36
Brandwand **22** 51B
Breitbandkabelnetz **16** 12B; **22** 51B
Briefkasten **1** 10B
→ Gemeinschaftseigentum
Bruchteilsgemeinschaft **Vor 1** 21
→ Gemeinschaftsanspruch **10** 1
Buchführung **27** 91B; **28** 2
→ Verwalter
Bügler **21** 12B
Büro **15** 12B

Café inkl. Tages- bzw. Tanzcafé **15** 12C
Carport **1** 10C; **22** 51C
CB-Funk **22** 51C

chemische Reinigung **15** 12C
→ Zweckbindung

Dach **1** 10D; **21** 12D; **22** 18D
– Abriss **22** 51D
– Ausbau **21** 9D; **22** 51D
– Durchbruch **22** 51D
– Fenster oder Luke **1** 10D; **21** 12D; **22** 51D
– -garten **22** 51D
– Raum **1** 10D; **15** 12D → Speicher
  → Spitzboden
– Rinne **1** 10D
– Sanierung **16** 24D; **22** 51D; **23** 10D
– Spitz **22** 51D
– Terrasse **1** 10D; **13** 23D; **15** 12D; **22** 51D
– Undichtigkeit, Durchfeuchtungsgefahr **14** 5D
Dachdecker **21** 9D
Dämmerungsschalter **22** 51D
Darlehen **Vor 10** 15D; **21** 12D
– Dispo **Vor 10** 15D
– Kredit **Vor 10** 15D
→ Kreditaufnahme
Datenschutz **28** 77
Dauernutzungsrecht **Vor 1** 2
Dauerwohnrecht **Vor 1** 2
Decke **1** 10D, **22** 51D
Dekoration **Vor 10** 15D; **21** 12D
Delegation von Aufgaben **21** 12D
Dereliktion **4** 10
Dichtung **1** 10D
Diebstahl **27** 91D
Diele **1** 10D; **22** 51D
Dienstbarkeit **4** 11; **10** 103
Dienstleistungspflicht **16** 6
→ Hausreinigung
→ Schneeräumung
→ Streupflicht
Digital-Druckerei **15** 12D
DIN-Vorschriften **14** 2
dingliches Sondernutzungsrecht **15** 18
Discothek **15** 12D
Diverses **23** 10D
Doppelfenster
→ Fenster
Doppelhaus **1** 10D
Doppelhäuser **Vor 10** 11
Doppelgarage **10** 83D
Doppelstockgarage **1** 10D; **16** 24D
Doppeltür **22** 51D

magere Zahlen = Randnummern

Sachverzeichnis

Drahtfernsteueranlage 22 51D
Dritte 24 25
→ WEerversammlung **Vor 43** 14D
Drittschutz 22 51D
Drohende Majorisierung 12 18D
Duftkerzen 14 5D
Duldung 10 83D
Duldungspflicht der WEer **14** 12
Duplex–Garage 13 13
– Parker **1** 10D
Duplexstellplatz 27 91D
Durchbruch 22 51D
Durchbrechung 14 5D
Durchfeuchtungsgefahr 14 5D
Durchführung von Beschl **27** 7
– einer Versammlung **24** 21
Durchgang 13 23D; **15** 16
Dusche 22 51D
Duschverbot 21 12D
→ Badeverbot

Eheleute 12 12
→ Veräußerungszustimmung
Ehescheidung 10 83E
Ehewohnung 60
ehrverletzende Äußerungen
→ Beleidigung
→ Meinungsäußerung
Eichkosten 16 12E
Eichpflicht 16 39E
– -gesetz **27** 19
– Warmwasserzähler **22** 43
Eigenart der Wohnanlage 22 35
Eigenmächtigkeit 26 38E
Eigentum 1 2, 3, 3a; **16** 39E
Eigentumsform 6 1
Eigentümer 3 2; **8** 3, 10; **23** 35E; **26** 38E
Eigentümerleistung, Kostenbefreiung **16** 6
Eigentümerliste 28 80; **44** 7
Eigentümerversammlung 16 12E
Eigentümerverzicht, Eigentumsaufgabe **4** 10
Eigentümerwechsel 16 39E
Eilmaßnahme 27 77
Einbau 22 51E
Einbauschrank 1 10E; **21** 12E
Einberufung einer WEerversammlung **24** 2, 12, durch WEer **24** 6
Einberufungsfrist 24 16
Einberufungsrecht 26 4
– ausgeschiedener Verwalter **26** 4
– Scheinverwalter **26** 4

Einberufungsverlangen 26 38E
Einbeziehung eines Zimmers **22** 51E
Einbruchsicherung 22 51E
Einfamilienhaus 15 12E
→ Zweckbindung, Wohnung
Eingangsflur 1 10E
Eingangshalle 1 10E; **15** 12E
Eingangspodest 1 10E
Eingangstür
→ Tür
einheitlich und gesonderte Feststellung 28 43
Einheitstheorie 10 1
Einladung
→ WEerversammlung
Einlagensicherung 26 38E
Einnahmen 28 11, 20, 83E
→ Betriebskostenabrechnung
Einräumung
→ Begründung
→ Sondernutzrecht
Einrohrheizung 16 39E
Einsehbarkeit 14 5E
einseitige Erledigung Vor 43 14; **Nach 50** 5E
Einsicht in Unterlagen Nach 50 5E
Einsichtnahme 28 81; **Vor 43** 14
Einsichtsrecht 16 39E; **26** 38E; **28** 82
Einstimmigkeit 21 3
einstweilige Anordnung 26 47
einstweilige Verfügung Vor 43 6, 14E
Eintragung Vor 1 4
Eintritt in den Verwaltervertrag 26 19ff.
Einwirkungsmöglichkeit 48 14
Einzelabrechnung 23 35E; **28** 59
Einzelwirtschaftsplan 28 8, 11
Einzugsermächtigung Vor 10 15E
→ Lastschrift
Eisdiele/Eiscafé 15 12E
Eisenpfosten 22 51E
Elektrizitätsleitung
→ Anschlussleitungen
Elektrizitätszähler
→ Zähler
Elektroheizung
→ Heizung
Elektroleitungen 22 40E; **22** 51E
elektronische Überwachung 21 12E
Elementarrechte 23 35E
E-Mail 21 12E
Energieausweis 16 12E; **16** 19E; **21** 12E
Energiebedarfsausweis 16 12E

Sachverzeichnis

fette Zahlen = Paragraphen

Energieeinsparung 14 5E
- -verordnung **27** 19

Energiekosten 21 9E
Energieversorgungsanschluss 21 12E
Entfernung 22 51E
Entgegennahme 27 76
Enthaltung 25 25
Enthärtungsanlage
→ Wasserenthärtungsanlage
Entlastung 23 10E; **28** 67, 83E;
  Vor 43 14; **49** 4E; **Nach 50** 5E
- Beirat **29** 27
Entlohnung
→ Vergütung
Entlüftungsanlage 22 51E
Entlüftungsgitter 22 51E
Entlüftungsrohr 1 10E; **22** 51E
Entnahme 26 38E
Entschädigung 16 12E
Entsorgung 16 12E
Entsorgungsleitungen
→ Anschlussleitungen
Entstehung
- der Gem **Vor 1** 4ff.
- des SE **1** 7ff.; **2** 3
- des WE **3** 1
Entwertung wirtschaftlich vorteilhafter Baugestaltung 14 5E
Entziehung 13 23E; **18** 1ff.
→ Stimmrecht
Entziehungsanspruch
→ Abmeierungsklage **19** 1ff.
Entziehungsbeschluss Vor 43 14;
  Nach 50 5E
Entziehungsklage 16 26; **23** 10E;
  Vor 43 14; **Nach 50** 5E
Entziehungsurteil 18 7
Entziehungsverfahren 16 12E
→ Prozesskosten
Erbe 27 4
→ Nachlass
→ Rechtsnachfolger
Erfassungsgeräte 1 10E
Erfüllungsgehilfe 27 13
ergänzende Auslegung 10 86
→ WEbeschl
Ergänzung
- Jahresabrechnung **28** 63; **Vor 43** 14E
- Wirtschaftsplan **28** 63; **Vor 43** 14E
Erhaltungsmaßnahmen 22 17
Erhöhung 23 10E
Erledigung 49 4E
Erleichterung 22 44; **44** 9

Ermächtigung Vor 43 14E
- des Verwalters **27** 88
- der WEer **10** 4
Ermächtigung zur Kreditaufnahme **48** 3
Ermessen 26 38E
Erotikshop 15 12E
→ Sexfilmkino/-shop
Ersatzbeschaffung 27 30
→ Instandhaltung
Ersatzanspruch 16 12E
Ersatzvertreter 44 11; **12** 13
**Ersatzzustellungsbevollmächtigter
  44** 10
- -vertreter **45** 11ff., 12, 14
Erscheinungsbild 14 5E
Erschließungskosten 16 5
Erstattungsanspruch
→ Aufwendungsersatz; Auslagenersatz
Erstbegehungspflicht 27 98
Erstellung 23 10E
Ersterstellung 22 9, 51E
→ bauliche Veränderung
→ Herstellung
Erstveräußerung 12 6E, 75; **61** 1ff.
Erwerb 2 3; **21** 12E
Erwerberhaftung 16 39
Estrich 1 10E
→ Bodenbelag
→ Trittschallschutz
Etagenheizung 1 10E; **22** 51E
→ Heizung
Eventualeinberufung 25 26
Erwerb 21 12E

Fäkalienhebeanlage 1 10F
Fälligkeit 21 12F
Fälschung 26 38F
Fahrradkeller 15 12F
→ Hausmeisterwohnung
Fahrradabstellplatz 22 40F
Fahrradständer 22 51F
Fahrstuhl 22 40F; **22** 51F
→ Aufzug
Fahrstuhlkabine 22 18F
Fahrstuhlsicherung 21 12F
faktische Gem Vor 1 6
Fallrohr 22 51F
→ Regenrinne
Familie 22 51F
Farbanstrich 22 18F; **22** 51F
→ Anstrich **22** 17ff.
Fassade 1 10F; **22** 51F
Fassadenfläche 13 23F; **15** 27

magere Zahlen = Randnummern   **Sachverzeichnis**

Fassadenrenovierung 22 18, 51F
Fassadensanierung 22 18F, 51
Fassadenwerbung
→ Reklame
Fehler Vor 2 1ff.
– bei Beschlussfassung 23 20
– formell 23 44
– materiell 23 45
Fehler bei Verwaltung 26 38F
Fenster 1 10F; 16 12F; 16 24F; 21 12F; 22 18F; 22 40F; 22 51F; 23 10F
– Fensterbank, -laden 1 10F
– Scheibe 22 51
Fenstergitter 22 43
→ Isolierglasfenster
Ferienwohnung 15 12F; Vermietungsbeschränkung **Vor** 10 15
Fernbedienung 22 51F
Fernsehantenne
→ Antenne
Fernsehanschluss 21 12F; 22 51F
Fernsehen 22 18F
Fernsprechanschluss 21 12F
Fernwärme 16 39F
Fertiggaragen 1 10F
Fertigstellung 22 62
Fertigstellungskosten 22 67
Feststellungsantrag Vor 43 14F; **Nach** 50 5F
Fettabscheider im Abwasser 1 10F
Feuchtigkeitsisolierung 1 10F
Feuchtigkeitsschäden 22 51F
Feuerleiter 1 10F
Feuerversicherung 27 35ff.
→ Versicherung
Filter 1 10F
finanzielle Verhältnisse 26 38F
Finanzierung 21 12F; 23 10F
Findlinge (Steine) 22 51F
Fischgroßhandelsgeschäft 15 12F
Fitness-Center 15 12F
Flachdach 1 10F
Flachdachsanierung 22 51F
Flachkollektoren 22 51F
Flächenmaßstab 16 39
Fliesen 1 10F; 22 51F; 27 91F
→ Bodenbelag
Fluchttreppe 22 51F
Fluchtweg 16 12F
Flügeltor 22 51F
Flur 1 10F; 21 12F
→ Treppenhaus
Fördermittel 27 91F

Folgenbeseitigungsanspruch 23 9, 47
Folgeschäden 23 10
Forderungen 28 34
→ Betriebskostenabrechnung
Form 12 19
→ Veräußerungszustimmung
Formvorschriften 4 1
Fortsetzung (Gebrauch) 12 18F
Fotokopien, Anfertigung durch WEer 28 82
Frauensportstudio 15 12F
freiberufliche Tätigkeit
→ gewerbliche Nutzung
Freistellung von Heizkosten 16 39F
Freistellungsanspruch 10 116
Freistellungsantrag 28 42
Fremdkonto 27 47
Fremdverwaltung 21 12F
Friesenwall 22 51F
Frist 26 38F
Fristenwahrung 27 61
Fritieren auf Balkon 21 12F
Frostsicherung 27 91F
Früchte 16 3, 4
Fundament 1 10F
Funkantenne 22 51
→ Antenne
Funksprechanlage 22 51F
Fußballspiel 24 6
Fußboden 1 10F
– Belag 1 10F
– Heizung 1 10F
Fußweg
→ Weg

Galerie 15 12G
Garage 1 10G; 13 23G; 15 12G; 16 12G; 22 51G
– GE 15 12G
– SE 15 12G
– Öffner 22 51
– Parkfläche 15 12G
– Tor 22 51G
– Torfernbedienung 22 51G
– Zufahrt 15 12G; 22 51G
→ Abstellplatz
Garage/Keller 15 16; 21 12G
→ Gebrauch
Garagenhof 22 51
Garagentor 22 51G
– -fernbedienung 22 51G
Garagenzufahrt 15 12G; 16 16; 22 43; 22 51G

809

Sachverzeichnis

fette Zahlen = Paragraphen

Garderobe 21 12G; 22 51G
Garten 1 10G; **Vor** 10 15G; 13 23G
– Wasserhahn 1 10G
→ Bepflanzung
→ Grünfläche
→ Sträucher
Gartengestaltung 22 51G
Gartenhaus 13 23G; 15 27; 22 51G
Gartenhütte 22 51G
Gartennutzung 13 23; 15 27; 23 35G
Gartenpflege 16 19G
Gartentor 22 51G
Garagentorfernbedienung 22 51G
Gartenzwerge 22 51G
Gasgeruch 21 9G
Gasleitungen 1 10G; 13 23G; 22 51G
→ Gasuhr
→ Versorgungsleitung
Gaststätte 15 12G
Gasuhr 22 51
→ Wasseruhr
Gebäude Vor 1 1
Gebäudeversicherung 16 12G; 16 19G
Gebäudereinigung 16 6
→ Hausreinigung
Gebäudeteile 5 4
Gebrauch 15 2; 21 12G
→ Benutzung des GE
→ Bepflanzung
→ Nutzung
→ Nutzungsänderung
Gebrauchsregelung 15 1, 6
– Anspruch 15 28; 21 12
– durch Beschl 15 4
– Überwachung 27 8
→ Belüftung
Gebühren 49a GKG
Gefährdung 14 5G; 22 5; 22 40G
Gegenantrag Vor 43 11
Gegensprechanlage 1 10G; 22 40G; 22 51G
Gegenstand Vor 43 11; **Nach** 50 5G
– des GE 1 8
– des SE 1 9
Gegenstandswert 50 3; 49a GKG, 2
– Beschränkung 50 2
Gehweg, Hauszugangsweg 16 19G; 22 51G
Geländer 1 10G; 22 51G
→ bauliche Veränderung
Geldanlage 21 11; 27 91G
Gelder, gemeinschaftliche 26 37; 27 46
→ Verwaltungsvermögen 1 10V

Geldforderungen Vor 43 11; **Nach** 50 5G
Geldstrafe
→ Vereinsstrafe, Sanktionen
→ Vertragsstrafe
Geldverwaltung 27 46
Geltungsdauer 28 15
→ Kalenderjahr
→ Wirtschaftsplan
Gemeindezentrum 15 12G
gemeinschaftliche Gelder 26 38G; 27 46
Gemeinschaftsanspruch 21 12
Gemeinschaftsantenne 22 22
→ Antenne
Gemeinschaftseigentum Vor 1 21; 1 8
Gemeinschaftskonto 28 83G
Gemeinschaftsordnung 2 13; 8 4; **Vor** 10 15; 49 4G
– Regelungen, mögliche **Vor** 10 15
Gemeinschaftsentstehung Vor 1 6ff.; 21 12G
Gemeinschaftspflichten
→ Treuepflicht **Vor** 10 9
Gemeinschaftsraum 1 10G; 15 12G
gemeinschaftsschädigendes Verhalten 12 18G
Gemeinschaftsvermögen 28 83G
Genehmigung 4 3; **Vor** 10 15G; 12 1ff.
– Aufteilung von Eigentumswohnung 4 5
– Fremdenverkehr 4 4
– Genehmigung (Öffentlich-rechtliche) 15 12G
– Unbedenklichkeitsbescheinigung 4 6
Genehmigungsanspruch 12 18
Genehmigungsbeschluss 23 44
Genehmigungsfiktion 10 15
Geräte 27 30
→ Anschaffungen
Gerätehaus 22 51G
Geräteraum 1 10G
Geräusche 14 5G; 21 12G
Gericht 12 18G
gerichtliche Geltendmachung 23 10G
gerichtliche Gestaltung Vor 43 14G
gerichtlich bestellter Verwalter
→ Notverwalter 26 16
Gerichtsentscheidung Vor 10 6
– Rechtskraft **Vor** 43 14
Gerichtsgebühren/-kosten 23 35G; 27 91G; **Vor** 43 14G; 43 24; 49a GKG
→ Kostenvorschuss
→ Verfahrenskosten

magere Zahlen = Randnummern

Sachverzeichnis

Gerichtsverfahren 26 38G; 27 50 ff;
    28 83G; 29 34
Geringfügigkeit 28 51
Geruch 14 5G
Gerüst 27 91G
Gesamtabrechnung 28 20
Gesamtgläubigerstellung 16 2
Gesamtnachfolge 12 7G
Gesamtschuldner 16 2; 49
Geschäftsfähigkeit Vor 2 2
Geschäftsführer 12 18G
Geschäftsführung ohne Auftrag
    21 7 ff.; 26 23
Geschäftsordnungsbeschluss 23 10G,
    25
Geschäftsraum 15 12G
Geschäftsunfähigkeit Vor 2 2; 25 4
Geschäftswert
→ Streitwert
Gesellschaft 12 18G
Gesellschafterwechsel 12 7G
Gesellschaftsübertragung 12 6D
Gesetzesänderung 62 1
Getränkeautomat 21 12G
Getränkemarkt 15 12G
Gewächshaus 13 23G; 15 27; 22 51G
Gewährleistung Vor 10 15G
→ Baumängel
Gewährleistungsanspruch 21 12G
Gewässerschadenhaftpflichtver-
    sicherung 27 38
gewerbliche bzw. berufliche Nutzung
    Vor 10 15G; 15 16
gewerblich genutzter Laden 15 12G
gewerblicher Raum 15 12G
Gewerbeeinheit 15 12G; 23 35G
Giebel 22 51G
Gitter 21 12G; 22 51G
Gläubigerbezeichnung 45 5
Gläubigerzustimmung 10 101
Glasbausteine 22 40G; 22 51G
Glaseinhausung 22 40G
Glasfasertapete 22 51B
Gleichbehandlung 21 12G
Gleitklausel 26 10, 25
GmbH 12 18G; 26 3
Grenzabstand
– Anlagen 1 10G
– Nachbarrecht 15 23
→ Baumabstand
Grenze 13 23G
Grenzzaun 22 51
→ Nachbarrecht

Grillen 21 12G
Grillplatz 1 9; 22 51G
Großanlagen Vor 10 14
Groß- und Mehrhausanlagen
    Vor 10 14
Grünfläche 15 12G; 16 39G; 21 12G;
    22 51G
→ Kinderspielplatz, Garten
Grundbesitzabgaben 21 9G
Grundbuch 7 1 ff.
– Eintragungsvermerk MEanteile 7 5
– Voraussetzungen 7 3
Grundbuchamt 7 9
Grundbuchblatt 7 2
Grundbucheinsicht 7 8
Grundbuchverfahrensrecht 9 1
– Schließung 9 2
Grundbuchvorschrift 7 1
Grunddienstbarkeit 4 11
Grundfläche 16 39
Grundordnung 10 3
Grundrecht Vor 1 5; 22 41
Grundrissplan 7 4
Grundschuld 1 9; 4 11; Vor 10 15G
→ Zwangshypothek
Grundsteuer 16 12G
Grundstück 15 12G
Grundstücksfläche 1 10G
Grund, wichtiger 12 12; 26 37
Gully 1 10G
Gutachten 26 38G
→ Prozesskosten
gutgläubiger Erwerb Vor 2 3, 4; 10 16
Gymnastik-/Tanzstudio 15 12G
→ Zweckbindung

Häufung von Fehlern 26 38H
Haftpflichtversicherung 27 35
Haftung 23 10H der WEer 14 18 ff.;
    16 39; 23 35H; 29 32
– Beirat 29 28
– Hauptsacheerledigung Vor 43 13
– des Rechtsnachfolgers Vor 10 15H;
    16 66; → Rückstand
– des Verwalters 27 87
Haftung des Erstehers 23 35H
Haftung der Gem (Verband) 14 21
Haftungsbeschränkung 10 118
Haftungssystem des Verbands 10 94 ff.
Handlauf 22 51H
Handwerker 21 9H
Hauptsacheerledigung Vor 43 14H
Hauptversorgungsleitung 1 9

Sachverzeichnis

fette Zahlen = Paragraphen

Hausfassade 21 12H; **23** 10H
Hausflur 23 35H
Hausgeld 23 10H
→ Kosten und Lasten
Hausgeldrückstand 16 40ff.
Haushaltsnahe Dienstleistung 21 12H
Hauskonto 28 83H
Hausmeister 21 9H; **21** 12H; **26** 38H
– Kosten **16** 12H; **16** 19H; **23** 10H
– Wohnung **1** 10H; **14** 5H; **15** 12H
Hausordnung Vor 10 15H; **12** 18H;
 21 12H; **23** 10H; **26** 38H
– Aufstellen **21** 12H
– Aufstellung durch Gericht **21** 12H
– Ändern **21** 12H
– Hausrecht **21** 12H
– Inhalt **21** 12H
– Überwachung **21** 12H; **27** 8
Hauspersonal 21 12
Hausrecht 21 12
Hausreinigung 16 19H; **21** 12H
Hausschlüssel 1 10S
→ Schlüssel
Hausschwamm 27 91H
Haussprechanlage 1 10H
Haustier 21 12H
Haustierhaltung Vor 10 15H
→ Tierhaltung
Haustierhaltungsverbot 23 35H
Haustür 21 12H; **22** 40H
– Flurtür **21** 12H
Hausverbot 21 12H
Hausverwaltung 23 10H
Hauszugang
→ Zugang
Hauszugangsweg 1 10H; **13** 23H; **15** 27
Hebeanlage 1 10H
Hebebühne 1 10H
Hecke 22 51H
heimartige Nutzung 15 12H
Heizkörper 1 10H; **21** 12H; **22** 51H
– Ventile **1** 10H
Heizkosten 16 12H, 36; **16** 19H; **28** 83H
Heizkostenmehraufwand 14 5H
Heizkostenverordnung 16 14
Heizkostenverteiler 1 10H; **16** 39H;
 21 12H
Heizkostenmehraufwand 14 5
Heizkörper 23 35H
Heizkörperentfernung 16 39H
Heizung 21 12H; **22** 18H; **22** 40H;
 22 51H; **23** 10H, 35H; **27** 91H
– Heizungsanlage **1** 10H

– Heizungsanschluss **22** 51H
→ Anschluss
– Heizungsraum **1** 10H; **22** 51
– Heizungsumstellung **22** 51H
– Rohre **1** 10H
– Zutritt zu den Heizräumen **21** 11
HeizkostenV 23 35H
Heizkostenabrechnung 26 38H; **28** 83H
Heiz- und Warmwasserkosten 16 27;
 28 83H
Hellhörigkeit 14 5H
Herausgabe 26 43, 59a; **29** 18; **Vor 43** 14;
 Nach 50 5H
Herstellung 22 7
→ Erstherstellung
Hilfsantrag Vor 43 14H
Hinweispflicht des Gerichts
 Vor 43 14H
Hinweisschild Vor 10 15H
→ Schild
Hilfsantrag Vor 43 14
Hobbyraum, -speicher 15 12H
Höchstfrist 26 8
→ Verwalterbestellung
Hof 1 10H; **15** 12H
Hofgestaltung 22 40H
Hofpflasterung 22 51H
Holzschrank
→ bauliche Veränderung **22** 51
→ Schrank
Hotel Vor 10 15
→ Vermietungsbeschränkung
Humusschicht 1 10H
Hund Vor 10 15; **Vor 43** 14
→ Haustierhaltung
Hundehaltung 21 12H; **Nach 50** 5H
Hypothek Vor 10 15
→ Gläubigerbezeichnung **45** 7
→ Zwangshypothek
→ Zwangsvollstreckung

Imbissstube 15 12I
Immission Vor 10 15I; **12** 18I; **14** 5I;
 22 33; **22** 40I
Inanspruchnahme Vor 1 24
Individualansprüche Vor 10 15I; **23** 35I
Individualanspruch auf ordnungs-
 gemäße Verwaltung 21 10
Individualgläubiger 43 9
Information der WEer 16 12I; **26** 38I
Informationspflicht des Verwalters
 Vor 1 15; **27** 50 ff; **28** 79; **45** 4
– des Eigentümers **45** 8

812

magere Zahlen = Randnummern **Sachverzeichnis**

Informationsrecht der WEer **28** 1, 9
Ingenieurbüro **15** 12I
Inhaltskontrolle (Vereinb) **10** 20ff.
Inhaltsmängel **Vor 2** 1
Inkrafttreten **64**
Innenanstrich **1** 10I
Innenhof **1** 10I
Innenverhältnis **16** 27
Insolvenz **16** 56, 68; **49** 4I
– -verfahren **26** 38I; **Vor 43** 14I
Insolvenzverwalter **25** 12
Instandhaltung **Vor 10** 15; **14** 2, 3; **21** 12I; **22** 3; **27** 78
→ Ersatzbeschaffung
Instandhaltungskosten **16** 8; **16** 12I
Instandhaltungsrücklage **16** 12I; **21** 12; **23** 35I; **26** 38I
Instandhaltungsrückstellung **21** 12I
Instandhaltungs- und Nutzungspflicht **14** 2
Instandsetzung **Vor 10** 15I; **14** 5I; **21** 12; **22** 3; **27** 11
Installationen **1** 10I
Institute der Gem **20** 3
Intensivierung **14** 5
Interessenkollision **26** 38I; **27** 59; **45** 11
Interessenkonflikt **26** 38I
Internet **21** 12I
Isolierglasfenster
→ Fenster
Isolierschicht **1** 10I
Isolierung **22** 18
→ Außenwand
→ Instandhaltung

Jahresabrechnung **21** 12J; **23** 10J; **26** 38J; **27** 91J; **28** 17, 83H; **Vor 43** 14; **49** 4J; **Nach 50** 5J
– Aufstellung **28** 17
– Änderung **28** 63
– Ergänzung **28** 55
– Erzwingung **28** 18
– Fälligkeit **28** 62
Jalousien **1** 10J; **22** 18J; **22** 51J
Jugendbetreuung **15** 12J

Kadaver **21** 9K
Kabelanschluss **16** 12K; **16** 19K
Kabelfernsehen **Vor 10** 15K; **16** 19K; **22** 19, 51K
Kabelverlegung **22** 51K
Kalenderjahr **28** 15, 32, 45
Kaltwasserzähler **22** 51K; **10** 83K

Kamera **14** 5K
Kammer **15** 12K
Kamin **1** 10K; **21** 12K; **22** 40K
– Anschluss **22** 51K
Kampfhund **15** 12K
→ Tierhaltung **21** 11
Kampfsportschule **15** 12K
Kanalisation **1** 10K
Kaninchengehege **22** 51K
Kantine **15** 12K
Kassenprüfer **29** 2
Katze
→ Haustierhaltung
Katzennetz **22** 51K
Kauf **4** 6; **21** 12K
Kaufbewerber **28** 83K
Käufer **27** 91K
Kaufvertrag **4** 6
Kaufvertragsaufhebung **12** 6K
keine bauliche Veränderung **22** 7
Keller **1** 2; **21** 12K; **22** 51K
– Aufgang und Vorbau **22** 51K
– Außentreppe **1** 10K
– Beleuchtung **27** 91K
– Decke **1** 9
– Fenster **21** 12K
– Garage **15** 12K
– Raum **1** 10K; **15** 12K
– Trennwand **22** 51K → Wand
– Verteilung **Vor 10** 15K
Kellerabteil **10** 82K
Kerzen **14** 5K
Kesselraum
→ Tankraum
Kette **22** 51K
→ Absperrkette
Kfz-Abstellplatz **13** 15, 23K; **15** 12K; **21** 12A; **21** 12K; **22** 51K; **Vor 43** 14; **Nach 50** 5K
Kiesschicht **22** 51K
Kinder
→ Gebrauch
Kinderarzt **15** 12K
Kinderrutsche **22** 51K
Kinderschaukel **22** 51K
Kinderspielplatz **21** 12K; **22** 51K
Kindertagesstätte **15** 12K
Kinderwagen
→ Flur
→ Hausordnung **21** 12K
Klage eines Dritten **44** 9
– gegen aller WEer **47** 1
Klageänderung **Vor 43** 14K

813

Sachverzeichnis

fette Zahlen = Paragraphen

Klagebefugnis Vor 43 19
Klageberechtigung Vor 43 11
Klageerhebung 45 2
Klagerücknahme Vor 43 14K
Klageschrift 44 2
- notwendige Angaben 44 10
Klavierspiel
→ Musizieren
Kleinreparatur 21 12K
Kleintierhaltung
→ Tierhaltung
Kletterhilfe 22 51K
Klimaanlage 21 12K
Klimageräte 22 51K
Klingel
→ Sprachanlage, Haussprechanlage
Kommanditgesellschaft 26 3
→ Stimmrecht
Kommunalabgabenrecht Vor 1 29
Kommunmauer
→ Brandmauer
Kompetenzkonflikt 46 1 und 3
Komponente
- positive 13 3
- negative 13 4
Konkurrenz 14 5K
Konkurrenzschutz Vor 10 17, 18; 12 18K
Konkurrenzverbot Vor 10 15K; 15 12K
Konto 26 38K; 27 47, 80
Kontoführungsgebühren 16 12K
Kontokorrentkredit 23 10K
Kontostand
→ Vorjahressaldo
Kontrollpflicht 27 19
→ Instandhaltung
→ Verwalter
Kopfprinzip 24 8; 25 15
Kopfstimmrecht 25 15
Kopierkosten 28 62
Körperverletzung 18 3K
Korridor
→ Diele
Kosmetikstudio 15 12K
→ Zweckbindung
Kosten 12 24; 22 40K: 22 51K; 23 35K 27 41
- -risiko 50 1; 49a GKG, 1
Kosten auch gegeneinander Vor 43 11
Kosten- bzw. Lastenverteilung
 Vor 10 15K; 16 4; Vor 43 14K
Kosten des Rechtsstreits 16 11; 19 7
Kostenbelastung 14 5K; 10 82K

Kostenentscheidung 49
Kostenerhöhung 10 82K
Kostenerstattung Vor 43 14K; 49 1; 50 3
- Begrenzung 50 4
- quotale Aufteilung 50 5
Kostenfestsetzung Vor 43 14K
Kostenregelung 21 12K
Kostensteigerung 10 82K
Kostentragungspflicht im Innenverhältnis 13 19; 16 2
- des Verwalters 49 3
Kostenverteilung Vor 10 15K; 16 2; 23 35K; Nach 50 5K
Kostenverteilungsschlüssel 10 83K
Krankengymnastikpraxis 15 12K
Kredit Vor 10 15K; 21 12K; 27 91K
Kreditaufnahme Vor 10 15K; Vor 43 11; Nach 50 5K
Kriminalität 14 5K
Kritik 27 91K
Künftige Leistung Vor 43 14K
Kunststoffmatte 22 51K
Küche 15 12K
Küchendünste
→ Immissionen 14 3
Kulanzzahlung 23 10K
Kündigung 21 12K; 23 35K; 27 91K
Kur-Cafe 15 12K

Laden 15 12K
- Begriff 15 12L
- Eingang 22 51L
- Unzulässig/zulässig 15 12L
- Wohnung 15 16
Ladenschlusszeiten 10 82L
Ladenwohnung 15 12L
Lärm 21 12L
Lärmbelästigung 14 5L
Lärmschutz 22 51L
Lager 15 12L
Lagerraum 15 12L
→ Zweckbindung
Landesnachbarschaftsgesetz 13 23L
Lasten- und Kostenbeitrag
 Vor 10 15K; 16 4ff.
Lastschrift Vor 10 15L; 21 12L; Vor 43 11; Nach 50 5L
→ Einzugsermächtigung
Laubengang 1 10L; 16 24L
Lebensgefährte 12 18L
Leerstand 16 12K; 21 12L
- noch nicht gebaute Einheiten 16 12L
- fertige, nicht genutzte Einheiten 16 12L

magere Zahlen = Randnummern

Sachverzeichnis

Leerstehende Wohnung 16 26; 10 82L
Legionellenprüfung 16 19L
Legitimation des Verwalters 21 12; 26 12
Leistungsfähigkeit 27 91L
Leistungspflichten 23 35L
Leiter 21 12L
Leitungen 22 51L
→ Anschlussleitungen 1 10A
Leitungswasserversicherung 27 36
Leuchte 22 51L
Leuchtreklame 1 10L; 22 51L
Lichtblende 22 51L
Lichtschächte 1 10L
Liegewiese 21 12L
Lift 22 51L
Liquidationsschwierigkeiten 21 12L
Liquiditätsproblem 26 38L
Loggien 22 51L
- -verglasung 22 51L
→ Balkon 1 10B
→ Fenster
logopädische Praxis 15 12L
→ Zweckbindung
Lohn 27 91L
Lokal 15 12L
Losverfahren 13 6
Lüften von Kleidung und Oberbetten 21 12L
Luftschächte 1 10L
Luxusanlage 22 40L

Mängel am GE **Vor 1** 19ff.; 16 39M; 27 91M
- bei Beschlussfassung 23 31
Mängelbeseitigungsansprüche 21 12M
Mahngebühren Vor 10 15M
Mahngericht 43 37
Mahnverfahren Vor 43 14M; 43 42
Mail-Account 21 12M
Majorisierung 25 38; 10 82M
Makler 26 38M
Manipulationsmöglichkeit 48 14
Mansarde 22 51M
Markierung
- von Einstellplätzen 21 12M; 22 51M
→ Parkplatz
Markise 1 10M; 22 51M
Marmorgarten 22 51M
Maschendrahtzaun 22 51M
Massageinstitut 15 12M
Massageraum 15 12M
Mast 22 51M
Maß der Nutzung 13 11

Matte 22 51M
Mauer 1 10M; 22 51M
- Durchbruch 22 51M
Media-Agentur 15 12M
Mehrbelastung 10 82M
Mehrhausanlage Vor 10 14, 15M; 10 7, 82M; 21 5; 22 51M; 25 7; 28 30
→ Untergemeinschaft
Mehrheit einfache, qualifizierte 23 27
Mehrheitseigentümer 26 38M
Mehrheitsbeschluss 23 28
Mehrwertsteuer 28 33
Meinungsverschiedenheit 12 18M
Meinungsäußerung 23 37
→ ehrverletzende Äußerungen
Messungenauigkeit 16 39M
Messeinrichtung 10 83M
Messvorrichtung
→ Zähler
Mietausfall 27 91M
Miete 21 12M
Mieteinzug 23 35M
Mieter 12 18M; 21 12M
Mieterwechsel 16 39M
→ Eigentümerwechsel
Mietvertrag 15 16
Mietzahlung 21 12M
Minderheitenquorum Vor 10 14
Mindestanforderungen 23 35M
Mindestanforderung an Begründung 43 28
Mitbenutzungsrecht 13 6
Mitbesitz 13 6
Miteigentum 1 7, 8
Miteigentümergemeinschaft 43 4
→ Antragsrecht
Miteigentumsanteil 3 4ff.; 4 11
Miteigentumsanteilsverkauf 12 6M
Miteigentumsanteilsveränderung 12 7M
Mitgebrauch 13 5; 14 5M
Mithilfe 23 35M
Mitsondereigentum 1 12
Mitwirkungspflicht Vor 43 14M
→ Sondernutzungsrecht
Mobilfunk 14 5M
Mobilfunkanlage 22 51M
Modelltätigkeit 15 12M
Modernisierung 22 17, 35, 51M; 49 4M
Modernisierende Instandhaltung 49 4M
Montagekeller 15 12M
Möbel 1 10M; 22 51M

815

Sachverzeichnis

fette Zahlen = Paragraphen

Möglichkeit der Gem, Versteigerung faktisch zu sichern **18** 8
- für Mehrheitsbeschl **25** 2
- der Vereinb **18** 10
Müll 21 12
Müllabfuhr 16 12M; **16** 19M
Müllabwurfanlage 21 12M
Müllbehälter 1 10M
Müllkosten 21 9M
Müllschlucker 21 12M; **22** 51M
Mülltonnenplatz 22 51M
mündliche Verhandlung Vor 43 14M
Münzwaschsalon 22 51M
Musizieren, Musik Vor 10 15M; **15** 16; **21** 12M
Musikschule 15 12M
Musikzimmer 15 12M
Muslimisches Gemeindezentrum 15 12M
Musteretage 22 40M
Musterfälle für Entziehung des WE **18** 4

Nachahmung 14 5N
Nachbar 18 3N
Nachbarbebauung 22 51N
Nachbareigentum 1 12
Nachbargrundstück 1 19
Nachbarrecht
→ Baumbestand
→ Grenzabstand
Nachbarschutz 21 9N
Nachfolger
→ Rechtsnachfolger
Nachhilfe 15 12N
Nachlass
→ Erbe
Nachlassverfügung 12 7N
Nachteil 14 4; **22** 51N
Nachtlokal 15 12M
Nachweis der Verwaltereigenschaft **26** 64
Nachzahlungspflicht 16 39
Namensliste aller Wohnungseigentümer **28** 83N
Namensschilder
→ Schilder
Nebenintervenienten 48 14
Nebenkosten
→ Lasten und Kosten
Nebenraum 1 10N
Negativbeschluss 23 27a
Neuanschaffung
→ Leiter
Neuanstrich 22 51N

Neuberechnung 16 39N
Neugestaltung und Neuanlagen 14 5N
Neutralität 26 38N
Nichtbeheizung 10 83N
Nichtbenutzbarkeit 16 12N
nicht gebaute Wohnungen
→ leerstehende Wohnungen
Nichtbeschluss 23 34
Nichterrichtung 10 83N
Nichtigkeit des Beschl der WEerversammlung **23** 30
Nichtigkeitsgründe 43 26; **47** 14
Nichtöffentlichkeit 49 4N
→ WEversammlung, Besucher
Nichtvornahme 12 18N
nicht wesentliche Bestandteile 5 5
Nichtzulassungsbeschwerde 62 4
Nichtzustimmung 22 54
Nicht zu Wohnzwecken dienen 15 12N
Niederschlagswasser 16 19N
Niederschrift der Beschlüsse **24** 36ff.
Nießbrauch Vor 10 15N; **12** 18N; **16** 60; **25** 4, 9, 11, 15
Notgeschäftsführung 21 7ff.
Notmaßnahmen 21 5; **27** 24, 91N
Nottreppe 23 10N
Notstromaggregat 1 10N
Notverwalter 26 15ff.
Nutzung 12 18N; **13** 10; **14** 5; **16** 3; **21** 12N; **22** 40N; **23** 35N, **Vor 43** 11; **Nach 50** 5N
- von Freiflächen **Vor 10** 15N
Nutzungsänderung Vor 10 15N; **15** 5ff.
Nutzungsart, bestimmte **Vor 10** 15N
Nutzungsausfall 14 18
→ Schadensersatz
Nutzungsausschluss Vor 10 15
Nutzungsbeschränkungen 14 2; **10** 7
Nutzungsentgelt 16 12N; **Vor 43** 11; **Nach 50** 5N
Nutzungsordnung 21 12
→ Benutzung des GE
Nutzungsvereinbarung 23 35N

Objektstimmrecht
→ Kopfstimmrecht
→ Stimmrecht
öffentlich-rechtliche Bestimmung Vor 1 23
öffentliche Lasten 16 5
öffentliche Normen 21 12O
öffentliche Zustellung Vor 43 14O

magere Zahlen = Randnummern **Sachverzeichnis**

öffentliches Baurecht Vor 1 26
Öffentlichkeit Vor 43 14O
→ Nichtöffentlichkeit
Öffnungsklausel Vor 10 15O
Oldtimer
→ Abstellverbot
Öltankversicherung 27 38
optische Beeinträchtigung 14 5O;
22 51O
ordnungsgemäße Buchführung
26 38O
ordnungsgemäße Verwaltung 21 10ff.;
49 2
→ Vermögensverwaltung
Ordnungsmäßigkeit der Verwaltung
28 83O
Osterschmuck
→ Dekoration

Pärchenclub 15 12P
Parabolantenne 10 83P; 12 18P; 22 30, 51P
Parfum 14 5P
Parkabsperrbügel 22 51P
Parkett 1 10P
→ Bodenbelag
Parkdeck 15 12P
Parkfläche 15 12P
Parkordnung
→ Parkplatz, Abstellplatz
Parkplatz 21 12P; 22 51P
Parkverbot 21 12P
→ Parkplatz, Abstellplatz
Parteibezeichnung 44 1
– Ausnahmen 44 4
Parteifähigkeit Vor 43 14P
Parteivernehmung Vor 43 14P
Parteiwechsel Vor 43 14P
Partyraum 15 12P
Passivprozess für den Verband 27 77
Patentanwalt 15 12P
Pauschalvereinbarung 27 91P
Peep-Show 15 12P
Pergola 22 51P
Persönlichkeitsrecht 14 5P; 27 91P
persönliches Erscheinen Vor 43 14P
personelle Verflechtungen 26 38P
Pfändung 15 22
Pflanzenbeet 21 12P; 22 51P
Pflanzentrog 22 51P
→ Blumentrog 1 9
Pflasterung 22 51P
Pflegebedürftigkeit 10 82P

Pflichten/Pflichtverletzung 27 98
– Pflicht zum Wiederaufbau 22 72
Photovoltaikanlage 22 51P
Pfosten 22 51P
Pilsstube 15 12P
Pizzeria 15 12P
Plakatieren 14 5P; 21 12P
Planabweichung 2 4
Plattenbelag 22 51P
Playothek 15 12P
Podest
→ Eingangspodest
Polemik 27 91P
Politik 18 3P
Polizeistation 15 12P
Praxisschild 22 51P
Prostitution 15 12P; Vor 43 11;
Nach 50 5P
Protokoll 23 26P, 35P; 24 40ff.; 26 38P
Protokollberichtigung Vor 43 11;
Nach 50 5P
Provision 26 38P
→ Versicherungsprovision
Prozess 21 12P
Prozessfähigkeit Vor 43 14P
Prozessführung Vor 10 15P
Prozessführungsbefugnis des Verwalters
27 88
Prozesskosten 16 12P; 49 3 4P
– Hintergrund 16 12P
– Kostenvorschuss 16 12P
– Kostenentscheidung 16 12P
– Kostenverteilung 16 12P
– Streitvereinbarung 16 12P
Prozesskostenhilfe Vor 43 14P
Prozessstandschaft Vor 43 14P
Prozessstandschaft des Verwalters 27 91
Prozessverbindung 47
Prozessvollmacht 27 88; Vor 43 14P
Prüfungspflicht des GBA 7 9
Prüfungsort 27 87
Pseudovereinbarung 10 93
psychologische Praxis 15 12P
psychotherapeutische Praxis 15 12P
Pumpe 22 51P
Putz 1 10P; 16 24P
Putzarbeiten 22 51P
Pyramide 1 10P

Quadratmeter 16 24Q
qualifizierte Mehrheit 23 27
Querulant 26 38Q

Sachverzeichnis

fette Zahlen = Paragraphen

Rangfolge/-system **10** ZVG 1
Rankgewächs
→ Bepflanzung
Rampe 22 40R
Rasenfläche 15 12R; **22** 51R
– Benutzung **21** 12R
– Mäher **1** 10R
→ Verwaltungsvermögen
Rasengittersteine 22 51R
Rasenmäher 21 12R
Ratten
→ Tierhaltung
Rauchen 14 5R
Rauchgasklappen 22 51R
Rauchverbot 21 12R
Rauchwarnmelder 1 10R; **12** 18R; **16** 12P; **16** 24R
Raum 1 10R; **15** 12R
Raumeigenschaft 3 5
Reallast 4 11
Rechen- und Schreibfehler 26 38R
Rechnungsabgrenzungsposten 28 17
→ Betriebskostenabrechnung
→ Verbindlichkeiten
Rechnungsabgrenzungsposten 28 17
Rechnungsbegleichung 27 91R
Rechnungslegung 28 74
Rechnungs- und Finanzwesen 28 2
rechtliches Gehör Vor **43** 14R
Rechtsanwalt 15 12R; **21** 12R; **23** 10R, 35R
Rechtsanwaltsbeauftragung 27 94; Vor **43** 14R; **45** 7
Rechtsanwaltsgebühren 49a GKG; **23** 35R
Rechtsanwaltspraxis 15 16
Rechtsberatung 27 91
→ Prozesskosten
Rechte und Pflichten der Eigentümer 10 2
– Einheitstheorie **10** 3
– gemeinschaftsbezogen **10** 12
– Trennungstheorie **10** 3
Rechtsfähigkeit der Gem Vor **1** 18; **10** 2
– Beginn und Ende **10** 8
– Umfang **10** 9
Rechtsfehler Vor **2** 1
Rechtsfolgen
– bei Duldungsverpflichtung **15** 19; **22** 71
– bei fehlender Zustimmung **22** 62
– bei Verstoß gegen Gebrauchsvereinb **15** 17

Rechtsgrundlage 43 12
Rechtshängigkeit Vor **43** 14R
Rechtskraft Vor **43** 14R
Rechtsmissbrauch 16 42; **22** 48
Rechtsmittel 45 1
– Belehrung Vor **43** 14R
Rechtsnachfolge(n) 10 17; Vor **43** 14R
Rechtsnachfolger 5 8; **10** 2
Rechtsschutz Vor **43** 14R; Nach **50** 5E
Rechtsschutzbedürfnis Vor **43** 14R; **47** 6
Rechtsstellung der WEer 13 1
Rechtsstreit 21 12R; **26** 38R
Rechtsstreitigkeiten gegen den Verband 16 12P
Rechtsverhältnisse, Überleitung **63**
Rechtsweg Vor **43** 11; Nach **50** 5R
Rederecht 24 34
Redezeitbegrenzung 23 26R; **24** 34
Reform Einf; Vor **1** 1 2
Regelanlage 22 51R
Regelungsantrag Vor **43** 14R
Regelungsbereich 25 1
Regelungsfälle (Außenvollmacht Verwalter) **27** 75
Regenrinne 1 10R; **22** 51R
Reichsversicherungsordnung 27 91R
Reihenfolge der Begründung von WE **2** 13
Reihenhäuser Vor **10** 12
Reinigung 23 10R
→ Hausreinigung
Reklame 1 10R; **22** 51R
Reklameschrift 1 10R
Religionsausübung 15 12R
Renovierung 22 51R
Reparatur 21 9R; **23** 10R; **27** 91R; Vor **43** 11; Nach **50** 5R
→ Auftragsvergabe
Reparaturanfälligkeit 14 5R
Restaurant bzw. Salatrestaurant **15** 12R
Restitutionsverfahren Vor **43** 14R
Rettungsweg 16 12P
Revision Vor **43** 14R
Richterablehnung Vor **43** 14R
Rohrbruch 21 9R
Rohrleitung
→ Anschlussleitung
Rollladen 1 10R; **22** 40R; **22** 51R
Rollladenheber 22 51R
Rollos 22 18R
Rollstuhlrampe 22 51R
Rückbau 22 51; **23** 35R

magere Zahlen = Randnummern

Sachverzeichnis

Rückforderung, Rückzahlung 16 53, 66; **26** 38R
Rückgriffanspruch 10 ZVG 12
Rücklage/Rückstellung 1 10R; **16** 19R; **16** 24R; **23** 10R, 35R; **28** 83R
Rückstand **Vor 10** 15R; **12** 18R; **16** 66; **19** 6; **23** 35R
Rückstausicherung **1** 10R
Rücktritt **12** 7R
Rückzahlung **26** 38R
Ruhen
 – Stimmrecht, des Verfahrens **Vor 43** 14R
Ruhestörung **18** 3R
Ruhezeitenfestlegung **Vor 10** 15R; **21** 12R; **23** 35R
Rundfunkempfang **21** 12R
Rutsche **22** 51R

Sachbeschädigung **18** 3S
Sachverständigengutachten
 → Gutachten
Sado-/Maso-Studio **15** 12S
Salatrestaurant
 → Restaurant
Saldovortrag
 → Vorjahressaldo
Sammelüberweisungen **21** 12S
Sandkasten **22** 51S
Sanierung **21** 9R; **22** 51S; **23** 10S; **26** 38S; **27** 91S; **Vor 43** 14; **49** 4S; **Nach 50** 5S
Sanierungskosten **16** 12S
Sanktionen, Strafen **Vor 10** 15S; **21** 12S
 – Geldstrafen **Vor 10** 15S
 – Mahngebühren **Vor 10** 15S
 – Ruhen des Stimmrechts **Vor 10** 15S
 – Verzugszinsen **Vor 10** 15S
Satelliten, -schüssel **1** 10S, -fernsehen **22** 51S
 → Gemeinschaftsantenne
 → Kabelfernsehen
 → Parabolantenne
Sauna **1** 10S; **15** 12S; **16** 26; **21** 12S; **22** 51S
Sauna-Schwimmbadbenutzung **16** 12S
Schäden **14** 5S
Schätzung **16** 39S
Schadensbehebung **21** 9S
Schadensbeseitigung **21** 12S
Schadensersatz **14** 10ff.; **16** 12S; **21** 12S; **45** 4
 → Haftung der WEer **14** 11ff.; **16** 39

 → Nutzungsausfall **14** 9
Schadensersatzansprüche **14** 10
Schädlingsbekämpfung **16** 12S; **16** 19S
Schaffung des WEG **Vor 1** 2
Schall
 → Trittschallschutz
Schallschutz **14** 5S; **22** 51S
Schaufensterscheibe
 → Fenster
Schaukasten **1** 10S; **22** 51S
Schaukel **22** 51S
Scheidung
 → Ehescheidung, Veräußerungszustimmung **12** 4
Scheinverwalter **24** 4; **49** 4S
Schiedsgericht oder Schlichtungsstellenklausel **Vor 10** 15S
Schiedsgerichtvereinbarung **Vor 10** 15S
Schild **1** 10S; **21** 12S; **22** 51S
Schikane **22** 47
Schimmelpilz **27** 91S
Schirm **22** 51S
Schirmständer **21** 12S; **22** 51S
Schlafzimmer **10** 83S
Schlangen **21** 12
 → Tierhaltung
Schlichtungsstellenklausel **Vor 10** 15S
Schließanlage **1** 10S; **22** 51S
Schließregelung **21** 12S
 → Haustür
Schlüssel und Schloss **1** 10S
Schlüsselverlust **21** 11; **21** 12S
Schmiergeld **26** 37
 → Versicherungsprovision
Schneebeseitigungsmittel **16** 19S
Schneeräumen **21** 12S
 → Verwaltungsvermögen
Schnellimbiss **15** 12S
Schornstein **1** 10S; **22** 40S; **22** 51S
Schornsteinfeger **Vor 1** 21; **16** 12S; **16** 19S
 -gesetz **Vor 1** 25
Schrank **22** 51S
 → bauliche Veränderung
Schranke **23** 10S
schriftlicher Beschluss **23** 17
schriftliches Verfahren **Vor 43** 14S
 – Vorverfahren **45** 5
Schuhe **21** 12S
Schuldverhältnis, besonderes **Vor 1** 3
Schule **15** 12S
Schuppen **22** 51S; **23** 35S

819

Sachverzeichnis

fette Zahlen = Paragraphen

Schutz- und Treuepflicht Vor **1** 18; Vor **10** 9; **16** 65
Schwarzarbeit **23** 35S
Schwimmbad **21** 12S
- Benutzung **16** 26
- Nichtsanierung **21** 12S
→ Sauna **1** 10S; **15** 12S
Schwimmbecken **22** 51S
schwimmender Estrich **1** 10E
→ Estrich
→ Trittschallschutz
Selbstauskunft **12** 18S
Selbstbeteiligung **16** 3
selbständiges Beweisverfahren Vor **43** 14S; **43** 30; **48** 3; Nach **50** 5S
Selbstkontrahieren **27** 59
Sequester **25** 12
Sexfilmkino **15** 12S
Sexshop **15** 16
Sicherheit **14** 5S
Sicherheitsleistung **14** 12
Sicherungsaustritt **22** 51S
Sichtblende **22** 51S
Sichtschutzmatte **22** 51S
→ Matte
Sitzbank **22** 51S
Sitzgruppe **22** 51S
SNR **10** 82S
→ Sondernutzungsrecht
SNR-Beseitigung **10** 82S
Solarzelle **22** 51S
→ bauliche Veränderung
Sondereigentum Vor **1** 3; **1** 5, 7ff.; Vor **2** 1; **2** 3, 6; **3** 7; **5** 3ff.; **6** 1ff., **23** 35S; **27** 91S
Sondereigentumsbereich **2** 6
Sondereigentumsteilübertragung **12** 7S
Sondernutzungsrecht Vor **10** 15S; **10** 82S; **13** 12; **15** 18, Kasuistik, 27; **22** 51S
Sonderhonorar **26** 25
Sonderrechtsnachfolger
→ Rechtsnachfolger
Sonderumlage **10** 125; **16** 12S; **21** 12S; **23** 10S; Vor **43** 14; **49** 4S; Nach **50** 5S
Sondervergütung **21** 12S
Sonderverwalter **21** 12
→ Interessenkollision
Sonderzahlung
→ Sonderumlage
Sonstige Kosten **16** 12S
Sonnenkollektor **22** 51S
Sonnenschutzblenden **23** 35S

Sonnenstudio **15** 12S
Sorgepflicht der WEer **14** 17
Sorgfaltspflicht **27** 98
Sozialversicherungspflicht **27** 91S
soziales Unwerturteil **14** 5
Speicher **15** 12S
Speicherausbau **22** 40S
Speicherraum **1** 10S; **13** 23S; **15** 27; **22** 51S
Sperrbügel **22** 51S
Sperrzeit **21** 12S
Spielen **21** 12S
Spielothek **15** 12S
Spielplatz Vor **10** 15S; **21** 12S; **22** 51S
Spielraum **1** 10S
Spielsalon/-halle **15** 16
Spitzboden **1** 10S; **15** 12S; **22** 51S
Spontanversammlung **23** 35S
Sportstudio **15** 12S
Sportvereinskantine **15** 12S
Sprechanlage **1** 10S
Sprinkleranlage **1** 10S
Sprossenverglasung **22** 51S
Spruchbänder **21** 12S
Stabantenne **22** 51S
Stabilität **14** 5S
Stand der Technik **22** 35
Steckdose **1** 10S
steckengebliebener Bau **22** 67
Steigleitung **22** 18S
→ Anschlussleitung
Stellplatz **3** 13; **13** 23S; **21** 12S; **22** 51S, **23** 10S; **27** 91S
→ Garage
Steuerberater **15** 12S
Steuererklärung **28** 46a
Stilllegung **22** 51S
Stimmenthaltung **25** 25
Stimmrecht Vor **10** 15S; **10** 82S; **22** 51S; **25** 4ff.
- Ausschluss Vor **10** 15S; **25** 29ff.
- Beirat **29** 26
Stimmrechtsbeschränkung **25** 45
Stimmrechtsvermehrung **25** 15
Störer **22** 51
Störung, Anspruch auf Unterlassung **15** 16
Strafanzeige **18** 3S; **26** 38S; Vor **43** 14; Nach **50** 5S
Strafrechtliche Verurteilung **12** 18S
Straftat **26** 38S
Sträucher **22** 51S
→ Gartengestaltung **22** 43
Straßenbau **23** 10S

magere Zahlen = Randnummern

Sachverzeichnis

Straßenreinigungsgebühren **1** 28
Streit **12** 18S
Streitgenossenschaft **47** 11
Streitigkeiten **43** 1
– mit Dritten **43** 35
– innerhalb der Gemeinschaft **43** 2
– zwischen Verband und Eigentümern **43** 10
– mit dem Verwalter **43** 12
Streitverkündung **Vor 43** 14S
Streitwert **Vor 43** 14S
– -ermächtigung **27** 81
Streitwertvereinbarung **27** 74 ff.
Streupflicht **21** 12S
Strom **16** 12S; **27** 91S
Stromnetz **22** 51S
Stromleitung
→ Anschlussleitungen
Stützmauer **22** 51S
Stufenanträge **26** 45; **Vor 43** 14S
Sturmschadenversicherung **27** 36
Sukzessivvereinbarung **10** 16a
Supermarkt **15** 12S

tätige Mithilfe **16** 6
Tagescafé
→ Café
Tagesmutter, -pflegestelle **15** 12T
Tagesordnung der WEerversammlung **23** 8, 26T; **49** 4T
Tagesordnungspunkt **23** 8, 9, 37; **26** 38
Tankraum **1** 10T
Tankstelle **1** 10T
Tanzcafé
→ Café
Tanzschule, Schule **15** 16
Tapete **1** 10T; **22** 51T
Tauben **21** 12T
technischer Fortschritt **22** 17
Teerung **22** 51T
Teestube **15** 12T
Teichanlage **22** 51T
Teilanfechtung
→ Beschlussanfechtung
→ Betriebskostenabrechnung
Teilbesitz **13** 6
Teileigentum **1** 3a; **15** 12T
Teilnahme **23** 10T
→ WEersammlung
Teilung **8** 3, 4
Teilungserklärung **Vor 1** 4; **23** 35T; **62** 6
– einseitige Änderung **8** 12
Teilungsvereinbarung **3** 1 ff.

Teilungültigkeitserklärung **23** 23
Teilunwirksamkeit **23** 23
Teilurteil **Vor 43** 14T
Teilversammlung **23** 6
Teilzerstörung **22** 63
Telefax **21** 12T
Telefon **21** 12T
Telefonanschluss **1** 10T
Tennisspiel **21** 12T
Teppich **22** 43
→ Bodenbelag
Teppichboden **1** 10T; **22** 51T
→ Bodenbelag
Terrasse **1** 10T; **10** 82T; **13** 23T; **15** 27; **16** 24T; **16** 39T; **21** 9T; **21** 12T; **22** 51T; **23** 35T
– Überdachung **22** 51T
– Unterkellerung **22** 51T
Thermostatventil
→ Heizkörperventile
→ Verdunstungsmesser
Tierarzt **15** 12T
→ Arztpraxis
Tiefgarage **10** 82T; **16** 19T; **16** 24T; **27** 91T
→ Garage
Tierhalteverbot **12** 18T; **23** 35T
Tierhaltung **Vor 10** 15T; **14** 5T; **21** 12T
Tilgungsbestimmung **21** 12T
Titelumschreibung **Vor 43** 14T
titulierter Anspruch **10** ZVG 8
Tod **Vor 43** 14
– Verfahrensbeteiligter **Vor 43** 14T
– Verwalter **26** 4
Toilette
→ WC
Tor **22** 51T
TOP **26** 38T
Tragung der Kosten und Lasten **16** 1
tragende Wand **1** 10T
Trampeln **21** 12T
Trampelpfad **21** 12T; **22** 51T
Transparenz **21** 12T; **23** 10T
Trennmauer **1** 10T; **22** 51
Trennung **Vor 43** 14T
Trennungstheorie **10** 1
Trennwand **1** 10T; **22** 51T
Treppe **1** 10T; **22** 40T; **22** 51T
Treppenaufgang **27** 91T
Treppenanbau **22** 51T
Treppenhaus **1** 10T; **21** 11; **21** 12T; **23** 10T
– Fenster **21** 12T

821

Sachverzeichnis

fette Zahlen = Paragraphen

Treppenhausanbau **22** 51
Treppenerneuerung **22** 51
Treppenlift 14 5T; **22** 51T
Treu und Glauben 21 12T
Treuepflicht Vor 10 9
Treuhänder 27 2
Treuhandkonto 27 49
Trinkwasserverordnung 16 12T; **27** 19
Trittschallschutz 14 5T
– Dämmung **1** 10T
Trittplatten 22 51T
Trockenmaschine 21 12T
Trockenplatz 1 10T
Trockenraum 15 12T
→ Gemeinschaftsraum **15** 12G, Raum **15** 12R
Trockenstange auf dem Balkon **22** 51T
Tür 1 10T; **21** 12T; **22** 51T
Türöffnungs-/Schließanlage 1 10T
→ Haussprechanlage
Türschloss
→ Schlüssel
Türschwelle des SE-Balkons 16 24T
Türspion 22 51T
Türsprechanlage
→ Sprechanlage

Überbau 1 14ff; **22** 51U
→ Wohnung
Überbelegung 15 12U; **21** 12U; Wohnung **23** 10U
Überdachung 22 51U
Übergangsvorschriften 62 5
Überschuss 21 12U
Übertragung 13 16; **23** 35U
Übertragung von Aufgaben 27 3
Überwachung 21 12U
→ elektronische Überwachung
Überwachungspflicht 27 8
Uhr 1 10U; **22** 51U
Umbau 12 18U
Umdeutung
→ Auslegung
Umgestaltung 14 5U
Umlage 21 12U
→ Lasten und Kosten
Umlaufbeschluss 23 16
Umlaufverfahren 23 35U
Umrechnungsmaßstab 16 39U
Umsatzsteuer 28 37
Umsatzsteueroption 28 37
Umwandlung von GE in SE
  Vor 10 15U; **12** 7U; **23** 35U, 37

Umwandlung von vorhandenen Einrichtungen **22** 51
Umwidmung 23 35U
Umzäunung 22 51U
Umzugskostenpauschale Vor 10 15U; **16** 12U; **16** 24U; **21** 12U
Unabänderlichkeit 45 4
Unabdingbarkeit 18 11; **26** 11; **27** 54, 96
→ Abdingbarkeit
Unauflöslichkeit 11 1
Unbedenklichkeitsbescheinigung 4 6
unbillige Beeinträchtigung 22 35
Unfallverhütungsvorschriften 26 37; **27** 91U
ungerechtfertigte Bereicherung 16 28
Ungleichbehandlung 21 12U
Ungültigerklärung der Verwalterbestellung Vor 43 14; **Nach 50** 5U
Universalversammlung 23 7
unklarer Beschluss 23 38
Unmöglichkeit
→ Instandhaltung/Herstellung
Unpfändbarkeit 26 38U
Unsittliches Verhalten 18 3U
Unterbrechung Vor 43 14U
Untergemeinschaft Vor 10 15M, 15U; **23** 35U
→ Mehrhausanlage
Unterhalt Vor 10 15U
unterkapitalisierte GmbH 12 18U
Unterkellerung 22 51U
Unterlagen 28 76
Unterlassung Vor 43 14; **Nach 50** 5U
→ Unterlassungsantrag
Unterlassungsanspruch 14 17
Unterlassungsantrag 13 4
Unterrichtung durch den Verwalter **27** 50
Unterschrift 24 36, 40
Unterteilung des WE **4** 7ff.
Unterteilung 4 10; **10** 82U; **12** 6U; **23** 35U
Untervollmacht 27 6
Unverhältnismäßigkeit 22 48
Unvollendetes Gebäude, Leerstand **16** 13
Unwerturteil 14 5U
Unwirksamkeit 23 22
unzulässige Nutzung/bauliche Veränderung 12 18U
unzulässige Rechtsausübung 15 13; **22** 48
unzutreffende Erklärung 12 18U

magere Zahlen = Randnummern

Sachverzeichnis

Urkundenprozess Vor 43 14U
ursprünglicher Zustand
→ bauliche Veränderung
Urteilsvollstreckung 19 5

VDI-Richtlinien
→ DIN-Normen
Ventilator 1 10V
Ventile
→ Heizkörperventile
Veräußerer 16 25; 25 8
Veräußererhaftung 16 38
Veräußerung 12 5; 23 35V
– der Eigentumswohnung **Vor** 43 14V
– Verwirkung des Anspruchs 18 8
Veräußerung aller Wohnungseigentumseinheiten 12 7V
Veräußerungsbeschränkungen Vor 10 15V; 12 1 ff.
– Änderung/Aufhebung der Zustimmungsvereinb 12 8ff.
– Entstehung 12 7
– Verbandsvermögen beim WE 12 5
– Versagungsgründe und Frist 12 16
– Voraussetzung 12 5
– Zustimmungserklärung 12 12
Veräußerungszustimmung 12 1ff.
Veranden 1 10V
→ Dachterrasse
Verbindlichkeiten 21 9V; 28 17; 32 34, 47
→ Betriebskostenabrechnung
→ Rechnungsabgrenzungsposten
Verbindung 1 10; 14 5V; 22 51V
– von Verfahren **Vor** 43 14V
Verbindungsflur
→ Diele
Verbindungstür
→ Tür
Verbotsschild 22 51
Verbrauchsgeräte 22 18V
Verbrauchskosten 16 12V
→ Heizkosten
Verbrauchszähler 1 10V; 16 12V; 22 51V
– zur Anschaffung 16 12V
– Installation 16 12V
– Installationskosten 16 12V
Verbreiterung der Terrasse 23 10V
Verdunstungsmesser 16 26
→ Wärmemengenzähler
Vereinbarung 10 13
– Änderung 10 2, 97

– Auslegung 10 19
– Definition/Voraussetzung/Regelungsbereich 10 14
– Inhalt 10 18
– der WEer 10 2 ff.
– Zustandekommen/Entstehung 10 15
Vereinigung 4 13
Vereinsstrafe, Sanktionen Vor 10 15
Verfahren
– Durchführungsanordnung 44 5
– gerichtliches Verfahren Vor 1 28
Verfahrensbeteiligung Vor 43 14V
Verfahrensbevollmächtigter 27 91
Verfahrensfähigkeit Vor 43 14V
Verfahrenskosten 27 91V; 28 32; **Vor** 43 14V
→ Gerichtskosten
→ Prozesskosten 16 26
Verfahrensrecht 62 2
Verfahrensstandschaft 27 91
Verfügungen 4 6
Verfügungsbeschränkungen 18 9
– des Verwalters 27 47, 52
Verfügungsgeschäfte 27 91V
Verglasung 21 12V; 22 51V
Vergleich Vor 43 14V; 49 4V
Vergleichsangebote 27 91V
Vergütung 26 22, 38V
– des Beirates 29 23
– des Verwalters 26 22
– des WEers 16 27
Verhältnis der WEer Vor 10 1ff.; 10 1
Verhältnismäßigkeit 22 48
Verjährung
– des Beseitigungsanspruchs 15 22
– Lasten und Kosten 16 64
– nach neuem Recht 22 70
Verkehrssicherungspflicht 13 21; 14 5V; 27 19, 91V, 101
Verkleidung 22 51V
Verlängerungsklausel 26 10
→ Verwalterbestellung
Verlängerung der Begründungsfrist 43 30
Verlegung 24 18
Vermächtniserfüllung 12 6V
Vermietung 18 3V; 21 12V; 23 10V
– Verbot **Vor** 10 15V; 23 35V
– Vermietungsbeschränkung **Vor** 10 15V
– Verpflichtung **Vor** 10 15V
Vermietungskostenpauschale 16 12V
Vermögenssphären 10 107
Vermögensverfall des Verwalters 26 37

823

Sachverzeichnis

fette Zahlen = Paragraphen

Vermögensverwaltung **27** 46
Vernachlässigung **18** 3N
Vernichtung **23** 35V
Verpflichtung **21** 12V
Verpflichtungsgeschäft **4** 6
Verputz **1** 10V
Verringerung des GE **14** 5V
Versagungsgründe **12** 16
Versammlung **Vor 10** 15V; **16** 12V; **21** 9V; **21** 12V; **23** 6, 7, 13, 26V, 35V; **26** 38V; **27** 91V
Versammlungsabsage **24** 18
Versammlungskosten **16** 12V
Versammlungsleitung **49** 4V
Versammlungsort **23** 26V; **24** 9
Versammlungsniederschrift **24** 40
Versammlungsvorbereitung **24** 8
Versammlungsvorsitz **24** 20
Versammlungszeit **24** 9
Versäumnisurteil **Vor 43** 14V; **44** 5
Verschattung **22** 40V
Verschiedenes **23** 10V
Verschmelzung **12** 7V
– des Verwaltungsunternehmen **26** 38V
Verschränkungen **22** 51V
Versicherung **Vor 10** 15V; **16** 12V; **16** 19V; **21** 9V; **21** 12V; **26** 38V; **27** 35 ff.
– Agentur **15** 12V
– Provision **26** 38V
Versicherungsschäden
– Abwicklung **27** 40
– Selbstbehalt **27** 40
Versorgungsleitung **22** 40V; **22** 51V
→ Anschlussleitungen
Versorgungssperre **23** 35V; **26** 38V
Verspätete Übersendung **26** 37
Verstärkung **14** 5V
Versteigerung **19** 5
Vertagung **23** 26V
Verteidigungsanzeige **45** 5
Verteilung der Nutzung **16** 1
Verteilungsschlüssel **16** 1; **28** 22
Vertrag **26** 19, 38V
– -gestaltung **27** 11
– schuldrechtlicher **4** 9
Vertragliche Aufhebung der Gemeinschaft **Vor 10** 15
→ Aufhebungsanspruch
vertragliche Einräumung **3** 1 ff.
Vertragsschluss mit Verwalter **23** 10V
– durch Verwalter **27** 25
Vertragsstrafe
→ Sanktion

Vertragsverletzung **26** 31
– bei Vertragsabschluss **27** 4
Vertrauensschutz **62** 6
Vertretung **23** 35V; **24** 25; **27** 85; **Vor 43** 14V
→ Untervollmacht
→ Vollmacht
→ Stimmrecht
Vertretungsbeschränkung **24** 26
Vertretungsmacht des Verwalters **Vor 1** 24; **27** 7
Vertretungsumfang **27** 58
Verwalter = Beauftragter und Treuhänder **23** 35V; **27** 2
→ Notverwalter, → Scheinverwalter
→ Kontrollpflicht **27** 9 → Sonderverwalter
– Abwicklung nach Beendigung **26** 44
– Aufgaben und Befugnisse **27** 30
– Ermächtigung zu dringlichen Maßnahmen **27** 79
– Ermächtigung zu sonstigen Rechtsgeschäften **27** 82
– Inanspruchnahme für GE **Vor 1** 2
– Interessenkollision **Vor 10** 15V; **20** 2; **21** 12V; **23** 10V; **26** 2; **27** 59
– Kontrollpflicht **27** 9
– Kosten **16** 19V; **21** 9V
– Rechte und Pflichten **27** 1, 8
– Übertragung von Aufgaben **27** 3
→ Notverwalter
→ Scheinverwalter
→ Sonderverwalter
Verwalterabberufung **26** 31 ff.; **48** 3; **Nach 50** 5V
Verwalterabrechnung **28** 16 ff.
Verwalterbestellung **23** 10V; **26** 1, 6, 37; **Vor 43** 14; **Nach 50** 5V
– Bestellungsakt **26** 5
– gerichtliche **26** 14
Verwalterentlastung **28** 68; **Vor 43** 14; **Nach 50** 5V
Verwalterhaftung **27** 87
Verwalterhonorar **23** 35V
Verwalterneuwahl **23** 10V
Verwalterübertragung **26** 4 ff., 37
Verwaltervergütung **16** 12V; **21** 12V; **26** 23 ff.
– Sonderhonorar **26** 27
Verwalterverhältnis **43** 13, 14
Verwaltervertrag **23** 10V; **26** 18 ff., 38V; **27** 91V
– Kündigung **26** 39

magere Zahlen = Randnummern

Sachverzeichnis

Verwalterwahl 23 10V
Verwalterwechsel 23 10V; **27** 43
Verwalterwohnung 15 12V
Verwalterzustimmung 12 1 ff.; **16,** 12V
Verwaltung des GE **Vor 20; 21** 4, 12; **21** 12V
– Anspruch **21** 8
– Begriff **20** 2
– durch Beschl der WEerversammlung **23** 3
– Einschränkung **21** 4
– gemeinsam durch WEer **21** 1
– gemeinschaftlicher Gelder **27** 46
– Kasuistik **21** 12 ff.
– Regelungen **21** 1, 9
Verwaltungsbeirat 26 38V; **29** 1
– Aufgaben **29** 7
– Haftung **29** 13
– Zusammensetzung **29** 4
Verwaltungsfragen 28 83V
Verwaltungsführung 43 6
Verwaltungskosten 16 19V
Verwaltungsrecht Vor 1 23 ff.
Verwaltungsregelung 10 52
Verwaltungsschulden, Ausgleich **16** 56
Verwaltungsunterlagen Vor 43 14; **Nach 50** 5V
→ Verwaltungsvermögen
Verwaltungsvergütung 26 23 ff., 38V
Verwaltungsvermögen 1 10V; **10** 87 ff.
Verwandtschaft 21 12
→ Streupflicht
→ Instandhaltung
Verwandtschaft
→ bauliche Veränderung
→ Nachteil
Verweisung Vor 43 14V
→ Abgabebeschluss
Verwirkung 18 7; **22** 51
Verzicht 21 12V
Verzögerungstaktik 43 21
Verzug 12 16
Verzugsschaden 12 15
Verzugszinsen Vor 10 15S
→ Sanktionen; **16** 12V
– Mahngebühren **Vor 10** 15S
Videothek 15 12V
Videoanlage 22 51V
Vogel 21 12V
Vogelhaus 22 51V
Vollmacht Vor 10 15V; **21** 12V; **24** 26 ff.; **26** 38V; **49** 4V
– Bauträger **8** 11

– Dritte **Vor 10** 15
– Versammlung **Vor 10** 15V; **24** 26 ff.
– Verwalter **Vor 10** 15V
Vollmachtsurkunde 27 100
Vollstreckbarkeit vorläufig **Vor 43** 14
Vollstreckungsgegenklage Vor 43 14V
Vollstreckungsgericht 10 ZVG 7
Vollstreckungsmöglichkeiten 10 ZVG 3
Vollstreckungsunterwerfung Vor 10 15V
Vollwärmeschutz 22 18, 51V
Voraussetzung für Begründung von GE **3** 3
– der Änderung der Kostenverteilung bei Instandhaltung und baulichen Veränderungen **16** 19
– für Eintragung **7** 3; **8** 4
– Generalklausel **18** 3
– Veräußerungsklage **19** 2
Vorbau 22 51
Vorflur
→ Zusammenlegung
Vorhalle 1 10V
Vorjahressaldo 28 47
Vorkaufsrecht 1 10V; **4** 6, 14; **Vor 10** 15V
Vorläufige Vollstreckbarkeit Vor 43 14V
Vormerkung 4 14
Vorschaltverfahren Vor 10 15V, **Vor 43** 14V
Vorschriften 1 4; **21** 12V; **23** 35V
Vorschuss Vor 43 14; **Nach 50** 5V
Vorschusspflicht
– der WEer **28** 7
Vorsitz 24 20
Vorsitzender 23 26V
Vorstrafe
→ Straftat

Wärmedämmung 22 51W
Wärmeisolierung 23 10W
Wärmemengenzähler 1 10W; **22** 51W
→ Heizkostenverteiler
Wärmeverbundsystem 21 12W
Wärmeversorgung 16 12W
Wäscherei 15 12W
Wäschespinne 22 51W
Wäschetrockengeräte 21 12W
Wäschetrockenplatz 22 51W
Wäschetrockenstange 22 51W
Waschküche 22 51

825

Sachverzeichnis

fette Zahlen = Paragraphen

Waschküchenbenutzung 21 12W
Waschmaschine 21 12W; **16** 12W
→ Nutzungsentgelt
Wahl des Verwalters 23 10
Wahrsagerin 15 12W
Walmdach 22 51W
Wand 1 10W; 22 51W
– Durchbruch 22 51W
– Grenzwand auf dem Nachbargrundstück **1** 19
– Schrank → Einbauschrank
Warmwasser 16 39W
Warmwasserbereitung 22 18W
Warmwasser- oder Wärmemengenzähler 1 10W; 22 51
Warmwasserkosten 16 23
→ Heizkosten
Warmwasserzähler 22 51W
Wartung 27 99
Wartungskosten 16 19W; **16** 39V
Wartungsvertrag 27 33
Waschbecken 1 10W
Waschküche 1 10W; **15** 12W; **22** 51W
Waschküchenbenutzung 21 12
Waschmaschine 1 10W; **16** 13; **21** 12
Waschmünzenerlös
→ Benutzungsgebühren
Waschsalon 15 12W
– Maschine **1** 9
Wasser 22 40W
Wasseranschlüsse 22 51W
Wasserenthärtungsanlage 22 51W
Wasserkosten 16 12W; **21** 9W
Wasserleitung 22 51W
→ Anschlussleitungen
Wasserschaden 27 91W
Wasserstrahlpumpe 22 51W
Wasserversicherung 27 36
Wasseruhr
→ Erfassungsgeräte
→ Heizkostenverteiler
WC 1 10W; **22** 51W
Wechsel, Verwalter 26 4d
Weg 15 27; **13** 23W; **21** 12W
→ Spielen; 22 51W
WEG-Novelle Einf, 1 ff.
Weihnachtsschmuck
→ Dekoration
Weinkeller 15 12W
Weinlaub 21 12W
Weinstube 15 12W
Weisung 26 38W
Weitergabe von Informationen 26 38

Wendeltreppe
→ Treppe
Werbeproduktion 15 12W
Werbeschild 22 51W
Werbung Vor 10 15W; **21** 12W; **22** 51W
werdende Gem Vor 1 8 ff.
werdender WEer 12 18W
Werkstatt 15 12 W
→ Dachraum
Werkzeug 28 83W
Wertverbesserung, Wertzuwachs 16 26
wesentlicher Bestandteil 5 5
Wettbewerbsbeschränkungen Vor 10 15W
Wettbewerbsverbot Vor 10 15W
wichtiger Grund 26 37
Widerklage Vor 43 14W
Widersprüche 18 3W
Widersprüchlichkeit 10 6
Widerruf Vor 10 15
→ Nutzungsänderung
Wiederaufbau Vor 10 15W; **22** 9
Wiederaufnahmeverfahren Vor 43 14W; **43** 29
Wiederbestellung 23 35W
Wiedereinsetzung 24 42; **Vor** 43 14W
Wiederherstellung des ordnungsgemäßen Zustandes 21 9W
Wiederherstellungsanspruch 22 62
Wiederholungsversammlung 25 26
Wiederwahl 26 38W
Willenserklärungen 27 59
Windfang 22 51W
Windschutz 22 51W
Winterdienst 16 12W; **16** 19W
Wintergarten 1 10W; **22** 40W; **22** 51W; **27** 91W
Wirkung/Folgerung (Vereinb) 10 27 ff.
Wirkung des Zuschlags 19 6
Wirtschaftskeller 15 12W
Wirtschaftsplan 21 12W; **23** 10W; **26** 38W; **27** 91W; **28** 7 ff., 83W; **Vor** 43 14; **Nach** 50 5W
– Ausnahmen und praktische Probleme 28 34
– Beschl 28 59
Wirtschaftsprüfer 15 12W
Wohnfläche, Kostenverteilung Vor 10 15
Wohnen 15 12W
Wohngeld 12 18W; **16** 56; **21** 9W; **23** 10W, 35W; **27** 91; **49** 4W
– Rückforderung 16 53
– Rückstände 26 38

magere Zahlen = Randnummern

Sachverzeichnis

Wohngeldausfall 16 12W
Wohngeldzahlung 23 35W
Wohnkomfort 14 5W
Wohnmobil
→ Kfz-Abstellplatz
→ Parkplatz
Wohnrecht 25 10
→ Stimmrecht
Wohnung 1 3; **15** 12W; **21** 12W
− Zulässig **15** 12W
− Nicht zulässig **15** 12W
− zu Übergangszwecken **15** 12W
Wohnungsabschlusstür
→ Tür
Wohngeld 21 12W; **26** 38W; **27** 91W; **Nach 50** 5W
Wohnumfeld 22 40W
Wohnungseigentum Vor 1 3; **Vor 2** 1
− Auflassung **8** 11
− Begründung **2** 11
− Bildung **8** 1
− künftiges **4** 1
− Voraussetzung **8** 4
Wohnungseigentümer Vor 1 16; **Vor 10** 15W; **21** 12W
− Begriff **16** 50
− Rechte **13** 1 ff.
− Rechtsstellung **13** 2
− Regelungen **Vor 10** 2, 3, 15
− werdender bzw. faktischer **16** 54
Wohnungseigentümergemeinschaft, Vereinbarung **10** 2 ff.
− Beschl **10** 25 ff., 88
− Institute **20** 3
Wohnungseigentümerversammlung 23 1
− Abwicklung **24** 1
− Besucher **24** 25
− Durchführung **24** 20
− Einladung **23** 8; **24** 12
Wohnungseingangstür
→ Tür
Wohnungserweiterung 1 10W
Wohnungsgrundbuch Vor 1 6; **7** 1 ff.
Wohnungsrecht Vor 1 2
Wohnungsverkauf 12 6W
Wohnwagen
→ Kfz-Stellplatz
→ Wohnmobil
Wohnzwecke 15 12W

Zähler 10 83Z; **16** 12Z; **21** 11; **22** 51Z
→ Heizkostenverteiler
Zählereinrichtung 21 12Z
Zählerkasten 22 51Z
Zahlungen 16 11; **27** 43; **28** 14
→ Sonderzahlung
Zahlungspflicht 16 61
Zahlungsrückstand 16 56
Zahlungsunfähigkeit 16 56
Zahlungsverpflichtungen 23 23Z
Zahnarzt 15 12Z
Zarge 22 51Z
Zaun 13 23Z; **22** 40Z; **22** 51Z
− Erneuerung **22** 51Z
Zeitarbeitsfirma 15 12Z
Zeitraum 28 19
Zentralheizung 22 51Z
→ Heizungsanlage
Zerstörung des Gebäudes **9** 2; **11** 4
Zeuge Vor 43 14Z
Zierfische
→ Tierhaltung
Zigarettenautomat 1 10Z
Zinsabschlagsteuer 28 41
Zinsen Vor 10 15; **23** 35Z; **16** 60; **28** 9, 24, 41
→ Sanktionen
Zitterbeschluss 10 22
ZPO Vor 43 1 ff.
Zubehör des GE **1** 10Z
− des Grundstücks **2** 5
− Räume **1** 8
Zufahrt 22 43
Zufahrtsweg 21 12Z
Zugang 13 23Z; **15** 27
Zugangsfiktion Vor 10 15Z
Zugangsraum
→ Tankraum
Zulässigkeit
− von Verdunstungsgeräten **16** 39Z
Zuleitungen
→ Anschlussleitungen
Zumauern 22 51Z
Zuordnung von Gebäuden 1 13
Zurückbehaltungsrecht Vor 10 9; **10** 114; **12** 18; **16** 51; **22** 50
Zusammenfassung mehrerer Jahre 16 39Z
Zusammenlegung 4 10; **14** 5Z; **22** 51W
Zuständigkeit, sachliche und örtliche **Vor 43** 14Z
Zustellungen 27 59; **Vor 43** 14Z
Zustellungsbevollmächtigung 27 60; **Vor 43** 14Z

Sachverzeichnis

fette Zahlen = Paragraphen

Zustellungsvertreter 44 8
– Verwalter **45** 2, 8
Zustellungsvertretung 27 58
Zustimmung zur Veräußerung **12** 3 ff.;
  27 91Z; **Vor 43** 14; **Nach 50** 5Z
– bauliche Veränderung **22** 2, 3, 6, 51Z
– der dinglich berechtigten Gläubiger
  10 80 ff.
– zu Verfügungen des Verwalters **27** 48
– Versagung der Zustimmung **12** 18
Zustimmungsbedürftigkeit 27 52
Zuteilung
→ Kellerräume
→ Kfz-Stellplatz
Zutrittsgewährung 16 39Z
Zwangsgeld
→ Sanktion
Zwangshypothek Vor 10 15Z; **16** 84
Zwangsversteigerung 16 69; **27** 62,
  91Z, **10 ZVG** 13
Zwangsversteigerungsverfahren
  62 3

Zwangsverwalter
→ Zwangsverwaltung
Zwangsverwaltung 16 72; **25** 11;
  10 ZVG 13
Zwangsvollstreckung Vor 6 6;
  Vor 10 15; **12** 6Z; **27** 99; **Vor 43** 14Z;
  10 ZVG 1
Zweckbestimmung 15 10
Zweckbindung 10 123; **14** 5Z; **21** 11;
  22 6
zweckwidrige Nutzung **15** 8
Zweifamilienhäuser Vor 10 13
Zweite Berechnungsverordnung 21 11
→ Instandhaltungsrückstellung
Zweitbeschluss 10 99; **21** 12Z
zwingende Vorschriften **Vor 10** 3
Zwischenabrechnung 16 39Z
Zwischenbeschluss Vor 43 14Z
Zwischendecke 1 10Z
Zwischenfeststellungsantrag
  Vor 43 14Z
Zwischenwände, nicht tragend **1** 10W